U0331143

国际学习科学手册

顾明远题签

景宝斋

国际学习科学手册

INTERNATIONAL HANDBOOK OF THE LEARNING SCIENCES

［德］弗兰克·费舍尔
（Frank Fischer）

［美］辛迪·赫梅洛-西尔弗
（Cindy E. Hmelo-Silver）

［美］苏珊·戈德曼
（Susan R. Goldman）

［澳］彼得·赖曼
（Peter Reimann）

—

主编

赵建华　尚俊杰

蒋银健　任友群　等

—

译

华东师范大学出版社

·上海·

图书在版编目(CIP)数据

国际学习科学手册/(德)弗兰克·费舍尔等主编;任友群等译.—上海:华东师范大学出版社,2021
ISBN 978-7-5760-1891-2

Ⅰ.①国… Ⅱ.①弗…②任… Ⅲ.①学习方法-手册 Ⅳ.①G791-62

中国版本图书馆 CIP 数据核字(2021)第 131643 号

国际学习科学手册

主　　编　[德]弗兰克·费舍尔(Frank Fischer)
　　　　　[美]辛迪·赫梅洛-西尔弗(Cindy E. Hmelo-Silver)
　　　　　[美]苏珊·戈德曼(Susan R. Goldman)
　　　　　[澳]彼得·赖曼(Peter Reimann)
译　　者　赵建华　尚俊杰　蒋银健　任友群等
策划编辑　彭呈军
责任编辑　吴　伟
责任校对　刘伟敏　时东明
装帧设计　刘怡霖

出版发行　华东师范大学出版社
社　　址　上海市中山北路 3663 号　邮编 200062
网　　址　www.ecnupress.com.cn
电　　话　021-60821666　行政传真 021-62572105
客服电话　021-62865537　门市(邮购)电话 021-62869887
地　　址　上海市中山北路 3663 号华东师范大学校内先锋路口
网　　店　http://hdsdcbs.tmall.com

印 刷 者　上海颖辉印刷厂有限公司
开　　本　787 毫米×1092 毫米　1/16
印　　张　43
插　　页　1
字　　数　769 千字
版　　次　2022 年 9 月第 1 版
印　　次　2024 年 1 月第 3 次
书　　号　ISBN 978-7-5760-1891-2
定　　价　152.00 元

出 版 人　王　焰

(如发现本版图书有印订质量问题,请寄回本社客服中心调换或电话 021-62865537 联系)

International Handbook of the Learning Sciences

Edited by Frank Fischer, Cindy E. Hmelo－Silver, Susan R. Goldman, Peter Reimann

ISBN：9781138670594

© 2018 Taylor & Francis

上海市版权局著作权合同登记　图字:09－2018－1191 号

献给
学习科学国际社会的过去、现在和未来。

简易目录

目 录

译者序

2018 年,国际学习科学界有两本重要出版物值得关注。一本是由美国国家科学院、国家工程院、国家医学院继《人是如何学习的:大脑、经验、心理及学校》之后重磅推出的《人是如何学习的Ⅱ:学习者、境脉与文化》,另一本便是呈现在读者面前的这本《国际学习科学手册》。该手册由德国慕尼黑大学的弗兰克·费舍尔(Frank Fisher)教授、美国印第安纳大学的辛迪·赫梅洛-西尔弗(Cindy E. Hmelo-Silver)教授、美国伊利诺伊大学的苏珊·戈德曼(Susan R. Goldman)教授以及澳大利亚悉尼大学的彼得·赖曼(Peter Reimann)教授担纲主编,共有 110 余位从事学习科学研究、实践与领域建设的国际学者参与了该手册的编写工作。

《国际学习科学手册》分为三大部分,共 51 章。

第一部分介绍了学习科学的历史基础和理论定位,包括学习科学领域的起源、人类的知识传统、整合这些传统的方法、人类学习的过程和机制。该部分重点探讨的主要是一些基础性的理论问题,例如:在人与世界的互动中,学习的过程、机制和其他影响人类学习的各种因素之间也存在着复杂的互动。我们与他人的互动发挥了什么作用? 我们身处的文化是怎样的? 在学习时个体怎样使用自己的身体,身体又是怎样与外部世界互动的? 个体的信念(关于个体自己、关于世界和关于他人的信念)如何影响个体的学习? 个体的目标、兴趣和情感如何影响时间分配和注意力? 个体如何形成表征,表征形成过程会受到哪些因素的影响? 人作为学习者如何理解世界的复杂性? 所有这一切(互动、目标、个体使用身体的方式、信念、所形成表征等等)又如何影响个体的认知加工过程?

第二部分聚焦于学习环境的设计、研究和评价。该部分内容探索的是怎样促进学习的理解,特别是怎样设计学习环境,从而让学习者既能够热情投入,又能够有效形成新的理解,发展新的能力。该部分内容既聚焦教学方法,也聚焦能够吸引学习者并帮助他们学习的技术的设计和使用;既聚焦我们称之为"学生"的那部分人,也聚焦教师,关注怎么帮助他们学习;同时还聚焦非正式场合中各年龄段的学习者,聚焦学习者群体中的学习以及群体学习方式如何影响群体中个体的能力。此外,还涉及技术可能扮演的角色,利用新技术让学习更加吸引人且更为有效的可能性。

第三部分关注学习科学领域中的研究、评价和分析方法。该部分主要探索了如何在无比复杂的背景中开展学习研究的方法,如何从这些复杂环境中理解人是如何学习的方法,如何开展设计以促进学习的设计路径指南的方法。具体而言,研究者们重点关注了基于设计的研究、基于设计的实施研究和参与式设计等。在评价方面介绍了学习中的高质量和有效评估、学习进程、能力模型和能力测量等。在分析方法方面涉及混合式研究方法、多源分析、民族学方法论、民族志、视频研究方法、量化分析、学习分析和认知网络分析等。

在过去的 25 年中,学习科学作为一个跨学科的领域,逐渐成为一个探究人类如何学习、为什么学习、学习在什么情境下发生,以及人们如何决定学习发生源头等问题的重要研究领域。它的简短发展史反映了许多不同学科的研究者对学习以及如何支持学习的理解。珍妮特·科洛德纳(Janet L. Kolodner, 2004)认为学习科学是一门设计的科学、一门集成的科学、一门社会认知的科学、一门描述性的科学或者一门实验性的科学。萨沙·巴布拉(Sasha Barab, 2004)认为学习科学是一门综合性的多学科研究领域,它利用人类科学中的多种理论观点和研究范式,以实现对学习、认知和发展的属性和条件的理解。布莱恩·史密斯(Brian Smith, 2004)将学习科学定义为关注"设计在真实社会情境中使用的产品,并将此作为一种方法论以理解个体和社会认知"的团体。从这些关于学习科学定义或者属性的界定中可以看出,学习科学不同于以往的任何一个学科,它具有实证性、综合性、跨学科和情境性特点。

自 20 世纪 90 年代起,高文、陈琦、何克抗等一批中国学者开始面向国内译介学习科学系列著作成果。2002 年,高文团队翻译出版《人是如何学习的:大脑、心理、经验及学校》《学习环境的理论基础》《情境学习:合法的边缘性参与》等系列著作,引起了国内学界对学习科学的极大关注;2010 年,徐晓东等翻译出版《剑桥学习科学手册》,进一步拓展了我国学者关于学习科学的研究视野。特别是近 20 年来,以华东师范大学、北京师范大学、东南大学、北京大学、浙江大学、华南师范大学为代表的高等院校对学习科学持续进行国际追踪和本土研究,相继创办学习科学研究中心,推动学科建设和学生培养,搭建协作共享与交流平台,使国内学习科学研究形成了一定的范式特征(赵健,杨晓哲,2019),并得到了迅速的发展。

在此背景下,《国际学习科学手册》的翻译和引介可以为我国学习科学领域的研究和教学提供一个崭新的国际化视野和资源。总体看来,该手册将国际学习科学研究的理论视野和实证视野相结合,为我们呈现了这一领域的研究现状,探讨了当前关注的核心问题,并指出了未来的发展趋势。

一、国际学习科学的研究现状

(一) 关于学习过程的研究

学习科学对学习过程的研究涉及学习的心智过程和社会过程,以及影响这些过程的文化因素、系统因素和其他有关因素,涵盖了认知科学、心理学、哲学、社会学、人类学、课程与教学等多个学科领域,也包括教师经年累月积累的经验,探索学习科学与相关学科领域的共同性和不同点受到诸多研究者的重视。2007 年,OECD 出版《理解脑:新的学习科学的诞生》和《理解脑:走向一门新的学习科学》,一门新的将"脑功能、脑结构与学习行为结合起来"研究的学习科学,即教育神经科学(尚俊杰等,2018)诞生。脑科学的加入,令学习科学整个领域面貌一新,它引入了不少行之有效的经验,解答了不少疑团,也否定了一些没有根据的假设。作为领域概念,学习科学涵盖了教育神经科学,作为学科概念,学习科学和教育神经科学又分别有着各自不同的学术期刊、研究方法、研究共同体等(周加仙,2016)。

学习科学用一种辩证的还原论去看待方法论。若想准确地解释学习,应该将学习过程分成若干个小部分,从这些小部分开始解释,然后"上升"到系统配置,再到部分之间的相互联系和协调,最后解释整个学习过程。学习科学领域的研究者认识到学习发生系统的重要性,特别是神经系统和表现在行为和姿势上的肢体运动系统,对学习发生系统的探究将引导我们从多层面现象来理解、研究学习。在本《手册》中,研究者探讨了如何理解21世纪各种无处不在的信息,并与之开展互动。其从不同的视角出发,按照一般兴趣到正式和非正式学科对主题开展探讨,了解各个角度是如何互相影响和互相连结的。学习者不是在一个独立于他人和事物的世界里行动,而是通过与他人的互动,按照规范和调整过程建立共同理解,并不断开展交流、建立认知、获取信任。

(二) 关于学习环境的研究

学习环境设计主要表现为一系列不同的学习情境、教学方法和对学习的支持。学习情境包括正式和非正式的学习机构,教学设计可以是教师提前制定好的、也可以是师生共同设计的、或者是以学生为中心设计的。对学习的支持被称为学习支架,通常被纳入学习任务表、学习指引或其他形式的辅导以及学习反馈中。学习支架的使用需要一个"知识更加渊博的陪伴者",其可以由人来扮演(例如同学、辅导者、老师、家长),也可以由电脑、或人与电脑协同扮演。学习设计具有多样性,研究者关注如何从学习情境、学习方法和学习支持的各种组合中实现对学习的支持。学习科学关注如何为各种不同的学习任务和跨学科学习情境提供综合性的教学设计以及应该注意的事项。

(三) 关于学习科学研究方法的研究

学习科学的研究方法与其他研究方法不一样的地方在于它能将参与者观察与设计和完善设计的方法结合起来,在实践过程中通过研究设计来改进设计,这是基于设计的研究方法的核心。反思性的重复设计是超越原设计去建立和提出理论的主要驱动力。早期的基于设计的研究体现了研究者们在研究中所做的大量工作,研究者们为老师和学习者提供教学设计,观察设计实施过程,和老师、学习者讨论他们的体验和建议,然后在下一轮设计中改进。这样的实践活动促使新的设计方法产生,即让设计的实施者一开始就参与设计的过程。学习科学的研究方法包括基于设计的实施研究和参与式共同设计。这一过程意味着设计者需要与设计的实践者共同设计,而不是为他们设计。

二、学习科学研究的核心问题

在《国际学习科学手册》中,国际学习科学领域的研究者一方面从理论层面关注了学习科学的发展,阐述学习科学领域取得的成果和经验,包括知识的认知与知识的发展、学习的认知观与社会文化观、学徒式学习、专业知识相关理论和研究、具身认知、社会文化对学科发展的影响等。另一方面,相关研究者也从实践层面关注了学习者如何学习以及如何支持学习者学习,主要包括:(1)学习者如何理解无处不在的信息并与之交互?(2)如何设计对于学习者而言具有一定挑战性的学习环境?(3)如何有效设计、分析和评估教学和学习以促进学习者的学习?

(一) 学习者如何理解无处不在的信息并与之交互?

21世纪,信息无处不在、互动无处不在。学习者不是独立于其他人和事物之外单独在自己的世界中开展行动,而是需要与信息、与他人进行交互。学习者需要学会如何理解这些无处不在的信息,学会如何选择和提取自己日常生活、工作和学习中需要的特定信息,学会如何与他们所选择的信息(即学习内容)及其他人开展深度互动,以规范自己的过程并建构共同的理解,这种共同的理解也会在学习者和他人不断的交流、互动和信任中得到一次次的建构和塑造。学习科学研究者对学习者在与世界互动的过程中所涉猎的系列因素进行了分析和探讨,关注了学习者利用信息解决问题的能力及多源信息理解力、支持学习者与信息交互的学习动机、参与和兴趣、调节学习的技能和策略、支架(脚手架)及制品支持的协作知识建构活动开展等方面的内容。

1. 利用信息解决问题的能力和多源信息理解力

当今社会,人们依靠数字技术获取与工作、生活和学习领域相关的信息,其中涉及到利用信息解决问题的能力以及多源信息的理解力。利用信息解决问题的能力聚焦于检索、评估和选择与任务相关的、有价值的、准确的信息源的过程,通常会涉及到互联网的使用。多源信息理解力聚焦于基于研究人员所提供的信息资源形成意义的过程,这些信息源是预先选择的,且对于学习者开展资源内和跨资源的任务信息决策非常重要。利用信息解决问题的能力及多源信息理解力所涉及的过程性环节内容主要包括识别需求信息、定位信息源、评估信息源、提取信息源信息、理解和组织信息以帮助学习者理解所要解决的任务等。在这一过程中,学习者特征,例如学习者已有知识和认知程度及其社会文化背景对支持学习者利用信息解决问题以及理解多源信息等也有着一定的影响。

2. 支持学习者与信息交互的动机、参与和兴趣

分析动机、参与和兴趣的内涵及其相互之间的关系有助于深入了解学习者与信息之间的互动机制。动机包括参与、兴趣等,例如对成就、能力或竞争力的看法、信念、期望以及价值观的选择,它关联到学习者内容理解的思维方式、时间观念、自我效能信念、完成任务的

能力、对自我能力的定义以及在特定学科领域或研究领域工作的感觉。与动机不同,参与的认知、情感和行为部分是共同发生的,并且互相重叠(Fredricks, Blumenfeld 和 Paris, 2004)。认知上的参与描述了学习者在特定任务中的投入方式,为了掌握具有挑战性的内容所付出的努力和意志,情感上的参与是对学习环境的态度,包括参与的感受,行为上的参与是学习者能够遵守学习环境中的规则、期望和规范。兴趣,描述了参与过程中学习者的心理状态,以及他们随着时间的推移是否有继续参与的可能性。有研究者指出了兴趣发展的四阶段模型,包括触发情境兴趣,维持情境兴趣,萌生个人兴趣,和发展完全的个人兴趣(Hidi 和 Renninger, 2006)。学习者的兴趣可以被他人(例如教师、教练、同伴)所触发,可以被学习环境中的任务或活动所触发,也可以被个人为深入理解所作出的努力所触发。基于对学习者的动机、参与和兴趣的分析,在进行学习设计时,需要遵循的一般原则有:(1)学习者需要参与到学科内容中去才能有所获,需要用学科内的语言参与学科任务,开始培养兴趣。(2)支持学习者通过所提供的支架或任务活动参与到学科内容中去,另外,学习者在兴趣发展的早期和晚期阶段可能需要不同类型的互动或支持才能继续参与到学科内容中去。(3)针对处于兴趣发展不同阶段的学习者,可能需要调整任务,活动或学习环境的结构,以使他们能够专注于任务的不同方面,提供具有挑战性的任务以加强理解。

3. 调节学习的技能和策略

成功的学习者需要知道如何学习、如何提高自己的学习技能、如何积极地参与各种活动,包括规划学习、策略使用、学习进展监控以及处理与学习任务相关的困难和挑战,而这其中涉及的非常重要的要素即为调节学习的技能和策略(Zimmerman, 2008; Hadwin, Järvelä 和 Miller, 2017)。恰当地规划和有策略地调节学习以适应学习过程中遇到的挑战,需要策略性地调节自己(即自我调节学习)、调节社会文化情境和人(即协作中的共同调节学习)、调节整个小组或一个群体(即社会共享的调节学习)(Hadwin, Järvelä 和 Miller, 2017)。其中自我调节学习是学习者在参与任何有学习发生的任务时所进行的深思熟虑的、策略性的计划、执行、反思和调适;协作中的共同调节学习指策略性规划、制定、反思和调节的调配受到激励或约束的过程,其可供性和局限性存在于行动和互动、环境特征、任务设计、调节工具或资源、支持或妨碍有效调节的文化信念和实践中。社会共享的调节学习是一个群体经过深思熟虑的、策略性和交互性的计划、任务制定、反思和调适,包括通过协商和持续的调适共同控制认知、行为、动机和情感状况。学习者需要具备有一定的策略以调节自己和他人的学习,这中间需要自我调节技术工具和环境的支持,例如计算机支持的协作学习(CSCL)。调节学习过程中,技术主要用于支持信息的共享和知识的共同建构(Scardamalia 和 Bereiter, 1994)、为小组学习提供协作和社交空间(Kirschner, Strijbos, Kreijns 和 Beers, 2004)、激活自我调节学习技能和支持元认知过程(Azevedo 和 Hadwin, 2005)、支持建立对自我和他人的意识与理解(Kreijns, Kirschner 和 Jochems, 2002)、促进和维持社会共享调节过程(Järvelä, Kirschner, Hadwin 等,2016)。

4. 支架(脚手架)及制品支持的协作知识建构活动开展

协作知识建构是人们协作创造新知识和新内容的过程,可以发生在小群体中,也可以发生在大社区中,是一种社会的和集体的活动,而非个体的孤立活动(Bereiter, 2002；van Aalst 和 Chan, 2007)。协作知识建构需要学习者在讨论中贡献自己的知识、提出自己的观点和想法,并且愿意考虑他们的观点和想法,相互借鉴,接受或质疑彼此观点,在这样一个过程中,小组可以作为一个整体产生新的见解,创造出新的知识。支架式(脚手架式)教学工具能够对协作知识建构的开展提供支持(Kollar, Fischer 和 Hesse, 2006),为协作学习小组成员的有效和深度互动提供指导,例如可以示范理想的完成任务的方式、降低任务的复杂性使其在学习者当前的能力范围内、在冒险体验与避免挫败感之间维持良好的平衡、从任务中发掘兴趣、维持继续追求活动目标的动力、向学习者指出当前表现与理想模范之间的关键性区别等(Wood 等,1976)。协作知识建构过程中,与知识相关的制品设计与开发也能够有效支持知识建构活动的开展,强调人与人之间的协作不仅通过直接沟通(对话)产生,而且通过共同开发共享制品或实践实现,形成不断发展的协作。制品以独立于创造者而存在的物化形式呈现知识。在协作环境中,这些制品体现了人们的贡献。

(二) 如何设计对于学习者而言具有一定挑战性的学习环境?

为学习者设计具有一定挑战性的学习环境是学习科学领域的一项重要工作。维果茨基最近发展区理论指出,要想在最近发展区中取得成功,学习者需要得到一定的帮助。由此,挑战式学习环境的设计需要为学习者在最近发展区中取得成功提供支持,同时也涉及到关于学习者所学习到的知识和技能在不同场景中的迁移和应用。学习科学研究者围绕学习教学设计、情境设计、学习支持等几个维度对设计挑战式学习环境进行了分析和探讨,包括整体化教学设计、知识论坛、模拟、游戏和建模工具、非正式学习场馆、MOOCs 支持的多样化学习环境、创客运动等方面。

1. 支持复杂技能习得的整体化教学设计

4C/ID 模型是一种针对复杂学习技能习得的整体化教学设计方法,其学习目标是实现知识、技能和态度的共同发展,其中复杂学习技能主要是针对传统片段化知识和技能的习得并不能达到很好的迁移效果而提出的。4C/ID 模型包含有四大要素,分别为:学习任务、支持性信息、程序性信息、部分任务练习。学习任务是 4C/ID 模型的核心,具有整体性、复杂性、真实性等特点,整体性是指学习任务不可以分开进行学习,而是一个完整的整体,可以包含有若干任务组序列;复杂性是指学习任务不是简单的知识、技能或者态度的习得,而是三者的综合体;真实性是指学习任务是真实存在的,需要来自学习者的真实生活。支持性信息主要是建立起学习者已有知识和学习者学习任务中需习得的迁移技能之间有意义的联系。程序性信息主要是用于支持学习者常规学习任务的完成,例如其可以支持教师通过一步步的教学完成常规学习任务。部分任务练习旨在通过广泛的重复性练习来强化学习者的认知,帮助学习者提高其在整个学习任务中的表现。4C/ID 模型支持的复杂学习技能习得主要包含有 10 个步骤(van Merriënboer 和 Kirschner，2018)，分别为(1)设计学习任务;(2)开发评价工具;(3)组织学习任务序列;(4)设计支持性信息;(5)分析认知策略;(6)分析心智模式;(7)设计程序性信息;(8)分析认知规则;(9)分析前提性知识;(10)设计部分任务练习。

2. 知识论坛支持的知识建构活动社区设计

知识建构是一种教育模式，是通过社区的努力提高该社区知识水平的教育模式(Bereiter，2002; Scardamalia 和 Bereiter，2014)。知识建构被认为与学习科学中许多其他方法一样，强调建立在先前知识、元认知、调节过程、协作、脚手架、真实学习情境的基础上，使用技术来扩展学生的认知系统、实现迁移。知识建构和学习不同(Scardamalia 和 Bereiter，2006)，学习关注个体的心理状态，而知识建构侧重于公共的观点和理论，目标是提高社区知识水平，同时参与者也在学习。知识建构基于社区知识空间开展，即知识论坛，是专门为支持知识创造而设计的数字化学习空间，学习者基于知识论坛分享、改进他们的观点和理论。知识论坛中的基本单元是视窗，在一个特定的视窗中，学生可以编写和创建注释网络来表达他们的问题和想法，并以此为基础发展理论。知识论坛支持新出现的观点和综合更高层次概念化的探究功能，不同的视窗可以连接起来并建立关系以整合社区所发展的知识。对知识论坛中学习者开展知识建构活动的分析方法主要有定量分析和定性分析，知识论坛中附带的一套评估小组件，可以提供学习者在知识论坛上的活动统计数据以开展定量分析。社会网络分析方法可以用于分析学习者在知识建构社区中的贡献意识、对社区的补充贡献，以及在社区中的分布式参与等，以强调集体认知责任的重要性。解释性话语分析是分析学习者知识建构活动的一种重要的定性分析方法，关注对社区知识的评估。

3. 模拟、游戏和建模工具支持的真实学习环境创设

积极学习方式被认为是获取深层次知识和技能的必要条件(Freeman 等，2014)，例如体验式学习、探究式学习等，但这些学习方式一般是发生在真实的环境中。随着技术的发展，模拟、游戏和建模工具等可用于支持真实学习环境的创设，促进学习者积极学习的发生。模拟通常是为物理、化学和生物学等学科主题而创建的，也存在于行为科学中，例如心理学课程中为学习者提供的可以探索的在线模拟(Hulshof，Eysink 和 de Jong，2006)。用于学习的计算机模拟基本上由两个部分组成：一个是模拟过程或现象的底层计算模型，另一个是允许学生与该模型交互的接口(de Jong 和 van Joolingen，2008)。计算机技术允许对许多变量进行快速操作和模拟的即时反馈，在实验室中引入不可能出现的情况，包括使用增强现实技术(de Jong，Linn 和 Zacharia，2013)。这也意味着重点可能会从在实验室中学习更程序化的知识(如何进行实验)转变为获得关于潜在领域的深层概念性知识，而这种对获取概念性知识的关注是探究式学习的核心(Rönnebeck，Bernholt 和 Ropohl，2016)。游戏与模拟密切相关，并可以像模拟一样使用，相对于模拟而言，游戏增加了诸如竞争、目标设定、规则和约束、奖励、角色扮演、惊喜等游戏动机方面的特征(Leemkuil 和 de Jong，

2011)。游戏可以像模拟一样使用,学生操纵变量并从观察他们操纵的结果中学习。建模工具也是一种促进学习者积极学习的技术之一,建模学习过程中,学习者通过系统的观察、收集现象或系统数据,根据观察和数据建模、开发模型、评估模型、修正和应用模型等反复的实践和循环,建立对建模现象或系统的理解。

4. 技术支持的非正式学习场馆设计

非正式学习环境一直是学习科学探索利用技术变革潜力的教育设计的主要场所,可划分为三个特定的子类,即自然历史博物馆、科学中心、动物园和水族馆。这些非正式学习环境因为专注于科学、技术、工程和数学,又可以称为非正式 STEM 机构。非正式 STEM 机构支持参观者学习的主要工具是展览,自然历史博物馆、科学中心、动物园和水族馆的不同进化史产生了三种不同的展览原型:信息传递、现象学探索和情感景观展览。自然历史博物馆关注通过定制策略(参观者明确他们的兴趣或需求)和个性化策略(参观者的特征或行为为他们的兴趣和需求提供了证据)来满足参观者的不同信息需求(Bowen 和 Filippini-Fantoni, 2004);以及通过为展品提供数字标签、为参观者提供移动翻译系统等技术形式,支持参观者对系列展品的知识建构。科学中心关注通过技术模拟、使用增强现实技术、角色扮演等方式支持参观者对现象学的探索(Horn 等,2016;Yoon, Elnich, Wang, Van Schooneveld and Anderson, 2013; Bell, Bareiss and Beckwith, 1993)。当科学中心将注意力从真实的物体转移到真实的科学现象时,动物园和水族馆也将重点从展示动物转移到展示真实自然环境中的动物。动物园和水族馆关注通过移动应用程序、沉浸式场景设计、与动物的亲密接触等激活参观者的情感体验,唤起参观者的同理心(Suzuki et al., 2009;Lyons, Slattery, Jimenez Pazmino, Lopez Silva, & Moher, 2012)。

5. MOOCs 支持的多样化学习环境创设

MOOCs,即大规模在线开放课程,其目标主要有汇聚来自精英机构的最优秀的课程、将世界上最好的教育带到地球上最偏远的角落、通过提供学生上课的学习内容和学习方式的数据帮助教师改进课堂教学、支持学生通过社区的形式拓展个人知识和网络、为学生提供有效反馈以防他们出错或陷入解决问题的困境(Fischer, 2014)。人们对 MOOCs 的主要期望是通过"向所有人免费提供一些世界领先专家的知识"为每个人提供教育、多种学习机会,缩小数字鸿沟的范围。学习科学将 MOOCs 定位为多样化学习环境中的重要组成部分,强调 MOOCs 能够在多样化的学习环境中为学习者提供学习信息,主要包括能够支持和实践不同的学习方式、补充学校的正式学习方式、向学习者提供后来可能与他们相关的知识等。未来几年学习科学所面临的主要挑战是需要创建参考框架以从学习科学的角度来理解 MOOCs 的作用、明确 MOOCs 对多样化学习环境的独特贡献、分析 MOOCs 作为寄宿研究型大学核心竞争力的功能、超越围绕 MOOCs 的夸大和完全低估等。

6. 支持学习者自己动手的创客运动开展

创客运动是指越来越多的人在其日常生活中参与到创意产品的制作,并且能够通过各种形式的论坛(例如物理的和虚拟的)和其他人分享他们的创作过程和产品,例如木工、焊接、烹饪、编程、绘画或手工艺(Halverson 和 Sheridan, 2014)。创客运动的特点是在纺织工艺、电子技术、先进的机器人技术和传统的木制品加工等一系列领域具有"自己动手"的精神,包括使用新的生产技术,如 3D 打印机、激光切割机和微型计算机,以及通过互联网分享想法。研究者关于创客运动方面的相关研究集中在创客活动、创客空间等方面的内容,相关研究也指出,创客活动是"为好玩或有用的目的设计、建造、修改或再利用物质材料,面向某种可供使用、相互作用或展示的产品",创客空间是"艺术、科学和工程领域创造性生产的非正式场所,在这些场所中,各种年龄的人将数字和物理技术融合在一起,以探索想法、学习技术技能和创造新产品"。创客运动中的学习涉猎三个核心原则:学习设计、人工制品的创造和分享、过程性成果和成品。创客运动中的研究和实践可以通过探索人的学习、学习环境的设计以及平等和多样性问题等方面的理论与学习科学这一领域相联系并推动学习科学的发展。

(三) 如何有效设计、评估和分析教学和学习以促进学习者的学习?

学习科学的研究方法强调将实践者和设计者相结合、将实践者的实践和设计者的设计相结合,在真实情境的实践过程中通过研究设计来改进设计,实践的设计者需要与设计的实践者共同设计,而不是为实践者进行设计,这也是基于设计的研究的核心。另外,设计者和实践者需要关注学习者基于学习过程的成长和进步,即学习过程中的测量和评估,由此,学习者学习过程中的数据也是学习科学研究的重要内容,其核心在于能够从不同的视角、采用不同的分析方法,挖掘和分析学习者学习过程中的系列影响因素,以促进学习者的学习。学习科学领域的研究者分别从有效设计、测量、分析和评估等方面对如何促进学习者的学习方面进行了分析和探讨,关注了以基于设计的研究、基于设计的实施研究和参与式设计为核心的研究方法设计,以及面向学习者的学习评估和能力测量、融合质性和量性的混合式方法研究等方面的内容。

1. *以 DBR、DBIR 和参与式设计为核心的研究方法设计*

学习科学领域的研究者在探究学习如何发生以及如何支持学习者的学习时,需要和实践者及其他利益相关者合作,在真实情境中,共同、协同开展教学和学习方面的设计,而这正是基于设计的研究(Design-based Research, DBR)、基于设计的实施研究(Design-based Implementation Research, DBIR)及参与式设计的核心。DBR 是一种系统而又灵活的方法论,其目的是在真实情境中,研究者和实践者开展协作,通过迭代分析、设计开发和反复实践循环来改进教育实践。DBIR 的提出是因为发现很多设计良好的干预在应用到真实现实世界情境中时,并没有产生预期的效应,即便是那些在精心设计的随机试验中发现为有效的干预也是如此。"什么在起作用"与"什么、在哪里、何时以及为谁在起作用"两者之间存在有鸿沟(Means 和 Penuel, 2005)。DBIR 希望重构研究者和实践者的角色,以便更好地为其合作关系提供支持,聚焦四条基本原则(Penuel, Fishman, Cheng 和 Sabelli, 2011):(1)从利益相关者的多元视角聚焦实践中长期存在的问题;(2)开展迭代的、协作的设计;(3)理论和知识的发展既要考虑到课堂学习,也要考虑到通过系统层面的探究进行实施;(4)要考虑到为系统的持续改变的改革发展能力。参与式设计强调研究者和实践者共同努力解决已有的实践问题。最初,研究者和实践者对设计过程的贡献可能是截然不同的:研究者关注理论驱动的决策,实践者就如何在实践中实现学习提出务实的观点。然而,随着时间的推移,这些角色可能会交叉并扩大,所有贡献者都会发展更深层次的知识和专业知识。

2. 面向学习者的学习评估和能力测量

学习评估所提供的信息能够帮助教育者、管理者、政策制定者、学生、家长和研究者判断学生学习的状况,并就其影响和行动做出决定。关于学习者的学习评估涉及不同的评估形式、评估目的、评估场景和评估机构,但都遵循一些共同的原则,例如:评估总是一个根据证据进行推理的过程;评估在某种程度上是不精确的;评估是一种工具,旨在观察学生的行为和产生的数据等。学习评估涉及三个方面的核心要素,即评估三角(Pellegrino, Chudowsky,, Glaser等,2001),分别为认知、观察和解释。其中,认知是关于学习者如何在学科领域(如分数、牛顿定律、热力学)呈现知识和发展能力的理论、数据和一系列假设。观察表示一套对评估任务的描述或规范,这些描述或规范将引起学生的启发反应。解释包括所有用于从观察中推理的方法和工具。技术的进步与社会的发展对高技能人才的需求愈为紧迫,教育需要向学习者提供应对未来挑战所需的个人技能。美国国家研究理事会(NRC)指出,以培养能力为导向的教育理念要求人们重新考虑评估,这需要有创新的方法、技术和规范来测量学习者能力的建构情况(NRC,2014)。评估是测量能力的必要手段,评估三角是所有评估的基础。能力测量基于能力模型进行,构建可靠和有效的能力评估模型需要将评估三角中的三个要素联系在一起,从认知到任务、从任务到观察、从观察到分数、从分数到分析,将其设计为一个协调的整体。

3. 融合质性和量性的混合式设计和分析方法

混合式方法研究(Mixed Methods Research, MMR)是通过多种途径和认识方法,在一项研究中整合实施质性研究与量性研究,从而更全面地理解多面性的社会或教育现象(Lund, 2012; Venkatesh, Brown和Bala, 2013),这是一种用于探索复杂的社会经验和现实生活的、有价值的方法论。混合式方法研究具备六个关键特征(Creswell和Plano Clark, 2011):(1)收集并严密且令人信服地分析研究问题的质性和量性的数据;(2)通过组合或融合两种形式的数据,同时混合两种形式的数据,将一种构建在另一种上,或者将一种植入另一种内;(3)根据研究的重点,优先考虑一种或两种形式的数据;(4)在单个研究或在研究过程的多个阶段中使用以上步骤;(5)用哲学的世界观和从理论视角出发组织这些步骤的实施;(6)将这些步骤结合到具体的研究设计中,指导研究计划的进行。混合式方法研究为学习科学提供了解决问题的使用工具,以探索和解释研究中的学习现象,不同研究方法之间的融合正成为一种趋势。

三、学习科学研究的发展趋势

(一) 学习作为一个复杂系统将会受到愈来愈多的关注

学习是一种复杂的系统现象,例如个体的学习行为化证据也许会从自我管理的认知、情感和运动的系统机制中产生,其中每一个系统都在神经中枢上有特定的体现;个体作为社会历史文化系统中的一部分,影响这个系统的同时也被这个系统所影响。个体是群体中的一员,虽然我们经常在个体层面讨论学习,但学习也是群体层面的成就表现。我们现在没有足够的理论、实践和分析工具去探究这些不同层级的系统机制是如何相互连接的。人们正在利用恰当的统计方法以解决学习科学家们所关心的现实情境下复杂多变的多层级学习现象。学习科学正在逐渐揭示一些跨层级的连接和属性。

(二) 重视学习者所获取的知识和能力的研究与测量

如何证明学习者所获得的知识和能力,针对这一类问题的精确解释得到了越来越多的重视。不同领域关于学习进程的研究突出体现在确定学生的竞争力,其研究成果将会导致学习环境设计和学习测量之间更紧密的联系,而这两者之间的联系恰恰是设计最应该支持和促进的。所以,学习测量不应该只是学习环境外部的一个因素,反而应该是学习本身的一部分。如此定位学习测量可以促进个体和组织对学习实践的批判性思考,也能够促进学习者的能动性和自我执行力。DBR(基于设计的研究)和 DBIR(基于设计的实施研究)是体现这种思路的非常好的载体。同样,分析过程和产品数据的新方法(例如说话手势、行动、解决问题的方法、书面文件)也可以提供重要的贡献。大部分情况下,这些方法都需要电脑的自动化或半自动化系统的支持。

(三) 更多的支持学习的自适应技术

学习科学包含可以支持个性化学习和合作学习的各种技术。从行动、认知和情绪上,对学习者的学习和问题解决进行全过程的自动分析变得越来越复杂。技术的应用不仅可以为学习者个体提供更加自适应性的反馈,还可以支持教师监控和介入学习者的学习过程。自动化分析技术的本质是可以根据所探测到的不同模式,策略性地选择学习支架,以为学习者下一步的学习决策提供关键却又有所留白的信息或者指引。人工智能和大数据技术可以充分挖掘学习者学情数据,为学习者精准推荐学习资源,实现有的放矢、因材施教,使个性化学习和减负增效得到实现(人工智能与教育大数据峰会,2019)。然而,要想实现这些目标,必须要将电脑算法和我们有关学习与教学的知识结合起来。学习分析能否成功取决于这些因素结合起来的完成度。我们相信学习科学的多学科合作性是完成这个挑战的最佳前提。

(四) 学习科学正在形成独特的方法论

在方法论方面,学习科学一直在发展一种独特的融合形式,将民族方法学和民族志研究方法相结合,定量研究会话分析和实验研究。作为跨学科研究项目中混合式方法研究的一部分,越来越多的不同研究方法之间的结合将会出现。学习科学领域的研究者推荐使用不同研究方法获取科学知识,并呈现出量性和质性研究相融合的趋势。这种融合包含案例研究、会话分析、制品分析以及关于教学条件和学习情境的实验(和准实验)的变化。学习科学也因此有望成为克服在教育界经常被提及的量性研究方法和质性研究方法不可融合问题的最佳领域。

(五) DBR 仍然是学习科学重要且核心的研究方法之一

DBR 逐渐侧重于"一同设计"而不是"为之设计"。从历史上看,设计和提高改进大部分都是发生在实施情境之外,极少数的设计咨询过那些直接实施设计的人(主要是教师)和那些被设计所影响的人群(主要是学生)。虽然 DBR 的过程就是用来解决这个问题的,但最初的设计仍然是"为之设计"而不是"与之一起设计"。"为之设计"会导致只在表面上做功夫而不关注如何设计才能确保成功和保持可持续性的努力。为了关注和解决这些问题,学习科学开始更大范围地使用基于设计的实施研究、参与性设计、学生驱动型和学生指引型设计,以及理解教师和学习者学习过程的研究。

(六) 社会公正和公平问题逐渐成为学习科学关注的主题

学习科学的未来发展一定要考虑到社会公正和社会公平问题,因为它们正影响我们的设计。我们需要思考特定学科内容、认识实践、结果测量是否会以及会如何加强现有的不公平和权力结构,从而让某一些学习者受益。我们要确保每一位学习者无论性别、健康状况、社会或经济地位、民族或文化背景、地域都能够享受优质的教育和学习机会。我们要能够善用技术,防止有害应用,保证对学习者的数据进行合乎伦理、非歧视、公平、透明和可审核的使用和重用(北京共识—人工智能与教育)。仔细思考公平和权力问题会为学习科学开启更多的空间去讨论我们的研究是否以及如何解决教育不公平的问题。这需要我们去理解和设计环境中的多个层次,包括个体参与的即时环境、各个环境之间的关系,以及存在于更大的文化、政治经济和更重要的意识形态价值系统和制度配置中的微观层面的系统(Lee, 2012)。

学习科学作为一个多学科交叉领域,致力于增进人们对学习本身的发生、过程及其结果的科学而深入的理解,研究发现对学习方法的创新设计和推进、对学习环境的改良、对学习效果的评价等具有积极而重要的作用。《国际学习科学手册》对近二三十年间学习科学的现状、进展及发展趋势进行了回顾和反思,以学习科学交叉特性为分析基础,深入探讨了学习科学如何利用这些基础来形成自己领域的理论、设计和研究成果,为我们呈现了理论与实践兼具的国际化视野。该手册的出版致力于成为当前学习科学领域的"百科全书",同时也致力于成为过去、现在和将来学习科学领域的研究纲要。因此,我们有理由相信,该手册中文版的出版与发行,必将为中国学习科学研究的国际化视野提供重要的参考和助力。衷心祝愿中国学习科学研究与实践的明天会更加美好而光明!

《国际学习科学手册》的中文版翻译工作由来自南方科技大学、华东师范大学、北京大学、华南师范大学等高校 30 多位研究者共同担任,在大家的共同努力下,翻译工作历时一年多时间完成。在翻译过程中经历了初译、一校、二校,最后进行了全文通校;后又在出版过程中进行了一校和二校。为了对参与翻译和校对研究者的贡献表示感谢,我们将他们所做的工作列举如下:

章节名称	翻译	一校	二校
前言	任友群	赵建华	蒋银健
第 1 章	程 醉	柴少明	赵建华
第 2 章	程 醉	赵建华	蒋银健
第 3 章	裴新宁	高丹丹	冷 静
第 4 章	任友群	万 昆	黄 露
第 5 章	段晓彤	程 醉	穆 肃
第 6 章	段晓彤	程 醉	蒋银健
第 7 章	曾嘉灵	原铭泽	程 醉
第 8 章	柳瑞雪	朱柯锦	原铭泽
第 9 章	段晓彤	李 帆	朱柯锦
第 10 章	李 帆	原铭泽	段晓彤
第 11 章	李 帆	段晓彤	程 醉
第 12 章	程 醉	黄 露	柳瑞雪
第 13 章	黄 露	孔 晶	段晓彤
第 14 章	蒋银健	朱柯锦	黄 露
第 15 章	万 昆	柳瑞雪	原铭泽
第 16 章	万 昆	柳瑞雪	段晓彤
第 17 章	万 昆	柳瑞雪	程 醉
第 18 章	高丹丹	张晓蕾	冷 静
第 19 章	朱柯锦	程 醉	黄 露
第 20 章	朱柯锦	孔 晶	段晓彤
第 21 章	朱柯锦	蒋银健	万 昆
第 22 章	裴新宁	孔 晶	蒋银健
第 23 章	孔 晶	曾嘉灵	王雷岩
第 24 章	赵建华	曾嘉灵	柴少明
第 25 章	柳瑞雪	万 昆	孔 晶

第26章	蒋银健	曾嘉灵	朱柯锦
第27章	柳瑞雪	李 帆	万 昆
第28章	孔 晶	王雷岩	曾嘉灵
第29章	蒋银健	黄 露	柴少明
第30章	曾嘉灵	原铭泽	孔 晶
第31章	王雷岩	蒋银健	万 昆
第32章	柴少明	王雷岩	曾嘉灵
第33章	黄 露	柴少明	朱柯锦
第34章	黄 露	朱柯锦	曾嘉灵
第35章	柴少明	黄 露	李 帆
第36章	王雷岩	柴少明	李 帆
第37章	王 美	蒋银健	柳瑞雪
第38章	王 美	万 昆	柳瑞雪
第39章	曾嘉灵	王雷岩	孔 晶
第40章	孔 晶	段晓彤	王雷岩
第41章	穆 肃	高丹丹	冷 静
第42章	穆 肃	冷 静	高丹丹
第43章	穆 肃	冷 静	高丹丹
第44章	高丹丹	冷 静	穆 肃
第45章	冷 静	张晓蕾	黄 露
第46章	原铭泽	高丹丹	张晓蕾
第47章	原铭泽	高丹丹	穆 肃
第48章	冷 静	张晓蕾	高丹丹
第49章	柴少明	段晓彤	王雷岩
第50章	原铭泽	穆 肃	高丹丹
第51章	王雷岩	穆 肃	冷 静

赵建华教授、任友群教授、尚俊杰教授、蒋银健教授负责全书统稿工作。蒋银健教授负责了翻译稿的全书通校工作。南方科技大学的博士后冯雪琦、在读博士生张晓洁参与了针对稿件清样的校对工作。

本书出版发行得到华东师范大学出版社的大力支持,彭呈军、吴伟等编辑做了大量协调、校对和沟通工作。对他们的无私奉献表示衷心的感谢!

参考文献

人工智能与教育大数据峰会[EB/OL]. [2019 - 08 - 02]. http://m. sohu. com/subject/317022?

from=singlemessage.

尚俊杰,裴蕾丝,吴善超.学习科学的历史溯源、研究热点及未来发展[J].教育研究,2018,39(03): 136—145+159.

赵健,杨晓哲.中国语境中学习科学发展的历史进路和当代使命——基于科学范式形成及其知识图 谱证据的分析[J].华东师范大学学报(教育科学版),2019,37(05):92—104.

周加仙."教育神经科学"与"学习科学"的概念辨析[J].教育发展研究,2016,36(06):25—30+38.

Azevedo, R., & Hadwin, A. F. (2005). Scaffolding self-regulated learning and metacognition Implications for the design of computer-based scaffolds. Instructional Science, 33(5 - 6), 367 - 379.

Barab, S., & Squire, K. (2004). Design-based research: Putting a stake in the ground. Journal of the Learning Sciences, 13(1), 1 - 14.

Bar-Yam, Y. (2016). From big data to important information. Complexity, 21(S2), 73 - 98.

Bell, B., Bareiss, R., & Beckwith, R. (1993). Sickle cell counselor: A prototype goal-based scenario for instruction in a museum environment. Journal of the Learning Sciences, 3(4), 347 - 386.

Bereiter, C. (2002). Education and mind in the knowledge age. Mahwah, NJ: Lawrence Erlbaum Associates.

Bereiter, C. (2014). Principled practical knowledge: Not a bridge but a ladder. Journal of the Learning Sciences, 23, 4 - 17.

Bodemer, D., & Dehler, J. (2011). Group awareness in CSCL environments. Computers in Human Behavior, 27(3), 1043 - 1045.

Bowen, J. P., & Filippini-Fantoni, S. (2004). Personalization and the web from a museum perspective. In D. Beaumont and J. Trant (Eds.), Museums and the web 2004: Selected papers from an international conference, Arlington, VA, March 31 - April 3.

Chen, X., Vorvoreanu, M., & Madhavan, K. (2014). Mining social media data for understanding students' learning experiences. IEEE Transactions on Learning Technologies, 7, 246 - 259.

Creswell, J. W., & Plano Clark, V. L. (2011). Designing and conducting mixed methods research (2nd ed.). Thousand Oaks, CA: Sage.

Danish, J. A., Peppler, K., Phelps, D., & Washington, D. (2011). Life in the hive: Supporting inquiry into complexity within the zone of proximal development. Journal of Science Education and Technology, 20(5), 454 - 467.

de Jong, T., Linn, M. C., & Zacharia, Z. C. (2013). Physical and virtual laboratories in science and engineering education. Science, 340, 305 - 308.

de Jong, T., & van Joolingen, W. R. (2008). Model-facilitated learning. In J. M. Spector, M. D. Merill, J. v. Merrienboer, & M. P. Driscoll (Eds.), Handbook of research on educational communication and technology (3rd ed., pp. 457 - 468). New York: Lawrence Erlbaum.

Duncan, R. G., & Rivet, A. E. (2013). Science learning progressions. Science, 339(6118), 396 - 397.

Eilam, B. (2012). System thinking and feeding relations: Learning with a live ecosystem model. Instructional Science, 40(2), 213 - 239.

Enyedy, N., & Stevens, R. (2014). Analyzing collaboration. In K. Sawyer (Ed.), The Cambridge handbook of the learning sciences (2nd ed., pp. 191 - 212). New York: Cambridge University Press.

Fischer, G. (2014). Beyond hype and underestimation: Identifying research challenges for the future of MOOCs. Distance Education Journal (Commentary for a Special Issue, "MOOCS: Emerging Research"), 35(2), 149 - 158.

Fredricks, J. A., Blumenfeld, P. C., & Paris, A. H. (2004). School engagement: Potential of the concept, state of the evidence. Review of Educational Research, 74(1), 59 - 109.

Freeman, S., Eddy, S. L., McDonough, M., Smith, M. K., Okoroafor, N., Jordt, H., & Wenderoth, M. P. (2014). Active learning increases student performance in science, engineering, and mathematics. Proceedings of the National Academy of Sciences, 111, 8410 - 8415.

Gross, T., Stary, C., & Totter, A. (2005). User-centered awareness in computer-supported cooperative work systems: Structured embedding of findings from social sciences. International Journal of Human-Computer Interaction, 18(3), 323 - 360.

Grotzer, T., & Basca, B., (2003). How does grasping the underlying causal structures of ecosystems impact students' understanding? Journal of Biological Education, 38(1), 16 - 29.

Grotzer, T. A., Powell, M. M., Derbiszewska, K. M. Courter, C. J., Kamarainen, A. M.,

Metcalf, S. J. , & Dede, C. J. (2015). Turning transfer inside out: The affordances of virtual worlds and mobile devices in real world contexts for teaching about causality across time and distance in ecosystems. Technology, Knowledge, and Learning, 20,43 – 69.

Hadwin, A. F. , Järvelä, S. , & Miller, M. (2017). Self-regulation, co-regulation and shared regulation in collaborative learning environments. In D. Schunk & J. Greene (Eds.), Handbook of self-regulation of learning and performance (2nd ed. , pp. 65 – 86). New York: Routledge.

Halverson, E. R. , & Sheridan, K. (2014). The Maker Movement in education. Harvard Educational Review, 84(4),495 – 504.

Hidi, S. , & Renninger, K. A. (2006). The four-phase model of interest development. Educational Psychologist, 41(2),111 – 127.

Horn, M. , Phillips, B. , Evans, E. , Block, F. , Diamond, J. , & Shen, C. (2016). Visualizing biological data in museums: Visitor learning with an interactive tree of life exhibit. Journal of Research in Science Teaching, 53(6),895 – 918.

Hulshof, C. D. , Eysink, T. H. S. , & de Jong, T. (2006). The ZAP project: Designing interactive computer tools for learning psychology. Innovations in Education & Teaching International, 43, 337 – 351.

Jacobson, M. (2001). Problem solving, cognition, and complex systems: Differences between experts and novices. Complexity, 6(3),41 – 49.

Järvelä, S. , Kirschner, P. A. , Hadwin, A. , Järvenoja, H. , Malmberg, J. Miller, M. , & Laru, J. (2016). Socially shared regulation of learning in CSCL: Understanding and prompting individual- and group-level shared regulatory activities. International Journal of Computer Supported Collaborative Learning, 11(3),263 – 280.

Jordan, R. , Gray, S. , Demeter, M. , Lui, L. , & Hmelo-Silver, C. (2009). An assessment of students' understanding of ecosystem concepts: Conflating ecological systems and cycles. Applied Environmental Education and Communication, 8(1),40 – 48.

Kirschner, P. A. , Strijbos, J. -W. , Kreijns, K. , & Beers, P. J. (2004). Designing electronic collaborative learning environments. Educational Technology Research and Development, 52(3), 47 – 66.

Kollar, I. , Fischer, F. & Hesse, H. W. (2006). Collaboration scripts: A conceptual analysis. Educational Psychology Review, 18,159 – 185.

Kolodner, J. L. (2004). The learning sciences: Past, present, and future. Educational Technology, 44(3),37 – 42. An analysis and a vision for the young field of the learning sciences, written by one of its foundational scholars.

Kreijns, K. , Kirschner, P. A. , & Jochems, W. M. G. (2002). The sociability of computer-supported collaborative learning environments. Educational Technology & Society, 5(1),8 – 22.

Lee, C. D. (2012). Conceptualizing cultural and racialized process in learning. Human Development, 55(5 – 6),348 – 355.

Leemkuil, H. , & de Jong, T. (2011). Instructional support in games. In S. Tobias & D. Fletcher (Eds.), Can computer games be used for instruction? (pp. 353 – 369). Charlotte, NC: Information Age Publishers.

Lund, T. (2012). Combining qualitative and quantitative approaches: Some arguments for mixed methods research. Scandinavian Journal of Educational Research, 56(2),155 – 165.

Lyons, L. , Slattery, B. , Jimenez Pazmino, P. , Lopez Silva, B. , & Moher, T. (2012). Don't forget about the sweat: Effortful embodied interaction in support of learning. In Proceedings of the Sixth International Conference of Tangible, Embedded and Embodied Interaction (TEI '12) (pp. 77 – 84). New York: ACM Press.

Means, B. , & Penuel, W. R. (2005). Research to support scaling up technology-based innovations. In C. Dede, J. Honan, & L. Peters (Eds.), Scaling up success: Lessons from technology-based educational improvement (pp. 176 – 197). New York: Jossey-Bass.

Nasrinpour, H. R. , & Friesen, M. R. (2016). An agent-based model of message propagation in the Facebook electronic social network. arXiv: 1611. 07454.

NRC. (2014). Developing assessments for the next generation science standards. Washington, DC: National Academies Press.

Pellegrino, J. W. , Chudowsky, N. , & Glaser, R. (Eds.). (2001). Knowing what students know: The science and design of educational assessment. Washington, DC: National Academies Press.

Penuel, W. R. , Fishman, B. , Cheng, B. H. , & Sabelli, N. (2011). Organizing research and development at the intersection of learning, implementation, and design. Educational Researcher,

40(7),331－337.

Rönnebeck, S., Bernholt, S., & Ropohl, M. (2016). Searching for a common ground — A literature review of empirical research on scientific inquiry activities. Studies in Science Education, 1－37.

Scardamalia, M., & Bereiter, C. (1994). Computer Support for Knowledge-Building Communities. Journal of the Learning Sciences, 3(3),265－283.

Scardamalia, M., & Bereiter, C. (2006). Knowledge building: Theory, pedagogy, and technology. In R. K. Sawyer (Ed.), The Cambridge handbook of the learning sciences (pp. 97－115). New York: Cambridge University Press.

Scardamalia, M., & Bereiter, C. (2014). Knowledge building and knowledge creation: Theory, pedagogy and technology. In K. Sawyer (Ed.), Cambridge Handbook of the learning sciences (2nd ed., pp. 397－417). New York: Cambridge University Press.

Smith, B. K. (2004). Instructional systems and learning sciences: When universes collide. Educational Technology, 44(3),20－25.

Suzuki, M., Hatono, I., Ogino, T., Kusunoki, F., Sakamoto, H., Sawada, K. et al. (2009). LEGS system in a zoo: Use of mobile phones to enhance observation of animals. Proceedings of Conference on Interaction Design for Children (IDC '09) (pp. 222－225). New York: ACM Press.

van Aalst, J., & Chan, C. K. (2007). Student-directed assessment of knowledge building using electronic portfolios. Journal of the Learning Sciences, 16,175－220.

van Merriënboer, J. J. G., & Kirschner, P. A. (2018). Ten steps to complex learning (3rd Rev. Ed.). New York: Routledge.

Venkatesh, V., Brown, S. A., & Bala, H. (2013). Bridging the qualitative-quantitative divide: Guidelines for conducting mixed methods research in information systems. MIS Quarterly, 37(1), 21－54.

Wassermann, S., & Faust, K. (1994). Social network analysis: Methods and application. New York: Cambridge University Press.

Wilkerson-Jerde, M. H., & Wilensky, U. J. (2015). Patterns, probabilities, and people: Making sense of quantitative change in complex systems. Journal of the Learning Sciences, 24(2),204－251.

Wise, A. F., & Shaffer, D. W. (2015). Why theory matters more than ever in the age of big data. Journal of Learning Analytics, 2(2),5－13.

Wood, D., Bruner, J. S., & Ross, G. (1976). The role of tutoring in problem solving. Journal of Child Psychology and Psychiatry, 17,89－100.

Yoon, S. A. (2008). An evolutionary approach to harnessing complex systems thinking in the science and technology classroom. International Journal of Science Education, 30(1),1－32.

Yoon, S., Elnich, K., Wang, J., Van Schooneveld, J., & Anderson, E. (2013). Scaffolding informal learning in science museums: How much is too much? Science Education, 97(6),848－877.

Zimmerman, B. J. (2008). Investigating self-regulation and motivation: Historical background, methodological developments, and future prospects. American Educational Research Journal, 45(1),166－183.

中文版序

学习也许是人类进步最重要的能力。过去 30 年,学习研究的一个基本发现是,物理环境和社会环境对于学什么、如何学以及所学知识能否解决学校之外的问题都至关重要。因此,知识是由个人和社会建构的,并且随着新发现的出现不断被修正。协调学习和知识建构是教学的主要功能。因此,教学是促进学习的最重要的文化成就之一。然而,随着时间的推移,学习的理论和原则发生了变化,学术的和实践的良好教学和指导的概念也发生了变化。当代的教学观越来越注重学习环境的设计,这种设计可以为个体学习学科知识提供情境,在这样的学习环境中,个体也可以学习挑战性的、创造性的问题解决方法(单独或与他人合作)。这样的学习环境意味着教师不再以说教的方式向学生传递信息;而是协调和支持他们所负责的学生的学习。

除了如何有效地教授学科知识的问题外,学习科学(Learning Sciences)还提出了如何在专业背景下学习专业问题的解决、决策和协作,以及学习者如何发展成为自我调节、团队导向、终身学习和积极参与社会的个人。从一开始,学习科学就对如何利用技术来帮助学习者实现这一发展感兴趣。今天,我们可以使用各种各样的数字技术,当然,其中只有一小部分被用于教与学的情境中;同时,分析学习过程和评估学习水平的方法、新颖的学习理论和创新的教学法也在迅速发展。这些组成部分的有效相互作用为个人的个性化教育和整个社会的积极发展提供了最大的潜力。探索这种相互作用是学习科学的基础。

学习科学的一个显著特点是,它对改善各种教育背景下的学习和教学有着浓厚的兴趣。为此,学习科学发展了一套创新的研究方法,用于调查和改善真实情境中的学习和教学。同时,学习科学对其他领域和学科(如心理学和教育科学)开发的方法持开放态度(并表示赞赏)。创造科学知识和改善教育实践之间的紧密联系无疑是学习科学共同体成为国际上发展最快的共同体之一的主要原因之一。就增长而言,世界上可能没有其他研究者群体可以与中国的研究者群体相媲美。近年来,中国的研究者在国际领先期刊上发表的科学论文数量迅速增长。

我们很高兴《国际学习科学手册》现在已经被翻译成中文,我们向翻译团队表示祝贺。我们认为这本手册的中文版是对中国的研究人员成为国际社会一部分的邀请——通过参与学习科学年会,在该共同体的期刊《学习科学杂志》和《国际计算机支持的协作学习杂志》上发表他们的研究成果,并在《国际学习科学手册》下一版的中、英文版本上介绍他们的创新研究。

在全球范围内,这本手册越来越多地被用作教师教育项目以及学习科学硕士和博士项目的资源,其中许多项目是学习科学学术项目网络(NAPLeS)的成员。我们真诚地希望这本手册也能为中国和世界其他华语地区的课程与教学法的发展作出贡献。

弗兰克·费舍尔(Frank Fischer)

辛迪·赫梅洛-西尔弗(Cindy E. Hmelo-Silver)

苏珊·戈德曼(Susan R. Goldman)

彼得·赖曼(Peter Reimann)

2021 年 12 月 30 日

作者目录

沙隆·安斯沃思(Ainsworth, Shaaron),英国诺丁汉大学学习科学研究院教授。

玛莎·阿里巴里(Alibali, Martha W.),美国威斯康星大学麦迪逊分校心理学和教育心理学维拉斯(Vilas)荣誉成就教授。

凯利·巴伯-莱斯特(Barber-Lester, Kelly J.),美国北卡罗来纳大学教堂山分校教育学院学习科学与心理学研究博士候选人。

丹尼尔·博德默(Bodemer, Daniel.),德国杜伊斯堡-埃森大学心理学研究方法——基于媒体的知识构建教授。

萨斯基亚·布兰德-格鲁维尔(Brand-Gruwel, Saskia),荷兰开放大学心理学与教育研究学院主任,教授。

苏珊·布里奇斯(Bridges, Susan M.),香港大学教育学院教学促进中心副主任(课程创新),副教授。

卡罗尔·陈(Chan, Carol K. K.),香港大学教育学院学习、发展和多样性系教授。

克拉克·钦恩(Chinn, Clark),美国罗格斯大学教育研究生院教育心理系教授。

尤里克·克雷斯(Cress, Ulrike),德国图宾根大学心理系教授;莱布尼兹知识媒体研究所主任(知识媒体研究中心)和知识创建实验室主任。

约书亚·丹尼斯(Danish, Joshua A.),美国印第安纳大学教育学院学习科学和认知科学副教授,学习科学课程协调人。

唐德容(de Jong, Ton),荷兰特温特大学行为、管理和社会科学学院教学技术与教育科学系教授。

布拉姆·德韦弗(De Wever, Bram),比利时根特大学教育研究系教授。

莎伦·德里(Derry, Sharon J.),美国威斯康辛大学麦迪逊分校教育心理学系名誉教授;北卡罗来纳大学教育学院托马斯·詹姆斯(Thomas James)体验学习杰出教授(退休)。

皮埃尔·迪伦堡(Dillenbourg,Pierre),瑞士洛桑联邦理工学院计算机和通信科学学院学习技术学教授。

菲利察·丁伊卢迪(Dingyloudi, Filitsa),荷兰格罗宁根大学行为和社会科学学院教育科学系助理教授。

雷贝卡·杜克(Duke, Rebekah),美国北卡罗来纳大学教育学院学习科学和心理学研究博士生。

拉维特·戈兰·邓肯(Duncan, Ravit Golan),美国罗格斯大学教育研究生院学习与教学系,环境和生物科学学院生态、进化和自然资源系,副教授。

朱莉娅·埃伯勒(Eberle, Julia),德国波鸿鲁尔大学教育研究所高级研究科学家。

黛博拉·菲尔兹(Fields, Deborah A.),美国犹他州立大学教育和人类服务学院教学技术和学习科学系临时助理教授。

弗兰克·费舍尔(Fischer, Frank),德国慕尼黑大学心理学系教育心理学和教育科学教授,慕尼黑学习科学中心(MCLS)主任。

格哈德·费舍尔(Fischer, Gerhard),美国科罗拉多大学终身学习和设计中心(L3D)主任,计算机科学系认知科学研究所名誉教授。

巴里·菲什曼(Fishman, Barry),美国密歇根大学信息学院和教育学院学习技术系阿瑟·瑟瑙(Arthur F. Thurnau)教授。

利比·杰拉德(Gerard, Libby),美国加州大学伯克利分校教育研究生院研究科学家。

苏珊·戈德曼(Goldman, Susan R.),美国伊利诺伊大学芝加哥分校(UIC)文科和科学,心理学和教育学特聘教授,学习科学研究所联合主任。

金伯利·戈麦斯(Gomez, Kimberley),美国加州大学洛杉矶分校(UCLA)教育与信息研究生院教授。

阿瑟·格雷瑟(Graesser, Arthur C.),美国孟菲斯大学智能系统研究所心理学系教授。

朱迪思·格林(Green, Judith L.),美国加州大学圣巴巴拉分校格维尔茨(Gevirtz)教育研究生院(GGSE)教育学系名誉教授。

梅丽莎·格雷萨菲(Gresalfi, Melissa),美国范德比尔特大学教学与学习系数学教育、学习科学与学习环境设计副教授。

阿利森·哈德温(Hadwin, Allyson),加拿大维多利亚大学教育心理学教授,技术整合与评估(TIE)研究实验室联席主任。

埃里卡·霍尔沃森(Halverson, Erica),美国威斯康星大学麦迪逊分校教育学院课程与教学系教授。

米奇·哈姆斯特拉(Hamstra, Miki P.),美国印第安纳大学麦肯尼法学院研究生课程主任。

凯莉·哈特利(Hartley, Kylie),美国印第安纳大学教育学院讲师。

莱斯利·赫尔伦科尔(Herrenkohl, Leslie R.),美国华盛顿大学学习科学和人类发展系教授。

辛迪·赫梅洛-西尔弗(Hmelo-Silver, Cindy E.),美国印第安纳大学教育学院学习和技术研究中心主任;芭芭拉·雅各布斯(Barbara B. Jacobs)教育与技术委员会主席,学习科学教授。

克里斯托弗·霍德利(Hoadley, Christopher),美国纽约大学学习设计、协作与体验实验室主任;斯坦哈特(Steinhardt)文化、教育和人类发展学院学习科学与教育技术副教授;多尔切拉布(dolcelab)主任。

胡翔恩(Hu, Xiangen),孟菲斯大学计算机科学、电气和计算机工程心理学系教授,孟菲斯大学智能系统研究所高级研究员;华中师范大学心理学系教授、院长。

林秀贤(Im, Soo-hyun)，美国明尼苏达大学双城分校教育心理学系博士生候选人。

杰伦·詹森(Janssen, Jeroen)，荷兰乌得勒支大学教育学系社会和行为科学副教授。

萨纳·耶尔韦莱(Järvelä, Sanna)，芬兰奥卢大学教育科学和教师教育系学习和教育技术研究小组(LET)主任，学习和教育技术学教授。

郑海松(Jeong, Heisawn)，韩国哈利姆大学心理学系教授。

亚斯明·卡法伊(Kafai, Yasmin B.)，美国宾夕法尼亚大学教育研究生院教学和领导力系教授。

马努·卡普尔(Kapur, Manu)，苏黎世联邦理工学院人文、社会和政治科学系学习科学和高等教育学教授。

海蒂·克恩(Kern, Heidi M.)，美国斯沃斯莫尔学院教育心理学学生研究助理。

乔基姆·金梅尔(Kimmerle, Joachim)，德国蒂宾根大学知识媒体研究中心知识建构实验室副主任，杰出教授；德国埃伯哈德卡尔斯大学心理学系兼职教授。

保罗·基尔希纳(Kirschner, Paul, A.)，荷兰开放大学教育心理学教授；芬兰奥卢大学教育科学访问教授和名誉博士。

英戈·科拉尔(Kollar, Ingo)，德国奥格斯堡大学教育心理学教授。

珍妮特·科洛德纳(Kolodner, Janet L.)，美国波士顿学院林奇教育学院访问教授；佐治亚理工学院计算与认知科学荣誉教授；美国《学习科学杂志》荣誉主编。

蒂莫西·科什曼(Koschmann, Timothy)，美国南伊利诺伊大学医学教育系名誉教授。

埃莱尼·凯扎(Kyza, Eleni A.)，塞浦路斯理工大学通信和互联网研究学院通信和媒体研究系，信息社会专业副教授。

阿尔德·拉宗德(Lazonder, Ard W.)，荷兰拉德布德大学行为科学研究所教授。

马西娅·林恩(Linn, Marcia C.)，美国加州大学伯克利分校教育研究生院教授。

吕赐杰(Looi, Chee-Kit)，新加坡南洋理工大学国立教育学院学习科学实验室主任，学习科学和技术学教授。

斯滕·路德维森(Ludvigsen, Sten)，挪威奥斯陆大学教育科学学院院长，学习与技术学教授。

克里斯汀·伦德(Lund, Kristine)，法国里昂大学高等师范学院国家科学中心(CNRS)互动、语料库、学习、描述(ICAR)研究实验室高级研究工程师；里昂-圣艾蒂安"教育、认知、语言"学术学院协调员。

莱拉·莱昂斯(Lyons, Leilah)，美国伊利诺伊州立大学芝加哥分校学习科学研究所和计算机科学学院学习科学教授；纽约科学馆(NYSCI)数字学习研究主任。

琼娜·马姆伯格(Malmberg, Jonna)，芬兰奥卢大学学习和教育技术研究小组博士后研究员。

尼克尔·曼塞维斯(Mancevice, Nicole)，美国加州大学洛杉矶分校教育与信息研究生院博士生。

丽娜·马考斯凯特(Markauskaite, Lina)，澳大利亚悉尼大学悉尼教育和社会工作学院计算机支持学习和认知(CoCo)研究中心电子化研究(教育和社会研究方法)教授。

卡米利亚·马图克(Matuk, Camillia),美国纽约大学斯坦哈特分校斯坦哈特文化、教育和人类发展学院管理、领导力和技术系教育传播和技术助理教授。

凯文·麦克尔哈尼(McElhaney, Kevin, W.),美国斯坦福国际研究院(SRI)教育部门科学和工程教育研究副主任。

凯西·米歇尔(Michel, Kasey),美国明尼苏达大学双城校区教育心理学系博士生。

玛丽埃尔·米勒(Miller, Mariel),加拿大维多利亚大学学习与教学支持与创新系技术整合学习经理。

拉娜·明修(Minshew, Lana M.),美国北卡罗来纳大学学习科学和心理学研究博士生。

汤姆·莫赫(Moher, Tom),美国伊利诺伊州立大学芝加哥分校工程学院计算机科学系计算机科学、学习科学和教育学荣休教授。

米切尔·内森(Nathan, Mitchell J.),美国威斯康星大学麦迪逊分校教育学院教育心理学系学习科学教授。

莫妮卡·尼兰(Nerland, Monika B.),挪威奥斯陆大学教育科学学院教育系教授。

克努特·纽曼(Neumann, Knut),德国莱布尼茨科学与数学教育研究所物理教育系物理教育教授。

詹妮弗·奥尔森(Olsen, Jennifer K.),美国卡内基梅隆大学人机交互研究所研究员。

马尔格斯·佩达斯特(Pedaste, Margus),爱沙尼亚塔尔图大学社会科学学院教育研究所教育技术学教授。

詹姆斯·佩莱格里诺(Pellegrino, James),美国伊利诺伊州大学芝加哥分校学习科学研究院联席主任,文科和科学、心理学与教育学杰出教授。

威廉·佩纽尔(Penuel, William),美国科罗拉多大学博尔德分校教育学院学习科学和人类发展学教授。

凯莉·佩普勒(Peppler, Kylie),美国印第安纳大学布卢明顿分校教育学院咨询和教育心理学系学习科学副教授。

约瑟夫·波尔曼(Polman, Joseph L.),美国科罗拉多大学巨石城分校教育学院研究副院长,学习科学和科学教育教授。

路易斯·普列托(Prieto, Luis P.),爱沙尼亚塔林大学教育科学学院卓越教育创新中心(HUT)高级研究员。

萨达纳·蓬塔姆贝卡尔(Puntambekar, Sadhana),美国威斯康星大学麦迪逊分校教育学院威斯康星教育研究中心,教育心理学系教授。

丽贝卡·昆塔纳(Quintana, Rebecca),美国密歇根大学学术创新办公室学习经验设计师。

米米·雷克(Recker, Mimi),美国犹他州立大学艾玛·埃克莱斯·琼斯教育与人类服务学院教学技术与学习科学教授。

彼得·赖曼(Reimann, Peter),澳大利亚悉尼大学悉尼教育和社会工作学院学习与创新研究中心(CRLI)联合主任,教育学教授。

任艳艳(Ren, Yanyan),美国斯沃斯莫尔学院教育研究系学生研究助理。

安·伦宁格(Renninger, K. Ann.),美国斯沃斯莫尔学院教育研究系主任,多温·卡特赖特社会理论和社会行动学教授。

安·里韦特(Rivet, Ann E.),美国哥伦比亚大学教师学院科学教育教授;美国国家科学基金教育和人力资源局正式和非正式环境中学习研究部项目主任。

卡罗琳·罗斯(Rosé, Carolyn P.),美国卡内基梅隆大学语言技术研究所和人机交互研究所教授。

尼科尔·拉梅尔(Rummel, Nikol),德国波鸿大学教育研究院教育心理学教授;美国卡内基梅隆大学人机交互研究所兼职教授。

威廉·桑多瓦尔(Sandoval, William A.),美国加州大学洛杉矶分校教育与信息研究研究生院教授。

阿斯特里德·施密德(Schmied, Astrid),美国明尼苏达大学双城分校教育心理学系博士生。

伦卡·施纳伯特(Schnaubert, Lenka),德国杜伊斯堡-埃森大学基于媒体的知识创建——心理学研究方法研究员。

巴鲁克·施瓦茨(Schwarz, Baruch B.),以色列耶路撒冷希伯来大学教育学院教授。

大卫·沙弗(Shaffer, David W.),美国威斯康星大学麦迪逊分校教育心理学系,维拉斯学习科学杰出成就教授;丹麦丹奥尔堡大学教育、学习和哲学系奥贝尔基金学习分析教授。

詹姆斯·斯洛塔(Slotta, James D.),美国波士顿学院林奇教育学院研究副院长,教授。

罗伯特·索蒂拉雷(Sottilare, Robert A.),美国人类研究和工程局(HRED),美国陆军研究实验室适应性训练研究负责人。

简-威廉·斯特里博斯(Strijbos, Jan-Willem),荷兰格罗宁根大学行为和社会科学学院教育科学系教授。

塔玛拉·萨姆纳(Sumner, Tamara),美国科罗拉多大学认知科学研究所所长,认知和计算机科学教授。

丹尼尔·萨瑟斯(Suthers, Daniel),美国夏威夷大学马诺阿分校信息和计算机科学系教授。

艾里斯·塔巴克(Tabak, Iris),以色列本古里安大学内盖夫分校教育系高级讲师。

斯蒂芬·阿费尔(Ufer, Stefan),德国慕尼黑大学数学系,慕尼黑学习科学中心(MCLS)数学教育教授。

简·范阿尔斯特(van Aalst, Jan),中国香港大学教育学院副教授,研究副院长。

塔玛拉·范戈格(van Gog, Tamara),荷兰乌得勒支大学教育系教育科学教授。

希尔德·范基尔（Van Keer, Hilde），比利时根特大学教育研究系教授。

杰罗恩·范梅里恩博尔（van Merriënboer, Jeroen J. G.），荷兰马斯特里赫特大学健康专业教育学院（SHE）研究主任，学习和教学教授。

凯莎·瓦尔玛（Varma, Keisha），美国明尼苏达大学双城分校教育心理学系副教授。

萨尚克·瓦尔玛（Varma, Sashank），美国明尼苏达大学双城校区教育心理学系副教授。

弗雷迪斯·沃格尔（Vogel, Freydis）德国慕尼黑技术大学教育学院教师教育系和慕尼黑学习科学中心研究科学家。

克里斯托夫·韦克（Wecker, Christof），德国帕绍大学心理学教授。

阿明·温伯格（Weinberger, Armin），德国萨尔兰大学教育技术和知识管理教授。

黄龙翔（Wong, Lung-Hsiang），新加坡南洋理工大学国立教育学院学习科学实验室高级研究员。

苏珊·尹（Yoon, Susan），美国宾夕法尼亚大学教育研究生院教学，学习和领导力部门教授。

扎卡里亚斯·扎卡里亚（Zacharia, Zacharias），塞浦路斯大学教育科学系科学与技术教育研究小组科学教育教授。

序

　　当我 1989 年底开始创建《学习科学杂志》(Journal of the Learning Sciences, JLS)时,有一小群美国认知科学研究者(横跨科学和数学教育、教育和认知心理学、教育和教学技术、计算机科学和人类学)正在研究与学习有关的问题,这些问题远远超出了他们的领域以及核心认知科学和教育界正在研究的问题。[1]他们提出了在他们的领域中从未被提出过的问题,同时,他们也需要新的方法来回答他们的问题。他们研究现实世界中的学习,以了解如何重新构想教育,设计新的教育方式;同时,他们也将这些新的方法付诸实践,并研究使用新方法时的发展情况。他们需要就地研究学习的方法,以拥抱现实世界的复杂性。他们需要一个场所来分享他们疯狂的想法以及从研究中了解到的东西。我和我的编辑部设想将《学习科学杂志》作为一个平台,用来提出新的教学方法和使用技术的新方法,同时报告如何使它们发挥作用,阐明学习者在真正深入理解某事物并掌握复杂技能的过程中所涉及的复杂组合,展示技能、实践和理解是如何随着时间的推移而发展的,以及什么样的支架能够最好地促进这种发展,提出研究学习的新方法并报告如何使其发挥作用,等等。新期刊的一个主要目的是"促进思考学习和教学的新方法,使认知科学学科对教育实践产生影响"。[2]

　　从一开始,JLS 的文章就把重点放在将学习者作为积极的代理人上——我们如何赋予学习者权利并给予他们代理权? 技术在这方面可以提供什么帮助? 在提出问题、作出预测和解释时,涉及哪些心理过程? 我们如何帮助学习者更有效地做这些事情,以及如何帮助他们成为这些实践中的高手? 我们怎样才能影响学习者的目标,使他们积极地学习? 为此需要什么样的课堂文化、教师实践和学习材料? 文章重点关注我们在学校学习的各种内容和技能(例如,细胞如何工作,水循环,如何论证一个观点),以及那些更加非正式的学习(例如,如何打篮球或多米诺骨牌)。他们专注于学习本身,以及如何吸引学习者并让他们充满热情地学习。研究者发现,学习者对自己和他人及其身份的信念,他们使用身体和与世界互动的方式,他们所处的学习场所的文化背景,他们在学习时接受帮助的形式以及谁为他们提供帮助等,都影响着他关注什么、付出多少时间、谈论什么以及最终学习什么。

　　该共同体关注的重点是学习过程及其机制的复杂性,以及如何对它们施加影响,而不仅仅关注趋势。我们想要了解人们在对某一事物感兴趣时所使用的过程和机制,并对其加以利用,以弄清如何使发生在学校、社区、博物馆等场所的学习更具吸引力、更有成效。我们想要了解如何为每个参与者做到这一点。我们假设不存在一种放之四海而皆准的方法——我们必须了解,除了个体差异之外,学习者之间还可能遇到各种差异,这样才能解决所有问题。

　　因此,学习科学的标志是其研究传统中包含复杂性。从一开始,我们就希望尽可能充分地了解学习是如何发生的,以及支持学习的实践等一系列影响。JLS 创刊 27 年以来,该领域已经形成了许多理论和方法,使我们能够解决这些复杂问题。2018 年的学习科学共同体是国际化的:我们参加了各种会议;我们吸引了成百上千人参加学习科学会议;我们为各种期刊撰写研究论文;我们影响了其他研究领域的研究实践及其提出的问题。我们发现了很多关于学习的心理和社会过程,以及影响这些过程的文化、系统和其他因素。根据这些知识,学习科学共同体成员与他人合作,设计了课程方法、教学法、技术、促进方法、脚手架以及各种教育资源。研究这些产品在实践中应用的结果,从而促进对这些产品的不断改进,对如何使产品适应特定人群和教育生态系统形成新的认识,并对心理和社会进程形成新见解。学习科学家调整了现有的方法,并开发了新的方法,用来研究现场的学习,并确定是什么促成了学习(以及是什么阻碍了学习)。

伴随着这种增长和丰富的活动,人们需要:一种易于获取的资源,让学习科学共同体的新人以及其他学科领域的研究者和实践者了解我们领域的起源、理论基础,以及在过去25 年中形成的(并经常被视为理所当然的)与学习和促进学习有关的各种结构、方法、分析框架和发现。

因此,我对本手册的内容和组织感到很高兴。编者们在解构我们借鉴的理论基础和我们已经理解的东西的复杂性方面做了大量工作。第一部分的 15 个章节详细介绍了该领域的起源、我们所借鉴的知识传统、我们学会整合这些传统的方式,以及我们通过这种整合和研究对人类学习过程和机制的了解,这些研究记录着在我们与世界的互动过程中,人类学习过程、机制和其他影响因素之间复杂的相互作用。我们在与他人的互动中扮演了什么角色?我们周围的文化又是怎样的?在我们的学习过程中,我们如何利用我们的身体以及它们与世界互动的方式?我们的信念(关于我们自己,关于世界和关于他人)如何影响我们的学习?我们的目标、个人兴趣和热情如何影响我们愿意花时间去做和关注的事情?我们如何形成表征,是什么影响了它?人类学习者如何理解世界的复杂性?所有这些因素(包括互动、目标、我们使用身体的方式、信念、我们形成的表征等)如何影响我们的认知加工?

第二部分的 20 个章节详细介绍了我们在如何促进学习方面所了解到的东西——特别是如何设计学习环境,使参与者既能热情参与,又能有效地获得新的理解和能力。这一部分重点关注教学方法和技术的设计与使用,以吸引学习者并帮助他们学习。它不仅关注那些我们称之为"学生"的人,也关注教师及如何帮助他们学习,关注在非正式学习场所年轻和年长的参与者,关注学习者集体的学习方式,以及集体学习对集体中个人能力的影响方式。包括技术可以发挥什么作用?如何利用新技术的可能性来使学习更有吸引力和更有成效?

第三部分(15 章)重点介绍了方法:我们了解到如何在极其复杂的环境中开展研究,如何从这些复杂的环境中提取有关人们如何学习的理解,以及设计促进学习的方法的指导方针。学习科学对研究方法的一大贡献是我们开发了一些方法,使迭代设计成为一流的研究活动,包括收集数据的环境设计会影响可以收集什么、学到什么,以及如何对数据进行解释。

　　我邀请共同体成员深入挖掘相关研究并享受这个过程;我很高兴看到将所有内容汇集在一起的汇编——这既是因为我对共同体取得的进步感到自豪,也是因为其中包含了一些我在指导共同体新成员时会如何使用这些章节的想法。

　　　　　　　　　　　　　珍妮特·科洛德纳(Janet L. Kolodner)
　　　　　　　　　　　　波士顿学院林奇教育学院访问教授
　　　　　　　佐治亚理工学院计算机与认知科学荣誉教授
　　　　　　　　　　　　　《学习科学杂志》荣誉主编
　　　　　　　　　　　　　　　　　马萨诸塞州栗树山

注释

1 See, e.g., Kolodner, J. (1991). Editorial: "The Journal of the Learning Sciences": Effecting Changes in Education. *Journal of the Learning Sciences*, *1*(1), 1-6. See also Hoadley (this volume).

2 Ibid.

第1章 导言：学习科学研究的发展演变

弗兰克·费舍尔，苏珊·戈德曼，辛迪·赫梅洛-西尔弗，彼得·赖曼（Frank Fischer, Susan R. Goldman, Cindy E. Hmelo-Silver, Peter Reimann）

在过去的 25 年里，学习科学这一跨学科领域已经成为研究人如何学习、什么对学习来说是重要的、为什么重要、我们如何创造这种学习环境，以及我们如何确定哪些学习已经发生了、学习的发生对象是谁等问题的重要研究领域。同时，这一现象的出现也促使人们开始反复尝试探索和阐明学习科学与诸多历史悠久的学科研究领域的相似和不同之处，如人类学、认知心理学、认知科学、课程与教学、教育心理学和社会学等。这是一个很难回答的问题，部分原因是学习科学建立在这些学科研究领域的知识基础之上，同时又采用"以使用为导向"（use oriented）的视角看待这些知识基础。也就是说，就像斯托克斯（Stokes，1997）区分基础研究和以解决实际问题为导向的研究（即巴斯德象限的研究）一样，学习科学的研究通常围绕一系列"学习"情境中的实践问题开展，包括专门用于学校教育、工作场所或休闲/娱乐的正式或非正式环境。

因为学习科学是"以使用为导向"的，所以学习科学也是整体性的；实用的实践性知识必须是连贯的（Bereiter，2014）。学习科学的目标是形成对人类学习的整体理解，我们采取了认识论和系统论两种观点。认识论的观点认为，学习可以从多个角度开展研究。通过主张人类学习是一种系统现象，我们假定学习是由生物学习与社会文化知识和工具生产的协调带来的。想象一下——这意味着寻求一些不可能的事情——如果我们没有用来交流的语言，没有包括数学和音乐在内的书写系统，没有发明从桌子到平板电脑的种种技术，人类的学习将会有多么不同。人类学习的这些基本要素都不依赖于特定的大脑功能；相反，它们都将大脑（生物系统）扩展为生物—社会—文化混合系统（a bio-socio-cultural hybrid system），这是人类学习的中心，通常也是人类认知的中心（Clark，2011）。

同样，在方法论方面，学习科学也抵制了粗糙的还原论（reductionism）。相反，它经常会采用一种辩证还原论（dialectical reductionism）的方法，因为除此之外，也没有更好的说法了。为了更好地解释学习，需要将所研究的学习过程分解成若干部分，从而解释从部分及其配置与协调"向上"运行的整个过程。与此同时，较低层次的过程只有站在较高层次上看才有意义，就像向上或向下挥动手臂虽然是舞蹈动作或指挥交通的一部分，但是我们不能通过分析大脑中的运动控制过程来确定这一过程，就像不能通过分析手臂的肌肉收缩来确定这一过程一样。除了条件反射之外，任何人类行为都可以服务于多种——实际上是无限种——目的。此外，我们的大多数行为都是以工具为媒介的(tool-mediated),这就意味着我们的行为受到提供工具的文化以及以特定方式使用工具的实践共同体的影响(Wertsch,1998)。虽然学习者可能意识不到自己身体和大脑的运转过程,也感受不到他们行为的文化背景,但为了理解人类的学习并塑造它,这些都需要被考虑进去。

一、目的

本手册的主要目的是将国际上有关学习科学的理论研究和实证工作汇集在一起,这些研究和工作(1)为学习科学的研究议程提供了信息,强调设计和学习技术(计算机和基于互联网的技术等)如何支持学习及其评估;(2)包括学习科学设计研究循环的特征和独特贡献,以理解学习是如何发生的、发生的是何种学习、学习为什么发生以及学习的发生对象是谁;(3)包括在学习科学研究传统中用于研究学习及学习是如何发生的多种互补的方法。借此,我们希望可以为学习科学的研究和教学提供一份面向国际的最新资源。

我们希望本手册能够成为学习科学领域中越来越多的学士后学位课程的资源。在过去的十年里,自称提供学习科学高级学位的课程数量在全球范围内从屈指可数的几个增加到 50 多个(见 isls.naples.com)。更多的教育学、心理学和相关领域的课程都包括了学习科学的专业或子课程。这些课程分布在北美、欧洲、亚洲和澳大利亚,南美和非洲也对其产生了兴趣。

我们也打算在本手册中提供有关过去、现在和未来研究趋势的概要。本手册的撰稿人或积极参与学习科学研究和研究生预科项目;或曾担任学习科学主要期刊,包括《学习科学期刊》(*Journal of the Learning Sciences*)和《国际计算机支持协作学习期刊》(*International Journal of Computer Supported Collaborative Learning*)的编辑或编委会成员;或在国际学习科学学会或年会的活动中发挥了关键作用。因此,他们可以向学习科学领域中的新人介绍学习科学的主要理论、方法和实证研究结果,也可以为学习科学领域中的资深人士提供关于其特定专业领域的主要趋势和未来发展方向的丰富信息和反思性观点。在征集作者的过程中,我们为其提供了内容指南,希望大家就不同主题领域中的探索达成一致。我们要求作者对该主题作简要的历史介绍,并讨论这个主题与学习科学的相关性或交叉点。我们要求作者引用实证研究及其结果来支撑他们的观点并/或提供应用特定研究方法和分析策略的例子。我们鼓励作者避免使用"这个领域未被探索过"之类的话语,而是寻找已经在这个特定主题上开展过工作的国际学者。

考虑到每一章的篇幅有限,我们要求作者在每章的正文后附上四到五篇延伸阅读材料,以及简短的注释和引文。此外,大部分章节都包含了特定视频资源的链接(URLs),其中,大部分资源来自学习科学学术项目网(Network of Academic

Programs in the Learning Sciences，NAPLeS)中的网络研讨会、访谈和短视频等。我们鼓励您对这些额外资源加以利用。

作为本手册的编者，接下来，我们将从我们希望在每一章中把握和反映的内容出发，概述一下本手册的三个部分。我们概述的重点是各章的总体趋势，而不是对每一章进行总结。最后，我们总结了学习科学的几个新趋势和方向，包括更多的关注社会责任和涉及公平问题的研究。

二、《手册》的组织

学习科学是一个跨学科领域。它致力于增进对学习的科学理解，并参与学习方法和学习环境的创新设计和实施，以改进学习过程和结果。学习者概念、学习空间和学习场所、学习发生的时间跨度、以何种方式定义过程和结果作为学习的证据等，都反映了学习科学的跨学科性。本手册的第一部分，"学习科学的历史基础和理论取向"试图探究到底是什么对这一交叉学科作出了基础性贡献，以及学习科学吸收这些贡献、并利用这些贡献创建了自己的使用导向的理论、设计和证据的特殊方式。第二部分，"学习环境：设计、研究、评估"，探讨了各种场所、空间、时间框架、任务、过程和结果的配置，这些构成了学习科学研究、设计和评估的内容。第三部分，"研究、评价和分析方法"反映了学习科学的方法论的多样性。我们将依次讨论每个部分，最后总结学习科学未来的主题和趋势。

第一部分：学习科学的历史基础和理论取向

科学的历史充满了范式的转变，这是由于证据的积累而导致的，这些证据根本不"符合"现存的理论范式。20 世纪 60 年代心理学中的"认知革命"（cognitive revolution)便是如此（见 Miller，2003)。同样，学习科学的出现，部分原因是对来自不同学科的学习证据和现象的回应。然而，与其说这是某个单一学科（如心理学）内的范式转变，不如说是由于来自不同学科的证据和现象出现了不一致，从而导致了一个更加跨学科的有关学习概念的转变。比如，把人们在日常生活中习得的复杂的量化推理放在一起看的话，它似乎与既往数据相悖，该证据表明人们在正规学校数学学习中所习得的推理能力相对较弱（Lave，1988；Saxe，1991)。正如霍德利（Hoadley)在本手册第 2 章，即"学习科学简史"中所指出的那样，作为学习科学特征的四个主题的出现，构成了钦恩和桑多瓦尔（Chinn 和 Sandoval)所描述的认识论的基础。接下来的三章（Danish 和 Gresalfi；Eberle；Reimann 和 Markauskaite)详细描述了从个人"头脑"和社会文化角度来观察学习、发展以及专业知识的研究工作所产生的结果。接下来两章着重介绍了观察学习发生的多个系统的重要性，特别是神经系统（S. Varma，Im，Schmied，Michel 和 K. Varma)和明显反映在动作和手势中的运动/动觉系统（Alibali

和 Nathan)。这些工作为学习科学研究指出了富有成效的未来方向,试图将学习理解为一个多层次的现象。

接下来四章的主题反映了学习科学中对人们相互作用的目的和目标的日益重视,并试图理解 21 世纪无处不在的各种形式的信息。为什么人们在日常生活、学术或专业活动中会寻求某些信息? 这个主题贯穿了接下来的四章,分别由戈德曼和布兰德-格鲁维尔、安斯沃思、赫尔伦科尔和波尔曼、伦宁格、任和克恩(Goldman 和 Brand-Gruwel, Ainsworth, Herrenkohl 和 Polman, Renninger, Ren 和 Kern)从不同的角度进行了探讨,包括一般兴趣,正式和非正式环境中的学科探究等。他们讨论了学习者的不同视角对其努力的目标和作用的影响以及相互联系,讨论了学习者如何定义、深度参与他们自己决定的与他们的目的相关的信息,以及他们学到了什么。此外,认知的目标和价值是个体在与他人的互动中产生的,无论是在教育还是在工作环境中,它都是一种协作和集体活动(Järvelä, Hadwin, Malmberg 和 Miller;Cress 和 Kimmerle;Ludvigsen 和 Nerland)。学习者并不是在一个孤立的世界中行动。他们在与他人的互动中,通过规范和调节,建立共同的理解,这种共同的理解被自己和他人的贡献、知识和信念所塑造,反过来也作用于这些方面。第一部分的最后一章是关于复杂系统的章节(Yoon),探讨了复杂系统的许多属性(例如,出现、结构/功能关系、因果关系、规模和自组织)对 K-12 教育中的教和学提出的实质性挑战。

第二部分: 学习环境: 设计、研究、评估

学习科学中的许多工作都涉及到为学习者设计具有挑战性的学习情境,在这种情境中,学习者需要处理的情境、任务和问题并非仅仅依靠死记硬背或记忆事实就可以解决。学习者需要走出自己的舒适区(comfort zones),在维果斯基(Vygotsky, 1978)所说的最近发展区(Zone of Proximal Development,ZPD)中学习。为了成功地在最近发展区中学习,学习者需要支持。第二部分的章节描述了设计学习环境的方法,以支持学习者的参与,从而获得知识和可用成果,使学习者能够在不同于原始学习的条件下运用所学的知识。学习活动基本上以探究或解决问题为导向,而且通常包含独立学习和协作学习。

学习环境设计围绕着不同的学习情境、教学方法和学习支持展开。学习情境包括正式和非正式的教育机构;非正式的、选择性加入的空间和场所(例如,体育俱乐部、校外辅导、自发性团体);家庭、工作和其他机构环境。在教学方法上,设计的焦点逐渐从规定性的到共同设计的再到以学习者为中心的。对学习者的支持在广义上被称为支架(scaffolds),可以内置于任务和任务序列中,以此帮助学习者完成任务、为学习者提供指导或给予其他形式的辅导和反馈。支架需要一个"更有知识的人"(more knowledgeable other)的存在,这个角色可以由人(例如,同伴、导师、教师、家长)、计算机来扮演,也可以由人与计算机协同扮演。这一部分的各个章节试图反映由不同的情

境、教学方法和支持形式整合而成的设计的多样性。

前四章对教学设计（van Merriënboer 和 Kirschner；Dillenbourg，Prieto 和 Olsen）、支架（Tabak 和 Kyza）和一种特定类型的支架——示例（van Gog 和 Rummel）提出了相对宽泛的、宏观的观点。这四章为设计各种任务和学科情境提供了一些一般考虑。然后重点转向对探究性学习的特殊形式作出讨论，提出对指导和反馈的时机以及特殊性的考虑（Hmelo-Silver，Kapur 和 Hamstra；Linn，Gerard，McElhaney 和 Matuk）。这两章都暗示了技术的重要作用。事实上，在接下来的章节中都会探讨技术在不同情境、学科和学习者配置（个人、小组、大班）中对学习的支持。具体而言，莱昂斯（Lyons）研究了在不同类型的非正式学习机构中引入技术时出现的问题，以及将机构看作是一个生态系统的重要性。而作为智能辅导系统（intelligent tutoring systems）的计算机（Graesser，Hu 和 Sottilare）和通过模拟、游戏和建模为学习者提供体验式学习的工具（de Jong，Lazonder，Pedaste 和 Zacharia）都已经被用于支持各种学科内容的学习，最常见的是在科学和数学领域，其具体应用有时侧重于单个学习者，有时支持多个学习者一起学习。情境体现了探究和问题解决的设计特征。

将设计活动作为学习的媒介，是本部分接下来三章所探讨的重点。雷克和萨姆纳（Recker 和 Sumner）讨论了教师如何通过基于网络资源的教学设计进行学习。菲尔兹和卡法伊（Fields 和 Kafai）回顾了基于游戏的学习（game-based learning）的主要研究结果，表明设计游戏对于学习是非常有效的，特别是当学习者参与到支架式的设计活动中时。霍尔沃森和佩普勒（Halverson 和 Peppler）分析了创客运动（maker movement），并确定了它的两个核心特征：制作中的真实性和目的性，以及在选择特定创客活动时的自我选择和自主性。创客空间的这些特征可能使其成为促进学习的公平性和多样性的特别有趣的场所。

接下来的八章讨论了协作和知识建构的各种方式，这些方式从一开始就是学习科学设计的主要目标。事实上，计算机支持的意向性学习环境（Computer Supported Intentional Learning Environment，CSILE）是一个开创性的基于计算机的系统，用来支持以发展观点为核心的协作性学习。CSILE 是由斯卡德玛利亚和波瑞特（Scardamalia 和 Bereiter）为促进知识变革（knowledge-transforming）而非知识传递（knowledge-telling）的学习机会所做的努力（Bereiter 和 Scardamalia，1987a，1987b；Chan 和 van Aalst）。基于这个开创性的工作以及它在国际上催生的大量设计和研究项目，现在已经出现了一些平行的设计和研究工作，强调在支架式探究共同体中创造和生成知识（Slotta，Quintana 和 Moher），或者通过对话和辩证式论证创造和生成知识（Schwarz）。在对 CSCL 研究中的这些理论和方法进行概述后（Jeong 和 Hartley），接下来的两章讨论了处理更具体问题的方法。这些设计通常在基于计算机或互联网的系统中实现，并为协作知识建构提供各种类型的支持，包括为小组提供脚本、支架（Kollar，Wecker 和 Fischer）或群体意识信息，旨在帮助小组调节自己的活动

(Bodemer，Janssen 和 Schnaubert)。这一部分的最后两章重点讨论了在 K - 12 和高等教育中已经形成规模的协作学习机会：移动学习(mobile learning)(Looi 和 Wong)和大规模在线开放课程(massive open online courses)(G. Fischer)。在这两章中，作者讨论了将正式学习和非正式学习联系起来的可能性，同时也强调了在这些空间中引入学习科学视角来设计问题的价值和重要性。

第三部分：研究、评价和分析方法

学习科学与其他方法不一样的地方在于它能将参与观察、系统设计和改进工作结合起来。研究的重点虽然是基于现有理论进行设计，不过，基于设计的研究(design-based research，DBR)的一个标志性特征就是在行动中研究设计，并确定如何在情境中改进设计。反思性的再设计是超越原设计、发展和产生理论的主要驱动力。在这部分的第一章里，蓬塔姆贝卡尔(Puntambekar)详细描述了这段历史以及 DBR 的发展方向。早期的 DBR 研究体现了研究者对设计的"重点干预"：研究者为教师和学生提供设计，观察教师和学生实施设计过程中的情况，咨询他们的体验和建议，然后进行再设计。类似的 DBR 规定也出现在非正式的机构环境和游戏设计中。从这些努力中吸取经验和教训，越来越多的设计方法从一开始就让实施者参与到设计过程中来，包括基于设计的实施研究(design-based implementation research，DBIR)(Fishman 和 Penuel)和参与式协同设计(participatory co-design)(Gomez，Kyza 和 Mancevice)。这个过程是与设计的目标用户/实施者一起工作和设计的过程，而不是为他们设计的过程。

显然，设计者需要知道他们创造的设计在过程和结果方面的目的是什么。这种说法中，有两个方面可能没有那么明显。第一，在一定程度上明确的过程和结果似乎足以支持设计的启动，但很快事实就证明，这种在一定程度上明确的过程和结果还是太过全局性和模糊不清，无法真正助力于关键性的设计决策(Ko 等，2016)。第二，许多学科知识的纵向研究甚至是横向研究都很匮乏，而这些学科知识都是设计的目标，目的是为了在正规学校教育情境中使用。因此，以设计为基础的研究工作与评估方法是相辅相成的，评估方法需要了解我们希望学生知道什么、能够做什么，以及我们如何知道他们是否在我们希望他们知道的事情上取得了足够的进展，并在他们的发展和学校教育的特定阶段得以实现。佩莱格里诺(Pellegrino)的研究谈到了这些问题在教学设计和学生学习评估中的中心地位，而接下来的两章(Duncan 和 Rivet；Ufer 和 Neumann)从纵向的、累积的学习视角指出了解决这些问题的方法。

关于混合方法(Dingyloudi 和 Strijbos)和多义性(multivocality)(Lund 和 Suthers)的章节指出了从多个角度(整体或部分)探索数据集的价值，结合使用不同的方法，严格、系统地为实证和理论主张建立合理的证据论证。接下来的三章涉及到对各种形式的定性数据的分析方法，这些数据通常是通过交互的视频和音频记录获得的

(Koschmann；Green 和 Bridges；Derry，Minshew，Barber-Lester 和 Duke)。最后四章讨论了交互分析的定量方法(Vogel 和 Weinberger)，可以利用这些方法来构建学习和教学数据中的描述性、预测性和因果关系模式(Rosé；Shaffer)。最后一章是关于学习科学的统计方法，并针对学习现象的多层次本质提出了分析策略(De Wever 和 Van Keer)。

三、未来的主题和趋势

最后，我们强调了学习科学未来重点发展的六个主题和趋势。

1. 越来越认识到学习是一种复杂的系统现象。学习和学习机制在不同层次上以半独立的自组织系统模式运行。例如，个体学习的行为证据可能来自于自组织的认知系统、情感系统和动觉/运动系统的运行机制，其中每个系统都有其神经特征。此外，个体作为更大的社会历史文化系统的一部分，影响这个系统的同时也被这个系统所影响。即使学习是在个人层面发生的，它也是一种成就，是属于个人所属的共同体的。虽然目前我们还没有理论、实证或分析工具来探讨这些多层次系统之间的联系，但像多层次分析和潜在增长模型这样的统计方法正朝着现实情境下复杂而动态的多层次学习现象的方向发展，这正是学习科学家的兴趣所在。因此，学习科学越来越有能力去阐明一些跨层次的联系和新特性。

2. 日益强调对学习者应该知道的和能够做的事情进行长期研究和精准解释，并关注哪些指标能够提供与目标能力相关的证据。在不同领域中对学习进程的研究将在确定目标能力方面发挥重要作用。研究结果将促进学习环境的设计和学习评估之间更紧密的联系，而这种联系是设计应该予以支持和促进的。因此，与其说评估是学习环境的外部因素，不如说从一开始它就是学习环境设计的一部分。这样定位学习评估可以在个体和学习者群体中培养批判性的反思实践，并可能促进更大的能动性和自我指导。DBR 和 DBIR 是整合这种评估视角的优秀工具。同样，利用分析过程和产品数据的新方法(如谈话、手势、行动、问题解决方案、书面文件等)来识别概念上有意义的模式也将作出重要贡献。在大部分情况下，这些方法将越来越依赖基于计算机技术的自动化或半自动化分析。

3. 更多地支持学习的自适应技术。学习科学从诞生之初就包涵了支持个人和协作学习的各种技术。在学习和解决问题的活动中，对反映行为、认知和情感过程的反应模式的自动化分析变得越来越复杂。它们不仅可以为学习者个人和群体提供更多的适应性反馈，还可以支持教师监控和干预学生的学习。这种自动化分析的性质可以使我们根据探测到的模式策略性地选择支架，为学习者的反思和做出下一步策略性决策"及时"提供关键但又有所留白的信息或指导(如提示或线索)。然而，为了实现这些潜力，我们需要将算法与我们教和学的知识结合起来。学习分析(learning analytics)

能否成为一个成功的故事取决于这些因素结合的程度。我们相信,学习科学中的跨学科协作是解决这个挑战的最佳前提条件。

4. 在方法论方面,学习科学一直在发展一种独特的混合证据形式,将人种学和民族志研究方法与更注重定量的对话分析和实验研究结合起来。在跨学科研究项目中,越来越多地将不同的方法作为"混合方法"策略的一部分结合使用。虽然这几章的作者提出的创新科学知识的方法大相径庭,但在定性和定量方法的平衡结合上明显趋同。这种混合包括案例研究、对话和作品的详细分析,以及教学条件和学习情境的实验(和准实验)差异。因此,学习科学很好地克服了教育研究中经常声称的定性和定量方法的不兼容性,而这种不兼容性在教育研究的方法论争论中占主导地位。

5. 从事基于设计的研究的研究者越来越强调共同设计而不是为之设计,强调一同行动而不是依之行动。从历史上看,学习科学中的设计和改进工作——以及更广泛的教育研究工作——在很大程度上是在教育实施的外部环境中进行的。一般来说,设计者很少与负责实施最终设计的人(通常是教师)以及那些会受到这些设计影响的人(通常是学生)进行协商和沟通。虽然 DBR 循环的目的就是为了解决这些问题,但最初的设计(在某些情况下一些后续的迭代)只是部分解决了为之设计而不是共同设计的问题。相比于共同设计,为之设计往往会导致只在表面上做功夫,而缺乏对工作成功的自主性与投入,以及努力的可持续性。为了解决这些问题,学习科学开始更多地使用参与式设计和咨询、学生驱动(student-initiated)和学生指导(student-directed)的设计,另外也关注了解研究者/设计者以及教师和学生的学习过程的研究。我们看到这种参与式设计的趋势正在增加,这也是基于它有助于可持续变革。

6. 对社会公正和公平问题的日益重视。学习科学在前进的过程中,需要认真考虑公平和权力的问题,因为这些问题影响着我们的设计,也被我们的设计影响。我们需要考虑特定的学科内容、认知实践和结果测量是否以及如何强化了现有的不平等和权力结构,使一些学习者从中受益,而另一些学习者却无法从中受益(Booker,Vossoughi 和 Hooper,2014;Politics of Learning Writing Collective,2017)。我们往往没有充分考虑不同的情境,这些情境促使我们关注权力如何在学习空间中循环、学习者从哪里来以及到哪里去。为了充分实现其对教师、政策制定者、共同体和学习者的潜在影响,学习科学的学术研究需要更直接地考虑"权利与特权的问题,因为权力总是存在的,它存在于我们的研究环境中,存在于我们的文章中、书籍中、会议中以及我们的课堂上"(Esmonde 和 Booker,2016,p. 168)。通过仔细思考公平和权力问题,我们为学习科学开辟了空间,以便更有效地参与讨论,讨论我们的研究是否以及如何延续现有的权力结构,并具体说明教育不平等的问题。要做到这一点,就需要对多层次的情境进行民主化的理解和设计:"个人参与的直接环境;人们参与的多重环境之间的关系;更广泛的文化、政治、经济、甚至是意识形态的信仰体系以及存在于这些微观层面环境之中的制度配置"(Lee,2012,p. 348)。我们希望这本手册的后续版本能够包含更多明确关注社会正义、公正和权力问题的声音，也希望与其他章节的作者进行对话，讨论学习科学研究究竟应该为谁服务的问题。

四、致谢

我们感谢苏拉吉·乌塔姆钱达尼（Suraj Uttamchandani）在思考社会正义和公平问题方面提供的大量帮助。同时也感谢埃琳娜·詹本（Elena Janben）在编辑本手册过程中给予的大力支持。

参考文献

Bereiter, C. (2014). Principled practical knowledge: Not a bridge but a ladder. *Journal of the Learning Sciences*, *23*, 4–17.

Bereiter, C., & Scardamalia, M. (1987a). *The psychology of written composition*. Hillsdale, NJ: Lawrence Erlbaum Associates.

Bereiter, C., & Scardamalia, M. (1987b). An attainable version of high literacy: Approaches to teaching higher-order skills in reading and writing. *Curriculum Inquiry*, *17*(1), 9–30.

Booker, A., Vossoughi, S., & Hooper, P. (2014). Tensions and possibilities for political work in the learning sciences. In J. Polman, E. Kyza, D. K. O'Neill, I. Tabak, W. R. Penuel, A. S. Jurow, et al. (Eds.), Proceedings of the International Conference of the Learning Sciences, (Vol. *2*, pp. 919–926). ISLS.

Clark, A. (2011). *Supersizing the mind. Embodiment, action, and cognitive extension*. Oxford, UK: Oxford University Press.

Ko, M., Goldman, S. R., Radinsky, J. R., James, K., Hall, A., Popp, J., et al. (2016). Looking under the hood: Productive messiness in design for argumentation in science, literature and history. In V. Svhila & R. Reeve (Eds.), *Design as scholarship: Case studies from the Learning Sciences* (pp. 71–85). New York: Routledge.

Lave, J. (1988). *Cognition in practice: Mind, mathematics, and culture in everyday live*. New York: Cambridge University Press.

Lee, C. D. (2012). Conceptualizing cultural and racialized process in learning. *Human Development*, *55*(5–6), 348–355.

Miller, G. A. (2003). The cognitive revolution: a historical perspective. *Trends in Cognitive Sciences*, *7*(3), 141–144.

Politics of Learning Writing Collective. (2017). The learning sciences in a new era of U.S. nationalism. *Cognition and Instruction*, *35*(2), 91–102.

Saxe, G. B. (1991). *Culture and cognitive development: Studies in mathematical understanding*. Hillsdale, NJ: Lawrence Erlbaum.

Stokes, D. E. (1997). *Pasteur's quadrant: Basic science and technological innovation*. Washington, DC: The Brookings Institution.

Vygotsky, L. S. (1978). *Mind in society: The development of higher mental process*. Cambridge, MA: Harvard University Press.

Wertsch, J. V. (1998). *Mind as action*. New York: Oxford University Press.

第一部分

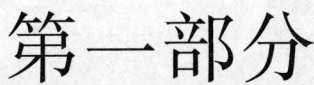
学习科学的历史基础和理论取向

第 2 章 学习科学简史

克里斯托弗·霍德利(Christopher Hoadley)

学习科学是一门研究人如何学习以及如何支持学习的学科。它拥有一个相对年轻的学术团体,其历史反映了许多其他学科(如人类学、教育学、心理学、哲学)对学习以及如何支持学习的影响。这个学术团体所致力的研究领域反映的不仅仅是抽象的认识论、知识论和方法论上的成果。相反,正如科学社会学中所记载的那样,该研究领域反映的是其中的人,以及他们与其他学术团体之间的相互联系和彼此割裂。了解这些以及它们的起源,对于了解一个领域哪些方面是核心原则、哪些方面是隐藏的假设,以及哪些方面可能只是历史的偶然,都具有启迪意义。鉴于此,本章有关学习科学史的介绍主要讲述一群自称为"学习科学家"的人。像大多数历史记载一样,这段历史反映的是作者的观点。作为一名在该领域工作了约30年的美国学者,我对这段历史的北美部分最为熟悉,不过其几乎完全限于通过英文研究文献可以获得的部分。因此,我们最好将本章理解为"一种"历史,而不是"唯一"的历史。

我认为,学习科学是实证主义的(empirical)、跨学科的(interdisciplinary)、情境化的(contextualized)和以行动为导向的(action-oriented)。在整个叙述中,我希望阐明学习科学领域体现这四个特征的形式和功能。像历史上大多数事件一样,这个过程是曲折的。我将着重说明这四个特征的要素是如何以及何时开始出现的。

一、学习科学的种子

对于最佳教学方法的探索已经持续了好几个世纪,但是对于思维的本质及其学习方式的科学研究却起源于哲学和医学。大约在20世纪初,有几项发展标志着学习研究方面现代实证主义方法的出现。一方面,借鉴医学模式,心理学开始以独立于哲学的形式出现,衍生出不同的动机和方法。例如,医生威廉·冯特(Wilhelm Wundt)利用实验自然科学的方法来理解人类对色彩、声音等现象的感知。西格蒙德·弗洛伊德(Sigmund Freud)开始试图通过理解思维本质的方式来解决所谓的"神经紊乱"——他的实证主义研究包括内省,这导致了弗洛伊德精神分析学(freudian psychoanalysis)的发明。俄罗斯生理学家伊万·巴甫洛夫(Ivan Pavlov)在发现物理刺激之前的生理反应(如狗在预感到食物出现之前分泌唾液)后,研究了塑造学习中的条件作用的本质。20世纪初,生物学家让·皮亚杰(Jean Piaget)将学习视为发展的一种表现形式并对其进行研究,将儿童的成熟比作一朵鲜花的绽放,还指出这种成熟在自然和后天培养的交汇处会出现生物学上受限的可能性。玛利娅·蒙台梭利(Maria Montessori)曾是一名医生,在接近 20 世纪初时,她对残疾儿童进行了调查,儿童对各种刺激的反应促使她创造出一些教育技术,这些技术至今仍被蒙台梭利学校沿用。另一方面,与这些基于生理学的方法抗衡的一种力量,是从哲学中产生的一种更情境化的实证研究方法,哲学家约翰·杜威(John Dewey)就是一个例子。杜威在芝加哥大学创办了一所实验学校,在一个真实的社会背景下研究教育,在这个背景下,教师和研究者是同一批人。值得注意的是,这是一个许多学科共同发展的时代,许多学科都在形成自己的核心认识论和方法来研究学习和教育,其中包括对实际情境与问题的解释、预测和应用。20世纪初至中期,实证学科在学术机构中变得更加稳固和分化。例如,心理学不仅成为一门独立于医学的学科,而且开始区分实验心理学和临床心理学。这就衍生出一个有趣的问题,教育应该如何被制度化。

一般来说,教育从一个应用专业转变为一个合法的实证研究领域是有争议的。在美国,"师范学校"一直承担着师资培训工作,但是 19 世纪末以后,其逐渐被教育学院的概念所取代,教育学院不仅是教师的实践培训中心,而且是与教育问题相关的学术研究中心。到 20 世纪中后期,美国大多数大学都设有教育学院,肩负着培养教师和开展教育研究的双重使命。然而,拉格曼(Lagemann, 2000)将教育研究的历史记录成一个有争议的领域——在各个层面,尤其是在方法论和认识论层面。这些紧张关系与学科、实证主义、情境化和行动导向的特点密切相关。从学科的角度来看,争论的焦点是教育本身是一门知识(科学)学科,还是一个被"真正的"学科殖民化的应用领域,亦或是跨学科研究可以蓬勃发展的十字路口。从认识论的角度来看,杜威看到了"实际经验与教育过程之间亲密且必要的关系"(Dewey, 1938/1997, p. 20),主张用整体的、实用的方法来研究学习科学,而行为主义者,如托尔曼和斯金纳(Tolman 和 Skinner)则认为人类经验是表象的,是对伪科学的邀请。斯金纳认为,将人类环境作为个人条件作用的来源是重要的,但他认为学习的基础过程是普遍的,而杜威把学习看作是一种内在的社会、文化固有现象。两者在方法论与认识论上的分歧是一致的:从客观性的角度看,行为主义者主张一种独立的、客观的学习科学,而实用主义者和进步教育研究者则在研究中采取参与者—观察者的立场。拉格曼(2000)认为,行为主义在这些认识论中地位是最高的,但是行为主义理论越来越多地遇到这样的现象:在解释人类行为时,需要假设隐藏的内部刺激和其他方法来关闭大脑的"黑箱"。认知主义(cognitivism)的开端也来自发展心理学家[最著名的是 Piaget(1970)和 Bruner(1966)],他们认为大脑中的想法是重要的,而且人类发展的阶段没有之前认为的那么固定(见 Olson, 2007)。

到了 20 世纪 70—80 年代,与"打开大脑黑箱"挑战相关的是,有两种趋势极大地改变了人们研究思维(以及学习)的格局:计算机的出现和认知科学的产生。从 20 世纪 30—40 年代开始,技术的进步不仅导致了控制论(研究具有自我调节属性的动态系统的本质)的发展,还导致了像电话交换机这样的隐喻在思维和思考中的应用。数字计算的出现孕育了计算机科学,这一领域不仅关注数字计算,还更广泛地关注符号操作。早期,人工智能的子领域出现了用来设计和研究人工符号操作系统(电子、数字计算机和软件)如何模拟人类等自然生物表现出来的智能行为的方法。这种方法不仅包括对智能行为的模仿,还将计算机作为心智的模型(Block,1990)。

与此同时,到了 20 世纪 50 年代,关于心理事件和表征是否可以实证性地被测量的争论已经开始削弱斯金纳关于思想是表象的观点,特别是像诺姆·乔姆斯基(Noam Chomsky)这样的语言学家,他们认为语言的发展显然无法用行为主义理论来解释(Gardner,1985)。乔姆斯基认为,心理机制天生就制约着语言的发展,而不仅仅是条件作用。在 20 世纪 50 年代至 70 年代之间,跨学科的思维研究开始发现,我们不仅可以研究思维的内容,而且可以研究思维的机制。研究者开始从各个领域借鉴技术,以克服内省作为研究内部心理过程的唯一方法的局限性。例如,乔姆斯基的观点得到了许多早期医学研究的支持。这些研究表明,大脑特定区域的损害会导致非常特殊的语言生成或理解障碍。继而,反应时间研究和实验心理学方法被用来推断从感知到注意力再到记忆的思维内部过程。可以知道的是,计算视角关注的是如何使用人工计算系统模拟或建模思维,认知视角认为思维的内容和过程是可探索的(打破了行为主义者将思维视为"黑箱"的看法),这两种视角的结合为自称为认知科学的跨学科的实证领域的出现创造了条件(Gardner,1985)。

随着时间的推移,认知科学愈发明确了思维与"大脑之外"的情境之间的关联程度;发表在《认知科学》(*Cognitive Science*)(认知科学学会,1993 年)杂志上的一期特刊开展了一次关于认知如何"情境化"(situated)的争论,也就是说,认知与物质和社会文化环境的密不可分是如何体现的。一方面,与行为主义相比,信息加工心理学(information processing psychology)的观点打开了认知的大门,但仍然将外部世界视为"输入"。另一方面,情境化的观点有助于建立一种情境化的学习科学。在这种科学中,至少需要研究学习的社会和文化背景,最大程度地将学习视为一种内在现象,它不存在于人的头脑中,而是存在于人与环境之间的关系中。因此,在学习科学开始之前,认知科学革命推动了更多跨学科思维(和学习)方法的建立,这产生了两个影响:它为学习超越黑箱模型的实证研究奠定了基础,也为将学习作为情境的产物铺平了道路。

二、早期学习科学(20 世纪 80 年代至 20 世纪 90 年代)

可以说,围绕着"如何利用认知科学的跨学科实证方法来设计学习环境(以行动为导向),同时处理好情境中的学习的混乱"这一困境,我们现在称之为学习科学的学科才得以诞生。学习科学的早期关注点是确定认知科学中教育研究的行动取向和情境化特征。1989 年，我在麻省理工学院（MIT）攻读认知科学学位的同时，也在进行一项如今可能被称为学习科学的计划。当时我在麻省理工学院媒体实验室（MIT Media Lab）的西摩尔·佩珀特（Seymour Papert）学习和认识论小组（Learning and Epistemology group）工作，同时也在发展心理学家苏珊·凯里（Susan Carey）的研究小组研究概念转变和科学推理。我清楚地记得有一个星期，两个小组的同事都质疑我为什么要和另一个小组"纠缠"在一起。媒体实验室的口号是"要么演示，要么死亡"（demo or die），这与心理学课程中传统的"要么发表，要么灭亡"（publish or perish）形成鲜明对比。创新和创意设计与科学解释和预测哪一个更重要，这个问题类似于工程和科学之间的差异。更让我感到紧张的是，这两者的分离会让彼此陷入某种困境。

在更多的思维和学习的情境理论到来之际，从事认知科学工作的教育研究者对认知科学与"野外认知"（借用 Hutchins 的一个术语，1995）研究之间的距离感到有些沮丧。"学习科学"这一术语及其领域诞生于 20 世纪 80 年代末和 90 年代初。1991 年，计算机科学家珍妮特·科洛德纳（Janet Kolodner）创办了《学习科学期刊》（*Journal of the Learning Sciences*），她在描述该杂志及其领域的创建动机时，明确地表明了以行动为导向的立场。其中包括"关于在什么样的情况下，什么样的教育环境是有效的，需要具体的指导方针"以及利用这些指导方针"开发更多创新地使用计算机的方法"的必要性（Kolodner, 1991）。在回顾历史时，她描述了 1990 年在美国西北大学成立的学习科学研究所工作的认知科学家是如何从根本上像认知科学一样具有跨学科性，但又与教育心理学、课程和教学有着额外联系的（Kolodner, 2004）。她还指出，共同体中存在着一种挫败感，即认知理论所能预测的内容（如人工智能生产系统）与现实环境中与教育相关的内容之间缺乏联系。科洛德纳强调，学习科学提出的以行动为导向的设计可能与 20 世纪 90 年代的认知科学界的许多观点形成对比，对他们来说，人工智能系统的设计主要是为产生理论和思维模型服务的。在科洛德纳的文章发表的同一期《教育技术》（*Educational Technology*）上，作为美国西北大学学习科学博士项目第一批毕业生的史密斯（Smith, 2004），对基于实验室的"整洁的"（neat）学习研究和基于实地的"邋遢的"（scruffy）学习研究进行了区分。他对学习科学的描述是"邋遢的"，这突出了学习科学行动导向的情境化性质，并将学习科学家的设计研究与教学系统设计领域的设计研究区分开来。此外，每一篇文章都描述了这个时代的一些里程碑事件，导致了一个学术团体的诞生。

也是在 1991 年，美国西北大学学习科学研究所所长罗杰·尚克（Roger Schank）牵头召开了首届学习科学国际会议（International Conference of the Learning Sciences, ICLS）。实际上，尚克是对原本的人工智能教育会议进行了重新命名与重新聚焦才形成了这次会议名称。这种更名引起了人们对学习科学的兴趣，尤其是在美国，不过这也带来了长期性的后果——使建立国际学习科学协会变得更加困难。在同一时期，也有一个学术团体正在将他们对计算机支持的协作学习（Computer Support for Collaborative Learning，CSCL)的兴趣和对跨学科的承诺，以及以行动为导向的、实证的和情境化的学习观结合起来(Stahl，Koschmann 和 Suthers，2014)。继 1989 年在意大利的马拉提亚(Maratea)举办了一次研讨会之后，1991 年，由蒂姆·科什曼(Tim Koschmann)主持、约翰·西利·布朗(John Seely Brown)承办、施乐实验室(Xerox PARC)赞助的 CSCL 研讨会在伊利诺伊州的卡本代尔(Carbondale)举行。该研讨会出版了 1992 年的计算机机械协会(Association for Computing Machinery，ACM)主持的计算机在教育中的应用特别兴趣小组通讯特刊。1995 年，在 ACM 和教育计算机促进协会(Association for the Advancement of Computers in Education，AACE)的赞助下，第一届计算机支持的协作学习会议在印第安纳州的布卢明顿(Bloomington)举行。此后，该会议每两年举办一次，并明确尝试与 ACM 计算机支持的协同工作(Computer-Supported Cooperative Work，CSCW)会议轮流举办。来自瑞典于默奥(Umeå)的维克托·卡普特林(Victor Kaptelinin)就文化历史活动理论发表了主题演讲，玛琳·斯卡德玛利亚(Marlene Scardamalia)讨论了知识建构共同体，巩固了 CSCL 会议与学习和技术应用的社会文化理论之间的联系。

在 CSCL 和学习科学国际会议兴起的五年间，出现了技术的爆炸式增长。这不仅要求技术人员和教育工作者之间的跨学科合作，而且还要求以行动为导向、创造以技术为媒介的(technology-mediated)学习环境。20 世纪 90 年代初，网络出现了(随着 Mosaic 浏览器的普及)，消费级电脑的视频功能也出现了(随着苹果公司的 QuickTime 的诞生)。电话会议技术刚刚走出实验室(例如，康奈尔公司的 CU-SeeMe 软件)。这时，商业互联网服务提供商的出现确保了网络技术的普及，这对协作至关重要，而对教育应用的兴趣也不仅限于高端培训、政府和高等教育环境，还包括家庭、学校和普通公民。ICLS 和 CSCL 项目委员会的许多成员都在计算机科学或信息学部门任职，使得这两个会议与大多数教育会议(即使是那些以教育技术为重点的会议)有明显的区别。

有几个机构在整合技术、设计和情境化学习观中发挥了作用。学习研究所(Institute for Research on Learning，IRL)最初由施乐帕洛阿尔托研究中心(Xerox Palo Alto Research Center，PARC)资助成立。由吉姆·格里诺(Jim Greeno)领导的 IRL 认为文化、人类学与技术、设计同样重要。同样，由迈克尔·科尔(Michael Cole)领导的比较人类认知实验室(Lab for Comparative Human Cognition)也主张从社会建构的角度来看待学习研究和学习设计，同时也是采用技术将行动导向引入社会背景的早期实践者(Cole，1999)。在 20 世纪 90 年代，许多以学习科学而闻名的机构都是跨学科的教师团队研究和设计学习环境新方法的场所，其中包括西海岸著名的斯坦福大学(Stanford)和伯克利大学(Berkeley)，范德比尔特大学(Vanderbilt)的认知与技术小组(Cognition and Technology Group)等。当然，每一个研究团体都不一样，但在许多情况下，这些团体在项目上都得到了美国国家科学基金会(U. S. National Science

Foundation)或麦克唐纳基金会(McDonnell Foundation)的资助,这些项目都体现了我所描述的跨学科的、实证主义的、情境化的和行动导向的理解学习的四个特征。仅麦克唐纳基金会就通过其教育认知研究计划(Cognitive Studies in Education Program,CSEP)在10年间(1987—1997年)资助了大约50个位于美国、加拿大或欧洲的此类项目。CSEP还通过其资助者年度会议建立了学习科学共同体的基础。在美国学习科学发展早期,大多数的理论立场要么是认知的,要么是某种情境化的(而不是社会政治或文化历史等)。但是,在这个领域中实施的有趣的干预措施都和与设计相关的有趣的学习理论结合在一起,其中包括布朗和坎皮奥内(Brown和Campione)的培养学习共同体(communities of learning),布兰斯福德(Bransford)的抛锚式教学(anchored instruction)(Cognition and Technology Group at Vanderbilt,1990),布朗、柯林斯和杜吉德(Brown,Collins和Duguid,1989)的认知学徒制(cognitive apprenticeship),佩珀特(Papert)的建构主义学习环境(constructionist environments for learning)(Harel和Papert,1991),斯卡德玛利亚和波瑞特(Scardamalia和Bereiter,1994)的知识建构社区(knowledge-building communities),安德森(Anderson)的认知导师(cognitive tutors)(例如,Anderson,Conrad和Corbett,1989),以及拉维和温格(Lave和Wenger,1991)的实践共同体(communities of practice)。每种理论都通过创造(主要是以技术为中介的)学习环境的新类型来提出和检验关于学习的重要主张。在其他地区,学科、理论、行动方法和情境的具体组合是不同的。例如,斯堪的纳维亚的研究者经常借鉴这个时代的文化历史活动理论和参与式设计方法。但可以说,无论是在欧洲还是在北美,有一大批代表着这四个特征的研究者,这在不同程度上挑战了"主流"教育研究的特殊地位(例如,试图使教育研究总体上更像教育心理学的学科)。

三、学习科学的制度化(20世纪90年代至2000年)

到20世纪90年代末,ICLS会议和CSCL会议都已经确立了自己的地位。CSCL在蒂姆·科什曼编辑的两卷书中巩固了自己作为一个领域的地位(Koschmann,1996;Koschmann,Hall和Miyake,2002),而且《学习科学期刊》在早期就产生了巨大的影响。主要贡献来自于:认知和学习(包括阐述了如何在认知和人际关系上利用技术支架支持概念的转变、自我解释的作用、心理因果模型、聚敛的概念变化和新的迁移理论);交互分析、微基因分析和设计实验等新方法;以及新的技术方法,包括微观世界、培养学习者共同体的工具、支架式探究工具、智能辅导系统的新模型和基于目标的场景。情境活动理论、知识的共同建构理论和分布式智能理论有助于将学习与其情境联系起来。总的来说,所有这些研究都符合跨学科的、实证主义的、情境化的和行动导向的特征。例如,美国西北大学和密歇根大学的LeTUS项目试图在底特律和芝加哥的大型城市学区推广利用技术支持科学探究的理念。

正是这个时候,学习科学作为一个跨学科领域的名称开始流行起来,图2.1所示的来自谷歌书籍词频统计器(Books Ngram viewer)的数据证明了这一点。图2.1显示了在谷歌图书(Google Books)语料库中,1980年至2008年(具有可查找数据的最后一年)期间"学习科学"一词的使用情况。在北美,许多学者开始交替参加ICLS和CSCL会议。当时,ICLS只在美国举办,而CSCL则在美国和加拿大举办。这两个会议在某种程度上都是国际性的,与会者主要来自欧洲,也有一小部分来自亚洲和澳大利亚(Hoadley,2005)。虽然这两个会议都是非正式组织的,并由主办大学负责财务管理,但这种方式的可持续性确实存在问题。于是珍妮特·科洛德纳(当时JLS的主编)、蒂姆·科什曼(现在仍被认为是CSCL的创始人)和我(一名新毕业的博士,工作头衔是"研究认知和计算机的科学家")开始组建一个正式的专业协会,以容纳这三个活动,支持连续性,提高知名度和合法性,并保证财务稳定。我们在1999—2000年间的每一次业务会议上都讨论这个想法,并从北美、欧洲和亚洲请来专家,组成临时咨询委员会,以指导2000—2001年专业协会的成立。

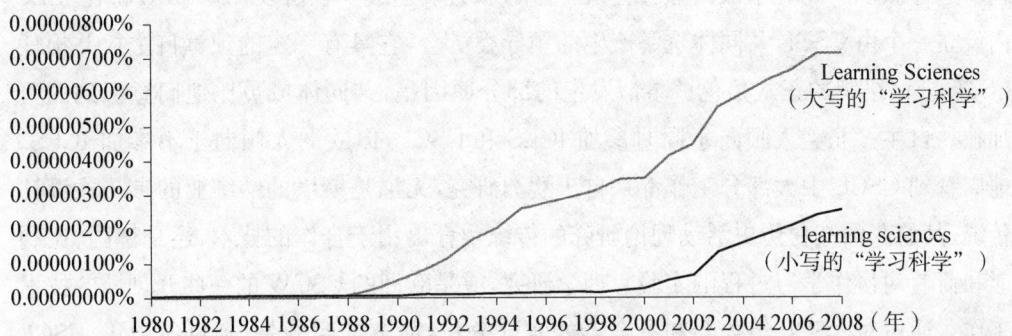

图2.1 大写的"学习科学"和小写的"学习科学"在谷歌图书索引著作中的使用情况,1980—2008年[①]

咨询委员会早期对该组织的定义和命名体现了不同团体在如何定义该领域以及对两个会议和期刊认识上的重大差异。虽然CSCL能够吸引国际观众,并于2001年在荷兰的马斯特里赫特(Maastricht)举办了第一届欧洲CSCL会议(被称为"ESCSCL"),但ICLS在吸引国际观众方面就没有那么成功了。在欧洲,强大的研究人员网络正通过正式网络制度化,例如21世纪初形成的挪威的媒介物项目(Intermedia Project),基于网络小组知识交流的DFG优先项目(DFG Priority Program)以及欧盟技术支持的万花筒卓越网络(EU Kaleidoscope Network of Excellence)等。在美国,美国国家科学基金会资助了一个名为创新学习技术中心(Center for Innovative Learning Technology,CILT)的网络。这些网络利用教育研究

① 来源:谷歌书籍词频统计器。2017年7月27日检索自 https://books.google.com/ngrams/interactive_chart?content=learning+sciences&case_insensitive=on&year_start=1980&year_end=2008&corpus=15&smoothing=3。

中的许多学科网络,包括教育心理学和教学设计,也帮助计算机科学以及人机交互和信息学/信息科学的技术人员融入学科网络中。在科罗拉多博尔德市(Boulder)举行的 CSCL 2002 会议上,临时董事会讨论了"学习科学"这个名称对于某些人来说带有的负面内涵,因为它是由罗杰·尚克单方面命名和选择的,而且本来也只是基于人工智能教育会议的重新命名与聚焦。基于不同的原因,这些内涵涉及到北美和欧洲的许多人。但实际上,在欧洲,许多经常参加 CSCL 会议的人并没有关注 JLS 或 ICLS 会议。不过,临时董事会未能为该协会及其准备支持的领域找到一个更好的替代名称,于是投票决定不正式定义该领域,而是让 JLS 和 ICLS 会议为自己正名。

我们的工作在持续开展,并于 2002 年年中将该组织纳入国际学习科学学会。9 个月后,在西雅图举行的 ICLS 2002 会议上,很多与会者希望该协会尽快举行选举以允许更多人参与治理。我们试图这样做,但事与愿违。在 2003 年挪威卑尔根(Bergen)举行的 CSCL 会议上,许多欧洲人将 ISLS(International Society of the Learning Sciences)视为美国人对欧洲会议和学术界的接管,这种认识因试图迅速举行选举而加剧。这导致了一场有争议的业务会议,经谈判,会议达成一项协议,即 CSCL 将在 ISLS 内设立一个由 CSCL 共同体选举产生的领导委员会,它具有一定的预算自主权并担任 CSCL 会议组织的正式角色。事情发生的部分原因是,共同体成员比他们意识到的更加独立自主。北美人倾向于同时参加 ICLS 和 CSCL,但欧洲人倾向于不参加 ICLS。他们看到 CSCL 中大部分工作都来自于欧洲研究,无论是斯堪的纳维亚的参与式设计传统,其悠久的文化历史活动理论研究的传统孕育出用于合作的技术,还是德国、比利时和荷兰对协作学习过程的实验心理学研究,或是欧洲的 CSCW 的一些开创性的技术工作。通过对 CSCL 组委会和参会者的实证分析,能够证明的是,到目前为止,CSCL 确实是一个国际的、跨学科会议,但是国际合作却差强人意:大多数 CSCL 文章都是多位作者协作,但只有不到 10% 的作者协作具备了国际水平协作的意义(Hoadley,2005)。

为了进一步促进国际化,并避免加深美国和欧洲学者之间的紧张关系,下一届 CSCL 在台北举行,这也是迈向真正国际化的重要一步。此后,ICLS 和 CSCL 会议轮流在北美、欧洲、亚洲或澳大利亚举办。这些年来,已经取得了许多重要成果,包括巩固国际间的学术交流(Kienle 和 Wessner,2006)。在我看来,该领域的跨学科性质在世界不同地区有不同的结构。例如,在美国,教学设计和学习科学是不同的。而在荷兰,教育设计和教育科学联系更为密切。在美国,教育学院通常会设立教育心理学系,而在世界其他地区,心理学研究人员可能与教育学院的联系较少,而与传统心理学系联系更紧密。虽然"学习科学"这个术语的起源可能有争议,而且关于 CSCL 领域是学习科学领域的子领域还是同级领域也存在争议,但这个专业领域的制度化在文献术语的转变、学位课程和研究所的命名上得到了呼应,并且也逐渐成为一个稳定的、不断发展的世界性学者共同体的标签。

这个领域的另一个重要制度化体现在以设计为基础的研究方法逐渐成为学习科学的核心方法。在布朗(1992)和柯林斯(1992)对"设计实验"(design experiments)的最初描述之后,20世纪90年代中期,成立了一个设计实验联盟(Design Experiment Consortium),其中的许多合作伙伴都被认为是新兴学习科学界的成员。在20世纪90年代末,斯宾塞基金会(Spencer Foundation)资助了基于设计的研究团队(Design-Based Research Collective,2003),许多其他研究人员开始在《教育研究者》(*Educational Researcher*)(2003,1/2期)、《教育心理学家》(*Educational Psychologist*)(2004,4期)、《教育技术》(*Educational Technology*)(2005,1/2期)和《学习科学期刊》(2004,1期)等专刊上详细阐述这种方法。虽然这种设计和研究的融合在学习科学中并不普遍,但却得到了社会的认同(Hoadley,2004;Hung,Looi和Hin,2005),并巩固了以行动为导向的和情境化的实证研究方式。作为"基于设计的研究团体"(Design-Based Research Collective)中的主要研究者,我亲身经历了这些方法是如何产生有益结果的,他们挑战了教育界的核心观念,这些观念源于拉格曼提出的杜威式(Deweyan)学习法和桑代克式(Thorndikean)学习法之间的矛盾。现在,课程设计者利用他们的参与来创造和调整干预措施已经不会受到诸多争议了,因为这些干预措施是在一定背景下展开的,可以更有效地指导研究,但在那个时候,它被视为严重违反了"客观的"科学家与教育者或设计者之间需要严格分离的思想。

最后,有几本书对巩固学习科学成果产生了重要影响。《人是如何学习的:大脑、心理、经验及学校》一书最初出版于1999年,它由美国国家科学院召集的一个委员会撰写,其中包括许多活跃在学习科学领域的学者。这本书以权威的方式整合了关于教育和学习的已知发现,并使教育中的科学研究和实践(设计)之间的联系合法化,其中提倡的五大核心原则之一,即我们应该"在团队中做研究,将研究者的专业知识和实践者的智慧结合起来"(国家研究委员会学习研究和教育实践委员会,Bransford,Pellegrino和Donovan,1999,p.3)。它还提供了一个框架,使情境在促进和研究学习过程中的作用合法化。大约在同一时期,皮埃尔·迪伦堡(Pierre Dillenbourg)与出版商克鲁韦(Kluwer)(后来被Springer收购)创办了一套CSCL丛书。这套丛书中的前两本书是《我们对CSCL的认识及其在高等教育中的实施》(*What We Know About CSCL and Implementing It in Higher Education*)(Strijbos,Kirschner和Martens,2004)和《论证学习》(*Arguing to Learn*)(Andriessen,Baker和Suthers,2003)。2006年,《剑桥学习科学手册》(*Cambridge Handbook of the Learning Sciences*)第一版(Sawyer,2006)出版(有点遗憾的是,这个版本几乎只包含了美国的作者)。因此,在这一时期,我们看到学习科学作为一个支持跨学科、实证研究的领域得到了巩固,它既以行动为导向,又强调学习的情境化特征。虽然它仍处于起步阶段,但方法论、代表性的干预措施及核心观点正在形成。在很大程度上,这一时期的特点可以总结为:学习科学家们找到了彼此,并为他们所做的事情贴上了共同的标签。

四、学习科学的繁荣(2000 年至今)

进入 21 世纪,包括 CSCL 在内的学习科学在全球蓬勃发展,通过 ISLS 日益制度化。主要成就包括 Springer 出版的《计算机支持的协作学习国际期刊》(*International Journal of Computer Supported Collaborative Learning*)以及在 ACM 数字图书馆的支持下存档和索引的各种社会会议论文集。与 ICLS 和 CSCL 会议相关的博士联盟成功催生了为早期职业教师举办的研讨会。同样,在 ISLS 的支持下,学习科学学术项目网络(Network of Academic Programs in the Learning Sciences,NAPLeS)得以启动。JLS 和 IJCSCL 的影响因子都很高,这使它们成为全球教育研究领域的五大期刊之一。与此同时,交流项目也开始出现。例如,美国国家科学基金会和德意志研究联合会(Deutsche Forschungsgemeinschaft,DFG)举办了一系列国际研讨会。ISLS 的领导层开始努力与相关协会进行外联,如教育中的人工智能(AI in Ed)、学习分析与知识(Learning Analytics & Knowledge)以及教育数据挖掘(Educational Data Mining),以便更好地与他们沟通。在学习科学和计算机科学之间产生一些分歧之后,世界上一些资助机构开始优先考虑学习科学和计算机科学交叉领域的研究工作。这些项目有助于鼓励这两个领域前沿的计算机科学家和教育研究人员建立新的伙伴关系;在美国,这种交叉被称为"网络学习"(cyberlearning)。

在此期间,该领域的部分关键概念成就包括深化了联系情境与学习的洞察力以及进一步的跨学科性。例如,格瑞·斯塔尔(Gerry Stahl)在德雷塞尔大学(Drexel University)努力研究小组层面的认知和支持数学学习的软件环境设计,创立了群体认知理论(theory of group cognition)(Stahl,2006)。此外,一个由心理学家、设计师和计算机科学家组成的跨学科国际团队出版了一本关于生产性多义性(productive multivocality)的重要著作(Suthers,Lund,Rosé,Teplovs 和 Law,2013)。重要的是,一本关于学习批判和社会文化理论的书籍为学习科学学术界带来了关于权力和特权的新的学科视角(Esmonde 和 Booker,2017)。

学习科学致力于以行动为导向的、结合情境的研究,导致了方法论的新发展。在借鉴改进科学(improvement sciences)的文献(Bryk,Gomez,Grunow 和 LeMahieu,2015)和研究实践合作新模式的基础上,基于设计的实施研究推动了基于设计的研究的发展(Penuel,Allen,Farrell 和 Coburn,2015)。该领域也开始研究新的基于视频的用于研究学习的技术(Goldman,Pea,Barron 和 Derry,2007;Derry,Minshew,Barber-Lester 和 Duke,本书),用于探测学习者情绪状态的界面(Calvo 和 D'Mello,2011)和大数据方法(Larusson 和 White,2014;Rosé,本书)。毫无疑问,每一种技术在学习研究中都很重要,不同的技术来自全球学习科学学术界的不同个体和团体,有助于展示学科和认识论上的折衷主义(eclecticism),这支持了学习科学中实证主义的、情境化的和行动导向的跨学科研究群体。在我撰写这篇文章时，JLS 中发表了一篇新的文章，调查了那些自称学习科学家的研究者所做的工作的广度（Yoon 和 Hmelo-Silver，2017）。它表明该领域是跨学科的，与实证研究和设计密切相关，使用了广泛的方法论和混合方法，同时也显示出对学习情境的敏感性。

五、总结：今天的学习科学是什么，未来又会怎样？

在早期的一篇文章中，我从范围和目标、理论承诺、认识论和方法以及历史这四个角度描述了研究共同体（Hoadley，2004）。在这四者之外，我今天还要加上第五个，它直接来自"共同体"（community）这个词：共融（communion），其不仅仅体现在沟通中，也体现在对彼此立场的认可和接受中。当我还是一个初级学者时，JLS 是欢迎折衷主义方法论的地方之一。目前，学习科学仍然是一个共同体或领域，而不是一门学科：共同体中的人们对他们称之为家的学科保持着忠诚，无论是计算机科学、心理学、设计还是其他任何一门学科。学习科学并没有声称在跨学科的教育研究方法上拥有垄断地位。然而，我认为在全球范围内，学习科学家们形成了一个有凝聚力但又多元化的学者群体。它具有跨学科性、实证性、注重情境而非实验室中的研究性学习，以及行动导向性——不仅要研究，而且要创造学习环境等可持续特征。表 2.1 总结了学习科学迄今为止的演变历程。

表 2.1　随着时间的推移，学习科学的四个特征的演变（实证主义的、跨学科的、情境化的、行动或设计导向的）

	实证主义的	跨学科的	情境化的	行动或设计导向的
20 世纪初	学习的实证研究兴起于医学、生物学和物理学。	教育从前学科阶段发展成为一门学科。	争论：杜威主义与行为主义方法。	教育干预开始与研究联系起来。
20 世纪 50 年代—20 世纪 80 年代	实验范式在教育心理学中根深蒂固。	心理学被确立为一门学科。教育学成为一门准学科，主要分支包括课程与教学，以及教育心理学。认知科学开始将各个学科联系起来。	"方法之争"体现了教育学中定量方法和定性（情境化）方法之间的紧张关系。许多研究试图解释认知框架下的文化问题。	教学设计和课程设计在美国学校教育中根深蒂固，但却与学习理论的发展相分离。
20 世纪 90 年代—2000 年	教育学向随机的、临床对照实验方向发展，成为"黄金标准"。其他形式的实证主义是有争议的。相比之下，学习科学拥抱折衷的经验主义，包括新方法。	教育学成为一门独立的学科。学习科学明显依赖于认知科学和计算机科学。	情境认知成为学习科学和教育学的主流。学习科学与之前的文化历史活动理论以及生态心理学联系在一起。	学习科学不同于大规模的教育研究，它通过新颖的研究方法（基于设计的研究）将设计与研究联系起来。即使认知科学的应用越来越少，学习科学依然在学校里提倡应用研究。

	实证主义的	跨学科的	情境化的	行动或设计导向的
2000 年至今	学习科学继续与实证主义的新形式相联系，包括通过学习分析和挖掘教育数据来建模的新方法。	作为一个共同体，学习科学家们变得更加独立，同时也与许多学科（计算机科学、教育学、传播学、心理学、信息科学等）保持联系。	学习科学从最初研究个人认知发展到更加强调实践、群体、文化、语言和个性特征。	学习科学的设计导向持续包括学校情境与技术，但也逐渐开始研究跨情境、跨生命周期的学习环境。基于设计的研究和可变因素也被其他学科所借鉴。

伦德(Lund)及其同事所作的文献计量分析表明，教育是社会科学领域中最具交叉学科性质的领域之一，其程度超过了心理学、人类学等领域(Lund，2015；Lund，Jeong，Grauwin，Jensen，2015)。重要的是，伦德等人(2015)的分析表明，许多与学习科学基础及发展相关的开创性出版物更有可能被跨学科引用。

当我回顾学习科学这个研究共同体时，我很感激。理智上，我成长于一个学习科学能够为行动和思考、科学和设计、创新和洞察力创造一个令人兴奋的空间的时代。在创造这个空间的过程中，有一些战斗是不容易的，包括将设计知识作为一种有效的学术产品的作用合法化(Edelson，2002；Hoadley 和 Cox，2009)，也包括我们坚持尝试将研究队伍国际化，并成功地解决了作为一门学科与跨学科领域之间的紧张关系。我们创建一个充满活力的专业组织，并保持两个学会附属期刊的卓越品质，这让该领域最优秀的学者组成了一个团体。他们把自己的工作放在一边，转而投入于编辑、审查、召开会议等这些通常不能给他们带来内在尊重的工作。实际上，在以学科为基础、与其学术部门的名称保持一致的场所中开展工作才能带来内在尊重。另外，我不断地回到共融这个观点——愿意承认并接受不属于自己学科的认识论、方法论和学科理论。相信对学习感兴趣的学生第一次接触这个学术共同体时，尤其是尝试用各种工具来理解和设计学习时，他们往往和我一样兴奋。不过，他们可能也会经常因为违反本学科的"家庭纪律(home discipline)"而感到紧张。在参与这个共同体 30 年后，我可以毫不犹豫地告诉他们这一切都是值得的。

六、延伸阅读

Gardner，H. (1985). *The mind's new science：A history of the cognitive revolution*. New York：Basic Books.

认知科学对学习科学产生了重要影响。这本书很好地介绍了认知科学的历史，因此也介绍了有关学习科学的一些重要的知识基础。

Hoadley，C. (2004). Learning and design：Why the learning sciences and instructional systems need each other. *Educational Technology*，44(3),6 - 12.

又一篇关于学习科学如何与其他领域交叉的讨论,并定义了它的一些特征。

Kolodner，J. L. （2004）. The learning sciences：Past，present，and future. *Educational Technology*，44(3),37 - 42.

一位基础学者撰写的对年轻的学习科学领域的分析和展望。

Lagemann，E. C. （2000）. *An elusive science*：*The troubling history of education research*. Chicago，IL：University of Chicago Press.

对于那些希望了解教育研究中哲学、理论和方法论的紧张关系的人来说,这是一份很好的资源。

Stahl，G. ，Koschmann，T. ，& Suthers，D. （2014）. Computer-supported collaborative learning：An historical perspective. In R. K. Sawyer （Ed.），*Cambridge handbook of the learning sciences* (2nd ed. ，pp. 479 - 500). Cambridge，UK：Cambridge University Press.

该手册中的这一章主要关注 CSCL 作为一个研究领域和共同体的发展,它既是学习科学的一部分,也是学习科学之外的一部分。

七、NAPLeS 资源

Dillenbourg，P. ，*Evolution of research on CSCL* [Webinar]. In *NAPLeS video series*. Retrieved October 19，2017，from http：//isls-naples. psy. lmu. de/intro/all-webinars/dillenbourg_video/index. html

Hoadley，C. ，A short history of the learning sciences [Webinar]. In NAPLeS video series. Retrieved October 19，2017，from http：//isls-naples. psy. lmu. de/intro/all-webinars/hoadley_video/index. html

参考文献

Anderson, J. R., Conrad, F. G., & Corbett, A. T. (1989). Skill acquisition and the LISP tutor. *Cognitive Science*, 13(4), 467–505.

Andriessen, J., Baker, M., & Suthers, D. (Eds.). (2003). *Arguing to learn: Confronting cognitions in computer-supported collaborative learning environments*. Dordrecht: Springer Science & Business Media.

Block, N. (1990). The computer model of the mind. In D. N. Osherson & E. E. Smith (Eds.), *Thinking: An invitation to cognitive science* (Vol. 3., pp. 247–289). Cambridge, MA: MIT Press.

Brown, A. L. (1992). Design experiments: Theoretical and methodological challenges in creating complex interventions in classroom settings. *Journal of the Learning Sciences*, 2(2), 141–178.

Brown, A. L., & Campione, J. C. (1994). *Guided discovery in a community of learners*. Cambridge, MA: MIT Press.

Brown, J. S., Collins, A., & Duguid, P. (1989). Situated cognition and the culture of learning. *Educational Researcher*, 18(1), 32–41.

Bruner, J. S. (1966). *Toward a theory of instruction*. Cambridge, MA: Harvard University Press.

Bryk, A. S., Gomez, L. M., Grunow, A., & LeMahieu, P. G. (2015). *Learning to improve: How America's schools can get better at getting better.* Cambridge, MA: Harvard Education Press.

Calvo, R. A., & D'Mello, S. (Eds.). (2011). *New perspectives on affect and learning technologies.* New York: Springer.

Cognition and Technology Group at Vanderbilt (1990). Anchored instruction and its relationship to situated cognition. *Educational Researcher,* 19(6), 2–10.

Cognitive Science Society. (1993). Special issue on situated action. *Cognitive science,* 17(1).

Cole, M. (1999). Cultural psychology: Some general principles and a concrete example. In Y. Engeström, R. Miettinen, & P. Raija-Leena (Eds.), *Perspectives on Activity Theory* (pp. 87–106). New York: Cambridge University Press.

Collins, A. (1992). Toward a design science of education. In E. Scanlon & T. O'Shea (Eds.), *New directions in educational technology* (pp. 15–22). New York: Springer.

Derry, S., Minshew, L. M., Barber-Lester, K., & Duke, R. (2018). Video research methods for Learning Scientists: state-of-the-art and future directions. In F. Fischer, C. E. Hmelo-Silver, S. R. Goldman, & P. Reimann (Eds.), *International handbook of the learning sciences* (pp. 489–499). New York: Routledge.

Design-Based Research Collective. (2003). Design-based research: An emerging paradigm for educational inquiry. *Educational Researcher,* 32(1), 5–8, 35–37.

Dewey, J. (1938/1997). *Experience and Education* (First Touchstone Edition ed.). New York: Simon & Schuster.

Edelson, D. C. (2002). Design research: What we learn when we engage in design. *Journal of the Learning Sciences,* 11(1), 105–121.

Esmonde, I., & Booker, A. N. (Eds.). (2017). *Power and privilege in the Learning Sciences: Critical and sociocultural theories of learning.* New York: Routledge.

Gardner, H. (1985). *The mind's new science: A history of the cognitive revolution.* New York: Basic Books.

Goldman, R., Pea, R., Barron, B., & Derry, S. J. (Eds.). (2007). *Video research in the learning sciences.* Mahwah, NJ: Lawrence Erlbaum Associates.

Harel, I. E., & Papert, S. E. (1991). *Constructionism.* New York: Ablex Publishing.

Hoadley, C. (2004). Learning and design: Why the learning sciences and instructional systems need each other. *Educational Technology,* 44(3), 6–12.

Hoadley, C. (2005). The shape of the elephant: Scope and membership of the CSCL community. In T. Koschmann, D. D. Suthers, & T.-W. Chan (Eds.), *Computer-Supported Collaborative Learning (CSCL) 2005* (pp. 205–210). Taipei, Taiwan: International Society of the Learning Sciences.

Hoadley, C., & Cox, C. D. (2009). What is design knowledge and how do we teach it? In C. diGiano, S. Goldman, & M. Chorost (Eds.), *Educating learning technology designers: Guiding and inspiring creators of innovative educational tools* (pp. 19–35). New York: Routledge.

Hung, D., Looi, C.-K., & Hin, L. T. W. (2005). Facilitating inter-collaborations in the learning sciences. *Educational Technology,* 45(4), 41–44.

Hutchins, E. (1995). *Cognition in the wild.* Cambridge, MA: MIT Press.

Kienle, A., & Wessner, M. (2006). The CSCL community in its first decade: development, continuity, connectivity. *International Journal of Computer Supported Collaborative Learning,* 1(1), 9–33.

Kolodner, J. L. (1991). The *Journal of the Learning Sciences*: Effecting changes in education. *Journal of the Learning Sciences,* 1(1), 1–6.

Kolodner, J. L. (2004). The Learning Sciences: Past, present, and future. *Educational Technology,* 44(3), 37–42.

Koschmann, T. D. (Ed.). (1996). *CSCL, theory and practice of an emerging paradigm.* Mahwah, NJ: Lawrence Erlbaum Associates.

Koschmann, T. D., Hall, R., & Miyake, N. (2002). *CSCL 2, carrying forward the conversation.* Mahwah, NJ: Lawrence Erlbaum Associates.

Lagemann, E. C. (2000). *An elusive science: The troubling history of education research.* Chicago, IL: University of Chicago Press.

Larusson, J. A., & White, B. (Eds.). (2014). *Learning analytics: From research to practice.* New York: Springer.

Lave, J., & Wenger, E. (1991). *Situated learning: Legitimate peripheral participation.* New York: Cambridge University Press.

Lund, K. (2015, September 25). *Revealing knowledge bases of educational research,* cyberlearning webinar series [video file], Arlington, VA. Retrieved from www.nsf.gov/events/event_summ.jsp?cntn_id=136349&org=CISE

Lund, K., Jeong, H., Grauwin, S., & Jensen, C. (2015). *A scientometric map of global educational research,* research report. Retrieved from HAL archives-ouvertes.fr

National Research Council Committee on Learning Research and Educational Practice, Bransford, J., Pellegrino, J. W., & Donovan, S. (Eds.). (1999). *How people learn: Bridging research and practice.* Washington, DC: National Academy Press.

Olson, D. (2007). Bruner's psychology and the cognitive revolution. In D. Olson (Ed.), *Jerome Bruner: The cognitive revolution in educational theory* (pp. 13–30). London: Continuum.

Penuel, W. R., Allen, A.-R., Farrell, C., & Coburn, C. E. (2015). Conceptualizing research–practice partnerships as joint work at boundaries. *Journal for Education of Students at Risk,* 20(1–2), 182–197.

Piaget, J. (1970). Piaget's theory (G. L. Gellerier & J. Langer, Trans.). In P. Mussen (Ed.), *Carmichael's manual of child psychology* (3rd ed., Vol. 1, pp. 703–732). New York: Wiley.

Rosé, C. (2018) Learning analytics in the Learning Sciences. In F. Fischer, C. E. Hmelo-Silver, S. R. Goldman, & P. Reimann (Eds.), *International handbook of the learning sciences* (pp. 511–519). New York: Routledge.

Sawyer, R. K. (2006). *The Cambridge handbook of the learning sciences*. Cambridge: Cambridge University Press.

Scardamalia, M., & Bereiter, C. (1994). Computer support for knowledge-building communities. *Journal of the Learning Sciences, 3*(3), 265–283.

Smith, B. K. (2004). Instructional systems and learning sciences: When universes collide. *Educational Technology, 44*(3), 20–25.

Stahl, G. (2006). *Group cognition: Computer support for building collaborative knowledge*. Cambridge, MA: MIT Press.

Stahl, G., Koschmann, T., & Suthers, D. (2014). Computer-supported collaborative learning: An historical perspective. In R. K. Sawyer (Ed.), *Cambridge handbook of the learning sciences, revised version* (pp. 479–500). Cambridge, UK: Cambridge University Press.

Strijbos, J.-W., Kirschner, P. A., & Martens, R. (Eds.). (2004). *What we know about CSCL and implementing it in higher education*. Boston, MA: Kluwer Academic Publishers.

Suthers, D. D., Lund, K., Rosé, C. P., Teplovs, C., & Law, N. (Eds.). (2013). *Productive multivocality in the analysis of group interactions*. New York: Springer.

Yoon, S. A., & Hmelo-Silver, C. E. (2017). What do learning scientists do? A survey of the ISLS membership. *Journal of the Learning Sciences*. Retrieved from http://dx.doi.org/10.1080/10508406.2017.1279546.

第 3 章　知识认知与知识发展

克拉克·钦恩，威廉·桑多瓦尔(Clark Chinn，William Sandoval)

一、知识认知和学习科学

近五十年来，关于知识认知(epistemic cognition)、知识信念、知识发展、知识实践等领域的学术研究蓬勃发展(Chinn，Buckland 和 Samarapungavan，2011；Greene，Sandoval 和 Bråten，2016；Hofer 和 Pintrich，1997；Kuhn，Cheney 和 Weinstock，2000；Sandoval，Greene 和 Bråten，2016)。许多研究聚焦于人们的信念、立场或与知识(knowledge)和识知(knowing)相关的理论。

在这一章，我们首先讨论学习科学(learning sciences，LS)方法在知识认知中的独特特征。其次，我们在科学领域阐述这些知识认知方法。然后，为了说明学习科学中所强调的学科内认知的情境性(situativity of cognition)，我们将科学和历史两个学科中的知识认知进行了对比。最后，我们指出了我们认为富有成效的新研究领域。

二、学习科学方法在知识认知中的独特特征

在这一节，我们将讨论学习科学家知识认知方法的独特特征。在适当的情况下，我们会将这些特征与心理学关于知识认知的工作进行对比，因为心理学家也对知识认知进行了大量的研究。我们不会详细回顾心理学的工作，目前的回顾可以参考格林、桑多瓦尔和布莱顿(Greene，Sandoval 和 Bråten，2016)的研究。总体而言，学习科学对知识认知研究的独特特征可以表现在以下几个方面：(1)强调多学科(multidisciplinary)研究；(2)拓宽了问题的范围；(3)质疑规范性假设；(4)注重实践；(5)彻底的社会性；(6)情境性。

1. 多学科与跨学科研究

学习科学的一个根本特征就是采用多种学科方法研究学习和思维，包括人类学、心理学、社会学、计算机科学、认识论以及一些特定学科(如科学、数学、历史等)的历史与哲学。因此，知识认知研究就会相应地涉及到跨学科团队(例如，Goldman 等，2016)，或者需要吸纳其他多个学科的学术力量。下面讨论的一些特征，部分源于学习科学的多学科性或跨学科性。

2. 更广泛的问题

心理学对知识认知的分析,往往会将其与人们关于知识本质及识知过程本质的信念联系起来(Hofer 和 Pintrich,1997),而后者又通常取决于人们认为知识来自何方或由何人(如权威、经验或其他)来判定。学习科学家从更广泛的学科(包括哲学)中汲取思想,拓宽了知识认知的范围,关注许多不同的实践(如观察、科学方法、同行评议等社会过程),用于个体和共同体创造知识及其他各种知识产品(epistemic products)(如模型、论据、证据等)的实践(Chinn 等,2011)。

3. 质疑规范性假设

学习科学家对一些主流心理学研究中关于知识认知的显性和隐性规范性假设提出了质疑。例如,钦恩等人(Chinn,2011)以及布朗姆、基恩胡斯和波尔希(Bromme,Kienhues 和 Porsch,2009)对一个频繁出现的假设提出了质疑,即依赖"权威"是一种糟糕的认知方法。他们都指出,人类的大部分知识来自他人的证词(testimony);而且,一个人不可能成为所有领域的专家,因此必须依赖他人在其专业领域的专业知识。钦恩和莱因哈特(Chinn 和 Rinehart,2016)指出,大多数科学家和哲学家都采纳现实主义立场的事实,这其实与现实主义(realism)(认为一个人的理论或观念与世界上真实存在的事物相对应的观点)是不成熟的普遍发展性假设相矛盾。巴兹莱(Barzilai)和钦恩(出版中)还对知识教育的目标进行了规范性分析。

4. 注重实践

心理学研究通常使用李克特量表问卷或简短的访谈来测量人们的知识信念或立场(例如,询问为什么专家对食品添加剂的安全性持不同的看法;King 和 Kitchener,1994)。一些学习科学家(Samarapungavan,Westby 和 Bodner,2006;Sandoval,2005)认为,这些普遍的信念太过笼统和抽象,对人们的实际思维影响不大。因此,许多学习科学研究强调将知识实践(epistemic practices)作为研究的适当重点。比如,如果有人想知道为什么人们会采用陪审团裁决法(a jury decision),那么他就必须了解陪审团如何评价、讨论和整合在某个特定审判中出现的特定类型的证据。

所谓知识实践,是指人们为了实现知识目标而进行的社会规范化活动,如发展证据、论证、理论等。实践是社会性的,因为用于评价实践及其产品的规范是由共同体发展、共享和应用的。实践也与材料(比如,科学中的实验室、设备、化学药品、精心培育的实验动物等)紧密结合在一起(Kelly,2016)。

尽管有些人对知识实践的解释是将元认知反思(metacognitive reflection)的作用降到最低(如 Berland 等,2016),但也有人指出了元认知的作用,特别是在知识活动实践层面的元认知(如 Barzilai 和 Chinn,出版中;Barzilai 和 Zohar,2014)。例如,人们对偏见和错误是否以及如何进入科学观察的具体元认知信念会影响他们观察的关键选择(如双盲研究等)。

5. 彻底的社会性

创造知识和评价知识的过程是完全社会化的(A. Goldman,1999)。例如,科学家在团队中创造和发布知识、在评论社区里评估彼此的工作,这些显然都是社会化的。而且看似个人的推理也是如此。例如,个人对医疗信息的评估依赖他人提供的信息。

格林等人(2016)将知识认知研究区分为三个相关层次,即个体层次、个体互动层次和共同体/系统层次。在个体层次,研究历史课的研究者可能会研究学生个体如何利用一手和二手资料得出历史事件的结论。在个体互动层次,研究者可能会研究学生之间如何相互争论,他们的观点如何影响后来的论点和立场,特定的论证形式如何在课堂上传播,以及论证的集体规范如何产生和形成等。有些分析则将群体视为分析单位。在共同体/系统层次,研究者可能会研究共同体规范的出现,这些规范制约着什么是强有力的论证或好的数学解决方案,以及研究这些共同体规范是如何随着时间的推移而保持和修订的(Cobb,Stephan 和 McClain,2001)。

6. 情境性

学习科学家强调知识认知的情境性,意思是(对同一个人或同一群人)知识认知会因情境的不同而变化。知识认知所处的情境有许多维度,我们注意到两种情况。首先,知识认知不仅是学科性的,而且是主题特定的(Chinn 等,2011)。从事某个主题的知识实践需要对该主题有深刻、具体的知识——不仅包括理论知识(例如,了解细胞的过程和结构),还包括方法论知识(例如,制作电子显微镜专用载玻片的常规方法),否则就无法评估或产生证据。相应地,人们的知识判断也因主题的不同而不同(Elby 和 Hammer,2001)。哥特利布和温伯格(Gottlieb 和 Wineburg,2012)证明,宗教史学家对《出埃及记》(《圣经》篇章)的历史文本和美国第一个感恩节的文本采用了截然不同的思考方式。

其次,即使在同一个主题中,个人和团体的知识实践也会因为任务的构建或导入方式的不同而产生巨大差异(Kienhues,Ferguson 和 Stahl,2016)。罗森博格等人(Rosenberg 等,2006)调查了八年级科学课的学生在回答"岩石是如何形成的?"这一问题时的情况。他们根据老师的一个简单建议,把注意力放在自己对岩石的了解上,结果戏剧性地改变了他们对这个任务的认知方法。这促使学生们从制作词汇表转变为构建一个不同种类的岩石如何形成的因果故事。

哈默、埃尔比(Hammer 和 Elby)和同事们已经开发出一个基于资源的知识认知模型,以解释知识认知的情境性(例如,Hammer 和 Elby,2002)。知识认知是由认识论资源组成的,它是"在激活过程中对情境敏感的精细的认识论片段"(Rosenberg 等,2006)。可以证明它能够在不同情境中被灵活激活的例子有:"知识是一个人向另一个人转移的东西""知识是编造的东西(fabricated stuff)""知识是以事实清单的形式积累起来的""知识涉及因果故事""知识可以通过想象创造"等。不同的资源群在不同的境脉中被激活。

三、学习科学的方法论

学习科学对实践的关注意味着,对知识认知的研究通常不是通过询问对一般知识的信念,甚至是学科知识的信念实现的,而是通过为人们提供实际的推理任务、并在他们参与这些任务时分析他们的推理实现的——通常是与同伴合作完成任务。采用的方法包括对话语和互动的详尽分析,比如分析知识对话(epistemic discourse)类别(Herrenkohl 和 Cornelius,2013),研究数学规范的出现(Cobb 等,2001),或者使用网络分析来了解学生如何分担知识责任(Zhang,Scardamalia,Reeve 和 Messina,2009)。学生需要进行一定的推理,才能从观察到的对话中得出关于知识承诺和实践的结论,但是这些任务涉及学习科学家认为是真实的知识活动。

学习科学家并不完全摒弃其他领域的方法,比如访谈,但是他们可能会使用带有多份证据或多份文献资料来源的丰富任务,从而有机会参与与学科知识联系更紧密的思考,以及有机会观察不同情境中的推理差异(例如,Gottlieb 和 Wineburg,2012)。

1. 研究知识实践的学习科学方法

学习科学家认识到,知识实践及其发展功能跨越共同体/系统层次、互动个体层次以及作为认知代理(cognitive agent)的个体层次(参见 Rogoff,1995),在微观、社会及个体层面之间活动(Saxe,2004)。构成分析单位的人数和分析活动的时间尺度都涉及不同层次。我们以科学中的解释和论证实践为例加以说明。

2. 共同体/系统层次

学习科学共同体共享并执行既定解释的标准,并且期望方法遵循他们自身所制定的可靠程序。各种程序和标准都在共同体层面运作,如同行评审、批判和接受观点的标准等。虽然共同体对其中一些程序有广泛的共识,但它们在不同的领域也有不同的规定(Knorr-Cetina,1999)。例如,虽然有一种广泛的观点认为,对照实验是建立因果关系的理想方法,但在许多领域,这种实验方法是不可用的,这就导致这些领域为证明因果关系制定了替代标准。

促进学校课堂中的共同体追求类似的目标,并依此开发过程可靠的不同形式,需要关注对解释的建构和批判(Ford 和 Forman,2006)。这包括开放实践的所有方面,从调查的问题到调查的手段,再到在专业科学中看到的同样的争论和稳定性(Manz,2015)。曼茨(Manz)指出,在课堂上,实践的某些方面自然会引起争论,而论证则成为一种稳定决议的功能性实践。

学习科学研究中有许多这样的课堂共同体发展的例子。例如,Cheche Konne 项目明确地将儿童的日常生活和家庭语言(海地克里奥尔语,Haitian creole)与更正式的、科学的说话以及思考方式联系起来(Rosebery,Warren 和 Conant,1992)。另一个例子是莱勒和朔伊布勒(Lehrer 和 Schauble)的长期研究,在这项研究中,学生遇到测量和建模的问题,他们必须努力解决这些问题,并在此过程中建立共享的课堂实践,还要建立并评估模型的标准(Lehrer 和 Schauble,2000,2004)。

在学习科学中,这类项目的一个关键特征是出现了对集体实践规范的解释(accountability)。在专业科学共同体中,争论的作用是为了解决真正的分歧。在课堂上,真实的论证形式出现是建立在分歧必须是被允许的这一基础上的。为了支持学生成为课堂上知识目标和知识实践的积极创作者,这种允许是必要的。

3. 互动层次

大量关于科学论证与解释的学习科学工作都集中在相互作用的个体上,至少在某种程度上是因为在这个分析层次上,实践是最容易被看到的。共同体的规范和目的通过特定的互动表现出来,而通过分析集体实践(collective practice)如何在共同体成员之间的具体交互中发挥作用,可以理解集体实践的各种形式。事实上,学生如何学习论证实践的一个关键指标,就是作为实践的参与者,分析互动如何随着时间的推移而变化(Lehrer 和 Schauble,2004;Rosebery 等,1992;Ryu 和 Sandoval,2012)。

对科学家互动的一项分析显示,科学家的互动借助了大量社会、技术及符号资源,并通过这些资源构建科学知识,通常这一过程是困难和不确定的(Pickering,1995)。课堂上的争论性互动同样依赖于社会、物质及符号资源。这些资源用于共同体层面的规范和实践。学习科学的互动分析表明了儿童在论证中是如何与可获得的物质和符号资源协调的,以及支持他们从这些资源中建构意义的重要性(例如,Engle 和 Conant,2002)。互动分析表明,学生的实践对教师如何确定教学活动的目的与性质很敏感(Rosenberg 等,2006)。构建专门用于支持论证的工具的努力也显示了这些工具如何构建实践和论证的产品(Bell 和 Linn,2000;Clark 和 Sampson,2007;Iordanou 和 Constantinou,2014;Sandoval 和 Reiser,2004)。更广泛地说,为学生提供参与例如测量等探究活动的科学实践的结构化机会,促进了"对实践的把握"(Ford,2005)。

4. 个体层次

科学家个体所采用的认知实践植根于特定的科学家群体和共同体所从事的实践。个体通过在特定领域的工作中当学徒来学习论证实践,而不是通过对学科论证性质的直接指导来学习(Goodwin,1994;Longino,1990)。学习科学研究同样表明,学生所学到的认知实践与其参与的教学活动有关。比如,一年级学生通过设计自己的实验,学会了识别错误和不确定性的来源(Metz,2011)。而在一学年的课程中开发模型的学生则形成了试探性和测量不确定性的认知概念,这些也可以直接归因于他们自身的努力(Lehrer 等,2008)。中学生确定了一系列评价解释性模型的标准,这些标准似乎与他们的学校教育经验有关(Pluta,Chinn 和 Duncan,2011)。小学生在论证实践(justification practices)方面的进步也与他们在科学课上对论证的持续关注直接相关(Ryu 和 Sandoval,2012)。

学习科学对科学中的解释和论证实践的研究表明,儿童在很小的时候就表现出与专业科学实践一致的认知能力,并且这种早期能力可以通过适当的结构化教学来拓展和完善。目前人们对这种教学的特点已经有了许多了解,可以用于一系列的科学实践。但是关于实践的理解如何泛化、泛化如何与学习环境相联系,以及学生如何看待他们在学校所学的科学、专业科学和日常活动中遇到的科学之间的关系,仍有许多尚未解决的问题。

四、与其他学科的比较:历史与科学的对比

学习科学方法当然适用于任何学科的知识认知研究。如前所述,学习科学家通常认为知识认知在不同学科和主题之间存在差异。例如,戈德曼等人(Goldman 等,2016)对文学、科学和历史中的阅读实践进行了详细分析,包括知识维度上的差异。接下来,我们将分析科学与历史在知识实践上的一些具体差异。

为了说明开展知识认知研究的另一种学习科学方法,我们使用钦恩等人(2014)开发的 AIR 模型,作为分析的角度。这个模型将知识认知具体分为三个主要组成部分:(1)目标和价值观——人们在特定情况下设定的目标(例如,认识、理解和开发模型等)以及他们所看重的东西(例如,重视解决社会问题的知识);(2)理念——用于评价知识产品(如模型和证据)的准则或标准;(3)可靠的知识过程——用于创造知识和其他知识产品的过程(如证言、观察、统计分析、论证、同行评议等)。我们讨论了科学和历史在目标、理念和可靠过程上的差异。

1. 知识目标

知识目标的多样性在这两个学科中都普遍存在。知识认知的学习科学方法假设目标的多样性。科学家的目标是建立一般模型,建立规律,检验方法的可靠性,或估计参数,如普朗克常数(Planck's constant)。历史学家寻求建立特定文献的真实性,发展历史叙事,理解历史人物的观点,或对事件提供广泛的解释(Tucker,2011)。

有些目标似乎是一门学科所独有的。比如说发展模型是科学实践的核心,但它并没有出现在历史学的讨论中(见 Tucker,2011)。相反,历史学中的一些运动特别强调运用情节、背景、人物和文学手段来构建历史叙事的目的(Green 和 Troup,1999)。

而有些乍看起来相似的目标,可能会出现更深层次的差异。科学家的目标是发展一般的解释(疾病的一般原因)以及特殊的解释(特定的人是如何患上疾病的)。虽然有些历史学家在历史中寻求一般的解释(例如,经济制度是如何变化的),但因为历史事件具有特殊性,所以也有人反对这样的解释。因此,历史事件的解释必然总是特殊的(Tucker,2011)。

2. 知识理念

某些评价知识产品的知识理念(或标准),似乎是相对于特定的某一领域而言

的。在科学领域,哲学家们认为,科学家评价解释时坚持的理念是符合证据、简单、对未来事件作出新的预测等(见 Pluta 等,2011)。历史学家可能会同意这一点,认为符合证据也是他们领域的理念(尽管不同领域证据的性质截然不同),但许多历史学家推崇的复杂、丰富、语境化的描述并不简单,而且大多数当代历史学家并不认为他们的历史可以预测未来事件(Tucker,2011)。同样,语境化(编织围绕事件的丰富的时间、社会和个人背景)则是历史学的一个理念,这似乎是历史学的独特之处(Wineburg,2001)。

其他还有一些表面上看起来相同的理念可能在本质上有很大的区别,例如佐证(corroboration)。在科学中,佐证的标记可能包括统计学的元分析,但这种方法不会被用于评价历史叙述是否得到了很好的佐证。相反,历史佐证需要对原始文献进行细致的文本比较(Goldman 等,2016)。

3. 实现知识目标的可靠过程

科学家和历史学家使用各种过程来可靠地实现他们的知识目标。有些过程是共通的:一些科学家和一些历史学家都会使用统计分析,不过历史学家会面临数据缺失的问题,这意味着他们需要使用那些拥有更完整数据的科学家所不需要的方法(Howell 和 Prevenier,2001)。而有些过程则是截然不同的:科学家进行对照实验,对正在进行的行为和活动(如动物行为或化学反应)进行现场观察,并使用元分析等整合证据的技术;所有这些方法在历史研究中似乎都不存在。相反,历史学家置身其中,通过移情(empathy)获得历史人物的观点(Breisach,2007),并形成大量的虚构场景来支持其主张(Weinryb,2011)。

追踪溯源既是历史学的核心,也是科学的核心。然而,两者有所不同。历史学家和科学家都把他们同行的可信度作为"二手资料"(secondary sources)进行评估,即历史学家评价其他历史学家,科学家评价其他科学家(Collins,2014)。历史学家也会评价日记和其他文献等原始资料的可信度,这些日记和文献是他们研究的主要数据。然而,科学家通常不会评估他们的"原始资料"(primary sources)——即报告研究成果的实验室助理——的可信度,除非在罕见的疑似造假的情况下。因此,历史学家用来评价原始资料的过程(例如,评价人的动机、偏见、背景定位等),通常很少被科学家用于评价其原始资料(如实验室助理等),因为科学家假定他们使用的程序会使这些个人因素变得无关紧要。

4. 学习者探究中的学科差异

到目前为止,我们已经注意到科学专家的探究与历史专家的探究是有区别的。同样,这些差异也出现在学习者参与科学家和历史学家实践的研究中。如前所述,戈德曼等人(2016)基于对知识实践中学科差异的分析,对教学目标进行了详细分析,并根据他们的分析开发了有效课程。赫尔伦科尔和科尼利厄斯(Herrenkohl 和 Cornelius,2013)描述了历史和科学课程中的课堂互动,表明五年级和六年级的学生在这两个学科中可以培养不同的目标、论证实践和建构知识的过程。

五、结论与启示

学习科学关于知识认知研究的显著特点为该领域开展富有成效的新研究、促进该领域的发展指明了方向(见 Sandoval 等,2016;Barzilai 和 Chinn,出版中)。(1)依照学习科学所秉持的跨学科和多学科的研究立场,知识认知研究可以从更广泛的合作中获益,如哲学家与心理学家和教育家合作。(2)学习科学研究者应充分探索近期学习科学学术研究中提出的更广泛的问题,如更广泛的知识目标,更深入地探索被专家和非专业人员有效使用的实践等。(3)学习科学关于规范性假设的工作应该扩展到详细的规范性说明,以建立知识教育的生产性目标。(4)虽然学习科学研究者在知识认知的实践和社会层面上的研究是引领者,但需要更多的研究,尤其是在个体互动层面和共同体/系统层面开展更多研究,以了解专家群体知识生产的有效模式,并厘清如何促进学校和其他环境中的学习。学习科学研究者还可以进一步研究元认知在复杂知识认知中的适当作用。(5)最后,对知识认知的研究将得益于更加系统地分析影响知识认知的情境,以及人们学习如何成为多种情境下的有效思考者。

学习科学家也应在设计有效的学习环境以促进知识增长方面发挥引领作用。这项工作将系统研究知识认知理论对教育目标的设定和实现的影响,利用该领域对有效支架、协作学习方法以及其他设计特点的理解来促进这些目标的实现。

六、延伸阅读

Chinn, C. A., Buckland, L. A., & Samarapungavan, A. (2011). Expanding the dimensions of epistemic cognition: Arguments from philosophy and psychology. *Educational Psychologist*, 46, 141 - 167.

作者在对哲学工作广泛回顾的基础上建立了一个知识认知模型。该模型是本章讨论的 AIR 模型的前身(Chinn 等,2014)。本文为读者提供了广泛的可供查阅的哲学参考文献,还论证了知识认知的强情境—敏感性以及知识认知的社会成分。

Goldman, S. R., Britt, M. A., Brown, W., Cribb, G., George, M., Greenleaf, C., et al. (2016). Disciplinary literacies and learning to read for understanding: A conceptual framework for disciplinary literacy. *Educational Psychologist*, 51, 219 - 246.

本文从认识论的知识维度、探究实践和推理策略以及信息形式等方面对三个学科——文学、科学和历史中批判性读写实践的差异进行了解释性阐述。这篇文章举例说明了跨学科的学术研究,并指出了知识认知中学科情境的重要方面。

Manz, E. (2015). Representing student argumentation as functionally emergent from scientific activity. *Review of Educational Research*, 85(4),553 – 590.

本文综述了关于论证的知识实践研究,强调论证在共同体活动系统中的嵌入性,以及共同体规范对论证实践的核心作用。在强调科学的物质性和表象性的同时,曼茨指出,学生必须发现研究的关键性特征,才能真正地参与论证,以确保他们的科学工作,这对学生来说是必要的。

Rosenberg, S., Hammer, D., & Phelan, J. (2006). Multiple epistemological coherences in an eighth-grade discussion of the rock cycle. *Journal of the Learning Sciences*, 15(2),261 – 292.

本文详细描述了如何将哈姆和埃尔比(2002)的资源理论应用于解释八年级学生讨论岩石循环的知识实践。本文对案例分析和话语分析进行了对比分析,对两种知识实践中的资源以及它们是如何形成的,给予了有益阐述。

Sandoval, W. A., Greene, J. A., & Bråten, I. (2016). Understanding and promoting thinking about knowledge: Origins, issues, and future directions of research on epistemic cognition. *Review of Research in Education*, 40,457 – 496.

本文全面评述了关于知识认知研究的起源以及不同学术传统之间的冲突和趋同,指出需要对照性地检验知识认知的其他模型,探寻方法上的精微玄妙,并将不同时间和情境中的知识认知分析关联了起来。

七、NAPLeS 资源

Chinn, C., *Epistemic cognition* [Webinar]. In *NAPLeS Video series*. Retrieved October 19, 2017, from http://isls-naples. psy. lmu. de/intro/all-webinars/chinn_all/index. html

Chinn, C., *Interview about epistemic cognition* [Video file]. In *NAPLeS video series*. Retrieved October 19, 2017, from http://isls-naples. psy. lmu. de/video-resources/interviews-ls/chinn/index. html

Sandoval, W. 15 minutes about situating epistemological development [Video file]. In NAPLeS video series. Retrieved October 19, 2017, from http://isls-naples. psy. lmu. de/video-resources/guided-tour/15-minutes-sandoval/index. html

Sandoval, W., Situating *epistemic development* [Webinar]. In *NAPLeS Video series*. Retrieved October 19, 2017, from http://isls-naples. psy. lmu. de/intro/all-webinars/sandoval_all/index. html

参考文献

Barzilai, S., & Chinn, C. A. (in press). On the goals of epistemic education: Promoting apt epistemic performance. *Journal of the Learning Sciences*.

Barzilai, S., & Zohar, A. (2014). Reconsidering personal epistemology as metacognition: A multifaceted approach to the analysis of epistemic thinking. *Educational Psychologist, 49*(1), 13–35.

Bell, P., & Linn, M. C. (2000). Scientific arguments as learning artifacts: Designing for learning from the web with KIE. *International Journal of Science Education, 22*(8), 797–817.

Berland, L. K., Schwarz, C. V., Krist, C., Kenyon, L., Lo, A. S., & Reiser, B. J. (2016). Epistemologies in practice: Making scientific practices meaningful for students. *Journal of Research in Science Teaching, 53*, 1082–1112.

Breisach, E. (2007). *Historiography: Ancient, medieval, and modern*. Chicago, IL: University of Chicago Press.

Bromme, R., Kienhues, D., & Porsch, T. (2009). Who knows what and who can we believe? Epistemological beliefs are beliefs about knowledge (mostly) to be attained from others. In L. A. Bendixen & F. C. Feucht (Eds.), *Personal epistemology in the classroom: Theory, research, and implications for practice* (pp. 163–193). Cambridge, UK: Cambridge University Press.

Chinn, C. A., & Rinehart, R. W. (2016). Epistemic cognition and philosophy: Developing a new framework for epistemic cognition. In J. A. Greene, W. A. Sandoval, & I. Bråten (Eds.), *Handbook of epistemic cognition* (pp. 460–478). New York: Routledge.

Chinn, C. A., Buckland, L. A., & Samarapungavan, A. (2011). Expanding the dimensions of epistemic cognition: Arguments from philosophy and psychology. *Educational Psychologist, 46*, 141–167.

Chinn, C. A., Rinehart, R. W., & Buckland, L. A. (2014). Epistemic cognition and evaluating information: Applying the AIR model of epistemic cognition. In D. Rapp & J. Braasch (Eds.), *Processing inaccurate information: Theoretical and applied perspectives from cognitive science and the educational sciences* (pp. 425–453). Cambridge, MA: MIT Press.

Clark, D. B., & Sampson, V. (2007). Personally-seeded discussions to scaffold online argumentation. *International Journal of Science Education, 29*(3), 253–277.

Cobb, P., Stephan, M., & McClain, K. (2001). Participating in classroom mathematical practices. *Journal of the Learning Sciences, 10*, 113–163.

Collins, H. (2014). *Are we all scientific experts now?* Cambridge, UK: Polity.

Elby, A., & Hammer, D. (2001). On the substance of a sophisticated epistemology. *Science Education, 85*, 554–567.

Engle, R. A., & Conant, F. R. (2002). Guiding principles for fostering productive disciplinary engagement: Explaining an emergent argument in a community of learners classroom. *Cognition and Instruction, 20*(4), 399–483.

Ford, M. (2005). The game, the pieces, and the players: Generative resources from two instructional portrayals of experimentation. *Journal of the Learning Sciences, 14*(4), 449–487.

Ford, M., & Forman, E. A. (2006). Redefining disciplinary learning in classroom contexts. *Review of Research in Education, 30*, 1–32.

Goldman, A. I. (1999). *Knowledge in a social world*. Oxford, England: Oxford University Press.

Goldman, S. R., Britt, M. A., Brown, W., Cribb, G., George, M., Greenleaf, C., et al. (2016). Disciplinary literacies and learning to read for understanding: A conceptual framework for disciplinary literacy. *Educational Psychologist, 51*, 219–246.

Goodwin, C. (1994). Professional vision. *American Anthropologist 96*(3), 606–633.

Gottlieb, E., & Wineburg, S. (2012). Between *veritas* and *communitas*: Epistemic switching in the reading of academic and sacred history. *Journal of the Learning Sciences, 21*, 84–129.

Green, A., & Troup, K. (Eds.). (1999). *The houses of history: A critical reading in twentieth century history and theory*. New York: New York University Press.

Greene, J. A., Sandoval, W. A., & Bråten, I. (Eds.). (2016). *Handbook of epistemic cognition*. New York: Routledge.

Hammer, D., & Elby, A. (2002). On the form of a personal epistemology. In B. K. Hofer & P. R. Pintrich (Eds.), *Personal epistemology: The psychology of beliefs about knowledge and knowing* (pp. 169–190). Mahwah, NJ: Erlbaum.

Herrenkohl, L. R., & Cornelius, L. (2013). Investigating Elementary Students' Scientific and Historical Argumentation. *Journal of the Learning Sciences, 22*(3), 413–461.

Hofer, B. K., & Pintrich, P. R. (1997). The development of epistemological theories: Beliefs about knowledge and knowing and their relation to learning. *Review of Educational Research, 67*, 88–140.

Howell, M., & Prevenier, W. (2001). *From reliable sources: An introduction to historical methods*. Ithaca, NY: Cornell University Press.

Iordanou, K., & Constantinou, C. P. (2014). Developing pre-service teachers' evidence-based argumentation skills on socio-scientific issues. *Learning and Instruction, 34*, 42–57.

Kelly, G. J. (2016). Methodological considerations for the study of epistemic cognition in practice. In J. A. Greene, W. A. Sandoval & I. Bråten (Eds.), *Handbook of epistemic cognition* (pp. 393–408). New York: Routledge.

Kienhues, D., Ferguson, L., & Stahl, E. (2016). Diverging information and epistemic change. In J. A. Greene, W. A. Sandoval & I. Bråten (Eds.), *Handbook of epistemic cognition* (pp. 318–330). New York: Routledge.

King, P. M., & Kitchener, K. S. (1994). *Developing reflective judgment: Understanding and promoting intellectual growth and critical thinking in adolescents and adults.* San Francisco, CA: Jossey-Bass.

Knorr-Cetina, K. (1999). *Epistemic cultures: How the sciences make knowledge.* Cambridge, MA: Harvard University Press.

Kuhn, D., Cheney, R., & Weinstock, M. (2000). The development of epistemological understanding. *Cognitive Development, 15*, 309–328.

Lehrer, R., & Schauble, L. (2000). Developing model-based reasoning in mathematics and science. *Journal of Applied Developmental Psychology, 21*(1), 39–48.

Lehrer, R., & Schauble, L. (2004). Modeling natural variation through distribution. *American Educational Research Journal, 41*(3), 635–679.

Lehrer, R., Schauble, L., & Lucas, D. (2008). Supporting development of the epistemology of inquiry. *Cognitive Development, 23*(4), 512–529.

Longino, H. (1990). *Science as social knowledge.* Princeton, NJ: Princeton University Press.

Manz, E. (2015). Representing student argumentation as functionally emergent from scientific activity. *Review of Educational Research, 85*(4), 553–590.

Metz, K. E. (2011). Disentangling robust developmental constraints from the instructionally mutable: Young children's epistemic reasoning about a study of their own design. *Journal of the Learning Sciences, 20*(1), 50–110.

Pickering, A. (1995). *The mangle of practice: Time, agency, and science.* Chicago: University of Chicago Press.

Pluta, W. J., Chinn, C. A., & Duncan, R. G. (2011). Learners' epistemic criteria for good scientific models. *Journal of Research in Science Teaching, 48*(5), 486–511.

Rogoff, B. (1995). Observing sociocultural activity on three planes: participatory appropriation, guided participation, and apprenticeship. In J. V. Wertsch, P. d. Rio, & A. Alvarez (Eds.), *Sociocultural studies of mind* (pp. 139–164). Cambridge: Cambridge University Press.

Rosebery, A. S., Warren, B., & Conant, F. R. (1992). Appropriating scientific discourse: Findings from language minority classrooms. *Journal of the Learning Sciences, 2*(1), 61–94.

Rosenberg, S., Hammer, D., & Phelan, J. (2006). Multiple epistemological coherences in an eighth-grade discussion of the rock cycle. *Journal of the Learning Sciences, 15*(2), 261–292.

Ryu, S., & Sandoval, W. A. (2012). Improvements to elementary children's epistemic understanding from sustained argumentation. *Science Education, 96*(3), 488–526.

Samarapungavan, A., Westby, E. L., & Bodner, G. M. (2006). Contextual epistemic development in science: A comparison of chemistry students and research chemists. *Science Education, 90*, 468–495.

Sandoval, W. A. (2005). Understanding students' practical epistemologies and their influence on learning through inquiry. *Science Education, 89*, 634–656.

Sandoval, W. A. (2016). Disciplinary insights into the study of epistemic cognition. In J. A. Greene, W. A. Sandoval, & I. Bråten (Eds.), *Handbook of Epistemic Cognition* (pp. 184–194). New York: Routledge.

Sandoval, W. A., & Reiser, B. J. (2004). Explanation-driven inquiry: Integrating conceptual and epistemic supports for science inquiry. *Science Education, 88*, 345–372.

Sandoval, W. A., Greene, J. A., & Bråten, I. (2016). Understanding and promoting thinking about knowledge: Origins, issues, and future directions of research on epistemic cognition. *Review of Research in Education, 40*, 457–496.

Saxe, G. B. (2004). Practices of quantification from a sociocultural perspective. In A. Demetriou & A. Raftopoulos (Eds.), *Cognitive developmental change: Theories, models, and measurement* (pp. 241–263). Cambridge, UK: Cambridge University Press.

Strømsø, H. I., Bråten, I., & Samuelstuen, M. S. (2008). Dimensions of topic-specific epistemological beliefs as predictors of multiple text understanding. *Learning and Instruction, 18*(6), 513–527.

Tucker, A. (Ed.). (2011). *A companion to the philosophy of history and historiography.* Malden, MA: Wiley-Blackwell.

Weinryb, E. (2011). Historical counterfactuals. In A. Tucker (Ed.), *A companion to the philosophy of history and historiography* (pp. 109–119). Malden, MA: Wiley-Blackwell.

Wineburg, S. (2001). *Historical thinking and other unnatural acts: Charting the future of teaching the past.* Philadelphia: Temple University Press.

Zhang, J., Scardamalia, M., Reeve, R., & Messina, R. (2009). Designs for collective cognitive responsibility in knowledge-building communities. *Journal of the Learning Sciences, 18*(1), 7–44.

第4章 学习的认知观与社会文化观：学习科学中的对立与协同

约书亚·丹尼斯，梅丽莎·格雷萨菲(Joshua A. Danish, Melissa Gresalfi)

一、引言

自从学习科学作为一个领域诞生以来，它的跨学科性质就不断促使研究人员利用、发展和完善各种理论，以便更好地理解如何预测和支持不同情境中的学习。这一过程的核心是一场争论——有时是含蓄的，但常常是很明显的——争论双方是那些认同所谓的认知学习理论与社会文化学习理论的人。概括地说，认知理论(cognitive theories)关注学习者个体的心理过程，而社会文化理论(sociocultural theories)则关注学习者在特定情境下对社会实践的参与。许多著名的文章和章节(Anderson，Reder和 Simon，1996；Greeno，1997；Greeno 和 Engeström，2014；Sfard，1998)都论述了这两种取向之间的差异，经常强调一种取向相对于另一种取向的优势或不足。我们的目标不是为了重现这些争论。相反，我们认为，学习科学作为一个领域，其主要特征在于学者们如何利用这些对立(tensions)来推动学习理论的发展，并证明它们在理解和设计学习中的作用。通过这个过程，学者们不仅推动了认知理论和社会文化理论的发展，而且还展示了这些理论之间的重叠和协同作用。我们这一章的目标是简要地概括每一种理论视角的独特贡献，以及它们是如何塑造我们的认知，让我们将其视为一个领域，最后，我们对其中的协同效应作出了期待。在这个过程中，我们会受到一些研究的影响，这些研究强调，在一个学科中获得经验涉及到研究者对于感知的提炼，而这必然会改变研究者在世界上注意或忽略的东西(Goodwin，1994；Sherin 和 van Es，2009；Stevens 和 Hall，1998)。同样，我们也想探讨采用认知、社会文化或混合理论框架将如何引导学者们关注或忽视情境中学习的关键方面。我们首先简要总结了核心理论的不同之处，然后重点关注我们如何看待这些理论假设在研究和设计中的应用。

二、核心理论假设

下面我们就每一种理论的核心假设及其在实践中的应用作一些概述。我们认识到，学习科学领域的大量研究以富有成效的方式超越了这些概述，同时也模糊了这些界限。然而,我们看到这些模式在过去几十年里引发了大量的争论,因此在这里我们将它们呈现出来。对于每一种理论,我们都展示了其对识知和学习、迁移和动机的分析方法(Greeno,Collins 和 Resnick,1996)。

1. 认知理论

我们用"认知"这个术语来指那些旨在为个体头脑中的心理过程(对信息的感知、编码、存储、转换和提取)建模的理论。这一领域中的研究通常被称为认知科学,包括图式理论(schema theory)、信息处理(information processing)、建构主义[1](constructivism)以及认知神经科学(cognitive neurosciences)中的最新研究。这些方法的关注点是开发在经验上可检测的模型,这通常让人联想到可以解释和预测认知过程的计算机架构(computer architecture)。因此,此类研究的重点通常集中在个体的思维是如何运作的。事实上,这个领域的许多早期研究都只关注个体而不考虑其他因素,通常只将环境视为一个需要控制的"变量"。然而,过去几十年的研究越来越多地涉及到认知是如何在丰富的环境中发生的,认识到知识既影响我们的感知,也影响我们的行动,从而塑造了我们与环境的关系,而环境也在不断变化,从而引发新的反应。而且,具身认知(embodied cognition)领域内的研究也特别注重探索身体在环境中作为知识来源的作用(Alibali 和 Nathan,本书)。

识知(knowing)。广义上讲,认知方法(cognitive approaches)的视角把知识看作个体头脑中信息的表征(representation)。从这个观点来看,认知是对这些表征的操纵、转化和提取。具体的认知理论之间的区别在于如何看待知识是怎样被表征和转化的。认知模型也预测了知识在实验条件下被表征和转化的过程。认知取向的优势之一是,这些不同的认知模型允许研究者对人在特定的问题解决或学习情境下的表现做出清晰和细致的预测。事实上,测量知识和认知表现的能力是认知传统的核心。然而,知识不是直接被测量出来的,而是从与心智模型相连接的可观察的行为中推断出来的。

迁移(transfer)。迁移是在一个新的情境中使用知识,这种新情境与最初获得知识时的情境不一样。传统的关于迁移的认知取向认为,知识必须以一种适当的抽象方式进行表征,从而应用于不同的情境(Day 和 Goldstone,2012)。这些情境之间的相似性涉及将原始情境的特征映射到新的情境中(Reed,2012)。最近,认知传统的取向注意到这种映射不仅包括静态概念,还涉及可以用来解决问题的过程和方法(Day 和 Goldstone,2012)。然而,从广义上来说,迁移的认知方法关注的是信息在个体头脑中如何被表征,以及这种表征是否支持该信息在新情境中的使用。

动机(motivation)。在认知传统中,动机包括预测一个人是否趋向或回避某种情况的内部状态和驱动力。由这个观点产生的动机理论是广泛多样的,但通常都关注个体的感受(对个体自身及其能力的感受、对情境的感受)、个体的欲望(其目标、价值观)、它们如何结合在一起,以及它们对环境特征的反应(Wigfield 和 Eccles,2000)。

例如,当学生试图解决一个科学问题并取得成功时,他们就获得了与解决这类问题相关的能力的知识。动机的形成基于他们如何认识这类问题对自己构成挑战的程度,以及如何认识克服这种挑战的可能性。在这些理论中蕴含的一个关键假设是,动机是一种与个体现有兴趣相关的个人特征,具有一定的稳定性,并且可以脱离情境进行研究。例如,动机通常是通过调查或问卷来衡量的,这些调查或问卷要求被试对一组陈述的同意程度进行排序。这些问卷经常提到特定的情境(如"数学"或"数学课"),但并没有研究与这些情境相关的动机。

2. 社会文化理论

我们称之为"社会文化"的这类理论的核心观点是,人类的活动与活动所发生的环境、实践和历史是不可分割的。根据这个观点,对学习的研究必须超越个体,而将个体互动的环境也包括进来。属于这一类的理论有许多,其中最著名的就是"社会文化"理论,这一类别中还包括情境认知(situated cognition)、文化—历史活动理论(cultural-historical activity theory)、社会建构主义(social constructivism)以及一些与分布式认知(distributed cognition)有关的理论。虽然这些理论在其历史和具体的研究领域存在差异,但它们的共同点多于不同点,特别是与认知理论相比。

识知(knowing)。社会文化观一般从社会历史的角度来看待识知问题(Case,1996;Engeström,1999),假设知识的起源和参与知识的过程源自个体所浸润的文化和历史实践。这意味着,一个人如何了解某事,与他本身所了解的事物是不可分割的。从社会文化的角度来看,很少有人质疑语言、工具、社会阶层或历史影响了我们观察和体验世界的方式。事实上,这不仅是社会文化理论的核心,也是许多认知理论的核心。比如,在认为图式结构影响了对新信息的感知的观点中就可以看到这一点。然而,对人与情境的不可分割性(inseparability)的强调在社会文化理论中是独一无二的,例如,这导致了人们对主要发生在纯实验室环境中的研究的普遍性持怀疑态度。社会文化理论家认为,每一种情境(包括实验)对其自身而言都是独特的,而且基于一种情境的经验或者研究发现可能并不普遍适用于其他情境(Lave,1980)。情境是理论化的、复杂的,包括历史和文化,这些历史和文化可以构画出一个人被期望做什么或有权做什么,这些行为所产生的意义,以及这些行为是如何被作品、人和动机调节的(Engeström,1999)。其核心假设是,认知和识知是个体与其所参与的丰富情境之间的共同成就(joint accomplishment)。此外,由于活动情境在解释识知和学习方面的中心地位,社会文化理论家认为,探索这些情境是如何产生的,以及它们如何随着时间的推移而变化,是很有价值的。

迁移(transfer)。社会文化迁移理论时常会明确地指出,认知传统所定义的迁移在实际生活中是很难找到的。不过他们同时指出,人类活动中充满了迁移的例子,因为日常生活中,我们经常轻松地从一个情境转换到另一个情境。因此,问题就变成了如何解释这种跨情境的流动性(cross-situational fluidity)。为了回答这个问题,社会文化迁移理论将分析的单元从个体扩展到信息所处的环境。虽然具体情况有所不同，但是从社会文化角度论述迁移的理论家们关注的是：（1）学习情境中出现的实践；（2）个体在这些实践中的参与；（3）迁移情境和学习情境之间潜在的重叠（Lobato，2012）。同时关注个体在情境中的参与和在迁移情境中的重叠实践，这与社会文化理论有关学习的假设是一致的，具体来说，即个体所做的是否只是最终活动的一部分。

动机(motivation)。当研究动机时，社会文化理论往往不会单独考虑个体的目标、欲望和信心，而是会考虑活动和实践对个体参与及其能动性的影响，从而使人们以或强或弱的动机行事（Gresalfi，2009；Nolen，Horn和Ward，2015）。从这个角度来看，动机既被视为个人的努力，也被视为集体的努力：个体追求或回避某个活动的行为是由环境提供的机会以及个体在实践中的参与共同建构起来的。这类分析的核心是基于这样一种观点，即认为人并非有动机或者没有动机，而是以有动机或没有动机的方式参与情境实践中。分析单元的这种转变不需要检验个体是否有动机或如何让个体更有动机，而是需要考虑怎样改革实践和情境，从而使人积极主动参与。此外，动机也可能转而成为一种中介(mediator)，影响人们的参与方式，而不是简单地影响人们是否会参与（Engeström，1999）。

三、理论假设的对立和协同

认知理论和社会文化理论对世界和人类活动提出了不同的假设。当然，这些假设也因为自身的部分局限性而受到指责。因为认知观注重实验情境中的个体特性，从而也会比较容易遗漏或忽略了反映个体与其环境之间真实世界联系的细节。而社会文化观因为关注情境，从而也容易导致难以形成任何系统的、可操作的和可推广的结果；或者它们经常因为关注集体而无视个体。对许多人来说，这些分歧是不可调和的。然而，也有学者将这些不同的理论假设视为一个重要的起点，以建立对认知科学至关重要的模型，同时也考虑到对社会文化理论家至关重要的情境和社会历史问题的重要性。

与前面提到的对立相一致，传统的认知取向总是旨在细化个体学生如何理解和学习核心学科概念的模型。相反，社会文化取向则关注支持和抑制学生参与学科的社会环境。然而，这两种观点可以用于同一项研究。例如，埃尼迪及其同事在加州洛杉矶地区进行了一个研究项目（Enyedy，Danish和Field，2011），即对中学生进行统计分析的数学教学研究。研究者一方面以学生对平均数、中位数和众数的现有认知模型为出发点（参见Bakker和Gravemeijer，2003；Konold和Higgins，2002；Makar，Bakker和Ben-Zvi，2011）。另一方面他们（2011）也运用与文化相关的教学法（Ladson-Billings，1995）作为框架，调整他们的教学设计，从而关注学生用数学来支持与他们生活相关的使用数据的论证（如出现在社区里的涂鸦，或是当地公园的暴力）。因此，埃尼迪等人(2011)的研究重点是学生如何既学习规范的数学概念,同时又投入到有难度、但在当地有意义的问题和争论中去。因此,这些结果就与先前认知研究中所青睐的一般性的数学概念更紧密地联系在一起,同时也关注了被社会文化理论家所重视的情境中的重要问题。

四、数据收集和方法

理论学家所利用的数据收集和分析方法必须与所提出的问题紧密结合,因此,认知理论家和社会文化理论家往往采用不同的分析方法。两种观点之间的区分通常与定量和定性方法论之间的争论有关,这里就不再赘述了。然而,就学习理论的发展和贡献而言,研究者所提出的问题、所使用的方法以及最终所提出的主张之间的区别都是很重要的,这不仅关系到该领域致力探索的内容,也关系到最终哪些问题会得到关注。

1. 认知方法

由于对认知与学习的经验检验模型予以关注,传统的认知研究经常包含允许人与人之间和跨时间点的比较测量,如调查或标准化评估。这些测量可以很容易地被量化,从而可以使用参数统计(parametric statistical)的方法。在这方面的研究中,学者们常常对因果关系感兴趣,把特定的活动或事件与认知和学习的模型联系起来。因此,对比干预组和对照组的实验设计相当普遍,事实上,有些人认为这是"科学"研究的黄金标准(Feuer,Towne 和 Shavelson,2002)。

不过,社会文化视角也对这些方法提出了批评,认为这些方法(例如,实验室实验和访谈)往往是在缺少生态有效性的环境中进行的,而且可能会过度简化重要的交互和文化维度。基于这类统计推论的相同假设在理论上也是有问题的,因为它们没有考虑个体与环境之间复杂的相互作用;量化的结果可能在不经意间掩盖了交互作用和研究环境在产生这些结果中的作用。

2. 社会文化方法

与认知方法相反,许多社会文化研究高度依赖定性方法,这些方法包括话语和互动分析(discourse and interaction analysis)、访谈(interview)以及民族志(ethnographies)。这些方法旨在将学习理解为是由本地活动系统持续调节的,而本地活动系统又在不断地运转、变换。被视为"变量"的关键概念被认为是动态的,并且产生于本地社会文化传统中。例如,社会文化理论家指出,文化不是静态的,也不应该被当作是静态的(Gutiérrez 和 Rogoff,2003)。相反,文化是在当下不断地被创造和改变的,因为个体对他们所处的文化环境都有贡献而且也受其影响。同样,活动的关键中介,包括工具、课堂实践、语言、学生的关系等,也要与学生的参与一起加以分析。

因此,这类理论假设经常导致社会文化理论家把重点放在定性分析上,以便更深入地研究特定的参与者是如何在本地情境中参与活动的。这些分析的高度本土化性质经常遭到认知传统支持派的批评,他们对研究结果是否具有普遍性持怀疑态度。认知理论家还经常注意到,在社会文化传统中,核心理论概念并没有被有效地操作,因为社会文化视角下的概念是在互动中产生的,而不是在先验(priori)中被识别出来的,因此它们仍然是模糊的和不明确的。

3. 方法上的协同

简而言之,认知方法往往旨在从受控环境中收集系统的、可概括的和可量化的数据,而社会文化方法则更看重生态的有效性(ecological validity),并且更多地依赖定性数据来支持对自然发生的、互动的结果的探索。我们的研究是否有可能调和这些对立,既支持实验的、先验的对比,又支持对自然发生的和受互动影响的结果的分析?我们相信这是可能的,也相信学习科学已经发展出日益强大的混合方法,这些方法体现了这两种传统的优势(见 Dingyloudi 和 Strijbos,本书)。其中一个例子是罗斯、李和谢林(Russ,Lee 和 Sherin,2012)的研究,他们探讨了在关于科学概念的访谈中,社会框架对学生答案的影响。作者从互动分析中建立了社会框架的概念,并指出,尽管学生在访谈中存在一定的认知模式,但这些模式也深受学生在与访谈者的互动中所感知到的社会框架的影响。因此,研究者就能把社会线索整合到他们关于学生个体如何在互动中呈现知识的模型中,解释学生所理解的概念,以及学生对情境的理解是如何影响他们对这种理解的表达的。

五、为学习而设计

我们关于人是如何学习的假设从根本上推动了我们设计支持学习的方式。为学习而设计是非常广泛的,可以关注不同的领域,如课堂规范和教学实践、特定的学科工具或更广泛的沉浸式学习环境。接下来,我们将概述以这两种视角看待设计的典型方式,然后提供可以代表这两种视角的典型情况的设计实例。随后,我们从自己的研究中选取了两个协同设计的例子,并强调了这些工作的贡献。

1. 认知视角下的设计

大多数认知设计的核心是对特定的认知模型的明确认识和包容。例如,认知导师(cognitive tutors)领域的大部分研究通常建立在认知行为模型(Act* model of cognition)的基础上(见 Graesser,Hu 和 Sottilare,本书)。而且,认知设计通常建立在一个精炼的模型上,这个模型是特定内容领域的专家所观察到的认知类型,比如关于学生如何学习新的科学概念的模型(White 和 Frederiksen,2000),或者学生如何处理历史信息的模型(Wineburg,1991)。驱动设计的认知模型通常也会认识到目标人群所持有的先前的、常见的迷思概念(misconceptions)。一旦这些模型被指定,认知传统中的设计目标就会帮助学生建立目标规范模型或图式,并在此过程中解决常见的迷思概念。

体现这种取向的一个长期研究项目是认知导师（cognitive tutors）的开发（Koedinger，Anderson，Hadley 和 Mark，1997）。这种计算机辅助教学方法的核心是学生的认知模型。最著名的例子之一就是代数导师（Algebra Tutor），它具有如何解决代数问题的模型和学生常见错误的模型。学生们可以在学习过程中尝试解决问题，并且不断更新他们的学习模型，使得认知导师软件能够根据学生的需要提供指导。因此，认知模型不仅是这项研究的灵感来源，而且也是软件系统的实际核心组件。认知导师研究的目标之一是把认知科学引入课堂，而且已经取得了很大成功。因此，研究者非常关注导师系统如何适应当地的课堂情境。

2. 社会文化视角下的设计

社会文化视角下的设计旨在完成两件事。第一，超越个体，了解本地情境中的多种媒介。因此，社会文化视角下的设计总是关注整个活动系统，而不是单一的工具（如第五维度项目，the fifth dimension projects）。这也意味着，社会文化理论家们通常对支持"真实的"环境感兴趣，这种环境反映了该学科的实践，而不仅仅关注学习者需要学习的概念。第二，社会文化视角的设计倾向于质疑什么是真实的实践，以及这种实践对于谁来说是真实的实践。这些取向经常挑战现状，指出学校和他们旨在培养学生的学科往往价值不大，并且不是与所有学生的目标、经验和历史相符。因此，在我们的社会系统中存在多层次的不平等，这些不平等因而成为这些设计方法的共同焦点。

这方面的一个例子可以在李（Lee，1995）的著名项目中看到，该项目开发了一门高中文学诠释课程，借鉴和利用来自于非裔美国人社区的实践——尤其是象征（signifying）——并将其融入到课堂活动中。象征是非裔美国人社区中的一种语言游戏，涉及复杂的语言使用，包括"反讽、双关语、讽刺和隐喻性语言"（Lee，1995，p. 612）。这项研究的一个关键假设是，非裔美国学生在学校的文学阐释评估中的表现不能准确代表他们对文学诠释的实际理解。相反，李假设，学生已经是口语的核心参与者，他们在象征等口语诠释实践方面的表现，与学校英语课堂的实践无关。其结果是，学生未能将象征的实践迁移到课堂上，因为虽然这两者之间的基本技能是相同的，但使用的语境却明显不同。因此，该研究采取的干预措施就涉及到将默示性的、日常的象征实践和正式的、学术性的诠释实践结合起来。李的研究结果表明，那些参与了将日常象征与学校实践联系起来的教学干预的学生，其学习效果是对照组的两倍。

3. 设计中的协同

上面的例子强调了两种视角取向下的理论框架在指导我们对问题的感知，以及我们提出问题解决方案时的差异。从认知科学和社会文化理论中的典型案例来看，我们看到，认知视角的研究会通过仔细考虑个体加工的方式来证明其有效性，社会文化视角的研究则关注塑造个体参与的情境，并通过对该情境进行理论化来证明其有效性。

然而，这两种焦点之间并不存在内在的不对应：我们可以利用我们对人类心理表征结构的理解,同时应该意识到这个结构只是理解和预测学习与活动的一部分。为了凸显在设计工作中跨理论视角的设计潜力,我们介绍两个我们自己的研究案例,在这两个案例中,我们明确地尝试在两种传统的基础上进行设计。

在 BeeSign 项目中,丹尼斯(Danish,2014)设计了一系列的活动,旨在帮助小学低年级学生在蜜蜂采集花蜜的背景下参与复杂的系统概念。丹尼斯的设计工作与探索更侧重于个体的学习,这些工作描述了学生在探索复杂的系统概念时所面临的挑战和迷思概念。与此同时,他致力于通过设计集体的、协调的活动来支持这种个体学习,在这些活动中,需要不同的参与者帮助学生探究这些概念,并发展或支持关键的新实践。例如,使用 BeeSign 软件进行探究,这既需要教师提供帮助,引导学生完成探究周期,也需要学生能够帮助同伴注意蜜蜂采集花蜜的有用规律,并通过模拟实验来挑战彼此的假设。学生的学习,既表现在学生在持续的集体活动中的变化,也表现在学习结束后的个别访谈中。值得一提的是,丹尼斯发现,最初出现在集体活动中的想法,最终也出现在个别访谈中,尽管有时形式不同。因此,这个例子说明了如何将对个体学习的认知分析和对集体活动的关注结合起来,从而更好地理解集体活动的设计如何促成新的互动形式以及个体的学习结果。

格雷萨菲和巴恩斯(Gresalfi 和 Barnes,2015)也描述了一系列的设计研究,这些研究侧重于支持一种特殊的数学问题解决实践的发展,他们称之为批判性参与(critical engagement)。基于对学生的乘法思维和比例思维发展的研究(Lesh, Post 和 Behr,1988;Misailidou 和 Williams,2003),他们设计了一款交互式的沉浸式游戏,并专注于游戏的叙述和反馈如何支持学生考虑不同的问题解决方案,以及这些解决方案的有效性。这个设计框架建立在生态心理学的基础上,并特别关注设计环境中包含的各种启示,以及这些启示如何与学生的输入效应(先前知识、数学学习历史等)相互作用。研究发现,将学生对比率的认识理论与生态框架结合起来,可以开发出一套关于学生个体推理的猜想,因为它与游戏中的互动工具彼此关联并相互作用。

六、结论

学习的认知理论和社会文化理论之间存在着许多本质上的差异。因此,学习科学领域对这些差异进行了讨论、争论,并传授给了我们的学生。这项持续性工作的最重要的成果之一,也是学习科学的标志之一,就是这两种理论都在不断发展完善自己的方法,许多研究者也都在努力综合这两种传统的研究结果、理论和设计。我们并不是说,作为一个领域,我们正在向一个大一统的理论迈进——虽然这或许是可能的,但许多建设性的争论和分歧仍然存在。我们相信,过去几十年的驻足、争论和讨论是有价值的,这使得学习科学领域的研究者将注意力集中在我们所有人都感兴趣的问题上。无论采取何种理论取向,我们看到,更多的研究是在明确地解决个体表现和认知问题的同时,也关注社会情境及其在构建个体认知和被个体认知所构建过程中的作用。也许更重要的是,我们看到学习科学领域的研究者们明确地承认,为了揭示情境在学习中的作用,我们必须认识到并开始解决有关公平和权利的基本问题,我们知道在世界范围内,这些问题与学生的学习机会和学习体验高度交织在一起。

七、延伸阅读

diSessa, A., Sherin, B., & Levin, M. (2015). Knowledge analysis: An introduction. In A. diSessa, M. Levin, & N. Brown (Eds.), *Knowledge and interaction: A synthetic agenda for the learning sciences* (pp. 377 - 402). New York: Routledge.

这本书对知识分析和交互作用的研究进行了比较、对比和综合。其目的与我们自己的努力是一致的,我们注意到,并非理论阵营中的所有分歧都是不可调和的,我们的工作为协同的后续研究提供了希望。

Greeno, J. G., Collins, A., & Resnick, L. (1996). Cognition and learning. In D. C. Berliner & R. C. Calfee (Eds.), *Handbook of educational psychology* (pp. 15 - 46). New York: Routledge.

这篇经典文章对每个理论框架中的核心原则都进行了详细分析。尽管最近的工作更趋于协同,但这仍然是对核心差异的清晰、高层次的总结。

Sfard, A. (1998). On two metaphors for learning and the dangers of choosing just one. *Educational Researcher*, *27*(2), 4 - 13.

这篇经典之作不仅有助于对比这两种核心的理论取向,还有助于突出它们之间内在差异的影响。斯法德还令人信服地论证了只关注其中某一种取向的危险性。

Svihla, V., & Reeve, R. (Eds.). (2016). *Design as scholarship: Case studies from the learning sciences*. New York: Routledge.

本书提供了对学习科学内部实际设计过程的珍贵观察,与传统文章不同的是,它包含了深度和探索的挑战。这样做也有助于使不同的理论在设计中的作用变得清晰可见。

八、注释

1. 我们这里指的是皮亚杰提出的不同于哲学方法的理论,虽然很多认知理论都赞同哲学方法。

参考文献

Alibali, M. W., & Nathan, M. (2018). Embodied cognition in learning and teaching: action, observation, and imagination. In F. Fischer, C .E. Hmelo-Silver, S. R. Goldman, & P. Reimann (Eds.), *International handbook of the learning sciences* (pp. 75–85). New York: Routledge.

Anderson, J. R., Reder, L. M., & Simon, H. A. (1996). Situated learning and education. *Educational Researcher*, *25*(4), 5–11. doi: 10.3102/0013189x025004005

Bakker, A., & Gravemeijer, K. (2003). Planning for teaching statistics through problem solving. In R. Charles & H. L. Schoen (Eds.), *Teaching mathematics through problem solving: Grades 6–12* (pp. 105–117). Reston, VA: National Council of Teachers of Mathematics.

Case, R. (1996). Changing Views of Knowledge and Their Impact on Educational Research and Practice. In D. R. Olson & N. Torrance (Eds.), *The Handbook of Education and Human Development: New Models of Learning, Teaching and Schooling* (pp. 75–99). Malden, MA: Blackwell Publishers.

Danish, J. A. (2014). Applying an activity theory lens to designing instruction for learning about the structure, behavior, and function of a honeybee system. *Journal of the Learning Sciences*, *23*(2), 1–49. doi:10.1080/10508406.2013.856793

Day, S. B., & Goldstone, R. L. (2012). The import of knowledge export: Connecting findings and theories of transfer of learning. *Educational Psychologist*, *47*(3), 153–176. doi:10.1080/00461520.2012.696438

Dingyloudi, F., & Strijbos, J. W.(2018). Mixed methods research as a pragmatic toolkit: Understanding versus fixing complexity in the Learning Sciences. In F. Fischer, C. E. Hmelo-Silver, S. R. Goldman, & P. Reimann (Eds.), *International handbook of the learning sciences* (pp. 444–454). New York: Routledge.

Engeström, Y. (1999). Activity theory and individual and social transformation. In Y. Engeström, R. Miettinen, & R.-L. Punamäki (Eds.), *Perspectives on activity theory* (pp. 19–38). New York: Cambridge University Press.

Enyedy, N., Danish, J. A., & Fields, D. (2011). Negotiating the "relevant" in culturally relevant mathematics. *Canadian Journal for Science, Mathematics, and Technology Education*, *11*(3), 273–291.

Feuer, M. J., Towne, L., & Shavelson, R. J. (2002). Scientific culture and educational research. *Educational Researcher*, *31*(8), 4–14.

Goodwin, C. (1994). Professional vision. *American Anthropologist*, *96*(3), 606–633.

Graesser, A. C., Hu, X., & Sottilare, R. (2018). Intelligent tutoring systems. In F. Fischer, C. E. Hmelo-Silver, S. R. Goldman, & P. Reimann (Eds.), *International handbook of the learning sciences* (pp. 246–255). New York: Routledge.

Greeno, J. G. (1997). On claims that answer the wrong questions. *Educational Researcher*, *26*(1), 5–17. doi:10.3102/0013189x026001005

Greeno, J. G., Collins, A., & Resnick, L. (1996). Cognition and learning. In D. C. Berliner & R. C. Calfee (Eds.), *Handbook of educational psychology* (pp. 15–46). New York: Routledge.

Greeno, J. G., & Engeström, Y. (2014). Learning in activity. In R. K. Sawyer (Ed.), *The Cambridge handbook of the learning sciences* (2nd ed., pp. 128–147). Cambridge, UK: Cambridge University Press.

Gresalfi, M. S. (2009). Taking up opportunities to learn: Constructing dispositions in mathematics classrooms. *Journal of the Learning Sciences*, *18*(3), 327–369.

Gresalfi, M. S., & Barnes, J. (2015). Designing feedback in an immersive videogame: Supporting student mathematical engagement. *Educational Technology Research and Development*, 1–22. doi:10.1007/s11423-015-9411-8

Gutiérrez, K. D., & Rogoff, B. (2003). Cultural ways of learning: Individual traits or repertoires of practice. *Educational Researcher*, *32*(5), 19–25.

Koedinger, K. R., Anderson, J. R., Hadley, W. H., & Mark, M. A. (1997). Intelligent tutoring goes to school in the big city. *International Journal of Artificial Intelligence in Education*, *8*, 30–43.

Konold, C., & Higgins, T. (2002). Working with data: Highlights of related research. In S. J. Russell, D. Schifter, & V. Bastable (Eds.), *Developing mathematical ideas: Working with data* (pp. 165–201). Parsippany, NJ: Dale Seymour Publications.

Ladson-Billings, G. (1995). Toward a theory of culturally relevant pedagogy. *American Educational Research Journal*, *32*(3), 465.

Lave, J. (1980). What's special about experiments as contexts for thinking. *Quarterly Newsletter of the Laboratory of Comparative Human Cognition*, *2*(4), 86–91.

Lee, C. D. (1995). A culturally based cognitive apprenticeship: Teaching African American high school students skills in literary interpretation. *Reading Research Quarterly*, *30*(4), 608–630.

Lesh, R. A., Post, T., & Behr, M. (1988). Proportional reasoning. In J. Hiebert & M. Behr (Eds.), *Number concepts and operations in the middle grades* (pp. 93–118). Reston, VA: Lawrence Erlbaum & National Council of Teachers of Mathematics.

Lobato, J. (2012). The actor-oriented transfer perspective and its contributions to educational research and practice. *Educational Psychologist*, 47(3), 232–247. doi:10.1080/00461520.2012.693353

Makar, K., Bakker, A., & Ben-Zvi, D. (2011). The reasoning behind informal statistical inference. *Mathematical Thinking and Learning*, 13(1–2), 152–173.

Misailidou, C., & Williams, J. (2003). Children's proportional reasoning and tendency for an additive strategy: The role of models. *Research in Mathematics Education*, 5(1), 215–247.

Nolen, S. B., Horn, I. S., & Ward, C. J. (2015). Situating motivation. *Educational Psychologist*, 50(3), 234–247. doi:10.1080/00461520.2015.1075399

Reed, S. K. (2012). Learning by mapping across situations. *Journal of the Learning Sciences*, 21(3), 353–398. doi:10.1080/10508406.2011.607007

Russ, R. S., Lee, V. R., & Sherin, B. L. (2012). Framing in cognitive clinical interviews about intuitive science knowledge: Dynamic student understandings of the discourse interaction. *Science Education*, 96(4), 573–599.

Sfard, A. (1998). On two metaphors for learning and the dangers of choosing just one. *Educational Researcher*, 27(2), 4–13.

Sherin, M., & van Es, E. A. (2009). Effects of video club participation on teachers' professional vision. *Journal of Teacher Education*, 60(1), 20–37. doi:10.1177/0022487108328155

Stevens, R., & Hall, R. (1998). Disciplined perception: Learning to see in technoscience. In M. Lampert & M. L. Blunk (Eds.), *Talking mathematics in school: Studies of teaching and learning* (pp. 107–149). Cambridge, UK: Cambridge University Press.

White, B., & Frederiksen, J. R. (2000). Technological tools and instructional approaches for making scientific inquiry accessible to all. In M. J. Jacobson & R. B. Kozma (Eds.), *Innovations in science and mathematics education* (pp. 321–359). Mahwah, NJ: Lawrence Erlbaum.

Wigfield, A., & Eccles, J. S. (2000). Expectancy–value theory of achievement motivation. *Contemporary educational psychology*, 25(1), 68–81.

Wineburg, S. S. (1991). Historical problem solving: A study of the cognitive processes used in the evaluation of documentary and pictorial evidence. *Journal of Educational Psychology*, 83(1), 73–87.

第 5 章　学徒制学习

朱莉娅·埃伯勒(Julia Eberle)

在开始设计一个复杂的学习环境时,我们需要做许多重要的决策。这些决策包括:在这种环境中,学习者应该获得哪些知识和技能? 有哪些方法可以帮助学习者建构知识、内化内容或练习技能? 我们如何确保学习者在整个学习过程中保持积极性,并理解学习内容的价值? 有什么方法可以确保学习者以后能够在适当的情境中运用他们的知识和技能?

这一系列问题的答案甚至是问题本身都揭示了我们对学习本质和学习过程的假设,以及对可能使这种学习得以发生的学习环境的设想。举例来说,学习的"习得隐喻"(acquisition metaphor)(Sfard,1998)假设了一种传统的正规学校教育形式。在这种形式中,学习环境与应用环境是分开的。教师将一些知识传授给一组年龄和/或技能水平相近的学习者。学习者积累了这些知识,以便在将来的某个时间运用。除此之外,还有其他教育方法,这些方法基于不同的学习目标以及关于如何最好地促进学习的不同假设(Paavola,Lipponen 和 Hakkarainen,2004;Sfard,1998)。学徒制学习(apprenticeship learning)便是其中的一种方式,也是本章的重点。

学徒制学习是基于"参与式隐喻"(participation metaphor)(Sfard,1998)的学习方式,在一定程度上,它在学习方式的构建和学习环境的设计上与其他方式相比有着根本的区别。大多数关于学习环境设计的学习科学研究都旨在整合学习方法基本概念以及关于学习"传送"(travels)的对象及方式的假设。

学徒制学习与关注"情境学习"(situated learning)和"情境认知"(situated cognition)的研究密切相关。这类研究受到 20 世纪 70 年代末对维果斯基(Vygotsky)提出的社会文化学习(socio-cultural learning)的重新认识(见 Danish 和 Gresalfi,本书)的极大影响。维果斯基的研究方法的复兴使研究者们注意到,情境是帮助我们理解人是如何学习的一个重要方面(Hoadley 和 van Heneghan,2012)。

然而,学徒制学习并不简单。关注学徒制学习的研究可以分为不同的研究流派,它们各自发展,在大多数情况下是相对独立的。这些研究流派不仅在理论重点上不同,而且在核心方法论上也不同。第一个流派侧重于理解学徒制学习的最初含义,研究人们如何通过学徒制学习方法来学习(以及学徒制学习方法与学校教育方法的不同之处)。本章的第一部分介绍了这一流派中的两个研究视角。第二个流派从教学设计的角度出发,旨在将学徒制学习的特点纳入学校教育情境中,以便从两种方法的优势中获益。本章的第二部分以认知学徒制框架为例，对这个流派进行了描述。

一、学徒制学习：定义特征

定义学徒制学习并了解其基本机制是非常重要的。研究者已经开展了大量致力于描述学徒制学习情境的研究。该类研究以民族志研究为主，对学徒制学习情境进行了详细的观察和分析。

可以确定的是，此类研究有两个不同的研究分支。第一种是经典意义上的学徒制学习研究。这种研究大多将研究对象集中在某些职业或常规实践情境中的新手上，他们通过学习掌握特定的实践而成为实践共同体中公认的成员（Lave 和 Wenger，1991）。第二种是将学徒制学习的概念隐喻地迁移到儿童发展和儿童在周围世界的学习中（Rogoff，1995）。本章将回顾这两种观点，并将核心要素与传统学校教育的习得隐喻进行对比。

1. 实践共同体中的学徒制学习

理解学徒制学习的核心基础是拉维和温格（Lave 和 Wenger，1991）的《情境学习：合法的边缘性参与》（*Situated Learning：Legitimate Peripheral Participation*）一书。在这本书中，作者利用民族志研究的方法，描述了几位学习者在截然不同的环境中进行学徒制学习的经历，如尤卡坦（Yucatán）的助产士，德国肉店的屠夫和匿名的嗜酒者等，并介绍了他们的学习过程的基本情况，即在实践共同体中的合法的边缘性参与。

实践共同体构成了学徒制学习发生的社会和认知环境。在学徒制学习中，这种情境的作用要比在学校教育中重要得多。在学校教育中，学习情境是自上而下（top-down）或偶然形成的，比如，一个班级或一群学习者第一次走到一起时，就开始形成学习情境了，但在课程结束或学年结束时，他们就解散了。而实践共同体的构成基于以下几个认知和社会方面的情况（Barab 和 Duffy，2000；Barab，MaKinster 和 Scheckler，2003）：一个共同的实践（common practice）和/或共同的事业（mutual enterprise）将人们聚集在一起，成员之间存在着相互依赖性（mutual interdependence），这使其不可避免地走到了一起。由于实践共同体存在的主要原因是相互受益，因此，共同体成员创造了互动和参与的机会，并且尊重不同的观点和少数人的意见。实践共同体拥有一个长远目标，导致共同体形成共同的（学习）历史、有意义的关系以及共享的知识，价值观和信仰。最后，实践共同体超越了个体成员。因此，当成员出于某种原因离开时，实践共同体的再生机制（mechanisms for reproduction）可以确保共同体的延续。

实践共同体的概念受到了学习科学领域之外的实践者和研究者的广泛关注，特别是在组织情境中。研究者在大量的科学论文中对该概念进行了研究、应用，并将其与其他类型的情境进行了区分。因此，实践共同体概念的定义仍在不断发展，我们对这一概念的使用也还未达成一致（Lindkvist，2005）。

然而,学徒制学习过程——被定义为合法的边缘性参与的这类实践共同体——却没有得到太多关注。要使学习者越来越多地参与实践共同体,需要两个与教育相关的要素(Lave 和 Wenger,1991)。首先,学习者必须要有合法渠道获得共同体的互动、实践和知识。其次,学习者需要有机会在外围(边缘)参与,但这种参与的方式需要是真实的、受到共同体重视的。当他们变得更有能力并为更积极的参与做好准备时,他们便会从共同体的外围活动转向更多的核心活动。边缘性参与不仅是作为倾听和观察的学习者身份的参与,而且是作为共同体的功能性成员的参与,为共同体的共同事业作出贡献和/或执行共同体的实践。作为实践共同体的新人,他们通常缺乏必要的知识和技能,因此,刚开始的时候,他们会以先前拥有的知识和技能参与其中。当他们参与到一个共同的"课程"中时,通常是从观察活动和实践的结果开始的。例如,在尤卡坦的助产士案例中,学徒最初学习的是助产士在完成助产后的结果——健康的孩子和母亲。基于这一预期和重视的结果,学徒们能够以符合其技能水平的方式积极主动地参与共同体实践。随着时间的推移,通过有指导的观察,他们变得越来越熟练,能够开展越来越多的核心实践活动。学徒制学习的核心是师傅的指导和合作,不同技能水平的共同体成员对实践的观察,以及与不同经验水平的其他共同体成员的互动。

研究者研究了许多不同的学徒制情境,这些研究主要关注的是,在职业情境中,新手是如何学习成为警察、护士、心理医生或教师等的(如,Lambson,2010;Lave 和 Wenger,1991)。然而,研究者也对其他日常情境中的学徒制学习进行了研究,例如初入在家教育(home schoolers)共同体的家长(Safran,2010),以及在异域情境中,巫师群体的新成员(Merriam、Courtenay 和 Baumgartner,2003)。这些研究大多数运用民族志的研究方法,侧重于一个学徒或一个非常小的实践共同体。然而,最近也有一些关于不同的参与支持结构的定量研究,这些支持结构使合法的边缘性参与成为可能(Eberle、Stegmann 和 Fischer,2014;Nistor,2016)。

2. 学徒制:儿童发展的隐喻

关于儿童发展的学徒制学习观点强调了儿童获取世界知识、学习语言和发展思维方式的人际机制(interpersonal mechanisms)(Rogoff,1991;Rogoff、Paradise、Arauz、Correa-Chavez 和 Angelillo,2003)。持该观点的研究中有一个研究焦点是分析儿童是如何在与周围人(包括成年人和同龄人)的互动中学习和发展的(Rogoff,1991)。儿童被认为是其自身周围世界中的学徒,是一个"普遍的"(universal)合法边缘参与者(Lave 和 Wenger,1991)。为了使这种参与能够更有效地促进发展,这种参与必须发生在维果斯基所定义的"最近发展区"(Zone of Proximal Development)中,并且这一过程需要有其他更有知识的人引导儿童的参与(Rogoff、Mystry、Göncü 和 Mosier,1993)。

许多关于儿童作为学徒的研究致力于文化比较,即对比儿童在不同文化境脉下的学习过程。研究通常采用民族志的研究方法关注一小部分儿童。这种方法使研究者能够深入细致地捕捉、描述和理解复杂的情境,但无法推断文化境脉中不同因素之间的因果关系(Rogoff 等,1993)。例如,罗戈夫及其同事(Rogoff,1993)观察并访谈了来自四种文化背景的看护者和幼儿(14 个家庭)的日常互动,这些家庭在学校教育与学徒制的传统上有所不同。广泛的分析表明,在学徒制方式占主导地位的背景中,看护者认为孩子有责任开启自己的学习。看护者会让孩子参与到他们的日常和社交活动(如家务)中。这种参与为孩子提供了观察的机会;如果孩子们愿意,可以围绕正在进行的活动和作为活动一部分的物品与看护者进行互动。然后,看护者会将注意力转向帮助孩子们进行活动。换句话说,看护者会引导孩子参与他们感兴趣的活动;最终,儿童可以在没有指导的情况下参与这些活动(Rogoff 等,1993)。相比之下,普遍采用学校教育方式的文化背景中的看护者通常会主动与孩子互动,并明确地创造学习情境,如玩游戏或阅读儿童书籍。这些经验通常与看护者在孩子不在场时所从事的日常活动无关。当孩子们在场时,看护者的注意力会集中在为孩子创造学习体验上。罗戈夫及其同事们还发现,采用学徒制方式的看护者更注重支持孩子对周围环境的观察和关注,提供的口头指导远远少于学校教育文化导向的看护者。作者认为,这些不同的重点可能与不同文化在儿童早期学习目标设定上的差异有关。以学校教育文化为导向的(schooling-oriented)看护者旨在让孩子为学业做准备,如学习阅读,这是很难观察的,而以学徒制为导向的(apprenticeship-oriented)看护者则是在为孩子的日常活动(如烹饪或编织)做准备。

罗戈夫及其同事们报告的学徒制导向看护者和学校教育文化导向的看护者目标之间的差异,反映了不同的学习理论。从学习理论的角度来看,学徒制更依赖于社会和人际观察:"作为学徒,实践共同体的新人会通过与他人一起参与文化组织活动,学徒成为更有责任感的参与者,从而提高他们的技能和理解"(Rogoff,1995,p. 143)。作为一种学习理论,学徒制与支持传统学校教育的桑代克、斯金纳、华生(Thorndike,Skinner 和 Watson)的联结主义(associationist)以及行为学习理论(behavioral learning theories)有着本质的区别(参见 Greeno,Collins 和 Resnick,1996)。表 5.1 是基于柯林斯(Collins,2015)的总结,对它们之间的差异作出的整理和描述。

表 5.1　学徒制学习和传统的学校教育的差异

	学徒制学习	传统的学校教育
认知/功能情境	需要解决实际问题或需要完成真实任务的真实情境	人工创造的学习目的
学习内容	可观察的实践	学习者"头脑中"无法观察的学术技能
学习的相关性	与解决当前问题或完成重要任务的直接关联性	假设学习与遥远的未来相关
社会情境	现实生活中的社会情境	为学习目的而创建的情境
专家的作用	在以自我调节为主的学习进程中指导学习者的教练	构建学习过程并设计学习经验的教师

	学徒制学习	传统的学校教育
学习的责任	情境提供学习机会,和/或学习者基于兴趣开展学习活动,并在必要时接收或寻求指导	教师为学习者预设并启动学习经验,学习者在其中或多或少地主动学习
专家与学习者的关系	通常是一对一或以小组为单位的学习者;"专家"非常了解学习者,容易在学习者的最近发展区找到任务,并减少失败	一名教师通常面对 15 名以上的学生;对于教师而言,同时为多名学习者找到最佳学习任务是一项挑战
主要学习形式	观察学习和积极实践	口头教学和实践
学习任务序列	自下而上,由发生的事件或从明确的主要目标到细节进行创建;学习者能够处理的任务	自上而下,基于专家构建的知识,大多从细节到细节,按时间顺序等

资料来源:改编自柯林斯(2015)。

表 5.1 中,学徒制学习和传统的学校教育之间的明显对比,反映了两者在认知功能上的差异,同时也表明它们的出现是为了满足非常不同的社会需求。这两种取向的功能定位反过来推动了不同的学习内容的性质和每种方法的核心学习过程。尽管如此,由于学徒制学习强调更积极的参与性特征,这对那些想摆脱学校教育学习模式的人来说很有吸引力。一些学习研究者开始概念化和研究教学设计,这些设计与学徒制学习的观点一致,但又适用于传统学校教育的学科学习,特别是在语言艺术学科和数学学科中(例如,Collins, Brown 和 Newman, 1988)。

3. 学徒制学习走向学校:认知学徒制框架

认知学徒制框架(cognitive apprenticeship framework)(Collins, 2015; Collins 和 Kapur, 2014; Collins 等,1988)提出了学徒制学习的基本特征,这些特征可以应用于课堂教学中,使学校教育体验更像学徒制学习(apprenticeship-like)。这个框架强调四个核心组成部分:关注几种类型的知识,使用多种方法促进学习,注意学习活动的具体顺序,强调学习的社会情境。认知学徒制框架可以被视为当前学习科学研究中许多分支的理论基础,因此,该框架的核心组成部分与以下论述中提到的最新研究紧密相连。这些研究采用了多元的研究方法,包括本手册第三部分包含的许多研究方法和分析策略。

4. 知识类型

学校教育通常是基于知识积累(knowledge accumulation)的理念,而认知学徒制从根本上说是建立在专业知识发展理念基础上的(Collins 和 Kapur, 2014; Reimann 和 Markauskaite,本书)。专业知识包含多种类型的知识,而不仅仅是陈述性(declarative)和程序性(procedural)的内容知识。专业知识还包括如何确定怎样执行任务或解决问题的知识,即解决非常规问题的技能。同样,元认知的知识和策略也需要用来监控学习、解决问题,评估进展情况,并作出相应的调整,其中一部分是通过利用情境中的现有资源或基于先前的学习和经验得到支持的。许多这类知识都被认知心理学家研究过,这类研究主要是从"头脑中"的个体角度出发。学习科学家通过对许多这类知识的社会共享视角进行研究,为拓宽个体取向作出了重要贡献,例如,关于元认知研究(Garrison 和 Akyol,2015)和问题解决研究(见 Goldman 和 Brand-Gruwel,本书)。

5. 促进学习的各种方法

作为认知学徒制框架的一部分,不同的教与学方法服务于不同的具体目的(Collins,2015):认知建模(cognitive modeling)、辅导(coaching)和支架(scaffolding)是传统的学徒制学习方法,促进了特定任务的学习。相比之下,表达和反思促进了特定学习任务和情境的概括性学习。最后,探索式学习的目的是将控制权和自主权交给学习者。

认知建模、辅导、支架这三种传统的学徒制学习方法在学习科学和教学设计研究中备受关注。认知建模描述了专家内部思维和问题解决方式的外化,因此学习者可以"观察"到看不见的认知过程。虽然研究者们只探索了少数几种不同领域的认知建模的方法(如 Schoenfeld,1985),但与认知建模密切相关的工作实例研究却越来越多(如 Mulder,Lazonder 和 Jong,2014)。

辅导和支架是学习科学的核心。辅导是指教师监控学生个体或学生群体的学习过程,并在必要时进行干预的方式。支架是指支持学生执行某项任务的工具,随着学生对某项任务的执行技能和熟练程度的提高,这些工具会逐渐消失(Collins,2015;Collins 和 Kapur,2014)。从某种意义上说,它们对于创建一个预期通过使用工具而改变的最近发展区是有用的。目前的学习科学研究正在研究专家和同伴反馈(例如,Bolzer,Strijbos 和 Fischer,2015),以及支架和脚本(scripting)在个体学习和协作学习情境中的作用、效果和详细使用说明(例如,Vogel,Wecker,Kollar 和 Fischer,2016;Kollar,Wecker 和 Fischer,本书;Tabak 和 Kyza,本书)。研究者们长期以来都在关注关于认知导师(cognitive tutors)的研究(见 Graesser,Hu 和 Sottilare,本书)。正如柯林斯(2015)所指出的那样,像自适应认知导师这样的技术有可能模拟密切的师徒关系,而这种关系可以为个体学习者的最近发展区提供最佳的学习经验。因此,即使在学生与教师的比例较高的情况下,这种技术也有可能朝着规模化的方向发展。

学习科学也大量研究了促进表达和反思的方法,以支持学生将自己的思想和认知过程外化,并回顾他们是如何达到目前的知识和思维状态的(Collins,2015;Collins 和 Kapur,2014)。关于提示(prompting)的研究探讨了激发学生表达和反思的方法。其中有一些研究着眼于促进自我解释(self-explanation)和元认知过程的提示(例如,Bannert,Sonnenberg,Mengelkamp 和 Pieger,2015;Heitzmann,Fischer,Kühne-Eversmann 和 Fischer,2015;Rau,Aleven 和 Rummel,2015)。也有一些研究侧重于培养创造表征,从而使学习内容的可视化或论证得到发展——这不仅有利于个体层面的可视化,还可被用作交流工具(例如,Ainsworth,Prain 和 Tytler,2011;Bell,1997;

Schwarz,本书)。

培养探索是指让学生独立解决问题,鼓励他们寻找具有挑战性的学习和解决问题的机会(Collins,2015;Collins 和 Kapur,2014)。这一理念与宏观的教育方式紧密相连,如基于问题的学习(problem-based learning)或探究性学习(inquiry learning)(见de Jong,Lazonder,Pedaste 和 Zacharia,本书;Hmelo-Silver,Kapur 和 Hamstra,本书;Linn,McElhaney,Gerard 和 Matuk,本书)。它鼓励在一个更广泛的教育设计中实施探索,把探索的自由留给学生,这与以探索为中心的教学方法是不同的。以探索为中心的教学方法需要指导(Kirschner,Sweller 和 Clark,2006)。把探索的自由留给学生是不需要指导的,这种无指导的探索对学习是有利的,即使其结果可能是失败的而不是成功的(Kapur 和 Rummel,2012)。

6. 学习活动序列

认知学徒制框架中的学习任务排序与传统学校教育中的学习任务排序明显不同(见表5.1)。柯林斯(Collins,2015;Collins 和 Kapur,2014;Collins 等,1988)从学徒制学习研究中得出认知学徒制的三个重要规则。首先,在关注实现主要目标所需的详细技能和任务之前,必须明确总体情况。只有当学生专注于开发一个整体任务和活动的概念模型,以及它所包含的不同组成部分时,他们才能更好地理解更多细节方面的价值,也更能监控自己的学习进度。其次,在设计学习体验时,要让学习者从非常简单的任务开始,并根据学习者的技能发展情况增加任务的复杂性。这种方法可以培养学习者的成就感,减少学习者的挫败感。最后,认知灵活性(cognitive flexibility)的研究(Spiro,Feltovich,Jacobson 和 Coulson,1991)提出了一些方法来抵消学习者在有限的应用情境和有限的问题解决技能下的"过度适应"(overfitting)——这可能是真实的学徒制学习的一个缺点。学习者的学习任务和问题的复杂性、多样性应该要随着学习者专业知识的增长而增加,这样,学习者才能既加深又拓宽他们的技能和知识面。

也许是因为这三个原则从理论的角度来看似乎都非常明显,所以关于学习活动序列的研究数量比较有限。但是,这三个原则的实际执行是复杂的。尽管如此,还是有少数研究者试图研究学习活动序列。比方说,洛伊布尔及其同事(Loibl 和 Rummel,2015;Loibl,Roll 和 Rummel,2016)分析了探索阶段和认知建模阶段的不同特征和序列。他们发现学习的过程和结果的差异取决于学习者所采用的序列和特征。同样,在计算机支持的学习环境中,研究者也研究了不同的社交平面、支架和学习材料的协调(例如,Kollar 和 Fischer,2013)。

7. 学习的社会情境

然而,将学徒制学习引入学校教育环境中,最复杂的挑战是为学习建立一个真实的认知和社会环境。根据认知学徒制框架(Collins,2015;Collins 和 Kapur,2014),学习任务需要置于真实世界的情境中,学习者自然而然需要掌握一定的技能和知识,才能解决所面临的问题。环境还需要促进学习者之间的协作,因为学徒制假定这样的环境能够培养学习者对问题的主人翁意识和对问题解决的内在动力。与此同时,与其他学习者合作的目的是为了激励个体学习者,在共同项目中分享学习经验,以培养学习者的团队意识。

在学校教育环境中,我们已经探索了几种建立学习者共同体的方法,包括不同规模的小组协作学习。这些方法强调在较大的共同体中建立真实的同伴关系,如一个班级甚至几个班级,并注重共同学习体验(见 Chan 和 van Aalst,本书;Slotta,Quintana 和 Moher,本书)。

二、学徒制学习研究的未来

本章介绍了学徒制学习的基础和认知学徒制框架,以支持将学徒制学习环境的特点引入学校教育的设计中。如本章前面所述,民族志研究在学徒制学习的研究中占主导地位。探索其他类型的方法是否可以,以及如何提供有用的方法来解决社会情境和社区问题(如社交网络分析,Eberle,Stegmann 和 Fischer,2015)将十分有趣。来自更广泛的研究方法的见解可以为学徒制学习的动态和机制提供更多的视角,因为它发生在真实的环境中。

传统上,要么选择学徒制学习,要么选择学校教育的场景,现在,研究者们正试图将这两种方法结合起来,这些都是未来研究的新情境。这方面的例子有课后俱乐部、创客空间(maker spaces)(见 Halverson 和 Peppler,本书)和职业培训等,特别是在一些国家(如瑞士和德国),这两种方法的结合有着悠久的传统。这些情境为观察自然形成的学徒制学习情境和学徒制学习认知方面的教学设计提供了机会。

三、延伸阅读

Brown, J. S., Collins, A., & Duguid, P. (1989). Situated cognition and the culture of learning. *Educational Researcher*, 18(1),32 - 42.

这篇文章描述了学校教育方法是如何忽视知识的情境性,认知学徒制是如何应用到数学教学中去的。

Collins, A., Brown, J. S., & Newman, S. E. (1988). Cognitive apprenticeship:Teaching the craft of reading, writing and mathematics. *Thinking*:*The Journal of Philosophy for Children*, 8(1),2 - 10.

这篇文章介绍了学徒制认知的思想。

Hod, Y., & Ben-Zvi, D. (2015). Students negotiating and designing their collaborative learning norms:A group developmental perspective in learning communities. *Interactive Learning Environments*, 23(5),578 - 594.

这项实证研究运用了定性的、以话语为导向的研究设计，探讨了学习共同体中的学生如何承担共同体责任，并将其作为认知学徒制框架的另一个核心方面。

Lave，J.，& Wenger，E.（1991）．*Situated learning：Legitimate peripheral participation*．Cambridge：Cambridge University Press.

本书是了解学徒制学习基础的核心资料。

Loibl，K. & Rummel，N.（2015）．Productive failure as strategy against the double course of incompetence．*Learning：Research and Practice*，1（2），113 - 121.

这项研究在田野环境中应用定量的实验研究设计，探讨了作为认知学徒制框架的核心要素之一的学习活动的序列。

Rogoff，B.，Mystry，J.，Göncü，A.，& Mosier，C.（1993）．*Guided participation in cultural activity by toddlers and caregivers．Monographs of the Society for Research in Child Development*，236.

本书报告了关于引导式参与的跨文化人种学研究，并从学徒制学习的角度对儿童发展进行了详细的解释。

四、NAPLeS 资源

Collins，A.，Cognitive apprenticeship［Webinar］．In NAPLeS video series. Retrieved October 19，2017，from http://isls-naples. psy. lmu. de/intro/all-webinars/collins/index. html

该网络研讨会解释了认知学徒制框架在教学中的应用。

Eberle，J.，Apprenticeship learning［Video file］．Introduction and short discussion. In NAPLeS video series. Retrieved October 19，2017，from http://isls-naples. psy. lmu. de/video-resources/guided-tour/15-minutes-eberle/index. html

Eberle，J.，Apprenticeship learning［Video file］．Interview. In NAPLeS video series. Retrieved October 19，2017，from http://isls-naples. psy. lmu. de/video-resources/interviews-ls/eberle/index. html

五、致谢

我要感谢我在撰写本章时得到的支持：苏珊·戈德曼（Susan Goldman）给我提供了详细的编辑建议，以及芭芭拉·罗戈夫（Barbara Rogoff）对文章结构的建议。我特别感谢她们二人与我分享了关于学徒制学习研究历史的独特知识。此外，我还要感谢当地的研究团队——波鸿独角兽团队（Bochum Unicorns），特别是马尔·埃尔森（Malte Elson），感谢他们的反馈。

参考文献

Ainsworth, S., Prain, V., & Tytler, R. (2011). Drawing to learn in science. *Science, 333*(6046), 1096–1097.

Bannert, M., Sonnenberg, C., Mengelkamp, C., & Pieger, E. (2015). Short- and long-term effects of students' self-directed metacognitive prompts on navigation behavior and learning performance. *Computers in Human Behavior, 52*, 293–306. doi:10.1016/j.chb.2015.05.038

Barab, S. A., & Duffy, T. M. (2000). From practice fields to communities of practice. In D. H. Jonassen & S. M. Land (Eds.), *Theoretical Foundations of Learning Environments* (pp. 25–55). Mahwah, NJ: Lawrence Erlbaum Associates.

Barab, S. A., MaKinster, J. G., & Scheckler, R. (2003). Designing system dualities: Characterizing a web-supported professional development community. *The Information Society, 19*(3), 237–256. doi:10.1080/01972240309466

Bell, P. (1997). Using argumentation representation to make thinking visible for individuals and groups. In R. Hall, N. Miyake, & N. Enyedy (Eds.), *Proceedings of the 2nd international conference on computer support for collaborative learning* (pp. 10–19). Toronto, ON: International Society of the Learning Sciences.

Bolzer, M., Strijbos, J. W., & Fischer, F. (2015). Inferring mindful cognitive-processing of peer-feedback via eye-tracking: Role of feedback-characteristics, fixation-durations and transitions. *Journal of Computer Assisted Learning, 31*(5), 422–434. doi:10.1111/jcal.12091

Chan, C., & van Aalst, J. (2018). Knowledge building: Theory, design, and analysis. In F. Fischer, C. E. Hmelo-Silver, S. R. Goldman, & P. Reimann (Eds.), *International handbook of the learning sciences* (pp. 295–307). New York: Routledge.

Collins, A. (2015). Cognitive apprenticeship: NAPLeS Webinar. Retrieved from http://isls-naples.psy.lmu.de/intro/all-webinars/collins/index.html

Collins, A., Brown, J. S., & Newman, S. E. (1988). Cognitive apprenticeship: Teaching the craft of reading, writing and mathematics. *Thinking: The Journal of Philosophy for Children, 8*(1), 2–10.

Collins, A., & Kapur, M. (2014). Cognitive apprenticeship. In R. K. Sawyer (Ed.), *The Cambridge handbook of the learning sciences* (2nd ed., pp. 109–127). New York: Cambridge University Press.

Danish, J., & Gresalfi, M. (2018). Cognitive and sociocultural perspective on learning: Tensions and synergy in the Learning Sciences. In F. Fischer, C. E. Hmelo-Silver, S. R. Goldman, & P. Reimann (Eds.), *International handbook of the learning sciences* (pp. 34–43). New York: Routledge.

de Jong, T., Lazonder, A., Pedaste, M., & Zacharia, Z. (2018). Simulations, games, and modeling tools for learning. In F. Fischer, C. E. Hmelo-Silver, S. R. Goldman, & P. Reimann (Eds.), *International handbook of the learning sciences*. New York: Routledge.

Eberle, J., Stegmann, K., & Fischer, F. (2014). Legitimate peripheral participation in communities of practice: Participation support structures for newcomers in faculty student councils. *Journal of the Learning Sciences, 23*(2), 216–244. doi:10.1080/10508406.2014.883978

Eberle, J., Stegmann, K., & Fischer, F. (2015). Moving beyond case studies: Applying social network analysis to study learning-as-participation. *Learning: Research and Practice, 1*(2), 100–112. doi:10.1080/23735082.2015.1028712

Garrison, D. R., & Akyol, Z. (2015). Toward the development of a metacognition construct for communities of inquiry. *The Internet and Higher Education, 24*, 66–71. doi:10.1016/j.iheduc.2014.10.001

Goldman, S. R., & Brand-Gruwel, S. (2018) Learning from multiple sources in a digital society, In F. Fischer, C. E. Hmelo-Silver, S. R. Goldman, & P. Reimann (Eds.), *International handbook of the learning sciences* (pp. 86–95). New York: Routledge.

Graesser, A. C., Hu, X., & Sottilare, R. (2018). Intelligent tutoring systems. In F. Fischer, C. E. Hmelo-Silver, S. R. Goldman, & P. Reimann (Eds.), *International handbook of the learning sciences* (pp. 246–255). New York: Routledge.

Greeno, J. G., Collins, A. M., & Resnick, L. B. (1996). Cognition and learning. In D. C. Berliner & R. C. Calfee (eds.), *Handbook of educational psychology* (pp. 15–46). New York: Simon & Schuster Macmillan.

Halverson, E., & Peppler, K. (2018). The Maker Movement and learning. In F. Fischer, C. E. Hmelo-Silver, S. R. Goldman, & P. Reimann (Eds.). *International handbook of the learning sciences* (pp. 285–294). New York: Routledge.

Heitzmann, N., Fischer, F., Kühne-Eversmann, L., & Fischer, M. R. (2015). Enhancing diagnostic competence with self-explanation prompts and adaptable feedback. *Medical Education, 49*(10), 993–1003. doi:10.1111/medu.12778

Hmelo-Silver, C. E., Kapur, M., & Hamstra, M. (2018) Learning through problem solving. In F. Fischer, C. E. Hmelo-Silver, S. R. Goldman, & P. Reimann (Eds.), *International handbook of the learning sciences* (pp. 210–220). New York: Routledge.

Hoadley, C., & van Heneghan, J. P. (2012). The Learning Sciences: Where they came from and what it means for instructional designers. In R. A. Reiser (Ed.), *Trends and issues in instructional design and technology* (3rd ed., pp. 53–63). Boston, MA: Pearson.

Kapur, M., & Rummel, N. (2012). Productive failure in learning from generation and invention activities. *Instructional Science, 40*(4), 645–650. doi:10.1007/s11251-012-9235-4

Kirschner, P. A., Sweller, J., & Clark, R. E. (2006). Why minimal guidance during instruction does not work: An analysis of the failure of constructivist, discovery, problem-based, experiential, and inquiry-based teaching. *Educational Psychologist, 41*(2), 75–86. doi:10.1207/s15326985ep4102_1

Kollar, I., & Fischer, F. (2013). Orchestration is nothing without conducting—but arranging ties the two together! A response to Dillenbourg (2011). *Computers & Education, 69*, 507–509.

Kollar, I., Wecker, C., & Fischer, F. (2018). Scaffolding and scripting (computer-supported) collaborative learning. In F. Fischer, C. E. Hmelo-Silver, S. R. Goldman, & P. Reimann (Eds.), *International handbook of the learning sciences* (pp. 340–350). New York: Routledge.

Lambson, D. (2010). Novice teachers learning through participation in a teacher study group. *Teaching and Teacher Education, 26*(8), 1660–1668. doi:10.1016/j.tate.2010.06.017

Lave, J., & Wenger, E. (1991). *Situated learning: Legitimate peripheral participation.* Cambridge: Cambridge University Press.

Lindkvist, L. (2005). Knowledge communities and knowledge collectivities: A typology of knowledge work in groups. *Journal of Management Review, 42*(6), 1189–1210.

Linn, M. C., McElhaney, K. W., Gerard, L., & Matuk, C. (2018). Inquiry learning and opportunities for technology. In F. Fischer, C. E. Hmelo-Silver, S. R. Goldman, & P. Reimann (Eds.), *International handbook of the learning sciences* (pp. 221–233). New York: Routledge.

Loibl, K., Roll, I., & Rummel, N. (2016). Towards a theory of when and how problem solving followed by instruction supports learning. *Educational Psychology Review, 26*(4), 435. doi:10.1007/s10648-016-9379-x

Loibl, K., & Rummel, N. (2015). Productive failure as strategy against the double curse of incompetence. *Learning: Research and Practice, 1*(2), 113–121. doi:10.1080/23735082.2015.1071231

Merriam, S. B., Courtenay, B., & Baumgartner, L. (2003). On becoming a witch: Learning in a marginalized community of practice. *Adult Education Quarterly, 53*(3), 170–188.

Mulder, Y. G., Lazonder, A. W., & Jong, T. de. (2014). Using heuristic worked examples to promote inquiry-based learning. *Learning and Instruction, 29*, 56–64. doi:10.1016/j.learninstruc.2013.08.001

Nistor, N. (2016). Quantitative analysis of newcomer integration in MMORPG communities. In Y. Li, M. Chang, M. Kravcik, E. Popescu, R. Huang, Kinshuk, & N.-S. Chen (Eds.), *Lecture Notes in Educational Technology. State-of-the-Art and Future Directions of Smart Learning* (pp. 131–136). Singapore: Springer Singapore. doi:10.1007/978-981-287-868-7_15

Paavola, S., Lipponen, L., & Hakkarainen, K. (2004). Models of innovative knowledge communities and three metaphors of learning. *Review of Educational Research, 74*(4), 557–576. doi:10.3102/00346543074004557

Rau, M. A., Aleven, V., & Rummel, N. (2015). Successful learning with multiple graphical representations and self-explanation prompts. *Journal of Educational Psychology, 107*(1), 30–46. doi:10.1037/a0037211

Reimann, P., & Markauskaite, L. (2018). Expertise. In F. Fischer, C. E. Hmelo-Silver, S. R. Goldman, & P. Reimann (Eds.), *International handbook of the learning sciences* (pp. 54–63). New York: Routledge.

Rogoff, B. (1991). *Apprenticeship in thinking: Cognitive development in social context.* New York: Oxford University Press.

Rogoff, B. (1995). Observing sociocultural activity on three planes: participatory appropriation, guided participation, and apprenticeship. In J. V. Wertsch, P. del Rio, & A. Alvarez (Eds.), *Sociocultural studies of mind* (pp. 139–164). Cambridge: Cambridge University Press.

Rogoff, B., Mystry, J., Göncü, A., & Mosier, C. (1993). *Guided participation in cultural activity by toddlers and caregivers. Monographs of the Society for Research in Child Development, 236.*

Rogoff, B., Paradise, R., Arauz, R. M., Correa-Chavez, M., & Angelillo, C. (2003). Firsthand learning through intent participation. *Annual Review of Psychology, 54*, 175–203. doi:10.1146/annurev.psych.54.101601.145118

Safran, L. (2010). Legitimate peripheral participation and home education. *Teaching and Teacher Education, 26*(1), 107–112. doi:10.1016/j.tate.2009.06.002

Schoenfeld, A. (1985). *Mathematical problem solving.* Burlington: Elsevier Science.

Schwarz, B. B. (2018). Computer-supported argumentation and learning. In F. Fischer, C. E. Hmelo-Silver, S. R. Goldman, & P. Reimann (Eds.), *International handbook of the learning sciences* (pp. 318–329). New York: Routledge.

Sfard, A. (1998). On two metaphors for learning and the dangers of choosing just one. *Educational Researcher, 27*(2), 4–13. doi:10.3102/0013189X027002004

Slotta, J. D., Quintana, R., & Moher, T. (2018). Collective inquiry in communities of learners. In F. Fischer, C. E. Hmelo-Silver, S. R. Goldman, & P. Reimann (Eds.), *International handbook of the learning sciences* (pp. 308–317). New York: Routledge.

Spiro, R. J., Feltovich, P. J., Jacobson, M. J., & Coulson, R. L. (1991). Cognitive flexibility, constructivism, and hypertext: Random access instruction for knowledge acquisition in ill-structured domains. *Educational*

Technology, 31(5), 24–33.

Tabak, I., & Kyza., E. (2018). Research on scaffolding in the learning sciences: A methodological perspective. In F. Fischer, C. E. Hmelo-Silver, S. R. Goldman, & P. Reimann (Eds.), *International handbook of the learning sciences* (pp. 191–200). New York: Routledge.

Vogel, F., Wecker, C., Kollar, I., & Fischer, F. (2016). Socio-cognitive scaffolding with computer-supported collaboration scripts: A meta-analysis. *Educational Psychology Review*. Advance online publication. doi:10.1007/s10648-016-9361-7

第 6 章　专业知识

彼得・赖曼,丽娜・马考斯凯特(Peter Reimann, Lina Markauskaite)

　　许多学科领域已经从专业知识、胜任力和技能表现的角度,对哲学(Collins 和 Evans,2007)、社会学(Young 和 Muller,2014)和认知科学(Chi,Glaser 和 Farr,1988;Ericsson,2009;Ericsson,Charness,Feltovich 和 Hoffman,2006)开展了研究。在本章中,我们首先从认知的角度讨论了专家胜任力及其表现的相关研究,这是因为,在某种程度上,它有助于定义成功学习的结果及其与教育的相关性(Bransford,Brown 和 Cocking,2000)。然后,我们会从更广泛的生态学视角来看待专业知识,这种视角源于更情境化的研究和社会文化研究,强调人与环境的相互作用。我们可以从本章第三部分讨论的教师专业知识的概念及其发展中看到每种视角的影响。最后,我们将简要介绍一些与学习科学特别相关的新兴专业知识研究领域。

一、认知科学视角下的专业知识

　　认知科学为理解知识和技能的组成作出了开创性的贡献。这些知识和技能构成了某一特定领域的能力,如经典力学和遗传学。它还有助于深入了解精通某一领域的人是如何实际解决问题的,以及其行为背后的原因。这项研究还有助于驳斥"许多领域的专业知识取决于个人的'天赋'或'非凡的智慧'(exceptional intelligence)"这一观点,指出专业知识是通过广泛的实践获得的知识和技能,并通过广泛的实践磨练而形成。

1. 专业知识的一般特征

　　关于什么是专业知识的许多见解来自于专家和新手的比较研究。这些研究汇集了四个关键特征:(1)专业知识是特定领域的(domain-specific);(2)专家会比新手感知到更多的组块;(3)专家的知识组织方式与非专家不同;(4)专家解决常规问题的方式与新手不同。我们简要地总结了这些特征(更广泛的解释,见 Bransford 等,2000;Chi 等,1988;Feltovich,Prietula 和 Ericsson,2006)。

　　(1) **领域和任务的特殊性**。个体在某一特定领域取得的成绩水平越高,就越不容易将其迁移到新的领域。也就是说,世界级的棋手不一定是优秀的管理者或将军,反之亦然(Ericsson 和 Lehmann,1996)。即使在看起来非常相似的两个领域,情况也是如此。例如,当艾森斯塔特和卡列夫(Eisenstadt 和 Kareev,1979)比较围棋专家和五子棋手对棋盘位置的记忆时,他们发现,即使这两款游戏是在同一个棋盘上进行的,但他们并没有发现跨游戏的专业知识的迁移(transfer)。

对这一发现的一般解释是,专家行为更依赖于知识和知识获取,而不是才能、天赋或一般智力(Chi 等,1988;Feltovich 等,2006;Reimann 和 Chi,1989)。正如那句古老的格言所说:实践出真知。此外,儿童会在自己感兴趣的领域(如恐龙)表现出该领域的专业知识,而且,在那些特定领域中,儿童在记忆和解决问题方面的表现要优于成人(Chi 和 Koeske,1983)。与其说专业知识是一种特质,不如说"专业知识的发展在很大程度上是积累了大量的技能、知识和机制,这些技能、知识和机制可以监督和控制认知过程,从而高效、有效地执行一系列规定的任务"(Feltovich 等,2006,p.57)。对于教育和教学而言,专业知识的这种特殊性(specificity)是一项挑战,因为迁移被视为成功学习的标志。为适应不同的任务需求和环境而进行的适应性调整,使专家能够在人类的认知结构,特别是注意力、工作记忆和长期记忆等受到限制的情况下开展工作(Feltovich 等,2006)。但是,在执行某项技能时,需要权衡其效率与可靠性,灵活性与适用性。

(2)**更大的感知模式**。从字面上看,专家们对自己专业领域内的重要对象的感知模式与新手不同。这一点在许多专业领域已经多次被证明,但最早是在国际象棋专家身上发现的。在一系列经典研究中,荷兰的德格鲁特(DeGroot,1965)和美国的蔡斯、西蒙(Chase 和 Simon,1973)将带有棋子配置的棋盘快速(通常为 5 秒)呈现给高手级棋手和不太熟练的棋手,然后让他们重现棋盘。蔡斯和西蒙(1973)发现,高手级棋手能正确地回忆起大约 20 颗棋子,是初级棋手的四到五倍。考虑到短期记忆(short-term memory,STM)的容量限制,正常成年人的预期记忆是 5 至 7 颗棋子(Miller,1956)。

研究者对这一发现作出的解释是"分块"(chunking):专家们会在 STM 中感知和存储更大的棋型(例如,具体的开局棋步),而不是组成棋型的每一颗单独的棋子。换句话说,专家们记住的是按棋盘配置组织的"块",这些棋子的配置在棋局中是有意义的。这些配置反映了专家们对国际象棋知识和棋局模式的长期记忆,而这种知识在看棋盘时会被自动激活。这种专家感知的"知识依赖性"(knowledge dependence)理论得到了实验的进一步支持:当实验者在棋盘上随机配置棋子时,大师的记忆并不比新手好。

(3)**围绕问题解决的组织原则**。一个有趣的观察结果是,专家不仅记得(更多),而且他们的记忆方式也与新手不同,这暗示了长期记忆中知识组织的差异。蔡斯和西蒙(Chase 和 Simon,1973;Simon 和 Chase,1973)通过分析专家们记忆的棋子配置特征,研究了回忆在定性方面的特点。他们发现,这些配置主要是基于棋局的战略层面,比如威胁和机会等。奇、费尔托维奇和格拉泽(Chi,Feltovich 和 Glaser,1981)以及格拉泽和奇(1988)在物理学方面的研究得出了类似的结果:专家们根据力学原理(如牛顿第二定律)对力学问题进行分类,而新手则根据表面特征(如涉及斜面)对问题进行分类。

对这种现象的一般解释是,专业知识涉及适应任务环境的要求。作为自适应过程的一部分,专家们构建了功能性的抽象;他们构建了为解决问题而优化的图式(schemas)。泽茨(Zeitz,1997)称这些为"适度抽象的概念表征",并描述了这种抽象是如何推动问题的解决和决策的。不足为奇的是,在专业知识研究中,关于知识组织的研究结果在教育中的应用最为广泛,特别是在科学教育(Chi 等,1988)和医学教育(Schmidt,1993)中。

(4)**强大的问题解决方法、前瞻推理和自动化**。专家在自己的专业领域内使用"强"方法解决问题,而新手则使用"弱"方法。之所以被称为"弱"方法,是因为它们很少利用领域知识(domain knowledge),并且可能需要花很长的时间才能找到解决问题的方法,当然也有可能找不到解决问题的方法。相反,"强"方法是指利用领域知识来解决问题,如前人的解法或领域原理。

无论是弱方法还是强方法,都会促成学习的发生,并且当针对特定类型问题反复练习时,就会实现自动化。这种学习——日常技能习得的过程——是很好理解的,约翰·安德森(John Anderson,1982)将其描述为"程序化"(proceduralization)。"程序化"会使得问题解决的行为变得快速、可靠,并且不易被打断和受到干扰。在这个过程中,问题解决者会感觉毫不费力,其认知资源也会被释放出来,可用于高阶任务、其他任务或反思性学习。

2. 认知视角的局限性

专业知识的一般认知特征来自于一系列易于管理的实验室研究,这些研究将专家与新手在特定任务上的表现进行比较。尽管这项研究的价值在于阐明专家和新手如上所述的不同,但它忽略了真实环境下胜任行为的物理、符号和社会环境,对有效行为的促进作用。在高度受限的环境中,研究所使用的方法,例如卡片分类(card sorting)(Fincher 和 Tenenberg,2005)和有声思维法(think-aloud protocols)(Someren,Barnard 和 Sandberg,1994),都仅将注意力集中在专家个人身上。

将专业知识的这些认知特征应用到正规教育中也存在一定的局限性。首先,正规教育并未将"新手训练成专家"作为目标或手段。想要发展专业知识和培养高水平的熟练程度,需要调动的资源远远超出了正规教育所能提供的范围。正规教育可能是学生第一次接触到专业领域的地方,并随后发展起专业知识。从这个意义上说,它可能在培养和维持兴趣方面发挥着重要作用(Hidi 和 Renninger,2006;见 Renninger,Ren 和 Kern,本书)。

二、社会文化和情境视角下的专业知识

认知视角的专业知识研究可以与"自然状态"的专业知识研究形成对比(例如,

Hutchins，1995；Klein，Calderwood 和 Clinton-Cirocco，1985）。此类研究与情境学习（Greeno，1998）相结合，共同促成一种观点，即专业知识更多地分布在个人及其环境中，而专家的表现从根本上说是依赖于专家群体环境中的资源。如前所述，专业知识的认知心理学研究通过长期记忆中内容范围的增长和记忆内容组织的变化来解释专家级行为的发展，这种变化是由抽象（abstraction）（Zeitz，1997）和"程序化"（Anderson，1987）带来的。专业知识的"领域特异性"（domain-specificity）存在于专家的知识结构中（Charness，1976）。社会文化视角和情境视角则提供了另一种观点——许多人会认为这是另一种选择，即专业知识的发展可以通过人与其环境之间的关系变化来解释（见 Danish 和 Gresalfi，本书）。从这个角度来看，学习形式是个人与物理环境和社交资源关系的变化过程。尽管正如认知观所强调的那样，专家可能擅长于调整自己的知识以适应其专业领域的需求，但他们也擅长于构建自己的环境，使自己能够利用相关情境中的资源支持自己的活动。例如，厨师和许多其他职业专家将空间作为一种工具（Kirsh，1995），在这个过程中，重要的是对各种工具的使用（Hutchins，1995）。而且，尽管专家个人在使用工具方面可能很有创造性，但这些工具及其使用方式最初是以实践共同体所提倡的文化知识传承给他们的（Greeno 和 Engeström，2014）。

或许认知视角和社会文化情境视角之间存在某种交汇点，就像维果斯基（Vygotsky）所提出的：社会性发明的工具通常是在学徒制学习关系中被遇到然后被内化的（Collins，Brown 和 Newman，1989；Lave，1988）。但是，这两种视角的关注点是不同的。认知视角主要研究内化（internalization）的过程及其产品，如归纳、抽象、自动化等，而社会文化视角则关注知识在特定情境中的社会建构和使用方式，以及知识是如何随着时间（几代人）的推移和不同实践共同体的发展而变化的。

在学习科学领域，布朗、柯林斯和杜吉德（Brown，Collins 和 Duguid，1989）的里程碑式的论文在介绍和推广学习和专业知识的社会文化观方面产生了重大影响。这一观点将分析单元从个体扩展到活动系统，从而为学习研究者提供了概念工具，用于研究教育和专业工作场所环境中重要的系统：组织、单位（教室）、较小的团队和个人通过工具与环境的互动（Greeno 和 Engeström，2014）。此外，它提出了课程的首要问题——反映累积智慧的概念工具——以及研究学生在课堂上对这些工具的掌握与专业环境中专家实践者对这些工具的掌握之间差异的兴起（Billett，2001）。

接下来，我们将考虑教学这一特殊职业，因为认知观和社会文化/情境观似乎都影响了教学专业知识的特点及其发展。

三、教师专业知识的概念及其发展

教学中的专业知识与学习科学之间的关系极其密切，其原因不仅仅在于学习环境的设计,还有其他三个方面。首先,关于教学中专业知识的构成、发展方式以及如何促进专业知识的研究,阐明了在许多其他复杂的专业领域中专业知识研究的主要特点。其次,与经典的专业知识认知研究在实验环境中调查棋类、诊断推理和其他定义明确的领域不同,教师专业知识研究还试图了解在自然情境中有效的专业表现所涉及的能力。最后,这些研究为教师的专业教育提供了丰富的专业知识发展论述。我们主要从以下三个方面来探讨对教师专业知识的思考:(1)教师专业知识的范围;(2)教师专业知识的研究;(3)教师专业知识观念的改变。

1. 定义教学和教师专业知识

怎样才能成为一名专家型教师?不同的文献对"教学"这一概念和范围的界定是非常不一样的。许多关于专业知识的经典研究主要是将教学和课堂上发生的事情联系在一起。因此,这类研究主要的焦点是教师在面对面教学中的有效表现(Leinhardt,1989)。另外,也有一些研究扩展了这一概念,包括教师所做的其他工作,如计划、设计和反思(Borko 和 Livingston,1989)。还有一些研究将这一概念进一步扩展到教师作为专业人员所从事的一系列活动中,包括与家长接触、参与实践社区以及更广泛的社会活动(Darling-Hammond 和 Bransford,2005;Shulman 和 Shulman,2004)。有些研究甚至采用了更广泛的观点,认为教师的专业知识与教师的整体身份密切相关,并将其延伸至价值观、行为方式和其他专业素质(Darling-Hammond 和 Bransford,2005;Shulman 和 Shulman,2004)。虽然这些不同的概念从根本上体现了对教学的不同看法,但几乎所有的概念都承认,教学涉及到一系列复杂的任务和专业知识,需要掌握一系列知识、技能和行为方式。专家型教师也高度依赖文化和环境(Li 和 Kaiser,2011)。

2. 研究教学专业知识

关于教师专业知识的经典研究通常集中在专家型教师与新手之间的区别上。研究通常关注四个方面的差异:(1)行为结构和知识结构;(2)知识内容;(3)知识的感知和表征;(4)教师知识的性质。

在早期研究中,调查专业知识的常用方法之一是将专家与新手的行为模式和知识结构进行比较(Borko 和 Livingston,1989;Leinhardt 和 Greeno,1986)。这些研究通常将专家和新手之间的差异归因于他们的认知图式结构,认为新手的图式没有那么复杂、相互联系和容易获得,因此他们的教学推理技能不如专家那么成熟。这些研究有力地表明,掌握了大量强有力的脚本和其他类型的有效教学结构是专家型教师的主要区别性特征。

后期的研究并不赞同教学中的专业知识仅仅依赖图式化的知识。相反,后期研究认为,教师知识内容的深度和广度都是非常重要的。他们认为,有效的教学依赖于整合不同领域的丰富的、完整的和灵活的知识。例如,舒尔曼(Shulman,1987)在实证研究的基础上,认为教师拥有一个独特的知识基础,它至少包括七个组成部分:内容知识、一般教学知识、课程知识、教学内容知识、学习者知识、教育情境知识、教育目的或结果目标知识。他特别强调教学内容知识,并指出这种知识从如何支持学生学习这一教学内容的角度出发,将教学方法和学科内容结合起来。舒尔曼认为,这种知识是一种独特的教学知识,它将教师与不具备教学专业知识的学科专家区分开来。最近,更多的实证研究表明,教师的专业知识不仅依赖于教学内容知识的独特形式,还依赖于所教授的具体学科的内容知识的专业化形式(Lachner 和 Nückles,2016)。

教师专业知识的概念已经超越了知识的结构和内容,扩展到包括各种其他的结构。例如,专业感知(professional perception)(Seidel 和 Stürmer,2014)和问题表征(problem representation)(Chi,2011)指的是专家与新手对课堂情境的感知和表征不同(Wolff,Jarodzka,van den Bogert 和 Boshuizen,2016)。由于对问题的界定不同,专家与新手对于问题的处理方式也不同。

英格和亨德里克斯·李(Yinger 和 Hendricks-Lee,1993)描述了另一个重要方面,即教师知识"在实际情境中对完成任务特别有用"(p. 100)。这在文献中被称为"工作知识"(working knowledge)、"个人实践知识"(personal practical knowledge)、"工艺知识"(craft knowledge)或"可操作的知识"(actionable knowledge)。知识的这一特征越来越被视为专业知识表现的核心(Markauskaite 和 Goodyear,2017)。

3. 教学专业知识发展的三种互补观点

以下三种互补性的观点形成了当前关于教师如何发展专业知识和如何促进这一过程的方法性思考:意向性练习(deliberative practice)、适应性专业知识(adaptive expertise)和隐性知识(tacit knowledge)的作用。我们将依次讨论这三种观点。

(1) 教学作为意向性练习。在教学中作为意向性练习的专业知识的概念起源于一种更广泛的专业知识发展观,即达到精英状态的专家和非精英状态的专家实际花在练习上的时间大致相同。前一类高成就者的不同之处在于他们会通过有意的、有重点的、有目标的和有计划的努力来完善自己的表现(Chi,2011;Ericsson,2006)。虽然传统的日常练习和接触重复性任务也能够达到一定的技能水平,从而产生一定程度的效率和稳定表现的自动化,但埃里克松(Ericsson,2006)认为,正是对自动化的抵制,才将精英专家与其他有经验的执行者(非精英状态的专家)区分开来。波瑞特和斯卡德玛利亚(Bereiter 和 Scardamalia,1993)同样认为,教学专业知识涉及"超越自我"的意向性努力。达到一定程度的表现和自动化是必要的,因为这有助于释放精神资源,将其投入到有目的的努力中去,向更高的熟练程度迈进。

(2) 适应性专业知识。哈塔诺和殷纳加奇(Hatano 和 Inagaki,1986)提出了两种专业知识的对比:常规性专业知识和适应性专业知识。常规性专业知识可以在无需了解程序的工作原理的情况下有效地执行程序技能。适应性专业知识建立在理解程序的意义以及他们所操作的对象或他们所针对的对象的性质的基础上。适应性专业知识可以使人们有效地执行程序性技能,还能够使人们从概念上理解这些技能为什么会起作用,也能了解它们与领域中的重要原则和结构的关系,以及如何在备选方案中作出明智的选择。重要的是,它还支持发明和灵活性,使适应性专家能够在新的或不熟悉的情境中理智地采取行动。在教师工作中,这两个维度是相辅相成的,都是有效的、适应性教学所必需的。

达林哈蒙德和布兰斯福德(Darling-Hammond 和 Bransford,2005)将这一概念延伸到教师的专业知识,将其描述为两个维度的进步:效率和创新。效率维度是指教师在不需要分配过多的注意力和脑力资源的情况下就能完成各种教学相关任务的能力,例如在分发练习单的同时,能保持每个人的注意力,或轻松地使用某种特定的教学技术。创新维度涉及超越现有的常规、公认的观念甚至是价值观,并试图以新的方式解决遇到的问题的能力。

(3) **隐性知识**。虽然刻意练习和适应性专业知识的概念强调有意的行为和明确的概念知识的关键作用,但教学与直觉以及隐性知识密不可分,这些知识源于行为,并深深扎根于个人经验。隐性知识通常被视为专家表现的核心,特别是在复杂的专业领域(如医学),这些领域不仅依赖认知能力,而且依赖运动技能和人际交往能力。然而,在涉及到教学时,隐性知识往往带有负面的内涵(Perry,1965)。关于教师专业知识的研究通常认为,未受过教学训练的人会对教学持有强烈的直觉概念,这些概念是他们在学生时代通过长期的"学徒期观察"(apprenticeship of observing)而发展起来的(Darling-Hammond 和 Bransford,2005;Torff,1999;Torff 和 Sternberg,2001)。这些观察和经验常常被视为"教学的表面现象"(superficial trappings of teaching)(Darling-Hammond 和 Bransford,2005,p. 367),这可能导致人们对教学产生严重的误解,以致对深层次的专业知识的发展起到反作用。我们理应主动面对这种直觉性知识(intuitive knowledge),因为它阻碍了专家型知识的形成。然而,最近的一些研究表明,通过日常教学接触而形成的直觉性知识的积极作用可能被严重低估了(Markauskaite 和 Goodyear,2014)。教师与其他领域(如物理学)的专家一样(Gupta,Hammer 和 Redish,2010),经常以富有成效的方式利用他们对现象的"天真"经验,而这些经验为概念理解具有可操作性提供了必要的经验基础。隐性知识的问题可能更多地关注如何获得。也就是说,让隐性知识成为明确的、可挖掘的知识,使教师不仅"知道如何"(know-how),而且"知道为何"(know-why)(Bereiter,2014),并能向学生和其他人解释他们的想法和行动的基础。

总的来说,虽然文献提供了关于教学中的专业知识可能是什么以及如何发展的各种建议,但证据远非是结论性的。我们所面临的最大的挑战之一是,资源丰富的教师专业思维和技能与具体的、分布式的、规定的和情境化的表现是密不可分的(Markauskaite 和 Goodyear,2017)。建立在人类思维的心智模型上的对专业知识的认知理解,在很大程度上不足以解释这种表现。相反地,基于更广泛的生态认知观点的专业知识往往分散在不同的理论传统中,这就需要更多的如达林哈蒙德和布兰斯福德(2005)所尝试的综合性描述那样,来解释这些现象。

四、结论和未来发展方向

正如我们所表明的,专业知识研究是一个成熟的领域。认知观和社会文化/情境观都为其作出了宝贵的贡献。在过去的三十年中,各种研究为支撑专业知识的认知、社会结构以及机制提供了各种解释。虽然由于专业知识的领域特殊性,这些解释通常与特定领域紧密联系在一起,但它们也提供了重要的一般性见解,包括对专家的思维、知识、行动及与其环境中的人和对象互动的本质的见解。这些发现中许多都是通过比较专家和新手的表现而获得的,从而为教学和教学设计提供了有价值的线索——至少在某些领域是这样。此外,我们对教学中的专业知识的梳理表明,在现实环境中,尤其是在复杂的专业领域中,我们不能脱离更广泛的专家文化来理解专业知识,因为这些文化塑造了专业知识,培养了专家适应动态变化环境的能力,以及推动变革和创新的能力(见 Cress 和 Kimmerle,本书)。

在过去的 25 年中,专业知识的理论化和研究的一个重要进展是,我们已经摆脱了一种心理学上的偏见,即我们从仅仅强调根据人的内部特征来解释人的表现,转向了一种包含人与环境互动的观点。在这种视角下,人的技能的能动性,特别是人的能力与环境之间的结构性关系,是不容忽视的(Markauskaite 和 Goodyear,2017)。对专业知识的全面阐述需要结合一个事实,即人类不仅是现实环境的适应者,更是环境的设计者和创造者(Clark,2011)。然而,对专家如何构建和利用环境来实现其技能行为的系统研究还很少。在这方面,相关的研究是高度分散的,理解专业知识的研究分散在许多研究和学科中,而这些研究和学科之间往往缺乏系统的相互参照(如认知科学、实验心理学、教育心理学、人类因素学、人类学)。未来要解决这一重要问题,并将专业知识的研究与神经科学的研究联系起来,都需要跨学科的努力。这是学习科学尤其需要应对的一项挑战。

五、延伸阅读

Bransford, J. D., Brown, A. L., & Cocking, R. C. (Eds.). (2000). *How People Learn: Brain, Mind, Experience and School*. Washington, DC: National Academy Press.

虽然这本书已经有近 20 年的历史,但对于了解认知心理学研究对学生学习和教师认知的影响来说,这是一份优质资料。它具有很强的可读性,并且可以免费获得。

Clark, A. (2011). *Supersizing the mind. Embodiment, action, and cognitive extension*. Oxford, UK: Oxford University Press.

这本书提供了关于工具在人类认知中的作用以及其与神经科学研究关系的精彩介绍。

Greeno，J. G.，& Engeström，Y.（2014）. Learning in activity. In R. K. Sawyer（Ed.），*The Cambridge handbook of the learning sciences*（2nd ed.，pp. 128 - 147）. New York，NY：Cambridge University Press.

这篇文章简要阐述了活动系统的概念及其在解释学习和能力表现方面的作用。

Markauskaite，L.，& Goodyear，P.（2017）. *Epistemic fluency and professional education：innovation，knowledgeable action and actionable knowledge*. Dordrecht，Netherlands：Springer.

在本书中，作者对专业资源的本质进行了深入探讨，其中涵盖了一系列具有深度的解释性叙述。

参考文献

Anderson, J. R. (1982). Acquisiton of cognitive skill. *Psychological Review, 89,* 369–406.

Anderson, J. R. (1987). Skill acquisition: Compilation of weak-method problem solutions. *Psychological Review, 94,* 192–210.

Bereiter, C. (2014). Principled practical knowledge: Not a bridge but a ladder. *Journal of the Learning Sciences, 23*(1), 4–17.

Bereiter, C., & Scardamalia, M. (1993). *Surpassing ourselves: An inquiry into the nature and implications of expertise.* Chicago, IL: Open Court.

Billett, S. (2001). Knowing in practice: Re-conceptualising vocational expertise. *Learning and Instruction, 11*(6), 431–452.

Borko, H., & Livingston, C. (1989). Cognition and improvisation: Differences in mathematics instruction by expert and novice teachers. *American Educational Research Journal, 26*(4), 473–498.

Bransford, J. D., Brown, A. L., & Cocking, R. C. (Eds.). (2000). *How people learn: Brain, mind, experience and school.* Washington, DC: National Academy Press.

Brown, J. S., Collins, A., & Duguid, P. (1989). Situated cognition and the culture of learning. *Educational Researcher, 18*(1), 32–42.

Charness, N. (1976). Memory for chess positions: Resistance to interference. *Journal of Experimental Psychology: Human Learning and Memory, 2,* 641–653.

Chase, W. G., & Simon, H. A. (1973). Perception in chess. *Cognitive Psychology, 4,* 55–81.

Chi, M. T. H. (2011). Theoretical perspectives, methodological approaches, and trends in the study of expertise. In Y. Li & G. Kaiser (Eds.), *Expertise in mathematics instruction: An international perspective* (pp. 17–39). Boston, MA: Springer.

Chi, M. T. H., Feltovich, P., & Glaser, P. (1981). Categorization and representation of physics problems by experts and novices. *Cognitive Science, 5,* 121–152.

Chi, M. T. H., Glaser, R., & Farr, M. J. (1988). *The nature of expertise.* Hillsdale, NJ: Lawrence Erlbaum Associates.

Chi, M. T. H., & Koeske, R. (1983). Network representation of a child's dinosaur knowledge. *Developmental Psychology, 19,* 29–39.

Clark, A. (2011). *Supersizing the mind. Embodiment, action, and cognitive extension.* Oxford, UK: Oxford University Press.

Collins, A., Brown, J. S., & Newman, S. E. (1989). Cognitive apprenticeship: Teaching the craft of reading, writing and mathematics. In L. B. Resnick (Ed.), *Knowing, learning and instruction: Essays in honor of Robert Glaser* (pp. 453–494). Hillsdale, NJ: Lawrence Erlbaum Associates.

Collins, H., & Evans, R. (2007). *Rethinking expertise.* Chicago, IL: University of Chicago Press.

Cress, U., & Kimmerle, J. (2018). Defining collective knowledge construction. In F. Fischer, C. E. Hmelo-Silver, S. R. Goldman, & P. Reimann (Eds.), *International handbook of the learning sciences.* New York: Routledge.

Danish, J., & Gresalfi, M. (2018). Cognitive and sociocultural perspective on learning: Tensions and synergy in the Learning Sciences. In F. Fischer, C. E. Hmelo-Silver, S. R. Goldman, & P. Reimann (Eds.), *International handbook of the learning sciences* (pp. 34–43). New York: Routledge.

Darling-Hammond, L., & Bransford, J. (Eds.) (2005). *Preparing teachers for a changing world: What teachers should learn and be able to do.* San Francisco, CA: Jossey-Bass.

DeGroot, A. D. (1965). *Thought and choice in chess.* The Haag, Netherlands: Mouton.

Eisenstadt, M., & Kareev, Y. (1979). Aspects of human problem solving: The use of internal representations. In D. A. Norman & D. E. Rumelhart (Eds.), *Exploration in cognition.* San Francisco, CA: W H. Freeman.

Ericsson, K. A. (2006). The influence of experience and deliberate practice on the development of superior expert performance. In K. A. Ericsson, M. Charness, P. J. Feltovich, & R. R. Hoffman (Eds.), *The Cambridge Handbook of Expertise and Expert Performance* (pp. 683–703). New York, NY: Cambridge University Press.

Ericsson, K. A. (Ed.) (2009). *Development of professional expertise: Toward measurement of expert performance and design of optimal learning environments.* New York, NY: Cambridge University Press.

Ericsson, K. A., Charness, M. N., Feltovich, P. J., & Hoffman, R. R. (Eds.). (2006). *The Cambridge handbook of expertise and expert performance.* New York, NY: Cambridge University Press.

Ericsson, K. A., & Lehmann, A. C. (1996). Expert and exceptional performance: Evidence of maximal adaptation to task constraints. *Annual Review of Psychology, 47,* 273–305.

Feltovich, P. J., Prietula, M. J., & Ericsson, K. A. (2006). Studies of expertise from psychological perspectives. In K. A. Ericsson, M. N. Charness, P. J. Feltovich, & R. R. Hoffman (Eds.), *The Cambridge handbook of expertise and expert performance* (pp. 41–68). New York, NY: Cambridge University Press.

Fincher, S., & Tenenberg, J. (2005). Making sense of card sorting data. *Expert Systems, 22*(3), 89–93.

Glaser, R., & Chi, M. T. H. (1988). Overview. In M. T. Chi, R. Glaser, & M. J. Farr (Eds.), *The nature of expertise* (pp. xv–xxviii). Hillsdale, NJ: Lawrence Erlbaum Associates.

Greeno, J. G. (1998). The situativity of knowing, learning, and research. *American Psychologist, 53,* 5–26.

Greeno, J. G., & Engeström, Y. (2014). Learning in activity. In R. K. Sawyer (Ed.), *The Cambridge handbook of the learning sciences* (2nd ed., pp. 128–147). New York, NY: Cambridge University Press.

Gupta, A., Hammer, D., & Redish, E. F. (2010). The case for dynamic models of learners' ontologies in physics. *Journal of the Learning Sciences, 19*(3), 285–321.

Hatano, G., & Inagaki, K. (1986). Two courses of expertise. In H. A. H. Stevenson & K. Hakuta (Eds.), *Child development and education in Japan* (pp. 262–272). New York, NY: Freeman.

Hidi, S., & Renninger, K. A. (2006). The four-phase model of interest development. *Educational Psychologist, 41,* 111–127.

Hutchins, E. (1995). *Cognition in the wild.* Cambridge, MA: Cambridge University Press.

Kirsh, D. (1995). The intelligent use of space. *Artificial Intelligence, 73,* 31–68.

Klein, G., Calderwood, R., & Clinton-Cirocco, A. (1985). Rapid decision making on the fire ground (KATR-84–41–7). *Yellow Springs, OH: Klein Associates Inc. Prepared under contract MDA903—85-G—0099 for the US Army Research Institute, Alexandria, VA.*

Lachner, A., & Nückles, M. (2016). Tell me why! Content knowledge predicts process-orientation of math researchers' and math teachers' explanations. *Instructional Science, 44*(3), 221–242.

Lave, J. (1988). *Cognition in practice: Mind, mathematics, and culture in everyday life.* Cambridge, UK: Cambridge University Press.

Leinhardt, G. (1989). Math lessons: A contrast of novice and expert competence. *Journal for Research in Mathematics Education, 20*(1), 52–75.

Leinhardt, G., & Greeno, J. G. (1986). The cognitive skill of teaching. *Journal of Educational Psychology, 77,* 247–271.

Li, Y., & Kaiser, G. (Eds.). (2011). *Expertise in mathematics instruction: an international perspective.* New York, NY: Springer.

Markauskaite, L., & Goodyear, P. (2014). Tapping into the mental resources of teachers' working knowledge: Insights into the generative power of intuitive pedagogy. *Learning, Culture and Social Interaction, 3*(4), 237–251.

Markauskaite, L., & Goodyear, P. (2017). *Epistemic fluency and professional education: innovation, knowledgeable action and actionable knowledge.* Dordrecht, Netherlands: Springer.

Miller, G. A. (1956). The magical number seven, plus minus two. Some limits on our capacity to process information. *Psychological Review, 63,* 81–87.

Perry, L. R. (1965). Commonsense thought, knowledge and judgement and their importance for education. *British Journal of Educational Studies, 13*(2), 125–138.

Reimann, P., & Chi, M. T. H. (1989). Human expertise. In K. J. Gilhooly (Ed.), *Human and machine problem solving* (pp. 161–192). London, UK: Plenum Press.

Renninger, K. A., Ren, Y., & Kern, H. M. (2018). Motivation, engagement, and interest: "In the end, it came down to you and how you think of the problem." In F. Fischer, C. E. Hmelo-Silver, S. R. Goldman, & P. Reimann (Eds.), *International handbook of the learning sciences* (pp. 116–126). New York: Routledge.

Schmidt, H. G. (1993). Foundation of problem-based learning: Some explanatory notes. *Medical Education. 27* (5), 422–432.

Seidel, T., & Stürmer, K. (2014). Modeling and measuring the structure of professional vision in preservice teachers. *American Educational Research Journal*, *51*(4), 739–771.

Shulman, L. S. (1987). Knowledge and teaching: Foundations of the new reform. *Harvard Educational Review*, *57*(1), 1–22.

Shulman, L. S., & Shulman, J. H. (2004). How and what teachers learn: A shifting perspective. *Journal of Curriculum Studies*, *36*(2), 257–271.

Simon, H. A., & Chase, W. G. (1973). Skill in chess. *American Scientist*, *61*, 394–403.

Someren, M. W. v., Barnard, Y. F., & Sandberg, J. A. C. (1994). *The think aloud method: A practical guide to modelling cognitive processes*. London, UK: Academic Press.

Torff, B. (1999). Tacit knowledge in teaching: Folk pedagogy and teacher education. In R. J. Sternberg & J. A. Horvath (Eds.), *Tacit knowledge in professional practice: Researcher and practitioner perspectives* (pp. 195–213). Mahwah, NJ: Lawrence Erlbaum Associates.

Torff, B., & Sternberg, R. J. (Eds.). (2001). *Understanding and teaching the intuitive mind: Student and teacher learning*. Mahwah, NJ: Lawrence Erlbaum Associates.

Wolff, C. E., Jarodzka, H., van den Bogert, N., & Boshuizen, H. P. A. (2016). Teacher vision: Expert and novice teachers' perception of problematic classroom management scenes. *Instructional Science*, *44*(3), 243–265.

Yinger, R., & Hendricks-Lee, M. (1993). Working knowledge in teaching. In C. Day, J. Calderhead, & P. Denicolo (Eds.), *Research on teacher thinking: Understanding professional development* (pp. 100–123). London, UK: Falmer Press.

Young, M., & Muller, J. (Eds.). (2014). *Knowledge, expertise and the professions*. Abingdon, Oxon: Routledge.

Zeitz, C. M. (1997). Some concrete advantages of abstraction: How experts` representations facilitate reasoning. In P. J. Feltovich, K. M. Ford, & R. R. Hoffman (Eds.), *Expertise in context: Human and machine.* (pp. 43–65). Cambridge, MA: MIT Press.

第7章　学习科学的认知神经科学基础

萨尚克·瓦尔玛,林秀贤,阿斯特里德·施密德,凯西·米歇尔,凯莎·瓦尔玛
(Sashank Varma,Soo-hyun Im,Astrid Schmied,Kasey Michel,Keisha Varma)

一、引言

　　20世纪90年代初,认知神经科学(cognitive neuroscience)和学习科学大约在同一时期兴起。作为跨学科领域,两者在形成初期都借鉴了认知心理学的理论结构和实验范式。尽管他们有着共同的思想渊源,但在过去的25年里,它们之间却出现了很大的分歧。两个学科分别研究不同的问题,采用不同的研究方法,并将不同的学科纳入自己的研究范围。

　　本章探讨了这些成熟领域之间的关系,以及认知神经科学能为学习科学提供什么(相反的问题同样有意思,但超出了本章和本手册的范围)。我们首先回顾了认知神经科学的研究方法,揭示了它们如何针对思维和大脑进行研究。接着,我们考虑了认知神经科学关于大脑规模与结构的概念,强调了思维和学习是如何被理解为网络现象的。然后,我们介绍了一个基于认知神经科学研究的关于数学思维的案例研究。学习科学也试图理解和培养学生的数学思维能力。最后,我们考虑了将认知神经科学的研究成果引入学习科学,并将其应用于改善正式和非正式环境的学习时,所面临的广泛哲学障碍和社会阻碍。

二、神经科学方法

　　新科学的发展往往是由新方法的发展推动的。对于认知神经科学来说同样如此,尤其是神经影像学(neuroimaging)的成熟促进了认知神经科学的发展。在这里,我们将回顾与学习科学最相关的当代神经影像学方法。感兴趣的读者可以参考加扎尼加、艾弗里和曼贡(Gazzaniga,Ivry和Mangun,2013)的文章,以获取关于这些方法及其他方法的更多细节信息。

　　神经影像学方法推动了认知神经科学的兴起,因为它们实现了对典型成人和儿童的脑功能(以及脑结构)进行非侵入性测量(non-invasive measurement)。这些方法在空间分辨率上是不同的,即神经组织的活动量一方面是可测量的,另一方面也是具有个性化特征的。这些方法的时间分辨率也不同,即收集准确测量活动量所需的时间是

不一样的。完美的方法是不存在的，当然，认知神经科学家们会选择与所研究的现象最匹配的方法。

神经发射产生的电信号是通过神经组织传播的，并且我们可以使用电极网将其在头皮上记录下来。这些记录构成了脑电图（electroencephalogram，EEG）。电信号几乎是瞬时传播的，因此与其他神经影像技术相比，EEG 具有很好的时间分辨率。但是，因为大脑内存在着数以亿计的神经元，每个神经元都会产生一个电场，而且这些电场在穿过脑组织时会发生扭曲，所以 EEG 的空间分辨率非常差。尽管如此，EEG 仍然被证明是学习科学家用来研究感兴趣的问题的有效方法。例如，即使在没有行为反应的情况下，它也可以被用来检测神经对刺激的反应。利用这种方法，墨菲斯（Molfese，2000）发现，在听到正常的语言声音时，EEG 记录显示异常的新生儿在进入小学后更容易出现阅读困难。

磁共振成像（magnetic resonance imaging，MRI）是一种脑部结构成像技术。在20 世纪 80 年代，相关人员开发出了另一种变体——功能磁共振成像（functional MRI，fMRI），它可以对思维的相关性（correlates）进行成像。"相关性"这个词是关键。fMRI 并不直接进行成像神经计算。相反，它会以血管对这种计算的反应为对象，对其进行成像。更确切地说，当神经元发射时，它们会消耗局部代谢资源，如葡萄糖等。而这些被消耗的资源会由所谓的血流动力学反应来补给。fMRI 则可用于测量这种反应，特别是血氧浓度的局部变化——这是血氧水平依赖性（the blood-oxygen level dependent，BOLD）信号。fMRI 的空间分辨率和时间分辨率都受到血流动力学反应属性的制约。它们在认知调查中占据了"最有效点"。fMRI 图像（"体积"）由包含大约10 立方毫米组织的图像元素（"体素"）组成，并且大约每秒就可以获取一次。鉴于fMRI 研究在科学界和公共媒体中的普及，对于我们来说，重要的是要记住，这个方法和所有方法一样，必须正确地使用，以产生可解释和可复制的结果。fMRI 能否解决研究问题，取决于其空间分辨率和时间分辨率是否适合当前的研究问题、实验设计的逻辑性、数据分析的合理性以及对结果的正确解释。这些方面的任何失败都将导致无法获取信息，甚至会产生误导性的研究。

三、认知与学习的神经结构

认知神经科学与认知心理学拥有共同的主张，即思维和学习是信息加工的形式。但是，它们所提供的机制和隐喻不同。在这里，我们提出了大脑和神经信息处理的认知神经科学观点，这与学习科学关于人是如何学习的观点是一致的。

1. 思维作为一种网络活动

认知神经科学揭示了认知的新分解，并以这种方式为思维和学习提供了新的见解。将认知信息加工映射为神经信息加工的方法大致有两种。经典的、局部主义的方法是通过寻找"X区域"来理解认知任务 X。更现代的分布式方法是，识别一套被用来执行认知任务 X 的认知功能 Y_i，然后寻找它们与构成"X 网络"的大脑区域的映射关系。

多年来，人们提出了许多支持认知的大脑网络(brain networks)理论(例如，Luria，1966)。较新的网络理论将大脑分解成许多区域，认为这些区域是按层次组织的，并以多对多的方式相互连接(Mesulam，1990)。计算模型揭示了这些区域如何动态地自行组织成能够及时执行复杂任务的网络(Just 和 Varma，2007)。相关研究人员目前正努力试图找出"人类的连接体"(the human connectome)(Sporns，2011)。

考虑到神经处理是高度分布式的，神经表征的这些特点也就不足为奇了。分布式表征(distributed representations)的概念由来已久(Lashley，1950)。早期的认知神经科学研究在腹侧视觉通路中发现了视觉类别(如人脸、建筑物、家具)在分布式表征方面的证据(Ishai，Ungerleider，Martin，Schouten 和 Haxby，1999)。最近的机器学习方法也揭示了单词和概念的表征是高度分布在大脑的各个区域中的(Just，Cherkassky，Aryal 和 Mitchell，2010)。这些区域包括知觉和运动区域，这一结果与认知的具身化方法一致(见 Alibali 和 Nathan，本书)。

2. 学习作为一种网络活动

可塑性(plasticity)可能是人类大脑中使学习成为可能的决定性特征，它在不同层面上呈现出不同的形式。在细胞和分子层面上，长期增强——高频刺激后神经元之间突触强度的长期持久性增加——是学习的一个重要机制。与学习科学最相关的是大脑网络层面的学习概念。认知心理学家认为，不同的记忆系统与不同的大脑区域有关。例如，新事件记忆学习与内侧颞叶有关，包括海马体。语义记忆分布在大脑皮层的许多区域(Just 等，2010)，尽管也有一定程度的特殊化。梭形脑回与复杂的视觉类别记忆(如人脸)有关，而左侧角回(angular gyrus，AG)与单词的语音记忆有关。包括认知技能在内的程序性记忆都与构成基底神经节的皮层下核相关，包括尾状核和壳核。

与思维一样，学习也是一种网络活动。特别是学习一种新的认知能力 X 需要(1)复合认知功能 Y_i 可以由各自的大脑区域执行；(2)这些区域之间能够适当地连接起来，以便交流和共同处理信息。这种学习的概念可以形式化为三个原则，这些原则在认知神经科学文献中都得到了支持。第一个原则是，学习一种新的认知能力需要加强支持复合认知功能的大脑区域之间的沟通。例如，当人们学习将物体与位置联系起来时，视觉系统各区域之间的功能连接性会增加(即随着时间的推移，其激活水平的相关性会增加)(Büchel，Coull 和 Friston，1999)。第二个原则是，当大脑网络中的某一个部分受损时，任务表现就会受到影响。然而，我们也有可能通过指导来恢复受损区域的功能，从而提高任务的执行力。例如，阅读障碍(dyslexia)与单词阅读过程中左侧 AG(与语音处理相关的区域)的激活减少有关(Shaywitz，Lyon 和 Shaywitz，2006)。

然而,当患有阅读障碍的人完成康复计划,并且行为得到改善时,该领域的激活就会正常化(Eden等,2004)。第三个原则是,当大脑网络的各个部分连接不足时,任务表现就会受到影响。在这种情况下,恢复连接有时能够成功补救这种行为障碍。例如,阅读障碍也与白质束的完整性降低相关,白质束是语言网络的前后区域进行沟通的地方。而当患有阅读障碍的人成功完成康复计划后,这些白质束的完整性会得到改善(Keller 和 Just,2009)。

四、案例研究:数学思维与学习

为了说明认知神经科学关于学习和思维的研究,我们考虑了与数学教育相关的神经科学成果的一个子方向。我们主要关注了大脑网络的两个组成部分,即顶内沟(intra-parietal sulcus,IPS)和左侧 AG,在支持数字和算术理解方面的贡献。

1. 表征和策略

在数字理解的心理表征和神经关联方面,研究的关键发现是距离效应(distance effect):在比较两个数字大小的过程中,当数字相距较远(如 1 对 9)时,人们的判断速度比相距较近(如 1 对 2)时快。这证明了儿童和成人拥有数字的大小表征(magnitude representations)能力(Moyer 和 Landauer,1967;Sekuler 和 Mierkiewicz,1977)。

神经影像学研究发现了这些大小表征的神经相关性,即 IPS。当我们比较的数字越接近,相关区域观察到的激活也就越大(Pinel,Dehaene,Rivière 和 Le Bihan,2001)。这种神经距离效应在儿童中也得到了验证(Ansari 和 Dhital,2006)。

有关人们如何解决算术问题,研究的关键发现是问题大小效应(the problem size effect):运算量越大,解题时间越长(Groen 和 Parkman,1972)。一种解释是,由于较小的运算量问题在学校里较早遇到,而且练习次数比较频繁,相应的算术事实在记忆中的编码更强,因此可以直接检索——这是一个快速的过程。相比之下,由于较大的运算量问题出现得较晚,练习的次数较少,它们在记忆中的编码较弱,因此人们必须采用较慢的计数和计算策略(LeFevre,Sadesky 和 Bisanz,1996;Siegler,1988)。

神经影像学研究记录了算术问题解决的神经相关因素。一个关键的发现是,当人们使用直接检索解决问题时,左侧 AG 呈现出更大的激活,这是一个与口头编码信息检索相关的区域。相比之下,当他们使用较慢的非检索策略时,与空间问题解决相关的宽额顶叶网络呈现出更大的激活,其中包括与运算量的大小表示相关的 IPS(Grabner等,2009)。在发展过程中,儿童会逐渐从使用由额顶叶网络支持的非检索策略转向使用由左侧 AG 支持的直接检索策略(Rivera,Reiss,Eckert 和 Menon,2005)。

2. 学习

关于数学学习的神经科学研究相对较少。这是因为，基于神经科学方法的限制，我们难以在长期的学习过程中连续测量大脑的激活情况。为此，这些研究采用了前后测设计，将不同的教学方式对大脑功能产生的影响作为对象，对其进行了成像处理。例如，德拉泽等人（Delazer 等，2005）评估了在教授一个数学概念时，不同的教学方法是否会导致不同的理解（即不同的大脑网络），还是会带来相同的理解（即相同的大脑网络）。研究使用两种不同的教学方法促进成年人学习新的算术运算。记忆组学习直接将运算符与结果联系起来。过程组学习了一种将运算符迭代转化为结果的算法。在这两组中，教学的对比是记忆数学事实和学习计算它们（如 Baroody，1985）。记忆组组织了一个包括左侧 AG 概念的大脑网络，它与直接检索记忆的算术事实一致。相比之下，过程组组成了一个额顶叶网络，它与在执行算法过程中使用空间记忆存储部分结果相一致。这项研究表明，对于学习科学家来说，不同的教学方法会导致学生采用不同的策略来解决相同的问题。更重要的是，它说明了神经科学的方法如何在大脑功能层面上检测和理解这些差异。

3. 个体差异

一个人的神经距离效应的强弱可以被视为是他/她在数字大小表征精确度方面的指标。研究者研究了数字大小表征精确度的个体差异（individual differences）是否与通过标准化测试所测得的数学成绩的个体差异有关。小学生在行为测量精确度上的表现与该情况一致（De Smedt，Verschaffel 和 Ghesquière，2009）。从神经上测量精确度时，情况也是如此，这些研究通过左侧 IPS 中的激活量来进行难度的近距离比较（Bugden，Price，McLean 和 Ansari，2012）。这种关系也适用于中学生，他们的学习已经超越了数字和算术，转向更抽象的数学概念学习（Halberda，Mazzocco 和 Feigenson，2008）。

针对数学成绩中个体差异的神经关联研究主要集中在算术题的问题大小效应上。回想一下，对这种效应的一种解释是，当解决小运算量问题时，人们使用直接检索，而在解决大运算量问题时，他们使用较慢的计数和计算策略。我们的预测是，即使在解决大运算量问题时，数学成绩较高的人也会使用直接检索，因为他们已经记住了这些算术事实。格拉布纳等人（Grabner 等，2007）发现，当解决大运算量乘法问题时，数学成绩越高的人，左侧 AG 的激活度越高，这可能反映了对相应的乘法事实的直接检索。

研究人员还利用数字大小表征的精确度来衡量数学成绩的群体差异（group differences）。据统计，患有计算障碍的人占总人口的 3—6%，在正常的智力、学术成就和教育资源获取的情况下，他们的数学成绩较低（Butterworth，Varma 和 Laurillard，2011）。对患有计算障碍的人进行的神经影像学研究发现，在比较数值（如，物体的数量）时，他们在 IPS 中的激活（大小表征的神经相关性）较弱（Price，Holloway，Räsänen，Vesterinen 和 Ansari，2007）。这促进了"训练"大小表征的计算机学习环境的发展（Butterworth 等，2011）。例如，在"Rescue Calcularis"中，用户会从界面上看到一条只有极点和中点标记的数字线（例如，0、50 和 100），程序会给定目标数字（例如，32）或总和（例如，27＋5），并要求用户将一艘船舶降落在目标数字的近似位置，见图 7.1a—7.1c（Kucian 等，2011）。这个游戏可以改善患有计算障碍的人的行为表现，还可以使 IPS 中的激活正常化（Kucian 和 von Aster，2015），如图 7.1d 所示。

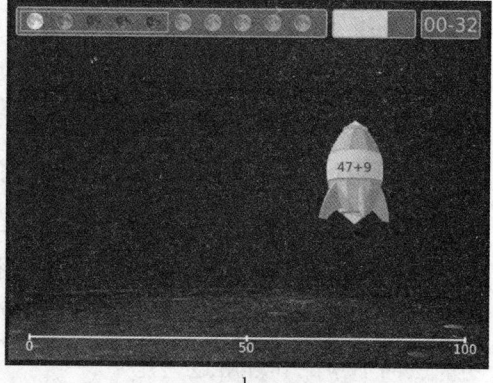

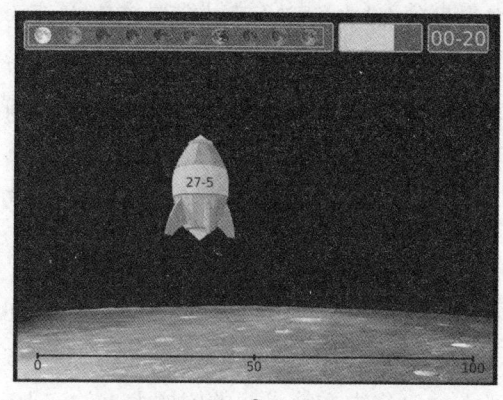

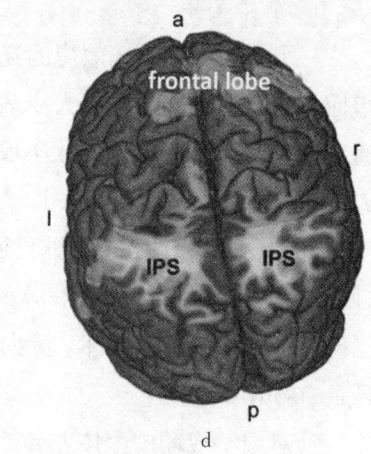

图 7.1a—7.1c "Rescue Calcularis"
来源：库西亚等人（Kucian 等，2011）。

图 7.1d 患有计算障碍的人的改善的行为表现，IPS 中的正常激活
来源：库西亚和冯·阿斯特（Kucian 和 von Aster，2015）。

4. 数量、空间和教学

教育家、认知科学家和学习科学家早就认识到了数字和算术概念与空间操作之间的紧密联系（Montessori，1966）。这些研究从神经影像中心到心理实验室再到课堂，一系列调查儿童和成人如何理解整数的研究表明了数字、空间和教学之间的关系。在一项心理学研究中，瓦尔玛和施瓦兹（Varma 和 Schwartz，2011）发现，当儿童进行负数推理时，他们采用诸如"正数大于负数"的规则。相比之下，成年人具有负数的大小表征，他们通过对称性（symmetry）来组织这些负数的大小表征，作为正数的映射。一项神经影像学研究发现，在比较整数大小时，大脑中与处理视觉对称性相关的区域（即

左侧枕叶皮质)的激活,对于支持对称性展示出了惊人的作用(Blair, Rosenberg-Lee, Tsang, Schwartz 和 Menon, 2012)。那么,教学问题是,在数学教学中强调正负整数的对称性是否会促进更好的学习呢?曾、布莱尔、波弗丁和施瓦兹(Tsang, Blair, Bofferding 和 Schwartz, 2015)在一项小学生的课堂研究中探讨了这个问题,他们发现,基于对称性的教学方法比传统的教学方法更有优势。

五、构建学习科学认知神经科学基础的挑战

认知神经科学和学习科学有一些共同的研究目标,如理解思维和学习。然而,他们遵循不同的科学哲学,采用不同的方法,并使用不同的学习概念。这里,我们考虑了阻碍两门学科之间进行生产性交流的方法论差异与社会障碍。

方法论的差异

在神经科学和学习科学的衔接上,存在着不可忽视的方法论障碍(Varma, McCandliss 和 Schwartz, 2008)。这两个学科之间的一个区别是关于学习的情境。神经科学的方法针对个体大脑的学习。这与学习的社会性和协作性相悖,因为学习会发生在正式的学习环境(如教室)和非正式的学习环境(如博物馆)中(见 Lyons,本书)。这也与学习科学中普遍存在的社会建构主义的学习概念相矛盾(见 Danish 和 Gresalfi,本书)。这两个学科之间的另一个方法论差异涉及学习的时间跨度:神经科学实验课通常只持续几个小时,而教学研究则会持续几天、几周甚至几个月。

虽然这两个学科之间的方法论差异看似是不可逾越的,但事实其实并非如此。与学习科学最相关的神经科学研究通常采用前后测设计。这一方面使得研究可以在自然环境中进行,因为研究所描述的是学习结果,而不是学习过程本身。另一方面,这类研究可以研究这两个学科都感兴趣的问题,正如我们在上述德拉泽等人(2005)的例子中所看到的,为了理解一个新的数学概念,不同类型的教学对组织不同的大脑网络会造成什么影响。

六、教育中的神经迷思

尽管神经科学研究结果有可能揭示为什么某些类型的教学有效,并为新的教育活动设计提供参考,但同时,对神经科学的热情又很容易陷入神经迷思(neuromyths)中,而神经迷思是对神经科学发现的不正确应用(Howard-Jones, 2014)。教育中神经迷思有三个主要来源。第一种是不恰当的推断,通常是从以动物为研究对象的神经科学研究结果,不恰当地推断出关于教育的建议(Bruer, 1997)。这导致了对丰富学前环境的重要性的过分强调,以及对认知发展中的临界期、左右脑教学有效性的普遍信念(Dekker, Lee, Howard-Jones 和 Jolles, 2012)。

神经迷思的第二个来源是"基于大脑的学习"(brain-based learning)产业,这个产业在过去20年里不断发展壮大。这些商业利益集团将现有的教学方法重新包装,加上神经科学的色彩,并将其卖给学区、教师和家长。最近的一个例子是"大脑训练"行业,它被认知心理学家和研究记忆和学习的神经科学家批评为夸大其词(Max Planck Institute for Human Development and Stanford Center on Longevity,2014)。

神经迷思的第三个来源是神经科学解释的诱惑力(seductive allure of neuro-science explanations, SANE):当心理学研究结果的应用以神经科学研究结果为框架时,它们的可信度就会被提升(McCabe 和 Castel,2008;Farah 和 Hook,2013)。最近,SANE 效应已扩展到涉及教育话题的应用(Im,Varma 和 Varma,2017)。这可能解释了教育神经迷思的持续存在,因为流行的媒体文章会从神经科学发现中疯狂地推断出教育建议,而此类文章往往伴随着色彩斑斓的大脑图像,这增加了它们的可信度(Keehner,Mayberry 和 Fischer,2011)。

对于教育神经迷思的产生并持续存在的原因,有一种解释是,人们发现还原主义的简单解释对于复杂的现象,如课堂情境中的思考和学习,很有吸引力。他们将"学习X'点亮'Y区域"这一发现解释为"学习X"的意义,特别是当语言发现伴随着丰富多彩的大脑"激活"图像时(Rhodes,Rodriguez 和 Shah,2014)。

教育神经伦理学

应用认知神经科学的进步来改善学习和教学,正变得越来越有可能。但是,我们应该这样做吗?文献中对于将神经科学的研究结果应用于社会问题的伦理、法律和社会意义等进行了广泛的讨论(例如,Farah,2012)。然而,教育情境中的具体应用问题得到的关注相对较少(Stein,Della Chiesa,Hinton 和 Fischer,2011)。

教育系统中的利益相关者如何看待这些应用的伦理维度?在一项包括半结构化访谈的研究中,鲍尔和沃尔布林(Ball 和 Wolbring,2014)发现,如果孩子有认知障碍,父母更可能同意使用安全有效的药物干预。霍华德-琼斯和芬顿(Howard-Jones 和 Fenton,2012)发现,大多数教师认为,与没有经过药物干预的孩子相比,经过药物干预的孩子所获得的分数应该下调,并且这些干预措施不应该免费提供。施密德等人(Schmied 等,2016)最近发现,在教育背景下评估药物干预、脑成像技术和脑刺激程序的使用时,职前教师比本科理科专业学生更为谨慎,尤其是当这些应用针对的是更弱势的群体,如成绩不高的学生和有学习障碍的学生时。

七、结论

当然,我们并不是第一个考虑认知神经科学与学习科学(和教育)之间关系的人(Bruer,1997;Dubinsky,Roehrig 和 Varma,2013;Goswami,2006;Howard-Jones

等,2016;Varma 等,2008)。在这一章,我们首先回顾了认知神经科学的数据和理论基础,概述了复杂认知的神经结构,介绍了认知神经科学为数学思维和学习提供见解的案例研究,并考虑了将认知神经科学研究结果应用于学习科学的研究问题的基本障碍和更广泛的阻碍。

最后,我们以乐观的态度来收尾。认知神经科学和学习科学的研究问题存在重叠(overlap)。这代表了每个学科的新方法、现象和理论视角的潜在来源。这种潜力已经在一些研究中得到了实现,这些研究从这两个领域获得了启发,并将其研究结果贡献给了这两个领域(如 Tsang 等,2015)。只有当认知神经科学家和学习科学家在共同感兴趣的问题上进行协作,这种变革性研究(transformative research)才有可能。这种协作虽然难以协调,但有可能为学习科学作出重要贡献。

八、延伸阅读

Butterworth, B., Varma, S., & Laurillard, D. (2011). Dyscalculia: From brain to education. *Science*, *332*, 1049 - 1053.

巴特沃斯等人回顾了发展性计算障碍的行为和神经关联性,以及在这群人中使用游戏来强化数字表征。

Eden, G. F., Jones, K. M., Cappell, K., Gareau, L., Wood, F. B., Zeffiro, T. A., et al. (2004). Neural changes following remediation in adult developmental dyslexia. *Neuron*, *44*, 411 - 422.

伊顿等人研究了成功完成行为干预是否能使阅读障碍患者的大脑激活模式正常化。

Fugelsang, J. A., & Dunbar, K. N. (2005). Brain-based mechanisms underlying complex causal thinking. *Neuropsychologia*, *43*, 1204 - 1213.

福格桑和邓巴从因果理论中研究了推理的神经关联,并评估了那些证伪这些理论的实验结果。

Grabner, R. H., Ansari, D., Reishofer, G., Stern, E., Ebner, F., & Neuper, C. (2007). Individual differences in mathematical competence predict parietal brain activation during mental calculation. *NeuroImage*, *38*, 346 - 356.

格拉布纳等人研究了数学成绩个体差异的神经关联。

Varma, S., McCandliss, B. D., & Schwartz, D. L. (2008). Scientific and pragmatic challenges for bridging education and neuroscience. *Educational Researcher*, *37*, 140 - 152.

瓦尔玛等人概述了将神经科学的研究结果应用于教育问题的关注点,以及为什么这些关注点也代表了创新研究的机会。

九、NAPLeS 资源

Varma, S., *Neurocognitive foundations for the Learning Sciences* [Webinar]. *In NAPLeS video series*. Retrieved October 19, 2017, from http://isls-naples. psy. lmu. de/intro/all-webinars/varma_video/index. html

参考文献

Ansari, D., & Dhital, B. (2006). Age-related changes in the activation of intraparietal sulcus during nonsymbolic magnitude processing: An event-related functional Magnetic Resonance Imaging study. *Journal of Cognitive Neuroscience*, *18*, 1820–1828.

Ball, N., & Wolbring, G. (2014). Cognitive enhancement: Perceptions among parents of children with disabilities. *Neuroethics*, *7*, 345–364.

Baroody, A. J. (1985). Mastery of basic number combinations: Internalization of relationships or facts? *Journal for Research in Mathematics Education*, 83–98.

Blair, K. P., Rosenberg-Lee, M., Tsang, J. M., Schwartz, D. L., & Menon, V. (2012). Beyond natural numbers: Negative number representation in parietal cortex. *Frontiers in Human Neuroscience*, *6*, 17.

Bruer, J. (1997). Education and the brain: A bridge too far. *Educational Researcher*, *26*, 4–16.

Büchel, C., Coull, J. T., & Friston, K. J. (1999). The predictive value of changes in effective connectivity for human learning. *Science*, *283*, 1538–1541.

Bugden, S., Price, G. R., McLean, D. A., & Ansari, D. (2012). The role of the left intraparietal sulcus in the relationship between symbolic number processing and children's arithmetic competence. *Developmental Cognitive Neuroscience*, *2*, 448–457.

Butterworth, B., Varma, S., & Laurillard, D. (2011). Dyscalculia: From brain to education. *Science*, *332*, 1049–1053.

De Smedt, B., Verschaffel, L., & Ghesquière, P. (2009). The predictive value of numerical magnitude comparison for individual differences in mathematics achievement. *Journal of Experimental Child Psychology*, *103*, 469–479.

Dekker, S., Lee, N. C., Howard-Jones, P. A., & Jolles, J. (2012). Neuromyths in education: Prevalence and predictors of misconceptions among teachers. *Frontiers in Psychology*, *3*, 429.

Delazer, M., Ischebeck, A., Domahs, F., Zamarian, L., Koppelstaetter, F., Siedentopf, C. M., et al. (2005). Learning by strategies and learning by drill—evidence from an fMRI study. *NeuroImage*, *25*, 838–849.

Dubinsky, J. M., Roehrig, G., & Varma, S. (2013). Infusing neuroscience into teacher professional development. *Educational Researcher*, *42*, 317–329.

Eden, G. F., Jones, K. M., Cappell, K., Gareau, L., Wood, F. B., Zeffiro, T. A., et al. (2004). Neural changes following remediation in adult developmental dyslexia. *Neuron*, *44*, 411–422.

Farah, M. J. (2012). Neuroethics: The ethical, legal, and societal impact of neuroscience. *Annual Review of Psychology*, *63*, 571–591.

Farah, M. J., & Hook, C. J. (2013). The seductive allure of "seductive allure." *Perspectives on Psychological Science*, *8*, 88–90.

Gazzaniga, M. S., Ivry, R. B., & Mangun, G. R. (2013). *Cognitive neuroscience: The biology of the mind* (4th ed.) New York: W. W. Norton.

Goswami, U. (2006). Neuroscience and education: From research to practice? *Nature Reviews Neuroscience*, *7*, 406–413.

Grabner, R. H., Ansari, D., Koschutnig, K., Reishofer, G., Ebner, F., & Neuper, C. (2009). To retrieve or to calculate? Left angular gyrus mediates the retrieval of arithmetic facts during problem solving. *Neuropsychologia*, *47*, 604–608.

Grabner, R. H., Ansari, D., Reishofer, G., Stern, E., Ebner, F., & Neuper, C. (2007). Individual differences in mathematical competence predict parietal brain activation during mental calculation. *NeuroImage*, *38*, 346–356.

Groen, G. J., & Parkman, J. M. (1972). A chronometric analysis of simple addition. *Psychological Review, 79*, 329–343.

Halberda, J., Mazzocco, M. M. M., & Feigenson, L. (2008). Individual differences in non-verbal number acuity correlate with maths achievement. *Nature, 455*, 665–668.

Howard-Jones, P. A. (2014). Neuroscience and education: Myths and messages. *Nature Reviews Neuroscience, 15*, 817–824.

Howard-Jones, P. A., & Fenton, K. D. (2012). The need for interdisciplinary dialogue in developing ethical approaches to neuroeducational research. *Neuroethics, 5*, 119–134.

Howard-Jones, P., Varma, S., Ansari, D., Butterworth, B., De Smedt, B., Goswami, U., et al. (2016). The principles and practices of educational neuroscience: Commentary on Bowers (2016). *Psychological Review, 123*, 620–627.

Im, S.-h., Varma, K., & Varma, S. (2017). Extending the seductive allure of neuroscience explanations (SANE) effect to popular articles about educational topics. *British Journal of Educational Psychology, 87*(4), 518–534.

Ishai, A., Ungerleider, L. G., Martin, A., Schouten, J. L., & Haxby, J. V. (1999). Distributed representation of objects in the human ventral visual pathway. *Proceedings of the National Academy of Science USA, 96*, 9379–9384.

Just, M. A., Cherkassky, V. L., Aryal, S., & Mitchell, T. M. (2010). A neurosemantic theory of concrete noun representation based on the underlying brain codes. *PloS One, 5*, e8622.

Just, M. A., & Varma, S. (2007). The organization of thinking: What functional brain imaging reveals about the neuroarchitecture of cognition. *Cognitive, Affective, and Behavioral Neuroscience, 7*, 153–191.

Keehner, M., Mayberry, L., & Fischer, M. H. (2011). Different clues from different views: The role of image format in public perceptions of neuroimaging results. *Psychonomic Bulletin & Review, 18*, 422–428.

Keller, T. A., & Just, M. A. (2009). Altering cortical connectivity: Remediation-induced changes in the white matter of poor readers. *Neuron, 64*, 624–631.

Kucian, K., Grond, U., Rotzer, S., Henzi, B., Schönmann, C., Plangger, F., et al. (2011). Mental number line training in children with developmental dyscalculia. *NeuroImage, 57*, 782–795.

Kucian, K., & von Aster, M. (2015). Developmental dyscalcula. *European Journal of Pediatrics, 174*, 1–13.

Lashley, K. S. (1950). In search of the engram. *Symposia of the Society for Experimental Biology, 4*, 454–482.

LeFevre, J. A., Sadesky, G. S., & Bisanz, J. (1996). Selection of procedures in mental addition: Reassessing the problem size effect in adults. *Journal of Experimental Psychology: Learning, Memory, and Cognition, 22*, 216–230.

Luria, A. R. (1966). *Higher cortical functions in man.* London: Tavistock.

Max Planck Institute for Human Development and Stanford Center on Longevity. (2014, October 20). *A consensus on the brain training industry from the scientific community.* Retrieved from http://longevity3.stanford.edu/blog/2014/10/15/the-consensus-on-the-brain-training-industry-from-the-scientific-community/

McCabe, D., & Castel, A. (2008). Seeing is believing: The effect of brain images on judgments of scientific reasoning. *Cognition, 107*, 343–352.

Mesulam, M.-M. (1990). Large-scale neurocognitive networks and distributed processing for attention, language and memory. *Annals of Neurology, 28*, 597–613.

Molfese, D. L. (2000). Predicting dyslexia at 8 years of age using neonatal brain responses. *Brain and Language, 72*, 238–245.

Montessori, M. (1966). *The discovery of the child* (M. Johnstone, Trans.). Madras, India: Kalakshetra Publications.

Moyer, R. S., & Landauer, T. K. (1967). Time required for judgments of numerical inequality. *Nature, 215*, 1519–1520.

Pinel, P., Dehaene, S., Rivière, D., & Le Bihan, D. (2001). Modulation of parietal activation by semantic distance in a number comparison task. *NeuroImage, 14*, 1013–1026.

Price, G. R., Holloway, I., Räsänen, P., Vesterinen, M., & Ansari, D. (2007). Impaired parietal magnitude processing in developmental dyscalculia. *Current Biology, 17*, R1042–R1043.

Rhodes, R. E., Rodriguez, F., & Shah, P. (2014). Explaining the alluring influence of neuroscience information on scientific reasoning. *Journal of Experimental Psychology: Learning, Memory, and Cognition, 40*, 1432–1440.

Rivera, S. M., Reiss, S. M., Eckert, M. A., & Menon, V. (2005). Developmental changes in mental arithmetic: Evidence for increased functional specialization in the left inferior parietal cortex. *Cerebral Cortex, 15*, 1779–1790.

Schmied, A., Varma, S., Im, S.-h., Schleisman, K., Patel, P. J., & Dubinsky, J. M. (2016). *Reasoning about educational neuroethics.* Poster presented at the 2016 Meeting of the International Mind Brain and Education Society (IMBES), Toronto, Canada.

Sekuler, R., & Mierkiewicz, D. (1977). Children's judgements of numerical inequality. *Child Development, 48*, 630–633.

Shaywitz, B. A., Lyon, G. R., & Shaywitz, S. E. (2006). The role of functional magnetic resonance imaging in understanding reading and dyslexia. *Developmental Neuropsychology, 30*, 613–632.

Siegler, R. S. (1988). Strategy choice procedures and the development of multiplication skill. *Journal of Experimental Psychology: General, 117*, 258–275.

Sporns, O. (2011). *Networks of the brain*. Cambridge, MA: MIT Press.

Stein, Z., Della Chiesa, B., Hinton, C., & Fischer, K. W. (2011). Ethical issues in educational neuroscience: Raising children in a brave new world. In Illes & Sahakian (Eds.), *Oxford Handbook of Neuroethics* (pp. 803–822). Oxford: Oxford University Press.

Tsang, J. M., Blair, K. P., Bofferding, L., & Schwartz, D. L. (2015). Learning to "see" less than nothing: Putting perceptual skills to work for learning numerical structure. *Cognition and Instruction, 33*, 154–197.

Varma, S., McCandliss, B. D., & Schwartz, D. L. (2008). Scientific and pragmatic challenges for bridging education and neuroscience. *Educational Researcher, 37*, 140–152.

Varma, S., & Schwartz, D. L. (2011). The mental representation of integers: An abstract-to-concrete shift in the understanding of mathematical concepts. *Cognition, 121*, 363–385.

第8章 教与学的具身认知：行动、观察和想象

玛莎·阿里巴里，米切尔·内森（Martha W. Alibali, Mitchell J. Nathan）

具身认知（embodied cognition）理论的一个核心观点是，认知过程根植于人的身体在物理世界中的行为。在任何特定的环境和情景中，每一个特定的个体都有一套潜在的感知体验与行为。这些体验和行为取决于个体的具体体形、形态和规模；身体的感觉和知觉系统；参与规划和产出行为的神经系统；以及在特定环境和情景中这些感觉、知觉和运动系统的承受能力。虽然迄今为止还没有形成一个单一的、统一的具身认知理论，但是思维在知觉与行动中的基础是跨越一系列理论观点的共同主题（Barsalou，2008；Glenberg，1997；Shapiro，2011；Wilson，2002）。

认知以行动为基础的观点意味着，在推理的各个领域，基本概念和活动都以身体的行动（actions of the body）为基础。即使是非物质的、不可观察的观念也是如此，这些观念是通过隐喻与感觉运动经验（sensorimotor experiences）的关系而概念化的（Lakoff 和 Johnson，1999）。因此，从这个角度来看，行动对于学习来说应该是重要的，反过来，行动对于教学来说也应该是重要的。在这一章，我们从具身认知的角度来思考教与学，并特别关注行动的重要性。

一、认知主义和情境认知观的联系

具身学习视角与更为传统的认知主义学习视角形成对比，后者将人类大脑比喻为一个信息处理系统（DeVega，Glenberg 和 Graesser，2008）。因此，认知主义的方法倾向于关注任意的符号系统和内部的心理表征是如何协调行为的。认知主义传统的研究通常是在远离真实实践和情境的任务以及环境中考察行为。

具身视角与情境认知视角更相似，后者假设思维与发生在物理、社会和文化环境中的活动紧密相连。从情境认知的角度来看（Robbins 和 Aydede，2009），认知是分布在（或嵌入）文化工具、成型的文献和空间中的，比如说，认知"卸载"（off loading）会涉及环境（Wilson，2002），并延伸至被视为认知系统一部分的社会文化和物理环境中去（Clark 和 Chalmers，1998）。相比之下，具身视角以身体、运动系统以及感知系统为中心。因此，具身认知视角将认知解释为，人在特定的物理环境和情景中以特定的身体为目标的活动。

二、本章概述

在这一章,我们的重点是具身认知对学习和教学的意义。我们重点讨论了三个主要原则: 第一,行动对认知表现和学习很重要。合适的行动可以促进表现和学习,不协调的行动会干扰学习。第二,观察他人的行为可以影响认知表现和学习,其影响方式与采取行动一样。第三,想象或模拟动作也会影响认知表现和学习。我们既考虑了想象的动作,也考虑了肢体语言,肢体语言是表现模拟动作的一种表征行为。综上所述,这些原则的证据汇集在一起,强调了行动——无论是实际行动还是想象行动——在认知表现、学习和教学中的重要性。对行动的关注也对学习科学的核心话题有深刻的意义,包括教学设计、评估和教育技术;我们将在本章的最后一节讨论这些问题。

我们可以通过儿童在一堂关于数值等式的数学课上使用盘式天平所产生的行为形式,来说明我们对行动、观察和想象力的关注(见图 8.1)。孩子可以通过行动来推理相等,比如说,当她把方块放进天平的盘子里时(图中 A);孩子也可以通过观察来推理相等,比如说,当她看见另一个孩子把方块放进盘子里时(图中 B);又或者,孩子可以

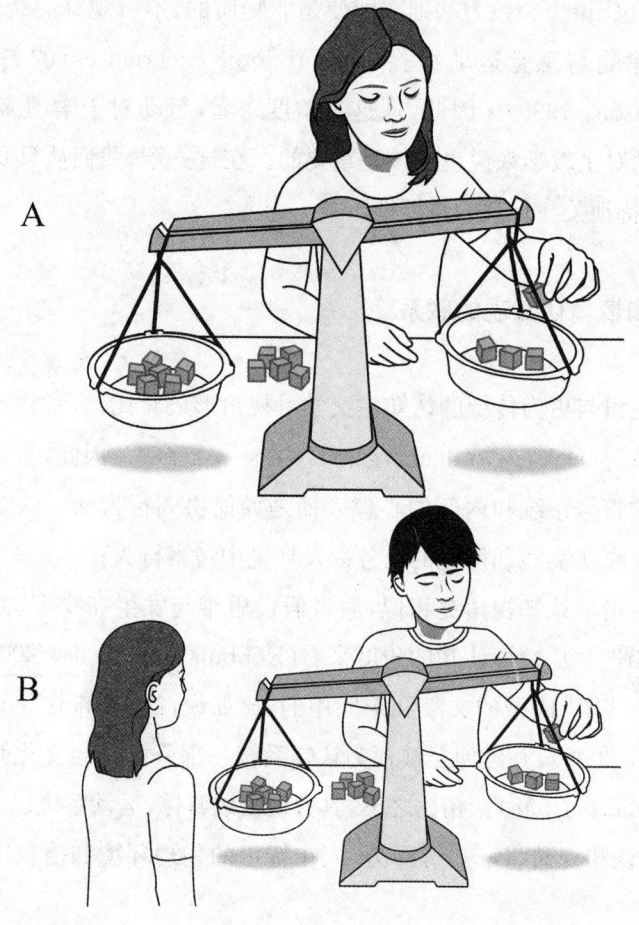

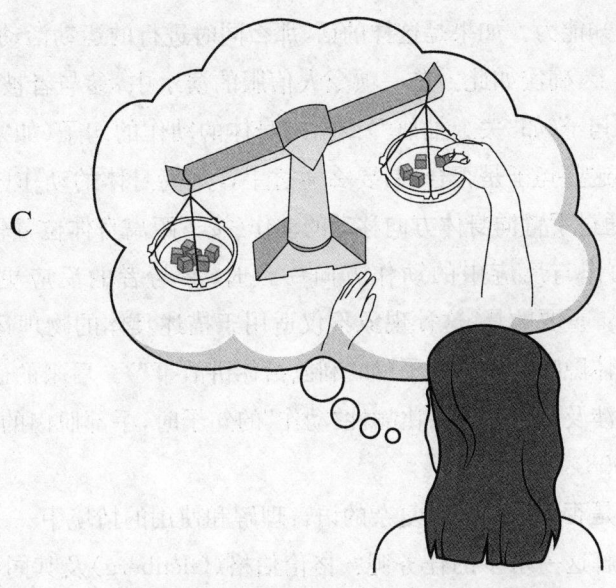

图 8.1　儿童通过产生行为(图中 A)、观察另一个儿童的行
为(图中 B)或想象行为(图中 C)来推理数值等式
资料来源：http://osf.io/ydmrh under a CC-BY4.0 license
(Alibali，2017)。

通过想象来推理相等,比如说,当她想象着把方块放进盘子里时(图中 C)。

三、行动对认知和学习的重要性

　　行动对于认知和学习的重要性这一观点根植于发展心理学理论(developmental psychological theories),最著名的是皮亚杰及其后继者的理论,以及现象学(phenomenology)理论。这两种理论观点都强调了知识和思维的感觉运动起源。皮亚杰认为,行动是思想的基础;身体的操作会被内化并转化为心理操作,最终形成心理表征(Beilin 和 Fireman,2000)。现象学家却并不赞同最后一步,相反,他们考虑的是如何通过行动和与世界接触的方式来提供一种更直接的认知解释(Dreyfus,2002)。这种方法的可行性已经通过使用没有心理表征的移动机器人设计被证明了(Brooks,1991)。

　　如果认知过程是以行动为基础的,那么人们产生的行动的性质应该会对他们的认知表现和学习产生影响。事实上,越来越多关于语言理解、问题解决和数学推理方面的研究都支持了这一观点。这项研究工作表明,在结构上与目标材料的关键特性一致的动作可以促进理解、记忆和学习。相反,不一致的动作会干扰理解、记忆和学习。

　　1. 语言理解

　　有一种观点认为,语言理解是建立在行为理解的基础上的,即人们会把单词和语法结构与现实世界的经验联系起来(Glenberg 和 Robertson,1999)。因此,理解语言

第 8 章　教与学的具身认知:行动、观察和想象　**87**

会唤起动作和感知能力。如果是这样的话，那么同时进行的运动活动应该会影响到语言理解——事实上，确实如此。在一项令人信服的演示中，参与者被要求阅读暗示远离身体的动作的句子（如"关上抽屉"）或指向身体的动作的句子（如"打开抽屉"）。参与者被要求验证这些句子是否合理，要么通过手臂远离身体的动作（按下距离身体较远的按钮）或者通过手臂向身体方向移动的动作（按下距离身体位置较近的按钮）。当句子中暗示的动作与反应中的动作方向一致时，参与者的反应更快（Glenberg 和Kaschak，2002）。重要的是，这种现象不仅适用于描述具体的物理运动的句子，也适用于描述抽象实体隐喻运动的句子（如"利兹给你讲故事"）。后来的研究表明，当理解描述具体动作和涉及信息传递的比喻性"动作"的句子时，手部肌肉的活动会进行调节（Glenberg 等，2008）。

同样的过程是否可以推至更复杂的语言理解和使用的情境中——例如，它是否适用于超出简单理解这一水平的任务呢？格伦伯格（Glenberg）及其同事们在一组关于文本学习的研究中探讨了这个问题（Glenberg，Gutierrez，Levin，Japuntich 和Kaschak，2004）。研究向一年级和二年级的学生展示了三个玩具场景（农场、房子和加油站），并要求阅读关于这些场景的简短文本。在第一种情况下，孩子们被要求操纵玩具（如农场场景中的人物和物体、拖拉机、谷仓、动物等）来对应文本中的每个句子；在另一种情况下，孩子们只是观察但不操纵玩具。研究结果是，操纵组的儿童比观察组的儿童对文本的记忆更好，而且他们也更善于根据文本进行推理。类似的发现也出现在解决数学故事问题的操作干预（Glenberg，Jaworski，Rischal 和 Levin，2007）和阅读的小组环境中（Glenberg，Brown 和 Levin，2007）。因此，以与文本相关的方式操作相关物体有助于儿童理解文本，至少对于有关具体物体和情境的简单段落来说是如此。

2. 问题解决

行动在塑造问题解决的认知过程中也发挥着强大的作用。例如，托马斯和莱拉斯（Thomas 和 Lleras，2007）要求参与者解决一个众所周知的洞察力问题，这个问题有一个空间解决方案（Dunker 的辐射问题）。在解决问题的过程中，研究者以一个不相关的视觉跟踪任务为幌子，引导参与者的眼球运动，这种运动分为两种模式，一种是与问题的解决方案一致的模式，另一种是与问题的解决方案不一致的模式。研究发现，以与问题的解决方案一致的方式移动眼球的参与者更有可能解决洞察问题。重要的是，大多数参与者并没有怀疑跟踪任务和洞察问题之间的关系，这表明从眼球移动到问题的空间解决方案之间的联系是隐性的。

除此之外，在学术任务中，定向行动（directed actions）也会影响问题的解决，比如生成数学证明等。内森及其同事（2014）要求本科生为两个数学命题生成证明，研究先安排参与者执行了与证明所依据的关键见解一致的行动或与这些关键见解不一致的行动，随后再要求他们分别生成证明。研究表明，执行一致行动的参与者在生成证明的过程中更有可能发现那些关键见解。

综上所述,这些研究有助于建立一个事实,即在一系列任务中,行动是认知和学习中不可或缺的一部分,包括语言理解、问题解决和数学推理等。这种观点激发了涉及行动的教学方法,如使用具体操作工具的课程(见图 8.1)。事实上,最近的一项元分析显示,操作工具对不同年龄段和不同概念的数学学习都有帮助,尽管许多其他因素调节了这些作用(Carbonneau,Marley 和 Selig,2013)。在这方面,重要的是要考虑学习者是否必须实际产生这些行为,还是说,观察他人的行为,甚至只是简单的想象行为可能也很重要。研究表明,行动、观察和想象都会影响认知和学习。

3. 观察他人的行为可以激活学习者的具身化知识

大量的研究都表明人们可以通过观察他人进行学习,这些研究发现既可以追溯到早期的社会学习理论(如 Bandura,1965),也可以在近期的一些研究中见到(如 Chi,Roy 和 Hausmann,2008;见 Rummel 和 van Gog,本书)。来自不同理论视角的研究者用不同的术语(如模仿学习、替代学习、观察学习)来描述这一过程,并对其内在机制提出了不同的看法。本文献的具身化视角强调了他人的行为也可能激活学习者基于行动的知识,从而影响他们的认知和学习。

许多研究表明,观察行为会激活实际执行这些行为的大脑区域。大约二十年前,里佐拉蒂(Rizzolatt)和他的同事证明,当人类执行运动任务和观察运动时,人类的运动皮层会以类似的方式被激活(Hari 等,1998;Rizzolatti,Fogassi 和 Gallese,2001)。他们发现,当人们用手操纵一个小物体,以及观察另一个人在做同样的动作时,大脑的激活模式是相似的。后来的研究证明了这种效应的特异性,表明观察者观察由特定的效应器(如嘴、手或脚)所产生的动作时,会引起观察者相应运动区域的激活(Buccino 等,2001)。这些发现表明,当人们观察一个动作时,他们会在大脑的前运动皮层中产生一个对这个动作的内部模拟。

这些研究发现表明了这样一种可能性,即学习者不需要自己实际行动,就能让行动影响他们的认知和学习。在学习情境中观察他人的行为,可能足以激活学习者基于行动的知识,或促进学习者产生基于行动的知识。

个人学习可能依靠他人的行为这一观点,凸显了将学习情境视为一个涉及多个参与者交互的系统的重要性。学习者的老师或同伴在学习情境中所产生的行为,有可能通过激活基于行动的知识来影响学习者的思维。虽然许多关于学习的观点——包括社会文化和生态学的观点——都强调了社会互动在学习中的重要性,但具身化的观点将他人观察到的行为作为学习情境中的一个关键元素。

4. 想象或模拟行动影响认知和学习

一些学者已经强调了想象和行动之间的密切关系。的确,尼米洛夫斯基和费拉拉(Nemirovsky 和 Ferrara,2008)将想象(imagining)定义为行动的娱乐可能性;即娱乐化(在"持有"或"保持"的意义上)一种对可能的行动的准备状态(p.159)。在我们看来,想象是指通过对行动的运动意象或心理模拟,对行动进行心理体验。这种行动的心理体验可以通过多种方式触发,比如通过阅读或聆听描述行动的文字,通过计划一个预定的行动,通过思考执行一个行动,或者通过思考观察他人的行为。

有证据表明,倾听或阅读有关行动的句子会激活参与产生这些行动的大脑区域,这表明对行动的思考也会参与行动的模拟。在一项研究中(Tettamanti 等,2005),参与者被动地听着涉及不同效应器的动作的句子("我咬苹果""我握刀""我踢球")。研究结果表明,关于行动的句子会激活参与行动执行和行动观察的大脑区域,而关于抽象内容的控制句子则不会。此外,还有其他特定的激活位点,也会反映具体动作的运动表征(例如,口、手与腿的动作),这表明,听到与动作相关的单词会激活相应的运动区域。在一项相关研究中,参与者被动地阅读单词"舔""捡"和"踢"时激活的大脑区域与参与者移动舌头、手指和脚时激活的大脑区域相同(Hauk, Johnsrude 和 Pulvermüller, 2004)。此外,表示更具体的动作(如"擦拭")的单词比表示更一般的动作(如"打扫")的单词更能激活大脑的运动区域(van Dam, Rueschemeyer 和 Bekkering, 2010)。综上所述,这些研究表明,倾听或阅读动作词语会自动激活参与实际产生这些动作的大脑区域。

的确,有证据表明,这些"心理上"的行动形式足以让行动影响认知。在对行动和阅读理解的研究中,格伦伯格和他的同事(2004)也测试了想象行动的效果。在一项实验中,儿童对文本段落中描述的任务对象进行了想象而不是实际行动的练习。结果显示,与控制条件下阅读两次文本的儿童相比,想象操作对象的儿童对文本的记忆力更好,推理能力也更强。可以推测,那些被引导具体想象对物体采取行动的孩子比那些只阅读文本的孩子产生了更丰富的行动模拟。格伦伯格及其同事们认为,想象行动会给认知和推理带来与实际执行行动类似的好处。

运动心理学(sports psychology)的研究也探讨了想象行动和实际行动之间的关系。过去,这一领域的研究主要集中在"心理练习"是否会影响运动技能的表现和学习。早期的元分析表明,想象的行动确实会影响后来的表现和学习(Feltz 和 Landers, 1983)。这种影响的边界条件仍有待明确;然而,它们至少强调了行动和行动模拟的功能相似性——在某些情况下,这两者的功能是相当的(Beilock 和 Gonso, 2008)。

模拟动作可以在很多关键方面产生作用,包括激活相关的神经回路(neural circuitry)。因此,从这个角度来看,想象行动是有意义的,无论是对观察他人的行为作出反应,还是根据自己的意愿,都有可能像产生行动那样,以同样的方式影响表现和学习。在某些情况下,模拟动作可能会导致实际动作的产生:模拟激活了大脑中的前运动区和运动区,而这种激活可能会导致明显的动作。例如,你可以想象在空中画一个三角形,这个模拟动作可能会产生在空中画一个三角形的实际动作。

5. 手势模拟动作

手势作为模拟动作(Gesture as Simulated Action)的相关框架(Hostetter 和

Alibali，2008)认为,模拟的动作和知觉状态有时会表现出外在行为,如无意识的手势,这是一种代表实际动作和知觉状态的行动方式。根据这个框架,当个体的模拟激活程度超过了个体的"手势阈值"(gesture threshold)(这取决于一系列个体、社会和情境因素),就会产生手势。手势通常在说话时出现,大概是因为说话时产生的口腔动作增强了运动区域和前运动区域的整体激活,而这种增强的激活使其更有可能超越个体的手势阈值。然而,手势也可以在没有说话的情况下发生。例如,当人们在从事具有挑战性的空间任务时,经常会在不说话的情况下做手势,如在心里旋转物体时(如 Chu 和Kita，2011)。

产生手势也可能会反馈,以提高模拟动作或知觉状态的激活水平。因此,产生手势可能会增强模拟的激活度,从而使个体更有可能对该模拟动作进行推理。例如,在齿轮运动的预测问题中,如果要预测一个齿轮向特定方向移动时,另一个齿轮将如何转动的问题。在这种情况下,做出手势的人更有可能使用模拟策略模拟出每个齿轮的运动情况(Alibali，Spencer，Knox 和 Kita，2011)。

正如观看动作与产生动作有许多共同之处一样,我们认为,观看手势与产生手势也有许多共同之处,同时,观看手势与产生手势时体验的感知状态也相似。因此,观看他人的手势可能会唤起观众对动作的模拟(Ping，Goldin-Meadow 和 Beilock，2014),而这些模拟的动作又可能反过来影响观看者的思维和行动(Cook 和 Tanenhaus，2009)。事实上,这可能就是为什么教师的手势对学生的学习影响如此之大的原因之一(例如,Cook，Duffy 和 Fenn，2013；Singer 和 Goldin-Meadow，2005)。教师的手势可能会唤起学生思维中的模拟动作,而这些模拟动作反过来又可能引起学生的手势或动作。事实上,当教师做出更多的手势时,学生也会做出更多的手势(Cook 和 Goldin-Meadow，2006),这也支持了这一观点。

这一途径提供了一个潜在的机制,即演示和教学手势(instructional gestures)可能会影响学习。简而言之,手势既可以表现出手势产生者的模拟动作(Alibali 和Nathan，2012),也可以唤起观察者的模拟动作(Kita，Alibali 和 Chu，2017)。

四、对学习科学中关键主题的影响

总的来说,本章所回顾的一系列研究,都证明了实际的、观察到的和想象的行动在认知、学习和教学中的重要性。这些想法对学习科学中的几个关键主题产生了影响,包括教学设计、评估和教育技术。

1. 教学设计

教学设计的具身化视角强调了考虑学生参与行动的机会的重要性,重点关注"行动—概念的一致性"(action-concept congruencies)(Lindgren 和 Johnson-Glenberg，2013)。在这方面,有一类研究集中在设计教学干预,即让学生参与到身体行动中去

（如，Fischer，Moeller，Bientzle，Cress 和 Nuerk，2010；Johnson-Glenberg，Birchfield，Tolentino 和 Koziupa，2013；Nathan 和 Walkington，2017），或者使其产生特定的手势(Goldin-Meadow，Cook 和 Mitchell，2009)。另一类研究侧重于具体的操纵器及其提供的动作(例如，Martin 和 Schwartz，2005；Pouw，van Gog 和 Paas，2014)。还有一种新兴的方法将这一观点扩展到数字操纵器中，这一过程中，触摸屏技术也提供了动作支持(Ottmar 和 Landy，2017)。

具身化视角也强调了观察他人的行为和手势的潜在价值。近年来，越来越多的研究试图描述教师在教学环境中使用手势的方式，并研究教师的手势如何参与学生的学习(例如，Alibali 等，2013；Furuyama，2000；Richland，2015)。这一系列研究突出了教师的手势在引导学生模拟相关动作和知觉状态方面的作用(Kang 和 Tversky，2016)。

2. 评估

学习的具身化视角对学生的知识评估也有影响。在这方面，我们考虑了两个相关的问题。第一，一些基于行动的知识可能不是口头编码的。这些知识可能很容易通过演示或手势表现出来，但可能无法自发地用语言或文字表达出来。事实上，许多研究表明，学习者经常会用手势独特地表达他们所掌握的知识的某些方面。这种"错配"的手势已经在一系列任务中被观察到，包括数量守恒(Church 和 Goldin-Meadow，1986)、数学方程(Perry，Church 和 Goldin-Meadow，1988)，以及关于平衡的推理(Pine，Lufkin 和 Messer，2004)。有人认为，这种手势揭示了学习者有关最近发展区的内容(Goldin-Meadow，Alibali 和 Church，1993)。鉴于学习者的手势往往会透露出他们在言语中没有表达的信息，因此，仅考虑通过口头或书面表达的知识的评估方法，可能会不恰当地低估学习者知识的某些方面。如果要使形成性评价准确无误，就必须考虑到这些方面。关注学生的行动和手势也可以提高总结性评价的有效性。

第二，阻止学习者做出与任务相关的行动和手势的评估实践(比如需要打字的评估实践)实际上可能会损害高阶思维，如推理(Nathan 和 Martinez，2015)。当评估实践干扰了具身思维的过程时，可能会影响这些评估实践的有效性，从而产生对应试者实际知道的内容的错误描述。为了使评估准确有效，可能有必要使用一些方法让学习者参与其中。

3. 教育技术

正如李(Lee，2015)所指出的，技术进步以新的方式支持概念的具身化。像KinectTM 这样的动作捕捉技术的日益普及，使得设计和实施能够引起、跟踪和响应学习者动作的干预成为可能，也使其变得切实可行。另外也存在一些新兴的具身学习技术，它们明确地利用玩家的动作来促进学习。在这些早期的具身化设计浪潮中，有些系统会让参与者参与到运动中，从而引发预期的联想和概念化。例如，GRASP 项目借鉴了学生在成功推理科学现象(包括气压、热传递和季节)时表现出的手势和动作(Lindgren、Wallon、Brown、Mathayas 和 Kimball，2016)。而当其他学生在推理因果机制时，也会得到一些使用相关手势与计算机模拟的现象进行互动的提示(Wallon 和 Lindgren，2017)。还有一个例子是隐藏村庄(The Hidden Village)(Nathan 和 Walkington，2017)中的玩家与游戏中主体的动作相匹配。这些动作旨在培养玩家对形状和空间的一般属性的洞察力，而这些洞察力反过来又可能会影响他们的几何论证和证明。通过对成功数学推理的分析，确定了目标导向的行动。

具身化的学习技术也可以支持自下而上的过程，促进概念的生成和探索。例如，在数学图像训练器(Mathematical Imagery Trainer)(Abrahamson 和 Trninic，2014)中，学生在没有明确指示的情况下，找到两只手的正确节奏来表示目标比例(如 1∶2)，从而产生感觉运动方案，这可能会促进他们的概念发展。

五、结论

学习和教学的具身化视角强调了产生、观察和想象行动的重要性。与目标思想一致的行动可以促进认知表现和学习，而不一致的行动则会干扰学习。学习者并不总是需要自己产生行动;观察他人的行为也可以激活基于行动的知识。想象或模拟的动作也能做到这一点，这些模拟动作可能表现为手势，因为手势也是表征动作的一种形式。最后，观察他人的行为和手势同样可能会刺激学习者模拟或产生行动。在这些方面，感知他人的动作和手势也会影响认知表现和学习。

对行动的关注不仅需要关注学习者自己的大脑和认知系统中发生的过程，还需要关注学习者使用物理和文化工具的活动，以及学习者与他人的互动。学习者可以利用的物质工具和文化工具既承担了学习者的活动，也制约了学习者的行动。学习者与他人的互动——例如，在教室里或合作学习环境中——通常包括共同行动和观察他人行为的机会。因此，对学习和教学的具身化视角需要在物理、文化和社会环境中对学习者进行更广泛的观察。

总之，具身行动是学习的基本要素。因此，具身行动必须被看作是学习科学的一个基本构件，其内涵广泛涉及了评估、教学以及学习的理论、设计、实践。

六、延伸阅读

Glenberg, A. M., Gutierrez, T., Levin, J. R., Japuntich, S., & Kaschak, M. P. (2004). Activity and imagined activity can enhance young children's reading comprehension. *Journal of Educational Psychology*, 96(3), 424 - 436.

这篇论文通过一系列实证研究记录了行动与想象行动在文本理解和推理中的

意义。

Goldin-Meadow，S.（2005）．Hearing gesture：*How our hands help us think*．Cambridge，MA：Harvard University Press.

这本书是对推理、学习和教学中手势的全面介绍。

Hall，R.，& Nemirovsky，R.（Eds.）.（2012）．Modalities of body engagement in mathematical activity and learning［Special Issue］．*Journal of the Learning Sciences*，21(2).

这期杂志围绕学生表现、学习和数学教学的具身化视角作了一系列论文汇编。

Lakoff，G.，& Johnson，M.（1999）．*Philosophy in the flesh：The embodied mind and its challenge to Western thought*．New York：Basic Books.

这本书是从哲学与语言学方向阐述具身认知的重要文献。

Shapiro，L.（2011）．*Embodied cognition*．New York：Routledge.

这本书是关于具身认知的基本主题和争论的优秀介绍。

参考文献

Abrahamson, D., & Trninic, D. (2014). Bringing forth mathematical concepts: Signifying sensorimotor enactment in fields of promoted action. *ZDM*, 47, 295–306. doi:10.1007/s11858-014-0620-0

Alibali, M. W. (2017, February 27). *Action-observation-imagination figures*. Retrieved from http://osf.io/ydmrh

Alibali, M. W., & Nathan, M. J. (2012). Embodiment in mathematics teaching and learning: Evidence from students' and teachers' gestures. *Journal of the Learning Sciences*, 21, 247–286. doi:10.1080/10508406.2011.611446

Alibali, M. W., Nathan, M. J., Wolfgram, M. S., Church, R. B., Jacobs, S. A., Martinez, C. J., & Knuth, E. J. (2013). How teachers link ideas in mathematics instruction using speech and gesture: A corpus analysis. *Cognition & Instruction*, 32, 65–100. doi:10.1080/07370008.2013.858161

Alibali, M. W., Spencer, R. C., Knox, L., & Kita, S. (2011). Spontaneous gestures influence strategy choices in problem solving. *Psychological Science*, 22, 1138–1144. doi:10.1177/0956797611417722

Bandura, A. (1965). Vicarious processes: A case of no-trial learning. In L. Berkowitz (Ed.), *Advances in experimental social psychology* (Vol. 2, pp. 1–55). New York: Academic Press.

Barsalou, L. W. (2008). Grounded cognition. *Annual Review of Psychology*, 59, 617–645. doi:10.1146/annurev.psych.59.103006.093639

Beilin, H., & Fireman, G. (2000). The foundation of Piaget's theories: Physical and mental action. *Advances in Child Development and Behavior*, 27, 221–246. doi:10.1016/S0065-2407(08)60140-8

Beilock, S. L., & Gonso, S. (2008). Putting in the mind versus putting on the green: Expertise, performance time, and the linking of imagery and action. *Quarterly Journal of Experimental Psychology*, 61, 920–932. doi:10.1080/17470210701625626

Brooks, R. A. (1991). Intelligence without representation. *Artificial Intelligence*, 47, 139–159. doi:10.1016/0004-3702(91)90053-M

Buccino, G., Binkofski, F., Fink, G. R., Fogassi, L., Gallese, V., Seitz, R. J., et al. (2001). Action observation activates premotor and parietal areas in a somatotopic manner: an fMRI study. *European Journal of Neuroscience*, 13, 400–404. doi:10.1046/j.1460-9568.2001.01385.x

Carbonneau, K. J., Marley, S. C., & Selig, J. P. (2013). A meta-analysis of the efficacy of teaching mathematics with concrete manipulatives. *Journal of Educational Psychology*, 105, 380–400. doi:10.1037/a0031084

Chi, M. T. H., Roy, M. & Hausmann, R. G. M. (2008). Observing tutorial dialogues collaboratively: Insights about human tutoring effectiveness from vicarious learning. *Cognitive Science*, 32, 301–341. doi:10.1080/03640210701863396

Chu, M., & Kita, S. (2011). The nature of gestures' beneficial role in spatial problem solving. *Journal of Experimental Psychology: General*, 140, 102–116. doi:10.1037/a0021790

Church, R. B., & Goldin-Meadow, S. (1986). The mismatch between gesture and speech as an index of transitional knowledge. *Cognition*, 23, 43–71. doi:10.1016/0010-0277(86)90053-3

Clark, A., & Chalmers, D. (1998). The extended mind. *Analysis, 58*(1), 7–19.

Cook, S. W., Duffy, R. G., & Fenn, K. M. (2013). Consolidation and transfer of learning after observing hand gesture. *Child Development, 84,* 1863–1871. doi:10.1111/cdev.12097

Cook, S. W., & Goldin-Meadow, S. (2006). The role of gesture in learning: Do children use their hands to change their minds? *Journal of Cognition and Development, 7,* 211–232. doi:10.1207/s15327647jcd0702_4

Cook, S. W., & Tanenhaus, M. K. (2009). Embodied communication: Speakers' gestures affect listeners' actions. *Cognition, 113,* 98–104. doi:10.1016/j.cognition.2009.06.006

DeVega, M., Glenberg, A. M., & Graesser, A. C. (Eds.). (2008). *Symbols, embodiment and meaning: A debate.* Oxford, England: Oxford University Press.

Dreyfus, H. L. (2002). Intelligence without representation—Merleau-Ponty's critique of mental representation: The relevance of phenomenology to scientific explanation. *Phenomenology and the Cognitive Sciences, 1,* 367–383. doi:10.1023/A:1021351606209

Feltz, D. L., & Landers, D. M. (1983). The effects of mental practice on motor skill learning and performance: A meta-analysis. *Journal of Sport Psychology, 5,* 25–57. doi:10.1123/jsp.5.1.25

Fischer, U., Moeller, K., Bientzle, M., Cress, U., & Nuerk, H.-C. (2010). Sensori-motor spatial training of number magnitude representation. *Psychonomic Bulletin & Review, 18,* 177–183. doi:10.3758/s13423-010-0031-3

Furuyama, N. (2000). Gestural interaction between the instructor and the learner in origami instruction. In D. McNeill (Ed.), *Language and gesture: Window into thought and action* (pp. 99–117). Cambridge, UK: Cambridge University Press. doi:10.1017/CBO9780511620850.007

Glenberg, A. M. (1997). What memory is for. *Behavioral and Brain Sciences, 20,* 1–55. doi:10.1017/s0140525x97000010

Glenberg, A. M., Brown, M., & Levin, J. R. (2007). Enhancing comprehension in small reading groups using a manipulation strategy. *Contemporary Educational Psychology, 32,* 389–399. doi:10.1016/j.cedpsych.2006.03.001

Glenberg, A. M., Gutierrez, T., Levin, J. R., Japuntich, S., & Kaschak, M. P. (2004). Activity and imagined activity can enhance young children's reading comprehension. *Journal of Educational Psychology, 96,* 424–436. doi:10.1037/0022-0663.96.3.424

Glenberg, A. M., Jaworski, B., Rischal, M., & Levin, J. R. (2007). What brains are for: Action, meaning, and reading comprehension. In D. McNamara (Ed.), *Reading comprehension strategies: Theories, interventions, and technologies* (pp. 221–240). Mahwah, NJ: Lawrence Erlbaum Associates.

Glenberg, A. M., & Kaschak, M. P. (2002). Grounding language in action. *Psychonomic Bulletin & Review, 9,* 558–565. https://doi.org/10.3758/BF03196313

Glenberg, A. M., & Robertson, D. A. (1999). Indexical understanding of instructions. *Discourse Processes, 28,* 1–26. doi:10.1080/01638539909545067

Glenberg, A. M., Sato, M., Cattaneo, L., Riggio, L., Palumbo, D., & Buccino, G. (2008). Processing abstract language modulates motor system activity. *Quarterly Journal of Experimental Psychology, 61,* 905–919. doi:10.1080/17470210701625550

Goldin-Meadow, S., Alibali, M. W., & Church, R. B. (1993). Transitions in concept acquisition: Using the hand to read the mind. *Psychological Review, 100,* 279–297. doi:10.1037/0033-295X.100.2.279

Goldin-Meadow, S., Cook, S. W., & Mitchell, Z. A. (2009). Gesturing gives children new ideas about math. *Psychological Science, 20,* 267–272. doi:10.1111/j.1467-9280.2009.02297.x

Hari, R., Forss, N., Avikainen, S., Kirveskari, E., Salenius, S., & Rizzolatti, G. (1998). Activation of human primary motor cortex during action observation: A neuromagnetic study. *Proceedings of the National Academy of Sciences, 95,* 15061–15065. doi:10.1073/pnas.95.25.15061

Hauk, O., Johnsrude, I., & Pulvermüller, F. (2004). Somatotopic representation of action words in human motor and premotor cortex. *Neuron, 41,* 301–307. doi:10.1016/S0896-6273(03)00838-9

Hostetter, A. B., & Alibali, M. W. (2008). Visible embodiment: Gestures as simulated action. *Psychonomic Bulletin & Review, 15,* 495–514. doi:10.3758/PBR.15.3.495

Johnson-Glenberg, M. C., Birchfield, D. A., Tolentino, L., & Koziupa, T. (2013). Collaborative embodied learning in mixed reality motion-capture environments: Two science studies. *Journal of Educational Psychology, 106,* 86–104. doi:10.1037/a0034008.supp

Kang, S., & Tversky, B. (2016). From hands to minds: Gestures promote understanding. *Cognitive Research: Principles and Implications, 1,* 4. doi:10.1186/s41235-016-0004-9

Kita, S., Alibali, M. W., & Chu, M. (2017). How do gestures influence thinking and speaking? The gesture-for-conceptualization hypothesis. *Psychological Review, 124,* 245–266. doi: 10.1037/rev0000059

Lakoff, G., & Johnson, M. (1999). *Philosophy in the flesh: The embodied mind and its challenge to Western thought.* New York: Basic Books.

Lee, V. R. (Ed.). (2015). *Learning technologies and the body: Integration and implementation in formal and informal learning environments.* New York: Routledge.

Lindgren, R., & Johnson-Glenberg, M. (2013). Emboldened by embodiment: Six precepts for research on embodied learning and mixed reality. *Educational Researcher, 42*(8), 445–452. doi:10.3102/0013189X13511661

Lindgren, R., Wallon, R. C., Brown, D. E., Mathayas, N., & Kimball, N. (2016). "Show me" what you mean: Learning and design implications of eliciting gesture in student explanations. In C.-K. Looi, J. Polman, U. Cress, & P. Reimann (Eds), *Transforming learning, empowering learners: The International Conference of the Learning Sciences (ICLS) 2016* (Vol. 2, pp. 1014–1017). Singapore: International Society of the Learning Sciences.

Martin, T., & Schwartz, D. L. (2005). Physically distributed learning: Adapting and reinterpreting physical environments in the development of fraction concepts. *Cognitive Science, 29*, 587–625. doi.10.1207/s15516709cog0000_15

Nathan, M. J., & Martinez, C. V. J. (2015). Gesture as model enactment: The role of gesture in mental model construction and inference making when learning from text. *Learning: Research and Practice, 1*, 4–37. doi:10.1080/23735082.2015.1006758

Nathan, M. J., & Walkington, C. A. (2017). Grounded and embodied mathematical cognition: Promoting mathematical insight and proof using action and language. *Cognitive Research: Principles and Implications*, 2:9. doi 10.1186/s41235-016-0040-5

Nathan, M. J., Walkington, C., Boncoddo, R., Pier, E., Williams, C. C., & Alibali, M. W. (2014). Actions speak louder with words: The roles of action and pedagogical language for grounding mathematical proof. *Learning and Instruction, 33*, 182–193. doi:10.1016/j.learninstruc.2014.07.001

Nemirovsky, R., & Ferrara, F. (2008). Mathematical imagination and embodied cognition. *Educational Studies in Mathematics, 70*, 159–174. doi:10.1007/s10649-008-9150-4

Ottmar, E., & Landy, D. (2017). Concreteness fading of algebraic instruction: Effects on learning. *Journal of the Learning Sciences, 26*, 51–78.

Perry, M., Church, R. B., & Goldin-Meadow, S. (1988). Transitional knowledge in the acquisition of concepts. *Cognitive Development, 3*, 359–400. doi:10.1016/0885-2014(88)90021-4

Pine, K. J., Lufkin, N., & Messer, D. (2004). More gestures than answers: Children learning about balance. *Developmental Psychology, 40*, 1059–1067. doi:10.1037/0012-1649.40.6.1059

Ping, R., Goldin-Meadow, S., & Beilock S. (2014). Understanding gesture: Is the listener's motor system involved? *Journal of Experimental Psychology: General, 143*, 195–204. doi:10.1037/a0032246

Pouw, W. T. J. L., van Gog, T., & Paas, F. (2014). An embedded and embodied cognition review of instructional manipulatives. *Educational Psychology Review, 26*, 51–72. doi:10.1007/s10648-014-9255-5

Richland, L. E. (2015). Linking gestures: Cross-cultural variation during instructional analogies. *Cognition and Instruction, 33*, 295–321. doi:10.1080/07370008.2015.1091459

Rizzolatti, G., Fogassi, L., & Gallese, V. (2001). Neurophysiological mechanisms underlying the understanding and imitation of action. *Nature Reviews Neuroscience, 2*, 661–670. doi:10.1038/35090060

Robbins, P., & Aydede, M. (2009). A short primer on situated cognition. In P. Robbins & M. Aydede (Eds.), *The Cambridge handbook of situated cognition* (pp. 3–10). Cambridge, England: Cambridge University Press.

Rummel, N., & van Gog, T. (2018). Example-based learning, In F. Fischer, C. E. Hmelo-Silver, S. R. Goldman, & P. Reimann (Eds.), *International handbook of the learning sciences* (pp. 201–229). New York: Routledge.

Shapiro, L. (2011). *Embodied cognition*. New York: Routledge.

Singer, M. A., & Goldin-Meadow, S. (2005). Children learn when their teacher's gestures and speech differ. *Psychological Science, 16*, 85–89. doi:10.1111/j.0956-7976.2005.00786.x

Tettamanti, M., Buccino, G., Saccuman, M. C., Gallese, V., Danna, M., Scifo, P., et al. (2005). Listening to action-related sentences activates fronto-parietal motor circuits. *Journal of Cognitive Neuroscience, 17*, 273–281. doi:10.1162/0898929053124965

Thomas, L. E., & Lleras, A. (2007). Moving eyes and moving thought: On the spatial compatibility between eye movements and cognition. *Psychonomic Bulletin & Review, 14*, 663–668. doi:10.3758/BF03196818

van Dam, W. O., Rueschemeyer, S.-A., & Bekkering, H. (2010). How specifically are action verbs represented in the neural motor system: An fMRI study. *NeuroImage, 53*, 1318–1325. doi:10.1016/j.neuroimage.2010.06.071

Wallon, R. C., & Lindgren, R. (2017). Cued gestures: Their role in collaborative discourse on seasons. In B. K. Smith, M. Borge, E. Mercier, & K. Y. Lim (Eds.), *Making a difference: Prioritizing equity and access in CSCL, 12th International Conference on Computer Supported Collaborative Learning (CSCL) 2017* (Vol. 2, pp. 813–814). Philadelphia, PA: International Society of the Learning Sciences.

Wilson, M. (2002). Six views of embodied cognition. *Psychonomic Bulletin & Review, 9*, 625–636. doi:10.3758/BF03196322

第9章 数字化社会中的多源学习

苏珊·戈德曼,萨斯基亚·布兰德-格鲁维尔(Susan R. Goldman, Saskia Brand-Gruwel)

一、引言

在 21 世纪社会,人们依赖数字技术来获取与生活各个领域相关的信息。然而,大多数公民都缺乏必要的知识、技能和实践,以应对无处不在的信息和技术所带来的挑战[American College Testing,2006;Ananiadou 和 Claro,2009;National Center for Education Statistics,2013;National Research Council,2012;Organization for Economic Cooperation and Development(OECD),2013]。

本章汇集了来自两个领域的工作,这两个领域关注的是 21 世纪社会要求人们具备的能力:信息问题解决(information problem solving)和多源话语理解(multiple source discourse comprehension)。信息问题解决往往侧重于搜索、评估和选择与任务相关、有用的和准确的信息源的过程,它通常涉及到互联网的使用。而多源话语理解则关注通过研究者提供的信息资源进行意义建构的过程。这些信息资源通常被预先选定,而且会根据学习者在信息资源内和跨信息资源中对任务相关信息的决策的重要程度而变化。这两个研究领域都涉及到信息源属性(source attributes)(例如,作者的专业知识、出版者的潜在自身利益),以及学习者和任务特征,这些特征影响着信息源内和跨信息源的搜索、评价和整合过程。这两个领域的研究都依赖于实验和准实验范式,并使用多种方法和因果测量,包括有声思维、大声朗读、眼球追踪、导航日志、评级任务、以及建构和强制选择反应等。此类研究选取的主题和生活领域包括了从正规学校教育中典型的学术话题(如历史中的"美国对巴拿马的干预是正当的吗?";科学中的"解释火山喷发")到更多非正式的、关于环境和健康问题的个人决策(如气候变化和手机使用)。

本章的综合努力似乎特别适合本手册,因为学习科学的核心是关注真实的任务和情境,并通过迭代设计研究(design-based research,DBR)来研究学习和问题解决的背景(如,Cobb,Confrey,diSessa,Lehrer 和 Schauble,2003)。尽管从多个信息源研究学习和问题解决的工作通常采用(准)实验方法,但这和 DBR 传统研究中与学习者、任务以及现有的或提供的资源和工具相关的特征和属性的重要性研究趋于一致。从理论、教学和实践的角度来看,学习者个体和群体如何实现以及实现了怎样的特定的多源理解和信息问题解决情境中的潜在能力是值得关注的(Barab 和 Roth,2006)。因此,本章可以为学习科学中的学习情境设计提供参考,不管是基于技术还是其他方面的学习情境,这种设计都可以支持真实的学习和多信息源的问题解决。

此外,学习科学借鉴了多个学科,这些学科激发了人们对多源理解和信息问题解决的兴趣。例如,认知分析表明,历史专家和新手使用不同的方法来理解历史文献(如Wineburg,1991)。科学家在阅读专业领域内的文章和阅读专业领域外的文章时,通常会设定不同的阅读目标(Bazerman,2004)。社会语言学和人类学对科学家的情境理解和问题解决的研究揭示了科学家对数据、模型及其与"公认的理论"(accepted theory)融合的激烈论证(Latour和Woolgar,1986)。计算机技术、超媒体和网页的出现,对话语和阅读理解的研究者提出了挑战,他们需要探索这些技术对意义生成、意义建构和读写能力的作用(如New London Group,1996)。最后,那些对公众对科学和公民教育的理解感兴趣的研究者还探索了外行人对传统的把关和审查过程之外的信息理解和问题解决(如Bromme和Goldman,2014)。

我们首先从多源话语理解和信息问题解决的综合模型入手。然后总结了关于信息资源的搜索和选择,以及从多种资源中建构意义的研究结果。最后提出了对未来研究的建议。

二、多源理解与信息问题解决的综合模型(框架)

图9.1描述了一个概念模型,作为多源理解和信息问题解决的各种要素的综合框架。它与鲁伊特和布里特(Rouet和Britt,2011)的"基于多文档任务的相关性评估和内容提取"(Multiple Document Task-based Relevance Assessment and Content

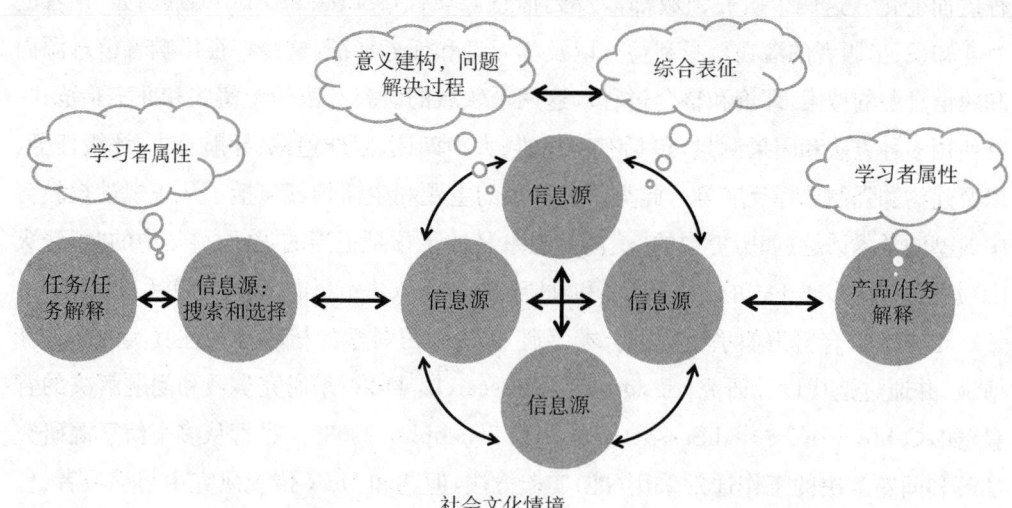

图9.1 多信息源的理解和问题解决的表征

注:学习者属性包括学习者先前的内容知识、知识认知和信念、态度、技能和性情。综合表征是意义建构和问题解决过程的应用结果,包括信息搜索和选择、基本的(例如,解码、单词识别、解析、共鸣、简单推理)和复杂的理解过程(例如,资源内和跨资源的分析、解释、推理;资源内和跨资源的综合;获得来源的过程;批判和评价)。

Extraction，MD-TRACE）模型，以及"基于互联网的信息问题解决"（Information-Problem Solving with Internet，IPS-I）模型（Brand-Gruwel，Wopereis 和 Vermetten，2005）是一致的。这类模型指出了在多源情境中学习和解决问题时的交互过程、知识和性情的复杂性，包括识别信息需求，定位信息源，评估这些信息源（如质量、可信度等），从每个信息源提取、理解以及组织信息，然后综合各个信息源，从而解决学习者所理解的任务。

更具体地说，图 9.1 中最左边的部分描述了问题解决开始时学习者属性、任务和信息源的交集。学习者属性（learner attributes）包括学习者对任务的贡献，包括领域和主题内容的先验知识、认知和信念、性情和态度。任务/任务解释（task/task interpretation）是指要求学习者做什么以及他们如何理解指令。重要的是，任务会在一系列"已知—答案"问题中发生变化，对于这些问题，我们也许可以检索到一个解决方案（例如，"法国的首都是哪里？"），也可能会有多个解决方案。另外任务也会因其所应用的生活领域和/或社会文化背景不同而有所不同。例如，任务可能位于某一学科内（如亚洲研究、生物学），并引用正式的学术规范和惯例，也可能是非正式的（如个人决定）。信息资源（information resources）是指通常被称为来源、文件或文本的资源。我们更喜欢用"信息资源"这个短语，因为我们指的是可能与任务相关的思想的多种多样的表现形式，这些形式可以通过数字或实物的方式获得。它们包括传统的文本以及多种形式（例如，口头的、视觉的；动态的、静态的）和类型（例如，传统的印刷书籍、期刊、同行评审、博客、商业广告）的信息资源。在真实的问题解决过程中，必须通过在互联网上产生搜索结果页面（Search Results Pages，SERPs）的搜索过程来识别资源，其内容需要被评估和排序，以便审查。当资源被提供时，搜索和选择就更加受限。任务和资源之间的双向箭头表明，对任务的解释将引导相关资源的搜索和选择，而搜索和选择的结果也将反馈到任务的解释和再解释中。

图 9.1 的中间部分反映了学习者应用信息资源构建意义的理解和问题解决过程，这些过程产生了学习者认为与任务相关的信息的综合心理表征。为了进行意义建构和问题解决，学习者必须"阅读"选定的资源。为了阅读，学习者需要使用基本的阅读过程以及更复杂的理解和推理过程，这些过程涉及到根据学习者的任务解释来评估信息的相关性、可靠性和有效性。它们与"阅读"视觉信息以及与口头和视觉信息相关的过程，也与它们在网络资源中的普遍存在有关（如 Stieff，Hegarty 和 Deslongchamps，2011）。此外，在多资源情境中，一种资源的意义、解释和表征可能会激发与其他资源的比较和对比（信息资源和综合表征之间的箭头所示）。

综合表征（integrated representation）反映了对单一文本理解的心理表征的扩展（Kintsch，1998；van Dijk 和 Kintsch，1983）。除了单一文本的三个层级的表征之外，即表面层（surface level）（通常会迅速消失的具体词语和布局）、文本层（textbase）（文本内容的字面层）和情境模型（situation model）（先验知识与文本层内容的整合），还需要添加两个关键要素以容纳多个信息资源,分别是源节点(source nodes)和文本间链接(inter-text links)。由于最初阐明的来源过程会导致源节点传递作者/生产者、时间、地点和生产目的等信息,并与它们所引用的具体文本相链接,从而产生文档模型(Document Model)(Perfetti,Rouet 和 Britt,1999)。请注意,在这里以及参考以前的工作时,我们使用了模型和研究的术语。不同来源/文本之间的链接反映了基于内容比较和对比的判断和决定,从而产生了互文模型(Intertext Models)(Rouet 和 Britt,2011)。大量的多源话语研究侧重于这些附加要素何时以及如何被创造和呈现(见Bråten、Stadtler 和 Salmerón,出版中)。我们建议,关于信息的角度和判断的"可信度"或可靠性的评价性决定,要么在源节点中作为文档模型的一部分表现出来,要么在文档之间的链接中表现出来,尽管到目前为止,这种信息的表现形式还没有被直接研究过。最后,图 9.1 的最左边和中间部分之间的双向箭头表明,有时意义建构过程需要额外的或不同的信息资源,从而可以再次启动搜索和选择(Anmarkrud、Bråten 和Strømsø,2014;Goldman、Braasch、Wiley、Graesser 和 Brodowinska,2012)。

意义建构的结果被用来创造完成任务所需的产品(图 9.1,最右边部分)。产品的质量取决于信息源选择和信息使用是否足以满足被解释/再解释任务的要求。此外,在完成任务后,学习者的属性有望被改变,但如何改变、改变的强度如何都是开放性的问题。

在图 9.1 中,我们明确承认了多源理解和信息问题解决的社会文化背景,尽管目前很少有研究探讨这些更为宏观层面的影响。同样,关于任务解释、搜索和信息源选择、为完成任务而对信息源进行处理、以及在问题解决过程中对任务的重新解释等方面的迭代关系的研究也很少。然而,有大量的研究调查了图 9.1 中所描述的要素和关系的子集,其中大部分的注意力都集中在来源过程、意义建构和这些过程中的个体差异上。现在我们将目光转向这些研究。

三、理解和问题解决中的来源过程

关于来源过程的研究有几种类型。有一种研究关注初始搜索和选择过程,特别是基于互联网的搜索引擎(例如,Mason、Boldrin 和 Ariasi,2010;Walraven、Brand-Gruwel 和 Boschuizen,2009)。而在有些情况下,信息资源会被描述为搜索引擎的输出(如 Goldman 等,2012;Strømsø、Bråten 和 Britt,2010)。在以上这两种类型的情境中,人们感兴趣的问题是,为什么选择这些网站进行进一步检查并用于完成任务。此外,还有一种类型的研究是在学习者试图根据任务要求理解信息和构建意义时,考察信息源的选择和信息源中特定部分的选择(例如,Stadtler、Scharrer、Skodzik 和Bromme,2014;Wiley 等,2009)。

对信息源之间和信息源内部进行选择的研究假设是,对信息资源在任务情境中的效用（utility）进行评估。因此，在描述结果时，选择和评价经常交替使用。然而，其他研究明确要求学习者证明他们的选择是合理的，或提供评估信息资源的评级。在来源过程的研究中，持续存在的主题涉及任务、信息资源特征以及学习者属性对绩效的影响（如，Brand-Gruwel，Kammerer，van Meeuwen 和 van Gog，2017；Bråten，Ferguson，Strømsø 和 Anmarkrud，2014，Wiley 等，2009）。

1. 初始搜索和选择

一个典型的多源问题解决的情形是从定位潜在的相关信息开始的。这涉及到对任务进行初步的解释，从而确定和/或生成关键词或搜索词来指导搜索。研究表明，与已知答案的问题或基于事实的问题相比（例如，"荷兰的首都在哪里？"），在研究探索性问题时（例如，"在黑暗时代，经济在哪些方面是欧洲崛起的一个因素？"），人们会使用更多的搜索查询和搜索词，并且更有可能对初始搜索查询进行调整（Barsky 和 Bar-Ilan，2012；Singer，Norbisrath 和 Lewandowski，2012）。

在搜索引擎中输入关键词，会生成一个包含多个条目的搜索引擎结果页面（search engine results page，SERP）。关于 SERPs 评价的研究表明，排名最靠前的搜索结果最常被选中用于进一步的检验，这一过程中，列表的属性却很少被考虑到（如 Guan 和 Cutrell，2007；Salmerón，Kammerer 和 García-Carrión，2013）。例如，有声思维研究表明，学生通常会强调列表中的排名以及搜索结果的标题/摘要，并将其作为最重要的评价标准（Walraven 等，2009）。但是，霍奇斯托特和勒万多夫斯基（Höchstötter 和 Lewandowski，2009）指出了使用"排名第一"策略的两个缺陷：（1）搜索引擎在搜索结果页面上的列表排序不是中立的，某些网站会通过"加权"的方法被置于 SERPs 的首位；（2）许多网站利用搜索引擎优化来提高被排在 SERPs 前半部分网站的可能性。许多互联网用户对 SERPs 中的排序是如何确定的并不了解。当用户生成自己的搜索词、网站提供了搜索结果页面时，他们通常会倾向于使用第一个列出的站点并继续"按顺序"检查网站（如 Wiley，2009）。

虽然研究表明，自发的信息资源选择往往基于相对表面的特征（内容词与问题的表面匹配）以及网站与任务的潜在"相关性"，但只需极少的提示或指导，学生在选择 SERPs 上的网站时，就可以轻松地使用附加的标准（Walraven 等，2009）。例如，在一项研究中，那些被明确指示包括相关性的几个方面的问题解决者做出了反映这些标准的选择（Kim，Kazai 和 Zitouni，2013）。同样，格杰茨、卡默尔和沃纳（Gerjets，Kammerer 和 Werner，2011）发现，在使用明确的指示来评价搜索结果时，与标准指示下的评价意见相比，口头化的评价意见数量显著高于标准指示下的评价意见。

2. 利用资源，完成任务

多源理解和问题解决情境中的一个问题是，读者如何利用多种资源，从而创建并完成与任务相关的心智模型表征，且以连贯和完整的方式完成任务。即使在只有单一的信息源的情况下,也存在类似的挑战。然而,与单一文本不同的是,面对单一文本时,读者可以合理地假设作者会试图提供连贯的解释,或者指出解释不一致的原因和地方,而当学习者处理多个文本时,这样的假设并不适用(见 Britt,Rouet 和 Braasch,2013)。因此,学习者需要拼凑出一个连贯的整体,就像组装拼图一样,但这个过程缺乏效果图的指导。研究的主要兴趣在于学习者是如何参与到这一活动中的,以及这种参与与任务类型(如描述与论证)、话题(如相对无争议与有争议)、信息资源中内容的一致性(如一致或冲突)如何,还包括在专业领域知识(如内容和领域认识论)、以及有争议的话题中与个人态度和信念等相关的差异。

类似于搜索任务中的相对简单的方法,对青少年和年轻的成年人进行的理解和解决问题的研究也发现,无论是在历史(如,Rouet,Favart,Britt 和 Perfetti,1997;Wineburg,1991)、还是科学(如,Walraven 等,2009;Ward,Henderson,Coveney 和 Meyer,2012;Wiley 等,2009)、或是有争议的社会科学问题中(如,Strømsø 等,2010),我们都没有发现学习者对源属性或批判性分析的关注。有声思维很少使用源属性(包括作者的可信度)来指导信息处理(如,Barzilai 和 Eshet-Alkalai,2015;Goldman 等,2012)。在这一过程中,指导信息处理的貌似是表面文本层面上的内容相关性。据报道,有用的资源是指那些包含了大量看似相关的内容和与之前处理过的信息资源不同的内容(例如,Goldman 等,2012;Perfetti,Britt 和 Georgi,1995)。此外,读者经常忽略不一致的信息,且/或没有对不一致的信息做出策略性的反应(例如,Otero 和 Kintsch,1992;Perfetti 等,1995)。

尽管这些研究关于多源理解的图景描绘是令人沮丧的,但它们提供的证据表明,更好的学习表现与关注源属性、将更多的精力分配到更可靠的资源上、在意义建构过程中将跨资源的信息联系起来,以预测更好的学习表现等有关(Anmarkrud 等,2014;Goldman 等,2012;Wiley 等,2009;Wolfe 和 Goldman,2005)。因此,研究者探索了任务、信息资源和学习者的特征,以此鼓励对资源和跨资源处理的重视。

研究发现,当任务要求参与者对有争议的话题提出建议或做出决定,产生论点而非描述,并提供包含冲突信息的信息资源时,特别是当冲突信息出现在不同的信息资源中时,参与者对信息来源的关注就会增加(例如,Braasch,Rouet,Vibert 和 Britt,2012;Gil,Bråten,Vidal-Abarca 和 Strømsø,2010)。此外,当在文本语言中插入明确的语言标记以突出相互冲突的信息时(例如,相反、通过比较),学习者更有可能在记忆的文章中包含冲突的信息(Stadtler 等,2014)。

引导学习者了解作者能力和目的的重要性的干预措施,可以增加学习者对更有能力、更有目的性的作者提出的知识主张的接受可能性(例如,Kammerer,Amann 和 Gerjets,2015;Stadtler,Scharrer,Macedo-Rouet,Rouet 和 Bromme,2016)。此外,强调科学信息资源可靠性的判断标准的教学会增加对新主题和不相关主题的信息资源可靠性差异的敏感性(Graesser 等,2007;Wiley 等,2009)。

3. 多元资源理解和信息问题解决的个体差异

研究一致发现,先验知识和知识认知与多源任务中的搜索、选择、信息分析和综合、评价(如可信度和可靠性)等方面的表现显著正相关(例如,Brand-Gruwel 等,2017;Brand-Gruwel,Wopereis 和 Walraven,2009;Rouet 等,1997;Strømsø 等,2010)。例如,麦克鲁登、斯坦塞思、布拉滕和斯特罗姆瑟(McCrudden, Stenseth, Bråten 和 Strømsø,2016)发现,对于高中生来说,相比于他们所知较多的话题,他们对于所知甚少的话题的来源的关注度较低。同样,知识认知,即对知识的本质及其产生方式的思考,也显示出与来源过程和多源任务的表现之间的强正向关系(Barzilai 和 Eshet-Alkalai, 2015;Bråten 等,2014;Kammerer 等,2015)。知识认知包括有关学科中知识主张的本质的思考,支持或反驳知识主张的证据,规范证据可靠性的标准,以及定义有效推理的原则、框架和/或学科核心思想(Sandoval, Greene 和 Bråten,2016)。这些问题的答案因学科而异(Goldman 等,2016)。学习者需要意识到这些关于学科/内容领域的知识,以免他们在理解文学作品、历史叙事或数学证明时不恰当地应用科学推理和标准。对于选择相关和可靠的来源来说,关于学科的知识与学科本身的内容知识同样重要。因此,这两种形式的学科知识都会影响阅读、推理和解决问题的多个环节,包括选择、解释和评价任务、来源、意义建构和任务完成的充分性等,这也就不足为奇了。

此外,决策科学的研究表明,人们在理解和解决信息问题时所持的态度、信念和观点,在人们搜索的原因、使用的关键词和在 SERPs 上的特定链接中都可以看到。例如,在对自我生成的是/否问题的搜索后的回顾性访谈中,参与者报告说,搜索是为了证实他们的信念(White, 2014)。同样,范斯特林、布兰德-格鲁维尔和博舒伊森(Van Strien, Brand-Gruwel 和 Boshuizen,2014)也发现,具有强烈的先验态度的学生在撰写论文时,更有可能使用带有偏见的信息。

四、结论和未来方向

在这一简短且可能过于雄心勃勃的文章中,我们试图整合关于多源信息理解和信息问题解决的研究,但我们不得不在很大程度上放弃讨论旨在加强搜索、选择和来源过程的干预措施的新兴研究。在这方面,布拉滕等人(Bråten 等,出版中)提供了一个很好的回顾。但是,我们必须承认,许多"搜索"和"来源"的干预措施仅针对图 9.1 中描述的一个或两个组成部分,而且它们是在短期内进行的。未来的研究需要超越这些类型的干预,开始研究所有不同要素之间的相互作用和迭代周期。我们需要更好地理解综合和整合过程,以及是否存在语言线索和/或启发式元认知策略来支持对信息的正确性进行批判性分析和评价。我们还需要一种更加细致入微的方法来理解信息来源过程的目的和价值;确定特定信息来源的视角并不是"最终目标"。这一视角关注的重点不是信息来源的可信度,而是学习者在形成解释、做出决定和提出解决方案时,这一视角如何影响学习者对信息的判断。

其他重要的研究问题涉及重新启动搜索、作出选择和重新解释任务的线索和信号的类型。除了截止日期,我们怎样确定完成了任务? 这些问题需要在不同的学科领域同时开展研究。学科内部和学科之间的对比和比较对于揭示相似性非常重要,这些相似性可能成为学习者进入不熟悉的学科或子学科时的杠杆点(leverage points)(Goldman 等,2016)。同样,对比可以揭示特定源属性的重要性和作用的差异(例如,表示科学信息传播的日期与作为历史事件背景的日期),以及这些属性对于学科任务中信息的解释和效用意味着什么。

最后,本着学习科学中设计研究传统的精神,我们鼓励在正式和非正式环境中、在不同的时间跨度、不同的学习者和工具中探索这些问题。仔细研究不同学习情境的潜在承受能力、学习者的属性如何影响学习以及如何被情境影响,在可用信息资源日益丰富的背景下,学习者已实现的能力将在很大程度上有助于揭示强有力的意义建构和问题解决机制。

五、延伸阅读

Brand-Gruwel, S., Kammerer, Y., van Meeuwen, L., & van Gog, T. (2017). Source evaluation of domain experts and novices during Web search. *Journal of Computer Assisted Learning*, 33(3),234 - 251. doi: 10. 1111/jcal. 12162

通过出声思维和提示回顾性方法来研究心理学领域的专家与新手对网络资源评价的实证报告。

Goldman, S. R., Britt, M. A., Brown, W., Cribb, G., George, M., Greenleaf, C., et al. (2016). Disciplinary literacies and learning to read for understanding: A conceptual framework of core processes and constructs. *Educational Psychologist*, 51,219 - 246.

多源信息意义建构过程的理论框架和三个学科(科学、历史和文学)的知识需要在每个学科中进行基于证据的论证。

Sandoval, W. A., Greene, J. A., & Bråten, I. (2016). Understanding and promoting thinking about knowledge: Origins, issues, and future directions of research on epistemic cognition. *Review of Research in Education*, 40,457 - 496.

对知识认知的哲学和实证观点进行了批判性回顾和概念性的元分析,并提出推动对话的相关建议。

六、NAPLeS 资源

Brand-Gruwel，S.，Information-problem solving ［Webinar］. In NAPLeS *video series*. Retrieved October 19，2017，from http：//isls-naples. psy. lmu. de/intro/all-webinars/brand-gruwel/index. html

Chinn，C.，Epistemic cognition ［Video file］ Interview. In NAPLeS *video series*. Retrieved October 19，2017，from http：//isls-naples. psy. lmu. de/video-resources/interviews-ls/chinn/index. html

参考文献

American College Testing (2006). *Reading between the lines: What the ACT reveals about college readiness in reading.* Iowa City, IA; Author.

Ananiadou, K., & Claro, M. (2009). *21st century skills and competences for new millennium learners in OECD countries* (OECD Education Working Papers No. 41). Paris: OECD Publishing.

Anmarkrud, Ø., Bråten, I., & Strømsø, H. I. (2014). Multiple-documents literacy: Strategic processing, source awareness, and argumentation when reading multiple conflicting documents. *Learning and Individual Differences, 30*, 64–76.

Barab, S. A., & Roth, W. M. (2006). Curriculum-based ecosystems: Supporting knowing from an ecological perspective. *Educational Researcher, 35*(5), 3–13.

Barsky, E., & Bar-Ilan, J. (2012). The impact of task phrasing on the choice of search keywords and on the search process and success. *Journal of the American Society for Information Science & Technology, 63*(10), 1987–2005.

Barzilai, S., & Eshet-Alkalai, Y. (2015). The role of epistemic perspectives in comprehension of multiple author viewpoints. *Learning and Instruction, 36*(0), 86–103.

Bazerman, C. (2004). Speech acts, genres, and activity systems: How texts organize activity and people. In C. Bazerman & P. A. Prior (Eds.), *What writing does and how it does it: An introduction to analyzing texts and textual practices* (pp. 309–339). Mahwah, NJ: Erlbaum.

Braasch, J. L. G., Rouet, J.-F., Vibert, N., & Britt, M. A. (2012). Readers' use of source information in comprehension. *Memory & Cognition, 40*(3), 450–465.

Brand-Gruwel, S., Kammerer, Y., van Meeuwen, L., & van Gog, T. (2017). Source evaluation of domain experts and novices during Web search. *Journal of Computer Assisted Learning*. doi:10.111/jcal.12162.

Brand-Gruwel, S., Wopereis, I., & Vermetten, Y. (2005). Information problem solving by experts and novices: analysis of a complex cognitive skill. *Computers in Human Behaviour, 21*, 487–508.

Brand-Gruwel, S., Wopereis, I., & Walraven, A. (2009). A descriptive model of Information Problem Solving while using Internet. *Computers & Education, 53*, 1207–1217.

Bråten, I., Ferguson, L. E., Strømsø, H. I., & Anmarkrud, Ø. (2014). Student working with multiple conflicting documents on a science issue: Relations between epistemic cognition while reading and sourcing and argumentation in essays. *British Journal of Educational Psychology, 84*, 58–85.

Bråten, I., Stadtler, M., & Salmerón, L. (in press). The role of sourcing in discourse comprehension. In M.F. Schober, D. N. Rapp, & M. A. Britt (Eds.), *Handbook of discourse processes* (2nd ed.). New York: Routledge.

Britt, M. A., Rouet, J. F., & Braasch, J. L. G. (2013). Documents experienced as entities: Extending the situation model theory of comprehension. In M. A. Britt, S. R. Goldman, & J. F. Rouet (Eds.), *Reading from words to multiple texts* (pp. 160–179). New York: Routledge.

Bromme, R., & Goldman, S. R. (2014). The public's bounded understanding of science. *Educational Psychologist, 49*, 59–69.

Cobb, P., Confrey, J. diSessa, A., Lehrer, R., & Schauble, L. (2003). Design experiments in educational research. *Educational Researcher, 32*(1), 9–13.

Gerjets, P., Kammerer, Y., & Werner, B. (2011). Measuring spontaneous and instructed evaluation processes during web search: Integrating concurrent thinking-aloud protocols and eye-tracking data. *Learning and Instruction, 21*, 220–231.

Gil, L., Bråten, I., Vidal-Abarca, E., & Strømsø, H. I. (2010). Understanding and integrating multiple science texts: Summary tasks are sometimes better than argument tasks. *Reading Psychology*, *31*, 30–68.

Goldman, S. R., Braasch, J. L. G., Wiley, J., Graesser, A. C., & Brodowinska, K. (2012). Comprehending and learning from internet sources: Processing patterns of better and poorer learners. *Reading Research Quarterly*, *47*, 356–381.

Goldman, S. R., Britt, M. A., Brown, W., Cribb, G., George, M., Greenleaf, C., et al. (2016). Disciplinary literacies and learning to read for understanding: A conceptual framework of core processes and constructs. *Educational Psychologist*, *51*, 219–246.

Guan, Z., & Cutrell, E. (2007). An eye tracking study of the effect of target rank on Web search. In *Proceedings of the SIGCHI Conference on Human Factors in Computing Systems* (pp. 417–420). New York: ACM Press.

Graesser, A. C., Wiley, J., Goldman, S. R., O'Reilly, T., Jeon, M., & McDaniel, B. (2007). SEEK Web tutor: Fostering a critical stance while exploring the causes of volcanic eruption. *Metacognition and Learning, 2* (2–3), 89–105.

Höchstötter, N., & Lewandowski, D. (2009). What users see—Structures in search engine results pages. *Information Sciences*, *179*(12), 1796–1812.

Kammerer, Y., Amann, D., & Gerjets, P. (2015). When adults without university education search the internet for health information: The roles of internet-specific epistemic beliefs and a source evaluation intervention. *Computers in Human Behavior*, *48*, 297–309.

Kim, J., Kazai, G., & Zitouni, I. (2013). Relevance dimensions in preference-based evaluation. In *Proceedings of the 36th International ACM SIGIR Conference on Research and Development in Information Retrieval* (pp. 913–916). New York: ACM Press.

Kintsch, W. (1998). *Comprehension: A paradigm for cognition*. Cambridge, UK: Cambridge University Press.

Latour, B., & Woolgar, S. (1986). *Laboratory life: The construction of scientific facts*. Princeton, NJ: Princeton University Press.

Mason, L., Boldrin, A., & Ariasi, N. (2010). Searching the web to learn about a controversial topic: Are students epistemically active? *Instructional Science*, *38*(6), 607–633.

McCrudden, M. T., Stenseth, T., Bråten, I., & Strømsø, H. I. (2016). The effects of author expertise and content relevance on document selection: A mixed methods study. *Journal of Educational Psychology*, *108*, 147–162.

National Center for Education Statistics (2013). *The Nation's Report Card: A First Look: 2013 Mathematics and Reading* (NCES 2014-451). Washington, DC: Institute for Education Sciences.

National Research Council. (2012). *Education for life and work: Developing transferable knowledge and skills in the 21st century* (J. W. Pellegrino and M. L. Hilton, Eds.). Washington, DC: National Academies Press.

New London Group (1996). A pedagogy of multiliteracies: Designing social futures. *Harvard Educational Review*, *66*, 60–92.

Organization of Economic Cooperation and Development (2013). *PISA 2012: Results in focus*. Paris: OECD.

Otero, J., & Kintsch, W. (1992). Failures to detect contradictions in a text: What readers believe versus what they read. *Psychological Science*, *3*(4), 229–235.

Perfetti, C. A., Britt, M. A., & Georgi, M. C. (1995). *Text-based learning and reasoning: Studies in history*. New York: Psychology Press. (Reissued by Routledge, 2012.)

Perfetti, C. A., Rouet, J. F., & Britt, M. A. (1999). Toward a theory of documents representation. In H. Van Oostendorp & S. R. Goldman (Eds.), *The construction of mental representation during reading* (pp. 99–122). Mahwah, NJ: Erlbaum.

Rouet, J.-F. & Britt, M. A. (2011). Relevance processes in multiple document comprehension. In M. T. McCrudden, J. P. Magliano, & G. Schraw (Eds.), *Relevance instructions and goal-focusing in text learning* (pp. 19–52). Greenwich, CT: Information Age Publishing.

Rouet, J. F., Favart, M., Britt, M. A., & Perfetti, C. A. (1997). Studying and using multiple documents in history: Effects of discipline expertise. *Cognition and Instruction*, *15*, 85–106.

Salmerón, L., Kammerer, Y., & García-Carrión, P. (2013). Searching the Web for conflicting topics: page and user factors. *Computers in Human Behavior*, *29*, 2161–2171.

Sandoval, W. A., Greene, J. A., & Bråten, I. (2016). Understanding and promoting thinking about knowledge: Origins, issues, and future directions of research on epistemic cognition. *Review of Research in Education*, *40*, 457–496.

Singer, G., Norbisrath, U., & Lewandowski, D., (2012). Impact of gender and age on performing search tasks online. In H. Reiterer & O. Deussen (Eds.), *Mensch & Computer 2012: interaktiv informiert—allgegenwärtig und allumfassend!?* (pp. 23–32). Munich: Oldenbourg Verlag.

Stadtler, M., Scharrer, L., Macedo-Rouet, M., Rouet, J. F., & Bromme, R. (2016). Improving vocational students' consideration of source information when deciding about science controversies. *Reading and Writing*, *29*(4), 705–729.

Stadtler, M., Scharrer, L., Skodzik, T., & Bromme, R. (2014). Comprehending multiple documents on scientific controversies: Effects of reading goals and signaling rhetorical relationships. *Discourse Processes*, *51*(1–2), 93–116.

Stieff, M., Hegarty, M., & Deslongchamps, G. (2011). Coordinating multiple representations in scientific problem solving: Evidence from concurrent verbal and eye-tracking protocols. *Cognition & Instruction*, *29*, 123–145.

Strømsø, H. I., Bråten, I., & Britt, M. A. (2010). Reading multiple texts about climate change: The relationship between memory for sources and text comprehension. *Learning and Instruction*, *20*, 192–204.

van Dijk, T. A., & Kintsch, W. (1983). *Strategies of discourse comprehension*. New York: Academic Press.

Van Strien, J., Brand-Gruwel, S., & Boshuizen, H. P. A. (2014). Dealing with conflicting information from multiple nonlinear texts: Effects of prior attitudes. *Computer in Human Behavior*, *32*, 101–111.

Walraven, A., Brand-Gruwel, S., & Boshuizen, H. P. A. (2009). How students evaluate information and sources when searching the World Wide Web for information. *Computers and Education*, *52*(1), 234–246.

Ward, P. R., Henderson, J., Coveney, J., & Meyer, S. (2012). How do south Australian consumers negotiate and respond to information in the media about food and nutrition? The importance of risk, trust and uncertainty. *Journal of Sociology*, *48*(1), 23–41.

White, R. W. (2014). Belief dynamics in web search. *Journal of the Association for Information Science and Technology*, *65*, 2165–2178.

Wiley, J., Goldman, S. R., Graesser, A. C., Sanchez, C. A., Ash, I. K., & Hemmerich, J. A. (2009). Source evaluation, comprehension, and learning in internet science inquiry tasks. *American Educational Research Journal*, *46*, 1060–1106.

Wineburg, S. S. (1991). Historical problem solving: A study of the cognitive processes used in the evaluation of documentary and pictorial evidence. *Journal of Educational Psychology*, *83*, 73–87.

Wolfe, M. B. & Goldman, S. R. (2005). Relationships between adolescents' text processing and reasoning. *Cognition & Instruction*, *23*, 467–502.

第 10 章　多元表征和多媒体学习

沙隆·安斯沃思(Shaaron Ainsworth)

　　让我们来考虑三个不同的学习情境:第一个情境是要求一名中学生评估宇宙正在膨胀的证据;第二个情境是培训牙医学习清洁和填充根管;第三个情境是一个家庭基于参观自然历史博物馆的情境背景,讨论动物生命的多样性是否与大陆的形成有关。不难看出这些学习情境的不同之处:它们涉及个人学习和社会学习,发生在正规的学校教育、专业教育和非正式的环境中,学习者的年龄不限,学习持续的时间从几分钟到几个月不等。但它们都有一个共同点,那就是学习都是通过外部表征来调节的,如图片、动画、图表、增强现实、触觉、文本和语言等。

　　由于技术的发展,我们不断发明新的表征形式,包括表征的形式与互动的可能性,这使得人类的学习也越来越具有(多)表征性。鉴于此,本章的目的是回顾来自学习科学不同分支的研究,追溯该领域的一些发展历程,然后总结我们目前对多元表征学习(multi-representational learning)所提供的机会的认识,并探讨它所带来的挑战。最后,本章将预测多元表征学习未来的发展趋势,并提出新的研究重点。

一、背景

　　学习科学对于多元表征学习的研究主要有三种取向,这三种不同的研究取向都有其独特的关注点和具体的方法论。正是它们三者的结合赋予了学习科学独特的魅力。

　　第一种研究取向是基于教育心理学的认知解释,特别是与多媒体学习理论(multimedia learning theory)(Mayer,2014)、认知负荷理论(cognitive load theory)(Sweller, Van Merrienboer 和 Paas,1998)、文本与图片学习的综合理论(integrated theory of text and picture learning)(Schnotz,2005)等有关。这些理论有一些共同的假设。他们认为,当学习者的工作记忆没有超载时,他们的理解能力就会增强。因此,教育者在设计学习环境时,应该以尽量减少对学习者工作记忆的影响的方式使用表征。这类研究假设我们个体会存在一些有限容量模式的特定处理系统:比如说,专注于口头、听觉或描述性(descriptive)表征(取决于理论);又或者是专注于视觉、图像或描绘性(depictive)表征。因此,当学习者通过从材料中选取和组织相关信息、并将其整合到连贯的长期记忆结构中时,学习会更加有效。

　　可以说,这些理论为多元表征有利于学习的论点提供了主要论据。例如,迈耶

(Mayer)的多媒体学习原则中的著名结论是,人们结合图片和文字进行学习比单独根据文字学习效果好(如 Mayer,2014)。大量的研究者采用这一方法,共同产生了一系列的研究成果,并将其提炼成学习材料设计的指导原则。例如,避免注意力分散效应(a split attention effect)(Ayres 和 Sweller,2014),学生需要在心理层面整合并置于空间和时间的材料,或者是使用声音而非字幕来搭配动画,这样学习者就可以将他们的视觉注意力转向图画元素(Sweller,2005)。此外,随着理论的发展,这些说法也变得更加细致,研究的重点是确定这些原则的边界条件——最常见的条件是,为低先验知识的学习者所设计的材料可能不太适合于高先验知识的学习者(Kalyuga,2007),反之亦然。

从方法上看,这种研究绝大多数是实验性的。实验性研究从广泛的大学生人群中招募大量的参与者,并安排这些参与者学习表征方式各异的材料变体。例如,一段解释闪电是如何形成的动画,其变体就是或配有字幕、或配音、或字幕加配音。在学习者进行短暂的学习后立即做出评估,测试学生对材料的掌握情况,以及他们是否能够将所学知识应用于新的问题。由于这些研究采用了共同的理论框架,以及共享的材料和测试,我们就有可能对这类研究进行元分析,进而估计使用语音搭配图片的效果(如 Ginns,2005)。

但是,在更加真实的学习情境中对这些原则进行检验的研究仍然相对较少。比如说,让人们在较长的时间内学习真实的材料,然后经过一段时间再对其理解能力进行测试,艾琳和波雅(Eilam 和 Poyas,2008)的研究就是这样的例子。因此,在实验室条件下制定和测试的指导原则在教室、专业培训或博物馆学习情境中的适用程度尚不明确。此外,研究者也不确定基于工作记忆的基础理论解释是否充分(例如,Rummer,Schweppe,Furstenberg,Scheiter 和 Zindler,2011)。最后,这些认知研究通常会基于表征形式的分类方法(如图片、文本),而像"设计、功能、任务"(Design,Functions,Tasks,DeFT)(Ainsworth,2006)这样的框架则认为,首先考虑到具体教育目的的功能分析是至关重要的。

第二种研究取向为多元表征的发展提供了学习科学相关的方法,这类研究采取了一个截然不同的角度,因为它从理解某个领域中专家的表现开始(见 Reimann 和 Markauskaite,本手册)。从放射科医生用 X 射线探测肿瘤(Lesgold 等,1988)到考古学家使用孟塞尔色图研究土壤(Goodwin,1994),这些情境中,专业知识从根本上被视为表征。科学历史学家(Gooding,2004)描述了科学家有新的发现时,表征性构建和发明的各个阶段是怎样的。此外,使用表征在教育心理学的个性化实践中并不常见;相反,表征处于实践共同体的中心,用来协调成员之间的沟通,或促进解释,或在争论中被运用(Kozma,Chin,Russell 和 Marx,2000;Latour,1999)。因此,某一领域的专业知识发展是通过对文化实践核心的表征工具的熟练使用程度来判断的。

支持这种多元表征方法的理论框架更加多样化。显然,强调共同体如何发展以及成员如何获取文化工具和实践的表征,是以社会文化方法为基础的(Säljö,1999)。这种方法更加明确地借鉴了符号学理论家(如 Roth 和 Bowen,2001),特别是社会符号学(Kress,2009)的研究。当然,认知理论也很重要,尽管与上述信息处理模型相比,表征学习被理解为与情境(Tversky,2005)或分布式(Zhang,1997)的认知方法有关。此外,尝试将这些社会文化和认知方法结合在一起的综合视角也越来越受欢迎(Airey 和 Linder,2009;Prain 和 Tytler,2012)。

典型的研究探讨了如何在实践中使用表征。科兹马等人(Kozma 等,2000)花了 64 个小时研究在实验室里的化学家,发现了绘制在烧瓶、玻璃罩和白板上的结构图和方程式,以及在参考书和文章中的结构图和方程,还有仪器上的数字和图形输出。他们发现,化学家对知识的理解在本质上是多元表征的,因为化学家会根据特定的功能选择特定的表征。他们讲述了科学家如何协调这些不同的表征,以证明其对某种化学反应的特殊阐释是合理的,当对话者绘制图表、查阅仪器和查找结果时,最初的分歧就会变成共同的理解。同样,赫钦斯(Hutchins,1995)描述了诸如船舶导航或飞机着陆等实践是如何协调一系列不同表征的。这些可能包括不断变化的速度或重量的视觉显示与静态表征,如在纸质记录上查询的数字。团队中的个人负责协调不同的行动,并且必须记住系统的不同部分。团队成员通过结合使用外部表征、口头交谈与记忆来帮助飞机安全降落。

这些叙述提供了一个丰富的图景,说明建构、选择和协调不同的表征是专业实践的基础。因此,它们能够有效地描述长期表征学习的结果。但是,要将这些知识转化为课堂实践并非易事。虽然我们可能会认为表征实践是必要的知识,但学生发现这种学习非常复杂。许多研究表明,当学生学习表征系统时,他们无法对表征作出整合(见 Ainsworth,2006),而且令人惊讶的是,即使是试图教他们,也往往难以成功。

第三种研究取向的主题通常是隐性的:技术发展在塑造我们的多元表征学习方法中的作用。随着数字技术在教室、博物馆、工作场所和家庭中的普及,支持教学和学习的表征形式也在迅速变化,尽管它们并不是自动地朝着积极的方向发展。关于这一点,我们可以从像教科书这样熟悉的学习材料中看到例证。比如说,教科书中典型页面上的表征的种类和数量都在增长,高保真表征的使用也在增加,例如照片(Lee,2010)以及信息图表(Polman 和 Gebre,2015)。当然,"教科书"也变得越来越数字化,现在通常包括声音、视频和动画。

此外,过去只出现在专业人员中的表征技术也越来越多地出现在课堂上,这为从事真实的学科实践提供了机会。科学可视化(scientific visualization)使学生能够体验从原子相互作用到行星成像的不同规模的物理现象(Gordon 和 Pea,1995)。地理信息系统将卫星图像、地图、野外数据和航拍照片结合起来,帮助学生了解当地社区的复杂性(Kerski,2003)。

最后,一些表征技术能够为学生提供在物理世界中无法获得的数字模拟体验。例如,模拟技术现在在科学和工程课堂中很普遍,因为教师希望节省时间,提供安全的空间来获取技能,允许操作一些现实中无法操作的变量(如改变重力),为学生提供机会,加强对科学探究的控制(Rutten, van Joolingen 和 van der Veen, 2012)。他们也容易允许对现象进行多元表征(van der Meij 和 de Jong, 2006)。虽然关于"模拟实验室相较于物理实验室是'更好'还是'更差'"这一点,仍然存在一些争议,但是大多数研究者认为,这两种情形都具有明显的优势,两者的合理结合可以最大化学习效果(de Jong, Linn 和 Zacharia, 2013)。

在方法论上,这一领域的多数研究由系统开发和宣布研究成果组成(Dillenbourg, 2008),但学习科学的方法往往更加细致入微。它们通常涉及基于设计的研究,通过开发和使用的循环迭代,完善系统本身或实践中的使用方式(例如,Barab, Thomas, Dodge, Carteaux 和 Tuzun, 2005;Puntambekar,本手册)。

回顾过去,我们可以看到,学习科学方法的多元表征学习在理论上和方法上都是多种多样的。在下一节我将论证,这导致了一个成熟的探究领域,并提出了有益的见解,同时也提出了更多的开放性问题。

二、多元表征的研究现状

我们从多元表征中学到的第一个也是最重要的一点就是要对隐含的或明确的主张持怀疑态度,比如"越多越好"。实际上,两个表征并不总是比一个(表征)好(Kalyuga 和 Sweller, 2014),三个维度也并不总是比两个维度好(Keller, Gerjets, Scheiter 和 Garsoffky, 2006),交互的和动态的表征也不总是胜于静态表征(Bétrancourt, 2005)。因此,重要的是要接受新技术给表征学习带来的启示,而不是假设这将神奇地解决学习者的困难。

第二个要点关注的是,什么是有效的多元表征系统? 在此,我想反驳一般的原则,并提出以下公式化的建议:精心设计的表征组合能够操纵信息,使学习者更容易获得关键的(与任务相关的)信息,从而实现有益的认知、社会和情感过程。这一观点突出了表征学习中我认为最重要的几个方面。首先,它指出了任务(task)分析的重要性——表征一般来说并没有好坏之分;它们只是或多或少地适合特定学习者的特定任务。因此,当学习者观察捕食者-猎物的多元表征模拟时(见图 10.1),图表或(更好的)相位图能够进行感知推断(这个生态系统是在振荡还是走向稳定的平衡),表格可以支持精确的读数(某一时间点猎物和捕食者的数量),而方程则允许精确计算预期的未来状态(Larkin 和 Simon, 1987)。其次,这个定义还要注意分析的方式,即将表征系统作为一个组合(combination),而不是孤立的个体表征方式。因此,通过将表格、图表和方程组合在一个系统中,这些表征会产生相互补充的影响,并允许有经验的学生选择最适合他们当时特定需求的表征。另外,学习阅读相位图的学习者也可以从自己更为熟悉的表格或时间序列图的支持中受益,以帮助他们理解这种不太熟悉的图表形式(见 Ainsworth,2006)。希望这个例子也能清楚地表明,表征应该被看作是可以代表某人有关某方面能力的东西(Peirce,1906)。因此,在考虑其适用性时,学习者和学习任务因素可能都至关重要(Acevedo Nistal,Van Dooren 和 Verschaffel,2013;Kalyuga,2007)。

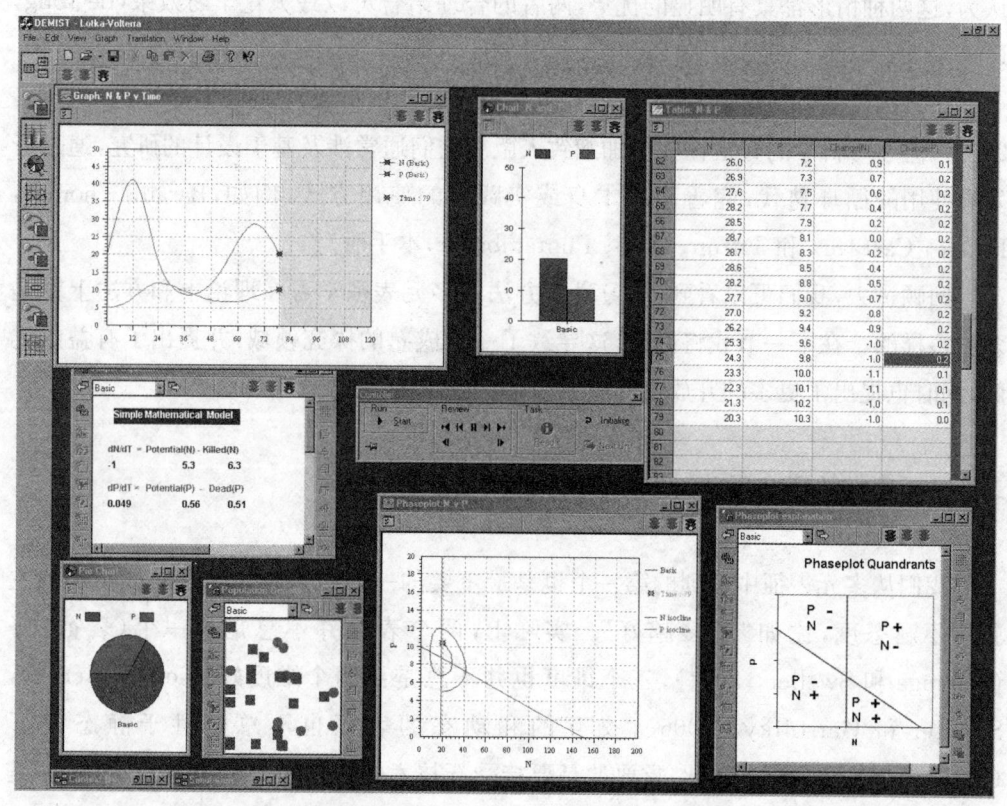

图 10.1　捕食者-猎物模拟的多种表征方式(包括表格、方程、时间序列图和相位图)

　　该定义的第三个要点是对认知过程、社会过程和情感过程这三个方面给予同等关注。关于多元表征和多媒体学习的经典研究主要集中在学习的个体化认知描述上。这显然是对多元表征的重要考虑。然而,学习科学传统中,学习和专业实践的社会文化及情境描述清楚地表明,表征是由实践共同体开发和使用的,以协调成员之间的交流。表征在学生学习的过程中发挥着多种社会功能:促进同伴之间的交流,成为后续问题解决的共同资源(White 和 Pea,2011);支持教师和学生在课堂上合作,并成为要学习的焦点(如 Prain 和 Tytler,2012),当然,这在职场学习和行动的叙述中也是生动的(Kozma 等,2000;Latour,1999)。最后,这也引起了研究者们对学习的情感方面的关注。遗憾的是,关于情感或动机的广泛主张往往过于简单和笼统,例如,"视频、多媒体、增强现实等可以促进儿童学习,因为他们太喜欢它了"。可喜的是,学习科学方法可以借鉴基于游戏的学习的设计研究和概念框架,这为表征学习中的情感和动机的研究与设计提供了更好的理论推动力（Habgood 和 Ainsworth，2011；Virk，Clark 和 Sengupta，2015）。传统的认知方法也被扩大到关注动机成分（Moreno 和 Mayer，2007）。

我想请大家注意的最后一点是过程（process）的重要性。多元表征学习并不是简单地展示一个带有图片的动画就能够获得新理解的一种神奇活动。大量证据表明，学习者需要单独或结合掌握这些表征的许多复杂方面，才能成功地进行多元表征学习。学习者需要理解表征是如何编码和呈现信息的，他们需要知道如何选择或构建表征，特别是对于多元表征，他们需要知道它们之间是如何相互关联的（如 Ainsworth，2006）。这种理解需要很长时间才能形成，这需要学习者越来越熟悉共同体中的表征及其在共同体中的角色（Kozma 和 Russell，2005）。新手可能会被生动但并不重要的表征系统的特征所误导（Lowe，2004），或者缺乏主动处理表征所需要的元认知洞察力（Salomon，1984）。然而，这也并不完全是厄运或令人沮丧的！有证据表明，视觉表征可以鼓励学生使用有效的元认知策略（Ainsworth 和 Loizou，2003），甚至是低年级的学生也可以洞察到如何设计深思熟虑的表征（diSessa，2004）。

三、关于未来

关于多元表征学习的未来，至少在总体上，有些事情显然是可以预测的。当我们阅读课本、运行模拟、参观博物馆和玩游戏时，我们将继续通过身边的表征来学习。这些表征也很有可能以我们目前无法想象的形式出现。此外，考虑到目前的发展方向，有些情况似乎是可能的。首先，我们可能会期待越来越多地关注那些更积极地涉及身体的表征。这些借鉴了自然用户界面（natural user interfaces，NUIs）的发展，其中的交互是"自然的"，并且利用了越来越多的无形的控制形式，比如身体动作、手势或语言。例如，当孩子们在参观艺术馆时，可以通过在地板上的移动来进行互动和动画创作（Price，Sakr 和 Jewitt，2016）。这与参与式模拟等方法密切关联，在参与式模拟中，学生通过佩戴可编程式标签模拟生态系统中的病毒（Colella，2000），或在教室里体验和调查地震（Moher，2008）。另一种方法则是通过触觉提供体感（触摸）信息的表征，让孩子们感受到病毒的存在（Minogue 和 Jones，2006），或训练牙医感知蛀牙（Suebnukarn，Haddawy，Rhienmora 和 Gajananan，2010）。幸运的是，在技术允许更多基于身体的表征和互动的同时，我们对这些基于身体的表征的重要性的理解也在不断发展。这与那些主张对认知采取一种更加具体的方法的人产生了共鸣，手势对支持学习的重要性也日益得到了证明（Kontra，Goldin-Meadow 和 Beilock，2012；Alibali 和 Nathan，本手册）。

第二个新兴的主题是学习者构建甚至是发明自身有关学习的表征的重要性。这在那些认为这是表征能力的一个基本方面的人（Kozma 和 Russell，2005）或认为这是元表征能力(diSessa,2004)的人身上可以看到。这也与构建和制造(making)等兴趣的重新兴起产生了共鸣(例如,Halverson 和 Peppler,本手册)。同样,技术的进步也使这些实践更容易进入大学课堂,其中诸如 CogSketch(Forbus, Usher, Lovett, Lockwood 和 Wetzel,2011)或 beSocratic(Bryfczynski 等,2015)等工具都支持地质学和化学等学科的学习和评估。更简单的界面甚至可以让孩子们通过绘画参与基于模型的推理(van Joolingen, Aukes, Gijlers 和 Bollen,2015)。然而,像其他人一样,我也不想将传统型纸笔绘画的重要性抛之脑后(Ainsworth, Prain 和 Tytler,2011)。

另一个重要的研究领域是我们如何最好地支持学习者使用多元表征进行学习。不幸的是,很多研究仍然将学习多元表征系统的过程误认为是利用多元表征系统进行学习。如果我们要描述成功的多元表征学习,学习者需要更多的时间来掌握学习环境,也可能需要更明确的表征教学。此外,我们还需要积极研究支持多元表征学习的最佳方法。这可能包括教给学习者参与独立学习环境的有效方法,例如斯塔尔博夫、沙伊特和格杰茨(Stalbovs, Scheiter 和 Gerjets,2015)教给学习者"如果—然后(If-Then)"策略,将文本和图片整合到多媒体学习中,或者教给学生一些特定的动画理解策略(Kombartzky, Ploetzner, Schlag 和 Metz,2010)。

然而,与大量关于表征学习的研究相比,关于教师如何利用多元表征教学和教授多元表征的研究相对较少(显而易见的是,社会符号学家的工作除外,如 Kress 等,2005)。幸运的是,通过探索教师对表征的理解(如 Eilam, Poyas 和 Hashimshoni,2014),教师如何支持他们的学生,使课堂成为表征性活动的场所(Prain 和 Tytler,2012),以及教师如何提供表征惯例的教学作为学习的一部分(Cromley 等,2013)等研究,研究者们正在逐渐填补相关研究领域的空白。尽管如此,教师在多元表征课堂中的角色还有很多值得探讨的地方。

最后一个需要探讨的主题是考虑评估的重要性。目前,正规的学校教育中,评估多依赖于书面和数字的形式(Yore 和 Hand,2010)。值得注意的是,当学习具有多元表征性时,这种评估方式不仅可能成为评估学生理解能力的不当方式,而且还传递出一个令人担忧的信息,即关于专业领域中的识知实际上意味着什么的问题(Lemke,2004)。在研究中,我们确实看到了研究者设计了与表征目标一致的评估时取得的进步(Lowe, Schnotz 和 Rasch,2010)。也看到了研究者们在过程中更多地使用在线处理措施,如眼动(van Gog 和 Scheiter,2010)、数据挖掘、话语报告(Rau, Michaelis 和 Fay,2015),将学习过程与学习结果联系起来等。此外,用于评估的表征技术也在不断发展。例如,beSocratic 或 CogSketch 通过要求学生构建视觉和多种表征形式来评估其对知识的理解,并且这些技术正在变得足够成熟,已从概念验证研究迈向大规模部署。游戏和模拟也越来越多地被用作创新的评估形式(Clarke-Midura 和 Dede,2010)。

四、结论

未来是多元表征的！毫无疑问，未来的学习将通过多种多样的表征形式展开，而这些表征的互动可能性也日益多样化。学习科学可以为这种演变作出贡献，包括提供如何设计表征的深思熟虑的见解，考虑对学习的认知、情感与社会过程的洞察，发现支持学习者有效使用适合情境的表征方法，以及在必要时，对已经发生的多元表征学习进行及时评估。

五、延伸阅读

Hegarty, M. (2011). The cognitive science of visual-spatial displays: Implications for design. *Topics in Cognitive Science*, 3(3), 446-474. doi: 10.1111/j.1756-8765.2011.01150

本文综合了以认知科学取向设计视觉空间表征的方法，并概述了在阅读中这些表征所涉及的感知和认知过程。

Kozma, R., & Russell, J. (2005). Students becoming chemists: Developing representational competence. In J. K. Gilbert (Ed.), *Visualization in science and education* (pp. 121-146). Dordrecht: Kluwer Academic Publishers.

本书的这一章总结了一些证据，以探索专家型化学家所擅长的及新手需要获得的表征实践的类型。它说明了基础理论和学科知识如何在学习科学中融合，从而实现多元表征学习。

Mayer, R. E., & Moreno, R. (2003). Nine ways to reduce cognitive load in multimedia learning. *Educational Psychologist*, 38(1), 43-52. doi: 10.1207/S15326985EP3801_6

这篇论文是一个很好的例子，说明了多媒体学习的经典认知方法。

Rau, M. A., Michaelis, J. E., & Fay, N. (2015). Connection making between multiple graphical representations: A multi-methods approach for domain-specific grounding of an intelligent tutoring system for chemistry. *Computers & Education*, 82, 460-485. doi: 10.1016/j.compedu.2014.12.009

本文阐述了在多元表征之间建立连接为何重要，并演示了如何使用眼动跟踪和日志数据将多元表征学习过程与学习结果建立起联系。

Stieff, M. (2017). Drawing for promoting learning and engagement with dynamic visualizations. In R. Lowe & R. Ploetzner (Eds.), *Learning from dynamic visualization* (pp. 333-356). Cham, Switzerland: Springer.

这篇参考文献说明了本章的一些主题。它在理论上是综合的，讨论了表征的构成，并考虑到了绘画中的认知和情感过程，从可视化的角度支持学习。

六、NAPLeS 资源

Ainsworth，S.，*Multiple representations and multimedia learning*［Video file］. *Interview*. In *NAPLeS video series*. Retrieved October 19，2017，from http://isls-naples. psy. lmu. de/video-resources/interviews-ls/ainsworth/index. html

参考文献

Acevedo Nistal, A., Van Dooren, W., & Verschaffel, L. (2013). Students' reported justifications for their representational choices in linear function problems: An interview study. *Educational Studies*, *39*(1), 104–117. doi: 10.1080/03055698.2012.674636

Ainsworth, S. (2006). Deft: A conceptual framework for considering learning with multiple representations. *Learning and Instruction*, *16*(3), 183–198. doi:10.1016/j.learninstruc.2006.03.001

Ainsworth, S., & Loizou, A. T. (2003). The effects of self-explaining when learning with text or diagrams. *Cognitive science*, *27*(4), 669–681. doi:10.1016/s0364-0213(03)00033-8

Ainsworth, S., Prain, V., & Tytler, R. (2011). Drawing to learn in science. *Science*, *333*(6046), 1096–1097. doi:10.1126/science.1204153

Airey, J., & Linder, C. (2009). A disciplinary discourse perspective on university science learning: Achieving fluency in a critical constellation of modes. *Journal of Research in Science Teaching*, *46*(1), 27–49.

Alibali, M. W., & Nathan, M. (2018). Embodied cognition in learning and teaching: Action, observation, and imagination. In F. Fischer, C. E. Hmelo-Silver, S. R. Goldman, & P. Reimann (Eds.), *International handbook of the learning sciences* (pp. 75–85). New York: Routledge.

Ayres, P., & Sweller, J. (2014). The split-attention principle in multimedia learning. In R. E. Mayer (Ed.), *The Cambridge handbook of multimedia learning* (Vol. 2, pp. 206–226). New York: Cambridge University Press.

Barab, S., Thomas, M., Dodge, T., Carteaux, R., & Tuzun, H. (2005). Making learning fun: Quest Atlantis, a game without guns. *Educational Technology Research and Development*, *53*(1), 86–107. doi:10.1007/bf02504859

Bétrancourt, M. (2005). The animation and interactivity principles. In R. E. Mayer (Ed.), *The Cambridge handbook of multimedia learning* (pp. 287–296). New York: Cambridge University Press.

Bryfczynski, S., Pargas, R. P., Cooper, M. M., Klymkowsky, M., Hester, J., & Grove, N. P. (2015). Classroom uses for besocratic. In T. Hammond, S. Valentine, A. Adler, & M. Payton (Eds.), *The impact of pen and touch technology on education* (pp. 127–136). Cham: Springer International Publishing.

Clarke-Midura, J., & Dede, C. (2010). Assessment, technology, and change. *Journal of Research on Technology in Education*, *42*(3), 309–328. doi:10.1080/15391523.2010.10782553

Colella, V. (2000). Participatory simulations: Building collaborative understanding through immersive dynamic modeling. *Journal of the Learning Sciences*, *9*(4), 471–500. doi:10.1207/s15327809jls0904_4

Cromley, J. G., Perez, T. C., Fitzhugh, S. L., Newcombe, N. S., Wills, T. W., & Tanaka, J. C. (2013). Improving students' diagram comprehension with classroom instruction. *Journal of Experimental Education*, *81*(4), 511–537. doi:10.1080/00220973.2012.745465

de Jong, T., Linn, M. C., & Zacharia, Z. C. (2013). Physical and virtual laboratories in science and engineering education. *Science*, *340*(6130), 305–308. doi:10.1126/science.1230579

Dillenbourg, P. (2008). Integrating technologies into educational ecosystems. *Distance Education*, *29*(2), 127–140. doi:10.1080/01587910802154939

diSessa, A. A. (2004). Metarepresentation: Native competence and targets for instruction. *Cognition and Instruction*, *22*(3), 293–331. doi:10.1207/s1532690xci2203_2

Eilam, B., & Poyas, Y. (2008). Learning with multiple representations: Extending multimedia learning beyond the lab. *Learning and Instruction*, *18*(4), 368–378. doi:10.1016/j.learninstruc.2007.07.003

Eilam, B., Poyas, Y., & Hashimshoni, R. (2014). Representing visually: What teachers know and what they prefer. In B. Eilam & J. K. Gilbert (Eds.), *Science teachers' use of visual representations* (pp. 53–83). Dordrecht: Springer.

Forbus, K., Usher, J., Lovett, A., Lockwood, K., & Wetzel, J. (2011). Cogsketch: Sketch understanding for cognitive science research and for education. *Topics in Cognitive Science*, *3*, 648–666. doi:10.1111/j.1756-8765.2011.01149.x

Ginns, P. (2005). Meta-analysis of the modality effect. *Learning and Instruction*, *15*(4), 313–331. doi:10.1016/j.learninstruc.2005.07.001

Gooding, D. C. (2004). Cognition, construction and culture: Visual theories in the sciences. *Journal of Cognition and Culture*, *3*(4), 551–593. doi:10.1163/1568537042484896

Goodwin, C. (1994). Professional vision. *American Anthropologist*, *96*(3), 606–633. doi:10.1525/aa.1994.96.3.02a00100

Gordon, D. N., & Pea, R. D. (1995). Prospects for scientific visualisation as an educational technology. *Journal of the learning sciences*, *4*(3), 249–279. doi:10.1207/s15327809jls0403_1

Habgood, M. P. J., & Ainsworth, S. E. (2011). Motivating children to learn effectively: Exploring the value of intrinsic integration in educational games. *Journal of the Learning Sciences*, *20*(2), 169–206. doi:10.1080/10508406.2010.508029

Halverson, E., & Peppler, K. (2018). The Maker Movement and learning. In F. Fischer, C. E. Hmelo-Silver, S. R. Goldman, & P. Reimann (Eds.), *International handbook of the learning sciences* (pp. 285–294). New York: Routledge.

Hutchins, E. (1995). How a cockpit remembers its speeds. *Cognitive Science*, *19*(3), 265–288. doi:10.1207/s15516709cog1903_1

Kalyuga, S. (2007). Expertise reversal effect and its implications for learner-tailored instruction. *Educational Psychology Review*, *19*(4), 509–539. doi:10.1007/s10648-007-9054-3

Kalyuga, S., & Sweller, J. (2014). The redundancy principle in multimedia learning. In R. E. Mayer (Ed.), *The Cambridge handbook of multimedia learning* (p. 247). New York: Cambridge University Press.

Keller, T., Gerjets, P., Scheiter, K., & Garsoffky, B. (2006). Information visualizations for knowledge acquisition: The impact of dimensionality and color coding. *Computers in Human Behavior*, *22*(1), 43–65. doi:10.1016/j.chb.2005.01.006

Kerski, J. J. (2003). The implementation and effectiveness of geographic information systems technology and methods in secondary education. *Journal of Geography*, *102*(3), 128–137. doi:10.1080/00221340308978534

Kombartzky, U., Ploetzner, R., Schlag, S., & Metz, B. (2010). Developing and evaluating a strategy for learning from animations. *Learning and Instruction*, *20*(5), 424–433. doi:10.1016/j.learninstruc.2009.05.002

Kontra, C., Goldin-Meadow, S., & Beilock, S. L. (2012). Embodied learning across the life span. *Topics in Cognitive Science*, *4*(4), 731–739. doi:10.1111/j.1756-8765.2012.01221.x

Kozma, R., Chin, E., Russell, J., & Marx, N. (2000). The roles of representations and tools in the chemistry laboratory and their implications for chemistry learning. *Journal of the Learning Sciences*, *9*(2), 105–143. doi:10.1207/s15327809jls0902_1

Kozma, R., & Russell, J. (2005). Students becoming chemists: Developing representational competence. In J. K. Gilbert (Ed.), *Visualization in science and education* (pp. 121–146). Dordrecht: Kluwer Academic Publishers.

Kress, G. (2009). *Multimodality: A social semiotic approach to contemporary communication*. London: Routledge.

Kress, G., Jewitt, C., Bourne, J., Franks, A., Hardcastle, J., Jones, K., & Reid, E. (2005). *English in urban classrooms: Multimodal perspectives on teaching and learning*. New York: Routledge.

Larkin, J. H., & Simon, H. A. (1987). Why a diagram is (sometimes) worth 10000 words. *Cognitive Science*, *11*(1), 65–99. doi:10.1016/S0364-0213(87)80026-5

Latour, B. (1999). *Pandora's hope: Essays on the reality of science studies*. Cambridge, MA: Harvard University Press.

Lee, V. R. (2010). Adaptations and continuities in the use and design of visual representations in U.S. middle school science textbooks. *International Journal of Science Education*, *32*(8), 1099–1126. doi:10.1080/09500690903253916

Lemke, J. L. (2004). The literacies of science. In E. W. Saul (Ed.), *Crossing borders in literacy and science instruction: Perspectives on theory and practice* (pp. 33–47). Newark, DE: International Reading Association.

Lesgold, A., Rubinson, H., Feltovich, P., Glaser, R., Klopfer, D., & Wang, Y. (1988). Expertise in a complex skill: Diagnosing x-ray pictures. In M. T. Chi, R. E. Glaser, & M. J. Farr (Eds.), *The nature of expertise* (pp. 311–342). Hillsdale, NJ: Lawrence Erlbaum Associates.

Lowe, R. (2004). Interrogation of a dynamic visualization during learning. *Learning and Instruction*, *14*(3), 257–274. doi:10.1016/J.Learninstruc.2004.06.003

Lowe, R., Schnotz, w., & Rasch, T. (2010). Aligning affordances of graphics with learning task requirements. *Applied Cognitive Psychology*, *25*(3), 452–459. doi:10.1002/acp.1712

Mayer, R. E. (2014). Cognitive theory of multimedia learning. In R. E. Mayer (Ed.), *The Cambridge handbook of multimedia learning* (pp. 43–71). New York: Cambridge University Press.

Minogue, J., & Jones, M. G. (2006). Haptics in education: Exploring an untapped sensory modality. *Review of Educational Research*, *76*(3), 317–348. doi:10.3102/00346543076003317

Moher, T. (2008). Learning and participation in a persistent whole-classroom seismology simulation. *Proceedings of the 8th International Conference for the Learning Science*, Utrecht, Netherlands.

Moreno, R., & Mayer, R. (2007). Interactive multimodal learning environments. *Educational Psychology Review*, *19*(3), 309–326. doi:10.1007/s10648-007-9047-2

Peirce, C. S. (1906). Prolegomena to an apology for pragmaticism. *The Monist*, *16*, 492–546.

Polman, J. L., & Gebre, E. H. (2015). Towards critical appraisal of infographics as scientific inscriptions. *Journal of Research in Science Teaching*, *52*(6), 868–893. doi:10.1002/tea.21225

Prain, V., & Tytler, R. (2012). Learning through constructing representations in science: A framework of representational construction affordances. *International Journal of Science Education*, *34*(17), 2751–2773. doi: 10.1080/09500693.2011.626462

Price, S., Sakr, M., & Jewitt, C. (2016). Exploring whole-body interaction and design for museums. *Interacting with Computers*, *28*(5), 569–583. doi:10.1093/iwc/iwv032

Puntambekar, S. (2018). Design-based research (DBR). In F. Fischer, C. E. Hmelo-Silver, S. R. Goldman, & P. Reimann (Eds.), *International handbook of the learning sciences* (pp. 383–392). New York: Routledge.

Rau, M. A., Michaelis, J. E., & Fay, N. (2015). Connection making between multiple graphical representations: A multi-methods approach for domain-specific grounding of an intelligent tutoring system for chemistry. *Computers & Education*, *82*, 460–485. doi:10.1016/j.compedu.2014.12.009

Reimann, P., & Markauskaite, L. (2018). Expertise. In F. Fischer, C. E. Hmelo-Silver, S. R. Goldman, & P. Reimann (Eds.), *International handbook of the learning sciences* (pp. 54–63). New York: Routledge.

Roth, W. M., & Bowen, G. M. (2001). Professionals read graphs: A semiotic analysis. *Journal for Research in Mathematics Education*, *32*(2), 159–194. doi:10.2307/749672

Rummer, R., Schweppe, J., Furstenberg, A., Scheiter, K., & Zindler, A. (2011). The perceptual basis of the modality effect in multimedia learning. *Journal of Experimental Psychology—Applied*, *17*(2), 159–173. doi:10.1037/a0023588

Rutten, N., van Joolingen, W. R., & van der Veen, J. T. (2012). The learning effects of computer simulations in science education. *Computers & Education*, *58*(1), 136–153. doi:10.1016/j.compedu.2011.07.017

Säljö, R. (1999). Learning as the use of tools. In K. Littleton & P. Light (Eds.), *Learning with computers: Analysing productive interaction* (pp. 144–161). London: Routledge.

Salomon, G. (1984). Television is easy and print is tough—The differential investment of mental effort in learning as a function of perceptions and attributions. *Journal of Educational Psychology*, *76*(4), 647–658. doi:10.1037/0022-0663.76.4.647.

Schnotz, W. (2005). An integrated model of text and picture comprehension. In R. Mayer (Ed.), *The Cambridge handbook of multimedia learning* (pp. 49–69). Cambridge: Cambridge University Press.

Stalbovs, K., Scheiter, K., & Gerjets, P. (2015). Implementation intentions during multimedia learning: Using if-then plans to facilitate cognitive processing. *Learning and Instruction*, *35*, 1–15. doi:10.1016/j.learninstruc.2014.09.002

Suebnukarn, S., Haddawy, P., Rhienmora, P., & Gajananan, K. (2010). Haptic virtual reality for skill acquisition in endodontics. *Journal of Endodontics*, *36*(1), 53–55. doi:http://dx.doi.org/10.1016/j.joen.2009.09.020

Sweller, J. (2005). The redundancy principle in multimedia learning. In R. Mayer (Ed.), *The Cambridge handbook of multimedia learning*: (pp. 159–168). Cambridge: Cambridge University Press.

Sweller, J., van Merrienboer, J. J. G., & Paas, F. G. W. C. (1998). Cognitive architecture and instructional design. *Educational Psychology Review*, *10*(3), 251–296. doi:10.1023/a:1022193728205

Tversky, B. (2005). Spatial cognition: Embodied and situated. In P. Robbins & M. Aydede (Eds.), *The Cambridge handbook of situated cognition* (pp. 201–216). Cambridge: Cambridge University Press.

van der Meij, J., & de Jong, T. (2006). Supporting students' learning with multiple representations in a dynamic simulation-based learning environment. *Learning and Instruction*, *16*(3), 199–212. doi:10.1016/j.learninstruc.2006.03.007

van Gog, T., & Scheiter, K. (2010). Eye tracking as a tool to study and enhance multimedia learning. *Learning and Instruction*, *20*(2), 95–99. doi:10.1016/j.learninstruc.2009.02.009

van Joolingen, W., Aukes, A. V., Gijlers, H., & Bollen, L. (2015). Understanding elementary astronomy by making drawing-based models. *Journal of Science Education and Technology*, *24*(2–3), 256–264. doi:10.1007/s10956-014-9540-6

Virk, S., Clark, D., & Sengupta, P. (2015). Digital games as multirepresentational environments for science learning: Implications for theory, research, and design. *Educational Psychologist*, *50*(4), 284–312. doi:10.1080/00461520.2015.1128331

White, T., & Pea, R. (2011). Distributed by design: On the promises and pitfalls of collaborative learning with multiple representations. *Journal of the Learning Sciences*, *20*(3), 489–547. doi:10.1080/10508406.2010.542700

Yore, L., & Hand, B. (2010). Epilogue: Plotting a research agenda for multiple representations, multiple modality, and multimodal representational competency. *Research in Science Education*, *40*(1), 93–101. doi:10.1007/s11165-009-9160-y

Zhang, J. J. (1997). The nature of external representations in problem solving. *Cognitive Science*, *21*(2), 179–217. doi: 10.1207/s15516709cog2102_3.

第 11 章　学科内外的学习

莱斯利·赫尔伦科尔，约瑟夫·波尔曼(Leslie R. Herrenkohl, Joseph L. Polman)

　　学习科学，正如"科学(sciences)"一词末尾的- s(复数)所表明的那样，源于心理学、社会学和应用语言学等不同的社会科学学科以及计算机科学和人工智能(Hoadley和 Van Haneghan, 2011; Hoadley, 本手册)等学科的整合。从这些不同学科领域的整合中发展出来的标志性方法本身就是一种混合形式，被称为"基于设计的研究"(Puntambekar, 本手册)。而最近，研究规模也转移到更大的系统，即"基于设计的实施研究"(design based implementation research)(Penuel, Fishman, Cheng 和 Sabelli, 2011; Fishman 和 Penuel, 本手册)。该领域的实践者们总是从多个学科的角度来研究学习和学习环境的组织、社会、认知、语言和历史等方面的问题。因此，在一个超越了典型界限的领域中，用一章来集中讨论学科推理，似乎具有讽刺意味。然而，多年来，学习科学一直聚焦于传统的学科情境，并且通常是在正式的教育环境中，探讨更有效的支持和理解教与学的方法，尽管也有例外(例如，Hutchins, 1995)。在这一章，我们探讨了在学校的正式环境中，采用学科视角的成果和关于学科学习的重要发现。然后，我们将这项研究工作与超越传统学科界限的研究并列，后者通常在正规学校教育之外的学习环境中进行。

一、学科思维与学习

　　我们今天所说的学习科学在 20 世纪 70 年代开始形成，当时，信息处理成为研究者们对人类思维内部运作的理论解释。认知科学也提出了人类思维的计算模型。因此，人类认知的研究者和学者们针对一些核心问题进行了争论，如人类认知领域是否具有普遍性？它属于特定领域吗？(Perkins 和 Salomon, 1989; 见 Stevens, Wineburg, Herrenkohl 和 Bell, 2005, 关于学科特定思维的兴起史)。对专业知识的重要研究结果得出了一个兼而有之的结论——最有效的思维在使用强大的一般思维策略来支持有效的元认知、反思和持续学习的同时，还能利用深层的局部知识(Bransford, Brown 和 Cocking, 2000; Bruer, 1993)。德雷弗斯们(Dreyfus 和 Dreyfus, 1986)也提出，专业知识超越了计算的理性，而更多地依靠直觉——一种不费吹灰之力看到不同经验之间相似之处的方式，使人能够有效而顺畅地采取行动，而无需借助深思熟虑的理性过程。随着该领域的发展，研究者们也在探讨神经科学如何发展(包括基础研究与技术工具），才能帮助我们更好地理解和改进有关学习的科学，或者讨论这是否是一件遥不可及的事情（Bruer，1997；Stern，2016；Varma，Im，Schmied，Michel 和 Varma，本手册）。

在领域特定性（domain-specific）及领域普遍性（domain-general）的争论正如火如荼的同时，其他学者也致力于研究文化和情境在人类认知中的作用（Cole，1996；Rogoff，1990；Wertsch，1985）。1962 年，维果斯基（Lev Vygotsky）著作的英文译本首次出现。在此基础上，更多的学者开始探索人类学习深刻的社会、文化和话语维度（Brown，Collins 和 Duguid，1989；Lave 和 Wenger，1991；Saxe，1991）。这些理论方法将重点放在情境认知（situated cognition）和文化工具的生成性、文化工具的生产和适应过程，以及它们在协调人类思维和学习中的关键作用。对学习的研究主要关注语言作为一种调节人类互动、思维、辅助人类学习的工具的作用（Wertsch，1991）。在一系列相关思想的基础上，拉图尔（例如，Latour，1990）和其他科学家通过田野和实验室中的实践展示了如何将数据组合成表格、图画、地图等物质铭文，以及围绕这些物质铭文的组合、转化和社会互动对科学学科的行为和进步的重要性。相关研究也认识到文化和文化工具的作用，认为其有助于确定某些文化工具和话语的获取和占有如何赋予个人与群体权力和地位（Carlone 和 Johnson，2012；Cornelius 和 Herrenkohl，2004；Lemke，1990；O'Connor，Peck 和 Cafarella，2015）。

这些根源反映在学习科学研究中，这些研究以重视社会交流和文化参与的工具在思维和理解中的作用的方式来展望认知。从这个角度看，教育家和学者们通常所说的"学科"，可以看作是来自特定实践共同体的文化遗产（cultural legacies）（Lave 和 Wenger，1991；Wenger，1998）。许多学习科学家都一致认为，学科在历史上和制度上都嵌入了特定的语言和思维实践，作为标志性的识知方式（Bruner，1960；Schwab，1978）。这两套工具描述了学科思维的特征。其中一套专注于关键概念和理论等，另一套则强调过程或实践，即产生重要的学科产品并评价其价值的认可方法。

1. 学习科学对学科学习的贡献

学习科学的学者们对许多学科学习的研究作出了重大贡献，其主要工作强调了在正规教育环境中突出的学科。学习科学家们往往与学校的教育专家合作，识别出特定领域中重要的认知技能，并提高了元认知作为不同关键领域通用工具的使用，该工具集成了不同领域的特定思维（Bransford 等，2000；Brown，1992）。在过去的几十年里，学习科学家及其合作者并没有把工作重点放在"将知识作为需要记忆的事实来传递"这一点上，而是为学生创造条件，让学生体验至少在一定程度上反映学科实践的知识创造和评价过程。

一个有影响力的例子是温伯格（Wineburg）关于历史思维的研究工作。温伯格的研究（如 1991,1998）发现，专家和新手在历史推理方式上存在具体差异。相较于新手，专家会对资料来源进行仔细考证，更有意义地使用佐证，并努力将观点置于历史背景中。这些发现有助于提供原始资料文献和教学计划,以支持教师让学生"像历史学家一样思考"(Wineburg 和 Reisman,2015;见 https://sheg. stanford. edu/)。在科学学习中,林(Linn)及其同事的基于网络的科学探究环境(Web-based Inquiry Science Environment,WISE)通过特定领域的可视化数据实践支持科学探究,同时也鼓励通过注重启发、添加、区分和反思的过程进行知识整合(如,Linn,n. d. ;Linn 和 Eylon,2011)。塔巴克、雷瑟(Tabak,Reiser)和同事们已经证明了特定学科的支架是如何有效促进科学学习的,比如在解释的过程中,以及对该学科采取富有成效的整体立场的时候,特定的学科支架发挥了什么样的作用(例如,Tabak 和 Reiser,2008;Tabak 和 Kyza,本手册)。在文学学习中,李(Lee,如 2001)论证了高中生如何利用校外的文化资源和实践来参与学校情境中的文学分析实践。戈德曼等人(Goldman 等,2016)将历史、科学和文学的学科专业知识研究汇集在一起,创建了一个核心结构的总体框架,然后在每个领域内适当地将其实例化。这一过程突出了这三个学科之间的高度相似性,但更重要的是,它使得每个学科特有的学习目标变得明确。这些努力反映了一种普遍的观点,即学科学习应该反映学科本身实践者的工作(Engle 和 Conant,2002;Shulman 和 Quinlan,1996)。这些学科学习方法对重新定义美国和欧洲学校教育成果的标准也作出了一定的贡献。

2. 学科学习的局限性

学科学习有很大的局限性,尤其是在小学、中学和大学预科阶段的正规学校教育环境中。例如,把科学作为一门学科,掩盖了物理、化学、地质学和天文学在实践和规范上的巨大差异。物理和化学的经典实验方法通常被视为所有科学实践的原型,但是地质学和宇宙学(宇宙起源的科学)所使用的解释和历史方法,以及其认识论假设和规范与实验科学有着本质上的区别(Frodeman,1995)。同样,许多学校的"社会研究"包括从历史到政治学再到地理等学科,这些学科的方法和规范也大相径庭。因此,学习科学家们考虑到了学科和子学科之间的差异,通过确定诸如论证等共同的实践,努力理解不同学科背景下论证的不同之处(例如,Herrenkohl 和 Cornelius,2013)。

此外,还有一个问题是,因为学校通常用特定的时间段来组织一天的上课时间,而这些时间段都是专门用于解决单一的学科领域所产生的问题。学生通过学校的学科、与学科对应的物质等进步成长。尽管学校和老师可能会通过"跨学科"的努力来整合内容(学习代数、几何、微积分预科和微积分等课程,以构建越来越复杂的概念),但他们往往并没有就此做出重大努力,创造机会让学生同时参与不同学科领域的活动。通常情况下,跨学科性只体现在主题性的综合课程中,而不是以认识论为导向的交叉概念和工具中,这些概念和工具可以将不同学科背景中的知识创造和证明建立起有意义的联系(Stevens 等,2005)。

然而,从现象学的角度来看,人们并不是从单一的学科视角来体验世界的

（Stevens 等,2005）。研究者已经证明,学习者是如何在不同的组织环境和情境中、在不同的时间和地点发展知识能力的,包括从学校到社区、博物馆、公园,再到家庭到网络空间（Leander, Phillips 和 Taylor, 2010; Lemke, 2000）。例如,关于素养的研究者（例如,Barron, Gomez, Pinkard 和 Martin, 2014; Gomez, n. d.）研究了跨越学校和多个网站的在线和面对面/离线空间的素养实践的发展。纳西尔和汉德（Nasir 和 Hand, 2008）展示了学校课程和篮球队如何为学习者提供了不同的数学实践机会。总而言之,这类工作表明,为了充分理解学科学习,我们必须认识到,学科实践和概念与它们出现的不同情境之间有着千丝万缕的联系,并会被不同的情境所改变。

与现象学的挑战相关的是,长期以来的非主流文化实践和形式显示了有关领域内认识论承诺（epistemological commitments）的重要差异（Bang, 2015; Bang, Warren, Rosebery 和 Medin, 2013）。班（Bang）关于传统认识论的工作与此高度相关,其中也包括关系认识论的思想,因为它们适用于生态领域中的意义建构。她的研究表明,我们对科学领域中人类知识的理解一直受到西方白人主流观点的制约（Bang, 2015）。她强调了传统认识论如何将活动系统（包括一系列更广泛的非人类生物实体）定位为拥有自主性的活动系统,以及人类行动者如何与这一更广泛的系统相联系而存在。西方主流的认识论将人类行动者置于这个更广泛的系统之外,并赋予人类不属于生态系统中其他非人类的自主性。班（Bang）发现,学习环境在塑造这些认识论方面起着关键作用,同样的人可以根据要求他们激活知识的情境采取不同的认识论。这些立场对于人们如何思考和回应自然世界,以及我们如何让正在认识这个世界的儿童参与其中意义深远（Bang 等,2013; Rosebery, Ogonowski, Di Schino 和 Warren, 2010）。这项工作强调了保留认知的异质性的重要性,以确保我们的领域能够捕捉到人类思维和意义建构的范围。

另一个问题是学科内部人员和学科外部人员对学科应用的区别。一个学科的内部人员会参与到学术知识生产和专业工作的实践中,而该学科的外部人员则在日常生活中使用该学科的知识或实践,这就造成了至关重要的差异（Bromme 和 Goldman, 2014; Feinstein, 2011）。然而,在正规的教育环境中,在日常生活决策和困境中使用学科知识的教学时间很少。例如,在国际上,专家、实践科学家的模式主导了学校科学课程和评估,对科学如何从内部进行概念化和实践给予了特别关注（Roberts, 2011）。范斯坦、罗伯茨（Feinstein, Roberts）和其他人主张采用另一种科学素养的方法,强调人们在日常生活中可能遇到的与科学相关的情况下所需的知识能力,例如个人对健康状况的治疗方法的选择和关于气候变化相关政策的公共辩论。提倡在教育中使用"社会科学困境"（socioscientific dilemmas）（例如,Sadler, 2004）,以及基于共同体的科学探究和行动（例如,Barton, Tan 和 Rivet, 2008; Roth 和 Lee, 2004）,都是对这一观点的认真对待。其实,学科内部人员的想法和实践应该贯穿于与"普通公民"的目标、价值观和优先级相一致的问题中。昂乌和凯尔(Onwu 和 Kyle，2011)指出，关注可持续发展等问题可以增加教育的相关性，更好地实现公平和民主公民的目标。虽然上述例子来自科学教育，但在其他学科中，我们也可以提出类似的论点。例如，哥特利布和温伯格(Gottlieb 和 Wineburg，2012)解释了宗教学者如何在历史和宗教对知识本质的假设之间进行"认知转换"(epistemic switching)，这取决于他们所阅读的文本中的某些方面是否能唤起他们对于学术团体或宗教团体的认同。

二、超越学科学习

学科学习方法的许多局限性都与正规教育系统的限制以及关于学校教育目标和功能的长期争论有关(见 Stokes，2011)。学习科学自 20 世纪 90 年代初出现以来，在关注的焦点、情境和结构方面都有了很大的拓展。该领域已经向并将继续向更人性化的科学观点转变(Flyvbjerg，2001；Penuel 和 O'Connor，2010)，其中学习的价值、目的和目标以及谁有权力决定这些事情，对理解学习至关重要。因此，动机、情感、价值观和目的被认为是所有学习设计和分析的一部分。

在这种观点中，知识不是中立的，也不是脱离行为者和使用知识的情境的。例如，赫尔伦科尔和默特尔(Herrenkohl 和 Mertl，2010)研究了四年级学生及其教师如何利用知识和社会角色来支持科学推理。他们的分析表明，即使是在正式的教育环境中，不同的学生使用知识和技能来实现特定的智力、社交和情感目标的方式也很复杂。知识的结构并非不重要；然而，知识存在于特定环境中的人的手中和口中，他们为知识注入了生命和意义。我们期望通过将学习科学的重点转移到那些在混合环境中运用知识和其他工具来解决复杂问题的人身上，并在此过程中进行有目的的协作和管理相互竞争的价值观和目标，从而产生富有成效的研究。

跨越空间、时间和情境

为了使我们的领域能够有效地研究课堂环境之外的学习，支持学习者进行跨越时空的学习，我们需要多种学科和方法。在非学校环境中，行动者经常利用多种传统和方法来学习或采取行动，因为他们的工作重点与学科分类中的某一单元并不完全一致。首先，他们必须确定一个要解决的问题，然后他们必须建立对问题的当前条件和范围的理解，最后他们利用一切有助于他们取得进展的资源，创造可能的解决方案。在这个框架中，注意力从理解概念和过程转移到利用相关概念和过程设计解决方案。克罗斯(Cross，2007)认为，这种以解决方案为导向的(solution-oriented)实践是"设计者式的识知方式"的核心，是"第三种文化"(third culture)(除了科学和人文科学之外)，在很大程度上被排除在正规教育之外。这种文化关注物质世界，并综合不同视角创造实际的解决方案。这种方法反映了学习科学的标志性方法(基于设计的研究；见

Puntambekar，本手册），因此，学习科学中一些最激动人心的当代研究都集中在以设计为中心的环境中，也就不足为奇了。

解决多样化的学习环境的趋势促使学习科学界对"边界工作"（boundary work）和"混合性"（hybridity）的兴趣日益增长，这就需要打破学科的限制。例如，新闻学是一个具有跨界历史的实践共同体：利用社会科学、科学、历史和修辞学为公民的生活提供信息（Polman 和 Hope，2014；Polman，Newman，Saul 和 Farrar，2014；Shaffer，2006）。新闻学涉及相关领域的一般理解和特定理解，它试图从工具和实践本身的角度以及与人类制度、历史等的关系来理解工具和实践。好的新闻学能够提供不同的观点和批判性的关注点，它们代表了对问题的多重视角，但不一定能解决有效的争议。而且，就像其他任何一个实践共同体一样，它也有自己的修辞和证据规范，这应该影响到对共同体工作的解释。

施滕贝尔（Stember，1991）认为，社会科学可以从多个学科的研究中受益，这可以通过以下方式来实现：多学科工作（multidisciplinary work），让来自不同学科的人合作，每个人都可以利用自己的学科知识。跨学科工作（interdisciplinary work），涉及不同学科的知识整合、综合以及不同学科的方法，从而创造出超越学科视角的统一框架。在学习科学领域，研究复杂系统的学者（如，Jacobson 和 Wilensky，2006）借鉴了多学科和跨学科的观点。此外，越来越多的作者借鉴了斯塔尔（Star，2010）的边界对象（boundary object）概念（例如，Akkerman 和 Bruining，2016；Wenger，1998），或记录了中间人、跨界者的工作（例如，Buxton，Carlone 和 Carlone，2005），或记录了跨界（例如，Engeström，Engeström 和 Kärkäinen，1995）的实践，以解释个体和群体层面的学习和发展的重要方面。这种工作可以成为将正式的学校情境与更广泛的社区联系起来的重要手段。例如，波尔曼和霍普（Polman 和 Hope，2014）报告了个人和共同体层面的科学新闻文章撰写的几个成果。这项活动为支持学生的重要学习目标提供了一个环境，学生在与校外科学新闻杂志编辑的互动中受益匪浅。此外，该活动还促进了学校共同体与更广泛的公民社区的接触。

对边界工作的关注自然而然地导致了对来自不同共同体的话语汇集在一起的混合空间的考虑（例如，Barton 等，2008；Gutiérrez，Baquedano-López 和 Tejeda，1999）。另外，许多学习科学的学者正在调整和发展创新的框架和方法，显示出未来参与式学术研究的前景：社会设计实验（Gutiérrez 和 Vossoughi，2010）、青年参与式行动研究（Kirshner，Pozzoboni 和 Jones，2011）和参与式设计研究（Bang 和 Vossoughi，2016）在过去十年中随着学习科学家寻求创造、研究和理解公平的学习机会而增加。这类工作经常借鉴文化、女权主义、酷儿理论（如 Anzaldúa，1987）或地理学（如 Soja，1996）的观点。

从共同体活动中的身份和自主性的角度来看，特别值得关注的是可称为青年文化（youth culture）的角度进行的研究。泰勒（Taylor，2017）敦促该领域考虑流动（mobility）在青年学习中的作用以及青年流动作为学习环境的作用。她的"城市科学"

概念融合了科学、文学和技术,支持年轻人使用位置感知和移动工具来收集、分析和论证他们收集的日常生活数据,以创造更公平、更安全的交通选择。这一举措支持年轻人在城市范围内改变他们的共同体,从而使城市规划过程民主化,利用无处不在的计算技术,有意识地将年轻人的声音纳入其中。

与此相关的是,佩普勒的工作重心是数字时代的媒体艺术和素养,为被边缘化的年轻声音创造机会(Peppler,2010)。佩普勒还有意将制作(making)作为一种语境,让女孩们更好地参与到 STEM 领域(Peppler,2013)。最终,她和泰勒一样,利用这些方法,将学习科学推向更大范围的价值观,以便在民主社会中学习。通过利用工具箱 BlockyTalky,夏皮罗(Shapiro)及其同事将计算机科学、音乐和设计等多个学科融合在一起。他们研究了从事乐器设计和团体表演的青年群体中的认知和行为的社会性以及物质分布过程(Shapiro,Kelly,Ahrens 和 Fiebrink,2016)。他们并没有从计算机科学、音乐或数学等相关学科中的某一门学科中指定特定的学习目标,而是将网络化互动的能力建构到工具箱中,对青年联合编程表演的工作进行实证研究,并利用他们的检验结果来完善工具的设计和活动的组织,以改进表演和作曲的可能性。这种跨学科、创造性地设置教育情境和工具的边界工作,对于推进学习科学的发展有着重要的意义。

三、充满挑战性的未来

随着学习科学扩展到丰富多样的学习环境中,学习的目标越来越多种多样,多学科、跨学科的联盟和协作也越来越必不可少。研究需要与在不同规范、价值观和方法中受过训练的人之间进行关键性合作。整合不同的立场、工具、词汇和惯例来建立共同的理解并实现目标是复杂而耗时的。此外,机构对推动边界工作的认可和支持可能是有限的。虽然许多学术机构鼓励跨学科合作,但很少有机制支持新学者的这种工作。教育人们参与这类研究的机会是有限的,因此,中年学者可能也会发现,把握和协调这些新的知识的机会与追求这些机会的物质支持是具有挑战性的。然而,这就是我们这个领域的历史,而此时此刻,我们将在一个熟悉的主题上带来新的转折。我们将继续开发和整合学科内知识以及跨学科知识的工具,与实践者一起创造充满力量的学习机会,并为人们是如何学习的这一重要问题提供见解。

四、延伸阅读

Bang,M.,Warren,B.,Rosebery,A. S.,& Medin,D.(2013). Desettling expectations in science education. *Human Development*,55(5-6),302-318.
本文通过两个章节来"描述"科学学习、课堂教学以及科学领域中相关基础概念的新兴理解之间的关系。展示了对自然和文化之间的核心关系的描述和重新构想如何改变学习和发展的可能性，尤其是对非主流学生而言。

Barron, B., Gomez, K., Pinkard, N., & Martin, C. K. (2014). *Digital Youth Network: Cultivating new media citizen-ship in urban communities*. Cambridge, MA: MIT Press.

本书描述了数字青年网络的动机和研究结果，在这个网络中，经济困难的中学生在一个跨越学校、社区、家庭和网络的学习生态中发展技术、创造力和分析能力。

Peppler, K. (2010). Media arts: Arts education for a digital age. *Teachers College Record*, *112*(8), 2118-2153.

本文通过混合方法研究记录了青少年在非正式环境中通过媒体艺术创作所学到的东西，在媒体艺术创作中利用青少年文化的优势和局限性，以及媒体艺术教育对课堂环境的独特贡献。

Shapiro, R. B., Kelly, A., Ahrens, M., & Fiebrink, R. (2016). BlockyTalky: A physical and distributed computer music toolkit for kids. In *Proceedings of the 2016 Conference on New Interfaces for Musical Expression*. Brisbane, Australia.

本文介绍了一种名为"BlockyTalky"的儿童电脑音乐工具箱，它使用户能够创建由传感器和合成器组成的网络，并提供了学生通过编程和参与学习的研究结果。

Taylor, K. H. (2017). Learning along lines: Locative literacies for reading and writing the city. *Journal of the Learning Sciences*, *26*(4), 533-574. doi: 10.1080/10508406.2017.1307198

本文通过城市空间帮助我们理解基于学习场所的数字素养。这些分析推动了我们在概念化和设计新形式的学习方位素养中对数字和物理移动的理解。

五、NAPLeS 资源

Gomez, K., *Learning with digital technologies across learning ecologies* [Webinar]. In *NAPLeS video series*. Retrieved October 19, 2017, from http://isls-naples. psy. lmu. de/intro/all-webinars/gomez/

Linn, M. C., *Inquiry learning*. [Webinar]. In *NAPLeS video series*. Retrieved October 19, 2017, from http://isls-naples. psy. lmu. de/intro/all-webinars/linn_all/index. html

Tabak, I., & Reiser, B., *Scaffolding* [Webinar]. In *NAPLeS video series*. Retrieved October 19, 2017, from http://isls-naples. psy. lmu. de/intro/all-webinars/tabak_reiser_all/index. html

参考文献

Akkerman, S., & Bruining, T. (2016). Multilevel boundary crossing in a professional development school partnership. *Journal of the Learning Sciences*, *25*(2), 240–284, doi:10.1080/10508406.2016.1147448

Anzaldúa, G. (1987). *Borderlands: La frontera* (Vol. 3). San Francisco: Aunt Lute.

Bang, M. (2015). Culture, learning, and development about the natural world: Advances facilitated by situative perspectives. *Educational Psychologist*, *50*(3), 220–233.

Bang, M., & Vossoughi, S. (2016). Participatory design research and educational justice: Studying learning and relations within social change making. *Cognition & Instruction*, *34*(3), 173–193.

Bang, M., Warren, B., Rosebery, A. S., & Medin, D. (2013). Desettling expectations in science education. *Human Development*, *55*(5–6), 302–318.

Barron, B., Gomez, K., Pinkard, N., & Martin, C. K. (2014). *Digital Youth Network: Cultivating new media citizenship in urban communities*. Cambridge, MA: MIT Press.

Barton, A. C., Tan, E., & Rivet, A. (2008). Creating hybrid spaces for engaging school science among urban middle school girls. *American Educational Research Journal*, *45*(1), 68–103.

Bransford, J. D., Brown, A. L., & Cocking, R. R. (2000). *How people learn: Brain, mind, experience, and school*. Washington, DC: National Academies Press.

Bromme, R. & Goldman, S. R. (2014). The public's bounded understanding of science, *Educational Psychologist, 49 (2)*, 59–69.

Brown, A. L. (1992). Design experiments: Theoretical and methodological challenges in creating complex interventions in classroom settings. *Journal of the Learning Sciences*, *2*(2), 141–178.

Brown, J. S., Collins, A., Duguid, P. (1989). Situated cognition and the culture of learning. *Educational Researcher*, *18*(1), 32–42.

Bruer, J. T. (1993). *Schools for thought: A science of learning in the classroom*. Cambridge, MA: MIT Press.

Bruer, J. T. (1997). Education and the brain: A bridge too far. *Educational Researcher*, *26*(8), 4–16.

Bruner, J. S. (1960). On learning mathematics. *Mathematics Teacher*, *53*(8), 610–619.

Buxton, C. A., Carlone, H. B., & Carlone, D. (2005). Boundary spanners as bridges of student and school discourses in an urban science and mathematics high school. *School Science & Mathematics*, *105*(6), 302–312.

Carlone, H., & Johnson, A. (2012). Unpacking 'culture' in cultural studies of science education: Cultural difference versus cultural production. *Ethnography and Education*, *7*(2), 151–173.

Chinn, C. A., Buckland, L. A., & Samarapungavan, A. L. A. (2011). Expanding the dimensions of epistemic cognition: Arguments from philosophy and psychology. *Educational Psychologist*, *46*(3), 141–167.

Cole, M. (1996). *Cultural psychology: A once and future discipline*. Cambridge, MA: Harvard University Press.

Cornelius, L., & Herrenkohl, L.R. (2004). Power in the classroom: How the classroom environment shapes students' relationships with each other and with concepts. *Cognition and Instruction*, *22*, 467–498.

Cross, N. (2007). *Designerly ways of knowing*. Berlin: Birkhäuser.

Dreyfus, H. L., & Dreyfus, S. E. (1986). *Mind over machine: The power of human intuition and expertise in the era of the computer*. New York: Free Press.

Engeström, Y., Engeström, R., & Kärkkäinen, M. (1995). Polycontextuality and boundary crossing in expert cognition: Learning and problem solving in complex work activities. *Learning and Instruction*, *5*(4), 319–336.

Engle, R. A., & Conant, F. R. (2002). Guiding principles for fostering productive disciplinary engagement: Explaining an emergent argument in a community of learners classroom. *Cognition and Instruction*, *20*(4), 399–483.

Feinstein, N. (2011). Salvaging science literacy. *Science Education*, *95*(1), 168–185.

Fishman, B., & Penuel, W. (2018). Design-based implementation research, In F. Fischer, C. E. Hmelo-Silver, S. R. Goldman, & P. Reimann (Eds.), *International handbook of the learning sciences* (pp. 393–400). New York: Routledge.

Flyvbjerg, B. (2001). *Making social science matter: Why social inquiry fails and how it can succeed again*. New York: Cambridge University Press.

Frodeman, R. (1995). Geological reasoning: Geology as an interpretive and historical science. *Geological Society of America Bulletin*, *107*(8), 960–968.

Goldman, S. R., Britt, M. A., Brown, W., Cribb, G., George, M., Greenleaf, C., et al. (2016). Disciplinary literacies and learning to read for understanding: A conceptual framework for disciplinary literacy, *Educational Psychologist* (May), 1–28.

Gomez, K., *Learning with digital technologies across learning ecologies* [Webinar]. In *NAPLeS video series*. Retrieved October 19, 2017, from http://isls-naples.psy.lmu.de/intro/all-webinars/gomez/

Gutiérrez, K. D., Baquedano-López, P., & Tejeda, C. (1999). Rethinking diversity: Hybridity and hybrid language practices in the third space. *Mind, Culture, and Activity, 6*(4), 286–303.

Gutiérrez, K. D., & Vossoughi, S. (2010). Lifting off the ground to return anew: Mediated praxis, transformative learning, and social design experiments. *Journal of Teacher Education, 61*(1–2), 100–117.

Herrenkohl, L. R., & Cornelius, L. (2013). Investigating elementary students' scientific and historical argumentation. *Journal of the Learning Sciences, 22*(3), 413–461.

Herrenkohl, L. R., & Mertl, V. (2010). *How students come to be, know, and do: A case for a broad view of learning.* New York: Cambridge University Press.

Hoadley, C., (2018). A short history of the learning sciences. In F. Fischer, C. E. Hmelo-Silver, S. R. Goldman, & P. Reimann (Eds.), *International handbook of the learning sciences* (pp. 11–23). New York: Routledge.

Hoadley, C., & Van Haneghan, J. (2011). The learning sciences: Where they came from and what it means for instructional designers. In R. A. Reiser & J. V. Dempsey (Eds.), *Trends and issues in instructional design and technology* (3rd ed., pp. 53–63). New York: Pearson.

Hutchins, E. (1995). *Cognition in the wild.* Cambridge, MA: MIT Press.

Jacobson, M. J., & Wilensky, U. (2006). Complex systems in education: Scientific and educational importance and implications for the learning sciences. *Journal of the Learning Sciences, 15*(1), 11–34.

Kirshner, B., Pozzoboni, K., & Jones, H. (2011). Learning how to manage bias: A case study of youth participatory action research. *Applied Developmental Science, 15*(3), 140–155.

Latour, B. (1990). Drawing things together. In M. Lynch & S. Woolgar (Eds.), *Representation in scientific practice* (pp. 19–68). Cambridge, MA: MIT Press.

Lave, J., & Wenger, E. (1991). *Situated learning: Legitimate peripheral participation.* New York: Cambridge University Press.

Leander, K. M., Phillips, N. C., & Taylor, K. H. (2010). The changing social spaces of learning: Mapping new mobilities. *Review of Research in Education, 34*(1), 329–394.

Lee, C. D. (2001). Is October Brown Chinese? A cultural modeling activity system for underachieving students. *American Educational Research Journal, 38*(1), 97–141.

Lemke, J. L. (1990). *Talking science: Language, learning, and values.* Norwood, NJ: Ablex.

Lemke, J. L. (2000). Across the scales of time: Artifacts, activities, and meanings in ecosocial systems. *Mind, Culture, and Activity, 7*(4), 273–290.

Linn, M. C., *Inquiry learning.* [Webinar]. In *NAPLeS video series.* Retrieved October 19, 2017, from http://isls-naples.psy.lmu.de/intro/all-webinars/linn/

Linn, M. C., & Eylon, B. S. (2011). *Science learning and instruction: Taking advantage of technology to promote knowledge integration.* New York: Routledge.

Nasir, N. I. S., & Hand, V. (2008). From the court to the classroom: Opportunities for engagement, learning, and identity in basketball and classroom mathematics. *Journal of the Learning Sciences, 17*(2), 143–179.

O'Connor, K., Peck, F. A., & Cafarella, J. (2015). Struggling for legitimacy: Trajectories of membership and naturalization in the sorting out of engineering students. *Mind, Culture, and Activity, 22*(2), 168–183.

Onwu, G. O. M., & Kyle, Jr., W. C. (2011). Increasing the socio-cultural relevance of science education for sustainable development. *African Journal of Research in Mathematics, Science and Technology Education, 15*(3), 5–26.

Penuel, W. R., Fishman, B. J., Cheng, B. H., & Sabelli, N. (2011). Organizing research and development at the intersection of learning, implementation, and design. *Educational Researcher, 40*(7), 331–337.

Penuel, W. R., & O'Connor, K. (2010). Learning research as a human science: Old wine in new bottles. *National Society for the Study of Education, 109*(1), 268–283.

Peppler, K. (2010). Media arts: Arts education for a digital age. *Teachers College Record, 112*(8), 2118–2153.

Peppler, K. (2013). STEM-powered computing education: Using e-textiles to integrate the arts and STEM, *IEEE Computer* (September), 38–43.

Perkins, D. N., & Salomon, G. (1989). Are cognitive skills context-bound? *Educational Researcher, 18*(1), 16–25.

Polman, J. L., & Hope, J. M. (2014). Science news stories as boundary objects affecting engagement with science. *Journal of Research in Science Teaching, 51*(3), 315–341.

Polman, J. L., Newman, A., Saul, E. W., & Farrar, C. (2014). Adapting practices of science journalism to foster science literacy. *Science Education, 98*(5), 766–791.

Puntambekar, S. (2018). Design-based research (DBR). In F. Fischer, C. E. Hmelo-Silver, S. R. Goldman, & P. Reimann (Eds.), *International handbook of the learning sciences* (pp. 383–392). New York: Routledge.

Rogoff, B. (1990). *Apprenticeship in thinking: Cognitive development in social context.* New York: Oxford University Press.

Roberts, D. A. (2011). Competing visions of scientific literacy: Influence of a science curriculum policy image. In C. Linder, L. Östman, D. A. Roberts, P.-O. Wickman, G. Erickson, & A. MacKinnon (Eds.), *Exploring the landscape of scientific literacy* (pp. 11–27). New York: Routledge.

Rosebery, A., Ogonowski, M., Di Schino, M., & Warren, B. (2010). "The coat traps all your body heat": Heterogeneity as fundamental to learning. *Journal of the Learning Sciences, 19*, 322–357.

Roth, W.-M., & Lee, S. (2004). Science education as/for participation in the community. *Science Education*, *88*(2), 263–291.

Sadler, T. D. (2004). Informal reasoning regarding socioscientific issues: A critical review of research. *Journal of Research in Science Teaching*, *41*(5), 513–536.

Saxe, G. B. (1991). *Culture and cognitive development: Studies in mathematical understanding*. Hillsdale, NJ: Erlbaum.

Schwab, J. J. (1978). Education and the structure of the disciplines. In I. Westbury & N. Wilkof (Eds.), *Science, curriculum and liberal education: Selected essays* (pp. 229–272). Chicago, IL: University of Chicago Press.

Shaffer, D. W. (2006). *How computer games help children learn*. New York: Palgrave Macmillan.

Shapiro, R. B., Kelly, A., Ahrens, M., & Fiebrink, R. (2016).BlockyTalky: A physical and distributed computer music toolkit for kids. In *Proceedings of the 2016 Conference on New Interfaces for Musical Expression*. Brisbane, Australia.

Shulman, L. S., & Quinlan, K. M. (1996). The comparative psychology of school subjects. In D. C. Berliner & R. Calfee (Eds.), *Handbook of educational psychology* (pp. 399–422). New York: Macmillan.

Soja, E. (1996). *Thirdspace: Journeys to Los Angeles and other real-and-imagined places*. Oxford, UK: Blackwell.

Star, S. L. (2010). This is not a boundary object: Reflections on the origin of a concept. *Science, Technology, & Human Values*, *35*, 601–617.

Stember, M. (1991). Advancing the social sciences through the interdisciplinary enterprise. *Social Science Journal*, *28*(1), 1–14.

Stern, E. (2016, June). *Educational neuroscience: A field between false hopes and realistic expectations*. Keynote presentation at the 12th International Conference of the Learning Sciences, Singapore.

Stevens, R., Wineburg, S., Herrenkohl, L. R., & Bell, P. (2005). Comparative understanding of school subjects: Past, present, and future. *Review of Educational Research*, *75*(2), 125–157.

Stokes, D. E. (2011). *Pasteur's quadrant: Basic science and technological innovation*. Washington, DC: Brookings Institution Press.

Tabak, I., & Kyza., E. (2018). Research on scaffolding in the learning sciences: A methodological perspective. In F. Fischer, C. E. Hmelo-Silver, S. R. Goldman, & P. Reimann (Eds.), *International handbook of the learning sciences* (pp. 191–200). New York: Routledge.

Tabak, I., & Reiser, B. J. (2008). Software-realized inquiry support for cultivating a disciplinary stance. *Pragmatics & Cognition*, *16*(2), 307–355.

Varma, S., Im, S., Schmied, A., Michel, K., & Varma, K. (2018). Cognitive neuroscience foundations for the learning sciences. In F. Fischer, C. E. Hmelo-Silver, S. R. Goldman, & P. Reimann (Eds.), *International handbook of the learning sciences* (pp. 64–74). New York: Routledge.

Wenger, E. (1998). *Communities of practice: Learning, meaning, and identity*. New York: Cambridge University Press.

Wertsch, J. V. (1985). *Vygotsky and the social formation of the mind*. Cambridge, MA: Harvard University Press.

Wertsch, J. V. (1991). *Voices of the mind: A sociocultural approach to mediated action*. Cambridge, MA: Harvard University Press.

Wineburg, S. (1991). Historical problem solving: A study of the cognitive processes used in the evaluation of documentary and pictorial evidence. *Journal of Educational Psychology*, *83*(1), 73–87.

Wineburg, S. (1998). Reading Abraham Lincoln: An expert/expert study in the interpretation of historical texts. *Cognitive Science*, *22*(3), 319–346.

Wineburg, S., & Reisman, A. (2015). Disciplinary literacy in history. *Journal of Adolescent & Adult Literacy*, *58*(8), 636–639.

第12章　动机、参与和兴趣："最后，这取决于你和你思考问题的方式"

安·伦宁格，任艳艳，海蒂·克恩（K. Ann Renninger，Yanyan Ren，Heidi M. Kern）

本章讨论了动机、参与和兴趣之间的异同，以及他们对学习科学研究的意义。例如，一个人有可能对某个活动持有动机或参与了某个活动，但对该活动并不感兴趣，而当一个人对某个活动有一定的兴趣时，他总是有动机且会参与的。了解这些变量以及它们之间的关系，有助于有效地设计、促进和评估各式各样的学习环境，如日常体验（如电视节目、家庭互动、脸书），设计的场景（如博物馆、在线课程、动物园）和校外项目（如童子军、体育运动、音乐课）。

"动机"关注的是个人及其对社会和文化环境的反应；特别是参与的意愿，以及这个意愿对个人设定目标和努力实现目标的影响（Hidi 和 Harackiewicz，2000；Wigfield，Eccles，Schiefele，Roeser 和 Davis-Kean，2006）。"参与"通常涉及参与的背景以及个体对参与的认知、情感和行为反应，这反映了他们对参与的可能性的信念（Christenson，Reschly 和 Wylie，2012；Fredricks，Blumenfeld 和 Paris，2004；Shernoff，2013）。最后，"兴趣"描述了个体对特定内容（如计算机科学、芭蕾舞）的参与度——个体在参与该内容时的心理状态，以及随着时间的推移，个体独立、自愿地再次参与该内容的可能性（Hidi 和 Renninger，2006；Renninger 和 Hidi，2016）。

思考一下纳西尔和埃米莉（Nasir 和 Emily）的案例研究（表 12.1）。它们展示了学习者的动机和参与程度是如何随着他们与他人的互动以及任务或环境的结构等因素而变化的。这些案例还展示了个体在处于不同兴趣发展阶段时，其动机和参与程度的特点（纳西尔兴趣更多，埃米莉兴趣更少）。

与结构紧凑的化学作业相比，纳西尔认为，老师在计算机科学（computer science，CS）课程中布置的开放式作业更能激发他的动力。他发现，他的 CS 老师通过要求他设定并实现实际的目标让他对自己的学习负责。他描述了和朋友们一起解决丰富的问题时的乐趣。为了实现目标，他们有不同的分工，这一点可能也很重要。

相比之下，埃米莉报告说，一旦她明白，掌握更难的舞步需要高强度的练习，使她更接近成为一名"真正的"芭蕾舞演员时，她对芭蕾舞的结构和训练方法也就会更加赞同。她需要确定自己能够掌握这些动作，尽管其他方面可能已经证明她可以做到（如她已经进入高级班；她将在秋季获得一双足尖鞋）。

表 12.1 案例分析	
案例1：纳西尔	**案例2：埃米莉**
当被问及他在计算机科学（CS）领域的专业时，纳西尔的眼睛亮了起来。刚进入大学时，纳西尔并不知道 CS 是什么。他以为自己会去学化学，只是因为朋友们都在报名 CS，所以他才决定去学一门 CS 入门课程。他解释说："CS（计算机科学）给人的感觉就像艺术，就像绘画。"他描述了第一堂课："我们都是为了设计出一款能用的老虎机而努力。最后，我们做到了，而且每一台老虎机都不一样。我们会看着同伴努力做一个老虎机，然后大笑（即使是在对方没有成功的时候）。没有比这更好或最好的答案了。到最后，这取决于你和你对问题的思考方式。"他解释说，这个项目的重点对他来说是新奇的，与他所学的高级化学课程形成了鲜明对比。他说："（化学）实验日志给人的感觉异常严格，一切都像程序一样。"他还说，尽管化学是他的原定主修专业，但在参加了更多的 CS 课程，并作为软件工程师进行了暑期实习后，他转而主修 CS。他将 CS 描述为具有挑战性同时也是可以做的东西，是他和朋友们在思考和讨论的过程中感到有趣的东西。	埃米莉说，舞蹈是她的一个重要部分，但她同时也报告说，情况也并不总是这样。她 5 岁开始上芭蕾课。她以年长的舞者为榜样，在课堂上努力学习，以打动老师，老师会给予她更多的挑战和鼓励。埃米莉每年都会上更多的课，扮演更多的角色。10 岁对她来说，是关键的一年。"我记得 10 岁那年，老师把我调到了高级班，我感觉自己格格不入。我觉得自己永远也比不上那些高年级的女生。那些舞步对我来说太难了，我想放弃。"她解释说，进入高级班，不但没有增强她的自信，反而降低了她的自我效能感。在大多数时候，当她离开班级时，她都会感到气馁，但在母亲的鼓励下，她还是继续参加这些课程。那年春天，她的老师宣布，第二年秋天，埃米莉就可以穿上她的第一双足尖鞋（她知道大家都是在 12 岁的时候才穿上的，而不是 10 岁）。"当老师说我已经准备好了，我的整个观点就改变了。我每天都来上课，努力学习，想让她感到骄傲，证明自己能行。穿着足尖鞋，我可以向每个人展示我真的是一名芭蕾舞演员。"埃米莉坚持不懈地完成了具有挑战性的练习，并继续参加剧团的课程和足尖练习，在年度表演中担任更多的主角。

注：两个案例中都使用了假名。

在接下来的章节中，我们提供了在动机、参与和兴趣研究中的工作定义和研究发现，并将以纳西尔和埃米莉为例进行说明。我们回顾了评估这些变量所采用的方法，考虑了它们之间的关系，并利用文献资料提出了学习设计原则的建议。我们认为，这些变量是支持更深层次学习的核心。

一、术语定义与研究

1. 动机

动机是一个广义的术语，它既包括参与和兴趣，也包括其他主题，如：对成就、能力或胜任力的看法、信念；期望值（从一个行动和另一个行动中获益的可能性）；价值和选择。这些因素是基于一个人对参与和归属的可能性、效用、重要性和利益的考虑而提出的。动机可以解释学习者关于是否能够学习或能够理解新内容/技能的思维方式；未来的时间观；关于自我效能的信念，或对处理特定任务的能力信念，和/或对能力的自我概念，即他们对自己能力的感觉，包括他们处理某一领域、学科领域或研究领域（如科学）的任务类型的能力的感觉。对动机的研究可以关注个人为自己设定的目标，以及他们为实现这些目标而采取主动和/或自我调节的意愿。动机的主题还可能包括对无聊的考虑，以及激励的突出性或奖励。

动机的主题涵盖不同的变量和研究领域,但它们往往同时出现。例如,在纳西尔和埃米莉的案例材料中,动机中的几个主题是显而易见的。

在 CS 课上,纳西尔希望(或有动机或意愿):

- 使老虎机工作(一个明确的目标);
- 完成家庭作业(成就动机);
- 与他的同学相比,他是成功的(期望值,这个项目值得花费时间的期望值)。

纳西尔对 CS 的动机始于他最初设计老虎机的任务,额外的 CS 课程的吸引力,以及课外的机会,如暑期实习,以培养他的编程能力。他的动机来自于他的信念,他相信自己拥有可以制作老虎机所需的编码技能,这是一个具有明确结果和目标的项目。尽管在这个过程中遇到了一些障碍,但他仍然坚持编码,这就要求他采取主动的姿态并进行自我调节,才能实现自己的目标。在任何一个特定的点上,他都可能被认为处于流动状态(in a flow state)(Csikszentmihalyi, 1990),也可能被认为有兴趣。在化学中他没有发现同样的挑战;他觉得作业是程序化的,自己在其中会受到限制,这使他失去了兴趣。

纳西尔的坚持不懈说明了适当的挑战是如何成为动力的:他利用自己的知识解决问题,获得成就感,并准备好解决更复杂的问题。结果,纳西尔觉得 CS 学习很有裨益;他对 CS 的学习兴趣被激发,并积极主动地投入到学习中。

将埃米莉的情况和纳西尔的情况一起考虑,可以看出他们的动机是相似的,尽管他们的学科重点和兴趣程度不同。

在高级班,埃米莉有以下动机:

- 好好表现(短期目标);
- 成为一名芭蕾舞演员(长期目标);
- 在年度表演中承担更多的角色,给观众中的朋友和家人留下深刻印象(表现型目标);
- 为艺术而学芭蕾舞(掌握型目标)。

埃米莉学习芭蕾舞的动机是受芭蕾舞的结构和训练方法的影响,以及她所上的芭蕾舞课的影响。她在不断挑战的课程中培养了自己的舞蹈能力,并受到老师和年长同学榜样的影响。知道年长的、舞蹈功底较深的舞者们都在高级班,埃米莉非常想上这个班(成就动机)。但是,当她被要求掌握自己还不知道的舞步时,她会感到压制,这种挑战影响了她的自我效能感。埃米莉的积极性和对芭蕾舞的兴趣开始减弱。母亲的鼓励是埃米莉继续参与课程的关键,而足尖鞋的承诺表明,她的老师认为她可以应对课堂上的挑战。

埃米莉的案例描述了学习者动机的目标组合:短期目标和长期目标,表现型目标和掌握型目标(Vedder-Weiss 和 Fortus, 2013)。尽管获得足尖鞋让她觉得很有成就感,但她对舞步的掌握——即她对舞步的知识和相应价值的发展,作为芭蕾舞不可或缺的组成部分——才是激励她的动力。埃米莉的案例也让我们了解到,来自他人的过渡性支持(transitional support)和可能的成就(如足尖鞋)是如何促进持续性动机的,即使是对那些兴趣比较浓厚的人来说。

纳西尔和埃米莉的案例强调了人们在识别和参与机会（例如，新的学科追求、高级课程）等方面对支持的不同需求。正是通过与他人的互动，他们才作出了有关自己是否能够成功（自我效能感）的判断，为自己设定目标，并进行自我调节。

2. 参与

虽然许多主题可以单独或一起用来描述动机，但参与（engagement）是一种元结构，它描述了参与（participation）的背景（如学校、运动队、家庭）和个人对其在认知、情感和行为上的反应。此外，正如弗雷德里克等人（Fredricks 等，2004）所指出的，参与的认知、情感和行为是同时发生的，而与动机中的主题不同的是，它们是重叠的。

认知参与（Cognitive engagement）描述了人们如何投入到一个特定的任务中，为了掌握具有挑战性的内容和困难的技能而付出努力的自觉性和/或意愿。纳西尔和埃米莉都是认知参与型的，因为他们都能接受他人的支持以及他们所从事的任务结构。他们能够应对挑战，并能坚持不懈地制定和实现自己的目标。纳西尔和埃米莉在情感上和行为上也很投入。他们的情感参与（emotional engagement）是指他们对学习环境的态度，包括他们能够参与的感受。他们的行为参与（behavioral engagement）包括他们继续参与 CS 和芭蕾舞的课程，以及他们对这些学习环境中的规则、期望和规范的认同。

纳西尔对 CS 的兴趣和埃米莉对芭蕾舞的兴趣的发展，将他们与那些缺乏动机和兴趣的学习者区分开来，而那些缺乏动机和兴趣的学习者与学校的疏离（disengagement）和随之而来的辍学率也激发了许多有关参与的研究（Reschly 和 Christenson，2012）。当学习者尚未与他们的作业、任务或环境建立起联系时，他们的参与可能只是表面上的参与，他们可以从支持中获益，以评估他们的情境、规则和期望。他们的情况与像纳西尔这样的学生有着本质的区别，尽管他们的兴趣没有得到充分发展，但他们的参与是有意义的。

纳西尔很高兴能够深入参与到 CS 的作业中。他发现这个作业不仅仅是一个获得成绩的机会，而且让他学会了编码。这样的学习环境让他有机会接触到具有挑战性的内容，并与他人合作制定策略，同时遵循他的个人设计理念，创造出一个令他自豪的独特的老虎机。纳西尔的有意义的参与和博克斯曼、李和奥尔森（Boxerman, Lee 和 Olsen，2013）所描述的在户外实地考察中使用视频来记录科学的青年类似，也与那些参与了古特威尔和艾伦（Gutwill 和 Allen，2012）博物馆项目探究游戏的结构化和合作版本的人类似。

3. 兴趣

兴趣描述的是对特定内容的有意义的参与：人们在参与过程中的心理状态，以及随着时间推移，他们继续重新参与该内容的可能性。希迪和伦宁格（Hidi 和 Renninger，2006）在他们的四阶段兴趣发展模型中，描述了兴趣发展经历的四个阶段：触发的情境兴趣，维持的情境兴趣，萌生的个人兴趣和发展良好的个人兴趣（表 12.2）。

神经科学已经证实，兴趣的触发或激活与大脑中的奖励回路相关（Berridge，2012）。这意味着，一旦兴趣被触发并开始发展，参与兴趣的内容就会成为其本身的奖赏。这也表明,无论一个人的年龄、性别、先前经验和性格如何,兴趣都可以被触发。当与那些兴趣不大或根本没有兴趣的人合作时,其目标是让参与的人感到有成就感。

兴趣可以被其他人(如教师、教练、同伴)、学习环境中的任务和活动、一个人为加深理解所做的努力等触发。在这个过程中,注意力被激发,现有的知识和价值随之被拓展。新颖的信息可以通过唤起人们对以往理解中的差距或差异的注意来激发兴趣,从而促进新知识的发展。兴趣的触发器可以包括在讲座或讨论中,也可以嵌入到作业、任务或活动中。

表 12.2　兴趣发展的四个阶段中学习者特征、反馈愿望和反馈需求

	欠发达(早期)		更发达(后期)	
	阶段 1—触发的情境兴趣	阶段 2—维持的情境兴趣	阶段 3—萌生的个人兴趣	阶段 4—发展良好的个人兴趣
学习者特征	学习者: • 关注内容,哪怕只是稍纵即逝 • 需要支持以参与内容 • 这种兴趣来自他人(例如小组合作,教学对话) • 这种兴趣通过教学设计(如软件)激发 • 可能体验到积极或消极的感觉 • 可能或不可能反思性地意识到这一经验	学习者: • 重新接触之前引发关注的内容 • 在他人的支持下,找到自己的技能、知识和先前经验之间的联系 • 有积极的感觉 • 正在发展内容知识 • 正在培养对内容价值的认识	学习者: • 可能独立地重新接触内容 • 好奇的问题会引导他们去寻找答案 • 有积极的感觉 • 继续发展他们所了解的知识和价值 • 非常专注于自己的问题 • 可能认为学科的经典反馈和大多数反馈没有什么价值	学习者: • 独立地重新接触内容 • 有好奇的问题 • 容易自我调节,重新设计问题和寻求答案 • 有积极的感觉 • 能在沮丧和挑战中坚持不懈,以达成目标 • 认识到他人对该学科的贡献,以及其他信息/技能/观点的存在,以获得理解 • 积极地寻求反馈
反馈愿望	学习者愿望: • 让他们的想法得到尊重 • 其他人也能理解该难度的内容 • 希望简单地被告知如何以尽可能少的步骤完成分配的任务	学习者愿望: • 让他们的想法得到尊重 • 得到具体的建议 • 被告知该做什么	学习者愿望: • 让他们的想法得到尊重 • 表达自己的想法 • 不希望被告知需要修正目前的努力	学习者愿望: • 让他们的想法得到尊重 • 信息和反馈 • 在个人标准与本学科更广泛接受的标准之间取得平衡
反馈需求	学习者需求: • 对他们所做的努力感到由衷的感激 • 有限的具体建议	学习者需求: • 对他们所做的努力感到由衷的感激 • 得到支持去探索自己的想法	学习者需求: • 感觉到自己的想法和目标被理解 • 感到自己的努力得到真正的赞赏 • 看到如何更有效地实现有关自身目标的反馈	学习者需求: • 感觉到自己的想法被听取和理解 • 建设性的反馈 • 挑战

纳西尔和埃米莉的案例说明了兴趣的培养。在描述他对 CS 的兴趣发展时，纳西尔提到了朋友们的支持、任务的挑战性（和可行性）、CS 和化学作业的差异、以及他对这些作业的感受。尽管纳西尔进入大学时对化学有兴趣，但这种兴趣已经消失了，这其中至少有一部分原因是作业的程序性，也可能是因为他的教授和同伴们都没有支持他理解作业的程序性的重要性或实用性，他自己也没有提过这方面的需求。相比之下，埃米莉与芭蕾舞的渊源很深。然而，她所描述的困难时期，即使是对那些有兴趣的人来说，也很常见。埃米莉需要支持才能坚持下去。在埃米莉的案例中，她的母亲和老师的鼓励是她继续学习芭蕾舞的关键触发器，而足尖鞋的承诺也让她能够继续努力学习她需要掌握的舞步的程序性细节。

表 12.2 的四阶段模型描述的是阶段（而非层级），因为初始兴趣的触发可能会导致兴趣的发展，也可能不会导致兴趣的发展。如果兴趣的发展没有得到支持，它就会降低、休眠或者可能完全消失（Bergin，1999）。兴趣的持续发展取决于一个人与他人互动的质量和/或学习环境中的任务设计（例如，Linnenbrink-Garcia，Patall 和 Messersmith，2012；Renninger 等，2014；Xu，Coats 和 Davidson，2012）。

兴趣的发展与其他动机变量的发展以及个人的自我表现，或身份认同相协调（Renninger，2009）。像纳西尔这样兴趣不太浓厚的人，可能需要来自他人和/或他们的任务支架，才知道如何学习新的内容。他们不认为自己是追求潜在兴趣的人（如计算机科学家）；他们甚至可能认为培养兴趣是不可能的。他们的自我效能感和自我调节能力可能很低。这些人需要支架和反馈，以使他们能够与要学习的内容建立联系（表 12.2）。

另一方面，像埃米莉那些兴趣较浓的人，只要他们继续感受到挑战和信心，一般都能独立地加深对知识的理解。埃米莉认为自己是一名芭蕾舞演员，具有良好的自我效能感和自我调节能力。然而，如果她们所从事的任务让她们觉得不可能完成，那么他们就与那些兴趣较低的人没有什么不同。他们也需要支持，才能发现持续的参与是有益的。

4. 研究方法概述

对动机的研究主要涉及基本的研究问题，例如某一特定变量如何以及为什么起作用。因此，他们倾向于集中一个或两个动机主题作为自变量，并分析它们与结果之间的关系，如标准化成绩测量的表现。动机中的不同主题通常被当作研究的目标，这就好像是说它们彼此是不同的，尽管在实践中它们是同时存在的，正如纳西尔和埃米莉的案例材料所表明的那样。除了参与性研究以及在某种程度上涉及兴趣的研究之外，动机研究通常不报告学习环境，也不包括对学习环境的分析。

而对参与的研究往往侧重于理解不参与的个体，以及如何使不参与的个体成为富有成效的参与者，因此，他们关注的是人们如何参与到学习环境中来。这类研究通常将学习环境作为一个因变量，而反映在个体认知、情感和行为反应中的参与度，与之相关。研究者们开展了基于调查的定量研究(如 Martin 等,2015)和更多的定性研究(如 Dhingra,2003；Rahm,2008),这些研究提供了有关学习环境的描述和参与者对学习环境的认知、情感和行为反应。虽然参与研究的研究者不对其进行干预,但收集到的描述性数据可以帮助学校心理学家和教育工作者进行干预,以提高有意义参与的可能性(例如,Christenson 和 Reschly,2010)。

兴趣研究则顾名思义,既是对持续性动机的研究,也是对有意义参与的研究。因此,他们既将兴趣作为一个因变量,又将其作为一个自变量来研究。当兴趣被作为因变量时,研究的重点通常是兴趣的主题或通过与学习环境的相互作用来发展兴趣。当兴趣被作为自变量时,调查会考虑兴趣对其他变量的影响,如注意力、记忆力或学校表现等。

研究动机、参与和兴趣的研究者经常使用来自调查的自我报告(self-reports)(例如,自适应学习量表的模式 〔Patterns of Adaptive Learning Scales,PALS；Midgley 等,2000〕),Liker 型匿名问卷(Vedder-Weiss 和 Fortus,2013),或半结构化的深度访谈(例如,Azevedo,2013)。这些数据提供了关于所研究变量的频率(或数量)和/或质量的描述性信息,并经常作为学习环境的影响因素(作为自变量)被分析。

由于自我报告取决于参与者的自我意识和反思能力,因此,将自我报告数据与其他数据源结合起来可能对确保自我报告的准确性很重要,尤其是当参与者缺乏动机、参与或兴趣时。这些数据来源的例子包括：人种学数据(如 Ito 等,2010)；观察或视频数据(如 Barron,Gomez,Pinkard 和 Martin,2014)；作品分析(如 Cainey,Bowker,Humphrey 和 Murray,2012)以及经验抽样(如 Järvelä,Veermans 和 Leinonen,2008)。

由于抽样的可能性,以及研究问题的具体化,年龄、性别、种族和作为第一代学生的身份都有可能在这些文献中被一一涉及。正如本章上一节所描述的,所有个体的动机、参与和兴趣都具有相似的特征。然而,具有相似人口统计学特征的群体也可能在其动机、参与特征或兴趣主题的频率、强度或发展程度上存在差异。这种差异意味着不同的学习者可能需要不同的学习支持。

例如,关于能力和成就的研究表明,即使在很小的时候,儿童也会意识到自己的表现并在意它(Wigfield 等,1997)。大约在 8—10 岁时,他们开始进行"自我—他人比较"(Harter,2003),正如伦宁格(2009)所指出的那样,这些暗示了他们可能需要哪些支持来认真对待他们尚未掌握的内容(表 12.2)。正因为如此,大约 8 岁以下的学习者比那些年龄较大的学生更有可能也更容易在不同的内容领域中工作和探索。这并不意味着年龄较大的学习者不能培养兴趣,但这确实影响了可能需要为其提供的支持的性质。

性别是另一个可能影响表现的变量,它似乎与所提供的任务背景有关。人们发现,健康和照顾人等话题更有利于女孩的学习。例如,霍夫曼和豪斯勒(Hoffmann

和 Häussler,1998)报告说,相比于用油泵来为物理教学创设情境,使用心脏泵作为情境会更有利于女孩的学习,而男孩在任何一种情境下都能有效地学习。这项研究的另一个发现是,考虑到女孩通常对机械物体缺乏经验,当教师将处理力和速度的单元集中在骑自行车的人使用安全头盔的问题上时,会对女生的学习效果产生不同的影响(Hoffmann,2002)。同样,当女性决定接受与计算相关的教育时,自我认知(如"我喜欢数学")对她们来说比男性更重要(Hong,Wang,Ravitz 和 Fong,2015)。

研究发现,种族也会影响学习者的参与和参与模式(例如,Huang,Taddese 和 Walter,2000)。例如,在科学领域,拉丁裔和亚裔家庭被认为比白人或非裔美国人家庭在参与方面传达了更强、更清晰的信息(如 Archer 等,2012)。

代表性不足的学生和第一代有可能在学校获得成功的学生的参与也受到实用价值或相关性干预的积极影响(见 Hulleman,Kosovich,Barron 和 Daniel,2016)。这些干预措施相对简单,包括支持学生表达和反思他们与主题内容的联系,经常通过写作的方式进行。这种类型的干预已被反复证明可以提高课程成绩、可能追求额外的课程,并提升那些有风险的学生对学科内容的兴趣,而对那些没有风险的学生没有任何损害。

二、启示:以动机、参与和兴趣为导向的学习设计原则

本章综述了关于动机、参与和兴趣的相关文献,在这个过程中也结合了纳西尔和埃米莉的案例,由此确定了学习的三个设计原则:

1. 学习者需要学习相关的学科内容,这样才会有收获。他们需要接触该内容的语言和任务,并开始培养对该内容的兴趣,以发展他们对该内容的挑战性工作能力,并通过该内容扩展他们现有的理解。

2. 支持学习者与教学内容合作,可以通过他人的支架或设计任务与活动,为学习者提供支持。此外,处于兴趣发展早期和后期阶段的学习者很可能需要不同类型的互动和/或支持来参与学科内容的学习。

3. 对于处于不同兴趣发展阶段的学习者,教学者可能需要调整任务、活动或学习环境的结构,以使他们能够专注于任务的相关方面,并接受挑战,追求理解。

我们将这些设计原则设定为一般原则(而不是"固定的"循序渐进的公式),并鼓励对每项原则进行复制性的后续研究(Makel 和 Plucker,2014)。我们还注意到报告那些结果不显著的研究的重要性,因为和那些重要的数据一样,这些数据对于推动该领域的发展同样重要:它们可以标记出有问题的假设,并平衡其他报告相同研究的人(Rothstein,Sutton 和 Borenstein,2006)。

纳西尔和埃米莉的案例说明了这些设计原则。纳西尔和埃米莉都需要建立起自

己与内容的联系。他们也都需要来自他人或任务本身的支持,尽管他们所准备的工作有所不同。他们与他人互动的本质,或者给他们布置的任务和挑战,都需要与他们的兴趣发展阶段相一致。

霍德利(Hoadley,2013)在他的学习科学学术项目网络(Network of Academic Programs in the Learning Sciences,NAPLeS)研讨会上,描述了努力确定可以在不同情境中通用的设计原则。他所确定的每一个问题要么涉及动机、参与或兴趣,要么是通过考虑这些问题而得到的启发。忽略动机、参与和兴趣在个人参与和学习中的核心地位是错误的:它可能会影响到一个项目的目标是否能够实现,和/或一个研究项目是否可能为实践提供信息。了解这些条件下研究的设计意义,可以显著改善资源分配的公平性,提高对青少年的支持质量等。纳西尔和埃米莉的动机、参与和兴趣受到他们各自对问题的思考方式的影响,这影响了他们的参与和学习。正如纳西尔所观察到的那样,"最后,这取决于你和你思考问题的方式"。

三、致谢

本章的工作得到了斯沃斯莫尔学院教师研究基金(Swarthmore College Faculty Research Fund)的支持,授予任艳艳(Yanyan Ren)的霍华德·休斯医学院奖学金(Howard Hughes Medical Institute Fellowship)以及授予海蒂·M·克恩(Heidi M. Kern)的尤金·M·朗夏季研究奖学金(Eugene M. Lang Summer Research Fellowship)的支持。本章的编辑工作也得到了梅丽莎·朗宁(Melissa Running)的支持,在此表示感谢。

四、延伸阅读

Gutwill, J. P., & Allen, S. (2012). Deepening students' scientific inquiry skills during a science museum field trip. *Journal of the Learning Sciences*, 21(1), 130 - 181. doi: 10.1080/10508406.2011.555938

本文介绍了博物馆项目"探究游戏"的创建和研究,旨在提高学生在互动科学博物馆中的探究能力。它报告了参与度的测量(保持时间、或学生选择在一个展品上花费多少时间)、有意义的参与的结果,以及在实地考察小组中监护人的角色。

Hidi, S., & Harackiewicz, J. M. (2000). Motivating the academically unmotivated: A critical issue for the 21st century. *Review of Educational Research*, 70(2), 151 - 179. doi: 10.3102/00346543070002151

本文全面综述了关于目标和兴趣的文献,并解释了为什么诸如外在动机和内在动机或掌握目标和表现目标这样的二分法是不确定的。

Ito，M. S.，Baumer，S.，Bittanti，M.，boyd，d.，Cody，R.，Herr Stephenson，B.，et al.（2010）．*Hanging out，messing around，and geeking out：Kids living and learning with new media*．Cambridge，MA：MIT Press.

本书报道了"连接学习"的方法，它将兴趣驱动的学习与人际支持以及与学术、职业成功或公民参与的联系结合在一起。它还探讨了媒体如何支持学习环境以促进连接性学习。

Renninger，K. A.，& Hidi，S.（2016）．*The power of interest for motivation and engagement*．New York：Routledge.

本书提供了兴趣研究的概述，并在每章末尾为研究者提供了详细的注释。它解释了如何支持兴趣发展及其测量，兴趣与其他动机变量的发展之间的关系，跨校内外主题领域的兴趣研究，以及兴趣的下降。

Vedder-Weiss，D.，& Fortus，D.（2013）．School，teacher，peers，and parents' goals emphases and adolescents' motivation to learn science in and out of school．*Journal of Research in Science Teaching*，50（8），952 - 988．doi：10.1002/tea.21103

这篇文章报告了学生的动机和参与：家长对目标的看法如何预测学生的学习动机，学校结构如何影响学生的目标设定，以及同伴网络如何影响学生的动机水平。

五、NAPLeS 资源

Hoadley，C. *A short history of the learning sciences*［Video file］．In *NAPLeS video series*．Retrieved October 19，2017，from http：//isls-naples. psy. lmu. de/intro/all-webinars/hoadley_video/index. html

Renninger，K. A.，Ren，Y.，& Kern，H. M. *Motivation，engagement，and interest*［Video file］．*Introduction and discussion*．In *NAPLeS video series*．Retrieved October 19，2017，from http：//isls-naples. psy. lmu. de/video-resources/guided-tour/15-minutes-renninger/index. html

参考文献

Archer, L., DeWitt, J., Osborne, J., Dillon, J., Willis, B., & Wong, B. (2012). Science aspirations, capital, and family habitus how families shape children's engagement and identification with science. *American Educational Research Journal, 49*(5), 881–908. doi:10.3102/0002831211433290

Azevedo, F. S. (2013). Knowing the stability of model rockets: An investigation of learning in interest-based practices. *Cognition and Instruction, 31*(3), 345–374. doi:10.1080/07370008.2013.799168

Barron, B. Gomez, K., Pinkard, N., & Martin, C. K. (Eds.) (2014). *The Digital Youth Network: Cultivating digital media citizenship in urban communities*. Cambridge, MA: MIT Press.

Bergin, D.A. (1999). Influences on classroom interest. *Educational Psychologist*, *34*, 75–85. doi:10.1207/s15326985ep3402_2

Berridge, K. C. (2012). From prediction error to incentive salience: Mesolimbic computation of reward motivation. *European Journal of Neuroscience*, *35*, 1124–1143. doi:10.1111/j.1460-9568.2012.07990.x

Boxerman, J. Z., Lee, V. R., & Olsen, J. (2013, April). *As seen through the lens: Students' encounters and engagement with science during outdoor field trips*. Paper presented at the Annual Meeting of the American Educational Research Association, San Francisco, CA.

Cainey, J., Bowker, R., Humphrey, L., & Murray, N. (2012). Assessing informal learning in an aquarium using pre- and post-visit drawings. *Educational Research and Evaluation*, *18*(3), 265–281.

Christenson, S. L., & Reschly, A. L. (2010). Check & Connect: Enhancing school completion through student engagement. In B. Doll, W. Pfohl, & J. Yoon (Eds.). *Handbook of youth prevention science* (pp. 327–348). New York: Routledge.

Christenson, S. L., Reschly, A. L., & Wylie, C. (Eds.). (2012). *Handbook of research on student engagement*. New York: Springer. doi:10.1007/978-1-4614-2018-7

Csikszentmihalyi, M. (1990). *Flow: The psychology of optimal experience*. New York: Harper & Row.

Dhingra, K. (2003). Thinking about television science: How students understand the nature of science from different program genres. *Journal of Research in Science Teaching*, *40*(2), 234–256. doi:10.1002/tea.10074

Fredricks, J. A., Blumenfeld, P. C., & Paris, A. H. (2004). School engagement: Potential of the concept, state of the evidence. *Review of Educational Research*, *74*(1), 59–109. doi:10.3102/00346543074001059

Gutwill, J. P., & Allen, S. (2012). Deepening students' scientific inquiry skills during a science museum field trip. *Journal of the Learning Sciences*, *21*(1), 130–181. doi:10.1080/10508406.2011.555938

Harter, S. (2003). The development of self-representation during childhood and adolescence. In M. R. Leary & J. P. Tangney (Eds.), *Handbook of self and identity* (pp. 610–642). New York: Guilford.

Hidi, S., & Harackiewicz, J. M. (2000). Motivating the academically unmotivated: A critical issue for the 21st century. *Review of Educational Research*, *70*(2), 151–179. doi:10.3102/00346543070002151

Hidi, S., & Renninger, K. A. (2006). The four-phase model of interest development. *Educational Psychologist*, *41*(2), 111–127. doi:10.1207/s15326985ep4102_4

Hoadley, C. (2013, September 30). *A short history of the learning sciences* [Video file]. In *NAPLeS video series*. Retrieved October 19, 2017, from http://isls-naples.psy.lmu.de/intro/all-webinars/hoadley_video/index.html

Hoffmann, L. (2002). Promoting girls' interest and achievement in physics classes for beginners. *Learning and Instruction*, *12*(4), 447–465. doi:10.1016/s0959-4752(01)00010-x

Hoffmann, L. & Häussler, P. (1998). An intervention project promoting girls' and boys' interest in physics. In L. Hoffmann, A. Krapp, K.A. Renninger, & J. Baumert (Eds.), *Interest and learning* (pp. 301–316). Kiel, Germany: IPN.

Hong, H., Wang, J., Ravitz, J., & Fong, M. Y. L. (2015, February). Gender differences in high school students' decisions to study computer science and related fields. *Symposium on Computer Science Education* (p. 689), Kansas, MO.

Huang, G., Taddese, N. & Walter, E. (2000). *Entry and persistence of women and minorities in college science and engineering education* (Research and Development Report NCES 2000-601). Washington, DC: National Center for Education Statistics. Retrieved January 24, 2018, from https://nces.ed.gov/pubs2000/2000601.pdf

Hulleman, C. S., Kosovich, J. J., Barron, K. E., & Daniel, D. B. (2016). Making connections: Replicating and extending the utility value intervention in the classroom. *Journal of Educational Psychology*, *109*(3), 387–404. doi:10.1037/edu0000146

Ito, M. S., Baumer, S., Bittanti, M., boyd, d., Cody, R., Herr Stephenson, B., et al. (2010). *Hanging out, messing around, and geeking out: Kids living and learning with new media*. Cambridge, MA: MIT Press.

Järvelä, S., Veermans, M., & Leinonen, P. (2008). Investigating learners' engagement in a computer-supported inquiry—A process-oriented analysis. *Social Psychology in Education*, *11*, 299–322.

Linnenbrink-Garcia, L., Patall, E. A., & Messersmith, E. E. (2012). Antecedents and consequences of situational interest. *British Journal of Educational Psychology*, *83*(4), 591–614. doi:10.1111/j.2044-8279.2012.02080.x

Makel, M. C., & Plucker, J. A. (2014). Facts are more important than novelty. *Educational Researcher*, *43*(6), 304–316. doi:10.3102/0013189X14545513

Martin, A., Papworth, B., Ginns, P., Malmberg, L., Collie, R., Calvo, R. (2015). Real-time motivation and engagement during a month at school: Every moment of every day for every student matters. *Learning and Individual Differences*, *38*, 26–35.

Midgley, C., Maehr, M. L., Hruda, L., Anderman, E. M., Anderman, L., Freeman, K. E., et al. (2000). *Manual for the Patterns of Adaptive Learning Scales (PALS)*. Ann Arbor, MI: University of Michigan.

Rahm, J. (2008). Urban youths' hybrid positioning in science practices at the margin: A look inside a school-museum-scientist partnership project and an after school science program. *Cultural Studies of Science Education*, *3*(1), 97–121. doi:10.1007/s11422-007-9081-x

Renninger, K. A. (2009). Interest and identity development in instruction: An inductive model. *Educational Psychologist*, *44*(2), 1–14. doi:10.1080/00461520902832392

Renninger, K. A., Austin, L., Bachrach, J. E., Chau, A., Emmerson, M. S., King, R. B., et al. (2014). Going beyond the "Whoa! That's cool!" of inquiry. Achieving science interest and learning with the ICAN Intervention. In S. Karabenick & T. Urdan (Eds.), *Motivation-based learning interventions*, Advances in Motivation and Achievement series (Vol. *18*, pp. 107–140). United Kingdom: Emerald Publishing. doi:10.1108/S0749-742320140000018003

Renninger, K. A., & Hidi, S. (2016). *The power of interest for motivation and engagement*. New York: Routledge.

Reschly, A. L., & Christenson, S. L. (2012). Jingle, jangle, and conceptual haziness: Evolution and future directions of the engagement construct. *Handbook of research on student engagement* (pp. 3–19). New York: Springer. doi:10.1007/978-1-4614-2018-7_1

Rothstein, H. R., Sutton, A. J., & Borenstein, M. (Eds.). (2006). *Publication bias in meta-analysis: Prevention, assessment and adjustments*. Hoboken, NJ: John Wiley.

Shernoff, D. J. (2013). *Optimal learning environments to promote student engagement*. New York: Springer. doi:10.1007/978-1-4614-7089-2

Vedder-Weiss, D., & Fortus, D. (2013). School, teacher, peers, and parents' goals emphases and adolescents' motivation to learn science in and out of school. *Journal of Research in Science Teaching*, *50*(8), 952–988. doi:10.1002/tea.21103

Wigfield, A., Eccles, J., Schiefele, U., Roeser, R., & Davis-Kean, P. (2006). Development of achievement motivation. In R. Lerner & W. Damon (Series Eds.), N. Eisenberg (Vol. Ed.), *Handbook of child psychology*, Vol. *3*, *Social, emotional, and personality development* (6th ed., pp. 933–1002). New York: Wiley.

Wigfield, A., Eccles, J. S., Yoon, K. S., Harold, R. D., Arbreton, A. J. A., Freedman-Doan, C., & Blumenfeld, P. C. (1997). Change in children's competence beliefs and subjective task value across the elementary school years: A 3-year study. *Journal of Educational Psychology*, *89*, 451–469.

Xu, J., Coats, L. T., & Davidson, M. L. (2011). Promoting student interest in science: The perspectives of exemplary African American teachers. *American Educational Research Journal*, *49*(1), 124–154. doi:10.3102/0002831211426200

第 13 章　协作中调节学习的当代视角

萨纳·耶尔韦莱,阿利森·哈德温,琼娜·马姆伯格,玛丽埃尔·米勒(Sanna Järvelä, Allyson Hadwin, Jonna Malmberg, Mariel Miller)

一、引言:自我调节学习涵盖了一系列关键性 21 世纪技能

成功的学生会积极参与多种活动,包括规划学习、利用有效策略、监控学习进程以及处理与学习任务相关的困难和挑战(例如,Zimmerman,2000)。在当今的知识型社会,21世纪技能对于学习、创造性和批判性思维、协作以及策略性地使用信息和沟通技术(information and communication technology, ICT)都至关重要(Beetham 和 Sharpe,2013)。知道如何学习和提高自己的学习技能是个人和社会福祉的关键。几十年的自我调节学习(self-regulated learning, SRL)研究表明,想要在个人学习和协作学习任务中取得成功,需要发展促进在个人或协作学习中的调节性学习技能和策略(Hadwin, Järvelä 和 Miller,2017)。能够策略性地调节自己和他人的学习是非常重要的,它具有在整个生活和工作中优化认知、动机和情感行为的巨大潜能(Zimmerman 和 Schunk,2011)。

不幸的是,研究一致表明,学习者往往不能充分规划、使用适应性学习策略,或利用技术进行学习、协作和解决问题(见 Järvelä 和 Hadwin,2013; Kirschner 和 Van Merriënboer,2013)。调节自己的学习不是一件容易的事情,既需要学习,也需要自我调节工具和/或环境的支持(例如,Hadwin, Oshige, Gress 和 Winne,2010)。学习者可能缺乏指导自己学习的技能或知识,或是缺乏制定成功策略和过程的动机。此外,在与同伴和团队互动时(共同调节和共享调节),个人层面的调节(自我调节)所面临的困难会变得更加复杂。由于当今和未来的许多问题都依赖于能够共同解决复杂任务的团队,所以社会性的共享调节尤为关键。简而言之,如果想要恰当地规划和有策略地调整学习,以适应学习过程中遇到的挑战,就需要策略性地调节自己(即自我调节,SRL)、调节社会文化情境和人(即共同调节的学习,co-regulated learning, CoRL),以及调节群体(即社会共享的学习调节,socially shared regulation of learning, SSRL)(Hadwin 等,2017)。本章介绍了这些概念,并讨论了它们对学习科学的贡献。我们还描述了支持调节学习的设计原则和技术。

过去数十年间的自我调节发展

在过去几十年 SRL 的发展中,关于 SRL 的早期观点强调个体,尤其是调节的认知

建构性方面,如认知、行为和动机(例如,Winne,1997)。SRL 强调学生对自己的学习负责的重要性(例如,Zimmerman,1989)。SRL 的社会认知视角强调三元互惠,即认知和个人因素、环境以及行为以互惠的方式相互作用(Schunk 和 Zimmerman,1997)。然而,20 世纪 90 年代初出现的学习的情境视角(Greeno,2006)开始挑战 SRL 的社会认知模型在解释高度互动和不断变化的学习情境中的调节的局限性。

随着社会的发展,学习情境越来越具有社会性和交互性,并通过各种技术日益丰富。因此,研究和实践也越来越关注调节学习在社会化和协作化情境中的地位和作用,尤其是在计算机支持的协作学习情境中(Järvelä 和 Hadwin,2013;Järvenoja,Järvelä 和 Malmberg,2015)。近年来,研究者开始探索社会和自我在策略性学习调节中的交汇点。我们自己也一直在努力定义和概念化这三种形式的调节(自我调节、共同调节和共享调节),将它们作为高度互动和协作学习情境中的核心过程(Hadwin 等,2017)。

二、自我调节(SRL)、共同调节(CoRL)和社会共享调节(SSRL)的定义及其对学习科学的贡献

三种调节模式是协作学习的中心:自我调节学习、共同调节学习和社会共享学习调节。考虑到这些概念是在过去五年激增的,因此,阐明每一个概念的含义非常重要。为了做到这一点,我们主要依赖于我们对这个领域的最新综述(Hadwin 等,2017)。

1. 自我调节学习(SRL)

指个体在参与学习任务时,对学习所进行的深思熟虑的和策略性的规划、制定、反思和适应。个人在学习或提高运动技能、完成学习等学术工作、在孩子成长过程中学习新的育儿技能、或适应新的工作环境时都会进行自我调节学习。在 SRL 中,元认知监控和评估会驱动适应,而个人目标和标准则为学习者的自我调节奠定了基础。由此产生的 SRL 过程是迭代和递归的,会随着新的元认知反馈的产生而不断适应。重要的是,这些元认知、适应性和自主性(agentic)过程超越了对认知的控制,扩展到行为、动机和情感。这种观点认为,元认知的知识和意识是适应性应对一系列复杂挑战的关键,这些挑战有助于学习者的成功。个人的 SRL 为小组任务服务,是实现最佳生产性协作的必要条件。换句话说,协作过程中 SRL 的证据对共享调节的出现而言是补充性的,而不是对抗性的。

2. 协作中的共同调节学习(CoRL)

广义上是指策略性规划、制定、反思和适应的调配受到激励或约束的过程。共同调节的启示和约束存在于行动和互动、环境特征、任务设计、调节工具或资源、支持或妨碍有效调节的文化信念和实践中。人与人之间的互动和交流可能在刺激这种过渡性的、灵活的调节中发挥作用,但情境和任务的其他方面也可能起作用。CoRL 的这一

定义承认了共同调节在将群体转向为更有成效的共享调节中的作用,而不仅仅是个人转向自我调节。共同调节还会产生影响共享调节潜能的启示和约束,这就是为什么,我们时常发现共同调节提示被嵌入共享调节的事件中(例如,Grau 和 Whitebread,2012)。共同调节涉及群体成员形成对彼此目标和信念的意识,并将调节支持暂时转移到彼此或者转移到支持调节的技术和工具上。调节者可以发起共同调节,如当被请求调节支持时(例如,要求某人澄清任务标准)。或者,调节可以由同伴或小组成员来提示(例如,提示策略:"也许你应该复习一下你的笔记")。最后,共同调节可以通过工具和技术来支持,例如检查时间的数字提醒,或者在学习系统中嵌入目标设定支架。

关于共同调节,应重点注意两点。首先,共同调节不仅仅是促进调节行动,而且是调节过程的暂时转移或内化,这使"共同调节"能够被接受(Hadwin,Wozney 和 Pontin,2005)。其次,CoRL 来自多个个体的分布式调节专业知识;在必要时由合适的人或者为合适的人策略性地使用。共同调节可能很难与共享调节区分开来,因为一致和富有成效的共同调节很可能是共享调节出现的必要条件。

3. 协作中的社会共享学习调节(SSRL)

指群体的深思熟虑的、策略性的、交互性的计划、任务制定、反思和适应。它包括通过协商和持续的适应共同控制认知、行为、动机和情感条件。交互性(Transactivity)意味着多个个体观点促成了元认知、认知、行为和动机状态的共同出现,其中元认知是共享调节的核心。元认知过程助长了调节(监控和评估)在群体成员中的共享,从而推动了协商的变化,这被称为大规模或小规模的适应。个体的 SRL 为集体自主性提供了一个重要的基础;集体自主性取决于共同目标和标准的出现,这些目标和标准可能由个人目标提供,但并不总是取代个人目标。最后,不管是从社会历史的角度还是从情境的角度来看,共享调节都存在于个人和集体的信念和经验中,这些信念和经验一起为共同任务的参与提供信息,并因协作而改变。

三、什么是学习调节,什么不是?

在过去的 10 年里,人们对调节概念的兴趣,以及调节在研究和实践中的应用,已经远远超出了它们在教育心理学的范畴。研究者们对这一主题兴趣的提升表明,调节学习对于理解与学习和参与相关的复杂的、多层面的过程是有意义的。然而,调节概念的新兴用途和阐述往往脱离了其心理学基础,导致了对概念的解释、定义、操作性的不一致,以及对其的误用。

教育心理学中对 SRL 的形式和社会调节的研究已有二十多年的历史。本章从理论和实证研究的基础出发,从 SRL 的早期概念开始(参见 Schunk 和 Zimmerman,1997),强调认知、动机和元认知的基础,而自我调节、共同调节和共享学习调节的概念都起源于这些基础。我们提出了六个指导性的主题来概念化所有形式的调节。

第一，学习不仅仅涉及元认知的控制或执行功能。虽然元认知的监控、评估和控制有助于调节学习，但它们不应该被视为同一概念。对于调节学习采取多层面观点的研究者来说，这意味着在调节学习过程中收集有关动机、行为、元认知和认知之间相互作用的数据，而不是仅关注一个层面。

第二，调节(SRL，CoRL 和 SSRL)的产生是因为人类在努力实现目标的过程中发挥了能动性，这是学习和协作的一部分。自我设定的目标和集体产生的目标，无论是否透明，都会使参与、策略行动和互动置于情境中。对于研究者来说，这意味着需要研究学习者和群体意图的数据，以及该意图与任务目标或目的的匹配程度。如果不了解学习者的意图，对观察到的策略、行为、动机或情感的推断最多也只能是有限的。

第三，调节是随着时间和任务的推移而发展的。这种将调节作为一个适应性过程而不是一个状态的概念，无论对齐默曼和舒克(Zimmerman 和 Schunk，2011)的宏观层面阶段(预想、绩效或意志控制和自我反省)还是对温尼和哈德温(Winne 和 Hadwin，1998)的调节模型微观层面的 COPES 架构(条件、操作、产品、评价和标准)都很重要，而这两者为 SRL 的每个阶段都提供了信息。对于研究者来说，这意味着收集有关调节的数据，因为这些数据在时间上展开，从未来的信念、知识和经验中产生，并持续性地被信念、知识、经验所塑造。

第四，调节存在于个人历史中。新的学习情境总是由知识、信念，还有自我、任务、领域和团队的心智模型以及过去的经验所决定的。学习者从他们对学习和协作的了解和感受出发，而不仅仅是从他们先前对该领域的知识开始。因此，策略性任务的参与总是非常个性化的——根植于过去的个人和集体经验。对于研究者来说，这意味着必须要随着时间的推移对情境调节的个人和集体情况的数据进行收集和观察。

第五，调节的标志是对挑战等情境的意向性或有目的的行动。例如，当消极的自我效能感降低了任务的参与度或绩效时，或预期某种情境的效能感降低时，学习者会进行积极的自我对话。当任务持续性减弱时，学习者会公开地阐明目标。人们熟练地切换调节的开启和关闭，创造了复杂处理的认知能力(Hadwin 等，2017)。对于研究者来说，这意味着不能在任何时间或地点自发地观察到调节的情况。相反，数据收集的时间应该精心安排，以捕捉对公开和默示的挑战或模拟自我监控和行动的情况的情境反应。

第六，当学习者参与具有个人意义的真实学习活动和情境，而且这些活动和情境能为他们创造将过去的知识和经验与当前的情境联系起来的机会时，调节就出现了。正是在这些情境中，文化环境和关系，以及互动、情境和活动，产生了对学习的自我调节、共同调节和共享调节。我们特别借鉴了温尼和哈德温的 SRL 的 COPES 模型，因为它模拟了任务工作阶段内和跨任务工作阶段的内部、外部和共享条件的更新演变。通过这样做，该模型确认了调节的情境性质，以及不同的调节模式(自我、共同和共享)相互作用的方式。对于研究者来说，这意味着要非常谨慎地看待从某些研究中得出的推论和解释,因为在这些研究中,学习者完成学习或协作任务仅仅是为了满足研究的要求。

四、用技术促进元认知意识

在过去的十年中,研究者已经设计并引入了支持 SRL 和元认知意识的技术(Azevedo,2015;Bannert,Reimann 和 Sonnenberg,2014)。这些技术提供了被理论指导的学习环境,这些理论是关于在这些环境下人们通常是如何学习和行动的。例如,MetaTutor(Azevedo,2015)是基于 SRL 理论的最先进的软件。根据学习者在环境中的活动,MetaTutor 会给予学习者促进元认知意识的提示(Johnson,Azevedo 和D'Mello,2011)。这些提示包括学习目标(例如,需要掌握的科学主题)、学习阶段性的子目标以及与学习环境进行交互的可能性(例如,培养元认知意识的动画教学设计)。

同样,班纳特、赖曼和索南伯格(Bannert,Reimann 和 Sonnenberg,2014)开发了元认知提示,目的是支持定向、计划、目标规范、搜索信息、监控和评估。它们提示学习者练习元认知意识,目的在于支持规范的学习过程和学习产品。研究结果显示,在学生接受或没有接受提示的认知和元认知学习活动中,循环的发生存在系统性差异。

新技术的开发和测试往往假设学生已经具备了足够的自我调节能力,但还没有元认知意识,学生并不知道什么时候应该自发地回忆或执行调节学习(Bannert 和Reimann,2012)。技术有可能通过提示认知和元认知过程,自动识别需要促进元认知意识的时刻。当代研究已经开始探索元认知和调节过程之间的顺序和时间关联(Malmberg,Järvelä 和 Jarvenojä,2017)。然而,有关技术在真实的学习和协作环境中的应用,还需要进一步的研究。

五、为什么学习调节与学习科学相关

学习科学关注的是发生在复杂的社会和技术环境中的深度学习(Sawyer,2014)。在这些物理和社会环境中的研究和学习对学习提出了新的要求。虽然协作对于深度学习的重要性在学习科学中已经得到了充分的肯定(例如,O'Donnell 和 Hmelo-Silver,2013),但对社交和协作学习的研究和支持需要考虑认知、社会、情感、动机和情境变量之间的复杂交互(Thompson 和 Fine,1999)。为了说明这一点,拉乔伊等人(Lajoie 等,2015)研究了医学生学习如何在传递坏消息时使用元认知和共同调节的社会情感过程。通过对元认知过程、积极情感表达和消极社会情感交互进行编码,他们揭示了在分布式在线问题式学习环境中情感与元认知之间的动态关系。

我们认为,学习的调节是 21 世纪成功学习的核心技能(Hadwin 等,2017)。然而,实证研究一致表明,在社会互动背景下,小组学习和分享的心理过程具有挑战性。即使在精心设计的教学活动中,小组也可能遇到许多困难,包括认知和社会情感的挑战

(Van den Bossche，Gijselaers，Segers 和 Kirschner，2006)。认知方面的挑战可能来自理解彼此想法的困难，也可能来自对于多种观点的协商(Kirschner，Beers，Boshuizen 和 Gijselaers，2008)。动机方面的问题可能是由于小组成员的目标、优先级和期待值的不同而产生的(Blumenfeld，Marx，Soloway 和 Krajcik，1996)。应对这些挑战意味着不能只是支持知识建构和协作互动。共同工作意味着共同建构共享的任务呈现、目标和策略。还意味着通过对动机、认知和行为的共同的元认知监控和控制来调节学习。

以往的研究表明，学生(1)在彼此的思想基础上，构建共同的任务感知、协商他们的计划和目标(Malmberg，Järvelä，Järvenoja 和 Panadero，2015)，(2)平等地分享他们对任务的策略参与，并共同监控他们迈向共同目标的学习进程(Malmberg 等，2017)。例如，耶尔韦莱、耶尔韦诺哈、马姆伯格、伊索哈泰莱、索博辛斯基(Järvelä，Järvenoja，Malmberg，Isohätälä 和 Sobocinski，2016)针对调节的三个阶段(预想、表现和反思)对群体的认知和社会情感的互动进行了研究。他们研究了自我调节和共享调节活动在协作中的使用，以及它们对协作学习结果是否有作用。他们的研究结果表明，调节活动的协作规划在实践中得以共享。此外，取得良好学习成果的小组除了参与共享调节活动之外，还使用了多个调节过程来支持他们的学习。

人们也清楚地认识到，用于学习和支持 SRL 的任务必须有足够的难度，才能要求学生参与监控和控制他们的学习。哈德温、耶尔韦莱和米勒(Hadwin，Järvelä 和 Miller，2017)解释说，具有挑战性的学习情境会创造 SRL 机会。也就是说，在某一情境中，挑战会要求学习者将他们的调节策略情境化，并将其付诸实践，目的是为了测试他们的 SRL 过程是否是有意识的。当学习过程毫不费力的时候，有意识的 SRL 就会停止，并且不会再次出现，直到挑战来激活这种需要。

我们相信，以主动学习为目标而且按照学习科学原则所设计的情境，可以为训练调节提供机会。此外，任务特征(Lodewyk，Winne 和 Jamieson-Noel，2009)或者领域(Wolters 和 Pintrich，1998)会促进或限制 SRL。例如，在过去二十年里，佩里(Perry)研究了支持小学生 SRL 的课堂环境的质量。在他们的研究(Perry 和 VandeKamp，2000)中，佩里使用了对教师和学生的课堂观察、作业样本和学生访谈来确定鼓励和限制 SRL 的因素。研究结果显示，学生最频繁进行 SRL 的课堂是：(1)有机会参与复杂的、有意义的多节课的任务；(2)有机会选择任务、选择与谁合作以及在哪里工作；(3)能够控制任务的挑战性；(4)参与制定评价标准，并对学习进行回顾和反思。

设计具有最佳挑战性和学生责任感的协作学习任务，是激活学生调节学习的核心(Malmberg 等，2015)。协作学习的研究表明，要实现高效协作需要时间(Fransen，Weinberger 和 Kirschner，2013)，因为调节学习需要时间。马姆伯格等人(Malmberg 等，2015)的研究结果表明，当协作小组从事开放性任务时，小组共享调节活动的焦点会随着时间的推移而转移。在协作初期，小组可能专注于调节协作的外部方面(例如时间管理和环境），而在后期阶段，调节的重点会转移到认知导向或者动机问题上。简而言之，必须给予各小组充分的相互协作的机会，辅之以有指导的机会，以便系统地规划和反思小组协作的进展和挑战。

学习者将不同的信念和兴趣带入活动，导致不同的动机和参与度、成功的效能感以及学习所需的支持类型（Järvelä 和 Renninger，2014）。研究者已经确定了小组工作的激励特征，如整合有挑战性的任务来支持学习兴趣（Järvelä 和 Renninger，2014），或者个人的责任感和相互依赖（Cohen，1994）。还有人研究了小组成员对小组活动的不同目标、优先级和期待值相关的动机挑战。动机和情感调节的研究结果表明，在成功的群体中，群体成员能够意识到社会情感的挑战，并能够激活社会共享的动机调节（Järvenoja 等，2015）。正如耶尔韦莱和伦宁格（Järvelä 和 Renninger，2014）所建议的那样，教育者可以预测学习者的兴趣、动机和参与度的差异，并在设计中加入项目或问题的特征，增加这些特征中的一个或另一个可能有助于引发学习者的兴趣、激发其动机并为其提供学习调节方面的支持。综上所述，似乎学习的设计原则必须考虑学习者的兴趣、动机和参与度的差异，而做到这点必须通过(1)支持基于内容的互动，(2)为学习者提供思考和处理内容的支架，以及(3)提供调节支持。

六、支持调节学习的设计原则和技术工具

越来越多的技术已经被应用于学习科学，为提示和支持学习提供了新的方式。例如，计算机支持的协作学习环境（CSCL）为学习者提供了指导和支持其自主学习的机会，并使得研究者可以研究不同形式的调节。

技术通过五种方式来支持学习者的学习调节。第一，开发技术工具和环境，共享信息和共同构建知识，解决共同的问题（例如，Scardamalia 和 Bereiter，1994）。有研究已经考察了这些知识建构环境中知识建构过程和结果的质量以及效率（例如，Fischer，Kollar，Stegmann 和 Wecker，2013）。

第二，群体意识和社会性已经通过技术得到支持，其目标是积极影响社会和认知表现（Kirschner，Strijbos，Kreijns 和 Beers，2004）。CSCL 三个核心要素（社交性、社交空间和社会存在；Kreijns，Kirschner 和 Vermeulen，2013），以及它们与群体成员的心智模型、社会负担能力、学习结果的关系，已经在工具和小部件中得以实现（例如，Janssen，Erkens 和 Kirschner，2011；另见 Bodemer，Janssen 和 Schnaubert，本手册）。

第三，开发自适应工具和设计，支持 SRL 和元认知过程（参见 Azevedo 和 Hadwin，2005）。基于计算机的教学工具被设计用来支持学习者根据需要激活现有的 SRL 技能。适应性系统有可能对学习者的活动做出"即时"反应，提供定制的和有针对性的 SRL 支持（Azevedo，Johnson，Chauncey 和 Graesser，2011）。教学工具可以多种多样，从相对短期的提醒到根据学习阶段的目标设定规划工具（Bannert 和

Reimann，2012)。

第四，在一段时间内共同完成一项任务时，发展对自我和他人的意识和理解已经得到意识和可视化工具的支持(Kreijns，Kirschner 和 Jochems，2002)。这些工具源于计算机支持的协作工作(computer-supported collaborative work，CSCW)(例如，Dourish 和 Bellotti，1992)，其重点是实现最佳协调，不管是在松散或紧密结合的小组活动之间还是内部，是协作之间还是在协作内部。在 CSCL 中，这些工具应用了历史意识和群体意识的观点(Kreijns，Kirschner 和 Jochems，2002)。关于个人与集体的互动和参与的数据，镜像工具都收集、汇总并反映给用户(Buder 和 Bodemer，2008)。

第五，通过开发调节规划、制定和监控支持，SSRL 过程得到了促进和维持(Järvelä，Kirschner 和 Hadwin 等，2016)。这些支持基于这样的发现：学习者很少意识到社会共享调节的机会，他们往往需要一些外部支持才能实现这些过程(Järvelä，Järvenoja，Malmberg 和 Hadwin，2013)。例如，个人和小组规划工具已经被直接整合到复杂的协作任务中(Miller 和 Hadwin，2015)。对支持水平的比较(个体与小组，高支持与低支持)表明，无论个体的支持水平如何，高水平的小组支持都会促进互动的规划讨论；这些反过来又有利于构建更准确的共享任务感知，而共享任务感知是利用个体任务感知建构起来的。

七、未来的趋势及发展

尽管 SRL 理论的社会性方面在理论和概念上都取得了进展，但未来的研究可能会集中在工具的开发，这些工具使研究者和学习者可以更具体地了解无形的心理调节过程及其伴随的社会和情境反应。仅靠自我报告和对视频和/或话语报告的主观编码不足以研究调节是如何随着时间的推移而发展和适应的。自我报告是基于学生对他们将如何制定或实际上制定某些过程的感知；这些感知往往与学习过程中实际发生的情况不一致(Zimmerman，2000)。由于编码者对观测数据的主观编码以及观察到的行为解释比较薄弱，以致这些结果缺乏普遍性，因为它们具有内容特定性、时间依赖性和个体性。

目前关于调节学习的研究趋势包括：(1)收集丰富的多模态数据，(2)使用数据驱动分析技术(如学习分析法)，以及(3)汇总这些数据源，指导学习者策略性地调节个体和群体的认知、动机和情感(Roll 和 Winne，2015)。多模态数据包括来自不同渠道的客观和主观数据，同时追踪一系列认知和非认知过程(Reimann，Markauskaite 和 Bannert，2014)。虽然 SRL 研究中的多模态数据采集还处于早期阶段，但多渠道数据三角测量可以提供一种全新的方法，在有挑战性的学习情境中捕捉关键的 SRL 阶段。

SRL 研究的进展有利于学习科学家在各种情境中积极设计和实施创新的教与学方法，并在基于设计的研究中检验其干预措施(Sawyer，2014)。研究者和教师可以检验,除了学习材料和学习者的动机以及情感状态外,他们的干预措施在多大程度上改变了学习过程。然而,在现实中,这种情况很少出现。干预不能决定学习者如何参与任务。相反,干预是自主性学习者在学习情境中与其他要素一起获得的启示,正如他们所感知的那样,其目标在于调节学习(Roll 和 Winne,2015)。关注在线学习过程并收集学习轨迹数据,可以使这些复杂的调节过程清晰可见,也有助于更好地开展学习设计。SRL 领域的多学科协作有望为学习科学提供更有效的工具和模型。

八、延伸阅读

Hadwin, A. F., Järvelä, S., & Miller, M. (2017). Self-regulation, coregulation and shared regulation in collaborative learning environments. In D. Schunk & J. Greene (Eds.), *Handbook of self-regulation of learning and performance* (2nd ed., pp. 65 - 86). New York: Routledge.

本书的这一章提供了对三种调节学习模式的定义和机制的最新概述。

Järvelä, S., Malmberg, J., & Koivuniemi, M. (2016). Recognizing socially shared regulation by using the temporal sequences of online chat and logs in CSCL. *Learning and Instruction*, 42, 1 - 11. doi: 10.1016/j. learninstruc. 2015.10.006

这篇文章就自我调节活动和共享调节活动的使用方式以及它们是否对协作学习结果有用提供了实证证据。

Miller, M., & Hadwin, A. (2015). Scripting and awareness tools for regulating collaborative learning: Changing the landscape of support in CSCL. *Computers in Human Behavior*, 52, 573 - 588. doi: 10.1016/j. chb. 2015.01.050

这篇文章探讨了应用自我调节、共同调节和社会共享调节的理论框架设计支持 CSCL 中调节工具的必要性。

Winne, P. H., & Azevedo, R. (2014). Metacognition. In R. K. Sawyer (Ed.), *The Cambridge handbook of the learning sciences* (2nd ed., pp. 63 - 87). Cambridge, UK: Cambridge University Press.

本章阐述了元认知的基本原理及其在富有成效的自我调节中的作用。

九、NAPLeS 资源

Järvelä, S., Shared regulation in CSCL [Webinar]. In NAPLeS video series. Retrieved October 19, 2017, from http://isls-naples. psy. lmu. de/intro/all-webinars/jaervelae/index. html

参考文献

Azevedo, R. (2015). Defining and measuring engagement and learning in science: Conceptual, theoretical, methodological, and analytical issues. *Educational Psychologist*, *50*(1), 84–94. doi:10.1080/00461520.2015.1004069

Azevedo, R., & Hadwin, A. F. (2005). Scaffolding self-regulated learning and metacognition – Implications for the design of computer-based scaffolds. *Instructional Science*, *33*(5–6), 367–379. doi:10.1007/s11251-005-1272-9

Azevedo, R., Johnson, A., Chauncey, A. & Graesser, A. (2011). Use of hypermedia to convey and assess self-regulated learning. In B. Zimmerman & D. Schunk (Eds.), *Handbook of self-regulation of learning and performance* (pp. 102–121). New York: Routledge.

Bannert, M. & Reimann, P. (2012). Supporting self-regulated hypermedia learning through prompts. *Instructional Science*, *40*(1), 193–211. doi:10.1007/s11251-011-9167-4

Bannert, M., Reimann, P., & Sonnenberg, C. (2014). Process mining techniques for analyzing patterns and strategies in students' self-regulated learning. *Metacognition and Learning*, 9, 161–185. doi:10.1007/s11409-013-9107-6

Beetham, H., & Sharpe, R. (2013). *Rethinking pedagogy for a digital age: Designing for 21st century learning* (2nd ed.). New York: Routledge.

Blumenfeld, P. C., Marx, R. W., Soloway, E., & Krajcik, J. (1996). Learning with peers: From small group cooperation to collaborative communities. *Educational Researcher*, *25*(8), 37–39. doi:10.3102/0013189X025008037

Bodemer, D., Janssen, J., & Schnaubert, L. (2018). Group awareness tools for computer-supported collaborative learning. In F. Fischer, C. E. Hmelo-Silver, S. R. Goldman, & P. Reimann (Eds.), *International handbook of the learning sciences* (pp. 351–358). New York: Routledge.

Buder, J., & Bodemer, D. (2008). Supporting controversial CSCL discussions with augmented group awareness tools. *International Journal of Computer-Supported Collaborative Learning*, *3*(2), 123–139. doi:10.1007/s11412-008-9037-5

Cohen, E. G. (1994). Restructuring the classroom: Conditions for productive small groups. *Review of Educational Research*, *64*(1), 1–35. doi:10.3102/00346543064001001

Dourish, P., & Bellotti, V. 1992. *Awareness and coordination in shared workspaces*. Proceedings of the ACM Conference on Computer-Supported Cooperative Work CSCW '92 (pp. 107–114), Toronto, Canada. New York: ACM.

Fischer, F., Kollar, I., Stegmann, K., & Wecker, C. (2013). Toward a script theory of guidance in computer-supported collaborative learning. *Educational Psychologist*, *48*(1), 56–66.

Fransen, J., Weinberger, A., & Kirschner, P. A. (2013). Team effectiveness and team development in CSCL. *Educational Psychologist*, *48*(1), 9–24. doi:10.1080/00461520.2012.747947

Grau, V., & Whitebread, D. (2012). Self and social regulation of learning during collaborative activities in the classroom: The interplay of individual and group cognition. *Learning and Instruction*, *22*(6), 401–412. doi:10.1016/j.learninstruc.2012.03.003

Greeno, J. G. (2006). Learning in activity. In R. Sawyer (Ed.), *The Cambridge handbook of the learning sciences* (pp. 79–96). Cambridge, NY: Cambridge University Press.

Hadwin, A. F., Järvelä, S., & Miller, M. (2017). Self-regulation, co-regulation and shared regulation in collaborative learning environments. In D. Schunk & J. Greene (Eds.), *Handbook of self-regulation of learning and performance* (2nd ed., pp. 65–86). New York: Routledge.

Hadwin, A. F., Oshige, M., Gress, C. L. Z., & Winne, P. H. (2010). Innovative ways for using gStudy to orchestrate and research social aspects of self-regulated learning. *Computers in Human Behavior*, *26*(5), 794–805. doi:10.1016/j.chb.2007.06.007

Hadwin, A. F., Wozney, L., & Pontin, O. (2005). Scaffolding the appropriation of self-regulatory activity: A socio-cultural analysis of changes in teacher-student discourse about a graduate student portfolio. *Instructional Science*, *33*(5–6), 413–450. doi:10.1007/s11251-005-1274-7

Janssen, J., Erkens, G., & Kirschner, P. A. (2011). Group awareness tools: It's what you do with it that matters. *Computers in Human Behavior*, *27*(3), 1046–1058. doi:10.1016/j.chb.2010.06.002

Järvelä, S., & Hadwin, A. F. (2013). New frontiers: Regulating learning in CSCL. *Educational Psychologist*, *48*(1), 25–39. doi:10.1080/00461520.2012.748006

Järvelä, S., Järvenoja, H., Malmberg, J., & Hadwin, A. F. (2013). Exploring socially shared regulation in the context of collaboration. *Journal of Cognitive Education and Psychology*, *12*(3), 267–286. doi:10.1891/1945-8959.12.3.267

Järvelä, S., Järvenoja, H., Malmberg, J., Isohätälä, J., & Sobocinski, M. (2016). How do types of interaction and phases of self-regulated learning set a stage for collaborative engagement? *Learning and Instruction* 43, 39–51. doi:10.1016/j.learninstruc.2016.01.005

Järvelä, S., Kirschner, P. A., Hadwin, A., Järvenoja, H., Malmberg, J. Miller, M., & Laru, J. (2016). Socially shared regulation of learning in CSCL: Understanding and prompting individual- and group-level shared regulatory activities. *International Journal of Computer Supported Collaborative Learning*, *11*(3), 263–280. doi:10.1007/s11412-016-9238-2

Järvelä, S., & Renninger, K. A. (2014). Designing for learning: Interest, motivation, and engagement. In K. Sawyer (Ed.), *Cambridge handbook of the learning sciences* (2nd ed., pp. 668–685). New York: Cambridge University Press.

Järvenoja, H., Järvelä, S., & Malmberg, J. (2015). Understanding the process of motivational, emotional and cognitive regulation in learning situations. *Educational Psychologist*, *50*(3), 204–219.

Johnson, A. M., Azevedo, R., & D'Mello, S. K. (2011). The temporal and dynamic nature of self-regulatory processes during independent and externally assisted hypermedia learning. *Cognition and Instruction*, *29*(4), 471–504. doi:10.1080/07370008.2011.610244

Kirschner, P. A., Beers, P. J., Boshuizen, H. P. A., & Gijselaers, W. H. (2008). Coercing shared knowledge in collaborative learning environments. *Computers in Human Behavior*, *24*, 403–420.

Kirschner, P. A., Strijbos, J.-W., Kreijns, K., & Beers, P. J. (2004). Designing electronic collaborative learning environments. *Educational Technology Research and Development*, *52*(3), 47–66.

Kirschner, P. A., & Van Merriënboer, J. G. (2013). Do learners really know best? Urban legends in education. *Educational Psychologist*, *48*(3), 169–183.

Kreijns, K., Kirschner, P. A., & Jochems, W. M. G. (2002). The sociability of computer-supported collaborative learning environments. *Educational Technology & Society*, *5*(1), 8–22.

Kreijns, K., Kirschner, P. A., & Vermeulen, M. (2013). Social aspects of CSCL environments: A research framework. *Educational Psychologist*, *48*(4), 229–242. doi:10.1080/00461520.2012.750225

Lajoie, S. P., Lee, L., Poitras, E., Bassiri, M., Kazemitabar, M., Cruz-Panesso, et al. (2015). The role of regulation in medical student learning in small groups: Regulating oneself and others' learning and emotions. *Computers in Human Behavior*, *52*, 601–616. doi:10.1016/j.chb.2014.11.073

Lodewyk, K. R., Winne, P. H., & Jamieson-Noel, D. L. (2009). Implications of task structure on self-regulated learning and achievement. *Educational Psychology*, *29*(1), 1–25. doi:10.1080/01443410802447023

Malmberg, J., Järvelä, S., & Järvenoja, H. (2017). Capturing temporal and sequential patterns of self-, co- and socially shared regulation in the context of collaborative learning. *Contemporary Journal of Educational Psychology*. doi:10.1016/j.cedpsych.2017.01.009

Malmberg, J., Järvelä, S., Järvenoja, H., & Panadero, E. (2015). Socially shared regulation of learning in CSCL: Patterns of socially shared regulation of learning between high and low performing student groups. *Computers in Human Behavior*, *52*, 562–572. doi:10.1016/j.chb.2015.03.082.

Miller, M., & Hadwin, A. (2015). Scripting and awareness tools for regulating collaborative learning: Changing the landscape of support in CSCL. *Computers in Human Behavior*, *52*, 573–588. doi:10.1016/j.chb.2015.01.050

O'Donnell, A. M., & Hmelo-Silver, C. E. (2013). Introduction: What is collaborative learning? An overview. In C. Hmelo-Silver, A. O'Donnell, C. Chan, & C. Chin (Eds.), *The international handbook of collaborative learning*, (pp. 1–15). New York: Routledge.

Perry, N. E., & VandeKamp, K. J. (2000). Creating classroom contexts that support young children's development of self-regulated learning. *International Journal of Educational Research*, *33*(7), 821–843.

Reimann, P., Markauskaite, L., & Bannert, M. (2014). e-Research and learning theory: What do sequence and process mining methods contribute? *British Journal of Educational Technology*, *45*(3), 528–540. doi:10.1111/bjet.12146

Roll, I., & Winne, P. H. (2015). Understanding, evaluating , and supporting self-regulated learning using learning analytics. *Journal of Learning Analytics*, *2*, 7–12.

Sawyer, R. K. (2014). Conclusion: The future of learning: Grounding educational innovation in the learning sciences. In Sawyer, R. K. (Ed.), *The Cambridge handbook of the learning sciences*, (2nd ed., pp. 726–746). New York: Cambridge University Press. doi:10.1017/CBO9781139519526

Scardamalia, M., & Bereiter, C. (1994). Computer Support for Knowledge-Building Communities. *Journal of the Learning Sciences*, *3*(3), 265–283. doi: 10.1207/s15327809jls0303_3

Schunk, D. H., & Zimmerman, B. J. (1997). Social origins of self-regulatory competence. *Educational Psychologist*, *32*(4), 195–208. doi:10.1207/s15326985ep3204_1

Thompson, L., & Fine, G. A. (1999). Socially shared cognition, affect and behavior: A review and Integration. *Personality and Social Psychology Review*, *3*(4), 278–302.

Van den Bossche, P., Gijselaers, W. H., Segers, M., & Kirschner, P. A. (2006). Social and cognitive factors driving teamwork in collaborative learning environments. *Small Group Research*, *37*, 490–521. doi: 10.1177/1046496406292938

Winne, P. (1997). Experimenting to bootstrap self-regulated learning. *Journal of Educational Psychology*, *89*(3), 397–410.

Winne, P. H. (2011). A cognitive and metacognitive analysis of self-regulated learning. In B. Zimmerman & D. Schunk (Eds.), *Handbook of self-regulation of learning and performance* (pp. 15–32). New York: Routledge.

Winne, P. H., & Hadwin, A. F. (1998). Studying as self-regulated engagement in learning. In D. Hacker,

J. Dunlosky, & A. Graesser (Eds.), *Metacognition in Educational Theory and Practice* (pp. 277–304). Hillsdale, NJ: Lawrence Erlbaum.

Wolters, C. A., & Pintrich, P. R. (1998). Contextual differences in student motivation and self-regulated learning in mathematics, English, and social studies classrooms. *Instructional Science, 26*(1–2), 27–47. doi:10.1023/A:1003035929216

Zimmerman, B. J. (1989). A social cognitive view of self-regulated academic learning. *Journal of Educational Psychology, 81*(3), 329. doi:10.1037//0022-0663.81.3.329

Zimmerman, B. J. (2008). Investigating self-regulation and motivation: Historical background, methodological developments, and future prospects. *American Educational Research Journal, 45*(1), 166–183.

Zimmerman, B. J., & Schunk, D. H. (2011). Self-regulated learning and performance: An introduction and an overview. In B. J. Zimmerman & D. H. Schunk (Eds.), *Handbook of self-regulation of learning and performance* (pp. 1–12). New York: Routledge.

第 14 章　集体知识建构

尤里克·克雷斯,乔基姆·金梅尔(Ulrike Cress, Joachim Kimmerle)

一、界定集体知识建构

集体知识建构(collective knowledge construction)是指人们协作创造新知识和新内容的过程。这是一种人际活动,可能发生在一些小群体中,也可能发生在人数众多的大型共同体中。其基本思想是,学习是一种社会性的集体活动,而不是孤立的活动(Bereiter, 2002; van Aalst 和 Chan, 2007)。集体知识建构的基础包括(1)人们基于个人先验知识和专业知识带入协作过程的知识,以及(2)已经成为交流的一部分并在群体或共同体中共享过的知识。

通常情况下,相关人员会利用技术和共享的数字作品促进他们的互动与协作,使他们能够共享内容并形成共同体。知识建构是一个突现的(emergent)过程,也就是说,它可能会产生一个新的集体产品,而这个产品是无法从群体的已有知识中预测得出的。在知识建构过程中,个体之间不仅可以相互补充,还可以相互借鉴、相互讨论,从而使群体作为一个整体获得新的见解。因此,知识建构需要人们在讨论中提出自己的知识、观点及视角,并愿意考虑他人的知识、观点和视角。

已经有相关研究描述了在不同规模的群体和共同体中,新知识是如何出现的。研究认为,双方可以通过考虑对方的建议来获得新的见解(Roschelle 和 Teasley, 1995),或者一个班级的学生可以通过知识建构活动成为一个共同体,在活动中,他们共同创造解决问题的办法(Scardamalia 和 Bereiter, 1999)。我们团队也对知识建构做过研究,研究对象是在维基百科上创作有关精神分裂症文章的人(Kimmerle, Moskaliuk 和 Cress, 2011)。最初,个体用户只知道精神分裂症是由遗传基因引起的。然后,他们在维基中了解到精神分裂症有其社会成因。在互动的过程中,几个参与者提出了一个改进的观点,即遗传因素和社会因素之间的相互作用可能会导致精神分裂症(这也是临床心理学的最新观点)。

知识建构也可能发生在组织层面上——比如,当企业(及其成员)推动创新时。诺纳卡和塔克池(Nonaka 和 Takeuchi, 1995)在其著名的模型中,将知识创造描述为隐性知识和显性知识之间的连续转换(Polanyi, 1966)。他们认为,通过社会化(从隐性知识到隐性知识)、外化(从隐性知识到显性知识)、组合(从显性知识到显性知识)和内化(从显性知识到隐性知识)的连续过程,个体知识可以在更高的组织层次上得到扩展和应用。例如,一个组织的员工可以通过观察他人的实践,描述各种实践之间的差异,并讨论如何产生最有效的实践方法。这是一个协作的过程,将所有人的实践结合在一起,达到能够体现集体能力的新水平。我们将在本章的不同地方引用这些知识建构的例子,以证明我们在本章中介绍的不同概念的相对价值。

下面的章节里,我们首先描述了过往有关集体知识建构研究的发展情况。我们重点描述了两种不同的研究传统——认知和社会文化——它们代表了学习与知识建构的个体和社会两个方面。在最新研究的部分,我们不仅介绍了学习科学中发展起来的几种方法,还介绍了社会学的理论。这些社会学理论为社会文化立场建立了一个概念背景,并描述了突现的社会过程的本质。除此之外,最新研究的部分还介绍了一个模型,该模型将认知、社会文化和社会学的因素汇集在技术支持的集体知识建构的背景下。然后,我们描述了这些不同研究传统中典型的研究方法。最后,我们探讨了方法论和理论的潜在未来发展。

二、集体知识建构研究的发展历程

20 世纪 90 年代以来,计算机支持的协作学习(computer-supported collaborative learning,CSCL)研究领域作为学习科学中的一个分支一直在发展。它关注协作学习以及信息和通信技术如何支持新知识的发展(关于该领域的早期描述,见 Koschmann,1996)。这个研究领域包括两种传统,它们在理论假设和方法论上都有不同的看法(Jeong 和 Hartley,本手册)。这两种研究传统分别被称为认知方法和社会文化方法(Danish 和 Gresalfi,本手册)。

认知方法(cognitive approach)强调个体,处理的是个体的信息加工。因此,这种方法明确地、完全地认为知识是在个体的头脑中产生的。在这一传统中,学习主要被看作是心理结构的获得、扩展和发展,认知心理学家在很大程度上支持这一传统。支持这一传统的研究者认为,知识被概念化为人们对世界的内在心理表征,无论是关于事实、事件还是他们的社会环境(例如,Freyd,1987;Smith,1998)。

人们的认知过程也可以被看作是建构性的活动(如 Piaget,1977)。认知过程的建构主义概念化在学习科学领域对描述和解释学习、理解、知识和记忆等问题产生了重要影响(Packer 和 Goicoechea,2000;Smith,disessa 和 Roschelle,1994)。建构主义认为,人类会根据自己的内在知识了解周围的世界。人们的目的是根据现有的认知结构和过程来理解输入的信息,也就是说,我们会将新的信息同化到自己的认知结构中,也能够根据先前的理解建构出更高级的知识。因此,先前的认知概念可以被认为是认知发展的资源(Smith 等,1994)。如果人们目前的心理结构不能充分地应对新的经验,就会发生适应过程,在这个过程中,个体会使自己的心理结构适应自己的经验。建构主义认为,所有的学习都是个体知识建构过程。

与对个体的关注相一致,最早系统地论述教育环境中合作与协作知识相关方面的研究者(如 Johnson 和 Johnson,1989;Slavin,1990)认为,学习者的互动活动主要是促进个体知识获取的一种手段。当人们在协作学习时,不得不将自己的先前知识外化,对其进行反思,向他人解释,并提出问题。这些活动反过来又会促进每个人的学习。这一传统中的研究关注在受控环境中改变社会情境,以研究这种情境是否以及如何影响个体的认知过程。例如,斯拉温(Slavin,1990)研究了哪种奖励制度(个体成绩 vs. 团体成绩)会产生最佳的个体表现;金(King,1990)研究了哪些相应的同伴问题会导致更深的理解和更复杂的个人决策。在这些调查群体层面的知识和学习的案例中,他们通常会将个体的学习方法汇总起来,并将其视为群体的方法。

然而,当人们以这样的方式进行互动,相互参照、采纳彼此的陈述、观点和论点,并将其整合到自己的推理中时,集体知识建构的突现就开始发挥作用(关于突现的更多细节见下文)(如 Chinn 和 Clark,2013)。这种集体化的过程是第二种研究传统的关键,它关注群体(包括所有的成员、工具、环境和活动),认为集体是知识建构的相关分析单位。从列昂蒂耶夫(Leontiev,1981)或维果斯基(Vygotsky,1978)的早期方法到恩格斯特伦(Engeström,2014)等当代理论家的方法,这种社会文化方法(sociocultural approach)有着广泛而悠久的历史。与认知方法不同的是,这一传统提出,知识不是一个人拥有或获得的东西。相反,它是嵌入到人们的活动和文化实践中的东西。斯卡德玛利亚和波瑞特(如 Scardamalia 和 Bereiter,1994)在研究中提出,知识是由整个群体建立(即构建)的;不能将其简单地归因为每个人身上发生的过程(Chan 和 van Aalst,本手册)。在这个传统中,知识从来不是孤立地与个体相关的;相反,知识是在共享的活动中产生的,并受情境和学习文化的影响(Brown,Collins 和 Duguid,1989;Rogoff,1990)。

三、最新进展

所有与集体知识建构有关的理论都必须考虑到其多层次结构,即个体和集体的相互作用。理论化的目的必须是为了理解人们如何以这样的方式开展协作,这不仅可以帮助个体获得知识,而且可以在群体层面上发展新的知识。研究也需要解释新知识的形成如何被描述为个体间的互动过程。在这一节,我们将介绍解决这些问题的三种研究方法。首先,我们介绍了在学习科学和 CSCL 研究中发展起来的几种方法。接着,我们介绍了处理个体和集体之间关系的社会学方法,这对于理解这方面的知识突现可能是有帮助的。最后,我们讨论了一个综合考虑各种研究传统的模型。

1. 学习科学中的集体知识建构

为了将新知识的发展描述为个体间的过程,斯塔尔(Stahl,2005,2006)使用了小组认知(group cognition)这一术语。他的模型描述了小组成员的作品、话语和互动在协作中开始变成一个相互参照的网络。这个网络使群体层面的"认知"成为可能,即共享理解。这个网络使群体的意义建构成为可能。意义本身并不依附于这个网络中的任何一个部分,它既不依附于特定的词语,也不依附于特定的作品或者人。相反,意义的突现源于观点的相互作用。通过这种相互作用,小组就有可能产生新的见解,正如前面例子中所描述的那样,参与者得出了精神分裂症可能是由遗传因素和社会因素相互作用形成的新见解。小组发展从小组话语中突现和产生的主体间知识。特劳森马图(Trausan-Matu,2009)用复调协作学习(polyphonic collaborative learning)的隐喻描述了这个复杂过程。巴赫金(Bakhtin,1981)基于对话模型,并利用词汇、语义、话语分析等方法,用不同的个体声音来描述知识建构过程,认为这些声音会共同创造出一个旋律。在这个过程中,允许有其他不和谐的声音,加入到合唱中来,并彼此协调。

脚本程序和支架工具(Kollar,Wecker 和 Fischer,本手册;Tabak 和 Kyza,本手册)常常被用作协作学习和集体知识建构的催化剂(Kollar,Fischer 和 Hesse,2006)。它们为塑造人们的贡献提供了指引,并支持学习者的互动——例如,通过提供显性的社会规则或隐性的功能支持,引导成员关注小组内的活动。通过这种方式,脚本和工具可以将参与成功协作的不同的人的活动交织在一起,在这个过程中,人们会考虑彼此的贡献,并将其融入到小组正在进行的讨论中。

在协作过程中,与知识相关的作品和工具的可用性被认为是高度相关的。例如,学习的知识创造隐喻(knowledge creation metaphor)(Paavola 和 Hakkarainen,2005)指出了作品对知识建构的重要性。三元(trialogical)学习方法(Paavola 和 Hakkarainen,2014)是一种协作学习形式,即参与者创造与知识相关的作品,并发展与知识相关的实践。这种方法强调人与人之间的协作不仅通过直接交流(对话)产生,而且通过共同开发共享作品或实践实现,构成一个不断发展的过程。作品以物化的形式呈现知识,它是独立于创造者而存在的。这些作品体现了人们在协作空间中的贡献。在前面描述的精神分裂症案例中,人们用来互动的维基文本就是这样一个共享作品的例子,在这里,人们开发的集体知识被物化,可供共同体中的每一个人参考。

2. 社会学方法

如上所述,集体知识建构的主要特征是知识的突现(emergence)。一般来说,突现一词指的是在系统的更高层次上出现的现象或结构的表现,如果孤立地考虑其较低层次要素的特征,是无法完全理解的(Johnson,2001)。在集体知识建构的背景下,突现这一概念是指在一个共同体中,新的知识可能会在协作活动之前得以发展,而这些知识并不是共同体成员个体知识结构的一部分(Nonaka 和 Nishiguchi,2001)。因此,任何处理突现现象的理论都需要考虑这种部分与整体的关系。社会学中提出了处理突现的社会方面的理论(另见 Sawyer，2005)。为了从知识突现的角度更好地理解集体知识建构的认识论问题，我们认为学习科学可以从社会学方法中受益，我们选择了三种方法进行陈述：吉登斯(Giddens，1984)概述的结构理论(structuration theory)；阿彻(Archer，1996)传统中的批判现实主义(critical realism)以及卢曼的概念化的社会系统理论(social systems theory)(Luhmann，1995；关于比较概述，见 Elder-Vass，2007a，2007b)。所有这些理论都是非常全面的，因此我们只能提供一个非常有选择性的陈述，挑选出那些我们认为与描述知识突现相关的方面。

关于社会结构(宏观层面)和个体自主性(微观层面)之间关系的理论研究有着悠久的社会学传统。一般来说，我们将社会学理论分为客观主义取向和主观主义取向，客观主义理论强调结构(很大程度上忽略了个体的能动性)，而主观主义理论侧重行为者(而忽视社会框架条件)。吉登斯(1984)在其结构理论(structuration theory)中将二者结合起来，可谓是最突出的一次探索。他提出，这两种理论只是表面上互相矛盾，因此，他致力于调和它们。他认为，需要重新考虑个体和集体之间的关系，因为方法论上的个人主义和集体主义本身都不足以解释这种关系。为此，他提出了一种理论，通过引入结构二重性(duality of structure)将社会结构框架与个体能动性联系起来，认为这两者之间的相互作用，构成了社会系统发展的过程。总的来说，社会结构，比如机构中的正式规则，对行为的影响是有限的，因为不同的个体行为者可能对行为的解释有很大的差异。当然，个体也要考虑到结构，因此，结构能够使特定的活动成为可能，支持或阻碍特定的活动。在活动中，行为者依靠和参考现有的社会结构。行为者控制他们的活动，从而调节着周围的环境。通过这种方式，行为者就产生和再现了社会结构。因此，社会结构既是活动的手段，也是活动的结果。

批判现实主义(critical realism)的突现理论也关注个体与社会结构之间的相互作用，但是他们强调这种相互作用的其他方面，并相应地考虑了不同的概念。阿彻(Archer，2003)批判吉登斯将社会结构和个体能动性混为一谈，认为二者在本体论上是不可分割的。相反，阿彻的目标是将文化、社会结构和个体能动性联系起来，而不做任何本体论上的缩减或合并。她反对个体和结构的二元性的观点。她指出社会结构的主导作用，同时，在分析层面上，她也将结构与产生或修改结构的个体实践区分开来。因此，社会结构和个体活动以及它们之间的联系不能混为一谈，可以而且应该区别分析。此外，批判现实主义似乎比结构理论更适合解释因果关系(causality)。批判现实主义假定，个体能动性是调解社会形式的因果力量(见 Bhaskar，2014)。从突现本体论的角度来看，能动性被认为是个体的突现因果力(Elder-Vass，2010)。个体是要素层次结构的一部分，"每个个体都有其自身的突现因果力量，在这里，既包括人的生物部分，也包括(至少部分地包括)由人类组成的更高层次的社会实体"(Elder-Vass，2007b，p. 326)。换句话说，个体活动和互动的结果是与社会结构的因果力量相结合的(见 Sawyer，2005)。

对于精神分裂症的例子，无论是结构理论还是批判现实主义方法都倾向于提供类似的知识突现描述。由于对维基作者的个人贡献和维基的环境条件进行了分析性区分，批判现实主义可以进行更细致的考察。关于组织中的创新，诺纳卡(Nonaka，1994)的考虑与批判现实主义方法是一致的，因为组织环境(例如，官方指导意见)为个人活动提供了社会结构，允许知识的转移和内化。

关于什么构成了社会系统和突现现象的问题，可以在卢曼(1995)的研究中找到一种截然不同的探索路径。卢曼的系统理论所关注的基本问题是"系统"的概念。系统是由系统的自我参照活动来定义的。认知系统通过思维而产生，而思维又是以先前的思想为基础的。因此，思维是一个自我参照的过程。社会系统是通过交流而产生的。这其实也是一个自我参照的过程，因为话语只能基于先前的话语来理解。认知系统和社会系统都是意义生成系统。意义只存在于一个系统中当它被实现的那一刻。无论是在认知系统还是在社会系统，一个具体概念的意义都是通过与其他概念的意义相互依赖而产生的。也就是说，话语在交际中的意义是由它与其他交际的关系发展起来的(见 Elder-Vass，2007a)。个体感知的意义是由它与其他心理表征的关系发展而来的。意义来自于这些关系如何使一个系统能够代表外部世界的问题：与之相关的是，在这个系统里如何再现和维持与其他概念的关系。

3. 认知系统与社会系统的共同进化

个体学习和集体知识建构的共同进化模型(co-evolution model)(Cress 和 Kimmerle，2008)旨在将上述介绍的几个概念结合起来，以进一步探讨集体知识建构的突现特征。特别值得关注的是，这个模型采用了卢曼的观点，提出了一种自我参照系统理论，该系统中的所有部分都是自我生产的结果(Luhmann，2006；另见 Maturana 和 Varela，1987)。理解集体知识建构需要关注认知系统和基于社会意义的系统之间的相互作用。认知系统和社会系统都是通过自己的特殊操作来建构意义的(即分别是认知和沟通；Luhmann，1995)，每个个体以及每个社会系统在其知识建构过程中都是独一无二的，因此，每个系统都可能产生完全不同的结果。即使系统的运行是封闭的，但他们从环境中选择元素并对其进行操作是开放的。维基百科在社交系统中提供了这种选择的例子，即维基百科只选择经过验证和引用的信息作进一步处理(Oeberst，Halatchliyski，Kimmerle 和 Cress，2014)。社会系统构成认知系统的环境，反之亦然。因此，这两类系统都可以从各自的刺激中产生意义。认知系统和社会系统都可以将知识外化和内化，两者都可以同化和顺应，所有这些都可以使与知识相关的动态性成为可能。

个体通过维基文本研究精神分裂症起源的例子就展示了这样的过程。在维基中，一个人可能会描述她个人对精神分裂症起源的认识，比如她对遗传倾向相关的认识。她的解释以及她如何从这些发现中获得意义是基于她个人的考虑。她选择外化的考虑因素构成了维基社区的交流环境,而维基社区是社会系统的基础。社会系统可能忽略她的贡献,或者接受她的贡献,并开始从中获取意义。社会系统的这种意义建构是通过将特定的贡献与之前的某些贡献联系起来发生的。在维基中,可能存在对精神分裂症的起源占主导地位的观点(例如,社会方面,像心理—社会压力),也可能存在对某些论点的描述和评价的特定方式。这些特征是由小组成员作为一个整体的具体构成、维基的目的或主导成员所造成的。随着时间的推移,个体的贡献可能会与其他贡献交织在一起,使之不再符合个体贡献的原始解释。群体的意义建构可能与个体的意义建构不同,因为这两个过程属于不同的系统。然而,这两个系统都可以通过内化和外化的过程动态地变化和发展。这两个系统都会"刺激"另一个系统,并导致系统的同化或适应,从而产生关于精神分裂症起源的新见解。这些可能表现为个体学习(individual learning)(认知系统的发展)和/或集体知识建构(collective knowledge construction)(社会系统的发展)。总之,共同进化模型描述了个体在共享作品的帮助下,在社会系统中交流的表现形式(综述见 Kimmerle,Moskaliuk,Oeberst 和 Cress,2015)。

四、研究方法

如上所述,认知方法和社会文化方法采用了不同的研究方法。认知心理学的主要研究方法是随机控制实验,可以最有效地控制潜在的破坏性因素。然而,这种方法需要将潜在相关变量的范围缩小到非常有限的数量,并且很大程度上排除了周围因素的影响。因此,控制实验主要涉及认知系统内的过程。相反,社会文化方法需要考虑周围环境以及社会和文化方面的因素。由此可见,社会文化研究的目的在于考察个人和群体的日常(间)活动。因此,在学习科学和 CSCL 研究中,那些将自己视为社会文化传统一部分的方法通常采用人种学方法(Garfinkel,1984)和话语分析法(Sacks 和 Jefferson,1995;Koschmann,本手册;Lund 和 Suthers,本手册)。这两种方法都研究了社会互动,包括言语和非言语行为,并准确地描述了群体和共同体在特定情境中是如何产生社会现实以及构建意义的。

例如,当人们使用维基百科以协作方式构建新知识时,话语分析可以从语言学角度考察人们如何接受彼此的信息,他们的个人贡献如何与每条信息相关联,以及他们如何进一步发展彼此的观点,直到出现新的观点。这使得研究者能够理解集体知识建构的关键事件是在什么时候和什么条件下发生的,以及新的见解(如精神分裂症发病是遗传和社会方面的相互作用)是如何被激发的。然而,这种方法在确定因果关系方面存在缺陷,很难做出具体的预测。

分析集体知识建构的方法范围很广,而且还在进一步扩大。其他方法还包括社会网络分析。这种方法通过将网络结构作为节点(例如,表示行为者)和纽带(表示相互作用)(Wasserman 和 Faust,1994)来考察社会关系。哈拉奇利斯基、莫斯卡柳克、金梅尔和克雷斯(Halatchliyski，Moskaliuk，Kimmerle 和 Cress，2014)利用这种方法分析和预测基于个体特征的集体知识建构。

五、未来趋势与发展

集体知识建构研究的未来发展可能涉及方法论和理论建设两个方面。关于新方法，未来的趋势之一是"大数据"将越来越多地被用于分析大型网络中的个体间建构过程和活动(Wise 和 Shaffer，2015)。学习平台、大规模开放的在线课程(MOOCs)、互联网论坛、维基百科、博客或推特都提供了大量的数据，让研究者能够追踪人们的贡献，并了解他们如何随着时间的推移而变化。许多这些工具都提供了广泛的数据库，可以用来分析个人和集体的动态，描述他们之间的互动方式，从而更好地分析大型群体中的集体知识建构。语义技术在分析集体知识建构的过程方面也将变得越来越有用，因为它可以分析大型群体的话语，并确定对话中出现的相关主题，以及这些主题是如何随着时间的推移在不同的人之间发展和传播的（Chen，Vorvoreanu 和 Madhavan，2014）。最后，未来可能会更多地应用计算机模拟来模拟多元主体系统，这将使研究人员能够识别从较低组件中出现的更高层次的知识相关行为(Nasrinpour 和 Friesen，2016)。

对于一般方法论而言，重要的是，将来应该更多地考虑到，应用的研究方法必须适合于复杂的、知识建构系统的多层结构(De Wever 和 Van Keer，本手册)。

在理论建构方面，我们呼吁以后的研究要将本章中描述的不同方法结合起来。尽管认知理论、社会文化理论和社会学理论在许多方面存在相当大的差异，但我们认为它们各自的缺点是可以弥补的。我们看到社会理论中需要有新的理论发展，更明确地处理知识的突现，并进行实证检验。在学习科学中应包括更多的对复杂系统的研究（例如，Jacobson 和 Wilensky，2006)，这将有助于对知识突现的理解。

六、延伸阅读

Kimmerle，J．，Moskaliuk，J．，Oeberst，A．，& Cress，U.（2015). Learning and collective knowledge construction with social media：A process-oriented perspective. *Educational Psychologist*，50，120－137.

在这篇综述文章中，作者提出了一个系统建构主义的方法来研究认知系统和社会系统的共同进化，并讨论了其对教育设计的影响。

Luhmann，N.（2006). System as difference. *Organization*，13，37－57.

这篇文章介绍了卢曼的一般系统理论的基本概念，并阐述了系统与环境的区别以及不同系统的运行模式等主要内容。

Nonaka，I.（1994）．A dynamic theory of organizational knowledge creation. *Organization Science*，5，14 - 37.

在这篇文章中,诺纳卡建构了一个管理组织知识创建的动态框架,该框架通过隐性知识和显性知识之间的不断转换来实现。

Paavola，S.，& Hakkarainen，K.（2005）．The knowledge creation metaphor：An emergent epistemological approach to learning. *Science & Education*，14，535 - 557.

这篇概念性的文章介绍了"三元"学习方法,认为学习是一个协作的过程,在这个过程中,人们开发了与知识相关的共享作品和共同实践。

Stahl，G.（2005）．Group cognition in computer-assisted collaborative learning. *Journal of Computer Assisted Learning*，21，79 - 90.

在这篇文章中,斯塔尔通过概述协作认知的社会理论,探讨了计算机支持的协作是如何支持"小组认知"的,这同样也是一个超越个体认知的过程。

参考文献

Archer, M. S. (1996). *Culture and agency: The place of culture in social theory*. Cambridge, UK: Cambridge University Press.

Archer, M. S. (2003). *Structure, agency and the internal conversation*. Cambridge, UK: Cambridge University Press.

Bakhtin, M. (1981). *The dialogic imagination: Four essays*. Austin: University of Texas Press.

Bereiter, C. (2002). *Education and mind in the knowledge age*. Mahwah, NJ: Lawrence Erlbaum Associates.

Bhaskar, R. (2014). *The possibility of naturalism: A philosophical critique of the contemporary human sciences* (4th ed.). London: Routledge.

Brown, J. S., Collins, A., & Duguid, P. (1989). Situated cognition and the culture of learning. *Educational Researcher, 18*, 32–42.

Chan, C. K. K., & van Aalst, J. (2018). Knowledge building: Theory, design, and analysis. In F. Fischer, C. E. Hmelo-Silver, S. R. Goldman, & P. Reimann (Eds.), *International handbook of the learning sciences* (pp. 295–307). New York: Routledge.

Chen, X., Vorvoreanu, M., & Madhavan, K. (2014). Mining social media data for understanding students' learning experiences. *IEEE Transactions on Learning Technologies, 7*, 246–259.

Chinn, C. A., & Clark, D. B. (2013). Learning through collaborative argumentation. In C. E. Hmelo-Silver, C. A. Chinn, C. K. K. Chan, & A. M. O'Donnell (Eds.), *International handbook of collaborative learning* (pp. 314–332). New York: Taylor & Francis.

Cress, U., & Kimmerle, J. (2008). A systemic and cognitive view on collaborative knowledge building with wikis. *International Journal of Computer-Supported Collaborative Learning, 3*, 105–122.

Danish, J. A., & Gresalfi, M. (2018). Cognitive and sociocultural perspective on learning: Tensions and synergy in the Learning Sciences. In F. Fischer, C. E. Hmelo-Silver, S. R. Goldman, & P. Reimann (Eds.), *International handbook of the learning sciences* (pp. 34–43). New York: Routledge.

De Wever, B., & Van Keer, H. (2018). Selecting statistical methods for the learning sciences and reporting their results. In F. Fischer, C. E. Hmelo-Silver, S. R. Goldman, & P. Reimann (Eds.), *International handbook of the learning sciences* (pp. 532–541). New York: Routledge.

Elder-Vass, D. (2007a). Luhmann and emergentism: Competing paradigms for social systems theory? *Philosophy of the Social Sciences, 37*, 408–432.

Elder-Vass, D. (2007b). Reconciling Archer and Bourdieu in an emergentist theory of action. *Sociological Theory, 25*, 325–347.

Elder-Vass, D. (2010). *The causal power of social structures*. Cambridge, UK: Cambridge University Press.

Engeström, Y. (2014). *Learning by expanding: An activity-theoretical approach to developmental research*. Cambridge, MA: Cambridge University Press.

Freyd, J. J. (1987). Dynamic mental representations. *Psychological Review, 94*, 427–438.

Garfinkel, H. (1984). *Studies in ethnomethodology*. Cambridge, UK: Polity Press.

Giddens, A. (1984). *The constitution of society: Outline of the theory of structuration*. Cambridge, UK: Polity Press.

Halatchliyski, I., Moskaliuk, J., Kimmerle, J., & Cress, U. (2014). Explaining authors' contribution to pivotal artifacts during mass collaboration in the Wikipedia's knowledge base. *International Journal of Computer-Supported Collaborative Learning, 9*, 97–115.

Jacobson, M. J., & Wilensky, U. (2006). Complex systems in education: Scientific and educational importance and implications for the learning sciences. *Journal of the Learning Sciences, 15*, 11–34.

Jeong, H., & Hartley, K. (2018). Theoretical and methodological frameworks for computer-supported collaborative learning. In F. Fischer, C. E. Hmelo-Silver, S. R. Goldman, & P. Reimann (Eds.), *International handbook of the learning sciences* (pp. 330–339). New York: Routledge.

Johnson, D. W., & Johnson, R. T. (1989). *Cooperation and competition: Theory and research*. Edina, MN: Interaction Book Company.

Johnson, S. (2001). *Emergence: The connected lives of ants, brains, cities, and software*. New York: Scribner.

Kimmerle, J., Moskaliuk, J., & Cress, U. (2011). Using wikis for learning and knowledge building: Results of an experimental study. *Educational Technology & Society, 14*(4), 138–148.

Kimmerle, J., Moskaliuk, J., Oeberst, A., & Cress, U. (2015). Learning and collective knowledge construction with social media: A process-oriented perspective. *Educational Psychologist, 50*, 120–137.

King, A. (1990). Enhancing peer interaction and learning in the classroom through reciprocal questioning. *American Educational Research Journal, 27*, 664–687.

Kollar, I., Fischer, F. & Hesse, H. W. (2006). Collaboration scripts: A conceptual analysis. *Educational Psychology Review, 18*, 159–185.

Kollar, I., Wecker, C., & Fischer, F. (2018). Scaffolding and scripting (computer-supported) collaborative learning. In F. Fischer, C. E. Hmelo-Silver, S. R. Goldman, & P. Reimann (Eds.), *International handbook of the learning sciences* (pp. 340–350). New York: Routledge.

Koschmann, T. (Ed.). (1996). *CSCL: Theory and practice of an emerging paradigm*. Mahwah, NJ: Lawrence Erlbaum.

Koschmann, T. (2018). Ethnomethodology: Studying the practical achievement of intersubjectivity. In F. Fischer, C. E. Hmelo-Silver, S. R. Goldman, & P. Reimann (Eds.), *International handbook of the learning sciences* (pp. 465–474). New York: Routledge.

Leontiev, A. N. (1981). *Problems of the development of the mind*. Moscow: Progress.

Luhmann, N. (1995). *Social systems*. Stanford, CA: Stanford University Press.

Luhmann, N. (2006). System as difference. *Organization, 13*, 37–57.

Lund, K., & Suthers, D. (2018). Multivocal analysis: Multiple perspectives in analyzing interaction. In F. Fischer, C. E. Hmelo-Silver, S. R. Goldman, & P. Reimann (Eds.), *International handbook of the learning sciences* (pp. 455–464). New York: Routledge.

Maturana, H. R., & Varela, F. J. (1987). *The tree of knowledge: The biological roots of human understanding*. Boston, MA: New Science Library/Shambhala Publications.

Nasrinpour, H. R., & Friesen, M. R. (2016). An agent-based model of message propagation in the Facebook electronic social network. arXiv:1611.07454.

Nonaka, I. (1994). A dynamic theory of organizational knowledge creation. *Organization Science, 5*, 14–37.

Nonaka, I., & Nishiguchi, T. (2001). *Knowledge emergence: Social, technical, and evolutionary dimensions of knowledge creation*. New York: Oxford University Press.

Nonaka, I., & Takeuchi, H. (1995). *The knowledge-creating company: How Japanese companies create the dynamics of innovation*. New York: Oxford University Press.

Oeberst, A., Halatchliyski, I., Kimmerle, J., & Cress, U. (2014). Knowledge construction in Wikipedia: A systemic-constructivist analysis. *Journal of the Learning Sciences, 23*, 149–176.

Paavola, S., & Hakkarainen, K. (2005). The knowledge creation metaphor: An emergent epistemological approach to learning. *Science & Education, 14*, 535–557.

Paavola, S., & Hakkarainen, K. (2014). Trialogical approach for knowledge creation. In S. C. Tan, H. J. So, & J. Yeo (Eds.), *Knowledge creation in education* (pp. 53–73). Singapore: Springer.

Packer, M. J., & Goicoechea, J. (2000). Sociocultural and constructivist theories of learning: Ontology, not just epistemology. *Educational Psychologist, 35*, 227–241.

Piaget, J. (1977). *The development of thought: Equilibration of cognitive structures*. New York: Viking Press.

Polanyi, M. (1966). *The tacit dimension*. Chicago, IL: University of Chicago Press.

Rogoff, B. (1990). *Apprenticeship in thinking: Cognitive development in social context*. New York: Oxford University Press.

Roschelle, J., & Teasley, S. D. (1995). The construction of shared knowledge in collaborative problem solving. In C. O'Malley (Ed.), *Computer-supported collaborative learning* (pp. 69–197). Berlin: Springer.

Sacks, H., & Jefferson, G. (1995). *Lectures on conversation*. Oxford: Blackwell.

Sawyer, R. K. (2005). *Social emergence. Societies as complex systems*. Cambridge, UK: Cambridge University Press.

Scardamalia, M., & Bereiter, C. (1994). Computer support for knowledge-building communities. *Journal of the Learning Sciences, 3*, 265–283.

Scardamalia, M., & Bereiter, C. (1999). Schools as knowledge building organizations. In D. Keating & C. Hertzman (Eds.), *Today's children, tomorrow's society: The developmental health and wealth of nations* (pp. 274–289). New York: Guilford.

Slavin, R. E. (1990). *Cooperative learning: Theory, research, and practice*. Englewood Cliffs, NJ: Prentice-Hall.

Smith, E. R. (1998). Mental representation and memory. In D. T. Gilbert, S. T. Fiske, & G. Lindzey (Eds.), *The handbook of social psychology* (pp. 391–445). New York: McGraw-Hill.

Smith, J. P., III, diSessa, A. A., & Roschelle, J. (1994). Misconceptions reconceived: A constructivist analysis of knowledge in transition. *Journal of the Learning Sciences, 3*, 115–163.

Stahl, G. (2005). Group cognition in computer-assisted collaborative learning. *Journal of Computer Assisted Learning, 21*, 79–90.

Stahl, G. (2006). *Group cognition: Computer support for building collaborative knowledge*. Cambridge, MA: MIT Press.

Tabak, I., & Kyza, E. A. (2018). Research on scaffolding in the learning sciences: A methodological perspective. In F. Fischer, C. E. Hmelo-Silver, S. R. Goldman, & P. Reimann (Eds.), *International handbook of the learning sciences* (pp. 191–200). New York: Routledge.

Trausan-Matu, S. (2009). The polyphonic model of hybrid and collaborative learning. In F. L. Wang, J. Fong, & R. C. Kwan (Eds.), *Handbook of research on hybrid learning models: Advanced tools, technologies, and applications* (pp. 466–486). Hershey, PA: Information Science Publishing.

van Aalst, J., & Chan, C. K. (2007). Student-directed assessment of knowledge building using electronic portfolios. *Journal of the Learning Sciences, 16*, 175–220.

Vygotsky, L. S. (1978). *Mind in society: The development of higher psychological processes*. Cambridge, MA: Harvard University Press.

Wassermann, S., & Faust, K. (1994). *Social network analysis: Methods and application*. New York: Cambridge University Press.

Wise, A. F., & Shaffer, D. W. (2015). Why theory matters more than ever in the age of big data. *Journal of Learning Analytics, 2*(2), 5–13.

第15章 在工作中学习：社会实践与分析单元

斯滕·路德维森，莫妮卡·尼兰(Sten Ludvigsen，Monika Nerland)

一、引言

在知识经济时代，大多数国家的许多职业和组织的工作生活已经变得越来越复杂。目前关于许多工作类型自动化的讨论似乎既有现实的意味，有时也很像是未来主义者的炒作(Autor，Levy 和 Murnane，2003；Susskind 和 Susskind，2015)。然后，显而易见的是，劳动力市场中从事我们将称之为知识密集型工作(knowledge-intensive work)的参与者需要不断掌握一些新的能力。其中有些能力与理解和使用自动生成的新形式的数据有关。人与技术之间的接口可以改变，也确实在改变，这意味着参与者将经历新的分工，这将在社会和认知过程以及新的基础设施和工具之间创造新的调节过程。因此，许多领域的知识必须有助于我们理解工作场所以及劳动力市场所需的新技能和新能力的发展。我们在此认为，学习科学应该被置于这种贡献的核心位置。

二、工作中学习的不同立场

在这一类研究中，研究的重点是，随着时间的推移，个体需要学习哪些新的技能和能力，以及个体如何在不断变化的环境中适应和学习[例如，Carbonell，Stalmeijer，Könings，Segers 和 van Merriënboer，2014；Gijbels，Raemdonck，Vervecken 和 van Herck，2012；经济合作与发展组织(OECD)发起的成人能力国际评估方案(PIAAC)]。通过调查工具和知识测试，某些研究设计可以衡量参与者在组织内或者在更普遍的劳动力市场中如何看待自己。这些研究提供了对社会、组织和组织群所需要的结构特征以及聚合结果的见解和概述。根据研究设计，我们还可以获得培训参与者在有关组织中获得特定技能的效率结果。培训结果的相关研究代表了在工作场所研究和教育等交叉领域的宝贵传统(Billett，Harteis 和 Gruber，2014)。尽管这些研究为组织和工作场所该如何运作提供了重要见解，但很少有研究关注工作和学习过程。此外，这一传统中的许多学者都强调了纵向专业知识(vertical expertise)的发展。纵向专业知识就是我们在这里所说的个体发展，而这些能力是行为者从微观生成过程(microgenetic process)和协作努力中所获得的能力(见 Reimann 和 Markauskaite，本手册）。

比勒特（Billett，2001）探讨了对参与者个体而言重要的三种知识形式：概念性知识、程序性知识及其倾向性。概念性知识（propositional knowledge）是参与者所知道的有关该领域的知识，如事实、信息、概念、推理和解决问题的方式等。要想成为专业人员或被视为某个共同体的专家，通常需要深厚的知识。程序性知识（procedural knowledge）是执行行动和活动所需要的知识。程序性知识意味着执行被视为例行公事的标准操作。这种知识的发展基础与高度的重复性有关。一般而言，这种任务的变化是有限的。而如果任务变得更加复杂，程序性知识就会变得更加复杂。其复杂性取决于每次执行任务时新框架到底有多"新"。有关这一概念，涉及从常规问题转向非常规问题的讨论。非常规问题涉及更高程度的认知能力。经过多年的经验，专业人员和参与者会发展出更深层次的认知结构和社会规范，以激活行为序列中特定形式的知识（见 Danish 和 Gresalfi，本手册，类似的理论立场）。常规和非常规问题解决的区别在工作学习和专业知识的发展领域中非常重要。

在本章中，我们主要强调知识密集型工作，这也是非常规工作。然而，在许多职业中，常规和非常规工作之间的区别并不是很明确。通常，在与其他专业人员的对话中建构问题是工作中最重要的方面；例如，在医疗事故中解释检验结果就是常规工作。此外，知识密集型工作经常包括需要由参与者群体解决的问题——这被概念化为横向专业知识（horizontal expertise）。横向专业知识取决于集体解决问题的纵向专业知识。横向专业知识是配置的一部分，包括任务分配、劳动分工、领导力、规范和价值观等。没有一个单独的参与者能够完成并证明由一个专家团队才可以共同完成的工作。理由是，这种工作是需要通过逐步增加专家的储备以及新工具和标准的具体化才能实现。

适应性专业知识（adaptive expertise）和未来学习的准备（preparation for future learning）（Bransford 和 Schwartz，1999）这两个术语也为我们指出了类似的方向。适应性和未来取向涉及在从事新任务时迁移不同知识的能力。知识迁移（transfer of knowledge）被视为学习科学中的一个经典问题，我们需要将其概念化，同时，它既与个体的倾向和知识有关，也与知识在情境互动中如何被激活有关（Greeno，2006；Greeno 和 Engeström，2013）。适应性和为未来学习做准备是整合不同形式的认知维度（概念性知识、程序性知识及其倾向性）的机制。然而，当涉及到社会和文化背景的差异化分析时，它们的作用就比较有限。

1. 社会实践立场

我们的立场被定义为人类活动和学习的实践视角。社会实践的概念成为理解人们在工作环境中如何学习和学习什么的一个具体的分析起点。这一传统的根源可以追溯到许多社会科学的经典研究，这些研究强调个体行为与学习和知识建构过程中社会环境之间的相互作用（Engeström 和 Sannino，2010；Ludvigsen 和 Nerland，2014；

Nicolini，2013)。然而，最近，社会科学领域的研究者们将实践作为人类组织层面上的变革和学习过程的驻留地，将重点放在了实践上。这种关注带来了社会理论中的实践转向(Nicolini，2013；Schatzki，Knorr Cetina 和 von Savigny，2001)，并重新激起了人们对理解工作的符号学和新兴维度的兴趣。我们遵循这种推理方式，并将实践视为一种理论上的转向。同时，关于"实践"的概念已经成为研究广泛讨论的对象，并产生了不同的理论发展脉络。这其中，不同的立场使用了不同的分析概念。他们的共同点是对人与人之间以及人与其物质或符号工具之间新兴关系的兴趣，以此作为研究学习和变化的切入点。

在学习科学中，作为理解工作中学习的分析前提，恩格斯特伦(Engeström)和其他人在文化历史活动理论(cultural-historical activity theory，CHAT)以及更广泛的社会文化视角等方面有影响力的工作，也可以被看作是对转向社会实践的规范(Danish 和 Gresalfi，本手册；Engeström 和 Sannino，2010；Ludvigsen 和 Nerland，2014；Scribner，1984)。当把社会实践作为一个关键概念时，我们可以选择对我们将要开展的实证研究具有重要意义的概念来具体化这一立场。我们描述了关于工作中学习的不同观点；围绕强调语言和对话作品的社会互动，在活动系统内或跨活动系统的面向对象的工作之后的拓展性学习(expansive learning)(Engeström，2001)，以及科学技术研究中，借助学者们所提供的分析概念，致力于揭示实践的认知维度和知识在学习中的作用的进一步规范(Knorr Cetina，2001)。认知实践(epistemic practices)和认知对象(epistemic objects)的概念被用来描述专业知识领域如何组成的差异，以及在不同的知识体系和知识生产实践中以相关方式参与的意义。

当把社会实践作为一种分析立场时，我们可以将社会文化层面和心理层面都包括在内，这两个层面意味着在工作环境中学习和认知的功能性方法。功能性方法(functional approach)是指在特定的背景下研究认知和学习，并解释参与者在特定的环境中以及随着时间推移如何学习和学习什么。功能性方法使我们有可能识别出可以在不同环境中通用的机制。这种可以解释工作环境中的学习和认知的机制被视为一个概念系统，它描述和解释了实践是如何构成、转变或突现的。

2. 在跨越发展层次的知识密集型工作中追踪学习

知识密集型工作是指在专业领域系统地使用形成化知识的过程(见 Reimann 和 Markauskaite，本手册)。这类知识通常被先进的文化工具所记录和传递。此外，知识密集型工作通常是更大的知识基础设施和网络化配置的一部分(Engeström，2001；Knorr Cetina，2007)。不同形式的技术也在不断地为学习及相关研究带来新挑战，这些挑战涉及到参与者可以获得的知识类型，新技术对组织中的劳动分工意味着什么，以及相关规范和价值观是否有争议。在工作场所中，技术在参与者和工具之间创造了新的突发事件。在本章中，我们使用了来自实践理论和学习理论的关键概念，这些概念与我们的认识论立场是一致的。这种立场可以被视为学习、认知和发展的社会文化视角(Lave 和 Wenger，1991；Ludvigsen，2012；Scribner，1984)。社会文化视角提供了分析单元和描述层次所需的变化(Ludvigsen，2012)。在工作场所中，理解参与者如何学习和学习什么的前提应该从对微观生成过程的分析开始。这些过程通常会被标记为具有中介功能的社会交互。

3. 行动、活动和拓展性学习

如上所述，人们可以将工作中的学习概念化作为专业知识的纵向发展和集体专业知识的横向发展(Engeström，1987；Engeström 和 Sannino，2010)。直到 20 世纪 80 年代末，大多数学习理论都针对纵向或个体的发展，并将个体作为分析单元。拉维和温格(Lave 和 Wenger，1991)的贡献在当时非常有影响力，改变了学习科学的方向。拉维和温格的合法边缘参与和实践共同体的核心概念为透明度和获取性等概念开辟了道路，并将分析单元从个人转移到环境、活动以及共同体参与。至此，共同体参与和话语的变化成为理解学习的一个重要方面。格里诺(Greeno，2006)将社会过程和认知过程作为一个分析单元联系起来。分布式认知(distributed cognition)(Hutchins，1995)这一术语是学习理论概念转变的一部分。分布式认知的概念使人们意识到，智慧是被内置于工具和仪器中的，而人类的认知过程则依赖于内嵌知识的使用——例如，使用驾驶舱或船舶的仪表板。在先进的工作场所中，积累的知识是内在的，必须被视为执行任务和解决问题所需的认知工作的一部分。当转而将社会实践作为理解和解释学习的基本概念时，这些贡献在分析单元方面发生了变化，需要纳入分析。

在学习科学中，CHAT 一直是理解和解释横向专业知识发展的一种重要方法。横向专业知识涉及活动系统内部和活动系统之间对象的扩展和变化。通过基于实践视角的概念，我们可以理解微观、中观和宏观三个层面的变化之间的关系，不难发现，它们其实是交织在一起的。

4. 构建新对象——例证一

在这个例子中，我们描述了一组研究传染病的研究者们如何与一名统计学家一起工作，开发出了一种新的"捕捉—再捕捉估计"(capture-recapture estimation，CRE)方法来计算因流感住院的儿童数量(Hall 和 Horn，2012)。这种方法最初是为了估计动物种群的大小而开发的，后来被进一步开发应用于医院。然而，该研究团队认为，该方法更适用于捕获因流感住院的儿童数量。这个想法是将主动筛查程序(使用成本较高的 DNA)和医院病历的被动筛查(成本较低)结合起来。以下呈现的是阿尔贝托(Alberto，一名初级医生/研究员)和特德(Ted，统计学家)之间的对话，他们试图理解这个问题。阿尔贝托首先描述了他认为的问题所在，然后他受到了特德的质疑(数据转载自 Hall 和 Horn，2012，pp. 243 - 244)。

(1) 特德：为什么不在这里使用七天的数字(指着手稿表)。

(2) 阿尔贝托：嗯，呃……

(3) 特德：那里四天的数字呢？就方法而言，我的意思是……它并不关心一种方法比另一种方法捕获的概率更小。（三秒钟停顿）我的意思是你没有理由不能。

(4) 阿尔贝托：嗯（双手抱头，五秒钟停顿）……

(5) 特德：我想……我想那会是……呃，这会增加你的人数。

(6) 阿尔贝托：嗯，呃……

(7) 特德：嗯，呃，这在某种意义上更简单。（指着手稿表）你在这里得到的数字会比在那里得到的数字要高。

(8) 阿尔贝托：对……

(9) 特德：但是你知道情况会是这样的，因为你知道你只在这里采样了4天，而你在那里采样了7天（指着手稿表）。

(10) 阿尔贝托：但是，我们如何解释这个估算之后的结果呢？

（然后特德解释说，CRE并不假设捕获概率相等，都是98秒）

在阿尔贝托和特德的谈话中，我们看到他们对应该包括在分析中的天数抽样的问题产生了分歧。阿尔贝托和一些资深的研究同事对从每周一次或每周四次的数据抽样到所有工作日的筛查数据抽样的做法表示怀疑。特德在他的论证中使用了一个具体的例子，这个例子表明使用他的抽样程序会导致更小的置信区间；这对医院在估计因流感住院的儿童数量时更具有参考价值。特德与研究团队之间的讨论持续了好几个月才找到最终的解决方案。半年后，研究团队发布了一套新的流感筛查系统。结果是，费用较高的筛查可以每周使用一次，而费用较低的筛查应该在所有的工作日使用。这一表征改变了参与者对所涉及的计数以及如何获得因流感住院儿童的准确计数的理解。参与者以一种新的方式定义了抽样程序。

可以将以上这一整个过程描述为一个微观生成过程，在这个过程中，参与者就抽样中应该包括哪些内容以及如何解释抽样结果进行了讨论和协商。通过这一过程，不同的筛查工具被重新概念化，用来构建对象，即新的抽样程序。问题空间也随之发生了变化，新的抽样程序通过新工具得到了稳定。新工具支持了一个新对象的构建：流感住院儿童的数量。其结果是改善了对患者群体的概览。研究团队成员的个体发展被视为抽样程序重新概念化的一部分。此外，我们可以说，如何处理数据的准则、需要哪些类型的专业知识，以及研究团队和统计学家之间如何分工，在对象构建和抽样程序从对象转变为活动系统中新工具的过程中变得非常重要。在此，将对象变革为工具被概念化为拓展性学习过程中的步骤，参与者可以在其中改变他们的实践，并为他们的共同体提供新的工具；这可以被认为是执行工作中知识基础发展的一部分。

5. 知识密集型工作中的认知实践与对象
一种与此相关但又不同的方法对在不同的专业领域以不同的方式生成和评估知

识的实践,以及相关物质化表征的作用特别感兴趣。拓展过程与实践的认知维度以及知识在活动中展开和分支的方式有关。因此,分析资源允许对专家或专业人员参与的探究实践进行调查,并将学习视为(协作)知识建构的内在因素进行研究。

这方面的一个核心概念是认知对象(epistemic objects)。专家群体通常是以对象为中心的,他们的目标是探究、开发和调动知识对象(Knorr Cetina,2001)。然而,这些对象不能被理解为单独的物质事物。相反,这些对象可以被描述为构成问题知识物质和符号资源的复杂组合,并且这些对象通过其固有的复杂性,在接近对象时激活了一系列的机会(Nerland 和 Jensen,2012)。此外,根据克诺尔·塞蒂纳(Knorr Cetina)的定义,认知对象具有展开性和问题生成性的特征。在工作和学习的背景下,认知对象可以是医疗、计算机程序、法律文本和金融市场等复杂表征的模型。这些对象在专家文化中被创造出来,另外,随着不同环境中的人们对这些对象及复杂性的关注与探索,这些对象的潜力在相关领域的活动中得以发挥,其自身也因此获得进一步发展。

虽然认知对象关注的是工作和知识建构的"什么"维度,但认知实践关注的是在一种制定的文化中,知识被接触、发展和共享的具体方式(Knorr Cetina,2007)。认知实践体现了专家文化特有的方法论原则和工作方式,因此,它们是专业知识程序方面的基础。这个概念与学习科学是相关的,我们可以将其作为一种方法来确定探究性学习所涉及的活动类型,例如,在科学教育(Kelly,2011;Sandoval,2005)和专业学习研究中(Markauskaite 和 Goodyear,2016)。认知实践在使知识适用于学习者和使专家的表现对学习者可见方面起着关键作用。此外,认知实践的实施对于意义的构建至关重要,因为它们是建立联系、转化知识和意义、在专家的工作中产生和维持给定对象的表征性手段。

6. 建筑设计中的知识形式的发展和整合——例证二

第二个例子说明了非常规工作中的知识建构是如何围绕参与者对认知对象的建构和探索而演变的。我们以埃文斯坦和怀特(Ewenstein 和 Whyte,2009)的研究为例,说明不同专业背景的参与者如何在共同探索活动的基础上,共同研究一个共同的目标。研究人员遵循了一个建筑设计过程,在这个案例中,他们在植物园中设计了一个植物标本室,并扩建了一个图书馆,建筑师、工程师和客户代表都参与其中。通过一系列围绕视觉表征的互动,如照片、绘图、计算和 3 - D 草图等,推进工作向前发展。这些视觉表征在活动中发挥了认知对象的功能,因为参与者利用它们来探索他们所代表的事物的特征,从而及时向前推进,想象设计的结果,并共同提炼和重新加工这些表征。视觉表征还有助于将不同形式的知识联系起来,如技术和美学知识。

在这个过程中,视觉表征构成了报告的实质性部分,应该提交给董事会。以下对话摘自埃文斯坦和怀特(2009,pp. 20 - 21),说明了参与者是如何协作构建和完善这个对象的:

(1) 结构工程师：我想，如果你把我的两页发给我，那将会很有用。因为我目前认为，我们应该把它缩小，或者只是让它更符合你在报告的其他部分的风格。我想我也许可以再把它们修改一下。上周三，我没给自己太多时间。接下来，我可以将这一部分再完善一下。

(2) 首席建筑师：然后我们需要弄清楚如何将这些新工作的信息整合在一起。

(3) 服务工程师：我认为，听起来我们应该做综合评论。

(4) 首席建筑师：是的，感觉上是这样的。我们来整理一下，服务工程师认为，这是一个相当复杂的设计；结构工程师指出，建筑的基本形状有三种选择，每一种都可以用"我们每个人的几个要点"来描述。作为首席建筑师，我建议我们回到现场。

(5) 首席建筑师：所以，我想说，我们需要做的第一件事是，大家一起再去那里看看，在建筑周围走走，看看现有的部分。

(6) 服务工程师：是的。

(7) 结构工程师：是的。

(8) 首席建筑师：然后我们也可以聊聊，边走边聊。

(9) 服务工程师：是的。

(10) 首席建筑师：再拍些照片，然后……

(11) 结构工程师：可以一起做……

(12) 首席建筑师：你这周的时间怎样？这样我们就得早点做，而不是……

在这段摘录中，我们看到了参与者是如何通过对同一对象的紧密合作，将不同的投入和不同形式的专业知识结合起来的。参与者将准备的材料添加到报告中这一工作涉及一系列认知实践，如建模、测试、分析、提供解释，这还需要参与者将对报告的不同贡献与其他因素结合起来。视觉表征在这方面具有转换功能，它有时可以作为探究的对象，有时也可以作为探索和协商其他问题的中介。当各种贡献结合在一起时，就需要参与者进行新的共同探索（上面第5行）。在这个阶段，参与者在新建筑的实际场地和设计过程中形成的图纸和其他表征形式之间移动。视觉表征融合了团队中不同专家的贡献，并将整体设计理念作为一个展开对象，保持变动。

社会实践是真正意义上的协作实践，在这个过程中，参与者需要寻找新的协作方式来实现设计过程。同时，上面的摘录说明了首席建筑师是如何启动进一步分工的。引人注目的是，这段对话中缺乏专业概念，做综合评论（doing combined commentary）这个短语可能是个例外。可能是由于跨专业背景的原因，这段对话中，日常语言为共同讨论提供了更多的共同基础。但是，这也反映出这个工作过程对视觉表征的严重依赖。学习是不同形式的知识在过程中组合和表征的内在方式,也是在跨专业团队中实现共享理解的内在方式。然而,同样重要的是,通过探索未实现的可能性,通过在抽象与具体之间及时来回移动来修改场景,以设计一些尚未存在的东西的创造性过程。认知对象和实践的概念对于从实践中产生的以知识生成和物化过程为核心的拓展性学习的概念化形式是有效的。

三、结论

我们最初的目的是为我们理解参与者在工作环境中如何学习和学习什么提出理论和方法论的立场。在最后一部分,我们又回到了这一立场问题,讨论了其对研究中分析单元的影响,以及它如何对促进工作中的学习产生影响。在阐述我们的立场之前,我们还想强调的是,学习存在不同的立场,它们解释了现象的不同方面。在本章中,我们主要关注微观生成层,以展示在工作中学习所涉及的学习过程。

首先,当我们将社会实践作为分析单元时,这意味着参与者的行为、活动与工具一起被包括在内。我们已经强调过,目前关于实践的研究是跨学科的,因为实践观点的灵感来自于社会科学、人文科学和社会文化心理学等一系列不同的传统。我们采取的立场是,参与者的学习是嵌入在任务和工具的使用中的,学习要考虑通过协作在工作的微观结构中实现的劳动分工,以及所涉及的规范价值和证明机制。实践观点需要使用分析概念来研究参与者的利益关系。

研究历史和情境的突发事件意味着相关视角的放大和缩小(Little,2012;Nicolini,2013)。当我们想了解参与者如何从新任务中学习并与他人协作时,放大实践中的细节非常重要。当在对病人的诊断评估中引入一种新的数字工具时,医学专业人员可能会在没有该工具的先前程序和有了该工具的新程序之间产生理解上的差距。视角的放大强调的是微观生成过程以及个体如何展示他们的能力。而通过视角的缩小,我们可以分析实践是如何受到其他实践的影响,并成为社会和技术基础设施的一部分的。这也涉及到所产生的知识是如何超越行为层面的。通过放大和缩小之间的联系,我们可以理解并解释在工作场所中的学习。在这里,我们可以研究横向专业知识的学习、发展和执行。

在工作中学习是工作实践的本质,这一立场也意味着,这些实践中可用的工具、基础设施和认知资源为知识探索提供了机会,并决定了识知方式。因此,知识的组织、任务和认知资源在工作中是重要的学习条件。与此同时,参与者之间的社会互动和他们制定的话语形式对参与者的意义建构和可用资源的利用方式至关重要。正是通过社会互动,知识资源才得以被调用、理解、探索和进一步发展。为了促进工作中学习的生产环境,我们建议工作组织应该关注为参与者提供的实践类型,与这些实践相关的知识组织以及为参与者提供的有利于学习的任务和调节工具的方式。

在专业工作的背景下,西蒙斯和鲁伊特斯(Simons 和 Ruijters,2014)认为,在专业实践中可以出现三种学习方式:探究学习、实践学习(熟练的表现)和创造学习。在上述讨论中,我们展示了如何通过参与知识密集型工作中不断变化的概念、对象和技术来刺激这些过程。但是,这三种模式并不是自动连接的。不同类型的与知识相关的行为是必要的,以使学习在这些活动类型之间移动,这也有利于反思这些活动类型是如何关联的。诸如探索、移动、扩展和外化等行为是参与者关注和参与知识的例子。这些行为与我们在第二个例子中所说的认知实践相对应。

为了促进基于工作的学习,我们建议工作组织中应该注意工作实践要求探究、实践和创造知识和/或知识表现的方式,以及参与者可以在这些活动中获得和使用的工具和资源。此外,组织中的劳动分工和责任分配对于确保参与者获得富有成效的学习机会非常重要。同时,学习需要由那些意识到学习机会和可用资源、并有意将自己的学习作为工作表现一部分的参与者来进行。

四、延伸阅读

Engeström, Y. & Sannino, A. L. (2010). Studies of expansive learning: Foundations, findings and future challenges. *Educational Research Review*, 5, 1-24.

这篇论文概述了拓展性学习作为集体变革的理论、核心概念和过去 20 年来的实证研究结果。

Little, J. W. (2012). Understanding data use practice among teachers: The contribution of micro-process studies, *American Journal of Education*, 118(2), 143-166.

这篇论文对教师如何工作以及教师如何在日常活动中使用数据进行了理论阐述和详细说明。

Ludvigsen, S. R., & Nerland, M. (2014). Knowledge sharing in professions: Working creatively with standards in local settings. In A. Sannino & V. T. Ellis (Eds.), *Learning and collective creativity: Activity-theoretical and sociocultural studies* (pp. 116-131). New York: Routledge.

这篇文章对专业人员如何在实践中发展自己的专业知识以及标准在工作中的意义作出了理论贡献。

Markauskaite, L., & Goodyear, P. (2016). *Epistemic fluency and professional education: Innovation, knowledgeable action and actionable knowledge*. Dordrecht: Springer.

这本书概述了学习科学的最新理论发展,特别是与专业知识、专业发展和高等职业教育中的学习相关的理论发展。

Simons，P. R. -J. ，& Ruijters，M. C. P. （2014）. The real professional is a learning professional. In S. Billett et al. (Eds.)，*International handbook of research in professional and practice-based learning*（pp. 955 - 985）. Dordrecht：Springer Science & Business Media.

这篇文章概述了对"专业"一词的理解，并主张将专业性视为与学习密切相关的自选特征的概念重塑。

五、NAPLeS 资源

Greeno，J.，& Nokes-Malach，T.，Situated cognition［Webinar］. In NAPLeS video series. Retrieved October 19，2017，from http://isls-naples. psy. lmu. de/intro/all-webinars/greeno-nokes-malach/index. html

参考文献

Autor, D., Levy, F., & Murnane, R. J. (2003). The skills content of recent technological change: An empirical exploration. *Journal of Economics*, *118*(4), 1279–1334.

Billett, S. (2001). Knowing in practice: Re-conceptualising vocational expertise. *Learning and Instruction*, *11*(6), 431–452.

Billett, S., Harteis, C., & Gruber, H. (Eds.). (2014). *International handbook of research in professional and practice-based learning*. Dordrecht: Springer Science & Business Media.

Bransford, J. D., & Schwartz, D. L. (1999). Rethinking transfer: A simple proposal with multiple implications. *Review of Research in Education*, *24*, 61–100.

Carbonell, K. B., Stalmeijer, R. E., Könings, K. D., Segers, M., & van Merriënboer, J. J. G. (2014). How experts deal with novel situations: A review of adaptive expertise. *Educational Research Review*, *12*, 14–29.

Danish, J., & Gresalfi, M. (2018). Cognitive and sociocultural perspective on learning: tensions and synergy in the Learning Sciences. In F. Fischer, C. E. Hmelo-Silver, S. R. Goldman, & P. Reimann (Eds.), *International handbook of the learning sciences* (pp. 34–43). New York: Routledge.

Engeström, Y. (1987). *Learning by expanding: An activity-theoretical approach to developmental research*. Helsinki: Orienta–Konsultit.

Engeström, Y. (2001). Expansive learning at work: Toward an activity theoretical reconceptualization. *Journal of Education and Work*, *14*(1), 133–156.

Engeström, Y., & Sannino, A.L. (2010). Studies of expansive learning: Foundations, findings and future challenges. *Educational Research Review*, *5*, 1–24.

Ewenstein, B., & Whyte, J. (2009). Knowledge practices in design: The role of visual representations as "epistemic objects." *Organization Studies*, *30*(1), 7–30.

Gijbels, D., Raemdonck, I., Vervecken, D., & van Herck, J. (2012). Understanding work-related learning: The case of ICT workers. *Journal of Workplace Learning*, *24*(6), 416–429.

Greeno, J. (2006). Authoritative, accountable positioning and connected, general knowing: Progressive themes in understanding transfer. *Journal of the Learning Sciences*, *15*(4), 539–550.

Greeno, J., & Engeström, Y. (2013). Learning in activity. In R. K. Sawyer (Ed.), *The Cambridge handbook of the learning sciences* (2nd ed., pp. 128–150). Cambridge, UK: Cambridge.

Hall, R., & Horn, I. S. (2012). Talk and conceptual change at work: Adequate representation and epistemic stance in a comparative analysis of statistical consulting and teacher work groups. *Mind, Culture, and Activity*, *19*(3), 240–258.

Hutchins, E. (1995). *Cognition in the wild*. Cambridge, MA: MIT Press.

Kelly, G. J. (2011). Scientific literacy, discourse, and epistemic practices. In C. Linder, L. Östman, D. A. Roberts, P. Wickman, G. Erikson, & A. McKinnon (Eds.), *Exploring the landscape of scientific literacy* (pp. 61–73). New York: Routledge.

Knorr Cetina, K. (2001). Objectual practice. In T. Schatzki, K. Knorr Cetina, & E. von Savigny (Eds.), *The practice turn in contemporary theory* (pp. 175–188). London: Routledge.

Knorr Cetina, K. (2007). Culture in global knowledge societies: Knowledge cultures and epistemic cultures. *Interdisciplinary Science Reviews*, *32*(4), 361–375.

Lave, J., & Wenger, E. (1991). *Situated learning. Legitimate peripheral participation*. Cambridge, MA: Cambridge University Press.

Little, J. W. (2012). Understanding data use practice among teachers: The contribution of micro-process studies, *American Journal of Education*, *118*(2), 143–166.

Ludvigsen, S. (2012). What counts as knowledge: Learning to use categories in computer environments. *Learning, Media & Technology*, *37*, 40–52.

Ludvigsen, S. R., & Nerland, M. (2014). Knowledge sharing in professions: Working creatively with standards in local settings. In A. Sannino & V. T. Ellis (Eds.), *Learning and collective creativity: Activity-theoretical and sociocultural studies* (pp. 116–131). New York: Routledge.

Markauskaite, L., & Goodyear, P. (2016). *Epistemic fluency and professional education: Innovation, knowledgeable action and actionable knowledge*. Dordrecht: Springer.

Nerland, M., & Jensen, K. (2012). Epistemic practices and object relations in professional work. *Journal of Education and Work*, *25*(1), 101–120.

Nicolini, D. (2013). *Practice theory, work and organization*. Oxford, UK: Oxford University Press.

Reimann, P., & Markauskaite, L. (2018). Expertise. In F. Fischer, C. E. Hmelo-Silver, S. R. Goldman, & P. Reimann (Eds.), *International handbook of the learning sciences* (pp. 54–63). New York: Routledge.

Sandoval, W. A. (2005). Understanding students' practical epistemologies and their influence on learning through inquiry. *Science Education*, *89*, 634–656.

Schatzki, T., Knorr Cetina, K., & von Savigny, E. (Eds.). (2001). *The practice turn in contemporary theory*. London: Routledge.

Scribner, S. (1984). Studying working intelligence. In Rogoff and Lave (Eds.), *Everyday cognition: Development in social context* (pp. 9–40). Cambridge, MA: Harvard University Press.

Susskind, R., & Susskind, D. (2015). *The future of the professions: How technology will transform the work of human experts*. Oxford, UK: Oxford University Press.

第 16 章　复杂系统和学习科学：学习、理论和方法论的意义

苏珊·尹(Susan A. Yoon)

　　我认为下一个世纪将是复杂的世纪。——史蒂芬·霍金(Stephen Hawking)[1]

　　在上面的引言中，理论物理学家史蒂芬·霍金承认，尽管科学界已经描述了在正常条件下支配物质的基本规律，但是对于系统进化时可能出现的影响，还有很多方面需要了解。这意味着什么？理解这个观点的关键是要理解突现(emergence)的概念。复杂系统可以被描述为个体单元的交互作用中出现的集体行为，但仅仅通过孤立地研究个体单元的行为是无法预测整个系统的(Sherrington，2010)。我们生活在不断演变的环境中，在这种环境中，人类活动加剧了如飓风和干旱等灾难性事件。科学家们最近致力于制定研究议程，以调查和管理那些影响我们生活的与复杂系统相关的问题，如疾病的传播、电网的坚固性和生物圈的可持续性(美国国家科学院，2009)。这项工作的目标是确定系统中的极限、最佳状态和弱点，以便在面对干扰时可以采用干预措施来增强稳定性。

　　与科学界的活动相呼应，科学教育研究人员已经认识到复杂系统教与学的重要性。美国最近颁布的科学教育标准——新一代科学标准(Next Generation Science Standard，NGSS；NGSS Lead States，2013)——在跨学科概念(Crosscutting Concepts)中定义了系统学习的核心作用，其中包括系统和系统模型(Systems and system Models)，还包括能量和物质：流动、循环、守恒、稳定和变化(Energy and Matter：Flows，Cycles，and Conservation，and Stability and Change)等主题。在努力将这些标准引入课堂实践的过程中，学习科学家研究了促使复杂系统的学习变得有挑战性的因素，并构建了支持学习的框架、技术工具和干预措施。

　　在本章中，我首先概述了为什么学习复杂系统对科学和社会很重要。接下来，我讨论了学习研究者关于"为何复杂系统难以学习"的研究发现。然后，我讨论了那些被用于塑造课程和教学的理论框架，强调了这些方法的异同。随后，我回顾了学习科学家们开发的技术工具和干预措施。最后，我对学习科学中复杂系统领域的未来发展和成长提出了建议。

一、为什么学生需要了解复杂系统？

　　弄清楚复杂系统如何存在和变化对于处理我们今天面临的一些最具挑战性的问

题至关重要。由于复杂系统具有普遍性,因此许多知识领域都对其作出了相关研究。当系统的多个部分或个体在有限空间内(例如,房屋或森林生态系统中的家庭)或出于共同的目的(教育系统或银行)相互作用时,它们就会存在。因为部分或个体是相互联系的,它们相互作用的结果往往是非线性的,这意味着信息不是简单地以一对一的方式从一个部分或个体传递到另一个部分或个体,而是从一个(部分或个体)传递到多个(部分或个体)(Bar-Yam,2016)。这种非线性传递使人们难以了解信息传播的确切路径,个体或部分之间产生的相互作用和影响模式被认为是突现的。此外,在社会和自然系统中,各要素都存在持续的发展和增长,这扰乱了系统努力达到的平衡状态。在这样的背景中,系统自组织通过持续性的反馈来适应其环境以及部件或个人之间的变化,以保持稳定性。普里戈金和斯滕格(Prigogine 和 Stengers)在具有开创性的著作《从混沌到有序》(*Order out of Chaos*)(1984)中,讨论了一些显著的过程,阐述了不稳定性往往会导致自发的自组织。例如,当一锅热水的温度升高时,在宏观层面上,我们看到的是湍流或沸腾;然而,在微观层面上,数以百万计的分子形成了六边形的贝纳德(Benard)细胞,它们以连贯的运动方式运作。同样,在生物学领域,考夫曼(Kauffman,1995,p. 112)惊讶于由较低层次的相互作用导致的自然现象中的惊人秩序:

> 然而,谁看到了雪花……谁看到了在成群的反应分子中的生命结晶的潜力,谁看到了在连接成千上万个变量的网络中的惊人的自由秩序,谁都明白一个中心思想:如果我们获得生物学的最终理论,我们肯定会,肯定会理解自组织和选择的混合。

多学科组织机构,如圣达菲研究所(Santa Fe Institute)和新英格兰复杂系统研究所(New England Complex Systems Institute),都致力于探究系统的隐蔽秩序,研究者们假设系统的隐蔽秩序在不同领域中具有普遍性(West,2014)。

二、我们了解的有关学生对复杂系统的理解

复杂系统具有复杂的依赖性、多重因果关系,并通过不同规模的行为和结构呈现(Bar-Yam,2016)。秩序隐藏在复杂系统中,这一事实正是学习这类系统具有挑战性的原因。学习科学家们已经表明,学生们无法理解这些复杂性,反而倾向于对复杂系统和助力复杂系统的机制持有天真的想法或错误的观念。格罗泽(Grotzer)及其同事们发现,学生们倾向于对直接影响进行推理,而不是对级联或间接影响进行推理。例如,学生没有意识到一个种群的变化会对那些没有直接联系的种群产生影响,而这种影响可能通过多米诺骨牌或循环式的复杂因果关系发生(Grotzer 和 Basca,2003;Grotzer 等,2015)。格罗泽和图特维尔(Grotzer 和 Tutwiler,2014)概述了一些复杂系

统的特征,这些特征可能会导致这些学习挑战。例如,有些现象,如气候变化,发生在因果关系距离较远的大空间尺度上。这使得共变关系变得难以理解,因为学习者的注意力可能会被不同时间或不同地点引起的效应所分散。

奇和他的同事们(Chi, 2005;Chi, Roscoe, Slotta, Roy 和 Chase, 2012)假设,学生们在复杂因果关系和非线性动力学方面的学习困难可能与其学习如何写作和交流事件的顺序有关。他们提出,我们通常学习的叙事遵循典型的线性递进——例如,引入触发事件,然后是主角的反应,接着是一系列与因果关系有关的合乎逻辑的公开行为,以此类推。他们进一步提出,日常事件也遵循类似的脚本,这些脚本在线性序列中是因果相关的,比如感到肚子饿了,然后去了一家餐馆,然后坐下来从菜单上点菜。在这两种表征中,初始事件和目标导向的行为都是由主体控制或支配的。虽然这种直接的因果图式通常足以理解学生的生活,但是在大多数的社会和自然系统中,并不存在单一启动或触发事件,行为与目标无关,更没有中央控制。为了说明这个概念,雷斯尼克(Resnick, 1994)和奇等人(2012)都使用了一长串蚂蚁在食物源和蚁群之间移动的例子。蚂蚁从它们的蚁群直接向食物进军是一种宏观层面的模式,只有在蚂蚁随意漫步后,不小心撞到食物,并为其他蚂蚁留下信息素后才会出现。因此,行军蚁的模式是由单个蚂蚁遵循简单的觅食规则的低级行为中产生的。了解全局或宏观层面的模式(如行军蚁的行进路线)是如何从局部或微观层面的交互(如单个蚂蚁随机觅食)中形成的,这就是奇等人(2012)所说的突现图式(emergent schema),这种模式比直接因果模式更难理解。

确实,学习科学家们已经记录了学生面临的各种各样的学习挑战,这些挑战源于缺乏对突现和其他系统特征的理解,包括因果关系、规模和自我组织。赫梅洛-西尔弗、玛拉和刘(Hmelo-Silver, Marathe 和 Liu, 2007)发现,新手(中学生和职前教师)只关注系统的表面结构成分,而不去关注更容易被专家(生物学研究人员)识别出来的驱动全局系统模式的机制。雅各布森(Jacobson, 2001)和尹(2008)发现,学生一般倾向于将系统理解为线性、集中控制、可预测或非随机性的。其他的学习科学家也已表明,学生难以将复杂系统准确地描述为非线性和周期性的(例如,Eilam, 2012;Jordan 等,2009)、分散的(例如,Danish, Peppler, Phelps 和 Washington, 2011),以及不确定的或概率性的(例如,Wilkerson-Jerde 和 Wilensky, 2015)。在开发评估系统以诊断学生在理解食物网等复杂科学现象的进展时,戈特瓦尔斯和索格尔(Gotwals 和 Songer,2010)发现,学生对组成生态系统的各组成成分缺乏了解(例如,藻类是什么),因此无法准确推断它们之间的关系。

三、建立支持学习的课程和教学概念框架

除了研究学习挑战外,研究者还开发了一些概念框架,为干预措施提供参考。我

详细介绍了学习科学家们用来支持他们研究的四个框架,并说明了它们之间的异同:系统思维方法(systems thinking);结构、行为和功能(structure,behavior,and function,SBF)方法;发条与复杂系统方法;组织方法。

1. 系统思维

系统思维强调对系统的组成部分和过程识别,各组成部分之间的动态关系,以及在关系框架内组织各组成部分和过程的能力(Assaraf 和 Orion,2010;Assaraf 和 Orpaz,2010)。系统思维的这些特征被用作支架,以支持学生用特定领域内容解决问题。例如,本兹维·阿萨拉夫、多迪克和特里普托(Ben-Zvi Assaraf,Dodick 和 Tripto,2013)研究了学生在参加 10 年级生物单元使用系统思维方法后对人体作为一个系统的理解。他们调查了学生识别身体各组成部分(如心室、神经、肺)以及它们之间的关系(例如,细胞组成器官)的能力。他们也研究了学生对动态关系的识别能力(例如,胃里有消化蛋白质),以及学生对系统的层次性的理解能力(例如,细胞组成所有系统)。这些研究的重点是帮助学生认识到能够使机体发挥作用的是大规模的连接和结构组成部分。他们注意到学生在识别驱动系统的机制方面存在困难,因此他们假设,如果只强调结构和过程,而不与机制建立明确的联系,会阻碍学生充分理解所学的重点系统。

2. 结构、行为、功能(SBF)

与系统思维方法类似,SBF 是一个研究学习复杂系统科学的理论框架,其研究基础是对系统的组成部分、联系和行为的理解。SBF 框架起源于系统工程和人工智能领域(例如,Bhatta 和 Goel,1997)。SBF 用于构建呈现设备设计的功能、因果关系和组成方面的模型。系统的理解遵循系统特性的层级知识。首先要了解各个组件或结构(如混合动力或电动马达),以及行为(如能耗),以便与系统一起工作,实现预期输出或功能(如汽车能行驶多远)。

经过十多年的研究,赫梅洛-西尔弗和其同事们利用 SBF 框架对学生和教师进行了研究,探讨专家和新手理解系统、发展特定领域的概念、促进基于过程的推理方式的差异。他们发现,专家们关注到了 SBF 组成部分的综合性质,并将后两者(即行为和功能)作为组织他们系统知识和一般内容领域知识的深层原则(Hmelo-Silver 和 Pfeffer,2004;Hmelo-Silver 等,2007)。然而,新手只对系统的结构进行推理,很大程度上忽略了系统的行为和功能。基于学生在对生态系统等具体科学现象推理时所持的迷思概念的研究,SBF 研究者试图克服教学中主要关注宏观层面的结构成分(如树木、动物、氧气)的倾向。相反,他们主张首先教授以过程或机制为导向的课程(如光合作用、碳循环)(Jordan,Brooks,Hmelo-Silver,Eberbach 和 Sinha,2014)。这项研究的结果表明,通过手绘建模任务来实现这种概念转变并不容易。然而,其他利用交互式计算模拟进行概念转变的工作已经显示出初步且可观的结果,即在这些干预之下,中学生和小学低年级学生对系统行为和功能的理解能力得到了增强(Danish,2014;Vattam

等,2011)。

在系统思维和 SBF 框架中,系统理解都是通过归纳过程得出的,该过程检查特定系统是如何独特运行的。总体上,这些框架并不以识别不同系统之间的模式为目的。接下来的两个框架提出了可以应用于不同领域系统的通用机制和组织。

3. 发条与复杂系统的理解

由于这一框架已被用于学习科学,它涉及学习者对于世界是如何运作的这一问题的信念。发条取向(clockwork orientation)从笛卡尔的视角看待世界(Capra,1982),将世界及其组成部分视为机器。它是基于一种分析性思维的方法,将复杂的现象分解成块,从部分的属性来理解整体的行为。这与复杂系统(complex systems)的观点形成对比,根据复杂系统的观点,一个有机体(或具有不断涌入的能量的复杂系统)的基本属性是整体的属性——而这些属性不是任何一个部分单独拥有的。系统的核心属性来自各部分之间的相互作用和关系,这就是我在本章开头所描述的动态突现过程。这个框架研究了系统从微观到宏观的突现和变化过程。其核心是,复杂系统取向预设了被认为支配了许多不同的、似乎不相关的领域的机制。

与专家们利用 SBF 框架的研究类似,雅各布森(2001)比较了专家和新手对八种不同复杂系统机制的理解:随机效应、非线性、多因性、自组织、分散控制、非确定性、持续动态和从简单规则中突现等。他发现,专家们几乎总是从复杂系统的角度进行推理,而新手通常从发条的角度进行推理。后来,尹(2008)发现,利用公开展示学生的观点、学生之间的互动、以及检查和选择最佳观点的框架来构建课程和教学,可以帮助学习者从发条式的理解转向复杂系统的理解。例如,学生逐渐了解到,复杂的问题有多种原因,因为多种原因,系统会受到多种方式的影响,从而成为自组织和分散的。

4. 组织方法

学习科学家所接受的第四种理论框架研究了突现的概念,但同时认为在微观和宏观的现象层次之间可以形成中间层次。利维和威伦斯基(Levy 和 Wilensky,2009)探讨了几种社会和生物现象,认为在突现过程中,主体层和聚合层之间会形成小群体、集群或群体。例如,他们描述了这样一种情况,一名学生解释了谣言最初是如何通过一个人的直接小圈子(即中层结构)里的三到四个人传播的。然后小圈子里的个人再将谣言传播给三到四个人,直到所有人都知道了这个谣言。在雅各布森(2001)所描述的复杂系统选择机制中,那些倾向于使用中层、自下而上的系统组织视角进行推理的学生得分较高。该研究指出,在科学探究中调查中间层次,也称为中观层次,是很常见的。

学习科学中的其他研究也会采用强调层次的组织方法来调查复杂系统。每项研究都提出了这样的观点:当学生能够从他们自己的日常推理或通过基于主体的建模工具中获取资源时,他们连接微观层次与宏观层次的能力就会提高,这反过来又使学习者能够在不同的内容领域中呈现出高级的理解能力。互补(complementarity)概念的提出是为了使学生能够在动态的、基于主体的组织和动态的、聚合的组织之间进行切换，这两种组织都提供了不同的参考框架，在疾病如何传播等主题中为更深层次的知识建构提供了支架（Stroup 和 Wilensky，2014）。利维和威伦斯基（2009）提供了一个有用的概念框架，该框架旨在通过模型探索来支持学生的化学学习，这种模型探索识别了宏观和微观现象以及多种表征，如符号和数学方程，这些表征必须连接起来才能提高理解能力。利维和威伦斯基（2011）在后续研究中进一步证明，要求学生建构符号表征可以在学生的概念性知识和数学形式知识之间提供重要的联系。

四、来自学习科学的工具和干预措施

学习科学家构建了支持复杂系统学习的工具和干预措施。这些学习支持揭示了系统组成部分之间隐藏的动态和相互作用，展示了在不同规模中出现和存在的现象。在本节中，我会描述学习科学家们设计或使用过的几种学习支持工具。

1. 概念图

本章讨论的许多系统思维和 SBF 研究都依赖于概念图来支持和评价学生的学习（例如，Assaraf 和 Orpaz，2010；Hmelo-Silver 等，2007）。关于概念图在教育中的应用的相关资料已经有很多了（例如，Novak，1990），我在此不再赘述。然而，研究概念图结构如何支持复杂系统理解的发展是有必要的。概念图使学习者能够在一个有边界的系统（例如，人类、化石燃料、气候变化）中识别被称为节点的元素或概念。这些节点通过其相互作用的特点或特征（如过度使用）连接起来，形成命题（如人类过度使用化石燃料，导致气候变化），说明系统的机制和状态。学习者可以在这些他们之前没有考虑过的概念之间进行探究，并建立起联系，因为链或路径、环路和多种原因的视觉显示会在系统中显示出不同的影响。随着学习者在概念图中添加更多的节点和联系，概念图的视觉特征会随着变量之间新的、不断发展的关系而变化，这有助于重构学习者的理解。这种对知识整合的强调已经被认为能够鼓励更深层次的学习（Assaraf 和 Orpaz，2010）。通过考察命题的复杂性（例如，"髓质控制腹侧内侧"与"大脑控制心脏"）、命题中存在的节点和连接的数量，以及确定的命题是否说明了行为或功能等（Hmelo-Silver 等，2007），概念图还可以被用来评估知识水平。

2. 基于主体的模型

基于主体的计算模型（agent-based computational model）也为学习者提供了视觉显示，但是它们比概念图更具动态性和交互性。基于主体的模型由多个主体在特定的内容领域内的相互作用以及与环境的交互组成。StarLogo 和 NetLogo 是基于主体的建模平台，在学习科学领域有着悠久的发展历史（Colella，Klopfer 和 Resnick，2001；Klopfer，Scheintaub，Huang，Wendel 和 Roque，2009；Wilensky 和 Rand，2015）。有了这些平台，用户可以通过按钮来操作模型，这些按钮决定了系统中存在的变量（例如,兔子和草),变量值的滑块,以及对变量应用条件的参数(例如,寿命)。将按钮和滑块连接到计算程序,这些程序可以定义变量在系统中随着时间的推移相互作用的方式。这些互动通常会在模拟空间旁边的图形化中显示出来,这样用户可以观察变量之间的数量波动。StarLogo 和 NetLogo 平台的一个关键特性是,用户可以"潜入"探究驱动系统机制的代码。例如,用户可以观察到反馈回路、随机效应和持续动态是如何编程的。用户还可以了解到,个人主体通常是在简单规则下进行操作的。用户还可以在屏幕上见证自组织和分散模式的突现。这些建模工具也为用户提供了建立他们自己模型的能力,这为复杂的系统分析和学习提供了一个附加层,用户可以在其中对系统行为进行编程,这些行为可以立即在计算机屏幕上显示出来。

学习科学家已经探索了其他可视化工具,如系统动力学模型(例如,Thompson 和 Reimann,2010),用来调查学生通过动态过程的显式表征对系统的了解,如反馈回路、模拟系统输入/输出率的示意图和流程图。

3. 模拟单元和游戏

复杂系统中的学习科学研究也集中关注将学习者的经验嵌入到整个课程单元和游戏中。基于网络的科学探究环境(the Web-Based Inquiry Science Environment,WISE;Linn,Clark 和 Slotta,2003)将模拟和基于探究的教学法联系起来,以完善内容知识和科学实践。WISE 的探究单元研究了复杂的系统概念,突出了人类活动与环境之间的相互影响。例如,瓦尔玛和林(Varma 和 Linn,2012)报告了一个课程模块,该模块模拟了人类生产温室气体的影响以及对全球气候变化的影响。他们表明,通过将动态可视化工具中所展示的科学内容和过程相结合,学生可以发展出更加复杂现象的心智模型。同样的,尹(2011)在一个遗传工程单元中使用了学生关于系统复杂性讨论所生成的社交网络图。该图显示了每个学生随着时间推移与谁交谈过、以及这些人在遗传工程对环境是好是坏这一问题上的立场。这些图表作为一个重要的可视化工具,可以帮助学生们实现交谈对象多元化,以获得有关该主题更多的信息,最终帮助他们以更复杂的方式理解这个主题。

随着教育游戏的普及,也有一些研究者将教育游戏和复杂系统内容结合起来支持学习。例如,克洛弗等人(Klopfer 等,2009)通过一种被称为模拟循环(Simulation Cycle)的模型来学习复杂性。该模型结合了游戏、基于主体的模型、工程设计和探究,以构建更复杂的概念。通过这个模型,学生能够掌握具有挑战性的科学内容,如基于初始条件的新兴模式的随机波动和变化。

五、学习科学研究的未来发展和成长

很显然,学习科学家在开展研究、建立框架和资源以培养 K-12 学生对复杂系统的理解方面取得了丰硕的成果。但是,将这些努力与现实世界复杂系统研究的应用或满足《新一代科学标准》的目标进行比较时，还存在发展空间。在本节中，我将围绕本章所回顾的研究，对学习科学研究的下一步工作进行评论。由于本章所引用的研究很多都是在学习科学复杂系统研究中被引用最多的，因此，这些研究可以很好地代表整个领域。

在现实世界的复杂系统研究中，科学家们着重于理解平衡、系统的稳定性和稳健性过程。这些复杂系统的实际应用对于地球上生命的可持续性很重要，可以说也应该成为学校科学课程的焦点。然而，在这里介绍的27项实证研究中，有3项讨论了随机性的概念，2项讨论了平衡的概念，只有1项讨论了波动的概念，没有一项研究涉及稳健性（例如，如何加固系统以吸收负面干扰）。此外，复杂系统的研究已经涉及许多不同的知识领域。然而，在学习科学的研究样本中，绝大多数的研究都偏向于生物学、生态学和地球科学的主题（23项研究），而化学和物理学的主题只在4项研究中出现。这一事实对如何教授NGSS跨学科概念有一些影响，这些概念在科学学习的所有领域都以系统为特征。例如，可能没有现成的课程和教学资源可供教师在代表性较弱的学科中使用。

学习科学家们历来关注的是可能影响学习的环境和社会文化特征——什么对谁有效，在什么条件下有效（例如，Penuel和Fishman，2012）。例如，性别、种族和社会经济地位的可变性，对干预措施是否最适合特定人群，以及是否能够扩大干预范围以满足不同群体的需求，都会起到很大的作用。然而，仅有大约一半的研究报告了种族，有8项研究仅用"混合"或"一定规模"来描述群体的种族/族裔特征。同样，在性别方面，18项研究没有报告性别比例，超过一半的研究（14项）没有报告任何关于该群体的社会经济状况或研究地点（如城市、郊区）的信息。缺失了这些信息，就很难确定什么对谁有效、在什么条件下有效。在学习科学研究中，利用复杂系统课程进行教师学习和专业发展的研究也很少见（关于这个问题的进一步讨论，见Yoon等，2017）。

在研究设计方面，27项研究中有18项研究为单组非比较性研究，只有9项研究对100人以上的人群进行了干预实验。在方法论方面，所有研究可以分为早期研究或探索性研究（12项），或者作为设计和发展（15项）。在这个样本中，没有研究属于有效性、可复制性，或者效能类的研究（美国教育科学研究所/美国国家科学基金会，2013）。因此，我们无法确定特定的干预措施实际产生的学习效果是否明显优于对照组。这一信息将有助于教师和学校在决定采取何种干预措施时作出最佳选择。

学习科学中复杂系统研究的未来工作应该关注这四个方面。具体而言，我们需要研究与现实世界的科学探索相一致的机制，探索不同的知识领域，研究情境和社会文化特征。此外，这种研究的设计和方法需要以更大的规模、在不同的群体中进行干预措施的测试。最后一点，这可能是教育政策中支持系统学习目标的最重要的一点，即需要学习科学家们协调不同的概念框架，弄清楚关于复杂系统的核心特征是什么。

六、延伸阅读

Davis, B., & Sumara, D. (2006). *Complexity and education: Inquiries into learning, teaching, and research*. Mahwah, NJ: Lawrence Erlbaum.

本书对复杂系统的定义、机制和一般应用作出了很好的概述，并将这些概念与教育应用和研究联系了起来。

DeBoer, G. E., Quellmalz, E. S., Davenport, J. L., Timms, M. J., Herrmann-Abell, C. F., Buckley, B. C., & Flanagan, J. C. (2014). Comparing three online testing modalities: Using static, active, and interactive online testing modalities to assess middle school students' understanding of fundamental ideas and use of inquiry skills related to ecosystems. *Journal of Research in Science Teaching*, 51(4), 523 – 554. doi: 10.1002/tea.21145

与现有的学习科学研究相比，这篇文章比较了三种生态系统的学习模式，并用较大的学生样本量检验了干预措施。

Repenning, A., Ioannidou, A., Luhn, L., Daetwyler, C., & Repenning, N. (2010). Mr. Vetro: Assessing a collective simulation framework. *Journal of Interactive Learning Research*, 21(4), 515 – 537.

这是在生理学这一研究较少的内容领域，采用参与式模拟框架进行的比较研究，是一项难得的比较研究。

Stavrou, D., & Duit, R. (2014). Teaching and learning the interplay between chance and determinism in nonlinear systems. *International Journal of Science Education*, 36(3), 506 – 530. doi: 10.1080/09500693.2013.802056

这篇文章旨在了解学生对物理系统的学习，代表了对不稳定和平衡性等复杂系统概念的罕见研究。

Yoon, S. A., Koehler-Yom, J., Anderson, E., Lin, J., & Klopfer, E. (2015). Using an adaptive expertise lens to understand the quality of teachers' classroom implementation of computer-supported complex systems curricula in high school science. *Research in Science and Technology Education*, 33(2), 237 – 251. doi: 10.1080/02635143.2015.1031099

为了有助于教师在复杂系统中学习和教学所需的研究，本研究调查了教师在课堂上使用复杂系统和技术工具时应发展的适应性专业知识的三个特征。

七、注释

1. 转引自霍金预言："统一理论"越来越近（"Unified Theory" is getting closer，Hawking predicts），圣何塞水星报，2000年1月23日，第29A页。

参考文献

Assaraf, O. B., & Orion, N. (2010). System thinking skills at the elementary school level. *Journal of Research in Science Teaching, 47*(5), 540–563. doi:10.1002/tea.20351

Assaraf, O. B., & Orpaz, I. (2010). The "Life at the Poles" study unit: Developing junior high school students' ability to recognize the relations between earth systems. *Research in Science Education, 40*(4), 525–549. doi:10.1007/s11165-009-9132-2

Bar-Yam, Y. (2016). From big data to important information. *Complexity, 21*(S2), 73–98. doi:10.1002/cplx.21785

Ben-Zvi Assaraf, O., Dodick, J., & Tripto, J. (2013). High school students' understanding of the human body system. *Research in Science Education, 43*, 33–56. doi:10.1007/s11165-011-9245-2

Bhatta, S. R., & Goel, A. (1997). Learning generic mechanisms for innovative strategies in adaptive design. *Journal of the Learning Sciences, 6*(4), 367–396. doi:10.1207/s15327809jls0604_2

Capra, F. (1982). *The turning point*. New York: Bantam Books.

Chi, M. T. H. (2005). Commonsense conceptions of emergent processes: Why some misconceptions are robust. *Journal of the Learning Sciences, 14*(2), 161–199. doi:10.1207/s15327809jls1402_1

Chi, M. T. H., Roscoe, R., Slotta, J., Roy, M., & Chase, M. (2012). Misconceived causal explanations for "emergent" processes. *Cognitive Science, 36*, 1–61. doi:10.1111/j.1551-6709.2011.01207.x

Colella, V., Klopfer, E., & Resnick, M. (2001). *Adventures in modeling: Exploring complex, dynamic systems with StarLogo*. New York: Teachers College Press.

Danish, J. A. (2014). Applying an activity theory lens to designing instruction for learning about the structure, behavior, and function of a honeybee system. *Journal of the Learning Sciences, 23*(2), 100–148. doi:10.1080/10508406.2013.856793

Danish, J. A., Peppler, K., Phelps, D., & Washington, D. (2011). Life in the hive: Supporting inquiry into complexity within the zone of proximal development. *Journal of Science Education and Technology, 20*(5), 454–467. doi:10.1007/s10956-011-9313-4

Eilam, B. (2012). System thinking and feeding relations: Learning with a live ecosystem model. *Instructional Science, 40*(2), 213–239. doi:10.1007/s11251-011-9175-4

Gotwals, A. W., & Songer, N. B. (2010). Reasoning up and down a food chain: Using an assessment framework to investigate students' middle knowledge. *Science Education, 94*(2), 259–280. doi:10.1002/sce.20368

Grotzer, T., & Basca, B., (2003). How does grasping the underlying causal structures of ecosystems impact students' understanding? *Journal of Biological Education, 38*(1), 16–29. doi:10.1080/00219266.2003.9655891

Grotzer, T. A., Powell, M. M., Derbiszewska, K. M. Courter, C. J., Kamarainen, A. M., Metcalf, S. J., & Dede, C. J. (2015). Turning transfer inside out: The affordances of virtual worlds and mobile devices in real world contexts for teaching about causality across time and distance in ecosystems. *Technology, Knowledge, and Learning, 20*, 43–69. doi:10.1007/s10758-014-9241-5

Grotzer, T. A., & Tutwiler, M. S. (2014). Simplifying causal complexity: How interactions between modes of causal induction and information availability lead to heuristic-driven reasoning. *Mind, Brain, and Education, 8*(3), 97–114. doi:10.1111/mbe.12054

Hmelo-Silver, C., Marathe, S., & Liu, L. (2007). Fish swim, rocks sit, and lungs breathe: Expert-novice understanding of complex systems. *Journal of the Learning Sciences, 16*(3), 307–331. doi:10.1080/10508400701413401

Hmelo-Silver, C., & Pfeffer, M. G. (2004). Comparing expert and novice understanding of a complex system from the perspective of structures, behaviors, and functions. *Cognitive Science, 28*(1), 127–138. doi:10.1016/S0364-0213(03)00065-X

Institute of Education Sciences/National Science Foundation. (2013). *Common guidelines for education research and development: A report from the Institute of Education Sciences, U.S. Department of Education and the National Science Foundation*. Washington, DC: Authors.

Jacobson, M. (2001). Problem solving, cognition, and complex systems: Differences between experts and novices. *Complexity, 6*(3), 41–49. doi:10.1002/cplx.1027

Jordan, R. C., Brooks, W. R., Hmelo-Silver, C., Eberbach, C., & Sinha, S. (2014). Balancing broad ideas with context: An evaluation of student accuracy in describing ecosystem processes after a system-level intervention. *Journal of Biological Education, 48*(2), 57–62. doi:10.1080/00219266.2013.821080

Jordan, R., Gray, S., Demeter, M., Lui, L., & Hmelo-Silver, C. (2009). An assessment of students' understanding of ecosystem concepts: Conflating ecological systems and cycles. *Applied Environmental Education and Communication, 8*(1), 40–48. doi:10.1080/15330150902953472

Kauffman, S. (1995). *At home in the universe*. New York: Oxford University Press.

Klopfer, E., Scheintaub, H., Huang, W., Wendel, D., & Roque, R. (2009). The simulation cycle: Combining games, simulations, engineering and science using *StarLogo TNG*. *E-Learning and Digital Media, 6*(1), 71–96. doi:10.2304/elea.2009.6.1.71

Levy, S. T., & Wilensky, U. (2009). Students' learning with the connected chemistry (CC1) curriculum: Navigating the complexities of the particulate world. *Journal of Science Education and Technology, 18*(3), 243–254. doi:10.1007/s10956-009-9145-7

Levy, S. T., & Wilensky, U. (2011). Mining students' inquiry actions for understanding of complex systems. *Computers & Education, 56*(3), 556–573. doi:10.1016/j.compedu.2010.09.015

Linn, M. C., Clark, D., & Slotta, J. D. (2003). WISE design for knowledge integration. *Science Education, 87*, 517–538. doi:10.1002/sce.10086

National Academies, The. (2009). *Keck Futures Initiative: Complex systems: Task group summaries*. Washington, DC: The National Academies Press.

NGSS Lead States. (2013). *Next generation science standards: For states, by states*. Washington, DC: The National Academies Press.

Novak, J. D. (1990). Concept maps and Vee diagrams: Two metacognitive tools for science and mathematics education. *Instructional Science, 19*, 29–52. doi:10.1007/BF00377984

Penuel, W., & Fishman, B. (2012). Large scale science education research we can use. *Journal of Research in Science Teaching, 49*, 281–304. doi:10.1002/tea.21001

Prigogine, I., & Stengers, I. (1984). *Order out of chaos*. New York, NY: Bantam Books.

Resnick, M. (1994). *Turtles, termites and traffic jams: Explorations in massively parallel microworlds*. Cambridge, MA: MIT Press.

Sherrington, D. (2010). Physics and complexity. *Philosophical Transactions of the Royal Society of London Series A - Mathematical Physical and Engineering Sciences, 368*(1914), 1175–1189. doi:10.1098/rsta.2009.0208

Stroup, W. M., & Wilensky, U. (2014). On the embedded complementarity of agent-based and aggregate reasoning in students' developing understanding of dynamic systems. *Technology, Knowledge and Learning: Learning Mathematics, Science and the Arts in the Context of Digital Technologies, 19*(1–2), 19–52. doi:10.1007/s10758-014-9218-4

Thompson, K., & Reimann, P. (2010). Pattern of use of an agent-based model and a system dynamics model: The application of patterns of use and the impacts on learning outcomes. *Computer & Education, 54*, 392–403. doi:10.1016/j.compedu.2009.08.020

Varma, K., & Linn, M. C. (2012). Using interactive technology to support students' understanding of the greenhouse effect and global warming. *Journal of Science Education and Technology, 21*(4), 453–464. doi:10.1007/s10956-011-9337-9

Vattam, S. S., Goel, A. K., Rugaber, S., Hmelo-Silver, C., Jordan, R., Gray, S., & Sinha, S. (2011). Understanding complex natural systems by articulating structure-behavior-function models. *Educational Technology & Society, 14*(1), 66–81.

West, G. B. (2014). A theoretical physicists journey into biology: From quarks and strings to cells and whales. *Physical Biology, 11*(5), 1–6. doi:10.1088/1478-3975/11/5/053013

Wilensky, U., & Rand, W. (2015). *An introduction to agent-based modeling: Modeling natural, social, and engineered complex systems with NetLogo*. Cambridge, MA: MIT Press.

Wilkerson-Jerde, M. H., & Wilensky, U. J. (2015). Patterns, probabilities, and people: Making sense of quantitative change in complex systems. *Journal of the Learning Sciences, 24*(2), 204–251. doi:10.1080/10508406.2014.976647

Yoon, S. A. (2008). An evolutionary approach to harnessing complex systems thinking in the science and technology classroom. *International Journal of Science Education, 30*(1), 1–32. doi:10.1080/09500690601101672

Yoon, S. A. (2011). Using social network graphs as visualization tools to influence peer selection decision-making strategies to access information about complex socioscientific issues. *Journal of the Learning Sciences, 20*(4), 549–588. doi:10.1080/10508406.2011.563655

Yoon, S., Anderson, E., Koehler-Yom, Evans, C., Park, M., J., Sheldon, J., et al.. (2017). Teaching about complex systems is no simple matter: Building effective professional development for computer-supported complex systems instruction. *Instructional Science, 45*(1), 99–121.

第二部分

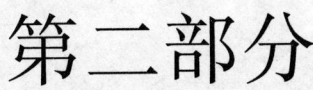
学习环境：设计、研究、评估

第 17 章　教学设计与学习科学环境下的 4C/ID 模型

杰罗恩·范梅里恩博尔,保罗·基尔希纳(Jeroen J. G. van Merriënboer, Paul A. Kirschner)

一、引言

如今,四要素教学设计(four-component instructional design,4C/ID)模型受到了很多人的关注(例如,Maggio,ten Cate,Irby 和 O'Brien,2015;Postma 和 White,2015),因为它非常契合当前教育的发展趋势:(1)关注复杂技能或专业能力的培养;(2)更强调将在学校所学的知识迁移到包括工作场所在内的新情境中;(3)发展自我指导和自我调节的学习技能及信息素养技能,这对终身学习十分重要。4C/ID 模型在《训练复杂的认知技能》(van Merriënboer,1997)和《复杂学习的 10 个步骤》(van Merriënboer 和 Kirschner,2018)两本书以及许多文章和书籍章节中都有详细描述。

本章将对 4C/ID 模型及其发展,以及 4C/ID 模型在国际上的应用做一个简明扼要的描述。首先会介绍该模型的背景及其在教学设计和学习科学领域的定位。其次会介绍该模型本身,包括模型的四个要素,基于四要素的设计程序的"复杂学习的 10 个步骤",以及该模型在国际背景中的应用。最后会介绍未来的趋势和发展。此外,本章会以一个简短的讨论结束,重点介绍一些基础研究。

二、4C/ID 模型的背景

4C/ID 模型最初是在 20 世纪 80 年代末发展起来的,按照荷兰的惯例,它被称为"onderwijskunde",最恰当的翻译是"应用教育科学"(applied educational sciences)。首次介绍它的是范梅里恩博尔、杰尔斯玛和帕斯(van Merriënboer,Jelsma 和 Paas,1992)。该模型的开发首先是在荷兰和欧洲。在这种背景下,教学设计、教育技术、学习科学、教育心理学等相关领域的过去和现在并没有明显的区别。这与美国的情况大不相同,在美国,教学设计在传统上被视为一门独立的学科。实际上,在美国,教学设计与学习科学之间的差异与共性是一个持续争论的话题,一些研究者和实践者呼吁将两者更好地结合起来(Hoadley,2004;Reigeluth,Beatty 和 Myers,2016)。在欧洲,这样的讨论基本不存在,因为教学设计不被视为一门独立的学科,而是一个分散的科学和实践领域,在这个领域里,许多来自不同学科的研究者——通常是实践者——在这里相遇。

这并不是说4C/ID模型的发展不受国际争论的影响。在20世纪80年代末和20世纪90年代初,人们就如何设计更好的教育展开了激烈的讨论,因为学生们经常将他们的教育项目视为一组互不相关的主题和课程,它们之间虽然存在着隐性的关联,但这与他们的未来职业没有明确的关系(Merrill, Li和Jones, 1990)。在这种背景之下,人们呼吁范式转变,这种转变有两种不同的形式。首先,在当时即将出现的学习科学的推动下(《学习科学期刊》于1991年首次出版),出现了从"客观主义"(objectivism)到"建构主义"(constructivism)的范式转变的呼吁(例如,Jonassen, 1991)。根据这一观点,占支配地位的客观主义方法,即识知和学习被看作是代表和反映现实的过程,必须被社会建构主义方法所取代。在这种转变中,识知和学习被看作是积极解释和建构知识表征的过程——通常存在于与他人协作的情境中。其次,在教学设计领域的推动下,出现了从"目标驱动模型"(objectives-driven models)到"目标整合模型"(models for integrative goals)的范式转变的呼吁(例如,Gagne和Merrill, 1990)。根据这一观点,传统的原子论方法,即把复杂的内容和任务缩减为较简单的元素,直至可以将单一的元素具体化为"目标",并通过演示和/或实践传递给学习者,必须被一种整体的方式所取代。在这种转变中,复杂的内容和任务会通过从简单到复杂的整体进行教学,以保留各要素之间的关系。

无论是学习科学领域对社会建构主义的呼吁,还是教学设计领域对整合目标的呼吁,都影响了4C/ID的发展。和这两种呼吁相呼应,4C/ID强调以有意义的、整体的学习任务作为学习的动力。在复杂技能的学习领域,4C/ID是最早用整体任务法(a whole-task approach)取代普遍流行的部分—任务法(part-task approach)的模型之一;这种模型不是强调从部分任务到整体任务,而是强调用整体任务的简单到复杂的版本来建立完整的教育项目。4C/ID模型与其他整体任务模型在这一点上是一致的,如认知学徒制学习(Brown, Collins和Duguid, 1989;见Eberle,本手册)、基于目标的情景(goal-based scenarios)(Schank, Berman和MacPerson, 1999)和第一教学原则(first principles of instruction)(Merrill, 2002, 2012;整体任务模型的辩证性比较,见Francom和Gardner, 2014)。

考虑到4C/ID非常注重以整体任务作为学习的动力,4C/ID既有建构主义特征,又有客观主义特征。根据4C/ID模型,学习者是通过从具体的学习任务中归纳学习,并将新信息与记忆中已有的知识连接起来对新信息进行阐述,从而构建图式的,这是基本的学习过程。这些过程是在学习者的策略控制下进行的。因此,它们积极地构建意义和/或新的认知图式,从而实现深度理解和复杂的任务表现。然而,4C/ID模型也具有"客观主义"的特征。在规则形成的过程中,这一模型会为学习任务的常规方面提供指导和纠正反馈,在任务加强的过程,以及需要发展到高层次自动化水平的常规部分任务实践中,这些都是显而易见的。假设社会建构主义方法和客观主义方法是建立在共同的心理学基础上的,它们应该是最好的相互补充(见 Danish 和 Gresalfi,本手册;Eberle,本手册)。因此,4C/ID 模型旨在将两者进行最好的结合。

三、4C/ID 模型的描述

4C/ID 模型是一种涉及复杂学习的教学设计方法;即指向于整体目标的学习,在此过程中,知识、技能和态度同时发展,以获得复杂的技能和专业能力。它为分析现实生活中的任务并将其转化为教育项目的蓝图提供了指导方针。它通常用于设计和开发实质性的教育项目,时间从几周到几年不等,和/或涉及课程中相当大的一部分。

1. 四个要素

4C/ID 模型的一个基本假设是,复杂学习的教育项目总是可以用以下四个要素来描述,即(1)学习任务,(2)支持性信息,(3)程序性信息,(4)部分任务实践(见图 17.1)。学习任务是教育项目的核心;它们提供了各种经验的学习,并明确地以学习的迁移为目标。另外三个要素都与这个核心部分相连接。

(1) 要素 1:学习任务

学习任务被视为一个教育项目的核心(见图 17.1 中的大圈)。学习任务可以是学习者所做的案例、项目、专业任务、问题或作业等。当然,学习者可以在模拟的任务环境和/或真实的任务环境(如工作场所)中完成这些任务。模拟的任务环境也可以从非常低的保真度,例如,"纸和笔"的案例("假设您是一名医生,和一位病人一起走进您的办公室"),或课堂中的角色扮演或项目;到非常高的保真度,例如,用于培训专业飞行员的高保真飞行模拟器,或用于培训创伤护理团队的急诊室。学习任务最好是基于一个人未来职业或日常生活中需要的知识、技能和态度的整体任务。此外,这些任务既需要执行非常规技能,如解决问题、推理和决策,也需要执行常规技能,相比较而言,常规技能总是以相同的方式被执行(van Merriënboer, 2013)。基于此,学习任务会持续性地驱动着一个被称为归纳学习(inductive learning)的基本学习过程——学生面对具体的经验,边做边学。

只有当学习任务具有可变性时(图 17.1 中的学习任务中的小三角所示),学习者才有可能进行有效的归纳学习(Paas 和 van Merriënboer, 1994;Schilling, Vidal, Ployhart 和 Marangoni, 2003);也就是说,学习任务必须在各个维度上有所不同,在这些维度上,以后的职业或日常生活中的任务也会有所不同。只有这样,学生才有可能建构出那些从具体经验中概括出来的认知图式;这种图式对于实现学习迁移至关重要。

为了防止认知负荷过载,学习者通常会从相对简单的学习任务开始,并且,随着他

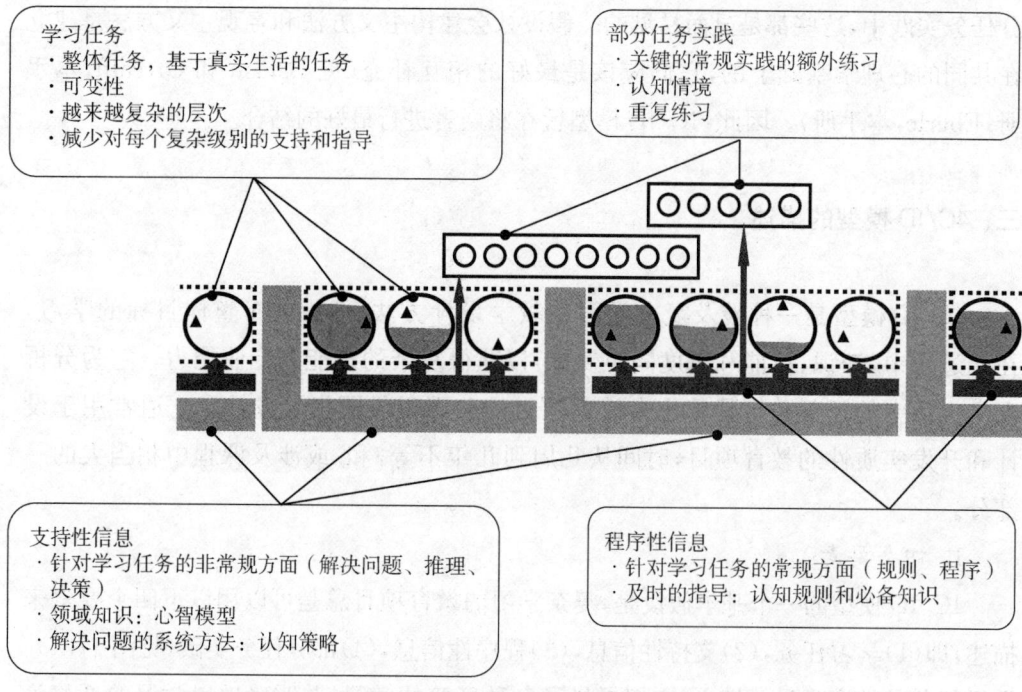

图 17.1　复杂学习的培训蓝图和 4C/ID 要素的主要特性

们专业知识的增加，他们将会从事越来越复杂的任务（van Merriënboer 和 Sweller，2010）。因此，在同样复杂的任务中存在着不同层次的复杂程度（见图 17.1 中的虚线包含了一组同样复杂的学习任务）。但是，在每一个复杂的层次上，都必须有实践的可变性。在第一个层次上，学生面对的学习任务是专业人员可能遇到的最简单的任务；在最高层次的复杂性中，学生面临的是初级专业人员能够处理的最复杂的任务，而在这两者之间增加的复杂性使得复杂程度逐级递升。

　　学习者在完成学习任务时，往往会获得一些支持和指导（见图 17.1 中大圈的填充）。当他们开始从事更复杂的任务，向更高的复杂程度发展时，就会获得这些支持和指导。在每一个特定的复杂程度内，支持和指导都会在一个被称为"支架"的过程中逐渐减少——就像在建造建筑物时被拆除的支架（Renkl 和 Atkinson，2003；Tabak 和 Kyza，本手册）。当学生能够独立完成某一特定复杂程度的最终学习任务时，在没有支持或指导的情况下（即图 17.1 中没有任何填充的"空的"学习任务），他们就可以进入下一个复杂程度的学习任务。在那里，支架的过程再次开始，在整个教育项目中产生了一个锯齿状的支持和指导模式。

　　（2）要素 2：支持性信息

　　学习任务通常对非常规技能和常规技能都有吸引力，这些技能往往是同时进行的。支持性信息（图 17.1 中扩展的 L 形所示）可以帮助学生完成学习任务中待解决问题、推理、和/或决策的非常规部分。这就是教师经常说的"理论"（即手头的任务所依据的概念和理论）。这种支持性信息通常出现在学习书籍、讲座和在线资源中。它描述了任务域是如何组织的,以及如何以系统的方式处理该任务域中的问题。

任务域的组织方式是由学习者在认知图式(称为心智模型)中表现出来的。例如,在医学领域中,它涉及特定疾病的症状知识(即概念模型——这是什么)、人体结构知识(即结构模型——它是如何构建的),以及结构或器官系统工作的知识(即因果模型——这是如何运作的)。一个人在任务领域的行为组织是由学习者的认知图式(即认知策略)来表示的。这种策略确定了系统问题解决过程中的后续阶段(例如,诊断阶段——治疗阶段——后续阶段),以及有助于成功完成每个阶段的启发式方法。

支持性信息提供了学生已经知道的知识(即他们的先验知识)和他们需要知道的知识之间的联系,以完成学习任务的非常规方面。支持性信息呈现的教学方法有助于在精细化过程中构建认知图式,也就是说,信息的呈现方式有助于学习者在新呈现的信息元素和他们的先验知识之间建立起有意义的关系。这是一种深加工形式,产生了丰富的认知图式(即心智模型和认知策略),使学习者能够理解新的现象和处理不熟悉的问题(Kirschner,2009)。提供认知反馈在这一过程中起着重要的作用。这种反馈促使学习者将自己的心智模型和认知策略与他人(包括专家、教师和同伴学习者)进行批判性比较。

在相同复杂程度的学习任务中,支持性信息是一样的,因为这些任务要求具备相同的知识基础。这就是为什么图 17.1 中的支持性信息与单个学习任务无关,而是与任务的复杂程度有关。它可以在学习者开启学习任务之前呈现("首先是理论,然后才开始实践"),和/或可供已经身处学习任务之中的学习者参考("仅在需要时参考理论")。程度越复杂的支持性信息,越是可以支持学习者完成他们之前无法完成的更加复杂的任务。

(3) 要素 3:程序性信息

程序性信息(在图 17.1 中指向学习任务的箭头向上的光束)可以帮助学生完成学习任务的常规方面,即总是以相同的方式支持任务执行的信息。程序性信息也被称为即时信息,因为这种信息最好是在执行特定的学习任务时,提供给学生。它通常以"如何操作"的形式由教师、快速参考指南或者计算机程序提供给学习者,告诉学习者如何在完成任务的同时执行任务的常规方面。与大多数其他媒体相比,教师的优势在于可以充当"监督你的助手",在学习者需要正确执行任务中的常规方面时,准确地给予指导和纠正性反馈。当学习者必须在整个学习任务中完成某一方面的学习任务时,他们最好能够得到特定的常规方面的程序性信息。在随后的任务中,程序性信息的呈现可以逐渐减少,因为随着学习者慢慢掌握了常规技能,对程序性信息的需求就会减少。

程序性信息总是被规定在最低能力的学习者能够理解的基础水平上。呈现程序性信息的教学方法以一种被称为规则形成(rule formation)的学习过程为目标:学习者使用操作指令来形成认知规则,将特定的认知行为与特定的条件结合起来(例如,如果你进行电子设备安装,那么首先要关掉断路器)。当正确使用操作指令的前提知识与这些指令一起出现时,就会促进规则的形成(例如,所呈现的规则的前提知识是:"你可以在仪表箱中找到断路器")。

(4) 要素 4:部分任务实践

学习任务同时要求复杂技能或专业能力的非常规和常规方面;通常来讲,它们为学习的常规方面提供了足够的实践。只有当需要非常高的自动化水平、并且学习任务没有提供所需的实践量时,才需要常规方面的部分任务实践(图 17.1 中的小圈)。部分任务实践常见的例子有:小学阶段练习 1 到 10 的乘法口诀表(不仅是整个算术任务,如在商店付钱或者测量地板面积);在演奏乐器时练习音阶(不仅是整个任务,如演奏乐曲);或者在医疗项目中练习体格检查技能(不仅是整个任务,如收治病人)。

部分任务实践的教学方法旨在通过大量的重复性练习来强化认知规律。强化(strengthening)是一个基本的学习过程,最终会促成完全自动化的认知图式(Anderson,1993)。在一个富有成效的认知情境中,即在一个整体的、有意义的学习任务背景下,对于学习者而言,重要的是先面对常规方面的实践,再开始进行部分任务实践。只有这样,学习者才会明白,常规实践是如何帮助他们提高整体的任务表现的。规定如何执行常规方面的程序性信息可以在整个学习任务背景下呈现,但也可以在部分任务实践中再次呈现(在图 17.1 中,请看从程序性信息到部分任务实践的向上箭头)。部分任务实践最好是与学习任务混合在一起[混合式训练(intermix training);Schneider,1985],从而产生高度整合的知识库。

2. 复杂学习的 10 个步骤

与 4C/ID 相关的部分研究旨在更好地支持设计者们对该模式的应用。范梅里恩博尔和基尔希纳(van Merriënboer 和 Kirschner,2018)介绍了复杂学习的 10 个步骤,详细地说明了设计者通常采用的整个设计过程,以设计有效、高效且吸引人的复杂学习项目(见表 17.1 和图 17.2)。蓝图的四个组成部分直接对应 10 个步骤中的 4 个设计步骤:学习任务设计(步骤 1),支持性信息设计(步骤 4),程序性信息设计(步骤 7),以及部分任务实践设计(步骤 10)。

其余还有 6 个步骤是辅助性的,仅在必要时执行。步骤 2 是开发评估工具,规定绩效目标,包括可接受的绩效标准。教学过程需要这些标准来评估学生的表现,监控任务/时间的进展,并提供有用的进度反馈。评估结果也可用于开发适应性教学,使学生遵循个性化的学习轨迹。步骤 3 定义了复杂程度,将学习任务从简单到复杂组织起来,确保学生通过完成简单任务继而平稳地增加复杂性的任务,逐步发展其复杂技能或专业能力。最后,步骤 5、6、8 和 9 涉及深度认知任务分析(cognitive task analysis,CTA;Clark,Feldon,van Merriënboer,Yates 和 Early,2008)。当现有的教学材料、工作辅助材料、手册、快速参考指南等尚未提供支持性和程序性信息时,需要执行 CTA。应该指出的是,现实生活中的设计项目从来都不是从步骤 1 到步骤 10 的简单过程。新的发现和决定通常需要设计者重新考虑先前的步骤，从而产生一个反复曲折的设计过程。

3. 国际背景下的应用

表 17.1　复杂学习的 10 个步骤

蓝图要素	复杂学习的 10 个步骤
学习任务	1. 设计学习任务 2. 开发评估工具 3. 排序学习任务
支持性信息	4. 设计支持性信息 5. 分析认知策略 6. 分析心智模型
程序性信息	7. 设计程序性信息 8. 分析认知规则 9. 分析前提知识
部分任务实践	10. 设计部分任务实践

4C/ID 模型的实际应用在世界各地都可以找到，关于该模型的书籍和文章已被翻译成多种语言，包括中文、荷兰语、德语、韩语、葡萄牙语和西班牙语。大多数的实际应用并没有通过国际文献得到充分展示，很多研究与成果只是在当地的出版物中得以描述，或者根本没有发表。然而，我们将提供一些最近的例子来说明它在各大洲的应用情况。在荷兰、比利时和德国，4C/ID 可能是最受欢迎的教学设计模式，它们所有的教育部门，从小学教育到成人学习都在使用这一模型。相关研究者也在其著作中描述了这些应用的广泛集合（Hoogveld，Janssen 和 van Merriënboer，2011）。在加纳，4C/ID 被用于发展初级和高级职业技术培训。结果表明，4C/ID 学习环境比传统方法更有效，而且，这也可以在极少使用技术的情况下实现，这对非洲和亚洲的发展中国家来说尤为重要（Sarfo 和 Elen，2007）。在印度尼西亚，4C/ID 用于护理项目中的沟通技能教学。4C/ID 模式被成功地应用于制定跨专业培训项目，以改善护士、医生和病人之间的沟通，这在印度尼西亚的文化等级背景下并不明显（Claramita 和 Susilo，2014）。在巴西，4C/ID 用于开发学习数据库管理的在线教育项目。正如 4C/ID 所预测的那样，在一个学习者控制的在线课程中，在程序性信息的呈现上，图形与口头文本的结合优于图形与书面文字的结合（De Oliveira Neto，Huang 和 De Azevedo Melli，2015）。在美国，4C/ID 被用于开发循证医学（evidence-based medicine，EBM）教育项目。即建议医学教育工作者采用 4C/ID 在课堂和临床环境中设计、修改和实施 EBM 培训项目，以增加学习迁移（Maggio 等，2015）。最后一个例子是，在澳大利亚，4C/ID 被用于开发海军军官训练的指导模拟。在以上提到的这些项目中，尤其需要关注用于认知反馈的反思工具（Harper 和 Wright，2002）。

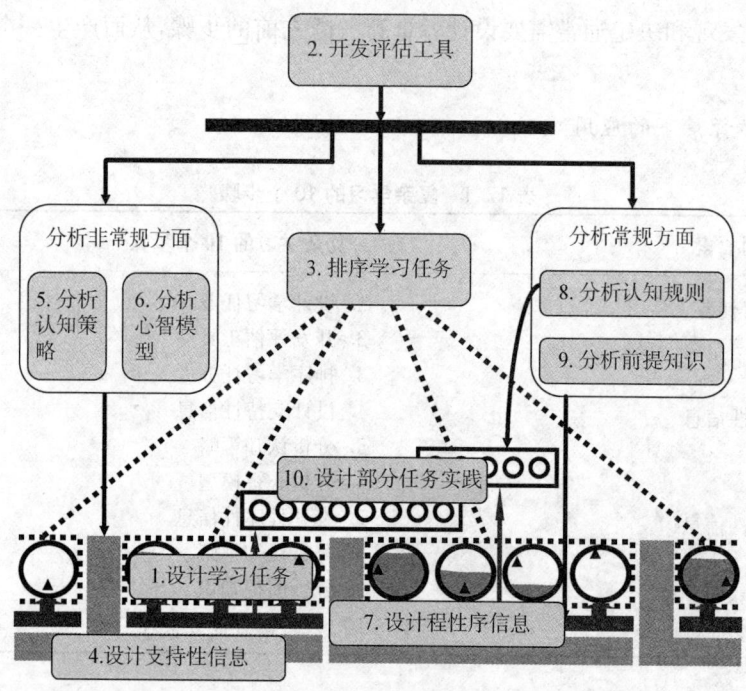

图 17.2　复杂学习的 10 个步骤

四、未来发展

4C/ID 的未来发展与学习者获得自我调节和自我指导的学习技能,发生复杂学习的学习环境的性质以及影响复杂学习的非认知因素等有关。首先,适应性教育是 4C/ID 的一个重要研究课题,其评估结果被用于为不同需求的学习者制定个性化的学习轨迹。如今,在自主学习过程中,研究的重点正从"为学习者个体选择最优任务"转向"帮助学习者(学会)选择自己的学习任务"。在"二级支架"的过程中,可以教会学习者如何自我评估自己的表现和选择合适的任务(Kostons,van Gog 和 Paas,2012)。4C/ID 模型的其他三个要素也可以采用类似的方法。例如,当学习者必须搜索和找到与执行学习任务相关的支持性信息、程序性信息和部分任务实践时,就可以向学习者教授信息素养技能。研究的关键问题是如何将特定领域技能的教学与一般领域技能的教学结合起来,比如自主学习和信息素养。

其次,4C/ID 的发展与学习环境的性质有关。4C/ID 通常采用基于模拟的任务环境,现在这些环境都采取了严肃游戏的形式。荷兰高级职业教育的一个例子是CRAFT,这是一门在机电一体化领域基于 4C/ID 的游戏化课程,机电一体化是一个多学科的科学领域,包括机械工程、电子学、计算机工程、电信工程、系统工程和控制工程(Van Bussel,Lukosch 和 Meijer,2014)。CRAFT 包含了一个模拟工作场所,里面有虚拟机器,学生们可以用这些虚拟机器来建造各种机电产品,还有一个游乐园,学生们可以用这些产品来建造游乐设施;这些游乐设施可以与朋友和家人分享。然而,CRAFT不仅仅是一款严肃的游戏,它还是一种工具,提供一种以游戏为载体的课程设置,让学生完成学习任务:在游戏中的模拟工作场所,在学校环境中的真实机器上,以及实习生的工作场所。

最后,有关4C/ID的一个发展趋势是关于非认知因素的研究,涉及到情绪、情感和动机等。到目前为止,对4C/ID的研究主要集中在认知结果(即表现、认知负荷、迁移)上,但有强烈的迹象表明,现实生活中的学习任务往往与情绪有关,而情绪会影响或调解认知和非认知结果。例如,弗雷泽等人(Fraser等,2014)报道了在基于模拟的医疗急救技能训练中患者意外死亡对情绪和认知影响的研究。他们发现,模拟人的意外死亡会给学习者带来更多的负面情绪、更高的认知负荷和更差的学习成绩。显然,这些发现对学习任务的设计有着直接的影响——在模拟和真实任务环境中,如何最好地利用学习过程中的情感体验,还需要更多的研究。

五、讨论

本章简单介绍了4C/ID模型,包括其背景和未来发展。该模型具有强大的研究基础。已经有数百项实验研究为4C/ID模型的原则提供了支持,如使用不同类型的学习任务(如工作实例、完成任务)、实践的可变性、从简单到复杂的排序、支持/指导及支架、信息呈现的时机、个性化、反馈等。其中许多独特的原则首先是在认知负荷理论(cognitive load theory)(van Merriënboer和Sweller,2010)背景下被研究的,该理论处理的是相对较短的教学事件的设计,然后才被纳入旨在设计实质性教育项目的4C/ID模型中。对这些原则的研究很大程度上是实验性的,既包括在控制条件下进行的真实实验,也包括在外部有效环境下进行的准实验。

然而,4C/ID不仅仅是一套松散耦合的循证原则。通过将这些原则组织在一个一致的理论框架中,可以证明这一点。该框架的价值研究主要是基于设计的,由教师和设计师与研究人员密切合作进行。在这种基于设计的研究中(如Vandewaetere等,2015;关于基于设计的研究概述,见Puntambekar,本手册),4C/ID用于概念化新的教育项目或重新设计现有项目,然后在自然学习环境中迭代实施。每一次迭代都能提供关于模型价值的信息,并用于进一步完善模型。例如,将"10个步骤"作为一种系统设计方法的构想在很大程度上是基于设计的研究,例如,逐步的参与式方法可能有助于将设计者、学生和教师的观点结合起来(Könings,Brand-Gruwel和van Merriënboer,2005)。总之,在过去的25年里,基于实验的研究和基于设计的研究都促进了4C/ID模型的不断发展,该模型逐渐从一个专注于成人技术培训设计的相对固化的模型发展成为一个高度灵活的模型,如今应用于所有教育部门。

六、延伸阅读

Francom，G. M. ，& Gardner，J. （2014）．What is task-centered learning? *TechTrends*，58(5)，28-36．

这篇文章将 4C/ID 模型与认知学徒学习、阐述理论以及第一教学原则进行了批判性比较。

Merrill，M. D. （2002）．First principles of instruction. *Educational Technology Research and Development*，50(3)，43-59．

在这篇文章中，梅瑞尔(Merrill)提出了他的第一教学原则，这些教学原则是基于一系列以任务为中心的模型的，包括 4C/ID。另见梅瑞尔(2012)的同名书籍。

van Merriënboer，J. J. G. （1997）．*Training complex cognitive skills*. Englewood Cliffs，NJ：Educational Technology Publications.

本书首次对 4C/ID 模型进行了全面的描述，重点介绍了其心理学基础。

van Merriënboer，J. J. G. ，& Kirschner，P. A. （2018）．*Ten steps to complex learning*（3rd Rev. Ed. ）．New York：Routledge.

这本书提供了 4C/ID 模型的最新描述，重点介绍了基于这四个元素系统设计教育项目的 10 个步骤。

Vandewaetere，M. ，Manhaeve，D. ，Aertgeerts，B. ，Clarebout，G. ，van Merriënboer，J. J. G. ，& Roex，A. （2015）．4C/ID in medical education：How to design an educational program based on whole-task learning（AMEE Guide No. 93）．*Medical Teacher*，37，4-20．

这篇文章报道了一项研究，即利用 4C/ID 开发一个普通医生培训的双混合教育项目。

参考文献

Anderson, J. R. (1993). Problem solving and learning. *American Psychologist*, 48(1), 35–44.

Brown, J. S., Collins, A., & Duguid, P. (1989). Situated cognition and the culture of learning. *Educational Researcher*, 18, 32–42.

Claramita, M., & Susilo, A. P. (2014). Improving communication skills in the Southeast Asian health care context. *Perspectives on Medical Education*, 3, 474–479.

Clark, R. E., Feldon, D. F., van Merriënboer, J. J. G., Yates, K. A., & Early, S. (2008). Cognitive task analysis. In J. Spector, M. Merrill, J. van Merriënboer, & M. Driscoll (Eds.), *Handbook of research on educational communications and technology* (3rd Ed., pp. 577–594). New York: Routledge.

Danish, J., & Gresalfi, M. (2018). Cognitive and sociocultural perspective on learning: Tensions and synergy in the Learning Sciences. In F. Fischer, C. E. Hmelo-Silver, S. R. Goldman, & P. Reimann (Eds.), *International handbook of the learning sciences* (pp. 34–43). New York: Routledge.

De Oliveira Neto, J. D., Huang, W. D., & De Azevedo Melli, N. C. (2015). Online learning: Audio or text? *Educational Technology Research and Development, 63*, 555–573.

Eberle, J. (2018). Apprenticeship learning. In F. Fischer, C. E. Hmelo-Silver, S. R. Goldman, & P. Reimann (Eds.), *International handbook of the learning sciences* (pp. 34–43). New York: Routledge.

Francom, G. M., & Gardner, J. (2014). What is task-centered learning? *TechTrends, 58*(5), 28–36.

Fraser, K., Huffman, J., Ma, I., Sobczak, M., McIlwrick, J., Wright, B., & McLaughlin, K. (2014). The emotional and cognitive impact of unexpected simulated patient death. *Chest, 145*, 958–963.

Gagné, R. M., & Merrill, M. D. (1990). Integrative goals for instructional design. *Educational Technology Research and Development, 38*, 23–30.

Harper, B., & Wright, R. (2002). Designing simulations for complex skill development. *Proceedings of the Educational Multimedia and Hypermedia & Telecommunications* (pp. 713–718). Waynesville, NC: AACE.

Hoadley, C. H. (2004, May–June). Learning and design: Why the learning sciences and instructional systems need each other. *Educational Technology Magazine, 44*(3), 6–12.

Hoogveld, B., Janssen, A., & van Merriënboer, J. J. G. (2011) (Eds.). *Innovatief onderwijs ontwerpen in de praktijk: Toepassing van het 4C/ID model* [*Designing innovative education in practice: Applications of the 4C/ID model*]. Groningen, Netherlands: Noordhoff.

Jonassen, D. H. (1991). Objectivism versus constructivism: Do we need a new philosophical paradigm? *Educational Technology Research and Development, 39*, 5–14.

Kirschner, P. A. (2009). Epistemology or pedagogy, that is the question. In S. Tobias & T. M. Duffy. (Eds.), *Constructivist instruction: Success or failure?* (pp. 144–157). New York: Routledge.

Könings, K. D., Brand-Gruwel, S., & van Merriënboer, J. J. G. (2005). Towards more powerful learning environments through combining the perspectives of designers, teachers, and students. *British Journal of Educational Psychology, 75*, 645–660.

Kostons, D., van Gog, T., & Paas, F. (2012). Training self-assessment and task-selection skills: A cognitive approach to improving self-regulated learning. *Learning and Instruction, 22*, 121–132.

Maggio, L. A., ten Cate, O., Irby, D., & O'Brien, B. (2015). Designing evidence-based medicine training to optimize the transfer of skills from the classroom to clinical practice: Applying the four-component instructional design model. *Academic Medicine, 90*, 1457–1461.

Merrill, M. D. (2002). First principles of instruction. *Educational Technology Research and Development, 50*(3), 43–59.

Merrill, M. D. (2012). *First principles of instruction*. San Francisco, CA: Pfeiffer.

Merrill, M. D., Li, Z., & Jones, M. K. (1990). Second generation instructional design. *Educational Technology, 30*(2), 7–14.

Paas, F., & van Merriënboer, J. J. G. (1994). Variability of worked examples and transfer of geometrical problem-solving skills: A cognitive-load approach. *Journal of Educational Psychology, 86*(1), 122–133.

Postma, T. C., & White, J. G. (2015). Developing clinical reasoning in the classroom—Analysis of the 4C/ID-model. *European Journal of Dental Education, 19*(2), 74–80.

Puntambekar, S. (2018). Design-based research (DBR). In F. Fischer, C. E. Hmelo-Silver, S. R. Goldman, & P. Reimann (Eds.), *International handbook of the learning sciences* (pp. 383–392). New York: Routledge.

Reigeluth, C. M., Beatty, B. J., & Myers, R. D. (Eds.) (2016). *Instructional-design theories and models*, Vol. *4, The learner-centered paradigm of education*. New York: Routledge.

Renkl, A., & Atkinson, R. K. (2003). Structuring the transition from example study to problem solving in cognitive skill acquisition: A cognitive load perspective. *Educational Psychologist, 38*(1), 15–22.

Sarfo, F. K., & Elen, J. (2007). Developing technical expertise in secondary technical schools: The effect of 4C/ID learning environments. *Learning Environments Research, 10*(3), 207–221.

Schank, R. C., Berman, T. R., & MacPerson, K. A. (1999). Learning by doing. In C. M. Reigeluth (Ed.), *Instructional-design theories and models: A new paradigm of instructional theory* (Vol. *2*, pp. 161–181). Mahwah, NJ: Erlbaum.

Schilling, M. A., Vidal, P., Ployhart, R. E., & Marangoni, A. (2003). Learning by doing something else: Variation, relatedness, and the learning curve. *Management Science, 49*, 39–56.

Schneider, W. (1985). Training high-performance skills: Fallacies and guidelines. *Human Factors, 27*, 285–300.

Tabak, I., & Kyza., E. (2018). Research on scaffolding in the learning sciences: A methodological perspective. In F. Fischer, C. E. Hmelo-Silver, S. R. Goldman, & P. Reimann (Eds.), *International handbook of the learning sciences* (pp. 191–200). New York: Routledge.

Van Bussel, R., Lukosch, H., & Meijer, S. A. (2014). Effects of a game-facilitated curriculum on technical knowledge and skill development. In S. A. Meijer & R. Smeds (Eds.), *Frontiers in gaming simulation* (pp. 93–101). Berlin: Springer.

van Merriënboer, J. J. G. (1997). *Training complex cognitive skills*. Englewood Cliffs, NJ: Educational Technology Publications.

van Merriënboer, J. J. G. (2013). Perspectives on problem solving and instruction. *Computers and Education, 64*, 153–160.

van Merriënboer, J. J. G., Jelsma, O., & Paas, F. (1992). Training for reflective expertise: A four-component instructional design model for complex cognitive skills. *Educational Technology Research and Development, 40*, 23–43.

van Merriënboer, J. J. G., & Kirschner, P. A. (2018). *Ten steps to complex learning* (3rd Rev. Ed.). New York: Routledge.

van Merriënboer, J. J. G., & Sweller, J. (2010). Cognitive load theory in health professional education: Design principles and strategies. *Medical Education, 44*, 85–93.

Vandewaetere, M., Manhaeve, D., Aertgeerts, B., Clarebout, G., van Merriënboer, J. J. G., & Roex, A. (2015). 4C/ID in medical education: How to design an educational program based on whole-task learning (AMEE Guide No. 93). *Medical Teacher, 37*, 4–20.

第18章 课堂编排

皮埃尔·迪伦堡,路易斯·普列托,詹妮弗·奥尔森(Pierre Dillenbourg, Luis P. Prieto, Jennifer K. Olsen)

一、编排的概念

"编排"(orchestration)这一隐喻已被用于各种教育情境中(Hazel, Prosser 和 Trigwell, 2002; Meyer, 1991; Watts, 2003),在这些情境中,学习者或教师需要整合多种"声音"(学习资源或活动、学习概念、学习风格)。在学习科学领域,教师角色的多任务性在过去十年受到了更多的关注,特别是在真正的课堂中使用了协作学习技术后。为了理解这一概念的相关性,我们先简要回顾一下计算机支持的协作学习(computer-supported collaborative learning, CSCL)的发展历程(Dillenbourg 和 Fischer, 2007)。

最初,"计算机支持的"意味着数字网络能够实现远程交互。然而,人们很快就明白,技术塑造了学习者之间的互动。因此,协作技术可以通过"设计"来促进学习者之间形成理想的互动(Roschelle 和 Teasley, 1995; Suthers, Weiner, Connelly 和 Paolucci, 1995)。然而,这些调节效果有时过于微妙,于是研究者们开发了更强有力的干预措施,即协作脚本(collaboration scripts)。协作脚本的目标是将分配给团队的任务或工具组织起来,使学习者之间产生有效交互的可能性最大化(Dillenbourg 和 Hong, 2008)。有效互动是能够产生学习效果的互动,如解决冲突、解释、论证或相互调节。目前,研究者们已经开发出了两种类型的脚本,它们都需要教师的干预:

● 微脚本(micro-script)管理着团队中(言语)互动的顺序。例如,如果学习者 A 向她或他的同伴提出一个命题,那么一个微脚本的交流工具会邀请学习者 B 来反驳 A 的命题,然后提示学习者 A 拒绝 B 的反驳,以此类推(Weinberger, Stegmann, Fischer 和 Mandl, 2007)。这样做的目的是让学习者内化(internalize)这个论证脚本,且在某些时候能够在没有任何提示的情况下遵循这个规则。为了促进学习者的内化,当学习者们能够对其运用自如时,教师需要撤出支架;反之,如果学习者遇到困难,则需要增加支架。因此,编排是指根据学习者的需要调整支架的支持水平。

● 宏脚本(macro-script,也称"课堂脚本")以间接的方式促进有效互动(Dillenbourg 和 Hong, 2008)。我们再以论证为例。比如说,我们可以在一个班级内确定两个学习者 A 和 B,他们对话题 X 持相反的观点,并要求 A 和 B 共同对 X 做出决定。宏脚本是一种教学场景,学习者应该遵循它,而不是将其内化。宏脚本需要教师的干预来运行序列,这些序列通常包括个人活动、团队活动和全班活动(如讲座)。按照维果斯基的术语来说,我们将这些活动层次称为社交平面(socialplanes)(Dillenbourg,2015),并将其表示为 π_1(个体)、π_2(团队)和 π_3(班级)。

微脚本编排是在一个活动的内部进行(如论证)的,而宏脚本编排则涉及序列,特别是活动之间的转换。我们将编排定义为多重约束条件下多平面场景的实时管理。下面进一步解释这两个要素:多重约束(multiple constraints)和多重平面(multiple planes)。

• 多重约束。教育设计受到学习的认知机制、人脑的局限性、各领域的认识论等因素的制约,此外,正式教育还会产生一些学习的外在约束,如"十点之前完成课程"。课堂编排研究的一个贡献是强调了这些外在约束对学习的重要性,这将在后面阐述。

• 多重平面。单一平面的场景(如单个活动的序列)确实需要一些编排,但编排的困难主要发生在活动转换包括平面转换(plane shifts)时。例如,如果个体任务的输出需要作为协作任务的输入的话,那么教师如何处理一些学生没完成个体任务,而班上其他学生都在等待的情况呢?同样,如果一个音乐家有些不配合,乐团指挥会怎么做(Kollar 和 Fischer,2013)?平面转换是一个具体的问题,提出了丰富的研究问题(研究 4)。

如果转换社交平面会引发编排问题的话,那为什么我们不设计一个保持在单一平面的教学场景呢?第一个原因是我们需要通过掌握学习、建构主义或社会文化方法等多种学习理论激发的学习活动来丰富教学情境。即使它们在理论层面上可能是对立的,但在实践中并不相互排斥。例如,在个人或团队经历过发现学习活动之后,再让他们进行汇报会更有效:正如施瓦兹和布兰斯福德(Schwartz 和 Bransford,1998)所指出的那样,在这种汇报中,会明显存在一个"讲述的时间"。教育研究中缺乏普适性的理论,其原因在于我们的方法:如果一种干预既包含行为主义原则所激发的活动,又包含建构主义原则激发的活动,那么学习结果到底应该归因于哪些学习过程呢?不过在日常实践中,一个常识性的直觉是,多样化的学习活动是应对学习者多样性的一种简单方法。

此外,在教学中包含多重平面的第二个动机是为了设计"教学技巧"(pedagogical tricks)。例如,在宏脚本"争论图"(ArgueGraph)(Jermann 和 Dillenbourg,1999)中,个体问卷会被用来收集学习者的意见,从而形成意见相左的学习者团队。数据从一个活动转移到另一个活动属于编排过程。在某些情况下,这种工作流程可以自动化,就像大规模开放在线课程(MOOCs)中的同辈评分机制一样。我们不会在此进一步讨论工作流的概念,因为它是只针对编排的一种方法(Dillenbourg,2015)。

二、研究 1:教师赋权(π_2/π_3)

TinkerLamp 是职业教育中一种用于学习物流的增强现实环境。具体来说,学徒们会在桌子上放上微型货架来布置一个仓库,架子的位置可以被摄像机探测到。这个仓库模型随后由一个光束投射的数字信息进行增强,以显示把箱子从货架搬到卡车平台上的过程,反之亦然。我们进行了对照研究,结果表明,这些对货架的物理操作优于在多点触控桌上执行相同任务的虚拟操作(Schneider,Jermann,Zufferey 和 Dillenbourg,2011)。该活动本身是吸引人的和有效的,但我们未能在真实的课堂环境中证明它优于在纸上绘制仓库布局的类似场景(Do-Lenh Jermann,Cuendet,Zufferey 和 Dillenbourg,2010)。

在分析团队活动的日志文件时,我们发现对于学习效果较好的团队来说,其操作次数(快速移动一些货架)和仓库布局的讨论次数之间的比率较低。简单地说,学习效果较差的团队会经常操纵有形物品,而很少讨论他们的设计。尽管在许多学习任务中,教师需要鼓励学习者更多地参与到学习任务中,但在这里却恰恰相反:技术颠倒了教师的角色,鼓励学习者偶尔脱离,去反思他们所获得的结果,或尝试预测他们将获得什么。

因此,我们开发了一种简单的编排工具——双面纸卡。卡片有两面,一面是"阻止模拟",另一面是"启动模拟"。活动刚开始时,卡片是阻止模拟状态,当团队想要进行模拟时,他们必须向老师发出信号。然后老师会来到他们的桌子前,询问他们在接下来的模拟中希望看到什么(即性能是否会提高或降低)。团队通常难以表达假设并证明他们的预测是正确的。然后老师会让他们进一步思考,当他们有更好的答案时会再回来。当老师对他们的回答感到满意时,他(或她)只需在卡片的另一面显示互动灯,这样学习者就可以开始模拟操作(见图 18.1,左)。预测结果是一种很好的反馈方式。除了使用这些纸质卡片之外,还可以使用仪表板(见图 18.1,右),在仪表板上,老师可以看到每个团队执行的操作次数,其由黄色(少量操作)到红色(大量操作)不等的颜色代码表示。

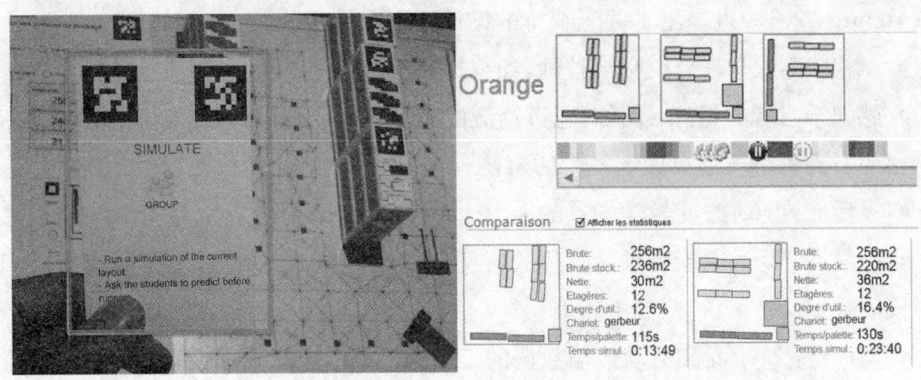

图 18.1　编排卡(左)和仪表板(右)①
来源:Dillenbourg(2013)。

---

① 编辑注:原版书中部分单词即不清晰。

另一种鼓励学生反思的方法是让他们比较不同团队开发的仓库布局。通常情况下，一个有许多货架的陈列可以最大限度地利用存储空间，但是如果过道太窄，使得叉车不能交错通行，就会降低整体性能。这种情况比较难编排，因为老师需要引起所有忙于搭建货架的学生的注意。因此，我们添加了一个醒目的编排卡：当显示到教室中的任何互动灯上时，它会将所有的显示器变为白色，阻止任何交互。这将使教师能获得所有学习者的注意，而不必再三强调。就社交层面而言，这个工具支持从场景 π_2 转换到场景 π_3。与前面所提到的卡片一样，这个编排卡有一个仪表板（见图 18.1，右），可以方便地进行比较。

尽管使用纸质卡片对教师来说是非常自然的，但我们担心仪表板会给教师带来太多的认知负荷。不过，最近一项新的研究表明，与纸质卡片相比，这种交互环境更具有附加价值（Do-Lenh，Jermann，Legge，Zufferey 和 Dillenbourg，2012）。这让我们确信，促进编排是丰富学习环境有效性的一个条件。

课堂可用性（π_3）

一种重新表述研究 1 的方法是，虽然学习环境在 π_1（货架的个人操作）和 π_2（支持团队论证）上具有较高的可用性，但该技术只有在我们考虑到 π_3（老师如何管理四个由四名学徒组成的团队）的可用性时才会"运行良好"。可用性的第三个层面，即课堂可用性（Dillenbourg 等，2011），能够将编排的概念与人机交互（human-computer interaction，HCI）的可用性概念清晰地结合起来。因此，我们在此将我们的方法与几种最大化可用性的 HCI 方法进行比较。

HCI 学者通过表达设计原则来捕捉良好的设计（Nielsen，1999；Norman，1984）。其中就包括交互之间的一致性（如取消键总在确认键的右边）和用户操作的简单转换这两个例子。同样，丘恩德塔、勃纳尔、多伦和迪伦堡（Cuendet，Bonnard，Do-Lenh 和 Dillenbourg，2013）也提出了关于编排的设计原则：

• 赋权：将课堂掌控权交给教师，如编排卡所示。

• 感知学习者的状态：例如，通过物流的有形界面，教师可以比学习者使用平板电脑更容易看到每个教室桌面上发生的事情。

• 灵活性：随时改变教学场景的能力。

• 极简性：既适用于提供给教师的信息，也适用于功能（例如，有一个可以一目了然的仪表板）。

• 集成性：跨平面和活动传输数据的工作流（例如，团队仓库设计方案被收集在教师的仪表板中）。

尽管设计原则可以激发设计者的灵感，但它们并不构成产生解决方案的算法，其中一个原因是它们部分是矛盾的。例如，可视化原则建议为教师提供学习者活动的信息，而极简化原则建议只提供关键信息。在任何一个平面上，可用性都是一门艺术，是在设计中寻找最佳平衡点的探索。

另一种 HCI 方法是情境探究(contextual inquiry),这种方法扩大了设计范围;它不仅从用户必须执行的任务中获得软件功能,而且还通过观察这个任务在真实情境中如何执行而获得。在编排中,情境方法揭示了与正规教育背景相关的外在约束(如前面引言所定义的)(Dillenbourg 和 Jermann,2010)。这些约束包括:

- 时间:学习必须发生在课程中分配给特定目标的预算时间内(例如,5 小时的分数加法),而这个时间预算通常以 50 分钟为单位,被分成一个个片段。

- 纪律(和安全):如果课堂上没有一定程度的噪音和运动,协作发现学习场景很难展开;但如果课堂陷入混乱,也不会有任何学习发生(并且老师将会受到责备)。

- 空间:比方说,如果在一个有坡度的阶梯教室上课,那么课堂编排很难从 π_3 转换到 π_2。

- 教师精力:教师的精力是有限的;因此,对于需要长时间准备或评分的场景是不可持续的。

努斯鲍姆和迪亚兹(Nussbaum 和 Diaz,2013)将这些约束称为"课堂逻辑"(classroom logistics),这一术语将编排与学习理论区分开来。尽管情境学习理论已然兴起,但外在制约因素在学习科学中却一直没有得到充分的探讨。例如,即使是在真实的课堂情境中进行实证研究,也经常会出现一些约束条件被部分免除的情况(例如,教师可能会比平时多分配一点时间给这个主题,多投入一点精力)。我们假设,这种外部约束之所以会小幅减少,可能是因为我们很难在大规模研究中获得与较小规模研究相同的结果。

最后,针对可用性的主要 HCI 方法是可用性测试(即设计原型,从低保真模型开始,测试其可用性,并迭代这个过程,直到达到令人满意的可用性水平)。在学习科学中,类似的迭代设计过程是基于设计的研究(design-based research,DBR)的核心。研究 1 中提出的 TinkerLamp 是在 DBR 的六年应用中开发的,它促成了有关编排的概念框架的形成。虽然 DBR 似乎是研究编排过程的自然方法,但以下研究则利用各种计算方法来研究课堂编排。

三、研究 2:编排负荷($\pi_1/\pi_2/\pi_3$)

HCI 对可用性概念的一种操作方式是测量用户的认知负荷,即人类执行某项任务所需的脑力劳动(Paas,Renkl 和 Sweller,2004)。设计良好、可用的用户界面应该只对使用者施加很少或不施加额外的认知负荷。认知负荷可以通过多种方式进行测量,从主观测量(例如,询问"做这个任务困难吗?")到直接或间接的生理测量(例如,大脑成像、不自主的心率或瞳孔扩张)(Brunken,Plass 和 Leutner,2003)。然而,HCI 研究的大多是在相对较短和简单的个体任务(π_1)中的认知负荷。在研究编排时,教师要执行多个任务,这些任务涉及多个交互平面。那么,我们能否对这种情况下的编排负荷进行操作化的测量呢？

这是我们在两年多的一系列实验中所追踪的问题。在实验中,我们使用便携式眼动仪(mobile eye-trackers)记录教师对于真实(或接近真实)的课堂情况的编排(如图18.2)。这些设备在记录教师视线范围和眼球运动的同时,允许教师在教室中自由移动并与学生互动(如多项研究将某些眼动追踪参数与认知负荷联系起来一样)。然而,与其他研究不同的是,我们的研究并不是在可控的实验室条件下进行的,而是在嘈杂、混乱的教室里进行的。这种潜在的可靠性不足以在一定程度上通过多个眼球追踪指标进行三角互证来改善。但我们也不确定这些生理数据能否捕捉到除去干扰信息以外的东西。因此,在第一阶段,我们只是想看看是否有模式出现,在什么课堂环节倾向于“高负荷”或“低负荷”。正如普列托、温、卡巴莱罗、夏尔马和迪伦堡(Prieto, Wen, Caballero, Sharma 和 Dillenbourg,2014)所详细描述的那样,通过观察那些在干预措施下,认知负荷按预测应该是高(或低)的情况,确实发现了一些模式。后来,对不同教师和不同类型课堂的进一步研究证实了这样几类模式:与小组或个人相比,全班范围的编排(π_3)往往会更频繁地出现在“高负荷”类别中。此外,看学生的脸往往会出现在“高负荷”类别中,而看技术演示往往出现在“低负荷”类别中。

图 18.2　多桌面教室环境中佩戴便携式眼动仪的教师
注:图中教师为作者之一。

这些对编排负荷的经验操作化研究仍处于起步阶段。然而,使用“合理假设”的基本事实对这些眼动追踪方法进行的初步验证,已经为我们提供了充满希望的结果(Prieto, Sharma, Kidzinski 和 Dillenbourg,2017)。通过使用编排过程变量,如当前的编排活动或互动的社交平面(由研究者手动编码)以及这些生理测量,我们构建了不同的课堂情境因素(例如,接受另一位老师的帮助,使用熟悉的技术等)是如何影响编排负荷的统计模型的。此外,这些方法还为一些“可编排技术”设计原则提供了更多的确凿证据(例如,全班范围监控的高负荷支持了"感知"设计原则所概述的需求)。

四、研究 3：提取编排图(π_2/π_3)

我们开发了一个正式的编排模型,即"编排图"(orchestration graphs) (Dillenbourg,2015):一个教学场景由一张图描述,图中的顶点表示社交层面的活动,而边缘包含活动之间的条件关系和操作关系。条件关系捕获第一个活动成功之后第二个活动成功的概率。操作关系处理将一个活动的输出转换为下一个活动的输入的数据操作。由于这一理论尚未达到手册中所要求的成熟程度,所以我们提出了两项研究(研究 3 和研究 4),将概念编排与学习分析联系起来。

在研究 3 中,我们利用多模态分析技术,通过机器学习技术来判断教师在哪个层面上行动(Prieto,Sharma,Dillenbourg 和 Rodríguez-Triana,2016)。在与研究 2 非常相似的情境中(多桌面数学课堂),我们使用多个可穿戴传感器(一个便携式眼动仪、一个便携式脑电图设备、加上教师口袋里的手机加速度计数器)来记录教师的编排行为。问题在于,我们是否能够从传感器数据中自动提取课程的课堂事件(即编排图)?

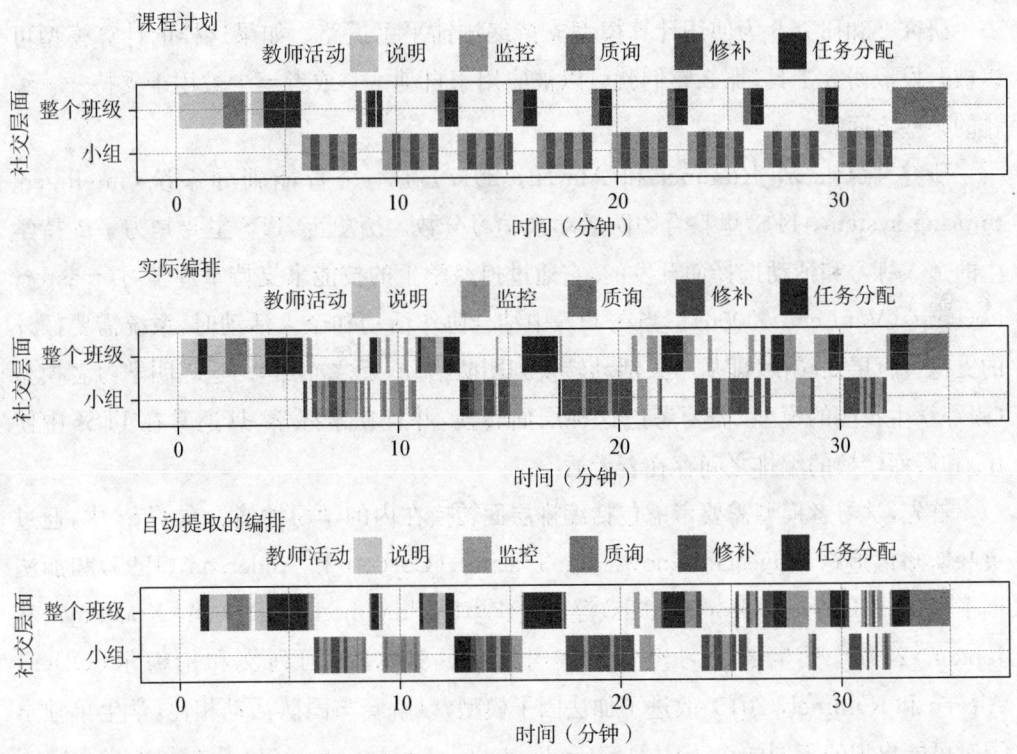

图 18.3　同一节课的编排图

注：课程计划(上图);实际编排(中图,由人工编码);自动提取的编排(下图,从可穿戴传感器数据中自动提取的)

课程计划图(图 18.3,上图)对于所有分析的会话都是相同的。水平线代表了实验中涉及到的两个相互作用的层面（π_2 和 π_3）。条形图的颜色代表不同的教师活动（监控、任务分配、讲课等）。图 18.3 的中图显示了由人类观察者捕捉到的一个课程的实际编排情况：请注意，课程计划图与实际编排图在总体结构上或多或少是相同的，但是实际编排在层面和活动之间的转换更加流畅，并且没有严格遵循时间安排。当然，另外也有一些与课程计划图不同的实际编排图。

我们的计算模型能够根据相对简单的传感器数据特征，预测在课程中实际发生了什么，如图 18.3 下方的编排图所示。正如我们所看到的，这种模型与人工编码的编排图的相似性是惊人的，尽管它还远非完美（教师活动的准确率约为 66%，而社交层面的互动的准确率接近 90%）。然而，与最初的课程计划相比，它们确实更接近现实。而且，更重要的是，对于使用有限数量的音视频输送功能这一点来说，比较简单的模型就能够达到较高的精确度（即更昂贵的传感器的附加值相对较低）。这为这些方法在日常实践中的应用打开了大门。

研究 2 和 3 表明，课堂编排的研究超越了设计可编排学习技术的艺术。它还包括开发教室编排过程建模的方法。

五、研究 4：层面转换（π_1/π_2）

研究 2 和研究 3 为使用计算模型支持编排铺平了道路。如果这样的计算模型可以被开发成研究工具，那么它们就可以被应用于自动——或者至少被用于支持——编排的某些方面。

研究 4（Olsen，Rummel 和 Aleven，2017）在一个智能辅导系统（intelligent tutoring system，ITS）里整合团队活动来学习分数。历史上，ITS 主要是为了支持学生的个人练习和活动选择而开发的，它通过追踪学生的技能来支持掌握学习（mastery learning）（VanLehn，2006）。当在 ITS 中结合协作活动和个人活动时，系统需要额外的支持进行层面转换（即从个人活动转换到团队活动，反之亦然）。这表明学习者模型（跟踪学生技能的模型）需要考虑这种层面转换，并且在掌握学习（通常在 ITSs 中使用）和层面转换的编排之间存在着矛盾。

首先，学习者模型需要考虑包括编排层面转换在内的学习情境。在 ITSs 中，通过贝叶斯知识追踪（Bayesian Knowledge Tracing）（Corbett 和 Anderson，1995）和加法因子模型（Additive Factor Models）等离线建模（offline modeling）（Cen，Koedinger 和 Junker，2007），学生的学习经常被实时跟踪。奥尔森、阿列文和伦梅尔（Olsen，Aleven 和 Rummel，2015）改进了加法因子模型，以解释与团队活动相比，学生单独学习时可能出现的不同的个人学习率（individual learning rates），以及在导师步骤中观察/帮助同伴时可能出现的额外学习。他们发现改进后的统计模型比原始模型更适合分析协作学习和个人学习的数据。通过考虑学生学习的层面，我们可以更准确地模拟和预测个体学生的学习。通过追踪学生何时利用了特定社交层面的情境，并能够自动转换过程,每个层面内更准确的学生学习统计模型可以为编排层面转换提供更好的支持。

　　其次,当协作和个体 ITS 的使用从实验室环境扩展到真实的课堂时,在层面转换的时间点上就会出现矛盾(Olsen 等,2017)。如果学习者 A 必须与尚未完成活动 1 的学习者 B 配对进行活动 2,该怎么办? 即个体活动之间存在着一种矛盾关系,在这种情况下,个体的步调是掌握学习和需要同步性的协作活动的基础。这使得对于改变和优化活动的时机编排变得很重要,这样才能让学习者在有限的时间环境中找到完成任务和学习之间的平衡。在我们的举例中,系统可以让学习者 B 在等待同伴时完成另一项任务,但是如果学习者 A 完成活动 1 中最后几个问题的边际收益(marginal benefit)很小,那么最好让他们进入活动 2。由此可见,ITSs 的核心属性(即个体的步调)可能与需要通过编排解决的关键层面转换点发生冲突。

六、讨论

　　综上所述,编排的概念最初是在设计具有较高"课堂可用性"的技术背景下被研究的。近年来,这一分支的研究朝着运用新的分析方法对课堂编排过程建模的方向发展。然而,解决课堂活动的实时管理问题和设计具有这种协调性的技术,并不是编排值得研究的唯一方面。

　　学习科学的研究人员还从不同的角度研究了编排的其他方面(Prieto, Holenko-Dlab, Abdulwahed, Gutiérrez 和 Balid, 2011; Roschelle, Dimitriadis 和 Hoppe, 2013)。比如,研究寻找最有效的方式组织课堂活动,以便最大化学习机会(如前面提到的微脚本和宏脚本,以及"编排理论"方面的工作;见 Fischer 等,2013)。另外,还有人研究了"课堂逻辑"以及支持教师引入新颖的学习互动的方法,研究者们不仅是通过设计而使其适应于局部限制(如"无声的协作",见 Rosen, Nussbaum, Alario-Hoyos, Readi 和 Hernandez, 2014),而且也以更系统的方式审视这些新技术、教师的接受使用情况、专业发展甚至是学校政策之间的相互作用(Looi, So, Toh 和 Chen, 2011)。还有一些针对特定教学法的编排研究,通过颠覆课堂上的常规分工来减少协调负荷(例如,在探究式的学习情境中,见 Sharples, 2013),仅举几例。

　　课堂编排的概念并不新鲜,但它在学习科学中独具特色:将教师视为乐队的指挥可能是一种误导的隐喻(所有的隐喻都有某种程度上的误导),但这表达了对他们在学习中的关键作用的某种认识。回顾以往,人们可能会认为,对课堂编排兴趣的上升是通过赋权于教师来增加学习技术对正规教育系统影响的一种副作用(Roschelle 等,2013)。我们经常听说,学习技术传播不广的原因要么是教师对技术的抵制,要么是缺乏适当的教师培训。诚然后者所说属实,但另一种解释是,任何理性的人——无论教师与否——都不喜欢让他/她的工作难度增加的工具。通常情况下,学习技术使得课堂编排更为困难。我们认为任何学习科学家都不会否认教师角色的重要性,但是在学习技术中,教师角色在很大程度上被忽视了。人们通常认为设计出来的学习环境应该是以学习者为中心的。如果说它应该以教师为中心,那就有点言过其实了,尤其是如果这被理解为"更多讲授"的同义词的话。但是,正如研究 1 所示,要在正规教育中有效地使用以学生为中心的技术,也必须以教师为中心。

学习科学中的主流观点促进了教师角色的转变,即从信息提供者的角色转变为促进者。一个广为流传的说法——"从讲台上的圣人转为讲台下的引路人"——阐释了这一观点。在研究 1 中,教师没有呈现知识,他不是"讲台上的圣人",学习者参与建构主义活动。但研究表明,如果老师"旁观"的成分太多,学习就不会发生。我们往往会将教学风格(教学主义与社会建构主义)和教师的"驱动力"这两个教师角色的维度弄混淆。建构主义活动也需要一个强有力的驱动力,需要教师能动性。学习科学并没有明确地最小化教师的作用,但这种误解一直潜伏在许多学习技术的设计中。纠正这种误解是扩展丰富的学习环境的一个条件。

七、延伸阅读

Classroom orchestration [Special section]. *Computers & Education* (2013). *69*, 485 - 526.

推荐《计算机与教育》关于课堂编排的特刊作为概述性阅读,其中包括 11 篇相同主题的短文。

Fischer, F. , Kollar, I. , Stegmann, K. , & Wecker, C. (2013). Toward a script theory of guidance in computer-supported collaborative learning. *Educational Psychologist*, *48*(1),56 - 66.

在本章中,我们参考了弗兰克·费舍尔团队对编排稍有不同的理解,并在本文中对此进行了解释。

Olsen, J. K. , Rummel, N. , & Aleven. V. (2017). Learning alone or together? A combination can be best! In Smith, B. K. , Borge, M. , Mercier, E. , and Lim, K. Y. (Eds.), *Making a difference*:*Prioritizing equity and access in CSCL*, 12*th International Conference on Computer Supported Collaborative Learning* (CSCL) (Vol. 1, pp. 95 - 102). Philadelphia, PA:International Society of the Learning Sciences.

在研究 4 中,本文描述了传统上侧重于个体学习的技术中的成对活动的整合。

Prieto, L. P. , Sharma, K. , Kidziński, L. , & Dillenbourg, P. (2017). Orchestration load indicators and patterns: In-the-wild studies using mobile eye-tracking. *IEEE Transactions on Learning Technologies*. doi:10. 1109/TLT. 2017. 2690687

在研究 2 中,本文描述了一种利用生理数据和人类编码的行为信息来量化编排负荷的模型和方法。

八、NAPLeS 资源

Dillenbourg，P.，*15 minutes about orchestrating CSCL* [Video file]. In *NAPLeS video series*. Retrieved October 19，2017，from http://isls-naples. psy. lmu. de/video-resources/guided-tour/15-minutes-dillenbourg/index. html

Dillenbourg，P.，*Interview about orchestrating CSCL* [Video file]. In *NAPLeS video series*. Retrieved October 19，2017，from http://isls-naples. psy. lmu. de/video-resources/interviews-ls/dillenbourgh/index. html

Dillenbourg，P.，*Orchestrating CSCL* [Webinar]. In *NAPLeS video series*. Retrieved October 19，2017，from http://isls-naples. psy. lmu. de/intro/all-webinars/dillenbourg_all/index. html.

参考文献

Brunken, R., Plass, J. L., & Leutner, D. (2003). Direct measurement of cognitive load in multimedia learning. *Educational Psychologist, 38*(1), 53–61.

Cuendet, S., Bonnard, Q., Do-Lenh, S., & Dillenbourg, P. (2013). Designing augmented reality for the classroom. *Computers & Education, 68*, 557–569.

Cen, H., Koedinger, K. R., & Junker, B. (2007). Is over practice necessary?—Improving learning efficiency with the Cognitive Tutor through educational data mining. In R. Luckin, K. R. Koedinger, & J. Greer (Eds.), *Proceedings of 13th International Conference on Artificial Intelligence in Education* (pp. 511–518).

Corbett, A. T. & Anderson, J. R. (1995). Knowledge tracing: Modeling the acquisition of procedural knowledge. *User Modeling and User-Adapted Interaction, 4*, 253–278.

Dillenbourg, P. (2015). *Orchestration graphs: Modeling scalable education*. Lausanne, Switzerland: EPFL Press.

Dillenbourg, P., & Fischer, F. (2007). Computer-supported collaborative learning: The basics. *Zeitschrift für Berufs-und Wirtschaftspädagogik, 21*, 111–130.

Dillenbourg, P., & Hong, F. (2008). The mechanics of CSCL macro scripts. *International Journal of Computer-Supported Collaborative Learning, 3*(1), 5–23.

Dillenbourg, P., & Jermann, P. (2010). Technology for classroom orchestration. In M. S. Kline & I. M. Saleh (Eds.), *New science of learning: Cognition, computers, and collaboration in education* (pp. 525–552). New York: Springer.

Dillenbourg, P., Zufferey, G., Alavi, H., Jermann, P., Do-Lenh, S., Bonnard, Q. & Kaplan, F. (2011). Classroom orchestration: The third circle of usability. *CSCL2011 Proceedings, 1*, 510–517.

Do-Lenh, S., Jermann, P., Cuendet, S., Zufferey, G., & Dillenbourg, P. (2010). Task performance vs. learning outcomes: A study of a tangible user interface in the classroom. In *European Conference on Technology Enhanced Learning* (pp. 78–92). Berlin/Heidelberg: Springer.

Do-Lenh, S., Jermann, P., Legge, A., Zufferey, G., & Dillenbourg, P. (2012). TinkerLamp 2.0: Designing and evaluating orchestration technologies for the classroom. *European Conference on Technology Enhanced Learning* (pp. 65–78). Berlin/Heidelberg: Springer.

Fischer, F., Slotta, J., Dillenbourg, P., Tchounikine, P., Kollar, I., Wecker, C., et al. (2013). Scripting and orchestration: Recent theoretical advances. *Proceedings of the International Conference of Computer-Supported Collaborative Learning (CSCL2013)* (Vol. 1, pp. 564–571).

Jermann, P., & Dillenbourg, P. (1999, December). An analysis of learner arguments in a collective learning environment. *Proceedings of the 1999 Conference on Computer Support for Collaborative Learning* (Article 33). International Society of the Learning Sciences.

Hazel, E., Prosser, M., & Trigwell, K. (2002). Variation in learning orchestration in university biology courses. *International Journal of Science Education, 24*(7), 737–751.

Kollar, I., & Fischer, F. (2013). Orchestration is nothing without conducting—But arranging ties the two together!: A response to Dillenbourg (2011). *Computers & Education, 69*, 507–509. doi:10.1016/j.compedu.2013.04.008

Looi, C. K., So, H. J., Toh, Y., & Chen, W. (2011). The Singapore experience: Synergy of national policy, classroom practice and design research. *International Journal of Computer Supported Collaborative Learning, 6*(1), 9–37.

Meyer, J. H. F. (1991). Study orchestration: The manifestation, interpretation and consequences of contextualised approaches to studying. *Higher Education, 22*(3), 297–316.

Nielsen, J. (1999). *Designing web usability: The practice of simplicity*. Thousand Oaks, CA: New Riders Publishing.

Norman, D. A. (1984). *Cognitive engineering principles in the design of human–computer interfaces. Human computer interaction.* Amsterdam: Elsevier Science.

Nussbaum, M., & Diaz, A. (2013). Classroom logistics: Integrating digital and non-digital resources. *Computers & Education, 69*, 493–495.

Olsen, J. K., Aleven, V., & Rummel, N. (2015). Predicting student performance in a collaborative learning environment. In O. C. Santos et al. (Eds.), *Proceedings of the 8th International Conference on Educational Data Mining* (pp. 211–217). Worcester, MA: Educational Data Mining Society.

Olsen, J. K., Rummel, N., & Aleven. V. (2017). Learning alone or together? A combination can be best! In B. K. Smith, M. Borge, E. Mercier, & K. Y. Lim (Eds.), *Making a difference: Prioritizing equity and access in CSCL, 12th International Conference on Computer Supported Collaborative Learning (CSCL)* (Vol. 1, pp. 95–102). Philadelphia, PA: International Society of the Learning Sciences.

Paas, F., Renkl, A., & Sweller, J. (2004). Cognitive load theory: Instructional implications of the interaction between information structures and cognitive architecture. *Instructional Science, 32*(1), 1–8.

Prieto, L. P., Holenko-Dlab, M., Abdulwahed, M., Gutiérrez, I., & Balid, W. (2011). Orchestrating Technology Enhanced Learning: a literature review and a conceptual framework. *International Journal of Technology-Enhanced Learning (IJTEL), 3*(6), 583–598.

Prieto, L. P., Sharma, K., Dillenbourg, P., & Rodríguez-Triana, M. J. (2016). Teaching analytics: Towards automatic extraction of orchestration graphs using wearable sensors. *Proceedings of the Sixth International Conference on Learning Analytics & Knowledge* (pp. 148–157). ACM.

Prieto, L. P., Sharma, K., Kidziński, L. & Dillenbourg, P. (2017). Orchestration load indicators and patterns: In-the-wild studies using mobile eye-tracking. *IEEE Transactions on Learning Technologies.* doi:10.1109/TLT.2017.2690687.

Prieto, L. P., Wen, Y., Caballero, D., Sharma, K., & Dillenbourg, P. (2014). Studying teacher cognitive load in multi-tabletop classrooms using mobile eye-tracking. *Proceedings of the Ninth ACM International Conference on Interactive Tabletops and Surfaces* (pp. 339–344). ACM.

Roschelle, J., Dimitriadis, Y., & Hoppe, U. (2013). Classroom orchestration: Synthesis. *Computers & Education, 69*, 523–526.

Roschelle, J., & Teasley S. D. (1995). The construction of shared knowledge in collaborative problem solving. In C. E. O'Malley (Ed.), *Computer-supported collaborative learning* (pp. 69–197). Berlin: Springer-Verlag.

Rosen, T., Nussbaum, M., Alario-Hoyos, C., Readi, F., & Hernandez, J. (2014). Silent collaboration with large groups in the classroom. *IEEE Transactions on Learning Technologies, 7*(2), 197–203.

Schneider, B., Jermann, P., Zufferey, G., & Dillenbourg, P. (2011). Benefits of a tangible interface for collaborative learning and interaction. *IEEE Transactions on Learning Technologies, 4*(3), 222–232.

Schwartz, D. L., & Bransford, J. D. (1998). A time for telling. *Cognition and Instruction, 16*(4), 475–522.

Sharples, M. (2013). Shared orchestration within and beyond the classroom. *Computers & Education, 69*, 504–506.

Suthers, D., Weiner, A., Connelly J., & Paolucci, M. (1995). Belvedere: Engaging students in critical discussion of science and public policy issues. In. J. Greer (Ed.), *Proceedings of the International Conference in Artificial Intelligence in Education* (pp. 266–273). Washington, August 16–19.

VanLehn, K. (2006). The behavior of tutoring systems. *International Journal of Artificial Intelligence in Education, 16*(3), 227–265.

Watts, M. (2003). The orchestration of learning and teaching methods in science education. *Canadian Journal of Math, Science & Technology Education, 3*(4), 451–464.

Weinberger, A., Stegmann, K., Fischer, F., & Mandl, H. (2007). Scripting argumentative knowledge construction in computer-supported learning environments. In F. Fischer, I. Kollar, H. Mandl, & J. M. Haake (eds.), *Scripting computer-supported collaborative learning* (pp. 191–211). New York: Springer.

第 19 章　学习科学中的支架研究：方法论的视角

艾里斯·塔巴克，埃莱尼·凯扎(Iris Tabak, Eleni A. Kyza)

一、简介

在学习科学中，学习研究和学习设计的研究是相辅相成的。因此，支架(scaffolding)(Greenfield，1984；Wood，Bruner 和 Ross，1976)是学习科学的核心概念和研究领域(Reiser 和 Tabak，2014；Sawyer，2014)，是一种使学习者能够完成一个超出其独自活动范围的动作，并随着学习者能力的提高而逐渐消失的滴定支持(titrated support)。根据学习者的需求定制教学从本质上是一项设计任务，不管是家长还是教师都会默默地设计他们的话语来提供指导和反馈，这类似于接受者的设计(Sacks，Schegloff 和 Jefferson，1974)，或者它指的是一种基于计算机的界面设计，以减少对学习者的限制，以应对他们日益增长的能力。除了设计促进学习的环境，学习科学家还对研究学习的不同形式产生了兴趣，以及什么样的支持和互动可以解释这种学习是如何发生的(Barab，2014；Brown，1992；Design Based Research Collective，2003)。

在本章中，我们将重点讨论关于支架的科学知识是如何被创造出来的。我们首先简要概述了学习科学中支架的本质，然后讨论了支架研究的不同方法。最后，我们对学习科学中支架研究提出了开放性问题和建议。

二、学习科学中的支架

1. 什么是支架？

支架是一种支持学习者提高任务熟练程度的方法。学习者可以在支架的支持下执行一项任务，支架能够使他们完成他们无法独立完成的任务部分。随着学习者继续执行任务并获得能力时，帮助会逐渐被移除(消退)，直到学习者可以完全自主地完成任务。一个典型的例子是用辅助轮帮助学习者骑自行车。即使学习者不能自己平衡自行车，但只要在辅助轮的帮助下，学习者也能够骑自行车。随着时间的推移，孩子们会慢慢学会如何掌握平衡，并且辅助轮会逐渐被移除(消退)，直到学习者可以在没有辅助轮的情况下骑自行车。

支架方法源自维果斯基理论(Wertsch,1979)。最近发展区(Zone of Proximal Development,ZPD)和内化外部互动(internalizing external interactions)的概念在支架中尤其重要。ZPD指的是在没有帮助的情况下,一个人无法达到的活动范围,但在有支持的情况下则可以达到。内化外部互动是指发展是通过转化以及与他人互动而发生的事情,并将其内化以指导未来行动的过程来实现的(Pea,2004)。这激发了这样一种认识,即学习者可以执行看似超出其直接能力范围的复杂活动,而中介的活动可以提高学习者的知识和技能。

伍德等人(Wood等,1976)的一篇开创性文章介绍了支架的隐喻,将之作为一种理解成人和孩子之间的辅导性互动的方式,帮助孩子掌握他们无法单独完成的任务。学徒制的民族志研究(Greenfield,1984;Jordan,1989)也揭示了类似的互动。这些研究对强调联合活动和参与作为支架的一个侧面产生了影响。而罗戈夫(Rogoff,1990)的研究将维果斯基和学徒制传统结合在一起(见 Eberle,本手册)。

支架支持表现的方面包括:认知、元认知和情感。通常来说,支架有六种功能(Wood等,1976):(1)模拟理想化的任务执行方式;(2)降低任务的复杂性,使其在学习者当前的能力范围之内;(3)保持风险和避免挫败的良好平衡;(4)激发对任务的兴趣;(5)维持继续追求活动目标的动机;(6)指出学习者当前表现与理想表现之间的关键差异。建模和监控,分别是所列出的第一个和最后一个功能,连接着学习者的表现和理想化的表现,是学习者未来独立表现的关键。

支架的一个理论假设是,它使学习者能够体验一项完整的任务,而不是任务的孤立组件。因此,它避免了学习者遇到的问题,这些学习者虽然掌握了孤立的任务组件,但往往在缺乏指导的情况下,不得不想办法把所有的子技能整合到一个完整的表现中。认识到一项完整任务的要求和整合子技能是困难的,并且经常导致迁移和惰性知识的问题(Bransford,Brown 和 Cocking,2000)。相反,如果学习包括对整个任务的重复体验,那么整合和协调不同的任务组件和子技能就会成为学习过程中一个持续的部分,并且更有可能产生可用的知识而不是惰性知识。

2. 学习科学中的计算与嵌入式支架

学习科学是在认知研究和计算机技术共同演化的背景下出现的,随着时间的推移,它也受到情境方法和社会文化方法的强烈影响(Hoadley 和 Van Haneghan,2011;Kolodner,2004)。这一历史背景有助于解释支架与计算制品设计(Pea,1985;Quintana等,2004),以及软件实现的支架之间的紧密耦合(Guzdial,1994;Tabak 和 Reiser,2008)。软件菜单标签和任务的可视化表征可以帮助学习者识别在什么时候和什么情况下执行特定的行动是有意义的。这些环境可以使学习者通过构建顺序和协调行动,并通过软件处理任务的某些方面(例如复杂的计算),来完成超出他们独立能力的复杂任务,例如人口普查数据分析或科学建模。类似地,软件提示,比如让学习者评估他们是否达到了任务目标的提示,可以提供类似于人类导师指导问题的功能。

学习科学家通过设计计算工具，使得这些工具能够完成人类导师或家长可能实现的一些角色。此类工具还有一些明显的优势，比如说，尤其是在情境需求带来管理挑战的情况下，一个老师不可能一直为所有学生提供支持，更不可能持续性地优化每个学习者获得的支持。两个方面的原因。首先，学习者的个人需求在教学过程中会发生变化，单个教师很难密切监控这些变化，并精确地匹配这些变化。其次，不同的学习者由于各自的 ZPDs 需要不同程度的支持（Herrenkohl，Palincsar，DeWater 和 Kawasaki，1999）。对于一个负责支持25或30人的班级的老师来说，一直与每个人打交道是不现实的。然而，在计算或其他材料工具中嵌入支架可以解决这两个问题，尽管动态适应（dynamic adaptation）是设计师仍然面临的一个挑战（Krajcik，Blumenfeld，Marx 和 Soloway，2000；Lehrer，Carpenter，Schauble 和 Putz，2000）。

3. 学习科学中的支架的概念化

学习科学家也研究不同形式支架之间的关系，例如教师提示和计算机提示可能会出现在同一个情境中，以支持同一组学习目标。这种支架系统被称为分布式支架（distributed scaffolding）（Puntambekar 和 Kolodner，2005）。分布式支架可以通过多种方式进行配置（Tabak，2004）：差异化支架（differentiated scaffolding）是指用不同工具和表征来支持不同需求的情况。冗余支架（redundant scaffolding）是指不同工具和表征在不同时间支持相同需求的情况。协同支架（synergistic scaffolding）是指以不同工具或主体用不同的方式支持相同技能。单种形式的支持可能是不够的，但当它们协同运作时，就可以帮助学习者进阶到更专业的实践。

分布式支架提供了一种方法，可以为一系列不同的学习者提供支持，这种方法对于一个拥有众多学习者的教师来说是不可能的。例如，如果一些学习者比其他学习者需要更多的支持，他们可以利用每一个支持实例，从冗余支架的可用性中获益。其他不需要这种程度支持的学习者可以忽略冗余的支持实例。从分布式支架系统中忽略或移除支架可能是一种对个人需求的滴定支持形式，也可能是一种消退形式（Chen，Chung 和 Wu，2013；Wecker，Kollar，Fischer 和 Prechtl，2010）。

在计算机支架中，另一种新兴方法可以在一对多（或没有教师）的情境中提供持续支持，同时还提供个性化和适应性支持，这就是自动适应性指导（automated adaptive guidance）的设计（Gerard，Matuk，McElhaney 和 Linn，2015）。根据贝尔和科兹洛夫斯基（Bell 和 Kozlowski）的说法，"适应性指导……旨在通过面向未来的信息增强解释过程，从而加强学习中的自我调节。它提供的信息不仅帮助受训者解释他们过去表现的意义，而且还决定他们应该学习和练习什么以达到掌握的目的"（Bell 和 Kozlowski，2002，p. 269）。

自动适应性指导可以使用学习分析（Graesser，Hu 和 Sottilare，本手册）来分析学习者采取的计算化行动（例如，Roll 和 Winne，2015）。这些分析可以用来识别动作序列和模式，这些动作序列和模式可以与专家行为、此类模式和学习结果之间的已知关联以及学习者的过去行为进行比较。这些信息可以进一步用于推断学习者的知识、技能或困难领域,反过来也可以用于提供个性化指导。

三、如何在学习科学中创建支架知识

学习科学中关于支架的实证研究往往分为三大类:实验研究,通常在实验室环境中进行;准实验研究,通常在教室环境中进行;定性与混合方法研究,也主要在课堂环境中开展。越来越多的人开始研究支架在高等教育中的应用(例如,Demetriadis, Papadopoulos, Stamelos 和 Fischer,2008;Van Zoest 和 Stockero,2008),以及在非正式场合,如博物馆的应用(例如,Kuhn, Cahill, Quintana 和 Soloway,2010;Yoon, Elinich, Wang, Steinmeier 和 Tucker,2012)。关于科学、技术、工程和数学(science, technology, engineering, and mathematics, STEM)学习的研究一开始就比其他主题多,关于技术和专业材料的使用研究也比较多,但这只是有关该领域的整体反映,并不一定是针对支架的研究。

1. 实验研究

基于实验室的实验在学习科学中并不普遍,但它是支架研究传统的一部分,为明确不同形式支持的相对效果提供了机会。伍德及其同事进行了大量研究,这些研究将支架的组成部分分离出来,或者将支架与其他方法进行比较。例如,在一项研究中(Wood, Wood 和 Middleton,1978),相关研究人员比较了 3 至 4 岁儿童在拼图任务中的表现,这些儿童分别接受了支架、示范、口头指令或示范与鼓励交错进行等支持。研究发现,接受支架的儿童能够更好地按照指令完成任务,而且他们的效率也更高。

学习科学中的研究比较了当某一特定支架存在或不存在时,或支架组件的配置不同时,学习者的表现会有什么差异。在这些研究中,参与者通常完成一个前测、参与学习任务并完成一个后测。使用的测量工具通常会检查概念性知识,或出示与技能相关的书面问题,如将识别调查描述中的错误作为鉴定其探究技能的指标。这些研究中使用的其他工具包括但不限于,学习策略和学习态度的自我报告,如对学习的满意度或信心等。

在这种类型的一项典型研究中,阿泽维多、穆斯、格林、温特斯和克罗姆利(Azevedo, Moos, Greene, Winters 和 Cromley,2008)研究了初中生和高中生(数量为 128)使用超媒体工具学习循环系统的情况。在实验条件下,人类导师根据一套特定的干预规则为学习者提供了动态和适应性的调节提示(外部调节),而"控制"组的学习者则没有这种支持。获得导师辅助的小组开发了更强的内容模型,并表现出了更广范围的自我监控活动。在另一项研究中(Wu 和 Looi,2012),提示由一个计算机主体提供。这项研究的参与者要把他们在研究的第一阶段刚学到的材料教给一个计算机主体学生。该研究比较了关注元认知策略的通用提示、特定领域提示和无提示的情况。

相较于无提示,通用提示和特定领域提示都展示出了更好的学习效果,但其中只有通用提示才能有效支持学生的知识技能向另一个领域的迁移。

2. 准实验研究

准实验研究(Shadish,Cook 和 Campbell,2002)比较自然环境中的条件,如将不同的条件分配给不同的教室。尽管准实验研究不可能像实验室实验那样精确地隔离某个部件对学习效果的影响,但这些研究对真实情境中展开的学习提供了更准确的描述,这在学习科学中很有价值。这些研究有两个主要目标:阐述对学习和支架本质的理论认识;并确定更有效的设计。

有关支架的准实验研究关注的是长时间内完整的课堂,并采用混合方法(Dingiloudy 和 Strijbos,本手册),其中包括下一节所阐述的过程定性分析。其中有些研究会在某个研究情境中创建的设计与"现成的"备选方案进行比较(Kyza,Constantinou 和 Spanoudis,2011;Roschelleet 等,2010),也有些研究则在研究迭代内(Chang 和 Linn,2013)或研究迭代之间(Davis,2003;Davis 和 Linn,2000)比较设计方案。他们使用与实验研究中使用的前/后测格式相同类型的工具,并通过方差分析来检验比较组之间的差异。这种类型的设计有效地将个体嵌套在课堂/教师中,分析和统计处理方法在确定组间差异的显著性时需要考虑这些设计限制。有时非参数检验可能是合适的(Siegel 和 Castellan,1988)。

学习科学中关于支架的准实验研究比较了有支架与无支架的环境(Demetriadis等,2008;Roll,Holmes,Day 和 Bonn,2012;Simons 和 Klein,2007),并研究了不同形式的提示和指导问题的相对效果。这些研究试图了解一般提示与特定提示、持续提示与消退提示的相对优势(Bulu 和 Pedersen,2010;McNeill 和 Krajcik,2009;Raes,Schellens,De Wever 和 Vanderhoven,2012),或提供指导与提示学习者采取特定行动,如批评(Chang 和 Linn,2013),或提出反驳(如 Kyza,2009)的相对优势。其中,过程支持得到了相当多的关注(Belland,Glazewski 和 Richardson,2011;Kyzaet 等,2011,Rollet 等,2012;Simons 和 Klein,2007);特别是协作脚本还指定了完成这些任务过程的角色(Kollar,Fischer 和 Slotta,2007;Kollar 等,2014;Kollar,Wecker 和 Fischer,本手册)。

虽然研究可能集中在某一个特定的比较上,但研究所调查的学习环境通常包括一组与分布式支架理念一致的支架。一些研究专门测试了支架的差异或协同效应。例如,雷斯等人(Raes 等,2012)比较了教师支架或软件支架的单一贡献与教师和软件支架的联合贡献。他们发现,对于领域学习和元认知学习,教师支架和软件支架分别具有不同的效果。对元认知学习来说,组合支架与单一的软件支架具有同样的效用。有趣的是,组合支架对领域学习最有益,但这仅限于女生。科拉尔等人(Kollar 等,2014)研究了协作脚本在社会讨论数学论证技能以及解决问题的实例问题(van Gog 和 Rummel,本书)发展中的差异、交叉和组合效应。尽管这些支架的组合比单独使用每种支持产生了更强的效果,但是没有显著的相互作用来支持它们之间的协同。因此,对协同支架的实证支持仍然较少,可能需要设计专门的方法更有效地研究它。

在学习科学领域,通过软件实现支架的普及、在一对多的教室环境中提供持续的个性化支持研究已经取得了长足的进步,但也因其缺乏消退的关键特征而受到批评(Pea,2004)。缺乏消退的部分与先进的技术有关,部分与较高期望的学习目标背景下研究持续时间相对较短有关(Reiser,2004)。在消退或无辅助的情况下,短期的学习可能不足以让学习者发展能够维持的目标表现(van de Pol,Volman 和 Beishuizen,2010)。然而,最近,一些关于支架消退的研究结果表明,与持续或没有支架相比,经历过消退的群体的学习更加稳健(Bulu 和 Pedersen,2010;McNeill,Lizotte,Krajcik 和 Marx,2006;Raes 等,2012)。例如,麦克尼尔等人(McNeill 等,2006)比较了一个接受持续提示提出主张、用证据支持主张并证明其推理的小组和一个接受连续问题消退提示的小组。消退支架组在没有支架的后测中比接受持续提示组提出了更有说服力的解释。

3. 定性与混合方法研究

第三种形式的学术研究旨在通过经验描述支架环境下的一系列学习者互动,从而理解支架的工作原理(例如,Kyza,2009),或借此阐明参与者是如何体验支架的(例如,Kim 和 Hannafin,2011)。例如,这样的分析可以检查学习者如何使用句子开启提示或使用类似的支架来构建高质量的解释。将这些过程与学习者产品(例如,解释或问题解决方案)的变化放在一起研究,有助于确定学习者的能力是否以及如何发展(例如,Pifarre 和 Cobos,2010)。这种研究可以放在单个或多个案例研究中(Yin,2013),有时与综合前/后测或其他形式的结果测量的量化分析相结合,或与互动数据的量化相结合(Chi,1997)。

支架定性研究中收集的数据类型包括:观察(开放式的或遵循结构式观察的方案);学生话语和互动的录音/录像;不同阶段的半结构化访谈;简短的临时访谈;学习者作品。这些研究中分析的关键是对互动的文字记录进行编码(例如,Kim 和 Hannafin,2011;Kyza,2009;Pifarre 和 Cobos,2010)。编码的互动记录用于建立不同类型互动的频率计数,并用于识别互动模式。这种类型的分析还可以包括相关性的统计检验和组间比较。有关详细信息,请参阅第 48 章(本手册)和 NAPLeS 网站上的资源(见下面的"NAPLeS 资源")。

在混合方法研究中,学习者与体现在设计材料、技术工具或由教师实施的支架互动的定性观察与定量分析的测量结果相关。这种关系揭示了支架的功能(Goldman,Radinsky 和 Rodriguez,2007;Kim 和 Hannafin,2011;Radinsky,2008),以及支架如何产生效果。这种研究的成果是对支架学习的过程解释(Sherin,Reiser 和 Edelson,2004)。

四、结论与未来方向

学习科学中的支架研究采用了一系列的实证方法,并强调了分布式和嵌入在材料和社会手段中的支架设计。这项研究已经产生了一些设计上的见解,例如在什么情况下,特定提示比通用提示更有利于学习等。当然,也还有许多悬而未决的问题。

其中的一个问题与比较软件支架和教师支持的效果有关。与这个问题相关的研究发现了教师的互补支持的优势(Azevedo 等,2008;Gerard 等,2015;Raes 等,2012)。问题在于,这些发现是否反映了我们对更具动态性和适应性的软件支架的需求,或者是否材料和技术支架本身就是有局限性的,因为它缺乏人类支架的情感成分?这激发了我们对支架的情感维度(Tabak 和 Baumgartner,2004)以及动态适应性指导的进一步研究。

另外,还有一些问题涉及动态适应性指导,以及我们如何更好地定制技术支架以满足个人需求。似乎在结构良好的任务上提供自动适应性指导比在结构不良的任务上更容易,尽管对后者的研究正在增加。一些开放的研究领域是:实现自我调节所需的自治程度,个体特征的可能调解,谁从哪种类型的自动指导中获益更多(Bell 和 Kozlowski,2002),以及自动化和传统类型指导的最佳协同效应(Gerard 等,2015)。

希望这些研究不仅能够对学习环境的设计产生影响,而且能够促进我们对支架本质的理解。目前,我们可以为一小部分学习者提供丰富的微观纵向变化的分步描述,或者我们可以证明,与非支架条件相比,学习者在接受支架的条件下表现得更好。然而,这些实证结果只是为我们提供了一个总体印象,这往往模糊了在个人层面上发生的事情。也许学习分析技术将使我们能够获得更全面的结果,从而促进我们提供个体和总体的描述。反过来,这将使我们能够更好地了解个人或群体发展中的微小变化,通过大数据和更长的时间段,促进我们对支架和学习的理解。

五、延伸阅读

Gerard, L. , Matuk, C. , McElhaney, K. , & Linn, M. C. (2015). Automated, adaptive guidance for K - 12 education. *Educational Research Review*, 15, 41 - 58. doi: 10.1016/j.edurev.2015.04.001

这篇综述讨论了自动适应性指导系统的发展。它概述了自动适应性指导与教师主导教学之间的比较,以及对特定适应性指导特征产生影响的研究。

Quintana, C. , Reiser, B. J. , Davis, E. A. , Krajcik, J. , Fretz, E. , Duncan, R. G. , et al. (2004). A scaffolding design framework for software to support science inquiry. *Journal of the Learning Sciences*, 13(3),337 - 386.

这篇文章提供了一些例子，说明如何在软件工具中概念化支架，以及以一种更具设计原则的方式来处理这项任务。

Reiser, B. J., & Tabak, I. (2014). Scaffolding. In R. K. Sawyer (Ed.), *Cambridge handbook of the learning sciences* (pp. 44 - 62). New York: Cambridge University Press.

这篇文章提供了比本章更多的理论基础和研究传统的背景信息，为学习科学中的支架使用提供了信息。

van de Pol, J., Volman, M., Oort, F., & Beishuizen, J. (2014). Teacher scaffolding in small-group work: An intervention study. *Journal of the Learning Sciences*, *23*(4), 600 - 650. doi: 10.1080/10508406.2013.805300

这篇文章通过教师在课堂上的移动提供了一个很好的例子，这也是一个细致的实证研究的目标。

Wood, D., Bruner, J. S., & Ross, G. (1976). The role of tutoring in problem solving. *Journal of Child Psychology and Psychiatry*, *17*, 89 - 100.

这是创造了"支架"一词的经典参考。它经常被引用，但有时也没有充分关注它的实际内容；因此，它是一个关键的阅读材料。

六、NAPLeS 资源

Tabak, I., & Reiser, B. J., *Scaffolding* [Webinar]. In *NAPLeS video series*. Retrieved October 19, 2017, from http://isls-naples. psy. lmu. de/intro/all-webinars/tabak_reiser_all/index. html

Tabak, I., & Reiser, B. J., 15 *minutes about scaffolding* [Video file]. In *NAPLeS video series*. Retrieved October 19, 2017, from http://isls-naples. psy. lmu. de/video-resources/guided-tour/15-minutes-tabak-reiser/index. html

Tabak, I., & Reiser, B. J., *Interview about scaffolding* [Video file]. In *NAPLeS video series*. Retrieved October 19, 2017, from http://isls-naples. psy. lmu. de/video-resources/interviews-ls/tabac-reiser/index. html

参考文献

Azevedo, R., Moos, D. C., Greene, J. A., Winters, F. I., & Cromley, J. G. (2008). Why is externally-facilitated regulated learning more effective than self-regulated learning with hypermedia? *Educational Technology Research and Development*, *56*(1), 45–72. doi:10.1007/s11423-007-9067-0

Barab, S. (2014). Design-based research: A methodological toolkit for engineering change. In R. K. Sawyer (Ed.), *The Cambridge handbook of the learning sciences* (2nd ed., pp. 151–170). New York: Cambridge University Press.

Bell, B. S., & Kozlowski, S. W. J. (2002). Adaptive guidance: Enhancing self-regulation, knowledge, and performance in technology-based training. *Personnel Psychology, 55*(2), 267–306. doi:10.1111/j.1744-6570.2002.tb00111.x

Belland, B. R., Glazewski, K. D., & Richardson, J. C. (2011). Problem-based learning and argumentation: Testing a scaffolding framework to support middle school students' creation of evidence-based arguments. *Instructional Science, 39*(5), 667–694. doi:10.1007/s11251-010-9148-z

Bransford, J. D., Brown, A., & Cocking, R. R. (Eds.). (2000). *How people learn: Brain, mind, experience and schools.* Washington DC: National Academy Press.

Brown, A. L. (1992). Design experiments: Theoretical and methodological challenges in creating complex interventions in classroom settings. *Journal of the Learning Sciences, 2*(2), 141–178.

Bulu, S. T., & Pedersen, S. (2010). Scaffolding middle school students' content knowledge and ill-structured problem solving in a problem-based hypermedia learning environment. *Educational Technology Research and Development, 58*(5), 507–529. doi:10.1007/s11423-010-9150-9

Chang, H.-Y., & Linn, M. C. (2013). Scaffolding learning from molecular visualizations. *Journal of Research in Science Teaching, 50*(7), 858–886. doi:10.1002/tea.21089

Chen, C. H., Chung, M. Y., & Wu, W. C. V. (2013). The effects of faded prompts and feedback on college students' reflective writing skills. *Asia-Pacific Education Researcher, 22*(4), 571–583. doi:10.1007/s40299-013-0059-z

Chi, M. T. H. (1997). Quantifying qualitative analyses of verbal data: A practical guide. *Journal of the Learning Sciences, 6*(3), 271–315.

Davis, E. A. (2003). Prompting middle school science students for productive reflection: Generic and directed prompts. *Journal of the Learning Sciences, 12*(1), 91–142.

Davis, E. A., & Linn, M. C. (2000). Scaffolding students' knowledge integration: Prompts for reflection in KIE. *International Journal of Science Education, 22*(8), 819–837.

Demetriadis, S. N., Papadopoulos, P. M., Stamelos, I. G., & Fischer, F. (2008). The effect of scaffolding students' context-generating cognitive activity in technology-enhanced case-based learning. *Computers & Education, 51*(2), 939–954. doi:10.1016/j.compedu.2007.09.012

Design Based Research Collective. (2003). Design-based research: An emerging paradigm for educational inquiry. *Educational Researcher, 32*(1), 5–9.

Dingyloudi, F., & Strijbos, J. W. (2018). Mixed methods research as a pragmatic toolkit: Understanding versus fixing complexity in the Learning Sciences. In F. Fischer, C. E. Hmelo-Silver, S. R. Goldman, & P. Reimann (Eds.), *International handbook of the learning sciences* (pp. 444–454). New York: Routledge.

Eberle, J. (2018). Apprenticeship learning. In F. Fischer, C. E. Hmelo-Silver, S. R. Goldman, & P. Reimann (Eds.), *International handbook of the learning sciences* (pp. 44–53). New York: Routledge.

Gerard, L., Matuk, C., McElhaney, K., & Linn, M. C. (2015). Automated, adaptive guidance for K–12 education. *Educational Research Review, 15*, 41–58. doi:10.1016/j.edurev.2015.04.001

Goldman, S., Radinsky, J., & Rodriguez, C. (2007). *Teacher interactions with small groups during investigations: Scaffolding the sense-making process and pushing students to construct arguments with data.* Paper presented at the Annual Meeting of the American Educational Research Association (AERA), Chicago, IL.

Graesser, A. C., Hu, X., & Sottilare, R. (2018). Intelligent tutoring systems. In F. Fischer, C. E. Hmelo-Silver, S. R. Goldman, & P. Reimann (Eds.), *International handbook of the learning sciences* (pp. 246–255). New York: Routledge.

Greenfield, P. M. (1984). A theory of teacher in the learning activities of everyday life. In B. Rogoff & J. Lave (Eds.), *Everyday cognition: Its development in social context* (pp. 117–138). Cambridge, MA: Harvard University Press.

Guzdial, M. (1994). Software-realized scaffolding to facilitate programming for science learning. *Interactive Learning Environments, 4*, 1–44.

Herrenkohl, L. R., Palincsar, A. S., DeWater, L. S., & Kawasaki, K. (1999). Developing scientific communities in classrooms: A sociocognitive approach. *Journal of the Learning Sciences, 8*(3–4), 451–493.

Hoadley, C., & Van Haneghan, J. (2011). The learning sciences: Where they came from and what it means for instructional designers. In R. A. Reiser & J. V. Dempsey (Eds.), *Trends and issues in instructional design and technology* (3rd ed., pp. 53–63). New York: Pearson.

Jordan, B. (1989). Cosmopolitical obstetrics: Some insights from the training of traditional midwives. *Social Science & Medicine, 28*(9), 925–937.

Kim, M., & Hannafin, M. (2011). Scaffolding 6th graders' problem solving in technology-enhanced science classrooms: A qualitative case study. *Instructional Science, 39*(3), 255–282. doi:10.1007/s11251-010-9127-4

Kollar, I., Fischer, F., & Slotta, J. D. (2007). Internal and external scripts in computer-supported collaborative inquiry learning. *Learning and Instruction, 17*(6), 708–721. doi:10.1016/j.learninstruc.2007.09.021

Kollar, I., Ufer, S., Reichersdorfer, E., Vogel, F., Fischer, F., & Reiss, K. (2014). Effects of collaboration scripts and heuristic worked examples on the acquisition of mathematical argumentation skills of teacher students with different levels of prior achievement. *Learning and Instruction, 32,* 22–36. doi:10.1016/j.learninstruc.2014.01.003

Kollar, I., Wecker, C., & Fischer, F. (2018). Scaffolding and scripting (computer-supported) collaborative learning. In F. Fischer, C. E. Hmelo-Silver, S. R. Goldman, & P. Reimann (Eds.), *International handbook of the learning sciences* (pp. 340–350). New York: Routledge.

Kolodner, J. L. (2004). The learning sciences: Past, present, future. *Educational Technology: The Magazine for Managers of Change in Education, 44*(3), 37–42.

Krajcik, J. S., Blumenfeld, P., Marx, R., & Soloway, E. (2000). Instructional, curricular, and technological supports for inquiry in science classrooms. In J. Minstrell & E. H. v. Zee (Eds.), *Inquiring into inquiry learning and teaching science* (pp. 283–315). Washington, DC: American Association for the Advancement of Science.

Kuhn, A., Cahill, C., Quintana, C., & Soloway, E. (2010). Scaffolding science inquiry in museums with Zydeco. *CHI 2010—The 28th Annual CHI Conference on Human Factors in Computing Systems, Conference Proceedings and Extended Abstracts,* 3373–3378.

Kyza, E. A. (2009). Middle-school students' reasoning about alternative hypotheses in a scaffolded, software-based inquiry investigation. *Cognition and Instruction, 27*(4), 277–311. doi:10.1080/07370000903221718

Kyza, E. A., Constantinou, C. P., & Spanoudis, G. (2011). Sixth graders' co-construction of explanations of a disturbance in an ecosystem: Exploring relationships between grouping, reflective scaffolding, and evidence-based explanations. *International Journal of Science Education, 33*(18), 2489–2525.

Lehrer, R., Carpenter, S., Schauble, L., & Putz, A. (2000). Designing classrooms that support inquiry. In J. Minstrell & E. H. v. Zee (Eds.), *Inquiring into inquiry learning and teaching science* (pp. 80–99). Washington, DC: American Association for the Advancement of Science.

McNeill, K. L., & Krajcik, J. (2009). Synergy between teacher practices and curricular scaffolds to support students in using domain-specific and domain-general knowledge in writing arguments to explain phenomena. *Journal of the Learning Sciences, 18*(3), 416–460. doi:10.1080/10508400903013488

McNeill, K. L., Lizotte, D. J., Krajcik, J., & Marx, R. W. (2006). Supporting students' construction of scientific explanations by fading scaffolds in instructional materials. *Journal of the Learning Sciences, 15*(2), 153–191.

Pea, R. D. (1985). Beyond amplification: Using the computer to reorganize mental functioning. *Educational Psychologist, 20*(4), 167.

Pea, R. D. (2004). The social and technological dimensions of scaffolding and related theoretical concepts for learning, education, and human activity. *Journal of the Learning Sciences, 13*(3), 423–451. doi:10.1207/s15327809jls1303_6

Pifarre, M., & Cobos, R. (2010). Promoting metacognitive skills through peer scaffolding in a CSCL environment. *International Journal of Computer-Supported Collaborative Learning, 5*(2), 237–253. doi:10.1007/s11412-010-9084-6

Puntambekar, S., & Kolodner, J. L. (2005). Toward implementing distributed scaffolding: Helping students learn science from design. *Journal of Research in Science Teaching, 42*(2), 185–217. doi:10.1002/tea.20048

Quintana, C., Reiser, B. J., Davis, E. A., Krajcik, J., Fretz, E., Duncan, R. G., et al. (2004). A scaffolding design framework for software to support science inquiry. *Journal of the Learning Sciences, 13*(3), 337–386.

Radinsky, J. (2008). Students' roles in group-work with visual data: A site of science learning. *Cognition and Instruction, 26*(2), 145–194. doi:10.1080/07370000801980779

Raes, A., Schellens, T., De Wever, B., & Vanderhoven, E. (2012). Scaffolding information problem solving in web-based collaborative inquiry learning. *Computers & Education, 59*(1), 82–94.

Reiser, B. J. (2004). Scaffolding complex learning: The mechanisms of structuring and problematizing student work. *Journal of the Learning Sciences, 13*(3), 273–304.

Reiser, B. J., & Tabak, I. (2014). Scaffolding. In R. K. Sawyer (Ed.), *Cambridge handbook of the learning sciences* (pp. 44–62). New York: Cambridge University Press.

Rogoff, B. (1990). *Apprenticeship in thinking: Cognitive development in social context.* New York: Oxford University Press.

Roll, I., Holmes, N. G., Day, J., & Bonn, D. (2012). Evaluating metacognitive scaffolding in guided invention activities. *Instructional Science, 40*(4), 691–710.

Roll, I., & Winne, P. H. (2015). Understanding, evaluating, and supporting self-regulated learning using learning analytics. *2015, 2*(1), 6. doi:10.18608/jla.2015.21.2

Roschelle, J., Rafanan, K., Bhanot, R., Estrella, G., Penuel, B., Nussbaum, M., & Claro, S. (2010). Scaffolding group explanation and feedback with handheld technology: Impact on students' mathematics learning. *Educational Technology Research and Development, 58*(4), 399–419. doi:10.1007/s11423-009-9142-9

Sacks, H., Schegloff, E. A., & Jefferson, G. (1974). A simplest systematics for the organization of turn-taking for conversation. *Language, 50*(4), 696–735. doi:10.2307/412243

Sawyer, R. K. (2014). Introduction: The new science of learning. In R. K. Sawyer (Ed.), *The Cambridge handbook of the learning sciences* (2nd ed., pp. 1–20). New York: Cambridge University Press.

Shadish, W. R., Cook, T. D., & Campbell, D. T. (2002). *Experimental and quasi-experimental designs for generalized causal inference.* Boston, MA: Houghton, Mifflin.

Sherin, B., Reiser, B. J., & Edelson, D. (2004). Scaffolding analysis: Extending the scaffolding metaphor to learning artifacts. *Journal of the Learning Sciences, 13*(3), 387–421. doi:10.1207/s15327809jls1303_5

Siegel, S., & Castellan, N. (1988). *Nonparametric statistics for the behavioral sciences* (2nd ed.). New York: McGraw-Hill.

Simons, K. D., & Klein, J. D. (2007). The impact of scaffolding and student achievement levels in a problem-based learning environment. *Instructional Science, 35*(1), 41–72. doi:10.1007/s11251-006-9002-5

Tabak, I. (2004). Synergy: A complement to emerging patterns of distributed scaffolding. *Journal of the Learning Sciences, 13*(3), 305–335.

Tabak, I., & Baumgartner, E. (2004). The teacher as partner: Exploring participant structures, symmetry and identity work in scaffolding. *Cognition and Instruction, 22*(4), 393–429.

Tabak, I., & Reiser, B. (2008). Software-realized inquiry support for cultivating a disciplinary stance. *Pragmatics & Cognition, 16*(2), 307–355.

van de Pol, J., Volman, M., & Beishuizen, J. (2010). Scaffolding in teacher–student interaction: A decade of research. *Educational Psychology Review, 22*(3), 271–296. doi:10.1007/s10648-010-9127-6

van Gog, T., & Rummel, N. (2018). Example-based learning. In F. Fischer, C. E. Hmelo-Silver, S. R. Goldman, & P. Reimann (Eds.), *International handbook of the learning sciences* (pp. 201–209). New York: Routledge.

Van Zoest, L. R., & Stockero, S. L. (2008). Synergistic scaffolds as a means to support preservice teacher learning. *Teaching and Teacher Education, 24*(8), 2038–2048. doi:http://dx.doi.org/10.1016/j.tate.2008.04.006

Vogel, F., & Weinberger, A. (2018). Quantifying qualities of collaborative learning processes. In F. Fischer, C. E. Hmelo-Silver, S. R. Goldman, & P. Reimann (Eds.), *International handbook of the learning sciences* (pp. 500–510). New York: Routledge.

Wecker, C., Kollar, I., Fischer, F., & Prechtl, H. (2010). *Fostering online search competence and domain-specific knowledge in inquiry classrooms: Effects of continuous and fading collaboration scripts.* Paper presented at the 9th International Conference of the Learning Sciences.

Wertsch, J. V. (1979). From social interaction to higher psychological processes: A clarification and application of Vygotsky's theory. *Human Development, 22,* 1–22.

Wood, D., Bruner, J. S., & Ross, G. (1976). The role of tutoring in problem solving. *Journal of Child Psychology and Psychiatry, 17,* 89–100.

Wood, D., Wood, H., & Middleton, D. (1978). An experimental evaluation of four face-to-face teaching strategies. *International Journal of Behavioral Development, 1*(2), 131–147.

Wu, L., & Looi, C.-K. (2012). Agent prompts: Scaffolding for productive reflection in an intelligent learning environment. *Educational Technology & Society, 15*(1), 339–353.

Yin, R. K. (2013). *Case study research: Design and methods.* Thousand Oaks, CA: Sage.

Yoon, S. A., Elinich, K., Wang, J., Steinmeier, C., & Tucker, S. (2012). Using augmented reality and knowledge-building scaffolds to improve learning in a science museum. *International Journal of Computer-Supported Collaborative Learning, 7*(4), 519–541. doi:10.1007/s11412-012-9156-x

第 20 章　基于实例的学习

塔玛拉·范戈格，尼科尔·拉梅尔(Tamara van Gog，Nikol Rummel)

基于实例的学习(example-based learning)是观察学习的一种形式，可以定义为通过演示如何执行要学习的任务或技能来学习。观察学习(observational learning)是一种非常自然的学习方式，即使是年幼的婴儿也会表现出来(Bandura，1977，1986)。它与做中学(learning by doing)相反，做中学是在没有帮助或指导的情况下尝试自己完成任务或掌握技能。在当代学习环境中，基于实例的学习常常被技术推动；例如，视频实例广泛地应用于电子学习环境和(适应性)教学系统中。基于实例的学习研究是由研究人员进行的，反映了构成学习科学的各种学科，包括认知科学、教育心理学、教学设计和计算机科学。但基于实例的学习研究在本质上是典型的(尽管不一定是)实验性的。

一、什么是基于实例的学习?

基于实例的学习强调利用观察来获得有待学习的任务或技能，相比于观察学习，基于实例的学习更为具体，适用于通过观察他人获得各种技能、态度或行为(包括消极方面的)(Bandura，1986)。此外，虽然两者都涉及观察学习，但基于实例的学习与替代学习(vicarious learning)又有所不同，后者是指通过观察别人被教的过程来学习(例如，观察一个同学在教室前或视频中与老师或导师互动；例如，Chi，Roy 和 Hausmann，2008)。因此，与替代学习不同，在基于实例的学习中，观察者被给予将要学习的任务或技能的演示，而在替代学习中，观察者没有被直接提及。

在实例中演示如何执行一项将要学习的任务或技能，可以采用源自不同研究传统的不同形式(Renkl，2014；van Gog 和 Rummel，2010)。工作实例(worked examples)源于认知研究，包括对如何执行任务的完整书面说明，而且通常会为学生提供一个教学解决方案程序(例如，Sweller 和 Cooper，1985)。模拟实例(modeling examples)源于社会认知研究，包括人类模拟(即专家、教师、导师或同龄学生)的现场或视频演示，它还可以展示自然行为，例如，一个同龄学生在一项任务中挣扎(例如，Schunk，Hanson 和 Cox，1987)。然而，当代大多数在线学习环境中用于支持教学或家庭作业的视频模拟实例(例如，www.khanacademy.org)也都是教学实例。在基于实例的学习中，工作实例和(视频)模拟实例通常(但不一定)与自己练习的任务或技能交替进行(van Gog，Kester 和 Paas，2011)。无论使用的是工作实例还是模拟实例，对于新手而言，基于实例的学习都比做中学更有效且更高效(Renkl，2014；Sweller，Ayres 和 Kalyuga，2011；van Gog 和 Rummel，2010)。

二、为什么基于实例的学习是有效的？

如前所述，在两种不同的研究传统中，工作实例和模拟实例的研究是并行发展的(van Gog 和 Rummel，2010)。因此，基于实例的学习有效性的认知机制的理论解释会涉及不同的文献体系；尽管如此，从这些不同的文献体系中推断出的原则在很大程度上是重叠的(也见 Renkl，2014)。

受认知负荷理论(cognitive load theory，CLT；Sweller 等，2011)和理性思维适应性控制(adaptive control of thought-rational，ACT-R；Anderson，1993)等认知理论启发，工作实例的研究通过实验确立了从工作实例中学习的有效性，当然，这主要是与做中学(即无辅助实践问题)的控制情境相比较而言。受 CLT 启发的研究表明，用工作实例取代大部分常规实践问题对于新手的学习更有效且/或更高效。例如，许多在实验室、学校或专业培训环境中进行的实验研究表明，对于新手来说，仅研究实例或实例—问题的组合比解决问题的实践(即，在后测中具有更佳表现)会导致更高的学习成果，而在学习阶段，这通常是通过投入较少的学习时间或精力来实现的。这被称为"工作实例效应"(worked example effect)(Sweller 等，2011)。

与无辅助实践相比，实例学习或实例学习与实践问题解决交替进行会更有效和更高效，其中的原因在于其所涉及的认知过程。在技能习得的早期阶段，传统的实践问题会迫使新手求助于一般的、薄弱的问题解决策略(例如，尝试与错误、手段—目的分析)，因为他们还没有学会解决此类问题的有效具体程序。这些一般的、薄弱的策略需要花费大量的精力(即，它们给工作记忆带来了高负荷)和时间，但这对学习来说并不是非常有效和高效的。也就是说，学习者最终可能会成功地解决问题，但由于工作记忆负荷过高，他们往往不记得哪些操作实际上是有效的，因此学习(即知道如何在未来解决类似问题)进展非常缓慢(见 Sweller 和 Levine，1982)。相反，工作实例通过向学习者展示如何解决这样的问题，避免了使用一般的、薄弱的问题解决策略，而是允许学习者将所有可用的工作记忆能力用于学习；也就是说，工作实例有利于帮助学习者构建解决方案过程的认知图式(Sweller 等，2011)。

在批评传统的解决问题实践是一种"糟糕的控制条件"之后，由于学习者在实践中没有得到任何帮助(Koedinger 和 Aleven，2007；另见 Schwonke 等，2009)，所以最近的研究比较了基于实例的学习和辅导学生解决问题的实践条件。在辅导解决问题的过程中，学习者可以在遇到困难时请求提示(即，不知道如何继续解决问题的步骤)，并且在犯错时得到反馈(Koedinger 和 Aleven，2007)。萨尔登、科丁格、伦克尔、阿列文和迈凯伦(Salden，Koedinger，Renkl，Aleven 和 McLaren，2010)综述的研究结果表明，与仅通过辅导解决问题相比，在辅导解决问题的环境中添加工作实例并不总是带来更好的学习效果，但确实具有显著的效率效益(即，用更少的学习时间达到相同的学习效果)。最近，一项直接比较仅学习工作实例和仅辅导解决问题的研究也表明，工作实例学习的效率高达近 60%(McLaren，van Gog，Ganoe，Karabinos 和 Yaron，2016)。这些发现表明，实例学习的好处实际上在于能够(相对)快速地构建图式。

与工作实例相比，模拟实例的有效性通常不是通过与其他类型的学习的比较来解释，而是更多地从观察有效学习所需要的一般认知过程来解释。在班杜拉(Bandura)著名的社会认知学习理论中，他假设观察者获得了模拟行为的认知(符号)表征(参见认知图式)，这种表征比模拟情境持续的时间更长，从而使学习者能够在以后的场合展示其观察到的和新颖的行为(例如，Bandura，1977，1986)。为了获得这种表征，学习者必须注意模拟行为的相关方面(Bandura，1986)。学习者的注意力既受到这些方面的显著性影响，也受到模拟特征的影响。然后，学习者所关注的信息需要保留在记忆中，这就需要学习者对这些信息进行编码。无论是心理上还是身体上，排练(即模仿)都被认为在保持和提高表现方面起着重要作用。但是，学习者可能并不总是能够自己产生所观察到的行为。他们是否能够做到这点，取决于他们获得的认知表征的质量以及他们对于技能组件的掌握程度。最后，动机过程决定了学习者是否真的会展示通过观察学到的行为。

鉴于关于"认知主义与建构主义"的争论，有趣的是，斯维勒和他的同事(Sweller 和 Sweller，2006)以及班杜拉(Bandura，1977，1986)都强调，基于实例的学习并不涉及将观察到的信息一对一地映射到学习者的记忆中；相反，它是一个建构的过程，在此过程中，信息被积极地组织(重组)和整合到学习者的现有知识中。同样，两者都强调需要集中处理所展示的任务或技能。

三、基于实例的学习何时以及对何人有效？

基于实例的学习已经成功地应用于许多不同类型的学习者，从小学生到大学生再到职场学习者和老年人(见 van Gog 和 Rummel，2010)。模拟实例也已经成功地应用于因心理障碍而有特殊需求的学习者(例如，Biederman 和 Freedman，2007)。

但应该指出的是，当学习者对所演示的任务或技能几乎不持有任何先验知识时(Kalyuga，Chandler，Tuovinen 和 Sweller，2001)，基于实例的学习特别有效——前提是所演示的任务或技能对学习者来说不是太复杂——因为这可能会导致碎片化学习(Bandura，1986)。在没有可用的认知图式的情况下，实例所提供的高水平的教学指导可以促进学习，但当学生已经发展出可以指导他们解决问题的认知图式时，实例所提供的指导就会被证明对学习无效甚至有害(Kalyuga 等，2001)。有迹象表明，实例所提供的指导过时的速度对于高度结构化的任务和对于较低或结构不良的任务是不同的。就后者而言,实例对于具有较高先验知识的学生甚至可能更有效(例如,Ibiapina、Mamede、Moura、Elói-Santos 和 van Gog,2014;Nievelstein、van Gog、van Dijck 和 Boshuizen,2013)。实际上,对于一些复杂的任务来说,甚至可能需要一定的专业知识才能识别出新手没有注意到的细微表现(Bandura,1986)。因此,领域中非常高阶的学习者仍然可以从实例中受益,只要这些实例演示了他们尚未(完全)掌握的任务或技能。迄今为止,研究还没有系统地探讨与先验知识相比的其他个体差异对基于实例的学习有效性的影响,例如智力或工作记忆容量/跨度(例外情况,见Schwaighofer、Bühner 和 Fischer,2016)。

四、基于实例的学习适用于何种任务和技能?

工作实例和模型实例都可以用来教授各种各样的任务与技能,尽管到底是工作实例更合适还是模型实例更适合,可能取决于任务和技能的性质(例如,如果不能以书面形式轻松交流,那么模型实例是一个更明智的选择)。大多数关于工作实例的研究都是在 STEM 领域中高度结构化的问题解决任务中进行的(见 Renkl,2014;Sweller 等,2011;van Gog 和 Rummel,2010)。然而,有几项研究表明,工作实例在结构化程度较低的任务中也是有效的,比如学习论证技巧(Schworm 和 Renkl,2007)、识别设计师风格(Rourke 和 Sweller,2009)或对法律案例进行推理(Nievelstein 等,2013)。

与工作实例一样,(视频)模型实例也可用于教授高度结构化的问题解决任务,如数学(Schunk 和 Hanson,1985)。然而,它们更常被用于教授运动技能(如 Blandin、Lhuisset 和 Proteau,1999)和较少结构化的认知技能,包括议论文写作(如 Braaksma、Rijlaarsdam 和 van den Bergh,2002),诗歌写作和拼贴画制作(Groenendijk、Janssen、Rijlaarsdam 和 van den Bergh,2013),自信的沟通技巧(如 Baldwin,1992),协作技能(如 Rummel 和 Spada,2005;Rummel、Spada 和 Hauser,2009)和自我调节等元认知技能(如 Kostons、van Gog 和 Paas,2012;Zimmerman 和 Kitsantas,2002)。

有些例子可以作为双重内容(double-content)的实例(Berthold 和 Renkl,2009);也就是说,在建模论证(Schworm 和 Renkl,2007)、协作(Berthold 和 Renkl,2009)、自我调节(Kostons 等,2012)或反思性推理(Ibiapina 等,2014)时,这些实例在展示技能的同时,会传达关于模型正在进行的任务的知识(例如,生物学/数学/医学问题)。

五、设计实例时应考虑什么?

重要的是要仔细考虑实例设计——在(视频)模型实例的情况下——的模型是谁,因为这可能会影响学习成果。在早期研究之后(例如,Cooper 和 Sweller,1987;

Sweller 和 Cooper，1985），研究者很快发现，学习工作实例并不总是比解决问题更有效，而实例的设计在其中发挥着关键作用（Tarmizi 和 Sweller，1988）。对这一问题的研究产生了重要的设计准则，比如通过整合文本、图片、图表等相互参考的信息源来避免注意力分散（avoid split-attention）。这也可以通过在实例中提供带有图像信息的口头文本而不是书面文本来实现（Mousavi，Low 和 Sweller，1995）。另一条设计准则是避免冗余（avoid redundancy），该准则指出，只有当多个信息源都是促进理解所必需的时候，才应该呈现。如果它们很容易被单独理解，那么其中一个信息源就是多余的，应该被排除在外（Chandler 和 Sweller，1991）。

在视频模拟实例中，注意力分散和避免冗余都是重要的考虑因素，但其他因素也会发挥作用。现代技术为设计视频模拟实例提供了无尽的可能性。例如，在"讲座式"实例中，模拟对象可以站在屏幕旁边，通过在屏幕上写作或放映幻灯片，将任务完成过程中的每一个步骤都可视化，或者只显示幻灯片/写作，并配以旁白。在模拟操纵（虚拟）对象的实例中，此人可以在视频中完全可见、部分可见或根本不出现（例如，在屏幕录制实例中，模拟对象在电脑屏幕上点击或拖动对象）。

无尽的设计可能性引发了视频模拟实例特有的问题。例如：

● 视频中模拟对象或模拟对象的脸是否可见对学习是否重要？这似乎并不妨碍学习成果（Hoogerheide，Loyens 和 van Gog，2014；van Gog，Verveer 和 Verveer，2014）。

● "直接"凝视提示（模拟对象注视任务）和"间接"凝视提示（光标显示模拟对象注视的内容）是否有助于学习者在正确的时间注意到正确的信息？尽管这对学习结果的影响并不一致，就像其他的提示研究一样（Jarodzka，van Gog，Dorr，Scheiter 和 Gerjets，2013；Ouwehand，van Gog 和 Paas，2015；van Marlen，van Wermeskerken，Jarodzka 和 van Gog，2016）。

● 视频从第一人称或第三人称角度拍摄是否有差别？第一人称似乎可以带来更好的学习效果（Fiorella，van Gog，Hoogerheide 和 Mayer，2017）。

最后，同样重要的是，一个在早期模拟研究中引起关注的问题（参见 Schunk，1987）也与视频模拟实例相关：

● 模拟对象的性别、年龄或（感知）能力等特征是否会影响自我效能和学习成果？根据模拟对象—观察者相似性假设，模拟实例对学生自我效能和学习成果的影响可能取决于学生认为自己与模拟对象的相似程度（Bandura，1994）。然而，关于模拟对象—观察者的相似性研究产生了不一致的结果。例如，与应对模拟（其表现包括纠正的错误和逐渐减少的不确定性表达）相比，掌握模拟（从一开始就显示出完美表现）对自我效能和学习的影响的研究结果是混合的（Schunk 和 Hanson，1985；Schunk 等，1987）。这同样适用于观察弱模拟和胜任模拟（Braaksma 等，2002；Groenendijk 等，2013）。

关于模拟对象—观察者在性别或年龄方面的相似性的发现也不一致（Schunk，1987）。然而，许多模拟对象—观察者相似性研究中发现的一个问题是，不仅模拟对象特征,包括实例的内容(即所演示或解释的内容)在不同条件下也是不同的,这可能是对混合结果的部分解释。最近研究发现,在不同的条件下提供相同的视频模拟实例内容时,没有证据表明模拟对象的性别会影响学习(Hoogerheide, Loyens 和 van Gog, 2016),但模拟对象的年龄会影响学习。在霍格海德、范维尔梅斯克肯、洛伊恩斯和范戈格(Hoogerheide, van Wermeskerken, Loyens 和 van Gog, 2016)的一项研究中,观察过成人模拟的中学生认为模拟对象解释的质量更高,并且在测试后表现出比观察过同伴模拟的学生更好的表现,尽管这些实例的内容完全相同。

六、如何用实例促进主动学习?

研究已经检验了几个设计特征,旨在激发更积极的实例学习或强调程序的重要方面。这两个假设都是为了提高学生对问题解决程序的学习,并结合他们对程序的基本结构和基本原理的理解。理解性学习对于解决有点新奇的问题(如迁移)是必要的。

理解性学习有一个众所周知的特征,就是要求学生进行自我解释(self-explanations),这经常被拿来与提供教学解释(instructional explanations)相比较。实际上,让学习者自己解释解决方案步骤背后的原则似乎是提高深度学习的有效方法(例如,Chi, Bassok, Lewis, Reimann 和 Glaser, 1989; Renkl, 1997, 2002)。然而,这种方法的前提是学生有能力提供高质量的自我解释,但事实并非总是如此(见Berthold 和 Renkl, 2009; Chiet 等,1989; Lovett, 1992; Renkl, 1997)。如果这一前提条件没得到满足,那么提供高质量的教学解释有时可能会促进基于实例的学习(Lovett, 1992)。然而,一项元分析表明,教学解释似乎通常对基于实例的学习没有什么好处。如果有的话,那就是可以帮助学生获得概念性知识,而不是程序性知识(Wittwer 和 Renkl, 2010)。这可能是由于教学解释相对较快变得多余,或者它们可能会较快地开始妨碍程序性学习,此时它们就需要弱化(van Gog, Paas 和 van Merriënboer, 2008)。

其他促进主动学习的选择,例如,要求学生:

• 比较不同问题的解决方案(例如,Große 和 Renkl, 2006; Rittle-Johnson 和 Star, 2007; Rittle-Johnson, Star 和 Durkin, 2009)。

• 比较正确和错误的例子(例如,Baldwin, 1992; Blandin 和 Proteau, 2000; Durkin 和 Rittle-Johnson, 2012; Große 和 Renkl, 2007; Kopp, Stark 和 Fischer, 2008)。

• 想象或认知性地排练所观察到的任务(例如,Cooper, Tindall-Ford, Chandler 和 Sweller, 2001; Ginns, Chandler 和 Sweller, 2003; Leahy 和 Sweller, 2008)。

• 在部分完成的实例中将步骤补充完整(Paas, 1992; van Merriënboer, Schuurman, de Croock 和 Paas, 2002)。这种"完成问题"是完成或消退策略的核心,

在这个过程中,学习者从学习一个完整的实例开始,然后通过完成问题进行学习,学习者需要完成的步骤越来越多,直到解决常规问题时,他们必须在没有任何支持的情况下自己完成所有的步骤(Renkl 和 Atkinson,2003)。

七、总结和结论

基于实例的学习是一种强大且非常自然的学习方式,研究者们已经从不同的理论视角对其加以描述。研究基于实例的学习机制的两个主要研究传统是 CLT(Sweller 等,2011)和社会认知学习理论(Bandura,如 1977,1986)。虽然源自不同研究传统的实例演示采用了不同的形式(工作实例与模拟实例),但从这些不同的工作中可以推断出的基于实例的学习原则在很大程度上是重叠的(另见 Renkl,2014;van Gog 和 Rummel,2010)。在本章中,我们选择性地概述了这两种传统的相关研究,旨在突出有关基于实例的学习的认知机制和前提条件的重要见解,并总结指向教学设计相关原则的研究结果。

基于实例的学习的未来研究的一个重要方向是,研究者们开始逐步在真实的课堂环境中研究这些影响。在实验室或学校中,大多数关于基于实例的学习有效性的研究都是高度受控的单一课程。有一些课堂研究跨越不同时间的多个课程,在效率研究方面取得了可喜的成果。比如说,学生可以在减少 60％的学习时间内达到相同水平的学习效果(McLaren 等,2016;Salden 等,2010;van Loon-Hillen,van Gog 和 Brand-Gruwel,2012;Zhu 和 Simon,1987)。因此,追踪这些有趣的发现是一件值得努力的事情。

八、致谢

撰写本章时,塔玛拉·范戈格(Tamara van Gog)得到了荷兰科学研究组织的 Vidi 研究资金(♯452－11－006)资助。

九、延伸阅读

Bandura, A. (1965). Influence of model's reinforcement contingencies on the acquisition of imitative responses. *Journal of Personality and Social Psychology*, *1*,589－595.

有关模拟的经典研究:班杜拉的波波娃娃实验。

Hoogerheide, V. , van Wermeskerken, M. , Loyens, S. M. M. , & van Gog, T. (2016). Learning from video modeling examples—Content kept equal, adults are more effective models than peers. *Learning and Instruction*，44，22 – 30.

从视频模拟实例中学习的最新研究。

Renkl，A.，（2014）. Towards an instructionally-oriented theory of example-based learning. *Cognitive Science*，38，1 – 37.

从认知科学的视角对基于实例的学习的研究综述。

Sweller，J.，& Cooper，G. A.（1985）. The use of worked examples as a substitute for problem solving in learning algebra. *Cognition and Instruction*，2，59 – 89.

一个基于工作实例的经典学习研究。

van Gog，T.，& Rummel，N.（2010）Example-based learning：Integrating cognitive and social-cognitive research perspectives. *Educational Psychology Review*，22（2），155 – 174.

从教育心理学的角度对基于实例的学习的研究综述。

十、NAPLeS 资源

Rummel，N.，*Example-based learning*［Webinar］. In NAPLeS video series. Retrieved October 19，2017，from http://isls-naples. psy. lmu. de/intro/all-webinars/rummel/index. html

参考文献

Anderson, J. R. (1993). *Rules of the mind*. Hillsdale: Erlbaum.

Baldwin, T. T. (1992). Effects of alternative modeling strategies on outcomes of interpersonal-skills training. *Journal of Applied Psychology*, 77(2), 147–154.

Bandura, A. (1977). *Social learning theory*. Englewood Cliffs, NJ: Prentice Hall.

Bandura, A. (1986). *Social foundations of thought and action: A social cognitive theory*. Englewood Cliffs, NJ: Prentice Hall.

Bandura, A. (1994). Self-efficacy. In V. S. Ramachaudran (Ed.), *Encyclopedia of human behavior* (Vol. 4, pp. 71–81). New York: Academic Press.

Berthold, K., & Renkl, A. (2009). Instructional aids to support a conceptual understanding of multiple representations. *Journal of Educational Psychology*, 101, 70–87.

Biederman, G. B., & Freedman, B. (2007). Modeling skills, signs and lettering for children with Down syndrome, autism and other severe developmental delays by video instruction in classroom setting. *Journal of Early and Intensive Behavior Intervention*, 4, 736–743.

Blandin, Y., Lhuisset, L., & Proteau, L. (1999). Cognitive processes underlying observational learning of motor skills. *Quarterly Journal of Experimental Psychology*, 52A, 957–979.

Blandin, Y., & Proteau, L. (2000). On the cognitive basis of observational learning: Development of mechanisms for the detection and correction of errors. *Quarterly Journal of Experimental Psychology*, 53A, 846–867.

Braaksma, M. A. H., Rijlaarsdam, G., & van den Bergh, H. (2002). Observational learning and the effects of model–observer similarity. *Journal of Educational Psychology*, 94, 405–415.

Chandler, P., & Sweller, J. (1991). Cognitive load theory and the format of instruction. *Cognition and Instruction*, 8, 293–332.

Chi, M. T. H., Bassok, M., Lewis, M. W., Reimann, P., & Glaser, R. (1989). Self-explanations: How students study and use examples in learning to solve problems. *Cognitive Science*, 13, 145–182.

Chi, M. T. H., Roy, M., & Hausmann, R. G. M. (2008). Observing tutorial dialogues collaboratively: Insights about human tutoring effectiveness from vicarious learning. *Cognitive Science, 32,* 301–341.

Cooper, G., & Sweller, J. (1987). The effects of schema acquisition and rule automation on mathematical problem-solving transfer. *Journal of Educational Psychology, 79,* 347–362.

Cooper, G., Tindall-Ford, S., Chandler, P., & Sweller, J. (2001). Learning by imagining. *Journal of Experimental Psychology. Applied, 7,* 68–82.

Durkin, K., & Rittle-Johnson, B. (2012). The effectiveness of using incorrect examples to support learning about decimal magnitude. *Learning and Instruction, 22,* 206–214.

Fiorella, L., van Gog, T., Hoogerheide, V., & Mayer, R. (2017). It's all a matter of perspective: Viewing first-person video modeling examples promotes learning of an assembly task. *Journal of Educational Psychology, 109*(5), 653.

Ginns, P., Chandler, P., & Sweller, J. (2003). When imagining information is effective. *Contemporary Educational Psychology, 28,* 229–251.

Groenendijk, T., Janssen, T., Rijlaarsdam, G., & van den Bergh, H. (2013). Learning to be creative. The effects of observational learning on students' design products and processes. *Learning and Instruction, 28,* 35–47.

Große, C. S., & Renkl, A. (2006). Effects of multiple solution methods in mathematics learning. *Learning and Instruction, 16,* 122–138.

Große, C. S., & Renkl, A. (2007). Finding and fixing errors in worked examples: Can this foster learning outcomes? *Learning and Instruction, 17,* 612–634.

Hoogerheide, V., Loyens, S. M. M., & van Gog, T. (2014). Comparing the effects of worked examples and modeling examples on learning. *Computers in Human Behavior, 41,* 80–91.

Hoogerheide, V., Loyens, S., & van Gog, T. (2016). Learning from video modeling examples: Does gender matter? *Instructional Science, 44,* 69–86.

Hoogerheide, V., van Wermeskerken, M., Loyens, S. M. M., & van Gog, T. (2016). Learning from video modeling examples—Content kept equal, adults are more effective models than peers. *Learning and Instruction, 44,* 22–30.

Ibiapina, C., Mamede, S., Moura, A., Elói-Santos, S., & van Gog, T. (2014). Effects of free, cued and modelled reflection on medical students' diagnostic competence. *Medical Education, 48,* 796–805.

Jarodzka, H., van Gog, T., Dorr, M., Scheiter, K., & Gerjets, P. (2013). Learning to see: Guiding students' attention via a model's eye movements fosters learning. *Learning and Instruction, 25,* 62–70.

Kalyuga, S., Chandler, P., Tuovinen, J., & Sweller, J. (2001). When problem solving is superior to studying worked examples. *Journal of Educational Psychology, 93,* 579–588.

Koedinger, K. R., & Aleven, V. (2007). Exploring the assistance dilemma in experiments with cognitive tutors. *Educational Psychology Review, 19,* 239–264.

Kopp, V., Stark, R., & Fischer, M. R. (2008). Fostering diagnostic knowledge through computer-supported, case-based worked examples: Effects of erroneous examples and feedback. *Medical Education, 42,* 823–829.

Kostons, D., van Gog, T., & Paas, F. (2012). Training self-assessment and task-selection skills—A cognitive approach to improving self-regulated learning. *Learning and Instruction, 22,* 121–132.

Leahy, W., & Sweller, J. (2008). The imagination effect increases with an increased intrinsic cognitive load. *Applied Cognitive Psychology, 22,* 273–283.

Lovett, M. C. (1992). Learning by problem solving versus by examples: The benefits of generating and receiving information. *Proceedings of the 14th annual conference of the Cognitive Science Society* (pp. 956–961). Hillsdale: Erlbaum.

McLaren, B. M., van Gog, T., Ganoe, C., Karabinos, M., & Yaron, D. (2016). The efficiency of worked examples compared to erroneous examples, tutored problem solving, and problem solving in computer-based learning environments. *Computers in Human Behavior, 55,* 87–99.

Mousavi, S. Y., Low, R., & Sweller, J. (1995). Reducing cognitive load by mixing auditory and visual presentation modes. *Journal of Educational Psychology, 87,* 319–334.

Nievelstein, F., van Gog, T., van Dijck, G., & Boshuizen, H. P. A. (2013). The worked example and expertise reversal effect in less structured tasks: Learning to reason about legal cases. *Contemporary Educational Psychology, 38,* 118–125.

Ouwehand, K., van Gog, T., & Paas, F. (2015). Designing effective video-based modeling examples using gaze and gesture cues. *Educational Technology & Society, 18,* 78–88.

Paas, F. (1992). Training strategies for attaining transfer of problem-solving skill in statistics: A cognitive load approach. *Journal of Educational Psychology, 84,* 429–434.

Renkl, A. (1997). Learning from worked-out examples: A study on individual differences. *Cognitive Science, 21,* 1–29.

Renkl, A. (2002). Learning from worked-out examples: Instructional explanations supplement self-explanations. *Learning and Instruction, 12,* 149–176.

Renkl, A. (2014). Towards an instructionally-oriented theory of example-based learning. *Cognitive Science, 38,* 1–37.

Renkl, A., & Atkinson, R. K. (2003). Structuring the transition from example study to problem solving in cognitive skills acquisition: A cognitive load perspective. *Educational Psychologist, 38,* 15–22.

Renkl, A., Hilbert, T., & Schworm, S. (2009). Example-based learning in heuristic domains: A cognitive load theory account. *Educational Psychology Review, 21*, 67–78.

Rittle-Johnson, B., & Star, J. R. (2007). Does comparing solution methods facilitate conceptual and procedural knowledge? An experimental study on learning to solve equations. *Journal of Educational Psychology, 99*, 561–574.

Rittle-Johnson, B., Star, J. R., & Durkin, K. (2009). The importance of prior knowledge when comparing examples: Influences on conceptual and procedural knowledge of equation solving. *Journal of Educational Psychology, 101*, 836–852.

Rourke, A., & Sweller, J. (2009). The worked-example effect using ill-defined problems: Learning to recognize designers' styles. *Learning and Instruction, 19*, 185–199.

Rummel, N., & Spada, H. (2005). Learning to collaborate: An instructional approach to promoting collaborative problem-solving in computer-mediated settings. *Journal of the Learning Sciences, 14*, 201–241.

Rummel, N., Spada, H., & Hauser, S. (2009). Learning to collaborate while being scripted or by observing a model. *International Journal of Computer-Supported Collaborative Learning, 4*, 69–92.

Salden, R. J. C. M., Koedinger, K. R., Renkl, A., Aleven, V., & McLaren, B. M. (2010). Accounting for beneficial effects of worked examples in tutored problem solving. *Educational Psychology Review, 22*(4), 379–392.

Schunk, D. H. (1987). Peer models and children's behavioral change. *Review of Educational Research, 57*, 149–174.

Schunk, D. H., & Hanson, A. R. (1985). Peer models: Influence on children's self-efficacy and achievement. *Journal of Educational Psychology, 77*, 313–322.

Schunk, D. H., Hanson, A. R., & Cox, P. D. (1987). Peer-model attributes and children's achievement behaviors. *Journal of Educational Psychology, 79*, 54–61.

Schwaighofer, M., Bühner, M., & Fischer, F. (2016). Executive functions as moderators of the worked example effect: When shifting is more important than working memory capacity. *Journal of Educational Psychology, 108*, 982–1000.

Schwonke, R., Renkl, A., Krieg, C., Wittwer, J., Aleven, V., & Salden, R. J. C. M. (2009). The worked-example effect: Not an artefact of lousy control conditions. *Computers in Human Behavior, 25*, 258–266.

Schworm, S., & Renkl, A. (2007). Learning argumentation skills through the use of prompts for self-explaining examples. *Journal of Educational Psychology, 99*, 285–296.

Sweller, J., Ayres P. L., & Kalyuga, S. (2011). *Cognitive load theory*. New York: Springer.

Sweller, J., & Cooper, G. A. (1985). The use of worked examples as a substitute for problem solving in learning algebra. *Cognition and Instruction, 2*, 59–89.

Sweller, J., & Levine, M. (1982). Effects of goal specificity on means–ends analysis and learning. *Journal of Experimental Psychology. Learning, Memory, and Cognition, 8*, 463–474.

Sweller, J., & Sweller, S. (2006). Natural information processing systems. *Evolutionary Psychology, 4*, 434–458.

Tarmizi, R., & Sweller, J. (1988). Guidance during mathematical problem solving. *Journal of Educational Psychology, 80*, 424–436.

van Gog, T., Kester, L., & Paas, F. (2011). Effects of worked examples, example–problem, and problem–example pairs on novices' learning. *Contemporary Educational Psychology, 36*, 212–218.

van Gog, T., Paas, F., & van Merriënboer, J. J. G. (2008). Effects of studying sequences of process-oriented and product-oriented worked examples on troubleshooting transfer efficiency. *Learning and Instruction, 18*, 211–222.

van Gog, T., & Rummel, N. (2010). Example-based learning: Integrating cognitive and social-cognitive research perspectives. *Educational Psychology Review, 22*, 155–174.

van Gog, T., Verveer, I., & Verveer, L. (2014). Learning from video modeling examples: Effects of seeing the human model's face. *Computers & Education, 72*, 323–327.

van Loon-Hillen, N. H., van Gog, T., & Brand-Gruwel, S. (2012). Effects of worked examples in a primary school mathematics curriculum. *Interactive Learning Environments, 20*, 89–99.

van Marlen, T., van Wermeskerken, M. M., Jarodzka, H., & van Gog, T. (2016). Showing a model's eye movements in examples does not improve learning of problem-solving tasks. *Computers in Human Behavior, 65*, 448–459.

van Merriënboer, J. J. G., Schuurman, J. G., de Croock, M. B. M., & Paas, F. (2002). Redirecting learners' attention during training: Effects on cognitive load, transfer test performance and training. *Learning and Instruction, 38*, 11–39.

Wittwer, J., & Renkl, A. (2010). How effective are instructional explanations in example-based learning? A meta-analytic review. *Educational Psychology Review, 22*, 393–409.

Zhu, X., & Simon, H. A. (1987). Learning mathematics from examples and by doing. *Cognition and Instruction, 4*, 137–166.

Zimmerman, B. J., & Kitsantas, A. (2002). Acquiring writing revision and self-regulatory skill through observation and emulation. *Journal of Educational Psychology, 94*, 660–668.

第21章　通过解决问题来学习

辛迪·赫梅洛-西尔弗,马努·卡普尔,米奇·哈姆斯特拉(Cindy E. Hmelo-Silver, Manu Kapur, Miki Hamstra)

通过解决问题来学习(learning through problem solving)一直受到教育领域一些人的拥护(例如,Dewey, 1938; Kilpatrick, 1918)。最近,通过解决问题来学习的现象再次出现,并且与认知和教育科学的研究结果不谋而合。这些研究结果表明,即使学习者通过相对即时的背诵"测试"来证明自己已经掌握的知识,学习的迁移模型(transmission models)也很少会支持先前所学信息的迁移和应用。这些发现可以追溯到怀特海(Whitehead, 1929)关于惰性知识(inert knowledge)以及在新的、适当的情境中缺乏相关先验知识迁移或应用等问题的讨论。我们可以将通过解决问题来学习与其他类型的解决问题研究进行比较,后者的重点是人们如何解决问题,包括激活已知的概念和程序(见 Greeno, Collins 和 Resnick, 1996)。而通过解决问题来学习的方法重点在于关注人们是如何在解决问题时构建新知识的。这些方法在学习科学中很重要,因为它们都是理论指导下的设计,并且当学习者参与有意义的任务时,提供了在真实环境中开展学习的机会。

为了解决"惰性知识问题",研究者们开发了各种通过解决问题来学习的方法(CTGV, 1992; Hmelo-Silver, 2004)。例如,迁移—适当加工(transfer-appropriate processing)的研究探讨了人们如何根据问题的编码方式检索问题的解决方案和想法(例如,Adams 等,1988)。在此基础上,布兰斯福德和施瓦兹(Bransford 和 Schwartz, 1999)认为,早期解决问题的经验可以使学习者看到不同情境的相似之处,从而通过知识的应用和适应为自己在新环境中的学习做好准备(Schwartz, Chase 和 Bransford, 2012)。另一些人强调,应该关注学习者是如何构建知识和实践的,以培养学生学到的东西在其他情境中有用的期望(Engle, 2006)。简而言之,通过解决问题来学习的方法可以帮助学习者认识到他们已有的先前知识与新学习之间的相关性,为新的学习做好准备,并将这种学习视为广泛适用,从而促进迁移。

通过解决问题来学习已经在各种教学模型和设计中得到体现,包括基于问题和项目的学习、有效失败(productive failure)、探究性学习和基于设计的学习(Blumenfeld等,1991; Kolodner 等,2003; Linn, McElhaney, Gerard 和 Matuk,本手册)。同时,学习支持会以各种形式嵌入到所有这些设计中,包括支架、有序的和精心设计的任务、级别和干预方式。通过解决问题来学习的教学设计具有两个对学习有利的关键特征。首先,他们在培养解决问题和自我调节学习技能的同时建立了综合的概念理解

(Savery，2015)。当学习者面对一个结构不良的问题时，他们必须分析这个问题，通过自主研究来识别和解决知识不足，并评估他们提出的解决方案（Hmelo-Silver，2004）。这样，他们在发展未来学习策略的同时，也参与了深度内容学习。其次，参与解决问题也具有激发动机的优势。结构不良但设计良好的复杂问题会使学习者产生情境兴趣。复杂但可控的、现实的和相关的问题，并辅之以足够的选择和控制，可以培养学习者的内在动机（Deci，Koestner 和 Ryan，2001；Schmidt，Rotgans 和 Yew，2011）。此外，由于通过解决问题来学习的设计本质上是协作性的，学习者也更有可能基于此而获得一些参与的动力（Blumenfeld 等，1991）。事实上，学生将增加的动机归因于享受社交互动以及感知到的为群体作出贡献的压力（Wijnia，Loyens 和 Derous，2011）。

在本章中，我们将重点讨论通过解决问题来学习的两种具体方法：基于问题的学习（problem-based learning，PBL）和有效失败（productive failure，PF），这两种方法具有许多共同点。两者都是稳定的、实证支持的教学模式，强调学习的社会性，注重稳健的学习，而不是短期的绩效水平。他们认为解决问题是一个迭代的过程，需要时间、毅力和耐心。学生在分析问题并尝试解决问题的过程中学习，最初是依靠他们现有的知识，然后通过额外的教学资源来扩充知识。虽然 PBL 和 PF 经常被比较，但是我们会在这里利用卡普尔（Kapur，2016）关于有效成功和有效失败的概念，来探索这些教学方法是如何互补的。

一、有效成功和失败：理解通过解决问题来学习的框架

以前的研究会使用教学设计实现通过解决问题来学习，这类研究一般会将设计指标沿着两段连续体进行交叉分类。一个是指他们在最初的学习任务中最大化表现的意愿程度，另一个是指他们在长期最大化学习方面的意愿程度（Kapur，2008）。这种交叉分类的四个结果分别是有效成功、有效失败、无效成功和无效失败。有效成功描述了短期内最大化绩效以及长期内实现最大化学习效果的设计。有效失败设计可能无法在短期内取得最大化绩效，而是寻求长期内最大化持续学习。无效成功来自短期内最大化绩效的设计（例如通过死记硬背），但是长期内无法实现最大化学习效果。最后，既没有最大化短期学习效果也没有最大化长期学习效果的设计（如无支持的发现学习）反映了无效失败。如上所述，在本章中，我们关注的是有效成功（如 PBL 教学设计）和有效失败。两者都显示出促进未来学习迁移的前景。

1. 有效的方法

通过解决问题来学习的两种有效方法的设计都是有意图的。这些设计在短期解决问题的预期结果方面有所不同。

有效成功。如果想要成功，比如在 PBL 中，支架和促进（facilitation）在最初解决问题的设计中起着核心作用，并被视为是未来学习有益成果的关键（Ertmer 和

Glazewski,出版中;Hmelo-Silver 和 Barrows，2008)。支架减少了学习者在面对相关复杂问题时的认知负荷,帮助他们管理复杂性,同时也使他们在参与协作解决问题活动中学习(Blumenfeld 等,1991)。促进是指教师提供的指导学习过程的各种支持(Hmelo-Silver 和 Barrows,2008)。随着学生获得专业知识和技能,支架就会随着需要的减少而逐渐消失(Puntambekar 和 Hübscher,2005；Schmidt, Loyens, van Gog 和 Paas,2007)。

此外,PBL 的辅导周期提供了一个松散的脚本,帮助沟通 PBL 过程,如图 21.1 所示(Collins,2006；Derry, Hmelo-Silver, Nagarajan, Chernobilsky 和 Beitzel,2006；另见 Kollar, Wecker 和 Fischer,本手册)。PBL 促进者通过提问、建议(软支架)或为学习者提供支持性探究工具(硬支架)等方式而作出关键的及时指导,如可以引导他们思考的图形组织者和白板(Hmelo-Silver,2004；Puntambekar 和 Kolodner,2005)。这种类型的支持既能在最初的学习活动中取得最大的成效,也能在长期的学习中取得最大的成效。

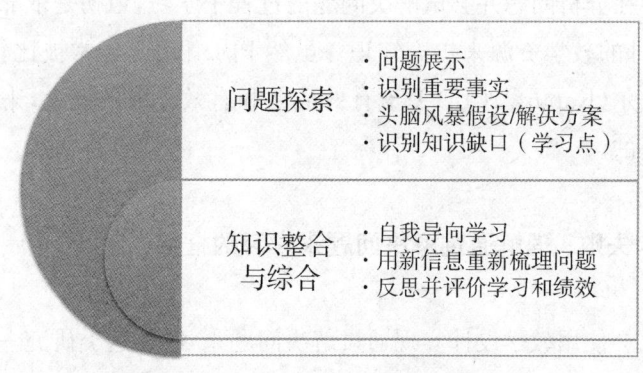

图 21.1　PBL 小组辅导周期

有效失败。与 PBL 和其他成功的设计相比,PF 不提供重要的初始学习支持。相反,有效失败会让学生有目的地参与到问题中去,这些问题需要他们应用自己还没学过的概念。在最初的问题解决阶段,学生会探索可能的解决方案并从中得到启示和约束。虽然他们在短期内无法产生正确的解决方案,但失败的过程也会为他们做好准备,让他们从巩固阶段提供的后续指导和支持中学习。通过比较和对比、组合和组织成规范的解决方案,这些巩固可以促进学习者的长期学习(Kapur 和 Bielaczyc,2012；Schwartz 和 Martin,2004)。

2. 学习机制

尽管 PBL 和 PF 的支持时间不同,但它们的学习机制是相似的。信息加工理论最早从理论上解释了通过解决问题来学习的好处,即激活先验知识和迁移—适当加工(Adams 等,1988；Schmidt,1993)。在 PBL 中,学习者在对一个问题进行初步讨论时,就会将新的学习与先前知识联系起来,从而为新的学习做好准备。当在问题解决情境中已经学习到的知识被检索用来解决新问题时,就会发生迁移—适当加工。在PBL和PF中,学生都是在解决问题的情境中学习内容的,而迁移—适当加工理论表明,学习者更有可能在相关的问题情境中检索这些知识。

在PF中,当学生生成次优或不正确的解决方案时,区分相关先验知识的过程是至关重要的(DeCaro和Rittle-Johnson,2012;Schwartz,Chase,Oppezzo和Chin,2011)。它会让学生:(1)注意到不一致的地方,并提醒他们注意其先验知识的差距(DeCaro和Rittle-Johnson,2012;Loibl和Rummel,2014;Ohlsson,1996);(2)在后续教学中,比较和对比他们生成的解决方案和正确的解决方案,使学生能够更好地编码新概念的关键特征(Kapur,2014;Schwartz等,2011)。

近年来,社会文化理论拓宽了我们对通过解决问题来学习的理解。社会建构主义观点强调积极参与有意义的学习任务以及工具在中介学习中的重要性(Collins,2006;Danish和Gresalfi,本手册)。当学生遇到结构不良、真实的问题时,他们的学习是通过促进者在其最近发展区内提供任务支架来完成的(Vygotsky,1978)。这同时也培养了认知学徒,即学生在导师的指导下获得解决问题的能力(Collins,2006;Quintana等,2004;Eberle,本手册)。通过使用概念工具,如真实情境中的语言,个体开始充分理解它们的功能和复杂性。语言本身是学习者在实践共同体中成为参与者时构建意义和进步的工具。PBL语篇使学习者能够恰当地运用新的学科概念、词汇和推理来与社区的其他成员进行交流(Brown等,1993;Chernobilsky,DaCosta和Hmelo-Silver,2004)。当学生分享他们所知道的内容、发现他们仍然需要学习的内容、并形成解释和论点时,他们的集体思维就会在小组中显示出来,并引发讨论和修改。

二、PBL 和 PF 中的研究方法与发现

关于PBL的研究文献非常广泛,并且使用了多种方法,从课程、促进和学生发展的定性研究(Bridges,Green,Botelho和Tsang,2015;Evensen,Salisbury-Glennon和Glenn,2001;Hmelo-Silver和Barrows,2008)到PBL结果的实验和准实验研究(例如,Walker,Leary和Lefler,2015)。定性方法包括人种志、民族方法学和内容分析法。定量方法一般采用一系列的内容和策略测量方法。相反,PF的研究方法大多是定量的,而且在很大程度上依赖于三种连续的、又不断加强的定量方法。早期的工作采用基于设计的研究,利用不同情境和样本的设计、实施和多次迭代来稳定其设计。然后在课堂上通过准实验研究对PF进行测试。最后,进行实验研究,对特定的设计特征和机制进行检验(Kapur,2016)。现在它已经有了一个稳定的设计,未来的定性研究可以用来更好地理解个体学习者在有效失败时的体验。

1. PBL 研究发现

由于 PBL 最初的设计是为了更好地发展医学生的医学推理能力和长期学习能力，早期关于其学习成果的大部分学术研究主要集中在将 PBL 与医学教育中的直接教学进行比较。元分析研究提供了混合的结果（例如，Albanese 和 Mitchell，1993；Vernon 和 Blake，1993）。弗农和布莱克（Vernon 和 Blake，1993）发现 PBL 教学有利于参与者在实践中应用医学知识解决问题，但在习得更基础的医学知识方面不如直接教学有效。然而，这种优势可能是有限的，因为其他研究人员发现这种优势在医学院二年之后就消失了（Dochy，Segers，Van den Bossche 和 Gijbels，2003）。此外，当使用知识应用的衡量标准时，PBL 比直接教学更有效（Gijbels，Dochy，Van den Bossche 和 Segers，2005）。

PBL 已经有效地扩展到其他领域和年龄组，包括职前教师（Derry 等，2006）、MBA 学生（Capon 和 Kuhn，2004）和中学（CTGV，1992；Mergendoller，Maxwell 和 Bellisimo，2006），所有这些变化都表现出积极的影响。

沃克等学者（Walker 等，2015）的一项元分析发现，不同教育水平和学科的研究总体上呈现出积极的影响，但影响范围较小，但在不同研究之间存在相当大的差异。当在应用层面、战略性能和设计问题等方面评估知识时，PBL 的适度效果得到了证明。尽管前面提到的研究和元分析证明了 PBL 的好处，但是 PBL 的有效性仍然存在争议。一些研究人员警示说，跨领域的混合研究结果表明，我们还需要更多的研究来了解不同的 PBL 实施、使用的问题类型和评估的结果类型的影响（Walker 等，2015）。尽管 PBL 的元分析和定量研究往往显示出其优势效果，但它们并没有提供有关 PBL 的学习过程及促进作用的信息。

为了理解 PBL 中的学习是如何展开的，其他的研究采用了定性研究（参见 Green 和 Bridges，本手册）。例如，赫梅洛-西尔弗和巴罗斯（Hmelo-Silver 和 Barrows，2008）展示了医学院学生在探索复杂问题时是如何参与协作知识建构的。促进者通过提出开放式问题，帮助学生集中注意力，鼓励解释、因果推理和论证，以及支持小组监督小组动态。学生们利用了其中一些促进功能，因为他们也提出了许多问题，并整合了自我导向学习。该研究还阐明了共享表征在调节讨论中的重要作用。同样，在教师专业发展方面，张、伦德伯格和埃伯哈特（Zhang，Lundeberg 和 Eberhardt，2011）研究了几个 PBL 小组和他们的促进者，发现促进者使用了提问、重新表述和一系列策略来支持观点的协作推进。杨和施密特（Yew 和 Schmidt，2009）在一所理工大学发现了类似的协作、自我导向和建设性活动的论据。尽管相关人员对成人学习者进行了大量的 PBL 定性研究，但是布拉什和赛耶（Brush 和 Saye，2008）在中学历史课上对 PBL 的研究，发现了学生在历史探究中认知和情感参与的建设性活动证据。这些定性研究证明了学习、促进和支架在 PBL 中的开展情况。

2. PF 研究发现

到目前为止,PF 的研究倾向于在中学和大学的数学和理科课堂中使用复杂的概念问题(例如,DeCaro 和 Rittle-Johnson,2012;Kapur,2012,2014;Loibl 和 Rummel,2014;Schwartz 等,2011)。研究结果表明,在接受指导之前就对新问题提出解决方案的学生在概念理解和迁移方面的表现明显优于那些在参与解决问题之前接受指导的学生(Kapur,2014;Loibl,Roll 和 Rummel,2016)。此外,生成多种解决方案的 PF 学生在后测中的程序性知识、概念理解和迁移项目方面表现更好。卡普尔(Kapur,2015)称之为"解决方案生成效应"(solution generation effect),即生成的解决方案越多,后测的学习表现就越好。卡普尔认为解决方案生成效应反映了 PF 的先验知识激活机制;也就是说,当学生生成更多解决方案时,相关的先验知识就会被激活,并且这种激活可以帮助学生注意、编码和检索目标概念的关键特征。

总之,PBL 和 PF 的研究结果有一个一致的趋势。与直接教学相比,这两种方法对基础知识习得具有较小或消极影响,但对概念理解和迁移具有积极影响。正是这种先验知识的迁移使 PBL 和 PF 成为强健式学习的有效教学方法。

三、PBL 和 PF 设计

如前所述,有效成功(以 PBL 为例)与有效失败之间的根本区别在于初始问题解决的设计,以及在整个学习周期中为学生提供支持的情况。这两种方法都是从协作解决问题开始,但随后就出现了分歧。虽然 PBL 的各种适应性已经在实践中修改了它的设计,但 PBL 辅导过程中的一些一般设计原则(见图 21.1)是关键。首先,PBL 的探索重点是一个结构不良的、在真实情境中没有正确答案的问题。其次,学生以小组协作形式找出问题并设计解决方案。学生通过跨学科的综合探索,共同建构意义。然后,教师充当向导,提供足够的支架来支持学生驱动的探索。最后,反思和评估活动被纳入 PBL 周期,以鼓励学生进行自我调节学习(Savery,2015)。PBL 的高阶促进者使用一系列支架来支持学生完成这一学习过程(Hmelo-Silver 和 Barrows,2008)。在经典的 PBL 模型中,白板通过记录事实、想法、学习问题和行动计划来帮助学生组织解决问题和学习过程。

有效的 PBL 问题有几个设计原则(Barrett,Cashman 和 Moore,2011;Hmelo-Silver,2004;Jonassen 和 Hung,2015)。首先,问题必须足够复杂和结构不良,并且与学习者个人相关,以培养动机。其次,问题必须提供足够的反馈,以便学习者能够评估他们的学习和表现。好的问题可以促进学生开展建设性的讨论(Koschmann,Myers,Feltovich 和 Barrows,1994)。约纳森和亨格(Jonassen 和 Hung,2015)研究了 PBL 中常用的四种问题类型:诊断型、决策型、情境案例/政策型和设计问题型。设计问题是特别有成效的,可以让学习者参与到基于功能规范的作品构建中来(例如,

Jordan 和 McDaniel，2014；Kolodner 等，2003）。由于这类问题所提供的反馈，设计问题可能是有效的。

PF 方法涉及的问题往往十分复杂，可以利用各种正式和非正式资源来提供多种表征和解决方案。它们可以是结构良好的（例如，Kapur，2014；Kapur 和 Bielaczyc，2012），也可以是结构不良的（例如，Kapur，2008），但在设计过程中需要有直觉和情感的挂钩，体现多种对比，帮助学生注意关键特征，并使用"变—不变"的关系，使学生生成的解决方案不会导致成功的解决方案。然后，这种失败提供了比较和对比失败的以及次优解决方案的优缺点的启示、约束。结构不良的 PBL 问题可以促进与问题相关的协作讨论；然而，小组可能需要更多的支持才能使这种互动富有成效（Kapur 和 Kinzer，2007）。

先验知识是 PF 最关键的设计组成部分，因为它为学习者未来的学习做好了准备。PF 设计的四个核心机制分别是：(1)激活和区分先验知识；(2)关注目标概念的关键概念特征；(3)解释和阐述这些特征；(4)将关键概念特征组织并组合到目标概念中（Kapur 和 Bielaczyc，2012，p.75）。学生通过两个阶段参与这一过程（图 21.2）：首先是问题解决阶段（阶段 1），接着是巩固阶段（阶段 2）。在阶段 1 中，学生生成并探索多种表征和解决方案的启示和约束。然后，在阶段 2 中，他们将生成的解决方案组织并组合到规范的解决方案中。

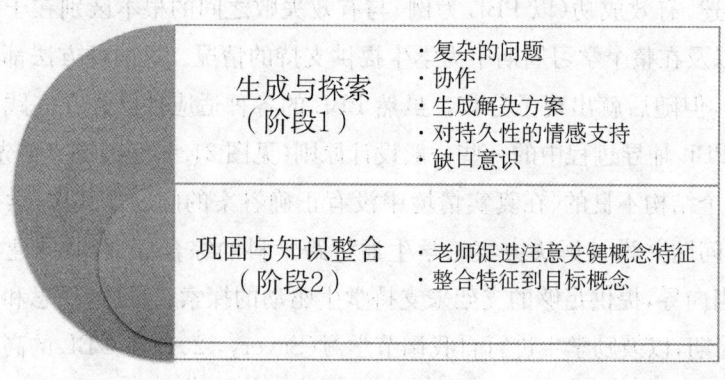

图 21.2　有效失败设计

四、通过解决问题来学习的技术

通过解决问题来学习的一些挑战包括创建丰富的问题情境、搭建支架、提供信息资源访问和沟通方式。技术在应对这些挑战方面发挥了作用。它可以用来提供实现可视化和共同构建观点的情境、支架、信息资源和空间。在为职前教师开设的学习科学课程中，德里等人（Derry 等，2006）创建了一个在线的 PBL 系统，该系统包括带有场景的问题情境，如学生或课堂的视频录像，以及根据学习科学原理确定学生重新设计课程或设计类似课程目标的问题陈述。他们通过使用八步活动结构和提示创建支架，并通过在线白板组织小组解决问题。这些案例包括与学习科学超媒体的链接，作为引导学习者开展有效学习的一个起点。在数据分析课程中，福尔摩斯、戴、帕克、波恩和罗尔（Holmes，Day，Park，Bonn 和 Roll，2014）创建了发明支持环境（Invention Support Environment），为有效失败的发明阶段提供了对比案例和指导。

学生在生成和完善解决方案时，其他技术工具，如交互式白板，可以帮助小组可视化他们的思维，并组织思维过程（Bridges 等，2015；Lu，Lajoie 和 Wiseman，2010；Green 和 Bridges，本手册）。同样，促进者也可以从技术工具中获益，这些技术工具可以自动提供一些支架及学习分析数据，并且能够更快地向学生反馈信息（Blumenfeld 等，1991；Rosé，本手册）。对 PBL 和 PF 来说，理解技术的角色是一个新兴领域。

五、对学习科学的启示

在通过解决问题来学习的框架下，我们通过共同思考有效成功和有效失败获得了许多见解。这两种方法都有助于学习者理解知识和实践是如何成为思考、解决问题和参与实践共同体的工具的。这两种方法都不关注问题的最终解决方案，而是关注如何通过精心设计的问题来帮助学习者为未来的学习做好准备。虽然通过解决问题来学习的方法因其最低限度的指导和增加认知负荷遭受批评（Kirschner，Sweller 和 Clark，2006），但在通过解决问题来学习中的参与者结构、程序和支架有助于有效成功（Hmelo-Silver，Duncan 和 Chinn，2007）。

在许多方面，通过解决问题来学习的两种方法具有两面性。两者都要求学习者从一个他们不知道如何解决的问题开始，但必须在此过程中学习新的内容、技能和学科实践。社会实践和复杂的学习环境是这两种教学设计的重要组成部分。在 PBL 中，目标是支持学生取得有效成功，而在有效失败中，失败被认为是学习的机会。在 PBL 中，学习的机会来自于识别知识缺口。最后，我们认为通过解决问题来学习的不同模式之间的相似性与区别同样重要。事实上，"有效成功很可能被视为一种体现有效失败的迭代循环的设计"（Kapur，2016，p.297）。我们认为，为了实现教学目标，有意识地设计任务和支持的时间是至关重要的。在未来的设计和研究工作中，我们需要探索在什么情况下，通过解决问题来学习的不同方法对谁有效以及为什么有效。设计的系统功能如何支持学习？通过解决问题来学习的方法为学习提供了有效的设计，但它们也为研究复杂的学习行动提供了情境，为研究和实践提供了重要启示。未来通过解决问题来学习的方法将取决于研究人员是否有能力在实践中检验模型在不同的学科范围内的适应性，以及在反映不同人口特征（如年龄、语言和经验背景、社会经济地位和城乡地理位置）的问题解决者之间的适应性。

六、延伸阅读

Blumenfeld, P. C. , Soloway, E. , Marx, R. W. , Krajcik, J. S. , Guzdial, M. , & Palincsar, A. (1991). Motivating project-based learning: Sustaining the doing, supporting the learning. *Educational Psychologist*, *26*(3 - 4),369 - 398.

本文概述了基于项目的学习的内在动机和教学问题,并就如何利用技术来提供支持提出了建议。作者认为,学生对项目的兴趣可以通过多样性、学生控制、协作机会和教师支架来增强。

Hmelo-Silver, C. E. (2004). Problem-based learning: What and how do students learn? *Educational Psychology Review*, *16*(3),235 - 266.

本文概述了基于问题的学习目标、核心组成部分及学术研究。本文还讨论了 PBL 学术,它提供了混合的学习结果,并倡导在医学院以外的不同情境下进行扩展研究。

Hmelo-Silver, C. E. , & Barrows, H. S. (2008). Facilitating collaborative knowledge building. *Cognition and Instruction*, *26*(1),48 - 94.

这项对学生和促进者话语的实证研究考察了专业促进的 PBL 如何在学生中发展知识建构实践。支持关注知识建构的核心条件,如支持学生参与知识的构建和转化,以及学生对学习的控制。

Kapur, M. (2016). Examining productive failure, productive success, unproductive failure, and unproductive success in learning. *Educational Psychologist*, *51*(2),289 - 299.

本文回顾了学习成败的四种理论类别:有效失败、有效成功、无效失败和无效成功。并进一步指出,虽然每种类别都各自提供了明确的定义、实证证据和具体的设计考虑,但在为学习进行设计时,最好放弃对这四个类别的严格的、二分的理解;注意认知、社会和文化机制;并鼓励对学生的已有知识进行评价。

Walker, A. , Leary, H. , Ertmer, P. A. , & Hmelo-Silver, C. (2015). Epilogue: The future of PBL. In A. Walker, H. Leary, C. Hmelo-Silver, & P. A. Ertmer (Eds.), Essential readings in problem-based learning: *Exploring and extending the legacy of Howard Barrows* (pp. 373 - 376). West Lafayette, IN: Purdue University Press.

本章概述了基于问题的学习的过去和现在的概念将如何影响其未来的迭代。

七、NAPLeS 资源

Hmelo-Silver, C. E. *Problem-based learning* [Webinar]. In NAPLeS video series. Retrieved October 19, 2017, from http://isls-naples.psy.lmu.de/intro/all-webinars/hmelo-silver/index.html

参考文献

Adams, L., Kasserman, J., Yearwood, A., Perfetto, G., Bransford, J., & Franks, J. (1988). The effect of fact versus problem oriented acquisition. *Memory & Cognition, 16*, 167–175.

Albanese, M., & Mitchell, S. (1993). Problem-based learning: A review of the literature on its outcomes and implementation issues. *Academic Medicine, 68*, 52–81.

Barrett, T., Cashman, D., & Moore, S. (2011). Designing problems and triggers in different media. In T. Barrett & S. Moore (Eds.), *New approaches to problem-based learning: Revitalising your practice in higher education* (pp. 18–35). New York: Routledge.

Blumenfeld, P. C., Soloway, E., Marx, R. W., Krajcik, J. S., Guzdial, M., & Palincsar, A. (1991). Motivating project-based learning: Sustaining the doing, supporting the learning. *Educational Psychologist, 26*(3–4), 369–398.

Bransford, J. D., & Schwartz, D. (1999). Rethinking transfer: A simple proposal with multiple implications. *Review of Research in Education, 24*, 61–100.

Bridges, S., Green, J., Botelho, M., & Tsang, P. C. (2015). Blended learning and PBL: An interactional ethnographic approach to understanding knowledge construction in situ In A. Walker, H. Leary, C. Hmelo-Silver, & P. A. Ertmer (Eds.), *Essential readings in problem-based learning: Exploring and extending the legacy of Howard S. Barrows* (pp. 107–130). West Lafayette, IN: Purdue University Press.

Brown, A. L., Ash, D., Rutherford, M., Nakagawa, K., Gordon, A., & Campione, J. C. (1993). Distributed expertise in the classroom. In G. Salomon (Ed.), *Distributed cognitions* (pp. 188–228). New York: Cambridge University Press.

Brush, T., & Saye, J. (2008). The effects of multimedia-supported problem-based inquiry on student engagement, empathy, and assumptions about history. *Interdisciplinary Journal of Problem-Based Learning, 2*(1), 4.

Capon, N., & Kuhn, D. (2004). What's so good about problem-based learning? *Cognition and Instruction, 22*(1), 61–79.

Chernobilsky, E., DaCosta, M. C., & Hmelo-Silver, C. E. (2004). Learning to talk the educational psychology talk through a problem-based course in educational psychology. *Instructional Science, 32*, 319–356.

Collins, A. (2006). Cognitive apprenticeship. In K. Sawyer (Ed.), *Cambridge handbook of the learning sciences* (pp. 47–60). New York: Cambridge University Press.

CTGV. (1992). The Jasper series as an example of anchored instruction: Theory, program description and assessment data. *Educational Psychologist, 27*, 291–315.

Danish, J., & Gresalfi, M. (2018). Cognitive and sociocultural perspective on learning: tensions and synergy in the Learning Sciences. In F. Fischer, C. E. Hmelo-Silver, S. R. Goldman, & P. Reimann (Eds.), *International handbook of the learning sciences* (pp. 34–43). New York: Routledge.

DeCaro, M. S., & Rittle-Johnson, B. (2012). Exploring mathematics problems prepares children to learn from instruction. *Journal of Experimental Child Psychology, 113*, 552–568.

Deci, E. L., Koestner, R., & Ryan, R. M. (2001). Extrinsic rewards and intrinsic motivation in education: Reconsidered once again. *Review of Educational Research, 71*, 1–27.

Derry, S. J., Hmelo-Silver, C. E., Nagarajan, A., Chernobilsky, E., & Beitzel, B. (2006). Cognitive transfer revisited: Can we exploit new media to solve old problems on a large scale? *Journal of Educational Computing Research, 35*, 145–162.

Dewey, J. (1938). *Experience and education* (Kappa Delta Phi Lecture Series). New York: Macmillan.

Dochy, F., Segers, M., Van den Bossche, P., & Gijbels, D. (2003). Effects of problem-based learning: A meta-analysis. *Learning and Instruction, 13*(5), 533–568.

Eberle, J. (2018). Apprenticeship learning. In F. Fischer, C. E. Hmelo-Silver, S. R. Goldman, & P. Reimann (Eds.), *International handbook of the learning sciences* (pp. 44–53). New York: Routledge.

Engle, R. A. (2006). Framing interactions to foster generative learning: A situative explanation of transfer in a community of learners classroom. *Journal of the Learning Sciences, 15*(4), 451–498.

Ertmer, P. A., & Glazewski, K. D. (in press). Scaffolding in PBL environments: Structuring and problematizing relevant task features. To appear in W. Hung, M. Moallem, N. Dabbagh (Eds). *Wiley handbook of problem-based learning*.

Evensen, D. H., Salisbury-Glennon, J., & Glenn, J. (2001). A qualitative study of 6 medical students in a problem-based curriculum: Towards a situated model of self-regulation. *Journal of Educational Psychology, 93*, 659–676.

Gijbels, D., Dochy, F., Van den Bossche, P., & Segers, M. (2005). Effects of problem-based learning: A meta-analysis from the angle of assessment. *Review of Educational Research, 75*(1), 27–61.

Green, J. L., & Bridges, S.M. (2018). Interactional ethnography. In F. Fischer, C. E. Hmelo-Silver, S. R. Goldman, & P. Reimann (Eds.), *International handbook of the learning sciences* (pp. 475–488). New York: Routledge.

Greeno, J. G., Collins, A. M., & Resnick, L. B. (1996). Cognition and learning. In D. Berliner & R. Calfee (Eds.), *Handbook of educational psychology* (pp. 15–46). New York: Macmillan.

Hmelo-Silver, C. E. (2004). Problem-based learning: What and how do students learn? *Educational Psychology Review, 16*(3), 235–266.

Hmelo-Silver, C. E., & Barrows, H. S. (2008). Facilitating collaborative knowledge building. *Cognition and Instruction, 26*(1), 48–94.

Hmelo-Silver, C. E., Duncan, R. G., & Chinn, C. (2007). Scaffolding and achievement in problem-based and inquiry learning: A response to Kirschner, Sweller, and Clark (2006). *Educational Psychologist, 42*, 99–107.

Holmes, N., Day, J., Park, A. H., Bonn, D., & Roll, I. (2014). Making the failure more productive: Scaffolding the invention process to improve inquiry behaviors and outcomes in invention activities. *Instructional Science, 42*(4), 523–538.

Jonassen, D., & Hung, W. (2015). All problems are not created equal: Implications for problem-based learning. In A. Walker, H. Leary, C. Hmelo-Silver, & P. A. Ertmer (Eds.), *Essential readings in problem-based learning: Exploring and extending the legacy of Howard S. Barrows* (pp. 69–84). West Lafayette, IN: Purdue University Press.

Jordan, M. E., & McDaniel, Jr, R. R. (2014). Managing uncertainty during collaborative problem solving in elementary school teams: The role of peer influence in robotics engineering activity. *Journal of the Learning Sciences, 23*(4), 490–536.

Kapur, M. (2008). Productive failure. *Cognition and Instruction, 26*(3), 379–424.

Kapur, M. (2012). Productive failure in learning the concept of variance. *Instructional Science, 40*, 651–672.

Kapur, M. (2014). Productive failure in learning math. *Cognitive Science, 38*(5), 1008–1022.

Kapur, M. (2015). Learning from productive failure. *Learning: Research and Practice, 1*(1), 51– 65.

Kapur, M. (2016). Examining productive failure, productive success, unproductive failure, and unproductive success in learning. *Educational Psychologist, 51*(2), 289–299.

Kapur, M., & Bielaczyc, K. (2012). Designing for productive failure. *Journal of the Learning Sciences, 21*(1), 45–83.

Kapur, M., & Kinzer, C. K. (2007). Examining the effect of problem type in a synchronous computer-supported collaborative learning (CSCL) environment. *Educational Technology Research and Development, 55*(5), 439–459.

Kilpatrick, W. H. (1918). The project method. *Teachers College Record, 19*, 319–335.

Kirschner, P. A., Sweller, J., & Clark, R. E. (2006). Why minimal guidance during instruction does not work. *Educational Psychologist, 41*, 75–86.

Kollar, I., Wecker, C., & Fischer, F. (2018). Scaffolding and scripting (computer-supported) collaborative learning. In F. Fischer, C. E. Hmelo-Silver, S. R. Goldman, & P. Reimann (Eds.), *International handbook of the learning sciences* (pp. 340–350). New York: Routledge.

Kolodner, J. L., Camp, P. J., Crismond, D., Fasse, B., Gray, J., Holbrook, J., Puntambekar, S., & Ryan, M. (2003). Problem-based learning meets case-based reasoning in the middle-school science classroom: Putting learning by design(tm) into practice. *Journal of the Learning Sciences, 12*(4), 495–547.

Koschmann, T. D., Myers, A., Feltovich, P. J., & Barrows, H. S. (1994). Using technology to assist in realizing effective learning and instruction: A principled approach to the use of computers in collaborative learning. *Journal of the Learning Sciences, 3*(3), 227–264.

Linn, M. C., McElhaney, K. W., Gerard, L., & Matuk, C. (2018). Inquiry learning and opportunities for technology. In F. Fischer, C. E. Hmelo-Silver, S. R. Goldman, & P. Reimann (Eds.), *International handbook of the learning sciences* (pp. 221–233). New York: Routledge.

Loibl, K., Roll, I., & Rummel, N. (2016). Towards a theory of when and how problem solving followed by instruction supports learning. *Educational Psychology Review, 29*(4), 693–715. doi:10.1007/s10648-016-9379-x

Loibl, K., & Rummel, N. (2014). Knowing what you don't know makes failure productive. *Learning and Instruction, 34*, 74–85.

Lu, J., Lajoie, S. P., & Wiseman, J. (2010). Scaffolding problem-based learning with CSCL tools. *International Journal of Computer Supported Collaborative Learning, 5*(3), 283–298.

Mergendoller, J. R., Maxwell, N. L., & Bellisimo, Y. (2006). The effectiveness of problem-based instruction: A comparative study of instructional methods and student characteristics. *Interdisciplinary Journal of Problem-based Learning, 1*, 49–69.

Ohlsson, S. (1996). Learning from performance errors. *Psychological Review, 103*, 241–262.

Puntambekar, S., & Hübscher, R. (2005). Tools for scaffolding students in a complex learning environment: What have we gained and what have we missed? *Educational Psychologist, 40*(1), 1–12.

Puntambekar, S., & Kolodner, J. L. (2005). Toward implementing distributed scaffolding: Helping students learn science from design. *Journal of Research in Science Teaching, 42*(2), 185–217.

Quintana, C., Reiser, B. J., Davis, E. A., Krajcik, J., Fretz, E., Duncan, R. G., et al. (2004). A scaffolding design framework for software to support science inquiry. *Journal of the Learning Sciences, 13*(3), 337–386.

Rosé, C. P. (2018). Learning analytics in the Learning Sciences. In F. Fischer, C. E. Hmelo-Silver, S. R. Goldman, & P. Reimann (Eds.), *International handbook of the learning sciences* (pp. 511–519). New

York: Routledge.

Savery, J. R. (2015). Overview of problem-based learning: Definitions and distinctions. In A. Walker, H. Leary, C. Hmelo-Silver, & P. A. Ertmer (Eds.), *Essential readings in problem-based learning: Exploring and extending the legacy of Howard S. Barrows* (pp. 5–16). West Lafayette, IN: Purdue University Press.

Schmidt, H. G. (1993). Foundations of problem-based learning: Some explanatory notes. *Medical Education*, 27, 422–432.

Schmidt, H. G., Loyens, S. M., Van Gog, T., & Paas, F. (2007). Problem-based learning is compatible with human cognitive architecture: Commentary on Kirschner, Sweller, and Clark (2006). *Educational Psychologist*, 92, 91–97.

Schmidt, H. G., Rotgans, J. I., & Yew, E. H. (2011). The process of problem-based learning: What works and why. *Medical Education*, 45(8), 792–806.

Schwartz, D., Chase, C. C., & Bransford, J. (2012). Resisting overzealous transfer: Coordinating previously successful routines with needs for new learning. *Educational Psychologist*, 47(3), 204–214.

Schwartz, D., Chase, C. C., Oppezzo, M. A., & Chin, D. B. (2011). Practicing versus inventing with contrasting cases: The effects of telling first on learning and transfer. *Journal of Educational Psychology*, 103, 759–775.

Schwartz, D., & Martin, T. (2004). Inventing to prepare for future learning: The hidden efficiency of encouraging original student production in statistics instruction. *Cognition and Instruction*, 22, 129–184.

Vernon, D. T. A., & Blake, R. L. (1993). Does problem-based learning work? A meta-analysis of evaluative research. *Academic Medicine*, 68, 550–563.

Vygotsky, L. S. (1978). *Mind in society: The development of higher mental process*. Cambridge, MA: Harvard University Press.

Walker, A., Leary, H., & Lefler, M. (2015). A meta-analysis of problem-based learning: Examination of education levels, disciplines, assessment levels, problem types, and reasoning strategies. In A. Walker, H. Leary, C. Hmelo-Silver, & P. A. Ertmer (Eds.), *Essential readings in problem-based learning: Exploring and extending the legacy of Howard S. Barrows* (pp. 303–330). West Lafayette, IN: Purdue University Press.

Whitehead, A. N. (1929). *The aims of education and other essays*. New York: Macmillan.

Wijnia, L., Loyens, S. M., & Derous, E. (2011). Investigating effects of problem-based versus lecture-based learning environments on student motivation. *Contemporary Educational Psychology*, 36(2), 101–113.

Yew, E. H., & Schmidt, H. G. (2009). Evidence for constructive, self-regulatory and collaborative processes in problem-based learning. *Advances in Health Sciences Education*, 14, 251–273.

Zhang, M., Lundeberg, M., & Eberhardt, J. (2011). Strategic facilitation of problem-based discussion for teacher professional development. *Journal of the Learning Sciences*, 20, 342–394.

第22章 探究性学习与技术的机遇

马西娅·林恩,凯文·麦克尔哈尼,利比·杰拉德,卡米利亚·马图克(Marcia C. Linn, Kevin W. McElhaney, Libby Gerard, Camillia Matuk)

　　无论是在历史、科学、新闻学、经济学还是其他学科中,探究活动都能让学习者探索有意义的问题,测试对变量之间关系的推测,比较不同的解释(通常通过建立和测试模型),使用证据来完善想法,并为有前景的解决方案提出论据(Furtak, Seidel, Iverson和Briggs,2012)。探究教学可以利用学生对个人、社会和环境困境的多种、往往相互冲突的想法,帮助他们理清这些想法,以应对诸如经济差异或健康决策等挑战(Donnelly, Linn和Ludvigsen,2014;Herrenkohl和Polman,本手册)。在探究教学中,自然语言处理、交互模拟、游戏、协作工具和个性化指导等技术可以帮助学生成为自主学习者(Quintana等,2004;Tabak和Kyza,本手册)。而学生活动日志则可以记录课堂表现,让教师了解学生的进步情况(Gerard, Matuk, McElhaney和Linn,2015)。

　　探究性学习可以帮助自主学习者在论点中找出缺口,并独立寻找证据,从而在备选方案中进行选择。探究性的学习环境也可以促进学生作出整理、联系和连接文化、社会、经济和科学思想的自主努力(见图22.1)。进一步来说,自主能力可以使所有公民都能够掌握自己的生活,加强民主决策。

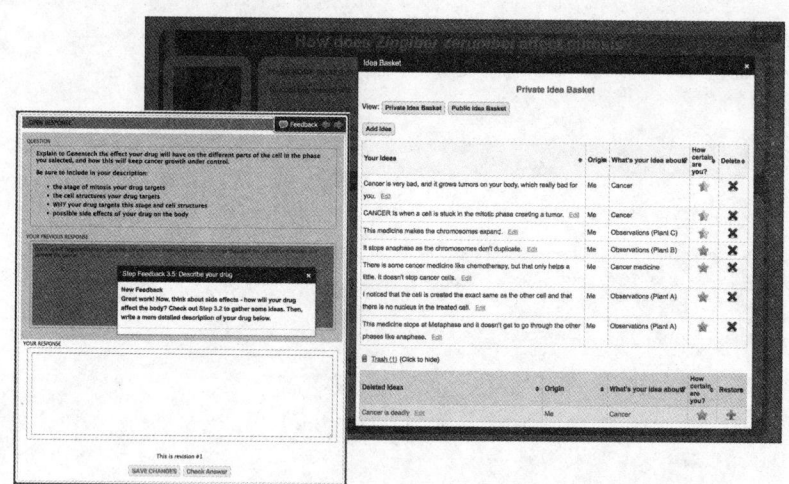

图 22.1　基于网络的科学探究环境(WISE)细胞分裂单元截图

　　注:该图显示了用于指导中学生进行癌症治疗探究的技术。其中的观点管理器(左边)支持学生在记录、组织、分享和整合他们的想法时进行自我监控和协作学习(Matuk等,2016)。自动评分(右边)支持持续的形成性评价和个性化指导,以帮助学生完善他们的论点。

　　来源:杰拉德等人(Gerard等,2015)。

本章整合了有关跨学科探究学习的理论、教学设计和技术方面的进步。我们强调从以下方面促进学生的自主学习：(1)鼓励学生利用建模和计算工具主动探究当代的棘手问题；(2)设计以分析备选方案、测试原型、反复完善复杂学科的解决方案为特色的项目；(3)鼓励学生从多个来源收集和综合证据，并使用自动化、个性化的指导进行修正的反思活动。

一、学习科学影响的历史趋势

探究教学源于卢梭和杜威(Rousseau 和 Dewey)的经验学习哲学。探究的理想往往受到学习者在熟练导师的仁慈指导下，独立地提出惊人见解形象的启发。例如，卢梭(1979)描述了一个虚构的孩子，他在玩风筝的时候，利用风筝的影子来推断风筝的位置。这种动手操作、发现式学习的形象暗示了自主性是与生俱来的，而实际上自主性是通过精心设计的教学培养出来的。倡导动手探究或主动学习的往往是那些已经是自主学习者的专家。教师的任务是引导学生进行探究，他们常常面临创建课堂结构、设计自主探究支架和提供必要的学生指导以将实践活动转化为学习机会的挑战。

从历史上看，当开放式探究活动失败时，它们往往会被抽象的科学方法形象所取代，并伴随着分步练习，这与 20 世纪 30 年代新兴的行为主义理论产生了共鸣。例如，当学生用科学方法做弹簧实验而未能推导出胡克定律(Hooke's Law)时，设计者就会试图通过提供明确的、循序渐进的指导来帮助学生找出潜在的困惑。这种解决方案使实验在课堂上的实施更容易，但同时也淡化了学生的自主探究。它也通常给学生留下支离破碎的想法，因为这种方案没有鼓励他们区分自己的想法和教学所提倡的想法(Linn 和 Eylon，2011)。

20 世纪 80 年代，在欧美国家政府资助的推动下，以阐明科学推理如何与学科知识相互交织并相互促进的研究为基础(Brown，Collins 和 Duguid，1989)，学科专家、学习科学家、技术专家和课堂教师建立了伙伴关系，共同改进以探究为导向的课程材料并评估其有效性。例如，美国国家科学基金会(U. S. American National Science Foundation，NSF)资助了需要多学科合作的个人研究项目和研究中心。正是这种伙伴关系解决了教学设计的挑战，将对现实的、复杂的问题探究与支持自主探究的指导结合起来。此外，研究人员还将学习者的自主探究能力明确为一系列与学科知识协调发展的互动实践。这些实践包括开发和改进模型、评估和测试模拟、分析和解释数据以及形成和批判解释(例如，美国国家研究委员会，2012)。

20 世纪 90 年代，学习科学将研究的重点放在连贯理解上，并研究了一些自主学习能力，如元认知和广泛而多样的群体之间的协作。此外，学习科学家开发了学习环境，记录学生之间的互动，目的是在广泛的学科领域记录、解释和支持学生的探究。还有，设计师还创建了可以嵌入探究性学习环境中的创新活动，包括概念图、绘图、论文、实践考试、实验评论和档案袋。这些活动鼓励学生整合和应用他们在教学中遇到的想法，同时记录学生的进步。在探究过程中对学生轨迹的分析有助于阐明探究教学如何促进学生对复杂话题形成连贯、强健和持久的理解，以及对新话题进行自主探究的能力（见 WISE，图 22.1）。

此外，研究人员也编写了一些反映文化的课程材料，其特点是包括了一些与个人相关的问题，如有争议的历史事件（如美西战争）或地方环境管理。他们测试并优化了方法，包括设计个性化指导、促进课堂讨论、帮助学生处理多种冲突的想法、引导他们对历史文献加以解读并协商文化期望等。研究者们还研究了指导学生发展和阐明连贯解释的教学模式。而知识整合框架的出现则是为了指导学习环境、教学、评估和协作工具的设计，帮助学生表达、提炼和整合自己的想法，构建对科学现象连贯一致的因果表述（Linn 和 Eylon，2011）。其中，建构论（Constructionism）是另一种建构主义的观点，引导人们从作品的制作中学习（Papert，1993）。这种创新为促进自主的教学设计提供了信息，并为学习者利用探究来解决新的和有意义的问题做好了准备。

与此同时，探究性学习的参与者也拓展到所有公民，而不仅限于那些有专业需求的学生。学习科学家通过将身份认同和社会文化学习观纳入教学来回应这种参与面的扩大。他们开始研究如何培养学生有意的、自主的和终身学习者的身份（Raes，Schellens 和 De Wever，2013）。就此，研究人员也开发了尊重和建立学生在探究活动中所带来的丰富多样的文化体验的方法。为了解决关于谁能够在特定领域取得成功的刻板印象，设计者以学生群体中的榜样和与他们生活相关的困境为特色。在关注相关困境的同时，各学科之间以及校内和校外学习之间的界限也变得模糊起来。经过这些探索，研究者已经确定了激励学习者有意地寻求对世界的理解，解决个人相关问题，建立共同体知识，参与学习者共同体的方法（Sharples 等，2015；Danish 和 Gresalfi，本手册；Slotta，Quintana 和 Moher，本手册；见 nQuire，图 22.2）。研究表明，在历史游戏境脉中的个性化探究、设计低成本的电子纺织品等实际挑战，以及诸如如何设计抗癌药物等有意义的问题，可以帮助学生想象自己有能力解决新的相关挑战（Kafai 等，2014；Renninger，Ren 和 Kern，本手册）。

随着学习科学的发展，支持对探究性学习进行复杂、系统及社会文化方面调查的研究方法也在发展（Hoadley，本手册）。比如说，基于设计的研究方法强调迭代改进和以理论为依据，揭示了通过探究性学习改善结果的方式（Chinn 和 Sandoval，本手册；Puntambekar，本手册）。嵌入在学习环境中的探究活动使研究人员可以对日志文件进行学习分析，以揭示学生协作和探究过程中的模式（Rosé，本手册）。精心设计的、技术增强的学习环境，则使我们有可能利用多种可靠的方法测量学生的进步，并将测量作为学习的一部分来实施，而不是采用不能促进学生理解的评估来中断学习（见 Pellegrino，本手册）。在本章中，我们将讨论说明性的技术和教学进步，并确定成功教学的关键要素，这些要素对于探究教学的成功和自主学习能力的发展至关重要（Linn，

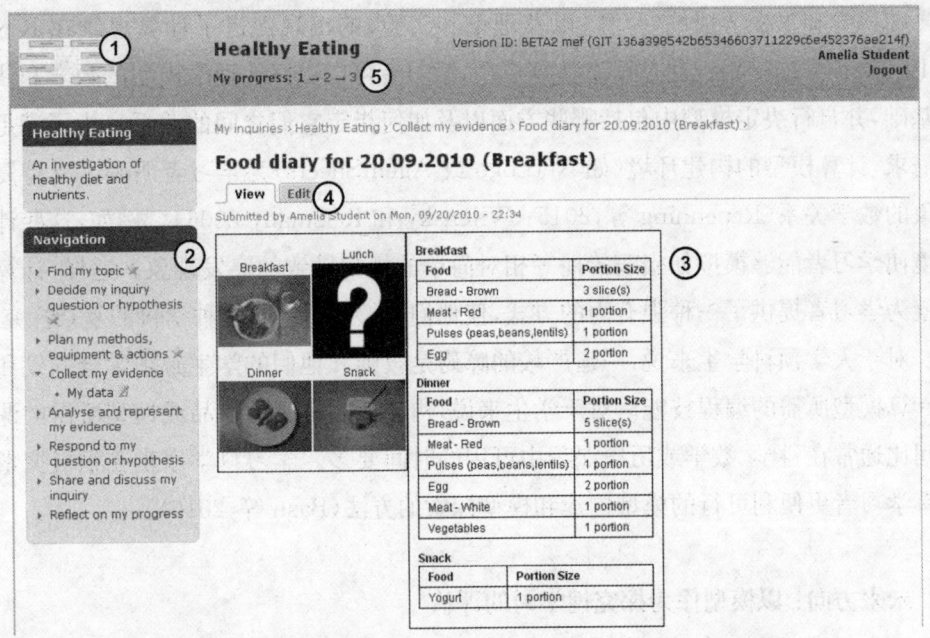

图 22. 2 健康饮食探究的 nQuire(Sharples 等,2015)活动截图

注:图中的数字代表学习者通过探究监控自我进展的支持类型:①探究过程的视觉表征;②活动间的分层导航;③当前的活动内容;④活动查看和编辑的切换标签;⑤探究过程的阶段进展。

Gerard,Matuk 和 McElhaney,2016)。

二、建模、计算思维和探究

学习科学的发现激励教育者设计教学,以明确科学和社会现象背后的机制。模型是一种现象或系统的表征(通常是基于计算机的),其中心特征是明确和可见的。此外,模型的解释性和预测性也使得学习者能够研究当下问题,并以此作为对自然世界或设计世界开展探究的一部分(de Jong,Lazonder,Pedaste 和 Zacharia,本手册)。而技术的进步(如可视化工具、编程环境及处理大数据的计算能力)则使建模成为专业探究的核心实践。比如说,自然科学家会利用模型来解释复杂的系统,并对新观察到的现象做出预测。在实施完整的设计解决方案之前,工程师和设计师会利用模型来开发和优化原型。社会学家也会利用模型描述和预测人类行为,比如选举或体育赛事的结果。

结合交互式建模工具的探究教学的研究综述,研究者们确定了促进深度概念学习的设计原则(McElhaney,Chang,Chiu 和 Linn,2014)。这些研究表明,有效的教学支架设计对促进探究性学习的模型价值有很大的贡献。例如,利用模型支持自主探究,而不是给予逐步指导,可以鼓励学习者检验自己的想法,从而更好地在概念上或机制上理解现象。另外,提示学习者进行自我监控和反思也可以帮助他们对所模拟的现象形成更连贯的理解。

在科学和工程学领域，计算（以及理论和实验）的出现促进了计算思维在 K - 12 STEM 课程中的应用。通过开发计算模型，学习者可以更好地理解模型的数学和认识论基础，并自行决定模型中包括哪些方面以及如何指定它们之间的关系。为了满足这一需求，计算模型的构建环境（如 NetLogo 或 AgentSheets）为学习者明确了支持复杂现象的数学关系（Repenning 等，2015；Wilensky 和 Reisman，2006）。例如，这些计算环境使学习者能够模拟如疾病传播等相对简单的规则导致的突发现象。这样，计算建模就为学习者提供了一种强有力的方式，使他们能够进行综合多种学科的复杂探究。

对于大学预科学生来说，一道严峻的障碍是教师和他们的学生必须学会开发和测试计算模型所需的编程技能。对于学生来说，构建他们自己的作品或模型所需的课堂时间比通常在科学、数学或历史课程中可用的时间要多。学习科学家正在积极探索对所有学习者更便利可行的模型构建和模型探索的方法（Basu 等，2016）。

未来方向：以模型作为探究性学习的评估

学生与模型的互动可以为评估学生的探究实践能力提供丰富的信息。例如，通过对来自 Energy3D(Xie, Zhang, Nourian, Pallant 和 Hazzard，2014)及其他建模环境的数据日志的分析，我们可以揭示提供适应性指导设计的学习过程。许多游戏通过要求学习者探索和理解变量之间的关系来实现目标，从而支持基于模型的评估（见 Fields 和 Kafai，本手册）。嵌入到游戏中的建模活动还有一个额外的好处，那就是为学习者在完成建模挑战时提供持续性反馈，并让学习者参与到广泛的学科中。例如，《模拟城市》与《文明》将一个引人注目的故事与潜在的经济模型联系起来，以支持探究经济差距的原因和补救措施（DeVane, Durga 和 Squire，2010；Nilsson 和 Jakobsson，2011）。

三、设计与探究

设计也在有关探究教学的研究中不断得到关注（Kolodner 等，2003；Xie 等，2014）。设计会为学生提供现实的、不明确的挑战，通过这些挑战，学生可以践行诸如定义问题、做出预测、构建论点、实验和迭代改进等核心实践（如 Blikstein，2013）。同时，设计还强调探究的多个方面，如探究的协作性、实践性、学科本质及其社会价值。例如，在使用设计来解决当下真实世界中的问题时，无论是设计太阳能烤箱来取代软煤的燃烧，还是设计促进社会变革的运动，学习者都必须对学科思想有深刻理解，并具有与其设计对象（人和共同体）共情的能力。此外，部分成功的设计过程还包括对情境和可用资源的约束和权衡进行推理，通过协作和持续反思来考虑和整合不同的观点。

通过设计进行探究性学习之所以受到重视，是因为它不仅仅教授内容和实践，还培养、促进学生自主学习的冒险精神、动手能力和毅力。这样的探究性学习鼓励学习者追逐自己的兴趣，从事有学科思想和实践的项目。比如通过学生驱动的电子纺织品项目,向高中学生介绍编程概念,并拓宽他们对计算机科学在社会中的作用的看法(Kafai 等,2014;Fields 和 Kafai,本手册)。设计还可以提高学习者界定问题、寻求帮助和有效利用失败的能力。在寻求创造性设计方案过程中的挣扎会让学生感到沮丧,但是如果有适当的支架和指导来克服令人烦恼的挑战,这些经历也可以成为他们发展自我监控的机会,这是自主性的一个方面(Järvelä,Hadwin,Malmberg 和 Miller,本手册)。

日益便利的制造技术和建构主义学习观的结合,引发了对支持探究性学习设计活动潜力的研究。例如,数字制造技术日益增长的可承受性催生了创客运动,并激发了遍及各个学科以及校内外环境的广泛性学习活动(Halverson 和 Peppler,本手册)。对工程实践普适价值的认识,进一步促进了大学预科教育中与工程相关的新课程材料的创作。

未来方向:提供结构,促进自主

如何有效地指导设计活动,促进学科学习,同时允许学习者通过自己对问题的掌控来发展能动性和追求个人兴趣,依然是有待研究的问题。研究人员注意到几个成功的原则。例如,教师可以注意自身对待风险和失败的有效态度,为学习者创造从同伴的错误中学习的机会,比如通过设计的公开测试,产生记录和提炼想法的真实动机(Sadler,Coyle 和 Schwartz,2000)。技术环境可以为学习者提供工具,用于创建复杂作品、有效地向同伴学习、及时获取资源,以及为他们的设计推理提供适应性支持。技术还可以凸显从开放式设计挑战中学习的证据,这揭示了教师可以监控和用于指导进展的模式。

四、反思、指导和探究

学生们通过建模、设计和关注其他探究经验收集了大量的新想法。然而,这些想法往往与学生从以前的经历中获得的想法不同或相互冲突。通过反思,学生可以比较不同的观点,克服前后矛盾,找出差距,并在不同的想法之间建立联系。在学生的反思期间,为其提供个性化指导会让他们受益匪浅(Gerard 等,2015;Lazonder 和 Harmsen,2016)。

学习科学家开发了学习环境,引导学生在探究过程中进行有效反思。在开展探究项目的过程中,他们为学生嵌入构建论证和解释的机会。这些活动鼓励学生将自己的想法展现出来,并与同伴的想法进行比较,或与先前的教学及经历联系起来(Quintana 等,2004)。在学生整理不同观点时,包括论点结构化工具和自动化指导等最新的技术可以为学生提供引导。这些工具可以帮助学生改进自己的理解,并获得对探究主题的一致性观点。这样的技术还可以让教师即刻了解学生的想法,从而帮助学生改进理解。通过鼓励学生将自己视为探究者而不是事实的积累者,并将教师视为引导者而不是知识的权威,这些技术可以引导学生自主地践行探究实践(Gerard 等,2015)。

1. 论点结构化工具

探究中论点的完善涉及批判和修正过程,在专业实践中更是如此。研究表明,在自然情境中,学生很少会修正自己的想法。与其他类型的学习者一样,学生常常误将矛盾性证据归置于跟自己认知一致的观点,抑或,忽视其他观点而坚持自己的观点(Berland 和Reiser, 2011)。在正式学习环境中,支持论证是一个基于证据的修正过程,这需要我们从根本上改变课堂文化。实际上,论证不是引导学生找到"正确"答案,而是强调证据的整合和对观点间联系的不断修正,以支持整体理解。学生也可以通过重新梳理证据,如计算机模型或设计的作品,以及咨询同伴等来协调观点中的不一致。在这个过程中,学习如何使用证据和资源构建和修正一个人的论点,是成为自主学习者的关键。

论点结构化工具使学生能够区分和组织他们在探究过程中收集到的证据,从而对复杂问题形成连贯的观点(例如,使用 Idea Manager,图 22.1;见 Schwarz,本手册)。当下的论点结构化工具使学生能够结合照片、截屏或图表等视觉证据;创建概念图;也可将同伴记录的想法加入到自己收集的证据中。研究发现,尽管学生可以在探究过程中找到相关的想法,但他们很难区分和整合它们。论点结构化工具鼓励学生将想法进行分类,并在遇到新证据时完善分类标准。

学生对想法进行分类不仅仅可以帮助他们积累想法,随着探究的进展,这也可以促进他们对探究问题形成更加持久的理解。例如,在一项循环化学的探究中,学生对他们在 Idea Manager 中记录的想法进行分类的能力比他们添加的想法数量更能预测他们理解的连贯性(McElhaney, Matuk, Miller 和 Linn, 2012)。相比于只写书面观点的学生,使用观景台(belvedere)组织自身关于自然现象的想法的学生更有可能描绘出他们想法之间的联系(Toth, Suthers 和 Lesgold, 2002)。

通过分析学生如何发展论点结构,学习科学家可以设计支架,引导学生在一个论点中区分其他可能被忽视的选项(Reiser, 2004)。例如,给学生提供一些预先定义的概念类别,帮助他们对探究中收集的证据进行分类,这样更有可能帮助学生根据科学原理生成其他类别,而那些必须自己生成所有类别的学生则不太可能创建类别来有效区分不同的想法(Bell 和 Linn, 2000)。其他将同伴互动结构化的工具,鼓励学生在发展论点的过程中丰富自己的想法。学生使用 Idea Manager 将同伴的对比性想法加入到自己的想法中,而不是添加与自己相似的想法,只有这样才会形成更有力的论点和科学知识(Matuk 和 Linn, 2015)。

2. 对学生解释的自动化、个性化指导

与论点一样,解释构成了一种基于探究的作品,它可以促使学习者综合多个来源的想法。对于教师而言,为学生的解释提供指导可以鼓励他们重新审视证据,并完善他们的想法之间的联系。这样的指导通常由专家教师精心设计,他们会根据学生的解释,将有前景的想法与可能阻碍推理的想法区分开来(van Zee 和 Minstrell, 1997)。而自动评分技术可以帮助教师为学生在探究中的解释提供个性化指导。说到自动评分技术,自然语言处理工具和图表评分算法可用于评估学生解释的连贯性和准确性,而且其评分的可靠性接近人类评分员(Liu, Rios, Heilman, Gerard 和 Linn, 2016)。计算机生成的分数可用于为学生提供即时的、个性化的指导。当然,即便评分准确,也需要对指导进行精心设计,以鼓励学生做出修正,我们需要重点关注想法之间的联系,而不是添加不同的想法。目前的研究工作正致力于如何最好地设计这种指导(Gerard 等,2015)。

跨学科的研究表明,鼓励学生批判并改进他们的解释,比对解释的正确性提供反馈更有益。比较研究表明,与给出具体的提示或正确/错误的反馈相比,提供自动化指导以鼓励学生区分和澄清他们推理中的缺口,可以使学生在探究项目中获得更高质量的修正,提高从前测到后测的学习成绩。这一发现对于那些在相关活动中缺乏先前知识的学生来说最为明显,这在语言艺术(Franzke, Kintsch, Caccamise, Johnson 和 Dooley, 2005)、几何学(Razzaq 和 Heffernan, 2009)和科学探究(Tansomboon, Gerard, Vitale 和 Linn, 2017)的学习研究中得到了证明。另外,对 K-12 课堂上学生生成的作品的自动指导的比较研究得出的效应值的元分析也进一步支持上述发现(Gerard 等,2015)。除了学科支持以外,提供个性化提示以帮助学生加强修正策略的指导,对于长期学习是最为成功的。我们推测,这是因为针对学生关于学科想法的指导,以及关于如何完善个人理解的想法,都是鼓励学生发展成为自主学习者所必需的探究策略。

3. 未来方向:促进自主学习的指导

技术进步与学习科学研究的结合指出了下一个方向:如何设计促进学生自主探究实践的指导? 一种方法是,利用技术帮助学生在日常语言和学科语言之间建立更紧密的联系。通过这两个语言域界的弥合,可以鼓励学习者更好地将自己视为探究的参与者,利用他们现有的知识和经验,进而发展出更强的自主探究实践能力。例如,将反思置于学生的自然活动中,如同伴对话,就可以激发和捕捉学生通过日常语言对探究问题的清晰表达。这种数据资料可以使用自然语言处理来识别学生的表达,同时这种语言也可用于定制指导。

另一个有前景的方向是利用学生反思的自动化分析,为教师和学校领导提供丰富的评估信息。这种方法将有意义的学习活动,如学生的书面或图表化论点,转化为强有力的评估。使用书面和图表形式的评估提高了评分的效度,并为语言学习者提供了表达观点的替代方法(Ryoo 和 Linn, 2015)。利用嵌入式数据可为利益相关方提供有关学生学习轨迹的数据,而不仅仅是在固定时间点上的学生表现。这样的评价既侧重于学习者对学科的理解,也关注他们运用探究实践强化自己的认识。

五、结论

探究技能可以促进学习者的终身学习以及在社会中的积极参与。研究人员正在开发新技术以扩大探究的范围，促使教师能够将教学本土化，帮助学生发展对于解决当下问题而言至关重要的自主学习能力，从而改善他们自己和他人的生活。

1. 促进自主

培养学习者通过探究解决复杂问题，就需要精心设计课程材料，这些材料既要利用创新的学习技术，又要建立在学习者想法的基础上。研究发现，通过指导学生开发模型、设计解决方案和构建基于证据的解释，各种技术都有望支持学生生成和检验自己的想法。这些技术促使学生不断监控自己的进度，评估和完善自己的探究作品。基于日志数据的自动分析的个性化指导，可以鼓励学习者为他们自己的进步承担更多责任，而不是将老师视为知识的唯一权威。这些技术还有望支持跨学科探究，涉及语言艺术、历史、科学、数学、工程和经济学等学科。

以探究为基础的材料可以强调学生发现与个人、共同体和/或全球层面相关的问题。选择相关境脉可以吸引不同学生的参与，并促进他们作为探究型公民的身份认同和能动性。探究性课程还强调历史、社会、科学和数学领域之间的联系，并将其与校外学习机会衔接，这样可以揭示课堂学习与日常生活之间的联系（见 Lyons，本手册）。

2. 持续评价的机会

技术增强的探究教学提供了重建评价概念的机会，将评价作为与教学融为一体的、持续性的、形成性的过程，而不是与教学相割裂的总结性的、标准化过程。与典型的总结性评价相比，持续评价为学生提供了更为多样和真实的表达方式。技术增强的学习环境可以利用学习分析方法来测量教学进程中学生的学习轨迹。这些伴有指导的嵌入式评价，将教学和评价紧密结合在一起，促进学生的自我监控、自我评估和迭代改进，这些都是自主探究性学习的核心。

技术增强的环境，无论是基于探究的还是基于游戏的，都可以使用数据日志让教师看到学生的进步。学生的学习仪表板可以为教师的个别指导或全班指导提供信息。这些报告不仅反映了学生在不同时间点上的学习，而且随着时间的推移，提供了有关学生学习轨迹的宝贵信息。

3. 协同技术创新

为了促进更有效的协作进步，NSF 网络学习特别工作组（NSF Task Force on Cyberlearning，2008）鼓励研究人员要以现有解决方案为基础，而不是彻底改造现有解决方案。一个向所有设计者和用户开放的学习环境（例如，图 22.1 和图 22.2）可以支持这种努力，并极大地加快了探究性学习的研究和扩展性。这样也将为教师提供一个经过测试和改进的课程材料库，并且容易推进自动评分、计算建模工具、协作功能和游戏等新兴技术的融入(Linn，2016a，2016b，2016c)。

　　这样的环境可以支持当前使用的各种理论视角及境脉的比较研究,并有助于我们对支持探究性学习的方式的综合理解(例如,如何平衡发展自主探究技能的指导质量和数量)。它还可以对学习者在学习过程中的进展提供持续评价。这样的评价信息可用于为个体定制基于多学科经历的教学。指导可以建立在学生对先前教学和相关课程见解的基础上,从而确保每个学习者所接受的挑战都是适当的。

　　最后,这一环境可以为教师提供一个公共平台,无缝地实施一系列的探究活动,合作编制教材,共享行动策略,并与研究者协作创造和测试新的学习革新。

六、致谢

　　本文得到美国国家科学基金会(NSF)项目 1451604，DRL－1418423,1119270,0822388,0918743,美国教育部项目 DOE R305A11782 的支持。文中表达的任何观点、推论、结论或建议均为作者的观点,并不一定反映美国国家科学基金会的观点。

七、延伸阅读

Furtak，E. M. ，Seidel，T. ，Iverson，H. ，& Briggs，D. C. (2012). Experimental and quasi-experimental studies of inquiry-based science teaching: A meta-analysis. *Review of Educational Research*，*82*(3),300－329.

　　这项元分析综合了 1996 至 2006 年间发表的 37 项关于探究的研究。与先前研究一致的是,支持探究的平均效应值是 0.50。研究显示,教师主导的探究效应值高出学生主导的探究效应值 0.40。这一结果强调了指导对实现探究教学效益的重要性。

Gerard，L. ，Matuk，C. ，McElhaney，K. ，& Linn，M. C. (2015). Automated, adaptive guidance for K－12 education. *Educational Research Review*，*15*,41－58.

　　这项元分析综合了 24 个独立研究,比较了自动化适应性指导与典型教师主导的教学中提供的指导;该元分析还综合了 29 项关于增强型适应性指导与简单适应性指导的比较。相比教师在"典型课堂教学"中的每一种活动,适应性指导有显著优势;相比仅是针对内容的指导,诊断内容差距和鼓励自主的增强型指导更有可能改进学习结果。

McElhaney，K. W. ，Chang，H. Y. ，Chiu，J. L. ，& Linn，M. C. (2015). Evidence for effective uses of dynamic visualisations in science curriculum materials. *Studies in Science Education*，*51*(1),49－85.

　　这项元分析综合了 76 项实证设计比较研究,这些研究检测了针对科学建模工具的教学支架的有效性。76 项研究中的每一项都比较了来自典型工具版本和增强工具版本的学习结果,分离出关于工具的单一设计特征(或工具的支持性教学)。最成功的基于探究的支架包括交互式建模特征和促进意义建构、自我监控和反思的提示。

Raes, A. , Schellens, T. , & De Wever, B. (2013). Web-based collaborative inquiry to bridge gaps in secondary science education. *Journal of the Learning Sciences*, *23*(3), pp. 316 - 347. doi: 10.1080/10508406.2013.836656

本实验研究探讨了基于网络的协同探究单元对 19 个不同班级的高中生的影响。结果表明,探究是有效的,并且对那些科学成绩通常不佳或未进入理科轨道的学生来说是有优势的。此外,这样的单元为低成就的学生和普通水平的学生提供了一个发展科学实践和学习科学信心的机会。

Xie, C. , Zhang, Z. , Nourian, S. , Pallant, A. , & Hazzard, E. (2014). A time series analysis method for assessing engineering design processes using a CAD tool. *International Journal of Engineering Education*, *30*(1),218 - 230.

本项研究描述了运用计算机辅助的设计环境评价学生的工程设计过程。在学生参与设计挑战时,他们与环境的互动会被持续地记录下来。一项课堂研究调查了高中工程课上学生们从事太阳能城市设计挑战任务时的日志。

八、NAPLeS 资源

Linn, M. , 15 minutes about inquiry learning [Video file]. In NAPLeS video series. Retrieved October 19, 2017, from http://isls-naples.psy.lmu.de/video-resources/guided-tour/15-minutes-linn/index.html

Linn, M. , Interview about inquiry learning [Video file]. In NAPLeS Video Series. Retrieved October 19, 2017, from http://isls-naples.psy.lmu.de/video-resources/interviews-ls/linn/index.html

Linn, M. , Inquiry learning [Webinar]. In NAPLeS video series. Retrieved October 19, 2017, from http://isls-naples.psy.lmu.de/intro/all-webinars/linn_video/index.html

参考文献

Basu, S., Biswas, G., Sengupta, P., Dickes, A., Kinnebrew, J. S., & Clark, D. (2016). Identifying middle school students' challenges in computational thinking-based science learning. *Research and Practice in Technology Enhanced Learning*, *11*(1), 1–35.

Bell, P., & Linn, M. C. (2000). Scientific arguments as learning artifacts: Designing for learning from the Web with KIE. *International Journal of Science Education*, *22*(8), 797–817.

Berland, L. K., & Reiser, B. J. (2011). Classroom communities' adaptations of the practice of scientific argumentation. *Science Education*, *95*(2), 191–216.

Blikstein, P. (2013). Digital fabrication and "making" in education: The democratization of invention. In J. Walter-Herrmann & C. Büching (Eds.), *FabLabs: Of machines, makers and inventors*. Bielefeld, Germany: Transcript.

Brown, J. S., Collins, A., & Duguid, P.(1989). Situated cognition and the culture of learning. *Educational Researcher*, *18*(1), 32–42.

Chinn, C., & Sandoval, W. (2018). Epistemic cognition and epistemological development. In F. Fischer, C. E. Hmelo-Silver, S. R. Goldman, & P. Reimann (Eds.), *International handbook of the learning sciences* (pp. 24–33). New York: Routledge.

Danish, J., & Gresalfi, M. (2018). Cognitive and sociocultural perspective on learning: Tensions and synergy in the Learning Sciences. In F. Fischer, C. E. Hmelo-Silver, S. R. Goldman, & P. Reimann (Eds.), *International handbook of the learning sciences* (pp. 34–43). New York: Routledge.

de Jong, T., Lazonder, A., Pedaste, M., & Zacharia, Z. (2018). Simulations, games, and modeling tools for learning. In F. Fischer, C. E. Hmelo-Silver, S. R. Goldman, & P. Reimann (Eds.), *International handbook of the learning sciences*. New York: Routledge.

DeVane, B., Durga, S., & Squire, K. (2010). "Economists Who Think Like Ecologists": Reframing systems thinking in games for learning. *E-Learning and Digital Media*, 7(1), 3–20.

Donnelly, D. F., Linn, M. C., & Ludvigsen, S. (2014). Impacts and characteristics of computer-based science inquiry learning environments for precollege students. *Review of Educational Research*, 20(10), 1–37. doi:10.3102/0034654314546954

Fields, D. A., & Kafai, Y. B. (2018). Games in the learning sciences: Reviewing evidence from playing and making games for learning. In F. Fischer, C. E. Hmelo-Silver, S. R. Goldman, & P. Reimann (Eds.), *International handbook of the learning sciences* (pp. 276–284). New York: Routledge.

Franzke, M., Kintsch, E., Caccamise, D., Johnson, N., & Dooley, S. (2005). Summary Street®: Computer support for comprehension and writing. *Journal of Educational Computing Research*, 33(1), 53–58.

Furtak, E. M., Seidel, T., Iverson, H., & Briggs, D. C. (2012). Experimental and quasi-experimental studies of inquiry-based science teaching: A meta-analysis. *Review of Educational Research*, 82(3), 300–329. doi:10.3102/0034654312457206

Gerard, L., Matuk, C., McElhaney, K., & Linn, M.C. (2015). Automated, adaptive guidance for K–12 education. *Educational Research Review*, 15, 41–58.

Halverson, E., & Peppler, K. (2018). The Maker Movement and learning. In F. Fischer, C. E. Hmelo-Silver, S. R. Goldman, & P. Reimann (Eds.), *International handbook of the learning sciences* (pp. 285–294). New York: Routledge.

Herrenkohl, L. R., & Polman J. L. (2018). Learning within and beyond the disciplines. In F. Fischer, C. E. Hmelo-Silver, S. R. Goldman, & P. Reimann (Eds.), *International handbook of the learning sciences* (pp. 106–115). New York: Routledge.

Hoadley, C. (2018). A short history of the learning sciences. In F. Fischer, C. E. Hmelo-Silver, S. R. Goldman, & P. Reimann (Eds.), *International handbook of the learning sciences* (pp. 11–23). New York: Routledge.

Järvelä, S., Hadwin, A., Malmberg, J., & Miller, M. (2018). Contemporary perspectives of regulated learning in collaboration. In F. Fischer, C. E. Hmelo-Silver, S. R. Goldman, & P. Reimann (Eds.), *International handbook of the learning sciences* (pp. 127–136). New York: Routledge.

Kafai, Y. B., Lee, E., Searle, K., Fields, D., Kaplan, E., & Lui, D. (2014). A crafts-oriented approach to computing in high school: Introducing computational concepts, practices, and perspectives with electronic textiles. *ACM Transactions on Computing Education (TOCE)*, 14(1), 1–20.

Kolodner, J. L., Camp, P. J., Crismond, D., Fasse, B., Gray, J., Holbrook, J., Puntambekar, S., & Ryan, M. (2003). Problem-based learning meets case-based reasoning in the middle-school science classroom: Putting learning by design (tm) into practice. *Journal of the Learning Sciences*, 12(4), 495–547.

Lazonder, A. W., & Harmsen, R. (2016). Meta-analysis of inquiry-based learning effects of guidance. *Review of Educational Research*, 86(3), 681–718. doi:10.3102/0034654315627366

Linn, M. (2016a). *15 minutes about inquiry learning* [Video file]. In *NAPLeS video series*. Retrieved October 19, 2017, from http://isls-naples.psy.lmu.de/video-resources/guided-tour/15-minutes-linn/index.html, http://isls-naples.psy.lmu.de/video-resources/guided-tour/15-minutes-linn/index.html

Linn, M. (2016b). *Interview about inquiry learning* [Video file]. In *NAPLeS video series*. Retrieved October 19, 2017, from http://isls-naples.psy.lmu.de/video-resources/interviews-ls/linn/index.html

Linn, M. (2016c). *Inquiry learning* [Webinar]. In *NAPLeS video series*. Retrieved October 19, 2017, from http://isls-naples.psy.lmu.de/intro/all-webinars/linn_video/index.html

Linn, M. C., & Eylon, B.-S. (2011). *Science learning and instruction: Taking advantage of technology to promote knowledge integration*. New York: Routledge.

Linn, M. C., Gerard, L. F., Matuk, C. F., & McElhaney, K. W. (2016). Science education: From separation to integration. *Review of Research in Education*, 40(1), 529–587. doi:10.3102/0091732X16680788

Liu, L., Rios, J., Heilman, M., Gerard, L., & Linn, M. (2016). Validation of automated scoring of science assessments. *Journal of Research in Science Teaching*, 53(2), 215–233.

Lyons, L. (2018). Supporting informal STEM learning with technological exhibits: An ecosystemic approach. In F. Fischer, C. E. Hmelo-Silver, S. R. Goldman, & P. Reimann (Eds.), *International handbook of the learning sciences* (pp. 234–245). New York: Routledge.

Matuk, C. F., & Linn, M. C. (2015). Examining the real and perceived impacts of a public idea repository on literacy and science inquiry. *CSCL'15: Proceedings of the 11th International Conference for Computer Supported Collaborative Learning* (Vol. 1, pp. 150–157). Gothenburg, Sweden: International Society of the Learning Sciences.

McElhaney, K. W., Chang, H. Y., Chiu, J. L., & Linn, M. C. (2015). Evidence for effective uses of dynamic visualisations in science curriculum materials. *Studies in Science Education*, *51*(1), 49–85.

McElhaney, K. W., Matuk, C. F., Miller, D. I., & Linn, M. C. (2012). Using the Idea Manager to Promote Coherent Understanding of Inquiry Investigations. In J. van Aalst, K. Thompson, M. J. Jacobson, & P. Reimann (Eds.), *The future of learning: Proceedings of the 10th International Conference of the Learning Sciences* (Vol. 1, Full papers, pp. 323–330). Sydney, NSW, Australia: International Society of the Learning Sciences.

National Research Council (NRC) (2012). *A framework for K–12 science education: Practices, crosscutting concepts, and core ideas*. doi:10.17226/13165

NSF Task Force on Cyberlearning (2008). *Fostering learning in the networked world: The cyberlearning opportunity and challenge* (C. L. Borgman, Ed.). Retrieved from http://www.nsf.gov/pubs/2008/nsf08204/index.jsp

Nilsson, E. M., & Jakobsson, A. (2011). Simulated sustainable societies: Students' reflections on creating future cities in computer games. *Journal of Science Education and Technology*, *20*(1), 33–50.

Papert, S. (1993). *The children's machine: rethinking school in the age of the computer*. New York: Basic Books.

Pellegrino, J. W. (2018). Assessment of and for learning. In F. Fischer, C. E. Hmelo-Silver, S. R. Goldman, & P. Reimann (Eds.), *International handbook of the learning sciences* (pp. 410–421). New York: Routledge.

Puntambekar, S. (2018). Design-based research (DBR). In F. Fischer, C. E. Hmelo-Silver, S. R. Goldman, & P. Reimann (Eds.), *International handbook of the learning sciences* (pp. 383–392). New York: Routledge.

Quintana, C., Reiser, B. J., Davis, E. A., Krajcik, J., Fretz, E., Golan, R. D., et al. (2004). A scaffolding design framework for software to support science inquiry. *Journal of the Learning Sciences*, *13*(3), 337–386. doi:10.1207/s15327809jls1303_4

Raes, A., Schellens, T., & De Wever, B. (2013). Web-based collaborative inquiry to bridge gaps in secondary science education. *Journal of the Learning Sciences*, *23*(3), pp. 316–347. doi:10.1080/10508406.2013.836656

Razzaq, L., & Heffernan, N. T. (2009). To tutor or not to tutor: That is the question. In M. Dimitrova, du Boulay, & Graesser (Eds.), *Proceedings of the Conference on Artificial Intelligence in Education* (pp. 457–464). Amsterdam, Netherlands: IOS Press.

Reiser, B. J. (2004). Scaffolding complex learning: The mechanisms of structuring and problematizing student work. *Journal of the Learning Sciences*, *13*(3), 273–304.

Renninger, K. A., Ren, Y., & Kern, H. M. (2018). Motivation, engagement, and interest: "In the end, It came down to you and how you think of the problem." In F. Fischer, C. E. Hmelo-Silver, S. R. Goldman, & P. Reimann (Eds.), *International handbook of the learning sciences* (pp. 116–126). New York: Routledge.

Repenning, A., Webb, D. C., Koh, K. H., Nickerson, H., Miller, S. B., Brand, C., et al. (2015). Scalable game design: A strategy to bring systemic computer science education to schools through game design and simulation creation. *ACM Transactions on Computing Education (TOCE)*, *15*(2), 1–34. doi:10.1145/2700517

Rosé, C. P. (2018). Learning analytics in the Learning Sciences. In F. Fischer, C. E. Hmelo-Silver, S. R. Goldman, & P. Reimann (Eds.), *International handbook of the learning sciences* (pp. 511–519). New York: Routledge.

Rousseau, J.-J. (1979). *Emile, or on education* (Allan Bloom, Trans.). New York: Basic Books.

Ryoo, K., & Linn, M.C. (2015). Designing and validating assessments of complex thinking in science. *Theory into Practice*, *54*(3), 238–254.

Sadler, P., Coyle, H. A., & Schwartz, M. (2000). Successful engineering competitions in the middle school classroom: Revealing scientific principles through design challenges. *Journal of the Learning Sciences*, *9*(3), 299–327.

Schwarz, B. B. (2018). Computer-supported argumentation and learning. In F. Fischer, C. E. Hmelo-Silver, S. R. Goldman, & P. Reimann (Eds.), *International handbook of the learning sciences* (pp. 318–329). New York: Routledge.

Sharples, M., Scanlon, E., Ainsworth, S., Anastopoulou, S., Collins, T., Crook, C., et al. (2015). Personal inquiry: Orchestrating science investigations within and beyond the classroom. *Journal of the Learning Sciences*, *24*(2), 308–341. doi:10.1080/10508406.2014.944642

Slotta, J. D., Quintana, R., & Moher, T. (2018). Collective inquiry in communities of learners. In F. Fischer, C. E. Hmelo-Silver, S. R. Goldman, & P. Reimann (Eds.), *International handbook of the learning sciences* (pp. 308–317). New York: Routledge.

Tabak, I., & Kyza., E. (2018). Research on scaffolding in the learning sciences: A methodological perspective. In F. Fischer, C. E. Hmelo-Silver, S. R. Goldman, & P. Reimann (Eds.), *International handbook of the learning sciences* (pp. 191–317). New York: Routledge.

Tansomboon, C., Gerard, L., Vitale, J., & Linn, M. C. (2017). Designing automated guidance to promote productive revision of science explanations. *International Journal of Artificial Intelligence in Education*, *27*(4), 729–757. doi:10.1007/s40593-017-0145-0

Toth, E., Suthers, D., & Lesgold, A. M. (2002). Mapping to know: The effects of representational guidance and reflective assessment on scientific inquiry skills. *Science Education*, *86*(2), 264–286.

van Zee, E., & Minstrell, J. (1997). Using questioning to guide student thinking. *Journal of the Learning Sciences*, *6*(2), 227–269. doi:10.1207/s15327809jls0602_3

Wilensky, U., & Reisman, K. (2006). Thinking like a wolf, a sheep or a firefly: Learning biology through constructing and testing computational theories—An embodied modeling approach. *Cognition and Instruction*, *24*(2), 171–209.

Xie, C., Zhang, Z., Nourian, S., Pallant, A., & Hazzard, E. (2014). A time series analysis method for assessing engineering design processes using a CAD tool. *International Journal of Engineering Education*, *30*(1), 218–230.

第 23 章　展品支持的非正式 STEM 学习：一种生态系统方法

莱拉·莱昂斯(Leilah Lyons)

非正式学习环境一直是学习科学探索利用技术变革潜力作出教育设计的主要场所。从这些努力中吸取的一个重要教训是,需要将环境视为生态系统,包括思考文化和组织是如何在每一种环境中随着时间的推移而演变的。本章将生态系统的观点应用于非正式学习环境中的一个特殊子类,即非正式 STEM 机构(informal STEM institutions, ISIs),之所以这样命名,是因为它们专注于科学、技术、工程或数学。基于这一子类,我们选取了其中的三种机构作了案例分析,它们分别是:自然历史博物馆、科学中心、动物园和水族馆。尽管这些机构所涉及的 STEM 内容有部分重叠,但它们基于各自不同的进化史形成了不同的学习实践。

生态系统的观点允许教育设计者从策略上思考他们的设计将如何挑战和扩大现有的"生态系统服务",生态学家说的这种服务指的是生态系统能为其共同体成员提供有用的功能。在 ISI 背景下,生态系统服务是通过不同的展品设计实现学习实践。这种学习实践得到了"功能可见性网络"(affordance networks)的支持,所谓功能可见性网络,指的是一种情境中各种物质、社会和文化属性提供的"行动可能性"的协同集合(Barab 和 Roth, 2006)。因此,展品设计可以被认为是一个整理功能可见性集合,以支持学习实践的过程。根据定义,技术创新其实是为学习环境增加了新的可见性,但设计者必须仔细考虑如何将这些新的可见性与现有的可见性网络结合起来,只有这样,创新才能成功并被采纳。

ISIs 支持参观者学习的主要工具是展品。自然历史博物馆、科学中心、动物园和水族馆的不同进化史产生了三种不同的展品原型:信息传递、现象学探索和情感景观展品。本章首先分别讨论了这三种原型的历史起源故事,将它们与它们的(显性和隐性)教学法以及将教育技术整合到每个原型的现有尝试联系起来。最后一节讨论了技术设计和研究的未来方向,包括扩大对 ISIs 的访问准入范围问题。

一、自然历史博物馆和信息传递展品

自然历史博物馆是 18 世纪和 19 世纪启蒙时代的产物,当时的科学专注于标本的形态和分类。它们是主要活跃的学术研究场所,当非专业公众勉强进入时,他们被寄予的期望是:通过仔细观察玻璃橱窗中精心保存的标本和阅读策展人制作的标签来学习(Conn,1998)。许多以收藏为基础的展品设计仍然依赖学习的传递模式,而这种模式无法识别或解释为什么参观者可能发现展品难以理解(L. C. Roberts,1997)。

大多数现代学习理论都承认,关于这个世界,学习者有一些内在的模型,而这些模型在获得新的信息后会被修正。然而,要做到这一点,学习者必须能够将新的信息与他们已经知道的信息联系起来。这里存在着信息传递展品的一个主要限制:显然,我们不可能创造一种能够迎合所有学习者先验知识的解释性体验。此外,尽管博物馆应该能够让参观者发现自己此前未意识到的兴趣(Rounds,2006),但传统的玻璃橱窗和标签式的展品并不能吸引参观者随意参观。而在技术的辅助下,信息传递展品可以为学习者的知识建构和激励发现提供多种机会。

1. 定制信息传递以支持知识建构

自然历史博物馆试图通过定制策略(即促进参观者明确他们的兴趣或需求)和个性化策略(即将参观者的特征或行为作为分析其兴趣和需求的证据)来满足参观者的不同信息需求(Bowen 和 Filippini-Fantoni,2004)。数字标签提供了比典型的静态标签更多的信息,允许参观者访问他们想要获得的尽可能多或尽可能少的信息。研究者已开始更系统地探讨设计因素如何影响参观者使用数字标签(J. Roberts,Banerjee,Matcuk,McGee 和 Horn,2016)。然而,数字标签的一个问题是,当信息过多时,参观者可能会不知所措,从而限制了人工定制的可能程度。

通过情境感知的信息传递,即系统如果根据对当前情境的理解为学习者选择信息,定制就没有那么困难了。例如,移动解释系统(mobile interpretation systems)(Raptis,Tselios 和 Avouris,2005)通常利用参观者在博物馆的实际位置来传递附近文物的信息。因此,"情境"是根据博物馆的布局而不是参观者的需求来定义的。一些数字化引导系统(例如,Kruppa 和 Aslan,2005)在了解参观者的兴趣之后提供定制的媒体,但对于学习者来说,无论他们对这个话题的兴趣如何,都很难吸收远超出他们"最近发展区"(Vygotsky,1978)的信息。其他系统要求参观者考虑他们的信息需求,比如支持移动实景旅行的应用程序 Zydeco(Cahill 等,2011)。然而,这类系统要求学生事先提出探究性问题,这往往需要教师的广泛支持。参观者的知识可以通过测试更快地在现场进行评估,但是那些带有正式课堂意味的活动往往会让 ISIs 的实践工作者感到厌恶,这让人回想起奥本海默(Oppenheimer)所说的"博物馆……可以缓解……在学校中学习无效的紧张甚至痛苦情绪。在博物馆里没有人会'失败'"(Oppenheimer 和 Cole,1974)。

个性化并不怎么需要参观者的努力,但它需要更多的有关参观者的信息。文物博物馆的问题在于,学习者所做的许多事情很难辨别。例如,在数字标签前长时间的停顿是意味着深度阅读还是分心?此外,视线跟踪(Gaze tracking)也可能是一种分析参观者的方式,但这项工作尚处于起步阶段(Mokatren,Kuflik 和 Shimshoni,2016)。另一种可能的参观者信息来源是社交媒体——通过用户生成的分类法,这被称为"大众分类法"（folksonomies），比如说，参观者会为文物创建描述性"标签"（Thom-Santelli，Cosley 和 Gay，2010），或者通过 Instagram 讲述他们的参观经历（Weilenmann，Hillman 和 Jungselius，2013）。用户贡献和消费模式都提供了有关参观者知识和兴趣当前状态的证据。基于个性化策略的信息收集还面临着一种颇具争议的可能，即如果参观者在 ISIs 使用自己的移动设备，其日常在线活动记录有可能被窃听。

2. 激发参观者发现展品传递的信息

文物 ISIs 最初并不是为学习者创建的，这可能就是文物 ISIs 开发了那么多数字化干预试图激励参观者发现展品的原因。一些博物馆已经尝试使用"游戏化"的方法来代替游戏驱动的动机，以激发参观者对文物的内在兴趣。这些游戏通常采取移动"寻宝"的形式（例如，Ceipidor，Medaglia，Perrone，De Marsico 和 Di Romano，2009），借用学校团体经常使用的经典纸质工作表。

寻宝游戏中使用的动机结构是外生性的，这意味着动机修饰与内容之间存在着任意的关系。理想情况下，动机所涉及的原因应该是内生性的，也就是说，动机应该与学习目标紧密地联系在一起。举例来说，有些移动应用程序在要求参观者团队根据共享特征虚拟链接对象时使用了内生动机。一旦链接，这些对象作为"可玩的对象"就会被移除，以供其他参观者团队使用，从而推动团队找到更有创意的对象——对象链接（Yiannoutsou，Papadimitriou，Komis 和 Avouris，2009）。这种类型的游戏可以帮助学习者创造一个更丰富的心智模型，通过内在激励参观者寻找看似不同的对象之间的相似之处，就像学习者出于自己的好奇进行对象比较一样。

二、科学中心和现象学探究展品

20 世纪初，费城的富兰克林博物馆和波士顿科学博物馆开始制作一些允许参观者操纵诸如电这样的科学现象的展品，这一趋势在反主流文化的 20 世纪 60 年代和 70 年代加速，当时旧金山的探索馆开始出版探究类展品"烹饪书"。这一转变——从展示真实的科学制品到展示真实的科学现象，并允许参观者参与到类似科学探究的真实实践中——代表了 ISIs 对学习者的看法发生了巨大变化，即学习者从被动的信息接收者变成了主动的知识建构者。这种新的"动手实践"教学法跨越了杜威式的"经验教育"思想和皮亚杰学派的观念，即认为学习者是通过操作他们周围的世界来建构自己的理解的，而学习者的探究是由不同事件激发。虽然这在理论上是合理的，但在实践中，参观者却很难参与到实践展品的探究中去（Gutwill，2008）。基于这一难点，再加上非常开放的展品可能会导致误解，并带来展示真实科学现象的实际挑战（Gutwell，2008），这些原因共同促成了所谓的"计划发现展品"的诞生（Humphrey，Gutwill 和 Exploratorium APE Team，2005）。

计划发现展品（planned discovery exhibits）是指通过逐步分离出一种现象，调整该现象的表现形式，使其尽可能地令人惊讶，并完善如何操作的说明，以支持参观者的探究。有时展品设计者会发现原始的科学现象太不规范或难以观察，于是就产生了"基于类比的展品"（Afonso 和 Gilbert，2007），比如像乒乓球这样的东西可能会用于代替空气分子。但是科学中心是他们自己成功的牺牲品。虽然大多数参观者可以通过计划发现展品轻易地获得预期的效果，但参观者在这个过程中都被同化了，他们以整体的形式被寄予期望，被告知该做什么，而不是形成他们自己的问题。孤立一个可靠的现象导致参观者很少有选择去探索，虽然许多基于类比的展品可以支持更广泛的互动，但参观者往往难以将展品与源域联系起来（Afonso 和 Gilbert，2007）。即使当参观者"脱离脚本"开始寻求他们自己的问题时，所产生的效果基本上也不会像第一次使用时那样有趣（Gutwill，2008）。实际上，展品设计者无意中就会将他们的建构主义探究展品转变为行为主义的强化机会。

对于可以做出哪些改变来弥补参观者对探究兴趣的不足，博物馆的研究者们也作了一些探索。其中之一是放宽目标，从支持对某一种现象的纯粹探究改为支持对该现象的长期接触（Humphrey 等，2005）。允许这种放宽代表着研究者对错误观念的看法发生了改变，其中，一些必须避免的有害学习障碍变成了学习者可以有效重组和应用的资源（Smith，diSessa 和 Roschelle，1993）。因此，参观者的任务不是找到某件事情为什么发生的正确答案，而是发现可探索现象的边界：哪些效果经常发生，哪些是罕见的，哪些是不可能的。

此外，研究者还探索了"再培训"参观者参与探究实践的方法。在一个研究项目中，探究实践被"具体化"为参观者作为开场白使用物理的、层叠卡片的形式，与对照组相比，实验组被观察到的探究活动数量有了显著的改善（Gutwill 和 Allen，2010）。实物展品设计还可以通过"框架"促进不同的探究行为，即人们对情境的社会、情感和认识论期望。还有一个发现是，当一个开放式展品被界定为有一个单一的目标时，参观者倾向于把它当作学校的课程（Atkins，Velez，Goudy 和 Dunbar，2009），父母会试图主导这一目标并在其中为自己保留"重要的概念角色"（Schauble 等，2002）。

1. 支持现象学探索

支持现象学探究的最明显的技术是模拟。根据需要，一个模拟的世界可以是丰富的，也可以是简单的，并且可以解决由于规模或时间问题而无法显示的现象。尽管模拟探究性学习在学校已经得到了广泛的研究，但正式和非正式生态系统之间的情境差异一方面优先强化了设计的学习经验的某些方面，另一方面也抑制了其他方面，因此，将模拟整合到科学中心可能需要不同的策略。在课堂模拟中，学习者通常依赖用户界面支架或明确的教程指导来进行有效探究。如果科学中心的参观者负责探索现象的边界，而不是进行纯粹的探究，那么其他形式的支持和指导可能会有用。

我们都知道，参观者喜欢—并发现观察其他参观者如何与展品互动是有益的

（vom Lehn，Heath 和 Hindmarsh，2001）。当数字现象学展品的设计使参观者的行为和现象学效果之间的联系清晰可见时，参观者就可以监控彼此的活动，这样，有困难的参观者可以效仿更成功的参观者的行动（一种被动的支持形式），而更成功的参观者可以诊断同伴的问题并提供建议（一种主动的支持形式），就像在 Oztoc 桌面展示中看到的那样（Lyons 等，2015）。人机交互（human-computer interaction，HCI）研究者将这种观众体验归类为"表现性"，这意味着用户的操作和这些操作的效果都会被清楚地揭示出来（Reeves，Benford，O'Malley 和 Fraser，2005）。然而，现象学展品产生效果的原因有时并不明确，这会成为 HCI 研究者所说的"神奇"的观众体验（Reeves 等，2005）。这样的体验会鼓励参观者产生"迷信"行为，就像轮盘赌玩家一样。例如，一些孩子认为围绕龙卷风展品跑圈会导致漏斗的形成。旁观者便开始模仿这种行为，尽管它在概念上和操作上都不正确。通过允许更有表现力的观众体验，数字技术可以利用其他参观者来支持更有成效的现象学探索。

引导现象学探索是比较棘手的——借用视频游戏中文化的功能，比如"收集宝石"来引导探索方向，可能会最终分散参观者对这一现象的注意力（Horn，Weintrop 和 Routman，2014）。针对这一点，一种可能的解决方案是提供自动化指导，不是像智能导师那样监控学习者的理解，而是通过监控学习者的探索模式，将参观者推向现象学空间中"看不见的"领域（Mallavarapu，Lyons，Shelley 和 Slattery，2015）。

2. 模拟的真实性

模拟固有的抽象可以帮助参观者专注于过程（Eberbach 和 Crowley，2005），但参观者可能会错过与源域的链接（Afonso 和 Gilbert，2007），并对展品作出消极的反应，因为它不是"真正的"科学（L. C. Roberts，1997）。绕过以真实但可理解的方式呈现现象的困境的一种方法是使用科学家所使用的现象表征。例如，DeepTree 桌面展示通过让参观者与系统发育树表征互动，向参观者介绍遗传现象（Horn 等，2016）。

另一种策略是使用增强现实（augmented reality，AR），这是一种将数字可视化叠加到真实物体和情境中的一系列技术。通过使用电子流路径等数字表征来增强传统现象学展品，参观者可以在不牺牲真实性的情况下获得抽象的现象（Yoon，Elnich，Wang，Van Schooneveld 和 Anderson，2013）。然而，另一种回避真实性问题的方法是将参观者嵌入模拟现象中，让他们以第一人称的方式来控制它。像 MEteor 这样的单用户展品，就是让参观者对现象进行角色扮演，扮演流星穿过地面时通过重力物体的轨迹（Tscholl 和 Lindgren，2016）。在像互联世界（Connected Worlds）这样的大型团体展中，参观者的任务是分配水资源和管理森林，以实现可持续的生态系统（Uzzo，Chen 和 Downs，2016）。参观者会通过集体行动产生突发现象（涉及如干旱、食物、人口爆炸等问题）（见图 23.1）。

3. 将科学现象置于更广泛的社会文化背景中

当人们思考科学实践时，他们最常想到的就是科学探究，但是对探究的单一关注无法产生有效的计划发现展品。科学与现代生活和文化的许多方面都有交集,这就给展品设计者提供了许多方法,设计者们可以利用技术为参观者创造机会,让他们体验有关科学的更广泛的社会文化背景(见图23.1)。

图 23.1　纽约科学馆的互联世界展

注:最多30人的大型参观团通过全身互动决定如何在模拟生物群落中分配水资源和管理野生动物。

照片由 David Handschu 和 DesignIO 拍摄。

4. 角色扮演和决策

让学习者融入科学的社会文化背景中最简单的方法之一,就是要求他们做出与人类后果相关的决定。比如说,在"镰状细胞顾问"(Sickle cell Counselor)(Bell,Bareiss 和 Beckwith,1993)项目中,研究者就是让一名参观者扮演基因咨询师的角色,为"患者"提供建议,向参观者介绍将科学知识应用于现实世界问题的经验。包括在"恶性肿瘤"(Malignancy)(Lyons,2009)项目中,参观者们分别扮演了不同的肿瘤专家合作治疗"病人",向他们介绍 STEM 专业人员所面临的困境。其他展品也探讨了在更高的政策层面上的角色扮演和决策。Youtopia 桌面游戏(Antle 等,2013)和 Mine Games 参与式模拟(Pedretti,2004)让参观者群体参与决策,决定在社区安装什么基础设施,并思考对利益相关者的影响。基于问题的展品设计者只需注意,科学现象不仅仅是事后的思考,通过确保了解这一现象的运作方式是协商解决方案的关键。

5. 展品中的社会交互支架

技术为协调参观者之间的交互提供了有趣的机会,但明智的做法是首先要检查现有的社会实践,以确定该工具如何才能与现有的积极实践相结合,以及它是否可以帮助参观者调解现有的消极实践(Lyons,Becker 和 Roberts,2010)。例如,技术可以通过提供与位置相关的提示(McClain 和 Toomey Zimmerman,2016)或显示与状态相关的提示(Tscholl 和 Lindgren，2016)，来调节父母引导孩子的自然倾向。探究提示也可以作为一种工具来抵消不太有益的父母行为。例如，父母(无意中)向男孩提供的解释比女孩多(Crowley，Callanan，Tenenbaum 和 Allen，2001)，并且在进行开放式探索时倾向于负责决策(Schauble 等，2002)。探究提示可以增加提醒，让每个儿童轮流参与，或就如何分配探究任务提出建议(Lyons 等，2010)。除了明确的支架外，技术设计者还必须意识到设计是如何在无意中唤起社交框架的——例如，习惯于竞争性电脑游戏的参观者，只要一点点提示就可以开始竞争(Lyons，2009)。

三、动物园、水族馆和情感景观展品

与自然历史博物馆一样，动物园和水族馆也是始于启蒙时代，是富有贵族动物园的公共形式。虽然大多数人都支持某种程度的科学事业，但他们对于观众的主要竞争性在于马戏团和训练有素的动物表演。因此，历史上动物园和水族馆总是容易迎合公众的观赏性。当科学中心将焦点从真实的物体转向真实的科学现象时，动物园和水族馆也将焦点从展示动物转向在真实的自然环境中展示动物。这种"沉浸式设计"的目标是既支持参观者在动物观赏方面的福利，又鼓励动物做出更真实的行为，以启发参观者，尽管有时这些目标被包含在舞台艺术中，以迎合参观者对真实性的感知(Schwan，Grajal 和 Lewalter，2014)。虽然像动物喂食这样的景观也会吸引参观者，但参观者的学习其实是通过与工作人员的互动以及其他媒体(标签、标志、作品和互动)的添加来支持的。与其他 ISIs 不同的是，这些教育干预措施必须围绕着基础设施和天气进行设计，并始终与动物本身争夺参观者的注意力。

动物园和水族馆在 ISIs 中是独一无二的，因为它们采取了强烈的激进立场，希望改变参观者关于保护的态度和行为(Dierking，Burtnyk，Buchner 和 Falk，2002)。其中，帮助参观者在人类活动、栖息地和动物之间建立联系(即让他们参与系统思维)是影响参观者保护态度和行为的一个已知策略(Ballantyne 和 Packer，2005)。另外，动物园和水族馆唤起态度和行为变化的一种更常见的方式是利用保护心理学和情感理论培养参观者对动物的同理心(Dierking 等，2002)。

1. 通过技术增强的连接构建的系统思维

保护物种的需要意味着，即使是"沉浸式"的展品也会切断所展示的动物与它们的大多数系统(与栖息地、捕食者或猎物、人类活动等)之间的联系，这就是为什么一些动物园和水族馆已经转向技术来支持系统思维。相关人员开发了一款移动应用，通过让参观者比较不同动物的腿部形态，并将它们与栖息地联系起来，反思性地鼓励系统思维(Suzuki 等，2009)。更有建设性的是，还有另一款应用要求参观者扮演一个逃跑的动物园动物，试图回到它的围栏里，参观者走的路径对他们产生了积极的影响(如果经过一个动物化身的潜在食物来源的展品)或消极的影响(如果经过一个潜在的捕食者)

（Perry 等，2008）。这两款应用程序都支持在动物和环境之间建立联系，但却忽略了与人类活动的任何联系。相比之下，水族馆的桌面游戏采用了建构性和反思性策略，让参观者扮演渔民，并反思他们的决策如何影响动物种群（D'Angelo，Pollock 和 Horn，2015）。

2. 通过换位唤起同理心

动物园和水族馆常常依靠"有魅力的动物"以及让参观者与舞台上的动物接触，比如喂食，来唤起参观者的同理心。技术可以通过将参观者与动物更密切地联系在一起来支持同理心。例如，移动设备可以提供动物心跳的音频剪辑，或者显示动物如何看待周围世界的视频（Ohashi，Ogawa 和 Arisawa，2008）。传感技术还可以在动物和参观者之间建立起桥梁，支持增强现实注释，比如说，当参观者将手机摄像头对准动物时，相关设备就会自动播放动物的名字和信息（Karlsson，ur Réhman 和 Li，2010）。当然，也可以通过角色扮演策略让参观者进行换位，如前面提到的动物园动物逃跑的游戏（Perry 等，2008），或者在一个全身互动游戏中，通过增加捕猎所需的努力，让参观者感受到气候变化对北极熊的影响（Lyons，Slattery，Jimenez Pazmino，Lopez Silva 和 Moher，2012）（图 23.2）。

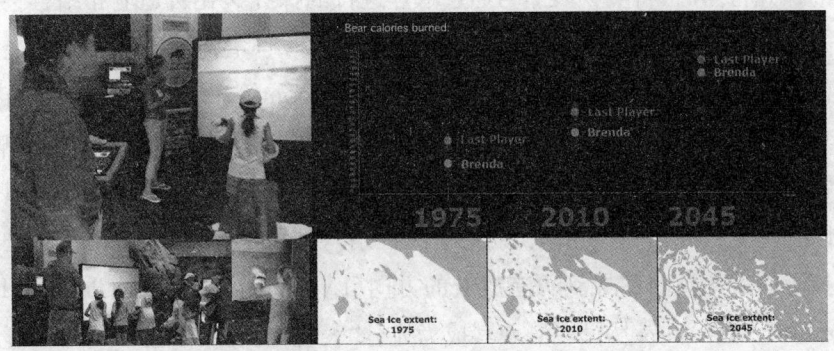

图 23.2　通过角色扮演策略的换位思考：全身互动游戏

注：玩家通过走路（原地踏步）和游泳（挥舞手臂，同时戴着有重量的长毛绒手套）来感受北极熊在三个不同的几十年的模拟北极环境中为狩猎所付出的更多努力（地图，中右）。右上角的图片描绘了过去几十年里参观者的卡路里消耗情况，并突出显示了最近两个参观者的数据。

资料来源：莱拉·莱昂斯等人（Lyons 等，2012），莱拉·莱昂斯拍摄。

四、技术整合的未来方向

利用生态系统观点，将技术整合到这三种展品原型的未来方向，可能包括通过增加网络的新功能可见性来增强现有的生态系统服务（即现有的学习实践）；不断发展现有的生态系统服务，以更有力地利用网络中现有的功能可见性；或增加全新的生态系统服务，以容纳新的学习活动。

1. 信息传递展品

信息传递展品提供的主要生态系统服务可以帮助参观者建构知识,让参观者发现新的内容。而对于新的内容,其实可以通过填补现有功能可见性网络中的空白来增强。遗憾的是,这两个目标在根本上是对立的:一个寻求增加深度,而另一个寻求扩大参观者探索的广度。因此,当研究者开始收集参观者的数据以实现个性化参观体验时,他们应该在深度和广度之间寻找一个中间值。例如,寻宝游戏可以使用参观者数据来确保一些有针对性的展品迎合玩家的兴趣,并确保线索是根据玩家现有的知识定制的,这样,活动就能支持知识的巩固和发现(这也会鼓励参观者再次参观)。身份探索是文物博物馆提供的另一种生态系统服务,在技术的帮助下,这种服务从个人追求发展到社会追求,方便参观者对文物的探索,帮助他们更好地了解彼此(J. Roberts, Lyons,Cafaro 和 Eydt,2014)。

2. 现象学展品

模拟似乎是现象学展品不可避免的演变,但在这一过程中,我们需要一种新的生态系统服务来指导学习者探索模拟现象的边界,它的功能可见性网络可能需要跨越多种情境(物理、社会和文化)。例如,旨在提高参观者参与度的展品不能完全有效地产生更多的探究行为时,将实物展品与通过卡片进行的探究文化再适应相结合会产生最大的收益(Gutwill 和 Allen,2010)。不过与此同时,一旦增强现实展品被贴上教学标签,参观者体验到的游戏性、探索性互动就会减少(Yoon 等,2013),这是一个有关物理和文化功能可见性如何结合的案例思考(在这里,关注的是两者结合的消极影响)。设计师通常会寻求物理功能可见性来激励参观者探索一种现象(Gutwill,2008),但数字技术可以将现有的社会和文化动机功能可见性纳入网络中。例如,使用移动设备将父母引导孩子的潜在倾向引导到更有成效的方向(Lyons 等,2010;McClain 和 Toomey Zimmerman, 2016),或设计展品,使其成为充分“表现”的观众体验(Reeves 等,2005),从而使参观者能够通过目睹彼此的探索而受到启发(Lyons 等,2015)。

另一种动机策略是将科学现象置于基于社会文化问题的框架内(Antle 等,2013;Pedretti,2004;Uzzo 等,2016)。当数字技术被用来激励学习者以一种参与的方式进入时,参观者本身也成为这一现象的一部分,这意味着我们需要构建新的生态系统服务,对突发的集体行为提供反馈,例如标记“公共悲剧”的结果(D'Angelo 等,2015)。此外,从动物园和水族馆内发展出的诱发同理心的策略,如换位思考,可能有助于参观者了解以问题为基础的科学的全部社会文化含义。通过强调选择如何在身体上或情感上影响制定的实体,以及这些身体的和情感的影响反过来如何影响未来的选择,展品设计可以提供换位思考。可以说,增强现实、虚拟现实、身临其境的体验和全身交互设计都为换位思考提供了身体和情感方面的可见性。

3. 情感景观展品

技术已经能够帮助参观者将动物与其他动物、环境和人类活动联系起来,但在支持动物园和水族馆参观者的系统思维方面,我们还可以做更多的工作。传统上,动物园和水族馆的解说员借助"解释链"这一工具,使得参观者明白了人类活动及其对动物产生的环境影响——而移动支持工具等技术则可通过增强现有的生态系统服务来实现这一点(Lyons 等,2012)。实际上,在毫无指导的体验中,除非通过像视频游戏这样的独立活动来呈现,否则要整合人类活动是特别困难的,但家长们却表现出不愿意让孩子参与动物园和水族馆的游戏(D'Angelo 等,2015),他们经常说,孩子在家里玩的游戏已经够多了。因为这些 ISIs 鼓励景观,技术干预可能需要舞台化的体验,而这些体验只有是参观者在他们的日常生活中不会遇到的,才能获得认可。另外,也可能是高度吸引人的数字展品违背了参观应该是观看真实的、活生生的动物这一预期。一些研究者已经开始探索技术如何促进 ISIs 中的动物与人类互动(Webber, Carter, Smith 和 Vetere,2017)。这最终可能会产生一些展品,例如,让参观者与猩猩玩游戏,这是一种新的生态系统服务,它将颠覆技术干扰动物的想法,并对参观者的同理心产生深远影响。

五、结论

最后,需要强调的是,来自传统上服务水平不高的参观者群体确实觉得他们在博物馆里"不及格"(Dawson,2014),也不觉得 ISIs"适合他们"。学习科学家需要关注可能需要投入哪些新的生态系统服务来支持非传统参观者群体,以及应该使用什么方法来发现这些参观者的需求。文化适应肯定会起到一定的作用,因为新访客在学习如何利用 ISIs 作为学习经验方面可能需要指导,而 ISIs 工作人员在理解如何支持来自不同文化背景的学习者方面可能需要指导。

幸运的是,生态系统在进化——这是它们的决定性特征。从生态系统的角度审视 ISIs,可以帮助设计者识别需要建立的新型生态系统服务和功能可见性网络,或者标记现有的生态系统元素,以进行适应或异花授粉。在既定环境中创新是一种平衡行为:如果设计者试图改变太多太快,利益相关者(在我们的案例中,包括学习者和 ISI 实践者)往往会拒绝创新,因为他们很难认识和使用新的"行动可能性"。信息传递展品、现象学展品和情感景观展品都是在不同的情境下演变出来的。如果教育技术设计者认识到 ISIs 内部的物理、社会、历史和文化可见性网络的全面性,就可以在如何发展生态系统服务以更好地支持 STEM 学习方面做出战略性决策。

六、延伸阅读

Bell, P., Lewenstein, B., Shouse, A. W., & Feder, M. A. (Eds.). (2009). *Learning science in informal environments: People, places, and pursuits*. Washington，DC：National Academies Press.

美国国家科学院的一份报告对非正式学习研究进行了综述，有助于了解如何在非正式环境中探索科学学习。

Falk，J. H.，& Dierking，L. D.（2000）. *Learning from museums：Visitor experiences and the making of Meaning*. Walnut Creek，CA：AltaMira Press.

这本经常被引用的书提出了一个框架，强调物理、社会文化和个人背景如何塑造游客的学习经验，并以研究成果和说明性轶事补充其可获得的理论观点。

Humphrey，T.，Gutwill，J. P.，& Exploratorium APE Team.（2005）. *Fostering active prolonged engagement：The Art of creating APE exhibits*. San Francisco：Exploratorium.

探索博物馆科学中心出版的展品设计指南示例。这些指南有助于理解在创建交互式展品时所涉及的设计问题。

Lord，B.，& Piacente，M.（Eds.）.（2014）. *Manual of museum exhibitions* (2nd ed.). Lanham，MD：Rowman & Littlefield.

本手册提供了关于展品设计的实用问题和最佳实践（如高度、访问、照明）的指导。鼓励研究者在重新发现已知的设计建议之前研究这些指南。

参考文献

Afonso, A., & Gilbert, J. (2007). Educational value of different types of exhibits in an interactive science and technology center. *Science Education, 91*(6), 967–987.

Antle, A., Wise, A., Hall, A., Nowroozi, S., Tan, P., Warren, J., et al. (2013). Youtopia: A collaborative, tangible, multi-touch, sustainability learning ability. *Proceedings of Conference on Interaction Design for Children (IDC '13)* (pp. 565–568). New York: ACM Press.

Atkins, L., Velez, L., Goudy, D., & Dunbar, K. N. (2009). The unintended effects of interactive objects and labels in the science museum. *Science Education, 93*(1), 161–184.

Ballantyne, R., & Packer, J. (2005). Promoting environmentally sustainable attitudes and behaviour through free-choice learning experiences: What is the state of the game? *Environmental Education Research, 11*(3), 281–295.

Barab, S. A., & Roth, W.-M. (2006). Curriculum-based ecosystems: Supporting knowing from an ecological perspective. *Educational Researcher, 35*(5), 3–13.

Bell, B., Bareiss, R., & Beckwith, R. (1993). Sickle cell counselor: A prototype goal-based scenario for instruction in a museum environment. *Journal of the Learning Sciences, 3*(4), 347–386.

Bowen, J. P., & Filippini-Fantoni, S. (2004). Personalization and the web from a museum perspective. In D. Beaumont and J. Trant (Eds.), *Museums and the web 2004: Selected papers from an international conference*, Arlington, VA, March 31–April 3.

Cahill, C., Kuhn, A., Schmoll, S., Lo, W.-T., McNally, B., & Quintana, C. (2011). Mobile learning in museums. *Proceedings of Conference on Interaction Design for Children (IDC '11)* (pp. 21–28). New York: ACM Press.

Ceipidor, U., Medaglia, C., Perrone, A., De Marsico, M., & Di Romano, G. (2009). A museum mobile game for children using QR-codes. *Proceedings of Conference on Interaction Design for Children (IDC '09)* (pp. 282–283). New York: ACM Press.

Conn, S. (1998). *Museums and American intellectual life, 1876-1926*. Chicago: University of Chicago Press.

Crowley, K., Callanan, M., Tenenbaum, H., & Allen, E. (2001). Parents explain more often to boys than to girls during shared scientific thinking. *Psychological Science 12*(3), 258–261.

D'Angelo, S., Pollock, D., & Horn, M. (2015). *Fishing with Friends*: Using tabletop games to raise environmental awareness in aquariums. *Proceedings of Conference on Interaction Design for Children (IDC '15)* (pp. 29–38). New York: ACM Press.

Dawson, E. (2014). "Not designed for us": How science museums and science centers socially exclude low-income, minority ethnic groups. *Science Education, 98*(6), 981–1008.

Dierking, L., Burtnyk, K., Buchner, K., & Falk, J. (2002). *Visitor learning in zoos and aquariums*. Silver Spring, MD: American Zoo and Aquarium Association.

Eberbach, C., & Crowley, K. J. (2005). From Living to Virtual: Learning from Museum Objects. *Curator, 48*(3), 317–338.

Gutwill, J. (2008). Challenging a common assumption of hands-on exhibits: How counterintuitive phenomena can undermine inquiry. *Journal of Museum Education 33*(2), 187–198.

Gutwill, J. P., & Allen, S. (2010). Facilitating family group inquiry at science museum exhibits. *Science Education, 94*(4), 710–742.

Horn, M., Phillips, B., Evans, E., Block, F., Diamond, J., & Shen, C. (2016). Visualizing biological data in museums: Visitor learning with an interactive tree of life exhibit. *Journal of Research in Science Teaching, 53*(6), 895–918.

Horn, M., Weintrop, D., & Routman, E. (2014). Programming in the pond: A tabletop computer programming exhibit. *Proceedings of CHI EA '14: Extended abstracts on human factors in computing systems* (pp. 1417–1422). New York: ACM Press.

Humphrey, T., Gutwill, J., & Exploratorium APE Team. (2005). *Fostering active prolonged engagement*. San Francisco: Exploratorium.

Karlsson, J., ur Réhman, S., & Li, H. (2010). Augmented reality to enhance visitors experience in a digital zoo. *Proceedings of the Eighth International Conference on Mobile and Ubiquitous Media (MUM '10)* (pp. 1–4). New York: ACM Press.

Kruppa, M., & Aslan, I. (2005). Parallel presentations for heterogenous user groups—An initial user study. *Proceedings for the First International Conference on Intelligent Technologies for Interactive Enyertainment (INTETAIN '05)* (pp. 54–63). Berlin: Springer.

Lyons, L. (2009). Designing opportunistic user interfaces to support a collaborative museum exhibit. *Proceedings of the Ninth International Conference on Computer Supported Collaborative Learning (CSCL '09)* (pp. 375–384). London: ISLS.

Lyons, L., Becker, D., & Roberts, J. (2010). Analyzing the affordances of mobile technologies for informal science learning. *Museums & Social Issues, 5*(1), 89–104.

Lyons, L., Slattery, B., Jimenez Pazmino, P., Lopez Silva, B., & Moher, T. (2012). Don't forget about the sweat: Effortful embodied interaction in support of learning. In *Proceedings of the Sixth International Conference of Tangible, Embedded and Embodied Interaction (TEI '12)* (pp. 77–84). New York: ACM Press.

Lyons, L., Tissenbaum, M., Berland, M., Eydt, R., Wielgus, L., & Mechtley, A. (2015). Designing visible engineering: Supporting tinkering performances in museums. *Proceedings of Conference on Interaction Design for Children (IDC '15)* (pp. 49–58). New York: ACM Press.

Mallavarapu, A., Lyons, L., Shelley, T., & Slattery, B. (2015). Developing computational methods to measure and track learners' spatial reasoning in an open-ended simulation. *Journal of Educational Data Mining, 7*(2), 49–82.

McClain, L., & Toomey Zimmerman, H. (2016). Integrating mobile technologies into outdoor education to mediate learners' engagement with nature. In L. Avraamidou & W.-M. Roth (Eds.), *Intersections of Formal and Informal Science* (pp. 122–137). New York: Routledge.

Ohashi, Y., Ogawa, H., & Arisawa, M. (2008). Making new learning environment in zoo by adopting mobile devices. *Proceedings of the 10th International Conference on Human Computer Interaction with Mobile Devices and services (HCI '08)*. New York: ACM Press.

Oppenheimer, F., & Cole, K. (1974). The Exploratorium: A participatory museum. *Prospects, 4*(1), 1–10.

Pedretti, E. G. (2004). Perspectives on learning through research on critical issues-based science center exhibitions. *Science Education, 88*(S1), S34–S47.

Perry, J., Klopfer, E., Norton, M., Sutch, D., Sandford, R., & Facer, K. (2008). AR gone wild: Two approaches to using augmented reality learning games in Zoos. *Proceedings of Conference on Interaction Design for Children (IDC '08)* (pp. 322–329). New York: ISLS.

Raptis, D., Tselios, N., & Avouris, N. (2005). Context-based design of mobile applications for museums: A survey of existing practices. *Proceedings of the Seventh International Conference on Human Computer Interaction with Mobile a Devices and Services (HCI '05)* (pp. 153–160). New York: ACM Press.

Reeves, S., Benford, S., O'Malley, C., & Fraser, M. (2005). Designing the spectator experience. *Proceedings of the Seventh International Conference on Human Computer Interaction with Mobile a Devices and Services (HCI '05)* (pp. 741–750). New York: ACM Press.

Roberts, J., Banerjee, A., Matcuk, M., McGee, S., & Horn, M. S. (2016). *Uniting big and little data to understand visitor behavior*. Paper presented at the Visitor Studies Association Conference (VSA '16), Boston, MA.

Roberts, J., Lyons, L., Cafaro, F., & Eydt, R. (2014). Interpreting data from within: Supporting human–data interaction in museum exhibits through perspective taking. *Proceedings of Conference on Interaction Design for*

Children (IDC '14) (pp. 7–16). New York: ACM Press.

Roberts, L. C. (1997). *From knowledge to narrative: Educators and the changing museum.* Washington, DC: Smithsonian Institution Press.

Rounds, J. (2006). Doing identity work in museums. *Curator, 49*(2), 133–150.

Schauble, L., Gleason, M., Lehrer, R., Bartlett, K., Petrosino, A., Allen, A., et al. (2002). Supporting science learning in museums. In G. Leinhardt, K. Crowley, & K. Knutson (Eds.), *Learning conversations in museums* (pp. 333–356). Mahwah, NJ: Lawrence Erlbaum.

Schwan, S., Grajal, A., & Lewalter, D. (2014). Understanding and engagement in places of science experience: Science museums, science centers, zoos, and aquariums. *Educational Psychologist, 49*(2), 70–85.

Smith, J., diSessa, A., & Roschelle, J. (1993). Misconceptions reconceived: A constructivist analysis of knowledge in transition. *Journal of the Learning Sciences, 3*(2), 115–163.

Suzuki, M., Hatono, I., Ogino, T., Kusunoki, F., Sakamoto, H., Sawada, K. et al. (2009). LEGS system in a zoo: Use of mobile phones to enhance observation of animals. *Proceedings of Conference on Interaction Design for Children (IDC '09)* (pp. 222–225). New York: ACM Press.

Thom-Santelli, J., Cosley, D., & Gay, G. (2010). What do you know? Experts, novices and territoriality in collaborative systems. *Proceedings of the SIGCHI Conference on Human Factors in Computing Systems (CHI '10)* (pp. 1685–1694). New York: ACM Press.

Tscholl, M., & Lindgren, R. (2016). Designing for learning conversations: How parents support children's science learning within an immersive simulation. *Science Education, 100*(5), 877–902.

Uzzo, S., Chen, R., & Downs, R. (2016). Connected worlds: Connecting the public with complex environmental systems. *AGU Fall Meeting Abstracts*, San Francisco.

vom Lehn, D., Heath, C., & Hindmarsh, J. (2001). Conduct and collaboration in museums and galleries. *Symbolic Interaction, 24*(2), 189–216.

Vygotsky, L. S. (1978). *Mind in society: The development of higher mental processes.* Cambridge, MA: Harvard University Press.

Webber, S., Carter, M., Smith, W., & Vetere, F. (2017). Interactive technology and human–animal encounters at the zoo. *International Journal of Human–Computer Studies, 98*, 150–168.

Weilenmann, A., Hillman, T., & Jungselius, B. (2013). Instagram at the museum: Communicating the museum experiences through social photo sharing. In *Proceedings of the SIGCHI Conference on Human Factors in Computing Systems (CHI '13)* (p. 1843). New York: ACM Press.

Yiannoutsou, N., Papadimitriou, I., Komis, V., & Avouris, N. (2009). "Playing with" museum exhibits: Designing educational games mediated by mobile technology. *Proceedings of Conference on Interaction Design for Children (IDC '09)* (pp. 230–233). New York: ACM Press.

Yoon, S., Elnich, K., Wang, J., Van Schooneveld, J., & Anderson, E. (2013). Scaffolding informal learning in science museums: How much is too much? *Science Education, 97*(6), 848–877.

第 24 章　智能辅导系统

阿瑟·格雷瑟,胡祥恩,罗伯特·索蒂拉雷(Arthur C. Graesser, Xiangen Hu, Robert Sottilare)

　　我们将智能辅导系统(intelligent tutoring system, ITS)定义为一种计算机学习环境,该环境通过实施智能算法帮助学生掌握知识和技能。这些算法能够在细粒度上适应学生,并且实例化复杂的学习原理(Graesser, Hu, Nye 和 Sottilare, 2016)。ITS 通常一次只与一个学生合作,因为学生们会在许多方面存在差异,这种设计旨在对个别学习者的特质保持敏感。尽管如此,成对的学生可能会从共同准备对 ITS 的回应中获益。在协作学习和解决问题的环境中,还可以让自动辅导员或导师与小型学习者团队进行互动。

　　ITS 环境可以被看作是超越传统的基于计算机培训(computer-based training, CBT)的环境。CBT 系统也适用于个别学习者,但它们是通过在粗粒度层次上使用简单的学习原则实现的。在一个典型的 CBT 系统中,学习者(1)学习课堂上呈现的材料,(2)接受选择题测试或其他客观测试,(3)获得测试成绩的反馈,(4)如果反馈成绩低于某个分值,则重新学习材料,(5)如果反馈成绩超过该分值,则进入新的主题。在该系统中,题目通常按照预先确定的顺序排列,如按复杂程度排序(从简单到复杂)或按先决条件排序。相比于 CBT, ITSs 在适应性、粒度和计算机学习环境的能力方面有所增强。它主要是通过运用人工智能和认知科学中的计算模型,跟踪学习者的知识、技能及其他心理属性并对学习者作出自适应反应(VanLehn, 2006; Woolf, 2009)。对于 CBT 来说,多名学生的交互历史可以是相同的,而且交互空间很小。相比之下,对于许多 ITSs 来说,每个辅导互动都是独一无二的,可能的互动空间非常大,甚至是无限的。

　　ITSs 经常被开发用于数学和其他计算结构良好的主题。例如,认知导师(cognitive tutor)(Aleven, McLaren, Sewall 和 Koedinger, 2009; Ritter, Anderson, Koedinger 和 Corbett, 2007;参见 Aleven 的 NAPLeS 网络研讨会)和知识空间的评估和学习(assessment and learning in knowledge spaces, ALEKS)(Falmagne, Albert, Doble, Eppstein 和 Hu, 2013)共同涵盖了基础数学、代数、几何、统计学及更高级的定量技能。ITSs 也存在于其他的 STEM 领域,如物理学(VanLehn 等,2005)、电子学(Dzikovska, Steinhauser, Farrow, Moore 和 Campbell, 2014)以及信息技术(Mitrovic, Martin 和 Suraweera, 2007)。

　　一些 ITSs 处理的知识领域有较强的语言基础,而不是数学和精确的分析推理

（Johnson 和 Lester，2016）。自动导师（auto tutor）及其他产品（Graesser，2016；Nye，Graesser 和 Hu，2014）通过使用自然语言进行对话，帮助大学生学习计算机知识、物理、生物学、科学推理和其他 STEM 主题。其他成功运用自然语言交互的 ITSs 包括战术语言和文化系统（tactical language and culture system）（Johnson 和 Valente，2009）、iSTART（Jackson 和 McNamara，2013）以及我的科学导师（my science tutor）（Ward 等，2013）。

综述和定量元分析证实，比起阅读文本和传统的教师指导的课堂教学，ITS 技术往往更能促进学习。这些元分析通常报告效应值（d），以标准差单位来表达 ITS 条件和对照条件之间的差异。一个 d 的差值大约是一门课程的一个字母等级。报告的元分析显示，ITS 的正效应大小从 0.05（Dynarsky 等，2007）到 1.08（Dodds 和 Fletcher，2004）不等，但大多数徘徊在 0.40 和 0.80 之间（Kulik 和 Fletcher，2015；Ma，Adesope，Nesbit 和 Liu，2014；Steenbergen-Hu 和 Cooper，2013，2014；VanLehn，2011）。所有元分析中，目前最好的元-元（meta-meta）估算值是 0.60。这一表现堪比人类辅导，根据导师的专业知识，人类辅导的效应值在 0.20 到 0.80 之间变化（Cohen，Kulik 和 Kulik，1982；VanLehn，2011）。在 ITSs 和训练有素的人类导师的直接比较中，两者没有太大区别（Graesser，2016；VanLehn，2011）。

在分析学习效果时，被辅导的科目很重要。相对来说，读写能力和计算能力很难获得高效应值，因为这些技能在日常生活中无处不在，而且相关习惯已经自动化。而如果学生从零起点开始学习，那么预期效应值将更显著。一个著名的例子是，数字导师（digital tutor）（Fletcher 和 Morrison，2012；Kulik 和 Fletcher，2015）提高了信息技术学习效果，其知识的效应值高达 3.70，技能的效应值为 1.10。学生在接受辅导之前，数字素养知识微乎其微，因此还有很大的提升空间。

本章余下的内容主要包括两个部分，我们首先确定了大多数应用中经常加入的 ITSs 的组成部分。接着，我们确定了构建 ITSs 时面临的主要挑战、它们的一些局限性以及未来的发展前景。

一、智能辅导系统的组件

ITSs 在其功能可见性和学习原则方面各不相同，但它们都需要某种形式的学生主动学习，而不是仅仅依靠讲座、电影和书籍来传递信息（Chi，2009）。以下功能总是出现在 ITSs 中：

交互性——系统对学生的行为做出系统性反应。

适应性——系统呈现的信息取决于学生的行为、知识和特点。

反馈——系统为学生的表现以及如何提高质量向学生提供即时反馈。

以下功能经常（但并不总是）出现在 ITSs 中：

选择——系统为学生提供了学习内容的选择,以鼓励自主学习。

非线性访问——技术允许学生选择或接受学习活动的顺序,而非按照严格的脚本顺序。

链接式表征——系统提供强调不同概念性观点、教学策略和媒体表征的快速连接。

开放式的学习者输入——系统允许学生通过自然语言、画图和其他开放式交流来表达自己。

在 ITSs 中缺少的一种功能是与其他人交流。在这种交流中,学生可以与一个或多个同龄人或某一学科的专家进行交流。然而,也有例外。例如,www.tutor.com 网站有 3 500 人可以进行聊天互动,而在 STEM 主题上,学生与 ITSs 的互动却存在困难。目前,相关研究者已经分析了数百万个这种嵌入式辅导聊天,该研究的长期目标是实现交流的自动化(Rus,Maharjan 和 Banjade,2015)。关于学习分析(Rosé,本手册)和 MOOCs(G. Fischer,本手册)的章节讨论了学习者如何利用数字学习技术协调与同伴和教师之间的交流。

1. 智能辅导系统中的教学交互

ITSs 设计的目的是为学习者提供辅导,因此在 ITSs 设计中,一个有价值的信息来源就是探讨人类是如何进行辅导的。研究结果显示,很多 ITSs 都受到了系统分析从新手到专家的人类导师的话语和教学策略的影响(Chi,Siler,Yamauchi,Jeong 和 Hausmann,2001;D'Mello,Olney 和 Person,2010;Graesser,D'Mello 和 Person,2009)。虽然辅导会部分涉及导师传递信息,但是辅导更基本的部分涉及在具体任务中共同构建回应,如解决问题、回答具有挑战性的问题和创造作品。范莱恩(VanLehn,2006)的 ITSs 分析表明,外环(outer loop)包括为导师和学生选择主要任务。内环(inner loop)由管理这些主要任务中的互动步骤和对话交互组成。

大多数 ITSs 的内环都遵循系统的交互机制,其中之一是五步对话框架(five-step dialogue frame)(Graesser 等,2009)。一旦学习者选择了一个问题或难题进行研究,就可以启动五步辅导框架:(1)导师或学生提出任务;(2)学生开始尝试处理任务;(3)导师对答案的质量给予简短反馈;(4)导师和学生通过互动提高答案的质量;(5)导师评估学生是否理解正确答案,并在必要时跟进。有趣的是,课堂教学通常会(并不总是!)涉及前三个步骤(Sinclair 和 Coulthart,1975),但并不包括步骤 4 和步骤 5。

那么步骤 4 是如何发展的呢? 在大多数 ITSs(以及人类导师)中,期望和误解的定制对话(expectation and misconception tailored dialogue)在步骤 4 指导着内环的微适应。ITS 通常有一个与每个任务相关的期望(expectations)列表(预期的好答案、过程中的步骤)和预期误解(misconceptions)列表(错误或漏洞)。ITS 通过一些对话动作引导学生产生期望:为学生填写缺失的信息提供追问、暗示和提示。追问(pump)是促使学生提供更多信息的动作,比如"还有什么?"或"告诉我更多"。ITS 选择通过暗示

（hints）和提示（prompts）促使学生做出决定，一步生成内容，或用自然语言表达在 ITS 中缺失的单词、短语和命题。当学习者在许多互动回合中产生信息，导师补足缺失的内容时，期望列表会最终被覆盖，任务也就完成了。ITS 还会记录学生在满足期望和不产生误解方面的表现，而且它可以立即做到这一点，并作出明智的反应。下一个任务的选择取决于学生在之前的辅导课程中完成任务的表现情况。

除了互动性和适应性，智能导师还会根据学生的表现给予反馈。这些反馈既包括简短的反馈（积极的、消极的或中立的），也包括说明正确与错误答案的定性解释。一个典型的 ITS 过程有三个组成部分：

辅导过程 → 简短反馈＋对话推进＋角色转换

简短反馈针对的是学生前一轮的质量，而对话推进要么给出定性的反馈，要么通过暗示、提示、请求或要补充的信息来推进辅导进程。角色转换这个部分会有一些提示，表明该轮到学生采取行动或说话了。

大多数 ITS 试图通过让学生提问、寻求帮助和选择工作任务来适应混合主动性对话。然而，对于 ITS 而言，它可能很难或者无法预测所有学生的问题、求助信息或工作任务。人类辅导也存在同样的困难，这也说明了为什么即使鼓励学生采取主动，学生提问和请求帮助的频率也很低（Graesser 等，2009）。

2. 学生模型

ITSs 的特征之一是它会详细跟踪学生对某一主题的知识、技能以及各种心理属性，包括个性、动机和情绪（Baker 和 Ocumpaugh，2014；Calvo 和 D'Mello，2010）。通过 ITSs 学习者的所有行为都会被记录下来，并被分为不同的功能类别。例如，知识组件（knowledge components）是许多 ITSs 中的原始内容单元，尤其是认知导师（cognitive tutors）的内容单元（Koedinger，Corbett 和 Perfetti，2012）。知识组件有一个特定的范围，比如物理学中的牛顿运动定律之一。一个任务有一组知识组件（KCs），这些 KC 的表现在辅导互动期间被跟踪。在一个主题的 ITS 中，有几十个到几百个 KCs。对 KC 的掌握可以通过多种方式表现出来，例如口头表述牛顿定律之一（如，力等于质量乘以加速度），对一个涉及 KC 的问题作出决定，或者执行一个以掌握 KC 为前提的行动。所有这些都被记录在 ITS 中，这样人们可以评估每个 KC 的表现水平和稳定性。例如，学生有时可以在正确的时间清晰地表述牛顿定律中的一个定律，但在将知识应用到具体问题时却会犯错误。

必须承认，这种细粒度的知识追踪与衡量学生总体表现的整体评估是非常不一样的。与针对特定 KCs 的详细反馈相比，一门课程的单一成绩可能没有多大帮助。解释推理的内容反馈也比学生话论中简单的"是/否"反馈或一个主要单元的总分更重要。ITSs 是为了详细跟踪学生模型、快速适应性反应和定性反馈而设计的。

学生模型可以储存学习者的其他心理特征。通用技能、能力和兴趣可以从具有交互配置文件的日志文件中推断出来。这些例子包括计算能力、冗长（每个学生每次使用的单词或观点的数量）、流畅性（对请求作出反应的速度）和自主学习（如提问、寻求帮助和发起新的话题）(Aleven，McLaren，Roll 和 Koedinger，2016；Biswas，Jeong，Kinnebrew，Sulcer 和 Roscoe，2010)。ITSs 跟踪的一些特征是有问题的，其中包括滥用系统的帮助（即快速请求提示和帮助，从而逃避学习；Baker，Corbett，Roll 和 Koedinger，2008)，脱离和分心行为(Arroyo，Muldner，Burleson 和 Woolf，2014)，以及车轮旋转（重复执行相同的动作，而没有进展；Beck 和 Gong，2013)。

除了知识组件和一般认知能力之外，学生的情绪和情感状态也会被追踪。最常见的是以学习为中心的情感状态，包括挫折、困惑和厌倦/不专注(Baker，D'Mello，Rodrigo 和 Graesser，2010；D'Mello，2013)。通过分析包括面部表情、语音语调、身体姿势、生理反应、自然语言以及辅导互动的模式和时间等多种沟通渠道和行为来检测这些情感状态(Arroyo 等，2014；Calvo 和 D'Mello，2010；D'Mello 和 Graesser，2012；McQuiggan 和 Lester，2009)。德梅洛和格雷瑟(D'Mello 和 Graesser，2012)报告的结果支持这样的说法，与只对认知状态敏感的自适应 ITS 相比，对情感敏感的 ITS(AutoTutor)能促进低知识水平学生的学习。

3. 通用智能辅导框架(Generalized Intelligent Framework for Tutoring，GIFT)

通用智能辅导框架（GIFT；www.gifttutoring.org；Sottilare，Goldberg，Brawner 和 Holden，2012)是一个框架，阐明了开发 ITSs 的常用实践、教学和技术标准以及计算架构，其目标是扩大学校、军队、工业和公众的 ITS 开发。GIFT 通过与 20 至 30 名 ITS 研究和开发专家举行的年会而不断获得发展。这些 ITS 专家每年都有变化，他们在一系列丛书中撰写章节，可以免费下载(www.gifttutoring.org)。每年都有一个特定的主题，如学习者建模(2013)、教学策略(2014)、创作工具(2015)、领域建模(2016)、评估(2017)和团队学习(2018)。100 多名 ITS 专家撰写了章节，而 GIFT 的用户有 700 多名。此外，这些专家来自许多国家或地区（奥地利、加拿大、中国、德国、荷兰、新西兰、英国、美国）以及美国国防部的分支机构、学术界和企业界。

GIFT 规定了 ITS 一些组件的特征。当学生与 ITS 交互时，学习者记录(learner record)会自动存储学生模型中的所有信息。"学习者记录存储"可以在日志文件、表现分数、对特定的 KCs 的掌握情况，以及学习者的认知和非认知特征中容纳丰富的交互历史。有四个组件的表征和算法都遵循特定的技术标准。传感器(sensor)模块记录了生理状态、地理位置、面部表情、语音、手势和其他多模态输入。学习者(learner)模块记录了原始的 ITS 与学生的互动，以及各种理论上预期的或基于先前研究的面向发现的数据挖掘的代码。教学法(pedagogical)模块是一套辅导策略和战术。领域(domain)模块包括主题内容表征、KCs 和步骤。可能有来自第三方学习资源的外部应用程序(external applications)，通过网关(gateway)与 GIFT 进行通信。这些外部应用程序的范围从微软 PowerPoint 演示文稿到 3-D 虚拟现实环境。索蒂拉雷等人

(Sottilare 等,2012)更详细地讨论了 GIFT 的每一个组件。

现在 GIFT 已经发展了五年多,许多 ITSs 已经采用了这个框架和软件工具包来开发 ITSs 的规模使用。还有一个扩展版的 GIFT 架构,它包含了团队学习,但考虑团队学习和协作解决问题超出了本章的范围(见 Looi 和 Wong,本手册)。

GIFT 的设计目标是在提高质量的同时也降低开发成本;也就是说,辅导教程可以针对一个主题开发,然后将其移植到具有相似内容的第二个应用程序中。模块化允许 GIFT 在多个领域和学习环境中使用同一套创作工具。利用 GIFT 和创作工具开发内容的教学设计人员可能在专业知识上有所不同,包括从计算机科学家到计算机技术能力有限的课程开发人员。因此,GIFT 设计需要通过教学支持来帮助那些具有广泛专业知识的开发人员。

GIFT 中教学策略的表征通常由"IF<状态>THEN<行动>式"规则组成,这是策略性选择教学策略的标准表征。基于规则的辅导策略在 ITSs 中拥有悠久历史(Anderson, Corbett, Koedinger 和 Pelletier,1995;Woolf,2009)。该系统会监视传感器和学习者模块的当前状态,这类似于工作记忆。如果特定状态出现或达到某个激活阈值,就可能概率性地触发产生式规则。当前的规则不必是生硬的,而是在某种程度上和概率上可以被激活。此外,教学策略的范围可以从通用领域到应用于非常具体的主题。

GIFT 是一个框架和一套计算工具,用于指导教学设计人员构建拥有 ITS 生成能力的 ITSs。一旦 ITS 被开发出来,它就会自动与学生互动,在学习者记录中积累信息,并生成反馈和自适应的智能响应,以改进学生学习的方式来指导学生。

二、挑战、局限与未来方向

ITS 的发展和应用面临着挑战和局限性。本节指出了妨碍 ITS 在全球范围内到达成百上千万学习者的主要障碍。也许这些障碍可以通过 GIFT 和试图将 ITS 与其他类型学习环境相结合的方式来避开。

第一个明显的障碍是,由于机制的复杂性,历史上建构 ITSs 需要花费大量的时间和金钱。GIFT 共同体一直试图通过模块化、标准化和更好的创作工具来降低成本和减少时间。然而,成本仍然以百万美元计算,时间依然以年计算。这对于构建促进深层次学习的系统来说可能是必要的(Graesser, Lippert 和 Hampton,2017),毕竟它与大多数基于计算机的培训和教育游戏所提供的浅层学习完全不同。此外,自我调节的学习是有限的,因为绝大多数学习者的元认知监控和自我调节学习的技能还没有得到充分发展(Azevedo, Cromley, Moos, Greene 和 Winters,2011;Goldman,2016;Graesser 等,2009,Winne,2011)。

第二个障碍是很难开发出能够被没有计算机科学专业知识的个体有效使用的创

作工具（见 GIFT 第 3 卷关于创作工具的内容；www. gifttutoring. org/documents/ 56）。理想的创作者应该能够完美结合其在学科知识、分析计算和教学法方面的技能，但很难找到这样的创造者。有趣的是，几十年前开发的 Authorware 具有指导者创建内容来满足他们的内容和学习目标的愿景。虽然这种方法并不成功，但这样的工具仍被坚持不懈的、充满冒险精神的指导者所使用。ITS 并不是唯一面对这个挑战的共同体，不过其机制的复杂性使这个问题更加严重。

第三个障碍是不确定需要多少人为干预才能情境化并支撑 ITS 的价值。指导者正越来越多地利用混合学习环境，在这种环境中，指导者试图融入诸如 ITSs 等复杂技术（Siemens，Gasevic 和 Dawson，2015），但是现有的专业发展还不能满足人机连接的需求。也就是说，虽然许多计算机环境是可用的，比如计算机辅助教学、重复技能培训、超文本和超媒体、模拟（de Jong，Lazonder，Pedaste 和 Zacharia，本手册）、严肃游戏（Fields 和 Kafai，本手册）、智能辅导系统、大规模开放在线课程（massively open online courses，MOOCs；见 G. Fischer，本手册）和虚拟现实。但是指导者需要接受培训，了解如何将它们与人的指导相结合。因为在没有人为因素的情况下，相关的技术有失效的风险。一般而言，数字学习公司目前正在探索需要多少人为干预和支架才能为学生有效使用和继续使用计算机学习环境提供足够的情境（Means，Peters 和 Zheng，2014）。

第四个障碍是 ITS 所能提供的混合主动性对话和自主学习是有限的。因为系统不能为学生提出的所有问题、主题、困难或任务提供支持，除非 ITS 已经开发了这些内容。这种学习倾向于以教为中心或以导师为中心，而不是以学生为中心。自主学习并不是 ITSs 的重点，尽管一些系统跟踪了自主学习（Aleven 等，2016；Biswas 等，2010），另一些系统甚至直接培训自主学习（Azevedo 等，2011）。当然，大多数学习环境对自主学习的支持都是有限的，不仅仅是 ITSs。

第五个障碍涉及 ITS 在遵循人类辅导策略或者理想的教学策略方面的不确定性。具体来说，我们人类指导者和导师对有效辅导依然存在许多盲点和误解（Graesser 等，2009）。在这种情况下，ITS 的设计人员应该遵循什么路径？经验丰富的指导者？还是那些教师很少遵循或被训练去遵循的科学的学习原则（Pomerance，Greenberg 和 Walsh，2015）？例如，下面列出了几个理想导师应该采取的辅导措施，但是很少被人类导师（甚至是理想的人类导师）实施（Graesser 等，2009）。

（1）要求学生总结。导师可以先要求学生总结答案，而不是对一个好的答案进行总结。

（2）不要相信学生元理解的准确性。导师通过对话行为解决学生理解上的问题，如提出一个后续问题或要求学生总结。

（3）探究学生错误答案的根源。导师可以寻找机会就学生思维的认识论基础展开对话。

（4）参考表达和数量。导师并不假设导师与学生在同一层面上（即共同基础，Clark，1996），因此，导师提供了观点的精确说明，并提出确认问题来验证共同基础。

（5）在学生答案后面要求更多解释。导师要求学生用解释来证明他们的推理（例如，问为什么，怎么做，或为什么不?）

（6）为认知失衡埋下种子。导师通过与学生意见不一致、提出矛盾或表达与常识相冲突的观点来挑战学生。

（7）监控学生情绪。挫折、困惑和厌烦可以通过辅导进行有效管理，从而促进学习。

ITSs 的设计是为了实现上述的辅导策略（也可称为理想策略），而不是那些由人类导师例行制定的策略。这些理想策略中的一部分已经产生了超越人类策略所能带来的学习收益，但我们需要更多的实证研究来梳理常规策略与理想策略对学习的相对影响。如果理想策略超越了常规策略，那么 ITS 的表现优于人类导师的可能性就出现了。

除了改进这些策略外，ITS 共同体还在继续提高增强个性化的功能，以适应学生个性、能力和情感状态的广泛多样性。被动等待导师指导的学生与倾向于主动开展自主学习的学生之间存在着重要差异。学生在情绪气质、学习动机和对不同学科主题的兴趣等方面也各不相同。ITS 研究人员希望学习环境能够个性化，以便在正确的时间、正确的环境中为正确的人提供正确的学习资源。随着 ITS 应用在未来的不断发展，日益丰富的资源完全有可能帮助学生超越对具体主题和技能的掌握。系统通过推荐不同深度和复杂程度的各类主题学习资源，可以支持学习者的终身学习。

三、延伸阅读

Aleven, V., McLaren, B. M., Roll, I., & Koedinger, K. R. (2016). Help helps, but only so much: Research on help seeking with intelligent tutoring systems. *International Journal of Artificial Intelligence in Education*, 26(1), 205 – 223.

这篇文章通过分析学生在 ITS 中寻求帮助的策略，确定了帮助学生成为更好的自主学习者的方法。

Baker, R. S. J. d., D'Mello, S. K., Rodrigo, M. M. T., & Graesser, A. C. (2010). Better to be frustrated than bored: The incidence, persistence, and impact of learners' cognitive-affective states during interactions with three different computer-based learning environments. *International Journal of Human-Computer Studies*, 68(4), 223 – 241.

这篇文章认为，对困惑、挫折、无聊等情感状态的检测和反应在 ITS 中是重要的。

Koedinger, K. R., Corbett, A. C., & Perfetti, C. (2012). The Knowledge-

Learning-Instruction（KLI）framework：Bridging the science-practice chasm to enhance robust student learning. *Cognitive Science*，*36*(5)，757 - 798.

这篇文章介绍了 ITS 是如何被认知理论和学习科学理论驱动的。

Kulik，J. A.，& Fletcher，J. D.（2015）. Effectiveness of intelligent tutoring systems：A meta-analytic review. *Review of Educational Research*，*85*，171 - 204.

这篇文章报告了运用元分析来评估 ITS 对学习不同主题和技能的影响。

Nye，B. D.，Graesser，A. C.，& Hu，X.（2014）. AutoTutor and family：A review of 17 years of natural language tutoring. *International Journal of Artificial Intelligence in Education*，*24*，427 - 469.

这篇文章介绍了 AutoTutor 的历史以及使用智能会话主体帮助学生学习 STEM 主题的类似系统。

四、NAPLeS 资源

Aleven，V. Cognitive tutors［Webinar］. In NAPLeS video series. Retrieved October 19，2017，from http://islsnaples. psy. lmu. de/intro/all-webinars/aleven/index. html

Goldman，S. R. Cognition and metacognition［Webinar］In NAPLeS video series. Retrieved October 19，2017，from http://isls-naples. psy. lmu. de/intro/all-webinars/goldman_video/index. html

Hoadley，C. A short history of the learning sciences［Webinar］. In NAPLeS video series. Retrieved October 19，2017，from http://isls-naples. psy. lmu. de/intro/all-webinars/hoadley_video/index. html

参考文献

Aleven, V., McLaren, B. M., Roll, I., & Koedinger, K. R. (2016). Help helps, but only so much: Research on help seeking with intelligent tutoring systems. *International Journal of Artificial Intelligence in Education*, *26*(1), 205–223.

Aleven, V., McLaren, B. M., Sewall, J., & Koedinger, K. (2009). A new paradigm for intelligent tutoring systems: Example-tracing tutors. *International Journal of Artificial Intelligence in Education*, *19*, 105–154.

Anderson, J. R., Corbett, A. T., Koedinger, K. R., & Pelletier, R. (1995). Cognitive tutors: Lessons learned. *Journal of the Learning Sciences*, *4*, 167–207.

Arroyo, I., Muldner, K., Burleson, W., & Woolf, B. P. (2014). Adaptive interventions to address students' negative activating and deactivating emotions during learning activities. In R. Sottilare, A. Graesser, X. Hu, & B. Goldberg (Eds.), *Design recommendations for intelligent tutoring systems: Instructional management* (Vol. 2, pp. 79–91). Orlando, FL: Army Research Laboratory.

Azevedo, R., Cromley, J. G., Moos, D. C., Greene, J. A., & Winters, F. I. (2011). Adaptive content and process scaffolding: A key to facilitating students' self-regulated learning with hypermedia. *Psychological Test and Assessment Modeling*, *53*, 106–140.

Baker, R. S. J. d., Corbett, A. T., Roll, I., & Koedinger, K. R. (2008). Developing a generalizable detector of when students game the system. *User Modeling and User Adapted Interaction, 18*(3), 287–314.

Baker, R. S. J. d., D'Mello, S. K., Rodrigo, M. M. T., & Graesser, A. C. (2010). Better to be frustrated than bored: The incidence, persistence, and impact of learners' cognitive-affective states during interactions with three different computer-based learning environments. *International Journal of Human–Computer Studies, 68*(4), 223–241.

Baker, R. S. J. d., & Ocumpaugh, J. (2014). Interaction-based affect detection in educational software. In R. A. Calvo, S. K. D'Mello, J. Gratch, & A. Kappas (Eds.), *The Oxford Handbook of Affective Computing* (pp. 233–245). Oxford, UK: Oxford University Press.

Beck, J. E., & Gong, Y. (2013). Wheel-spinning: Students who fail to master a skill. In H. C. Lane, K. Yacef, J. Mostow, & P. Pavlik (Eds.), *Proceedings of the 16th International Conference on Artificial Intelligence in Education* (pp. 431–440). Berlin: Springer.

Biswas, G., Jeong, H., Kinnebrew, J., Sulcer, B., & Roscoe, R. (2010). Measuring self-regulated learning skills through social interactions in a teachable agent environment. *Research and Practice in Technology-Enhanced Learning, 5*, 123–152.

Calvo, R. A., & D'Mello, S. K. (2010). Affect detection: An interdisciplinary review of models, methods, and their applications. *IEEE Transactions on Affective Computing, 1*, 18–37.

Chi, M. T. H. (2009). Active–Constructive–Interactive: A conceptual framework for differentiating learning activities. *Topics in Cognitive Science, 1*, 73–105.

Chi, M. T. H., Siler, S., Yamauchi, T., Jeong, H., & Hausmann, R. (2001). Learning from human tutoring. *Cognitive Science, 25*, 471–534.

Clark, H. H. (1996). *Using language*. Cambridge, UK: Cambridge University Press.

Cohen, P. A., Kulik, J. A., & Kulik, C. C. (1982). Educational outcomes of tutoring: A meta-analysis of findings. *American Educational Research Journal, 19*, 237–248.

de Jong, T., Lazonder, A., Pedaste, M., & Zacharia, Z. (2018). Simulations, games, and modeling tools for learning. In F. Fischer, C. E. Hmelo-Silver, S. R. Goldman, & P. Reimann (Eds.), *International handbook of the learning sciences*. New York: Routledge.

D'Mello, S. K. (2013). A selective meta-analysis on the relative incidence of discrete affective states during learning with technology. *Journal of Educational Psychology, 105*, 1082–1099.

D'Mello, S. K., & Graesser, A. C. (2012). AutoTutor and affective AutoTutor: Learning by talking with cognitively and emotionally intelligent computers that talk back. *ACM Transactions on Interactive Intelligent Systems, 23*, 1–38.

D'Mello, S., Olney, A. M., & Person, N. (2010). Mining collaborative patterns in tutorial dialogues. *Journal of Educational Data Mining, 2*(1), 1–37.

Dodds, P. V. W., & Fletcher, J. D. (2004). Opportunities for new "smart" learning environments enabled by next generation web capabilities. *Journal of Education Multimedia and Hypermedia, 13*, 391–404.

Dynarsky, M., Agodina, R., Heaviside, S., Novak, T., Carey, N., Campuzano, L., et al. (2007). *Effectiveness of reading and mathematics software products: Findings from the first student cohort*. Washington, DC: Institute of Education Sciences.

Dzikovska, M., Steinhauser, N., Farrow, E., Moore, J., & Campbell, G. (2014). BEETLE II: Deep natural language understanding and automatic feedback generation for intelligent tutoring in basic electricity and electronics. *International Journal of Artificial Intelligence in Education, 24*, 284–332.

Falmagne, J., Albert, D., Doble, C., Eppstein, D., & Hu, X. (2013). *Knowledge spaces: Applications in education*. Berlin-Heidelberg: Springer.

Fields, D. A., & Kafai, Y.B. (2018). Games in the learning sciences: reviewing Evidence from playing and making games for learning. In F. Fischer, C. E. Hmelo-Silver, S. R. Goldman, & P. Reimann (Eds.), *International handbook of the learning sciences* (pp. 276–284). New York: Routledge.

Fischer, G. (2018). Massive open online courses (MOOCs) and rich landscapes of learning: a learning sciences perspective. In F. Fischer, C. E. Hmelo-Silver, S. R. Goldman, & P. Reimann (Eds.), *International handbook of the learning sciences* (pp. 368–380). New York: Routledge.

Fletcher, J. D., & Morrison, J. E. (2012). *DARPA Digital Tutor: Assessment data* (IDA Document D-4686). Alexandria, VA: Institute for Defense Analyses.

Goldman, S. R., (2016). *Cognition and metacognition* [Webinar] In *NAPLeS video series*. Retrieved October 19, 2017, from http://isls-naples.psy.lmu.de/intro/all-webinars/goldman_video/index.html

Graesser, A.C. (2016). Conversations with AutoTutor help students learn. *International Journal of Artificial Intelligence in Education, 26*, 124–132.

Graesser, A. C., D'Mello, S. K., & Person, N., (2009). Meta-knowledge in tutoring. In D. J. Hacker, J. Dunlosky, & A. C. Graesser (Eds.), *Metacognition in educational theory and practice* (pp. 361–382). Mahwah, NJ: Erlbaum.

Graesser, A. C., Hu, X., Nye, B., & Sottilare, R. (2016). Intelligent tutoring systems, serious games, and the Generalized Intelligent Framework for Tutoring (GIFT). In H. F. O'Neil, E. L. Baker, and R. S. Perez (Eds.), *Using games and simulation for teaching and assessment* (pp. 58–79). Abingdon, UK: Routledge.

Graesser, A. C., Lippert, A. M., & Hampton, A. J. (2017). Successes and failures in building learning environments to promote deep learning: The value of conversational agents. In J. Buder & F. Hesse (Eds.), *Informational environments: Effects of use, effective designs* (pp. 273–298). New York: Springer.

Jackson, G. T., & McNamara, D. S. (2013). Motivation and performance in a game-based intelligent tutoring system. *Journal of Educational Psychology, 105*, 1036–1049.

Johnson, W. L., & Lester, J. C. (2016). Twenty years of face-to-face interaction with pedagogical agents. *International Journal of Artificial Intelligence in Education, 26*(1), 25–36.

Johnson, W. L., & Valente, A. (2009). Tactical Language and Culture Training Systems: Using AI to teach foreign languages and cultures. *AI Magazine, 30*, 72–83.

Koedinger, K. R., Corbett, A. C., & Perfetti, C. (2012). The Knowledge–Learning–Instruction (KLI) framework: Bridging the science–practice chasm to enhance robust student learning. *Cognitive Science, 36*(5), 757–798.

Kulik, J. A., & Fletcher, J. D. (2015). Effectiveness of intelligent tutoring systems: A meta-analytic review. *Review of Educational Research, 85*, 171–204.

Looi, C.-K., & Wong, L.-H. (2018). Mobile computer-supported collaborative learning. In F. Fischer, C. E. Hmelo-Silver, S. R. Goldman, & P. Reimann (Eds.), *International handbook of the learning sciences* (pp. 359–367). New York: Routledge.

Ma, W. Adesope, O. O., Nesbit, J. C., & Liu, Q. (2014). Intelligent tutoring systems and learning outcomes: A meta-analytic survey. *Journal of Educational Psychology, 106*, 901–918.

McQuiggan, S., & Lester, J. (2009). Modelling affect expression and recognition in an interactive learning environment. *International Journal of Learning Technology, 4*, 216–233.

Means, B., Peters, V., & Zheng, Y. (2014). Lessons from five years of funding digital courseware: Postsecondary success portfolio review, full report. Menlo Park, CA: SRI Education.

Mitrovic, A., Martin, B., & Suraweera, P. (2007). Intelligent tutors for all: The constraint-based approach. *IEEE Intelligent Systems, 22*, 38–45.

Nye, B. D., Graesser, A. C., & Hu, X. (2014). AutoTutor and family: A review of 17 years of natural language tutoring. *International Journal of Artificial Intelligence in Education, 24*, 427–469.

Pomerance, L., Greenberg, J., & Walsh, K. (2015). *Learning about learning: Do textbooks deliver on what every new teacher needs to know.* National Council on Teacher Quality. Retrieved form www.nctq.org/dmsView/Learning_About_Learning_Report

Ritter, S., Anderson, J. R., Koedinger, K. R., & Corbett, A. (2007). Cognitive Tutor: Applied research in mathematics education. *Psychonomic Bulletin & Review, 14*, 249–255.

Rus, V., Maharjan, N., & Banjade, R. (2015). Unsupervised discovery of tutorial dialogue modes in human-to-human tutorial data. *Proceedings of the Third Annual GIFT Users Symposium* (R. Sottilare & A. M. Sinatra, Eds.) (pp. 63–80), Army Research Lab, June 2015.

Siemens, G., Gasevic, D., & Dawson, S. (Eds.) (2015). *Preparing for the digital university: A review of the history and current state of distance, blended, and online learning.* Alberta, Canada: MOOC Research Initiative.

Sinclair, J. & Coulthart, M. (1975) *Towards an analysis of discourse: The English used by teachers and pupils.* London: Oxford University Press.

Sottilare, R. A., Goldberg, B. S., Brawner, K. W., & Holden, H. K. (2012). A modular framework to support the authoring and assessment of adaptive computer-based tutoring systems (CBTS). In *The Interservice/Industry Training, Simulation & Education Conference* (I/ITSEC) (Vol. *2012*, No. 1, pp. 1–13). Orlando, FL: National Training Systems Association.

Steenbergen-Hu, S., & Cooper, H. (2013). A meta-analysis of the effectiveness of intelligent tutoring systems on K–12 students' mathematical learning. *Journal of Educational Psychology, 105*, 971–987.

Steenbergen-Hu, S., & Cooper, H. (2014). A meta-analysis of the effectiveness of intelligent tutoring systems on college students' academic learning. *Journal of Educational Psychology, 106*, 331–347.

VanLehn, K. (2006). The behavior of tutoring systems. *International Journal of Artificial Intelligence in Education, 16*(3), 227–265.

VanLehn, K. (2011). The relative effectiveness of human tutoring, intelligent tutoring systems and other tutoring systems. *Educational Psychologist, 46*, 197–221.

VanLehn, K., Lynch, C., Schultz, K., Shapiro, J. A., Shelby, R., Taylor, L., et al. (2005). The Andes physics tutoring system: Lessons learned. *International Journal of Artificial Intelligence and Education, 15*(3), 147–204.

Ward, W., Cole, R., Bolaños, D., Buchenroth-Martin, C., Svirsky, E., & Weston, T. (2013). My Science Tutor: A conversational multimedia virtual tutor. *Journal of Educational Psychology, 105*, 1115–1125.

Winne, P. H. (2011). Cognitive and metacognitive factors in self-regulated learning. In B. J. Zimmerman and D. H. Schunk (Eds.), *Handbook of Self-Regulation of Learning and Performance* (pp.15–32). New York: Routledge.

Woolf, B. P. (2009). *Building intelligent tutoring systems.* Burlington, MA: Morgan Kaufman.

第 25 章　用于学习的模拟、游戏和建模工具

唐德容,阿尔德·拉宗德,马格斯·佩达斯特,扎卡里亚斯·扎卡里亚(Ton de Jong, Ard Lazonder, Margus Pedaste, Zacharias Zacharia)

一、引言

主动学习被认为是获取深层次知识和技能的必要条件(如 Freeman 等,2014)。体验式学习和探究式学习是主动学习的具体形式,学生可以做出主动的选择(选择行动的下一步,改变变量的值),体验自己行为的后果,并被激励根据这些经验调整自己的知识和技能。体验式和探究式学习可以在真实的环境中进行(一个"湿"实验室或一个实际的实验室),不过如今也越来越多地通过游戏、模拟和建模环境等技术来实现。在本章中,我们首先回顾了这些技术,并讨论了如何在不同的教育环境中使用它们。然后,我们解释了为什么智能设计与其他教学方法和支持的巧妙结合是必要的。在本章的最后,我们试图对未来作一个展望。

二、体验式与探究式学习的技术

1. 模拟

模拟历史悠久,形式多样(de Jong,2016)。模拟通常是为物理、化学和生物学等科学主题创建的,但它们也存在于行为科学中。例如,现在也有许多心理学课程为学生提供可用于探索的在线模拟(例如,学生可以用虚拟狗练习条件反射的模拟;Hulshof, Eysink 和 de Jong,2006)。图 25.1 显示了一个电学物理领域的模拟(或虚拟实验室)的例子,学生可以在其中创建和测试他们自己的电路。

用于学习的计算机模拟基本上由两个部分组成:一个模拟过程或现象的基础计算模型和一个允许学生与该模型交互的界面(de Jong 和 van Joolingen,2008)。在整个模拟过程中,基础模型可以覆盖与众不同的领域和复杂性级别,以及在外观和设备方面有较大差异的界面。界面可以是简单的和功能性的,也可以是复杂的和真实的表现,有时甚至包括真实的触觉输入(Han 和 Black,2011)或三维虚拟现实(Bonde 等,2014)。模拟还可以为嵌入的输入设备提供增强体验(Lindgren, Tscholl, Wang 和 Johnson,2016),或者提供在真实世界中无法看到(Ibáñez, Di Serio, Villarán 和 Delgado Kloos,2014)以及体验到的特征(Bivall, Ainsworth 和 Tibell,2011)。例如,

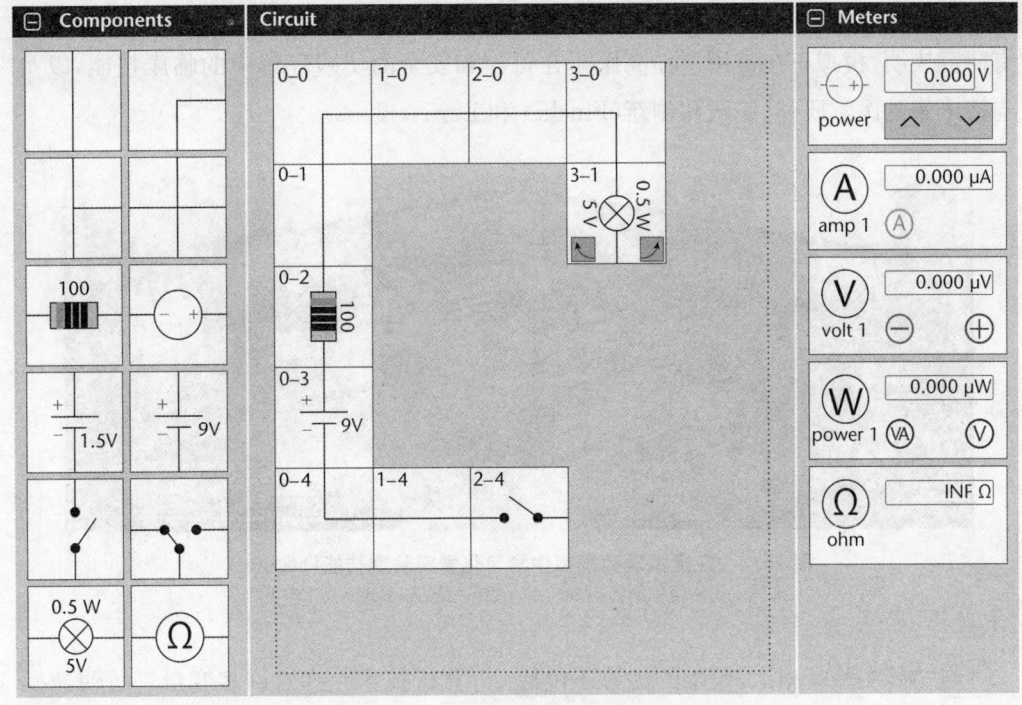

图 25.1　Go-Lab 收集的电路实验室

比瓦尔等人（Bivall 等，2011，p. 700）在化学模拟中添加了一个触觉装置，让学生"感觉
分子之间的相互作用（排斥和吸引）是一种力"。这些作者发现学生在触觉装置的帮助
下获得了更好的概念知识。汉和布莱克（Han 和 Black，2011）也在一个模拟实验中发
现了类似的结果，即当给学生提供了有关力的反馈操纵杆时，学生可以使用齿轮进行
实验。此外，扎卡里亚（Zacharia，2015）的研究也对这些类型的特征进行了概述。

　　现在，我们可以在许多（专用）存储库中在线找到模拟。比较著名的包括 PhET
（Wieman，Adams 和 Perkins，2008）、Amrita（Achuthan 等，2011）以及 ChemCollec-
tive（Yaron，Karabinos，Lange，Greeno 和 Leinhardt，2010）。其中一些存储库提供
关于模拟的教学材料，而其他存储库（例如，Ing-ITS；Gobert，Baker 和 Wixon，2015）
在一系列活动中提供模拟，包括自适应工具。还有一些存储库也包括创作工具，用于
围绕模拟创建学习环境。这种类型的包括 WISE（Slotta 和 Linn，2009）和 Go-Lab（de
Jong，Sotiriou 和 Gillet，2014）。

　　实验室练习（lab exercises）一直是科学教育的一部分（Hofstein 和 Lunetta，2004；
Waldrop，2013）。这些实验练习传统上侧重于一项技能的学习（例如，操作一件设备
或做一个医学诊断）。在这里，技术的使用之所以有趣（除了实际问题，比如真实实验
室的维护成本等），是因为它们可以系统地提供许多不同的情境，以便学习者在各种情
况下练习技能。图 25.2 显示了一个关于如何在实验室中遵循正确协议的虚拟现实
（virtual reality，VR）模拟的例子（Bonde 等，2014）。从模拟中学习技能在医学领域占

有突出的地位（例如，见 McGaghie，Issenberg，Petrusa 和 Scalese，2010 年概述）。现有研究表明，模拟正在被用于提高医生在可控和安全的实践环境中的临床技能，以及支持未来的医学研究、实践和创新（Fincher 和 Lewis，2002）。

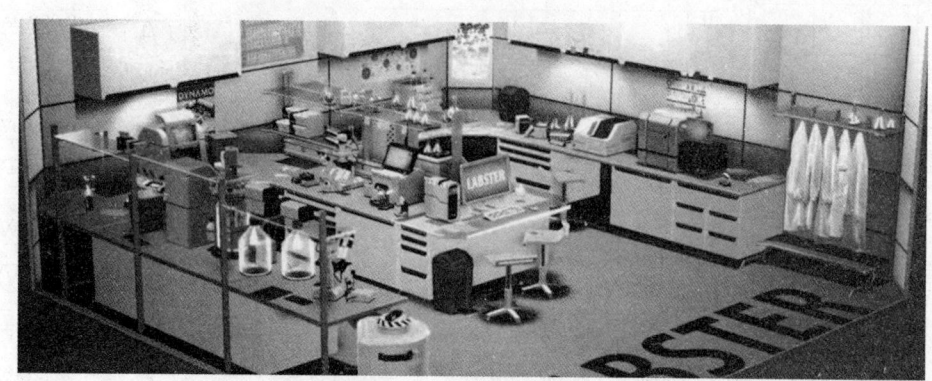

图 25.2　在虚拟现实模拟中学习化学实验室技能（Labster）
来源：关于拉伯斯特（Labster），见邦德等人（Bonde 等，2014）

与"湿"实验室相比，模拟的优势还包括：计算机技术允许对许多变量进行快速操作、从模拟中得到即时反馈、在学校实验室中引入不可能的情况，以及使用增强现实（de Jong，Linn 和 Zacharia，2013）。这也意味着重点可能会从在实验室中学习更多的程序性知识（关注如何进行实验）转变为（也能够）获得关于潜在领域的深层概念性知识。这种对获取概念知识的关注是所谓的探究式学习的核心（Rönnebeck，Bernholt 和 Ropohl，2016；Linn，McElhaney，Gerard 和 Matuk，本手册）。

2. 游戏

某些类型的游戏（那些具有基础计算模型的游戏）与模拟密切相关；这些游戏为模拟添加了诸如竞争、目标设定、规则和约束、奖励、角色扮演和/或惊喜（Leemkuil 和 de Jong，2011；见 Fields 和 Kafai，本手册）等特征。这类游戏的例子有：电场曲棍球（electric field hockey）（Miller，Lehman 和 Koedinger，1999）或增压（supercharged）（Anderson 和 Barnett，2013）。游戏可以像模拟一样，让学生操纵变量，并从观察他们操纵的结果中学习，但游戏特征中增加了动机方面的因素。其中，有一类游戏侧重于技能的获取，比如如何在一家大公司里担任知识工程师（Leemkuil 和 de Jong，2012），或者如何在紧急情况下采取行动（van der Spek，van Oostendorp 和 Meyer，2013）。

3. 建模工具

第三种对主动学习有用的技术是建模工具。在建模学习的过程中，学生自己创建基础模拟模型（de Jong 和 van Joolingen，2008）。在这个过程中，他们发展了对建模现象或系统的理解。建模过程可能涉及几个步骤：进行系统的观察，收集有关现象或系统的数据；根据这些观察和数据建模，开发该现象或系统的（计算机）模型；根据模型与实际现象或系统的相似性程度、预测能力和解释的充分性对模型进行评估；模型的修订与应用(Louca 和 Zacharia,2015；Windschitl，Thompson 和 Braaten，2008)。这些步骤不断重复,在评估和改进中迭代循环,直到模型能对所代表的现象或系统提供"洞察"(美国国家研究委员会,2012，p. 57)。例如,帕帕耶夫里皮杜和扎卡里亚(Papaevripidou 和 Zacharia，2015)让物理和科学教育专业的毕业生参与了一项基于模型的学习活动,该活动涉及两个质量的一维弹性碰撞。参与者观察了两个质量碰撞(刺激物)的一维弹性碰撞视频,然后使用计算机建模环境来构建一个模型,该模型可以潜在地代表两个质量在一维弹性碰撞的所有可能场景。该研究显示了学生的模型在经过几个周期的评估和修正后是如何发展的,直到他们开发出一个具有最佳预测能力的广义模型。基于计算机的建模工具使用不同的建模原则和语言(例如,系统动力学；Wetzel 等,2016),这反过来对应于不同的界面,从更多的文本到图形,甚至到基于绘图的表征(Bollen 和 van Joolingen，2013)。

三、如何使体验式和探究式学习有效?

仅仅为学生提供一个开放的模拟、游戏或建模工具可能不会产生什么效果。在接下来的两个部分中,我们将讨论两个有助于创建有效学习体验的设计原则。

1. 经验排序

本章所讨论的环境类型有一个具体的特征是,它们允许学生决定自己的学习路线。然而,学生可能不知道从哪里开始,因此,他们可能从超出自身能力范围的领域元素开始。因此,在自由开放的学习环境中,领域的结构化是必要的,就像在每一门课程中一样。这种结构化可以通过多种方式实现。首先,可以通过不断添加更多的变量(模型进程)逐步开拓领域。这意味着学生不会立即看到模拟的全部复杂性；学习的结构是逐步建立起来的(首先只有速度,然后增加加速度等；例如,见 White 和 Frederiksen，1990)。在游戏中,这是一个公认的原则。一旦完成了游戏中的一个关卡,玩家(学习者)就会进入下一个关卡,这将带来更大的复杂性和挑战。在适合的水平上玩游戏意味着学习者是在他们现有知识和技能水平上进行极致工作。他们可以在这个级别上玩游戏而不感到沮丧,并且可以预期在掌握当前级别后能够进入更高级别。拉宗德和坎普(Lazonder 和 Kamp，2012)比较了一组(年轻)学生的学习,并对铜锣的混响时间进行了完整的模拟,然后对这组学生就四个变量的学习进行比较。他们发现,后一组学生进行了更系统的实验,获得了更多的知识。在建模方面,穆德、拉宗德和德容(Mulder，Lazonder 和 de Jong，2011)比较了两种模型的进展模式(先后连续引入更多的变量或使变量之间的关系逐渐变得更加具体),结果发现,与没有模型进展组的学生相比,两个模型进展组的学生能够创建更好的模型。另一种对领域进展进行排序的方法是为学生提供作业,以激励他们探索领域的不同部分或练习日益复杂的技能。在这种情况下,基本模型在学习活动中保持不变,但通过考虑不同的情况或调查作业中显示的不同变量,可以指导学生以适当的顺序覆盖领域的所有方面。特劳特、李、穆格和里奇(Trout,Lee,Moog和Rickey,2008)给出了这样一个例子,他们详细地描述了如何在化学教育中运用探究性学习,并列举了一套专门的作业来引导学生完成探究过程。在一个学习命题推理的游戏中,特·瓦鲁格特等人(ter Vrugte 等,2015)不仅在游戏中使用了不同的难度级别,而且还引入了许多子游戏,每个子游戏都包含了针对游戏中特定子技能的情境和任务。

2. 教学支持

大多数关于教学支持有效性的研究都围绕着软件工具的设计展开,这些软件工具要么旨在减轻学生在学习过程中遇到的特定困难(Zacharia 等,2015),要么指导学生完成活动的所有阶段(Pedaste 等,2015)。德容和拉宗德(de Jong 和 Lazonder,2014)对嵌入在模拟学习环境中的教学支持类型进行了分类,其类型同样适用于游戏和建模工具。

最不具体的支持类型被称为过程约束(process constraints),本质上与上一节中描述的排序原则相匹配。直接呈现信息(Direct presentation of information)是最明确的支持类型。它可以在学习过程之前和学习过程中通过学习环境来提供——例如,在帮助文件中或由教学主体提供。一个典型的例子可以在沙克肖卡餐厅(Shakshouka Restaurant)中找到,这是一个针对儿童的商业模拟游戏,以提升他们的财务和数学技能(Barzilai 和 Blau,2014)。为了避免儿童只对成本、价格和利润等核心概念形成隐性理解,游戏中包含了一个在线学习单元,孩子们可以在玩游戏前进行咨询。完成这个单元的儿童在数学问题后测中的得分高于只玩游戏的儿童。

中间层次的具体支持包括提示、启发和支架。特·瓦鲁格特及其同事描述了一个支架的例子,他们在一个关于比例推理的数学游戏中嵌入了一些逐渐消退的样例(ter Vrugte 等,2017)。玩这个游戏的职业教育学生会得到一个部分填好的解题步骤模版,可以通过完成缺失的步骤来解决问题。随着学生在游戏关卡中的进步,填写的步骤数量逐渐减少。这种支架被证明是有效的:在游戏过程中能够获得样例的学生在比例推理后测中的得分明显高于没有获得样例的学生(关于支架的概述见 Tabak 和 Kyza,本手册)。

在学习过程中提供提示和启发,用来提醒学生的某些动作和他们可以执行的方式。提示和启发设计应谨慎,以尽量减少对活动流的干扰,这使得它们在某种程度上不太适合在游戏中使用。然而,在模拟中,这两种类型的支持都已经成功地应用于促进自我解释,从而提高学习效果。在一项研究(Johnson 和 Mayer,2010)中,一个简单的问题提示("在下面的空白处解释你的答案")被添加到一个模拟电路中,而伯托德、艾辛克和伦克尔(Berthold,Eysink 和 Renkl,2009)则采用填空的方式鼓励学生自我解释将要学习的概率论原理。在这两项研究中,有提示的学生比没有提示进行模拟的学生获得了更多的主题知识。

将开放、主动的学习环境与直接教学（并行或连续的）相结合也可以在学习过程中帮助学生。总的来说，无论是游戏还是模拟，研究都报告了这种组合的积极效果，与游戏或模拟之后相比，总体上倾向于在游戏或模拟之前呈现信息（Arena 和 Schwartz，2014；Barzilai 和 Blau，2014；Brant，Hooper 和 Sugrue，1991；Wecker 等，2013），有些研究表明在模拟前和模拟时同时呈现信息的效果更优（Lazonder，Hagemans 和 de Jong，2010）。

元分析表明，与无辅助探究相比，上述那些将支持与探究相结合的干预措施能够提高学习效果（d'Angelo 等，2014；Lazonder 和 Harmsen，2016），与说明性教学相比，这种教学能更好地帮助学习者获得知识（Alfieri，Brooks，Aldrich 和 Tenenbaum，2011）。由于担心增加指导可能会干扰游戏的流程，所以设计者通常不会在游戏中添加指导，但最近的一项研究表明，相对于没有支持的游戏，使用者在有支持的游戏中使用者的表现会更好（Clark，Tanner-Smith 和 Killingsworth，2016；见 Fields 和 Kafai，本手册）。尽管我们总体上认为支持是有效的，但对不同类型的支持的相对有效性，我们还知之甚少。然而，最近，拉宗德和哈姆森（Lazonder 和 Harmsen，2016）通过元分析得出结论，学生在调查中如果得到了更多具体的支持，他们就会创造出更好的作品（如模型、概念图、实验报告）。虽然这种支持的特殊性并没有显示出对学习效果的影响，但它确实影响了学习活动，例如，年轻的、缺乏经验的学习者往往比年长的、更有经验的学习者从具体的支持中获益更多。

四、学习科学和研究方法

倡导在教育中引入基于技术的模拟和建模工具，是基于一些理论前提的。第一个前提是，遵循科学探究周期可能会带来现有观念和来自实验的数据之间的认知冲突（Limón，2001）。基于这样的冲突，学生会被激励去适应他们现有的知识。这一理论概念与图式发展和顺应的认知理论密切相关（参见 Chi，Glaser 和 Farr，1988）。推动基于模拟的学习的第二个理论概念是，模拟经常使用多种表征。这些不同的表征（图形、动画、方程式、表格等）是动态的，必须由学生连接起来，从而促成知识抽象过程（Ainsworth，2006；Ainsworth，本手册），正如梅耶的多媒体理论（Mayer，2009）所解释的那样。第三个基本原则是，在基于模拟的学习中，学生对自己的学习过程负责，根据社会学习理论，这导致了更高的动机，特别是内在动机（Ryan 和 Deci，2000），同时学生通过计划、监控和反思来调控学习过程。这样，模拟和建模也支持自主学习（Zimmerman，1990）。第四种相关的理论方法是建构主义（如 Kafai 和 Resnick，1996）。根据这一理论，学生通过识别和展示构成一种现象的组成部分的过程来学习。这些组成部分包括对象（如粒子）、过程（如自由落体）、实体（如加速度）和交互（如实体如何与对象或过程交互）。换句话说，学习者将现象分解为它的组成部分（分析过程），然后在建模环境中构建现象(综合过程)。然而,这些方法背后的基本前提可能过于乐观;例如,有时学生不能根据异常数据调整他们的知识(Chinn 和 Brewer,1993),或者他们无法连接表征(van der Meij 和 de Jong,2006)。在这些情况下,成功的学习需要教学支持。

该领域使用的研究方法可以分为:基于设计的研究,主要关注通过迭代来改进设计特定的模拟或建模工具(Wang 和 Hannafin,2005;参见 Puntambekar,本手册,关于基于设计的研究的介绍);比较学习环境的不同变体,或将基于建模或模拟的学习环境与另一种类型的教学进行比较的实验研究(有关此类研究的概述,见 d'Angelo 等,2014);以及关注学习过程并具有定性特征的研究,例如,使用出声思维技巧(Furberg,Kluge 和 Ludvigsen,2013)或使用学生互动数据收集学习过程信息或预测学生的发展知识(例如,Käser,Hallinen 和 Schwartz,2017)。

五、未来发展

大多数被引用的研究采用了"放之四海而皆准"的方法,即在整个学习过程中,所有学生都可以得到一种特殊类型的教学支持。现在越来越多的证据表明,我们需要一种更复杂的方法,将学生特征和所提供的指导之间的相互影响考虑在内;具体的支架在多大程度上有效取决于学生的先验知识。因此,未来研究和使用这些技术应该考虑个体差异,同时应设法将这些技术嵌入到课程中。

由 WISE 和 Go-Lab 等知识库提供的创作工具使教师能够根据学生的特点预先调整教学支持。教师可以设置一个学习环境,使 10 年级的学生比 12 年级的学生获得更多的背景信息,或者使班里知识水平较低的学生获得部分指定的模型,而知识水平较高的学生则必须从头开始构建这个模型(参见 Mulder,Bollen,de Jong 和 Lazonder,2016)。像这样的可能性在不久的将来可能会越来越多,研究必须为教师提供具体的指导方针,说明哪种程度的支持适合哪些学习者群体。

除了基于学习者特征的差异之外,支持还应该适应学生在学习过程中的自我创造。教师可以在观察学生的同时,在现场提供这种支持,但是学习分析的发展(见 Rosé,本手册,关于学习分析和教育数据挖掘的概述)已经大大提高了教师和软件主体协同工作的可能性。例如,Inq-ITS 平台提供了物理模拟,监控学生的行为,并在需要时提供自动支持,从而使教师能够通过个人辅导和反馈解决更具体的问题(Gobert,Sao Pedro,Raziuddin 和 Baker,2013)。同样,赖和林(Ryoo 和 Linn,2016)开发了一个自动评分系统,评估学生创建的概念图的质量,并根据评估结果生成指导。这种自动化支持的研究和开发,对今后有效的经验式和探究式学习方法的开发具有重要作用。

六、结论

基于 web 的现代技术使模拟和建模环境在全球范围内的使用成为可能,并增加了在线实验室、模拟和建模工具的可访问性。这增加了它们的使用,并通过适当的教学嵌入,模拟、游戏和建模工具成为非常有效的学习技术。这些技术和相关的学习类型符合一种趋势,即学校的教学方法越来越具有多功能性和灵活性,并以各种类型的组合提供给学生。利用这些技术进行学习,可以很好地与协作学习、真实(湿)实验室中的学习以及在翻转课堂中的学习结合起来,其中来自交互的数据或来自虚拟体验的产品可以作为课堂讨论的输入。需要关注的是,在这种环境中,教师需要新的技术技能以及与这些新发展相适应的新的教学法。

七、致谢

这项工作有一部分是在 Next-Lab 项目的背景下进行的,该项目获得了欧盟"地平线 2020 研究和创新计划"的资助(项目号:731685)。本出版物仅反映作者的观点,欧洲委员会对其所含信息的用途并不承担责任。

八、延伸阅读

Clark, D. B., Tanner-Smith, E. E., & Killingsworth, S. S. (2016). Digital games, design, and learning: A systematic review and meta-analysis. *Review of Educational Research*, 86, 79 – 122.

这项元分析综合了 57 项有关数字游戏学习(包括模拟游戏)的初步研究结果。其主要研究结果表明,与非游戏控制条件相比,数字游戏显著提高了学生的学习能力。元分析还比较了增强游戏设计和标准游戏设计。在 20 项研究中,增强设计的学习效果要高于标准设计。这些发现表明,数字游戏对学习是有益的,其教育效果更多地取决于教学设计,而不是计算机技术本身的功能可见性。

d'Angelo, C., Rutstein, D., Harris, C., Bernard, R., Borokhovski, E., & Haertel, G. (2014). *Simulations for STEM learning: Systematic review and meta-analysis*. Menlo Park, CA: SRI International.

这项元分析有两个主要的研究问题:学生从计算机模拟中学到的东西是否比从其他形式的教学中学到的更多? 学生是从简单的模拟中学到更多,还是从与其他教学措施相结合的模拟中学到更多? 第一次元分析包括 42 项研究,结果一致显示,基于模拟的教学明显优于非模拟教学。在 40 次比较的基础上,第二次元分析表明,增强的模拟比非增强的模拟更有效,对支架和添加特殊表征的增强效果最大。

McGaghie, W. C., Issenberg, S. B., Petrusa, E. R., & Scalese, R. J. (2010). A critical review of simulation-based medical education research: 2003 - 2009. *Medical Education*, 44, 50 - 63.

这篇论文综述了 2009 年以来基于模拟的医学教育(SBME)的研究。该作者确定和反思了 SBME 的特征和最佳实践,医学教育工作者应该考虑使用模拟来优化学习。论文根据 SBME 领域现有的实证证据,对这些特征进行了讨论。作者认为,SBME 的研究与开发已经有了很大的改善,SBME 对未来的医生培训有很大的帮助。

Windschitl, M., Thompson, J., & Braaten, M. (2008). Beyond the scientific method: Model-based inquiry as a new paradigm of preference for school science investigations. *Science Education*, 92, 941 - 967.

这篇论文的作者讨论了五项研究的一系列发现,并为调查科学提供了另一种视角——基于模型的探究。基于模型的探究的目的是让学习者更深入地参与学习过程。他们关注学习者的想法,并表明通过建模,这些想法应该是可测试的、可修定的、解释性的、推测性的和生成性的。这些想法也适用于使用学生可以调控的模拟,以及学习过程可以由老师支持或专门设计的工作表。

Zacharia, Z. C. (2015). Examining whether touch sensory feedback is necessary for science learning through experimentation: A literature review of two different lines of research across K - 16. *Educational Research Review*, 16, 116 - 137.

这篇综述通过物理或虚拟(带有触觉反馈)操纵,将所提供的触觉反馈与不提供触觉输入(不使用触觉设备)的虚拟操控相比,探明其是否会对学生科学学习产生不同的影响。这篇综述的论据来自两个不同的研究领域:即专注于比较物理和虚拟操纵(没有触觉反馈)的研究,以及通过触觉设备提供或不提供触觉反馈的虚拟操作的研究。这些研究的元分析表明,触觉反馈并不总是通过实验学习科学的先决条件。

九、NAPLeS 资源

Jacobson, M., 15 minutes on complex systems [Video file]. In NAPLeS video series. Retrieved October 19, 2017, from http://isls-naples. psy. lmu. de/video-resources/guided-tour/15-minutes-jacobson/index. html

Linn, M., 15 minutes on inquiry learning [Video file]. In NAPLeS video series. Retrieved October 19, 2017, from http://isls-naples. psy. lmu. de/video-resources/guided-tour/15-minutes-linn/index. html

参考文献

Achuthan, K., Sreelatha, S. K., Surendran, S. K., Diwakar, S., Nedungadi, P., Humphreys, S., et al. (2011, October–November). *The VALUE @ Amrita virtual labs project: Using web technology to provide virtual laboratory access to students*. Paper presented at the 2011 IEEE Global Humanitarian Technology Conference (GHTC).

Ainsworth, S. (2006). Deft: A conceptual framework for considering learning with multiple representations. *Learning and Instruction, 16*, 183–198.

Ainsworth, S. (2018). Multiple representations and multimedia learning. In F. Fischer, C. E. Hmelo-Silver, S. R. Goldman, & P. Reimann (Eds.), *International handbook of the learning sciences* (pp. 96–105). New York: Routledge.

Alfieri, L., Brooks, P. J., Aldrich, N. J., & Tenenbaum, H. R. (2011). Does discovery-based instruction enhance learning? *Journal of Educational Psychology, 103*, 1–18.

Anderson, J. L., & Barnett, M. (2013). Learning physics with digital game simulations in middle school science. *Journal of Science Education and Technology, 22*, 914–926.

Arena, D. A., & Schwartz, D. L. (2014). Experience and explanation: Using videogames to prepare students for formal instruction in statistics. *Journal of Science Education and Technology, 23*, 538–548.

Barzilai, S., & Blau, I. (2014). Scaffolding game-based learning: Impact on learning achievements, perceived learning, and game experiences. *Computers & Education, 70*, 65–79.

Berthold, K., Eysink, T. H. S., & Renkl, A. (2009). Assisting self-explanation prompts are more effective than open prompts when learning with multiple representations. *Instructional Science, 37*, 345–363.

Bivall, P., Ainsworth, S., & Tibell, L. A. E. (2011). Do haptic representations help complex molecular learning? *Science Education, 95*, 700–719.

Bollen, L., & van Joolingen, W. R. (2013). SimSketch: Multiagent simulations based on learner-created sketches for early science education. *IEEE Transactions on Learning Technologies, 6*, 208–216.

Bonde, M. T., Makransky, G., Wandall, J., Larsen, M. V., Morsing, M., Jarmer, H., & Sommer, M. O. A. (2014). Improving biotech education through gamified laboratory simulations. *Nature Biotechnology, 32*, 694–697.

Brant, G., Hooper, E., & Sugrue, B. (1991). Which comes first, the simulation or the lecture? *Journal of Educational Computing Research, 7*, 469–481.

Chi, M. T. H., Glaser, R., & Farr, M. (Eds.). (1988). *The nature of expertise*. Hillsdale, NJ: Lawrence Erlbaum.

Chinn, C. A., & Brewer, W. F. (1993). The role of anomalous data in knowledge acquisition: A theoretical framework and implications for science instruction. *Review of Educational Research, 63*, 1–51.

Clark, D. B., Tanner-Smith, E. E., & Killingsworth, S. S. (2016). Digital games, design, and learning: A systematic review and meta-analysis. *Review of Educational Research, 86*, 79–122.

d'Angelo, C., Rutstein, D., Harris, C., Bernard, R., Borokhovski, E., & Haertel, G. (2014). *Simulations for STEM learning: Systematic review and meta-analysis*. Menlo Park, CA: SRI International.

de Jong, T. (2016). Instruction based on computer simulations and virtual labs. In R. E. Mayer & P. A. Alexander (Eds.), *Handbook of research on learning and instruction* (2nd ed., pp. 1123–1167). New York: Routledge.

de Jong, T., & Lazonder, A. W. (2014). The guided discovery principle in multimedia learning. In R. E. Mayer (Ed.), *The Cambridge handbook of multimedia learning* (2nd ed., pp. 371–390). Cambridge, UK: Cambridge University Press.

de Jong, T., Linn, M. C., & Zacharia, Z. C. (2013). Physical and virtual laboratories in science and engineering education. *Science, 340*, 305–308.

de Jong, T., Sotiriou, S., & Gillet, D. (2014). Innovations in STEM education: The Go-Lab federation of online labs. *Smart Learning Environments, 1*, 1–16.

de Jong, T., & van Joolingen, W. R. (2008). Model-facilitated learning. In J. M. Spector, M. D. Merill, J. v. Merriënboer, & M. P. Driscoll (Eds.), *Handbook of research on educational communication and technology* (3rd ed., pp. 457–468). New York: Lawrence Erlbaum.

Fields, D. A., & Kafai, Y. B. (2018). Games in the learning sciences: Reviewing evidence from playing and making games for learning. In F. Fischer, C. E. Hmelo-Silver, S. R. Goldman, & P. Reimann (Eds.), *International handbook of the learning sciences* (pp. 276–284). New York: Routledge.

Fincher, R. M. E., & Lewis, L. A. (2002). Simulations used to teach clinical skills. In G. R. Norman, C. P. M. van der Vleuten, & D. J. Newble (Eds.), *International handbook of research in medical education* (pp. 499–535). Dordrecht, Netherlands: Kluwer Academic.

Freeman, S., Eddy, S. L., McDonough, M., Smith, M. K., Okoroafor, N., Jordt, H., & Wenderoth, M. P. (2014). Active learning increases student performance in science, engineering, and mathematics. *Proceedings of the National Academy of Sciences, 111*, 8410–8415.

Furberg, A., Kluge, A., & Ludvigsen, S. (2013). Student sensemaking with science diagrams in a computer-based setting. *International Journal of Computer-Supported Collaborative Learning, 8*, 41–64.

Gobert, J. D., Baker, R. S., & Wixon, M. B. (2015). Operationalizing and detecting disengagement within online science microworlds. *Educational Psychologist, 50*, 43–57.

Gobert, J. D., Sao Pedro, M. A., Raziuddin, J., & Baker, R. S. (2013). From log files to assessment metrics: Measuring students' science inquiry skills using educational data mining. *Journal of the Learning Sciences, 22*, 521–563.

Han, I., & Black, J. B. (2011). Incorporating haptic feedback in a simulation for learning physics. *Computers & Education, 57*, 2281–2290.

Hofstein, A., & Lunetta, V. N. (2004). The laboratory in science education: Foundations for the twenty-first century. *Science Education, 88*, 28–54.

Hulshof, C. D., Eysink, T. H. S., & de Jong, T. (2006). The ZAP project: Designing interactive computer tools for learning psychology. *Innovations in Education & Teaching International, 43*, 337–351.

Ibáñez, M. B., Di Serio, Á., Villarán, D., & Delgado Kloos, C. (2014). Experimenting with electromagnetism using augmented reality: Impact on flow student experience and educational effectiveness. *Computers & Education, 71*, 1–13.

Johnson, C. I., & Mayer, R. E. (2010). Applying the self-explanation principle to multimedia learning in a computer-based game-like environment. *Computers in Human Behavior, 26*, 1246–1252.

Kafai, Y. B., & Resnick, M. (Eds.). (1996). *Constructionism in practice: Designing, thinking, and learning in a digital world*. Mahwah, NJ: Lawrence Erlbaum.

Käser, T., Hallinen, N. R., & Schwartz, D. L. (2017). *Modeling exploration strategies to predict student performance within a learning environment and beyond*. Paper presented at the Proceedings of the Seventh International Learning Analytics & Knowledge Conference.

Lazonder, A. W., Hagemans, M. G., & de Jong, T. (2010). Offering and discovering domain information in simulation-based inquiry learning. *Learning and Instruction, 20*, 511–520.

Lazonder, A. W., & Harmsen, R. (2016). Meta-analysis of inquiry-based learning: Effects of guidance. *Review of Educational Research, 86*, 681–718.

Lazonder, A. W., & Kamp, E. (2012). Bit by bit or all at once? Splitting up the inquiry task to promote children's scientific reasoning. *Learning and Instruction, 22*, 458–464.

Leemkuil, H., & de Jong, T. (2011). Instructional support in games. In S. Tobias & D. Fletcher (Eds.), *Can computer games be used for instruction?* (pp. 353–369). Charlotte, NC: Information Age Publishers.

Leemkuil, H., & de Jong, T. (2012). Adaptive advice in learning with a computer-based strategy game. *Academy of Management Learning & Education, 11*, 653–665.

Limón, M. (2001). On the cognitive conflict as an instructional strategy for conceptual change: A critical appraisal. *Learning and Instruction, 11*, 357–380.

Lindgren, R., Tscholl, M., Wang, S., & Johnson, E. (2016). Enhancing learning and engagement through embodied interaction within a mixed reality simulation. *Computers & Education, 95*, 174–187.

Linn, M. C., McElhaney, K. W., Gerard, L., & Matuk, C. (2018). Inquiry learning and opportunities for technology. In F. Fischer, C. E. Hmelo-Silver, S. R. Goldman, & P. Reimann (Eds.), *International handbook of the learning sciences* (pp. 221–233). New York: Routledge.

Louca, L. T., & Zacharia, Z. C. (2015). Examining learning through modeling in K–6 science education. *Journal of Science Education and Technology, 24*, 192–215.

Mayer, R. E. (2009). *Multimedia learning* (2nd ed.). New York: Cambridge University Press.

McGaghie, W. C., Issenberg, S. B., Petrusa, E. R., & Scalese, R. J. (2010). A critical review of simulation-based medical education research: 2003–2009. *Medical Education, 44*, 50–63.

Miller, C. S., Lehman, J. F., & Koedinger, K. R. (1999). Goals and learning in microworlds. *Cognitive Science, 23*, 305–336.

Mulder, Y. G., Bollen, L., de Jong, T., & Lazonder, A. W. (2016). Scaffolding learning by modelling: The effects of partially worked-out models. *Journal of Research in Science Teaching, 53*, 502–523.

Mulder, Y. G., Lazonder, A. W., & de Jong, T. (2011). Comparing two types of model progression in an inquiry learning environment with modelling facilities. *Learning and Instruction, 21*, 614–624.

National Research Council. (2012). *A framework for K–12 science education: Practices, crosscutting concepts, and core ideas*. Washington, DC: National Academies Press.

Papaevripidou, M., & Zacharia, Z. C. (2015). Examining how students' knowledge of the subject domain affects their process of modeling in a computer programming environment. *Journal of Computers in Education, 2*, 251–282.

Pedaste, M., Mäeots, M., Siiman, L. A., de Jong, T., van Riesen, S. A. N., Kamp, E. T., et al. (2015). Phases of inquiry-based learning: Definitions and inquiry cycle. *Educational Research Review, 14*, 47–61.

Puntambekar, S. (2018). Design-based research (DBR). In F. Fischer, C. E. Hmelo-Silver, S. R. Goldman, & P. Reimann (Eds.), *International handbook of the learning sciences* (pp. 383–392). New York: Routledge.

Rönnebeck, S., Bernholt, S., & Ropohl, M. (2016). Searching for a common ground—A literature review of empirical research on scientific inquiry activities. *Studies in Science Education*, 1–37. doi:10.1080/03057267.2016.1206351

Rosé, C. P. (2018). Learning analytics in the Learning Sciences. In F. Fischer, C. E. Hmelo-Silver, S. R. Goldman, & P. Reimann (Eds.), *International handbook of the learning sciences* (pp. 511–519). New York: Routledge.

Ryan, R. M., & Deci, E. L. (2000). Self-determination theory and the facilitation of intrinsic motivation, social development, and well-being. *American Psychologist, 55*, 68–78.

Ryoo, K., & Linn, M. C. (2016). Designing automated guidance for concept diagrams in inquiry instruction. *Journal of Research in Science Teaching, 53*, 1003–1035.

Slotta, J. D., & Linn, M. C. (2009). *WISE science: Web-based inquiry in the classroom.* New York: Teachers College Press.

Tabak, I., & Kyza., E. (2018). Research on scaffolding in the Learning Sciences: A methodological perspective. In F. Fischer, C. E. Hmelo-Silver, S. R. Goldman, & P. Reimann (Eds.), *International handbook of the learning sciences* (pp. 191–200). New York: Routledge.

ter Vrugte, J., de Jong, T., Wouters, P., Vandercruysse, S., Elen, J., & van Oostendorp, H. (2015). When a game supports prevocational math education but integrated reflection does not. *Journal of Computer Assisted Learning, 31*, 462–480.

ter Vrugte, J., de Jong, T., Wouters, P., Vandercruysse, S., Elen, J., & van Oostendorp, H. (2017). Computer game-based mathematics education: Embedded faded worked examples facilitate knowledge acquisition. *Learning and Instruction, 50*, 44–53.

Trout, L., Lee, C. L., Moog, R., & Rickey, D. (2008). Inquiry learning: What is it? How do you do it? In S. L. Bretz (Ed.), *Chemistry in the national science education standards: Models for meaningful learning in the high school chemistry classroom* (2nd ed., pp. 29–43). Washington, DC: American Chemical Society.

van der Meij, J., & de Jong, T. (2006). Supporting students' learning with multiple representations in a dynamic simulation-based learning environment. *Learning and Instruction, 16*, 199–212.

van der Spek, E. D., van Oostendorp, H., & Meyer, J. J. C. (2013). Introducing surprising events can stimulate deep learning in a serious game. *British Journal of Educational Technology, 44*, 156–169.

Waldrop, M. M. (2013). The virtual lab. *Nature, 499*, 268–270.

Wang, F., & Hannafin, M. J. (2005). Design-based research and technology-enhanced learning environments. *Educational Technology Research and Development, 53*, 5–23.

Wecker, C., Rachel, A., Heran-Dörr, E., Waltner, C., Wiesner, H., & Fischer, F. (2013). Presenting theoretical ideas prior to inquiry activities fosters theory-level knowledge. *Journal of Research in Science Teaching, 50*, 1180–1206.

Wetzel, J., VanLehn, K., Butler, D., Chaudhari, P., Desai, A., Feng, J., et al. (2016). The design and development of the dragoon intelligent tutoring system for model construction: Lessons learned. *Interactive Learning Environments*, 1–21. doi: 10.1080/10494820.2015.1131167

White, B. Y., & Frederiksen, J. R. (1990). Causal model progressions as a foundation for intelligent learning environments. *Artificial Intelligence, 42*, 99–157.

Wieman, C. E., Adams, W. K., & Perkins, K. K. (2008). PhET: Simulations that enhance learning. *Science, 322*, 682–683.

Windschitl, M., Thompson, J., & Braaten, M. (2008). Beyond the scientific method: Model-based inquiry as a new paradigm of preference for school science investigations. *Science Education, 92*, 941–967.

Yaron, D., Karabinos, M., Lange, D., Greeno, J. G., & Leinhardt, G. (2010). The chemcollective—Virtual labs for introductory chemistry courses. *Science, 328*, 584–585.

Zacharia, Z. C. (2015). Examining whether touch sensory feedback is necessary for science learning through experimentation: A literature review of two different lines of research across K–16. *Educational Research Review, 16*, 116–137.

Zacharia, Z. C., Manoli, C., Xenofontos, N., de Jong, T., Pedaste, M., van Riesen, S. A. N., et al. (2015). Identifying potential types of guidance for supporting student inquiry in using virtual and remote labs: A literature review. *Educational Technology Research & Development, 63*, 257–302.

Zimmerman, B. J. (1990). Self-regulated learning and academic achievement: An overview. *Educational Psychologist, 25*, 3–17.

第 26 章　通过设计、技术及开放教育资源支持教师学习

米米·雷克，塔玛拉·萨姆纳(Mimi Recker，Tamara Sumner)

一、引言

一些学习科学研究已经将教学概念化为一种设计活动，并检验了由此产生的教学影响。参与设计的过程可以帮助教师学习新的内容和技能(Davis 和 Krajcik，2005)，同时也有助于支持和维持课程创新(Fishman 和 Krajcik，2003)。在一篇影响深远的文献综述中，雷米拉德(Remillard，2005)认为，课程材料可以被视为教师为学生设计活动而参与的模型。研究表明，紧密结合课程和其他优质教材设计教学活动的教师可以显著提高学生的学习效果(NRC，2007；Penuel，Gallagher 和 Moorthy，2011)。

在学习科学领域，研究者们已经从多个角度对教师参与设计的问题进行了探讨(见 Kali，McKenney 和 Sagy，2015)。例如，有研究分析了教师参与设计所需要的知识类型，也有研究分析了教师参与设计的不同轨迹(例如，协同设计)。还有研究探讨了设计过程的技术支持(Davis 和 Krajcik，2005；Kali，McKenney 和 Sagy，2015；Matuk，Linn 和 Eylon，2015；Voogt，Almekinders，van den Akker 和 Moonen，2005)。

新的技术配置及其对学习的支持或促进作用，已被广泛称为网络学习(cyberlearning)。在这里，开放教育资源(open educational resources，OERs)的作用被明确地称为一个重要的组成部分(Borgman 等，2008)。OERs 是指存在于公共领域的、或根据许可计划发布的、允许他人免费使用或定制的教与学资源(Atkins，Brown 和 Hammond，2007；Borgman 等，2008)。它们包括多种媒体和资源类型，如动画、视频、科学数据、地图、图像、游戏、模拟及完整的教科书。OERs 可以由美国国家航空航天局(NASA)等科学机构、出版公司、大学教师、K–12 教师或者所有年龄段的学习者创建。OERs 可以在万维网和专门存储库中找到，如国家科学数字图书馆、OERs 公共资源或 YouTube 的教育频道，其中都包含了数万种教育资源。

在本章中，我们将重点讨论技术在支持教师使用 OERs 进行设计时所起到的作用。当教师使用 OERs 时，他们就参与了一系列丰富的教学和设计实践：他们调整和组合资源以创建新的学习材料，通过发布新的或重新混合的资源与他人共享劳动成果，并提供有关 OERs 的元数据，如评级、标签、注释和评论。教师先前的经验、他们对学生需求和评估的看法以及他们自己的设计能力，都将影响这些教学材料和教学过程

的实施、细化、定制和改进。

开发和研究使用OERs进行设计的新技术支持已经变得越来越重要。OERs也成为了一种全球现象,它正在重塑教师、教材和课程之间的传统关系,甚至打破了传统的教学安排(Fishman和Dede,2016)。与此同时,随着教师越来越多地求助于网络和开放教育资源的专门储存库,网络上数字材料的不断增多也引发了如何将教学作为一种设计活动的新问题。

本章的目的是研究两种不同类型的软件工具来支持教师使用OERs设计、定制教学活动和课程。我们首先描述了网络学习的概念框架,阐明教学即设计(teaching as design)的研究议程。然后提出了支持这些过程的两种技术模型,并描述了它们在两个软件工具中的实现,即教学建筑师(instructional architect)和课程定制服务(curriculum customization service)。本章总结了教师使用这两种工具的研究结果,并通过讨论总结了这一观点对研究和实践的启示。

二、概念框架

该技术模型借鉴了三种将教学视为设计的方法,本节将对每一种方法都作简要讨论。

1. 教学设计能力

如上所述,学习科学研究认为,教师使用课程的方式在本质上是一个设计的过程。例如,教师可能根据形成性评价的结果来增加或减少已经计划好的课堂活动,为在评估中表现良好的学生提供个性化指导,或为英语学习者修改重文本教学(text-heavy instruction)。

然而,在为学生设计教学活动时,教师在识别、排序和有原则地定制课程教材方面的能力差异很大,这种能力被称为教学设计能力(pedagogical design capacity)(Brown,2009)。根据这一观点,当教师使用教材时,他们的教学设计能力、先前的经验和知识都与课程属性相互作用,从而影响由此产生的教学定制和课堂实施。在描述这些定制实践时,布朗(Brown,2009)发现,不同时期的教师可能会将设计"卸载"(offload)到课程本身上(从而提供很少的定制),也可能会对其进行小范围的修改"调整",或者完全"即兴发挥",依靠自己的设计,尽量减少对所提供的课程的依赖。

此外,研究表明,许多教师缺乏实施有效定制的支持或准备。因此,他们可能无意中破坏了课程创新的意图(RemiLaar,2005)。例如,教师可能选择演示科学实验,而不是支持学生进行研究(Fogleman,McNeil和Krajcik,2011)。然而,教师专业发展的重点是让教师根据材料进行有原则的定制——即保持材料组织的连贯性并符合其基本原理,以提高他们的教学设计能力(Penuel等,2011)。

2. 同侪生产

同侪生产(peer production)是一套依赖于自组织的个人群体的实践:通过网络技

术连接起来的分布式人群以某种方式共同完成任务,可能比单独工作更有效、更高效(Benkler,2006)。同侪生产已经在几个领域得到了有效应用,例如百科全书编辑(Wikipedia)和协作软件设计(Linux)。

当应用于教育时,同侪生产可以在设计和共享教学作品的小型迭代循环中支持教师,这样就有可能支持更多渐进的、可扩展的教学质量改进。快速变化的技术环境,以及 OERs 的日益普及,使教师参与设计的新方式成为可能。如,通过访问 OERs 存储库,并使用新的工具,教师能够使用 OERs 创建、不断调整并共享教学活动。如果得到网络技术的支持和扩充,那么这些活动就能够促进分散的教师群体在同行工作的基础上更好地满足学生需要(Porcello 和 Hsi,2013)。经过一段时间众多教师的相互合作,许多小变化的聚合影响可以支持迭代改进的循环,教师设计质量的提高也可以促进教学质量的提高,二者可谓相辅相成(Morris 和 Hiebert,2011)。

3. 使用扩散

虽然同侪生产提供了一种令人信服的在 21 世纪使用 OERs 进行教学的观点,但现有的许多研究认为,许多领域的新实践和工具并没有被目标用户(包括教师)统一、无缝地使用。使用扩散(use diffusion)从使用频率和功能使用的多样性两个维度为这种采用行为建模,从而形成使用模式的不同类型(Shih 和 Venkatesh,2004)。例如,一个用户可能经常使用一些功能(高使用、低变化),而另一个用户可能频繁使用各种功能(高使用、高变化)。当然,也包括低使用、高变化;低使用、低变化。通过挖掘用户与在线系统互动时留下的数字痕迹,可以明确该用户的使用属于哪种类型。当教师选择采用、设计和定制 OERs 时,使用扩散框架可能有助于捕获实践中的系统模式变化。

三、两种模型和软件实践

这三个框架的要素在为教学即设计提供技术支持的模型开发方面提供了信息。本节特地描述了帮助教育者使用 OERs 进行教学设计和定制的两种模型。如下所述,这两种模型都是旨在通过利用同侪生产过程来提高教师的教学设计能力,从而帮助教师进行有效设计。这两种模型已经在两个软件工具中实例化——教学建筑师(IA)(Recker 等,2007)和课程定制服务(CCS)(Sumner 和 CCS Team,2010)。

这些工具在不同的教育环境中已经使用多年,并且许多教师对这些工具的使用进行了研究。检验工具使用情况的研究采用了一系列方法,包括准实验和调查设计等既定方法,以及案例研究、访谈和实地观察等定性方法(Maull 等,2011;Recker,Yuan 和 Ye,2014;Sumner 等,2010;Ye,Recker,Walker,Leary 和 Yuan,2015)。

此外,像大多数在线系统一样,IA 和 CCS 会自动记录所有用户的在线交互。这些数据集的可用性越来越高,再加上计算能力的提高以及新兴的"大数据"技术,为理解在线环境中的教与学的研究提供了前所未有的机会(Baker 和 Siemens,2014)。这产生了一个新的教育研究领域,即教育数据挖掘(educational data mining,EDM)。下面介绍的结果应用 EDM 技术,通过包括使用扩散(use diffusion)在内的多个视角来研究教师设计模式。

1. 案例 1:教学建筑师(instructional architect)

教学建筑师(IA. usu. edu)是一款免费的网络创作工具,它帮助教师找到并使用 OERs 为学生创建网络学习活动(Recker 等,2007)。为了使用 IA,教师首先必须创建一个免费账户,这样他们才能够以多种方式使用 IA。IA 中"我的资源"模块让教师可以直接从教育数字图书馆的链接及更广泛的网络搜索并保存 OERs,并将它们添加到他们保存的资源列表中。

在"我的项目"模块,教师可以创建网页(称为 IA 项目,它们本身也是一种 OER),通过该网页链接选定 OERs 并寻找相应的教学文本。最后,教师可以选择将 IA 项目"发布"(或共享)给学生,或者分享到更广泛的网络上。IA 用户可以查看公共 IA 项目并复制他们喜欢的项目。然后将这个副本添加到该用户的个人资源存储库,以便该用户进一步编辑和再次使用。

以下是 IA 的一个关键使用案例。首先,教师会借助一个类似向导的创作工具来使用 OERs,创建一个 IA 项目,这些 OERs 是教师通过检索 OERs 集合或公共 IA 项目存储库或者浏览网页找到的。教师创建了自己的 IA 项目后,可以选择通过 IA 存储库与他们的学生或更广泛的公众分享这些项目。教师还可以查看其他教师分享到 IA 存储库的项目。如果教师特别喜欢其中的一个 IA 项目,她可以将其复制到自己的个人收藏中,以便进一步编辑、修改和重新使用。通过这种方式,教师可以围绕 OERs 设计学习活动,将已发现的 OERs 作为主要的教学资源,或将其用于原本计划好的教学活动中。

IA 的使用。2005 年以来,IA 已经拥有超过 8 200 个注册用户,他们收集了大约 78 000 个 OERs 并创建了 18 000 多个 IA 项目。自 2006 年 8 月以来,公共 IA 项目的浏览量已经超过 500 万次。虽然这对于企业网络系统来说是一个小活动,但是它足以提出关于教师使用的有趣的教育问题。

研究 1。这项研究调查了在一个日历年内创建 IA 帐户的 200 名用户的活动(见 Recker 等,2014)。IA 使用数据分析(见表 26.1)表明教师对 IA 的使用情况各不相同。相对于平均值较大的标准差表明了一种偏态分布,在这种分布中,部分教师大量使用某些特定功能,而另一些教师则较少使用。这种使用偏差在在线系统使用分析中相当典型,并且与使用扩散框架一致。

此外,平均来看,教师选择分享自创的 IA 项目的比例为三分之二,而选择复制其他用户创建的 IA 项目的比例则较小,只占 15%。最后,一般来说,教师更喜欢查看他人分享的 IA 项目而不是完全复制它们。这说明教师可能一直在浏览一些想法,或者只是找到了小部分完全满足他们需要的 IA 项目。因此,这些发现揭示了一些同侪生产的证据,因为这些教师在创建、复制和修改 IA 项目时,既是 IA 社区 OERs 的贡献者,也是该共同体的用户。

表 26.1 用户(N＝200)活动及其 IA 项目特征的描述性统计(数据收集超过一年以上)

	IA 活动	平均值	中位数	标准差	最小值	最大值
教师活动 (N＝200)	♯登录	10.38	7	10.59	1	57
	♯所有 IA 项目中使用的 OER	16.82	10	24.02	0	217
	♯创建的 IA 项目	2.60	2	2.04	1	10
	♯创建的公共 IA 项目	1.73	1	1.95	0	10
	♯从其他项目中复制的 IA 项目	0.58	0	1.46	0	9
	♯查看的 IA 项目	12.98	7	17.44	0	134

表 26.2 活跃用户(N＝547)九个月的总活动

IA 活动	总计	平均值
♯ 登录	3,440	6.28
♯ 收集到的 OER	6,509	11.89
♯ 查看的 IA 项目	4,827	8.82
♯ 复制的 IA 项目(％)	422(22％)	0.77
♯ 创建的 IA 项目	1,890	3.45
♯ 项目共享会 IA 数据库(％)	1,194(63％)	2.18

研究 2。与关注新用户不同,第二项研究调查了 547 名活跃用户在 9 个月期间的使用活动(见 Recker 等,2014)。如表 26.2 所示,这些用户最频繁的活动是收集 OERs 和查看公共 IA 项目。不太频繁的活动是如研究 1 所涉及的完全复制现有的 IA 项目。此外,这些用户创建了近 2000 个 IA 项目。其中,三分之二的项目在 IA 用户共同体中得到共享。这些结果表明,教师认为 OERs 和 IA 项目是有用的。它们再次提供了一些同侪生产的证据,因为教师以一种分散的方式在其他教师的工作基础上进行创建,也许还利用了其他教师的教学设计能力。

此外,在研究这些教师创建的 IA 项目内容时,我们发现,大多数 IA 项目所展示出的教学设计能力都还是比较欠缺的,或可称之为"卸载"。也就是说,这些 IA 项目通常包含与 OERs 的链接,但很少有证据可以证明,其中增加了教师的设计或改编。更少有 IA 项目显示出"即兴创作"的迹象,即教师围绕 OERs 进行实质性的设计。然而,由于只是研究了内容,所以我们也缺乏这些 IA 项目后来如何在教室和其他教学环境中实施的证据。因为任何能上网的人都可以免费创建账户并使用 IA,所以教师的背景来源是多样的。也正因如此,IA 项目可以服务于广泛的目的:正式学习、非正式学习、家庭作业、在家学习的学生、额外帮助等。如果不了解 IA 项目作者的意图和更广泛的实施背景,就难以对教师的教学设计能力作出强有力的推断。

尽管如此,这两项研究的结果依旧表明,IA 支持教师以多种方式参与同侪生产共同体——作为教学设计能力较高的贡献者,以及作为教学设计能力较低的使用者。

2. 案例 2：课程定制服务(curriculum customization service)

课程定制服务(CCS)是一个网络应用程序,旨在支持合作学区内的教师团体定制教学材料,包括 OERs,以便为他们的学生开展差异化教学。在一个典型的 CCS 应用案例中,教师可以从在线存储库、学区课程材料以及使用 CCS 的其他教师提供的 OERs 中进行搜索和选择。通过这种方式,教师可以利用其所在学区的其他教师的劳动成果。然后,教师可以将这些资源与不同的学习目标结合起来,为学生创建定制的教学计划和活动(Sumner 等,2010)。最后,教师还可以将其劳动成果分享到 CCS 共享社区。

CCS 已经经过多年的迭代和参与式设计过程,随着时间的推移,它已经添加了不少功能,以便更好地支持教师的工作。例如,CCS 的一大特点是教师可以将 OERs 和学区课程以及学习目标相匹配,存储一套个性化的首选 OERs 供将来使用,并从存储的 OERs 中构建定制的教材序列,以便在教学时访问这些材料。

社交软件功能还可以让教师分配和查看 OERs 的星级评定和描述性标签,与所在学区的其他教师共享他们新创建的定制,查看存储特定 OERs 的人数,并查看指示其他教师使用材料的活动流。通过这种方式,CCS 的功能有助于支持特定学区内的网络专业学习共同体。教师个体可以通过 CCS 利用其他教师的工作和教学设计能力为学生定制内容,从而受益。学区也将因此受益,因为 CCS 可成为与学区课程框架一致的共享定制存储库。

与 IA 不同,CCS 被设计成一个封闭的环境。只有合作学区内的教师可以创建账户。这使得教师能够获得其所在学区特定的学习材料(例如,学区课程、学习目标)以及相关的 OERs。这也意味着教师的课程定制成果只能与同一学区的教师共享。因此,这些定制与学区的教学环境更紧密地结合在一起,与教师更相关,对教师也更有用。

研究 1。本研究以一个大型城区所有初中和高中的地球科学教师(共 124 人)为研究对象,采用 CCS 进行了为期一学年的调查。本研究旨在探讨教育工作者将 OERs 融入教学实践的方式及原因,并强调 CCS 在整合过程中所扮演的角色。

调查结果显示,与引进 CCS 之前的情况相比,CCS 可以帮助教师更有信心、更频繁、更有效地将 OERs 整合到其教学实践中。教师整合 OERs 是为了提高学生的参与度,解决其对关键概念的错误理解问题,提供科学概念或现象的替代表述,并根据学生的阅读能力和语言能力等的不同提供差异化教学。此外,社会网络分析显示,CCS 可以帮助教师更加了解其他教师的做法,从而支持教师的在线共同体(Maull, Salvidar 和 Sumner,2011)。

研究 2。第二项研究涉及来自五个学区的 73 名高中科学教师,他们在为期一年的课程中与 2 000 多名学生一起使用 CCS(Ye 等,2015)。这项研究考察了拥有不同技能和背景的教师如何将 CCS 融入到他们的教学中。该研究还考察了这些整合策略对学生学习成果的影响。

数据分析分为两部分。第一部分是影响研究,对象包括所有的教师,而第二部分是活跃用户研究,研究了 43 名教师在一年中更积极地使用 CCS 的模式。

首先,在影响研究中,教师认为,通过对 CCS 的使用,他们对其他科学教师的实践认识有所丰富,在教学中使用 OERs 的频率显著提高。因此,CCS 的目的是帮助提高教师对他人教学实践的认识,并增加他们在教学中使用 OERs 的频率。然而,调查结果显示,教师使用 CCS 的方式与学生的学习成果之间没有很强的相关性。

在活跃用户研究中,研究者们基于使用扩散对教师使用数据进行聚类。特别是,利用 CCS 使用日志数据界定了"使用多样性"度量标准,以形成用户类型来帮助我们理解和分类用户、他们执行的常见任务以及他们在线行为的细节。该度量标准将使用模式划分成四个象限,并分别标记为:(1)特色用户(高使用;低变化),(2)行家(高使用;高变化),(3)专家(低使用,高变化),(4)冷淡用户(低使用;低变化)。图 26.1 显示了基于 CCS 使用模式的教师类型。

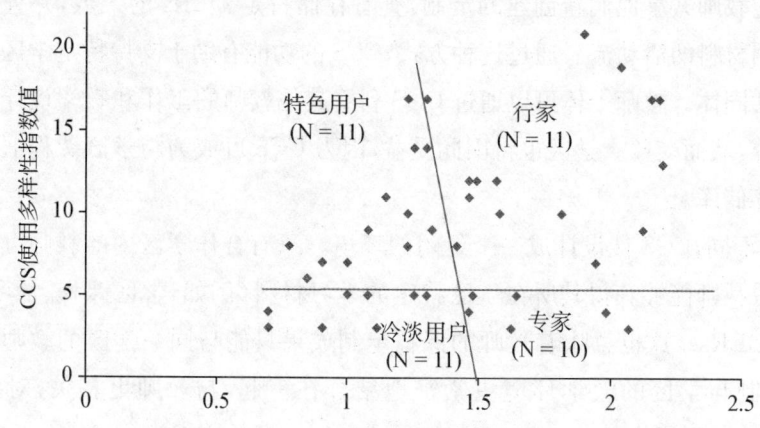

图 26.1　教师用户的四种类型(根据 Ye 等人,2015)
注:X 轴表示使用频率,Y 轴表示不同 CCS 性能的多样性。

与影响研究相反,教师的使用模式与态度和教学实践的变化没有关系(如调查中的自我报告显示)。然而,在学生学习成果方面,结果表明,特色用户和行家的学生学习效果最好(Ye 等,2015)。这两种类型的共同特点是,这些教师在使用 CCS 时表现出了最大的多样性,这种多样性对学生的学习成果产生了积极的影响。

四、结论

本章认为,随着数字课程材料和 OERs 的迅速普及,将教学概念化为一种设计是一个越来越重要的视角。它描述了两种软件工具——教学建筑师(IA)和课程定制服务(CCS),这两种软件工具的开发有助于教师整合和定制 OERs,为学生设计学习活动。长期以来,教师参与课程教材和为学生设计活动的过程一直被认为是有效教学的重要组成部分(Remillard,2005)。本章所描述的两种工具虽然属于设计空间的不同部分,但目的都是基于教师不同的教学设计能力,利用同侪生产为教师提供支持。

IA 尤其支持教师寻找相关资源(包括更广泛网络的 OERs 和现有的 IA 项目)用于他们的教学。许多教师也选择将他们创建的 IA 项目回馈给共同体。但这是以分散的方式完成的,因为没有统整教师 IA 项目的课程框架。利用同侪生产过程,其他 IA 用户有机会利用这些共享资源找到和定制针对教学问题的"及时"解决方案。同时,研究还表明,IA 项目的教学设计能力水平较低,因为许多 IA 项目具有"卸载"的特征。

另一方面,CCS 旨在支持和维持一个学区内的教师共同体。通过社交软件功能,教师可以了解同事的贡献(以共享的课程定制和相关 OERs 的形式),包括那些具有较高教学设计能力教师的贡献。通过这种方式,学区课程教材可以被教师共同体逐步定制、共享和改进。这种渐进式改进也为可能存在于特定学校共同体内的长期教学问题提供了一种解决方法。

需要注意的是,IA 和 CCS 的用例的关键是在制定教学计划时支持教师,而不一定是在课堂上。然而,证据表明,一些教师以各种方式使用这些工具,包括直接用于支持课堂教学。

作为软件工具,IA 和 CCS 当然没有将教学作为设计的唯一途径。相反,我们建议将这些工具作为研究教师如何利用网络学习技术和 OER 来发挥其教学设计能力的理论视角。这项工作也为研究教师的使用模式提供了参考,并为今后探索教师如何适应工具的不同方面、以及社交软件如何支持教师从庞大的网络信息资源和在线共同体的同行中学习奠定了基础。

五、致谢

感谢我们的协作者(Heather Leary, Victor Lee, Ye Lei, Keith Maull 和 Andrew Walker)以及研究参与者。本研究是基于美国国家科学基金会在 0554440、1043660、0840745、0937630 和 1043858 号拨款支持下的工作。本研究中所表达的任何观点、发现、结论或建议均为作者个人观点,不代表美国国家科学基金会的观点。

六、延伸阅读

Davis, E. A., Beyer, C., Forbes, C. T., & Stevens, S. (2011).

Understanding pedagogical design capacity through teachers' narratives. *Teaching and Teacher Education*, 27(4), 797 - 810.

本文就两所小学如何改编课程教材进行案例分析,并对两所小学的教学设计能力进行反思。

Fishman, B., & Dede, C. (2016). Teaching and technology: New tools for new times. In D. Gitomer & C. Bell (Eds.), *Handbook of research on teaching* (5th ed., pp 1269 - 1335). Washington, DC: AERA.

这篇文章对教育技术在教学和教师中的应用进行了综合评述。

Kali, Y., McKenney, S., & Sagy, O. (2015). Teachers as designers of technology enhanced learning. *Instructional Science*, 43(2), 173 - 179.

这篇文章是《教学科学》特刊导言,探讨了"教师作为技术的设计者"。

Porcello, D., & Hsi, S. (2013). Crowdsourcing and curating online education resources. *Science*, 341(6143), 240 - 241.

本文描述了支持有效开发、访问和使用在线教育资源的四个关键问题。它们是:总结描述 OER 或元数据的常用方法;促使专家和共同体成员都能够就构成 OER 质量的要素发表意见;为共同体用户提供全面参与的途径;开发使用通用技术标准实现可相互操作的系统。

七、NAPLeS 资源

Recker, M. Teacher learning and technology [Webinar]. In NAPLeS video series. Retrieved October 19, 2017, from http://isls-naples. psy. lmu. de/intro/all-webinars/recker_all/index. html

Recker, M. 15 minutes about teacher learning and technology [Video file]. In NAPLeS video series. Retrieved October 19, 2017, from http://isls-naples. psy. lmu. de/video-resources/guided-tour/15-minutes-recker/index. html

Recker, M. Interview about teacher learning and technology [Video file]. In NAPLeS video series. Retrieved October 19, 2017, from http://isls-naples. psy. lmu. de/video-resources/interviews-ls/recker/index. html

参考文献

Atkins, D. E., Brown, J. S., & Hammond, A. L. (2007). A review of the open educational resources (OER) movement: Achievements, challenges, and new opportunities. Retrieved January 9, 2013, from www. hewlett.org/Programs/Education/OER/OpenContent/Hewlett+OER+Report.htm

Baker, R., & Siemens, G. (2014). Educational data mining and learning analytics. In R. K. Sawyer (Ed.), *Cambridge handbook of the learning sciences* (2nd ed., pp. 253–274). New York: Cambridge University Press.

Benkler, Y. (2006). *The wealth of networks: How social production transforms markets and freedom.* New Haven, CT: Yale University Press.

Borgman, C., Abelson, H., Dirks, L., Johnson, R., Koedinger, K., Linn, M., et al. (2008). *Fostering learning in the networked world: The cyberlearning opportunity and challenge, a 21st century agenda for the National Science Foundation* (Report of the NSF Task Force on Cyberlearning). Retrieved from www.nsf.gov/pubs/2008/nsf08204/nsf08204.pdf

Brown, M. W. (2009). Toward a theory of curriculum design and use: Understanding the teacher–tool relationship. In J. T. Remillard, B. A. Herbel-Eisenman, & G. M. Lloyd (Eds.), *Mathematics teachers at work: Connecting curriculum materials and classroom instruction* (pp. 17–36). New York: Routledge.

Davis, E. A., & Krajcik, J. S. (2005). Designing educative curriculum materials to promote teacher learning. *Educational Researcher, 34*(3), 3–14.

Fishman, B., & Dede, C. (2016). Teaching and technology: New tools for new times. In D. Gitomer & C. Bell (Eds.), *Handbook of research on teaching,* (5th ed., pp. 1269–1335). Washington, DC: AERA.

Fishman, B. J., & Krajcik, J. (2003). What does it mean to create sustainable science curriculum innovations? A commentary. *Science Education, 87*(4), 564–573.

Fogleman, J., McNeil, K., & Krajcik, J. (2011). Examining the effect of teachers' adaptations of a middle school science inquiry-oriented curriculum unit on student learning. *Journal of Research in Science Teaching, 48*(2), 149–169.

Kali, Y., McKenney, S., & Sagy, O. (2015). Teachers as designers of technology enhanced learning. *Instructional Science, 43*(2), 173–179.

Matuk, C. F., Linn, M. C., & Eylon, B. S. (2015). Technology to support teachers using evidence from student work to customize technology-enhanced inquiry units. *Instructional Science, 43*(2), 229–257.

Maull, K. E., Saldivar, M. G., & Sumner, T. (2011, June). Understanding digital library adoption: A use diffusion approach. In *Proceedings of the 11th annual international ACM/IEEE joint conference on digital libraries* (pp. 259–268). New York: ACM Press.

Morris, A. K., & Hiebert, J. (2011). Creating shared instructional products: An alternative approach to improving teaching. *Educational Researcher, 40*(1), 5–14.

National Research Council (NRC). (2007). *Taking science to school: Learning and teaching science in Grades K–8.* Washington, DC: National Academy Press. Retrieved from www.nap.edu/catalog.php?record_id=11625

Penuel, W. R., Gallagher, L. P., & Moorthy, S. (2011). Preparing teachers to design sequences of instruction in Earth science: A comparison of three professional development programs. *American Educational Research Journal, 48*(4), 996–1025.

Porcello, D., & Hsi, S. (2013). Crowdsourcing and curating online education resources. *Science, 341*(6143), 240–241.

Recker, M., Walker, A., Giersch, S., Mao, X., Palmer, B., Johnson, D., et al. (2007). A study of teachers' use of online learning resources to design classroom activities. *New Review of Multimedia and Hypermedia, 13*(2), 117–134.

Recker, M., Yuan, M., & Ye, L. (2014). CrowdTeaching: Supporting teachers as designers in collective intelligence communities. *The International Review in Open and Distance Learning, 15*(4).

Remillard, J. (2005). Examining key concepts in research on teachers' use of mathematics curricula. *Review of Educational Research, 75*(2), 211–246.

Shih, C., & Venkatesh, A. (2004). Beyond adoption: Development and application of use-diffusion model. *Journal of Marketing, 68*(1), 59–72.

Sumner, T., & CCS Team. (2010). Customizing science instruction with educational digital libraries. In *Proceedings of the Joint Conference on Digital Libraries* (pp.353–356). New York: ACM.

Voogt, J., Almekinders, M., van den Akker, J., & Moonen, B. (2005). A 'blended' in-service arrangement for classroom technology integration: impacts on teachers and students. *Computers in Human Behavior, 21*(3), 523–539.

Ye, L., Recker, M., Walker, A., Leary, H., & Yuan, M. (2015). Expanding approaches for understanding impact: Integrating technology, curriculum, and open educational resources in science education. *Educational Technology Research and Development, 63*(3), 355–380.

第 27 章　学习科学中的游戏：回顾玩游戏和制作游戏促进学习的证据

黛博拉·菲尔兹,亚斯明·卡法伊(Deborah A. Fields, Yasmin B. Kafai)

一、引言

在综述有关玩、游戏和学习的研究时,我们发现,直至过去十年,电子游戏和虚拟世界的教育价值才受到学习科学的极大关注。吉(Gee,2003)的出版物引起了有关电子游戏教育价值的讨论,恰逢严肃游戏运动(serious games movement)的开始,该运动强调游戏关注的不仅仅是娱乐,即认为好的电子游戏提供了复杂的学习环境,促进了协作、问题解决能力和读写能力。从那以后,研究人员和教育工作者开始研究并设计具有教育动机的游戏,还创建支持通过玩(playing)游戏来学习的环境(在线的、本地的和连接的)。

最近,为学习而开发(making)游戏的观点也成为这些讨论中引人注目的一部分,部分原因是创客和编码者运动(the maker and coder movements)的发展(参见Halverson 和 Peppler,本手册),这些运动促进了数字作品的设计,无论是用于屏幕上还是屏幕外的学习。卡法伊(1995)提供了一个早期的例子,说明了对于学习者而言,编写自己的游戏何以成为一个丰富的情境,它不仅可以促进学习者学习编程,还可以帮助学习者学习数学。各种努力都致力于开发帮助新手设计师的游戏制作工具(Gee 和 Tran,2015),许多研究都记录了在学校内外制作游戏时的成功学习。这项研究已经发展到足以支持最近的综合性研究,这些综合性研究回顾了制作游戏对学习的影响(例如 Kafai 和 Burke,2015)。

这两种方法——为学习玩(playing)游戏或制作(making)游戏——都利用了吉(2003)概述的好游戏设计原则,包括帮助玩家欣赏游戏的设计、提供一种处于玩家能力边缘的挑战水平,以及鼓励在游戏中实现多种合法的成功途径。此外,吉所阐述的许多原则都来自学习科学研究(或对学习科学产生重大影响的研究,如认知科学和动机研究),因此,许多学习科学家加入到研究和设计学习游戏的行列也就不足为奇了。在吉看来,如果没有把好的学习融入到游戏设计中,电子游戏将无法生存。

在本章中,我们概述了玩游戏及制作游戏的主要方法,并对游戏学习领域进行了评估。特别要指出的是,我们借鉴了最近的一些元分析和元整合来检验课堂、课后和在线实施的证据。在讨论中,我们讨论了为学习而玩游戏和制作游戏之间的联系,回顾了互联游戏的设计,概述了在线游戏的新方向,研究了独立游戏运动中的机会,并思考了未来研究的机遇。

二、玩游戏促进学习

在斯坦克勒和斯奎尔(Steinkuehler 和 Squire,2016)关于电子游戏学习的概述中,他们列出了教育工作者支持通过玩游戏学习的三个主要原因:为了内容、为了"诱饵"和作为评估。第一,为了内容而玩游戏是指为了学习核心内容而玩游戏的想法,比如为了学习历史的地理基础而玩模拟游戏"文明"(civilization)(见 Squire,2011)。第二,以游戏为诱饵,将游戏作为更普遍的参与学习的激励因素。例如,玩一些流行的游戏可以激发学生阅读与游戏相关的文本,这些文本可能远远超出了他们被评估的阅读能力(Steinkuehler,2012)。第三,作为评估的游戏涉及到玩游戏所产生的"数据消耗"——所有数字点击、移动和玩家输入的文字——可以用来评估玩家在各种活动中的参与程度,这些活动可能与学习有关,或者为游戏设计师提供反馈用于改进游戏。这三方面的解释涵盖了教育工作者转向电子游戏来研究和促进学习的一些原因。下面我们将考虑关于电子游戏与学习以及支持良好游戏的情境的研究结果。

1. 玩游戏促进学习的元分析

美国国家研究委员会(2011)的一份报告综述了玩科学游戏时促进学习的证据,首次正式承认了电子游戏在教育领域日益增长的重要性。此后,又有几项元分析(例如,Clark,Tanner-Smith 和 Killingsworth,2016;Young 等,2012)综述了电子游戏的学术和动机影响。总的来说,这些元分析显示,当参与者通过玩游戏而不是以更传统的方式来学习时,其学习和动机结果都会发生积极的变化,尽管不同的研究之间存在一些细微差别。每个元分析都有不同的关注点,无论是模拟游戏(Sitzmann,2011;另见de Jong,Lazonder,Pedaste 和 Zacharia,本手册),成人玩的严肃游戏(Wouters,van Nimwegen,von Oostendorp 和 van der Spek,2013),或 K - 12 学生(Young 等,2012)、K - 16 学生玩的游戏(Clark 等,2016)。至少有四项元分析发现,在游戏条件下,学习者的学习结果有显著改善(Clark 等,2016;Sitzmann,2011;Vogel 等,2006;Wouters 等,2013)。永及其同事(Young 等,2012)的分析发现,在基于游戏的学习情境中,学习者的识字和历史领域会得到普遍的改善,但在数学或科学领域并没有得到改善。他们的研究包括定性和定量分析,对游戏的情境、精心制作的叙述和游戏背景故事的重要性,以及游戏在良好教学情境中的使用等提供了更谨慎的建议。

克拉克和他的同事(Clark 等,2016)的元分析关注了最广泛的游戏,包括了教育情境中中小学生或大学生玩的游戏,并涵盖了 2000 年至 2012 年间发表的研究。他们还研究了游戏设计机制(如视觉效果、叙事、拟人)和研究条件(如协作配置、教师在场)如何调节游戏对学习结果的影响,他们将其定义为认知(认知过程和策略、知识和创造力)、个人内部(知识开放、职业道德、积极的自我评价),或人际关系(团队合作、协作和领导力)的学习。总体而言,研究结果显示,玩电子游戏的学生在学习评估中的表现优于不玩电子游戏的学生。

比起玩家行动有限的游戏,提供更广泛的玩家活动的游戏能带来更大的学习收获。举例来说,《俄罗斯方块》(Tetris)是一款大家熟悉的游戏,它只有一个核心动作,让玩家旋转和移动几何物体,使它们落在一个紧密的配置中。这与《模拟城市》(SimCity)这类游戏截然不同,后者让玩家作为一个城市的市长来管理建筑、街道、经济和税收。具有中到大型游戏动作种类的游戏能展示出更强的学习效果。从游戏的条件来看,他们发现单一的、非竞争性的游戏比单一的竞争性或协作团队竞争游戏能带来更大收获。然而,在竞争性游戏中,学生在协作性游戏中的表现更好。此外,与其他条件相比,多个游戏环节(玩一个以上的环节)也会给学生带来积极的影响。与其他元分析不同(Sitzmann,2011;Wouters 等,2013),克拉克及其同事的研究发现,额外的课程不会对整体表现产生影响,但在游戏过程中,教师的存在或为游戏本身设计的增强支架确实改善了结果。

总的来说,这些元分析结果表明,玩游戏对学习有积极的影响,并且从调节分析中可以清楚地看出,游戏的设计以及游戏玩法的情境因素对学习结果有显著影响。然而,理解游戏的情境性质取决于游戏的类型和游戏的情境,这并不是依靠个体成就测试和心理测量调查的元分析可以解决的事情。因此,虽然上面讨论的元分析一般都证明了游戏可以支持学习的概念,而且往往比其他更传统的学习形式(如讲座、工作表)更好——但是,现在是时候超越游戏和学习的基本概念,以研究何时、如何、以什么类型呈现以及在什么条件下,游戏能够支持更深层次的学习,并了解学习是如何以社交、分布式和集体形式进行的。值得庆幸的是,在过去的十年中,大量的研究已经致力于这些方面的探索。

2. 更广泛的玩游戏情境

正如最近对玩电子游戏促进学习的元分析所指出的那样,更广泛的游戏背景对游戏中学习的质量非常重要。一般来说,电子游戏具有高度的社会性,即使它们表面上是单人游戏。史蒂文斯、萨特维奇和麦卡锡(Stevens,Satwicz 和 McCarthy,2008)研究儿童在家玩游戏的过程中,发现儿童会利用他人(即朋友、兄弟姐妹、父母)作为游戏资源,与朋友一起研究并解决游戏技术问题,让兄弟姐妹来支持游戏进展,以及向他人寻求帮助。当我们考虑到网络游戏(在共享服务器上或联网的电脑上玩)、互联网和游戏咖啡馆(Lindtner 和 Dourish,2011)、大规模在线多人游戏以及内置朋友竞争的多人游戏时,电子游戏的这种社交维度就得到了扩展。

除了眼前的主动游戏情况外,还有许多扩展的游戏社区,这些社区发生在在线和本地的亲密的或兴趣驱动的空间中。这些亲密空间通常是由游戏开发者和公司认可的,玩家通过提示、演练和角色构建(即某些类型玩家的最佳统计组合)以及问题解决的形式分享他们所玩游戏的知识。以《魔兽世界》(World of Warcraft，WoW)为例，这是一款大型的多人在线游戏，吸引了数百万玩家在一个神奇的幻想世界中协作完成任务。在《魔兽世界》中，玩家自己决定成为什么样的角色，每个角色都有不同的能力(如治疗师、远程战士、近程战士)。这些能力也可以在玩家每次升级时定制。例如，可以决定加强角色的敏捷性，而不是力量、防御或魔法攻击。弄清楚如何最好地定制每种类型的角色是《魔兽世界》论坛上经常讨论的话题，斯坦克勒和邓肯(Steinkuehler 和 Duncan，2008)在论坛上发现了丰富的科学和数学思维形式，因为玩家们阐述了他们关于哪些角色构建得更好的推理。像这样的亲密空间不仅仅是分享提示、窍门或攻略的空间，更是分享文化理解、构建共同体、庆祝粉丝群体以及阅读和撰写具有挑战性文本的知识空间(Steinkuehler，2012；见 Slotta，Quintana，和 Moher，本手册)。理解和促进电子游戏中的学习，必须考虑到周围充满主动学习和协作的空间。

三、制作游戏促进学习

虽然大部分研究都集中在让学生玩商业类或教学类游戏来促进学习，但让学生自己制作游戏来学习可能也会带来同样的好处(Kafai 和 Burke，2015)。在许多商业游戏中，玩家已经找到了定制其在线表现的机会，比如明确头像的特性、为游戏关卡添加新的内容或生成他们自己的修改。将游戏制作扩展到教育情境中，可以从改装(modding)(或修改)游戏环境中的功能(Gee 和 Tran，2015)，如 Gamestar Mechanic (Games，2010)，到使用 Logo、Scratch 或 Alice 等工具对游戏中的所有交互和内容进行编程。在过去的 20 年里，成百上千项研究采用了这两种教学方法来进行游戏制作，并考察了学生的学习情况。卡法伊和伯克(Kafai 和 Burke，2015)最近完成了一篇关于通过制作游戏来学习的文献的实质性综述，并确定了三大方面的好处：学习计算、其他学术内容以及问题解决。

1. 制作游戏促进学习的元整合

虽然编程游戏并不是制作游戏的唯一方法，但是大多数支持游戏制作的工作都是基于代码的，也就是使用一些编程平台(无论是 Scratch、Alice、Agentsheets 还是其他平台)来制作游戏。不足为奇的是，文献中 44% 的研究关注的是学生在制作游戏的过程中是否发展了计算策略或编码知识。例如，一项研究在长达 8 周的课程中对 1 万多名大学生和中学生用 Agentsheets(一个制作模拟游戏的平台)制作的数百款游戏进行了分析。分析显示，随着时间的推移，两组学生在使用更复杂的编程概念和实践的计算思维模式上都有所提高(Repenning 等，2015)。

总的来说，许多研究表明，儿童可以通过在各种平台上制作游戏来学习具有挑战性的计算概念。例如，一项对 325 名中学生在课堂和课外俱乐部中使用 Storytelling Alice 创建的 221 个游戏的研究(Denner，Werner，Campe 和 Ortize 2014)显示，游戏所使用的不仅包括简单的编程结构,而且还涉及更复杂的结构,比如学生创建的抽象对象、并发执行和事件处理——所有这些都表明了更高层次的思考。同样,通过对 59 名中学女生使用 Stagecast Creator 创建的 108 款游戏的回顾,我们发现这些游戏使用了诸如循环、变量和条件等关键的计算概念,尽管这些游戏的可用性一般、代码组织和文档水平较低(Denner,Werner 和 Ortiz,2012)。作为学校或俱乐部课程活动的一部分,成千上万的学生通过 Globaloria 在线平台设计电子游戏,展示了使用 Flash 学习关键编程概念的过程(Reynolds 和 Caperton,2011)。

除了上面讨论的计算机科学概念和技能的学习,游戏制作还可以关注学术内容,比如数学和写作技能,不过这方面的研究较少。例如,最近对用 Scratch 制作数学游戏的研究证实,在游戏制作的过程中,学生会激活他们日常的数学经验和理解(Ke,2014)。除了传统的 STEM 内容外,游戏制作活动还与读写研究(Buckingham 和 Burn,2007)、艺术和语言艺术(Robertson,2012)相联系。在一项针对 18 个四年级班级的比较研究中,研究人员发现,186 名参与游戏制作课程的加拿大学生(与 125 名阅读和写作相同内容的控制班学生相比)除了更好地保留内容、比较和对比信息资源以及整合数字资源外,还表现出了更强的逻辑造句能力(Owston,Widema,Ronda 和 Brown,2009)。这些例子说明,游戏制作活动不仅可以关注计算机科学内容和技能的学习,还可以促进其他 K‐12 学术内容的发展。

研究人员还研究了游戏制作是否能够支持对于问题解决或类似技能的学习,以及制作游戏或玩游戏(玩家确实要解决问题)能否为这种学习提供更好的场景。在为数不多的几项将玩游戏与制作游戏区分开来的实验研究中,沃斯、范德·梅伊登、丹森(Vos,van der Meijden,Denessen,2011)发现,参与制作游戏的荷兰学生与只玩类似游戏的第二组学生相比,在学习和策略使用方面明显表现出更深的参与度,其中涉及系统分析、决策制定和故障排除。同样,一项比较土耳其两个夏令营小组的研究表明,参与游戏制作(与玩游戏相比)的小组在问题解决方面也产生了可衡量的进步(Akcaoglu 和 Koehler,2014)。20 名学生(实验组)通过使用 Microsoft Kodu 设计和测试他们自己的电子游戏来学习问题解决的技能,而 24 名学生(对照组)只是通过玩 Kodu 中已经创建的游戏来练习问题解决的技能。在干预结束时,自己设计电子游戏的学生在有效评估——国际学生评估项目(Program for International Student Assessment,OECD,2003)中,在与系统分析和设计、故障排除以及决策制定这三种问题类型有关的问题上,表现明显优于其他学生。

2. 制作游戏促进学习的更广泛背景

就像玩游戏一样,人们对通过游戏制作来支持学习的社会情境关注相对较少。一个例外是有关使用结对编程(pair programming)活动来支持儿童进行游戏制作的研究。结对编程——有时也被称为"同伴编程"(peer programming)——最初是作为一种学习技术在大学生中实施的,它植根于这样一种信念,即学习是一种内在的社会活动。学生们两人一组在一台计算机上工作，共同编写代码，其中一名学生担任"驾驶员"的角色并生成代码，另一名学生担任"导航员"的角色，检查每一行代码的准确性。登纳和他的同事（Denner 等，2014）在采用结对编程的前提下，发现 126 名中学女生（10 - 14 岁）在参加暑期项目后，不仅自己用 Flash 编写游戏的能力更加卓越，而且当她们发现问题后，也能明显地表达出来，随后利用伙伴帮助调试问题。这反过来又使女孩们更有可能在向老师寻求外部帮助甚至完全放弃之前坚持编程。两年后，这些结果在概念上被复制，中学女生们会使用 Storytelling Alice 而不是 Flash 来编写自己的电子游戏，并有所坚持（Werner，Denner，Bliesner 和 Rex，2009）。除了小组合作之外，像 Scratch 或 GameStar Mechanic 这样的网站还提供在线的、由兴趣驱动的社区，在那里，创作者的游戏设计可以被分享、评论、构建和强调。此外，像美国一年一度的"全国 STEM 电子游戏挑战赛"（National STEM Video Game Challenge）这样的组织活动可以提供一个公共论坛和竞赛，学生们可以通过它来分享和庆祝自己的游戏设计。

然而，其他支持孩子们制作游戏的社会情境还没有得到很好的研究。Scratch 在线社区中的"灰熊"集体等成功团队的案例（Kafai 和 Burke，2014）表明，年轻人可以自我组织协作性的游戏制作活动，但这些类型的团队很难在学校或课外俱乐部环境中被复制。很少有研究会努力阐释并通过理论化来维持游戏制作学习环境的社会结构。菲尔兹、瓦苏德万和卡法伊（Fields，Vasudevan 和 Kafai，2015）在一门选修课上考虑了多种嵌套形式的协作和受众的作用，在这门课中，学生们参与了一个在线 Scratch 设计挑战。学生们不仅在小组中构建他们的作品，而且他们还在课堂上提供建设性的批评和激励，在在线社区中，他们查看其他项目，并在那里提供和接受建设性的批评。这就提出了在共同体中创造的重要性，这在边做边学的环境中是理所当然的。格里姆斯和菲尔兹（Grimes 和 Fields，2015）指出，在支持制作的在线网站中，无论是游戏还是其他自己动手（do-it-yourself，DIY）型的媒体，支持分享和评论彼此作品的网站相对较少。在课堂和在线环境的设计中，除了结对和小组之外，我们还可以做更多的工作来发展和研究协作。

四、为学习设计与研究游戏的新方向

在本章中，我们考虑了在游戏中学习的总体主张和证据，包括经常被忽视的游戏制作环境。目前在游戏和学习领域中存在大量的研究和实例，远远超过了我们在本章所能涉及的范围。在这里，我们把重点放在理解和设计游戏与学习的努力上，尤其是学习科学领域的努力，不过我们鼓励读者在进一步的阅读中考虑人文学科、游戏研究、读写能力和其他领域的研究和著作。接下来，我们将探索有关游戏设计和研究的新方向。

如果我们研究一下为学习玩游戏和制作游戏之间的潜在重叠，我们就会发现这两种教学方法确实有很多共同之处。首先,这两种方法都能对想法是否有效提供直接和即时的反馈。计算机在为学生在代码中实现的设计功能提供快速反应,或者在引导游戏玩法和互动方面发挥着关键作用。其次,无论是面对挑战还是产生设计想法,这两种方法都让玩家和设计师参与到解决问题的过程中。然后,两者都需要时间和实践来培养玩家或设计师的能力。游戏制作者花费大量的时间去琢磨他们想要如何让游戏运行起来并在屏幕上显示出来,游戏玩家在游戏可定制时也是如此(例如,丰富的角色扮演游戏中的叙事轨迹)。最后,玩游戏和游戏制作都是社交活动,打破了媒体中经常描绘的游戏玩家和游戏制作者的刻板印象。两者都经常涉及分享和比较工作(无论是创作还是解决问题的方法),并且可能涉及广泛的讨论论坛和粉丝。所有这些想法都反映在吉(Gee,2003)为优秀的电子游戏所制定的原则中,但也适用于游戏玩法之外的游戏制作。最后,成功的游戏玩法和游戏制作仅仅反映了好的学习设计。

最终,将玩游戏和游戏制作结合在一起的学习环境应该成为新发展的重点。教学方法的融合,最明显的莫过于《我的世界》(*Minecraft*)的成功。《我的世界》是一款电子游戏,玩家在游戏中制作材料和创造建筑物,作为相对非结构化游戏的一部分。在共同的服务器上,一组玩家可以在同一个虚拟空间中游戏,分享他们的创作,甚至为其他人创建新的游戏场景。换句话说,在《我的世界》中,玩就是制作,而制作就是玩(Kafai和Burke,2016)。大量的教育工作者群体已经开始利用《我的世界》让学生创造和玩转由教师和/或学生设计的各种场景,并将其融入科学、数学、历史和其他课程以及课后和课外的俱乐部中(如 Dikkers,2015)。《我的世界》是"沙盒"游戏的一个例子,在这里,玩家可以自由支配如何开发自己的游戏,而不是被限制在一条单一的线性路径上(即像孩子们在沙盒中玩耍)。教育研究人员和设计师已经开始开发沙盒游戏,将游戏世界与制作世界融合在一起(Holbert 和 Wilensky,2014)。在这些沙盒游戏中,学生们被提供了一个微型世界(Papert,1980),在这个世界里,他们可以作为设计师和玩家来尝试一些想法和现象,比如一个他们在常规课本或课堂上不容易遇到的无摩擦世界。

我们也看到了将游戏玩法和制作方法扩展到移动和独立游戏的巨大潜力,这两种新的类型在商业领域正变得越来越重要。随着智能手机的普及,即使是年轻的学生也可以使用,游戏已经通过移动设备从封闭的空间(如家庭、教室、网吧)进入了更广阔的空间(如社区、公园、街道、城市)。当学习科学设计师关注学习情境时,不仅要利用基于屏幕的游戏内的思考能力,还要利用屏幕之外的思考能力,这是很有意义的。增强现实游戏是一个领域,在这个领域,一些人正在探索将基于物理的体验与基于屏幕的表征和贯穿两者的叙事进行分层的机会(见 Yoon 和 Klopfer,2015)。最近,通过ARIS 等平台,开发此类游戏的能力变得更容易实现(Holden 等,2015),这些平台允许教师和学生开发他们自己的增强现实游戏和寻宝游戏。

独立游戏运动(indie gaming movement)的日益普及意味着由资金有限的小型团

队创造的游戏可以受到欢迎和青睐。作为独立游戏,《我的世界》就是一个突出的例子,它们都是在没有大型游戏开发商支持的情况下独立制作的。许多独立游戏(包括教育者创造的)已经开始探索新的游戏类型,其方式可能与相对未被探索的学习场景相关,例如,将道德决策作为游戏玩法的一部分。独立游戏正在获得广泛的欢迎和认可,这拓宽了关于谁能创造出一款优秀的电子游戏的领域,并为合法的低技术游戏提供了模式,使创作者和玩家能够更批判性地思考游戏的媒介。好的游戏不需要看起来很花哨,也不需要投入数百万美元来创造影响力。

最后,如果我们想让许许多多的学习者和内容领域都能接触到这些活动,那么设计新的游戏或制作游戏的工具仍然是关键问题,但同样重要的是研究如何在教室和课后环境中实现这些环境。研究表明,教师在增强学生的教育经验、通过玩游戏或制作游戏促进学习方面发挥着关键作用。教师如何使用不同类型的游戏,如何使游戏成为课堂活动的一部分,如何将游戏用于评估目的,甚至如何考虑采用游戏将相关的学习经验扩展到学校生活之外,这些都需要进一步的研究。

在这一章中,我们回顾了玩游戏和制作游戏促进学习的证据。我们认为,无论是制作游戏还是玩游戏,都体现了吉(Gee,2003)在精心设计的电子游戏中所看到的许多相同的学习原则——即为复杂问题的解决提供高度响应的情境,从而激励学习者与游戏、内容和其他人的互动。游戏玩法与制作之间的这些联系为学习科学的设计和研究提供了新的方向。为此,对游戏玩法和制作的研究应该关注游戏的交叉情境以及设计技术在个体、协作和集体学习中的作用。方法可能包括来自游戏设计或在线环境的数字数据,但应与其他能够阐明情境、人际互动、人与游戏交互的方法进行对话。我们正在推广一种既考虑玩游戏也考虑制作游戏的教育游戏的愿景,开发精心设计的社会环境以支持基于游戏的干预,并批判性地探索游戏何时何地可以促进校内和校外、跨学科和与多个受众连接的更深入的学习。正如我们对游戏元分析的回顾所显示的那样,游戏显然具有支持学习的潜力;现在是时候挖掘这种潜力,并在我们设计、研究和实现游戏促进学习的方式上发展得更加成熟。

五、延伸阅读

Clark, D. B., Tanner-Smith, E., & Killingsworth, S. (2016). Digital games, design, and learning: A systematic review and meta-analysis. *Review of Educational Research*, 86(1), 79-122.

这是最近一项关于电子游戏和学习的元分析,它涵盖了实施的最大广度,以及一些关于游戏和干预质量的变量。

Gee, E. R., & Tran, K. (2015). Video game making and modding. In B. Guzzetti & M. Lesley (Eds.), *Handbook of research on the societal impact of digital media*（pp. 238 - 267）. Hershey，PA：IGI Global.

这篇论文概述了为游戏制作和修改活动开发的不同工具，并回顾了这些工具是如何被学校内外的学生用于学习技术和学业内容的实证证据。

Kafai，Y. B.（1995）. *Minds in play：Computer game design as a context for children's learning*. Mahwah，NJ：Lawrence Erlbaum.

这是第一项由学生编写游戏代码来教学校里的年轻学生学习分数的研究。包括案例研究和准实验分析，比较了在游戏设计和传统教学场景中学习编程概念和技能以及分数概念的情况。

Kafai，Y. B. ，& Burke，Q.（2015）. Constructionist gaming：Understanding the benefits of making games for learning. *Educational Psychologist*，*50*（4），313 - 334.

这篇论文调查了 55 项研究，其中 9 000 多名青少年参与了为学习而制作游戏的研究。研究结果展示了已研究的内容和被遗漏的内容的面貌。

Steinkuehler，C. ，& Squire，K.（2016）. Videogames and learning. In R. K. Sawyer（Ed.），*The Cambridge handbook of the learning sciences*（2nd ed. ，pp. 377 - 396）. New York：Cambridge University Press.

这篇综述涵盖了迄今为止有关游戏和学习运动的广度，以及在今天，运动所面临的挑战。

六、NAPLeS 资源

Yoon，S. ，& Klopfer，E. ，*Augmented reality in the learning sciences*［Webinar］. In *NAPLeS video series*，Retrieved October 19，2017，from http://isls-naples. psy. lmu. de/intro/all-webinars/yoon_klopfer_video/index. html

参考文献

Akcaoglu, M., & Koehler, M. J. (2014). Cognitive outcomes from the game-design and learning (GDL) after-school program. *Computers & Education*, 75, 72–81.

Buckingham, D., & Burn, A. (2007). Game literacy in theory and practice. *Journal of Educational Multimedia and Hypermedia, 16*(3), 323–349.

Clark, D. B., Tanner-Smith, E., & Killingsworth, S. (2016). Digital games, design, and learning: A systematic review and meta-analysis. *Review of Educational Research, 86*(1), 79–122.

de Jong, T., Lazonder, A., Pedaste, M., & Zacharia, Z. (2018). Simulations, games, and modeling tools for learning. In F. Fischer, C. E. Hmelo-Silver, S. R. Goldman, & P. Reimann (Eds.), *International handbook of the learning sciences*. New York: Routledge.

Denner, J., Werner, L., Campe, S., & Ortiz, E. (2014). Pair programming: Under what conditions is it advantageous for middle school students? *Journal of Research on Technology in Education, 46*(3), 277–296.

Denner, J., Werner, L., & Ortiz, E. (2012). Computer games created by middle school girls: Can they be used to measure understanding of computer science concepts? *Computers & Education, 58*(1), 240–249.

Dikkers, S. (2015). *Teachercraft: How teachers learn to use Minecraft in their classrooms*. Pittsburgh, PA: ETC Press.

Fields, D. A., Vasudevan, V., Kafai, Y. B. (2015). The programmers' collective: Fostering participatory culture by making music videos in a high school Scratch coding workshop. *Interactive Learning Environments, 23*(5), 1–21.

Games, I. A. (2010). Gamestar Mechanic: Learning a designer mindset through communicational competence with the language of games. *Learning, Media and Technology, 35*(1), 31–52.

Gee, E. R., & Tran, K. (2015). Video Game Making and Modding. In B. Guzzetti and M. Lesley (Eds), *Handbook of research on the societal impact of digital media* (pp. 238–267). Hershey, PA: IGI Global.

Gee, J. P. (2003). *What videogames have to teach us about learning and literacy.* New York: Palgrave Macmillan.

Grimes. S. M & Fields, D. A. (2015). Children's media making, but not sharing: The potential and limitations of child-specific DIY media websites for a more inclusive media landscape. *Media International Australia, 154*, 112–122.

Halverson, E., & Peppler, K. (2018). The Maker Movement and learning. In F. Fischer, C. E. Hmelo-Silver, S. R. Goldman, & P. Reimann (Eds.), *International handbook of the learning sciences* (pp. 285–294). New York: Routledge.

Holbert, N. R., & Wilensky, U. (2014). Constructible authentic representations: Designing video games that enable players to utilize knowledge developed in-game to reason about science. *Technology, Knowledge and Learning, 19*, 53–79.

Holden, C., Dikkers, S., Marin, J., Litts, B., et al. (Eds.). (2015). *Mobile media learning: Innovation and inspiration.* Pittsburgh, PA: ETC Press.

Kafai, Y. B. (1995). *Minds in play: Computer game design as a context for children's learning.* Mahwah, NJ: Lawrence Erlbaum.

Kafai, Y. B., & Burke, Q. (2014). *Connected code: Why children need to learn programming.* Cambridge, MA: MIT Press.

Kafai, Y. B., & Burke, Q. (2015). Constructionist gaming: Understanding the benefits of making games for learning. *Educational Psychologist, 50*(4), 313–334.

Kafai, Y.B., & Burke, Q. (2016). *Connected gaming: What making video games can teach us about learning and literacy.* Cambridge, MA: MIT Press.

Ke, F. (2014). An implementation of design-based learning through creating educational computer games: A case study on mathematics learning during design and computing. *Computers and Education, 73*, 26–39.

Lindtner, S., & Dourish, P. (2011). The promise of play: A new approach to productive play. *Games and Culture, 6*(5), 453–478.

National Research Council (2011). *Learning Science through Simulations and Games.* Washington, DC: National Academies Press.

OECD (2003). *PISA 2003 Assessment framework: Mathematics, reading, science and problem solving.* Paris, France: OECD.

Owston, R., Wideman, H., Ronda, N. S., & Brown, C. (2009). Computer game development as a literacy activity. *Computers & Education, 53*, 977–989.

Papert, S. (1980). *Mindstorms: Children, computers, and powerful ideas.* New York: Basic Books.

Repenning, A., Webb, D. C., Koh, K. H., Nickerson, H., Miller, S. B., Brand, C., et al. (2015). Scalable game design: A strategy to bring systemic computer science education to schools through game design and simulation creation. *ACM Transactions on Computing Education (TOCE), 15*(2), 11.

Reynolds, R., & Caperton, I. H. (2011). Contrasts in student engagement, meaning-making, dislikes, and challenges in a discovery-based program of game design learning. *Educational Technology Research and Development, 59*(2), 267–289.

Robertson, J. (2012). Making games in the classroom: Benefits and gender concerns. *Computers and Education, 59*(2), 385–398.

Sitzmann, T. (2011). A meta-analytic examination of the instructional effectiveness of computer-based simulations games. *Personnel Psychology, 64*(2), 489–528.

Slotta, J. D., Quintana, R., & Moher, T. (2018). Collective inquiry in communities of learners. In F. Fischer, C. E. Hmelo-Silver, S. R. Goldman, & P. Reimann (Eds.), *International handbook of the learning sciences* (pp. 308–317). New York: Routledge.

Squire, K. (2011). *Video games and learning: Teaching and participatory culture in the digital age.* New York: Teachers College Press.

Steinkuehler, C. (2012). The mismeasure of boys: Reading and online videogames. In W. Kaminski & M. Lorber (Eds.), *Proceedings of Game-based Learning: Clash of Realities Conference* (pp. 33–50). Munich: Kopaed Publishers.

Steinkuehler, C., & Duncan, S. (2008). Scientific habits of mind in virtual worlds. *Journal of Science Education Technology, 17*(6), 530–543.

Steinkuehler, C., & Squire, K. (2016). Videogames and learning. In R. K. Sawyer (Ed.), *The Cambridge handbook of the learning sciences* (2nd ed., pp. 377–396). New York: Cambridge University Press.

Stevens, R., Satwicz, T., & McCarthy, L. (2008). In-game, in-room, in-world: Reconnecting video game play to the rest of kids' lives. In K. Salen (Ed.), *The ecology of games: Connecting youth, games, and learning* (pp. 41–66). Cambridge, MA: MIT Press.

Vogel, J. J., Vogel, D. S., Cannon-Bowers, J., Bowers, C. A., Muse, K., & Wright, M. (2013). Computer gaming and interactive simulations for learning: a meta-analysis. *Journal of Educational Computing Research*, *34*(3), 229–243.

Vos, N., van der Meijden, H., & Denessen, E. (2011). Effects of constructing versus playing an educational game on student motivation and deep learning strategy use. *Computers & Education*, *56*(1), 127–137.

Werner, L., Denner, J., Bliesner, M., & Rex, P. (2009, April). Can middle-schoolers use Storytelling Alice to make games? Results of a pilot study. In *Proceedings of the 4th International Conference on Foundations of Digital Games* (pp. 207–214). New York: ACM Press.

Wouters, P., van Nimwegen, C., von Oostendorp, H., & van der Spek, E. D. (2013). A meta-analysis of the cognitive and motivational effects of serious games. *Journal of Educational Psychology*, 1–17.

Yoon, S., & Klopfer, E. (2015). *Augmented reality in the learning sciences*. Retrieved June 26, 2017, from http://isls-naples.psy.lmu.de/intro/all-webinars/yoon_klopfer_video/index.html

Young, M. F., Slota, S., Cutter, A. R., Jalette, G., Mullin, G., Lai, B., et al. (2012). Our princess is another castle: A review of trends in serious gaming for education. *Review of Educational Research*, *82*(1), 61–89.

第 28 章　创客运动和学习

埃里卡·霍尔沃森,凯莉·佩普勒(Erica Halverson,Kylie Peppler)

本章重点探讨了与教育中的创客运动(maker movement)相关的教学、学习和设计实践,以及这些实践如何与学习科学的概念化、研究以及学习和识知设计密切相关。创客运动是指通过模拟和数字实践,如木工、焊接、烹饪、编程、绘画或手工制作等,"越来越多的人在日常生活中从事人工制品的创造性生产,并且找到物理和数字论坛与他人分享过程和产品"(Halverson 和 Sheridan,2014,p.496)。正如这个宽泛的定义所表明的那样,通过对创客运动的研究,教育研究有了许多新的进展。在此,我们认为,对创客运动的研究有助于学习科学的三个核心主题:

- 创客运动通过将建构主义的观点(Martinez 和 Stager,2013)与学习科学中其他重大理论观点相结合,包括分布式认知(distributed cognition)(Halverson,Lakind 和 Willett,2017)、具身认知(embodied cognition)(Peppler 和 Gresalfi,2014)、新唯物主义(new materialisms)(Wohlwend,Peppler,Keune 和 Thompson,2017)和新素养(new literacies)(Litts,2015),在人是如何学习的理论方面作出了贡献。

- 创客空间为学习环境的设计提供了机遇,尤其是重新思考校内和校外学习之间的脱节(Peppler 和 Bender,2013;Peppler,Halverson 和 Kafai,2016)。

- 概念化谁是制造者促使我们思考公平和多样化的问题,关注教育中有意义的内容和过程的文化、历史、物质和社会运用之间的深层联系(Blikstein 和 Worsley,2016;Buechley,2016;Vossoughi,Hooper 和 Escudé,2016)。

本章提供了一个新兴的制作和教育领域的路线图,同时关注该领域如何与学习科学相联系。我们首先概述了关于创客运动的研究,然后转向人们如何在制作中和通过制作进行学习。最后,我们对上述确定的三个关键问题如何成为具体理解制作和学习的核心,以及更广泛地学习科学进行了思考。

一、创客运动研究导论

尽管人们一直都在"制造东西",但在过去的十年里,关于创客运动、FabLabs 和DIY 文化在教育领域的研究却呈爆炸式增长。从教育研究的角度来看,更大的运动包括让人们参与作品的创造性生产的学习活动,进行制作活动的实践共同体,以及人们参与制作过程的参与身份(Halverson 和 Sheridan,2014)。在这三个研究领域中,创客运动的特点是在一系列领域中体现出"自己动手"的精神,包括纺织工艺、电子、高级机器人和传统的木材加工(Peppler 和 Bender,2013)。通常情况下,这些领域的工作包括一些新生产技术的使用,如 3D 打印机、激光切割机和微型计算机,以及通过互联网分享想法(Peppler 等,2016)。

一些关于制作和学习的研究已经确定了在认可的学校实践中制作改善结果的方式(例如,Peppler 和 Glosson,2013),而其他研究则确定了值得理解的创客运动的具体做法,包括兴趣驱动的学习(Peppler 等,2016);将修补(tinkering)作为一种有效的知和行的形式(Wilkinson,Anzivino 和 Petrich,2016);以及分享和观众对于学习的重要性(Sheridan 等,2014)。这些做法并不经常出现在学校教育中较为明确的学科实践中。

1. 简史

在过去的十年里,人们对研究新技术的创造、分享和学习产生了兴趣,最初,这一活动群体被称为在线"自己动手(DIY)共同体"(Guzzetti,Elliot 和 Welsch,2010;Kafai 和 Peppler,2011),后来,围绕着通过"创客杂志"(make magazine)和"创客媒体"(maker media)流行起来的"创客运动"(maker movement)的更广泛的话语,这些兴趣被重新定义。DIY 和"创客运动"都具有自制和原创项目的精神。社交媒体的兴起加速了曾经完全属于个人"业余爱好俱乐部"的领域,这样,分布式共同体可以在makezine. com 或 directables. com 等网站上聚集并分享项目和技术,在这些网站上,成员们就各种各样的话题发布了成千上万个视频(Torrey,McDonald,Schilit 和 Bly,2007)。在某些情况下,这些共同体遵循开源运动,并围绕着使用特定的编程语言开发了网络,如 Processing(Reas,2006;另见 processing. org)或 Scratch(Brennan,Resnick 和 Monroy-Hernandez,2010)。在其他情况下,这些共同体是围绕着开源构建工具包Arduino 的使用和开发而发展起来的,世界各地的爱好者都用它来设计项目,比如他们自己的激光打印机。以 LilyPad Arduino 工具包为例(Buechley,Eisenberg,Catchen和 Crockett,2008),现在的纺织产品可以包括传感器和 LED 灯,用于信息反馈和艺术目的。虽然这些共同体有许多在早期程序员中发现的专属俱乐部的天赋,但它们日益增长的存在也标志着一个更大的趋势。

多尔蒂(Dougherty,2011)指出,"关于 DIY(或制作),最重要的是它描绘了一种理念,即你可以学会做任何事情"。此外,对 DIY 制作形式兴趣的复苏源于新的数字制造技术数量和可用性的快速增长,如 3D 打印机、可穿戴计算机和其他融合数字材料和物理材料的工具等(Gershenfeld,2005)。例如,目前,FabLabs 在学校内外都越来越普及,它让年轻人和成年人都可以使用数字技术制造工具,而这些工具曾经只有行业才能使用(Blikstein,Martinez 和 Pang,2016)。这些新的创客空间和像"创客嘉年华"(maker faires)这样的活动的成功在很大程度上取决于其曝光率:这种文化的驱动力在于,当你看到别人做的东西时,你会受到启发,然后迫使你自己去制作。这些新兴的艺术和技术实践,再加上那些在线用户希望自己所做的作品得到认可的愿望,是当今以兴趣驱动学习的核心,而这种学习主要存在于传统教育和学校教育的边缘。

2. 关于制作的研究

探索教育中创客运动的启示的一种方式是通过研究制作活动,"设计、建造、修改和/或重新利用物质对象以达到好玩或有用的目的,或面向某种可以使用、与之互动或展示的产品"(Martin,2015,p.31)。这个定义实现了几个功能。作为"一组活动",它提醒我们,制作是你做的事情;多种身份的参与是可能的,多种类型的学习环境可以支持制作活动。这对研究也有意义:学习科学对活动的研究有着丰富的历史,我们可以在制作的研究中对其加以利用。"为了好玩或有用的目的"而创造物品,这提醒我们,制作可以是实用的,也可以是异想天开的,或者两者兼而有之。因此,它可以服务于通常与 STEM 领域相关的目标——解决问题,创新产品;它也可以服务于自己的目标——创造好玩的作品。最后,制作的结果是"可以被使用、互动或展示",这进一步提醒我们,制作的目的并不单一,必须根据制作活动所要达到的目标来判断。

3. 关于创客空间的研究

创客空间为学习提供了独特的环境,与正式的课堂环境在几个关键方面有所不同。与传统课堂上的实践学习相比,创客空间中的制作是由一套不同的教学实践指导的;例如,跨年龄的学习是常见的(而且经常是必需的!),而且项目并不以预先确定的学习结果为指导。目前对创客空间的研究认为,这些差异是学习环境本身特有的。在关于创客空间的第一批实证研究中,谢里丹等人(Sheridan 等,2014)将创客空间定义为"在艺术、科学和工程领域进行创造性生产的非正式场所,在这里,不同年龄段的人们将数字技术和物理技术融合在一起,以探索想法、学习技术技能并创造新产品"(p.505)。这个定义说明了为什么应该将创客空间与制作活动分开对待。由于学校在定义上是正式的,所以作为非正式空间的创客空间很难无缝地融入学校结构(Lacy,2016)。此外,学校抵制多年龄段的学习,所以会按年龄划分学生,除了负责的成人外,很少承认任何其他人是课堂上的专家。最后,重要的是要注意创客空间所支持的多个同步目标;参与者可能在空间一起探索不同的目标。创客空间的一个关键特点是,不是每个人都在同一时间学习同样的东西——这对课堂来说是一个很大的挑战。

创客空间可以分为三大类:P-16 教育、校外空间、在线空间。正如上文所提到的,学校中的创客空间一直难以开发、实施和研究,只有少数显著的例外。尽管有许多"如何"类的市场书籍可以用于指导学校创客空间的发展(例如,Blikstein、Martinez 和 Pang,2016;Martinez 和 Stager,2013),但对于如何将创客空间理解为校本学习环境的实证研究则很少。莱西(Lacy,2016)的论文记录了一所中西部的郊区高中实施 FabLab 的情况,发现 FabLab 继续将从事技术职业的学生和即将进入大学的学生区开来,前者专注于学校工坊提供的实用技能,而后者将 FabLab 视为 AP STEM 课程的自然延伸。相比之下,普基特、格拉威尔和维兹纳(Puckett、Gravel 和 Vizner,2016)发现,在一所大型综合性高中增设创客空间意味着,学生经历了更少的地位差别,更少的性别化实践,而且与传统的 STEM 和工作坊课程不同,他们都来自不同的学术领域。在高等教育中,高校也开始为他们的校园开发创客空间,用于各种教育背景,从通过制作学习到各种学科的实践方法,包括化学、工程、设计和生物学(例如,Fields 和 Lee,2016)。

校外学习环境中创客空间的案例研究包括博物馆、图书馆、FabLabs 以及独立的营利和非营利组织。这些案例研究描述了作为学习环境的创客空间的独特特征,如并排的多学科性和一系列多样化的学习安排,这使创客空间与其他非正式学习环境和参与式文化区分开来(Peppler 等,2016;Sheridan 等,2014)。如前所述,参与和讨论制作的在线场所也是创客运动的一个有力组成部分。在线创客空间的案例研究描述了互联网技术如何扩展面对面的实践共同体,以及如何创建和支持新的创客共同体(Peppler 等,2016)。

4. 关于创客的研究

许多学者认为,创客运动与学习科学的其他领域一样,忽视了文化和历史问题(Ames 和 Rosner,2014;Blikstein 和 Worsley,2016),并贬低了各年龄段的女性和有色人种的贡献(Buechley,2016;Kafai,Fields 和 Searle,2014;Vossoughi 等,2016)。作为创客运动的一个品牌,MAKE 组织以压倒性的优势将白人男性和他们的儿子放在杂志的封面上(Buechley,2016),并且 89% 的杂志作者自我认定是男性(Brahms 和 Crowley,2016)。布利克斯坦、沃斯利(Blikstein 和 Worsley,2016)认为,创客运动的"黑客文化"根源"只适用于一小部分高端学生的精英群体"(p. 66),并阻碍了公平地获得制作所能产生的深度学习。因此,出现了第三条研究路线,即探讨作为参与身份的"创客"。

关于作为参与身份的创客的研究明确关注谁能成为创客,我们如何构建创客身份,以及我们能做些什么来扩大参与和扩大所谓的创客身份。关注性别平等和制作的努力促成了以设计为基础的研究项目,这些项目帮助女孩通过对时尚和缝纫的兴趣(Erete,Pinkard,Martin 和 Sandherr,2015;Kafai 等,2014),以及通过明确地将她们与当地社区联系起来的项目发展创客身份(Holbert,2016)。沃索吉等人(Vossoughi 等,2016)试图通过包容制作的历史和文化根源,使一系列创客身份成为可能,包括编织等长期的制作实践,以及在一个社区内几代人之间传授审美和实用技能。

其他关于创客作为参与身份的研究则试图回答这样一个问题:"是什么造就了一个创客?""设计主体"(the agency by design)项目将创客身份描述为学习者发展的一系列倾向,包括发现个人激情、发展这些激情的能力、以及与他人一起学习和向他人学习所产生的信心和智谋(Ryan,Clapp,Ross 和 Tishman,2016)。鲁斯克(Rusk,2016)发现,创客将自我决定作为他们身份的核心特征。谢里丹和科诺帕斯基(Sheridan 和 Konopasky,2016)提供了年轻人发展智谋的语言证据,将其作为长期参与创客空间的一种身份认同结果。

二、在制作中和通过制作学习

为了了解学习科学如何为新兴的制作领域作出贡献,我们问:"人们是如何学习制作的?"这个问题旨在确定学习的理论,为我们如何记录、研究和表征过程提供信息。在这里,学习是一个动态的、持续的过程,而不是一个需要评估的固定实体。这项工作与学习科学如何构建知识、学习、教学和设计产生了共鸣。学习理论家也可能对"制作可以告诉我们关于学习的理论""关于通过参与一套创新的实践能学到什么"这些问题感兴趣。对于这种兴趣,我们会提出疑问:"人们通过制作学习什么?"提出关于制作和学习的问题是很棘手的,因为"制作"既可以被看作是一套工具性实践,作为通往已经建立起来的、以学校为基础的学科实践的门户,也可以被看作是一门学科本身。在这两种情况下,学习科学从根本上对学习者参与内容、过程和实践的认知以及社会文化机制感兴趣。

1. 人们如何学习制作?

最具影响力的学习理论是建构主义,它为制作中的学习以及通过制作进行学习提供了依据(讨论见 Harel 和 Papert,1991;Kafai,2006;Papert,1980)。几乎所有探讨制作与学习的研究和实践的文章都讨论了建构主义的影响(见 Litts,2015;Martinez 和 Stager,2013;Peppler 等,2016)。除了明显地强调作品的制作和分享之外,学习制作还包括对构思、迭代和反思的关注;使用档案系统进行评估;以及支持强大想法的技术——所有这些都是建构主义传统的组成部分。然而,学习制作不仅仅是一种包括最新的技术和工具的建构主义的"升级"。制作还借鉴了多元识读的视角,作为理解人们是如何学习的一种方式(参见 Cope 和 Kalantzis,2000;New London Group,1996)。多元识读(multiliteracies)认为知识被嵌入到社会、历史、文化和物理环境中,学习主要是通过设计和分享表征发生在这些环境的交叉点上。尽管制作主要与 STEM 学科相关联,但写作也可以被认为是一种制作形式(Cantrill 和 Oh,2016),而且创作过程与多元识读的学习视角密切相关。雷斯尼克和罗森鲍姆(Resnick 和 Rosenbaum,2013)描述了制作、写作和编码从根本上是关于"人们通过他们创造的东西创造意义"(p.231)。因此,理解学习制作的过程,与理解学习写作的过程,或任何其他创造性的解释行为,如创作一部小说或是对一部经典作品进行创造性的"解读",并没有太大区别。

基于问题的学习和项目学习的支持者将在人们如何学习的框架中看到学习制作的呼应(见 Hmelo-Silver, Kapur 和 Hamstra,本手册)。这些方法以学习者的兴趣为基础,依赖于人与工具之间的关系,并且从根本上来说是多学科的,这些方法也包含了建构主义和新素养视角的核心思想。同样,从具身认知的角度来研究心智、身体和工具之间的关系的学者也会在他们的研究中认识到建构主义的核心思想(见 Alibali 和 Nathan,本书)。最后,那些重视分布式认知视角下学习的学者认为知识是跨越人、工具和时间的,也可以看到他们将研究定位于制作和学习中(Halverson 等,2017)。这在很大程度上是因为学习制作并不要求每个人都在同一时间学习和做同样的事情。事实上,成功的制作往往依赖于个性化的参与轨迹,这些轨迹围绕着一个或多个与外部受众分享的作品的创造而汇聚。与分布式认知一样,在制作中,对"学习在何处发生"的回答处于人、工具和空间的交汇处。

所有这些联系都表明,作为阐明人们如何认识、学习和行动的一种方式,制作已经成为学习科学的一部分。此外,通过在研究或实践中不经常相互交流的理论领域之间的明确联系,制作有助于我们理解人们是如何学习的。通过制作进行学习的理解表明:

- 学习过程是设计过程;
- 作品的创造和分享对学习至关重要;
- 学习需要关注作为参与结果的过程和产品。

2. 人们通过制作学习什么?

学习理论家也对第二个问题——"人们通过制作学习什么?"——很感兴趣,以便扩展我们对人们如何在不同学科和空间中学习的理解。大多数通过制作学习的研究工作都将制作与 STEM 学科联系起来。具体而言,马丁和狄克逊(Martin 和 Dixon,2016)认为,制作活动可以成为学习 K-12 工程课程的途径,其他人也证明了数字/物理混合制作活动有助于学生掌握计算机编程知识,特别是当他们在数字编程和物理工具的交叉领域工作时(Berland,2016;Shapiro,Kelly,Ahrens 和 Fiebrink,2016)。学习艺术实践也与制作有关;佩普勒(Peppler,2016)展示了对物理计算的关注如何使年轻的数字媒体艺术家将他们的触角延伸到编码、电子和手工艺领域。也许研究最充分的制作活动是那些涉及电路的活动。研究表明,三年级的学生就能通过参与制作活动来学习基本的电路概念,这既体现在成功地创建操作性的闭合电路上,也体现在更传统地识别更抽象的电路知识的前测、后测上(Peppler 和 Glosson,2013;Qi,Demir 和 Paradiso,2017)。

虽然所有这些研究都鼓励人们将制作合法化,将其作为可能被正式学习环境所接受的实践,但或许更有趣的问题是,人们通过制作能够学到什么,而不是服务于外在的学习目标。修修补补(tinkering)是制作的一个核心组成部分,但在正规的教育环境中常常被贬低(Resnick 和 Rosenbaum,未注明出版日期),贝文、古特威尔、佩特里奇和威尔金森(Bevan,Gutwill,Petrich 和 Wilkinson,2015)将"修修补补"确定为制作中特有的一套实践,这些实践是通过持续参与制作活动而学习的:"修修补补的核心是发展个人有意义的想法,在实际实现这个想法的某些方面陷入困境,但在这个过程中坚持不懈,并在找到解决问题的办法时经历突破的生成过程"(p. 99)。虽然修修补补可以与 STEM 学科的成功联系在一起，但他们研究中所描述的实践在正式的学习环境中并不经常被衡量或重视，包括游戏性、迭代、失败、实验以及改变课程和探索新路径的自由（Resnick 和 Rosenbaum，n. d. ）。

学习成果往往取决于学习者正在做什么，而不是经常出现在学校的制作版本中所展示的抽象的学习成果集。例如，在当地创客空间参加"建造自行车"挑战的年轻人展示了通过成功地创造一辆他们可以随身携带的自行车来学习（Sheridan 和 Konopasky，2016）。不足为奇的是，大多数关于制作成果的研究都是在校外学习空间完成的，尤其是博物馆和图书馆，它们有兴趣了解参与者是如何学习的，但却可以自由地拓展关于什么是学习成果的概念。不过，这种研究较少探讨的是，在制作过程中培养的学习倾向，包括熟悉有效失败和实验，可以帮助青少年发展最近国家教育倡议中所追求的社会/情感/人际学习（包括"勇气"）。

那么，制作本身是一门学科吗？关于人们在制作中学习什么以及如何学习的研究已经确定了在 STEM、艺术、设计和创业（它们本身就是结合了更多成熟领域的新兴学科）的根基。有证据表明，将制作纳入传统的学习环境中，可以更有效地将学生与学科内容联系起来，否则他们会感到困难。但是，"学科"的制作也意味着承认，像修修补补这样的做法并不能很好地与传统学校教育的标准化结果与结构相融合。此外，正如对创客空间和创客的研究所指出的那样，如果我们只是简单地将制作丢进已经建立起来的社会和文化教育惯例中，那么制作作为一套民主化实践的承诺将无法实现。相反，这将成为另一套为那些看起来适合制作的人保留的实践（Lacy，2016；Vossoughi 等，2016）。

三、学习科学中的创客运动

我们现在想回到这样一个问题：创客运动中的研究和实践如何通过探索人们如何学习的理论、学习环境的设计以及公平和多样性的问题，来连接和推进学习科学这个领域。

从理论上讲，制作是学习理论之间的桥梁，这些理论之间并不总是相互沟通。如前所述，通过制作来学习包含了建构主义、多元识读、具身和分布式认知的观点，从而得出三个核心原则：设计即学习、创造和分享作品、关注作为结果的过程和产品。尽管大多数公立学校的改革都围绕着标准化的学习顺序和评估措施来进行，以此作为实现公平和获取的途径，但创客教学法（maker pedagogy）建立在个性化基础上——兴趣、技能发展和过程参与。这种个性化和标准化之间的紧张关系引起了学习科学领域学者的极大兴趣，他们看到了建构主义教学法的潜力，同时又摒弃了高度个性化的学习环境往往会导致的"黑客思维"（Blikstein 和 Worsley，2016）。

学习研究常常陷入正式和非正式学习环境之间长期存在的鸿沟。然而，关于制作的研究提供了跨越鸿沟的机会；在这类研究中，设计实验常常以组织间的伙伴关系为特征，而内在的跨学科性则鼓励每个小组拿出他们的专业知识。例如，博物馆的教育工作者可以鼓励教师接受修修补补的做法，而教师可以帮助博物馆的教育工作者将他们的目标与更可衡量的、标准化的学校教育成果联系起来。虽然学习理论家们并不为这种弥合感到困扰，但学习经验的设计者往往把这种鸿沟作为他们实践的基础，通常只为校内或校外环境而构建，而不是有可能在不同的环境中用于各种目的的工具（Peppler 等，2016）。通过从制作而非环境入手，对制作的研究可以提醒我们以学习为先的视角进行研究和实践。

鉴于创客运动对获取生产资料和工作受众的民主化承诺（Vossoughi 等，2016），制作是学习科学中关注研究、实践和设计中的公平和多样性问题的范例（Esmonde 和 Booker，2017）。但是，民主化所蕴含的价值观往往不为我们教学改革努力所要达到的目标所认同。例如，我们对于"目前形式下的制作是否依赖于新技术的使用和网络传播"这一问题，依旧存在着分歧；什么才算制作？传统的手工艺做法是否就是制作？一个空间中出现一台 3D 打印机是否就自然而然地意味着制作正在发生？这些问题促使许多深切关心教学实践民主化的研究人员批评创客运动缺乏对允许边缘化共同体参与的文化和历史方式的关注（Vossoughi 等，2016）。在已经存在的系统中加入新的想法可能会导致不公平（Lacy，2016）。同样，采用一刀切的参与身份往往会导致边缘化共同体的抵制，他们的身份也会因此得不到重视。研究制作和学习的批判性学者提醒我们，要为一系列能够成功制作的场所和身份进行设计。

四、延伸阅读

Halverson, E. R., & Sheridan, K. (2014). The Maker Movement in education. *Harvard Educational Review*, 84(4), 495 – 504.

本文概述了创客活动在教育中的作用。此外，作者提供了一个框架，通过将制作作为一组学习活动、将创客空间作为实践共同体、将创客作为参与身份，在制作和学习的交叉点进行研究。

Martin, L. (2015). The promise of the maker movement for education. *Journal of Pre-College Engineering Education Research*, 5(1), 30 – 39.

在本文中，马丁提供了设计基于创客的学习环境所需的三个关键制作组件：数字工具、共同体基础设施和创客思维。马丁认为，"好的制作"与学习科学家所理解的"好的学习"是一致的。

Peppler, K., Halverson, E., & Kafai, Y. (Eds.). (2016). *Makeology* (Vols. 1 和 2). New York: Routledge.

这两卷文本系列是一套由领先学者在制作和学习领域的实证研究。内容包括制作活动的研究，正式、非正式和在线创客空间的案例，以及关于作为创客的学习者身份的研究。

Sheridan, K., Halverson, E. R., Brahms, L., Litts, B., Owens, T., & Jacobs-Priebe, L. (2014). Learning in the making: A comparative case study of three makerspaces. *Harvard Educational Review*, 84(4).

在这篇文章中，谢里丹和他的同事分析了三个创客空间的案例，它们代表了一系列专注于制作和学习的环境：以博物馆为基础的创客空间、创客空间共同体和面向成人的成员创客空间。他们描述了创客空间的特征，以及参与者如何通过复杂的设计和制作实践来学习和发展。

Vossoughi, S., Hooper, P. K., & Escudé, M. (2016). Making through the lens of culture and power: Toward transformative visions for educational equity. *Harvard Educational Review*, 86(2), 206-232.

本文对创客运动进行了批判，并提出了基于社会、历史和文化实践的"制作"愿景。作者认为，由于忽略了历史上被边缘化的共同体在创客活动中的贡献，教育工作者具体化了将一种潜在的激进的教育法转变为另一种促进共同体繁荣的工具的风险。

参考文献

Alibali, M. W., & Nathan, M. (2018). Embodied cognition in learning and teaching: action, observation, and imagination. In F. Fischer, C. E. Hmelo-Silver, S. R. Goldman, & P. Reimann (Eds.), *International handbook of the learning sciences* (pp. 75–85). New York: Routledge.

Ames, M., & Rosner, D. (2014). From drills to laptops: Designing modern childhood imaginaries. *Information, Communication & Society*, 17(3), 357–370.

Berland, M. (2016). Making, tinkering, and computational literacy. In K. Peppler, E. Halverson, & Y. Kafai (Eds.), *Makeology: Makers as learners* (pp. 196–205). New York: Routledge.

Bevan, B., Gutwill, J. P., Petrich, M., & Wilkinson, K. (2015). Learning through STEM-rich tinkering: Findings from a jointly negotiated research project taken up in practice. *Science Education*, 99, 98–120.

Blikstein, P., Martinez, S. L., & Pang, H. A. (2016). *Meaningful making: Projects and inspirations for Fab Labs and makerspaces*. Torrance, CA: Constructing Modern Knowledge Press.

Blikstein, P. & Worsley, M. (2016). Children are not hackers: Building a culture of powerful ideas, deep learning, and equity in the maker movement. In K. Peppler, E. Halverson, & Y. Kafai (Eds.), *Makeology: Makerspaces as learning environments* (pp. 64–80). New York: Routledge.

Brahms, L., & Crowley, K. (2016). Making sense of making: Defining learning practices in MAKE magazine. *Makeology: Makers as Learners*, 2, 13–28.

Brennan, K., Resnick, M., & Monroy-Hernandez, A. (2010). Making projects, making friends: Online community as a catalyst for interactive media creation. *New Directions for Youth Development*, 2010(128), 75–83.

Buechley, L. (2016). Opening address. *FabLearn Conference, Stanford University, Palo Alto, CA*, October 14–16. Retrieved from https://edstream.stanford.edu/Video/Play/a33992cc9fb2496488c1afa9b6204a571d

Buechley, L., Eisenberg, M., Catchen, J., & Crockett, A. (2008). The LilyPad Arduino: Using computational textiles to investigate engagement, aesthetics, and diversity in computer science education. *CHI '08: Proceedings of the SIGCHI Conference on Human Factors in Computing Systems*, 423–432.

Cantrill, C., & Oh, P. (2016). The composition of making. In K. Peppler, E. Halverson, & Y. Kafai (Eds.), *Makeology: Makerspaces as learning environments* (pp. 107–120). New York: Routledge.

Cope, B., & Kalantzis, M. (2000). *Multiliteracies: literacy learning and the design of social futures*. London: Routledge.

Dougherty, D. (2011). *The Maker Movement: Young makers and why they matter* [Video file]. Retrieved from www.youtube.com/watch?v=lysTo7-VVg0

Dougherty, D. (2013). The maker mindset. In M. Honey & D. E. Kanter (Eds.), *Design, make, play: Growing the next generation of STEM innovators* (pp. 7–11). New York: Routledge.

Erete, S., Pinkard, N., Martin, C., Sandherr, J. (2015). Employing narratives to trigger interest in computational activities with inner-city girls. *Proceedings of the First Annual Research on Equity and Sustained Participation in Engineering, Computing, and Technology (RESPECT) Conference*, Charlotte, NC, August 14–15, 2015.

Esmonde, I. & Booker, A. N. (Eds.) (2017). *Power and privilege in the learning sciences*. New York: Routledge.

Fields, D., & Lee, V. (2016). Craft Technologies 101: Bringing making to higher education. In K. Peppler, E. Halverson, & Y. Kafai (Eds.), *Makeology: Makerspaces as learning environments* (pp. 121–138). New York: Routledge.

Gershenfeld, N. (2005). *Fab: The coming revolution on your desktop—From personal computers to personal fabrication.* Cambridge, MA: Basic Books.

Guzzetti, B., Elliot, K., & Welsch, D. (2010). *DIY media in the classroom: New literacies across content areas.* New York: Teachers College Press.

Halverson, E. R., Lakind, A., & Willett, R. (2017). The Bubbler as systemwide makerspace: A case study of how making became a core service of the public libraries. *International Journal of Designs for Learning, 8*(1), 57–68.

Halverson, E. R., & Sheridan, K. (2014). The Maker Movement in education. *Harvard Educational Review, 84*(4), 495–504.

Harel, I., & Papert, S. (1991). *Constructionism.* Norwood, NJ: Ablex Publishing.

Hmelo-Silver, C. E., Kapur, M., & Hamstra, M. (2018). Learning through problem solving. In F. Fischer, C. E. Hmelo-Silver, S. R. Goldman, & P. Reimann (Eds.), *International handbook of the learning sciences* (pp. 210–220). New York: Routledge.

Holbert, N. (2016). Leveraging cultural values and "ways of knowing" to increase diversity in maker activities. *International Journal of Child–Computer Interaction. 9–10*, 33–39.

Kafai, Y. B. (2006). Constructionism. In K. Sawyer (Ed.), *Cambridge handbook of the learning sciences* (pp. 35–46). Cambridge, MA: Cambridge University Press.

Kafai, Y. B., Fields, D. A., and Searle, K. A. (2014). Electronic textiles as disruptive designs in schools: Supporting and challenging maker activities for learning. *Harvard Educational Review, 84*(4), 532–556.

Kafai, Y., & Peppler, K. (2011). Youth, technology, and DIY: Developing participatory competencies in creative media production. In V. L. Gadsden, S. Wortham, & R. Lukose (Eds.), *Youth cultures, language and literacy: Review of Research in Education, 35*(1), 89–119.

Lacy, J. E. (2016). *A case study of a high school Fab Lab.* University of Wisconsin-Madison. Unpublished doctoral dissertation.

Litts, B. K. (2015). *Making learning: Makerspaces as learning environments.* University of Wisconsin-Madison. Unpublished doctoral dissertation.

Martin, L. (2015). The promise of the maker movement for education. *Journal of Pre-College Engineering Education Research, 5*(1), 30–39.

Martin, L. & Dixon, C. (2016). Making as a pathway to engineering and design. In K. Peppler, E. Halverson, & Y. Kafai (Eds.), *Makeology: Makers as learners* (pp. 183–195). New York: Routledge.

Martinez, S. L., & Stager, G. S. (2013). *Invent to learn: Making, tinkering, and engineering in the classroom.* Torrance, CA: Constructing Modern Knowledge Press.

New London Group. (1996). A pedagogy of multiliteracies: Designing social futures (C. Cazden, B. Cope, N. Fairclough, J. P. Gee, M. Kalantzis, G. Kress, A. Luke, et al., Eds.). *Harvard Educational Review, 66*(1), 60–92.

Papert, S. (1980). *Mindstorms: Children, computers, and powerful ideas.* Hemel Hempstead, UK: Harvester Press.

Peppler, K. (2016). ReMaking arts education through physical computing. In K. Peppler, E. Halverson, & Y. Kafai (Eds.), *Makeology: Makers as learners* (pp. 206–226). New York: Routledge.

Peppler, K., & Bender, S. (2013). Spreading innovation: Leveraging lessons from the Maker Movement. *Phi Delta Kappan, 95*(3), 22–27.

Peppler, K., & Gresalfi, M. (2014). Re-crafting mathematics education: Designing tangible manipulatives rooted in traditional female crafts. National Science Foundation.

Peppler, K., & Glosson, D. (2013). Stitching circuits: Learning about circuitry through e-textile materials. *Journal of Science Education and Technology, 22*(5), 751–763.

Peppler, K., Halverson, E. & Kafai, Y. (Eds.). (2016). *Makeology* (Vols. 1 & 2). New York: Routledge.

Puckett, C., Gravel, B., & Vizner, M. (2016). *Vocational vestiges: Detracking, choice, and STEM education in the new comprehensive high school.* Paper presented at the American Educational Researchers Association Annual Meeting, April 2016, Washington, DC.

Qi, J., Demir, A., & Paradiso, J. A. (2017, May). Code collage: Tangible programming on paper with Circuit stickers. *Proceedings of the 2017 CHI Conference Extended Abstracts on Human Factors in Computing Systems* (pp. 1970–1977). New York: ACM Press.

Reas, C. (2006). Media literacy: Twenty-first century arts education. *AI & Society, 20*(4), 444–445.

Resnick, M., Eidman-Aadahl, E., & Dougherty, D. (2016). Making-writing-coding. In K. Peppler, E. Halverson, & Y. Kafai (Eds.), *Makeology: Makers as learners* (pp. 229–240). New York: Routledge.

Resnick, M., & Rosenbaum, E. (2013). Designing for tinkerability. Design, make, play: Growing the next generation of STEM innovators. In M. Honey, & D. E. Kanter (Eds.), *Design, make, play: Growing the next generation of STEM innovators* (pp. 163–181). New York: Routledge.

Rusk, N. (2016). Motivation for making. In K. Peppler, E. Halverson, & Y. Kafai (Eds.), *Makeology: Makers as learners* (pp. 85–108). New York: Routledge.

Ryan, J. O., Clapp, E., Ross, J., & Tishman, S. (2016). Making, thinking, and understanding: A dispositional approach to maker-centered learning. In K. Peppler, E. Halverson, & Y. Kafai (Eds.), *Makeology: Makers as learners* (pp. 29–44). New York: Routledge.

Shapiro, R. B., Kelly, A. S, Ahrens, M. S., & Fiebrink, R. (2016). BlockyTalky: A physical and distributed computer music toolkit for kids. *Proceedings of the 2016 Conference on New Interfaces for Musical Expression. Brisbane, Australia.*

Sheridan, K., Halverson, E. R., Brahms, L., Litts, B., Owens, T., & Jacobs-Priebe, L. (2014). Learning in the making: A comparative case study of three makerspaces. *Harvard Educational Review, 84*(4) 505–531.

Sheridan, K., & Konopasky, A. (2016). Designing for resourcefulness in a community-based makerspace. In K. Peppler, E. Halverson & Y. Kafai (Eds.), *Makeology: Makerspaces as learning environments.* New York, NY: Routledge, 30–46.

Sheridan, K., & Konopasky, A. (2016). Designing for resourcefulness in a community-based makerspace. In K. Peppler, E. Halverson & Y. Kafai (Eds.), *Makeology: Makerspaces as learning environments* (pp. 30–46). New York: Routledge.

Torrey, C., McDonald, D. W., Schilit, B. N., & Bly, S. 2007. How-to pages: Informal systems of expertise sharing. *Proceedings of the 10th European Conference on Computer Supported Cooperative Work. ECSCW '07,* 391–410.

Vossoughi, S., Hooper, P. K., & Escudé, M. (2016). Making through the lens of culture and power: Toward transformative visions for educational equity. *Harvard Educational Review, 86*(2), 206–232.

Wilkinson, K., Anzivino, L., & Petrich, M. (2016). The big idea is their idea. In K. Peppler, E. Halverson, & Y. Kafai (Eds.), *Makeology: Makers as learners* (pp. 161–180). New York: Routledge.

Wohlwend, K., Peppler, K., Keune, A., & Thompson, N. (2017). Making sense and nonsense: Comparing mediated discourse and agential realist approaches to materiality in a preschool makerspace. *Journal of Early Childhood Literacy.* 17(3), 444–462.

第 29 章　知识建构：理论、设计与分析

卡罗尔·陈，简·范阿尔斯特(Carol K. K. Chan, Jan van Aalst)

　　知识建构(knowledge building)是一种教育模型，可以理解为一个共同体为提高该共同体的知识水平所做的努力(Bereiter，2002；Scardamalia 和 Bereiter，1994，2014)。在 20 世纪 70 和 80 年代，认知科学研究已经发展到可以研究现实世界情境中的复杂学习，并为学习环境的设计提供信息。20 世纪 80 和 90 年代，与"贾斯珀·伍德伯里历险记"系列和"培养学习者共同体"等其他方法一起，知识建构尝试在复杂领域和真实课堂中实现深度学习(Lamon 等，1996；McGilly，1994)。如今，知识建构可以被认为是一种模型，它与学习科学中的许多其他方法具有"家族相似性"，知识建构被认为与学习科学中许多其他方法一样，强调建立在先验知识、元认知、调节过程、协作、支架、真实的学习情境、使用技术扩展学生的认知系统和迁移的基础上，本手册的许多章节都体现了这一点。

　　斯卡德玛利亚和波瑞特(Scardamalia 和 Bereiter)在计算机支持的协作学习环境中创造了知识建构的一个开创性实例，它最初被称为计算机支持的有目的的学习环境(computer-supported intentional learning environment，CSILE)，后来被称为知识论坛®(knowledge forum)(见下文)。自 20 世纪 90 年代以来，这一模型影响了其他模型，"知识建构"一词被各种社会建构主义方法采用，这些方法强调探究、问题解决、协作以及共同建构知识，通常是在设计的任务、课程和项目中进行。然而，对于斯卡德玛利亚和波瑞特(2014)来说，知识建构有一个独特的侧重点——知识建构与知识创造(knowledge creation)是同义词——并体现了在科学和研究共同体中发现的生产性知识工作的特征，包括共同体参与者为增进该共同体的知识而开展的实践。知识创造是一种集体的产物。他们主张制定一项教育议程，帮助儿童把他们的工作看作是努力推进社会知识前沿的整体文明中的一部分。在本章中，我们回顾了斯卡德玛利亚和波瑞特的知识建构模型，包括理论和技术、课堂知识建构设计以及用于研究和促进知识建构的分析方法。我们还讨论了这个方法对学习科学提出的重要问题，包括集体认知理论、结构良好的方法和新兴方法之间的教学张力，以及评估集体知识的技术问题。本章在最后对未来的研究方向进行了展望。

一、知识建构理论与知识论坛

1. 理论基础

知识建构/创造起源于 20 世纪 80 年代的写作研究，它区别于"知识讲述"（knowledge telling）和"知识迁移"（knowledge transformation），其中"知识讲述"指学生复述他们已经知道的信息，而"知识迁移"是指学生在写作过程中对知识进行重组（Bereiter 和 Scardamalia，1987a）。20 世纪 90 年代，关于有意学习（intentional learning）的研究考察了任务完成和作为明确目标的学习之间的差异。专家型学习者除了完成任务以外，还会进行建构性学习，而专业知识的形成则包括再投入认知努力，以逐步深入地理解问题，并在能力的边缘工作（Bereiter 和 Scardamalia，1993）。为了使课堂共同体成为学龄儿童生产知识的场所，斯卡德玛利亚和波瑞特（1994，2006）于 1986 年开发了一个计算机支持的有目的的学习环境（CSILE）原型，随后于 1997 年推出了知识论坛。

知识建构/创造模型的关键在于两个主要的认知维度：

（1）**学习和知识建构**。斯卡德玛利亚和波瑞特（2006）区分了学习和知识建构，认为前者关注个体的心理状态，而后者侧重公共的观点和理论。他们认为，即使在涉及主动和建构过程的方法中，学习的共同目标也是为了让学生获得前人遗留下来的知识（如理解供求规律）。而在知识建构中，关键的目标是提高共同体知识水平，同时参与者也在学习。学校的知识建构是知识创造的教育变体：是在科学、工程、医学和人类努力的其他领域中创造新知识的过程。正如斯卡德玛利亚和波瑞特（2006）所言，知识创造作为一种教育目标，是"整个文明的人类扩展知识边界的努力"。这些作者认为，知识创造不仅仅是专家的事情，学生也需要学习知识创造的过程，这也是专家所做的知识工作。当然，鉴于有些发现是科学家花了数百年的时间才发现的，学生不可能取得重大的科学突破。尽管如此，学生作为一个群体，可以极大地促进这个群体的公共观点和知识的发展，并解决一些具有历史意义的问题。例如，斯卡德玛利亚和波瑞特（2006）提到，一位学生在知识论坛上评论 19 世纪的科学家孟德尔（Mendel），说他致力于研究自己的同学凯伦（Karen）所关注的问题，这说明凯伦和孟德尔一样，也在研究同样的前沿问题；她的工作处于前沿，与孟德尔的工作保持一致。另一个经常被引用的例子是，小学生在研究科学中光的主题时，想知道微小雨滴的折射是如何形成横跨天空的彩虹的。尽管这些学生没有做出新的科学发现，但他们创造了新颖而连贯的解释，扩展了知识的边界，为班级共同体增加了价值（Bereiter 和 Scardamalia，2010）。

（2）**设计模式和信任模式**。波瑞特（2002）认为，观点应该被视为"真实的"东西，类似于自行车和手机，我们可以问一个真实的东西可以用于什么目的，如何测试，以及如何修改它。同样，对于观点也是如此，由此引出了一个关键的知识建构原则：所有的观点都是可以改进的。在这方面,知识建构类似于设计：知识建构者试图创造比他们开始使用的知识"更有用"的知识。"有用性"(usefulness)可以从观点如何解释现象、哪些观点可以解释现象并带来更多可检验的预测来评价。

"设计模式思维"(design-mode thinking)强调,知识建构和设计一样,是一个开放的旅程(Scardamalia 和 Bereiter, 2006)。例如,一家手机制造商生产了某种设计的原型,这也意味着,下一个版本所必需的设计工作几乎立即开始。同样,观点的改进也是一个持续的探索过程;知识产生知识(knowledge begets knowledge)。相比之下,涉及到推理、证据和评价主张的信任模式思维(belief-mode thinking)在学校中更为普遍,一般来说,它的开放性不如设计模式思维。当某些争论占上风时,话语往往会停止;辩论是一种延续信任模式思维的形式。知识建构需要一种发展新观点的话语,因此学习者们需要关注如何发展、检验和改进这些新观点;设计模式思维是一个不断深化的解释和理论建构过程。设计模式和信任模式思维之间的这种区别对于理解波瑞特和斯卡德玛利亚的知识建构/创造概念化与其他共同构建知识方法之间的区别很重要。

2. 知识论坛

知识建构的核心是一个公共的知识空间,在这里,学生分享他们的观点和理论,并努力改进它们(Scardamalia 和 Bereiter, 1994, 2006)。知识论坛为这种集体工作提供了一个数字空间：学生可以在此贡献、建立、反思、整合和"升华"(rise above),为知识的进步做出进一步的努力,升华他们最初在共同体发布的笔记。学生对这些数字化和概念化的作品的持续贡献和改进对知识建构至关重要。技术是知识建构理论和教学法不可或缺的一部分,知识论坛是专门为支持知识创造过程而设计的(见 Scardamalia 和 Bereiter, 2006, 2014)。

知识论坛数据库中的基本单元是一个视窗(view),其本质上是一块画布,用户可以在上面发表笔记和撰写元信息(图 29.1)。在特定的视窗中,学生可以编写和创建注释网络来表达自己的问题和想法,并在此基础上发展理论。这些笔记形成的网络类似于其他在线话语环境中的讨论线。当在视窗中写笔记时,学生可以使用可修改的支架来帮助他们聚焦于理论构建(例如,"我的理论""我需要理解""新信息")。例如,学生可以使用"我的理论"支架来表明他们哪些观点需要进一步的测试或解释。他们可以使用"关键字"来表示关键的领域词。这个画布或视窗可以包括图形和注释——例如,用来突出观点网络之间的关系,得出初步结论,或指出尚未解决的问题。

知识论坛包括支持新出现的观点和整合探究线的功能,以实现更高层次的概念化。它可以将不同的视窗联系起来,并建立它们之间的关系。例如,一个视窗可能是在共同体探究的早期持有的观点,而另一个视窗是在同一问题上的主要进展,或者一组视窗可以探索光的不同方面(如镜面和透镜对光的反射和折射),通过一个超级视窗链接这些视窗,综合共同体的知识进步。知识论坛包括"引用笔记",是其他笔记的超链接,而这种超链接可以被视为对笔记的"升华",它支持参与者综合不同的观点。这

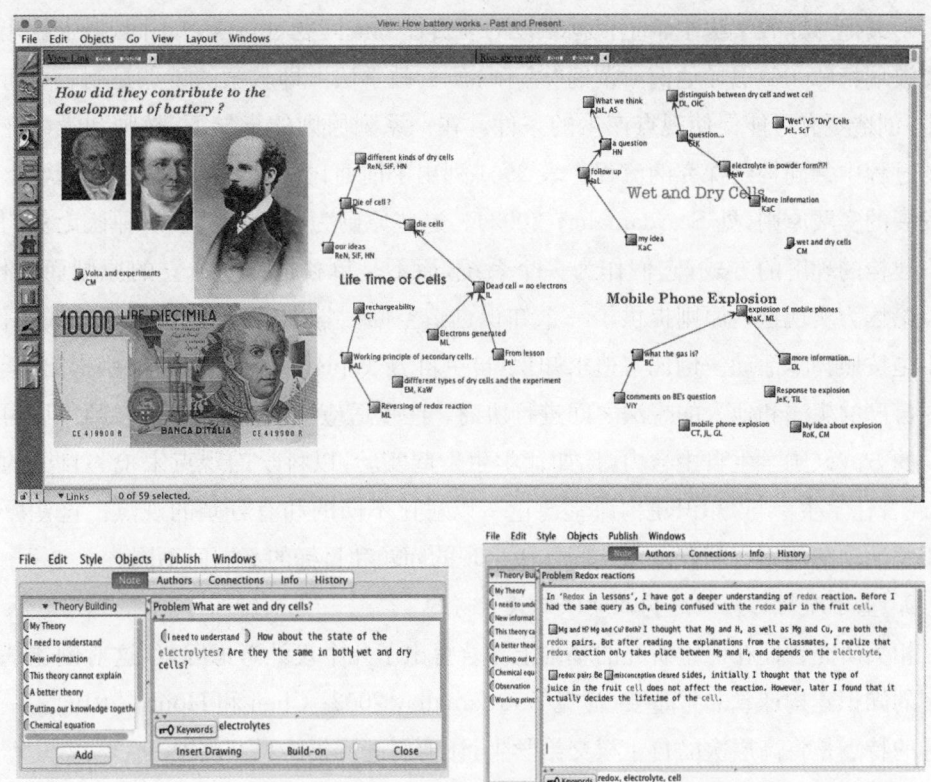

图 29.1 知识论坛的功能

注：视窗是一个带有笔记和链接及其他信息的协作探究空间（上图）；带有支架的知识论坛笔记（左下图）和引用笔记（右下图）。

种对笔记/视窗和参考文献的升华有助于为集体知识创造一个"元对话"，并在连续的更高层次上重新表述问题。知识论坛还包括本章后面讨论的评估工具，它可以帮助学生评估共同体的观点是如何随着时间的推移而发展起来的（更多关于知识论坛的细节，见 Scardamalia 和 Bereiter，2006，2014）。

二、知识建构的课堂设计与教学法

1. 基于设计的方法与基于原则的教学法

知识建构教学法是根据创新共同体如何创造和推进知识的理论进行设计的。为了检验和实例化理论框架，知识建构模型强调使用基于设计的研究（design-based research，DBR）方法，重点是基于原则的教学法（principle-based pedagogy）。与其他使用 DBR 的学习科学方法一样，知识建构在实证课堂研究中发展设计原则，并检验原则和实践，以完善新的设计，进行反复改进（见 Puntambekar，本手册）。在回顾 DBR 在知识建构中 30 年的发展历程时，陈和洪（Chen 和 Hong，2016）追溯了基于原则的知识建构教学原则的发展；它们不仅是设计规范，而且是模型发展不可或缺的部分。

与其他探究教学法中学生根据预设的项目任务或问题进行学习不同,斯卡德玛利亚和波瑞特(2006)倡导他们所谓的"基于原则的教学法",即教学的重点是制定可行的原则,创造更有可能促使观点产生的条件。在一系列原则的指导下,教师和学生在探究的过程中共同构建探究的流程。表 29.1 列出了前面讨论过的关键思想和课堂上不断发展的实践原则(见 Scardamalia,2002)。这些原则为教师提供了一种谈论他们对知识建构的理解的方式;它们作为一个系统,而不是单独地作为孤立的原则而工作。知识论坛为实现这些原则提供了一个知识创造空间。学生以适时、灵活的方式工作,而不是按照脚本活动。例如,"追求知识,自主自力"(epistemic agency)原则指出,学生要在自己的想法和他人的想法之间进行协商。注重适应性的专业知识,教师可以通过不同的方式鼓励学生自主自力,比如让学生发起实验,以科学的观点来检验自己的观点,或者让学生参与"知识建构课堂讨论",以对比不同的和有分歧的观点。这些原则及相关活动的使用将随着课堂共同体中出现的问题和目标的不同而不同。

2. 基于原则的知识建构教学法的设计考虑

相关研究者们在课堂研究的基础上综合得出了几个设计考虑因素,这对创建基于原则的知识建构课堂非常重要(详见 Scardamalia,2002;Chen 和 Hong,2016)。一个关键的特点是将高层次的自主权交给学生,让他们进行集体观点改进。

表 29.1　知识建构原则

讨论投入,联系实际	知识问题产生于学生努力理解他们的世界;他们致力于真正的想法和他们关心的问题。
不断钻研,完善观点	所有的观点都是可改进的。学生持续提高观点的质量、一致性和实用性。
追求知识,自主自力	学生通过对比来协调自身的个人观点和他人的观点,以激发知识的进步;负责动机、计划和评估。
多元观点,正反并现	理解一个观点就是理解围绕着它的观点,包括那些与它对立的观点。
融会总结,升华超越	致力于更具包容性的原则和更高层次的问题表述,以实现综合目标和突现目标。
共同承担,知识无限	对共享的、最高级别的共同体目标的贡献与个人成就同样重要;分担共同体知识进步的责任。
善用权威,助己发挥	创造性工作需要熟悉该领域的当前和前沿知识;学生将权威信息和批判立场相结合。
讨论交流,建构为优	知识建构对话带来的不仅仅是知识共享;知识本身也在对话过程中被迁移。
时刻反思,改进认知	评估是集体进步的关键,并被嵌入到日常工作中;共同体参与自己的评估,以达到迁移的目的。
知识面前,平等参建	所有学生都是共同体有价值的贡献者;有/无之间的差异被最小化;所有学生都有权从事创新工作。
跨组参详,并行成长	知识的进步是对等的,团队和共同体中不同各方共同进步。
知识建构,无处不透	知识建构并不局限于特定的场合,而是渗透在学校内外的精神生活中。

资料来源:改编自斯卡德玛利亚(Scardamalia,2002)《集体认知责任》。

(1) **突现课程与固定课程**。需要一个渐进的、突现的课程来支持观点的发展,并最大化知识创造的机会(Caswell 和 Bielaczyc, 2001; Zhang, Scardamalia, Lamon, Messina 和 Reeve, 2007)。与使用完善的课程和基于探究的材料的教学法不同,知识建构并不使用预先设计好的材料。每一次耗时数月的知识建构探究活动都是在某个课程范围内进行的;然而,在这个过程中,是学生对课程承担着认知责任,致力于推动问题和核心概念的探究,类似于从事探究的科学家。卡斯韦尔和比亚拉奇(Caswell 和 Bielaczyc, 2001)研究了观点的改进,以及孩子们是如何利用一门突现课程共同探究进化论的,还讨论了孩子们的探究在某种程度上类似于达尔文在探索中所取得的科学进步。知识建构课程在很大程度上依赖于参与者新出现的兴趣,而共同体知识很重要。某一年,一个研究光的班级可能对彩虹是如何产生的感兴趣,但到了下一年,问题可能就大不相同了。然而,在所有情况下,学生都在研究该领域的重要概念(例如,光在不同情况下的折射和反射)。

(2) **以观点为中心与以任务为中心**。知识建构关注以观点为中心的(idea-centered)教学法;观点的改进是一个关键的原则。学生的观点而不是任务被视为课堂生活的中心(Scardamalia, 2002)。在这个过程中,没有规定的常规,目标是改进共同体的观点。知识建构教学法鼓励学生实施高层次的自主自力——随着探究的展开,逐步完善自己的知识目标,并贡献、推进和完善他们的集体观点。张等人(Zhang 等, 2007)讨论了在基于原则的课堂中进行观点改进的实践。学生们从面对面的讨论开始;不同的想法被激发出来,并被公开以便改进。通过线上和线下的讨论,学生追求观点的改进:他们阐明理解的问题,提出有待改进的理论,识别建设性的信息,并比较不同的想法和模型。根据设计模式思维,学生不断完善和修正他们的观点、假设和理论,从而深化他们的解释。他们线下活动多种多样,可以包括进行实验来检验他们的想法,通过阅读以理解复杂的信息,以及课堂上的对话。这些活动都不是线性的或规定的,而是在原则的框架下适时地进行。

(3) **元对话与评估**。创新共同体的核心是反思、升华和评估。知识建构设计涉及超越问题解决的元对话层次;升华是一个关键原则。知识建构教育法涉及作为元对话(meta-discourse)的课堂谈话,学生们"谈论他们的谈话",在知识论坛上讨论他们的对话。学生可以共同监督共同体的进展,并确定新的探究路线。范阿尔斯特和陈(van Aalst 和 Chan, 2007)设计了一套以四项知识建构原则为准则的电子档案评估工具,评估他们在知识论坛上的集体工作和进步。学生用"引用笔记"构建了一个电子档案袋笔记,并链接到其他知识论坛笔记,并解释了为什么这些是他们集体工作的重点。反思和评估有助于学生参与到元对话中,将共同体中最好的工作加以整合。最近,雷森德斯、斯卡德玛利亚、波瑞特、陈和海伍德(Resendes, Scardamalia, Bereiter, Chen 和 Halewood, 2015)在形成性评估中采用了词云(word cloud)可视化的方法,帮助学生对他们的知识论坛工作进行讨论。下一节将讨论技术支持的其他评估实例。

(4) **固定小组与际遇性小组**。小型协作小组的设计在学习科学和 CSCL 教学法中很常见,但知识建构强调设计分布式和集体推进的共同体知识。张、斯卡德玛利亚、里夫和梅西纳(Zhang, Scardamalia, Reeve 和 Messina, 2009)报告了一项为期三年的 DBR 研究,研究了一位教师如何在知识建构课堂中改变小组协作结构。孩子第一年在固定分配的小组中学习,第二年在互动的固定小组中学习,第三年在全班的际遇性小组中学习。际遇性分组对观点的传播和观点的科学准确性都是最有效的。斯琴、范阿尔斯特和楚(Siqin, van Aalst 和 Chu, 2015)以大学生为研究对象,比较了这种固定协作和际遇性协作,也得出了类似的结果,包括在基于共同体的际遇性小组中进行更复杂的知识建构探究。知识论坛为际遇性小组提供了相互联系的视窗,使他们能够创造性地工作。学生可以在不同的视窗中解决不同的问题;随着其他目标的出现,学生也可以创建新的视窗,在升华性视窗中整合知识。在技术支持下,跨组和基于共同体的分组促进观点的突现。这样的设计也反映了科学共同体中各种知识创造的动态以及突现的观点互动。

(5) **教师的角色**。对三种理想化模型进行比较有助于描述出,在知识建构型课堂中,教师的角色是什么样的(Chen 和 Hong, 2016;转引自 Bereiter 和 Scardamalia, 1987b)。教师 A 模型是学校中常见的"作业本"(workbook)模型,教师专注于日常工作,完成预设的任务和活动。教师 B 模型会在课堂上贯彻学习科学中许多好的原则(例如,设计丰富的真实问题、利用先验知识、提供形成性反馈)。教师 C 模型是一种知识建构的方法,它包含了教师 B 模型所具备的优点,但可能会让学生自己去确定、执行学习任务。例如,不是由教师来建立真实的问题,而是由学生确定共同体中有意义的前沿问题进行调查。即学生要为他们的进步履行执行职能,而不是依赖教师的指导;自主自力和共同体知识是进步的关键。教师的角色是强调学生的认知需求,通过示范、共同反思和作为知识建构的伙伴这些途径,帮助学生"注意到"共同体中的重要信息。由于强调适应性的专业知识,知识建构型教师不依赖于规定的常规,而是通过与学生一起研究问题和想法来发展他们的历程。

三、分析知识建构与技术支持的评估

1. 理论驱动的方法与分析

(1) **定量分析**。知识建构理论的核心是共同体知识。相关研究者已经开发出了用于研究知识论坛数据中笔记和对话网络性质的分析方法以及基于技术的工具。知识论坛会附带一套评估小程序,用于搜集和提供论坛活动的统计数据(如阅读笔记,关键术语)。其中,社会网络分析(social network analysis, SNA)小程序提供了有关"网络密度"的信息,即学生知识论坛阅读笔记(或构建)的实际链接以及描述共同体互动和连接的最大可能链接的比例(Teplovs, Donoahue, Scardamalia 和 Philip, 2007)。张等人(2009)使用 SNA 技术分析了共同体过程,认为这一过程包括三个维度:共同体贡献意识、对共同体的补充贡献和共同体中的分布式参与(如分散网络),他们强调了集体认知责任的重要性。

另一种研究共同体知识的方法是通过分析词汇测量——即学生对来自小程序的共享关键术语的使用。洪和斯卡德玛利亚(Hong 和 Scardamalia，2014)发现，较高的论坛参与度与特定领域词汇的使用有关，这些词汇表征了共同体内专业知识的发展。随着学习分析的发展，研究者们开发了不同的工具，如知识建构对话探索工具(Knowledge-Building Discourse Explorer，KBDeX；Oshima，Oshima 和 Matsuzawa，2012)；发展了 SNA 技术，以研究观点之间的概念关系和网络一致性。这种分析除了探讨个体对网络增长的贡献外，还探讨了观点网络是如何出现的。

(2) **定性分析**。编码和分析方案试图捕捉知识建构理论以及教学目标中的重要指标。早期的编码和计数方案考察了认识论探究，将寻求事实和寻求解释的问题进行了对比(Hakkarainen，2004)。对问题和解释的关注在 CSCL 分析中很常见；然而，CSCL分析的重点是认识论，它强调理论构建(theory building)的努力，其主要目标之一是让学生在知识建构中参与解释性对话(explanatory discourse)。通过"贡献方式"(ways of contribution)方案，解释性对话分析得到了进一步发展，该方案包括理论化、信息工作和整合等对话类别(Chuy 等，2011)。这些方案是用来分析的；然而，它们也描述了鼓励学生发展生产性知识建构的对话过程。

对话的定性分析同样强调对共同体知识的评估，一种方法是将知识建构(knowledge building)和其他在线对话模式区分开来，这种模式包括知识构建(knowledge construction)和知识共享(van Aalst，2009)。具体来说，知识共享对话是指参与者分享观点和信息；知识构建(knowledge construction)对话是指参与者共同建构理解和共享意义；而知识创造对话则描述了参与者如何认识共同体问题以及如何为扩展共同体知识作出贡献，它是一种元对话。最近，波瑞特和斯卡德玛利亚(2016)提出了一套面向知识创造的建构性对话模式，包括问题定义、新观点、"前景性"评价、比较、批评性对话、高层次观点和元对话。这些都强调了理论建构和元对话的概念，并且指出了分析知识创造的新方法和可能途径。

2. **基于原则的方法与变革性评估**

知识建构评估是以原则为前提的。知识建构的一个鲜明主题是开发可以被学生用来进行集体观点改进的方法和工具，同时也符合自主自力的原则。斯卡德玛利亚(2002)讨论了评估原则——它需要嵌入到共同体实践中，同时提供反馈，以变革知识建构。研究人员使用的知识论坛小程序(Hong 和 Scadamalia，2014)也被教师和学生用于这些目的。使用评估促进知识建构的一个主要方法是电子档案设计(van Aalst 和 Chan，2007)。当学生对自己的知识论坛对话进行评估，并从共同体中找出最好的想法时，他们可以更好地认识到知识建构的内容，从而变革他们的知识建构过程。为了帮助学生从关注个体转向关注共同体，研究者们设计了知识连接分析器(knowledge connection analyzer，KCA)，帮助他们反思和评估自己的对话。学生可以以四个问题为一组(例如,"我们是否整合了共同体知识?"和"我们的想法如何随着时间的推移而发展?"),在数据库上运行 KCA。学生将分析信息作为证据,帮助他们反思和设定新的知识建构目标(Yang,van Aalst,Chan 和 Tian,2016)。

最近,研究者们结合知识论坛开发了两种主要评价工具,支持学生反思、评估和评价观点发展。观点线图(idea thread mapper,ITM)起源于"探究线"的研究,它分析了知识论坛笔记中一个主要问题的概念线(Zhang 等,2007)。通过 ITM,学生可以识别一个特定问题的相关笔记,并创建跟踪观点发展的观点线。他们可以记录自己的思维历程,并识别关键主题和知识缺口(Zhang 等,出版中)。知识创造和科学发现是建立在对有前景的观点进行评估的基础上的。一个用于发现和评估"有前景的观点"的工具已经被开发出来了,它支持青年学生评估和评价他们在共同体中有前景的观点。通过使用学习分析,这些观点被聚合和可视化,以支持学生开展更深入的探究(Chen,Scardamalia 和 Bereiter,2015)。这些不同的分析方法都有一个共同的主题,那就是学生在知识论坛中评估自己共同体工作进展时的自主性。

四、知识建构模型:比较、协同与对立

知识建构与其他基于探究的模型具有相似之处,这些模型都强调学习科学的核心原则,以追求深入的理解,如基于问题的学习和基于项目的科学。然而,知识建构的认识论焦点在于知识创造、基于原则的教学法和分析目标,这与其他方法是不同的。

1. 认知焦点

各种基于探究的学习科学模型都侧重于发展概念/领域知识,包括领域内的元知识和策略。例如,在虚拟世界中使用探究的生态学单元也是旨在为学生带来关键的规范理解(见 de Jong,Lazonder,Pedaste 和 Zacharia,本手册)以及设计探究任务和问题,帮助学生通过解决问题来学习(见 Hmelo-Silver,Kapur 和 Hamstra,本手册;Linn,McElhany,Gerard,Matuk,本手册)。知识建构不太强调预先定义的目标,而是着眼于一个共同体从它开始的地方能够前进到什么程度的问题。知识建构的一个重要目标是认识论上的,即理解知识是如何被创造的,以及这个过程的社会本质。虽然在知识建构中,学生是在学习领域知识和解决问题,但他们也参与建立共同体的下一个学习目标、综合多个问题、评估共同体的知识水平、反思共同体如何取得知识进步等必要的对话。

作为知识生产的持续性探究,作为知识创造的不同方法,知识建构被比作组织中的隐性知识转化(tacit knowledge transformation)(Nonaka 和 Takeuchi,1995)和工作场所中的拓展性学习活动系统(Engeström,Miettinen 和 Punamäki,1999)。知识建构主要是发展"共同体知识",它与 CSCL 中的小组认知有一些相似之处(Stahl,2006),但不同的是它强调观点的创造。虽然 CSCL 和学习科学都经常研究小组的知识建构,但最近的研究已经扩展到探索大群体和共同体中的集体知识构建(collective knowledge construction)（见 Cress 和 Kimmerle，本书）；集体知识和作品的性质是富有成效的研究领域。知识建构的最新发展包括在人际和观点层面的自组织研究（Scardamalia 和 Bereiter，2014），这也是复杂系统中的重要研究问题（见 Yoon，本手册）；知识建构是一个观点突现和互动的复杂过程。研究知识建构及其相关方法对学习科学中的集体认知和知识创造理论提出了新的问题。

2. 教学法与设计

知识建构/创造中基于原则的教学法，不是任务和活动，它对学习科学中的教学设计提出了具有争议性的问题。类似的争议也存在于关于结构良好的教学以及基于探究的设计（Hmelo-Silver，Duncan 和 Chinn，2007；Kirschner，Sweller 和 Clark，2006），以及脚本与非脚本等领域。这种争议还有其他的变体，比如使用开放式设计然后进行指导教学的有效失败方法（见 Hmelo-Silver 等，本手册）。相关的模型，如知识共同体（见 Slotta，Quintana 和 Moher，本手册）也强调更多的教师指导。知识建构是为数不多的倡导突现式和非结构化方法的教学设计之一，其目标在于最大限度地发挥学生集体能动性，鼓励他们进行创造性工作。

对比的一个表现集中在脚本方法上。与其将脚本编制和非脚本编制视为两极分化的维度，不如将其视为一个结构化和开放式教学方法的连续统一体（continuum），以检验差异性和关联性，这可能是富有成效的。它也可能有助于研究脚本教学法如何将高阶原则和基于原则的教学法纳入知识建构中，开发一些嵌入原则的活动中的突现—中间结构的可能性。柯林斯（Collins，2002）主张在 CSCL 课堂设计中兼顾任务中心和观点中心。波瑞特（Bereiter，2014）假设了原则性实践知识（principled practical knowledge），这种知识既包括实践诀窍，也包括科学理论的一致性，还可能解决一般原则和实践活动的问题。

解决有关指导的层次和类型的争议还有另一种方法，就是考虑理论和设计的一致性。对于许多学习科学方法来说，其目标都是概念性的和元认知的。例如，为了学习比较有难度的科学内容，引导式探究可能是比较合适的，而脚本（如角色扮演）可能有助于解决问题的任务参与。为了在知识建构中培养创造性专业知识，学生需要一个开放的环境，而教师则需要培养适应性专业知识，利用原则来适应新的情境。脚本化和结构化的教学法可以确保更高的任务成功率，但却制约了突现。同样，对于领域知识来说，突现式教学法可能不是最有效的。教学设计和技术设计需要以基础认识论为依据。反过来，在学习科学中使用不同的设计和模型可以启发和引出不同类型的协作和创造过程，从而丰富学习科学的理论和设计。

3. 分析目标与方法

分析协作和在线对话是学习科学和 CSCL 中的主要研究传统。这些知识建构方法反映了传统和从代码到计数再到关联对话的转变以及学习分析的发展。以强调共同体过程、解释性理论建构、元对话为重点的知识建构分析凸显了该模型的鲜明特色；

理论驱动的分析也有助于阐明设计过程。虽然这些方案被用于分析,但它们也可以为知识建构和学习科学课堂中发展富有成效的对话提供有用的指导。

知识建构分析的一个关键主题是关注学生在技术工具的支持下评估自身知识的增长。这种方法与理论上强调的自主自力与突现设计是一致的。学生和教师可以根据共同体需要际遇性地使用这些工具。在学习分析中,教师如何使用信息也得到了更多的关注,而学生对信息的使用才刚刚开始。这些知识建构的例子可能对这些发展有借鉴意义。开发供参与者在评估和支架协作中使用的分析和工具是进一步研究的重要领域。

五、结论和未来方向

斯卡德玛利亚和波瑞特的知识建构/创造模型旨在将知识创造共同体的目标和过程纳入教育。知识建构理论是随着知识论坛的发展而发展起来的,以基于原则的教学法为例,其目标指向于反映和支持创造性专业知识的过程。知识建构的理论驱动和基于原则的分析,以及支持集体自主性的分析工具的开发,都是理论、原则和教学法不可或缺的组成部分。知识建构模型提供了一个理论、设计和分析之间的整体和协同关系的范例,这可能是研究不同的和新兴的学习科学方法的一个富有成效的探索领域。

知识建构模型以知识创造为认知焦点,可能有助于丰富与集体知识建构相关的理论发展,而集体知识建构是学习科学中一个具有发展潜力的领域。在设计方面,基于原则的知识建构教学法以及与之相关的结构化和突现设计的争议提出了许多重要问题。我们需要重新审视这些两极化的紧张关系,并在不同的认识论基础和学习目标中探索辩证法。原则—结构—实践辩证如何共同促进适应性的专业知识,是学习科学的一个重要问题。在方法论上,需要进一步的分析工作来研究知识创造对话的构成,将分析与设计联系起来,并通过整合不同的方法论方法来扩大分析范围。评估和学习分析以及技术是学习科学中迅速发展的领域(见 Pellegrino,本手册;Rosé,本手册),知识建构如何融入这些领域并为之作出贡献,特别是如何整合学习分析和变革性评估,需要进一步研究。

创造新的观点和创新是教育的关键;然而,为自组织和突现过程促进集体自主自力仍然具有挑战性。在不同规模的社会文化背景下,从教室到学校和共同体,设计知识建构和其他学习科学方法,可以丰富用于检验学习科学在现实世界中如何工作的理论和设计。知识建构的贡献还需要在教室之外、在技术支持的知识共同体和国际网络中进行检验。

六、延伸阅读

Bereiter, C. , & Scardamalia, M. (2014). Knowledge building and knowledge creation: One concept, two hills to climb. In S. C. Tan, H. J., So, & J. Yeo (Eds.), *Knowledge creation in education* (pp. 35 - 52). Singapore: Springer.

本文讨论了斯卡德玛利亚和波瑞特假设的知识建构与创新组织/共同体中的知识创造的相似之处,并探讨了其对教育的启示。这一章有助于阐明该模型的认识论性质和目标,并为研究学习科学中知识创造的未来方向提供了新的视角。

Chen, B., & Hong, H. Y. (2016). Schools as knowledge building organizations: Thirty years of design research. *Educational Psychologist*, *51*(2), 266 - 288.

本文概述了 30 年来基于设计的知识建构模型。论述了将教育转型为知识创造性事业的关键目标,阐述了基于原则的教学法,并对知识建构的教育效益和影响进行了评述。

van Aalst, J. (2009). Distinguishing knowledge-sharing, knowledge-construction, and knowledge-creation discourses. *International Journal of Computer-Supported Collaborative Learning*, 4, 259 - 287.

本文提出了一个区分知识共享、知识构建和知识创造的框架,并分析了知识论坛的对话,识别了不同的对话模式。该框架对阐明知识建构的理论本质具有重要意义,为 CSCL 对话的概念化和分析提供了新的思路。

van Aalst, J., & Chan, C. K. K. (2007). Student-directed assessment of knowledge building using electronic portfolios. *Journal of the Learning Sciences*, *16*(2), 175 - 220.

本文探讨了如何设计评估以研究和支持知识建构的问题。在三个相关的研究中,该设计包括学生评价他们自己的知识进步,识别在线讨论中知识建构原则指导的示范性情景。本研究有助于推进理论和设计,突出评估在表征和支架式集体学习中的双重作用。

Zhang, J., Scardamalia, M., Lamon, M., Messina, R., & Reeve, R. (2007). Socio-cognitive dynamics of knowledge building in the work of 9- and 10-year-olds. *Educational Technology Research & Development*, *55*(2), 117 - 145.

本研究以小学生在知识论坛上的在线对话为研究对象,探讨知识建构的内涵与表现方式。它开发了一种新的分析方法,被称为"探究线",这是一系列解决概念问题的笔记,使用知识建构原则对对话进行分析,为青年学生如何促进集体知识的发展提供了证据。

七、NAPLeS 资源

Chan, C., van Aalst, J., *15 minutes about knowledge building* [Video file]. In NAPLeS *video series*. Retrieved from www.psy.lmu.de/isls-naples//video-resources/guided-tour/15-minute-chan_ vanaalst/index. html

Scardamalia，M. & Bereiter，C. *Knowledge building*：*Communities working with ideas in design mode* ［Webinar］. In NAPLeS *video series*. Retrieved from October 19，2017，http://isls-naples. psy. lmu. de/intro/all-webinars/scardamalia-bere-iter/index. html

参考文献

Bereiter, C. (2002). *Education and mind in the knowledge age*. Mahwah, NJ: Lawrence Erlbaum.

Bereiter, C. (2014). Principled practical knowledge: Not a bridge but a ladder. *Journal of the Learning Sciences, 23*(1), 4–17.

Bereiter, C., & Scardamalia, M. (1987a). *The psychology of written composition*. Hillsdale, NJ: Lawrence Erlbaum.

Bereiter, C., & Scardamalia, M. (1987b). An attainable version of high literacy: Approaches to teaching higher-order skills in reading and writing. *Curriculum Inquiry, 17*(1), 9–30.

Bereiter, C., & Scardamalia, M. (1993). *Surpassing ourselves: An inquiry into the nature and implications of expertise.* Chicago, IL: Open Court.

Bereiter, C., & Scardamalia, M. (2010). Can children really create knowledge? *Canadian Journal of Learning and Technology, 36*(1).

Bereiter, C., & Scardamalia, M. (2014). Knowledge building and knowledge creation: One concept, two hills to climb. In S. C. Tan, H. J. So, & J. Yeo (Eds.), *Knowledge creation in education* (pp. 35–52). Singapore: Springer.

Bereiter, C., & Scardamalia, M. (2016). "Good moves" in knowledge-creating dialogue. *QWERTY: Journal of Technology and Culture 11*(2), 12–26.

Caswell, B., & Bielaczyc, K. (2001). Knowledge forum: Altering the relationship between students and scientific knowledge. *Education, Communication and Information, 1*(3), 281–305.

Chen, B., & Hong, H. Y. (2016). Schools as knowledge building organizations: Thirty years of design research. *Educational Psychologist, 51*(2), 266–288.

Chen, B., Scardamalia, M., & Bereiter, C. (2015). Advancing knowledge: Building discourse through judgments of promising ideas. *International Journal of Computer-Supported Collaborative Learning, 10*(4), 345–366.

Chuy, M., Resendes, M., Tarchi, C., Chen, B., Scardamalia, M., & Bereiter, C. (2011). Ways of contributing to an explanation-seeking dialogue in science and history. *QWERTY: Journal of Technology and Culture, 6*(2), 242–260.

Collins, A. (2002). The balance between task focus and understanding focus: Education as apprenticeship versus education as research. In T. Koschmann, R. P. Hall, & N. Miyake (Eds.), *CSCL 2: Carrying Forward the Conversation* (pp. 43–47). Mahwah, NJ: Lawrence Erlbaum.

Cress, U., & Kimmerle, J. (2018). Collective knowledge construction. In F. Fischer, C. E. Hmelo-Silver, S. R. Goldman, & P. Reimann (Eds.), *International handbook of the learning sciences* (pp. 137–146). New York: Routledge.

de Jong, T., Lazonder, A., Margus Pedaste, M., & Zacharia, Z. (2018). Simulation, games, and modeling tools for learning. In F. Fischer, C. E. Hmelo-Silver, S. R. Goldman, & P. Reimann (Eds.), *International handbook of the learning sciences* (pp. 256–266). New York: Routledge.

Engeström, Y., Miettinen, R., & Punamäki, R. L. (Eds.). (1999). *Perspectives on activity theory*. Cambridge, UK: Cambridge University Press.

Hakkarainen, K. (2004). Pursuit of explanation within a computer-supported classroom. *International Journal of Science Education, 26*(8), 979.

Hmelo-Silver, C. E., Duncan, R. G., & Chinn, C. A. (2007). Scaffolding and achievement in problem-based and inquiry learning: A response to Kirschner, Sweller, and Clark. *Educational Psychologist, 42*(2), 99–107.

Hmelo-Silver, C. E., Kapur, M., & Hamstra, M. (2018). Learning through problem solving. In F. Fischer, C. E. Hmelo-Silver, S. R. Goldman, & P. Reimann (Eds.), *International handbook of the learning sciences* (pp. 210–220). New York: Routledge.

Hong, H. Y., & Scardamalia, M. (2014). Community knowledge assessment in a knowledge building environment. *Computers & Education, 71*, 279–288.

Kirschner, P. A., Sweller, J., & Clark, R. E. (2006). Why minimal guidance during instruction does not work: An analysis of the failure of constructivist, discovery, problem-based, experiential, and inquiry-based teaching. *Educational Psychologist, 41*(2), 75–86.

Lamon, M., Secules, T., Petrosino, A., Hakett, R., Bransford, J., & Goldman, S. (1996). Schools for thought: Overview of the international project and lessons learned from one of the sites. In L. Schauble & R. Glaser (Eds.), *Innovations in learning: New environments for education* (pp. 243–288). Mahwah, NJ: Lawrence Erlbaum.

Linn, Marcia C., McElhaney, K. W., Gerard, L., & Matuk, C. (2018). Inquiry learning and opportunities for technology. In F. Fischer, C. E. Hmelo-Silver, S. R. Goldman, & P. Reimann (Eds.), *International handbook of the learning sciences*. New York: Routledge.

McGilly, K. (1994). *Classroom lessons: Integrating cognitive theory and classroom practice.* Cambridge, MA: MIT Press.

Nonaka, I., & Takeuchi, H. (1995). *The knowledge creating company: How Japanese companies create the dynamics of innovation.* New York: Oxford University Press.

Oshima, J., Oshima, R., & Matsuzawa, Y. (2012). Knowledge building discourse explorer: A social network analysis application for knowledge building discourse. *Educational Technology Research and Development, 60*(5), 903–921.

Pellegrino, J. W. (2018). Assessment of and for learning. In F. Fischer, C. E. Hmelo-Silver, S. R. Goldman, & P. Reimann (Eds.), *International handbook of the learning sciences* (pp. 410–421). New York: Routledge.

Puntambekar, S. (2018). Design-based research (DBR). In F. Fischer, C. E. Hmelo-Silver, S. R. Goldman, & P. Reimann (Eds.), *International handbook of the learning sciences* (pp. 383–392). New York: Routledge.

Resendes, M., Scardamalia, M., Bereiter, C., Chen, B., & Halewood, C. (2015). Group-level formative feedback and meta-discourse. *International Journal of Computer-Supported Collaborative Learning, 10*(3), 309–336.

Rosé, C. P. (2018). Learning analytics in the Learning Sciences. In F. Fischer, C. E. Hmelo-Silver, S. R. Goldman, & P. Reimann (Eds.), *International handbook of the learning sciences* (pp. 511–519). New York: Routledge.

Scardamalia, M. (2002). Collective cognitive responsibility for the advancement of knowledge. In B. Smith (Ed.), *Liberal education in a knowledge society* (pp. 67–98). Chicago, IL: Open Court.

Scardamalia, M., & Bereiter, C. (1994). Computer support for knowledge-building communities. *Journal of the Learning Sciences, 3* (3), 265–283.

Scardamalia, M., & Bereiter, C. (2006). Knowledge building: Theory, pedagogy, and technology. In R. K. Sawyer (Ed.), *The Cambridge handbook of the learning sciences* (pp. 97–115). New York: Cambridge University Press.

Scardamalia, M., & Bereiter, C. (2014). Knowledge building and knowledge creation: Theory, pedagogy and technology. In K. Sawyer (Ed.), *Cambridge Handbook of the learning sciences* (2nd ed., pp. 397–417). New York: Cambridge University Press.

Siqin, T., van Aalst, J., & Chu, S. K. W. (2015). Fixed group and opportunistic collaboration in a CSCL environment. *International Journal of Computer-Supported Collaborative Learning, 10*(2), 161–181.

Slotta, J. D., Quintana, R., & Moher, T. (2018). Collective inquiry in communities of learners. In F. Fischer, C. E. Hmelo-Silver, S. R. Goldman, & P. Reimann (Eds.), *International handbook of the learning sciences* (pp. 308–317). New York: Routledge.

Stahl, G. (2006). *Group cognition: Computer support for building collaborative knowledge.* Cambridge, MA: MIT Press.

Teplovs, C., Donoahue, Z., Scardamalia, M., & Philip, D. (2007). Tools for concurrent, embedded and transformative assessment for knowledge building process and progress. In *Proceedings of the 8th International Conference on Computer-Supported Collaborative Learning,* 721–723.

van Aalst, J. (2009). Distinguishing knowledge-sharing, knowledge-construction, and knowledge-creation discourses. *International Journal of Computer-Supported Collaborative Learning, 4,* 259–287.

van Aalst, J., & Chan, C. K. K. (2007). Student-directed assessment of knowledge building using electronic portfolios. *Journal of the Learning Sciences, 16*(2), 175–220.

Yang, Y., van Aalst, J., Chan, C. K. K., & Tian, W. (2016). Reflective assessment in knowledge building by students with low academic achievement. *International Journal of Computer-Supported Collaborative Learning, 11*(3), 281–311.

Yoon, S. A. (2018). Complex systems and the learning sciences: Implications for learning, theory, and methodologies. In F. Fischer, C. E. Hmelo-Silver, S. R. Goldman, & P. Reimann (Eds.), *International handbook of the learning sciences* (pp. 157–166). New York: Routledge.

Zhang, J., Scardamalia, M., Lamon, M., Messina, R., & Reeve, R. (2007). Socio-cognitive dynamics of knowledge building in the work of 9- and 10-year-olds. *Educational Technology Research & Development, 55*(2), 117–145.

Zhang, J., Scardamalia, M., Reeve, R., & Messina, R. (2009). Designs for collective cognitive responsibility in knowledge-building communities. *Journal of the Learning Sciences, 18*(1), 7–44.

Zhang, J., Tao, D., Chen, M.H., Sun, Y., Judson, D., & Naqvi, S. (in press). *Journal of the Learning Sciences.*

第 30 章　学习共同体的集体探究

詹姆斯·斯洛塔,丽贝卡·昆塔纳,汤姆·莫赫(James D. Slotta, Rebecca M. Quintana, Tom Moher)

一、引言

集体探究(collective inquiry)是一种教学方法,在这种方法中,整个课堂共同体(或潜在的多个课堂)都参与到一个连贯的课程计划中,在内容与实践方面都有明确的学习目标。参与者以个人或小组的形式开展工作,对他们作为学习共同体的目的有着共同的理解(Bielaczyc 和 Collins,1999)。当个体成员添加观察、想法或作品时,他们的成果被整合成一个集合的共同体知识库。在集体探究中,学生们通常都有一种"整体大于部分之和"的感觉,因为他们在同伴贡献的基础上组织内容、综合想法、识别缺口,并获得灵感。这种方法与林、杰拉德、麦克尔哈尼和马图克(Linn, McElhaney, Gerard 和 Mattuk,本手册)所述的更广泛的探究性学习相关。

目前,已经有一个致力于学习共同体教学法的国际学者团体,该团体的学者遍布斯堪的纳维亚(如 Lipponen 和 Hakkarainen,1997)、欧洲(如 Cress 和 Kimmerle,2007)、以色列(Kali 等,2015)、日本(Oshima, Oshima 和 Matsuzawa,2012)、中国香港(如 van Aalst 和 Chan,2007)、美国(Chen 和 Zhang,2016)和加拿大(如 Scardamalia 和 Bereiter,2006;Slotta, Tissenbaum 和 Lui,2013)等地。在学习共同体方法中,学生作为一个科学共同体参与其中,他们可以从中联想到真实世界的科学,发展自己的探究进程,并在彼此发现的基础上,与同伴协作,开发共享观察数据。

本章将报告我们自己最近的协作,我们开发了一个学习共同体课程,以帮助小学科学学生集体调查一个嵌入他们物理教室空间(例如,在墙上或地板上;Moher,2006)的模拟生态系统。由于单独学习的学生无法充分理解这些现象,从而有了建立合作与协作的前提或需求。这种方法很适合集体探究,但它本身并没有提供任何解决方案,用于说明学生如何作为一个共同体取得进步,如何在彼此的思想基础上发展,如何通过人数获得力量。以及面对这样一个探究对象时,共同体的目标应该是什么?探究应该如何进行?我们应该如何描述共同体知识,如何支持探究实践和对话?我们的研究调查了一种设计材料和活动的模式,这种模式让学生以个人、小组和全班的形式参与其中。我们考察了知识是如何在共同体中被贡献和重用的,以及哪些技术支架可以支持这些过程并加强集体探究。我们的章节首先回顾了学习共同体,包括集体探究的一系列关键挑战,并描述了我们自己的研究如何应对这些挑战,包括编写脚本和编排的重要作用。

二、集体探究的学习共同体

学习共同体教学法将学习者定位为"一种学习文化中知识的积极建构者,在这种文化中,每个人都参与到理解的集体努力中"(Bielaczyc 和 Collins,1999,p. 271)。学习者被赋予了高度的自主权,并负责开发他们自己的问题,探寻解决这些问题的方法,批判同伴的想法,以及评估共同体内的进展。专业知识并不只属于教师,而是分布在所有成员之间(Brown 和 Campione,1994)。教师是共同体的一员,并作为知识渊博的导师参与其中。作品、观察和其他学生探究的产品通常会被贡献给共同体知识库——通常是在一个以技术为媒介的环境中——在那里它们可以被批评、改进和再利用。斯洛塔和纳杰菲(Slotta 和 Najafi,2013)阐述了学习共同体的三个共同特征:(1)对集体进步的认知承诺;(2)共享的共同体知识库;以及(3)共同的对话模式。

学习共同体的方法非常适合设计,在这些设计中,学生参与的实践反映了科学共同体的实践,如调查和论证。在这样的共同体中,学生们展示了自身不同的兴趣和专长,而且他们持有一个共同的理解,其学习活动将与促进共同体的事业保持一致,同时帮助个人学习,并让每个人都能从共同体的资源中受益。通过适当的支架,学生可以设计自己的实验,解释证据为自己的论点提供信息,并综合来自同伴的知识。他们所面临的挑战是如何使他们的工作成果在同伴共同体中易于获取和具有相关性(Brown 和 Campione,1994)。因此,这种方法非常适合 21 世纪的科学教育——让学生直接参与到相关的 STEM 实践中(例如,使用数据、与同伴协作、解释证据)。学生的努力最终反馈到共同体中,促进所有成员的理解,形成"集体认知责任"(collective cognitive responsibility)(Scardamalia,2002)。

也许集体探究最突出的例子是知识建构共同体(Scardamalia 和 Bereiter,2006),它专注于意向性学习和想法的改进。知识建构(knowledge building,KB)与学习者共同体方法的区别在于,它采用"以观念为中心"的教学法,并且依赖学生来决定具体的学习活动。这种强调与脚本的概念背道而驰(Dillenbourg 和 Jermann,2007),它反而是包括了学生驱动的平行探究。教师在知识建构中扮演着极其重要的角色,而学生的"知识工作"由一个名为知识论坛(knowledge forum)®的技术环境来支撑,该环境是专门用于支持这种"知识工作"而设计的(Scardamalia 和 Bereiter,2006;Cress 和 Kimmerle,本书,也讨论了这一研究传统)。

有关集体探究,另一个被广泛认可的项目是培养学习者共同体(fostering a community of learners,FCL),在这个项目中,学生作为科学实践共同体参与其中,具有特定的内容和认知学习目标(Brown 和 Campione,1994)。FCL 课程围绕着一个迭代的研究周期设计,该周期由三个相互依赖的阶段组成:研究、分享和执行。这个周期是通过一个锚定事件启动的,在这个事件中,班级分享与本单元的"大观点"(如动物/栖息地的相互依赖)相关的共同经验(如观看视频或戏剧、阅读小说或者学习实验)。学生通过各种研究活动进行研究和知识分享,包括交互教学、指导写作和作文、跨年龄的辅导以及向课外的专家咨询(Bielaczyc 和 Collins,1999)。周期中的"执行"阶段是由一个相应的任务(如设计一个生物公园)激发的,它要求所有的学生都学习整个目标概念领域,而不仅仅是部分内容。

一些学者观察到,对教师或研究者来说,实施学习共同体教学法是具有挑战性的(Slotta 和 Najafi,2013;van Aalst 和 Chan,2007)。正如克林和考特瑞特(Kling 和 Courtright,2003,p. 221)所观察到的那样,"将一个群体发展成一个共同体是一项重大的成就,需要特殊的过程和实践,而且这种经历对参与者来说往往既令人沮丧又令人满意"。斯洛塔和纳杰菲(Slotta 和 Najafi,2013)认为,从传统的"知识传授"模式转变为集体探究模式所面临的实用性和认识论上的挑战,导致研究人员和从业人员对这种方法的接受度相对较低,集体探究模式需要有结构模型来指导个人、小组和全班活动的设计,通过这些活动,学生可以作为一个共同体进行集体探究。

三、知识共同体与探究

我们阐述了学习共同体教学法的四个关键挑战:(1)建立一种认识论背景,让所有成员都理解他们学习的集体性质,意识到他们的个人努力如何作出贡献,以及他们如何使个人受益;(2)确保共同体知识可作为学生探究的资源(即有效、可获取和及时的表述);(3)确保支架式探究活动既能推动共同体的进步,又能推动所有学习者个体的进步;(4)培养以教师主导和学生主导的有效对话,帮助学生个体和整个共同体取得进步。为了应对这些挑战,我们开发了知识共同体与探究(knowledge communities and inquiry,KCI)模型,以指导"集体探究"课程的设计,该课程整合了全班、小组和个人活动(Slotta 和 Najafi,2013;Slotta 和 Peters,2008)。KCI 课程包括:(1)一个与目标科学领域相匹配的知识库;(2)一个包括集体、协作和个人探究活动的活动"脚本",在这个活动中,学生构建知识库,然后将其用作探究的资源;以及(3)学生生成的作品,可以评估有针对性的学习目标的进展。

脚本和编排(scripting and orchestration)的概念(Kollar,Fischer 和 Slotta,2007)有助于应对学习共同体的挑战。通常,教学脚本用于指定媒体(如工作表、学生贡献的内容或社交媒体)、活动(如探究项目、课堂头脑风暴、解决问题、建模、论证或反思)、分组条件(如拼图)和活动顺序(如头脑风暴,然后是反思,然后是拼图小组设计,然后是最终项目)。该脚本由教师"编排",并由技术环境支持,它有助于跟踪学生的进度,分发指令、材料和提示,让学生暂停进行计划或自发的讨论,并收集和组织学生工作

（Dillenbourg 和 Jermann，2010）。脚本的编排进一步取决于教师的即时决策，教师的角色是协作者和导师之一，在学生的想法出现时对其做出反应，并编排活动的流程。教师不仅仅是一个"旁观者"，还负责课程的整体协调，并随时扮演着一个明确的脚本角色。大型投影显示器会帮助教师在学生贡献的诸多信息中识别出有教学意义的信号，并帮助共同体保持对学习目标的关注（Slotta，Tissenbaum 和 Lui，2013）。

KCI 课程通常跨越数周或数月，并通过一个包括研究人员、教师和设计师在内的持续协同设计来发展（Roschelle，Penuel 和 Shechtman，2006）。技术环境（如维基）被用来为共同体的知识库提供结构，并为集体知识建构提供支持。斯洛塔和彼得斯（Slotta 和 Peters，2008）参加了十年级生物课程的五个部分（n＝108），共同编写了关于人类疾病系统的维基页面，最终创建了一个实质性的"疾病维基"，作为他们后续开发和解决同伴创建的医疗案例的资源。通过这种方式，学生个体能够在更广泛的集体努力中认识到自己的贡献，认识到他们将从集体作品中受益，并理解他们个人贡献的价值。KCI 脚本通常包括一个主要的探究项目，这些项目有时发生在课程的最后阶段，有时在整个课程中重新进行，它们是精心设计的，以便学生的作品反映他们对目标内容和过程学习目标的理解与应用。

四、探究共同体的嵌入现象

我们最近开始了一项协作，在其中我们应用 KCI 来支持学生以数字模拟的形式，在他们自己教室的物理空间内共同研究科学现象（Moher，2006）。这些模拟为科学发现学习提供了一种基于位置的体验，并寻求"为学生从事自发的、无害的和持续的调查提供机会"（Malcolm，Moher，Bhatt，Uphoff 和 López-Silva，2008，p. 238）。学生们共同监督和操作模拟，以努力解决他们自己的探究问题。这被称为嵌入现象（embedded phenomena，EP），这些独特的集体探究对象已被开发出来，用于定位在地震学（*RoomQuake*）、生命科学（*WallCology，Hunger Games*）、天文学（*HelioRoom*）和水文学（*AquaRoom*）领域的调查。

通常情况下，EP 会持续数周，模拟持续运行，一天 24 小时，这为学生提供了长期观察和系统收集数据的机会。这种时间分布背后的设计原理是，它强化了在自然界中"事情发生时就发生"的概念，这并不符合科学家的时间表，甚至不符合学校的周期（Moher，2006）。学生们从课间休息回来后，可能会发现他们正在研究的 EP 已经发生了重大变化（例如，灾难性的栖息地破坏）。当模拟展示出一些变化时（例如，发生一系列地震），一个叙述就会展开，使学生有机会从他们的调查中得出结论，与以前收集的数据进行比较，并参与关于如何应对现象中变化的协作决策过程。

我们的研究协作名为"探究共同体内嵌入现象"（embedded phenomena for inquiry communities，EPIC），该研究始于 2010 年，团队成员包括来自几个不同研究实验室的学习科学家。利用 EP 作为探究源,我们研究了集体探究脚本以及为学习者和教师提供的基于技术的编排支持。我们对共同体聚合知识的突现可视化的作用特别感兴趣(Cober,McCann,Moher 和 Slotta,2013),以及教师主导的对话性质,涉及那些可视化,并有助于推进共同体探究(Fong,Pascual-Leone 和 Slotta,2012)。KCI 作为一个理论基础,指导我们对学生探究、知识表征和编排支持的设计(Slotta 和 Najafi,2013)。

下一节描述了我们用于 *WallCology* EP 的 KCI 脚本——一个模拟生态系统,在这个系统中,计算机显示器会被放置在教室的每一面墙上,我们会称这种显示器为"Wallscope",它会显示冷热水管,以及在各种各样的表面上爬行的一些不同种类的昆虫,还有一些昆虫正在吃的植被(如"霉菌"和"浮渣")。其他昆虫则是捕食者,这些食物网之间的相互作用可以被直接观察到。昆虫的优选栖息地(即砖块或管道)和对温度的耐受性(低、中、高)各不相同。如图 30.1 所示,屏幕上会显示每一个栖息地的统计信息,它会以种群和温度图的形式作为时间的函数。

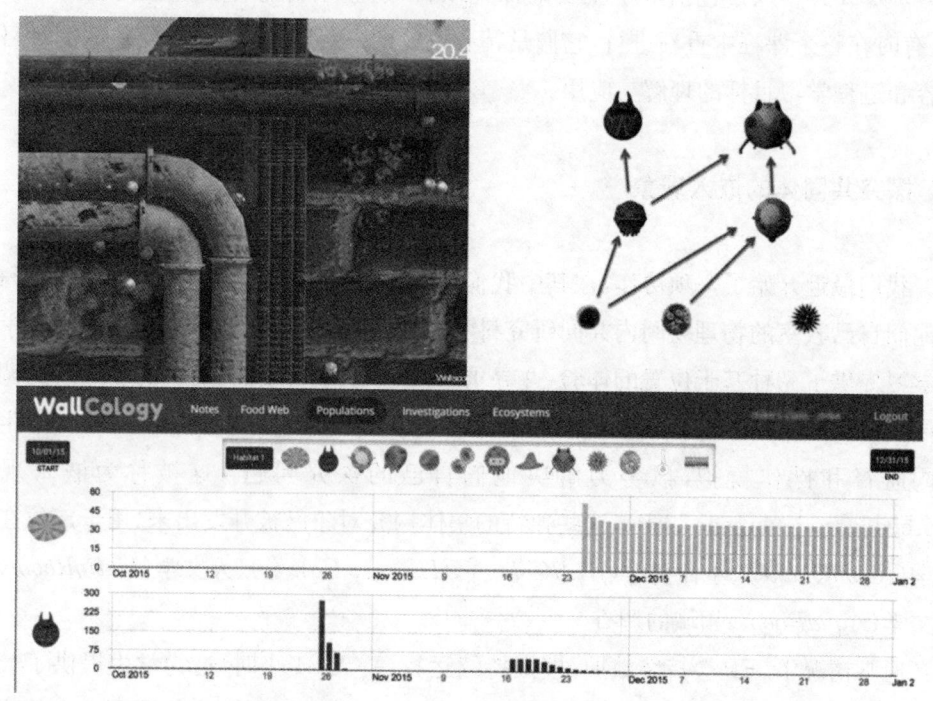

图 30.1　通过 Wallscope 观察的 *WallCology* 栖息地(左上);*WallCology* 物种子集(右上);*WallCology* 种群图(下)

WallCology 的一个关键技术和概念特征是,模拟可以随着时间的推移而受到干扰或改变,气候变化也可以被模拟,即温度逐渐或突然升高,"入侵物种"导致物种数量水平发生有趣的或令人担忧的变化。在 *WallCology* 中,研究者与生物学专家密切合作,开发了一个底层生物模型,用于驱动模拟,该模型使用了复杂的生物系统计算,包括捕食者、猎物、栖息地条件和其他因素。这些依赖性促使探究环境具有足够的挑战

性,以支持广泛的学生调查。学生可以借此对物种进行识别和分类,观察它们的栖息地偏好,发现食物网,预测和评估物种对环境变化的反应。最后,*WallCology* 允许学生通过添加或移除物种来改变生态系统的状态,以应对各种扰动。

学生们两人一组,在平板电脑上安装了一个名为 *Common Knowledge* 的软件环境(Fong 等,2013),该软件环境指导他们观察食物网和捕食行为、进行头脑风暴讨论、访问共同体知识库,以及制定应对扰动的计划。有一个交互式白板被置于房间的前部,提供总结的观点和交互工具,用于分类和呈现电子成果(Slotta 等,2013)。

我们感兴趣的是,这些 *WallCology* 功能如何让小学高年级学生和教师作为一个学习共同体参与进来,让学生调查和报告他们的发现,与他们的同伴一起建构知识,并发展对相关科学内容和实践的深刻理解。我们的目标是让学生参与科学调查、基于证据的论证、集体知识构建以及在他们自己的探究中应用共同体知识。KCI 的一个重要特征是,使用动态组合的学生观察的"聚合表征",提供一种突现的、总结性的表征,使学生获得进步感,并支持教师主导的对话(Cober 等,2013)。

五、WallCology 的 KCI 脚本:一个集体探究的例子

我们的团队开发了一个 KCI 脚本以及相应的编排支持,包括复杂的分组条件和活动顺序,并强调共同体进步和个人学习。我们希望将学生的学习置于一个科学共同体的背景下,在这个共同体中,他们与同伴一起工作,积极研究 *WallCology* 现象。主要的科学学习目标包括了解栖息地、物种和种群,以及食物网、生物多样性和生态系统。另一组重要的目标是让学生参与调查和论证实践,包括:解释图表、从证据中推理、规划实验、交流发现以及与同伴协作。我们的总体设计包括三个阶段,每个阶段都需要两到四周的时间:(1)盘点现象,构建食物网模型,包括不同的营养水平;(2)了解扰动对每个生态系统的影响,如温度升高或失去栖息地;以及(3)调查变化对生态系统的影响,如增加新物种或捕获、移除一些现有物种。

探究的第一阶段以全班活动的形式进行,让学生熟悉所有的四个栖息地,为整个共同体提供有关栖息地、物种及其相互依赖关系的知识库。这四个生态系统在栖息地条件(管道和砖块的数量、温度)方面各不相同,并且在不同物种(植物群和动物群)的种群水平方面也不同。学生被分为四个小组,每个小组负责管理一面墙(即其栖息地和居住的物种),任务是了解他们的栖息地和物种,然后围绕任何观察到的扰动进行推理和问题解决,利用共同体知识,并与更广泛的共同体分享自己的发现。在第一阶段,学生们将他们的各种观察结果汇集成一个关于所有不同物种和栖息地的集体知识库——这些知识对于他们在后两个阶段的成功至关重要,在第二阶段和第三阶段,每个团队必须首先了解影响他们栖息地的危机,然后进行干预,创造一个更加平衡和健康的生态系统。

第一阶段:学生走进教室,发现了安装在教室里的 *WallCology* EP。EP 模拟连续

（即全天）运行在四个显示器上，这些显示器被放在房间四周的四面墙上，每个显示器显示一个不同的生态系统。学生们使用 *Common Knowledge* 工具记录观察结果，包括物种行为、身体特征、栖息地偏好和食物偏好的详细信息。无论他们在哪里目睹了捕食事件，他们都会记录成对的消费者—生产者的关系，并将其添加到位于房间前面的聚合食物网格中（即实时统计所有的观察结果）。然后，每个团队都会利用这个网络构建自己的食物网图，该网图由他们生态系统中发现的物种子集组成。然后，教师会利用打印好的物种和大纸，帮助学生建立一个全班食物网，将所有物种都包括在内，并利用本单元剩余的时间将其贴在教室的墙上。

第二阶段：学生进入教室后，发现自己小组的生态系统中发生了重大扰动。这一点会通过生态系统中某些物种种群的急剧变化而立即显示出来。学生们通过解释物种和温度图来考虑他们的生态系统发生了什么，可能是以下四种情况之一：栖息地破坏、植被入侵、捕食者入侵和气候变化（即温度升高或降低）。在学生对他们的具体扰动形成一定的判断后，教师引导学生讨论了现实世界中关于生态系统破坏的例子（即物种入侵，气候变化等）——包括一些生态学家已经采取补救措施的例子。使用 *Common Knowledge* 工具，全班同学集思广益，讨论什么是"健康的生态系统"，教师帮助学生形成了共同体共识，并将其作为评判标准应用于自己的栖息地上（即衡量其补救措施）。

第三阶段：在最后阶段，各团队可以通过引入新物种，或增加或减少已经存在的物种来改变其生态系统。目标是改善生态系统的整体健康状况，可以尝试将生态系统恢复到原来的状态，也可以创建一个更多样化的生态系统（即捕食者、食草动物和资源的更优组合）。每个小组的发现都会在共同体内共享，使用的工具是 *Common Knowledge*，这些知识支撑着每个小组进行一个周期的补救，然后将每项努力添加到共同体知识库中，并按物种和栖息地进行索引。每个周期都从设计一个计划开始，包括建议的步骤和对其干预结果的预测（即哪些物种数量会增加或减少，以及为什么）。在当天的课程结束时，教师将在每个生态系统中实施这些计划，以使得在下一节课上——通常是在非常兴奋的情况下——学生们会发现他们预测的准确性并记录下结果。同样，这些报告由 *Common Knowledge* 环境中一个新的部分来支撑，这确保他们会反思失败和成功，将结果与他们的预测进行比较，并激励下一次干预。在记录他们的结果时，系统要求学生们添加相关的种群图和 *WallCology* 屏幕截图作为证据。然后，每个团队利用投影在教室交互式白板上的 *Common Knowledge* 工具，在课堂演示中与同伴分享他们的计划、预测和结果。这个循环重复了好几次，直到每个团队都满意地认为他们改善了生态系统的健康状况，并达到了令人满意的种群平衡。

六、发现：共同体知识聚合表征的作用

Common Knowledge 支架与我们的脚本紧密配合，为学生和教师提供了编排支

持。这也使我们能够处理共同体知识库的内容,以创建突现的、共同体层面的观点或表征,提供一种进步感,使学生和教师能够在他们的集体产品中识别模式、缺口或冲突。例如,学生们两人一组收集食物网的观察结果,每一个观察结果都以对偶关系的形式出现(例如,物种 X 被物种 Y 吃掉)。随着越来越多的观察结果被添加进来(即学生在房间里走来走去,观察捕食事件,并使用 *Common Knowledge* 观察表格输入),我们将它们综合成一个表格状的网格,将他们所有的聚合贡献显示在交互式白板上。由于学生的分布式、独立观察,因此会出现一种集体产品,它变得"大于其各部分的总和"——呈现出可以帮助学生解决冲突的统计模式(例如,有 2 个学生认为某种昆虫是一个素食者,但有 8 个学生观察到该物种正在吃另一种昆虫),或建议在哪些地方需要更多的努力(例如,如果对某些物种的观察不充分,教师可以参考表格鼓励学生填补空白)。

这些聚合表征使教师和学生对数据中的模式一目了然,这为全班讨论提供了一个重要资源。教师将它们作为一个共同的参考,强调趋同和分歧的领域,或需要注意的缺口。当聚合表征在数据中显示出一致意见时,教师就用它们来促进讨论,从而使全班达成共识。相反,当聚合表征显示出不同意见时,他们为学生提供了如何调整正在进行的调查方向的策略。聚合表征中的分歧也为讨论探究的最佳实践提供了基础,如协商可接受的分歧程度或计划如何解决分歧。除了为指导讨论提供有用的共享参照之外,学生还将聚合表征作为证据数据库。例如,学生引用生产者——消费者关系的聚合表征来构建他们所在表格组的食物网。

七、发现:在科学共同体中支持基于证据的论点

我们研究的一个重要目标是让学生利用 *WallCology* 调查的证据(例如,物种种群图显示了他们的干预导致的种群变化)进行科学论证和解释。这在第三阶段最为突出,学生们在 *Common Knowledge* 环境中得到了支持,其中包括三个不同的部分:(1)制定计划;(2)预测和解释物种种群的变化;以及(3)提供调查结果的报告(即种群到底是如何变化的,为什么变化与预测的不同)。这些报告会被发布在共同体知识库中,为小组演示提供基础。

在这些报告中,学生小组在共同体面前回顾他们的实验,这一过程有两个主要目标:(1)为其他小组的规划提供参考(例如,如果其他小组也计划对同一物种进行操作,可以从他人的结果中学习);(2)接受其他小组成员接下来可能尝试的反馈和想法(例如,其他小组的学生是否做过类似或相关的事情,或者为什么操作没有产生预期的结果)。在分析学生的陈述时,我们关注三个部分:主张(指向他们最初的问题,即有关如何使他们的生态系统更健康的一些结论或答案)、证据(适当且足以支持主张的科学数据)和推理(将证据与主张要求联系起来的理由)。我们使用定制的规则来评估学生的科学解释,遵循麦克尼尔和克拉西克(McNeill 和 Krajcik,2011)概述的主张、证据、推

理模型。在我们研究的两个教室中,每个团队在四个干预周期中表现出一致的进步,他们从自己的调查和同伴的报告中学习,并将这个周期重复了四次。随着每一次迭代,学生群体在调查中变得更有策略,因为他们对生态系统中的物种有了更多的了解,也知道了如何规划有效的操作。我们发现,学生在每次演示中平均使用两个主张,带有证据支持推理,当然,这种证据包括了其他团队的调查结果(Slotta,Quintana,Acosta 和 Moher,2016)。

八、结论:作为学习共同体的课堂

KCI 在这里被描述为集体探究的脚本和编排的正式模型,其目的是将课堂转变为学习共同体。该模型正在通过上述的 *WallCology* 等研究进行开发,并与学习科学中更广泛的文献相吻合,包括 FCL 和 KB 模型,这些模型继续受到越来越多学者的关注(如 Kali 等,2015)。建立集体探究的认识论所面临的挑战仍然是研究和实践的主要障碍,这反映在波瑞特和斯卡德玛利亚(Bereiter 和 Scardamalia,2010)的观察中,即一个教师可能需要长达两年的时间才能转向集体认识论(collective epistemology)。此外,还有一些现实的教学挑战,这也为研究带来了机遇。教师如何在鼓励学生进行自主探究的同时,又确保他们在明确的学习目标上取得进展?考虑到内容覆盖要求,他们如何腾出时间进行实质性探究?这些学习共同体的方法如何能提供一种接触到课堂上所有学生的方法,并使每个人都能作出贡献并深入学习?KCI 研究调查了如何使共同体知识变得可见和可获得,以便为教师主导的对话提供信息,并指导探究进展。我们还探讨了脚本和编排的作用,以支持学习共同体内特定的探究过程,并确保学生在有针对性的学习目标上取得进展。在学习共同体方法中,技术环境不仅仅是特定学习过程的工具或支架,而是作为一个整体框架来支持学生探究、捕获和处理探究的产品,并将其作为后续活动中的相应资源。

九、延伸阅读

Bielaczyc, K. , & Collins, A. (1999). Learning communities in classrooms: A reconceptualization of educational practice. In C. M. Reigeluth (Ed.), *Instructional design theories and models: A new paradigm of instructional theory* (Vol. 2, pp. 269 - 292). London: Lawrence Erlbaum.

这篇开创性的论文提供了对学习共同体关键信息的早期回顾,它介绍了这一概念,回顾了 FCL,并确定了广义方法的一些核心特征。

Brown, A. L. , & Campione, J. C. (1994). Guided discovery in a community of learners. In K. McGilly (Ed.), *Classroom lessons: Integrating cognitive theory and classroom practice* (pp. 229 - 270). Cambridge，MA：MIT Press/Bradford Books.

本书介绍了 FCL 模型,将其与心理学文献联系了起来,并回顾了早期的课堂研究。

Cober，R.，McCann，C.，Moher，T.，& Slotta，J. D. (2013). Aggregating students' observations in support of community knowledge and discourse. *Proceedings of the 10th International Conference on Computer-supported Collaborative Learning* (*CSCL*) (pp. 121 - 128). Madison，WI：ISLS.

该会议论文回顾了作者之前在相关主题上的研究。

Scardamalia，M. (2002). Collective cognitive responsibility for the advancement of knowledge. In B. Smith (Ed.)，*Liberal Education in a Knowledge Society* (pp. 67 - 98). Chicago：Open Court.

本书章节回顾了知识建构的核心原则,阐明了集体认知责任的概念,并阐述了教师在知识建构型课堂中的作用。

Slotta，J. D.，& Najafi，H. (2013). Supporting collaborative knowledge construction with Web 2.0 technologies. In C. Mouza 和 N. Lavigne (Eds.)，*Emerging Technologies for the Classroom* (pp. 93 - 112). New York：Springer.

本书章节回顾了 KCI 模型,并详细介绍了两种课堂实现方式:(1)一种是将历时一个学期的气候变化课程分散在九年级的 5 个部分,进行集体探究;(2)一种是通过媒体设计的研究生研讨会,让学生在现有知识的基础上,将以前课程中的内容传承下来,并为他们自己的新兴媒体的调查开发探究式教学法。

十、NAPLeS 资源

Chan，C.，van Aalst，J.，*15 minutes about knowledge building* [Video file]. In *NAPLeS video series*. Retrieved October 19，2017，from www. psy. lmu. de/isls-naples/video-resources/guided-tour/15-minute-chan_vanaalst/index. html

Dillenbourg，P.，*15 minutes about orchestrating CSCL* [Video file]. In *NAPLeS video series*. Retrieved October 19，2017，from http://isls-naples. psy. lmu. de/video-resources/guided-tour/15-minutes-dillenbourg/index. html

Scardamalia，M.，& Bereiter，C. *Knowledge building：Communities working with ideas in design mode* [Webinar]. In *NAPLeS video series*. Retrieved October 19，2017，from http://isls-naples. psy. lmu. de/intro/all-webinars/scardamalia-bereiter/

Slotta，J. D.，Knowledge building and communities of learners [Webinar]. In

NAPLeS video series. Retrieved October 19, 2017, from http://isls-naples. psy. lmu. de/intro/all-webinars/slotta_video/index. html

参考文献

Bereiter, C., & Scardamalia, M. (2010). Can children really create knowledge?. *Canadian Journal of Learning and Technology/La Revue canadienne de l'apprentissage et de la technologie, 36*(1).

Bielaczyc, K., & Collins, A. (1999). Learning communities in classrooms: A reconceptualization of educational practice. In C. M. Reigeluth (Ed.), *Instructional design theories and models: A new paradigm of instructional theory* (Vol. 2, pp. 269–292). London: Lawrence Erlbaum.

Brown, A. L., & Campione, J. C. (1994). Guided discovery in a community of learners. In K. McGilly (Ed.), *Classroom lessons: Integrating cognitive theory and classroom practice* (pp. 229–270). Cambridge, MA: MIT Press/Bradford Books.

Chen, B., & Zhang, J. (2016). Analytics for knowledge creation: Towards epistemic agency and design-mode thinking. *Journal of Learning Analytics, 3*(2), 139–163. http://dx.doi.org/10.18608/jla.2016.32.7

Cober, R., McCann, C., Moher, T., & Slotta, J. D. (2013). Aggregating students' observations in support of community knowledge and discourse. *Proceedings of the 10th International Conference on Computer-supported Collaborative Learning (CSCL)* (pp. 121–128). Madison, WI: ISLS.

Cress, U., & Kimmerle, J. (2007, July). A theoretical framework of collaborative knowledge building with wikis: a systemic and cognitive perspective. *Proceedings of the 8th International Conference on Computer Supported Collaborative Learning* (pp. 156–164). New Brunswick, NJ: ISLS.

Cress, U., & Kimmerle, J. (2018). Collective knowledge construction. In F. Fischer, C. E. Hmelo-Silver, S. R. Goldman, & P. Reimann (Eds.), *International handbook of the learning sciences* (pp. 137–146). New York: Routledge.

Dillenbourg, P., & Jermann, P. (2007). Designing integrative scripts. In F. Fischer, I. Kollar, H. Mandl & J. M. Haake (Eds.), *Scripting computer-supported collaborative learning: Cognitive, Computational and Educational Perspectives* (pp. 275–301). New York: Springer.

Dillenbourg, P., & Jermann, P. (2010). Technology for classroom orchestration. In M. S. Khine & I. M. Saleh (Eds.), *New Science of Learning* (pp. 525–552). New York: Springer.

Fong, C., Pascual-Leone, R., & Slotta, J. D. (2012). The Role of Discussion in Orchestrating Inquiry. *Proceedings of the Tenth International Conference of the Learning Sciences*. Sydney, ISLS. *2*, 64–71.

Kali, Y., Tabak, I., Ben-Zvi, D., Kidron, A., Amzalag, M., Baram-Tsabari, A., et al. (2015). Technology-enhanced learning communities on a continuum between ambient to designed: What can we learn by synthesizing multiple research perspectives? In O. Lindwall, P. Koschman, T. Tchounikine, & S. Ludvigsen (Eds.), *Exploring the Material Conditions of Learning: The Computer Supported Collaborative Learning Conference (CSCL)* (Vol. 2, pp. 615–622). Gothenburg, Sweden: ISCL.

Kling, R., & Courtright, C. (2003). Group behavior and learning in electronic forums: A sociotechnical approach. *The Information Society, 19*(3), 221–235.

Kollar, I., Fischer, F., & Slotta, J. D. (2007). Internal and external scripts in computer-supported collaborative learning. *Learning & Instruction, 17*(6), 708–721.

Linn, M. C., McElhaney, K. W., Gerard, L., & Matuk, C. (2018). Inquiry learning and opportunities for technology. In F. Fischer, C. E. Hmelo-Silver, S. R. Goldman, & P. Reimann (Eds.), *International handbook of the learning sciences* (pp. 221–233). New York: Routledge.

Lipponen, L., & Hakkarainen, K. (1997, December). Developing culture of inquiry in computer-supported collaborative learning. *Proceedings of the 2nd International Conference on Computer Support for Collaborative Learning* (pp. 171–175). Toronto, Ontario: ISCL.

Malcolm, P., Moher, T., Bhatt, D., Uphoff, B., & López-Silva, B. (2008, June). Embodying scientific concepts in the physical space of the classroom. *Proceedings of the 7th International Conference on Interaction Design and Children (IDC)* (pp. 234–241), Chicago, IL.

Moher, T. (2006). Embedded phenomena: Supporting science learning with classroom-sized distributed simulations. *Proceedings of the SIGCHI Conference on Human Factors in Computing Systems (CHI)* (pp. 691–700). Montreal, Canada.

Oshima, J., Oshima, R., & Matsuzawa, Y. (2012). Knowledge Building Discourse Explorer: A social network analysis application for knowledge building discourse. *Educational Technology Research and Development, 60*(5), 903–921.

Roschelle, J., Penuel, W. R., & Shechtman, N. (2006). Co-design of innovations with teachers: Definition and dynamics. *Proceedings of the Seventh International Conference on Learning Sciences (ICLS)* (pp. 606–612), Bloomington, IN.

Scardamalia, M. (2002). Collective cognitive responsibility for the advancement of knowledge. In B. Smith (Ed.), *Liberal Education in a Knowledge Society* (pp. 67–98). Chicago: Open Court.

Scardamalia, M., & Bereiter, C. (2006). Knowledge building: Theory, pedagogy, and technology. In R. K. Sawyer (Ed.), *The Cambridge handbook of the learning sciences* (pp. 97–115). New York: Cambridge University Press.

Slotta, J. D., & Najafi, H. (2013). Supporting collaborative knowledge construction with Web 2.0 technologies. In C. Mouza & N. Lavigne (Eds.), *Emerging Technologies for the Classroom* (pp. 93–112). New York: Springer.

Slotta, J. D., & Peters, V. L. (2008). A blended model for knowledge communities: Embedding scaffolded inquiry. International Perspectives in the Learning Sciences: Creating a learning world. Proceedings of the Eighth International Conference for the Learning Sciences (pp. 343–350). Utrecht, Netherlands: ISLS.

Slotta, J. D., Quintana, R. C., Acosta, A., & Moher, T. (2016). Knowledge construction in the instrumented classroom: Supporting student investigations of their physical learning environment. In C. K. Looi, J. L. Polman, U. Cress, & P. Reimann (Eds.), *Transforming Learning, Empowering Learners: The International Conference of the Learning Sciences (ICLS) 2016* (Vol. 2, pp. 1063–1070). Singapore: ISLS.

Slotta, J. D., Tissenbaum, M., & Lui, M. (2013, April). Orchestrating of complex inquiry: Three roles for learning analytics in a smart classroom infrastructure. *Proceedings of the Third International Conference on Learning Analytics and Knowledge* (pp. 270–274). Leuven, Belgium: ACM.

van Aalst, J., & Chan, C. K. (2007). Student-directed assessment of knowledge building using electronic portfolios. *Journal of the Learning Sciences, 16*(2), 175–220.

第31章　计算机支持的论证和学习

巴鲁克·施瓦茨(Baruch B. Schwarz)

一、论证和计算机支持的协作学习(CSCL)的起源

关于论证和学习的研究大约是在计算机支持的协作学习(computer-supported collaborative learning, CSCL)成为一个研究领域时发展起来的。乍一看,这两个领域是独立出现的。聚焦于科学家和历史学家有关真实实践的研究揭示了这些领域在本质上所具有的争论性和协作性特征,这导致了教育者主张将论证引入课堂(例如,Driver, Newton 和 Osborne, 2000)。其中涉及两种主要的论证形式:图尔曼(Toulmin)的结构模型(structural model),以及范伊梅伦(van Eemeren)与其同事的对话、实用—辩证模型(pragma-dialectical model)(van Eemeren, Grootendorst, Henkenmans, Blair, Johnson 等, 1996)。根据图尔曼的结构模型,论点应该以数据为基础,有理有据,并且应该反驳反论点。这与范伊梅伦的模型形成对比,因为范伊梅伦的模型强调论证是受谈话规则支配的批判性讨论,即认为论证是一种理性的语言和社会活动,旨通过在理性的法官面前提出一系列命题来证明(或反驳)观点,从而增加(或减少)听众、读者对争议性观点的可接受度(van Eemeren 等, 1996, p.5)。范伊梅伦对论证的定义展现出了一个高度受限的过程,在这个过程结束时,可能会出现一个共同的结论被大家认可(见 Schwarz 和 Baker, 2016)。

每种模式的优点一直都是争论的主题。结构模型的积极方面包括它相对来说会比较容易传达给教师和学生。它的图形表征使各部分内容突出,促进了辩论技能的发展。然而,结构模型没有捕捉到辩论在语言和社会方面的特征。这些恰恰是在实用—辩证模型中被突出的。尽管对话模型实施起来比较复杂,但随着时间的推移,它在教育界获得了更牢固的立足点。例如,默瑟尔(Mercer, 1995)有关探索性对话(exploratory talk)及其基本规则的阐述与实用—辩证模型有许多相似之处。施瓦兹和贝克尔(Schwarz 和 Baker, 2016)回顾了教育系统中其他类似对话实践的演变。

在其早期历史中,CSCL 共同体几乎不涉及论证。协作被强调为一种将促进教育深刻变革的做法。安·布朗(Ann Brown)提出了知识共同建构(co-construction of knowledge)思想,而玛琳·斯卡德玛利亚和卡尔·波瑞特(Marlene Scardamalia 和 Carl Bereiter)提出了知识建构(knowledge building)的隐喻。计算机支持的意向性学

习环境(CSILE)依赖于知识建构的理念、专业知识的本质以及创新的社会文化动力(Chan 和 van Aalst，本手册；Scardamalia 和 Bereiter，1991)。CSILE 及其演变后的知识论坛(Knowledge Forum)© 的目的是：(1)使所有参与者都能接触到先进的知识；(2)促进公共作品或共同体知识的创建和持续改进；以及(3)为协同开展知识建构提供共同体空间。用户贡献了可以相互链接的个人笔记，而链接笔记的"地图"在公共空间提供了知识的视觉表征。每条笔记都标有贡献者姓名的首字母。

虽然知识论坛并没有提到论证，但它的出现却伴随着两个有趣的现象。首先，促进学习的论证开始蓬勃发展。例如，有研究者在长期干预中实施探索性对话，取得了令人印象深刻的学习成果(Wegerif，Mercer 和 Dawes，1999)。其次，各种支持论证的 CSCL 工具得到了开发。丹·萨瑟斯开发了 Belvedere 系统(Suthers 和 Weiner，1995)，这是一套用于协作探究和科学论证的图形工具。萨瑟斯(Suthers，2003)引入了表征指导(representational guidance)的概念——即某些外部表征支持协作实践的制定。这种指导体现在 Belvedere 图形界面的图标中，这些图标上标有(Toulmin，1958)结构模型元素(如请求、数据)，并且这些图标也因其独特的形状被区分(如图31.1，左栏)。学生们会阅读一段类似于图 31.1 右栏中曾经摘录的文本。他们将内容输入到他们选择的图标中，并组织图标，以反映他们初始论点的结构(如图 31.1，中间面板：HIV 病毒导致艾滋病)。Belvedere 是异步运行的，因此它会反映整个共同体的累积结构，而不是对话过程。虽然地图和最终的假设是共同构建的，但 Belvedere 并没有显示贡献者的身份。

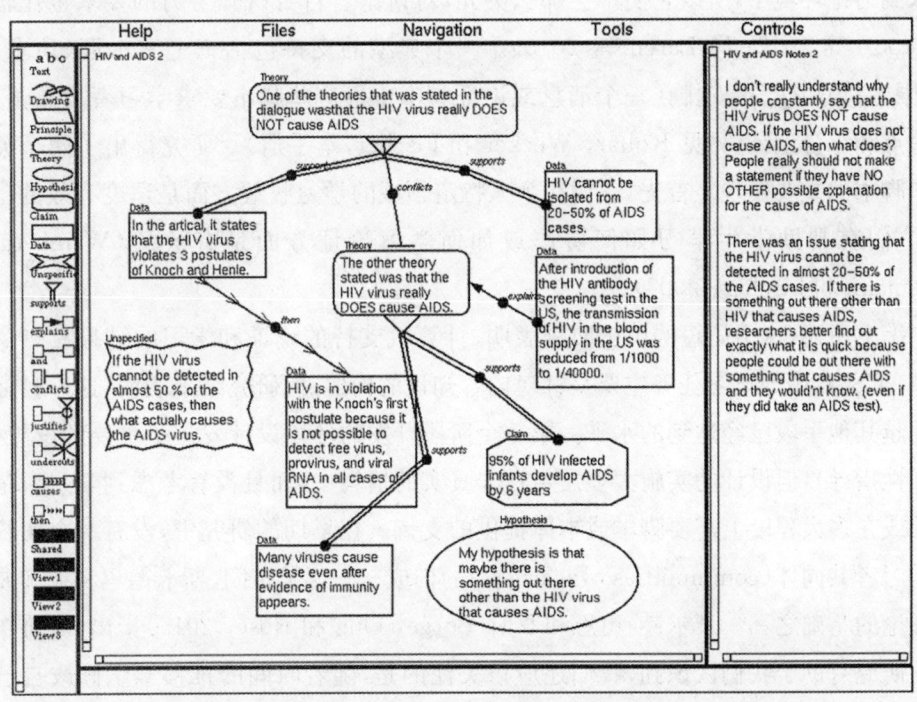

图 31.1　利用 Belvedere 共同构建科学论点的地图
来源：检索自萨瑟斯(2003)．经许可使用。

Belvedere 为各种系统铺平了道路,这些系统通过代表论证的图尔曼组成部分的本体,实时地提供了社会论证的视觉表征(例如,Schwarz 和 De Groot,2007; van Amelsvoort, Andriessen 和 Kanselaar, 2007)。《论证学习:在计算机支持的协作学习环境中面对认知》(Andriessen, Baker 和 Suthers, 2003)一书收集了大量的研究成果,表明了论证学习与 CSCL 极大地丰富了彼此。强调知识建构的共同构建和表示论证的工具的出现是同步的,两者具有协同作用:布朗、斯卡德玛利亚和波瑞特(Brown, Scardamalia 和 Bereiter)将学习等同于知识的共同建构(或共同建设)的革命性思想渗透到了科学界。一方面,对对话中这种共同建构的观察使教育心理学家认识到论证在学习中的重要性。另一方面,计算机软件设计者在论证成分中发现了天然的构件,用来表示知识的共同建构。

新的论证工具也带来了新的实践:在线讨论产生了论证地图形式的作品,可以用来总结讨论、集体反思讨论的质量,或者对讨论中的论点和行动进行同行评价。尽管存在这些可能性,但是无指导小组很难实现高水平的论证(如 de Vries, Lund 和 Baker, 2002)。最近的一项元分析(Wecker 和 Fischer, 2014)表明,论证对特定领域的学习没有总体性影响。而有关这种论证缺乏效果的一种解释是,软件设计往往主要关注论证的结构性成分,而忽视论证的社会性和话语性方面(Fischer, Kollar, Stegmann 和 Wecker 2013; Noroozi, Weinberger, Biemans, Mulder 和 Chizari, 2013)。协作脚本的重要研究领域(Kollar, Wecker 和 Fischer,本手册)很好地展示了计算机支持的论证研究的优缺点。实时论证的外部支持工具的优势在于,由于它们被嵌入到讨论环境中,所以它们不会那么突兀,对讨论者自身认知努力的要求也比较低(Noroozi 等,2012; McLaren 等,2010)。一个典型的支持包括三个文本框(请求、授权、限定符),它们被安排在一个消息或论证脚本中。这些脚本要求学习者发布论点、反论点和综合论证(另见 Kollar, Wecker 和 Fischer,本手册)。研究得出了两个关于协作脚本的重要发现。首先,它们在个人特定领域的学习收益方面是适度有效的。其次,它们在帮助学生学习如何协作或如何学习论证方面是有效的(Weinberger, Stegmann 和 Fischer, 2007)。

综上所述,这个简短的历史回顾表明,计算机支持的论证和学习的结果有点令人失望:CSCL 中的学习任务主要是针对内容知识的构建,但研究结果表明,这一目标没有超越其他手段已经达到的水平。第一个阶段开发的环境设计发掘了重要的思想(如表征性指导),但设计的实施大多发生在非真实的情境中,而且没有考虑到学习者是否需要或在多大程度上需要脚本或本体提供的支持。在早期的研究中,没有一个实验关注学习者共同体(communities of learners)的构成——这是布朗、斯卡德玛利亚和波瑞特理论的基础之一。豪尔赫、奥恩和罗斯(Borge, Ong 和 Rosé, 2015)指出,对协作脚本的研究有助于我们认识到,我们还应该关注的是,随着时间的推移学生修改自己功能失调的对话过程的能力。

二、计算机支持的学习论证的新研究路径

我们在此介绍了计算机支持的学习论证的一些新的研究路径。这些研究路径考虑了在历史概述中总结的工作经验教训。第一条路径是关于 CSCL 论证的支架,第二条路径是关于第一条路径的分支——多个小组中论证的支架,第三条路径是关于课堂情境中的混合设置,第四条路径是关于电子论证、对话和协商民主。第二条路径之所以与第一条路径分开介绍,是因为它在课堂情境中引入了小组论证——这条路径可能会带来深刻的教育变革。以上的四条路径都打破了一些已有的假设或传统。

首先,第一条路径打破的假设是:在适当的工具辅助下,可以促进协作性的知识建构,是协作而非指导。

1. 支架式 CSCL 论证的现状与未来

这个方向反映了从脚本设计向更多的人类提供交互指导的研究转变。面对面的教师支架传统上是在一对一和小组环境中研究的。CSCL 共同体中通往电子支架的通道集中在邀请学生进行相互协作的小组中。电子支架是指教师在线同步的、适应性指导。这与脚本提供的异步指导形成对比。电子支架已被证明能有效地促进协作论证,它的有效性表现在小组展示清晰、合理的论点和反论点,以及学生之间的互动,尤其是在陈述个人观点和表达与其他学生的一致和/或不一致方面(如 Asterhan, Schwarz 和 Gil, 2012)。然而,改进往往局限于支架的具体内容。也就是说,如果论证是有针对性的,互动就不会受到影响,反之亦然。相反,协作脚本已经被证明对交互和论证质量都有影响(Weinberger, Ertl, Fischer 和 Mandl, 2005; Weinberger 等, 2007)。

阿斯特汉(Asterhan)及其同事推测,人类和计算机提供的指导之间的影响差异可以通过通信格式来解释:在 CSCL 脚本设计方法中,隐性指导被嵌入到计算机软件中,而在正在进行的讨论中,人类的明确指令可能会被认为是过度干预。图 31.2 展示了在阿斯特汉、施瓦兹和吉尔(Asterhan, Schwarz 和 Gil)2012 年的研究中,教师在讨论中的示范性干预(浅灰色形状)。即学生能不断地意识到教师的存在,因为老师的笔记会出现在整个对话中。相比之下,在温伯格(Weinberger)和他的同事所进行的研究中,小组交流模式是异步的。在异步小组讨论的高节奏中,注重调节交互的指导工作可能会容易被忽视或忽略。有趣的是,施瓦兹、舒尔、彭索和泰勒(Schwarz, Schur, Pensso 和 Tayer, 2011)观察到一位教师在提示学生互动时,采用了认知和互动相结合的方法。学生学习了一个关于昼夜循环的单元。教学是混合式的,包括在不同环境中的活动(个人、小组、全班),其中有一些活动是由教师通过 *Digalo* 环境提供支架的(图 31.2)。该研究的研究结果令人印象深刻,因为在混合活动后的个体任务中,学生有关昼夜循环的概念发生了明显的变化(Schwarz, Schur, Pensso 和 Tayer, 2011)。这项研究强调,经验丰富的教师比那些在论证支架中充当教师的研究生效率低。

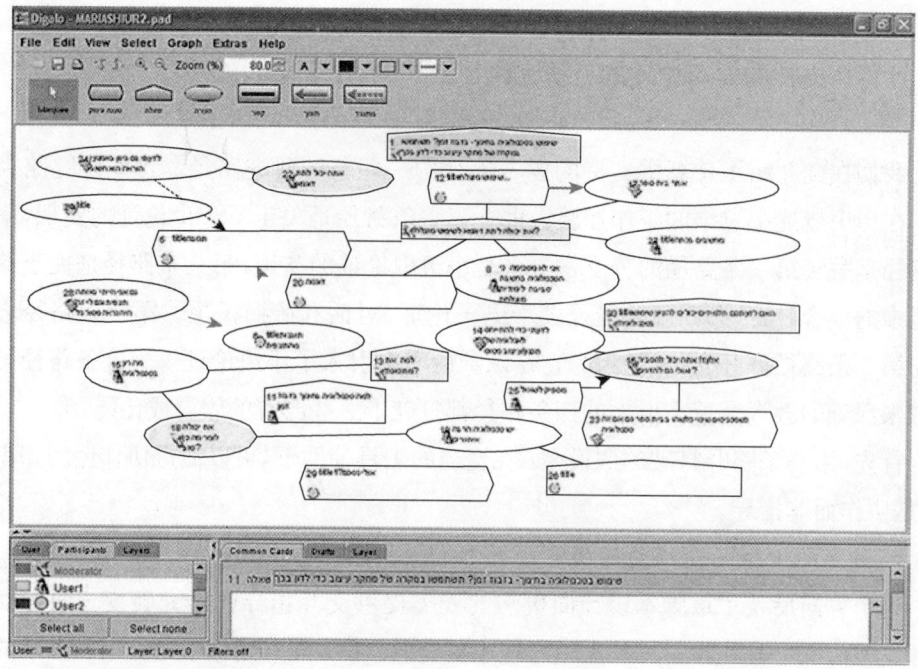

图 31.2　持续(浅灰色)的教师的干预帖子,利用 Digalo 的支架式论证①
资料来源:检索自阿斯特汉和施瓦兹(2010).经许可使用。

　　另一个基本发现是,论证的电子支架与面对面的支架不同。在论证的电子支架中,教师会更投入、更直接地做出指导(Asterhan 和 Schwarz,2010)。这种增强参与的一个例子是教师在论证的电子支架中采用了"魔鬼代言人策略"(Devil's advocate strategies),而在面对面的支架中很少出现这种情况。在之前提到的基于 CSCL 的支架式论证的短期研究中,阿斯特汉等人(Asterhan 等,2012)在基于 CSCL 的人类支架小组论证的背景下发现了行为的性别差异。即在讨论的辩论性和协作性两个维度上都发现了有利于女生的性别差异。据我们所知,在面对面的支架背景中,并没有发现类似的有利于女生的差异。

　　2. 多组电子支架论证

　　论证的电子支架不太适合课堂环境。除非论证是异步的,否则教师不能同时参加多个小组的论证。在刚刚提到的阿斯特汉及其同事开展的研究中,有两组 5 到 6 名学生参与讨论,两名教师搭建起支架,一人一组。课堂环境中的电子支架论证是教师编排(teacher orchestration)的一个特殊案例。教师编排是一个新的领域(Dillenbourg,Prieto 和 Olsen,本书),它依赖于专门技术的设计和学习分析技术的发展。这里我们以 ARGUNAUT 环境中的论证电子支架为例来说明,它是为了帮助教师支持多组论证而开发的(Schwarz 和 Asterhan,2011)。这种支持被称为调节(moderation)而不是支架,以强调教师的两难处境,教师应该关心所有小组的进展,并试图确定在线讨论者

———————————

① 编辑注:原版书中部分单词与文本即不清晰。

的需求,以符合批判性讨论的标准(例如,当被要求为其主张辩护时,或当不同意所提出的论点并提出具有挑战性的反论点时),同时,尽量减少干扰。ARGUNAUT 为教师提供了意识工具(awareness tools),帮助他们检查参与者的参与情况,参与者之间的相互参照程度、对内容的(不)同意和贡献。图 31.3 显示了意识工具的不同示例:"链接使用"(Link Use)显示了支持、反对和中立链接的分布,"组关系"(Group Relations)显示了讨论者之间链接的频率。此外,ARGUNAUT 还包括一个"意识显示选项卡"(awareness Display Tab)(图 31.3 中没有显示),它是一个按照时间顺序垂直组织每个讨论者贡献的表征,包括删除或修改。有了这些意识工具,教师就可以在不同的小组之间进行电子论证,并决定是否以及在哪里进行干预。图 31.3 还显示了主持人界面,通过该界面,主持人可以选择一个组或一个子组来发送消息。

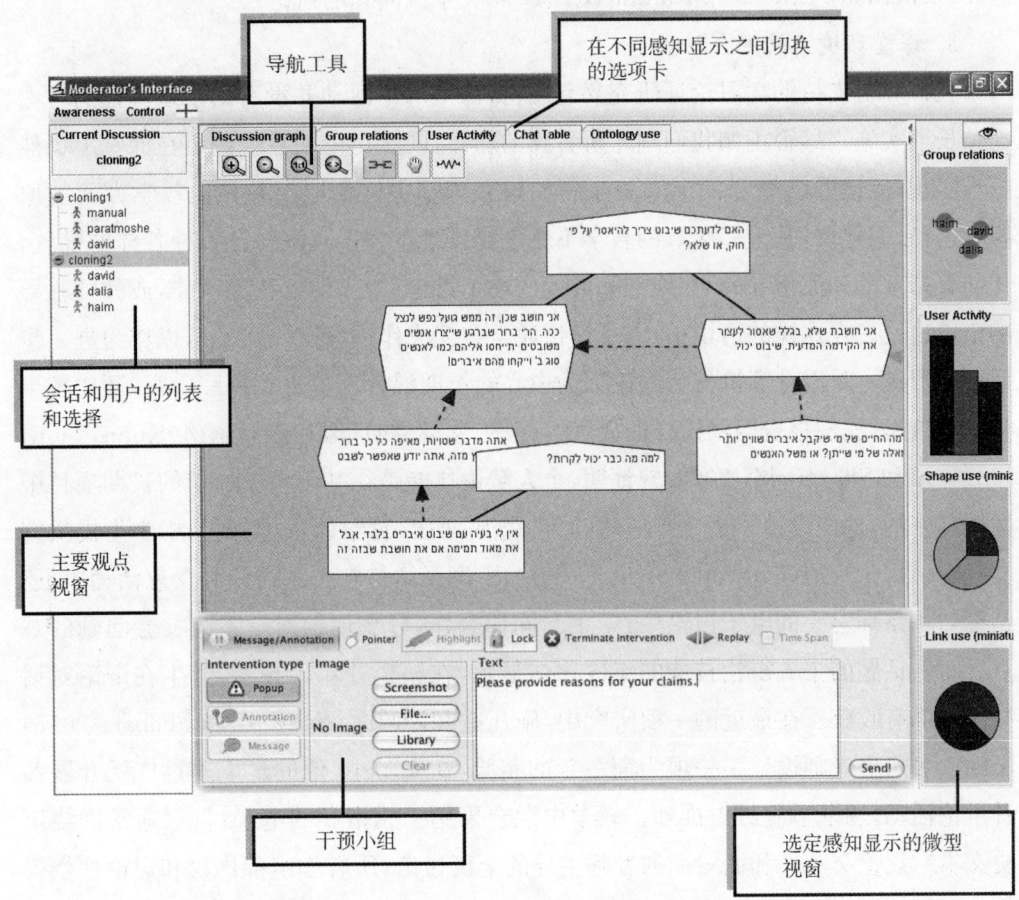

图 31.3　ARGUNAUT 中帮助主持人向群组或个人发送消息的感知工具
资料来源:检索自施瓦兹和阿斯特汉(2011). 经许可使用。

施瓦兹和阿斯特汉(2011)表明,主持人可以使用 ARGUNAUT 操作多种调节策略:包括让一个不听话的参与者参与讨论(通过使用个人频道)、扩大或加深讨论空间,所有这些都是在一个课堂上进行的,最多有四组(每组四名)学生在一个同步频道中讨论问题。这些发现令人鼓舞。然而,即便是经验丰富的教师在使用 ARGUNAUT 系统时也有困难,因为即使在意识工具的帮助下,浏览很多群组、编写和发送消息、以及在发送消息后追踪讨论的演变,都是非常困难的(见 Bodemer、Janssen 和 Schnaubert,本手册,关于意识工具的概述)。

为了帮助教师应对这种苛刻的情况,研究人员已经开始提供工具,通过学习分析技术提醒教师在干预中可能考虑的事件。根据迈凯伦等人(McLaren,2010)提出的现实范围,教师将能够最多与 8 组(每组 3—4 名)学生一起工作。电子调节(E-moderation)将因为"X 已经 5 分钟没有活动了""讨论者似乎没有互相挑战"或"讨论离题了"等触发警报。将学习分析技术应用于多个讨论的调节领域,以及更广泛地应用于教师协作活动编排,是一个很有前景的研究方向(见 Van Leeuwen,Van Wermeskerken,Erkens 和 Rummel,2017 年关于该问题的讨论)。

3. 课堂环境中的混合设置

在计算机支持的学习论证研究兴起之初,课堂辩论活动并没有出于适应性的考虑而被长期实施。尽管正如我们刚才所看到的那样,同步讨论的在线调节在课堂上仍然很难实现,但最近已经开辟出了一条新的道路。基于这个原因和其他教学方面的原因,教育家们建议,基于 CSCL 的教学不应该是排他的:它应该融合各种各样的设置,比如有指导的和无指导的、在线的和离线的小组讨论、个人的议论文写作,或教师主导的全班讨论。在这样的情境中,电子讨论通常会变成作品(地图、文本),以作为进一步活动的资源。对以计算机支持的论证为中心的长期混合环境进行跟踪研究,还比较少见。在这里,我们报告两项这样的研究。库恩、戈赫、约旦努和森菲尔德(Kuhn、Goh、Iordanou 和 Shaenfield,2008)曾证明,个人辩论技能是在基于电子通信的长期项目中发展起来的,他们设计了一个扩展的(3 年,每周两次)哲学课程,以便为中学生提供密集的对话辩论练习(Crowell 和 Kuhn,2014)。即无论是在小组讨论和反思活动中,还是在与一系列对手的电子讨论中,学生与同伴合作,分享他们对一系列社会问题的观点。对新话题的个人辩论技能的年度评估显示,在整个 3 年干预期,学生在辩论对话技能上都有收获。在最近的一项研究中,施瓦兹和沙哈尔(Schwarz 和 Shahar,2017)帮助一名历史老师设计了一项为期一年的实验,在实验中,他的学生通过广泛开展各种辩论活动,逐渐适应历史推理。教学中混合采用了无指导的电子讨论(通常围绕历史文本)、议论文写作和面对面的教师主导的全班讨论,所有小组都比较和讨论他们得出的不同结论。在年初的时候,老师往往会设计协作脚本。我们已经提到了协作脚本的强制性特征。然而,协作脚本被整合在混合环境中,在协作之前以游戏的形式呈现,教师和学习者在教学契约(didactical contract)框架中进行游戏,并在协作之后进行反思。这位教师带领他的学生取得了令人印象深刻的成果:通过 CSCL 论证工具进行高水平的基于文本的批判性讨论或对资料来源的评价,并撰写了高质量的议论文。这两项研究证明了在混合环境下,基于 CSCL 论证的强化教学是有效的。

三、CSCL 工具、电子论证、对话和协商民主

在计算机支持的学习论证研究中,一个最突出的弱点就是,它没有考虑到学习者作为一个社会实体的变化。这是令人惊讶的,因为学习者共同体的构成是布朗(Brown)、斯卡德玛利亚和波瑞特知识建构(Scardamalia 和 Bereiter,1991)的理论基础之一。学习者共同体的构成需要时间,如前所述,由于各种原因,在课堂上长期开展基于 CSCL 的论证活动并没有被 CSCL 研究者提上日程。利用技术工具进行电子论证的有效性完全是从一个相当短期的知识建构的角度来理解的。然而,一些研究人员已经开始从这个角度出发。韦格里夫(Wegerif,2007)阐述了 CSCL 工具是促进对话式教学(dialogic teaching)的辅助工具的理论立场。他所说的"对话式教学"是指亚历山大(Alexander,2008)提出的一套可取的做法,根据这些做法,当学生参与对话时,他们会相互协调,也会认真倾听,鼓励他人参与和分享想法。他们在彼此观点的基础上,既尊重少数人的观点,同时努力争取相互理解和得出结论。像韦格里夫一样,其他科学家也在 CSCL 工具中看到了具有培养这类行为潜力的工具(如 Mercer,Warwick,Kershner 和 Staarman 2010;Pifarré 和 Staarman,2011)。

对于这种对话行为的合理性,目前还鲜有研究。不过斯莱克蒙和施瓦兹(Slakmon 和 Schwarz,2014,2017)在一个为期一年的初中—高中哲学课程中对此进行了研究,该研究将基于 CSCL 的论证与其他辩论活动相结合。他们采用了定性的方法来表明 CSCL 在建立理想的对话规范方面起着至关重要的作用,其中包括暂停即时反应,或创造思考问题的时间。在虚拟空间中展开的对话中,"弱者""非成就者"或"不参与者"等主要的课堂身份失去了它们的影响力。例如,当教师从虚拟空间中消失时,长时间的沉默不再被解释为一种脱离或软弱的表现(就像教室里的沉默,教师拥有发言权)。学生对空间的所有权是通过对他们的沉默和不参与的反应来实现的,而后导致了高度参与的行为。即使是教师的存在从虚拟空间中消失时,适当的对话规范依然存在;讨论继续进行,没有涉及学生的身份。同伴压力鼓励学生在没有教师干预的情况下参与协作。斯莱克蒙和施瓦兹(Slakmon 和 Schwarz,2017)最近提出了一个关于 CSCL 在政治教育中作用的模型——关于学会一起生活,即关于一个人如何意识到自己是私人的,如何从这个概念走向公众的团结。这种政治转变可以通过追踪空间实践的发展来观察——学生如何利用 CSCL 工具提供的公共(和物质)空间。斯莱克蒙和施瓦兹表明,追踪空间变化能够仔细观察行动和对他人行使权力的自由,这对于政治机构的发展至关重要。空间的变化源于密度问题:随着电子讨论的发展,它们的表现变得难以理解。斯莱克蒙和施瓦兹表明,这种约束导致讨论者区分私人领域和公共领域。图 31.4 显示了空间实践是如何发展的,即从随机发帖,即讨论者将他们的帖子随机放置在屏幕中间,通过放大信息来喊话,发展到参与者为他们的讨论创造一个个人和公共空间的分区。

斯莱克蒙和施瓦兹的研究表明,伴随着讨论中对话的增多,空间实践也会发生变

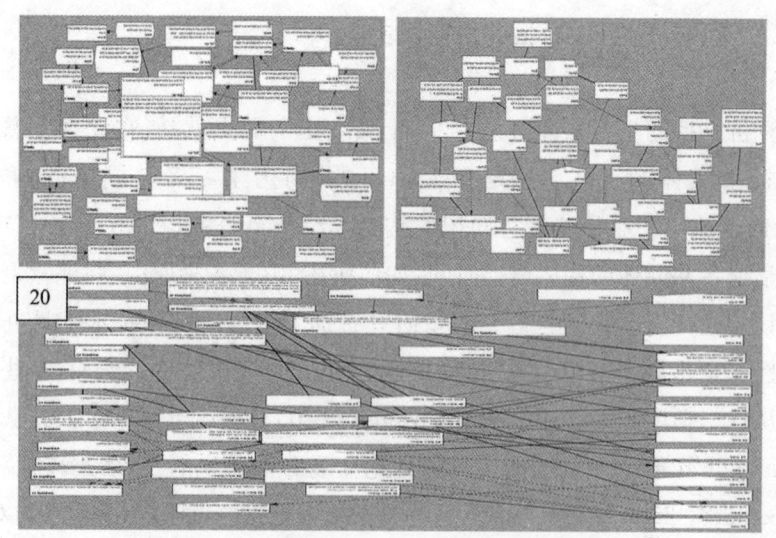

图 31.4　从随机张贴(伴有挤压和叫喊)到划分的空间实践演变,包括私人和公共领域的划定
资料来源:斯莱克蒙和施瓦兹(2016).经许可使用。

化。在分区讨论中,提及过去贡献的做法翻了两番。渐渐地,随着空间实践的发展,学生们把过去的贡献变成了集体记忆的宝库。过去的贡献变成了一个档案(archive),学生们从中挑选出一些贡献,并将其编织到当前的对话中。根据斯莱克蒙和施瓦兹的观点,这种现象对公民身份至关重要,因为参与者会把过去的行动用于当下正在进行的问题。他们表明,CSCL 工具可以促进公共和私人领域的出现,因此具有社会政治维度。

哲学家尤尔根·哈贝马斯(Jürgen Habermas,1985)指出了论证对于建立协商民主的社会合理化的重要性。新的研究应该从实证的角度来调查 CSCL 工具是否具有实质性的民主功能(deliberative democracy)。我们在此承认,这个范围是大胆的,但是,对于在学校的论证活动中反复使用 CSCL 工具的公共和社会层面的研究项目而言,这是一个令人兴奋、相对未被开发的领域。

在教育情境中实施基于 CSCL 的电子论证亟需解决的问题

我们描述了目前计算机支持的学习论证的四条研究路径。我们相信,不论是哪一条研究路径,其涉及的研究都将蓬勃发展。在最后一节中,我们将重点讨论亟待解决的一般性问题。第一个一般性问题属于心理学领域。计算机支持的学习论证的研究通常是由设计驱动的,其特点是以系统开发和短期实施的周期来检验其效果。在没有软件支持的情况下,很少有后续研究检验学生在新型环境下的论证(但例外情况见 Wecker 和 Fischer,2011,Iordanou,2013)。此外,正如费舍尔等人(Fischer 等,2013)所指出的那样,实时过程指导应该与现有的内部脚本(internal scripts)和现有的技能开发进行仔细校准。当外部强加的协作支持工具阻碍了学习者对已有的、富有成效的技能进行自主应用时,就会产生反作用(Dillenbourg,2002;Fischer 等,2013)。

有关在课堂环境下，为了建立适应性而长期实施基于 CSCL 的论证活动方面，我们还有很长的路要走。然而，我们应该提到最近的一个理论进展，乔尼金（Tchounikine，2016）为费舍尔的《脚本指导理论》（*Script Theory of Guidance*）开辟了一个新的视角。他采用了社会文化方法，将脚本视为学习者在参与由 CSCL 脚本构建的协作情境时与之交互的作品。在这个过程中，学习者所考虑的不是脚本，而是他们对脚本的运用——这是一个认知过程，在对所要完成的任务的认识和概念化中发挥作用。这种应用不仅仅取决于脚本。不同的外部因素，如制度的、领域的、动机的，都可能影响这种应用。在我们看来，心理学和教育学之间的这种实际接触是至关重要的。

另一个问题是，计算机支持的学习论证研究在很大程度上与面对面的学习论证研究是脱节的。这在计算机支持的学习论证研究的初期是可以理解的，因为研究人员主要对设计合适的工具感兴趣。然而，现在该领域的设计成就已经相当可观，并且在课堂上融合面对面的论证和基于 CSCL 的论证是可能的。面对面论证和学习的实质性进展可能会对混合式教学产生影响，一个例子是理查德·安德森（Richard Anderson）围绕着一个他称之为集体推理（collective reasoning）的环境进行了大约 20 年的研究项目，这是一种开放式的、同伴主导的讨论方法，旨在提高课堂讨论质量，大家会以小组的形式阅读故事并讨论有争议的问题。孩子们对问题采取个人立场，为他们的立场提出理由和证据，并在意见不一致时互相质疑。教师坐在外面，只在必要时提供指导。围绕文本进行面对面的连续小组讨论产生了多种效果（讨论质量、推理技能、参与度、动机等）。比如著名的集体推理滚雪球（snowballing）——集体推理从小组到全班的传播（Anderson 等，2001），或者无指导的集体推理的迭代支架（包括消失）的效果（Jadallah，Anderson 等，2011）。这种环境还没有被 CSCL 工具研究过。我们提到了 CSCL 工具相对于面对面环境的重要特征：它们保留了交互的历史，供讨论者或教师参考；它们提供了一个物质空间，学生可以在其中定位他们的干预措施。这样的特征可能导致截然不同的效果。因此，迫切需要在学校的长期项目中实施基于 CSCL 的论证活动，并探讨其迭代实施的各种效果。

我们提出了这样一种观点，即基于 CSCL 的深入论证可以让公民为协商民主的构建作出贡献。面对面课堂对话的研究者已经声称，高质量的对话实践，如责任性对话（Accountable Talk）（Michaels，O'Connor 和 Resnick，2007）或者协商式论证（deliberative argumentation）（Schwarz 和 Baker，2016），可以帮助公民为协商民主的构建做准备。这里也如前所述，如果 CSCL 工具在学校的引入更加系统化，并作为长期项目的组成部分，那么它的特征可能揭示出更丰富的论证维度。在这个方向上的研究项目将极大扩大 CSCL 共同体的范围。

四、延伸阅读

Asterhan, C. S. C., & Schwarz, B. B. (2016). Argumentation for learning:

Well-trodden paths and unexplored territories. *Educational Psychologist*，51（2），164 - 187.

本文提供了论证学习的最新研究概况，以及该领域研究的新方向。

Mercier，H.，& Sperber，D.（2017）. *The enigma of reason*. Cambridge，MA：Harvard University Press.

在这本前沿的书中，作者们想知道为什么理性在其他动物身上没有进化，为什么人类经常制造出有道理的废话。他们表明，理性不是为了单独使用，而是为了达成更好的信念和决定。相反，推理有助于向他人证明信仰和行为的合理性，通过论证说服他们，并评估他人对我们提出的理由和论点。

Osborne，J.（2010）. Arguing to learn in science：The role of collaborative，critical discourse. *Science*，328，463 - 468.

这篇基础论文表明，论证是科学活动的核心，它在科学课堂中处于中心位置。

Schwarz，B. B.，& Baker，M. J.（2016）. *Dialogue，argumentation and education：History，theory and practice*. New York：Cambridge University Press.

这本书包括一个适应教育的论证理论和教育对话实践的历史概述。它描述了在进步教育学中论证的普遍性，举例说明了论证的生产力，回顾了确保这种生产力的条件的相关研究，并建议论证实践有助于建立协商民主。

五、NAPLeS 资源

Schwarz，B. B.，Argumentation and learning in CSCL［Webinar］. In NAPLeS video series. Retrieved from http：//isls-naples. psy. lmu. de/intro/all-webinars/schwarz_video/index. html

Schwarz，B. B.，15 minutes about argumentation and learning in CSCL［Video file］. In NAPLeS video series. Retrieved from http：//isls-naples. psy. lmu. de/video-resources/guided-tour/15-minutes-schwarz/index. html

Schwarz，B. B.，Interview about argumentation and learning in CSCL［Video file］. In NAPLeS video series. Retrieved from http：//isls-naples. psy. lmu. de/video-resources/interviews-ls/schwarz/index. html

参考文献

Alexander, R. (2008). *Towards dialogic teaching: Rethinking classroom talk* (4th ed.). York, UK: Dialogos.

Anderson, R. C., Nguyen-Jahiel, K., McNurlen, B., Archodidou, A., Kim, S.-Y., Reznitskaya, A., & Gilbert, L. (2001). The snowball phenomenon: Spread of ways of talking and ways of thinking across groups of children. *Cognition and Instruction, 19*, 1–46.

Andriessen, J., Baker, M., & Suthers, D. (Eds.) (2003). Arguing to learn: Confronting cognitions in computer-supported collaborative learning environments. Dordrecht, Netherlands: Kluwer.

Asterhan, C. S. C. (2012). Facilitating classroom argumentation with computer technology. In R. Gillies (Ed.), *Pedagogies: New developments in the learning sciences* (pp. 105–129). New York: Nova Science.

Asterhan, C. S. C., & Schwarz, B. B. (2010). Online moderation of synchronous e-argumentation. *International Journal of Computer-Supported Collaborative Learning, 5*(3), 259–282.

Asterhan, C. S. C., Schwarz, B. B., & Gil, J. (2012). Guiding computer-mediated discussions in the classroom: Epistemic and interactional human guidance for small-group argumentation. *British Journal of Educational Psychology, 82*, 375–397.

Bodemer, D., Janssen, J., & Schnaubert, L. (2018). Group awareness tools for computer-supported collaborative learning. In F. Fischer, C. E. Hmelo-Silver, S. R. Goldman, & P. Reimann (Eds.), *International handbook of the learning sciences* (pp. 351–358). New York: Routledge.

Borge, M., Ong, Y. S. & Rosé, C. (2015). Activity design models to support the development of high quality collaborative processes in online settings. *The Computer-Supported Collaborative Learning Conference Proceedings* (pp. 427–434).

Brown, A. L. (1997). Transforming schools into communities of thinking and learning about serious matters. *American Psychologist, 52*(4), 399–413.

Chan, C., & van Aalst, J. (2018). Knowledge building: Theory, design, and analysis. In F. Fischer, C. E. Hmelo-Silver, S. R. Goldman, & P. Reimann (Eds.), *International handbook of the learning sciences* (pp. 295–307). New York: Routledge.

Crowell, A., & Kuhn, D. (2014). Developing dialogic argumentation skills: A three-year intervention study. *Journal of Cognition and Development, 15*, 363–381.

de Vries, E., Lund, K., & Baker, M. (2002). Computer-mediated epistemic dialogue: Explanation and argumentation as vehicles for understanding scientific notions. *Journal of the Learning Sciences, 11*, 63–103.

Dillenbourg, P. (2002). Over-scripting CSCL: The risks of blending collaborative learning with instructional design. In P. A. Kirschner (ed.), *Three worlds of CSCL: Can we support CSCL?* (pp. 61–91). Heerlen, Netherlands: Open Universiteit Nederland.

Dillenbourg, P., Prieto, L. P., & Olsen, J. K. (2018). Classroom orchestration. In F. Fischer, C. E. Hmelo-Silver, S. R. Goldman, & P. Reimann (Eds.), *International handbook of the learning sciences* (pp. 180–190). New York: Routledge.

Driver, R., Newton, P., & Osborne, J. (2000). Establishing the norms of scientific argumentation in classrooms. *Science Education, 84*, 287–312.

Fischer, F., Kollar, I., Stegmann, K., & Wecker, C. (2013). Toward a script theory of guidance in computer-supported collaborative learning. *Educational Psychologist, 48*(1), 56–66.

Habermas, J. (1985). The theory of communicative action (Vol. 1), Reason and the rationalization of society. Boston: Beacon Press.

Iordanou, K. (2013). Developing face-to-face argumentation skills: Does arguing on the computer help? *Journal of Cognition and Development, 14*(2), 292–320.

Jadallah, M., Anderson, R.C., Nguyen-Jahiel, K., Miller, M., Kim, I.-H., Kuo, L.-J., et al. (2011). Influence of a teacher's scaffolding moves during child-led small-group discussions. *American Educational Research Journal, 48*, 194–230.

Kollar, I., Wecker, C., & Fischer, F. (2018). Scaffolding and scripting (computer-supported) collaborative learning. In F. Fischer, C. E. Hmelo-Silver, S. R. Goldman, & P. Reimann (Eds.), *International handbook of the learning sciences* (pp. 340–350). New York: Routledge.

Kuhn, D., Goh, W., Iordanou, K., & Shaenfield, D. (2008). Arguing on the computer: A microgenetic study of developing argument skills in a computer-supported environment. *Child Development, 79*, 1310–1328. doi:10.1111/j.1467-8624.2008.01190.x

McLaren, B. M., Scheuer, O., & Mikšátko, J. (2010). Supporting collaborative learning and e-discussions using artificial intelligence techniques. *International Journal of Artificial Intelligence in Education, 20*, 1–46.

Mercer, N. (1995). *The Guided Construction of Knowledge: talk amongst teachers and Learners.* Clevedon: Multilingual Matters.

Mercer, N., Warwick, P., Kershner, R., & Staarman, J. K. (2010). Can the interactive whiteboard help to provide "dialogic space" for children's collaborative activity? *Language and Education, 24*(5), 367–384.

Michaels, S., O'Connor, C., & Resnick, L. (2007). Deliberative discourse idealized and realized: Accountable talk in the classroom and in civic life. *Studies in Philosophy of Education, 27*(4), 283–297.

Noroozi, O., Weinberger, A., Biemans, H. J. A., Mulder, M., & Chizari, M. (2012). Argumentation-based computer supported collaborative learning (ABCSCL): A synthesis of 15 years of research. *Educational Research Review, 7*(2), 79–106.

Noroozi, O., Weinberger, A., Biemans, H. J. A., Mulder, M., & Chizari, M. (2013). Facilitating argumentative knowledge construction through a transactive discussion script in CSCL. *Computers & Education, 61*, 59–76.

Pifarré, M., & Staarman, J. K. (2011). Wiki-supported collaborative learning in primary education: How a dialogic space is created for thinking together. *International Journal of Computer-Supported Collaborative Learning, 6*(2), 187–205.

Scardamalia, M., & Bereiter, C. (1991). Higher levels of agency for children in knowledge building: A challenge for the design of new knowledge media. *Journal of the Learning Sciences*, *1*, 37–68.

Scheuer, O., Loll, F., Pinkwart, N., & McLaren, B. M. (2010). Computer-supported argumentation: a review of the state-of-the-art. *International Journal of Computer-Supported Collaborative Learning*, *5*(1), 43–102.

Schwarz, B. B., & Asterhan, C. S. C. (2011). E-moderation of synchronous discussions in educational settings: A nascent practice. *Journal of the Learning Sciences*, *20*(3), 395–442.

Schwarz, B. B., & Baker, M. J. (2016). *Dialogue, argumentation and education: History, theory and practice*. New York: Cambridge University Press.

Schwarz, B. B., & De Groot, R. (2007). Argumentation in a changing world. *International Journal of Computer-Supported Collaborative Learning*, *2*(2–3), 297–313.

Schwarz, B. B., Schur, Y., Pensso, H., & Tayer, N. (2011). Perspective taking and argumentation for learning the day/night cycle. *International Journal of Computer Supported Collaborative Learning*, *6*(1), 113–138.

Schwarz, B. B., & Shahar, N. (2017). Combining the dialogic and the dialectic: Putting argumentation into practice for classroom talk. *Learning, Culture and Social Interaction*, *12*, 113–132.

Slakmon, B., & Schwarz, B. B. (2014). Disengaged students and dialogic learning: The role of CSCL affordances. *International Journal of Computer-Supported Collaborative Learning*, *9*(2), 157–183.

Slakmon, B., & Schwarz, B. B. (2017). "You will be a polis": Political (democratic?) education, public space and CSCL discussions. *Journal of the Learning Sciences*, *26*(2), 184–225.

Suthers, D. D. (2003). Representational guidance for collaborative inquiry. In J. Andriessen, M. Baker, & D. Suthers (Eds.), *Arguing to learn: Confronting cognitions in computer-supported collaborative learning environments* (pp. 27–46). Dordrecht, Netherlands: Kluwer.

Suthers, D. D., & Weiner, A. (1995). Groupware for developing critical discussion skills. In J. L. Schnase & E. L. Cunnius (Eds.), *Proceedings of CSCL '95, the First International Conference on Computer Support for Collaborative Learning* (pp. 341–348). Mahwah, NJ: Lawrence Erlbaum/University of Minnesota Press.

Tchounikine, P. (2016). Designing for appropriation: A theoretical account. *Human Computer Interaction*. doi: 10.1080/07370024.2016.1203263

Toulmin, S. (1958). *The Uses of Argument*. New York: Cambridge University Press.

Van Amelsvoort, M., Andriessen, J., & Kanselaar, G. (2007). Representational tools in computer-supported collaborative argumentation-based learning: How dyads work with constructed and inspected argumentative diagrams. *Journal of the Learning Sciences*, *16*(4), 485–521.

van Eemeren, F. H., Grootendorst, R., Henkenmans, F. S., Blair, J. A., Johnson, R. H., et al. (1996). *Fundamentals of argumentation theory: A handbook of historical background and contemporary developments*. Hillsdale, NJ: Lawrence Erlbaum.

Van Leeuwen, A., Van Wermeskerken, M., Erkens, G., & Rummel, N. (2017). Measuring teacher sense making strategies of learning analytics: a case study. *Learning: Research and Practice*, *3*(1), 42–58. doi:10.1080/23735082.2017.1284252

Wecker, C., & Fischer, F. (2011). From guided to self-regulated performance of domain-general skills: The role of peer monitoring during the fading of instructional scripts. *Learning and Instruction*, *21*(6), 746–756.

Wecker, C., & Fischer, F. (2014). Where is the evidence? A meta-analysis on the role of argumentation for the acquisition of domain-specific knowledge in computer-supported collaborative learning. *Computers & Education*, *75*, 218–228.

Wegerif, R. (2007). *Dialogic, educational and technology: Expanding the space of learning*. New York: Springer-Verlag.

Wegerif, R. B., Mercer, N., & Dawes, L. (1999). From social interaction to individual reasoning: an empirical investigation of a possible socio-cultural model of cognitive development. *Learning and Instruction*, *9*(6), 493–516.

Weinberger, A., Ertl, B., Fischer, F., & Mandl, H. (2005). Epistemic and social scripts in computer-supported collaborative learning. *Instructional Science*, *33*(1), 1–30.

Weinberger, A., Stegmann, K., & Fischer, F. (2007). Knowledge convergence in collaborative learning: Concepts and assessment. *Learning and Instruction*, *17*(4), 416–426.

第32章　计算机支持的协作学习的理论和方法框架

郑海松,凯莉·哈特利(Heisawn Jeong, Kylie Hartley)

一、引言

对理解和促进计算机支持的协作学习(computer-supported collaborative learning, CSCL)的追求吸引了来自不同领域的研究者,他们的兴趣、理论观点和偏好的方法实践各不相同。有些研究者试图了解协作学习的认知机制,有些研究者关注小组工作的动机动力/或社会文化对协作的影响,还有些研究者则对通过设计教学和技术支持来促进学习者对协作学习感兴趣。本章的目的在于了解 CSCL 研究的复杂性,强调其理论和方法实践,并通过 CSCL 实证研究的一系列内容分析以及 CSCL 的最新概念性评论来提供相关信息(Arnseth 和 Ludvigsen,2006;Jeong 和 Hmelo-Silver,2012,2016;Jeong,Hmelo-Silver 和 Yu,2014;Kirschner 和 Erkens,2013;Puntambekar,Erkens 和 Hmelo-Silver,2011)。本章反映了 CSCL 研究的多样性如何促进了该领域的发展。我们考察了理论—方法的一致性,并主张继续致力于理论整合和持续的理论建构。

二、CSCL 研究的主要挑战

理解 CSCL 意味着什么? 首先,它涉及到对于协作学习原则的理解。成功的协作不仅仅是在小组中工作或分配一项由小组来完成的任务。理想情况下,协作学习需要学习者建立共同的目标,参与知识建构或协作问题解决,并在协作学习的过程中监督彼此的进展(Jeong 和 Hmelo-Silver,2016)。学习者还需要培养彼此之间有效的社会关系,同时保持对任务的有效参与。在这个过程中,学习者不仅要关注自己的学习过程,还要关注同伴的学习过程。这包括将注意力和资源分配给他们的伙伴以及他们共同的任务,否则这些注意力和资源可能会被用于实现他们个人的学习目标。这会分散学习者的注意力,并导致僵局和冲突,如果他们单独工作,可能就不会经历这种情况,但是试图相互理解和建立共同理解的过程本身就能推动学习者走向认知进步和主体间意义的建构(Stahl,2006;Suthers,2006)。对协作的有效支持需要学习者深入理解这些过程是如何工作的。在我们追求理解协作学习的过程中,我们需要注意到,协作发生在不同的情境中,并且在 CSCL 中可以采取多种不同的形式。它可能涉及小群体学习者之间的直接面对面交互,也可能涉及在线环境中大群体学习者之间的分布式交互。社交网站(SNS)和大规模在线开放课程(MOOCs)的激增表明,学习者在传统学校环境之外的在线环境中的互动越来越多。这种环境为学习者提供了重要的学习空间,学习者可以在其中参与个人感兴趣的项目并建立社交网络。

理解 CSCL 的第二个要点是要意识到一个前提,即技术可以有效地支持学习者对于知识建构和问题解决的协作。为此目的而引入的技术是多种多样的,从支持协作的软件应用程序或系统(如电子邮件、讨论论坛、信息共享)到硬件(如移动设备、共享显示器、桌面;Jeong 和 Hmelo-Silver,2012)。随着研究人员利用技术的进步,很明显,CSCL 不仅仅是为了开发或使用技术工具进行协作,CSCL 还提出了一个复杂的社会技术问题。有效的 CSCL 需要支持协作学习核心过程的技术(Jeong 和 Hmelo-Silver,2016),以及组织和安排学习者活动以实现预期学习目标的教学原则。协作规范与文化影响着团体与共同体的形成、参与与承担责任的规则,以及/或者进一步解决冲突和分歧的方式。综上所述,CSCL 的主要研究挑战包括设计适当的技术和教学干预以支持基于协作学习的、理解性的有效协作学习。解决这一问题需要多方面的支持;没有单一的理论或方法框架可以描绘 CSCL 的所有方面。接下来,我们将研究不同的理论和方法如何帮助我们深化对 CSCL 的理解。

三、CSCL 的理论实践

学习科学研究一直以主要的学习理论为指导。这些理论解释了学习的意义,为知识建构和问题解决的核心机制(如信息获取、意义建构活动)奠定了基础,并试图更好地理解工具和技术在学习中的作用和影响。理论框架对 CSCL 研究具有重要意义。它们为如何评估和衡量学习结果提供了指导,并为某些教学策略和技术设计提供了理论依据和理由。各种各样的学习理论指导了 CSCL 的研究实践。一些主要的 CSCL 理论框架的细节可以在本手册中找到。CSCL 中最具影响力的学习理论是建构主义、社会文化理论和社会心理学理论(Jeong 等,2014;Danish 和 Gresalfi,本手册)。信息加工或认知理论、社会认知交流和动机理论也在不同程度上出现了。除了这些学习和协作的理论之外,CSCL 的教学理论也提出了促进协作学习的教学方法,如支架(Tabak 和 Kyza,本手册)、脚本(Kollar,Wecker 和 Fischer,本手册)或知识建构(Chan 和 van Aalst,本手册;Slotta,Quintana 和 Moher,本手册)。这些教学设计理论以学习理论为指导,进一步阐述了如何在课堂上编排计算机支持的协作活动(例如,Dillenbourg,Prieto 和 Olsen,本手册),克服小组工作中出现的问题,并/或借助在线辅导、参与公民科学项目等技术,增加学习者之间协作的潜力和理想。这些理论中有许多内容本身也与设计理论交织在一起,还阐述了工具如何调解协作学习过程和相关的教学干预(Jeong 和 Hmelo-Silver, 2016)。

在实证研究中,验证和检验理论的过程鼓励理论的修改、阐述,有时甚至鼓励研究者发展出一个新的、更全面的理论(Shavelson 和 Towne, 2002)。作为学习科学的重要方法论,基于设计的研究强调基于理论的设计(Puntambekar,本手册),然而理论在CSCL 研究中的应用方式有很大差异,正如最近的一项综合研究所表明的那样(Jeong 等, 2014)。CSCL 研究人员并不总是强调理论构建和测试。理论经常被引用以符合特定的研究传统和/或证明选择研究问题或设计决策的合理性。许多学习型科学家认为自己致力于有价值的"发现的背景"的研究,即首先提出假设,而不是遵循假设—演绎论证模型的"论证的背景"(Hoyningen-Huene, 1987)。研究可能是出于理论上的动机,但可能不一定包括假设检验或模型构建。相反,他们侧重于对具体情境的深入理解所产生的见解。

要弄清楚构建和检验理论的意义并不总是那么容易。不同的理论方法往往旨在解释不同的现象或问题,并且可能相互补充而不是相互矛盾。建构主义理论可能试图解释协作学习中的认知过程和结果,而动机理论则可能试图解释协作对学生动机的作用(Jones 和 Issroff, 2005)。理论方法的解释范围或层次也可能不同。有些理论可能被称为中观或微观层面的理论,因为它们试图解释一个特定的现象,如为什么人们在群体中表现得更好或更差,或者探索可能影响群体功能的不同因素,如性别或群体组成。有些理论侧重于学习本质的隐性假设,倾向于对学习进行一般性的陈述,其行为更像一种宏观层面的理论或范式。这些一般的理论需要被表述为关于具体现象或变量的可检验的主张,但弄清楚不同理论如何相互协调和相互关联也并非总是一目了然。这些因素使得理解 CSCL 研究如何为该领域的理论进步作出贡献这一点变得具有挑战性。

不同的 CSCL 理论方法使我们能够从更广泛的角度来研究 CSCL,但需要将它们整合起来,以便为 CSCL 提供一个连贯的解释体系。它们可能揭示出以前隐藏的现象,并可以作为调和存在于不同理论框架之间差异的机会。不同理论之间可能存在的对立和冲突需要被识别和解决(Arnseth 和 Ludvigsen, 2006)。更积极地整合不同的理论解释并调和分歧,将有助于发展出对 CSCL 更全面、更成熟的理解。

四、CSCL 的方法实践

CSCL 是一个跨学科的领域,在这个领域中,多种研究方法被用来研究以技术为中介的协作学习。研究方法通常根据其研究的整体方法来区分,如定量方法或定性方法。为了理解方法实践与理论方法的关系,我们需要在更精细的层面上研究方法实践。我们在此着重区分研究设计、环境、数据源和分析方面的方法实践。这些子组件会处理定性和定量方法之间的主要差异以及 CSCL 研究的主要挑战。本节的目标是通过对 2005 年至 2009 年发表的 400 篇 CSCL 实证出版物的内容元分析（Jeong 等，2014），来概述 CSCL 的方法实践。对 CSCL 中具体的方法传统和技术细节感兴趣的读者可参考本手册的第 3 部分。

1. 研究设计

研究设计的重点是数据收集的目标和计划。对最近的 CSCL 方法实践的分析表明，大多数 CSCL 研究具有描述性目标（Jeong 等，2014）。考虑到 CSCL 是一个相对较新的研究领域，这并不奇怪。技术正在不断地被开发。探索技术对协作学习的支持以及学习者如何适应技术是有意义的。描述性研究有助于研究者定性地描述这些现象。例如，除其他事项外，他们可能会描述将研究者主导的创新成果转化为课堂上教师所面临的挑战（Smith，Underwood，Fitzpatrick 和 Luckin，2009），或通过采访学生来描述他们在远程学习课程中互动的个人经历（Ferguson，2010）。另外，描述性研究可能旨在定量地描述一种现象。它们可能试图捕捉变量之间的关系模式，比如面对面课堂和在线课堂上学生的学业自我概念与社会存在以及成就之间的关系（Zhan 和 Mei，2013），或者是网络社区中的社会懈怠与群体凝聚力之间的关系（Shiue，Chiu 和 Chang，2010）。

实验设计旨在确定变量之间的因果关系。当有明确的研究问题和假设时，研究者通常会采用实验设计。大约有三分之一的研究采用了某种形式的实验或准实验设计（Jeong 等，2014）。例如，CSCL 实验研究检验了 CSCL 干预措施的有效性，例如将文本注释与相关讨论链接起来的锚定讨论系统（Eryilmaz 等，2014），或环境的特定功能，如嵌入在教育游戏中的自我解释问题提示（Adams 和 Clark，2014）。研究还考察了与协作学习相关的因素，如监控他人而非自己（Okita，2014）或二元的文化背景（Shi，Frederiksen 和 Muis，2013）。单独的实验可以检验这些变量中的任何一个，但是在给定的实验中，只有一小部分变量会被测试。很难理解它们是如何结合在一起并与研究的其他部分相关联的。在实验中，随机分配以及在实验室环境中仔细控制无关变量是实现严格实验控制的手段。然而，对控制的追求往往又会导致人为的或不切实际的学习情境和任务的产生，降低了研究的生态有效性。

基于设计的研究（DBR）的出现源于在教室和其他真实情境中从事更有原则和理论驱动的设计作品的需要（Puntambekar，本手册）。例如，从传统课堂向知识建构课堂的转变需要克服许多挑战，如重新设计活动结构（Oshima 等，2006 年）和将知识论坛概念转化为认知游戏的空间（Bielaczyc 和 Ow，2014）。通常这项工作需要多轮的重新设计和调整。每一轮都要收集数据，目的是研究越来越复杂的干预模型和理论。CSCL 中的 DBR 研究通常采用准实验、前后比较和案例研究方法（Jeong 等，2014），但是评估一个特定的设计干预是否可以在某个特定的点上提高学生的学习成果只是整个研究设计的一部分。更重要的是利用研究成果不断构建和完善教学实践和理论。一种新的研究范式成为主流实践需要时间，特别是当它需要大量的资源和努力时，就像 DBR 那样(Jeong 等,2014)。我们需要继续努力来调整基于设计的研究策略和执行,以便它们能够为理论构建以及为实践提供信息的情境化知识的创造作出贡献。

2. 环境

许多 CSCL 研究是在教室而不是在实验室或其他环境中进行的(例如,在线共同体、专业培训;Jeong 等,2014)。我们认为教室或其他真实世界的实践环境可以作为 CSCL 有效性的最终测试场地,因为正是在这些环境中,CSCL 的最终成功将被评估。CSCL 应该继续关注这些环境,但是教室给研究者带来了一些挑战。获得利益相关者的许可、编排数据收集以及创建严格控制的环境只是其中的一些挑战。研究者除了在教室里进行准实验外,往往没有其他的设计选择。近来,网络环境的迅速发展带来了新的方法上的机遇和挑战。例如,学生现在正在跨越实体学校、文化的边界(Chia 和 Pritchard,2014),或通过各种在线共同体(Shiue,Chiu 和 Chang,2010)进行互动与协作。这些环境提供了在正式课堂之外更全面地研究学习者行为的机会。数据收集通常只需要研究者付诸较少的计划和努力,因为数据是由学习者在与同伴互动和参与创建诸如 Scratch 程序或维基百科页面等作品的过程中产生的。但是,在这些环境中,清理和理解数据带来了更大的挑战。研究者需要将各种数据源结合起来,以实现对学生活动的综合理解。学习分析专门致力于处理因研究这些环境而产生的挑战和机遇(Rosé,本手册)。

3. 数据源和分析方法

CSCL 大大扩展了用于评估协作学习的结果和过程的数据源的种类。数据源的例子包括互动的视频记录、同步和异步消息、日志数据,以及在 CSCL 期间创建的各种数字作品,此外还有对于学生成果的衡量,如多项选择测试和课程成绩。这些多样化的数据源可以提供关于 CSCL 的丰富信息,但是我们需要注意它们带来的挑战。例如,除了文字计数等表面特征外,互动的文本消息和视频记录不容易被量化。研究者经常将编码作为量化数据的一种形式(Vogel 和 Weinberger,本手册)。例如,电子邮件和讨论板消息被编码为连贯性、基础动作或与自我调节相关的对话行为,其结果往往需要进一步进行统计检验(Shi 等,2013;van der Meij,de Vries,Boersma,Pieters 和 Wegerif,2005)。其中包括许多依赖于复杂的统计技术的应用,如结构方程建模或多层次分析(de Wever 和 van Keer,本手册)。社交网络分析和学习分析等技术会对日志数据和其他形式的在线学习者活动轨迹进行分析(Cho,Gay,Davidson 和 Ingraffea,2007;Fields,Kafai 和 Giang,2016)。自动化编码和数据提取正在取得进展。大约四分之三的 CSCL 研究是以定量的方式分析数据的,要么以编码的形式,要么依靠可量化的学习措施(Jeong 等,2014)。量化和使用统计检验有助于研究者辨别变量之间的复杂关系,并评估给定的研究发现是否可以在研究样本之外进行推广。然而,研究者需要注意的是,量化数据往往不能揭示现象的全部复杂性,统计学意义也不一定能转化为理论或实践意义。我们需要努力获取能够以有意义的方式为理论和实践提供信息的证据。

定量的传统在 CSCL 研究中很强,但大约一半的 CSCL 研究也依赖于某种形式的定性分析(Jeong 等,2014)。例如,史密斯等人(Smith 等,2009)研究了将由研究者主导的创新转化为课堂上教师所面临的挑战。分析涉及在数据中寻找技术无法正常工作的事件,包括但不限于电子邮件交流、即时信息、日志、会议记录和视频记录。然后将这些事件进行分类和聚类,形成更高层次的类别,最终得出在教室中建立和运行这些项目所需的六大类别。根据分析的目标和重点,有多种定性传统可供选择(Green和 Bridges,本手册),尽管许多定性传统是以松散的方式进行的,没有参考特定的分析传统(Jeong 等,2014)。

定量和定性的方法源于不同的研究传统,但在混合方法研究中,它们经常被结合使用(Dingyloudi 和 Strijbos,本手册)。以索和布拉什的研究(So 和 Brush,2008)为例,他们利用问卷数据进行回归分析,结果显示学生对协作学习的感知水平与混合环境中的满意度之间存在正相关关系。此外,该研究还对学生访谈进行了定性分析,表明课程结构、情感支持以及沟通媒介也影响了学生的课程体验。大约有三分之一的CSCL 研究采用了混合方法(Jeong 等,2014)。在其目前的实践中,大多数混合方法似乎是为了探索问题的复杂性和/或从多种分析技术中寻求趋同的证据而进行的。在一种更具体的混合方法形式中,称为生产性多义性方法(productive multivocality approach)(Suthers,Lund,Rosé,Teplovs 和 Law,2013,Lund 和 Suthers,本手册),来自不同方法传统的研究者聚集在一起,分析相同的数据语料。这样做的目的是为了使隐藏的假设和不同方法之间的对立关系变得明确。这种对立关系可以作为一种机会,加深彼此对不同传统的理解,并以富有成效的方式解决分歧。我们需要继续努力探索 CSCL 研究中的对立关系,并为不同的方法传统找到富有成效的共存方式。

五、理论与方法的统一

尽管在个别研究中可能并不明显,但任何研究方法都不能独立于研究传统或研究本身所处的理论框架。对最近的 CSCL 的实证调查的综述表明,两种理论框架——建构主义和社会文化理论——通常与一套特定的方法特征相一致(Jeong 等,2014)。这两种理论框架虽然对社会互动有着共同的兴趣,但对于什么是学习、如何评估学习以及协作在学习中的作用等方面的假设略有不同。社会文化框架认为,没有批判性的互动,就不可能进行思考和学习。在对话中,随着参与者对彼此和对互动的各种语境特征作出反应,意义就构成了。由此产生的知识与社会文化背景密不可分。从这个角度来看,脱离情境进行实验操纵和评价学习是没有意义的。被归为"社会文化课堂"的研究倾向于支持这一理论框架,而且也采用了描述性设计,这种研究依靠数据和分析来揭示问题的复杂性,而不是量化的总结。例如,在试图了解大学远程教育学生的经历时，弗格森（Ferguson，2010）采用了开放式调查，随后对一部分学生进行了深入的异步访谈。这些数据使用扎根理论进行归纳分析，确定针对学生经历重要的主题。这些分析表明，学生进行在线互动的原因往往与课程设计者的意图背道而驰。

建构主义的框架关注的是学习者对知识的主动建构，而社会互动被认为是促进主动建构的一种方式。在协作学习中构建的知识被假设为学习者认知系统中的一部分，以更精细的知识表征或问题解决技能的形式存在，这些知识可以通过要求学习者回答问题或使解决问题的方式脱离学习环境而进行评估。例如，厄里尔马兹等人（Eryilmaz 等，2014）开发了锚定讨论系统来降低交互协调的成本，从而增加了主动构建的资源。该系统的效果通过评估个别学生的特定领域知识，并比较他们在使用锚定版或基本版讨论系统的混合课程中两个部分的表现来测试。一般来说，"建构主义课堂"群组的研究倾向于使用准实验设计、问卷数据和/或使用推断统计（Jeong 等，2014）。

另外，还剩下两个群组显示出独特的方法论特征，但它们也与多种理论观点（如社会心理学、信息处理理论）相关，而不是一个占主导地位的观点。一方面，"折衷描述性"群组的研究采用了许多不同的理论视角，因此被称为折衷的，该研究取向从强调个体自我认知和社会存在的社会心理学理论（So 和 Brush，2008；Zhan 和 Mei，2013）到旨在更好地理解对话组织结构的语言/交际理论（van der Meij 等，2005）。这些研究倾向于在课堂上收集问卷数据。在技术上，首先从学生对学业自我概念和社会存在的调查回答进行分析（Zhan 和 Mei，2013），再沿着其修辞和语义维度对电子邮件信息进行编码（van der Meij 等，2005），最后到对调查和访谈数据进行混合方法分析（So 和 Brush，2008）。

另一方面，"折衷实验研究"群组包括在实验室环境下的随机实验研究。这个群组中的研究又与许多理论方法相关，如试图开发和测试促进概念变化的智能辅导系统的认知方法（Dzikovska，Steinhauser，Farrow，Moore 和 Campbell，2014）或应用自我调节学习理论来理解二元文化构成的影响（Shi 等，2013）。这个群组的研究往往是在受控的实验室环境中进行的，参与者被随机分配接受不同的干预条件。这种研究的分析可能涉及比较实验条件下的一些措施，如信息共享的速率和频率（Cress，Barquero，Schwan 和 Hesse，2007）、花在任务上的时间、测试成绩（Rummel 和 Spada，2005）、关于辅导质量的自我报告问卷（Dzikovska 等，2014）、或自我调节行为对话的编码（Shi 等，2013）。该群组的研究主要依靠推理统计来确定研究结果的显著性，从而得出在参与研究的学生样本之外结果的普遍性。

总之，理论对研究实践具有广泛的意义。理论关注特定的研究主题和机制，也关注什么是学习以及如何学习的基本假设。当试图更好地理解 CSCL 的特定组件时，它们将注意力集中在哪里以及如何查找方面。理论上的差异并不一定意味着方法上的差异。有些方法在理论解释上存在分歧，但可能认同一种共同的方法。协作学习的认知和社会心理学理论可以为协作学习的关键机制(如动机与更积极的构建)提供不同的解释,但是它们可以使用相同的方法,如随机实验和统计检验。另外,社会文化和认知理论在如何将学习和协作概念化,和如何对其进行研究方面都存在分歧。当理论在方法和解释上都存在差异时,就像在 CSCL 这样的跨学科领域中经常看到的那样,跨视角的交流会变得极具挑战性,但很显然,这一点非常重要。研究方法带有一定的假设和理由证明什么是有效的证据。采用不同方法的理论可能会从不同的角度来处理研究和数据收集问题,并使用不同的数据收集和评价标志。理论—方法群集的排列模式表明,CSCL 中可能存在这样的鸿沟。虽然许多研究试图弥合理论和方法上的差异,但我们需要警惕这种鸿沟的存在,并努力协调理论和方法之间的差异。

六、携手并进

CSCL 研究有丰富的理论框架指导,但这并不一定意味着理论上的进步。指导 CSCL 研究的许多理论的性质往往是宏观的。它们通常被用来证明问题和/或设计的选择的合理性,而不是为精确的经验验证生成假设。CSCL 的许多研究试图发现而不是建立和检验竞争的理论。目前还不清楚 CSCL 理论是否已经充分解决了对 CSCL 而言重要的相关研究领域的问题。例如,尽管许多 CSCL 研究都是由技术驱动的(Roschelle,2013),但关于技术调节在支持协作学习的核心机制方面的作用,如主体间意义创造和分享/共同调节等,研究者们并没有做太多的理论工作。许多研究者认为,学生需要"用"技术学习,而不是"从"技术中学习,但对"用"技术学习的含义仍然没有得到很好的阐述和理解。此外,虽然我们已经在理解协作学习的认知机制方面做了很多工作,但我们还需要更好地理解 CSCL 的情感维度。要理解 CSCL 的认知和情感维度是如何相互作用的,需要实证和理论研究(Kirschner 和 Erkens,2013)。在当今知识快速生产和大数据时代,理论建设工作尤其重要。无论是对于个体研究者还是整个领域来说,理解 CSCL 研究所产生的知识的复合形态,并反思个体研究与研究将为之贡献的理论之间的联系都是重要的。

在努力建立更复杂的 CSCL 理论时,我们需要注意 CSCL 研究中理论和方法的多样性。这种多样性丰富了我们对协作学习和中介工具的理解,但是不同方法之间的对立关系还没得到充分理解和/或调和。在诸如 CSCL 这样的跨学科领域中,对立关系是很自然的,它可以作为发展新思想的有效动力。我们需要更好地理解这些对立关系的根源,并利用它们,努力实现理论上的整合。CSCL 理论在如何实现概念化学习(例如,获得与参与)、协作学习的目标/单元(如学生个体知识的收获与共享知识的收获)以及工具的作用(如认知中的外部工具或伙伴)等方面存在差异。这些差异需要转化为可检验和可预测的理论和/或有支持性证据的假设。这些努力很可能是有限度的,因为其中一些是由于不可调和的认识论差异而产生的。我们可能需要解决富有成效的共存问题,而不是对其进行无缝整合。理想情况下,通过整合不同视角而形成的复合图片可以补充和加强个体视角。这反过来又可以促使我们构建一个新的、更全面的关于学习、协作、调节性工具和 CSCL 教学法的观点,在多样性和一致性之间取得适当的平衡。CSCL 在应对这些挑战方面具有独特的地位,可以作为一个富有成效的理论整合的试验台。

七、延伸阅读

Arnseth, H. C. , & Ludvigsen, S. (2006). Approaching institutional contexts: systemic versus dialogic research in CSCL. *International Journal of Computer-Supported Collaborative Learning*, 1(2),167 - 185.

本文对比了 CSCL 研究中的系统分析法和对话分析法。系统方法试图生成有关系统的具体特征是如何运作的模型,而对话方法则侧重于社会实践中意义的构成。作者认为,这些分析实践的差异对研究结果的产生和评估会产生影响。

Hmelo-Silver, C. E. , Chinn, C. , Chan, C. K. K. , & O'Donnell, A. (Eds.). (2013). *International handbook of collaborative learning*. London: Taylor & Francis.

本手册概述了协作学习,包括协作学习的技术支持。还概述了协作学习的研究方法和协作学习的教学方法。

Jeong, H. , Hmelo-Silver, C. E. , & Yu, Y. (2014). An examination of CSCL methodological practices and the influence of theoretical frameworks 2005 - 2009. *International Journal of Computer-Supported Collaborative Learning*, 9 (3),305 - 334.

本文报告了 CSCL 研究方法和理论框架的内容元分析。从研究设计、环境、数据源、分析方法、理论框架等方面对 2005 年至 2009 年期间发表的 400 篇 CSCL 实证研究论文进行了编码。该分析为 CSCL 的研究实践提供了一个鸟瞰图。聚类分析还揭示了四种不同的理论方法。

Kirschner, P. A. , & Erkens, G. (2013). *Toward a framework for CSCL research*. *Educational Psychologist*, 48(1),1 - 8.

本文提出了一个由三个维度组成的 CSCL 研究框架,包括学习水平(即认知、社会和动机)、学习单元(即个人、小组/团队和共同体),以及 CSCL 教学学习措施框架(即交互性、代表性和指导性)。该框架用于评估 CSCL 研究中需要进一步作出理论研究的领域。

Suthers, D. D. , Lund, K. , Rosé, C. P. , Teplovs, C. , & Law, N. (Eds.). (2013). *Productive multivocality in the analysis of group interaction*.

New York：Springer.

　　这本书描述了一个多年的项目，在这个项目中，来自不同方法传统的研究者努力比较和对比他们对同一数据的分析，并进行对话，考虑他们之间不同的理解是如何相互补充或相互阐述的。

参考文献

Adams, D. M., & Clark, D. B. (2014). Integrating self-explanation functionality into a complex game environment: Keeping gaming in motion. *Computers and Education, 73*, 149–159.

Arnseth, H. C., & Ludvigsen, S. (2006). Approaching institutional contexts: Systemic versus dialogic research in CSCL. *International Journal of Computer-Supported Collaborative Learning, 1*(2), 167–185.

Bielaczyc, K., & Ow, J. (2014). Multi-player epistemic games: Guiding the enactment of classroom knowledge-building communities. *International Journal of Computer-Supported Collaborative Learning, 9*(1), 33–62.

Chan, C., & van Aalst, J. (2018). Knowledge building: Theory, design, and analysis. In F. Fischer, C. E. Hmelo-Silver, S. R. Goldman, & P. Reimann (Eds.), *International handbook of the learning sciences* (pp. 295–307). New York: Routledge.

Chi, M. T. H., Siler, S. A., Jeong, H., Yamauchi, T., & Hausmann, R. G. (2001). Learning from human tutoring. *Cognitive Science, 25*, 471–533.

Chia, H. P., & Pritchard, A. (2014). Using a virtual learning community (VLC) to facilitate a cross-national science research collaboration between secondary school students. *Computers & Education, 79*, 1–15.

Cho, H., Gay, G., Davidson, B., & Ingraffea, A. (2007). Social networks, communication styles, and learning performance in a CSCL community. *Computers & Education, 49*(2), 309–329.

Cress, U., Barquero, B., Schwan, S., & Hesse, F. W. W. (2007). Improving quality and quantity of contributions: Two models for promoting knowledge exchange with shared databases. *Computers & Education, 49*(2), 423–440.

Danish, J., & Gresalfi, M. (2018). Cognitive and sociocultural perspective on learning: Tensions and synergy in the Learning Sciences. In F. Fischer, C. E. Hmelo-Silver, S. R. Goldman, & P. Reimann (Eds.), *International handbook of the learning sciences* (pp. 34–43). New York: Routledge.

de Wever, B., & van Keer, H. (2018). Selecting statistical methods for the Learning Sciences and reporting their results. In F. Fischer, C. E. Hmelo-Silver, S. R. Goldman, & P. Reimann (Eds.), *International handbook of the learning sciences* (pp. 532–541). New York: Routledge.

Dillenbourg, P., Prieto, L. P., Olsen, J. K. (2018). Classroom orchestration. In F. Fischer, C. E. Hmelo-Silver, S. R. Goldman, & P. Reimann (Eds.), *International handbook of the learning sciences* (pp. 180–190). New York: Routledge.

Dzikovska, M., Steinhauser, N., Farrow, E., Moore, J., & Campbell, G. (2014). BEETLE II: Deep natural language understanding and automatic feedback generation for intelligent tutoring in basic electricity and electronics. *International Journal of Artificial Intelligence in Education, 24*(3), 284–332.

Eryilmaz, E., Chiu, M. M., Thoms, B., Mary, J., & Kim, R. (2014). Design and evaluation of instructor-based and peer-oriented attention guidance functionalities in an open source anchored discussion system. *Computers and Education, 71*, 303–321.

Ferguson, R. (2010). Peer interaction: The experience of distance students at university level. *Journal of Computer Assisted Learning, 26*(6), 574–584.

Fields, D. A., Kafai, Y. B., & Giang, M. T. (2016). Coding by choice: A transitional analysis of social participation patterns and programming contributions in the online Scratch community. In U. Cress, J. Moskaliuk, & H. Jeong (Eds.), *Mass collaboration and education* (pp. 209–240). Cham, Switzerland: Springer International.

Green, J. L., & Bridges, S. M. (2018). Interactional ethnography. In F. Fischer, C. E. Hmelo-Silver, S. R. Goldman, & P. Reimann (Eds.), *International handbook of the learning sciences* (pp. 475–488). New York: Routledge.

Hoyningen-Huene, P. (1987). Context of discovery and context of justification. *Studies in History and Philosophy of Science Part A. 18*(4), 505–515.

Jeong, H., & Hmelo-Silver, C. E. (2012). Technology supports in CSCL. In J. van Aalst, K. Thompson, M. J. Jacobson, & P. Reimann (Eds.), *The Future of Learning: Proceedings of the 10th International Conference of the Learning Sciences* (pp. 339–346). Sydney, NSW, Australia: International Society of the Learning Sciences.

Jeong, H., & Hmelo-Silver, C. E. (2016). Seven affordances of computer-supported collaborative learning: How to support collaborative learning? How can technologies help? *Educational Psychologist, 51*(2), 247–265.

Jeong, H., Hmelo-Silver, C. E., & Yu, Y. (2014). An examination of CSCL methodological practices and the influence of theoretical frameworks 2005–2009. *International Journal of Computer-Supported Collaborative Learning, 9*(3), 305–334.

Jones, A., & Issroff, K. (2005). Learning technologies: Affective and social issues in computer-supported collaborative learning. *Computers & Education, 44*(4), 395–408.

Kirschner, P. A., & Erkens, G. (2013). Toward a framework for CSCL research. *Educational Psychologist, 48*(1), 1–8.

Kollar, I., Wecker, C., & Fischer, F. (2018). Scaffolding and scripting (computer-supported) collaborative learning. In F. Fischer, C. E. Hmelo-Silver, S. R. Goldman, & P. Reimann (Eds.), *International handbook of the learning sciences* (pp. 340–350). New York: Routledge.

Lund, K., & Suthers, D. (2018). Multivocal analysis: Multiple perspectives in analyzing interaction. In F. Fischer, C. E. Hmelo-Silver, S. R. Goldman, & P. Reimann (Eds.), *International handbook of the learning sciences* (pp. 455–464). New York: Routledge.

Okita, S. Y. (2014). Learning from the folly of others: Learning to self-correct by monitoring the reasoning of virtual characters in a computer-supported mathematics learning environment. *Computers and Education, 71*, 257–278.

Oshima, J., Oshima, R., Murayama, I., Inagaki, S., Takenaka, M., Yamamoto, T., et al. (2006). Knowledge-building activity structures in Japanese elementary science pedagogy. *International Journal of Computer-Supported Collaborative Learning, 1*(2), 229–246.

Puntambekar, S. (2018). Design-based research (DBR). In F. Fischer, C. E. Hmelo-Silver, S. R. Goldman, & P. Reimann (Eds.), *International handbook of the learning sciences* (pp. 383–392). New York: Routledge.

Puntambekar, S., Erkens, G., & Hmelo-Silver, C. E. (2011). *Analyzing interactions in CSCL: Methods, approaches, and issues.* New York: Springer.

Roschelle, J. (2013). Special issue on CSCL: Discussion. *Educational Psychologist, 48*(1), 67–70.

Rosé, C.P. (2018). Learning analytics in the Learning Sciences. In F. Fischer, C. E. Hmelo-Silver, S. R. Goldman, & P. Reimann (Eds.), *International handbook of the learning sciences* (pp. 511–519). New York: Routledge.

Rummel, N., & Spada, H. (2005). Learning to collaborate: An instructional approach to promoting collaborative problem solving in computer-mediated settings. *Journal of the Learning Sciences, 14*(2), 201–241.

Shavelson, R. J., & Towne, L. (2002). *Scientific research in education.* Washington, DC: National Research Council.

Shi, Y., Frederiksen, C. H., & Muis, K. R. (2013). A cross-cultural study of self-regulated learning in a computer-supported collaborative learning environment. *Learning and Instruction, 23*, 52–59.

Shiue, Y. C., Chiu, C. M., & Chang, C. C. (2010). Exploring and mitigating social loafing in online communities. *Computers in Human Behavior, 26*(4), 768–777.

Slotta, J. D., Quintana, R., & Moher, T. (2018). Collective inquiry in communities of learners. In F. Fischer, C. E. Hmelo-Silver, S. R. Goldman, & P. Reimann (Eds.), *International handbook of the learning sciences* (pp. 308–317). New York: Routledge.

Smith, H., Underwood, J., Fitzpatrick, G., & Luckin, R. (2009). Classroom e-science: Exposing the work to make it work. *Educational Technology and Society, 12*(3), 289–308.

So, H.-J. J., & Brush, T. A. (2008). Student perceptions of collaborative learning, social presence and satisfaction in a blended learning environment: Relationships and critical factors. *Computers & Education, 51*(1), 318–336.

Stahl, G. (2006). *Group cognition: Computer support for building collaborative knowledge.* Cambridge, MA: MIT Press.

Strijbos, J. W., & Dingyloudi, F. (2018). Mixed methods research as a pragmatic toolkit: Understanding versus fixing complexity in the Learning Sciences. In F. Fischer, C. E. Hmelo-Silver, S. R. Goldman, & P. Reimann (Eds.), *International handbook of the learning sciences* (pp. 444–454). New York: Routledge.

Suthers, D. D. (2006). Technology affordances for intersubjective meaning making: A research agenda for CSCL. *International Journal of Computer-Supported Collaborative Learning, 1*, 315–337.

Suthers, D. D., Lund, K., Rosé, C. P., Teplovs, C., & Law, N. (Eds.). (2013). *Productive multivocality in the analysis of group interaction.* New York: Springer.

Tabak, I., & Kyza, E. (2018). Research on scaffolding in the learning sciences: A methodological perspective. In F. Fischer, C. E. Hmelo-Silver, S. R. Goldman, & P. Reimann (Eds.), *International handbook of the learning sciences* (pp. 191–200). New York: Routledge.

van der Meij, H., de Vries, B., Boersma, K., Pieters, J., & Wegerif, R. (2005). An examination of interactional coherence in email use in elementary school. *Computers in Human Behavior, 21*(3), 417–439.

Vogel, F., & Weinberger, A. (2018). Quantifying qualities of collaborative learning processes. In F. Fischer, C. E. Hmelo-Silver, S. R. Goldman, & P. Reimann (Eds.), *International handbook of the learning sciences* (pp. 500–510). New York: Routledge.

Zhan, Z., & Mei, H. (2013). Academic self-concept and social presence in face-to-face and online learning: Perceptions and effects on students' learning achievement and satisfaction across environments. *Computers and Education, 69*, 131–138.

第33章 （计算机支持的）协作学习中的支架和脚本

英戈·科拉尔，克里斯托夫·韦克，弗兰克·费舍尔（Ingo Kollar, Christof Wecker, Frank Fischer）

一、为什么(计算机支持的)协作学习需要支架？

与让学习者单独完成任务相比，让他们在小组中完成任务有许多潜在的优势。小组学习为学习者提供了一个自然的环境，让他们参与到诸如解释或借鉴他人的贡献等活动中，通过这些活动，他们可以进一步发展他们的知识和技能(Chi和Wylie, 2014)。元分析证据表明，与个体学习相比，协作学习对学业成就、学习态度和迁移等变量都具有积极影响(例如，Pai, Sears和Maeda, 2015)。

然而，许多学习者在有效协作方面存在困难：由于搭便车效应(例如，Strijbos和De Laat, 2010)，他们往往不能平等地参与，而且止步于进行的讨论(如Laru, Järvelä和Clariana, 2012)，这导致小组成员之间的个体学习结果存在很大的差异(Weinberger, Stegmann和Fischer, 2007)。有关协作学习的研究会涉及确定支持和指导协作的方法，以帮助学习者充分利用协作学习的潜力，使用定量的(如Schellens, Van Keer, De Wever和Valcke, 2007)和定性的研究方法(如Hämäläinen和Arvaja, 2009)。在学习科学中，尤其是在计算机支持的协作学习(CSCL)研究中，这种支持被称为"支架"或"脚本"。

二、定义术语：支架和脚本

术语"支架"(scaffolding，见Tabak，本书)最初由伍德、布鲁纳和罗斯(Wood, Bruner和Ross, 1976)提出，用来描述"使儿童或新手能够解决一项任务或实现一个目标的过程，而这是他在没有帮助的情况下无法做到的"(p. 90)。这个定义与维果斯基的最近发展区密切相关，最近发展区被定义为"实际发展水平与潜在发展水平之间的差距，实际发展水平是由独立解决问题来决定的，而潜在发展水平是通过成人指导下或与能力更强的同伴协作的解决问题来决定的"(Vygotsky, 1978, p. 86)。维果斯基(Vygotsky, 1978)指出协作对个体来说是支持的一种来源，与此同时，"支架"一词被广泛用于指代许多不同类型的支持，旨在帮助个人或群体在问题解决的情境中有效地学习(例如，Molenaar, Seegers和Van Boxtel, 2014；Quintana等，2004)。

支架一方面可以在内容层面提供支持。这种支架的原型是已加工好的例子——它们提出一个具体的问题,展示解决问题的所有必要步骤,并向学习者提供最终的解决方案(Renkl 和 Atkinson,2003)。与内容相关的支架的其他例子有内容方案(Kopp 和 Mandl,2011)或概念图(Gijlers 和 de Jong,2013)。然而,支架并不总是在内容层面提供支持;它们也可以直接指向学生应该参与的学习过程。例如,学习者可能会收到元认知提示,要求她在完成某项任务后反思自己的学习过程(如 Bannert,2006)。"脚本"属于这种面向过程的支架(O'Donnell 和 Dansereau,1992),然而它们是针对协作过程的。例如,在讨论是否应该关闭核电站的过程中,协作脚本可能会要求一个学习者提出一个论点,另一个学习者找出一个反论点,然后可能会提示两个学习伙伴找出一个综合论点(见表 33.1)。这种"协作脚本"会为学习者提供支持,指定和排序协作阶段、角色和学习活动,并将其分配给学习小组的成员(Fischer, Kollar, Stegmann 和 Wecker,2013)。

三、开发(计算机支持的)协作学习的支架和脚本的研究框架

现有的系统化支架的方法,如支架设计框架(Scaffolding Design Framework)(Quintana 等,2004),是针对一般的学习和问题解决的支架。然而,在这些方法中,似乎缺少一个专门针对协作学习支架的框架。于是我们提出了一个基于五个指导性问题的框架:(1)谁在协作学习中提供支持?(2)谁是这些支架的接受者?(3)支架针对哪些学习活动?(4)支架的预期效果是什么?(5)可以区分哪些类型的协作学习支架?在回答这些问题时,我们借鉴了计算机支持的协作学习(CSCL)的研究。然而,我们认为,该框架同样适用于非计算机支持的学习环境。

1. 谁在协作学习中提供支持?

在协作学习中,支架的第一个可能来源是小组内部成员。如果一个学习者为他或她的同伴提供支持,如通过解释(如 Ross,2011)或提出发人深思的问题(King,2007),就属于这种情况。然而,学习者通常需要进一步的指导才能为他们的学习伙伴提供支持;例如,CSCL 脚本可以给学习者分配监控其学习伙伴学习活动的任务(例如,Wecker 和 Fischer,2011)。

支架的第二个来源可以是小组之外的人,如教师或导师(如 De Smet, Van Keer 和 Valcke,2009),或目前正在做同样任务的其他小组(或单个学生)。例如,协作脚本可以指导学习者首先在小组中完成布置的任务,再在随后的阶段中,让不同的小组相互分享和讨论他们的作品(例如 Dillenbourg 和 Hong,2008)。

支架的第三个来源是技术作品。学习科学一直对技术寄予厚望,因为技术有望设计出可调适的、自适应的学习环境,既能支持个人的学习活动,也能支持更大群体(如教室)的学习活动。技术作品可能包括计算机技术(例如,构建在基于网络的学习环境

中的角色提示；Schellens 等，2007），但也包括非数字的技术，如可以支持小组学习活动的预结构化工作表。

2. 谁是支架的接受者？

有些支架会被作为一个整体呈现给小组，其效果是小组得到的支持可以立即成为小组内讨论的话题。典型的情况是，当协作学习得到人类导师的支持时，例如，在基于问题的学习中（Hmelo-Silver，2004；另见 Hmelo-Silver，Kapur 和 Hamstra，本手册）。

在其他情况下，支架不是作为一个整体呈现给小组，而是呈现给小组的个体成员。一方面，有一些支架可以为每个小组成员提供支持，但是，支架提供的支持对所有成员都是一样的。例如，在温伯格、埃尔特、费舍尔和曼德尔（Weinberger，Ertl，Fischer 和 Mandl，2005）使用的一个脚本中，所有学生在学习过程中都收到了相同的脚本提示，尽管是在不同的时间点，因为学生在协作过程中所扮演的角色是轮换的。另一方面，支架可能会呈现给每个单独的小组成员，但是它对每个成员来说都是不同的。在这种情况下，支持通常是互补的，如在韦克和费舍尔（Wecker 和 Fischer，2011）的一项研究中，要求学生运用某种论证策略，同时要求每个小组的特定成员监督其伙伴的策略执行情况并给予反馈。

3. 支架针对哪些学习活动？

只有当支架触发的学习活动与知识或技能的习得或者其他预期的学习结果有关时，支架才是有效的。这样的学习活动有论证、同伴反馈和联合调节。

（1）**论证**。提出并交换论点和反论点，并用证据支持它们，已经被证明是有利于学习的（例如，Asterhan，Schwarz 和 Gil，2012）。因此，支架和脚本被设计用来促进论证也就不足为奇了。例如，茨瓦尔齐、普尔、朱德尔和温伯格（Tsovaltzi，Puhl，Judele 和 Weinberger，2014）开发了一个 Facebook 应用程序，允许学生将他们在小组讨论中的贡献标记为主张、反诉、证据或反驳。接受标签选择的学生比没有接受标签选择的学生产生了更多高质量的论点。

（2）**同伴反馈**。反馈是对学生成绩影响最大的教师行为之一（Hattie，2009）。在协作学习过程中，这种反馈也可以由同伴提供（Strijbos，Narciss 和 Dünnebier，2010）。然而，如果没有指导，同伴往往无法产生高质量的反馈（Patchan 和 Schunn，2015）。研究表明，当同伴反馈被提供支架时，学习效果会更好，例如，为学生提供评估准则（Hovardas，Tsivitanidou 和 Zacharia，2014）或反馈模板（Gielen 和 De Wever，2015）。

（3）**联合调节**。关于自我调节学习的研究已经指出计划、监控和反思自己学习的重要性（Zimmerman，2008）。在 CSCL 过程中，这种调节活动可能发生在三个层面上（见 Järvelä 和 Hadwin，2013）：第一，在自我调节（self-regulation）层面，个体在协作过程中对自己的学习进行调节；第二，一个协作者可能会对同伴的学习进行调节（共同调节，co-regulation；Järvelä 和 Hadwin，2013），例如，通过监控同伴如何应用某种策略；

第三,小组可能就如何调节他们的学习进行联合的、深思熟虑的协商,这就是所谓的共享调节(shared regulation)。共享调节似乎对 CSCL 的有效性起着关键作用(Järvelä, Malmberg 和 Koivuniemi, 2016)。

4. 支架是以什么样的学习结果为目标?

在 CSCL 中,学习结果有两种基本类型:小组层面的和个人层面的结果。遵循知识建构范式的研究主要关注 CSCL 的小组层面结果(group-level outcomes)。例如,张、洪、斯卡德玛利亚、特奥和莫利(Zhang, Hong, Scardamalia, Teo 和 Morley, 2011)描述了小学班级如何借助数字技术,通过不断地分享和扩展他们的知识来建构起小组层面的知识(另见 Chan 和 van Aalst,本手册)。

关注个人层面结果(individual-level outcomes)的研究通常要么是指特定领域的知识(即关于小组内讨论的主题的知识),要么是指较笼统的"跨领域"技能,如协作或论证技能。沃格尔、韦克、科勒和费舍尔(Vogel, Wecker, Kollar 和 Fischer, 2016)的一项元分析显示,CSCL 脚本对于这两种结果都是有效的。然而,跨领域技能的效果更显著。

5. 可以区分哪些类型的支架?

并不是所有与交互相关的支架都是脚本。例如,群体意识工具(见 Bodemer, Janssen 和 Schnaubert,本手册)代表了一种不那么直接的支持形式。这些工具捕捉到了关于单个小组成员的某些信息(例如,他们在先前知识测试中的表现)或他们的协作行为(例如,每个小组成员的贡献数量),并将这些信息反映给小组,以间接地影响协作,例如,当我们把在关于讨论话题的前测中得分较高的学习者的知识测试成绩呈现给小组其他成员时,其他学习者会提出更多的问题(如 Dehler, Bodemer, Buder 和 Hesse, 2011)。

四、支架何时可行,何时不可行:指导视角的脚本理论

在最近的一项元分析中,沃格尔等人(2016)表明,在特定领域的学习习得方面,有脚本的 CSCL 与没有脚本的 CSCL 相比,整体效应是显著且积极的($d = .20$)。然而,一些研究也发现了支架和脚本的无效影响,甚至是负面影响。这就引出了一个问题,是什么使支架和脚本有效,什么可能会损害它们的有效性。一个关键的方面似乎是支架或脚本能在多大程度上"适合"学习者的认知前提和特征。用维果斯基的术语来说,问题要如何设计脚本才能创建最近发展区,即如何根据学习者当前的能力水平为他们提供所需的支持。

根据指导脚本理论(script theory of guidance, SToG),需要考虑的主要个人学习前提是学习者的内部协作脚本(internal collaboration scripts)(Fischer 等, 2013),它描述了研究者们对当前情况下协作将如何发展的先前知识和期望。在沙克(Schank,

1999)的基础上,SToG 假设这种学习者的内部脚本由四个分层的组件组成:"剧本"组件、"场景"组件、"脚本小程序"组件以及"角色"组件。(1)在顶层,当学习者进入一个新的学习情境时,他们会从自己的动态记忆中选择一个"剧本"组件来即时理解这个情境。例如,一个参与"是否应该关闭核电站"的讨论的学习者可能会从他或她的动态记忆中选择"辩论"这个剧本。选择这一剧本,就会产生对情境如何演变的期望。在一个仍然相当笼统的层次上,学习者一旦选择"辩论"这个剧本,就会产生一种期望,即在目前的情况下,可能会出现哪一阶段。例如,学生可能会期望首先会有一个阶段,在这个阶段中一方会表达自己的观点,接着是另一方也会表达自己的观点,然后是一个双方都试图达成妥协的阶段。(2)在 SToG 中,关于这些阶段的知识存储在"场景"组件中。一旦学习者选定了某个场景,他们心中更精准的期望就会被触发,即对每个阶段可能实施的活动的期望。例如,在"寻找妥协"的场景中,我们假设的学习者可能会期望最有力的论点被反复强调和权衡,直到达成一个共同的立场。(3)根据 SToG,关于这些活动(以及它们是如何执行的)的知识会被存储在"脚本小程序"组件中。(4)最后,我们假设的学习者也可能在过去已经获得了关于在辩论中什么样的行为者可能参与什么样的活动的知识。例如,这个学习者可能期望他或她的学习伙伴首先提出最有力的论点,然后他或她会用自己的论点或反驳来回应。假设当前情况下关于典型参与者的知识会被存储在"角色"组件中。

内部脚本不应该被视为稳定的认知结构。在任何时候,学习者都可以根据个人目标和感知到的情境约束,重新配置他们选择的内部脚本的不同组件。例如,在辩论过程的某个时刻,学习者可能会对这个话题失去兴趣,并激活目标,从而迅速结束讨论。在这种情况下,学习者可能会跳过"寻找妥协"的场景,而代之以"遵从学习伙伴"的场景,从事与原定计划不同的活动。这种动态的重新配置在任何时候,而且在内部脚本的四个层次上都是可能的。

这种关于内部脚本是如何配置的,以及它会随时间而发展的观点对 CSCL 脚本的设计具有重要意义。首先,这种外部提供的脚本可能会触发两个过程。一方面,学习者可能已经有了内部协作脚本组件,这些组件可以让他们参与高水平的活动,但是无法应用它们,可能是因为他们没有注意到这些内部脚本组件也可以应用于当前的情境。在这里,外部协作脚本可以提供支架,帮助学习者选择这些已经存在的内部脚本组件。另一方面,也可能是学习者的动态记忆中根本没有包含足够的内部脚本组件。那么,外部脚本必须呈现目标技能,甚至在小脚本的层次上呈现目标技能,并为学习者提供(有指导的)实践机会,以逐步构建这些新的内部脚本组件和/或配置。

其次,为了增加外部提供的协作脚本的有效性,我们有必要不断评估学习者的内部脚本,并提供具有最近发展区(Vygotsky, 1978)意义的"适合"学习者当前内部脚本的外部脚本,使学习者能够在没有支持的情况下,从事某种程度上超出他们自己能够完成的任务。为了系统化不同类型的外部脚本,SToG 再次使用了相同的四层层次结

构(示例见表33.1):

表 33.1　论证过程中支持协作者的"剧本支架""场景支架""小脚本支架""角色支架"示例

支架类型	示例	解释
剧本支架	讨论是否应该关闭核电站。在你们的讨论中,请先提出赞成关闭核电站的论点,然后提出反驳的论点,然后设法找到一个综合论点。	支架通过建议协作的不同阶段的顺序,为如何执行剧本提供指导。这是为了帮助学习者建立或修正他们对剧本的知识,从而指导他们参与未来的辩论。
场景支架	例如,在"生成论点"阶段:请先描述你想提出的主张;然后为你的主张提供证据。	支架通过提示掌握该阶段所需的活动,为如何执行剧本中的某个阶段提供指导。这是为了帮助学习者建立或修订他们对场景的知识。
小脚本支架	例如,在"提供证据"活动中:在提供证据时,请确保证据的来源可靠,并仔细检查证据是否真正支持你的主张。	支架通过描述活动中必要的认知操作,为具体如何在该场景中进行某项活动提供指导。这是为了帮助学习者建立或修订认知操作,这些操作可以在未来应该产生论点的情境中使用。
角色支架	对于学习者 A:你将采取"支持关闭核电站"的立场; 对于学习者 B:你将采取"反对关闭核电站"的立场。	支架引入剧本中的不同角色,并给这些角色暗中附加了某些活动。这是为了帮助学习者建立或修订关于剧本不同角色的知识,以及他们将可能会参与的活动。

(1) 剧本支架(play scaffolds)通过向学习者展示协作需要经历的一定顺序的阶段来组织学习。

(2) 场景支架(scene scaffolds)为构成特定场景的不同活动提供支持。

(3) 小脚本支架(scriptlet scaffolds)帮助学习者执行组成小脚本的认知操作。

(4) 角色支架(role scaffolds)引导学习者参与属于他们角色的活动。

因此,剧本和角色支架可以类似地被视为"宏脚本"(macro scripts),而场景和小脚本支架可以类似地被视为"微脚本"(micro scripts),因为它们提供了关于如何在协作中参与某些阶段的非常具体和精细的支持(Dillenbourg 和 Hong,2008)。

根据 SToG 的观点,只有当外部提供的协作支架针对内部的脚本组件时才是有效的,因为在学习者的剧本库中存在着从属的内部脚本组件。例如,当学习者已经知道如何实施某些活动时(即他们的剧本库中已经有了必要的小脚本),只需为其提供一个支架提示剧中有关阶段的种类和顺序即可。如果学习者不知道执行某些活动所需的认知操作,他(她)将需要一个小脚本支架来指导自身执行这些活动。实证研究的证据所支持的观点是:外部提供的协作脚本的有效性是由它们所针对的内部脚本的层次所调节的(Vogel 等,2016)。然而,只有少数研究尝试直接测量内部协作脚本(Noroozi,Kirschner,Biemans 和 Mulder,2017,p.24)。拥有这样的工具是进一步研究内部和外部脚本之间相互作用的必要前提。

五、使支架和脚本具有灵活性，支持协作的自我调节

支架应该通过考虑到学习者当前和下一步可能的水平，从而创建一个最近发展区，这是相关研究长期坚持的原则，也导致了"消退"概念的引入。"消退"(fading)是指随着学习者对支架所针对的策略能力的提高，支持的力度逐渐减少(如 Collins，Brown 和 Newman，1989)，这有助于他或她在没有指导的情况下越来越熟练地在新的情境中应用这些策略(Pea，2004)。

然而，研究表明，固定的消退机制(即基于某些技能或策略的实施次数的消退机制)在学习中最多也只能产生好坏参半的结果(见 Wecker 和 Fischer，2011)——对许多学习者来说，固定的消退可能来得太早或太晚。研究者们所面临的挑战是，根据学习者不断增长的目标技能的熟练程度，设计具有消退机制的协作脚本。

1. 自适应脚本

自适应脚本(adaptive scripting)的想法是，外部协作脚本会根据学习者当前的内部协作脚本自动调整。随着计算机语言学和学习分析的迅速发展，研究探讨了如何利用技术自动评估协作的质量，并利用这些信息不断调整小组成功所必需的支持(见 Rosé，本手册)。例如，伦梅尔、穆林斯和斯帕达(Rummel，Mullins 和 Spada，2012)在一个两人组的场景中使用了认知导师代数(cognitive tutor algebra)，并通过自适应协作脚本对其进行了扩展。协作脚本的自适应性是基于对两人组的问题解决的持续的、自动的分析。一旦小组在问题解决的过程中陷入僵局，智能辅导系统就会注意到这一点，并为小组提供反思提示。与无脚本条件相比，自适应脚本在随后的无脚本协作任务中对学生的协作和问题解决会产生积极的影响，但它对个体知识没有产生进一步的影响。然而，卡拉科斯塔斯和德米特里亚迪斯(Karakostas 和 Demetriadis，2011)的研究也发现了自适应脚本对个体学习结果的积极影响。

自适应脚本也通过使用自然语言处理(natural language processing，NLP)技术来实现，以持续评估小组话语的质量，并不断调整支持(见 Rosé，本手册)。为此，NLP 工具从人类编码者那里获得原始话语数据和代码(例如，关于论证的质量)。然后，NLP 工具提取基于语言的指标，以增加或减少某个代码被分配到某个话语片段的可能性。例如，穆、斯特格曼、梅菲尔德、罗斯和费舍尔(Mu，Stegmann，Mayfield，Rosé 和 Fischer，2012)展示了如何应用 NLP 工具来评估学生关于某一主题话语中协作和论证质量的几个维度，并且具有足够的可靠性。其想法是，一旦这些 NLP 工具通过所描述的方式得到充分的训练，它们也可能在协作时被使用，由此产生的持续诊断可以用来调整脚本，以满足学生当前的支持需求。

2. 可调适的脚本

尽管自适应工具可能会对学习产生很大的影响，但开发这些工具需要大量的时间

和成本。此外,通过接受自适应支持,学生可能不会意识到他们协作的质量。从自我调节学习的角度来看,这是不幸的:如果总是由外部代理来调节支持,那么小组就不可能在元认知层面讨论他们的学习过程。另一种灵活脚本的编写方法是寻找能够帮助学习者成为更好的自我调节者的方式,即逐步提高他们对学习过程的计划、监控和反思能力(见 Järvelä,Hadwin,Malmberg 和 Miller,本手册)。这种想法被可调适的(adaptable)脚本所采纳,这意味着脚本的某些部分是渐进还是消退由学习者自己决定。王、科勒和斯特格曼(Wang,Kollar 和 Stegmann,2017)在一项研究中发现,使用可调适脚本的学生在规则技能的习得方面优于使用固定脚本学习的学生。此外,这种效果是通过在话语分析中可以观察到的反思参与度的增加来调节的,而且似乎是由可调节协作脚本的支架所激发的。然而,并不是所有的学习者都能有效地利用这个机会来改编协作脚本。在实现可调适脚本时,如何支持学习者,尤其是自我调节能力较低的学习者,还需要进一步的研究。

六、结论

我们建议通过以下五个问题对(计算机支持的)协作学习中的支架和脚本进行系统化研究:(1)谁提供支架?(2)谁是支架的接受者?(3)支架以什么样的学习活动作为目标?(4)使用支架学习的预期结果是什么?(5)可以区分哪些类型的支架?通过举例说明如何用不同的方法来回答这些不同的问题,我们介绍了文献中一系列提供支架的方法。

基于SToG,我们提供了一个有希望的解释,来理解协作学习的支架和脚本对学习结果(有时缺乏)的影响。通过指出如何使用针对正确的内部协作脚本水平的支架来创建最近发展区,SToG 可以为协作学习的有效支持设计提供一个清晰的框架。

然而,未来的研究还有很多工作要做。例如,我们迫切需要先进的工具可靠、客观、有效地评估学习者的内部脚本。在理论上,学习者对某些社会话语活动的实际执行情况是否是其内部脚本的最有效指标是值得怀疑的。例如,学生可以处理内部脚本组件,促使他们能够在协作过程中显示某种期望的活动;然而,由于学习者实现目标的变化或感知到的情境约束,他们可能不会参与这项活动。这种基于绩效的测量可能需要辅以进一步的技术来测量内部协作脚本,如利用学生在协作过程中可能采取的行动的陈述性知识的广度的测试。

另一个研究不足的问题是,学生如何"挪用"提供给他们的支架和外部脚本(Tchounikine,2016)。一旦一个支架被提供给一个小组,学生们就会以某种方式解读这种支持,并有意或无意地决定如何使用这个支架。更多地了解这种挪用过程的性质将有助于为 CSCL 提供更简洁、明确的支架和脚本设计。

实际上,对 CSCL 支架和脚本的研究对于 MOOCs 或在线论坛等在线学习环境的设计有很大的帮助。通过对学习者的协作提供指导,可以激发和塑造诸如共享调节(Järvelä 等,本手册)和知识共同创造(Slotta,Quintana 和 Moher,本手册)等具有很高价值的协作过程。以一种自适应或可调节的方式来实现这种支持可能会增强这种环境的力量。

　　总的来说,关于 CSCL 支架和脚本的研究是成功的。多年来已经积累了许多见解,而且该领域仍然充满活力,并将产生关于协作学习有效设计的进一步知识。关于脚本的研究也是学习科学的一个成功案例,因为它具有跨学科的性质(Hoadley,本书)。心理学家、教育科学家、内容专家和计算机科学家共同协作,从理论上探讨有关协作的知识如何体现在个体身上,以及如何设计和实施有效的、自适应的外部指导。

七、延伸阅读

Dillenbourg, P., & Hong, F. (2008). The mechanics of CSCL macro scripts. *International Journal of Computer-Supported Collaborative Learning*, *3*(1), 5 - 23.

这是一篇开创性的文章,概述了计算机支持的协作学习的三种宏脚本,以及描述如何计算开发 CSCL 宏脚本的教学设计模型。

Fischer, F., Kollar, I., Stegmann, K., & Wecker, C. (2013). Toward a script theory of guidance in computer-supported collaborative learning. *Educational Psychologist*, *48*(1), 56 - 66.

本文概述了区分内部脚本和外部脚本的协作脚本理论,并建议使用一组分层组织的组件来描述内部脚本。它开发了一套关于如何开发和使用内部脚本组件,以及外部脚本组件如何指导内部脚本组件选择的原则。

Mu, J., Stegmann, K., Mayfield, E., Rosé, C., & Fischer, F. (2012). The ACODEA framework: Developing segmentation and classification schemes for fully automatic analysis of online discussions. *International Journal of Computer-Supported Collaborative Learning*, *7*(2), 285 - 305.

本文描述了一种跨学科协作的示例性方法,该方法使用最新的计算机科学和语言技术自动分析同伴讨论。

O'Donnell, A. M., & Dansereau, D. F. (1992). Scripted cooperation in student dyads: A method for analyzing and enhancing academic learning and performance. In R. Hertz-Lazarowitz & N. Miller (Eds.), *Interaction in cooperative groups: The theoretical anatomy of group learning* (pp. 120 - 141). New York: Cambridge University Press.

奥唐纳和丹瑟罗为将脚本术语引入支架文献提供了基础。通过介绍著名的"谋杀"剧本,他们展示了如何为学习者提供(外部)脚本,帮助他们参与与学术学习成果密切相关的社会认知过程。

Schellens, T., Van Keer, H., De Wever, B., & Valcke, M.（2007）. Scripting by assigning roles：Does it improve knowledge construction in asynchronous discussion groups? *International Journal of Computer-Supported Collaborative Learning*，2(2-3),225-246.

这篇示范性文章描述了一个关于高等教育在线讨论组的设计实验,其中包括一个带有角色支架的外部协作脚本。结果显示,协作脚本支持的小组具有中等规模效应。

八、NAPLeS 资源

Fischer, F., Wecker, C., & Kollar, I., *Collaboration scripts for computer-supported collaborative learning*. ［Webinar］. In NAPLeS video series. Retrieved October 19, 2017, from http://isls-naples. psy. lmu. de/intro/all-webinars/fischer-kollar-wecker/index. html

Tabak, I., & Reiser, B., 15 *minutes about scaffolding*. ［Video file］. In NAPLeS video series. Retrieved October 19, 2017, from http://isls-naples. psy. lmu. de/video-resources/guided-tour/15-minutes-tabak-reiser/index. html

参考文献

Asterhan, C. S. C., Schwarz, B. B., & Gil, J. (2012). Small-group, computer-mediated argumentation in middle-school classrooms: The effects of gender and different types of online teacher guidance. *British Journal of Educational Psychology, 82*(3), 375–397.

Bannert, M. (2006). Effects of reflection prompts when learning with hypermedia. *Journal of Educational Computing Research, 4*, 359–375.

Bodemer, D., Janssen, J., & Schnaubert, L. (2018). Group awareness tools for computer-supported collaborative learning. In F. Fischer, C. E. Hmelo-Silver, S. R. Goldman, & P. Reimann (Eds.), *International handbook of the learning sciences* (pp. 351–358). New York: Routledge.

Chan, C., & van Aalst, J. (2018). Knowledge building: Theory, design, and analysis. In F. Fischer, C. E. Hmelo-Silver, S. R. Goldman, & P. Reimann (Eds.), *International handbook of the learning sciences* (pp. 295–307). New York: Routledge.

Chi, M. T. H., & Wylie, R. (2014). The ICAP framework: Linking cognitive engagement to active learning outcomes. *Educational Psychologist, 49*(4), 219–243.

Collins, A., Brown, J. S., & Newman, S. E. (1989). Cognitive apprenticeship: Teaching the crafts of reading, writing, and mathematics. In L. B. Resnick (Ed.), *Knowing, learning, and instruction: Essays in honor of Robert Glaser* (pp. 453–494). Hillsdale, NJ: Erlbaum.

De Smet, M., Van Keer, H., & Valcke, M. (2009). Cross-age peer tutors in asynchronous discussion groups: a study of the evolution in tutor support. *Instructional Science, 37*(1), 87–105.

Dehler, J., Bodemer, D., Buder, J., & Hesse, F. W. (2011). Guiding knowledge communication in CSCL via group knowledge awareness. *Computers in Human Behavior, 27(3)*, 1068–1078.

Dillenbourg, P., & Hong, F. (2008). The mechanics of macro scripts. *International Journal of Computer-Supported Collaborative Learning, 3*(1), 5–23.

Dillenbourg, P., & Tchounikine, P. (2008). Flexibility in macro-scripts for computer-supported collaborative learning. *Journal of Computer-Assisted Learning, 23*(1), 1–13.

Fischer, F., Kollar, I., Stegmann, K., & Wecker, C. (2013). Toward a script theory of guidance in computer-supported collaborative learning. *Educational Psychologist, 48*(1), 56–66.

Gielen, M., & De Wever, B. (2015). Scripting the role of assessor and assessee in peer assessment in a wiki environment: impact on peer feedback quality and product improvement. *Computers & Education, 88*, 585–594.

Gijlers, H., & de Jong, T. (2013). Using concept maps to facilitate collaborative simulation-based inquiry learning. *The Journal of the Learning Sciences, 22*(3), 340–374.

Hattie, J. (2009). *Visible learning. A synthesis of over 800 meta-analyses relating to achievement.* London: Routledge.

Hämäläinen, R., & Arvaja. M. (2009). Scripted collaboration and group-based variations in a higher education CSCL context. *Scandinavian Journal of Educational Research, 53*(1), 1–16.

Hmelo-Silver, C. E. (2004). Problem-based learning: What and how do students learn? *Educational Psychology Review, 16*, 235–266.

Hmelo-Silver, C. E., Kapur, M., & Hamstra, M. (2018). Learning through problem solving. In F. Fischer, C. E. Hmelo-Silver, S. R. Goldman, & P. Reimann (Eds.), *International handbook of the learning sciences* (pp. 210–220). New York: Routledge.

Hoadley, C. (2018). Short history of the learning sciences. In F. Fischer, C. E. Hmelo-Silver, S. R. Goldman, & P. Reimann (Eds.), *International handbook of the learning sciences.* New York: Routledge.

Hovardas, T., Tsivitanidou, O. E., & Zacharia, Z. C. (2014). Peer versus expert feedback: An investigation of the quality of peer feedback among secondary school students. *Computers and Education, 71*, 133–152.

Järvelä, S., & Hadwin, A. (2013). New frontiers: Regulating learning in CSCL. *Educational Psychologist, 48*(1), 25–39.

Järvelä, S., Hadwin, A., Malmberg, J., & Miller, M. (2018). Contemporary perspectives of regulated learning in collaboration. In F. Fischer, C. E. Hmelo-Silver, S. R. Goldman, & P. Reimann (Eds.), *International handbook of the learning sciences* (pp. 127–136). New York: Routledge.

Järvelä, S., Malmberg, J., & Koivuniemi, M. (2016). Recognizing socially shared regulation by using the temporal sequences of online chat and logs in CSCL. *Learning and Instruction, 42*, 1–11.

Karakostas, A., & Demetriadis, S. (2011). Enhancing collaborative learning through dynamic forms of support: the impact of an adaptive domain-specific support strategy. *Journal of Computer-Assisted Learning, 27*, 243–258.

King, A. (2007). Scripting collaborative learning processes: A cognitive perspective. In F. Fischer, I. Kollar, H. Mandl, & J. Haake (Eds.), *Scripting computer-supported collaborative learning: Cognitive, computational, and educational perspectives* (pp. 13–37). New York: Springer.

Kopp, B., & Mandl, H. (2011). Fostering argument justification using collaboration scripts and content schemes. *Learning and Instruction, 21*(5), 636–649.

Laru, J., Järvelä, S., & Clariana, R. B. (2012). Supporting collaborative inquiry during a biology field trip with mobile peer-to-peer tools for learning: a case study with K–12 learners. *Interactive Learning Environments, 20*(2), 103–117.

Molenaar, I., Sleegers, P. J. C., & Van Boxtel, C. A. M. (2014). Metacognitive scaffolding during collaborative learning: A promising combination. *Metacognition and Learning, 9*, 309–332.

Mu, J., Stegmann, K., Mayfield, E., Rosé, C., & Fischer, F. (2012). The ACODEA framework: Developing segmentation and classification schemes for fully automatic analysis of online discussions. *International Journal of Computer-Supported Collaborative Learning, 7*(2), 285–305.

Noroozi, O., Kirschner, P. A., Biemans, H. J. A., & Mulder, M. (2017). Promoting argumentation competence: extending from first- to second-order scaffolding through adaptive fading. *Educational Psychology Review, 30*(1), 153–176. doi:10.1007/s10648-017-9400-z

O'Donnell, A. M., & Dansereau, D. F. (1992). Scripted cooperation in student dyads: A method for analyzing and enhancing academic learning and performance. In R. Hertz-Lazarowitz & N. Miller (Eds.), *Interaction in cooperative groups: The theoretical anatomy of group learning* (pp. 120–141). New York: Cambridge University Press.

Pai, H., Sears, D., & Maeda, Y. (2015). Effects of small-group learning on transfer: A meta-analysis. *Educational Psychology Review, 27*(1), 79–102.

Patchan, M. M., & Schunn, C. D. (2015). Understanding the benefits of providing peer feedback: How students respond to peers' texts of varying quality. *Instructional Science, 43*(5), 591–614.

Pea, R. (2004). The social and technological dimensions of scaffolding and related theoretical concepts for learning, education, and human activity. *The Journal of the Learning Sciences, 13*(3), 423–451.

Quintana, C., Reiser, B. J., Davis, E. A., Krajcik, J., Fretz, E., Duncan, R. G., et al. (2004). A scaffolding design framework for software to support science inquiry. *The Journal of the Learning Sciences, 13*(3), 337–386.

Renkl, A., & Atkinson, R. K. (2003). Structuring the transition from example study to problem solving in cognitive skill acquisition: A cognitive load perspective. *Educational Psychologist*, *38*(1), 15–22.

Rosé, C. P. (2018). Learning analytics in the Learning Sciences. In F. Fischer, C. E. Hmelo-Silver, S. R. Goldman, & P. Reimann (Eds.), *International handbook of the learning sciences* (pp. 511–519). New York: Routledge.

Ross, J. A. (2011). Explanation giving and receiving in cooperative learning groups. In R. M. Gillies, A. Ashman, & J. Terwel (Eds.), *The teacher's role in implementing cooperative learning in the classroom* (pp. 222–237). New York: Springer.

Rummel, N., Mullins, D., & Spada, H. (2012). Scripted collaborative learning with the cognitive tutor algebra. *International Journal of Computer-Supported Collaborative Learning*, *7*(2), 307–339.

Schank, R. E. (1999). *Dynamic memory revisited*. New York: Cambridge University Press.

Schellens, T., Van Keer, H., De Wever, B., & Valcke, M. (2007). Scripting by assigning roles: Does it improve knowledge construction in asynchronous discussion groups? *International Journal of Computer-Supported Collaborative Learning*, *2*(2–3), 225–246.

Slotta, J. D., Quintana, R., & Moher, T. (2018). Collective inquiry in communities of learners. In F. Fischer, C. E. Hmelo-Silver, S. R. Goldman, & P. Reimann (Eds.), *International handbook of the learning sciences* (pp. 308–317). New York: Routledge.

Strijbos, J.-W., & De Laat, M. F. (2010). Developing the role concept for computer-supported collaborative learning: An explorative synthesis. *Computers in Human Behavior*, *26*(4), 495–505.

Strijbos, J.-W., Narciss, S., & Dünnebier, K. (2010). Peer feedback content and sender's competence level in academic writing revision tasks: Are they critical for feedback perceptions and efficiency? *Learning and Instruction*, *20*(4), 291–303.

Tchounikine, P. (2016). Contribution to a theory of CSCL scripts: Taking into account the appropriation of scripts by learners. *International Journal of Computer-Supported Collaborative Learning*, *11*(3), 349–369.

Tsovaltzi, D., Puhl, T., Judele, R., & Weinberger, A. (2014). Group awareness support and argumentation scripts for individual preparation of arguments in Facebook. *Computers & Education*, *76*, 108–118.

Vogel, F., Wecker, C., Kollar, I., & Fischer, F. (2016). Socio-cognitive scaffolding with computer-supported collaboration scripts: A meta-analysis. *Educational Psychology Review*, *29*(3), 477–511.

Vygotsky, L. S. (1978). *Mind and society*. Cambridge, MA: Harvard University Press.

Wang, X., Kollar, I., & Stegmann, K. (2017). Adaptable scripting to foster regulation processes and skills in computer-supported collaborative learning. *International Journal for Computer-Supported Collaborative Learning*, *12*(2), 153–172.

Wecker, C., & Fischer, F. (2011). From guided to self-regulated performance of domain-general skills: The role of peer monitoring during the fading of instructional scripts. *Learning and Instruction*, *21*(6), 746–756.

Weinberger, A., Ertl, B., Fischer, F., & Mandl, H. (2005). Epistemic and social scripts in computer-supported collaborative learning. *Instructional Science*, *33*(1), 1–30.

Weinberger, A., Stegmann, K., & Fischer, F. (2007). Knowledge convergence in collaborative learning: Concepts and assessment. *Learning and Instruction*, *17*(4), 416–426.

Wood, D. J., Bruner, J. S., & Ross, G. (1976). The role of tutoring in problem solving. *Journal of Child Psychiatry and Psychology*, *17*(2), 89–100.

Zhang, J., Hong, H.-Y., Scardamalia, M., Teo, C. L., & Morley, E. A. (2011). Sustaining knowledge building as a principle-based innovation at an elementary school. *The Journal of the Learning Sciences*, *20*(2), 262–307.

Zimmerman, B. J. (2008). Investigating self-regulation and motivation: historical background, methodological developments, and future prospects. *American Educational Research Journal*, *45*(1), 166–183.

第 34 章　计算机支持的协作学习中的群体意识工具

丹尼尔·博德默,杰伦·詹森,伦卡·施纳伯特(Daniel Bodemer, Jeroen Janssen, Lenka Schnaubert)

群体意识(group awareness,GA)是指对群体成员或群体各方面的了解——例如,群体成员当前的位置、活动、知识、兴趣或感受(Bodemer 和 Dehler;2011;Gross, Stary 和 Totter,2005)。因此,它可以涵盖有效的群体或个人相关信息的各个方面,为主要活动提供情境。建立 GA 被认为是不同领域成功协作的重要前提。因此,与意识相关的学习科学研究旨在通过开发所谓的群体意识工具(group awareness tools, GATs)来支持 GA,这些工具特别关注与协作学习相关的信息。通过呈现 GA 信息,这些工具可以默契地指导学习者的学习过程。

一、群体意识的概念

GA 的概念是在 20 世纪 90 年代发展起来的,其发展主要体现在计算机支持的合作工作(computer-supported cooperative work,CSCW)研究领域,重点是对行为方面的感知和理解,如被视为成功协作的关键情境的群体成员的活动(例如,Dourish 和 Bellotti,1992)。它补充了在人的因素研究中开发的其他意识方法,这些方法侧重于对物质环境的感知和理解,甚至包括对社会环境(如团队情境意识;Endsley,1995)的感知和理解。计算机支持的协作学习(CSCL)研究抓取了 CSCW 意识方法的社会行为视角,并将其应用于群体成员的知识相关活动中(例如,Ogata 和 Yano,2000)。虽然在早期与意识相关的学习科学方法中,"知识"一词指的是外部环境中的作品,但研究越来越多地将内部的认知、情感或动机状态视为 GA 的目标概念(见下文;参见 Soller, Martínez, Jermann 和 Muehlenbrock,2005;Stahl,2016)。

学习科学中的 GA 信息涵盖了广泛的行为、社会和认知数据,学习者可以利用这些数据成功地构建他们的学习过程。它可以具体指学习伙伴的稳定特征(如兴趣、专业知识、先前知识或信念),或者是更多与情境相关的信息(如当前位置、时间、表现、参与度)。即使这些信息指的是群体成员,但 GA 的概念其实也关注个体认知,这使得它有别于团队心理模型或共同点等群体层面的结构。

当学习者在社会交互中捕捉到 GA 信息时,它可以立即被使用,也可以存储在长期记忆中供以后使用。然而,可获取的信息并不总是足够或突出,以建立有益于有效和高效学习过程的 GA。这就是为什么大多数与 GA 和学习相关的研究方法都致力于开发 GATs,帮助学习者感知和理解他们学习伙伴的基本信息。

二、群体意识工具的类型和功能

学习科学中,GA 研究的一个主要目标是支持学习者对其学习伙伴的意识,从而触发有益的学习过程。因此,各种各样的工具被提议并开发,为学习者在协作期间提供关于他们的学习伙伴的信息。GATs 以其关注的信息类型来区分:认知 GATs 为学习者提供与学习主题直接相关的信息(如学习伙伴的知识、观点、假设),还提供元认知信息(如任务理解、信心判断),而社会性 GATs 则提供社会行为信息(如参与、学习活动)、社会情感信息(如满足感、感知友好)或社会动机信息(如动机、参与)。说到认知GAT,一个典型的例子就是桑金(Sangin)及其同事的知识意识工具(knowledge awareness tool)(Sangin, Molinari, Nüssli 和 Dillenbourg,2011)。它通过测试题来收集学习者的知识信息,计算出具体子主题的测试分数,然后以条形图的形式将这些信息显示给另一个学习者。这些信息使学习者能够对学习内容结构化,对学习伙伴的知识进行建模,并根据学习伙伴的知识水平对问题做出调整和解释。说到社会性 GA,可以想到的例子是菲利克斯(Phielix)及其同事的雷达工具(Radar tool)(Phielix, Prins, Kirschner, Erkens 和 Jaspers,2011)。即学习者会得到一张雷达图,该雷达图直观地显示了每个成员在可靠性、友好性、协作性、生产力、影响力和贡献质量方面的评价。这些信息可以直接影响学习情境,比如当学习者努力实现平等分配贡献(防止磨洋工和搭便车)时的群体氛围。

无论打算支持哪种意识类型,GATs 通常会以三个连续的步骤处理信息(参见 Buder 和 Bodemer,2008):(1)收集 GA 信息;(2)用增强原始信息的方式转换信息;(3)以允许学习者利用的方式呈现转换后的数据。每一步都涉及具体的研究挑战。

在数据收集方面,GA 信息可以由学习者的不同行为而产生。信息可以作为学习者的副产品而获得,如搜索、导航、选择、写作或回复,而不需要学习者有意提供额外的信息。例如,可以使用书面文本来提取关于作者的信息(如 Erkens, Bodemer 和 Hoppe,2016)。许多推荐系统就使用这种非侵入性的数据收集。另一方面,用户也可以主动地提供数据,比如评判一篇文章、他们对某一主题的先验知识、来自学习伙伴的帮助(参见 the Radar tool of Phielix 等,2011)。主动提供信息使学习者有机会以一种自主的方式描绘自己,并有目的地传达个人的意见或需求。虽然这可以解释真实性,并可能将注意力额外集中在被评估的概念上(例如,自己的知识差距),但它也可能破坏数据的客观性,尤其当它针对的是可客观化的信息,比如说知识的时候。明确地测试学习者特征是另一种需要主动活动的方法,但其目的是评估客观数据(如上文提到的桑金等人的知识意识工具,2011)。

在收集数据时,GATs 经常以一种降低复杂性、促进社会比较和允许识别特定模式的方式转换信息,因为学习者可能无法使用未经修改的信息表征更好地学习。当收集到大型数据集时(例如,使用讨论贡献和作品修改来识别有争议的观点),这一点尤为重要。此时,GA 工具的转换方法也会从相对简单的方法(如均值、方差、相关性)转变为复杂的方法(如文本挖掘、网络分析)。

经过收集和转换后,GA 信息可以反馈给学习者、学习小组或学习共同体。这些信息的呈现方式在很大程度上取决于学习任务所描述的目标概念,如概念的复杂性、稳定性或与学习任务的关系。例如,关于群体成员当前参与情况的信息需要不断更新,而关于他们一般是否愿意帮助他人的信息可能并不需要更新。此外,GA 信息的呈现还取决于工具设计者想要培养的过程,比如通过重新安排和突出显示数据来引导学习者集中注意力或作出交流。例如,GAT 可以在接近群体信息的情况下呈现学习者的信息,鼓励学习者与他们所处的群体进行社会比较。然而,它也可以重新排列数据,建议学习者与其他群体成员以及学习者进行比较(参见 Buder,2011)。

GATs 对于协作学习的有效性通常是在总的工具层面上进行评估,而不考虑所涉及的不同功能和过程(见下文)。然而,从差异化的角度来看,GATs 的各种功能是可以被识别和区分的。例如,认知 GATs 可以通过各种方式潜在地支持学习者的学习过程:(1)作为一个核心功能,提供有关学习伙伴的知识信息可能有助于学习者在协作学习过程中建立基础和伙伴模型。然而,(2)这些信息也指特定的、往往是预选的内容(如学习伙伴对学习材料中某个单一元素的假设),从而提示了学习材料的基本信息,限制了与内容相关的交流。(3)当认知 GATs 以一种可以比较学习伙伴的方式提供信息时,它们可以引导学习者讨论特别有益的问题,比如有分歧的观点。(4)除了支持协作过程外,收集和提供与知识相关的信息还可以促使学习者(重新)评估或重新关注他们的个人学习过程。

三、群体意识的实证研究:方法与发现

我们可以有许多不同的方法来研究 GATs 对 CSCL 的影响。大多数研究是在实验室进行的高度受控实验,在一个研究阶段内系统而有效地解释工具效果,案例研究主要用于补充实验研究。然而,已有研究试图将 GA 研究引入学校(例如,Phielix 等,2011)或大学课程(例如,Lin、Mai 和 Lai,2015)等现实生活情境,以培养其外部有效性,这些研究通常会在多个时段或更长时间内进行。此外,一些研究已经被整合到社交媒体环境中(例如,Heimbuch 和 Bodemer,2017)。研究 GATs 的效果主要使用以计算机为媒介的通信场景(例如,Sangin 等,2011),很少使用面对面的环境(例如,Alavi 和 Dillenbourg,2012)或混合学习环境(例如,Puhl、Tsovaltzi 和 Weinberger,2015)。群体规模差异很大,包括两人组(例如,Dehler、Bodemer、Buder 和 Hesse,2011),三至六名学生的小组(例如,Engelmann 和 Hesse,2011),以及整个研讨会或班

级(例如,Puhl 等,2015)。拟协作研究是对这一研究的补充,它通过消除实际学习者互动的动态性,系统详细地分析了工具的效果(例如,Cress,2005;Schnaubert 和 Bodemer,2016)。

大多数关于 GA 的研究集中在 GATs 的实施上,以培养特定类型的意识。因此,这些研究比较了使用 GAT 的群体与未使用 GAT 的群体。只有少数研究超越了这些非常基础的 GA 支持研究,并系统地研究特定的工具特性或功能。此外,在 GA 研究中,个体特征的调节工具效应也很少被考虑。在定义、收集、转换和呈现相关数据方面,GATs 的概念化与概念本身一样广泛。大多数关于 GATs 的研究重点是呈现的信息而不是实际的意识,即使有一些研究将 GA 视为因变量(Janssen,Erkens 和 Kirschner,2011),作为工具提供与学习过程和学习结果调整之间的中介变量(例如,Sangin 等,2011),或作为处理检验的自变量(Engelmann 和 Hesse,2011)。

大多数情况下,人们认为提供 GA 信息不可避免地促进了学习者意识的发展,但具体评估意识的尝试很少。这种方法论上的捷径在某些情况下可能是有效的——例如,如果观察到学习者根据所提供的 GA 信息来构建他们的学习过程。然而,这种推断的有效性在很大程度上取决于意识信息与任务相关活动之间的密切联系。因此,如果没有这种联系,例如,当特定的学习者行为被归因于非常笼统的 GA 信息呈现时,这种推断的有效性是值得怀疑的。因此,一些研究者通过询问学习者关于 GATs 对学习过程的感知影响(例如,Jongsawat 和 Premchaiswadi,2014)或关于工具使用(例如,Jermann 和 Dillenbourg,2008),将 GATs 与行为改变联系起来。虽然这样的方法可以显示学习者感知到的因果关系,但仍然不能明确地推断出 GA。一些研究试图通过直接评估 GA 来解释效应链内的这一差距,主要通过评估学习者是否获得了该工具提供的 GA 信息(例如,Engelmann 和 Hesse,2011),或者评估个体伙伴模型在协作后描述伙伴特征的紧密程度(例如,Sangin 等,2011)。然而,在客观地评估 GA 信息的可用性时,这种方法却忽略了 GA 的情境方面。其他方法使用自我评估问卷,询问感知到的 GA(例如,Janssen 等,2011;Shah 和 Marchionini,2010),因此试图解释意识方面因素,但仅仅依靠自我报告。综上所述,我们可以得出结论,已经有多种尝试来评估 GA,但是有关在协作过程中直接对其进行评估并将 GA 看作一个中介变量这一点,我们还需要进一步努力。

除了 GA 本身,在学习科学的 GA 研究中,研究者们还评估了大量的因变量,学习过程和结果通常会在研究报告中被呈现。因此,评估的学习过程在不同的研究中差别很大,可能包括交流过程(例如,Gijlers 和 de Jong,2009)、要讨论的主题、项目的导航或选择过程(例如,Bodemer,2011;Schnaubert 和 Bodemer,2016)、又或者是参与数量(例如,Janssen 等,2011)。学习成果主要包括个体知识测试和协作后的问题解决表现(例如,Sangin 等,2011)。另外,还可以对协作过程中的作品进行评估,例如,可以对协作过程中构建的文本作品或概念图的质量进行评分(例如,Engelmann 和 Hesse,

2011)。鉴于学习者在协作过程中的互动性,研究者在决定适当的统计分析时,需要考虑个体学习者之间的相互依赖问题(参见 De Wever 和 Van Keer,本书)。

由于 GA 研究中使用的方法多种多样,研究者们已经基于不同的教育情境、群体规模以及场景(例如,面对面与在线比较),发现了 GATs 对不同的学习过程和结果的积极影响。因此,GATs 似乎具有普遍的积极影响。然而,由于研究以及目标概念的多样性和可变性,我们很难确定相关的机制和工具特征。因此,尽管有一些相当稳定的效应,但不同研究的结果大相径庭,这并不令人惊讶。细粒度的认知意识工具会产生相当一致的引导效果,以至于学习者会改变自身所关注的主题或项目的选择策略(例如,Bodemer,2011;Gijlers 和 de Jong,2009),研究还关注这些工具如何对学习者塑造自身的交流方式来讨论材料产生影响(例如,Dehler 等,2011;Sangin 等,2011)。然而,研究是各不相同的。相关研究会普遍关注认知 GATs 对个人或群体表现等学习结果的影响(例如,Gijlers 和 de Jong,2009;Sangin 等,2011),但不同研究并未达到一致甚至是在研究内部都不一致(如 Buder 和 Bodemer,2008;Engelmann 和 Hesse,2011)。认知 GATs 似乎也有助于建立准确的伙伴模型(Sangin 等,2011;Schreiber 和 Engelmann,2010)。至于社会和行为意识工具,提供关于参与的信息似乎会改变一个群体中学习者的参与程度或平等程度(如 Jermann 和 Dillenbourg,2008;Michinov 和 Primois,2005),尽管这可能取决于呈现形式(例如,Kimmerle 和 Cress,2008,2009)。同样,研究发现,这对学习结果或群体工作结果质量有积极的影响(例如,Jongsawat 和 Premchaiswadi,2014),但并不一致(例如,Jermann 和 Dillenbourg,2008;Phielix 等,2011)。然而,社会 GATs 对学习结果的影响并没有总是被报道。此外,社会 GATs 似乎对群体感知和群体凝聚力有积极影响(Leshed 等,2009)。

综上所述,GATs 可能在学习过程中发挥着不同的功能,但很少有研究试图查明其影响或者调查工具设计的具体方面。正面的例子有金梅尔和克雷斯(Kimmerle 和 Cress,2008,2009)的研究,他们比较了用不同的方式来编辑和可视化所呈现的数据(呈现格式的梯度和组合),并发现了它们对贡献行为的不同影响。拉希德及其同事(Leshed 等,2009)比较了不同的可视化类型,但没有发现什么不同。博德默和斯科尔文(Bodemer 和 Scholvien,2014)为了提取 GATs 的具体功能或机制,进行了一系列研究,在这些研究中,可以发现信息提示和提供伙伴信息的不同影响。虽然有一些研究报告了不同的 GAT 效应,但是要做出关于谁(更多或更少)从某些类型的 GA 支持中受益的概括性陈述,仍需更多的努力。

四、趋势与发展

尽管过去十年,学习科学领域对 GATs 的研究已经显示出 GATs 在各种学习情境中的潜力,但还有很多方面有待考察。由此可见,系统地研究 GATs 的特征和功能的尝试还处于起步阶段。同样，差异效应在很大程度上是未知的，对长期存在的群体的影响也是未知的。因此，未来的研究所面临的任务是，将注意力从开发越来越多的工具并展示其有效性转移到比较工具特征并提取 GATs 的精确机制，最终针对特定的环境、任务和个人提供高效、精确的支持，从而产生可以分布在整个教育环境中的高效工具。为了实现这一目标，需要进行实证和理论工作。该领域尚缺乏将各种 GA 整合到学习模型中，将它们与具体的学习过程精确匹配的理论。此外，还需要进一步的实证和理论研究，考虑从工具提供到学习成果的效应链，来解释迄今为止孤立的实证研究结果。

与此相关，与学习科学中其他领域的方法和发展相结合，可以丰富 GA 在理论假设、实证调查和 GATs 开发方面的研究。虽然这些机会还没有充分发挥其潜力，但最近一些努力试图将研究结果整合到教学设计中。

例如，关于协作脚本的研究（Kollar，Wecker 和 Fischer，本手册）似乎与 GA 研究形成了鲜明的对比，因为脚本为如何协调或组织学习过程提供了明确的指导，而不是通过提供信息进行含蓄的指导。然而，目前的观点综合了这两种方法，承认它们不同的和互补的支持机制。另一个例子是关于（元认知）自我调节的研究，最近已经扩展到 CSCL，考虑到需要支持协调知识建构以外的过程（Järvelä 和 Hadwin，2013；Lin，Lai，Lai 和 Chang，2016）。学习者必须调节协作，例如，通过建构对任务的共同理解、协商目标或监控其进展（Miller 和 Hadwin，2015）。促进社会共享的自我调节学习的方法包括通过镜像群体过程和鼓励学习者外化他们的学习过程来增强 GA（Järvelä 等，2016）。最近，耶尔韦莱及其同事（Järvelä 等，2015）尝试将这些领域结合起来，使用了雷达工具（Phielix 等，2015），并明确地对其进行了调整，以支持自我和共享调节过程。尽管对这项支持的实验研究仍在进行中，但它有望将 GAT 研究中建立的技术与有关个体和共享调节过程的信息结合起来，以支持 CSCL，具有很大的潜力。最后一个例子是，学习材料不仅对个人的学习过程有重大影响，而且对协作环境的学习过程也有重大影响。因此，对以个体为主的多元、动态、互动的学习材料的教学设计研究需要与 CSCL 的研究结合起来。GATs 因其不显眼的外观以及对社会情境的关注，特别适合与内容相关的支持措施相结合，GA 研究已经在这两个领域做了一些尝试（Bodemer，2011）。然而，这两个领域的研究仍然有很多值得互相学习的地方。

当然，研究者们也要考虑并区别学习科学以外的其他学科的方法，这可以补充、明确和丰富与学习相关的 GA 研究。这种做法特别适用于 GA 中与知识相关的方面，这些方面与交互记忆、共同点、团队心理模型和其他涉及他人知识的方法有关（如 Schmidt，2002；Schmidt 和 Randall，2016）。

计算机科学和学习分析研究领域的进步为通过日志记录、准备和连接大量数据来非侵入性地收集用户数据提供了新的机会。这些数据可以为 GATs 提供输入（如文本挖掘方法，Erkens 等，2016；社交网络分析，Lin 和 Lai，2013），这不仅提高了所描绘信息的有效性,而且减少了学习者和指导者(如教师)的努力,使其得到广泛的应用。此外,这些方法还可以通过分析和比较用户行为和/或作品来分析 GATs 的影响。

五、结论

在本章中,我们将 GA 定义为存在于学习者个体内部的关于学习者群体或其成员的有效信息。这些信息可能与群体或伙伴有关,可能包含情境性和/或稳定性特征,这些特征可以放置于广泛的心理学概念(例如,社会、动机、情绪、认知、行为)中进行分类。此外,我们将 GATs 描述为(大部分)基于计算机的措施,用于收集、转换和向学习者呈现这些信息。虽然在大量的研究和环境中已经发现了 GATs 的积极效果,但 GATs 的未来需要与学习科学相关的多个学科相互作用。这种跨学科的研究活动可以增进我们对 GATs 在学习(如心理学)中机制的认识,利用技术的潜力提高工具的有效性和效率(如计算机科学),并将这些工具带入特定的教育环境(如教育科学)。

六、延伸阅读

Bodemer, D. , & Dehler, J. (Guest Eds.). (2011). Group awareness in CSCL environments [Special Section]. *Computers in Human Behavior*, 27 (3), 1043 - 1117.

本专篇是对 CSCL 关于群体意识的实证研究的综合汇编,对补充工具和方法进行了深入的探讨。

Janssen, J. , & Bodemer, D. (2013). *Coordinated computer-supported collaborative learning: Awareness and awareness tools. Educational Psychologist*, 48(1), 40 - 55. doi: 10.1080/00461520.2012.749153

本论文系统地整合和讨论了文献中发现的各种认知和社会意识工具的示例和变体。

Järvelä, S. , Kirschner, P. A. , Hadwin, A. , Järvenoja, H. , Malmberg, J. , Miller, M. , & Laru, J. (2016). Socially shared regulation of learning in CSCL: Understanding and prompting individual-and group-level shared regulatory activities. *International Journal of Computer-Supported Collaborative Learning*, 11(3), 263 - 280. doi: 10.1007/s11412 - 016 - 9238 - 2

这篇文章将社会共享调节与 CSCL 的各种支持联系起来,同时讨论了自我意识和群体意识的相关性。

Lin, J. -W. , Mai, L. -J. , & Lai, Y. -C. (2015). Peer interaction and social network analysis of online communities with the support of awareness of different contexts. *International Journal of Computer-Supported Collaborative Learning*，10(2)，139-159. doi：10.1007/s11412-015-9212-4

这是一篇最近的实证文章，它利用社会网络分析调查了社会和认知意识信息的不同影响。

Schmidt，K.（2002）. The problem with awareness. *Computer Supported Cooperative Work*，11(3)，285-298. doi：10.1023/A：1021272909573

这篇文章对计算机支持的合作工作研究领域作出了较早但重要的概念性贡献。

参考文献

Alavi, H. S., & Dillenbourg, P. (2012). An ambient awareness tool for supporting supervised collaborative problem solving. *IEEE Transactions on Learning Technologies, 5*(3), 264–274. doi:10.1109/TLT.2012.7

Bodemer, D. (2011). Tacit guidance for collaborative multimedia learning. *Computers in Human Behavior, 27*(3), 1079–1086. doi:10.1016/j.chb.2010.05.016

Bodemer, D., & Dehler, J. (2011). Group awareness in CSCL environments. *Computers in Human Behavior, 27*(3), 1043–1045. doi:10.1016/j.chb.2010.07.014

Bodemer, D., & Scholvien, A. (2014). Providing knowledge-related partner information in collaborative multimedia learning: Isolating the core of cognitive group awareness tools. In C.-C. Liu, H. Ogata, S. C. Kong, & A. Kashihara (Eds.), *Proceedings of the 22nd International Conference on Computers in Education ICCE 2014* (pp. 171–179). Nara, Japan.

Buder, J. (2011). Group awareness tools for learning: Current and future directions. *Computers in Human Behavior, 27*(3), 1114–1117. doi:10.1016/j.chb.2010.07.012

Buder, J., & Bodemer, D. (2008). Supporting controversial CSCL discussions with augmented group awareness tools. *International Journal of Computer-Supported Collaborative Learning, 3*(2), 123–139. doi:10.1007/s11412-008-9037-5

Cress, U. (2005). Ambivalent effect of member portraits in virtual groups. *Journal of Computer Assisted Learning, 21*(4), 281–291. doi:10.1111/j.1365-2729.2005.00136.x

De Wever, B., & Van Keer, H. (2018). Selecting statistical methods for the Learning Sciences and reporting their results. In F. Fischer, C. E. Hmelo-Silver, S. R. Goldman, & P. Reimann (Eds.), *International handbook of the learning sciences* (pp. 532–541). New York: Routledge.

Dehler, J., Bodemer, D., Buder, J., & Hesse, F. W. (2011). Guiding knowledge communication in CSCL via group knowledge awareness. *Computers in Human Behavior, 27*(3), 1068–1078. doi:10.1016/j.chb.2010.05.018

Dourish, P., & Bellotti, V. (1992). Awareness and coordination in shared workspaces. In M. Mantel & R. Baecker (Eds.), *Proceedings of the 1992 ACM conference on Computer-supported cooperative work* (pp. 107–114). Toronto, Canada: ACM Press. doi:10.1145/143457.143468

Endsley, M. R. (1995). Toward a theory of situation awareness in dynamic systems. *Human Factors: The Journal of the Human Factors and Ergonomics Society, 37*(1), 32–64. doi:10.1518/001872095779049543

Engelmann, T., & Hesse, F. W. (2011). Fostering sharing of unshared knowledge by having access to the collaborators' meta-knowledge structures. *Computers in Human Behavior, 27*, 2078–2087. doi:10.1016/j.chb.2011.06.002

Erkens, M., Bodemer, D., & Hoppe, H. U. (2016). Improving collaborative learning in the classroom: Design and evaluation of a text mining based grouping and representing. *International Journal of Computer-Supported Collaborative Learning, 11*(4), 387–415. doi:10.1007/s11412-016-9243-5

Gijlers, H., & de Jong, T. (2009). Sharing and confronting propositions in collaborative inquiry learning. *Cognition and Instruction, 27*(3), 239–268. doi:10.1080/07370000903014352

Gross, T., Stary, C., & Totter, A. (2005). User-centered awareness in computer-supported cooperative work-systems: Structured embedding of findings from social sciences. *International Journal of Human-Computer Interaction, 18*(3), 323–360. doi:10.1207/s15327590ijhc1803_5

Heimbuch, S., & Bodemer, D. (2017). Controversy awareness on evidence-led discussions as guidance for students in wiki-based learning. *The Internet and Higher Education, 33*, 1–14. doi:10.1016/j.iheduc.2016.12.001

Janssen, J., Erkens, G., & Kirschner, P. A. (2011). Group awareness tools: It's what you do with it that matters. *Computers in Human Behavior, 27*(3), 1046–1058. doi:10.1016/j.chb.2010.06.002

Järvelä, S., & Hadwin, A. F. (2013). New frontiers: Regulating learning in CSCL. *Educational Psychologist, 48*(1), 25–39. doi:10.1080/00461520.2012.748006

Järvelä, S., Kirschner, P. A., Hadwin, A., Järvenoja, H., Malmberg, J., Miller, M., & Laru, J. (2016). Socially shared regulation of learning in CSCL: Understanding and prompting individual- and group-level shared regulatory activities. *International Journal of Computer-Supported Collaborative Learning, 11*(3), 263–280. doi:10.1007/s11412-016-9238-2

Järvelä, S., Kirschner, P. A., Panadero, E., Malmberg, J., Phielix, C., Jaspers, J., et al. (2015). Enhancing socially shared regulation in collaborative learning groups: Designing for CSCL regulation tools. *Educational Technology Research and Development, 63*(1), 125–142. doi:10.1007/s11423-014-9358-1

Jermann, P., & Dillenbourg, P. (2008). Group mirrors to support interaction regulation in collaborative problem solving. *Computers & Education, 51*(1), 279–296. doi:10.1016/j.compedu.2007.05.012

Jongsawat, N., & Premchaiswadi, W. (2014). A study towards improving web-based collaboration through availability of group awareness information. *Group Decision and Negotiation, 23*(4), 819–845. doi:10.1007/s10726-013-9349-3

Kimmerle, J., & Cress, U. (2008). Group awareness and self-presentation in computer-supported information exchange. *International Journal of Computer-Supported Collaborative Learning, 3*(1), 85–97. doi:10.1007/s11412-007-9027-z

Kimmerle, J., & Cress, U. (2009). Visualization of group members' participation how information-presentation formats support information exchange. *Social Science Computer Review, 27*(2), 243–261. doi:10.1177/0894439309332312

Kollar, I., Wecker, C., & Fischer, F. (2018). Scaffolding and scripting (computer-supported) collaborative learning. In F. Fischer, C. E. Hmelo-Silver, S. R. Goldman, & P. Reimann (Eds.), *International handbook of the learning sciences*. New York: Routledge.

Leshed, G., Perez, D., Hancock, J. T, Cosley, D., Birnholtz, J., Lee, S., et al. (2009). Visualizing real-time language-based feedback on teamwork behavior in computer-mediated groups. In *Proceedings of the SIGCHI Conference on Human Factors in Computing Systems* (pp. 537–546). New York: ACM Press. doi:10.1145/1518701.1518784

Lin, J.-W., & Lai, Y.-C. (2013). Online formative assessments with social network awareness. *Computers & Education, 66*, 40–53. doi:10.1016/j.compedu.2013.02.008

Lin, J.-W., Lai, Y.-C., Lai, Y.-C., & Chang, L.-C. (2016). Fostering self-regulated learning in a blended environment using group awareness and peer assistance as external scaffolds. *Journal of Computer Assisted Learning, 32*(1), 77–93. doi:10.1111/jcal.12120

Lin, J.-W., Mai, L.-J., & Lai, Y.-C. (2015). Peer interaction and social network analysis of online communities with the support of awareness of different contexts. *International Journal of Computer-Supported Collaborative Learning, 10*(2), 139–159. doi:10.1007/s11412-015-9212-4

Michinov, N., & Primois, C. (2005). Improving productivity and creativity in online groups through social comparison process: New evidence for asynchronous electronic brainstorming. *Computers in Human Behavior, 21*(1), 11–28. doi:10.1016/j.chb.2004.02.004

Miller, M., & Hadwin, A. (2015). Scripting and awareness tools for regulating collaborative learning: Changing the landscape of support in CSCL. *Computers in Human Behavior, 52*, 573–588. doi:10.1016/j.chb.2015.01.050

Ogata, H., & Yano, Y. (2000). Combining knowledge awareness and information filtering in an open-ended collaborative learning environment. *International Journal of Artificial Intelligence in Education, 11*(1), 33–46.

Phielix, C., Prins, F. J., Kirschner, P. A., Erkens, G., & Jaspers, J. (2011). Group awareness of social and cognitive performance in a CSCL environment: Effects of a peer feedback and reflection tool. *Computers in Human Behavior, 27*(3), 1087–1102. doi:10.1016/j.chb.2010.06.024

Puhl, T., Tsovaltzi, D., & Weinberger, A. (2015). Blending Facebook discussions into seminars for practicing argumentation. *Computers in Human Behavior, 53*, 605–616. doi:10.1016/j.chb.2015.04.006

Sangin, M., Molinari, G., Nüssli, M.-A., & Dillenbourg, P. (2011). Facilitating peer knowledge modeling: Effects of a knowledge awareness tool on collaborative learning outcomes and processes. *Computers in Human Behavior, 27*(3), 1059–1067. doi:10.1016/j.chb.2010.05.032

Schmidt, K. (2002). The problem with awareness. *Computer Supported Cooperative Work, 11*(3), 285–298. doi:10.1023/A:1021272909573

Schmidt, K., & Randall, D. (Eds.). (2016). Reconsidering "awareness" in CSCW [Special Issue]. *Computer Supported Cooperative Work (CSCW), 25*(4–5), 229–423.

Schnaubert, L., & Bodemer, D. (2016). How socio-cognitive information affects individual study decisions. In C.-K. Looi, J. Polman, U. Cress, & P. Reimann (Eds.), *Transforming Learning, Empowering Learners: The International Conference of the Learning Sciences (ICLS) 2016* (pp. 274–281). Singapore: International Society of the Learning Sciences.

Schreiber, M., & Engelmann, T. (2010). Knowledge and information awareness for initiating transactive memory system processes of computer-supported collaborating ad hoc groups. *Computers in Human Behavior, 26*(6), 1701–1709. doi:10.1016/j.chb.2010.06.019

Shah, C., & Marchionini, G. (2010). Awareness in collaborative information seeking. *Journal of the Association for*

Information Science and Technology, 61(10), 1970–1986. doi:10.1002/asi.21379View

Soller, A., Martínez, A., Jermann, P., & Muehlenbrock, M. (2005). From mirroring to guiding: A review of state of the art technology for supporting collaborative learning. *International Journal of Artificial Intelligence in Education, 15*(4), 261–290.

Stahl, G. (2016). From intersubjectivity to group cognition. *Computer Supported Cooperative Work (CSCW), 25*(4–5), 355–384. doi:10.1007/s10606-016-9243-z

第 35 章　移动计算机支持的协作学习

吕赐杰，黄龙翔(Chee-Kit Looi，Lung-Hsiang Wong)

一、引言

　　计算机支持的协作学习(CSCL)的研究试图理解促成和解释积极学习结果的交互类型。这种交互包括建立共同理解、解释、论证、冲突解决、知识建构和作品共同建构的认知努力。协作活动可以整合到学习活动的工作流程或教学场景中,这些场景包括个人、小组、全班或整个共同体的活动,这些活动发生在各种环境(如教室、家庭、工作场所、实地考察、校外社区)、模式(如面对面或远程;同步或异步)和设备(每个学习者一个设备;一组学习者一个设备;每个学习者或多个学习者一些设备)中。

　　移动学习(mobile learning)提供了额外的前提,即学习者是移动的,移动技术无处不在、触手可及,它使学习者有更多的机会在不同的环境和模式下轻松分享和共同建构知识。这种移动技术指的是手持移动设备,如智能手机、个人数字助手(personal digital assistants，PDAs)和其他便携式计算机。主流的 CSCL 已经发展成为学习科学中一个成熟的研究领域,而使用移动技术的 CSCL 领域(在文献中被称为 mCSCL,即移动 CSCL),是主流移动学习领域的外围领域。在这个领域中,个别课题目前的关注点不一定是以协作为中心和 CSCL 风格的分析,而更可能是利用移动设备的通信功能来实现移动学习目标。此外,由于学习者、学习任务和学习情境的移动性和流动性,移动学习者通常会参与多个并行的、快速的和临时的交互,这些交互可能由自然条件下的偶然相遇而触发,而不是在预先设计的和更可控的学习环境中关注结构相对良好的决策过程(参见 Zurita，Autunes，Baloian 和 Baytelman，2007)。因此,除了将 mCSCL 置于主流的 CSCL 框架中之外,对于 mCSCL 研究者来说,重要的是要理解移动学习的独特性,以便适当而有效地应对“移动中协作”的挑战。

　　本章对 mCSCL 领域的研究和发展进行了总结。我们探讨了 CSCL 方法和移动学习方法之间的协同作用。也讨论了移动技术的特点和可见性,以及当代 mCSCL 学习设计和实践,并对 mCSCL 研究的未来趋势和发展作出了展望。

二、移动学习的理论化

夏普尔斯、泰勒和瓦沃拉(Sharples,Taylor 和 Vavoula,2007)为移动学习理论的发展铺平了道路,该理论通过探索由移动技术支持的学习和以人员和知识的移动性为特征的学习,重新定义了学习。这种理论与其他学习理论的区别在于:(1)学习者是跨空间学习的,因为他们把在一个地方获得的想法和学习资源带到另一个地方加以应用或发展;学习者会通过在不同的环境中重温先前获得的知识进行跨时间学习,这为终身学习提供了一个框架;学习者会不断地与技术打交道;(2)它涉及如何在办公室、教室和讲堂之外创建即兴学习场所这一问题;(3)该理论基于社会建构主义的方法,将学习视为一个积极的过程,通过在一个支持性共同体中的实践来建构知识和技能;(4)这一理论注重对于个人和共享技术的普遍使用。基于这些特征,移动学习被定义为"通过人与人之间的多个情境的对话和个人交互技术认识事物的过程"(p.225)。

因此,移动学习被概念化为一个在不断重构的情境中通过对话来认识事物的过程。与活动理论(activity theory)(Engeström,1987;Danish 和 Gresalfi,本书)类似,学习被概念化为个人、人类或非人类之间的互动和协商,这种互动和协商以不断发展的认识状态出现,因为它们是在不断变化的情境中被不断协商的目标所塑造的。移动技术提供了一个移动中的共享对话学习空间(shared conversational learning space),它不仅可以用于单个学习者,还可以用于学习小组和共同体。该技术还可以作为中介工具来作出演示、讨论想法、提供建议或协商协议。

劳里拉德(Laurillard,2007)的对话框架认为,如果学习者能够与同伴分享他们的作品,他们就会有动力改进他们的协作实践,如果他们能够通过与同伴讨论他们的作品来反思他们的经验,就会增强他们的概念性理解。学生在移动过程中就地创造的情境化的作品可能超越促进即时的知识共享,进而调节未来的知识共建(So,Seow 和 Looi,2009;Wong,Chen 和 Jan,2012)。一个典型的协作移动学习活动可以提供更多的机会,以数字化的方式促进特定网站的协作,以及加强学习者对于共同完成的任务的所有权和控制权,因为移动设备会以数字化的方式促进学生与现场数据/产品之间的联系。然而,虽然对话框架描述的是一个物理位置上的学习对话,但它并没有充分解决 mCSCL 中不断变化情境中持续协商交流和交互的挑战性问题(Sharples 等,2007)。

移动学习的一个关键特征是在不同情境下的无缝学习概念。无缝学习包括在不同的空间、时间和设备中与不同的伙伴进行协作学习。学习者创造和建立的作品和帖子总是根据参与者是谁、他们置身于什么样的学习空间、或者他们是否在移动中而被重新语境化,从而促成并支持丰富的 CSCL 场景。例如,在"移动,成语!"的移动辅助汉语成语学习轨迹中,五年级的学生以小组为单位,共同创造社交媒体(学生作品),捕捉校园(物理空间)内的事件,并运用所学习的成语(Wong, Chin, Tan 和 Liu, 2010)。然后,他们将自己的社交媒体发布到网上(网络空间;再语境化),再开放地展示给全班同学,让同学们对这些事件进行讨论和批判,或者审查其语言的准确性(Wong 等,2012)。然而,根据宋(Song, 2014)对 mCSCL 文献进行的元分析,以更明确的领域和任务的 CSCL 研究所采用的严谨态度来考察 CSCL 交互的"野外协作"研究并不多。

移动设备支持的学习和协作空间

基于协作学习理论和 CSCL 的实践,相关研究者提出了协作学习主流技术的核心功能,如为学习者提供参与共同任务、交流、共享资源、参与富有成效的协作学习过程、参与共同建构、监督和管理协作学习,以及发现和建立团体和共同体的机会(Jeong 和 Hmelo-Silver, 2016)。在这里,与我们相关的问题是,移动技术的独特优势是什么,它扩展并限制了主流 CSCL 之外的协作可能性。其中一个优势是,在小型移动设备上的交互有可能促进学生共享注意力,并构建交互性。当一个移动学习小组或共同体在移动时,学习者并不总是在一起,如果没有移动设备,他们就无法面对面或通过桌面电脑进行交流和协作(例如,Ogata 等,2011; Spikol, 2008)。

尽管如此,一些早期的移动学习文献对在 mCSCL 活动中使用小型移动设备的潜在挑战提出了警告,认为特别是在平板电脑出现和普及之前,以及在一个设备对多个学习者的环境中,要尤其注意这一问题。罗舍尔和佩(Roschelle 和 Pea, 2002)以及科尔和斯坦顿(Cole 和 Stanton, 2003)评论说,有限的屏幕大小会使共享注意力的维持出现问题,因为它们不容易允许多个学习者查看同一显示或共享信息。在移动学习的早期历史中,这种怀疑是成立的,确实值得注意,在平板电脑普及之前,可能是由于成本限制,大多数移动学习设计都采用了一个设备对多个学习者的设置。

多年来,技术教学设计的进步已经克服了这一限制。例如,科尔和斯坦顿(Cole 和 Stanton, 2003)认为,技术教学法可以围绕学习者学习和协作的方式来设计,而不是围绕设备来进行设计。该设备可能会最好地支持更具协作性的工作方式,其中每个学习者负责各自的任务,包括与物理环境有更多的交互,但有时候也会聚在一起共享数字信息。设备可用于短时间的突发事件(例如,输入和比较数据、查找和审查信息、与同伴和远程人员进行简短的通信和共享作品),以支持现场的物理学习活动(Rogers, Connelly, Hazlewood 和 Tedesco, 2010)。在设备本身的使用中,调节可以被视为具有广泛的表征性或广泛的协调性(Roschelle, Rosas 和 Nussbaum, 2005)。表征性调节提供组织内容的方式,以促进社会和认知加工。协调性调节提供组织 mCSCL 设备之间信息流的方法,以支持活动的目标。

三、mCSCL 学习设计类型

无线互联设备通过组建协作小组(Dede 和 Sprague，1999)、增强学习动机(Lai 和 Wu，2006；Liu，Chung，Chen 和 Liu，2009)、促进互动学习(Zurita 和 Nussbaum，2004)、发展认知技能(排序、评估、综合)、促进学习者对学习过程及其与现实世界关系的控制(Valdez 等，2000)等途径支持建构主义教育活动。mCSCL 的研究涵盖了不同学科和学习者群体，如地理(例如，Reychav 和 Wu，2015——涉及中学生)、护理(例如，Lai 和 Wu，2006——本科生)、数学(例如，Roschelle，Rafanan，Estrella，Nussbaum 和 Claro，2010——四年级学生)、计算机编程(例如，Liu 等，2009——研究生)、自然科学(例如，Sharples 等，2014——五至八年级学生)、人文科学(例如，So，Tan 和 Tay，2012——七年级学生)、语言(例如，Ogata 等，2011——本科生)、平面设计(例如，Hsu 和 Ching，2012——本科生)、商科(例如，Baloian 和 Zurita，2012——本科生)和教师教育(例如，Ke 和 Hsu，2015——本科生)。研究所采用的研究方法包括基于设计的研究(RoChelet 等，2010；Sharples 等，2014；So 等，2012)、学习者交互的内容分析(Hsu 和 Ching，2012；Liu 等，2009)、准实验(Baloian 和 Zurita，2012；Lai 和 Wu，2006；Ogata 等，2011)、混合方法(Ke 和 Hsu，2015)以及学习者感知和表现的定量分析(Reychav 和 Wu，2015)。

目前的 mCSCL 教学设计和实践可以分为三种主要类型：课内 mCSCL、课外 mCSCL、衔接课内和课外活动的 mCSCL。课内 mCSCL 通常是通过设备的网络通讯来增强现实教室传统的面对面协作(Boticki，Looi 和 Wong，2011；Nussbaum 等，2009)。通过让每个学生利用他们的个人设备参与产生想法和提出解决方案，课内 mCSCL 实现了课堂参与民主化。课外 mCSCL 支持现场学习的情景式、体验式、社会式和探究式观点，这种方式通常会被应用于实地考察和户外活动中，如 Ambient Wood (Rogers 和 Price，2009)和 LET'S GO! (Maldonado 和 Pea，2010)。

另外，mCSCL 还可以支持无缝学习以及衔接课内和课外活动(Looi 等，2010)。无缝学习(seamless learning)是指跨正式和非正式学习环境、个人和社会学习、现实世界和网络空间等不同维度的学习经验的协同整合。无缝学习的基本前提是，根据特定的时间段、地点或场景的快照，让学习者掌握所需的知识和技能是不可行的，也是没有成效的。在祖丽塔和努斯鲍姆(Zurita 和 Nussbaum，2004)以及徐和钦(Hsu 和 Ching，2013)的研究基础上，我们从如何支持协作的功能角度出发，描述了利用移动设备和技术支持协作学习的设计功能，如表 35.1 所示。mCSCL 广泛的功能表明，mCSCL 活动可以定位在一个更广泛的课程或学习流程系统中，其中 mCSCL 支持情境内的交互、不同情境的传递和创建，以及个性化和社会学习的时间和空间。

表 35.1　mCSCL 的功能、设计策略和示例

设计的功能	设计策略	示例
让每个学习者都能参与到协作活动中来	支持学习者的民主参与,使每个人都能在共享的工作空间生成、发布自己的贡献或解决方案。	点击系统以及运行在移动设备上的软件系统或应用程序,使每个学习者都能自发地在任何地方,以匿名或其他方式制作、发布他们的贡献,从而促进协作。
组织、展示协作任务以及材料	通过支持协作学习活动和其他形式的协作,组织完成分配的协作学习任务的个人部分。协作的形式是学习者在他们的移动设备上讨论任务、角色和表象。	在罗斯切尔等人(Roschelle 等,2010)的研究中,多选题形式的分数问题在讨论时被展示在每个学习者手中的单个设备上。在讨论活动中,他们能够使用移动设备展示他们各自的任务部分。然后,他们确定在多种表征格式(如数字表征和饼状表征)中显示的分数是否相等。
展示分配的学习任务的各个部分,学习者相互交流,创建现场小组	介绍有关设备的信息,以支持学习者互动组成小组。	波蒂基等人(Boticki 等,2011)和黄、波蒂基、孙、吕(Wong, Boticki, Sun 和 Looi,2011)认为,每个学习者被分配了分数或汉字的一部分,他们需要与他人协调,形成自己想要的分数或汉字。协作的形式是由任务需求强加的新兴群体或模式。
协调活动状态或信息流,强化学习和协作活动的规则和流程	促进和限制学习活动。支架探究式学习,使学习者能够跨越环境和时间、进行个体学习或者协作学习。	在基于移动计算机探究工具包 nQuire(Sharples 等,2014)中,学习者使用一个基于计算机的工具包来调查自己感兴趣的主题,该工具包指导整个探究过程,并将课堂上的结构化学习与家庭或户外的发现和数据收集联系起来。
促进共享工作空间中的通信和交互	使学习者能够向其他学习者和教师发送或发布消息,包括对彼此的帖子和作品进行评论。	黄等人(Wong 等,2010)认为,语言学习者可以通过个人智能手机,利用最近学习的词汇,分享与他们现实生活境遇相关的个人或共同创建的社交媒体。然后,他们评论同伴的帖子,在社交网络空间中评论(或纠正)词汇的用法。
为小组学习提供反馈	通过自动或其他方式反馈学生的答案是否恰当。	在祖丽塔和努斯鲍姆(Zurita 和 Nussbaum,2004)的研究中,任务由三个学习者组成的小组在他们的手持设备上完成。每个小组进行合作。当所有小组成员完成了自己的部分后,他们会向小组提供关于其工作正确性的反馈。这种小组层面的反馈会导致小组内的讨论,以寻求共识,修改每个成员的工作,使其正确。
鼓励学习者的流动性	无论是在课内还是课外,具有为学习者提供随时随地学习和协作的灵活性和情境可见性。	在吕等人(Looi 等,2010)的研究中,学生个人可以在各种场合使用自己的个人智能手机,学习者会借助或围绕着他们的智能手机,在现场(通常是自我指导的)或课堂上(通常是由教师协助的)进行各种个人和协作的科学学习活动。
利用移动设备基于位置的特性	营造一个情境和体验的环境,其中的信息、线索和背景取决于地点,并显示在移动设备上。	mCSCL 设计的一个类别是基于位置的移动辅助游戏学习,适用于户外和室内。斯奎尔和简(Squire 和 Jan,2007)为学生群体提供了一款基于地理位置的增强现实游戏:解决一个围绕湖泊的谋杀之谜。通过学习过程,学生在协作中发展调查和探究技能。

四、mCSCL 的研究现状

近十年来,mCSCL 的研究蓬勃发展。然而,文献中的发现和启示是零星的,主要是为移动学习的研究和实践提供信息,而不是试图回答主流 CSCL 领域提出的重大研究问题。有限的研究可能是由于广泛的移动学习方法,凸显了学习者协作的多样化形式和层次,需要进行各种研究探索。此外,大多数已确定的 mCSCL 研究都是从学习技术的角度进行的,重点是开发创新的移动技术以促进 mCSCL 的发展,以及学习效果的(准)实验评估。这些研究通常忽略了对协作过程数据的分析,或者只进行了简单的分析,对 mCSCL 的动态提供了有限的见解。本节重点总结以往 mCSCL 研究的一些显著发现和启示,这些研究有助于我们进行更广泛的 CSCL 研究。

鉴于使用移动技术可以灵活地满足不同群体规模和组成,mCSCL 研究的一个方面涉及群体的规模和组成。在 CSCL 的研究中,群体规模可以影响学生对群体中其他成员的影响,以及学生的表现(Cress,Kimmerle 和 Hesse,2009;Schwabe,Göth 和 Frohberg,2005)。一些研究旨在调查 mCSCL 的最佳群体规模,经常发现较小的群体倾向于更有效地协作和共同学习。施瓦贝等人(Schwabe 等,2005)曾报道过一项早期的相关尝试,其结果显示,在基于位置的移动学习游戏中,就学习者的参与度和沉浸度而言,没有明显的证据可以表明两人组比三人组优越。然而,和这两种情况相比,四人组是次优的。随后的研究(例如,Melero,Hernández-Leo 和 Manatunga,2015;Zurita 和 Nussbaum,2007)也得出了类似的结果。这些研究假设的一个共同的理由是,群体规模越大,所发生的社会化或社会化开销也就越多(例如,社会化话语或达成共识所需的时间越长),分散了群体成员对学习任务的注意力,如他们与真实情境和设备提供的数字信息的交互。

在协作之前,群体不必是固定的。mCSCL 为群体的逐渐形成提供了条件。mCSCL 的另一个研究方向将其兴趣放在"即时"对学习者进行分组上。也就是说,根据移动学习活动的技术教学设计,移动学习者分组可以更动态、更特别(例如,群体可能会随着时间的推移而重新组合),甚至是受情境限制。这可能与许多主流的 CSCL 研究不同,在这些研究中,学习者的分组往往是固定的,因为来自固定小组的成员有更好的联系和相互理解,或者教师可以享受更轻松的课堂/学习管理,或更有力地执行协作脚本。

然而,大部分此类研究似乎都相对以技术为中心,其共同目标是为自动动态分组开发创新的方案、算法或技术工具。尽管这些研究提供了良好的工程贡献,但这些开发工作通常是解决方案驱动而不是问题驱动的,而且往往缺乏适当的学习理论基础。具体来说,移动学习系统是根据学习者的心理特征(Wang,Lin 和 Sun,2007)、学习行为(Huang 和 Wu,2011)以及社会互动行为(Hsieh,Chen 和 Lin,2010)等来形成同质或异质的学习者群体。其他一些系统则根据上述标准的特定组合以及学习者开展协作学习任务的情境或地点对学习者进行分组（例如，Amara，Macedo，Bendella 和 Santos，2015；Giemza，Manske 和 Hoppe，2013；Tan，Jeng 和 Huang，2010）。

相比之下，祖丽塔、努斯鲍姆和萨利纳斯（Zurita，Nussbaum 和 Salinas，2005）报告了关注动态分组的比较扎实的 mCSCL 工作。根据约翰逊.D.W.、约翰逊.R.T.（Johnson 和 Johnson，1999）和雷斯（Race，2000）的框架，作者针对不同的目标制定了四个单独的分组标准：随机性（实现社交和学术异质性）、偏好（学生根据与同学的亲密度进行同质分组；减少选择的异质性）、学业成绩（异质分组；促进组内的同伴学习）和社交性（学生根据教师定义的亲和力量表进行分组；减少社交的异质性）。在基于课堂的协作学习过程中，教师可以根据学生的学习进度随时改变分组标准；系统也会相应地对学生群体进行重新分组。这项工作的应用在于，在无线互联设备的支持下采用简单快速的方式进行动态分组，可以从一组给定的学生中选择不同规模的参与者进行重新分组。

五、mCSCL 的未来研究

基于对现有工作的回顾，我们看到了 mCSCL 未来研究面临的几个挑战。我们需要利用移动和无处不在的技术，在学习的情境化和个性化以及协作的启示之间发挥协同作用。由于移动技术能够提供个性化学习，从设计考虑的角度来看，我们需要考虑这些元素如何为 CSCL 铺平道路或作出贡献。mCSCL 设计框架应该承认，在没有技术的情况下，学习的许多社会方面能够更好地进行，从而确定技术的特定中介作用（Roschelle，Rosas 和 Nussbaum，2005）。技术应该协调团队工作，促进协作，而不仅仅是推动学习者个人使用移动技术。

在 CSCL 中，我们需要在时间、空间和规模的多个层次上理解、支持和分析协作学习的交互作用。要理解 mCSCL 中的交互作用，就需要理解空间、时间和设备在不同情境下发生的交互。跨越分析层次的尝试——在 CSCL 理论、分析和实践中——是当今 CSCL 研究的前沿（Stahl，2013）。mCSCL 为研究这些问题提供了一个缩影。然而，目前还缺乏深入的 mCSCL 研究，但我们希望看到更多的 mCSCL 研究能够阐明协作过程，其中移动设备上的交互对整体学习体验起着重要贡献。

连接正式和非正式情境的移动 CSCL 研究面临着新的方法论挑战，我们需要通过数据收集来捕获移动 CSCL 在不断移动和重建情境中的过程和结果。学习者可能携带并使用他们的移动设备作为他们的个性化设备，进行一系列的活动，但并不是所有的活动都与 CSCL 交互分析相关。通过移动设备和在移动设备上进行的交互具有分布式和稀疏性的特点，这对跟踪观点的吸收和观点的发展提出了挑战。我们需要发展对来自多个学习空间和设备的数据进行收集和分析的方法。学习分析和大数据分析的发展所产生的研究方法可能为协作数据的分析提供了一些可能的途径。总之,学习科学的视角对于推进 mCSCL 研究有很大的帮助。

六、延伸阅读

Looi, C. -K., Seow, P., Zhang, B. H., So, H. -J., Chen, W., & Wong, L. -H. (2010). Leveraging mobile technology for sustainable seamless learning: A research agenda. *British Journal of Educational Technology*, 42(1),154 – 169.

本文提出了一个无缝学习的愿景,将移动技术作为学习中心,将课内和课外以及在其他二元学习环境中的学习与协作联系起来。阐述了无缝学习全球研究议程的要素。

Roschelle, J., Rosas, R., & Nussbaum, M. (2005, May). Towards a design framework for mobile computer-supported collaborative learning. *Proceedings of the Conference on Computer Support for Collaborative Learning 2005: The Next 10 Years!* (pp. 520 – 524). Taipei, Taiwan: ISLS.

本文提出了一个 mCSCL 的设计框架。该设计框架提出,调节可以发生在两个互补的层面上:社交层(如规则和角色)和技术层。技术层有两个组件,即表征性调节和网络化调节。一个特殊的设计挑战是实现对每一层的支持结构的有效分配,以及它们之间简单、透明的流动。作者认为,该框架足够通用,可以描述文献中提到的最重要的 mCSCL 活动。

Sharples, M., Scanlon, E., Ainsworth, S., Anastopoulou, S., Collins, T., Crook, et al. (2014). Personal inquiry: Orchestrating science investigations within and beyond the classroom. *Journal of the Learning Sciences*, 24(2).308 – 341.

移动技术可用于构建基于探究的学习的支架,使学习者能够在不同的环境和时间内独立或协同工作。它可以扩大学习者理解探究本质的机会,同时他们参与到具体探究的科学内容中。本文报告了使用基于移动计算机探究工具包 nQuire 来管理学习流程或场景的组织。

Song, Y. (2014). Methodological issues in mobile computer-supported collaborative learning (mCSCL): What methods, what to measure and when to measure?. *Educational Technology & Society*, 17(4),33 – 48.

本文综述了移动计算机支持的协作学习(mCSCL)的文献,重点研究了:(1)mCSCL 研究中利用的方法,这些方法主要集中于以移动设备为媒介的研究、学习和协作上;(2)这些方法是否有效地检测了 mCSCL;(3)方法实施的时间;(4)mCSCL 研究中存在哪些方法论问题。本文试图揭示更有利于检验 mCSCL 有效性的方法,从而使实践得以持续。

Zurita, G., & Nussbaum, M. (2004). Computer supported collaborative learning using wirelessly interconnected handheld computers. *Computers & Education*, 42(3), 289-314.

本文介绍了有关 mCSCL 设计的独特功能的早期工作,以支持 CSCL 中的通信、协商、协调和交互。它观察了青年学生在课堂上的协作,找出了上述方面的不足,提供了一个 mCSCL 设计,并研究了 mCSCL 应该如何减少这些弱点。

七、NAPLeS 资源

Dillenbourg, P. 15 minutes about orchestration [Video file]. In NAPLeS video series. Retrieved October 19, 2017, from http://isls-naples. psy. lmu. de/video-resources/guided-tour/15-minutes-dillenbourg/index. html

Looi, C.-K. 15 minutes about seamless learning [Video file]. In NAPLeS video series. Retrieved October 19, 2017, from http://isls-naples. psy. lmu. de/video-resources/guided-tour/15-minute-cee_kit_looi/index. html

Looi, C.-K. Interview about seamless learning [Video file]. In NAPLeS video series. Retrieved October 19, 2017, from http://isls-naples. psy. lmu. de/video-resources/interviews-ls/cee_kit_looi/index. html

参考文献

Amara, S., Macedo, J., Bendella, F., & Santos, A. (2015). Dynamic group formation in mobile computer supported collaborative learning environment. *Proceedings of the 7th International Conference on Computer Supported Education* (pp. 530–539), Lisbon, Portugal.

Baloian, N., & Zurita, G. (2012). Ubiquitous mobile knowledge construction in collaborative learning environments. *Sensors, 12*, 6995–7014.

Boticki, I., Looi, C.-K., & Wong, L.-H. (2011). Supporting mobile collaborative activities through scaffolded flexibile grouping. *Educational Technology & Society, 14*(3), 190–202.

Cole, H., & Stanton, D. (2003). Designing mobile technologies to support co-present collaboration. *Personal and Ubiquitous Computing, 7*(6), 365–371.

Cress, U., Kimmerle, J., & Hesse, F. W. (2009). Impact of temporal extension, synchronicity, and group size on computer-supported information exchange. *Computers in Human Behavior, 25*(3), 731–737.

Danish, J. A., & Gresalfi, M. (2017). Cognitive and sociocultural perspective on learning: Tensions and synergy in the Learning Sciences. In F. Fischer, C. E. Hmelo-Silver, S. R. Goldman, & P. Reimann (Eds.), *International handbook of the learning sciences* (pp. 34–43). New York: Routledge.

Dede, C., & Sprague, D. (1999). If I teach this way am I doing my job? Constructivism in the classroom. *International Society for Technology in Education, 27*(1), 6–17.

Engeström, Y. (1987). *Learning by expanding: An activity-theoretical approach to developmental research.* Helsinki, Finland: Orienta-Konsultit.

Giemza, A., Manske, S., & Hoppe, H. U. (2013). Supporting the formation of informal learning groups in a heterogeneous information environment. *Proceedings of the 21st International Conference on Computers in Education* (pp. 367–375), Denpasar, Indonesia.

Hsieh, J.-C., Chen, C.-M., & Lin, H.-F. (2010). Social interaction mining based on wireless sensor networks for promoting cooperative learning performance in classroom learning environment. *Proceedings of the 6th IEEE International Conference on Wireless, Mobile, and Ubiquitous Technologies in Education* (pp. 219–221), Kaohsiung, Taiwan.

Hsu, Y.-C., & Ching, Y.-H. (2012). Mobile microblogging: Using Twitter and mobile devices in an online course to promote learning in authentic contexts. *International Review of Research in Open and Distributed Learning, 13*(4), 211–227.

Hsu, Y.-C., & Ching, Y.-H. (2013). Mobile computer-supported collaborative learning: A review of experimental research. *British Journal of Educational Technology, 44*(5), E111–E114.

Huang, Y.-M., & Wu, T.-T. (2011). A systematic approach for learner group composition utilizing U-Learning portfolio. *Educational Technology & Society, 14*(3), 102–117.

Jeong, H., & Hmelo-Silver, C. (2016). Seven affordances of computer-supported collaborative learning: How to support collaborative learning? How can technologies help? *Educational Psychologist, 51*(2), 247–265.

Johnson, D. W., & Johnson, R. T. (1999). *Learning together and along: Cooperative, competitive, and individualistic learning* (5th ed.). Boston, MA: Allyn & Bacon.

Ke, F., & Hsu, Y.-C. (2015). Mobile augmented-reality artifact creation as a component of mobile computer-supported collaborative learning. *The Internet and Higher Education, 26*, 33–41.

Lai, C.-Y., & Wu, C.-C. (2006). Using handhelds in a Jigsaw cooperative learning environment. *Journal of Computer Assisted Learning, 22*(4), 284–297.

Laurillard, D. (2007). Pedagogical forms of mobile learning: Framing research questions. In N. Pachler (Ed.), *Mobile learning: Towards a research agenda* (pp. 153–175). London: WLE Centre.

Liu, C.-C., Chung, C.-W., Chen, N.-S., & Liu, B.-J. (2009). Analysis of peer interaction in learning activities with personal handhelds and shared displays. *Educational Technology & Society, 12*(3), 127–142.

Looi, C.-K., Seow, P., Zhang, B. H., So, H.-J., Chen, W., & Wong, L.-H. (2010). Leveraging mobile technology for sustainable seamless learning: A research agenda. *British Journal of Educational Technology, 42*(1), 154–169.

Maldonado, H., & Pea, R. (2010). LET's GO! To the creek: Co-design of water quality inquiry using mobile science collaboratories. *Proceedings of the IEEE International Conference on Wireless, Mobile, and Ubiquitous Technologies in Education 2010* (pp. 81–87), Kaohsiung, Taiwan.

Melero, J., Hernández-Leo, D., & Manatunga, K. (2015). Group-based mobile learning: Do group size and sharing mobile devices matter? *Computers in Human Behavior, 4*, 377–385.

Nussbaum, M., Alvarez, C., McFarlane, A., Gomez, F., Claro, S., & Radovic, D. (2009). Technology as small group face-to-face Collaborative Scaffolding. *Computers & Education, 52*(1), 147–153.

Ogata, H., Li, M., Hou, B., Uosaki, N., El-Bishouty, M., & Yano, Y. (2011). SCROLL: Supporting to share and reuse ubiquitous learning log in the context of language learning. *Research and Practice in Technology Enhanced Learning, 6*(2), 69–82.

Race, P. (2000). *500 tips on group learning*. London: Kogan Page.

Reychav, I., & Wu, D. (2015). Mobile collaborative learning: The role of individual learning in groups through text and video content delivery in tablets. *Computers in Human Behavior, 50*, 520–534.

Rogers, Y., Connelly, K., Hazlewood, W., & Tedesco, L. (2010). Enhance learning: A study of how mobile devices can facilitate sensemaking. *Personal and Ubiquitous Computing, 14*(2), 111–124.

Rogers, Y., & Price, S. (2009). How mobile technologies are changing the way children learn. In A. Druin (Ed.), *Mobile technology for children* (pp. 3–22). Boston, MA: Morgan Kaufmann.

Roschelle, J., & Pea, R. (2002). A walk on the WILD side: How wireless handhelds may change computer-supported collaborative learning. *International Journal of Cognition and Technology, 1*(1), 145–168.

Roschelle, J., Rafanan, K., Estrella, G., Nussbaum, M., & Claro, S. (2010). From handheld collaborative tool to effective classroom module: Embedding CSCL in a broader design framework. *Computers & Education, 55*(3), 1018–1026.

Roschelle, J., Rosas, R., & Nussbaum, M. (2005). Towards a design framework for mobile computer-supported collaborative learning. *Proceedings of the International Conference on Computer-Support for Collaborative Learning 2005* (pp. 520–524), Taipei, Taiwan.

Schwabe, G., Göth, C., & Frohberg, D. (2005). Does team size matter in mobile learning? *Proceedings of the International Conference on Mobile Business* (pp. 227–234), Sydney, Australia.

Sharples, M., Scanlon, E., Ainsworth, S., Anastopoulou, S., Collins, T., Crook, C., et al. (2014). Personal inquiry: Orchestrating science investigations within and beyond the classroom. *Journal of the Learning Sciences. 24*(2), 308–341.

Sharples, M., Taylor, J., & Vavoula, G. (2007). A theory of learning for the mobile age. In R. Andrews & C. Haythornthwaite (Eds.), *The Sage handbook of e-learning research* (pp. 221–247). London: Sage.

So, H.-J., Seow, P., & Looi, C.-K. (2009). Location matters: Leveraging knowledge building with mobile devices and Web 2.0 technology. *Interactive Learning Environments, 17*(4), 367–382.

So, H.-J., Tan, E., & Tay, J. (2012). Collaborative mobile learning in situ from knowledge building perspectives. *Asia-Pacific Education Researcher, 21*(1), 51–62.

Song, Y. (2014). Methodological issues in mobile computer-supported collaborative learning (mCSCL): What methods, what to measure and when to measure? *Educational Technology & Society, 17*(4), 33–48.

Spikol, D. (2008). Playing and learning across locations: Identifying factors for the design of collaborative mobile learning. Licentiate thesis, Växjö University, Sweden.

Squire, K. D., & Jan, M. (2007). Mad city mystery: Developing scientific argumentation skills with a place-based augmented reality game on handheld computers. *Journal of Science Education and Technology, 16*(1), 5–29.

Stahl, G. (2013). Learning across levels. *International Journal of Computer-Supported Collaborative Learning, 8(1)*, 1–12.

Tan, Q., Jeng, Y.-L., & Huang, Y.-M. (2010). A collaborative mobile virtual campus system based on location-based dynamic grouping. *Proceedings of the 10th IEEE International Conference on Advanced Learning Technologies* (pp. 16–18), Sousse, Tunisia.

Valdez, G., McNabb, M., Foertsch, M., Anderson, M., Hawkes, M., & Raack, L. (2000). Computer-based technology and learning: Evolving uses and expectations. Retrieved from www.ncrel.org/tplan/cbtl/toc.htm

Wang, D. Y., Lin, S. J., & Sun, C. T. (2007). DIANA: A computer-supported heterogeneous grouping system for teachers to conduct successful small learning groups. *Computers in Human Behavior, 23*(4), 1997–2010.

Wong, L.-H., Boticki, I., Sun, J., & Looi, C.-K. (2011). Improving the scaffolds of a mobile-assisted Chinese character forming game via a design-based research cycle. *Computers in Human Behavior, 27*(5), 1783–1793.

Wong, L.-H., Chen, W., & Jan, M. (2012). How artefacts mediate small group co-creation activities in a mobile-assisted language learning environment? *Journal of Computer Assisted Learning, 28*(5), 411–424.

Wong, L.-H., Chin, C.-K., Tan, C.-L., & Liu, M. (2010). Students' personal and social meaning making in a Chinese idiom mobile learning environment. *Educational Technology & Society, 13*(4), 15–26.

Zurita, G., Autunes, P., Baloian, N., & Baytelman, F. (2007). Mobile sensemaking: Exploring proximity and mobile. *Journal of Universal Computer Science, 13*(10), 1434–1448.

Zurita, G., & Nussbaum, M. (2004). Computer supported collaborative learning using wirelessly interconnected handheld computers. *Computers & Education, 42*(3), 289–314.

Zurita, G., & Nussbaum, M. (2007). A conceptual framework based on Activity Theory for mobile CSCL. *British Journal of Educational Technology, 38*(2), 211–235.

Zurita, G., Nussbaum, M., & Salinas, R. (2005). Dynamic grouping in collaborative learning supported by wireless handhelds. *Educational Technology & Society, 8*(3), 149–161.

第36章　大规模在线开放课程和丰富的学习景观：学习科学的视角

格哈德·费舍尔（Gerhard Fischer）

一、大规模在线开放课程（MOOCs）

MOOCs 引起了全世界对学习和教育的兴趣。这种兴趣已经超越了狭隘的学术界（例如，《纽约时报》宣布 2012 年为"MOOC 年"；Pappano，2012）。由于寄宿制大学教育成本的急剧增长，"免费"MOOCs 的承诺寓示着一个令人振奋的发展。该名称中使用的不同属性描述了 MOOC 的目标：

- "大规模"（massive），因为它们旨在招收大量学生（即数千人，通常是数万人，有时甚至超过 10 万人）；
- "开放"（open），因为任何人都可以用互联网连接注册；
- "在线"（online），可通过互联网获得，不仅指授课方式，还指沟通方式；
- "课程"（courses），不仅指内容交付（如麻省理工学院的开放课件），还包括与课程相关的其他方面（讲座、论坛、点对点互动、测验、考试和证书）。

MOOC 这个名字是由戴夫·科米尔（Dave Cormier）在 2008 年创建的，第一个例子是 cMOOCs，然后是 2011 年的 xMOOCs。这两种方法基于两种不同的设计模式（Daniel，2012）：cMOOCs 基于连接主义（connectivism）（材料是开放的、可重新混合的和可进化的，从而使学习者发挥积极作用）（Siemens，2005）和网络（networking）（将学习者相互联系起来，回答问题并在联合项目进行协作）；而 xMOOC 是基于指导、基于传输的方法（instructionist, transmission-based approach），并增加了额外的组件（两种模式的详细比较可参见 Bates，2014）。目前，xMOOCs 是人们感兴趣和关注的焦点，本章讨论的论点和示例都集中在它们身上。

MOOCs 的一些初步目标是（Fischer，2014）：
- 打造来自精英院校的最优秀教授的一流课程；
- 将世界上最好的教育带到地球上最偏远的角落；
- 通过向教授提供更多关于学生在某门课上做了什么以及如何做的数据，帮助教授改进课堂教学；
- 支持学生在共同体中的学习，从而扩展他们的知识和个人网络；并为学生提供有见地的反馈，以防他们在解决问题的尝试中出错或陷入困境。

1. MOOCs 的起源

关于 MOOCs 的创新之处,众说纷纭。广播和电视是比电子学习更早的远程教育形式,函授课程是为了克服距离和扩大受众而进行的教育。从 20 世纪 80 年代开始,许多大学都创建了带有视频接入的特殊教室,即通过可访问的在线形式为学习者提供研究生学位课程和证书,它也为在职专业人员提供了方便和灵活的教育。以下两项具体发展发挥了重要作用:

● 英国开放大学(Open University, OU)(成立于 1969 年;www. open. ac. uk)一直是远程教育的先驱。它"建立在这样一种信念之上,即通信技术可以为那些没有机会进入传统校园大学学习的人带来高质量的学位学习"。

● 麻省理工学院的开放式课程计划(OpenCourseWare, OCW)(始于 2002 年;http://ocw. mit. edu)基于一个承诺,即把麻省理工学院本科生和研究生课程的所有教育材料放在网上,部分免费,并向任何人和任何地方开放。

2. MOOCs 平台提供商

在过去几年里,许多 MOOCs 平台提供商以公司和非盈利组织的形式出现,它们与世界各地的大学和组织合作,为任何人提供课程。以下列举一些最著名的提供商:

● Coursera(www. coursera. org/)是一家营利性公司,2016 年提供了来自 28 个国家 140 家合作伙伴的 1500 多门课程;

● 麻省理工学院(MIT)和哈佛大学(Harvard)的 edX 项目(www. edxonline. org/)由一家非营利性公司创办推动,2016 年提供了超过 1100 门课程;

● Udacity(www. udacity. com/)最近专注于纳米学位课程(nanodegree programs),该课程可以在 12 个月内获得认证;

● FutureLearn(http://futurelearn. com/)是一家英国私人公司,由英国开放大学所有,也包括一些非大学合作伙伴。

这些不同的平台之间有许多相似之处,但从学习科学的角度来看,也存在着重要差异。随着时间的推移,这些公司通过采用不同的策略,促进了 MOOCs 的多样化(diversification)(超越了 xMOOCs 和 cMOOCs 之间最初的区别)。有些提供商专注于学术课程,有些提供商提供职业技能课程(与就业市场的联系更紧密),专注于日常生活中的人或公司,他们都在尝试不同的商业模式和时间模式。

3. 开放式在线学习环境中的 MOOCs

图 36.1 概述了开放式在线学习环境。MOOCs 代表了"开放式在线课程"领域中的一种特殊方式,它至少具有课程的某些属性(例如讲座、论坛、点对点互动、测验、考试和证书)。相比之下,开放的教育资源服务于不同的目的;它们提供关于特定的、独立的主题和问题的信息,而这些主题和问题几乎不需要各个组成部分之间的内聚力。

大多数关于 MOOCs 的讨论和分析都立足于经济角度(economic perspective)(可扩展性、生产力、"免费")和技术角度(technology perspective)(支持在线环境中大量学

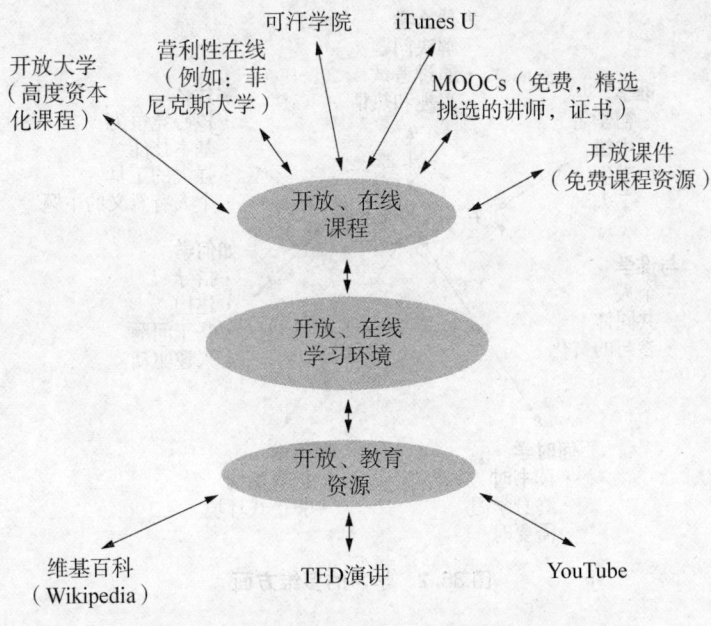

图 36.1　开放式在线学习环境下的 MOOCs

生的平台、论坛、点对点学习支持和自动评分等丰富组件）。很少有人从学习科学的角度对 MOOCs 进行分析，并将其与其他学习和教学方法放在一个更大的背景下研究。与 MOOCs 相关的一些主要期望是，通过"向任何人免费提供一些世界顶尖专家的知识"来为每个人提供教育，从而丰富学习机会的前景，并缩小数字鸿沟。

在其短暂的存在时间里，MOOCs 值得称道，因为它不仅唤醒了学术界，也唤醒了整个媒体，让在线学习和教学引起了公众的注意。MOOCs 的一个特殊影响是其"迫使"寄宿制、研究型大学反思、界定和强调其核心竞争力的挑战（Fischer 和 Wolf，2015）。

本章特别强调从学习科学的角度评估 MOOCs，将其定位为丰富学习景观中的一个组成部分。与这种方法相关的期望是，一种共生关系能够为两个挑战提供红利和进展：（1）MOOCs 的未来发展可以立足于学习科学的见解；（2）将 MOOCs 作为一种特定而独特的学习和教学情境进行探索，可以丰富学习科学的研究（Eisenberg 和 Fischer，2014）。

二、丰富的学习景观

学习科学研究的不足之一是，许多方法过于胆小，思维不够激进，过于注重学校教育而对学习的多维度不够重视（Collins 和 Halverson，2009；Resnick，1987）。图 36.2 概述了学习的多个方面，旨在探索丰富的学习景观——以下段落简要描述了与这些不同方面有关的基本问题。

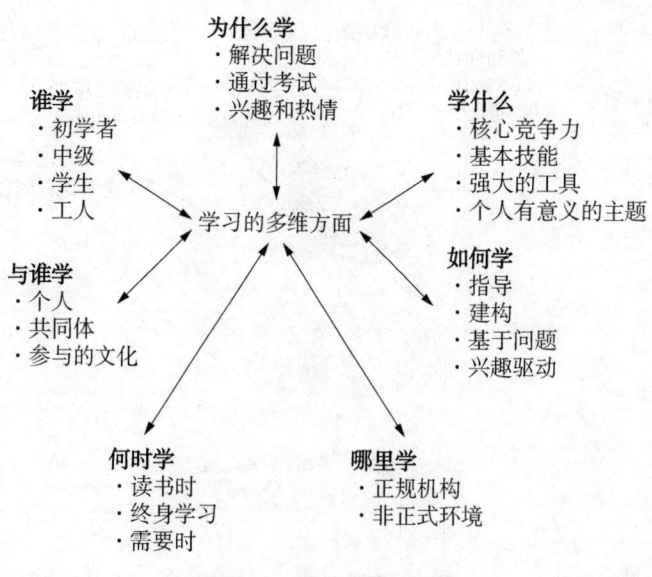

图 36.2　学习的多维方面

1. 谁在学习：不同阶段的人

学习者可能是不同年级和不同机构的学生（从 K - 12 到大学教育），也可能是在工业界工作的人，或者是试图更多地了解周围世界的好奇公民。有些学习者可能是初学者（一般的、统一的入门课程对他们很有用），而有些学习者可能有丰富的知识背景和非常具体的目标，需要更个性化的指导。

2. 为什么学习：不同的目标

有些人学习是因为他们需要通过考试，满足学校或大学课程的要求，也有些人学习是因为他们对某些活动充满热情（如 Collins 和 Halverson，2009）。因为个性化的MOOCs 还是以其教学性质为主，所以它很少为学习者提供有关兴趣驱动的学习机会。不过，MOOCs 的整体发展"空间"（截至 2016 年底，约有 7000 门课程可供选择；www. class-central. com/report/mooc-stats-2016/）所提供的课程比一所大学所能提供的课程更多，所以它也涵盖了一些少数学习者感兴趣的小众主题。

3. 学习内容：探索对个人有意义的问题，获取基本技能和核心竞争力

在正式的学习环境中，学生的学习在很大程度上取决于课程（Resnick，1987）。学习者很少有机会通过探索需要识别和构建的、对个人有意义的问题来获得经验。在参与对个人有意义问题的同时，应该辅之以学习机会，以获得 21 世纪的基本技能和核心竞争力。这些能力主要不包括学习和记忆事实，而应侧重于：（1）获取和使用信息；（2）识别、组织、规划和分配资源；（3）与他人合作；（4）使用各种技术。

4. 如何学习：以不同的方式学习

当今世界的学习必须将学习概念化，使之成为一种包容的、社会性的、非正式的、参与性的和创造性的终身活动。许多问题（特别是设计问题；Simon，1996）是独特的、

定义不明确的,而解决这些问题的知识不是"现成的",而是需要整合所有利益相关者的贡献和想法。在这样的环境中,学习者必须是积极的贡献者,而不是被动的消费者,学习环境和组织必须培养和支持有助于学习者增强能力和愿意积极贡献的思维方式、工具和技能(Jenkins,2009;von Hippel,2005)。

5. 在哪里学习:在合适的地方

从历史上看,学校为个人提供了学习的场所。从家庭教育、工作场所学习、远程教育、成人教育和各种设计空间(如博物馆、动物园、环境中心)的爆炸性增长中,我们可以看到新的教育体系的萌芽。对日常认知的研究表明,学校的正式学习和实际环境中的非正式学习有着重要的区别(美国国家研究委员会,2009)。我们对学校学习的发现还不足以构成人类学习的理论:学校往往注重个人认知、记忆和学习一般的事实,而在世界范围内的学习需要依赖于共享认知、使用强大的工具和外部信息源,以及针对特定情况的能力。

6. 何时学习:在正确的时间

信息过载和世界的快速变化给学习和教育带来了新的问题和挑战。随着生活和工作的不断变化,人们将不得不在他们的一生中不断学习新的知识和技能,通过采取新的办法来规避无法解决的信息范围和过时的问题(Goggins,Jahnke 和 Wulf,2013)。按需学习是解决这些问题的一种有前途的方法,因为(1)它将学习融入工作中,而不是将其归为一个单独的阶段;(2)它让学习者自己看到新知识对于实际问题情境的有用性,从而增加学习新事物的动机;(3)它使新信息与手头的任务相关,从而导致更明智的决策、更好的产品和改进的性能。

7. 与谁学:超越个人思维

在过去,大多数计算环境都专注于单个用户的需求。系统性问题需要的知识比任何一个人所拥有的都要多,因为与构建或解决这些问题相关的知识通常分布在来自不同学科的不同利益相关者之间。"文艺复兴学者"(renaissance scholar)(意指精通所有相关领域的人)已经不复存在(Csikszentmihalyi,1996)。为了处理复杂的多学科问题,人们需要利用技术提供的强大工具来发现、分析、操作和交流知识。这需要将不同的、经常有争议的观点汇集在一起,在利益相关者之间创建共享的理解,它也可以带来新的见解、想法和作品。

MOOCs 有潜力(其中一些今天已经实现,许多方面都是未来 MOOCs 的设计挑战)为这些不同维度的多方面学习作出贡献。

三、技术水平

将 MOOCs 概念化为丰富的学习景观的组成部分,为区分 MOOCs 的内部(internal)和外部(external)观点提供了基础(Fischer,2016)。MOOCs 的内部观点解决了与自身优势和劣势直接相关的众多挑战,而外部观点则侧重于这样一个承诺:对 MOOCs 的研究将为所有环境下的学习提供信息,而不仅仅是 MOOCs。

1. MOOCs 的内部和外部观点

MOOCs 的内部观点。内部观点将 MOOCs 作为一种特定的教与学活动,而不是把它看作是丰富的学习景观的一个组成部分。内部观点主要关注以下主题:

- 区分 cMOOCs(促进学习者之间的联系和协作)和 xMOOCs(有效地向大量受众提供内容)(Bates,2014);
- 区分免费提供的基本服务(如获取课件)与需要付费的高级服务(如访问项目、代码审查和反馈、私人教练和认证证书);
- 确定参与者人数,计算特定课程的完成率;
- 分析参与者的教育背景(实证研究结果令人惊讶,发现 xMOOCs 中最大的参与者群体已经拥有硕士学位);
- 寻找评估大量参与者学习成绩的方法(通过自动化过程或支持同伴评分);
- 利用捕获的大量数据进行学习分析研究(Siemens,2012);
- 支持当地的聚会小组(允许同一地点的参与者亲自会面);
- 建立纳米学位课程,让人们(主要来自工业界)能够获得特定的知识和有针对性的技能,而不需要延长时间。

MOOCs 的外部观点。学习科学的视角主要强调 MOOCs 的外部观点。它为确定以下主题提供了参考框架:

- 需要支持和实践不同形式的学习(终身学习、混合学习、协作学习)(Bransford,Brown 和 Cocking,2001);
- 学校的正式学习需要非正式学习的补充(美国国家研究委员会,2009)。
- 以供给为导向("推送/交付")的模式向学习者提供以后可能与他们相关的知识,需要"拉动/按需学习"的方法进行补充(Collins 和 Halverson,2009);
- 以消费者为导向的文化需要得到参与性文化的补充(Jenkins,2009);
- "学了什么"需要通过"学会成为"来补充(Brown,2005);
- "在答案已知时学习"需要通过"在答案未知时学习"(以及探索没有答案的问题)来补充(Engeström 和 Sannino,2010)。

这个列表中总结的不同目标之间具有相互矛盾性(或设计权衡)(Bruner,1996)——真理是对的,每一个目标都值得在不同的情境中追求,但在一定程度上也相互矛盾,这取决于要学习的材料、学生、环境和许多其他因素。面对 MOOCs 这样的新技术,学习科学的基本目标是识别技术中潜在的矛盾的各个方面;一旦识别出来,我们就可以在有根据的情况下使用技术,研究它在学习中的作用,并设计替代或补充技术,以减轻片面性的问题。

2. 参与动机

为什么 MOOCs 会成为如此热门的话题？分析这个问题的一个方法是探索所有受 MOOCs 发展影响的不同利益相关者的动机：提供商、教师、学生、家长、政治家、大学管理者和学习科学研究者（这些说法得到了几篇文章中初步发现的支持，DeCorte，Engwall 和 Teichler，2016）。

提供商阐述了自己之所以会参与的多种不同原因，包括（1）利他主义动机（altruistic motivations）（如"人人受教育"）；（2）解决一个令人兴奋的问题；（3）为所在机构带来声誉；（4）探索独特的商业机会。

教授之所以对 MOOCs 教学感兴趣（http://chronicle.com/article/The-Professors-Behind-the-MOOC/137905/#id=overviews）是基于以下一些动机：（1）通过接触大量学生而达到一定的影响范围；（2）面对新的挑战并从中学习；（3）避免掉队；（4）提高知名度和名气（也许未来成功的 MOOC 教授会被当作影视明星或体育明星）；（5）获得新的回报和利益（例如，通过教授一门非常成功的 MOOC 课程而获得声誉和社会资本，从而获得终身职位）。

学习者（各个年龄段的学生或在职专业人士）参与 MOOCs 的动机：（1）基于求知欲；（2）进行终身学习；（3）了解与他们面临的问题相关的具体知识；（4）利用这些知识作为他们唯一的教育机会；（5）成为有趣的知识共同体的成员（也许可以与人们加入读书俱乐部的原因相提并论）。

家长们（在大多数情况下，为孩子的教育支付了大量的费用）的关注点在于，他们很想知道，他们的孩子是否能用他们支付传统大学教育的一小部分钱来获得同样高质量的教育。

公立大学的政治家（或私人大学的筹款人）将欢迎任何推动减少大学所需资金承诺的变革。大学管理人员同样欢迎节约成本，但此时许多人非常担心不能落在后面，而不是深刻理解这些发展对自己院校的影响。

学习科学领域的研究人员对 MOOCs 的看法往往存在严重分歧，但是他们有机会利用 MOOCs 的相关发展来重新思考学习、教学和教育（本章就是一种尝试）。

3. 大数据和学习分析

数据革命（"大数据"）为分析和记录人类行为提供了洞察力，其程度在几十年前被认为是不可能的（但被一些有远见的人担心；Orwell，1950）。谷歌、Facebook、亚马逊、Netflix、银行和超市（更不用说国家安全局了）对所有的人、他们的行为、他们看过的信息、他们买过的东西以及他们去过的地方都了如指掌。MOOCs 提供关于交互、协作和参与的丰富数据集，计算过程可以利用这些数据。学习分析（更多信息，见 Rosé，本手册）侧重于测量、收集、分析和报告有关学习者以及其情境的数据。它试图了解学习者的背景知识，为在线教育作为一种传播方式增加了重要的数据收集资源。

4. 观点：炒作和低估

MOOCs 最终会成为灵丹妙药还是骗人的万灵药？在学习、教学和教育领域，充斥着这样一些言论：(1)信息技术的狂热者认为，技术将彻底改变"教育"，计算机将取代教师；(2)信息技术的悲观主义者持相反主张，他们认为，计算机在课堂上会助长孤立、导致学习者缺乏创造力、思维僵化和草率，以及过度强调抽象思维(并因此低估现实世界的经验)。

现实生活中，不乏一些围绕 MOOCs 的炒作(Fischer，2014)和神话(Daniel，2012)，例如：

- "海啸即将来临"——斯坦福大学校长约翰·亨尼斯(John Hennessy)；
- "2012：MOOC 之年"——《纽约时报》(Pappano，2012)；
- "技术正在重塑教育的方方面面，为世界上最贫穷的公民带来一流的课程，并重塑所有学生的学习方式"——www. scientificamerican. com/editorial/digital-education。

当然，也有一些观点表达出了对 MOOC 的低估(underestimation)："事实上，MOOCs 中缺乏严肃的教学方法是相当引人注目的，它们的基本特征是短小精悍的视频片段，穿插着在线测验，并伴随着社交网络……如果我有个愿望，我会挥动魔仗让MOOCs 消失，但我担心我们已经把妖怪从瓶子里放出来了"(Vardi，2012，p. 5)。

5. MOOCs 的实证研究

作为对一些最广泛的公共媒体的初步假设和观点的补充，从学习科学的角度分析MOOCs 的不同方面的实证研究正在兴起(最近的详细综述，见 Veletsianos 和Shepherdson，2016)。迄今为止，大多数实证研究主要集中在：(1)以参与者为中心的主题，包括学习者的行为、表现、参与和互动、学习者的感知和偏好，学习者的经历、动机、教育背景和人口统计数据；(2)以课程设计为中心的主题，包括如何通过自动和个人反馈、论坛、点对点学习及评分、学习共同体的大规模促进和支持等来丰富课程的教学性质。

一个被广泛讨论的论点是 MOOCs 最令人不安的方面，即它们的低完成率(low completion rates)(在许多课程中低于 10%)(Breslow 等，2013；Eriksson，Adawi 和Stöhr，2016)。这个论点过分强调了将 MOOCs 与寄宿制大学教授的课程率进行比较，这也是其谬误之处，因为学习者在这两种环境下的参与度和表现是根本不同的。MOOCs 只需要免费和简单的注册即可完成，不需要正式的退学，并且其学习者包括大量可能对完成作业和评估没有任何兴趣的学生。如果我们将 MOOCs 概念化为 21世纪的教科书，那么这些令人不安的方面可能会受到质疑，因为没有人认为教科书是需要从头到尾阅读的，它们是学习者控制下的一种资源。

四、未来的挑战、趋势和发展

1. 协同进化：超越"礼品包装"

新的信息和通信技术被誉为学习和教育创新的主要推动力。虽然互联网、智能手机、应用程序、3D打印机等带来了大量改善学习和教育的机会,改善了现有的做法,启用了新的方法,创造了以前不可能甚至无法想象的新框架,但许多方法对学习和教育的影响很小,原因是:

- 以技术为中心的发展忽视了技术本身并不能决定社会结构,只能为新的社会和文化实践创造可行性空间(Benkler,2006)——复杂学习环境中的变化不仅仅取决于技术;相反,它们是人类行为和社会组织不断变化的结果,因此需要社会和技术系统的共同设计;
- 这些技术更像是礼品包装,即把新媒体作为现有做法的附加品,而不是作为从根本上重新思考下个世纪的教育应该是什么和可以是什么的催化剂——现有课程的"MOOC化"(moocifying)可以被看作是"礼品包装"的典型案例(忽略了远程学习不是远程课堂学习的基本假设);
- 这些技术只关注现有的学习组织(如学校和大学),却不探索新的可能性,如支持同伴、支持共同体的电子学习环境(包括 MOOCs),以及围绕特殊、独特兴趣形成的小众共同体。

2. 大海捞针:个性化和任务相关性

开放在线学习环境(见图 36.1)的快速增长,特别是 MOOCs,为学习者创造了一个独特的、不断增长的机会,让他们可以通过个性化的定制课程进行自学。与此同时,这一巨大且不断发展的空间也带来了挑战,即学习者如何找到与个人兴趣最匹配的学习资源(作品和人),以及如何得到导师和同伴的指导和建议支持。虽然各个 MOOCs 平台提供商提供的课程目录式环境和 MOOCs 的全球目录(如 MOOC 列表;www.mooc-list.com)以及"中央教室"(Class Central)(www.class-central.com)是朝着正确方向迈出的重要一步,但我们还需要更多的支持来帮助学习者找到和评估与他们的任务相关、符合他们的背景知识的课程。

3. 寄宿式研究型大学的核心竞争力

关于 MOOCs 的早期设想曾预测,它们将淘汰很大一部分寄宿制大学。但到目前为止,几乎没有证据表明这种情况会发生,而且最近的大部分研究活动都集中在通过确定这两种方法的核心竞争力,尝试用在线学习补充寄宿学习。MOOCs 的出现为反思师生、生生互动所提供的寄宿制大学体验的真正价值创造了机会和必要性(Fischer 和 Wolf,2015)。在未来新兴的混合模式中,MOOCs 可以作为 21 世纪的教科书,支持"翻转课堂"模式。它们可以帮助寄宿制大学摆脱由学习者听老师讲课的大型讲座,转向以教师的个人关注和参与机会为特点的积极学习环境。它们可以以更低的成本、以可衡量的方式为改善教育成果作出贡献。

五、结论

MOOCs 在其短暂的生命周期中最重要的贡献是，它产生了一个关于学习、教学和教育的广泛而（迄今为止）持久的讨论，不仅有狭隘的专业学术界参与，全球媒体、大学管理者和政治家也参与其中。

学习科学的研究者们不应该忽视 MOOCs，只从经济和技术的角度去立足和发展 MOOCs，而应该认真地参与到 MOOCs 中来，并影响其演变。即使是对 MOOCs 最严苛的批评者也不指望它们会消失。更有可能的是，它们将蜕变成许多不同的形态（例如，MOOC 1.0 提供的"基本服务"将通过 MOOC 2.0 开发和设想的"高级服务"得到补充）。

来自学习科学的研究人员不仅应该收集现有实践的数据，而且应该发展愿景、探索重要的开放性问题、并调查不同设计选择的利弊。例如，在以下两者之间如何权衡：（1）廉价的教育基础设施（在这种基础设施中，学生至少可以轻松地负担最低限度的教育，而且与寄宿制大学相关的资源被缩减）；（2）扩大的基础设施（在这种基础设施中，在线教育不仅得到了寄宿制大学的补充，而且还得到了有助于丰富学习景观的所有其他组成部分的补充，如图 36.1 所示）。

随着开放的在线学习环境（特别是 MOOCs）的出现，学习科学在未来几年面临的主要挑战是：（1）创建参考框架，从学习科学的角度（除了经济和技术角度外）理解MOOCs 的作用；（2）识别 MOOCs 对丰富的学习景观的独特贡献；（3）超越围绕MOOCs 的夸大炒作或过分低估；（4）分析 MOOCs 在确定寄宿制研究型大学核心竞争力中的作用。要成功地将在线教育与寄宿制教育结合起来，还需要进行实验。在此过程中，学习科学不仅有助于更好地理解 MOOC 现象，而且有助于解决根本性挑战，如"隔绝（isolating）"：（1）在数字时代接受教育意味着什么；（2）如何激发学习者的兴趣、动机并促进他们协作，创造丰富的学习环境，让人们想学而不是不得不学。

六、致谢

要感谢克里斯蒂安、皮埃尔·迪伦堡（Christian Stöhr 和 Pierre Dillenburg）以及本手册的编辑们提出的建议和重要的反馈意见，这些建议和反馈对本章早期版本的改进作出了重大贡献。

七、延伸阅读

Collins, A. and R. Halverson (2009). *Rethinking education in the age of technology：The digital revolution and the school*. New York：Teachers College Press.

这本书为未来的学习提供了一个愿景。通过超越专注于学校学习的狭隘学习观，本书说明了哪些丰富的学习景观可以而且应该被追求。

Cress，U.，Jeong，H.，& Moskaliuk，J.（Eds.）.（2016）. *Mass collaboration and education*. Heidelberg：Springer.

虽然 MOOCs 面向大众，但它们在促进和支持大规模协作方面不太成功。本书通过分析不同的理论方法，描述各种案例研究和调查分析过程的不同方法，全面概述了大规模协作。

DeCorte，E.，Engwall，L.，& Teichler，U.（Eds.）.（2016）. *From books to MOOCs？Emerging models of learning and teaching in higher education*（*Wenner-Gren International Series*，88）. London：Portland Press.

在本书中，来自学习科学领域的研究人员，MOOCs 开发人员和 MOOCs 用户对 MOOCs 从一开始到 2015 年的发展状况进行了批判性的分析和讨论。大多数贡献来自不同的欧洲人，这证明 MOOCs 的发展代表了一种国际现象。

Hollands，F. M.，& Tirthali，D.（2014）. *MOOCs：Expectations and reality：Full report*. Center for Benefit-Cost Studies of Education，Teachers College，Columbia University，New York. Retrieved from http：//cbcse. org/wordpress/wp-content/uploads/2014/05/MOOCs_Expectations_and_Reality. pdf

本报告调查了各机构创建 MOOCs 或将其整合到课程中的实际目标，并回顾了目前关于这些目标是否实现、如何实现以及需要何种代价以保证实现的证据。

Shah，D.（2015）. MOOCs in 2015：Breaking down the numbers. *EdSurge*. Retrieved from www. edsurge. com/news/2015-12-28-moocs-in-2015-breaking-down-the-numbers

本文提供了注册 MOOC 课程的学生人数、开设 MOOC 课程的数量、MOOC 课程的学科分布、MOOC 课程的提供者以及所提供课程评分的量化实证数据。

八、NAPLeS 资源

Fischer，G.，Massively open online courses（MOOCs）as components of rich landscapes of learning［Webinar］. In NAPLeS video series. Retrieved October 19，2017，from http：//isls-naples. psy. lmu. de/intro/all-webinars/fischer/index. html

参考文献

Bates, T. (2014). *Comparing xmoocs and cmoocs: Philosophy and practice*, Retrieved from www.tonybates. ca/2014/10/13/comparing-xmoocs-and-cmoocs-philosophy-and-practice/

Benkler, Y. (2006). *The wealth of networks: How social production transforms markets and freedom*. New Haven, CN: Yale University Press.

Bransford, J. D., Brown, A. L., & Cocking, R. R. (Eds.). (2001). *How people learn—Brain, mind, experience, and school*. Washington, DC: National Academy Press.

Breslow, L., Pritchard, D. E., DeBoer, J., Stump, G. S., Ho, A. D., & Seaton, D. T. (2013). Studying learning in the worldwide classroom: Research into edX's first MOOC. *Research & Practice in Assessment, 8*.

Brown, J. S. (2005). *New learning environments for the 21st century*, Retrieved from www.johnseelybrown.com/ newlearning.pdf

Bruner, J. (1996). *The culture of education*. Cambridge, MA: Harvard University Press.

Collins, A., & Halverson, R. (2009). *Rethinking education in the age of technology: The digital revolution and the school*, New York: Teachers College Press.

Csikszentmihalyi, M. (1996). *Creativity — Flow and the psychology of discovery and invention*. New York: HarperCollins.

Daniel, J. (2012). *Making sense of MOOCs: Musings in a maze of myth, paradox and possibility*. Retrieved from http://jime.open.ac.uk/articles/10.5334/2012-18/

DeCorte, E., Engwall, L., & Teichler, U. (Eds.). (2016). *From books to MOOCs? Emerging models of learning and teaching in higher Education* (Wenner-Gren International Series 88). London: Portland Press.

Eisenberg, M., & Fischer, G. (2014). MOOCs: A perspective from the learning sciences. In J. L. Polman, E. A. Kyza, D. K. O'Neill, I. Tabak, William R. Penuel, A. S. Jurow, et al. (Eds.), *Learning and Becoming in Practice: 11th International Conference of the Learning Sciences (ICLS)* (pp. 190–197), Boulder, CO.

Engeström, Y., & Sannino, A. (2010). Studies of expansive learning: Foundations, findings and future challenges. *Educational Research Review, 5*(1), 1–24.

Eriksson, T., Adawi, T., & Stöhr, C. (2016). "Time is the bottleneck": A qualitative study exploring why learners drop out of MOOCs. *Journal of Computing in Higher Education, 29*(1), 133–146. doi:10.1007/ s12528-016-9127-8

Fischer, G. (2014). Beyond hype and underestimation: Identifying research challenges for the future of MOOCs. *Distance Education Journal (Commentary for a Special Issue, "MOOCS: Emerging Research"), 35*(2), 149–158.

Fischer, G. (2016). MOOCs as components of rich landscapes of learning. In E. DeCorte, L. Engwall, & U. Teichler (Eds.), *From books to MOOCs? Emerging models of learning and teaching in higher education* (pp. 43–54). London: Portland Press.

Fischer, G., & Wolf, K. D. (2015). What can residential, research-based universities learn about their core competencies from MOOCs (Massive Open Online Course). In H. Schelhowe, M. Schaumburg, & J. Jasper (Eds.), *Teaching is touching the future—Academic teaching within and across disciplines* (pp. 65–75). Bielefeld, Germany: Universitätsverlag Webler.

Goggins, S., Jahnke, I., & Wulf, V. (Eds.). (2013). *Computer-supported collaborative learning at the workplace (CSCL@Work)*. Heidelberg, Germany: Springer.

Jenkins, H. (2009). *Confronting the challenges of participatory cultures: Media education for the 21st Century*. Cambridge, MA: MIT Press.

National Research Council (2009). *Learning science in informal environments—People, places, and pursuits*. Washington, DC: National Academy Press.

Orwell, G. (1950). *1984*. New York: Signet.

Pappano, L. (2012). The year of the MOOC. *The New York Times*. Retrieved from www.nytimes. com/2012/11/04/education/edlife/massive-open-online-courses-are-multiplying-at-a-rapid-pace.html

Resnick, L. B. (1987). Learning in school and out. *Educational Researcher, 16*(9), 13–20.

Rosé, C.P. (2018). Learning analytics in the Learning Sciences. In F. Fischer, C. E. Hmelo-Silver, S. R. Goldman, & P. Reimann (Eds.), *International handbook of the learning sciences* (pp. 511–519). New York: Routledge.

Siemens, G. (2005). Connectivism: A learning theory for the digital age. *Elearnspace*. Retrieved from www. elearnspace.org/Articles/connectivism.htm

Siemens, G. (2012). Learning analytics: Envisioning a research discipline and a domain of practice. *Proceedings of the Second International Conference on Learning Analytics and Knowledge (LAK '12)* (pp. 4–8). New York: ACM Press.

Simon, H. A. (1996). *The sciences of the artificial* (3rd ed.). Cambridge, MA: MIT Press.

Vardi, M. Y. (2012). Will MOOCs destroy academia? *Communications of the ACM (CACM), 55*(11), 5.

Veletsianos, G., & Shepherdson, P. (2016). A systematic analysis and synthesis of the empirical MOOC literature published in 2013–2015. *International Review of Research in Open and Distributed Learning, 17*(2).

von Hippel, E. (2005). *Democratizing innovation*. Cambridge, MA: MIT Press.

第三部分

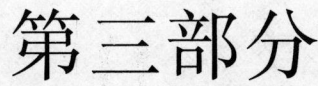

研究、评价和分析方法

第 37 章　基于设计的研究

萨达纳·蓬塔姆贝卡尔(Sadhana Puntambekar)

一、引言

　　自从安·布朗(Ann Brown)发表了关于"设计实验"的开创性文章(Brown,1992)以来,已经有好几篇文章对如今在学习科学领域被称为基于设计的研究(design-based research,DBR)的主要特征进行了阐释。我们还看到了一些知名期刊出版了关于 DBR 的专刊,以及编辑过的出版物。然而,关于 DBR 的早期文献大多集中在"是什么"上——主要讨论 DBR 的独特特征,尤其是发挥了完善创新以及教与学的基本理论的双重作用(DBRC,2003)。我们现在看到了一些关于 DBR "如何做"的文章(如 Sandoval,2014),这也是我想在本章重点讨论的地方。具体来说,我将讨论在 DBR 中研究轨迹(trajectories)的概念。我将提供具体的例子,并讨论如何规划和执行轨迹,以及我们可以从创新的迭代开发中学到什么。

　　创新的迭代开发是 DBR 的核心,在这种创新中,研究者们会在真实的环境中对设计进行测试。在每一次迭代中,研究者通常对研究与设计、学习成果以及与实施相关的问题感兴趣,同时会进一步完善他们设计的理论基础。但这些相互交织的目标也带来了挑战(Phillips 和 Dolle,2006)。例如,当多个目标交织在一起时,研究者可能会收集大量数据(Dede,2004),以回答多种类型的问题。因此,研究的严谨性会受到质疑,因为分析方法可能与不同的目标不一致(Kelly,2004)。在研究创新的发展过程中,另一个值得关注的问题是,研究通常无法控制变量,从而限制了发现的稳健性和适用性(Dede,2004;Shavelson,Phillips,Towne 和 Feuer,2003)。

　　我建议,设计研究最好是按照研究的轨迹(trajectories of studies)来描述,而不是通过单一的研究来解决多个相互交织的目标。精心策划的轨迹可以解决 DBR 在一些方法上的问题。沿着某个轨迹进行的研究不是同时研究设计的特点和测试基本的理论原理,而是可以在规模和范围上有所不同。沿着某个轨迹进行的具体研究可以关注设计特征、理论原理或实施问题。有些沿着轨迹进行的研究可能侧重于设计,而有些研究可能侧重于基本理论。每一项研究都会为下一项研究提供信息,并且有助于累积关于在情境中理解创新的许多方面的知识。我把这些称为信息周期(informing cycles),因为每个周期都会为下一组研究提供信息。总而言之,沿着轨迹的研究可以增加关于设计、实施以及真实情境中教与学的知识库。

DBR 的描述很少关注研究是如何沿着轨迹设计的，以及每个周期如何为下一个周期提供信息。这也是我在本章要重点讨论的地方。我将讨论我的一个项目，CoMPASS(Puntambekar, Stylianou 和 Goldstein, 2007)的发展轨迹，以说明我们进行的研究周期。我们的每一项研究都集中在该项目更大范围内的特定研究问题，以及它的总体理论框架。每一次迭代都说明了理论驱动的创新设计是如何与实证驱动的研究相结合的。我无意在本章讨论我们研究的细节。这些研究的细节已经在其他地方发表，我在本章引用了这些研究。我讨论这些研究只是为了帮助读者理解我们是如何规划我们的轨迹的。

二、CoMPASS 项目的研究轨迹

1. 迭代 1：测试我们的关键猜想

DBR 的一个显著特征是，在创新设计中嵌入学习的原则和假设。创新设计通常基于理论前提，其主要的理论构造体现在所设计的作品中。在 CoMPASS 项目中，我们的激励原则关注有关知识表征的研究，特别是在如何以更丰富的组织方式呈现专家知识的研究中，此类研究通常是围绕着可以概括的领域中心原则进行的（如 Kozma，2000；Newton 和 Newton，2000）。但是科学课程未能促进知识整合(Jacobson 和 Wilensky，2006；Linn 和 Eylon，2011)，这往往导致学生的想法在不同的科学主题中变得支离破碎。因此，CoMPASS 项目的目的是实现对科学内容的深入、连贯的理解，而不是多个互不相关的事实。我们的主要猜想是，当软件中的视觉表征以及配套的课程强调关键的概念联系时，学生会对科学思想和原理有更深的理解。这个关键想法被嵌入我们所有材料的设计中。首先，在 CoMPASS 项目中的电子教科书中，我们使用了视觉表征向学生展示科学思想和原理之间的联系。通过概念图形式呈现的视觉表征(Bederson 和 Hollan，1995；Furnas，1986)可以帮助学生看到这些联系，并使学生能够浏览文本。其次，我们广泛地基于设计学习(Learning by Design)(Kolodner 等，2003)的原则设计了教学单元，这是一个总体的设计挑战。

我们在前两次迭代中的研究构成了比拉克赛克(Bielaczyc, 2013)所说的存在证明(existence proofs)，即我们的教学单元是在开发它的情境中实施的。我们开展研究的学校与大学的研究工作密切相关。在材料的开发过程中，我们与学校里的老师建立了合作伙伴关系，获得了他们对我们的软件及教学材料的反馈。

(1) 研究 1 与研究 2：原则性变体

在第一次迭代的两项研究中，我们想要检验我们创新核心的基本原则：概念图可视化将使学生更好地理解不同的科学思想之间的联系，并帮助他们轻松地导航到与目标相关的概念和原则。我们引入了一个"原则性变体"(principled variation)，其中概念

图可视化的特定设计元素是变化的。引入"原则性变体"是一种关注设计的重要元素并研究其对学习影响的方法。在研究 1 和研究 2 中，我们比较了 CoMPASS 系统的两个版本——一个使用地图可视化，另一个使用传统的目录表，没有地图可视化。通过让同一位教师在使用不同版本的班级中授课，我们能够确保实施的其他方面的相似性，这样就减少了干扰因素。

在研究 1 中，一名八年级教师使用了 CoMPASS 的两个版本（Puntambekar、Stylianou 和 Hübscher，2003），每个班级使用一个版本。每个版本使用不同的视觉表征：地图版本（N＝22）使用概念图，无地图版本（N＝21）使用列表。学生使用 CoMPASS 进行"力与运动"这一主题的学习，三天共上了三节课。在研究 2 中，我们想要检验可视化对学习的影响：（1）在不同年级，以及（2）当学生使用 CoMPASS 的时间较长时。来自 8 个班的 156 名六年级学生参与了这项研究，由两位教师执教。学生在为期七周的简单机械单元中使用 CoMPASS。在学生参与为每一种简单机械（如楔子、滑轮、杠杆）设计的研究时，他们使用 CoMPASS 查找有助于他们研究的信息。对于每位教师来说，其中两个班级使用地图版本的系统，另外两个班级使用无地图版本的系统。在为期 10 周的单元中，共有 12 节课，所有学生都使用 CoMPASS，每节课持续大约 20—25 分钟。

在这两项研究中，我们采用物理概念的前测和后测以及概念映射测验来衡量学生对科学的理解。我们还收集了相关的日志文件，用于记录学生访问的节点以及在每个节点上花费的时间。在研究 1 和研究 2 中，以前测分数作为协变量的协方差分析（ANCOVA）表明，CoMPASS 版本（有地图或无地图）并不影响学生在前测和后测中多项选择题的得分。但在后测的开放式问题上，两组之间存在显著差异，地图组的表现明显优于无地图组（六年级 ES＝0.76，八年级 ES＝0.82）。同样，对学生在概念图测试中的表现的分析表明，地图组的学生对科学内容的理解明显更深入、更丰富（六年级 ES＝0.09，八年级 ES＝0.16）。地图组的学生似乎已经理解了他们正在学习的概念和与原理之间的相互关联的本质（Puntambekar 等，2007）。进一步的分析表明，使用地图版系统的学生在与目标相关的概念上花费了大量的时间，而没有地图组的学生则在一般的主题描述上花费了更多的时间，导致对科学内容的理解较浅（Puntambekar 等，2003）。回归分析表明，学生对地图功能的理解（使概念之间的关系可见）、对地图的使用和他们测试成绩之间存在显著的正相关关系（Puntambekar 等，2003）。这意味着，当学生理解了视觉表征的启示时，他们就可以成功地进行导航和学习。

这里需要注意的一点是，当我们通过引入原则性变体来检验我们创新的主要前提时，我们在两个年级进行了研究，以检验我们创新的关键猜想。尽管这些研究在同一所学校进行，限制了被试的多样性，但这也帮助我们更好地了解了不同年级和年龄层次的学生是如何使用可视化的。我们的结果在各个年级是一致的，这为我们提供了可视化对学习科学内容有用的证据。但我们也发现了学生对知识表征的理解，以及这种理解对他们学习的影响之间的有趣关系。我们发现,学生需要更多的支架来理解视觉表征的启示,以便他们使用知识表征来进行学习和导航。这些新的理解促使我们在这次迭代中进行了第三次研究。

(2) 研究 3:在更大实施范围内进行重点研究

我们根据对额外支架的需求设计了研究 3,以帮助学生理解 CoMPASS 中概念图可视化的启示。借鉴文本中的元认知理论与自主学习(Azevedo 和 Cromley,2004;Brown,Armbruster 和 Baker,1986;Brown 和 Palincsar,1987),在研究 3 中,我们为学生提供了导航的元认知支持,以帮助他们理解和使用可视化的启示,并找到与他们的目标相关的科学观点。我们将这种支持称为元导航支持(metanavigation support)(Stylianou 和 Puntambekar,2003,2004)。

我们将研究 3 作为一个重点研究(focused study),在更大的实施范围内随机分配条件。这样做的主要原因是,我们想检验基于学生导航提供元认知支持的想法,这需要对学生的日志文件进行实时分析,并根据这些分析提供支架。由于这是一项耗时的工作,我们想首先检验我们的猜想,即提供元导航支持能够帮助学生理解可视化的启示,并帮助他们更好地学习。因此,我们在为期 10 周的大范围实施中,实施了一项为期 3 天的小规模研究。在这项研究中,同一位教师教授的班级学生被随机分配到两种情况中,一种有元导航支持,另一种没有元导航支持。我们当天收集并分析了学生的日志文件,并为他们下一次使用 CoMPASS 提供了书面提示。课程结束后,我们对学生进行了理解测试和科学知识测试。共有 121 名学生参与了这项研究。

我们发现,元导航提示使学生能够使用概念图可视化进行连贯的转换,并获得对内容知识的更好理解。研究结果还表明,阅读理解、元导航支持以及先前的领域知识显著地预测了学生对科学原理及它们之间关系的理解。

2. 迭代 2:理解教师的促进作用

在我们第一个周期的所有三项研究中,研究小组的两名成员收集了课堂观察资料,以了解课程是如何运作的,以及教师是如何促进全班讨论和小组讨论的。我们的课堂观察表明,我们需要更好地支持教师,帮助他们理解我们教材的基本学习原则,并帮助他们制定全班和小组教学的策略。在研究 3(迭代 1)之后的暑期工作坊中,我们与教师们一起探讨了一些问题,如允许学生提出自己的问题、帮助学生探索和发现信息、以及强调开放式提问的重要性,这样,学生就不会一直寻找"正确"答案。教师们花了两天时间学习 CoMPASS,熟悉软件,阅读文本,并给项目组提供反馈。我们也创建了以课程中的主要原则和大思想为中心的教师指南,帮助教师了解如何在全班讨论中重申这些大思想。在专业发展之后,我们的重点转向更详细地检查课堂实施情况。在接下来的迭代中,我们研究了教师在全班和小组讨论中使用的策略。

如前所述,我们的主要前提是帮助学生理解各种科学思想之间的联系。我们的教学材料和软件的设计旨在反映这一前提,并为学生提供理解科学思想网络的机会,而不是一系列离散的事实。但是，使学生能够在科学原理之间建立联系的一个主要方面是教师在全班和小组讨论中提供的引导（Hoffman，Wu，Krajcik 和 Soloway，2003；Lumpe 和 Butler，2002；Palincsar 和 Magnusson，2001）。教师在重申和补充教学材料中所蕴含的教学原则方面起着至关重要的作用（Sandoval 和 Daniszewski，2004；Tabak，2004；Tabak 和 Reiser，1997）。因此，在迭代 2 中，我们特别关注教师主导的讨论如何（1）帮助连接课程单元内的活动，以及（2）帮助学生在科学概念和原理之间建立联系，实现更深层次的概念理解。

研究对象是来自七个科学班级的 132 名六年级学生，分别由两名不同的教师执教。学生在 10 周内使用了简单机械课程。我们收集了该单元所有全班讨论和小组讨论的视频。对前测和后测的分析表明，其中一位教师所在班级的学生在包含多项选择题和论文写作的科学后测以及概念映射测试中的表现明显更好（Puntambekar 等，2007）。定性研究分析表明，这位教师在促进全班讨论和小组讨论的方式上有重要变化——她帮助学生在科学思想之间建立联系，她还帮助学生理解不同的活动，如做实验、做研究，根据证据提出主张，探究不同的科学思想是如何相互关联的，这样学生就不会把每个活动本身作为目的。课堂互动分析为我们提供了一个情境来帮助我们解释学生前测和后测中的分数。

3. 迭代 3：描述实施的特点

在前两次迭代中，我们有机会在一所学校实地检验我们的设计，尽管是在不同的教师和不同的年级，但这也足以验证我们工作的关键原则。之后，我们从这个有限的情境转移到实际的实施阶段，将我们的研究扩展到城市、农村和郊区的学校（Bielaczyc，2013）。在这个阶段，我们在两个州的几个学区实施了我们的单元，包括农村、城市和郊区。27 个班级的七名教师参与了这项研究。我们的目的是了解我们的创新是否在其他资源、教师准备、学生人数和管理人员支持程度完全不同的情况下有效。我们对每位教师的一个目标班级进行录像，并收集该班级的观察结果。我们比较了不同情境下的实施情况，密切关注不同情境下教师调整我们设计的课程的方式（Bielaczyc，2013），以及学生和教师面临的各种挑战。在这个周期之后，我们根据视频分析和教师的反馈，对课程进行了几次修改，使其能在不同的情境中使用。我们完善了教师可以用来促进全班讨论的策略，使其更加具体。这个阶段在我们的工作中非常重要，因为正如科洛德纳（Kolodner，2006）所描述的那样，将创新引入设计情境之外的课堂是一项挑战。对不同情境下的实施进行深入分析，有助于我们更好地了解教师和学生面临的挑战，以及我们需要对创新所做的改变。特别是，我们发现引导全班讨论对教师来说是一种挑战，无论是在关注内容思想方面，还是在制定帮助学生参与的策略方面。在这一周期的研究基础上，我们对教师材料进行了广泛的修改，增加了与内容相关的信息。我们还发现了教师使用的成功策略，以及课堂上的实例视频。我们也对小组对话进行了回顾性分析，以了解学生如何在小组中进行合作和学习。通过对几个目标学生群体的微观发生法的分析,我们更好地了解了如何支持小组学习,包括来自教师的支持和来自教学材料的支持(Bopardikar, Gnesdilow 和 Puntambekar, 2011;Gnesdilow, Bopardikar, Sullivan 和 Puntambekar, 2010)。此后,我们在 CoMPASS 项目之后的几个项目中使用了这些材料。

三、DBR 的规划轨迹

1. 轨迹内研究的规模与范围

CoMPASS 项目只是轨迹的一个例子,在这个轨迹上,研究是反复规划和进行的。轨迹内的研究可以有不同的规模和范围。研究并不总是涉及扩大规模;也就是说,随着项目的成熟,创新会被用于多种情境中。可能还有其他轨迹;每个项目也可以有不同的轨迹,这是由基本的理论模型、设计要素的相对重要性和实际考虑决定的。以下是两个研究轨迹的例子。

案例一:从实验室研究到课堂研究

安·布朗在交互教学(reciprocal teaching)和培养学习者共同体(fostering communities of learners, FCL)方面的工作轨迹可能是理论驱动的实验室研究如何转化为课堂研究的最佳范例之一。交互教学研究是基于布朗此前在阅读理解、有效策略的重要性以及元认知方面的大量研究,这些研究跨越了数年的理论建构和完善。交互研究本身遵循着一个非常有趣的轨迹。最初的交互教学研究是在研究者与个别儿童一起工作的情况下进行的。后来在教室外的资料室里进行了研究,接着是在完整的教室里进行研究,在那里,教师与儿童小组一起工作。值得注意的是,在十多年的交互教学研究中,研究者不仅对交互教学与传统教学进行了比较,而且还对干预措施的组成部分进行了详细研究,如同时呈现所有策略的价值,或使用交互教学预防阅读相关困难的价值。这些研究共同促进了理解、元认知和策略使用研究的理论进步。

在交互教学的课堂研究中,研究者必须考虑几个相互作用的变量,如小组的性质和规模、教学变化、文本性质、学习者及他们之间的互动。这些研究的范围也不同,因为指导是在几天内进行的,而早期的研究只包括短期干预(1—2 天)。这使研究人员能够理解教师提供的支架和同伴群体的性质是如何影响学习的(Palincsar, 2003)。所有这些研究都促进了理论的构建和完善,为布朗下一阶段的 FCL 工作奠定了基础。交互教学和同伴参与分享观念、协作构建知识的经验构成了 FCL 的核心。交互教学和 FCL 不仅完善了理论,而且增加了新的评估形式。此外,他们还帮助研究界将注意力集中在与教师、管理人员和利益相关者的协作上。最重要的是,FCL 研究帮助研究者理解了课堂情境的复杂性及其中的众多因素,从而产生了设计实验的概念!

基于设计的研究是关于理解创新是如何在现实世界环境中运作的。但有时,在实现过程中会出现一些问题,所以研究需要在更可控的环境中进行检验。即使一项创新正在扩大规模并在多个情境中实施,也可以通过实验室研究来帮助研究人员了解出现的具体问题。正如布朗(Brown,1992)所讨论的那样,当 FCL 课堂中出现关键问题时,研究人员就会进行实验室研究,系统地检验基于课堂研究产生的假设。然后,这些可以为课堂研究提供信息,同时完善理论假设。

案例二:完善创新的具体方面

研究轨迹的另一种应用方式是完善对创新和课堂社会结构的理解。张、斯卡德玛利亚、里夫和梅西纳(Zhang,Scardamalia,Reeve 和 Messina,2009)讨论了三个研究的轨迹,其中设计的完善发生在参与式结构中,或者是使用知识论坛(Knowledge Forum®)研究不同协作模式的"社会组织"中。

张和他的同事们的研究目的是理解集体责任的出现和集体知识的进步(见 Chan 和 van Aalst,本手册)。这需要学生持续地参与小组讨论,分享和提炼观点,审视多个观点,并综合各种观点。由于这一轨迹的研究对象是集体理解的出现,因此参与者的结构也发生了改变,以促进集体责任和知识建构。张等人检验了参与者结构的三种变体:固定组、交互组和际遇性协作(opportunistic collaboration)。在第一次迭代中对固定组进行研究后,他们发现学生之间缺乏跨组互动。由于主要目标是增进集体知识,所以大多数学生与自己小组的成员互动。因此,在接下来的迭代中,他们提供了跨组互动的机会,这样学生就可以向其他组贡献想法,共享信息。但是,研究发现,教师仍然需要协调这些互动。在第三次迭代中,小组出现了,因为所有学生要集体负责增进他们对主题的理解。学生根据他们新出现的目标和需求召集小组。张等人从集体责任的维度对对话进行了详细分析。

在这种情况下,所有沿着这条轨迹的研究都发生在同一间教室,由同一位教师授课。但是,每年,新研究都会在前一次研究的基础上进行改变。研究人员对完善支持协作学习的参与式结构特别感兴趣,这一目标构成了研究的基础。通过研究同一位教师所教班级的参与式结构,张等人能够比较他们的迭代研究,并检验哪些协作框架最有利于知识进步。

2. 平衡相互交织的目标

如前所述,DBR 的目的是完善设计的要素,以及检验设计所依据的理论构造。但并非所有问题都在或应该在一项研究中得到解决。我对轨迹例子的讨论显示了关于教与学的关键猜想是如何形成一个轨迹研究的基础的,以及每项研究是如何影响下一项研究的。在 DBR 中,关于学习与教学的猜想可以体现在材料、工具和/或参与者结构中。张等人描述的研究轨迹就是关于参与者结构的一个例子,以及如何通过迭代研究来完善这些结构。

在 CoMPASS 项目中,我们最初的研究可以被描述为验证性研究(McKenney,Nieveen 和 van der Akker,2006)或存在证明(Bielaczyc,2013)。我们的创新所体现的关键前提即帮助学生理解科学思想之间的联系,这为我们的研究设计提供了依据。

然后,我们转而了解有限范围内的课堂实施情况,再将研究扩展到几个学区。在每次迭代中,方法与我们对每项研究感兴趣的问题保持一致,结合了定量方法和定性方法的优点。每项研究都集中在几个研究问题上,这样数据收集和分析就与问题类型保持一致。

重要的问题是在一个轨迹中设计研究的范围和规模,这样我们就能不断地增加(cumulatively)学习理论,并理解我们正在研究的情境的主要因素。这可能采取的形式是同一个教室里同一位教师的多次迭代,或将实验室研究与课堂研究穿插进行,或在不同的情境中检验一项创新。这些决策及其背后的推理是 DBR 的关键。

四、结论

正如我在一开始提到的,基于设计的研究最好被描述为研究的轨迹,而不是一种特定的研究或一种类型的研究。我所讨论的来自我自己研究的例子展示了如何规划和实施研究轨迹。我所讨论的其他例子代表了不同范围和规模的研究轨迹。我同意奥梅尔、罗布林、麦肯尼、沃格特和皮特斯(Ormel,Roblin,McKenney,Voogt 和 Pieters,2012)的观点,即很少有人充分讨论设计过程和研究人员所做的决策。为了更好地理解研究人员如何规划轨迹,做出选择以及如何解决所面临的约束,我们需要更多研究轨迹的例子。

五、延伸阅读

Brown,A. L.(1992). Design experiments:Theoretical and methodological challenges in creating complex interventions in classroom settings. *Journal of the Learning Sciences*,2(2),141 - 178.

任何对 DBR 感兴趣的人,这仍然是一篇必读的文章。它阐述了在教室等复杂环境中的研究不同,以及使用实验方法的挑战。本文还对方法论问题进行了有益的讨论,如粒度、收集定性和定量数据等,并通过布朗工作中的例子进行了解释。

Bielaczyc,K.(2013). Informing design research:Learning from teachers' designs of social infrastructure. *Journal of the Learning Sciences*,22(2),258 - 311.

这篇文章解释了在较小的情境中进行的研究、存在证明和 DBR 的实际实施。

Dede,C.(2004). If design-based research is the answer,what is the question? *Journal of the Learning Sciences*,13(1),105 - 114.

这篇文章提出的批判对于我们思考问题和我们希望使用的分析方法很重要。

Puntambekar,S.,Stylianou,A.,& Goldstein,J.(2007). Comparing

classroom enactments of an inquiry curriculum: Lessons learned from two teachers. *Journal of the Learning Sciences*, *16*(1),81 - 130.

我将此作为我们研究的一个例子,其中我们使用定性和定量分析来了解学生的学习和课堂实施情况。

Zhang, J., Scardamalia, M., Reeve, R., & Messina, R. (2009). Designs for collective cognitive responsibility in knowledge-building communities. *Journal of the Learning Sciences*, *18*(1),7 - 44.

这篇文章是一个很好的例子,说明轨迹是如何由同一课堂的研究组成的,其中引入了协作结构的变化。

六、NAPLeS 资源

Puntambekar, S., *Design and design-based research* [Webinar]. In NAPLeS *video series*. Retrieved October 19, 2017, from http://isls-naples. psy. lmu. de/intro/all-webinars/puntambekar/index. html

参考文献

Azevedo, R., & Cromley, J. G. (2004). Does training on self-regulated learning facilitate students' learning with hypermedia. *Journal of Educational Psychology*, *96*, 523–535.

Bedersen, B. B., & Hollan, J. (1995). *Pad++: A zooming graphical interface for exploring alternate interface physics. Paper presented at the Proceedings of the Seventh Annual ACM Symposium on User Interface Software and Technology*, New York.

Bielaczyc, K. (2013). Informing design research: Learning from teachers' designs of social infrastructure. *Journal of the Learning Sciences*, *22*(2), 258–311.

Bopardikar, A., Gnesdilow, D., & Puntambekar, S. (2011). Effects of using multiple forms of support to enhance students' collaboration during concept mapping. In H. Spada, G. Stahl, N. Miyake, & N. Law (Eds.) *Proceedings of the Computer Supported Collaborative Learning Conference* (pp. 104–111), Hong Kong: ISLS.

Brown, A. L. (1992). Design experiments: Theoretical and methodological challenges in creating complex interventions in classroom settings. *Journal of the Learning Sciences*, *2*(2), 141–178.

Brown, A. L., Armbruster, B. B., & Baker, L. (1986). The role of metacognition in reading and studying. In J. Orasanu (Ed.), *Reading comprehension: From research to practice* (pp. 49–75). Hillsdale, NJ: Erlbaum.

Brown, A. L., & Palincsar, A. S. (1987). Reciprocal teaching of comprehension strategies: A natural history of one program for enhancing learning. In J. D. Day & J. G. Borkowski (Eds.), *Intelligence and exceptionality: New directions for theory, assessment, and instructional practice* (pp. 81–132). Westport, CN: Ablex.

Chan, C., & van Aalst, J. (2018). Knowledge building: Theory, design, and analysis. In F. Fischer, C. E. Hmelo-Silver, S. R. Goldman, & P. Reimann (Eds.), *International handbook of the learning sciences* (pp. 295–307). New York: Routledge.

Dede, C. (2004). If design-based research is the answer, what is the question? *Journal of the Learning Sciences*, *13*(1), 105–114.

Design-Based Research Collective (DBRC). (2003). Design-based research: An emerging paradigm for educational inquiry. *Educational Researcher*, *32*(1), 4–8.

Furnas, G. W. (1986). *Generalized fisheye views. Paper presented at the Proceedings of the SIGCHI Conference on Human Factors in Computing Systems*, New York.

Gnesdilow, D., Bopardikar, A., Sullivan, S., Puntambekar, S. (2010). Exploring Convergence of Science Ideas through Collaborative Concept Mapping. In K. Gomez, L. Lyons, & J. Radinsky (Eds.), *Proceedings of the Ninth International Conference of the Learning Sciences* (pp. 698–705), Chicago, IL.

Hoffman, J. L., Wu, H.-K., Krajcik, J. S., & Soloway, E. (2003). The nature of middle school learners' science content understandings with the use of on-line resources. *Journal of Research in Science Teaching, 40*(3), 323–346.

Jacobson, M. J., & Wilensky, U. (2006). Complex systems in education: Scientific and educational importance and implications for the learning sciences. *Journal of the Learning Sciences, 15*(1), 11–34.

Kelly, A. (2004). Design research in education: Yes, but is it methodological? *Journal of the Learning Sciences, 13*(1), 115–128.

Kolodner, J. L. (2006). *The learning sciences and the future of education: What we know and what we need to be doing better. Paper presented at the annual conference of the American Educational Research Association*, San Francisco, CA.

Kolodner, J. L., Camp, P. J., Crismond, D., Fasse, B., Gray, J., Holbrook, J. (2003). Problem-based learning meets case-based reasoning in the middle-school science classroom: Putting learning by design(tm) into practice. *Journal of the Learning Sciences, 12*(4), 495–547.

Kozma, R. (2000). The use of multiple representations and the social construction of understanding in chemistry. In M. Jacobson & R. Kozma (Eds.), *Innovations in science and mathematics education: Advanced designs for technologies of learning* (pp. 11–46). Mahwah, NJ: Erlbaum.

Linn, M. C., & Eylon, B. S. (2011). *Science learning and instruction: Taking advantage of technology to promote knowledge integration.* New York: Routledge.

Lumpe, A. T., & Butler, K. (2002). The information seeking strategies of high school science students. *Research in Science Education, 32*(4), 549–566.

McKenney, S., Nieveen, N., & van den Akker, J. (2006). Design research from a curriculum perspective. In J. van den Akker, K. Gravemeijer, S. McKenney, & N. Nieveen (Eds.), *Educational design research*, (pp. 67–90). New York: Routledge.

Newton, D. P., & Newton, L. D. (2000). Do teachers support causal understanding through their discourse when teaching primary science? *British Educational Research Journal, 26*(5), 599–613.

Ormel, B. J., Roblin, N. N. P., McKenney, S. E., Voogt, J. M., & Pieters, J. M. (2012). Research–practice interactions as reported in recent design studies: Still promising, still hazy. *Educational Technology Research and Development, 60*(6), 967–986.

McKenney, S., Nieveen, N., & van den Akker, J. (2006). Design research from a curriculum perspective. In J. van den Akker, K. Gravemeijer, S. McKenney, & N. Nieveen (Eds.), *Educational design research*, (pp. 67–90). New York: Routledge.

Palincsar, A. S. (2003). Ann L. Brown: Advancing a theoretical model of learning and instruction. In D. Zimmerman & D. H. Schunk, (Eds.), *Educational psychology: A century of contributions* (pp. 459–475). Mahwah, NJ: Erlbaum.

Palincsar, A. S., & Magnusson, S. J. (2001). The interplay of first-hand and second-hand investigations to model and support the development of scientific knowledge and reasoning. In S. M. Carver & D. Klahr (Eds.), *Cognition and instruction: Twenty-five years of progress* (pp. 151–194). Mahwah, NJ: Erlbaum.

Phillips, D. C., & Dolle, J. R. (2006). From Plato to Brown and beyond: Theory, practice, and the promise of design experiments. In L. Verschaffel, F. Dochy, M. Bockaerts, & S. Vosniadou (Eds.), *Instructional psychology: Past, present and future trends. Sixteen essays in honour of Erik De Corte* (pp. 277–292). Oxford, UK: Elsevier.

Puntambekar, S., Stylianou, A., & Goldstein, J. (2007). Comparing classroom enactments of an inquiry curriculum: Lessons learned from two teachers. *Journal of the Learning Sciences, 16*(1), 81–130.

Puntambekar, S., Stylianou, A., & Hübscher, R. (2003). Improving navigation and learning in hypertext environments with navigable concept maps. *Human-Computer Interaction, 18*(4), 395–426.

Sandoval, W. (2014). Conjecture mapping: An approach to systematic educational design research. *Journal of the Learning Sciences, 23*(1), 18–36.

Sandoval, W. A., & Daniszewski, K. (2004). Mapping trade-offs in teachers' integration of technology-supported inquiry in high school science classes. *Journal of Science Education and Technology, 13*(2), 161–178.

Shavelson, R. J., Phillips, D. C., Towne, L., & Feuer, M. J. (2003). On the science of education design studies. *Educational Researcher, 32*(1), 25–28.

Stylianou, A., & Puntambekar, S. (2003). Does metacognitive awareness of reading strategies relate to the way middle school students navigate and learn from hypertext. *Annual Conference of the Northeast Educational Research Association.* Copenhagen, Denmark.

Stylianou, A., & Puntambekar, S. (2004). Understanding the role of metacognition while reading from nonlinear resources. *Sixth International Conference of the Learning Sciences (ICLS).* Los Angeles, CA.

Tabak, I. (2004). Synergy: A complement to emerging patterns of distributed scaffolding. *Journal of the Learning Sciences, 13*(3), 305–335.

Tabak, I., & Reiser, B. J. (1997). Complementary roles of software-based scaffolding and teacher–student interactions in inquiry learning. In R. Hall, N. Miyake, & N. Enyedy (Eds.), *Proceedings of Computer Support for Collaborative Learning '97* (pp. 289–298). Toronto, Canada.

Zhang, J., Scardamalia, M., Reeve, R., & Messina, R. (2009). Designs for collective cognitive responsibility in knowledge-building communities. *Journal of the Learning Sciences*, *18*(1), 7–44.

第 38 章　基于设计的实施研究

巴里·菲什曼,威廉·佩纽尔(Barry Fishman,William Penuel)

基于设计的实施研究(design-based implementation research,DBIR)处于研究、政策和实践的交汇处。DBIR 的出现源于这样一个担忧:许多经过充分研究的干预措施,即使是那些在精心设计的随机现场试验中证明有效的干预措施,在现实环境中运用时也未能产生预期的效果。这就是"什么有效"和"什么在哪里、什么时候、对谁有效"之间的差距(Means 和 Penuel,2005,p. 181)。为了回应这个问题,DBIR 寻求重新配置研究者和实践者的角色,以更好地支持旨在产生有效、可扩展和可持续的创新伙伴关系,并成功地适应不同环境下不同学习者的需求,包括正式和非正式教育。

一、DBIR 的原则

DBIR 围绕四个核心原则构建,这四个原则由佩纽尔、菲什曼、程和萨贝利(Penuel,Fishman,Cheng 和 Sabelli,2011)首先提出。我们认为,为了使研究被视为 DBIR,必须体现以下四个原则:

1. 从多个利益相关者的角度关注实践中长期存在的问题;
2. 致力于迭代、协作设计;
3. 关注通过系统探究发展与课堂学习和实施相关的理论和知识;
4. 关注发展维持系统变革的能力。

第一个原则是从多个利益相关者的角度关注实践中长期存在的问题。DBIR 工作在本质上强调公平的一种方式是,强调识别和协商实践问题,尊重实践者、研究者和其他利益相关者的利益和经验。通常情况下,研究会为学术知识增长作出贡献,也会以与在学术背景下有意义的结构(constructs)或框架(frames)相一致的方式来构建问题,但这种方式在复杂而芜杂的实践世界中却不容易被识别。例如,研究者可能对更好理解和反思如何加深学习者的理解感兴趣。教师也可能认为这个问题很有趣,但他们面临的真正挑战是学生在州测试中的表现。联合识别和协商这一方式可以确定这两个群体所关注的问题领域重叠的方式,使研究能够以符合所有合作伙伴实际利益的方式进行。

第二个原则是致力于迭代、协作设计。与基于设计的研究(DBR)一样,DBIR 依赖开发能够在现实环境中测试并快速迭代的干预措施。类似于 DBR 中的技术,如猜想映射(conjecture mapping)(Sandoval，2014)可以用来评估设计是否达到了预期目标。关键是要有可测量的目标，并采用数据搜集和分析方法，以实现快速和有原则的迭代。

第三个原则是关注通过系统探究发展与课堂学习和实施相关的理论和知识。同样，与 DBR 类似，DBIR 规定设计工作应该为不断增长的知识和理论基础作出贡献，而设计研究被定义为"谦逊"理论的迭代测试(Cobb，Confrey，diSessa，Lehrer 和 Schauble，2003)。DBIR 和 DBR 之间的区别在于所研究的理论的性质。DBR 最常关注的是课堂内(或其他类型的学习环境)的学习和教学，而 DBIR 的工作还强调有关如何让教师或其他负责制定或支持创新的人员使用和持续创新的理论，如"基础设施建设"，这是一种社会文化理论，它描述了创造和维持新的文化实践和支持性技术机制的过程。斯塔尔和鲁勒德(Star 和 Ruhleder，1996)将基础设施描述为：嵌入式的、透明的、作为共同体成员的一部分学习的、与实践惯例相联系的、体现标准和惯例的。

第四个原则是关注发展维持系统变革的能力。第四个原则重申了确定整个协作问题识别和设计过程的方向，使创新在最初开发阶段变得有用的重要性。虽然可持续性是(大多数)教育设计工作的隐性目标，但它往往不是研究设计或建立伙伴关系的一个明确要素。

二、DBIR 的前身

虽然"DBIR"一词最早是在 2011 年《教育研究者》(*Educational Researcher*)一文中提出的(Penuel 等，2011)，但我们并不认为 DBIR 是全新的，也不认为它在研究方法中没有先例，尤其是在学习科学领域。我们已经提到了 DBIR 和 DBR 之间的密切关系(见Puntambekar，本手册)。DBIR 还借鉴了强调伙伴关系和参与的研究方法，如基于共同体的参与式研究，其目标是促进学术界与共同体之间的伙伴关系，以推进社会变革的目标(Stewart 和 Shamdasani，2006)，或者是源于斯堪的纳维亚参与式设计传统(Simonson 和Robertson，2013)。评估研究，尤其是效用集中评估(utilization-focused evaluation)，会引导研究人员将重点放在预期的最终用户对干预或创新的预期使用上(Patton，1997)。

在 DBIR 概念化过程中，特别重要的两个研究传统是改进科学(improvement science)和实施研究(implementation research)。改进科学是一个从管理研究和医疗保健中吸取见解和实践的领域。它侧重于从改进某一领域标准工作实践的努力所产生的结果变化中学习。例如，旨在减少手术过程中的感染和减少制造过程中错误的做法。在教育方面，卡内基教学促进基金会(Carnegie Foundation for the Advancement of Teaching)将改进科学的方法应用于教育，他们致力于发展围绕改进教育实践如新教师入职而组织的网络(Bryk，Gomez，Grunow 和 LeMahieu，2015)。实施研究在教育和人文科学的相关学科中有着悠久的历史。它侧重于记录和解释政策、实践和项目实施中的变化，并借鉴了政治学、社会学、经济学和人类学等几个领域的理论

（Spillane，Reiser 和 Reimer，2002）。关于这些研究传统及其与 DBIR 的关系，可以在 2013 年《全国教育研究学会年鉴》（*National Society for the Study of Education Yearbook*）中关于 DBIR 的介绍性章节中找到更详尽的论述（Fishman，Penuel，Allen 和 Cheng，2013）。

三、DBIR 的例子

目前，DBIR 被用于解决一系列不同类型的教育挑战，包括建设教师能力，在地方教育机构的规模上提高学生成绩，促进共同体合作，以增加青少年的校外学习机会，以及以共同目标和策略解决共同问题的组织网络。在本节中，我们将介绍和讨论一系列 DBIR 工作的例子。

第一个例子是荷兰培养教师课程设计能力的例子。2006 年，荷兰提出了中等教育的新目标。这些目标很广泛，希望地方教育机构将其具体化，并设计课程来实现这些目标。尤其是教师团队在课程设计中扮演着重要的角色。但教师团队需要支持，因为很少有教师拥有设计与外部目标一致、内部连贯的课程方面的专业知识。在一个小规模的 DBIR 项目中，研究人员既推动了又研究了教师设计跨学科中学系列课程的工作（Huizinga，Handelzaltz，Nieveen 和 Voogt，2014）。他们的目的是研究有效教师设计团队所需的条件和支持。这种类型的研究——研究教师能力建设所需的关键条件——是一个可以通过 DBIR 解决问题的好例子。

该研究的重点是在设计结束时和教师实施课程后与促进者和教师进行访谈。访谈的重点是教师对课程设计专业知识的应用，使用的框架来自舒尔曼（Shulman，1986）关于教师知识的开创性工作和雷米拉德（Remillard，1999）对教师课程方法的分析。研究发现，支持教师开发连贯课程的最有价值的支架之一是一套课程模板。此外，教师还重视让团队的外部促进者对系列课程的质量提供反馈，尤其是他们在多大程度上与学生学习的新目标保持一致并达成了目标。尽管规模较小，但这项研究是与荷兰教师共同设计课程的大型研究项目的一部分，该项目为共同设计对教师学习的价值和支持教师团队所需的条件建立了坚实的知识基础（Voogt 等，2015）。

第二个例子是美国联系青少年与校外学习机会的例子。在世界各地的城市中，有许多不同的有组织的课后活动和暑期活动，但很少有地方或组织为青少年提供了解这些活动的途径。在美国，人们对暑期学习损失（summer learning loss）的担忧日益加剧，这促使政策制定者更加关注这一问题，并使低收入家庭的青少年更容易获得暑期学习机会。在芝加哥，市长办公室、资助机构和非正式学习组织创建了"芝加哥城市学习"（Chicago City of Learning）计划来解决这些问题。他们与"数字青年网络"（Digital Youth Network，DYN；Barron，Gomez，Pinkard 和 Martin，2014）的研究人员合作，为青少年及其家庭建立一个寻找学习机会的集中场所，并设法记录他们的参与情况，这些活动可以聚合在一起，创造一个全市范围内对学习机会和参与的理解。在这个项目中，计算机科学家和他们的研究团队与当地组织密切合作，以促进项目提供的列表，他们利用青少年搜索的数据，改进青少年寻找活动的网站。此外，他们还共同设计了移动项目——这些项目可以在短期内在城市的不同地区提供，以增加获得专业科学、技术、工程和数学（STEM）编程相关知识的机会。

关于项目地点和参与情况的研究主要集中在项目地点和青少年参与情况的测绘和建模上。德保尔大学和科罗拉多大学的一个团队开发了易于使用的指标和地理信息系统（Geographic Information System，GIS）界面，通过社区来代表不同类型项目的多样性和可访问性（Pinkard 等，2016）。该伙伴关系正在使用这些指标为网站设计的迭代提供信息，并确定哪些地方需要为青少年提供新的项目，以增加机会的公平性。

第三个例子是美国增强学区网络中新教师经验的例子。在美国，新教师留任是一个重要的问题，研究表明，部分原因是由于新教师在最初几年得到的反馈不佳。由卡内基教学促进基金会领导的"构建教学效能网络"（Building Teaching Effectiveness Network，BTEN）是为解决这一问题而组织的一个伙伴关系。该网络由来自美国教师联合会（American Federation of Teachers）、医疗保健改进研究所（Institute for Healthcare Improvement）、两个大型的城市公立学区和一个特许学校管理组织的代表组成。该网络的早期活动说明了团队在确定教师留存问题上所付出的巨大努力。他们分析了教师收到的不同反馈来源的数量以及反馈的性质，他们记录了那些对教师来说不连贯、不频繁、没有可操作性的反馈。

BTEN 中的协作设计遵循了从医疗保健改进研究中改编的原则。具体来讲，网络参与者共同设计了一个协议，用于校长和新教师之间的简短反馈。他们定义了衡量成功的标准，其中包括一个简单的"实用的标准"，用于衡量教师对反馈的反应，以及衡量成功的长期标准，比如明年重返教学岗位的意愿。在多次迭代的"计划—实施—研究—行动"（plan-do-study-act；PDSA）循环中，先是一对校长—教师，然后是五对，最后是 17 对不同搭配，团队不断修改协议。该研究的重点是记录使用 PDSA 循环导致新教师的经验和继续教学的意愿得到可靠改善的条件（Hannan，Russell，Takahashi 和 Park，2015）。它说明了 DBIR 开发的一种关键知识类型：支持有效实施创新的条件。

第四个例子是美国提高中学生学术语言的例子。许多学生努力"通过阅读来学习"，即为了掌握学科内容而进行读写实践。战略研究教育合作研究所（Strategic Research Education Partnership Institute）及其学区合作伙伴之一波士顿公立学校（Boston Public Schools）在发现"学术语言"是导致中学生考试成绩较低的原因后，开始着手解决发展学生英语专业词汇的挑战。该小组成立了一个由教师、学区领导和哈佛大学的读写专家组成的设计团队。共同设计过程导致了一种可行的干预措施，教师可以在少量时间增量的基础上与学生定期实施，并让学生参与到与个人相关的主题辩论中(Snow,Lawrence 和 White,2009)。

这项被称为"单词生成"(word generation)的干预研究既包括对其影响的实验研究,也包括侧重于确定实施过程中变异性来源的研究。一项随机分配研究——一些教师的课堂被抽签分配来接受"单词生成",而另一些则没有——发现共同设计的干预对学生的词汇有显著影响(Snow 等,2009)。另一个由教育变革学者领导的研究小组帮助教育者了解在何种条件下实施该计划能有效提高学生成绩。这项研究不仅为在波士顿公立学校的推广上提供了信息,而且还将其推广到其他地区,说明了如何将有效实施的经验教训应用到新的环境中。

四、DBIR 的论证原理

发展新的研究方法的学者群体的一项中心任务是,共同发展有关该研究方法可以回答的问题类型、回答这些问题所需的方法和证据以及该方法局限性的共同理解。这些理解对于一个学者群体而言,构成了凯利(Kelly,2004)所说的"论证原理"(argumentative grammar),指的是发展和证明该方法主张的逻辑。在 DBIR 中,可能会有多种原理,因为没有单一类型的研究是 DBIR 研究。作为一种方法,它包含了不同的方法,每种方法都有自己的逻辑。

DBIR 的论证原理还在不断涌现,但适用于 DBIR 的问题和方法直接遵循本章前面概述的四个关键原则。例如,DBIR 可以提出的与第一个原则相关的一类问题是:"不同的利益相关者认为改善学区识字教学的主要挑战是什么?"研究者可以依靠任何数量的不同证据来源回答这个问题,从访谈到调查,或者使用德尔菲法(Delphi method)等技术,这是一种从不同利益相关者群体中征求意见的结构化方法(例如,Penuel,Tatar 和 Roschelle,2004)。但是,对所提出的问题令人信服的回答,需要的不仅仅是这些来源中的大量证据。因为第一个原则关注的是"多个利益相关者",所以样本必须能代表不同的利益相关者——也就是说,样本中要包括可能从识字教学或改进识字教学的努力中受益或受到伤害的不同群体代表。判断结论是否充分的关键还在于,研究是否分析了不同利益相关者对什么是最重要的紧迫问题的同意或不同意程度。这些信息更有可能有助于指导团队决定联合工作的重点,而不仅仅是表明同意某事是重要问题的人的百分比的总结。

研究也可能关注于共同设计的过程(另见 Gomez,Kyza 和 Mancevice,本手册)。DBIR 特别关注的是利益相关者在创新设计中的发言权,如果有这种发言权的话,他们的观点在设计过程中是如何被采纳的。通过人种学观察记录参与设计的情况,以及采访参与者对设计过程的看法,可以为回答关于参与者的声音和理解的问题提供证据(例如,Severance,Penuel,Sumner 和 Leary,2016)。研究还可以关注设计决策,这里与 DBIR 相关的问题是,关于如何迭代设计的决策在多大程度上反映了来自实施研究的证据(例如，Vahey，Roy 和 Fueyo，2013)。证据可以通过不同的方式产生，包括系统地收集实践者的见解。对 DBIR 而言，令人信服的关键是，收集的证据的性质和使用证据的过程可能会导致研究者改进正在开发的创新的实施决策。

针对第三个原则——开发与实施和学习相关的知识、工具和理论——的研究，很可能符合当今教育中广泛流传的实施和结果研究的标准。实施研究已经是教育研究中一个丰富的理论化传统，它借鉴了政治学、社会学、经济学和人类学的观点(Honig，2006；Hubbard，Mehan 和 Stein，2006；McLaughlin，1987；Spillane 等，2002)。同样，评估干预措施影响的研究在教育领域也得到了很好的发展。在过去十年中，教育研究已经完善了证明影响的策略，例如确定所需的样本量(Schochet，2008)，如何在学校中有效实施随机分配(Roschelle，Tatar，Shechtman 和 Knudsen，2008)，以及如何在考虑到可以解释学生成绩的不同变异来源的情况下，适当地分析数据(Raudenbush 和 Bryk，2002)。共同体对实施研究和影响研究中的良好研究设计和分析的理解，适用于对回答与实施和影响相关问题的 DBIR 研究判断。

DBIR 中关于能力建设的研究仍然相对较少。但它们回答了这样的问题："共同设计如何培养教师发展连贯教学单元的能力？"以及"DBIR 如何建立教师领导网络来改进学校？"对这些问题的回答很可能需要关于个人技能或通过研究活动建立的人力资本、协作和帮助的模式或产生的社会资本的数据。DBIR 还可以通过创造物质资本来建设能力；也就是说，长期持续的物质工具和实践。

五、DBIR 工作中的挑战

DBIR 是令人向往的，因为它的追求要求研究人员在研究和学术界现有的基础设施之外或不顾现有的基础设施开展工作(O'Neill，2016)。在联邦机构和私人基金会提供较短(且不太可靠)的资金支持的情况下，如何支持 DBIR 中较长周期的协作？初级学者如何能够以及应该如何参与复杂的 DBIR 工作？特别是在最具挑战性的城市教育系统中，持续的不稳定性(如人员流动、优先级的变化)如何影响实践者充分参与 DBIR 的能力？

在该领域培养新一代研究人员的同时，我们必须为他们提供机会，让他们了解伙伴关系工作的关键要素，如问题协商或共同设计。目前，这些主题超出了标准的"方法"培训，最常见的是通过现有研究项目中的学徒制来学习。同样，职前和在职教师也可能将自己视为创新的共同设计者和合作者。

DBIR 工作合法化的一大挑战在于教育政策制定者和资助者通常对实施和创新采取的立场。当前，"忠实"的强烈导向低估了一些概念的重要性，如局部适应(local adaptation)和相互挪用(mutual appropriation)，这些概念是 DBIR 中创新观点的核心。DBIR 的研究人员有责任为能够成功适应局部环境的情境因素和其他因素提供明确的指导。

基于设计的研究曾经(在某些情况下仍然如此)面临类似的挑战。我们相信,如果DBIR受到该领域的重视,随着教育领域研究合作的"新常态"出现,我们所面临的这些挑战将逐渐消失。

六、DBIR 的未来趋势

随着 DBIR 的使用不断增加,关注 DBIR(而不是简单地使用 DBIR)的学术也在持续增长,这一点很重要。随着来自一系列情境和内容领域的新范例的开发,我们将更好理解哪些要素是共同的,哪些是必须改变的。我们还需要对 DBIR 的各个组成部分进行研究。问题协商、能力建设和基础设施等领域需要重点研究和理论化,以便为如何实现 DBIR 的这些组成部分提供指导。

该领域必须继续开发能够产生快速、可用数据的工具,如"实际测量"(practical measurements)。我们预计,新兴的"大数据"学术领域,如学习分析(Siemens,2013;见 Rosé,本手册)将在这一领域作出贡献,有助于将学习者与技术系统的互动转化为可检验和可操作的信息。

最后,我们期待出现促进伙伴关系工作的新的体制安排,如战略教育研究伙伴关系(Donovan,Snow 和 Daro,2013)或斯坦福—旧金山联合学区合作关系(Wentworth,Carranza 和 Stipek,2016)。这些组织将有助于指导和加强我们对不断变化的学校制度教育和校外学习的关注。

学习科学采用多学科的方法来研究情境中的学习,因此该领域有一个长期的传统,即在真实世界的学习环境中嵌入认知和表现的研究。DBIR 邀请我们将工作重点重新放在最具挑战性的情境中,以促进设计和开发对学习、教学产生持久影响的干预措施。

七、延伸阅读

Coburn, C. E. , & Penuel, W. R. (2016). Research-practice partnerships in education: Outcomes, dynamics, and open questions. *Educational Researcher*, 45 (1),48 - 54. doi: 10.3102/0013189X16631750

本文提供了与教育及相关领域研究—实践伙伴关系的成果和动态相关的证据,还描述了伙伴关系研究中的缺口。这篇论文包括使用 DBIR 共同设计的创新可以影响学生成绩的证据。

Gomez, L. M. , Bryk, A. S. , Grunow, A. , & LeMahieu, P. G. (2015). *Learning to improve: How America's schools can get better at getting better*. Cambridge, MA: Harvard Education Press.

本书以 K‐12 和高等教育为例,概述了卡内基基金会促进教学网络化改善共同体的方法。

Russell, J. L., Jackson, K., Krumm, A. E., & Frank, K. A. (2013). Theories and research methodologies for design-based implementation research: Examples from four cases. In B. J. Fishman, W. R. Penuel, A.-R. Allen, & B. H. Cheng (Eds.), *Design-based implementation research: Theories, methods, and exemplars (Yearbook of the National Society for the Study of Education)* (pp. 157 - 191). New York: Teachers College Record.

本章概述了实施研究的理论和方法,并讨论了这些理论和方法如何为 DBIR 项目提供信息。本章出现在提供关于 DBIR 的广泛概述的一本书中,并提供了一系列项目的例子。本章的重点是跨环境设计、跨层次设计、证据形式和支持 DBIR 的基础设施。

Snow, C. E., Lawrence, J., & White, C. (2009). Generating knowledge of academic language among urban middle school students. *Journal of Research on Educational Effectiveness*, 2(4), 325 - 344. doi: 10.1080/19345740903167042

这篇文章是由战略教育研究伙伴关系研究所(SERP)组织的一项研究协作,它将面临学生在国家标准化测试中的表现挑战的学校人员与关于素养和教育政策的研究人员聚集在一起。

Vahey, P., Roy, G., & Fueyo, V. (2013). Sustainable use of dynamic representational environments: Toward a district-wide adoption of SimCalc-based materials. In S. Hegedus & J. Roschelle (Eds.), *Democratizing access to important mathematics through dynamic representations: Contributions and visions from the SimCalc research program* (pp. 183 - 202). New York: Springer.

本文回顾了 DBIR 的一个周期,重点是在研究—实践伙伴关系中提高课程材料的可持续性。它说明了一个研究团队如何利用可持续性证据来改进其支持大规模实施材料的方法。

八、NAPLeS 资源

Puntambekar, S., Design and design-based research [Webinar]. In NAPLeS video series. Retrieved October 19, 2017, from http://isls-naples. psy. lmu. de/intro/all-webinars/puntambekar/index. html

Penuel, W., Design-based implementation research (DBIR) [Video file]. Introduction. In NAPLeS video series. Retrieved October 19, 2017, from http://isls-naples. psy. lmu. de/video-resources/guided-tour/15-minutespenuel/index. html

参考文献

Barron, B., Gomez, K., Pinkard, N., & Martin, C. K. (2014). *The Digital Youth Network: Cultivating digital media citizenship in urban communities*. Boston, MA: MIT Press.

Bryk, A. S., Gomez, L. M., Grunow, A., & LeMahieu, P. (2015). *Learning to improve: How America's schools can get better at getting better*. Cambridge, MA: Harvard University Press.

Cobb, P., Confrey, J., diSessa, A., Lehrer, R., & Schauble, L. (2003). Design experiments in educational research. *Educational Researcher, 32*(1), 9–13.

Donovan, M. S., Snow, C. E., & Daro, P. (2013). The SERP approach to problem-solving research, development, and implementation. In B. J. Fishman, W. R. Penuel, A.-R. Allen, & B. H. Cheng (Eds.), *Design-based implementation research (Yearbook of the National Society for the Study of Education)* (pp. 400–425). New York: Teachers College Record.

Fishman, B., Penuel, W. R., Allen, A., & Cheng, B. H. (2013). Design-based implementation research: Theories, methods, and exemplars. *Yearbook of the National Society for the Study of Education* (Vol. 2). New York: Teachers College Record.

Gomez, K., Kyza, E. A., & Mancevice, N. (2018). Participatory design and the learning sciences. In F. Fischer, C.E. Hmelo-Silver, S. R. Goldman, & P. Reimann (Eds.), *International handbook of the learning sciences* (pp. 401–409). New York: Routledge.

Hannan, M., Russell, J. L., Takahashi, S., & Park, S. (2015). Using improvement science to better support beginning teachers: The case of the Building a Teaching Effectiveness Network. *Journal of Teacher Education, 66*(5), 494–508.

Honig, M. I. (2006). Complexity and policy implementation: Challenges and opportunities for the field. In M. I. Honig (Ed.), *New directions in education policy implementation: Confronting complexity* (pp. 1–23). Albany, NY: SUNY Press.

Hubbard, L., Mehan, H., & Stein, M. K. (2006). *Reform as learning: When school reform collided with organizational culture and community politics in San Diego*. New York: Routledge.

Huizinga, T., Handelzaltz, A., Nieveen, N., & Voogt, J. M. (2014). Teacher involvement in curriculum design: need for support to enhance teachers' design expertise. *Journal of Curriculum Studies, 46*(1), 33–57.

Kelly, A. E. (2004). Design research in education: Yes, but is it methodological? *Journal of the Learning Sciences, 13*(1), 113–128. doi:10.1207/s15327809jls1301_6

McLaughlin, M. W. (1987). Learning from experience: Lessons from policy implementation. *Educational Evaluation and Policy Analysis, 9*, 171–178.

Means, B., & Penuel, W. R. (2005). Research to support scaling up technology-based innovations. In C. Dede, J. Honan, & L. Peters (Eds.), *Scaling up success: Lessons from technology-based educational improvement* (pp. 176–197). New York: Jossey-Bass.

O'Neill, D. K. (2016). When form follows fantasy: Lessons for learning scientists from modernist architecture and urban planning. *Journal of the Learning Sciences, 25*(1), 133–152. doi:10.1080/10508406.2015.1094736

Patton, M. (1997). *Utilization-focused evaluation: The new century text*. Thousand Oaks, CA: Sage Publications Inc.

Penuel, W. R., Fishman, B., Cheng, B. H., & Sabelli, N. (2011). Organizing research and development at the intersection of learning, implementation, and design. *Educational Researcher, 40*(7), 331–337. doi:10.3102/0013189X11421826

Penuel, W. R., Tatar, D., & Roschelle, J. (2004). The role of research on contexts of teaching practice in informing the design of handheld learning technologies. *Journal of Educational Computing Research, 30*(4), 331–348.

Pinkard, N., Penuel, W. R., Dibi, O., Sultan, M. A., Quigley, D., Sumner, T., & Van Horne, K. (2016). *Mapping and modeling the abundance, diversity, and accessibility of summer learning opportunities at the scale of a city. Paper presented at the Annual Meeting of the American Educational Research Association*, Washington, DC.

Puntambekar, S. (2018). Design-based research (DBR). In F. Fischer, C. E. Hmelo-Silver, S. R. Goldman, & P. Reimann (Eds.), *International handbook of the learning sciences* (pp. 383–392). New York: Routledge.

Raudenbush, S. W., & Bryk, A. S. (2002). *Hierarchical linear models: Applications and data analysis methods* (2nd ed.). Thousand Oaks, CA: Sage.

Remillard, J. (1999). Curriculum materials in mathematics education reform: A framework for examining teachers' curriculum development. *Curriculum Inquiry, 29*(3), 315–342.

Roschelle, J., Tatar, D., Shechtman, N., & Knudsen, J. (2008). The role of scaling up research in designing for and evaluating robustness. *Educational Studies of Mathematics, 68*(2), 149–170.

Rosé, C.P. (2018). Learning analytics in the Learning Sciences. In F. Fischer, C. E. Hmelo-Silver, S. R. Goldman, & P. Reimann (Eds.), *International handbook of the learning sciences* (pp. 511–519). New York: Routledge.

Sandoval, W. (2014). Conjecture mapping: An approach to systematic educational design research. *Journal of the Learning Sciences, 23*(1), 18–36. doi:10.1080/10508406.2013.778204

Schochet, P. Z. (2008). Statistical power for random assignment evaluations of educational programs. *Journal of Educational and Behavioral Statistics, 33*(1), 62–87.

Severance, S., Penuel, W. R., Sumner, T., & Leary, H. (2016). Organizing for teacher agency in curriculum design. *Journal of the Learning Sciences, 25* (4), 531–564. doi:10.1080/10508406.2016.1207541

Shulman, L. S. (1986). Those who understand: Knowledge growth in teaching. *Educational Researcher, 15*(2), 4–14.

Siemens, G. (2013). Learning analytics: The emergence of a discipline. *American Behavioral Scientist, 57*(10), 1380–1400. doi:10.1177/0002764213498851

Simonsen, J., & Robertson, T. (Eds.). (2013). *Routledge International Handbook of Participatory Design* (1st ed.). New York: Routledge.

Snow, C., Lawrence, J., & White, C. (2009). Generating knowledge of academic language among urban middle school students. *Journal of Research on Educational Effectiveness, 2*(4), 325–344.

Spillane, J. P., Reiser, B. J., & Reimer, T. (2002). Policy implementation and cognition: Reframing and refocusing implementation research. *Review of Educational Research, 72*, 387–431.

Star, S. L., & Ruhleder, K. (1996). Steps Toward an ecology of infrastructure: Design and access for large information spaces. *Information Systems Research, 7*(1), 111–134. doi:10.1287/isre.7.1.111

Stewart, D. W., & Shamdasani, P. N. (2006). *Applied social research methods series.* Newbury Park, CA: Sage.

Vahey, P., Roy, G., & Fueyo, V. (2013). Sustainable use of dynamic representational environments: Toward a district-wide adoption of SimCalc-based materials. In S. Hegedus & J. Roschelle (Eds.), *Democratizing access to important mathematics through dynamic representations: Contributions and visions from the SimCalc research program* (pp. 183–202). New York: Springer.

Voogt, J. M., Laferrière, T., Breuleux, A., Itow, R. C., Hickey, D. T., & McKenney, S. E. (2015). Collaborative design as a form of professional development. *Instructional Science, 43*(2), 259–282.

Wentworth, L., Carranza, R., & Stipek, D. (2016). A university and district partnership closes the research-to-classroom gap. *Phi Delta Kappan, 97*(8), 66–69.

第 39 章　参与式设计与学习科学

金伯利·戈麦斯,埃莱尼·凯扎,尼克尔·曼塞维斯(Kimberley Gomez, Eleni A. Kyza, Nicole Mancevice)

一、引言

　　学习科学家寻求在情境中研究学习,通常是通过与实践者和其他利益相关者协作,让自己沉浸在学校和教室的研究中。当他们探究学习是如何发生的,以及如何改进的时候,学习科学家也经常会参与到学习环境的设计和研究中——这是一种为深度学习提供机会的方法。研究者与实践者之间的协作是促进这一过程的重要手段,因为教师和研究者各自为共同努力带来了不同的观点。在本章中,我们使用"参与式"(participatory)、"协作"(collaboration)和"共同设计"(co-design)等术语来指代教育课程、软件、程序以及涉及研究者和实践者(如教师、管理者)共同努力解决一个确定的实践问题的其他设计工作。这些协作经常会体现在对某种教学工具进行设计的过程中,这种设计不仅要考虑学生的需求,而且要解决最终负责在课堂上使用这些工具的教师的需求(Edelson,Gordin 和 Pea,1999)。最初,教师和研究者对设计过程的贡献可能是截然不同的:研究者会特别关注理论驱动的决策,而教师会就如何在实践中实现学习提出务实的观点。然而,随着时间的推移,这些角色可能会相互融合并拓宽,在这个过程中,所有贡献者都会发展更深的知识和专业技能(Herrenkohl,Kawasaki 和 Dewater,2010)。

　　研究者与实践者协作所涉及的设计和研究立场对于两者来说可能都是陌生的(Penuel,Coburn 和 Gallagher,2013)。我们首先简要地讨论了当前共有的设计方法的基础,以及在学习科学文献中加强协作的指导原则,并特别关注研究者—实践者之间的协作活动。然后,我们重点关注了在教师—研究者协作文献中反复出现的主题,并描述了可能出现的挑战和对立关系。在本章的最后,我们讨论了塑造和指导这些工作的设计原则,并提供了对实践和政策影响的见解。

二、基础

1. 教育中参与式设计的出现

参与式设计的研究起源于尼加德和柏戈(Nygaard 和 Bergo)的工作,他们以与斯堪的纳维亚的钢铁工人联合会(Iron and Metal Workers' Union)的合作为基础,为工会运动编写了一本手册(Nygaard 和 Bergo,1973)。他们描述了工人在努力参与塑造生产过程中的劣势(Beck,2001)。为了支持工人与管理层进行有效的谈判(Nygaard 和 Bergo,1973),尼加德和柏戈组织了参与式设计的工作,其目标在于建立工会成员对技术语言和技术概念的更深理解。在设计过程中,尽早让最终用户参与进来是极其重要的,随着对这一点的理解不断加深,参与式设计的概念在许多应用领域也变得更加成熟,包括建筑、民用规划、人机交互和学习科学。

20 世纪 90 年代初,美国各地的研究者都在以学校为基础的工作中,如协作可视化学习(learning through collaborative visualization,CoVis),城市学校学习技术中心(the center for learning technologies in urban schools,LeTUS),Mimi 之旅,思想学校(schools for thought)和支持性科学可视化环境教育项目(the supportive scientific visualization environments for education project),参与了参与式研究,具体包括软件共同设计和专业发展活动。例如,西北大学和密歇根大学研究人员以及两个大型学校系统(芝加哥和底特律)的协作项目 LeTUS(Marx 等,2004),就为课程参与式设计创造了环境。这些被称为"工作圈"(work circles)的环境代表了一种努力,即通过明确承认并借鉴研究者—实践者在联合课程设计工作中的独特专长和价值,使研究者和实践者团队民主化(Lewin,1947)。这些努力是为了创建基于真实情境和教学法(cognition 和 technology group,1997)以及符合学习者和教师利益(Rivet,Krajcik 和 Marx,2003)的课程材料。这些早期的活动为当前的共同设计方法奠定了基础,此后这些共同设计方法被称为参与式共同设计(participatory co-design,PCD),这种方法关注实践中的真实问题,并利用小组成员的专业知识(Kristiansen 和 Bloch-Poulsen,2013)。

2. 共同设计的目标和承诺

通常,教育 PCD 中的活动对象是针对特定情境开发的教学工具或课程(例如,D'Amico,2010;Edelson 等,1999;Kyza 和 Georgiou,2014;Penuel 和 Yarnall,2005)。在这个过程中,研究者和教师以及其他主要利益相关者(如软件设计师、学生、学区管理者)协作设计或重新设计教学创新。正如雷克(Recker,2013;Recker 和 Sumner,本手册)所指出的那样,让教师参与设计的一个中心目标是使教学资源更加有用和可用。研究者—实践者的协作需要利益相关者作为共同设计者,以满足学生和教师的需求(Edelson 等,1999;Penuel,Roschelle 和 Shechtman,2007),并培养实践者对教学工具或课程的使用能力和所有权(Kyza 和 Georgiou,2014;Lui 和 Slotta,2014)。

PCD 项目历来都是由研究者发起的。从这个意义上说,PCD 要解决的问题可以在启动共同设计过程时确定(Penuel 等,2007)。早期的对话包括参与者更详细地定义问题,讨论教学理念,以及确定共同设计目标(Cober,Tan,Slotta,So 和 Könings,

2015)。在共同设计活动中,研究者通常会寻求共同创建或重新设计一个在当地有用的教学工具或课程。在每一项工作中,重要的是要考虑是否所有关键的利益相关者都参与了这一过程(Penuel 等,2013)。

研究者—实践者的协作服务于多个目标。例如,从实用的角度来说,团队需要参与共同设计任务,比如开发教育制品和工具。研究表明,教师们认为这是他们的首要任务(Gomez,Gomez,Cooper,Lozano 和 Mancevice,2016)。同时,在共同设计中,研究者也致力于发展和验证理论。这种协作带来了机遇和挑战,需要进行多层次的协商。在这种氛围下,可以探索的问题类型也高度依赖协作的情境。

PCD 教育制品通常是当地有用的工具(Penuel 和 Yarnall,2005)。在许多 PCD 情境中,研究者明确采取"分布式专业知识"的立场(例如,Kyza 和 Nicolaidou,2016),承认参与者在设计过程中立足于不同的专业知识(例如,Lau 和 Stille,2014)。研究者在团队构建、促进和记录设计过程时(Kyza 和 Georgiou,2014;Kyza 和 Nicolaidou,2016;Penuel 等,2007),通常会寻求保持团队对项目目标的关注(Penuel 等,2007)。实践者的角色和责任通常与教学以及课程决策、规划、实施、反思设计有关(Cober 等,2015)。然而,我们承认设计的独特性,因为角色会随着设计阶段以及需求的变化而变化(例如,Herrenkohl 等,2010;Penuel 等,2007)。

为了在研究者—实践者共同设计方面取得成功,所有参与者都需要感受到他们的贡献是有价值的(Cober 等,2015;Herrenkohl 等,2010)。实现这一点需要相互信任、参与支架和情境反思。共同设计过程包括对参与者的期望和目标、设计目标和当地环境的约束进行持续的协商(Edelson,2002;Johnson,Severance,Penuel 和 Leary,2016)。然而,由于资金和研究重点,研究者的权威角色不容忽视(Gomez,Shrader,Williams,Finn 和 Whitcomb,1999;Penuel 等,2007)。对所有权、控制权和权力问题的认识对团队动态很重要;然而,在这种权力被搁置以支持平等的情况下,研究者观察到了对共同设计过程的负面影响(Lau 和 Stille,2014)。

(1)**理论承诺**。在学习科学中,对 PCD 工作的普遍认可的理论承诺包括对所有共同设计参与者专业知识和贡献的价值的承诺,以及对从当地环境中学习和设计的社会文化理论承诺。在过去的 20 年里,共同设计在成员、会议频率和会议时长、设计工具、目标受众、转型目标和地方改革方面都有所发展,它关注的焦点是课堂(Gomez 等,1999)、学校(Coburn 和 Stein,2010)和地区实践(Penuel,Fishman,Cheng 和 Sabelli,2011)。目前,相关工作仍然强调民主参与和利益相关者之间更广泛的参与,尤其是直接参与真实情境中的实践,并且关注将体验设计制品的学习者。与共同设计承诺密切相关的是研究者和实践者能力建设的目标,特别是了解哪些设计最有效,何时、如何以及对谁最有效。通过共同设计,研究者和实践者共同促进和/或完善关于实践的理论和知识(Gomez 等,1999)。

(2)**方法承诺**。在方法上,共同设计工作通过基于设计的方法进行记录,并在其中进行改进。共同设计通常涉及设计、记录和迭代改进等几个连续但又经常重叠的阶段。对这一过程的探究和记录通常被描述为基于设计的研究(Barab 和 Squire，2004)。在这些阶段中，参与者共同参与问题识别，并确定将被设计/重新设计的工具和/或过程。通常，一个或多个共同设计的参与者是在切实的情境而不是实验室的环境中反复"试验"过程、工具、课程等，以确保所设计的产品满足实践的需求(Gomez 等，1999)。当团队将设计和实施与项目目标并列，检查以确保最初的刺激问题得到解决时，设计原理就会像北极星一样起作用。在教师们"尝试"时，他们会向小组汇报、分析、评论、并经常反复改进，直到小组最终得到双方都满意的结果。本地设置测试和迭代改进有助于确保该工具满足日常用户——教师，学生和/或管理员——的需求。整个共同设计过程强调集体反思、多方讨论和决策以及公众批评。

三、研究主题

迄今为止，除了少数例外，大多数 PCD 教育工作都起源于欧洲和北美。研究通常以教师和教师学习为中心，而不是以研究者或其他参与者为中心，主要关注的是 K-12 的课堂工作，比如在 STEM 和语言艺术(如识字)领域进行设计。除此之外，研究还考察了新软件工具的设计和使用、在线虚拟实验室活动、基于项目的课堂学习和评估。

本质上，研究主要是定性的，采用人种志和案例研究方法，研究者试图了解如何促进共同设计过程，同时调查其紧张关系、挑战、机遇和结果。有几个主要的研究主题和发现是显而易见的，如下：

- 教师参与的形式和可能支持他们参与的条件(Cober 等，2015)；
- 教师对共同设计和所有权的看法(Cviko，McKenney 和 Voogt，2015；Gomez 等，2015；Kyza 和 Georgiou，2014)；
- 学生学习是教师在共同设计中协作的结果(Cviko，McKenney 和 Voogt，2014；Gomez 等，2016；Kyza 和 Nicolaidou，2016；Shanahan 等，2016)；
- 教师—研究者共同设计课程的对立关系、优势和挑战(Hundal，Levin 和 Keselman，2014)；
- 共同设计对教师专业发展的影响(Johnson 等，2016；Jung 和 Brady，2016；Kyza 和 Nicolaidou，2016)；
- 参与式研究中的权力结构、公平和平等(Lau 和 Stille，2014；Samuelson Wardrip，Gomez 和 Gomez，2015；Vines，Clarke，Wright，McCarthy 和 Olivier，2013)。

未来探索的机会
尽管有关教育共同设计研究的文献越来越多，但对共同设计过程、挑战和益处的进一步研究似乎是有必要的。虽然 PCD 团队通常是跨学科的，经常需要跨界协商以求共存和繁荣，但我们对参与者和其他利益相关者如何协商、跨越和体验这些跨界知之甚少。最近的研究（Bronkhorst，Meijer，Koster，Akkerman 和 Vermunt，2013；Jung 和 Brady，2016；Lau 和 Stille，2014；Penuel 等，2007）表明，对跨界的研究是一个重要的研究领域。

PCD 工作是资源密集型的，可能会持续数月甚至数年，并且经常会产生大量数据集，这就要求我们思考应该调查什么以及如何调查的问题。研究者们也越来越多地研究设计产品的发展、功效和影响，以及设计对于实践者专业发展的作用（Gomez 等，2015；Greenleaf，Brown，Goldman 和 Ko，2013；Kyza 和 Nicolaidou，2016）。尽管一些研究表明，参与 PCD 的教师报告说，他们的自主性和能动性有所增加（Bronkhorst 等，2013；Kyza 和 Georgiou，2014），但尚不清楚 PCD 是否对所有教师都有效。也有研究表明，教师对教学法的认知似乎会影响共同设计的承诺（Cviko 等，2015）。我们应该在今后的研究中对其他的此类变量进行探索。

很少有研究考虑 PCD 的质量、失败和成功（Kwon，Wardrip 和 Gomez，2014）；我们需要更多地了解 PCD 中什么是有效的，以及在什么条件下有效。例如，我们需要更多地了解，相比于其他转型实践方法，共同设计对教师在 PCD 角色和贡献的认知方面的影响有何独特之处。迄今为止，PCD 质量是指 PCD 的过程、产品（如工具或课程）以及与团队初始目标（如学习成果）一致性之间的关系。未来的研究应着眼于调整 PCD 对参与者和有针对性的改革举措的影响的假设。

关于 PCD 的理论建设应不断地探索其可持续性和超越最初目标影响的可能性。大多数共同设计的团队规模较小，只有少数研究者和教师参与其中。我们需要更多地了解寻求参与有效的共同设计活动的教室、学校和学区的不同支持需求（Fogleman，Fishman 和 Krajcik，2006；Kwon 等，2014；Kyza 和 Georgiou，2014）。最近，采用基于设计的实施研究探讨了这些问题（见 Fishman 和 Penuel，本手册）。然而，我们还需要更多的经验证据，使用不同的方法，以在合作设计中建立规模和可持续性的学习科学理论。

四、协作中的挑战和对立关系

PCD 参与者致力于创建一个新的共享活动系统（Greeno 和 Engeström，2014），分享专业知识，并支持相互学习。要支持新系统，必须考虑几个因素。

1. 时间、日程安排和节奏

设计课程和教学材料往往是一项密集而漫长的工作。学校领导必须在教师的校内时间表（Stieff 和 Ryan，2016）和校外限制方面（例如，Kyza 和 Georgiou，2014）为 PCD 提供空间和时间。研究者必须协商资助者创建项目时间表。在 PCD 中，教师制定和协作完善课程与教学材料的团队目标在这些限制条件下竞争,并可能导致教师实施的材料或评估仍处于早期开发阶段(Ko 等,2016)。与这个节奏问题相关的是,共同设计影响的指标可能仍在出现(Penuel 等,2007)。

2. 共享语言和理解目标

和大多数其他小组情境一样,每个 PCD 参与者都会有自己的解释,以及描述团队目标和期望的方式。研究者和教师在讨论设计问题及其解决方案时使用的语言与他们对目标和结果的理解有关。即使在同一所学校,教师们也常常会根据学科和年级的不同而形成不同的实践共同体(Samuelson Wardrip 等,2015)。科等人(Ko 等,2016)举例说明了 READI 项目中的团队在应对"如何支持学生在一个学科内提出自身主张"方面的不同理解。

为了确保所有参与者都能充分参与设计,研究者需要了解权力(Kristiansen 和 Bloch-Poulsen,2013)和公平问题会如何影响共同设计的过程(Penuel 等,2007;Stieff 和 Ryan,2016)。例如,参与者可能会犹豫是否要与学校或学区的权威人士提出不同意见或分享经验(Stieff 和 Ryan,2016)。与此相关的是,教师可能会将研究者视为某个特定主题的专家(Penuel 等,2007)。研究者试图通过以下方式来促进公平的共同设计过程:在共同设计过程中突出实践者的专业知识(Gomez 等,1999),显示实践者建议对共同设计进展的重要性,并将其纳入新设计的材料(Stieff 和 Ryan,2016),以及就共同设计本身而言,强调经常没有预先确定的设计路径和内容(Penuel 等,2007)。

五、对实践和政策的影响

在这一章,我们讨论了共同设计在作为分享和构建专业知识工具时,如何开发满足目标受众需求的可用、实用的设计,也讨论了共同设计作为能力建设专业发展工具时的特征与表现。我们所描述的研究集中在研究者—实践者共同设计的伙伴关系上。虽然学习科学作为一门学科,仍然处于共同设计理论建构的早期阶段,但对这种重要且令人兴奋的研究者—实践者协作方式的研究已经开始产生有用的设计原则,这些原则涉及构建共同设计工作,并关注社会和组织因素。这些原则反映了挑战、对立关系和机遇,可以作为决策者和实践者了解未来共同设计工作中重要的分析和设计因素。

我们在本节提出的有效协作的设计原则,反映了从本章所回顾的共同设计研究中提取的积累性理解。这些原则与更有效的共同设计过程以及研究者—实践者关系相关联。我们还提供了关于这些原则如何为共同设计和协作提供政策考虑的见解。

1. 共同设计过程

● 共同设计团队应建立并维持诚实的关系、信任和相互尊重每个参与者所贡献的专业知识的多样性(Herrenkohl 等,2010)。

- 共同设计团队应作为情境学习的环境,通常类似于学习共同体和实践共同体(Fogleman 等,2006)。

- 共同设计团队应该专注于改变实践和学生思维,这些都是帮助不同利益相关者团结在共同设计的共同愿景上的焦点(Herrenkohl 等,2010)。

- 共同设计团队成员,包括研究者,必须明确表示他们希望在协作中实现什么目标(Gomez 等,2016)。

- 共同设计团队应建立相互商定的"重要"的成功标准(Blomberg 和 Henderson,1990)。这些标准通常是基于情境的,也可以反映参与者的位置。一个相关的问题是,成功的标准在本质上是迭代的还是总结性的,或两者兼而有之。

- 共同设计参与应与实施相结合,以促进对共同设计产品和教学实践的反思,并促进教师现场的专业发展(Kyza 和 Nicolaidou,2016)。

- 研究者应该支持共同设计过程(Cober 等,2015);这种支架应该包括社会和情感支持(Herrenkohl 等,2010)。

2. 组织注意事项

- 应考虑系统性的限制因素,例如共同设计工作是否符合学校的重点;否则,教师对团队的承诺可能会减少(Hundal 等,2014;Jung 和 Brady,2016;Penuel 等,2007)。

- 承办共同设计团队的学校应为共同设计工作分配足够的时间,其价值在于创新,这些创新可以在教师课堂上有意义地被使用。传统上,学校每天的工作时间为 6.5 至 7 小时。当教师或教师和研究者寻求合作时,他们需要根据在校期间的时间、分配的专业发展日或课后时间来规划时间安排。学区和学校管理人员应优先考虑规划和日程安排,以支持共同设计。

- 共同设计团队成员应该意识到,共同设计过程是一种迭代的、协作的和实践导向的工作,需要花费大量的时间和精力才能实现,通常会持续几个月或更长时间(Penuel 等,2007)。

- 共同设计团队需要足够的资源。20 多年前,达林哈蒙德和麦克劳林(Darling-Hammond 和 McLaughlin,1995)呼吁重新分配资源,"为共同工作和专业学习提供时间"(p. 4)。很少有州和地方决策者优先分配资源,以支持地方学校的共同设计。在这一点上,国家政策制定者和大学管理者也有责任。

- 共同设计工作需要传播机制来分享所学知识,以便对未来的研究者—实践者协作有用。对于许多教育研究者、学校领导和实践者而言,共同设计如何开展,以及这些工作的益处和挑战仍然是不透明的。除了会议报告和出版物之外,还需要进行传播。地方和州一级政策制定者可以通过将分享发现的期望与在理想情况下提供白皮书指南的例子联系起来,这也表明了传播作为一种公共利益的重要性。

六、结论

学习科学家试图在情境中理解学习,建立关于学习的知识,并支持学习。在情境中,解决学习问题的一种特殊方法是参与式共同设计活动。在这个简短的章节中,我们的目标是描述共同设计研究的基础、理论承诺和经验教训。

研究者和实践者在分析实践问题、共同设计材料、工具和过程以解决复杂的实际课堂教学和学习问题时,为协作带来了不同的观点。与传统的非情境知识型课程设计方法相比,在 PCD 中,最终用户既是当地的情境设计者(实践者),也是设计面向的对象(学生)。要达到一个可行的设计,需要投入大量的时间和精力。虽然关于共同设计参与对实践者专业学习的长期影响,以及它对其寻求变革的实践的影响,还有很多需要学习的地方(Cviko 等,2015;Kyza 和 Nicolaidou, 2016),但研究表明,这种投资可能是非常值得的(Gomez 等,2016;Kyza 和 Georgiou, 2014)。

七、延伸阅读

Cviko, A., McKenney, S., & Voogt, J. (2015). Teachers as co-designers of technology-rich learning activities for early literacy. *Technology, Pedagogy and Education*, *24*(4),443 - 459.

茨维科、麦肯尼和沃格特进行了一项探讨教师的共同设计经验和学生的学习成果的案例研究。作者的结论是,教师的教学方法影响了他们对共同设计的参与,共同设计的活动对学生的学习产生了积极的影响。

D'Amico, L. (2010). The Center for Learning Technologies in Urban Schools: Evolving relationships in design-based research. In C. E. Coburn & M. K. Stein (Eds.), *Research and practice in education: Building alliances, bridging the divide* (pp. 37 - 53). Lanham, MD: Rowman & Littlefield.

达米科介绍了城市学校学习技术中心(LeTUS)项目的研究。作者强调了芝加哥和底特律的不同学区背景,以及研究者先前对这些学区的经验如何与这两个城市的共同设计工作有关。

Herrenkohl, L. R., Kawasaki, K., & Dewater, L. S. (2010). Inside and outside: Teacher-researcher collaboration. *New Educator*, *6*(1),74 - 92.

赫伦科尔、川崎和迪沃特展示了教师—研究者共同工作的三个瞬间,借此来描述他们协作的本质。作者认为这些工作改变了教师和研究者的身份,并认为教师—研究者的协作支持了教师和研究者的专业学习。

Penuel, W. R., Roschelle, J., & Shechtman, N. (2007). Designing formative assessment software with teachers: An analysis of the co-design process. *Research and Practice in Technology Enhanced Learning*, 2(1), 51 – 74.

比努伊斯、罗斯切尔和谢赫特曼提供了教育共同设计研究的定义,并描述了共同设计过程的特征。

Shanahan, C., Bolz, M. J., Cribb, G., Goldman, S. R., Heppeler, J., & Manderino, M., (2016). Deepening what it means to read (and write) like a historian: Progressions of instruction across a school year in an eleventh grade U. S. history class. *History Teacher*, 49(2), 241 – 270.

沙纳汉及其同事描述了设计历史教学的工作,并将学科阅读和写作实践作为项目 READI 的一部分。作者概述了历史设计团队制定的学习目标,还举例说明了设计团队中的一位教师如何将学习目标整合到她的常规历史单元中。

参考文献

Barab, S., & Squire, K. (2004). Design-based research: Putting a stake in the ground. *Journal of the Learning Sciences*, *13*(1), 1–14.

Beck, E. E. (2001). *On participatory design in Scandinavian computing research* (Research Report No. 294). Oslo, Norway: University of Oslo, Department of Informatics.

Blomberg, J. L., & Henderson, A. (1990). Reflections on participatory design: Lessons from the trillium experience. In J. C. Chew & J. Whiteside (Eds.), *Proceedings of the SIGCHI Conference on Human Factors in Computing Systems* (pp. 353–359). New York: ACM Press.

Bronkhorst, L. H., Meijer, P. C., Koster, B., Akkerman, S. F., & Vermunt, J. D. (2013). Consequential research designs in research on teacher education. *Teaching and Teacher Education*, *33*, 90–99.

Cober, R., Tan, E., Slotta, J., So, H. J., & Könings, K. D. (2015). Teachers as participatory designers: Two case studies with technology-enhanced learning environments. *Instructional Science*, *43*(2), 203–228.

Coburn, C. E., & Stein, M. K. (Eds.). (2010). *Research and practice in education: Building alliances, bridging the divide*. Lanham, MD: Rowman & Littlefield.

Cognition and Technology Group at Vanderbilt. (1997). *The Jasper Project: Lessons in curriculum, instruction, assessment, and professional development*. Mahwah, NJ: Erlbaum.

Cviko, A., McKenney, S., & Voogt, J. (2014). Teacher roles in designing technology-rich learning activities for early literacy: A cross-case analysis. *Computers & Education*, *72*, 68–79.

Cviko, A., McKenney, S., & Voogt, J. (2015). Teachers as co-designers of technology-rich learning activities for early literacy. *Technology, Pedagogy and Education*, *24*(4), 443–459.

D'Amico, L. (2010). The Center for Learning Technologies in Urban Schools: Evolving relationships in design-based research. In C. E. Coburn & M. K. Stein (Eds.), *Research and practice in education: Building alliances, bridging the divide* (pp. 37–53). Lanham, MD: Rowman & Littlefield.

Darling-Hammond, L., & McLaughlin, M. W. (1995). Policies that support professional development in an era of reform. *The Phi Delta Kappan*, *76*(8), 597–604.

Edelson, D. C. (2002). Design research: What we learn when we engage in design. *Journal of the Learning Sciences*, *11*(1), 105–121.

Edelson, D. C., Gordin, D. N., & Pea, R. D. (1999). Addressing the challenges of inquiry-based learning through technology and curriculum design. *Journal of the Learning Sciences*, *8*(3–4), 391–450.

Fishman, B., & Penuel, W. (2018). Design-based implementation research. In F. Fischer, C. E. Hmelo-Silver, S. R. Goldman, & P. Reimann (Eds.), *International handbook of the learning sciences* (pp. 393–400). New York: Routledge.

Fogleman, J., Fishman, B., & Krajcik, J. (2006). Sustaining innovations through lead teacher learning: A learning sciences perspective on supporting professional development. *Teaching Education*, *17*(2), 181–194.

Gomez, K., Gomez, L. M., Cooper, B., Lozano, M., & Mancevice, N. (2016). Redressing science learning through supporting language: The biology credit recovery course. *Urban Education*. doi:10.1177/0042085916677345

Gomez, K., Gomez, L. M., Rodela, K. C., Horton, E. S., Cunningham, J., & Ambrocio, R. (2015). Embedding language support in developmental mathematics lessons: Exploring the value of design as professional development for community college mathematics instructors. *Journal of Teacher Education*, *66*(5) 450–465.

Gomez, L., Shrader, G., Williams, K., Finn, L., & Whitcomb, J. (1999, March). Research for practice: Collaborative research design in urban schools. *Paper presented at the Spencer Foundation Training Conference*, New Orleans, LA.

Greenleaf, C., Brown, W., Goldman, S. R., & Ko, M. (2013, December). READI for science: Promoting scientific literacy practices through text-based investigations for middle and high school science teachers and students. *Paper presented at the NRC Workshop on Literacy for Science*, Washington, DC.

Greeno, J. G., & Engeström, Y. (2014). Learning in activity. In R. K. Sawyer (Ed.), *The Cambridge handbook of the learning sciences*, (2nd ed., pp. 128–147). Cambridge, UK: Cambridge University Press.

Herrenkohl, L. R., Kawasaki, K., & Dewater, L. S. (2010). Inside and outside: Teacher–researcher collaboration. *New Educator, 6*(1), 74–92.

Hundal, S., Levin, D. M., & Keselman, A. (2014). Lessons of researcher–teacher co-design of an environmental health afterschool club curriculum. *International Journal of Science Education, 36*(9), 1510–1530.

Johnson, R., Severance, S., Penuel, W. R., & Leary, H. (2016). Teachers, tasks, and tensions: Lessons from a research–practice partnership. *Journal of Mathematics Teacher Education, 19*(2), 169–185.

Jung, H., & Brady, C. (2016). Roles of a teacher and researcher during in situ professional development around the implementation of mathematical modeling tasks. *Journal of Mathematics Teacher Education, 19*(2), 277–295.

Ko, M., Goldman, S. R., Radinsky, J., James, K., Hall, A., Popp, J., et al. (2016). Looking under the hood: Productive messiness in design for argumentation in science, literature, and history. In V. Svihla & R. Reeve (Eds.), *Design as scholarship: Case studies in the learning sciences* (pp. 71–85). New York: Routledge.

Kristiansen, M., & Bloch-Poulsen, J. (2013). Participation in research-action: Between methodology and worldview, participation and co-determination. *Work & Education, 22*(1), 37–53. Retrieved from www.fae.ufmg.br/trabalhoeeducacao

Kwon, S. M., Wardrip, P. S., & Gomez, L. M. (2014). Co-design of interdisciplinary projects as a mechanism for school capacity growth. *Improving Schools, 17*(1), 54–71.

Kyza, E. A., & Georgiou, Y. (2014). Developing in-service science teachers' ownership of the PROFILES pedagogical framework through a technology-supported participatory design approach to professional development. *Science Education International, 25*(2), 55–77.

Kyza, E. A., & Nicolaidou, I. (2016). Co-designing reform-based online inquiry learning environments as a situated approach to teachers' professional development. *CoDesign.* doi:10.1080/15710882.2016.1209528

Lau, S. M. C., & Stille, S. (2014). Participatory research with teachers: Toward a pragmatic and dynamic view of equity and parity in research relationships. *European Journal of Teacher Education, 37*(2), 156–170.

Lewin, K. (1947). Group decisions and social change. In T. M. Newcomb & E. L. Hartley (Eds.), *Readings in social psychology* (pp. 330–344). New York: Henry Holt.

Lui, M., & Slotta, J. D. (2014). Immersive simulations for smart classrooms: Exploring evolutionary concepts in secondary science. *Technology, Pedagogy and Education, 23*(1), 57–80.

Marx, R. W., Blumenfeld, P. C., Krajcik, J. S., Fishman, B., Soloway, E., Geier, R., & Tal, R. T. (2004). Inquiry-based science in the middle grades: Assessment of learning in urban systemic reform. *Journal of Research in Science Teaching, 41*(10), 1063–1080.

Nygaard, K., & Bergo, O. T. (1973). Planlegging, styring og databehandling. In *Grunnbok for fagbevegelsen* [Planning, management and data processing. In *Basic reader for trade unions*], Vol. *1*. Oslo: Tiden norsk forlag.

Ormel, B. J. B., Roblin, N. N. P., McKenney, S. E., Voogt, J. M., & Pieters, J. M. (2012). Research–practice interactions as reported in recent design studies: Still promising, still hazy. *Educational Technology Research and Development, 60*(6), 967–986.

Penuel, W. R., Coburn, C. E., & Gallagher, D. J. (2013). Negotiating problems of practice in research–practice design partnerships. *Yearbook of the National Society for the Study of Education, 112*(2), 237–255.

Penuel, W. R., Fishman, B. J., Cheng, B. H., & Sabelli, N. (2011). Organizing research and development at the intersection of learning, implementation, and design. *Educational Researcher, 40*(7), 331–337.

Penuel, W. R., Roschelle, J., & Shechtman, N. (2007). Designing formative assessment software with teachers: An analysis of the co-design process. *Research and Practice in Technology Enhanced Learning, 2*(1), 51–74.

Penuel, W. R., & Yarnall, L. (2005). Designing handheld software to support classroom assessment: An analysis of conditions for teacher adoption. *Journal of Technology, Learning, and Assessment, 3*(5), 4–44.

Recker, M. (2013). Interview about teacher learning and technology [Video file]. In *NAPLeS video series*. Retrieved October 19, 2017, from http://isls-naples.psy.lmu.de/video-resources/interviews-ls/recker/index.html

Recker, M., & Sumner, T. (2018), Supporting teacher learning through design, technology, and open educational resources. In F. Fischer, C. E. Hmelo-Silver, S. R. Goldman, & P. Reimann (Eds.), *International handbook of the learning sciences* (pp. 267–275). New York: Routledge.

Rivet, A., Krajcik, J., & Marx, R. (2003, April). Design principles for developing inquiry materials with embedded technologies. *Paper presented at the annual meeting of American Educational Research Association*, Chicago, IL.

Samuelson Wardrip, P., Gomez, L. M., & Gomez, K. (2015). We modify each other's lessons: The role of literacy work circles in developing professional community. *Teacher Development, 19*(4), 445–460.

Shanahan, C., Bolz, M. J., Cribb, G., Goldman, S. R., Heppeler, J., & Manderino, M., (2016). Deepening what it means to read (and write) like a historian: Progressions of instruction across a school year in an eleventh grade U.S. history class. *History Teacher, 49*(2), 241–270.

Stieff, M., & Ryan, S. (2016). Designing the *Connected Chemistry Curriculum*. In V. Svihla & R. Reeve (Eds.), *Design as scholarship: Case studies in the learning sciences* (pp. 100–114). New York: Routledge.

Vines, J., Clarke, R., Wright, P., McCarthy, J., & Olivier, P. (2013). Configuring participation: On how we involve people in design. *Proceedings of the SIGCHI Conference on Human Factors in Computing Systems* (pp. 429–438). New York: ACM Press.

第 40 章　学习的评估和促进学习的评估

詹姆斯・佩莱格里诺(James W. Pellegrino)

一、本章概述和目标

本章从学习科学的视角探讨什么是高质量和有效的评估。这种评估是基于三个共同作用的关键组成部分：(1)它们源于基于内容的、认知的理论和数据，这些理论和数据表明了应该评估的知识和技能；(2)它们包括任务和观察，以提供证据和信息，说明学生是否已经掌握了感兴趣的知识和技能；(3)它们利用定性和定量的技术来解释学生的表现，以捕捉被评估的学生在知识和技能方面的差异。评估的设计和使用应被视为学习科学中概念研究的一种主要形式。它不应该留给那些对识知和学习仅有有限概念的其他人去做，它需要多学科协作，跨学科整合，包括学术学科的研究者和测量专家。

本章的第一部分区分了教育评估的不同背景和目的。第二部分讨论了一个关键原则，即所有的评估都涉及到从证据中推理的过程，第三部分则讨论了如何通过识知和学习模型来驱动推理过程，包括表现为学习进程的模型。第四部分描述了以结构为中心的设计过程，用以指导评估的系统开发和解释，第五部分考虑了评估的设计、使用和解释中的有效性问题。第六部分分析了上述材料对(1)课堂评估和(2)大规模评估的影响。最后一部分简要地讨论了学习科学研究中谨慎、缜密开展评估设计、使用和解释方法的重要性。

二、教育评估的背景

1. 评估目的和背景

从教师的课堂小测验、期中或期末考试，到国家和国际管理的标准化测试，对学生知识和技能的评估已经成为教育领域普遍存在的一部分。学校学习评估所提供的信息能够帮助教育者、管理者、决策者、学生、家长和研究者判断学生的学习状态，并就其影响和行动做出决定。在评估设计的所有阶段，评估的具体目的都是重要的考虑因素。例如，教师在课堂上用于辅助和监控学习的评估通常需要提供比决策者或认证机构使用的评估结果更详细的信息。

（1）**促进学习的评估**。在课堂上，教师使用各种形式的评估来告知每天和每月的教学计划，对学生的进步提供反馈，并激励他们（例如，Black 和 Wiliam，1998；Wiliam，2007）。一种常见的课堂评估是教师制作的小测验，评估也包括更多非正式的方法来确定学生的学习进程，如课堂项目、计算机辅助教学的反馈、课堂观察、书面作业、家庭作业和与学生之间的对话——所有这些都由教师根据有关学生、学校环境和学习内容的附加信息进行解释。

这些情形被称为促进学习的评估（assessments for learning），或评估的形成性使用（the formative use of assessment）。这些评估提供了关于学生学习优势和困难的具体信息。例如，统计学教师需要知道的不仅仅是学生不理解概率这一事实；他们还需要知道产生这种误解的细节，例如学生有混淆条件概率和复合概率的可能性。教师可以利用这些类型的评估信息调整他们的教学，以满足学生的需求，这些需求可能是难以预料的，而且可能因学生而异。学生可以利用这些信息来决定哪些知识和技能是他们需要进一步学习的，以及他们需要在思维上做出哪些调整。

（2）**个人成就的评估**。许多评估被用来帮助确定一个学生在完成某一特定阶段的教育后是否达到了一定的能力水平，无论是一个为期两周的课程单元，持续一个学期的课程，还是 12 年的学校教育。这就是所谓的个人成就评估（assessment of individual achievement），或者评估的总结性使用（the summative use of assessment）。一些最常见的总结性评估形式就是课堂教师使用的形式，例如单元结束测试或课程结束测试，这通常就是在课程结束时给出字母等级分数。大规模的评估（Large-scale assessments）——由课堂以外的人管理的，如学区、州教育委员会或国家机构——也提供了关于学生个人成就的信息，以及关于一个学生相对于其他学生表现如何的比较信息。由于大规模评估通常每年只进行一次，而且测试和结果之间存在一定的时间间隔，因此评估结果很少能提供帮助教师和学生做出日常或每月教学策略、学习决策的信息。

（3）**评价项目和机构的评估**。评估的另一个常用目的是帮助管理者、决策者或研究者判断教育项目和机构的质量和有效性。评估可以是形成性的，也可以是总结性的；例如，当教学评价被用来提升教学的有效性时，它就是形成性的。总结性评估越来越多地被学校领导和决策者用于对个人、项目和机构作出决定。例如，学校、学区或州对评估结果的公开报告旨在向家长和纳税人提供有关学校质量和效能的信息；这些评估有时会影响有关资源分配的决定。

2. 对目的、等级和时间表的进一步考虑

没有任何一种单一类型的评估能够满足上述所有的目的和背景。遗憾的是，决策者往往试图将单一的评估用于多种目的——也许是为了节省资金，或者是为了在更短的时间内管理评估，也可能是为了向教师提供信息，以指导教学改进。问题是，当单一的评估被用于多个目的时，对于每一个特定目的，它最终都不是最佳的。确定单一的

"一刀切"的评估往往会导致教学或研究目的的评估选择不当,这反过来又会导致对个人、项目和/或机构的无效结论。

所有评估的最终目的应该是促进学生的学习(例如,Wiggins,1998)。但在某些情况下,评估是为了评估的目的而开发的,而这些目的与促进学生学习的最终目标有一定的距离。鲁伊斯-普里莫、沙弗森、汉密尔顿和克莱恩(Ruiz-Primo, Shavelson, Hamilton 和 Klein,2002)提出了一个五点连续体(a five-point continuum),反映了评估与课堂教学和学习的接近程度:即时(immediate)(例如,特定教学活动实施中的观察或学生作品)、接近(close)(例如,从一个或多个活动中学习的嵌入式评估和半正式测验)、近距离(proximal)(例如,特定课程学习的正式课堂考试)、远距离(distal)(如美国《不让一个孩子掉队》法案要求的标准参照成绩测试)以及远程(remote)(随着时间的推移而衡量更广泛的结果,包括标准参照成绩测试以及一些国家和国际成绩衡量,如 PISA)。不同的评估应该被理解为在这个连续统一体上的不同点,它们要有效地相互协调,并与课程和教学保持一致。本质上,评估是一种转移测试,它可以是近距离转移,也可以是远距离转移,这取决于评估在上述连续体上的位置(见 Hickey 和 Pellegrino,2005)。

评估与教、学的时刻的接近程度,对评估如何实施以及如何很好地实现不同的评估目的具有影响(形成性评估、总结性评估或项目评估:Hickey 和 Pellegrino,2005;NRC,2003)。例如,一个旨在帮助教师诊断学生的学习状态以修改教学的评估,必须与已经使用的课程和教学材料相对应,而且它需要在知识和技能的具体方面具有相对精细的粒度,以提供教学信息。因此,它不能泛泛地涵盖大量的内容,它需要使用学生熟悉的语言和问题情境。因此,对于所有学习相同内容的学生来说,这种评估作为一个良好的、"公平的"总结性评估的能力是有限的。相比之下,一个大规模的州或国家成绩测试需要以相对粗粒度的方式覆盖大量的内容,它不可能依赖于课程或情境来"公平"地对待所有受测学生。因此,它必须使用通用的、与课程无关的问题形式。因此,这种评估提供具有细致教学指导意义的信息的能力非常有限。此外,它通常远离教学和学习发生的时间,因此它的反馈能力也同样有限。

三、作为证据推理过程的评估:评估三角

虽然在不同情境中、出于不同的目的、在不同的时间范围内使用的评估往往看起来很不一样,但它们具有某些共同的原则。其中的一个原则是,评估总是一个从证据中推理的过程。再者,就其本质而言,评估在某种程度上是不精确的。例如,评估教育成果并不像测量身高或体重等物理属性那么简单;评估要判断的属性是不外显的心理表征和过程。评估是一种用来观察学生行为并产生数据的工具,这些数据可以用来对学生的知识进行合理推断。使用评估三角(assessment triangle)有助于描述从证据进

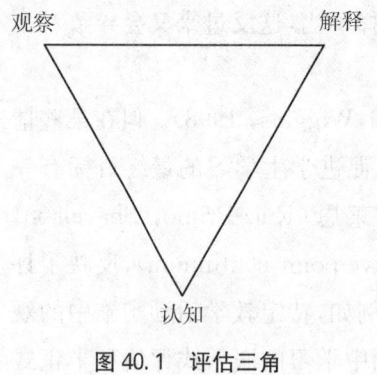

图 40.1 评估三角

行推理的过程（图 40.1；另见 Pellegrino，Chudowsky 和 Glaser 等，2001）。这些顶点代表任何评估所依据的三个关键要素：评估领域中学生的认知和学习模型；一套关于观察类型的假设和原则，这可以为学生的能力提供证据；以及根据评估目的和学生的理解来阐释证据的解释过程。如果不将这三者结合起来，就无法设计、实施或评估（尽管在许多情况下，设计中可能隐含一个或多个评估，而不是明确和有意识地选择）。

三角中的认知角是指理论、数据和一系列关于学生如何在某一学科领域（如分数、牛顿定律、热力学）表达知识和发展能力的假设。术语"认知"的使用并不意味着定义一个特定的模式或识知和学习本质的观点，如信息加工或理性主义模型。相反，它的意思是指可以索引任何理论观点，在人类努力的某一领域中的识知和学习的理论观点。因此，它可以为证据推理过程提供框架，因为它指导观察的设计和选择、证据的收集、证据的解释和意义生成的规则。在任何一个特定的评估应用中，都需要一个领域内的学习理论来确定一套知识和技能，这些知识和技能对于预期的使用环境非常重要，无论是为了描述学生在某个时间点上所获得的能力，以做出总结性判断，还是为了做出形成性判断以指导后续的教学，从而最大限度地提高学习效果。这些理论应该与学习者如何在一个领域中表现知识和发展专业知识的最新科学理解相一致（如 Reimann 和 Markauskaite，本手册）。

评估三角的观察顶点可以代表对于评估任务的描述或一组规范，这些描述或规范将引起学生的启发性反应。每一次评估都是基于一组关于任务或情境的假设和原则，这些任务或情境会促使学生说、做或创造一些能够被证明是重要的、有关知识和技能的东西。评估任务（无论是回答多项选择题、撰写一段短文，还是回答老师的口头问题）都必须经过精心设计，以提供与学习模式相关的证据，并支持将根据评估结果作出的各种推理和决策。

每一次评估也都是基于假设和模型来解释从观察中收集到的证据。

三角的解释顶点包含了用于从观察进行推理的所有方法和工具。它表达了从一组评估任务中获得的观察结果如何构成被评估的知识和技能的证据。在大规模评估中，解释方法通常是一个统计模型，它是对体现不同水平学生能力的数据中呈现的模式的描述或总结。例如，在一个州或全国性的年终成绩测试中，学生的成绩将体现在一个测量量表上，该量表允许各种比较存在，包括对某一年参加过不同形式考试的学生进行比较，或者对今年学生与往年学生的表现进行比较。在某些情况下，分数也会按照成绩等级进行分类，比如基础、熟练或高级。使用统计模型推导量表分数的常见例子有美国的 NAEP、GRE 或 SAT，以及国际上的 PISA。在课堂评估中，无论活动是对话、测验还是"正式"考试，教师通常会进行非正式的解释，而且这种解释通常基于直观或定性的模型或者简单的定量模型，如正确率的百分比，而不是正式的统计模型。即便如此，教师还是会对学生的理解和学习的哪些方面、学生如何完成一项或多项任务、以及这些表现对学生的知识和理解意味着什么做出协调一致的判断。无论他们是否使用了某些量化指标，比如总分或正确率的百分比，这种情况都会发生。

最后要注意的关键一点是，评估三角的每一个要素不仅自身必须有意义，而且每一个要素还必须以一种有意义的方式与其他两个要素保持一致，从而产生有效的评估和合理的推论。

四、特定领域学习：学习进程的作用

如上所述，任何给定评估的推理目标在很大程度上都应该取决于认知和学习模型，这些模型描述了人们如何在感兴趣的领域中与知识相关联并发展能力，以及这些能力的重要元素是什么。从学习模型入手是区分讨论的评估设计方法与测试开发的典型方法的主要特征之一。该模型指出了学生成绩中最重要的方面，人们希望对这些方面进行推断，并提供了关于评估任务类型的线索，这些任务将引出支持这些推断的证据（另见 Pellegrino 等，2001）。

与这些观点一致的是，人们对"学习进程"（learning progressions）这个话题的兴趣激增。现在文献中存在关于学习进程（也称为学习轨迹）的各种定义，这些定义在侧重点和意图上有实质性的差异（见 Duncan 和 Rivet，本手册）。学习进程是有经验基础和可检验的假设，比如说，在适当的指导下，学生对核心概念和解释以及相关学科实践的理解和运用能力是如何随着时间的推移而增长和变得更加成熟的。这些假设描述了学生在掌握核心概念时可能遵循的路径。研究就是要对假设的学习轨迹进行实证检验，以确保其结构的有效性（假设的序列是否描述了在适当的指导下大多数学生实际经历的路径），并最终评估其结果（基于学习进程的指导是否为大多数学生带来了更好的结果）。

任何假设的学习进程都会对评估产生影响，因为有效的评估应该与基于经验的识知和学习模型相一致。为了最大限度地发挥作用，学习进程至少应该包含以下要素：

（1）目标绩效或学习目标，这是学习进程的终点。它们是由社会期望、学科分析和/或进入下一阶段教育的要求来定义的。

（2）进展变量，它是指随着时间的推移，正在发展和跟踪的理解、应用和实践维度。这些可能是学科中的核心概念，也可能是文学、科学或数学工作的核心实践。

（3）成就水平，这是学习进程所追踪的发展路径中的中间步骤。这些水平可以反映出学生思维发展的综合水平或共同阶段的特点。它们可能是非规范的中间步骤，但却是通向规范思想的垫脚石。

（4）学习表现，是指某一特定成绩水平的学生能够完成的任务种类。它们为评估的发展提供了规范，学生可以通过这些评估来展示自己的知识和理解。

（5）评估，是用来跟踪学生在假设进程中发展的具体措施。学习进程应该包括评估方法，因为评估是其开发、验证和使用的组成部分。

正如本手册中所讨论的那样，认知与学习的研究已经产生了一套丰富的关于特定领域学习和表现的描述，可以用来指导教学和评估设计（见 Duncan 和 Rivet，本手册；Herrenkohl 和 Polman，本书）。也就是说，为课程的多个领域规划学习进度，从而有效地指导教学和评估的设计方面，我们还有很多工作要做（见 Duncan 和 Rivet，本手册）。然而，关于学生的认知和学习，我们现在有相当多的知识可以用于指导该如何设计评估，尤其是那些试图涵盖年级内部和跨年级的学习进程的评估。贝内特、迪恩和范里恩（Bennett，Deane 和 van Rijn，2016）最近发表的一篇关于 CBAL 评估系统（基于认知的评估、为学习和作为学习）的论文就是这方面工作的一个很好的例子。CBAL 一直致力于中学阶段的英语语言艺术和数学评估。这些评估的设计考虑到了认知理论和数据，包括在这些教学领域使用显性的学习进度。贝内特等人（2016）的论文展示了如何以互补的方式使用认知和心理测量理论和方法来设计和验证针对学生学习关键方面的评估项目。

五、评估开发：以结构为中心的设计

实际评估的设计是一项具有挑战性的工作，必须以情境中认知的理论和研究为指导，并以实际的规定为指导，使评估在特定的使用情境中取得成果并具有潜在的有效性。设计总是一个复杂的过程，它运用理论和研究，在多个约束条件下实现近似最佳解决方案，其中一些约束条件超出了科学的范畴。评估设计在重要的方面受到一些变量的影响，如评估的目的（例如，协助学习、衡量个人成就或评估一个项目）；评估的使用环境（如课堂、地区或国际比较）；以及实际限制（如资源和时间）。

图 40.1 的评估三角中嵌入的证据推理逻辑在两组研究人员的工作中得到了体现，他们为开发评估制定了框架：米什勒维（Mislevy）及其同事开发的以证据为中心的设计（evidence-centered design，ECD）方法（例如，见 Mislevy 和 Haertel，2006）；以及威尔逊（Wilson）及其同事开发的结构建模方法（construct-modeling approach）（例如，见 Wilson，2004）。他们都采用以结构为中心（construct-centered）的方法进行任务开发，并且都紧密遵循评估三角的证据推理逻辑。

传统的评估设计方法往往主要侧重于任务的表面特征，如任务如何呈现给学生，或者要求学生反应的形式。在以结构为中心的方法中，评估任务的选择和开发，以及评分规则和标准、报告的模式和风格，都是以要评估的结构为指导，并以最好的方式来引出关于学生对该结构的水平的证据。在以结构为中心的方法中，评估的设计和开发

过程具有以下开发步骤的特点,这些步骤是以证据为中心的设计和结构建构所共有的:

- 分析作为评估目标的认知领域;
- 用足够详细的语言具体说明要评估的结构,以指导任务设计;
- 确定评估应该支持的推论;
- 列出支持这些推论所需的证据类型;
- 设计收集这些证据的任务,对证据如何组合并用于得出有效结论进行建模;
- 重复上述阶段以完善这一过程,特别是当有新证据出现时。

最终,以这种方式设计的任务应该允许学生以一种尽可能明确的方式"展示他们知道什么和能做什么",这与任务表现所暗示的学生知识和技能有关——即从一组给定的评估任务或项目中,对学生认知能力的推断是被允许的和可持续的。

六、评估效度:论证和证据

将理论驱动和基于证据的方法应用于评估设计和使用过程的最终目标是创造任务和情境,为我们提供关于学生学习的有效和可靠信息。因此,效度(validity)是所有评估工作的核心。AERA/APA/NCME 联合标准(1999/2014)主要根据"测试所要测量的概念或特征"的角度来定义效度(1999,p. 5)。当代教育测量理论家把测试效度作为一个有证据支持的推理论证(例如,Kane,2006,2013)。证据的具体形式与人们希望就某项评估是什么、做了什么以及如何解释其分数的主张有关。其中一些关键的主张与特定评估设计的理论基础有关,而这些解释性的主张必须得到各种类型经验证据的支持,以证明所观察到的表现确实反映了基本的认知结构。对于旨在支持实时的课堂教学评估,佩莱格里诺、迪贝洛和戈德曼(Pellegrino,DiBello 和 Goldman,2016)提出了一个具体的效度框架,该框架确定了认知、教学和推断三个相关的组成部分,如下所示。

认知——效度的这个组成部分是指评估在多大程度上利用了领域知识和技能的重要形式,而不与认知的其他方面相混淆,如工作记忆负荷。认知效度应该基于对学生在诸如文学、数学和科学等课程领域的认知和理解的本质的了解,以及它是如何随着时间的推移而发展的,以确定学生在与评估互动时,应该使用哪些知识和技能,以及他们实际使用的知识和技能。

教学——这个组成部分涉及评估在多大程度上与课堂和教学保持一致,包括学生的学习机会,以及它如何通过提供有价值的和及时的教学相关信息来支持教学实践。教学效度应基于以下证据:评估与标准和课程所定义的兴趣技能相一致,对教师的实用性和有用性,以及评估作为教学指南的性质。

推断——这个组成部分是指评估在多大程度上可靠和准确地产生有关学生表现

的信息,特别是用于诊断目的。推断效度(inferential validity)应根据从各种定性和定量分析方法中获得的证据,确定任务表现是否可靠地与基本概念测量模型一致,该模型适用于预期的解释性用途。

对于给定评估,证据收集和构建有效性论点应是一项持续的活动,从评估设计开始,到评估材料和程序的试点测试,再到后续的操作性版本,这些版本可能会在不同的实施范围内使用——教室、学校、地区、州和/或国家。上面提到的三个组成部分可以作为确定评估效度的指南,既可以作为前瞻性的指导,如在概念化和设计期间;也可以作为回顾性的指导,如对教育工作者在教学过程中所使用的任何给定评估的相对优势和劣势进行评估。对于可以而且应该作为验证过程一部分而汇编的各种证据来源的更完整的处理,可参见佩莱格里诺等人的研究(2016)。

七、对评估设计和使用的启示

课堂评估的设计和使用

学习科学家普遍认为,课堂评估实践需要改变,以更好地支持学习(另见 Shepard,2000)。评估的内容和性质需要极大改进,以反映关于学习的最新实证研究,以及社会的创新和期望;而且,鉴于我们现在对学习进程的了解,收集和使用评估信息和见解应该成为正在开展的教学和学习过程的一部分。后一点进一步表明,教师教育项目应该让教师深刻理解如何在教学中使用评估。许多教育评估专家认为,如果评估、课程和教学能更紧密地联系在一起,学生的学习就会得到提高(例如,Stiggins,1997)。

根据萨德勒(Sadler,1989)的观点,如果教师要成功地利用评估来促进学习,需要三个要素:

(1)对学习目标有清晰的认识(来自课程);

(2)关于学习者现状的信息(来自评估);

(3)缩小差距的行动(通过教学)。

这三个要素中的每一个要素都会相互影响。例如,制定课堂使用的评估程序可以促使教师更具体地思考学习目标,从而导致课程和教学的修改。而这些修改又可以反过来促进评估程序的完善等。按照这里讨论的思路,仅仅存在课堂评估并不能保证有效的学习。课程目标的明确性和适当性、与这些目标相关的评估的效度、评估证据的解读以及后续教学的相关性和质量,都是决定结果的关键因素。

有效的教学必须从该领域的知识和学习模式开始。对于大多数教师来说,学习的最终目标是由课程来确定的,而课程通常是由外部授权的(例如,由国家课程标准授权)。但外部授权的课程并没有明确基于经验的认知和学习结果,而这些是有效评估所必须考虑的方面。因此,教师(以及负责设计课程、教学和评估的其他人员)必须设计出能够作为实现外部授权目标的有效途径的中间目标,要做到这一点,他们必须了解学生是如何与知识联系的,而且学生是如何在该领域发展能力的(例如,见 Ufer 和 Neumann,本手册)。形成性评估应该建立在关于人们如何学习特定主题的认知理论基础上,以确保在学习者当前理解状态下,教学的中心是针对下一阶段学习最重要的内容。

八、大规模评估的设计和使用

大规模评估进一步远离了教学,但如果设计得当和使用得当,仍然可以有益于学习。如果上述设计原则得到应用,就可以从大规模评估中获得更多有效、有用和公平的信息。然而,在学校和地区能够充分利用现代理论和研究之前,他们需要实质性地改变他们对待大规模评估的方式。具体来说,他们必须放宽目前推动大规模评估实践的一些限制,如下所示。

大规模的总结性评估应该关注某一领域中最关键和最核心的学习内容——这些内容由课程标准确定,并以认知研究和理论为基础。大规模的评估通常是基于学习模型的,而这些模型不像课堂评估那样详细。出于总结的目的,人们可能需要知道学生是否掌握了更复杂的多列减法,包括从零借位或跨零借位,而教师则需要确切地知道学生在哪些程序上的问题会导致错误。虽然决策者和家长可能不需要所有教学过程中对教师和学生有用的诊断细节,但大规模的总结性评估应该建立在一个学习模型的基础上,这个模型与课堂评估中关于学习的一套知识和假设是相容的,并从中衍生出来。

关于认知和学习的研究表明,在测量学生的成绩时,应该对学生能力的各个方面进行评估,其中许多方面在目前的评估中基本上没有得到开发。例如,知识组织、问题呈现、策略使用、元认知和参与性活动(如提出问题,构建和评价论点,促进群体问题解决)。这些都是当代关于能力和专业知识习得理论和研究的重要内容。大规模的评估不应该忽视学生能力的这些方面,而应该提供有关学生理解本质方面的信息,而不是简单地根据总体能力评估对学生进行排名。如果测试是建立在有研究基础的认知和学习理论上,那么这些测试可以为教学提供积极的方向,使"应试教学"更有利于学习,而不是适得其反。

遗憾的是,鉴于目前标准化考试管理的限制,大规模评估的改进是有限的。这些限制因素包括:需要为个人和群体提供可靠和可比较的分数;需要在每个学生有限的测试时间内,对一系列广泛的课程标准进行取样;以及需要在发展、评分和管理方面提供成本效益。为了满足这类需求,设计者通常会在指定的时间进行评估,所有的学生都会在严格标准化的条件下接受相同的(或平行的)测试(通常被称为按需评估)。任务通常是以纸笔形式或通过计算机呈现的,学生可以快速地作出反应,并且可以可靠而有效地进行评分。因此,可以用这些方法评估的学习成果会得到评估,但在这种受限条件下无法观察到的学习方面则无法得到评估。设计新的评估来捕捉认知和学习的复杂性,需要研究目前驱动评估设计选择的假设和价值观,打破当前的范式,探索大规模评估的替代方法,包括技术的创新使用(例如,Quellmalz 和 Pellegrino,2009)。

九、评估在学习科学理论和研究中的作用

学习科学研究者需要高质量的证据,让我们能够提出和回答关于学习和教学结果的关键问题——学生知道什么和能够做什么。开发质量评估的第一个要求是理解和明确标志着掌握某一领域进展的概念和技能。这些活动构成了应用于多门课程和内容领域的未来学习科学议程的基本组成部分。评估教学的总体结果对学习科学很重要,因为它允许我们检验项目的有效性。但它在更广泛意义上是重要的,因为这种评估的内容可以推动教学实践的好坏。评估对以学习科学为基础的课程的影响也很大。在项目评估中使用评估需要采取一些对学习和优质教学影响较为敏感的措施。因此,研究人员、教育工作者和行政人员必须关注并支持有效和适当的评估程序的研究和开发,这些程序可以作为协调评估系统的一部分,发挥多种目的和功能。

从利用评估来指导教学和学习的实际角度出发,未来的研究应探讨:(1)如何使新的评估形式便于教师使用,并在课堂上切实可行;(2)如何在 K-16+教学环境中有效使用这些评估形式;(3)各种新的评估形式如何影响学生的学习、教师的实践和教育决策;(4)如何帮助教师将新的评估形式纳入其教学实践,以及他们如何更好地利用这些评估所提供的信息;(5)教育教学的结构特点(如课时长短、班级规模和组织、学生和/或教师合作的机会)对实施新型评估的可行性及其有效性的影响方式。

作为一个领域,学习科学在与学习和教学有关的关键问题上不断取得进展,人们越来越认识到评估在该领域中的重要性。希望本章的讨论对如何思考评估的设计和使用提供了一套有用的想法和方法,可以进一步推动学习科学研究领域的发展。在学习科学领域,我们面临着一个巨大的挑战,即设计符合我们不断发展的认识和学习的概念的评估。一方面,评估设计迫使我们更加清楚地了解我们的结构的性质,以及它们如何体现在学生表现的各个方面。这也提供了设计收集证据方式的好处,这些证据可以用来测试和证明我们设计的学习环境、工具和技术的有效性。我们所能做的许多事情远远超出了传统的学生成绩评估方式,因此我们也有机会塑造教育评估的未来。重要的是,当涉及到设计和使用能够提供学生成绩证据的任务和情境时,学习科学家必须参与到教育评估和政策共同体中来——无论是为了在数学、语言艺术和科学新标准时代改进教育材料和工具,还是为了设计和解释具有国家和国际影响的评估。

十、延伸阅读

Bennett，R. E.，Deane，P.，& van Rijn，P. W. (2016). From cognitive-domain theory to assessment practice. *Educational Psychologist*，51(1)，82 - 107.

这篇期刊文章是对CBAL评估开发项目的讨论,很好地说明了关于学习进程的理论和研究,结合评估设计的原则程序,可以产生一套教学上有用的评估。它讨论了这些评估的设计以及和一些支持其有效性的实证证据,它们与预期的解释用途有关。

National Research Council. (2003). *Assessment in support of learning and instruction：Bridging the gap between large-scale and classroom assessment*. Washington，DC：National Academies Press.

这是一份来自美国国家研究委员会的简短报告,讨论了课堂评估和大规模评估之间的异同。这个报告对于每种类型评估的相关性和使用以及它们各自设计和使用中的一些关键问题来说,是一个很好的讨论。

Pellegrino，J. W.，Chudowsky，N.，& Glaser，R. (Eds.). (2001). *Knowing what students know：The science and design of educational assessment*. Washington，DC：National Academies Press.

这是美国国家研究委员会的一项主要报告,内容涉及如何概念化教育评估的性质及其在教育中的设计和使用。它讨论了学习理论和研究在教育评估的概念化和设计中的作用、测量理论的作用以及对评估设计的影响。它还讨论了评估的各种目的,包括形成性、总结性和项目评估的用途。

Pellegrino，J. W.，DiBello，L. V.，& Goldman，S. R. (2016). A framework for conceptualizing and evaluating the validity of instructionally relevant assessments. *Educational Psychologist*，51(1)，59 - 81.

这篇期刊文章讨论了当人们专注于旨在支持教与学过程的评估时,什么构成了效度。它提供了一个概念框架,描述了效度的三个方面——认知、教学和推断——以及可以和应该获得的证据形式,以确定旨在支持教学评估的有效性。它还以美国一个流行的K-5数学课程中的评估为例,说明了该框架的应用。

十一、NAPLeS 资源

Pellegrino，J.，*15 minutes about assessment* [Video file]. In *NAPLeS Video series*. Retrieved October 19，2017，from http://isls-naples. psy. lmu. de/video-resources/guided-tour/15-minutes-pellegrino/index. html

Pellegrino，J.，*Interview about assessment* [Video file]. In *NAPLeS Video series*. Retrieved October 19, 2017, from http://isls-naples. psy. lmu. de/video-resources/interviews-ls/pellegrino/index. html

参考文献

American Educational Research Association, American Psychological Association, and National Council of Measurement in Education (AERA, APA, NCME). (1999/2014). *Standards for educational and psychological testing*. Washington, DC: American Educational Research Association.

Bennett, R. E., Deane, P., & van Rijn, P. W. (2016). From cognitive-domain theory to assessment practice. *Educational Psychologist*, *51*(1), 82–107.

Black, P., & Wiliam, D. (1998). Assessment and classroom learning. *Assessment in Education*, *5*(1), 7–73.

Duncan, R. G., & Rivet, A. E. (2018), Learning progressions. In F. Fischer, C. E. Hmelo-Silver, S. R. Goldman, & P. Reimann (Eds.), *International handbook of the learning sciences* (pp. 422–432). New York: Routledge.

Herrenkohl, L.R., & Polman J.L. (2018). Learning within and beyond the disciplines. In F. Fischer, C. E. Hmelo-Silver, S. R. Goldman, & P. Reimann (Eds.), *International handbook of the learning sciences* (pp. 106–115). New York: Routledge.

Hickey, D., & Pellegrino, J.W. (2005). Theory, level, and function: Three dimensions for understanding transfer and student assessment. In J. P. Mestre (Ed.). *Transfer of learning from a modern multidisciplinary perspective* (pp. 251–293). Greenwich, CO: Information Age Publishing.

Kane, M. T. (2006). Validation. In R. L. Brennan (Ed.), *Educational measurement* (4th ed., pp. 17–64). Westport, CT: Praeger.

Kane, M. T. (2013). Validating the interpretations and uses of test scores. *Journal of Educational Measurement*, *50*(1), 1–73.

Mislevy, R. J., & Haertel, G. (2006). Implications of evidence-centered design for educational assessment. *Educational Measurement: Issues and Practice*, *25*, 6–20.

National Research Council (NRC). (2003). *Assessment in support of learning and instruction: Bridging the gap between large-scale and classroom assessment*. Washington, DC: National Academies Press.

Pellegrino, J. W., Chudowsky, N., & Glaser, R. (Eds.). (2001). *Knowing what students know: The science and design of educational assessment*. Washington, DC: National Academies Press.

Pellegrino, J. W., DiBello, L. V., & Goldman, S. R. (2016). A framework for conceptualizing and evaluating the validity of instructionally relevant assessments. *Educational Psychologist*, *51*(1), 59–81.

Quellmalz, E., & Pellegrino, J. W. (2009). Technology and testing. *Science*, *323*, 75–79.

Reimann, P., & Markauskaite, L. (2018). Expertise. In F. Fischer, C. E. Hmelo-Silver, S. R. Goldman, & P. Reimann (Eds.), *International handbook of the learning sciences* (pp. 54–63). New York: Routledge.

Ruiz-Primo, M. A., Shavelson, R. J., Hamilton, L., & Klein, S. (2002). On the evaluation of systemic science education reform: Searching for instructional sensitivity. *Journal of Research in Science Teaching*, *39*, 369–393.

Sadler, R. (1989). Formative assessment and the design of instructional systems. *Instructional Science*, *18*, 119–144.

Shepard, L. A. (2000). The role of assessment in a learning culture. *Educational Researcher*, *29*(7), 4–14.

Stiggins, R. J. (1997). *Student-centered classroom assessment*. Upper Saddle River, NJ: Prentice-Hall.

Ufer, S., & Neumann, K. (2018). Measuring competencies. In F. Fischer, C. E. Hmelo-Silver, S. R. Goldman, & P. Reimann (Eds.), *International handbook of the learning sciences* (pp. 433–443). New York: Routledge.

Wiggins, G. (1998). *Educative assessment: Designing assessments to inform and improve student performance*. San Francisco, CA: Jossey-Bass.

Wiliam, D. (2007). Keeping learning on track: Formative assessment and the regulation of learning. In F. K. Lester, Jr. (Ed.), *Second handbook of mathematics teaching and learning* (pp. 1053–1098). Greenwich, CT: Information Age Publishing.

Wilson, M. (2004). *Constructing measures: An item response modeling approach*. Mahwah, NJ: Erlbaum.

第 41 章　学习进程

拉维特·戈兰·邓肯，安·里韦特(Ravit Golan Duncan，Ann E. Rivet)

一、学习进程和学习科学

学习科学的特点是注重在真实情境中的学习以及关注设计在塑造学习环境中的作用。学习进程(learning progressions，LPs)是一种假设的学习模型，其目的是为K-16 环境中的标准、课程、教学和评估的设计提供信息。LPs 在跨年级和年级等级的学习设计中的应用前景对学习科学家来说很有吸引力，特别是在数学和科学领域，他们尝试从根本上改变这些学习环境。

这些假设模型的开发、实证测试和完善总是涉及教学材料的设计，如果这种关联不是体现在 LP 开发的初期，那么肯定会体现在更广泛的测试阶段。正如我们稍后所讨论的，许多现有的学习进程都是通过迭代和协作教学实验，采用基于设计的研究方法来开发的，这是学习科学的核心方法论(design-based research collective，2003)。基于设计的研究(design-based research)结合了生态学上的有效理论和理论在现实世界中相对于实际应用的同时发展。在这种情况下，实际应用是教学干预，体现了在进程中关于学习建模的假设。迭代设计周期指向学习进程的完善，开发有效性论证以支持其论断，并生产教学策略和材料。学习科学家具有跨学科的关注点、对设计的亲和力以及在复杂和混乱的课堂情境中工作所必需的韧性，这非常适合研究有关学习轨迹和进程的艰巨任务。

二、学习进程的历史根源和定义

在过去的十年中，为了满足研究者和实践者对知识、技能以及实践更精确表达的需求，学习进程应运而生，这些知识、技能和实践构成了当前我们希望学生了解和能够做的事情，特别是在美国新的数学(Common Core Standards Initiative；National Governors Association Center for Best Practices 和 Council of Chief State School officers，2010)和美国新一代科学标准(NGSS Lead States，2013)中表现出来的。学习进程是实施持续的形成性评价的核心，这个过程如果做得好，会产生巨大的效果(Black 和 Wiliam，1998)。大多数现有的进程和轨迹都涉及科学或数学概念

（Heritage，2008），因此我们将集中关注这两个领域并进行讨论。请注意，"轨迹"（trajectories）一直是数学领域的首选术语，而在科学领域，首选术语是"进程"。在本章中，我们将使用"学习进程"（LPs）来指代这两种情况。

在科学和数学领域，LPs 有几个关键特征（Corcoran，Mosher 和 Rogat，2009；Daro，Mosher 和 Corcoran，2011）。首先，LPs 是围绕着几个核心的学科思想和实践组织起来的。其次，LPs 将学生理解能力的发展描述为初始状态和最终状态之间的中间步骤或层级。这些层级的进展是通过有针对性的教学和课程促成的，并不是发展的必然。第三，这些层级广泛建立在对该领域学生学习的研究基础上。需要注意的是，LPs 的本质是假设性的；它们是随着时间推移的学习的推测模型，需要通过实证来验证。

在科学领域，进程起源于评估和测量，而且在开发评估时需要有一个明确定义的理论模型。数学领域中的轨迹历史较早，它在传统上包括进程的概念模型和使学生沿着进程方向前进的教学手段。在科学进程中，包含教学指南的情况并不常见。关于进程中是否应该明确支持学习所需的教学手段的问题仍然是一个开放的问题，一些人认为，进程本身可以用来为教学设计提供信息，但不需要包括这些规范（Gunckel，Mohan，Covitt 和 Anderson，2012），而另一些人则认为，教学乃至专业发展是所有进程的必要组成部分（Lehrer 和 Schauble，2012）。

数学和科学中的 LPs 都是建立在较早和既定的发展结构上，如发展走廊（developmental corridors）（Brown 和 Campione，1994）。随着时间的推移，以适合发展的方式加深和拓宽理解的概念是当前 LPs 及其前身的核心。此外，LPs 不同于对范围和顺序的描述（基于对领域中规范性知识的分析），因为它们是针对学生如何实际发展对领域中核心思想的理解的研究。这是一个重要的区别，因为在一个进程的中间步骤中，可能包括与该领域的规范知识相距甚远的理解。

三、LPs 之间的异同

对各种现有进程的检验表明，它们的核心特征可以通过不同的方式进行操作。这些特征包括：(1)进程的范围；(2)所包括的结构类型（大思想）；(3)如何将进程概念化；(4)用于开发和完善 LPs 的方法。我们使用从科学和数学进程中提取的例子来讨论这些特征。

1. 范围

学习进程描述了学生对某一领域的特定片断和特定年龄范围（跨度）的理解发展；我们将这种组合称为进程的范围。领域的片断通常反映在进程中所包含的想法的数量上，我们称其为"结构"（constructs）。例如，一个能量进程包括关于能量的四个相互关联的结构：(1)形式；(2)转移；(3)退化；(4)守恒（Neumann，Viering，Boone 和

Fischer，2013）。大多数进程都包括多个结构，但少数进程只有一个结构（如，Clements 和 Sarama，2009）。进程通常会跨越几年或几个年级。

除了范围之外，进程也可以在粒度（grain size）上发生变化；这里我们指的是在每个级别之间跳转的大小。例如，我们可以说，一个跨度为 8 年、有 3 个级别的进程比一个跨度为 3 年、有 4 个级别的进程具有更粗的粒度。我们还可以通过查看子级以获得更细的粒度。这样的进程具有类似分形的特性，因此可以将其放大到一个特定的级别并显示该级别内的进程情况（可能跨越一年的教学时间），或通过缩小来显示跨越更长时间的更广泛的进程情况（例如，见 Lehrer 和 Schauble，2012）。

这些结构粒度大小和进程水平的变化对设计教学和评估以及用于测试和完善 LPs 的方法都有影响。考虑到现有进程的不同目标和预期受众，这种变化是很自然的。大粒度的进程更适合为标准、课程序列和大规模评估提供政策信息（Alonzo，Neidorf 和 Anderson，2012），而较小粒度的进程更适合渐进式学习进程的研究以及教师和课程开发人员的使用（Furtak 和 Heredia，2014）。

2. 层级类型

目前，正在发展的一系列进程都涉及科学和数学的许多领域。大体上，我们可以将进程分为三种类型：(1)主要处理内容思想的进程（例如天体运动进程，Plummer 和 Maynard，2014）；(2)主要处理实践和对话模式的进程（如 Berland 和 McNeill 的论证进程，2010；Osborne 等，2016）；(3)试图将内容和实践结合起来的进程。后者的一个例子是 Songer、Kelcey 和 Gotwals（2009）开发的进程，它包括两个不同但平行的结构：一个是有关生物多样性相关概念的内容结构，如食物网、栖息地和物种丰富度；另一个是探究——推理结构，用于构建基于证据的解释。这两种结构相结合，描述了基于证据的生物多样性解释的发展。

为什么结构的性质会如此多样？在我们看来，这种差异至少部分是由于该领域尚处于初级阶段，研究人员试图谨慎地解决他们专业领域内的"合理"部分，并且可以在拟议的年龄跨度内进行研究。对于一个新领域来说，这种典型状态也反映在它们的焦点或年龄跨度重叠的进程上（例如，上面提到的两个论证进程）。答案的另一部分与研究者如何理解沿着进程解释进步和概念化学习环境在促进进步中的作用有关。在下一节中，我们将讨论这两个问题。

3. 沿着进程进步的本质

LPs 的层级和进步有几种不同的概念化方式。在这里，我们讨论两种概念化方式，它们提供了富有成效但又截然不同的思考进步方式。然而，两者都超越了单纯把进步看作是增加更多的想法或提高准确性的观点。

第一种概念化方式由怀瑟、史密斯和道布尔（Wiser，Smith 和 Doubler，2012）提出，他们认为，沿着一个进程的进步，需要对知识和信念重新高度概念化，因为学生天真的理解往往与规范的科学思想不一致。在这个观点中，进程中两个连续的层级之间的区别不在于第二个层级包含更多的规范思想元素，或者更类似于专家知识，而是每一个层级都是一个理解的网络，它具有生产性，因为它为下一个层级奠定了基础。因此，一个进程的中间层级，即怀瑟等人（Wiser 等，2012）所说的"垫脚石"（stepping stones），可能包含了不准确、简化和不完整的思想，但仍然为学生提供了解释该领域各种现象的有效手段，并使学生能够进入下一个层级。例如，物质进程的第一块垫脚石是"组成模型"，这就需要理解物体是由材料组成的，材料具有独特的特性，当它们被分解成更小的碎片时，这些特性会（大部分）得到保持，而且，无论多小，这些材料碎片都有重量，并占据空间。这种"组成模型"是理解的垫脚石，虽然这不是规范的原子分子理论，但仍然为理解"物质是由粒子构成的"，即下一个垫脚石提供了富有成效的基础和概念杠杆。大多数现有的进程都是在学生个体层面上定义结构和进步。然而，对进步的另一种概念化是共同体层面的对话和实践的变化；少数进程（主要是在数学领域）描述了这一群体或共同体层面的进步。洛巴托和沃尔特斯（Lobato 和 Walters，2016）将其称为"集体数学实践"（collective mathematical practices）方法，指出"课堂数学实践是学生操作、辩论和使用课堂上发挥作用的工具的方式，就好像它们是共享的一样"（p. 84）。共享的思想体现了作为共同体的分析单元，而轨迹并不涉及个体的学习。一个例子是统计推理中的轨迹，特别是由 Cobb 及其同事开发的利用双变量数据生成基于数据的论点过程（Cobb 和 Gravemeijer，2008）。他们的轨迹捕捉了课堂规范和数学实践中的变化，这些变化与理解双变量数据是如何生成的、如何表示它们（在不同的表示中显示与隐藏了什么）以及如何解释它们（例如，在给定的特定数据集和表示中，什么是关于数据分布的有效主张）的考虑有关。轨迹既包括对不断变化的实践的描述，也包括支持学习共同体的数学实践和规范转变所需的任务和工具。虽然我们不知道如何在科学（或其他领域）中描述共同体层面学习的进程，但我们认为没有任何理由认为，这种进程不能在数学领域之外得到发展。

对某一进程中进步的描述（即变化的内容）与运动本身的描述相关，但又与之不同。乍一看，许多对 LPs 的描述（递增级别的列表）意味着线性阶梯式的运动，在这种运动中，先前较简单的概念让位于较复杂的概念。但是，在大多数情况下，这些表述在这方面具有误导性，学者们早就（而且时常）注意到，进程可能存在多种可能的路径，学习是多维度的、依赖于情境的，因此不可能是线性的（例如，Corcoran 等，2009；Empson，2011）。

萨利纳斯（Salinas，2009）提供了景观（landscapes）的隐喻，以强调在任何学习进程的 A 点和 B 点之间可能存在多条路径的概念。景观的隐喻表明，虽然有多条路径的空间，但也有限制可能路径空间的边界（就像对上山的可能路径的限制，见图 41.1）。怀瑟等人（2012）支持类似的观点，并认为早期学习在很大程度上受到常识和学习经验的制约，而这些知识和经验塑造了儿童时期的进一步学习。虽然不止一条路径，但考虑到现有的概念约束，路径的数量并不是无限的，这些路径可能共享一些核心里程碑（milestones）。

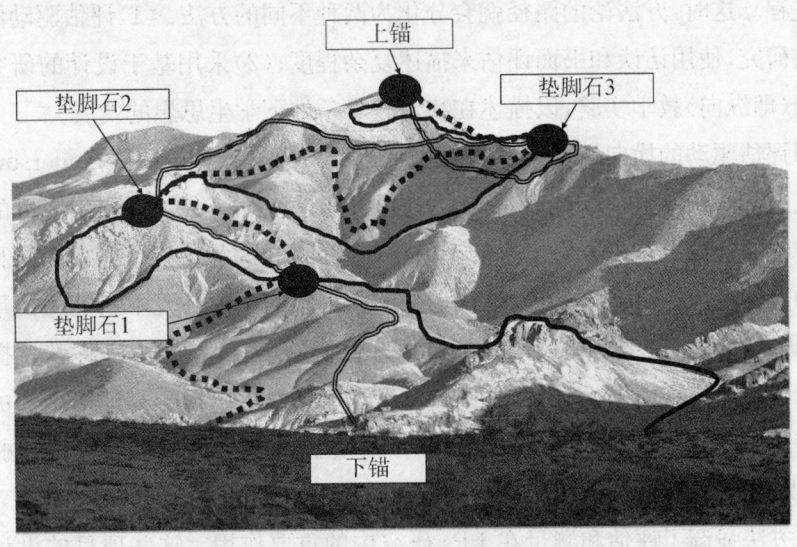

图 41.4　学习路径

注：山径的类比说明了沿着某一进程进步的两个关键方面：

(1)多条可能的路径；(2)共同和稳定的垫脚石。

景观比喻还允许进程"向后"移动。巴蒂斯塔（Battista，2011）捕捉到这种在不同层级之间来回"曲折"运动，表明进步是依赖于情境的，虽然学生可能会在一个任务上用更复杂的方式进行推理，但更复杂的任务仍然可能引起更"原始"的推理方式。因此，这种意义上的进步类似于生态演替，在生态演替中，旧的、不那么复杂的思想慢慢让位于新的、更复杂的思想，但不会完全消失。当学生遇到更困难的任务或新情境中的任务时，他们可能会转而使用不那么复杂的推理方式。塞维安和塔兰克尔（Sevian 和 Talanquer，2014）使用了另一个隐喻，即具有半稳定状态的动态吸引子的动态系统。他们认为进程的构建"是一个识别和描述从幼稚到复杂的思维方式的进化路径，以及支持这种进化的内部约束和外部条件（如指导）的过程"（p. 14）。在我们看来，动态吸引子的概念似乎是一种特别有效的概念化一个进程层级的方式，因为它同时表达了学习过程所具有的复杂、试探和混乱的本质。

四、开发和完善 LPs 的方法

虽然研究者们在如何定义学习进程的观点方面有很大的差异，但他们在如何开发和研究这些进程方面的差异性要小得多。总的来说，几乎所有进程的发展都始于对现有研究的一些回顾，从而形成一个假设的学习进程的初始形式（Simon，1995）。在某些情况下，现有的研究足以提供一个相当明确的进程，我们只需要对其进行实证研究和作出进一步完善（例如，Catley，Lehrer 和 Reiser，2005；Smith，Wiser，Anderson 和 Krajcik，2006）。而在另一些情况下，研究基础不足，我们就需要进一步研究以形成连贯的进程。这时,方法论的路径就会分化为两种不同的方法:(1)评估驱动的学生思维的横向研究,使用访谈和书面评估来描述复杂程度;(2)采用基于设计的研究进行短期和长期(即纵向)教学实验,以描述在特定教学条件下学生思想的发展。

采用评估驱动的横向研究开发了碳循环进程(Mohan,Chen 和 Anderson,2009)和均分轨迹(Confrey 和 Maloney,2015)。两者都是在对多个年级和年级段的学生进行临床访谈的基础上首先开发出来的。值得注意的是,这些访谈是在实际课程和教学下进行的,因此反映了学生在可能被认为是不太理想的学习环境下所能做的事情。然而,这类研究提供了关于推理模式的重要且有价值的信息,并能为进程开发提供实质性的信息。访谈通常由书面评估项目来补充,这些项目可以很容易地对更大的学生样本进行管理,并使用先进的统计模型(如 Rasch 模型、潜在类别分析、贝叶斯网络)进行分析,提供所需信息,为被提议的进程的层级进行有效性论证(Wilson,2005)。

这种方法强调了评估和测量在 LPs 研究中的重要作用。这些项目的设计并非易事,需要考虑许多不同的因素。例如,研究者一般很难设计出能够引起反应的项目,以展示整个进程。通常,在更高层次的进程中,往往需要对看不见和不熟悉的实体(如气体、分子、基因)进行推理,并可能需要使用一些科学术语。然而,在一个项目中使用这些概念和术语,可能会使处于较低层级的学习者感到困惑或无法理解。另外,如果一个项目没有明确地提示学生使用相关的概念和术语,即使是能够提供复杂的回答的学生也可能选择提供一些较简单的回答,这些回答不能充分反映他们的能力。解决方案是针对激发不同理解水平开发不同的项目(Jin 和 Anderson,2012)。然而,这大大地增加了"覆盖"进程范围所需的项目数量,从而增加了检测统计上显著模式所需要的样本量。

一种替代评估驱动的横向研究的方法是教学实验法。在这种方法中,研究者使用假设的进程为精心设计的教学干预提供信息,研究者会在课堂环境中实施这些干预,并根据观察到的学生表现进行修改。这种教学实验可以使用纵向研究设计的方式,在数年内进行(如 Wiser 等,2012),或者在一个年级内进行,单元跨度可以从几周(Shea 和 Duncan,2013)到几个月(Songer 等,2009)不等。教学实验允许研究者通过基于设计的研究周期为理论(一个完善的进程)和实践(开发和完善有效的教学干预)提供信息(Cobb,Confrey,diSessa,Lehrer 和 Schauble,2003)。当研究人员和教师合作设计教学干预措施时,他们可以同时开发和测试具体的进程推测。教学实验更多地采用数据驱动或"自下而上"的方法来构建和验证 LPs。显然,教学实验也包括对学生学习的评估;然而,这些评估往往更多是定性的(基于访谈),而且规模较小。

从定义上看,教学实验强调了教学以及学习机会在促进学习进步中的重要性。然而,在特定设计的教学条件下开发和研究进程,会产生一个问题,即在不同的教学条件下,学习路径是否会有所不同。一方面,如果进程中基础的学习概念约束很强,那么在不能反映进程的教学条件下,学习的效率就会较低。另一方面,可能存在着反映并特定于教学条件的多元进程,并且同样有效(Duncan 和 Gotwals,2015)。这个问题还需要进一步的研究来解决,答案可能会因进程的领域和重点而有所不同。

最后,我们想指出的是,虽然用于开发初始进程的方法可能存在差异,但方法路径往往是一致的。那些最初使用横向研究的研究人员选择转向使用教学实验来进一步完善进程(例如,Confrey 和 Maloney,2015;Gunckel 等,2012),而那些最初仅仅依靠小规模和定性的教学实验分析的人则转向更大规模的评估研究,以支持其进程的可推广性(例如,Lehrer、Kim、Ayers 和 Wilson,2014)。最终,要使学习进程成为可推广的学习模型,为课程、教学、评估和政策提供信息,它们需要必要的证据基础。这样的证据只能通过多个研究周期来积累,这些研究可以采用不同的研究设计来完善进程,最终形成更大规模的纵向研究。

五、关注和批评

作为基于研究的学习路径模型,学习进程具有巨大的前景,可以为标准、课程和评估的设计提供信息(Duncan 和 Rivet,2013)。然而,要实现这种潜力,需要建立 LPs 的结构和结果效度。结构效度是指假设的 LPs 能准确反映学生如何实际概念化学习进程所描述的想法和实践的程度。结果效度是指 LPs 在教学、评估和决策制定方面既有用又被恰当使用的程度。

结构效度的问题与学习过程的复杂性在进程中所反映的程度有关,还涉及我们是否可以用一些确定的路径来描述学生的学习问题(Empson,2011;Hammer 和 Sikorski,2015)。这里也存在一个隐忧,即把学习误解为一种可预测的线性的、直截了当地走向更复杂的思想的运动。此外,学生的表现高度依赖于情境,可能会出现不一致的情况;因此,"诊断"学生的推理水平是一件棘手的事情(Steedle 和 Shavelson,2009)。因此,这个过程中存在着非预期数据拟合的实际风险(Shavelson 和 Kurpius,2012)。这也意味着 LP 研究人员需要采用多种方法进行评估和测量,并意识到不同测量模型的可见性和缺陷。

结果效度与 LPs 在不同情境中的解释和使用方式,以及这些行动对学生、教师和学校的影响有关。其中一个关键的批评涉及当前的 LPs 整合文化识知和行为方式的有限方式,而不仅仅将其视为起点或下锚(Anderson 等,2012)。这也导致了一种隐忧,当前的 LPs 正在以牺牲其他方式为代价,对某些识知和行为方式给予特权,从而加剧了科学教育中的不平等和获取机会问题。研究表明,先前的知识、课程和文化的差异可能会影响学生的学习路径。例如,中国和美国学生在碳循环进程中似乎采取了不同的路径(Gunckel 等,2012),包括在能源学习进度中,研究者们也发现了国家之间(加拿大和中国)的差异(Liu 和 Tang,2004)。

在课堂环境中,肯定存在 LPs 被曲解或误解的风险,教师使用这些模型来指导他们的教学和评估实践并非易事(Furtak 和 Heredia，2014)。不过，教师似乎至少可以通过提供辅助材料(任务和评估)和专业发展部分解决这一问题，这些材料和专业发展的教学愿景包括多种潜在的通过进程的路径。数学轨迹更倾向于将这种支持作为进程的一部分(Clements 和 Sarama，2009；Daro 等，2011)；似乎其他领域的进程可能得益于开发和传播类似的支持系统。

与教师一样，政策制定者和评估开发者在理解使用 LPs 方面也面临着类似的挑战。例如，虽然我们认为，不正确但富有成效的学生的想法可以(而且应该)成为 LP 中间层级的核心部分，但政策制定者却不愿意在他们的标准中提出"错误"的想法(Foster 和 Wiser，2012)。在评估方面，有人担心使用基于 LP 的高风险评估来"诊断"学生的推理水平会存在一些问题，理由有两点：(1)K－12 的教学情境差别很大，并非所有学习情境都可以提供足够的学习机会；(2)准确诊断学生推理水平的能力值得怀疑(例如，Steedle 和 Shavelson，2009)。因此，这些人不建议根据此类评估数据做出高风险决定。

六、结论

最后，在过去十年里，LPs 变得越来越"受欢迎"。与此同时，也有人担心 LP 还没有准备好进入"黄金时期"(Shavelson 和 Kurpius，2012)。我们同意已有的许多批评，不过，重要的是不要忽视学习科学所取得的进步，将学习概念化为复杂的、情境化的和微妙的。此外，我们相信 LP 的学术研究还很年轻，在如何将它们概念化和呈现出来的过程中，总会存在差异。至少在其中一些问题上达成共识似乎有些为时过早。此外，我们担心，如果我们坐享其成，对我们的 LPs 是否恰到好处过于担心(我们确实需要担心)，那就太晚了，政策制定者和公众利益将会转向更成熟的领域，而错失从这一新兴研究领域获得的见解中获益的机会。目前的 LPs 似乎已经为数学和科学新标准的制定提供了一些有用的指导，我们预计这个年轻的领域将继续发展、改进，并为学习、教学、评估和政策作出贡献。

最后，LPs 和 LP 研究有以下几个方面可以改进。首先，我们需要更加明确学习和改变的调节机制。后期的推理形式和知识网络是如何从早期形式中涌现出来的？其次，我们需要开始明确学习环境的关键特征，这些特征可以支持沿着进程的富有成效的运动，并描述不同的教学情境(如课程)可能导致沿着不同的路径学习的方式。进程在多大程度上依赖并反映用于发展它们的特定学习环境(教学实验情境)，仍然是一个开放的问题。第三，我们需要开始连接域内和域间的进程。跨项目的协作有助于提高 LP 研究和开发的一致性，并可能提供必要的基础设施和能力，以开展仍然非常需要的、大规模的进程纵向研究。

七、致谢

本材料部分基于 Ann Rivet 在美国国家科学基金会(任职期间)支持的工作。本材料中所表达的任何意见、发现、结论或建议均为作者个人观点,并不一定反映美国国家科学基金会的观点。

八、延伸阅读

Confrey, J., & Maloney, A. P. (2015). A design research study of a curriculum and diagnostic assessment system for a learning trajectory on equipartitioning. *ZDM: The International Journal on Mathematics Education*, 47, 919-932.

这篇文章强调了基于设计的研究在开发和测试学习轨迹中的重要作用。文章描述了假设的轨迹如何指导教学材料和评估任务的开发,以及这些材料和评估任务其实可以用来测试轨迹的各种猜想。

Corcoran, T., Mosher, F. A., & Rogat, A. (2009). *Learning progressions in science: An evidence-based approach to reform*. New York: Columbia University/Teachers College/Center on Continuous Instructional Improvement.

Daro, P., Mosher, F., & Corcoran, T. (2011). *Learning trajectories in mathematics: A foundation for standards, curriculum, assessment, and introduction*. Philadelphia, PA: Consortium for Policy Research in Education.

这些报告由教育政策研究联盟赞助,对进程和轨迹提供了很好的介绍。在现有研究的基础上,这些报告总结了该领域的现状,并对未来急需的工作提供了有价值的见解。虽然不是特别新,但这些报告中的定义、批评和建议至今仍然适用。

Empson, Susan B. (2011). On the idea of learning trajectories: Promises and pitfalls. *Mathematics Enthusiast*, 8(3), 571-598.

本文简要回顾和界定了轨迹,并将其与其他发展性的教学研究方法进行了比较。它讨论了一些研究较多的数学学习轨迹,并就学习轨迹结构对数学教育的效用提出了见解。

Osborne, J., Henderson, J. B., MacPherson, A., Wild, A., Szu, E., & Yao, S.-Y. (2016). The development and validation of a learning progression for argumentation in science. *Journal of research in Science Teaching*, 53(6), 821-846.

本文是最近的一项实证研究,旨在发展和测试一种论证学习进程。这一进程包括关于论证结构的三个主要复杂论证的建构和批判的平行结构。本文提出了一项大规模的横向评估研究结果,并利用项目反应理论为该进程提供了效度论证。

Smith, C., Wiser, M., Anderson, C. W., & Krajcik, J. (2006). Implications for children's learning for assessment: A proposed learning progression for matter and the atomic molecular theory. *Measurement*, *14*(1-2), 1-98.

该稿件的原版是美国国家研究委员会的委托报告,是最早描述学习进程的文章之一。本文阐述了 K-8 的物质和原子分子理论的进程,包括三大思想:(1)物质和物质种类;(2)物质和物质种类的守恒和转化;(3)原子分子理论的认识论——测量、建模和论证。

九、NAPLeS 资源

Duncan, R. G., *Learning progressions* [Webinar]. *In NAPLeS video series*. Retrieved October 19, 2017, from http://isls-naples.psy.ltm1.de/intro/all-webinars/duncan/index.html

参考文献

Alonzo, A. C., Neidorf, T., & Anderson, C. W. (2012). Using learning progressions to inform large-scale assessment. In A. C. Alonzo & A. W. Gotwals (Eds.), *Learning progressions in science: Current challenges and future directions* (pp. 211–240). Rotterdam, Netherlands: Sense Publishers.

Anderson, C. W., Cobb, P., Calabrese Barton, A., Confrey, J., Penuel, W. R., & Schauble, L. (2012). *Learning Progressions Footprint Conference final report*. East Lansing, MI: Michigan State University.

Battista, M. T. (2011). Conceptualizations and issues related to learning progressions, learning trajectories, and levels of sophistication. *Mathematics Enthusiast*, *8*(3), 507–570.

Berland, L. K., & McNeill, K. L. (2010). A learning progression for scientific argumentation: Understanding student work and designing supportive instructional contexts. *Science Education*, *94*(5), 765–793.

Black, P., & Wiliam, D. (1998). *Inside the black box: Raising standards through classroom assessment*. London: School of Education, King's College.

Brown, A. L., & Campione, J. C. (1994). Guided discovery in a community of learners. In K. McGilly (Ed.), *Classroom lessons: Integrating cognitive theory and classroom practice* (pp. 229–270). Cambridge, MA: MIT Press/Bradford Books.

Catley, K. M., Lehrer, R., & Reiser, B. J. (2005). Tracing a prospective learning progression for developing understanding of evolution. Paper commissioned by the National Academies Committee on Test Design for K-12 Science Achievement, Washington, DC.

Clements, D., & Sarama, J. (2009). *Learning and teaching early math: The learning trajectories approach*. New York: Routledge.

Cobb, P., Confrey, J. diSessa, A., Lehrer, R., & Schauble, L. (2003). Design experiments in educational research. *Educational Researcher*, *32*(1), 9–13.

Cobb, P., & Gravemeijer, K. (2008). Experimenting to support and understand learning processes. In A. E. Kelly, R. A. Lesh, & J. Y. Baek (Eds.), *Handbook of design research methods in education: Innovations in science, technology, engineering, and mathematics learning and teaching* (pp. 68–95). Mahwah, NJ: Erlbaum.

Confrey, J., & Maloney, A. (2015). A design research study of a curriculum and diagnostic assessment system for a learning trajectory on equipartitioning. *ZDM: The International Journal on Mathematics Education*, *47*, 919–932.

Corcoran, T., Mosher, F. A., & Rogat, A. (2009). *Learning progressions in science: An evidence-based approach to reform.* New York: Columbia University/Teachers College/Center on Continuous Instructional Improvement.

Daro, P., Mosher, F., & Corcoran, T. (2011). *Learning trajectories in mathematics: A foundation for standards, curriculum, assessment, and introduction.* Philadelphia, PA: Consortium for Policy Research in Education.

Design-Based Research Collective. (2003). Design-based research: An emerging paradigm for educational inquiry. *Educational Researcher, 32*(1), 5–8, 35–37.

Duncan, R. G, & Gotwals, A. W. (2015). A tale of two progressions: On the benefits of careful comparisons. *Science Education, 99*(3), 410–416.

Duncan, R. G., & Rivet, A. E. (2013). Science learning progressions. *Science, 339*(6118), 396–397.

Empson, S. B. (2011). On the idea of learning trajectories: Promises and pitfalls. *Mathematics Enthusiast, 8*(3), 571–598.

Foster, J., & Wiser, M. (2012). The potential of learning progression research to inform the design of state science standards. In A. Alonzo & A. Gotwals (Eds.), *Learning progressions in science: Current challenges and future directions* (pp. 435–460). Rotterdam, Netherlands: Sense Publishers.

Furtak, E. M., & Heredia, S. (2014). Exploring the influence of learning progressions in two teacher communities. *Journal of Research in Science Teaching, 51*(8), 982–1020.

Gunckel, K. L., Mohan, L., Covitt, B. A., & Anderson, C. W. (2012). Addressing challenges in developing learning progressions for environmental science literacy. In A. Alonzo & A. W. Gotwals (Eds.), *Learning progressions in science: Current challenges and future directions* (pp. 39–75). Rotterdam, Netherlands: Sense Publishers.

Hammer, D., & Sikorski, T. (2015). Implications of complexity for research on learning progressions. *Science Education, 99*(3), 424–431.

Heritage, M. (2008). *Learning progressions: Supporting instruction and formative assessment.* Washington, DC: Council of Chief State School Officers.

Jin, H., & Anderson, C.W. (2012). A learning progression for energy in socio-ecological systems. *Journal of Research in Science Teaching, 49,*1149–1180.

Lehrer, R., & Schauble, L. (2012). Seeding evolutionary thinking by engaging children in modeling its foundations. *Science Education, 96*(4), 701–724.

Lehrer, R., Kim, M.-J., Ayers, E., & Wilson, M. (2014). Toward establishing a learning progression to support the development of statistical reasoning. In J. Confrey & A. Maloney (Eds.), *Learning over time: Learning trajectories in mathematics education* (pp. 31–60). Charlotte, NC: Information Age Publishers.

Liu, X., & Tang, L. (2004). The progression of students' conceptions of energy: A cross grade, cross-cultural study. *Canadian Journal of Science, Mathematics, and Technology Education, 4*(1), 43–57.

Lobato, J., & Walters, C. D. (2016). A taxonomy of approaches to learning trajectories and progressions. In J. Cai (Ed.), *Compendium for research in mathematics education* (pp. 74–101). Reston, VA: National Council of Teachers of Mathematics.

Mohan, L., Chen, J., & Anderson, C. W. (2009). Developing a multi-year learning progression for carbon cycling in socio-ecological systems. *Journal of Research in Science Teaching, 46*(6), 675–698.

National Governors Association Center for Best Practices, & Council of Chief State School Officers. (2010). *Common Core State Standards for mathematics: Kindergarten introduction.* Retrieved from www.corestandards. org/Math/Content/K/introduction

Neumann, K., Viering, T., Boone, W. J., & Fischer, H. E. (2013). Towards a learning progression of energy. *Journal of Research in Science Teaching, 50*(2), 162–188.

NGSS Lead States (2013). *Next Generation Science Standards: For states, by states.* Washington, DC: National Academies Press.

Osborne, J., Henderson, J. B., MacPherson, A., Wild, A., Szu, E., & Yao, S.-Y. (2016). The development and validation of a learning progression for argumentation in science. *Journal of Research in Science Teaching, 53*(6), 821–846.

Plummer, J. D., & Maynard, L. (2014). Building a learning progression for celestial motion: An exploration of students' reasoning about the seasons. *Journal of Research in Science Teaching, 51*(7), 902–929.

Salinas, I. (2009). *Learning progressions in science education: Two approaches for development.* Paper presented at the Learning Progressions in Science (LeaPS) Conference, Iowa City, IA.

Sevian, H., & Talanquer, V. (2014). Rethinking chemistry: A learning progression on chemical thinking. *Chemistry Education Research and Practice, 15*(1), 10–23.

Shavelson, R. J., & Kurpius, A. (2012). Reflections on learning progressions. In A. C. Alonzo & A. W. Gotwals (Eds.), *Learning progressions in science: Current challenges and future directions* (pp. 13–26). Rotterdam, Netherlands: Sense Publishers.

Shea, N. A., & Duncan, R. G. (2013). From theory to data: The process of refining learning progressions. *Journal of the Learning Sciences, 22,* 7–32.

Simon, M. (1995). Reconstructing mathematics pedagogy from a constructivist perspective. *Journal for Research in Mathematics Education, 26*(2), 114–145.

Smith, C. L., Wiser, M., Anderson, C. W., & Krajcik, J. (2006). Implications of research on children's learning for standards and assessment: A proposed learning progression for matter and the atomic molecular theory. *Measurement: Interdisciplinary Research and Perspectives, 4*, 1–98.

Songer, N. B., Kelcey, B., & Gotwals, A. W. (2009). When and how does complex reasoning occur? Empirically driven development of a learning progression focused on complex reasoning about biodiversity. *Journal of Research in Science Teaching, 46*(6), 610–631.

Steedle, J., & Shavelson, R. (2009). Supporting valid interpretations of learning progression level diagnoses. *Journal of Research in Science Teaching, 46*(6), 699–715.

Wilson, M. (2005). *Constructing measures: An item response modeling approach.* Mahwah, NJ: Erlbaum.

Wiser, M., Smith, C. L., & Doubler, S. (2012). Learning progressions as tools for curriculum development: Lessons from the Inquiry Project. In A. C. Alonzo & A. W. Gotwals (Eds.), *Learning progressions in science: Current challenges and future directions* (pp. 359–403). Rotterdam, Netherlands: Sense Publishers.

第 42 章 测量能力

斯蒂芬·阿费尔,克努特·纽曼(Stefan Ufer,Knut Neumann)

一、引言

在 21 世纪初,社会对个人教育的要求发生了重大变化(Bransford,Brown 和 Cocking,2000)。持续的技术进步导致了工作场所的重大变革,市场对能够有效处理现代工作场所中复杂技术的灵活劳动力的需求日益增加。此外,随着社会和环境问题变得日益复杂和相互关联,人们需要采取创新战略来理解和管理这些问题。然而,教育不可能为个人提供应对这些挑战所需的所有个人能力和技能。相反,教育必须帮助个人发展持续学习所需的能力,从而促进个人的职业发展与民主参与(OECD,1999)。这种将能力作为教育的理想结果的转变,也要求我们重新思考评估问题。我们需要采用创新的方法、技术和形式来测量能力结构,注意,这里说的是能力结构,而不是个人能力或技能(NRC,2014)。

研究者们基于广泛的研究描述了学习者在不同领域的能力构成并分析了如何对其进行评估,与此同时,学习科学领域也取得了实质性的进展,开始重点关注特定情境下的学习和表现。虽然能力研究已经提出了一些方法,以无偏见和标准参照的方式系统地解决在真实情境中测量复杂的、特定领域的学习结果的相关问题,但这些方法还没有在学习科学中得到广泛的应用。本章的主要目的是提供能力研究的概述,并为两个研究领域之间更紧密的联系打下基础。在本章中,我们首先详细阐述了能力和能力模型的概念。然后,我们讨论了与能力测量相关的问题,如对真实情境的识别和对观察到的行为的解释。最后,我们将阐述统计模型在解决能力测量中常见问题方面的重要性。

描述能力:能力模型

能力(competence)

50 多年来,能力这一概念一直应用于教育领域,人们也因此形成了许多认识。这使得我们想要为其提供一个全面的定义几乎是一件不可能的事情(关于概述,见Winterton,Delamare-Le Deist 和 Stringfellow,2006)。例如,怀特(White,1959)认为能力是个体与环境有效互动的能力,乔姆斯基(Chomsky,1965)认为(语言)能力是在实际情境中进行语言表达的理想能力。麦克莱兰(McClelland，1973)将能力定义为执行具体任务的能力，如驾驶汽车，这与一般的认知能力形成对比。显然，这些对能力的理解有一个共同的特点，就是关注特定情境中的(成功)表现。

这种对能力的特定领域的关注使其在职业教育和培训领域很受欢迎(有关概述，见 Franke，2008)。而一般的认知能力，如智力，则被认为并不能很好地预测职业成功(McClelland，1973)。在这个意义上的能力包含成功履行职责所需的能力和技能，或在职业环境中获得成功所需的能力和技能的范围(Nickolaus 和 Seeber，2013)。也就是说，能力还包括在职业环境中推动卓越表现的其他基本特征，如动机(Hartle，1995，p. 107)。

通过国际学生评估项目(Programme for International Student Assessment，PISA)，能力作为教育结果的理念得到广泛普及。在 PISA 之前，大规模的评估，如国际数学和科学趋势研究(Trends in International Mathematics and Science Study，TIMSS)也评估了参与国学生关于课程重叠的知识和技能(Beaton，1996)。不过相比之下，PISA 研究的目的是评估学生为未来、终身学习、职业和民主参与的准备程度(OECD，1999)。也就是说，PISA 关注学生的能力，以科学为例，这种能力可以被描述为"运用科学知识、识别问题和得出基于证据的结论的能力，以便理解和帮助学习者作出有关自然界和人类活动对其造成的变化的决定"(OECD，1999，p. 60)。对学生能力的明确关注，加上出乎意料的平庸成绩，导致了许多国家对普通教育的预期结果的讨论(Neumann，Fischer 和 Kauertz，2010；Waddington，Nentwig 和 Schanze，2007)。

针对这一讨论，德语国家引入了教育标准，根据学生能力定义了普通教育的预期结果(例如，Klieme 等，2003；KMK，2003)。其中，韦内特(Weinert，2001)对能力的定义被认为是最可行的。他认为，能力反映了认知能力(的可用性)以及在特定的各种不同情况下解决问题所需的动机和意志态度(p. 27)。从能力的角度去定义普通教育目标的这一转变，引发了大量关于学生在许多不同领域能力的研究(概述见 Leutner，Grünkorn，Fleischer 和 Klieme，2017)。有些研究也会修改韦内特的定义，例如，韦内特(Weinert，2001)对能力的定义包含了动机方面，而克利曼和勒特纳(Klieme 和 Leutner，2006)将他们的定义仅仅局限于认知特征。然而，在最近对能力的定义中，有些特征是常见的(Koeppen，Hartig，Klieme 和 Leutner，2008)。首先，能力是一种潜在的结构，它只能从个人在一系列不同情况下的实际表现来推断。其次，能力是特定于某个领域的，因为它只能解释个人在这一领域的不同情境中的表现。第三，能力包含了可以在一种情况下学习到的能力和技能，并将其迁移到同一领域的各种不同情况下(Csapó，1999)。能力的迁移需要将多种能力和技能联系起来，包括元认知技能，如自我调节(Erpenbeck，1997)和非认知倾向，如信念(Baumert 和 Kunter，2013)。然而，目前大多数能力的概念化只注重认知能力和技能——主要是为了评估(Koeppen 等，2008，p. 62)。

能力模型(Competence models)

界定某一领域的能力是指(1)明确需要相应能力的情境和要求;(2)明确成功应对这些要求的标准。然而,这些情境可能在成功掌握它们所需的能力和技能方面会有所不同,这就使能力成为了一个多维结构(Csapó,2004)。因此,测量能力需要区分在不同情境下,个人的表现所依据的能力和技能。对能力结构的这种"内部结构"的描述(Mislevy,Steinberg 和 Almond,2002)也被称为"能力模型"(Koeppen 等,2008)。有两种完全不同的定义能力模型的方法:(1)从规范的角度出发,定义个体在某一相关领域的一系列情境中如何成功地表现(规范性模型,normative models,Schecker 和 Parchmann,2006);(2)从经验上确定个人在某一相关领域一系列情境中的表现所依据的能力和技能模式(描述性模型,descriptive models)。规范性模型通常是在社会政治协商过程中构建的(Klieme 等,2003),但也可以从理论考虑中产生(Kremer 等,2012; Nitsch 等,2015),或对学生在某一领域能力的现有研究进行综合(Hadenfeldt,Liu 和 Neumann,2014)。一个领域的一套标准的基础模型通常是一个规范性模型(例如,KMK,2003; NRC,2012)。描述性模型通常是通过对某一领域典型任务的分析,或是根据学生在这些任务上的表现来构建的;也就是说基于经验数据,能力的不同层次或维度可以通过数据驱动的方式概念化。

结构模型(Structure models)

结构模型通常用于描述某一领域中能力的多个方面或层级,即提出类似特定领域要求的情况类别。掌握这些情况的子类别需要总体能力的一部分——这些部分有时也被称为能力。即对相似的特定领域的需求产生作用的各类具体情况。具备这些子类需要部分首要能力——有时也被称为能力。这些可能是指需要不同的具体学科实践应用或应用来自某一领域的不同概念的情况(CCSSI,2011; KMK,2003; Neumann 等,2010)。其他结构模型规定了描述不同的情景需要的不同级别的能力。这些模型通常也被称为能力水平模型(level models)。例如,根据学生在 TIMSS 和 PISA 中的表现而得出的(描述性)能力水平模型。学生的能力水平可以通过将任务按照经验难度进行分组,并分析它们的共同特征来确定。基于 TIMSS 数据,克莱姆、鲍默特、科勒和博斯(Klieme,Baumert,Koller 和 Bos,2000)确定了学生科学能力的五个层次:应用日常知识、简单解释日常现象、了解基本科学模型概念、应用科学知识及在论证中使用科学知识。基于这样的水平模型,我们可以根据观察到的表现将个人归入特定的能力水平。也就是说,它们允许对个体的表现进行标准参照解释。

发展模型以结构模型为基础,描述了个人在某一领域的能力是如何通过教学得以发展的。这可能仅仅意味着个体被期望在不同领域(或分别在不同的能力方面)连续发展能力,或者沿着基础结构模型指定的一系列级别取得进步。从这个意义上说,每一个学习进程都代表了一个能力发展的模型(Duncan 和 Rivet,本手册)。例如,阿隆佐和斯泰德(Alonzo 和 Steedle,2009)所描述的力和运动学习进程也可以被看作是个体如何在力和运动领域发展能力的模型。就像学习进程一样，能力发展模型包含了一个清晰的发展视角，它可以在较长的时间内延伸，并代表"随着学生学习的深入，在内容领域中越来越复杂的推理方式"（Smith，Wiser，Anderson 和 Krajcik，2006，p. 1）。这样的模型允许我们对个人当前的能力发展水平和下一个潜在的能力发展水平进行推断，从而为形成性评估提供信息。

二、测量能力：概念问题

测量能力（measuring competence）是指通过个人在某一领域一系列特定情境中的表现来推断个人在该领域成功表现的能力。基于现有的模型，这些数据可以用作个人、班级、地区或系统层面的形成性或总结性评估。此外，表现数据可以为能力结构的内部结构（即层次、维度和随时间的发展）提供深刻的见解，从而发展或完善能力模型。

衡量一个人在某一领域的能力的首要标准是观察这个人在该领域情境样本中的表现。这种整体方法（holistic approach）要求评估情境必须是真实的，并且在该领域具有代表性（McClelland，1973；Shavelson，2010）。也就是说，评估情境必须充分代表基础能力模型所界定的领域，并且每种情境必须允许个人展示其自身能力的各个方面。分析方法（analytic approach）旨在提供构成某一领域能力的特定能力、技能或其他个人资源的信息。这些资源通过专门设计的评估来测量（Blömeke，Gustafsson 和 Shavelson，2015）。这种方法可以提供有关个人能力的具体缺陷的信息，从而为进一步的教学支持提供指导。但是，分别评估不同的资源需要大量的评估任务，而且可能无法洞察个人是否真的能够在真实情境中成功地执行任务。例如，目前尚不清楚一个已经展示了建模技能、能量知识和系统理解能力的学生是否能够真正为能量转移系统建模（见 NRC，2014）。因此，布洛梅克等人（Blömeke 等，2015）建议整合这两种方法，研究真实情境中的表现与独立测量的个人资源之间的关系。

评估是测量能力的必要手段。构成所谓的"评估三角"的三个基本要素被认为是所有评估的基础（NRC，2001；Shavelson，2010）：即认知、观察和解释（见 Pellegrino，本手册）。认知指的是要评估的结构的理论假设。这涉及到一个人的能力和技能是如何与该领域的不同情境中的成功表现相联系的，例如，我们可以利用能力模型来对其进行描述。用于获得个人能力证据的任务，以及个人在这些任务中的表现，代表观察要素。这可能包括任何允许个人展示其能力的情况。解释是指从观察中获得关于个体或群体能力的结论所采用的方法和工具（NRC，2001）。如果想构建可靠和有效的评估来测量某一领域的能力，需要将这三个要素"明确地联系起来，并设计成一个协调的整体"（p. 2）。

1. 从认知到任务

能力评估对测量工具的要求不同于有关内容知识的评估。陈述性知识可以用图

42.1a 所示的项目来评估,它只是要求学生选择正确的选项。评估任务需要学生将多种能力和技能联系起来(如利用他们对能量定义以及能量和物质之间关系的知识来解释一个观察结果;图 42.1b)。

(a) 关于作为生产者的有机体,以下哪项陈述是正确的?
A. 他们利用来自太阳的能量制造食物。
B. 他们从宿主动物身上吸收能量。
C. 他们从食用活的植物中获得能量。
D. 他们通过分解死去的动植物获得能量。
资料来源:https://nces. ed. gov/timss/pdf/timss2011_g8_science. pdf. 经许可使用。
(b) 从游乐场的滑梯上滑下来后,你经常会掉到沙子里。

安娜快速滑下滑梯,并在沙子上留下了脚印。这些脚印如图 A 所示。然后,安娜把沙子抹平,再试着慢慢滑下滑梯,此时,在沙子上留下的脚印如图 B 所示。

图 A: 快速滑动　　　　　　　　　　　　图 B: 缓慢滑动

利用你从图 A 和图 B 中观察到的情况,构建一个解释来回答这个问题:安娜移动时的能量与她落地时的速度有什么关系?
资料来源:Neumann, Kubsch, Fortus, Krajcik 和 Nordine, 2017. 经许可使用。

图 42.1　评估(a)内容知识和(b)能力的任务样本

显然,即使是图 42.1b 所示的任务也没有全面评估学生在科学方面的能力。麦克莱兰(McClelland, 1973)建议选择评估任务,以充分涵盖某一领域中所有潜在的情况。典型的例子是在医学培训中使用的客观结构化临床考试(objective structured clinical examinations, OSCE)。这些考试由一系列简短的"评估站"组成,每个评估站都涉及特定的表现任务,如询问标准化患者或执行医疗程序。然而,在大多数领域中,确保有代表性的情况抽样是一项非常艰巨的任务（关于 OSCEs，见 Cook，Zendejas，Hamstra，Hatala 和 Brydges，2014）。在这种情况下，能力的规范模型可以帮助我们确保评估充分地覆盖构成该领域的不同情境。

2. 从任务到观察

关于个人能力的最有效信息是通过表现任务获得的（NRC，2014）。能力结构的定义必须基于个人在任务中的表现来确定评估个人能力的标准。然而，承载关于个人能力的信息往往不仅仅是解决方案过程的最终产品，还包括这个解决方案的构建方式。例如，或多或少都有一些复杂而有效的策略来解决一个"三法则"的数学问题。因此，除了最终的解法之外，还可以考虑基于计算机评估的日志文件数据、问题解决过程的视频记录、参与者对其解法的解释或他们在实际操作（如实验）任务中的行为等。例如，经验数据表明，与笔试相比，允许对学生的解题过程和解释进行编码的面试会导致对学生认知的不同解释（Opfer，Nehm 和 Ha，2012）。然而，由于能力的主要标准是任务表现，因此，根据过程观察得出有效的推论需要经过经验验证的模型来描述解题过程的不同特性与能力结构的关系。

3. 从观察到分数

测量能力通常包括对个人表现的量化或对其解决方案过程的量化评级。根据观察数据的类型，可以采用广泛的量化技术。例如，为一个数学计算任务的解决方案编码非常简单，或者为一个需要从文本中提取明确指定信息的任务编码非常简单，这些文本可能采用封闭式答案、多项选择题和简答题的答案格式。但是，更复杂的答案格式，如较长的文本、视频数据、观察到的行为或作品集等，则需要编码人员进行更深层次的推断。例如，OSCE 通常为考官提供评分量表，沙克等人（Schack 等，2013）参考专业视野框架，针对未来教师对学生数字技能的诊断进行了编码。类似地，对日志文件或视频数据等其他过程性数据进行编码，通常要对有效反映个人能力的过程特征有正确的理解。虽然复杂的答案格式和高推理评分可能提供关于个人能力的丰富信息，但是管理项目和处理答案所需要的时间可能会限制评估中此类任务的数量。此外，由于高推理编码在可靠性方面可能存在很大差异（例如，Cömert 等，2016 对 OSCEs 的研究；Shavelson 和 Dempsey-Atwood，1976 对教师行为的研究），因此我们必须采取措施来控制测量误差。例如，多个评分者可以为每个单独的解决方案进行编码，或者可以并行应用多个性能或过程质量指标。

4. 从分数到解释

单个任务的分数通常带有很大的测量误差，因为评估者可能会误解自身观察到的行为，或者能力指标可能没有得到充分明确的说明。常见的解决方案是将多个评估任务的评分汇总起来，这些任务形成了一个或多或少具有代表性的潜在情况样本。系统地改变任务的难度——例如，基于能力水平模型——可以确保评估涵盖广泛的能力水平，即使单个任务的性能仅仅被编码成几个类别。然而，只有当分数之间的差异主要归因于参加测试的个人时,汇总不同任务的分数才能提供一个有用的测量个人能力的方法。概化理论(generalizability theory)(Shavelson 和 Webb,1991)有助于确定分数变化中有多少是由于完成任务的个体之间的差异造成的,以及有哪些其他因素对此结果产生了影响,如任务、对个人表现进行评分的评分者,或这些因素的组合。因此,我们有可能确定哪些因素实际上影响一个人的能力评估,并控制潜在的问题因素。

尽管一组任务的总分(或平均分)可以用于比较个人的能力,但这些简单的总分通常不能直接推断出一个人实际上能够掌握哪种情况。如果以形成性评估的方式作为评估结果来支持进一步的教学决策,那么这样的标准信息是至关重要的。能力水平模型能够系统地提供这些信息。只要使用适当的统计方法,就有可能根据一个人所能掌握的最复杂的评估任务所提出的要求来解释测试的总分。

三、分析能力:统计方法

能力模型通常来自于规范性协议以及对某一领域中概念的学习、认知加工和应用的理论考虑。但是,在实践中,我们可以为特定的能力结构指定不同的模型。例如,数学能力可以被描述为一种总体能力,也可以被描述为与数学中不同的概念领域(如几何、算数、概率)或不同的数学实践(如论证、建模或问题解决)相关的独立能力。这些模型只有在充分反映出人们在不同情况下的不同表现时,才能产生有效的评估工具并对未来表现作出预测。因此,特定能力模型的决策必须考虑:(1)模型的预期用途;(2)模型的复杂性;(3)模型与评估研究中收集到的经验数据的吻合程度。

统计模型的使用有助于我们从一个群体或个人在一组评估任务中的表现来估计他们的能力。这种模型还可以评估一个给定的认知能力模型在多大程度上反映了一个人表现中可观察到的差异。大多数这些统计模型的主要假设是(1)个人的能力可以通过与统计模型中潜在变量相对应的一个或多个(数值)估计来描述;(2)这些分数如何与个人在特定评估情境中的预期表现相关联。这两类统计模型分别是结构方程模型(Structural Equation Modeling,SEM)或项目反应理论(Item Response Theory,IRT)。

在能力模型的实证研究中,最常遇到的一些挑战和应对这些挑战的统计方法是能力的维度、分数的标准解释、有偏差的任务检测和核算,以及不同评估任务集之间的联系。

1. 能力的维度

能力模型可以假设用一个单一的能力维度来描述个人在某一领域中不同情况下的表现。这意味着,在一种相关情况下表现较好的人,必然也会被期望在其他情况下至少表现得稍微好一点。例如,在大规模的评估中,数学能力的一个总体维度可能被认为足以比较教育体系。然而,为了让教师知道在进一步的教学中应该关注什么,一个多维度的工具可能会更有帮助,它可以区分不同的数学能力分数,例如数字、几何或概率要求。模型拟合的统计指标有助于确定是单维模型还是多维模型能更有效地解释观察到表现差异(Hartig 和 Höhler,2009)。多维统计模型还提供了一种很有前景的方法,可以将一个领域中表现所依据的相关技能和能力分离出来——例如,一般性论证技能和特定领域的知识组件。

2. 分数的标准解释

如上所述,重要的是将数字能力分数与对一个人能够掌握的要求的标准解释联系起来。IRT 模型可以帮助我们确定评估项目的难度参数,以及每个参加评估的人的能力参数,这些参数可以在同一个量表上进行解释。一个具有给定人员参数的人,可以被期望解决一个具有相同难度参数的任务,其概率为 50%。如果个人能力参数高于难度参数,那么这个人更有可能成功地完成任务;如果个人能力参数较低,那么这个人成功完成任务的可能性就较低(详见 Bond 和 Fox,2001)。这种解释使我们有可能推断出一个人在给定的概率下能够掌握该领域的哪些需求。如果任务是根据不同的能力水平来构建的,那么就有可能将一个人在评估中的表现直接与其中的一个能力水平联系起来,从而对这个人的能力提供一个标准解释(例如,Alonzo 和 Steedle,2009;Kauertz,Fischer,Mayer,Sumfleth 和 Walpuski,2010)。例如,在研究中,这样的解释有望得出具体的结论,说明从一项或另一项干预措施中获益所必需的能力水平。

3. 检测和核算有偏差的任务

构建"公平"的评估任务会对所有学生提出同样的要求,这是一项艰巨的挑战。不常见的术语可能会使语言技能较低的学习者处于不利地位,而需要特定策略的任务可能会因学校的课程设置而出现偏差。其中一个挑战是检测一项评估任务对来自不同子群体的学习者是否同样困难。例如,可以通过估计人群中不同子群(如语言技能高的学习者和语言技能低的学习者)的不同难度参数来揭示这种差异性项目功能(Differential Item Functioning,DIF)。这也是允许研究评估任务中产生偏差的原因。例如,哈格,赫普特,斯坦纳特,库尔和潘特(Haag,Heppt,Stanat,Kuhl 和 Pant,2013)研究了数学项目的不同语言特征对其与学习者语言能力偏差的影响。如果检测到这种偏差,并且只有少数任务受到偏差的影响,那么还是有可能在一定程度上控制这些差异的。

4. 连接不同的评估任务集

由于若干原因,在测量能力时,让所有参与者都完成所有可用的评估任务并不总是可行的。例如,覆盖整个能力结构所需的任务可能比参与者在可用时间能够解决的任务更多(例如,在大规模评估中)。此外,研究人员希望在纵向研究中使用第二组任务,而不是让参与者两次解决同一个项目(例如,Geller,Neumann,Boone 和 Fischer,2014)。最后,评估任务可能会对参与者进行适应性管理,以避免管理太难或太容易的任务。在所有这些情况下,不同的参与者处理不同的任务集,使得对所有参与者得出可比较的能力评估具有挑战性。如果评估任务的难度参数可以在一个共同的量表上获得，那么 IRT 模型则允许在同一量表上为每个人生成能力参数（分数）（Kolen 和 Brennan，2004）。因此，模型所产生的能力参数是可以进行有意义的比较的，即使这些人没有完成同一组评估任务。

四、结论

能力的概念不同于过去讨论过的用来解释学生表现的其他概念。与三维学习的理念相似（NRC，2014），它明确强调了整合应对真实情境的多种不同能力和技能的能力。评估能力需要一个能力模型的规范，以指导开发具有代表性的真实评估任务集，实现可靠和有效的能力评估。现代统计方法使研究人员能解决在描述学习结果（如维度）或评估（如标准解释、潜在偏差）时要面对的一些主要挑战。当然，这些方法可能因其基本假设而引起争论。然而，必须牢记的是，能力模型和统计模型一样，都是模型。这意味着它们是一种工具，为研究者和实践者提供观察（当然是更复杂的）现象的途径。这样的模型在多大程度上适合对一个人的能力做出某种确定的推断，是一个有效性的问题，我们必须基于经验证据和理论上的考虑对其进行论证。

在许多不同领域对个人能力的广泛研究所提供的模型，以及用于解释能力评估结果的方法，为解决学习科学中已经确定的一些开放性的方法问题提供了范例。此外，学习科学已经开发出用于生成真实有效的评估任务的工具。扩大和加强这两个学科之间已经存在的交叉部分，可以为学习科学和能力研究提供富有成效的激励。

五、延伸阅读

Hadenfeldt, J. C., Neumann, K., Bemholt, S., Liu, X., & Parchmann, I. (2016). Students' progression in under-standing the matter concept. *Journal of Research in Science Teaching*, 53(5), 683 - 708.

这篇论文提出了一个关于学生对事物理解的结构模型，以及关于学生在整个 K - 12 教育的不同时间点上形成理解的证据。

NRC. (2012). A framework for K - 12 science education: Practices, crosscutting concepts, and core ideas. Washington, DC: National Academies Press.

这份文件包含了美国国家 K - 12 科学标准的框架。它包含了一个规范的、认知能力模型的有趣例子，该模型整合了生物、化学和物理等广泛科学科目的能力。

Obersteiner, A., Moll, G., Reiss, K., & Pant, H. A. (2015). *Whole number arithmetic—Competency models and individual development*. Paper presented at the Proceedings of the 23rd ICMI Study Conference: Primary Mathematics Study on

Whole Numbers，Macao，China.

这篇论文介绍了一个算术领域的数学能力描述层次模型例子，该模型是由理论考虑和大规模评估研究的数据生成的。

Shavelson，R. J. （2010）. On the measurement of competency. *Empirical Research in Vocational Education and Training*，2(1)，41－63.

这篇论文描述了英美国家对能力测量的看法，它以整体方法为基础，主要用于职业教育领域发展。它对建构能力评估中的实际问题进行了很好的概述。

Weinert，F. E. （2001）. Concept of competence：A conceptual clarification. In D. S. Rychen & L. H. Salganik（Eds.），*Defining and selecting key competencies*（pp. 45－65）. Gottingen：Hogrefe & Huber.

这篇论文回顾了能力结构建构的不同定义。这是当前教育研究中能力概念的标准参考。

参考文献

Alonzo, A. C., & Steedle, J. T. (2009). Developing and assessing a force and motion learning progression. *Science Education, 93*(3), 389–421.

Baumert, J., & Kunter, M. (2013). The COACTIV model of teachers' professional competence. In M. Kunter, J. Baumert, W. Blum, U. Klusmann, S. Krauss, & M. Neubrand (Eds.), *Cognitive activation in the mathematics classroom and professional competence of teachers: Results from the COACTIV project* (pp. 25–48). New York: Springer.

Beaton, A. E. (1996). *Mathematics achievement in the middle school years: IEA's Third International Mathematics and Science Study (TIMSS)*. Chestnut Hill, MA: ERIC.

Blömeke, S., Gustafsson, J.-E., & Shavelson, R. J. (2015). Beyond dichotomies. *Zeitschrift für Psychologie, 223*, 3–13.

Bond, T. G., & Fox, C. M. (2001). *Applying the Rasch model: Fundamental measurement in the human sciences*. Mahwah, NJ: Erlbaum.

Bransford, J. D., Brown, A., & Cocking, R. (2000). *How people learn: Mind, brain, experience and school expanded edition*. Washington, DC: National Academy Press.

Chomsky, N. (1965). *Aspects of the theory of syntax*. Cambridge, MA: Cambridge University Press.

Cömert, M., Zill, J. M., Christalle, E., Dirmaier, J., Härter, M., & Scholl, I. (2016). Assessing communication skills of medical students in objective structured clinical examinations (OSCE)—A systematic review of rating scales. *PloS one, 11*(3), 1–15.

Common Core State Standards Initiative (CCSSI). (2011). *Common core state standards for mathematics*. Retrieved January 24, 2018, from www.corestandards.org/wp-content/uploads/Math_Standards.pdf

Cook, D. A., Zendejas, B., Hamstra, S. J., Hatala, R., & Brydges, R. (2014). What counts as validity evidence? Examples and prevalence in a systematic review of simulation-based assessment. *Advances in Health Sciences Education, 19*(2), 233–250.

Csapó, B. (1999). Improving thinking through the content of teaching. In J. H. M. Hamers, J. E. H. van Luit, & B. Csapó (Eds.), *Teaching and learning thinking skills* (pp. 37–62). Lisse: Swets and Zeitlinger.

Csapó, B. (2004). Knowledge and competencies. In J. Letschert (ed.), *The integrated person: How curriculum development relates to new competencies* (pp. 35–49). Enschede: CIDREE.

Duncan, R. G., & Rivet, A. E. (2018). Learning progressions. In F. Fischer, C. E. Hmelo-Silver, S. R. Goldman, & P. Reimann (Eds.), *International handbook of the learning sciences* (pp. 422–432). New York: Routledge.

Erpenbeck, J. (1997). Selbstgesteuertes, selbstorganisiertes Lernen. *Kompetenzentwicklung, 97*, 309–316.

Franke, G. (2008). *Facetten der Kompetenzentwicklung*. Bielefeld, Germany: W. Bertelsmann.

Geller, C., Neumann, K., Boone, W. J., & Fischer, H. E. (2014). What makes the Finnish different in science? Assessing and comparing students' science learning in three countries. *International Journal of Science Education, 36*(18), 3042–3066. doi:10.1080/09500693.2014.950185

Haag, N., Heppt, B., Stanat, P., Kuhl, P., & Pant, H. A. (2013). Second language learners' performance in mathematics: Disentangling the effects of academic language features. *Learning and Instruction, 28*, 24–34. doi:10.1016/j.learninstruc.2013.04.001

Hadenfeldt, J. C., Liu, X., & Neumann, K. (2014). Framing students' progression in understanding matter: A review of previous research. *Studies in Science Education, 50*(2), 181–208.

Hartig, J., & Höhler, J. (2009). Multidimensional IRT models for the assessment of competences. *Studies in Educational Evaluation, 35*, 57–63.

Hartle, F. (1995). How to re-engineer your performance management process. London: Kogan Page.

Kauertz, A., Fischer, H. E., Mayer, J., Sumfleth, E., & Walpuski, M. (2010). Standardbezogene Kompetenzmodellierung in den Naturwissenschaften der Sekundarstufe I. *Zeitschrift für Didaktik der Naturwissenschaften* [Standards-based competence modeling in the natural sciences in lower secondary school. *Journal of Didactics of Science*], *16*, 143–152.

Klieme, E., Avenarius, H., Blum, W., Döbrich, P., Gruber, H., Prenzel, M., et al. (2003). *Zur Entwicklung nationaler Bildungsstandards [Regarding the development of national education standards]*. Berlin, Germany: Bundesministerium für Bildung und Forschung.

Klieme, E., Baumert, J., Köller, O., & Bos, W. (2000). Mathematische und naturwissenschaftliche Grundbildung: Konzeptuelle Grundlagen und die Erfassung und Skalierung von Kompetenzen. *TIMSS/III Dritte Internationale Mathematik-und Naturwissenschaftsstudie—Mathematische und naturwissenschaftliche Bildung am Ende der Schullaufbahn* (pp. 85–133). Berlin: Springer.

Klieme, E., & Leutner, D. (2006). Kompetenzmodelle zur Erfassung individueller Lernergebnisse und zur Bilanzierung von Bildungsprozessen. Beschreibung eines neu eingerichteten Schwerpunktprogramms der DFG. *Zeitschrift für Pädagogik, 52*(6), 876–903.

KMK. (2003). *Bildungsstandards im Fach Mathematik für den mittleren Schulabschluss [Educational Standards for middle secondary schools in mathematics]*. Munich: Luchterhand.

Koeppen, K., Hartig, J., Klieme, E., & Leutner, D. (2008). Current issues in competence modeling and assessment. *Zeitschrift für Psychologie [Journal of Psychology], 216*(2), 61–73. doi:10.1027/0044-3409.216.2.61

Kolen, M. J., & Brennan, R. L. (2004). *Test equating, scaling, and linking: Methods and practices* (2nd ed.). New York: Springer.

Kremer, K., Fischer, H. E., Kauertz, A., Mayer, J., Sumfleth, E., & Walpuski, M. (2012). Assessment of standard-based learning outcomes in science education: Perspectives from the German project ESNaS. In S. Bernholt, K. Neumann, & P. Nentwig (Eds.), *Making it tangible: Learning outcomes in science education* (pp. 201–218). Münster: Waxmann.

Leutner, D., Grünkorn, J., Fleischer, J., & Klieme, E. (2017). *Competence assessment in education*. Heidelberg: Springer International Publishing.

McClelland, D. C. (1973). Testing for competence rather than for "intelligence." *American Psychologist, 28*(1), 1–14.

Mislevy, R. J., Steinberg, L. S., & Almond, R. G. (2002). Design and analysis in task-based language assessment. *Language Testing, 19*(4), 477–496.

Neumann, K., Fischer, H. E., & Kauertz, A. (2010). From PISA to educational standards: The impact of large-scale assessments on science education in Germany. *International Journal of Science and Mathematics Education, 8*(3), 545–563.

Neumann, K., Kubsch, M., Fortus, D., Krajcik, J. S., & Nordine, J. (2017). *Assessing three-dimensional learning*. Paper presented at the Annual Conference of the National Association for Research in Science Teaching (NARST). San Antonio, TX.

Nickolaus, R., & Seeber, S. (2013). Berufliche Kompetenzen: Modellierungen und diagnostische Verfahren. In A. Frey, U. Lissmann, & B. Schwarz (Eds.), *Handbuch berufspädagogischer Diagnostik* (pp. 166–195). Weinheim: Beltz.

Nitsch, R., Fredebohm, A., Bruder, R., Kelava, A., Naccarella, D., Leuders, T., & Wirtz, M. (2015). Students' competencies in working with functions in secondary mathematics education—Empirical examination of a competence structure model. *International Journal of Science and Mathematics Education, 13*(3), 657–682. doi:10.1007/s10763-013-9496-7

NRC. (2001). *Knowing what students know: The science and design of educational assessment*. Washington, DC: National Academies Press.

NRC. (2012). *A framework for K–12 science education: Practices, crosscutting concepts, and core ideas*. Washington, DC: National Academies Press.

NRC. (2014). *Developing assessments for the next generation science standards*. Washington, DC: National Academies Press.

OECD. (1999). *Measuring student knowledge and skills: A new framework for assessment*. Paris, France: Organisation for Economic Co-operation and Development.

Opfer, J. E., Nehm, R. H., & Ha, M. (2012). Cognitive foundations for science assessment design: knowing what students know about evolution. *Journal of Research in Science Teaching, 49*(6), 744–777.

Pellegrino, J.W. (2018). Assessment of and for learning. In F. Fischer, C. E. Hmelo-Silver, S. R. Goldman, & P. Reimann (Eds.), *International handbook of the learning sciences* (pp. 410–421). New York: Routledge.

Schack, E. O., Fisher, M. H., Thomas, J. N., Eisenhardt, S., Tassell, J., & Yoder, M. (2013). Prospective elementary school teachers' professional noticing of children's early numeracy. *Journal of Mathematics Teacher Education, 16*(5), 379–397.

Schecker, H., & Parchmann, I. (2006). Modellierung naturwissenschaftlicher Kompetenz. *Zeitschrift für Didaktik der Naturwissenschaften, 12*(1), 45–66.

Shavelson, R. J. (2010). On the measurement of competency. *Empirical Research in Vocational Education and Training, 2(1)*, 41–63.

Shavelson, R. J., & Dempsey-Atwood, N. (1976). Generalizability of measures of teaching behavior. *Review of Educational Research, 46*(4), 553–611.

Shavelson, R. J., & Webb, N. M. (1991). *Generalizability theory: A primer* (Vol. *1*). Thousand Oaks, CA: Sage.

Smith, C. L., Wiser, M., Anderson, C. W., & Krajcik, J. (2006). Implications of research on children's learning for standards and assessment: A proposed learning progression for matter and the atomic-molecular theory. *Measurement: Interdisciplinary Research & Perspective, 4*(1–2), 1–98.

Waddington, D. J., Nentwig, P., & Schanze, S. (2007). *Making it comparable*. Münster: Waxmann.

Weinert, F. E. (2001). Concept of competence: A conceptual clarification. In D. S. Rychen & L. H. Salganik (Eds.), *Defining and selecting key competencies* (pp. 45–65). Göttingen: Hogrefe & Huber.

White, R. W. (1959). Motivation reconsidered: The concept of competence. *Psychological Review, 66*(5), 297–333.

Winterton, J., Delamare-Le Deist, F., & Stringfellow, E. (2006). *Typology of knowledge, skills and competences: clarification of the concept and prototype*. Luxembourg: Office for Official Publications of the European Communities.

第43章 作为实用工具包的混合方法研究：理解还是解决学习科学的复杂性

菲利察·丁伊卢迪，简-威廉·斯特里博斯（Filitsa Dingyloudi，Jan-Willem Strijbos）

教育研究经常被认为脱离实践，无法解决在日常学习和教学环境中出现的真实教育问题，不能为教育实践和政策的改进作出贡献（Lagemann，2002；Lagemann 和 Shulman，1999；Robinson，1998）。教育研究者往往对相当狭隘的学习测量感兴趣，如对预先指定的内容学习和/或技能训练，这就意味着测量所学内容和/或技能是对绩效唯一有价值的测量（Collins，Joseph 和 Bielaczyc，2004）。因此，脱离实践的教育研究并没有充分考虑到情境影响和复杂结果导致的学习过程的复杂性（Robinson，1998）。教育研究的这种不足导致了学习科学（learning sciences，LS）这一跨学科领域的建立。

LS 通过不同的理论和研究视角研究学习现象（如学习条件、发展、认知），促进、维持和理解混乱的现实教育情境中的创新（Lagemann，2002，Sandoval 和 Bell，2004）。因此，与传统教育研究相比，LS 在解决现实实践问题方面具有更大的潜力：可以促进实践意义上的知识发展（Barab 和 Squire，2004；Dix，2007）。

在 20 世纪 90 年代，LS 的研究者反思了现有的"通过视角、范式和方法……为有趣的学习现象提供充分的解释"的局限性，并表达了他们对实验室实验研究方法不足的失望（Schoenfeld，1992b，p. 137）。像布朗（Brown，1992）和舍恩菲尔德（Schoenfeld，1992a，1992b）这样的主要研究者开始对"真实世界"的学习现象及其固有的复杂性和混乱产生了兴趣，并提出了舍恩菲尔德（1992b）所描述的四个 C，即"在创造性混乱中，概念发生了改变"（p. 137）。舍恩菲尔德（1992b）指出，"绝大多数从事学习科学的专业人员经常发现自己处于一种未知的领域，虽然观察我们想要解释的情景和行为，但没有必要的工具"（p. 138）。为了克服现有研究视角不足的局限性，早期的 LS 研究者强调需要建立基于证据的主张，这些主张既来自于实验室也来自于自然环境，因此我们需要扩展方法论，使其变得多元化和具有包容性（Barab 和 Squire，2004）。

在 LS 的早期，其方法论很明显的一个特征是，需要采用混合观点和研究方法，以更充分地理解现实世界的学习现象。最近，埃文斯，帕克和索耶（Evans，Packer 和 Sawyer，2016）将 LS 称为"一种在真实环境中研究和促进学习的跨学科方法"（p. 1），它强调了真实环境与实验室环境之间的差异。在真实环境中研究学习的需求导致了基于设计的研究（DBR）的建立（Barab，2014；Barab 和 Squire，2004；DBRC，2003；

Sandoval，2004；见 Puntambekar，本手册）。在过去的十年中，DBR 逐渐发展成为 LS 的主要方法论范式之一，常被称为"学习科学中的标志性方法"（Penuel，Cole 和 O'Neill，2016，p. 487）。

作为一种干预主义范式，DBR 的目标在于在现实生活的教学和学习环境中进行形成性研究，"以先前研究中获得的理论原则为基础，检验和完善教育设计和干预措施"（Collins 等，2004，p. 15）。DBR 是一种多元的方法论创新，包括一系列迭代的、情境的和基于理论的方法，以提供对理论、产品和实践之间实际关系的更好理解（Barab 和 Squire，2004；Bell，2004；DBRC，2003；diSessa 和 Cobb，2004）。在这样做的过程中，基于设计的研究人员通过在自然学习情境中的实验（如测试、观察和调试设计），系统地完善设计情境的各个方面，直至达到尽可能高的完善程度（Barab 和 Squire，2004；Cobb，Confrey，diSessa，Lehrer 和 Schauble，2003；Collins 等，2004；DBRC，2003；diSessa 和 Cobb，2004）。DBR 旨在通过追求开发有效的学习环境的目标来完善理论和实践，同时将其作为"自然实验室"来研究学习和教学（Sandoval 和 Bell，2004，p. 200）。无论 DBR 作为一种干预主义方法在 LS 中的价值和贡献如何，都会产生这样一个问题，即 LS 中的理论完善是否只能通过干预来实现。学习科学家仅仅只有通过干预学习情境来完善学习的可能性吗？ 干预是确实存在还是应该存在？

正如拉维（Lave，2014）在 2014 年国际学习科学大会的主题演讲中提出的那样，在设计或干预任何真实的学习情境之前，学习科学家首先需要捕捉和理解学习情境本身内在的复杂性。正如拉维（2014）所强调的，

> 当你提出关于学习的问题时，这些问题不是关于学习的问题，而是关于学习失败的问题，这些问题不是关于学习是如何在人们日常生活中发生的，因此，某种程度上，相反，在你开始思考实际发生了什么问题之前，解决失败的问题会给你解决学习问题带来一些真正的问题。在我们生活的世界里，我认为存在着巨大的对立关系，在学习研究中，你作为一个学习科学家，真正想要关注的是世界上正在发生的问题，和来自于你想先解决它然后再弄清楚它是什么的冲动的问题——如果你有时间的话——之间存在矛盾。

（Lave，2014）

理解复杂学习环境中的学习现象——在采用干预主义方法（如 DBR）之前，该方法旨在完善学习方面、要素或情境，以达到最佳学习效果（如基于设计的研究人员所倡导的）——要求我们在研究中包含"先理解，后完善"的探索性/解释性研究方法。这种研究方法在混合方法研究（mixed methods research，MMR）中得到了很好的体现。MMR 是一种实用的研究工具包，为学习科学家提供了广泛的研究手段，以探索和理解学习现象，旨在为干预任何学习情境之前的实践提供参考。需要强调的是，MMR

并不是在干预发生之前,用于探索和理解学习现象的唯一手段。例如,人种学和民族志等定性方法在 LS 中被广泛使用,以探索和理解现实生活中的学习(例如,Lave,2011),但它们是在单一方法的限制下进行的。将 MMR 纳入 LS 的工具包,与 DBR 或其他单一方法论研究方法并行和/或结合,响应了巴拉布和斯奎尔(Barab 和 Squire,2004)对方法论多元化和包容性的呼吁。

一、什么是 MMR?

MMR 兴起于 20 世纪 90 年代,它提出在一项研究中结合定性和定量的研究方法,通过使用多种方法论方法和认识方式,从而更全面地理解多方面的社会或教育现象(Lund,2012;Venkatesh,Brown 和 Bala,2013)。一些 MMR 研究人员不仅将 MMR 视为一种方法论方法或范式,而且认为,这是一种"混合方法的思维方式,具有生成性和开放性,旨在寻求对我们无限复杂的社会世界重要方面的更丰富、更深入、更好的理解。"(Greene,2007,p. 20)。

多年来,一些研究人员对 MMR 进行了界定(例如,Creswell 和 Plano Clark,2007,2011;Greene,2007;Johnson,Onwuegbuzie 和 Turner,2007;Morse,2010;Morse 和 Niehaus,2009;Tashakkori 和 Creswell,2007;Tashakkori 和 Teddlie,2010),但他们的定义并不总是完全一致。我们没有给出一系列的定义(见 Johnson等,2007),而是支持克雷斯威尔和普兰诺·克拉克(Creswell 和 Plano Clark,2011,p.5)基于六个关键特性定义 MMR 的立场:

- 有说服力地、严格地收集和分析定性和定量数据(基于研究问题);
- 同时混合(或整合或链接)两种形式的数据,将它们结合(或合并),按顺序将一种数据建立在另一种数据之上,或将一种数据嵌入另一种数据之中;
- 优先考虑一种或两种形式的数据(就研究的重点而言);
- 在单个研究或在研究过程的多个阶段使用这些程序;
- 将这些程序纳入哲学世界观和理论视角;
- 将这些程序结合到具体的研究设计中,指导研究计划。

同样地,泰德莉和塔沙科里(Teddlie 和 Tashakkori,2010)确定了 MMR 的两个原则,这两个原则跨越了不同的定义:(1)同意在研究的所有层次上拒绝"非此即彼"的观点(即要不定量/定性,要不定性/定量);(2)同意采用迭代、循环的研究方法。

二、为什么采用 MMR?

采用 MMR 的主要原因是为了更全面地理解感兴趣的(社会)现象,力求更完整的画面,并更深刻地理解框架观点、想法和意义的混合(Greene,Kreider 和 Mayer,

2005）。MMR 已经被认为是探索复杂的社会经验和现实生活的一种有价值的方法论（Mason，2006a），这是 LS 的核心。

表 43.1 从 9 个方面对 MMR 和 DBR 进行了比较：（1）每种方法论所代表的哲学立场；（2）思考知识的方式；（3）它所代表的研究途径；（4）研究设计的总体类型；（5）实施的研究方法；（6）通常参与的研究人员/研究团队；（7）方法的目的；（8）主要研究环境；（9）最具代表性的研究领域。

表 43.1 MMR 和 DBR 的比较概述

	MMR	DBR
哲学立场	实用主义	实用主义
思考知识的方式	多元化的	多元化的
研究途径	探索性/解释性	干预主义
研究设计	形成性的	迭代的
研究方法	混合的：定性和定量研究	或是定性或是定量或是混合研究
研究人员/研究团队	研究人员（以及，如有应用，参与者）	研究人员、实践者、利益相关者（如有应用，参与者）
目的	更好地理解现象	完善/改进学习情境和学习理论
主要环境	混合的（实验室到真实的）	真实的（正式/非正式）
代表领域	社会/行为/人文科学	学习科学

三、"范式"立场：方法论的实用主义立场

MMR 中讨论的范式（Paradigms）（见 Johnson，2015）并不像库恩（Kuhn，1962）著作中所暗示的那样，被视为限制研究人员选择和决策的一套相互交织的哲学假设的强加，而是作为研究活动的指导工具，为哲学和理论元素的多元主义以及兼容主义取向奠定了基础（Johnson 和 Onwuegbuzie，2004；Morgan，2007；Teddlie 和 Tashakkori，2010）。在 MMR 界，出现了几种方法论立场：实用主义、变革—解放、辩证法、批判现实主义、辩证多元主义 2.0、批判的辩证多元主义等（见 Johnson，2015；Shannon-Baker，2016）。MMR 研究者认为实用主义（pragmatism）是 MMR 中最具代表性的立场（如 Tran，2016）。

在 LS 中，实用主义是最适用的，因为它强调实用性、探究性（即行动导向的决策）和经验性（即对行动结果的解释），所有这些都会被置于特定的社会历史背景中（Morgan，2014）。MMR 的实用主义立场超越了定性和定量范式之间的不兼容论点（Howe，1988）以及隐含的对定性和定量范式限制的纯粹主义立场（Kuhn，1962）。定量纯粹主义者（Quantitative purists）（如 Maxwell 和 Delaney，2004；Schrag，1992）与实证主义相关联，主张知识的普遍性和客观性。定性纯粹主义者（Qualitative purists）

（如 Lincoln 和 Cuba，2000；Schwandt，2000）与建构主义、解释主义和相对主义相关联，主张知识的多重建构现实性和主观性。实用主义反映了一种多范式的观点，代表了跨越定量和定性范式而不被迫遵循方法论二分法的自由（Johnson，2015；Morgan，2007）。不同元素在解决不同目的的定性和定量立场上的价值得到了高度认可，这反过来又促进了它们的整合（Morgan，2007；Onwuegbuzie 和 Leech，2005）。

摩根（Morgan，2007）提出的实用主义方法论的构成要素是(1)诱因；(2)主体间性；(3)可转移性。诱因（Abduction）是指在数据驱动的归纳和理论驱动的演绎之间不断、多向运动的推理（Morgan，2007，pp. 70 - 71）。主体间性（intersubjectivity）反对以二分法来看待知识的客观性和主观性，它支持共同的"现实世界"的存在和不同个体对这个世界的多种解释的相容性。可转移性（transferability）超越了特定情境和普遍知识之间的二分法，而是认为，在考虑可能影响其可用性因素的同时，在研究中获得的知识可以用于新的情境（Morgan，2007，p. 72）。实用主义方法的三个要素在理论与数据、客观性与主观性、特定情境与普遍性方面都体现出一种综合性；因此，该方法拒绝那些被认为是"二元论"的事物之间的任何两极分化。

最后，实用主义强调了研究问题在指导选择适当的研究方法以获得该问题最翔实的答案方面的重要性（Johnson 和 Onwuegbuzie，2004，p. 18）。作为研究人员认为他们可以问什么和他们认为他们可以观察到什么表征，研究问题既影响着研究者围绕研究的理论和方法论的观点，也受到研究者的影响（Mason，2006b）。因此，理论和认识论视角的整合——以前局限在范式中——也意味着对研究问题中所代表的设想的现实的整合（Mason，2006b）。

总体而言，MMR 的实用主义立场融合了各种"范式"中的哲学假设、认识论信念和方法，是一种有逻辑的、灵活的和富有成效的方法，它超越了范式的限制，旨在更全面地解决研究中的研究问题。实用主义立场之所以具有吸引力，是因为它是教条主义之间的一种中间性的哲学和方法论立场（Johnson 和 Onwuegbuzie，2004）。

四、MMR 设计：类型

除了整体的方法论立场——主要是实用主义立场——之外，MMR 研究人员还就如何设计 MMR 研究以及如何区分设计元素进行了激励性的探讨。例如，莫尔斯和尼豪斯（Morse 和 Niehaus，2009）声称，"混合方法设计包括一个完整的方法（如核心组件），加上一个（或多个）不能单独在一项研究中发表的、不完整的方法（如补充成分）"（p. 9）。相比之下，格林（Greene，2007）主张采用更灵活的方法来设计 MMR 研究，并强调这种研究不需要一个规定的公式，而是一种"在现有的实际资源和环境中最能实现预期目的的混合"（Greene，2007，p. 129）。

研究者们已经开发了几种 MMR 设计类型（如，Creswell，2014；Creswell 等，

2003；Morse，2010；Teddlie 和 Tashakkori，2010），主要标准是时间和目的。克雷斯
韦尔(Creswell，2014)确定了三种基本设计(收敛性并行、解释性顺序、探索性顺序)
和三种融合了基本形式的高级设计(嵌入式、变革式和多相式)。克雷斯韦尔(2014)
的 MMR 设计类型因其包容性而与 LS 中的 MMR 相关。表 43.2 和 43.3 分别提供
了基本设计和高级设计的概述。基本设计类型按照三个研究方面进行描述：数据收
集、数据分析和整合目的。高级设计类型则是在合并的子类型和框架的基础上进行
描述。

表 43.2　MMR 设计的基本类型

基本设计类型	数据收集	数据分析	整合目的
收敛性并行	平行/单独的 QUAN 与 QUAL	单独	验证性整合(例如,确认/否认结果)
顺序解释性	阶段 1：QUAN 阶段 2：后续的 QUAL	单独	解释性整合(例如,详细解释)
顺序探索性	阶段 1：QUAL 研究 阶段 2：后续的 QUAN	单独	探索性整合(例如,可推广性)

注：QUAN＝定量，QUAL＝定性。

表 43.3　纳入基本设计的高级 MMR 设计类型

高级设计类型	子类型	框架
嵌入式	收敛的和/或顺序的(在大型研究中嵌套)	无论是定性还是定量取向的大型研究
变革式	收敛的和/或顺序的	社会现象
多相式	收敛的、顺序的、QUAN 和/或 QUAL(在 不同的项目阶段)	纵向项目/研究

注：QUAN＝定量，QUAL＝定性。

　　这些不同的 MMR 设计突出了 MMR 作为一种方法论方法所提供的方法灵活性
和包容性，并举例说明了实用主义立场的原则。除了 MMR 的设计灵活性、包容性和
实用主义之外，解决 MMR 的类型标准(见 Creswell，2014)还促进了舍恩菲尔德
(Schoenfeld，1992a，1992b)在 20 世纪 90 年代所呼吁的方法论的系统性。

五、学习科学中 MMR 的实例

　　MMR 的作用和贡献已经在社会和行为研究以及主流教育研究中得到了广泛的
研究(例如，Creswell 等，2003；Johnson 和 Onwuegbuzie，2004)。然而，迄今为止，
MMR 对 LS 的作用和贡献还没有得到明确的阐述。但是，舍恩菲尔德(Schoenfeld，
1992a)在回应他提到的"学习科学家探索未知领域"(Schoenfeld，1992b)时告诫说，这
并不意味着方法论上的混乱，他也同时呼吁方法论的系统性。他建议 LS 研究人员在
描述任何新方法时应遵循 5 个(大致描述的)标准：(1)建立研究现象的情境；(2)说明

所采用方法的基本原理；(3)充分描述所采用的方法，以便读者能够重新应用这些方法；(4)提供足够数量的数据，以便读者能够将他们的理解与分析者的理解进行比较；(5)提供关于范围和方法局限性的方法论讨论，涉及信度和/或效度问题（Schoenfeld，1992a）。

尤其是在计算机支持的协作学习（CSCL）领域，学习科学家们通过解决 MMR 研究中在能够"建议如何做"之前需要"理解如何做"的问题，促进了对"单一方法"的不足的讨论。郑等人（Jeong 等，2014）对 CSCL 论文的方法论实践进行了内容分析。他们报告说，虽然大多数论文讨论了 MMR，但只有 37％的论文使用了混合方法，并且主要停留在分析层面。由于他们很少将其纳入研究设计层面，也很少将其与 MMR 产生任何认识论上的联系，因此他们的 MMR 实践并不一定意味着复杂的方法论综合。根据同样的分析，DBR 论文也被描述为依赖于混合方法，但如何使用混合方法，作者没有说明。正如郑等人（Jeong，2004，p. 328）所指出的，我们有必要发展"一种更复杂的方法来整合不同的研究传统"，并从共存层面进入综合层面，这可以通过认识论和研究设计层面的方法论整合来实现。为了说明 MMR 在 LS 中的应用，表 43.4 从设计类型、数据收集/分析和整合目的等方面概述了 LS 中的 5 个 MMR 示例。大多数例子反映了 MMR 设计的解释性取向，这可能与作者强大的定量研究背景有关。

表 43.4　根据设计类型、数据收集/分析和整合目的在 LS 中使用 MMR 的例子

研究者	设计类型	数据收集及分析	整合目的
巴伦（Barron，2003）	顺序解释性	阶段 1：QUAN（对话数据统计分析） 阶段 2：QUAL（表意文字案例研究）	解释性整合
斯特里博斯等人（Strijbos 等，2007）	顺序解释性	阶段 1：QUAN（问卷数据和对话数据统计分析） 阶段 2：QUAL（定性问卷数据的后续定性分析）	解释性整合
泽梅尔等人（Zemel 等，2007）	顺序探索性	阶段 1：QUAL（用对话分析识别长序列） 阶段 2：QUAN（对已确定的长序列中的对话数据进行后续统计分析）	解释性整合
马丁内斯等人（Martinez 等，2003）	嵌入式/多相式	● 在实验室研究框架内 ● 划分子项目/评估阶段 ● 收敛的并行	验证性整合
萨瑟斯等人（Suthers 等，2013）	综合分析	重新分析收集的数据	验证性整合

巴伦（Barron，2003）的研究是顺序解释性 MMR 类型的一个例子，他通过量化定性对话数据进行统计分析，分析了群体问题解决的质量，然后对 4 个小组（2 个成功的小组和 2 个不成功的小组）进行表意文字案例研究，进一步揭示协同问题解决的认知机制和社会机制的调节。

另一个反映顺序解释性的例子是斯特里博斯、马滕斯、乔切斯和布罗斯(Strijbos, Martens, Jochems 和 Broers, 2007)的研究。他们通过对定量问卷数据的统计分析推断出有角色和没有角色的小组的感知群体效率,通过量化定性对话数据推断这些群体的协调程度,并使用交叉案例矩阵分析定性问卷数据,推断学生的小组工作经验。

泽梅尔、哈法和卡吉尔(Zemel, Xhafa 和 Cakir, 2007)举例说明了顺序探索性 MMR 类型。他们研究了基于聊天的问题解决,首先应用定性对话分析来识别长序列的边界,然后量化这些长序列中的定性对话数据进行统计分析。

马丁内斯、迪米特里亚斯、鲁比娅、戈麦斯和德拉·富恩特(Martinez, Dimitriadis, Rubia, Gomez 和 de la Fuente, 2003)开发的评估方案是一个代表系统的 MMR 方法的例子,就其基本的哲学而言,它反映了嵌入式(即嵌套在实验研究中)和变革性的多相式(即纵向项目)MMR 类型。为了调查学生的协作学习经历,他们在一个单一的解释性框架内融入了定量、定性和社会网络分析。他们的 MMR 方法涉及多个层面(在研究前、研究中和研究后),对数据来源(即带有开放和封闭式问题的问卷、焦点小组、课堂观察、日志文件、社会计量学)、分析方法(即定性、部分定性、定量描述性统计和社会网络分析)和解释(部分结论和全局结论)进行三角分析。

最后,最近的一个例子也强调了方法多元化的必要性,以及一般研究传统中对多元化的需求,这就是萨瑟斯、伦德、彭斯坦·罗斯、泰普洛与罗(Suthers, Lund, Penstein Rose, Teplows 和 Law, 2013)的"生产性多义性项目"(productive multivocality project)(见 Lund 和 Suthers, 本手册)。在生产性多义性项目中,为一项已发表的研究收集的数据被其他研究人员——他们通常使用的方法与原始研究人员不同——进行重新分析,并将重新分析与原始分析进行对比。通常情况下,重新分析的结果不仅有部分趋同,也有部分偏离,还与原来的分析结果有出入,从而部分证实了最初的结论,但同时也产生了新的见解。"生产性多义性项目"是 LS 中方法多元化附加值的一个很好的例子,但同时也凸显了 LS 作为一个跨学科共同体所面临的挑战,在这个共同体中,不同的方法是以整合的方式而不仅仅是叠加的方式使用的。

应该强调的是,这些例子并不意味着可以代表 LS 领域中所有 MMR 的设计/方法,而是说明学习科学家是如何应用不同的 MMR 进行设计的。对 LS 中 MMR 设计的代表性进行分析是值得的,但超出了本章的范围。

六、反思与未来思考

LS 和 MMR 似乎有一些共同的基础;也就是说,它们都在一个实用的、面向实践的框架中带来了学科、范式和方法。这些例子表明,学习科学家已经开始在他们的研究中向 MMR 方法迈出了适度的步伐。然而,LS 的研究者是在共同体层面或单项研究层面上进行的,而 MMR 的研究人员(到目前为止)完全是在单项研究层面上进行的。

MMR 为学习科学提供了一个解决 MMR 问题的实用工具包,以便在单一的研究中探索和解释学习现象。如果我们将 LS 视为一个纯粹的设计或干预主义的研究领域,MMR 可以通过在 DBR 中的整合在方法上为 LS 作出贡献:例如 DBR 之前,DBR 之中或在 DBR 之后。如果我们将 LS 也视为一个探索性和/或解释性领域,那么 MMR 可以作为一种独立的方法(即与 DBR 无关),或作为 LS 中其他重要方法的补充,如人种学、民族方法学或案例研究等,在方法论上为 LS 做出贡献。学习科学家对扩展性、多元化和包容性的呼吁(见 Barab 和 Squire,2004;Schoenfeld,1992b)可以通过在 LS 中纳入 MMR 来解决,考虑到所有三个方面都与 MMR 的基本原则一致。事实上,拉维(Lave,2014)就明确提出先理解学习现象,然后再"修正它们"(如果有的话),由于其解释性和/或探索性的取向,而不是干预主义或设计方法,可以通过 MMR 方法来解决。

我们建议,在任何设计或干预决策之前,将 MMR 作为一种探索性/解释性的方法进行系统实施,可能会让学习科学家在他们自己动摇复杂体之前被复杂体所动摇。此外,在 LS 的单一研究中,通过在单一研究中汇集不同的专业知识,可以提高"混合方法"的程度和质量,就像多义性项目一样;在分析和方法层面,从观察到计算机模拟再到实验,和/或反之亦然。超越不相容论的实用主义的研究决策可以成为 LS 的信息丰富的和灵活的研究指南。更加灵活但仍然系统化的 MMR 在 LS 中的应用,以及其中更多的 MMR 研究空间,可能会让研究人员进一步发展方法的多样性(见 NAPLeS Webinar Series Part C;NAPLeS,n. d.),不仅在 LS 作为一个共同体中,而且在 LS 的个体研究中。

七、延伸阅读

Creswell, J. W. (2014). *Research design: Qualitative, quantitative, and mixed methods approaches* (4th ed.). Thousand Oaks, CA: Sage.

本书对社会科学领域的定性、定量和混合方法研究设计进行了比较概述。其目标读者是处于研究计划阶段的学生或研究人员。

Greene, J. C. (2007). *Mixing methods in social inquiry*. San Francisco, CA: Jossey-Bass.

本书将多种理论框架和范式与社会科学中混合方法的实际实践结合起来,提供了混合方法研究的概述。

Jeong, H. , Hmelo-Silver, C. E. , & Yu, Y. (2014). An examination of CSCL methodological practices and the influence of theoretical frameworks 2005 – 2009. *International Journal of Computer-Supported Collaborative Learning*, 9 (3),305 – 334. doi: 10. 1007/sll412 – 014 – 9198 – 3

本文件概述了 2005—2009 年期间 CSCL 的方法论实践。作者提出，通过对方法实践（包括 MMR）及其理论框架进行有意义的综合，该领域可以取得进步。

Martinez, A., Dimitriadis, Y., Rubia, B., Gomez, E., & de la Fuente, P. (2003). Combining qualitative evaluation and social network analysis for the study of classroom social interactions. *Computers & Education*, 41 (4), 353 – 368. doi: 10.1016/j. compedu. 2003. 06. 001

本研究通过结合定性评价和社会网络分析，构成了一个方法论整合的先进范例。作者特别注意在研究设计中阐明混合方法的内容。

八、NAPLeS 资源

Strijbos, J. W., & Dingyloudi, F. *Mixed methods research* [Video file]. *Introduction and short discussion*. In NAPLeS video series. Retrieved from http://isls-naples. psy. lmu. de/video-resources/guided-tour/15-minutes-strijbos-dingyloudi/index. html

Strijbos, J. W., & Dingyloudi, F. *Mixed methods research* [Video file] *Interview*. In NAPLeS video series. Retrieved from http://isls-naples. psy. lmu. de/video-resources/interviews-ls/strijbosdingyloudi/index. html

参考文献

Barab, S. (2014). Design-based research: A methodological toolkit for engineering change. In R. K. Sawyer (Ed.), *The Cambridge handbook of the learning sciences* (2nd ed., pp. 151–170). New York: Cambridge University Press.

Barab, S., & Squire, K. (2004). Design-based research: Putting a stake in the ground. *Journal of the Learning Sciences*, *13*(1), 1–14. doi:10.1207/s15327809jls1301_1

Bell, P. (2004). On the theoretical breadth of design-based research in education. *Educational Psychologist*, *39*(4), 243–253. doi:10.1207/s15326985ep3904_6

Barron, B. (2003). When smart groups fail. *Journal of the Learning Sciences*, *12*(3), 307–359. doi:10.1207/S15327809JLS1203_1

Brown, A. L. (1992). Design experiments: Theoretical and methodological challenges in creating complex interventions in classroom settings. *Journal of the Learning Sciences*, *2*(2), 141–178. doi:10.1207/s15327809jls0202_2

Cobb, P., Confrey, J., diSessa, A., Lehrer, R., & Schauble, L. (2003). Design experiments in educational research. *Educational Researcher*, *32*(1), 9–13. doi:10.3102/0013189X032001009

Collins, A., Joseph, D., & Bielaczyc, K. (2004). Design research: Theoretical and methodological issues. *Journal of the Learning Sciences*, *13*(1), 15–42. doi:10.1207/s15327809jls1301_2

Creswell, J. W., & Plano Clark, V. L. (2007). *Designing and conducting mixed methods research* (1st ed.). Thousand Oaks, CA: Sage.

Creswell, J. W., & Plano Clark, V. L. (2011). *Designing and conducting mixed methods research* (2nd ed.). Thousand Oaks, CA: Sage.

Creswell, J. W. (2014). *Research design: Qualitative, quantitative, and mixed methods approaches* (4th ed.). Thousand Oaks, CA: Sage.

Creswell, J. W., Plano Clark, V. L., Gutmann, M. L., & Hanson, W. E. (2003). Advanced mixed methods research designs. In A. Tashakkori & C. Teddlie (Eds.), *Handbook of mixed methods in social and behavioral research* (pp. 209–240). Thousand Oaks, CA: Sage.

Design-Based Research Collective. (2003). Design-based research: An emerging paradigm for educational enquiry. *Educational Researcher, 32*(1), 5–8. doi:10.3102/0013189X032001005

diSessa, A. A., & Cobb, P. (2004). Ontological innovation and the role of theory in design experiments. *Journal of the Learning Sciences, 13*(1), 77–103. doi:10.1207/s15327809jls1301_4

Dix, K. L. (2007). DBRIEF: A research paradigm for ICT adoption. *International Education Journal, 8*(2), 113–124.

Evans, M. A., Packer, M. J., & Sawyer, R. K. (2016). Introduction. In M. A. Evans, M. J. Packer, & R. K. Sawyer (Eds.), *Reflections on the learning sciences: Current perspectives in social and behavioral sciences* (pp. 1–16). New York: Cambridge University Press.

Greene, J. C. (2007). *Mixing methods in social inquiry.* San Francisco, CA: Jossey-Bass.

Greene J. C., Kreider, H., & Mayer, E. (2005). Combining qualitative and quantitative methods in social inquiry. In B. Somekh & C. Lewin (Eds.), *Research methods in the social sciences* (pp. 274–281). London: Sage.

Howe, K. R. (1988). Against the quantitative–qualitative incompatibility thesis or dogmas die hard. *Educational Researcher, 17*(8), 10–16. doi:10.3102/0013189X017008010

Jeong, H., Hmelo-Silver, C. E., & Yu, Y. (2014). An examination of CSCL methodological practices and the influence of theoretical frameworks 2005–2009. *International Journal of Computer-Supported Collaborative Learning, 9*(3), 305–334. doi:10.1007/s11412-014-9198-3

Johnson, R. B. (2015). Conclusions: Toward an inclusive and defensible multi and mixed science. In S. Hesse-Biber & R. B. Johnson (Eds.), *The Oxford handbook of multimethod and mixed methods research inquiry* (pp. 688–704). New York: Oxford University Press.

Johnson, R. B., & Onwuegbuzie, A. J. (2004). Mixed methods research: A research paradigm whose time has come. *Educational Researcher, 33*(7), 14–26. doi:10.3102/0013189X033007014

Johnson, R. B., Onwuegbuzie, A. J., & Turner, L. A. (2007). Toward a definition of mixed methods research. *Journal of Mixed Methods Research, 1*(2), 112–133. doi:10.1177/1558689806298224

Kuhn, T. S. (1962). *The structure of scientific revolutions.* Chicago: University of Chicago Press.

Lagemann, E. C. (2002). *An elusive science: The troubling history of education research.* Chicago: University of Chicago Press.

Lagemann, E. C., & Shulman, L. S. (1999). *Issues in education research.* San Francisco: Jossey Bass.

Lave, J. (2011). *Apprenticeship in critical ethnographic practice.* Chicago: University of Chicago Press.

Lave, J. (2014). *Changing practice.* Keynote presented at the 11th International Conference of the Learning Sciences: Learning and Becoming in Practice, Boulder, CO.

Lincoln, Y. S., & Cuba, E. G. (2000). Paradigmatic controversies, contradictions, and emerging confluences. In N. K. Denzin & Y. S. Lincoln (Eds.), *Handbook of qualitative research* (pp. 163–188). Thousand Oaks, CA: Sage.

Lund, T. (2012). Combining qualitative and quantitative approaches: Some arguments for mixed methods research. *Scandinavian Journal of Educational Research, 56*(2), 155–165. doi:10.1080/00313831.2011.568674

Lund, K., & Suthers, D. (2018). Multivocal analysis: Multiple perspectives in analyzing interaction. In F. Fischer, C. E. Hmelo-Silver, S. R. Goldman, & P. Reimann (Eds.), *International handbook of the learning sciences* (pp. 455–464). New York: Routledge.

Martinez, A., Dimitriadis, Y., Rubia, B., Gomez, E., & de la Fuente, P. (2003). Combining qualitative evaluation and social network analysis for the study of classroom social interactions. *Computers & Education, 41*(4), 353–368. doi:10.1016/j.compedu.2003.06.001

Mason, J. (2006a). Mixing methods in a qualitatively driven way. *Qualitative Research, 6*(1), 9–25. doi:10.1177/1468794106058866

Mason, J. (2006b). *Six strategies for mixing methods and linking data in social science research* (NCRM Working Paper Series). Manchester: University of Manchester Press. Retrieved from http://eprints.ncrm.ac.uk/482/1/0406_six%2520strategies%2520for%2520mixing%2520methods.pdf

Maxwell, S. E., & Delaney, H. D. (2004). *Designing experiments and analyzing data: A model comparison perspective* (2nd ed.). Mahwah, NJ: Lawrence Erlbaum.

Morgan, D. L. (2007). Paradigms lost and pragmatism regained: Methodological implications of combining qualitative and quantitative methods. *Journal of Mixed Methods Research, 1*(1), 48–76. doi:10.1177/2345678906292462

Morgan, D. L. (2014). *Integrating qualitative and quantitative methods: A pragmatic approach.* Thousand Oaks, CA: Sage.

Morse, J. M. (2010). Simultaneous and sequential qualitative mixed method design. *Qualitative Inquiry, 16*(6), 483–491. doi:10.1177/1077800410364741

Morse, J. M., & Niehaus, L. (2009). *Principles and procedures of mixed methods design.* Walnut Creek, CA: Left Coast Press.

NAPLeS (n.d.). *Webinar series: Part C—Methodologies for the learning sciences.* Retrieved from http://isls-naples.psy.lmu.de/intro/4-methodologies/index.html

Onwuegbuzie, A. J., & Leech, N. L. (2005). On becoming a pragmatic researcher: The importance of combining quantitative and qualitative research methodologies. *International Journal of Social Research Methodology, 8*(5), 375–387. doi:10.1080/13645570500402447

Penuel, W. R., Cole, M., & O'Neill K. (2016). Introduction to the Special Issue. *Journal of the Learning Sciences,*

25(4), 487–496. doi:10.1080/10508406.2016.1215753

Puntambekar, S. (2018). Design-based research (DBR). In F. Fischer, C. E. Hmelo-Silver, S. R. Goldman, & P. Reimann (Eds.), *International handbook of the learning sciences* (pp. 383–392). New York: Routledge.

Robinson, V. (1998). Methodology and the research–practice gap. *Educational Researcher, 27*(1), 17–26. doi:10.3102/0013189X027001017

Sandoval, W. A. (2004). Developing learning theory by refining conjectures embodied in educational designs. *Educational Psychologist, 39*(4), 213–223. doi:10.1207/s15326985ep3904_3

Sandoval, W. A., & Bell, P. (2004). Design-based research methods for studying learning in context: Introduction. *Educational Psychologist, 39*(4), 199–201. doi:10.1207/s15326985ep3904_1

Schoenfeld, A. H. (1992a). On paradigms and methods: What do you do when the ones you know don't do what you want them to? Issues in the analysis of data in the form of videotapes. *Journal of the Learning Sciences, 2*(2), 179–214. doi:10.1207/s15327809jls0202_3

Schoenfeld, A. H. (1992b). Research methods in and for the Learning Sciences. *Journal of the Learning Sciences, 2*(2), 137–139, doi:10.1207/s15327809jls0202_1

Schrag, F. (1992). In defense of positivist research paradigms, *Educational Researcher, 21*(5), 5–8. doi:10.3102/0013189X021005005

Schwandt, T. A. (2000). Three epistemological stances for qualitative inquiry: Interpretivism, hermeneutics, and social constructionism. In N. K. Denzin & Y. S. Lincoln (Eds.), *Handbook of qualitative research* (pp. 189–213). Thousand Oaks, CA: Sage.

Shannon-Baker, P. (2016). Making paradigms meaningful in mixed methods research. *Journal of Mixed Methods Research, 10*(4), 319–334. doi:10.1177/1558689815575861

Strijbos, J. W., Martens, R. L., Jochems, W. M. G., & Broers, N. J. (2007). The effect of functional roles on perceived group efficiency during computer-supported collaborative learning: A matter of triangulation. *Computers in Human Behavior, 23*(1), 353–380. doi:10.1016/j.chb.2004.10.016

Suthers, D. D., Lund, K. Penstein Rosé, C., Teplows, C., & Law, N. (Eds.) (2013). *Productive multivocality in the analysis of group interactions.* New York: Springer.

Tashakkori, A., & Creswell, J. (2007). Exploring the nature of research questions in mixed methods research. *Journal of Mixed Methods Research, 1*(3), 207–211. doi:10.1177/1558689807302814

Tashakkori A., & Teddlie, C. (2010). *Sage handbook of mixed methods in social and behavioral research* (2nd ed.). Thousand Oaks, CA: Sage.

Teddlie, C., & Tashakkori, A. (2010). Overview of contemporary issues in mixed methods research. In A. Tashakkori, & C. Teddlie (Eds.), *Sage handbook of mixed methods in social and behavioral research* (2nd ed.) (pp. 1–41). Thousand Oaks, CA: Sage.

Tran, B. (2016). The nature of research methodologies: Terms and usage within quantitative, qualitative, and mixed methods. In M. L. Baran & J. E. Jones (Eds.), *Mixed methods research for improved scientific study* (pp. 1–27). Hersey, PA: IGI Global.

Venkatesh, V., Brown, S. A., & Bala, H. (2013). Bridging the qualitative–quantitative divide: Guidelines for conducting mixed methods research in information systems. *MIS Quarterly, 37*(1), 21–54.

Zemel, A., Xhafa, F., & Cakir, M. (2007). What's in the mix? Combining coding and conversation analysis to investigate chat-based problem solving. *Learning and Instruction, 17*(4), 405–415. doi:10.1016/j.learninstruc.2007.03.006

第44章　多义分析：多视角的交互分析

克里斯汀・伦德，丹尼尔・萨瑟斯(Kristine Lund, Daniel Suthers)

　　无论是通过刻意设计的学习的社会情境(例如,Slavin, 1990),还是作为人类学习的内在因素(如 Vygotsky, 1978),交互(interaction)在学习中的作用早已不言而喻。人际交互是一个复杂的过程,需要从许多不同的角度进行研究。这些观点也出现在关于"学习如何在群体中发生,或者教师、同伴或技术如何促进协作学习"的研究中。传统中的研究者会选择关注在该传统的理论和方法框架中强调的人际交互的特定方面。虽然这本身并不奇怪,但想要了解这些人际交互的特定方面是如何在一个更广泛的框架中结合在一起的,这本身就是一门好的科学。然而,建立一个更广泛的框架并不容易,因为每种传统都会教给研究者不同的假设,告诉他们应该注意什么,应该如何做研究。在本章中,我们提出了一种协作的分析方法,它可以帮助我们明确这些假设,并探索各种传统之间可能的融合程度。我们首先会介绍一些主要的方法论传统,这些传统形成了关于群体学习的主张,然后我们会考虑对协作学习感兴趣的不同传统之间可以在哪里以及如何进行整合。

一、学习科学中的方法论传统

　　在经典的假设—演绎方法(hypothetico-deductive method)中,测试关于人际交互的假设需要构建实验设置,即对自变量作出控制和修改,以了解这种变化可能对因变量产生的影响,然后进行测量。例如,这种方法可以用于比较哪种类型的教学或交互以便带来更好的个人学习效果(Armbruster, Patel, Johnson 和 Weiss, 2009),或者用于测量如何促使具有特定特征的群体达成更高质量的协作(见 Vogel 和 Weinberger,本手册)。基于设计的研究体现了社会技术设计中假设的作用,这些假设有望以某种方式影响某项活动(如促进更有效的学习),基于这些假设,我们还可以观察到,相关要素是如何在我们感兴趣的环境中发挥作用的(基于设计的研究集体,2003;Puntambekar,本手册)。与上一次迭代相比,差异和意外可能会导致理论的修正,并驱动设计和实施下一次迭代。其他分析传统则不需要进行比较。在经典的民族志研究中,研究者将自己嵌入到一个情境中,详细地理解它或理解某一特定现象,这类研究主要从参与者的角度出发,但有时也通过参与者和研究者在平等的基础上以对话的方式进行解释(见 Green 和 Bridges 的"互动民族志",本手册)。例如,后一种方法可以用于了解少数民族在非正式环境下学习时所面临的困难(Valls 和 Kirikiades，2013)。民族方法学研究(ethnomethodological research)以及由此产生的对话分析是试图以局外人的视角[1]，揭示对参与者活动的分析是如何嵌入到该活动中的(而不是由研究者生成的)——例如，为了说明专家和新手外科医生如何共同构建他们在手术过程中所看到的东西，以及他们应该关注的地方(Koschmann 和 Zemel，2011；Koschmann，本手册)。

鉴于研究者在各自的传统中持有对人类交互本质的假设，以及他们试图理解人类交互的方式，所以上述方法常常遭到研究者的反对(Lund，2016)。如果传统是基于不同的假设，那么在考虑不同形式的整合之前，必须先弄清楚这些差异。区别这些传统的一种方法是通过它们给予具体案例的个别特征的相对重要性。在实验方法中，假设是根据对平均行为的定义来界定关于人际交互的结构，并以定义一般规律为目标(Lewin，1931)。在传统意义上，这些规律描述的是个体特征，但近来，其关注点已扩展到群体特征。在这种方法中，证据是基于在不同实验条件下，整个群体之间的实验数据在统计学上的显著差异。在民族志方法中，案例研究的重要性及其作为证据的有效性无法通过其发生的频率来评估。谢格洛夫(Schegloff)认为，"再多的不同事件也不能否定这样一个事实，即在这些情况下，它以展现理解的方式发展"(Schegloff，1993，p. 101)。这是两种截然不同的人际交互的循证主张，关于学习，更是如此。我们还有许多其他方式可以区分方法背后的假设。假设中的这些差异让我们不禁要问，像学习科学这样的共同体怎样做才能把不同性质的基于证据的主张结合起来，从而使我们发展的科学知识更加强大。

1. 混合方法和多义性

如果我们同意应该将不同性质的基于证据的主张结合起来，我们就需要意识到这样做可能面临的危险。研究者可能会试图以不相容的方式将理论、方法或数据结合起来。但是，如果我们将学习科学共同体所做的集体工作看作是主体间意义创造(intersubjective meaning-making)的过程，那么就有可能将一些寻求理解人际交互、寻求设计支持学习的技术作品的研究传统有效地交织在一起(Lund，2016；Suthers，2006)。当研究者能够将其传统主导的活动转变为联合的活动，同时在不同的传统中共同构建和分享他们的解释时，这种主体间的意义创造就可以实现。这样做的价值始于混合方法研究，但又超越了混合方法研究(见 Dingyloudi 和 Strijbos，本手册)。混合方法在传统上被定义为并行或连续使用定量分析和定性分析，并首先用于"三角互证"，为我们感兴趣的现象提供更广阔的观点，并增强结果的说服力(Burke，Onwuegbuzie 和 Turner，2007)。然而，混合方法可能会提供不一致的结果(比方说，三角互证不能集于一点上)，或无法相互比较的结果(比方说，每种方法可独立操作但不能交叉操作)。在混合方法中，这些结果被认为是无效的，这是因为研究结果未能构建出对所观察到的现象的综合解释(Burke 等，2007)。我们的观点是不同的，因为我们作为一个小共同体在同一个语料库上进行比较分析,其中每个个体或作者群体都代表着一种不同的分析方法。"多义分析"(multivocal analysis)——体现了不同声音的分析——仍然可以洞察我们正在研究的现象,以及我们所使用的方法所依据的认识论,即使因为这些方法用于不相交的平面而使得三角互证不能集中于一点,甚至即使结果难以比较。单一主体使用混合方法时不用对一致性问题作出考虑,而我们称之为多义分析的群体分析法则要求各种方法之间要相互对话,以探讨一致性与非一致性,及其背后的不同理解和假设(Suthers,Lund,Rosé 和 Teplovs,2013)。在混合方法中,一起阐述多种方法以服务于分析目标。在多义分析中,每种方法都有自己的独特表现和方法路径(即使在更高层次上有一个共同目标),并且,尽管语料库是共享的,但只有在明确假设的情况下,只有在能够以共享的方式集中分析的情况下,它才能阐明基本的理论、方法或结果。因此,其中一个本质上的区别就是,多义分析可以揭示在三角互证失败的情况下会发生什么。在混合方法中,人们承认自己无法对观察到的现象进行综合解释。不同的数据来源(即定量和定性)确实可能会出现悖论,并且可能产生新的思维模式,但在多义分析中,这个过程的目的是帮助研究者确定他们的假设是如何导致不同的研究结果的,这个过程是在共同体层面进行的。

2. 学习科学中的跨学科性

除了上述的方法论传统之外,学习科学还包括多个学科。事实上,它们被归纳在"学习科学"的标题下,这意味着对话和/或综合是可取的:从多学科中实现走向跨学科。多义性(multivocality)是跨学科(interdisciplinarity)的核心方法。要理解跨学科性,我们得首先考虑什么是学科。理解学科的方法之一是将其比作实践共同体(community of practice)(Lave 和 Wenger,1991),这里,"一群人分享对某一话题的关注、问题或热情,并且通过持续的互动加深他们在这一领域的知识和专长"(Wenger,McDermott 和 Snyder,2002,p.4)。菲奥里(Fiore,2008)回顾了类似的学科定义,认为学科指的是以下这些组成部分:核心知识["如"概念、方法和基本目标的主体"(Toulmin,1972,p.139)]以及共同互动的实践[如"处理理论或实践问题的程序和技术的共同传统"(Toulmin,1972,p.142)]。范登·贝塞拉尔和海默里克(van den Besselaar 和 Heimeriks)将学科的研究领域定义为"一群研究者使用相同的方法和共享的途径,对一组特定的研究问题进行研究"(2001,p.706)。

我们还可以从领域、实践和交互方面来理解跨学科共同体。跨学科共同体的构建必须从具有不同传统的成员相互交流的意愿开始。但这种交互涉及元层面的域和相关实践。除了通过交互来维持一个传统定义领域的共享实践外,跨学科共同体还会通过互相交流,以理解该领域的不同构思方式和处理该领域的独特实践(Derry,Schunn 和 Gernsbacher,2005)。这种元层面的交互扩大了参与者对领域的理解,并有可能创造出一种卓越的实践,从而形成一个新的共同体并得到认可(Klein,1990)。

跨学科性以尊重和利用学科多样性的方式为学习科学等多学科领域带来凝聚力。

作为研究人际交互的个人和共同体,我们必须了解我们对知识的本质提出了哪些假设,以及如何理解这些假设,并认识到其他研究者有什么不同的假设。同样重要的是,我们要认识到是什么激励了我们的分析目标,我们如何以及为什么将人类交互分解为行动单元和交互单元。最后,我们选择表达我们所研究的交互方式,以及我们在分析过程中如何操作这些表达方式,对于指导我们如何洞察人类交互至关重要。

本章的其余部分描述了一种被称为"多义分析"的协作分析方法的由来,并举例说明了跨学科观点助力研究的方式。在本章最后,我们总结了多义分析的挑战和优势,并对未来的工作提出了一些看法。

二、多义分析

多义分析产生于一个为期五年的合作项目,即"生产性多义性项目"(productive multivocality project)。该项目涉及 32 名研究者,他们参与了对教育环境中群体交互的分析。研究者使用了多种分析传统。多义性项目探索了在多种传统之间进行对话的有效方式,目的是加强对群体交互的理解,以及呈现对人类交互进行多义分析的策略。

1. 生产性多义性项目的起源

多义分析根植于早期的研究,但这个问题是在一个长期研究协作的背景下,围绕着对群体交互的分析而被明确提出的。我们把该协作称为"生产性多义性项目",因为它涉及到将多种理论和方法传统的"声音"带入彼此之间富有成效的对话中。该项目所做的工作可详见于已出版的书中(Suthers, Lund, Rosé, Teplovs 和 Law, 2013)。

"生产性多义性项目"是在一系列的研讨会上产生的,其中第一个研讨会是由于研究者们观察到共享表征、方法和工具的进步会导致许多科学学科的进步。而大家召开第一次研讨会是为了通过交互分析学习的共享工具确定一个共同基础(概念模型和表征)。虽然当时并没有找到足够的共性,但却发现彼此的分析是有趣的。在第二次研讨会上,我们通过比较对共享数据集的分析,将重点转移到对我们方法之间的差异与共性的有效理解上。尽管这是一个关键性策略,但我们很快发现,仅仅共享数据是不够的:分析者出于不同的目的"各说各话"。我们意识到,我们在学习科学的一致性方面遇到了一个核心问题,并承诺作为一个团队继续共同努力解决这个问题。正是在第三次研讨会上,我们才初步阐明了生产性多义性的核心战略。如同第二次研讨会一样,来自不同分析传统的分析者被分配到共享语料库(shared corpora)中。我们增加了一项要求,即小组要处理一个分析目标,这个分析目标被有意开放给不同传统来解释(如"关键时刻")。对共享数据和目标的双重关注是为了激励分析者对他们的解释和观点进行比较和对比。在这次和随后的两次研讨会上,我们确定了实施这一策略所面临的挑战,并实施和完善了支持富有成效的交叉对话(productive cross-talk)的策略。

例如,为了比较分析,分析者需要消除非本质的差异,并使他们的分析表征相互一致,必要时可以使用软件支持。此外,我们发现,在概念上和实践上提供都有助于完成工作的促进者,并确保数据提供者的角色得到尊重,是很有帮助的。一旦消除了不合理的差异,这一过程的迭代有助于分析者重新审视比较,也使分析者在重新考虑自己的分析时能够吸收他人的想法。在每次研讨会上,我们都有几个分析者小组,每个小组都专注于自己的共享数据集(shared dataset)。经过 5 次研讨会和项目成员持续的在线交互以及协作,历时 5 年,涉及 32 名研究人员,我们制定了一个共同的原则和一系列策略,现在称之为"多义分析"。现将其总结如下。

2. 多义分析的原则

其核心思想是,如果在多种传统中工作的研究者——包括被认为是相互不兼容的传统——齐心协力,相互对话,比较和对比他们对某一特定现象的理解,以及这些不同的理解如何能够相互补充或相互阐述,那么就可以在某一研究领域取得科学与实践上的进步。不兼容可能仍然存在,但是一旦确定了非本质的差异,就会被简化为本质的、可能是可测试的差异。多义分析对分析者个人和更大的学习科学共同体都有好处。这些好处包括面对以前没有考虑到的数据方面,挑战认识论假设,微调分析概念,以及对正在调查的现象和分析结构的多维理解。这一过程使得学习科学中的对话和相互理解得以加强。

3. 多义分析的策略

下面概述了我们在多义分析中实现生产性多义性的策略(见 Suthers, Lund, Rosé 和 Teplovs, 2013)。这些策略是研究者群体在参与跨学科对话,就如何构成和处理作为研究对象的交互数据时所采用并组织工作的策略,也就是说,这些策略是跨学科实践共同体所需的元层面(meta-level)对话策略。

(1) **分析相同的数据**。正如其他研究群体在我们之前已经认识到的那样(如 Koschmann, 2011),共享数据和比较分析为我们理解人际交互提供了对话的可能性。然而,正如其他人也发现的那样,仅仅分析相同的数据是不够的。

(2) **从不同的传统进行分析**。要实现多义性,明确我们建立科学的认识论基础,就需要将相同的数据分配给来自不同传统的分析者。例如,我们可以从语言学、民族方法学和社会网络传统等角度对语料库进行分析。当我们试图就如何理解数据,哪些数据值得分析,什么问题是合适的,以及如何得出结论等达成一致时,我们的假设就会变得明确起来。

(3) **在不违背传统的前提下突破传统的界限**。一个相关的策略是将分析者推到他们的舒适区之外,同时保持其传统的完整性。分析者可能会被要求应对或处理与他们的常规做法有些不同的环境、数据类型和/或研究问题。这其中的风险有两个原因。第一个原因是,一些研究者不喜欢在他们的舒适区之外工作,他们可能会脱离群体。第二个原因是,那些看到其中价值的人有时会以他们传统中其他人不会接受的方式修改他们的传统。例如,通常将统计分析方法应用于"大 N"数据的研究者可能会因为接近小语料库数据而受到挑战。虽然这些结果可能无法被他们的本学科所接受,但如果统计结果被视为是对特定数据的描述而不是推断,他们的方法仍然可以为与定性研究人员的对话提供信息。

(4) **从共享的前理论(pre-theoretical)分析目标开始**。除非研究者能够朝着一个共同的分析目标努力,否则很难对他们的分析进行比较,因为大家所提出的问题可能完全不同。研究者应该确定一个共享的且属于前理论的概念作为分析目标。例如,在上面提及的第三次研讨会中,其目标是确定作为共同分析主题的协作数据集中的关键时刻(pivotal moments)。我们没有说明什么是"关键时刻",只是规定这样的时刻(或事件、片段等)应该与学习或协作相关。研究者可以以此来检查他们是否确定了相同的时刻,以及这些时刻和/或其标准不同的地方和原因,还有以一种分析传统确定的时刻是否可能导致另一种传统的完善。

(5) **使分析表征(analytic representations)与原始数据保持一致**。开始时,每个分析者根据自己的假设,使用自己喜欢的表征,从自身角度对共享数据集进行分析。然后,我们要求研究者将他们的分析表征统一起来(分析表征可能包括转录本、这些转录本的分段、应用于片段的代码、表示片段之间关系的图表、汇总属性的统计表格等)。如果研究者能够识别出他们自己对原始现象的分析表征与其他研究者的表征在时间、空间和语义跨度上的相同之处,那么进行分析的比较就容易了。例如,为了关注关键时刻,我们使用了 Tatiana 分析软件(Dyke,Lund 和 Girardot,2009)来帮助我们可视化多个分类编码和摄取图(uptake graphs),并将它们定位在同一时间轴上。常见的视觉表征可以清楚地表明所确定的"关键时刻"在各分析中哪些地方一致,哪些地方不一致。这些差异引发了关于不一致原因的富有成效的讨论。

(6) **指派一名促进者(facilitator)/挑战者(provocateur)**。承诺关注他人的分析是任何进行多义分析的人进行有意义协作的必要条件。我们通过为共享数据的每一组分析者分配一名促进者来矫正他们可能更专注于自己工作的自然倾向。促进者管理协作,这个过程包括做一些必要的工作来比较结果,如调整分析表征以及指出分析者应该讨论的差异。

(7) **消除不必要的差异**。两种分析之间的非本质差异是那些不反映分析传统的核心承诺的差异。这类差异包括选择分析人际交互的不同时段(选择相同时段时应不违背任何传统),或为相同的实体赋予不同的名称(在一定程度上,这些名称不具有理论意义)。当分析表征一致并找到命名惯例的对应关系时,就可以消除这些差异,研究者既可以关注它们的共同点,也可以关注它们为什么没有共同点。其他差异可能更"本质",如包括或排除私人交流或非语言行动,因为它们反映了研究者的认识论假设。富有成效并不一定意味着一致:经历将非本质差异和本质差异区分开来的过程,会使后者对所有参与者来说更加突出。

(8) **迭代(iterate)**。如果研究者进行迭代分析,特别是当迭代包含着尝试进行表征性一致性(representational alignment)或识别不合理差异(gratuitous differences)的阶段时,就能更好地实现上述多种策略的好处。研究者也可以在更清楚地了解他们关于人际交互和学习观点的认识论基础之后再进行迭代。这可以通过多种方式实现,包括采用其他传统的分析概念,或者采用关键结构的不同概念,如"关键时刻"。

(9) **关注数据提供者的需求**。数据提供者是多义分析中有价值的行动者,他们需要支持。促进者可以通过提醒其他分析者,数据提供者在最初生成现在正在共享数据时有自己的目标,从而提供帮助。一旦数据被共享,新的分析者可能会对数据是如何生成的提出批评,因为他们可能有不同的数据生成标准和不同的分析需求。数据共享是有风险的:应尊重数据提供者的传统。以尊重的方式分享结果,并反复修改分析结果,可以生成对所有参与者有价值的新的理解。

(10) **反思实践**。或许最重要的是,在承认方法有偏见的同时,我们的"生产性多义性项目"认为,研究者在应用方法时自主自力(也应该这样)。这意味着研究者并不决定性地受制于最初衍生这些方法的传统。虽然方法包括了与其使用相关的实践(例如,如何选择有价值的提问,如何将交互映射到表征交互的分析符号,如何将这些表征从一种形式转化为另一种形式,以及如何解释它们),但是实践反映了理论和认识论的承诺(Kuhn,1962/1970)。我们认为,多义分析允许对这些承诺进行明确的审查(Yanchar 和 Williams,2006)。这里的策略是摘掉个人方法论的眼镜,将方法视为构成对象、产生证据和维持论点的工具,并进行对话。

4. 行动中的多义分析

本节提供了在不同情境中应用多义分析的例子。第一个例子来自最初的协作项目,其他的例子是项目外的。

(1) **同伴领导的化学团队学习**。来自"生产性多义性项目"(Rosé,2013)的这组分析比较激发了研究者对他们每个人关于社会定位、思想发展和领导力等分析结构的操作方式所做的假设提出挑战。从方法层面看,该项目从定性描述性分析(Sawyer,Frey 和 Brown,2013)到定量社会网络分析(Oshima,Matsuzawa,Oshima 和 Niihara,2013),通过编码和计数方案(counting schemes)(Howley,Mayfield,Rosé 和 Strijbos,2013),结合了定量和定性两方面。这些方法的对抗与比较使所有研究者能够从不同的角度解决复杂推理、社会相互联系和等级制度的衔接问题,从而拓宽了他们对这些分析结构的集体理解。

(2) **协作学习中的自主自力**。研究方法的一种传播方式是,最初的小组成员会将这种方法介绍给新的同事,并将其应用到新的数据中。奥希玛(Oshima)是多义性项目的最初成员,他认为自己涉及协作学习中的自主自力研究的新工作是多义性的(Oshima,Oshima 和 Fujita,2015)。他们首先使用社会网络分析来识别对话的关键时刻,在这些时刻,学生似乎可以从事一种认知行为,以寻找丢失的知识。然后,他们会对围绕这些关键时刻的对话进行定性分析，以了解知识是如何被追求的。然而，这说明了多义性与混合方法的不同。他们使用了不同的方法，但是这些方法会相继被应用，目的是分析协作学习中的共享自主自力，并检验其有效性。所有参与的研究者都朝着这个目标努力，提出了一套方法，为实现这个目标指明了道路。在前面所述的化学例子中，集体分析得益于多种声音之间的富有成效的张力，这些声音在处理社会定位、思想发展和领导力方面具有不同的取向，即使它们具有共同的前理论分析目标。

(3) **教师动态诊断教学决策的可视化分析**。虽然生产性多义性项目主要集中于研究者之间的协作（评论见 Law 和 Laferrière，2013），但瓦特拉普、泰普洛夫、藤田和布尔（Vatrapu, Teplovs, Fujita 和 Bull，2011）将多义性所涉及的利益相关者扩展到包括教师、基于设计的研究者和视觉分析专家，以探索这些不同利益相关者的角色。鉴于上面我们写到了多义分析中不同的声音，涉及到不同研究者的观点，这里"声音"的概念被扩展到包括那些设计视觉分析工具的人的观点，以支持教师如何在课堂上进行诊断和教学决策。

三、多义分析的未来

学习科学是一个成熟的领域，支持对人际交互和学习的多义分析。通过不同学科的理论和方法的视角来研究某一特定现象是有益的。然而，要做到这一点，需要有一定的经验，需要对关注同一现象不同方面的相邻学科的了解，以及愿意从事困难的概念性工作（conceptual work），包括比较不同传统的基础，并找出在哪些方面利用这些差异来更好地理解所研究的现象是有效的。

我们建议在我们的共同体中集体进行这种反思，并将其作为学习科学中的一个明确目标予以支持。在分析人际交互时，多视角的运用将促使我们的工作具有更广泛的连贯性，并使我们的领域更加强大。希望从事多义分析的读者首先需要来自不同学科的合作者。我们建议他们参考"延伸阅读"中的参考资料。

展望未来，将多义分析扩展到包括生产性多义性项目中未包含的其他研究传统、环境、问题，以及因此超出小组交互之外的数据类型等是有益的。例如，这些可能包括工作场所实践的分析、在线学习环境中的学习分析，以及社交媒体环境中的非正式学习。瓦特拉普等人（Vatrapu 等，2011）已经展示了如何将多义性拓展到除研究者之外的利益相关者；这样做的策略可以从其他共同体（如行动研究、参与式设计——见Gomez，Kyza 和 Mancevice，本手册）中借鉴，并通过多个案例研究进一步发展。多义分析（以及实际上是跨学科的）的最大挑战可能是激励结构。学术推广和资助实践推动了研究者们更关注和推广自己方法的自然倾向。需要通过专业协会和政府机构制定政策，以促进多学科和跨学科研究的激励。

为了使学习科学在作为一个领域时更加协调一致，我们需要鼓励研究者们在方法论和学科传统之间进行基于经验的对话。这些方法和学科在如何理解和处理研究对象方面可能会有所不同,因此,对话分析需要有揭示共性和差异的策略。虽然个人可能在没有解决这些问题的情况下已经颇有职业建树,但作为一个整体,一个生产性多义性集体项目对学习科学的成功至关重要。我们希望本章概述的策略能够为通过多方努力实现更大的跨学科性提供有益的指导。

四、延伸阅读

Lund, K., Rosé, C. P., Suthers, D. D., & Baker, M. (2013). Epistemological encounters in multivocal settings. In D. D. Suthers, K. Lund, C. P. Rosé, C. Teplovs, & N. Law (Eds.), Productive multivocality in the analysis of group interactions (pp. 659 - 682). New York: Springer.

该书的这一章探讨了实现认识论参与的不同方式。但它们并未就如何做研究达成一致。

Oshima, J., Oshima, R., & Fujita, W. (2015). A multivocality approach to epistemic agency in collaborative learning. In O. Lindwall, P. Häkkinen, T. Koschmann, P. Tchounikine, & S. Ludvigsen (Eds.), Proceedings of the 11th International Conference on Computer Supported Collaborative Learning (CSCL'2015), Exploring the Material Conditions of Learning [Vol. 1, pp. 62 - 69]. June 7 - 11, Gothenburg, Sweden: International Society of the Learning Sciences.

这篇文章说明了一个经历过多义分析的研究者如何对新方法持开放态度,并且能够将其纳入混合方法中。

Rosé, C. P., & Lund, K. (2013). Methodological pathways for avoiding pitfalls in multivocality. In D. D. Suthers, K. Lund, C. P. Rosé, C. Teplovs & N. Law (Eds.), Productive multivocality in the analysis of group interactions (pp. 613 - 637). New York: Springer.

该书的这一章给出了在研究团队组成、团队演示以及数据传输和共享过程中如何避免常见失误的相关建议。

Suthers, D. D., Lund, K., Rosé, C. P., & Teplovs, C. (2013). Achieving productive multivocality in the analysis of group interactions. In D. D. Suthers, K. Lund, C. P. Rosé, C. Teplovs, & N. Law (Eds.), Productive multivocality in the analysis of group interactions (pp. 577 - 612). New York: Springer.

该书的这一章包含了项目和策略的概要,经与出版商协议,可在网络上免费获取。该章节是进一步探索多义性方法与项目的一个很好的起点。

Suthers，D. D.，Lund，K.，Rosé，C. P.，Teplovs，C.，& Law，N. (Eds.)．(2013)．Productive multivocality in the analysis of group interactions．New York：Springer.

这是一本介绍生产性多义性项目的书。它包含三个介绍性章节,可分为五个部分,每个部分都包含一个关于不同数据集的详细案例研究,并涉及不同的研究者和传统的组合。另外还有一个总结和回顾性章节的集合。

五、NAPLeS 资源

Lund，K.，Rosé，C. P.，& Suthers，D. D.，Multivocality in analysing interaction［Webinar］．In NAPLeS video series．Retrieved October 19，2017，from www. psy. lmu. de/isls-naples/intro/all-webinars/lund-rose-suthers/index. html

六、注释

1. "事实证明,从两种不同的观点来描述行为是方便的,尽管有些武断,但这两种观点所导致的结果是相互影响的。客位的观点是从一个特定系统的外部来研究行为,并将其作为一个外来系统的基本初始方法。主位的观点是从系统内部研究行为的结果"(Pike，1967，p. 37)。

参考文献

Armbruster P., Patel, M., Johnson, E., & Weiss, M. (2009). Active learning and student-centered pedagogy improve student attitudes and performance in introductory biology. *CBE Life Sciences Education, 8*, 203–213.

Burke, J., Onwuegbuzie, A. J., & Turner, L. A. (2007). Toward a definition of mixed methods research. *Journal of Mixed Methods Research, 1*(2), 112–133.

Derry, S. J., Schunn, C. D., Gernsbacher, M. A. (2005). (Eds). *Interdisciplinary collaboration: An emerging cognitive science*. Mahwah, NJ: Lawrence Erlbaum.

Design-Based Research Collective. (2003). Design-based research: An emerging paradigm for educational inquiry. *Educational Researcher, 32*(1), 5–8.

Dingyloudi, F., & Strijbos, J. W. (2018). Mixed methods research as a pragmatic toolkit: Understanding versus fixing complexity in the Learning Sciences. In F. Fischer, C. E. Hmelo-Silver, S. R. Goldman, & P. Reimann (Eds.), *International handbook of the learning sciences* (pp. 444–454). New York: Routledge.

Dyke, G., Lund, K., & Girardot, J.-J. (2009). Tatiana: An environment to support the CSCL analysis process. In C. O'Malley, P. Reimann, D. Suthers, & A. Dimitracopoulou (Eds.), *Computer Supported Collaborative Learning Practices: CSCL 2009 Conference Proceedings* (pp. 58–67). Rhodes, Greece: International Society of the Learning Sciences.

Fiore, S. (2008). Interdisciplinarity as teamwork: How the science of teams can inform team science. *Small Group Research, 39*(3), 251–277.

Gomez, K., Kyza, E. A., & Mancevice, N. (2018), Participatory design and the learning sciences. In F. Fischer, C. E. Hmelo-Silver, S. R. Goldman, & P. Reimann (Eds.), *International handbook of the learning sciences* (pp. 401–409). New York: Routledge.

Green, J. L., & Bridges, S. M. (2018). Interactional ethnography. In F. Fischer, C. E. Hmelo-Silver, S. R. Goldman, & P. Reimann (Eds.), *International handbook of the learning sciences* (pp. 475–488). New York: Routledge.

Heritage, J. (1984). *Garfinkel and ethnomethodology*. Cambridge, UK: Polity Press.

Howley, I., Mayfield, E., Rosé, C. P., & Strijbos, J. W. (2013). A multivocal process analysis of social positioning in study group interactions, In D. D. Suthers, K. Lund, C. P. Rosé, C. Teplovs, & N. Law (Eds.), *Productive multivocality in the analysis of group interactions* (Vol. *15*, pp. 205–223). New York: Springer.

Klein, J. T. (1990). *Interdisciplinarity: History, theory, and practice*. Detroit, MI: Wayne State University.

Koschmann, T. (2011). *Theories of learning and studies of instructional practice*. New York: Springer.

Koschmann, T. (2018). Ethnomethodology: Studying the practical achievement of intersubjectivity. In F. Fischer, C. E. Hmelo-Silver, S. R. Goldman, & P. Reimann (Eds.), *International handbook of the learning sciences* (pp. 465–474). New York: Routledge.

Koschmann, T., & Zemel, A. (2011). "So that's the ureter". The informal logic of discovering work. *Ethnographic Studies, 12*, 31–46.

Kuhn, T. S. (1962/1970). *The structure of scientific revolutions*. Chicago, IL: University of Chicago Press.

Lave, J., & Wenger, E. (1991). *Situated learning: Legitimate peripheral participation*. Cambridge, UK: Cambridge University Press.

Law, N., & Laferrière, T. (2013). Multivocality in interaction analysis: Implications for practice. In D. D. Suthers, K. Lund, C. P., Rosé, C. Teplovs, & N. Law (Eds.), *Productive multivocality in the analysis of group interactions*. (Vol. *15*, pp. 683–699). New York: Springer.

Lewin, K. (1931). The conflict between Aristotelian and Galileian modes of thought in contemporary psychology. *Journal of General Psychology, 5*, 141–177.

Lund, K. (2016). Modeling the individual within the group: An interdisciplinary approach to collaborative knowledge construction. *Habilitation à diriger des recherches*. Grenoble, France: Université Grenoble Alpes.

Oshima, J., Matsuzawa, Y., Oshima, R., & Niihara, Y. (2013). Application of social network analysis to collaborative problem solving discourse: An attempt to capture dynamics of collective knowledge advancement. In D. D. Suthers, K. Lund, C. P. Rosé, C. Teplovs, & N. Law (Eds.), *Productive multivocality in the analysis of group interactions* (Vol. *15*, pp. 225–242). New York: Springer.

Oshima, J., Oshima, R., & Fujita, W. (2015). A multivocality approach to epistemic agency in collaborative learning. In (Eds.). O. Lindwall, P. Häkkinen, T. Koschmann, P. Tchounikine, S. Ludvigsen, *Proceedings of the 11th International Conference on Computer Supported Collaborative Learning (CSCL '2015), Exploring the Material Conditions of Learning* (Vol. *1*, pp. 62–69). June 7–11, Gothenburg, Sweden: International Society of the Learning Sciences.

Pike, K. (1967). *Language in relation to a unified theory of the structure of human behavior*. The Hague, Netherlands: Mouton.

Puntambekar, S. (2018). Design-based research (DBR). In F. Fischer, C. E. Hmelo-Silver, S. R. Goldman, & P. Reimann (Eds.), *International handbook of the learning sciences* (pp. 383–392). New York: Routledge.

Rosé, C. (2013). A multivocal analysis of the emergence of leadership in chemistry study groups. In D. D. Suthers, K. Lund, C. P. Rosé, C. Teplovs, & N. Law (Eds.), *Productive multivocality in the analysis of group interactions* (Vol. *15*, pp. 243–256). New York: Springer.

Sawyer, K., Frey, R., & Brown, P. (2013). Knowledge building discourse in Peer-Led Team Learning (PLTL) groups in first-year General Chemistry. In D. D. Suthers, K. Lund, C. P. Rose, C. Teplovs, & N. Law (Eds.) *Productive multivocality in the analysis of group interactions* (Vol. *15*, pp. 191–204). New York: Springer.

Schegloff, E. A. (1993). Reflections on quantification in the study of conversation. *Research on Language and Social Interaction, 26*(1), 99–128.

Slavin, R. E. (1990). *Cooperative learning: Theory, research, and practice*. Englewood Cliffs, NJ: Prentice-Hall.

Suthers, D. D. (2006). Technology affordances for intersubjective meaning-making: A research agenda for CSCL. *International Journal of Computer Supported Collaborative Learning, 1*(3), 315–337.

Suthers, D. D., Lund, K., Rosé, C. P., & Teplovs, C. (2013). Achieving productive multivocality in the analysis of group interactions. In D. D. Suthers, K. Lund, C. P. Rosé, C. Teplovs, & N. Law (Eds.), *Productive multivocality in the analysis of group interactions* (pp. 577–612). New York: Springer.

Suthers, D. D., Lund, K., Rosé, C. P., Teplovs, C., & Law, N. (2013). *Productive multivocality in the analysis of group interactions*. New York: Springer.

Toulmin, S. (1972). *Human understanding*, Vol. *1, The collective use and development of concepts*. Princeton, NJ: Princeton University Press.

Valls, R., & Kirikiades, L. (2013). The power of Interactive Groups: how diversity of adults volunteering in classroom groups can promote inclusion and success for children of vulnerable minority ethnic populations. *Cambridge Journal of Education, 43*(1), 17–33.

van den Besselaar, P., & Heimeriks, G. (2001). Disciplinary, multidisciplinary, interdisciplinary: Concepts and indicators. In M. Davis & C. S. Wilson (Eds.), *ISSI 2001, 8th International Conference of the Society for Scientometrics and Informetrics* (pp. 705–716). Sydney: UNSW.

Vatrapu, R., Teplovs, C., Fujita, N., & Bull, S. (2011). Towards visual analytics for teachers' dynamic diagnostic pedagogical decision-making. *Proceedings of the First International Conference on Learning Analytics & Knowledge* (pp. 93–98). New York: ACM Press.

Vogel, F., & Weinberger, A. (2018). Quantifying qualities of collaborative learning processes. In F. Fischer, C. E. Hmelo-Silver, S. R. Goldman, & P. Reimann (Eds.), *International handbook of the learning sciences* (pp. 500–510). New York: Routledge.

Vygotsky, L. S. (1978). *Mind in society: The development of higher psychological processes*. Cambridge, MA: Harvard University Press.

Wenger, E. C., McDermott, R., & Snyder, W. C. (2002). *Cultivating communities of practice: A guide to managing knowledge*. Cambridge, MA: Harvard Business School Press.

Yanchar, S. C., & Williams, D. D. (2006). Reconsidering the compatibility thesis and eclecticism: Five proposed guidelines for method use. *Educational Researcher, 35*(9), 3–12.

第45章 民族方法学：研究主体间性的实践成就

蒂莫西·科什曼（Timothy Koschmann）

我们每一个人，都在做着一项永无止境的工程，来理解我们周围的世界。同时，因为我们与他人共享这个世界，我们有义务协调我们与他人的理解。本章将探讨如何研究开展这种协调的实际方法。举个例子，在下面的片段中，我们发现一位名为"RL"的教育者正在与两名学生沃利和朱厄尔（Wally 和 Jewel）交谈。他们讨论的焦点是，如何在一张图纸上表示一些数据，沃利提出了制作"茎叶图"[1] 的建议。

> RL：你不同意我们的意见，沃利？你有什么想法？
>
> 沃利：我们画一幅茎叶图？
>
> RL：你应该做什么？
>
> 沃利：我们应该画一幅茎叶图。
>
> 朱厄尔：好吧，画幅茎叶图。

让我们看看这与主体间性（intersubjectivity）的概念有何关系。我们认为，主体间性是指对话者能够以一致的方式理解他们正在互动的事物的程度。曾经有人毫无争议地认为，词语和意义之间存在一一对应的关系，从这个观点来看，主体间性的维持不是问题。但在当代语言哲学中，意义（meaning）的对应理论已经失势。例如，维特根斯坦（Wittgenstein，1958）就否认存在任何这样的对应关系，他指出："在很多情况下——虽然不是所有情况下——我们使用的'意义'这个词可以这样被定义：一个词的意义是它在语言中的使用。"但是，如果词语和表达的意义是在使用中建立起来的，并且在不同的情境中会有所不同，那么主体间性怎么可能存在呢？

尽管语言哲学家仍在为这些问题而苦苦挣扎，美国社会学家哈罗德·加芬克（Harold Garfinkel）认为，我们已经实现了主体间性，但如何实现主体间性则既是一个关键问题，也是一个可以进行实证研究的问题，这正如赫里蒂奇（Heritage，1984）所解释的：

> 加芬克不是从"语言术语有一个固定的实质性内容领域，其可理解性和意义取决于说话者之间对这一内容构成的共同约定"这一假设出发，而是提出了另一种描述工作方式的程序版本。在这个替代版本中，他认为，说话内

容的可理解性取决于听话者根据说话者和听话者都默认依赖的方法,从所说的内容中分辨出所要表达的意思的能力。

加芬克提出的关于描述如何工作的程序版本可以更广泛地应用于描述有意义的动作是如何产生的。就像说话者和听话者都有办法协调彼此说话的可理解性一样,加芬克认为,"成员创建和管理有组织的日常事务的环境与活动,其实与成员使这些环境'负责任的'程序是相同的"(Garfinkel,1967,p. 1)"。看起来,加芬克只是用"负责任的"这个词替代了"有意义的",但这可能会忽略重点。事实上,他提出了一种截然不同的意义产生模式。

"问责"(accountability)的概念来源于加芬克创立的社会学研究学派,它是民族方法学(ethnomethodology,EM)的一个基本概念(Garfinkel,1967;Heritage,1984;Livingston,1987)。简而言之,我们要对彼此负责,以一致的方式行事。这符合这个术语的传统用法。但它还有另一种意义;行为是可问责的,在某种程度上它代表了自身是什么。EM的问责概念借鉴了这两种意义。加芬克所写的"日常事务的环境"是具体的情境,在这些情境中,我们有责任(在传统意义上)按照对他人而言合情合理的方式行事。与此同时,我们通过设计我们的行为来协作管理这些环境,使其成为我们一起做的事情的说明。加芬克(1967)写道:"因此,共同理解的恰当形象是一种操作,而不是重叠集合的共同交集"(p. 30)。正如他所指出的,我们用来识别他人试图做什么的方法,与我们在制定自己行动时所使用的方法是一样的,也正是因为这样,他人才能够识别我们的行动。EM致力于这类方法的研究。

回到本章开头的片段,我们观察到三个参与者正在一起努力理解他们在谈论什么。但是我们对他们使用的方法能说些什么呢? RL用疑问的语调说:"你不同意我们的意见,沃利?"这似乎要把下一个发言权分配给沃利,但在沃利还没来得及回应之前,RL又提出另一个疑问,代替了最初的疑问。但是,第一个疑问为解释第二个疑问提供了语境,这两个疑问一起让沃利做出了相应的回应。这种回应不是任意的回应,而是一个适合RL的复合质疑的回应。沃利的回应不仅表现出他对他们所从事的任务有一定的理解,而且也表现出他对RL前一轮所做动作的理解。

当主体间性出现问题时,我们可以通过程序来完成它的"修复"(Schegloff,1991;Schegloff,Jefferson和Sacks,1977)。我们看到,在下一个回合中,当RL寻求澄清沃利之前的回应时,他利用了这样一个程序。如前所述,请注意沃利如何展示他对RL发起的修复的理解。RL有针对性地提出问题,而沃利通过重复RL的"你应该……"的结构来显示一个回应者对它可能是什么的理解,实际上,这就是把"画茎叶图"和疑问代词"什么"匹配起来的过程。虽然沃利还没有详细说明他所要的"茎叶图"是什么,但他已经提供了足够的信息来获得朱厄尔的首肯。据推测,无论它是什么或可能是什么,都会在适当的时候被做出来。用加芬克(1967)的话来说,沃利的表达展示了"回顾性和前瞻性的可能性"(p. 41)。

这个例子说明了人们如何开始研究怎样在一个具体的情况下完成使用中的意义的一些基本原理。这个分析虽然没有进展到很深的程度,但已经足以显示出参与者交流的一些特征,这些特征可能乍一看并不明显。因此,分析报告的价值就在于它给我们带来了什么。与传统的教育研究报告不同,总结此类研究的报告不需要单独的方法部分。这并不是说这种分析报告缺乏方法,而是说分析报告本身就蕴含着方法论——当我们读到它,并认识到它经得起我们的推敲时,我们就有效地复制了这项研究。

与建立局部主体间性有关问题对所有的社会交互都具有深刻的意义,包括学术语体中的交互。作为一个例子,我们可以考虑美国国家科学院(National Academy of Science,NAS)最近发表的一份报告中的这个建议:"当目标是培养学生能够成功地解决新问题和适应新情况时,就需要更深入的学习"(Pellegrino 和 Hilton,2012,p. 70,强调是后加的)。学习科学文献中的其他例子可能包括"为理解而学习"(Perkins 和 Unger,1999)、"主动学习"(Johnson,Johnson 和 Smith,1998)、"协作学习"(Dillenbourg,1999)以及"建构主义"(Jonassen,1999)。虽然所有这些建议看起来都是合理的,但是我们应该如何建议教师在课堂上进行更深入的学习呢? 这不是一个简单的要求更规范的问题,而是一个在实际环境中寻找使用意义的问题,这是完全不同的问题。所以,在我们与实践者的对话中,甚至是与我们同事的对话中,我们发现自己努力应对挑战,共同解决我们正在谈论的问题,这种方式让人联想到"茎叶图"片段中的参与者。主体间性的工作是没有休息的。

一、研究主体间性实践成就的四种方法

EM 为建立实证程序提供了理论基础,但它并不像其名称所暗示的那样,是一种研究方法本身。它提出了一个重要的、可研究的问题,但我们必须从其他地方寻找分析工具来解决这个问题。例如,会话分析(conversation analysis,CA)提供了方法和以往的研究结果,可以用于研究主体间性的实践成就。将 CA 扩展到交互对话之外,包括交际的具体方面,有时是以多模态交互或多模态会话分析(multimodal CA)的名义进行的(Mondada,2011)。第三种方法被称为情境分析(context analysis),它的学科根源不是社会学,而是人类学。就像多模态 CA 一样,它研究的是意义建构和地方责任的具体方面。LS 的很多工作是在交互分析下进行的(Hall 和 Stevens,2016)。交互分析(interaction analysis,IA)与目前为止所提到的所有分析传统——CA、多模态 CA 和语境分析——都有联系,但不同的是,它对学习和教学的问题有特定的定位。在本节中,我们将探讨这四种分析传统的历史和理论基础,并分别介绍一些具体的例子。关于如何使用这些方法的具体细节超出了本章的范围,但感兴趣的读者可以通过查阅所提供的参考资料作进一步了解。

1. 会话分析

CA 的开拓性工作始于 20 世纪 60 年代末。在此后的半个世纪里,产生了大量的研究成果[2]。CA 的建立是为了阐明使日常对话成为可能的"机制"(Sacks,1992,p. 113)。它利用转录惯例(Jefferson,2004)来捕捉说话的特点——时机、语调、重音、节奏——这些都有助于意义建构。在教学环境中基于 CA 的研究已经探索了各种各样的问题。在这里,我们考虑三个突出的问题:描述课堂的社会组织、制定教学中的提问策略,以及纠正在课堂交互中的作用。

(1) **课堂的社会组织**。麦克白(Macbeth,2000)关于教室作为"装置"的章节是我们开始探索基于 CA 的课堂社会组织研究出发点。他认为,教室是"培养能力、流畅性和识知行为的社会技术"(p. 23)。在一篇较早的文章中,麦克白(1991)记录了课堂上教师维护权威的做法。其中,话轮转换(turn-taking)是基础性的,它不仅是课堂控制的基础,也是建立课堂制度特征的基础。在一份开创性的 CA 报告中,萨克斯、谢格洛夫和杰斐逊(Sacks,Schegloff 和 Jefferson,1974)描述了一种算法("最简单的系统学"),通过这种算法,听众可以分析进程中的转换,以确定向新的说话者过渡的时间点。麦克霍尔(McHoul,1978)试图说明这种算法如何在课堂上被修改,并成为实施教师控制的一个领域。在麦克霍尔提议的基础上,西普(Heap,1993)记录了为何课堂上的话轮转换系统对学生来说是模棱两可的。

(2) **制定提问策略**。提问策略对于课堂互动至关重要。因为教师提问是评估的原始工具,也因为知识是通过评估建立起来的。米恩(Mehan,1979)提供了这样一个例子:

发言者 A:现在几点了,丹尼斯?
发言者 B:2:30。
发言者 A:很好,丹尼斯。

在这次交流中,我们不难辨认出哪个发言者是教师。交流的教学特征在第三轮就显现出来了,我们发现引导性的询问并不只是为了寻求信息,其中还有评估的动机。米恩将这类问题描述为"已知信息问题"。他将这三部分结构命名为"启动—回复—评估"(initiation-reply-evaluation,IRE)序列。它是课堂复习的主要内容,并有大量基于CA 的工作致力于这方面的研究(例如,Heap,1988;Hellermann,2005;Lee,2007;Macbeth,2004;Waring,2009)。人们感兴趣的一个焦点是探索可以在第三轮中实施的替代安排(例如,Zemel 和 Koschmann,2011)。

(3) **纠正和修复**。我们已经在"茎叶图"片段的背景下简要地提到了修复机制。修复和纠正在 CA 典籍中的第二篇开创性论文,即谢格洛夫等人(Schegloff 等,1977)的研究中被提及。[3] 谢格洛夫(Schegloff,1991)后来将修复描述为"最后系统地提供了抓住(在其他问题中)体现主体间性断裂的分歧理解的机会,它涉及在交互中谈话以及行为在社会共享认知中面临的问题"(p. 158)。当教师纠正时,就是谢格洛夫等人所说的"他人发起的"(p. 365)修复的实例。人们对了解如何做到这一点给予了大量的关注。麦克霍尔(McHoul,1990)试图说明修复是如何与 IRE 序列协调的。麦克白(Macbeth,2004)反对这种概念化,认为课堂纠正和会话修复的组织是根本不同的。课堂上的纠正不一定总是公开的,有时可以用"嵌入"(Jefferson,1982)的方式进行。"重新发声"(O'Connor 和 Michaels,1993)是实现这一目标的一种机制。顺便还可以注意到,纠正序列并不总是由教师发起的(Koschmann,2016)。

在离开基于 CA 的方法来研究主体间性实际成就的话题之前,似乎有必要提到一个相关的工作领域,它也涉及一种不同的交互。计算机辅助的交流是计算机支持的协作学习(CSCL)研究的重要部分,并且已经有一些工作以基于 CA 的方式来研究基于在线聊天的交互(例如,Zemel 和 Koschmann,2013;Stahl,2009)。虽然基于在线聊天的交互并不遵循与交互对话相同的话轮转换规则(见 Zemel 和 Koschmann,1999),但它是有序的,而且它本身就可以作为一个交互意义建构的场所。

2. 多模态 CA

语言人类学家查尔斯·古德温(Charles Goodwin)发表了一项早期研究,认为说话者和接受者的目光在谈话中起着重要作用(Goodwin,1980)。在后来的一份报告中,古德温和古德温(Goodwin 和 Goodwin,1986)记录了指向手势在实现相互定向中的关键作用。这些早期的研究将 CA 的分析兴趣扩展到谈话之外的身体和语境关联的复杂性,其他研究者已经从不同的方向进行了研究。

正如施特雷克(Streeck,2009)所描述的,我们在许多方面利用我们的双手来建构意义。一方面,也是最直接地,我们用自己的双手来"理解眼前的世界"(p. 8)。比如说,克里普拉克和蒙代姆(Kreplak 和 Mondemé,2014)关于一群盲人游客参加艺术博物馆导览的描述,以及林德沃尔和埃克斯特罗姆(Lindwall 和 Ekström,2012)关于学习编织的描述。另一方面,我们也可以用自己的双手为他人指出或展示物质环境的特征;施特雷克称之为"揭示眼前的世界"(2009,p. 8)。对这种演示的描述可以在古德温(Goodwin,2003)对考古挖掘中手势使用的描述,以及在古德温和古德温(Goodwin 和 Goodwin,1997)在罗德尼·金(Rodney King)审判中向陪审团提供的解释视频的指导报告中找到。

科什曼和勒巴隆(Koschmann 和 LeBaron,2002)研究了学习者如何用他们的手和身体来进行解释。这在后来的工作中得到了扩展(例如,Arnold,2012;Ivarsson,2017)。麦克尼尔(McNeill,1992)将这种手势描述为"符号学"(iconics)(p. 12);这比前面描述的简单要点更加复杂详尽。麦克尼尔提供了数学家在其交互中所采用的标志性手势的例子。最近的许多工作都集中在数学教学中的手势生成,以及这些手势在促进、培养和传递紧急理解等方面的潜力(例如,Abrahmson,2009;Alibali 和

Nathan，2012，本手册）。

铭文（inscription）可能被认为是一种持久的手势形式，作为可供未来参考的视觉符号。这种表征实践在关于实践意义建构的文献中得到了相当多的关注。例如，古德温（Goodwin，2003）对前面提到的考古工地上指向的描述中，包括了一个用铲子指向导致在土壤中产生轨迹线的例子。格莱芬哈根（Greiffenhagen，2014）对在黑板上展示数学证明的描述，提供了另一个在意义建构中使用铭文的有启发意义的例子。其他研究者（例如，Koschmann 和 Mori，2014；Lindwall 和 Lymer，2008；Murphy，2005；Roschelle，1992）也提供了学习者理解所提供的有关表征的例子。还有其他一些例子（例如，Macbeth，2011a；Moschkovich，2008；Zemel 和 Koschmann，2013）研究了学习者通过自己的表征结构构建意义的情况。

为了总结关于研究交互的多模态方法的讨论，我们回到施特雷克所描述的"理解眼前的世界"（Streeck，2009，p. 8）的主题，但这次的重点不是手动操作，而是在那里可以找到的东西。在数学教育中，对对象进行意义建构是分析使用操作工具的核心（例如，Koschmann 和 Derry，2016；Roth 和 Gardner，2012）。最后，林奇和麦克白（Lynch 和 Macbeth，1998）提供了小学课堂上物理演示的制作情况。这些代表了我们如何建立一个共同的世界的基础性探究。

3. 情境分析

多模态 CA 试图将身体和环境特征纳入交互对话的分析中，而情境分析（context analysis）则将交互的具体方面作为主要内容。麦克德莫特（McDermott，1976）简明扼要地指出，"人与人之间相互构成环境"（p. 283）。他解释道：

> 在任何特定情况下发生的事情，分析者都可以从参与者的行为中获得，因为他们制定、确定方向，并要求对方对他们的行为顺序负责。通过这种方式，他们建立了一种群体状态，随时准备对接下来发生的任何事情采取行动。每一个下一个事件的发生和回应都是在群体成员相互组织的情境下进行的。（p. 24）

谢弗伦（Scheflen，1973）首先理论化了这种交互工作的系统组织性和可研究性。他的方法深受伯德怀斯特（Birdwhistell，1970）早期关于"运动学"研究的影响。当代著名的实践者肯顿（Kendon，1990）报告说，情境分析在其发展过程中，深受美国社会学家欧文·戈夫曼（Erving Goffman）的影响。戈夫曼（Goffman，1983）提出的"交互顺序"（interaction order）研究对 CA 的发展也产生了深远的影响（Schegloff，1992）。我们将看到，交互分析（interaction analysis，IA）也是如此。麦克德莫特（McDermott，1976）检验了小学课堂上阅读课的产出。他的报告为如何在教学环境中运用这种方法提供了一个可行性指导。

4. 交互分析

最后一种方法的名称来自约旦和亨德森(Jordan 和 Henderson,1995)的一篇经常被引用的文章。这篇文章为描述性视频分析方法奠定了基本原则和方法,该方法旨在"识别参与者利用复杂的社会和物质世界资源的规律,这些社会和物质世界是由行动者和他们所操作的对象组成的"(p. 41)。约旦和亨德森特别感兴趣的是"学习是一个分布式的、持续的社会过程。学习正在发生或已经发生的证据必须在理解人们协作学习和意识到学习已经发生的方式中找到"(p. 42)。他们把这种方法称为交互分析(interaction analysis,IA)[4]。IA 与其说是上述三种方法的替代品,不如说是它们的综合。IA 使用了 CA 的转录惯例,而且和 CA 一样,是一种以民族方法学(EM)为基础的方法。然而,IA 关注的是包括学习在内的现象,它超越了交互对话的结构特征。和多模态 CA 的情况一样,IA 认为物化的学生作品和具体行为是分析的必要方面。约旦和亨德森将"参与者框架"(pp. 67 – 69)列为 IA 的一个重要关注点。他们将其描述为"相互参与和脱离的流动结构,其特征是身体的调整(通常是面对面的)、互动的眼神、适合情境的语气以及情境可能提供的其他资源(p. 67)"。"参与框架"概念最初来源于戈夫曼(Goffman,1981),从它在 IA 中的应用方式来看,它与情境分析的理论框架有着直接的联系。

关于参与者如何"学习并且认识到学习已经发生"(p. 42)的实证研究既多样又广泛。梅兰德和萨赫斯特罗姆(Melander 和 Sahlström,2009)采用了一种与 IA 的既定目标相当一致的方法,试图从参与结构的变化来理论化学习。在一个爵士乐表演的例子中,克莱姆普等人(Klemp 等,2016)试图记录如何将"错误接受"(mis-take)概念化为一种学习。罗斯切尔(Roschelle,1992)在一项经典的 CSCL 研究中,记录了两名学生如何在基于计算机的模拟环境中进行实验时,协作实现对加速度概念的实际理解。科什曼和泽梅尔(Koschmann 和 Zemel,2009,2013)探讨了学生在发现某一物质的过程中,是如何谈论被发现的物质的。科什曼和德里(Koschmann 和 Derry,2016)在谈到培训的迁移问题时,描述了如何使过去的学习与当前的需要和目的相关联。最后,麦克白(Macbeth,2011b)讨论了能力和理解的形式,它们是所有学习和教学诉求的前提和基础。

这里总结的四种分析传统——CA,多模态 CA,情境分析和 IA——是为了得出前面讨论的那种描述性的分析描述。这种描述与特定场合有着千丝万缕的联系。在一些圈子里,对单个案例的描述充其量只是被当作弱小的证据,更多的时候是不科学的。然而,这种观点忽略了一个事实,即意义和使用及主体间性在本质上是一种情境性的问题,不能脱离其产生的环境来研究。那么,试图抽象地研究主体间性是如何实现的,就是冒着"失去现象"(Garfinkel,2002,p. 253)的风险。考虑到没有主体间性就不可能有教学,这是我们无法接受的损失。

二、延伸阅读

Garfinkel，H.（1967）. *Studies in ethnomethodology*. Englewood Cliffs，NJ：Prentice-Hall.

Garfinkel，H.（2002）. *Ethnomethodology's program：Working out Durkheim's aphorism*. Lanham，MD：Rowman & Littlefield.

谈到主要文献，我想引导有兴趣的读者阅读加芬克尔在职业生涯中的两本主要著作，《民族方法学研究》和《民族方法学计划》。这两部著作都代表了他澄清该计划性质的尝试：一部是为了宣布该计划的启动而写的；另一部是在他的职业生涯接近尾声时出版的，旨在总结其贡献。

Heritage，J.（1984）. *Garfinkel and ethnomethodology*. Cambridge，UK：Polity Press.

Livingston，E.（1987）. *Making sense of ethnomethodology*. London：Routledge & Kegan Paul.

对于那些想要更深入了解 EM 的人来说，这两本书都是很好的指南。

Macbeth，D.（2011a）. A commentary on incommensurate programs. In T. Koschmann（Ed.），*Theories of learning and studies of instructional practice*（pp. 73 - 103）. New York：Springer Science.

作为一个以 EM 为基础的实证研究的例子，我推荐大家看麦克白的文章。它借鉴了"茎叶图"片段的数据集，并说明了描述性研究的两个重要特征。首先，它的典范之处在于，它邀请读者更深入地研究这里所描述的交流。同时，在回顾以前分析过的数据时，它展示了仔细分析的工作为何是永无止境的。

三、NAPLeS 资源

Koschmann，T.，*Conversation and interaction analysis/ethnomethodological approaches* [Webinar]. In *NAPLeS video series*. Retrieved October 19,2017，from http：//isls-naples. psy. lmu. de/intro/all-webinars/koschmann_all/index. html

Koschmann，T.，*15 minutes about conversation and interaction analysis/ethnomethodological approaches* [Video file]. In *NAPLeS video series*. Retrieved October 19,2017，from http：//isls-naples. psy. lmu. de/video-resources/guided-tour/15-minutes-koschmann/index. html

Koschmann，T.，*Interview about conversation and interaction analysis/ethnomethodological approaches* [Video file]. In *NAPLeS video series*. Retrieved

October 19，2017，from http：//isls-naples. psy. lmu. de/video-resources/interviews-ls/koschmann/index. html

四、注释

1. 该片段选自莱勒和朔伊布勒（Lehrer 和 Schauble，2011）文中描述的摘录 5。

2. 详见波美兰兹和费尔（Pomerantz 和 Fehr，2011）或者林德沃尔、莱默和格雷芬赫恩（Lindwall，Lymer 和 Greiffenhagen，2015）的无障碍介绍。

3. LS 界特别感兴趣的另一个与会话修复有关的话题是论证，因为非正式的论证经常使用修复序列来构建。虽然我不会在这一章中讨论论证问题，但鼓励有兴趣的读者去寻找一些在 CA 文献中可以找到的关于儿童论证的精心研究（M. Goodwin，1990）。

4. 这里不要与早期基于编码程序的课堂交互的方法产生混淆（即 Flanders，1970）。西普（Heap，1982）受到 EM 视角的启发，对这种意义建构的研究提出了批评。

参考文献

Abrahmson, D. (2009). Embodied design: Constructing means for constructing meaning. *Educational Studies in Mathematics*, *70*, 27–47. doi:10.1007/s10649-008-9137-1

Alibali, M., & Nathan, M. J. (2012). Embodiment in mathematics teaching and learning: Evidence from learners' and teachers' gestures. *Journal of the Learning Sciences, 21*, 247–286.

Alibali, M. W., & Nathan, M. (2018). Embodied cognition in learning and teaching: action, observation, and imagination. In F. Fischer, C. E. Hmelo-Silver, S. R. Goldman, & P. Reimann (Eds.), *International handbook of the learning sciences* (pp. 75–85). New York: Routledge.

Arnold, L. (2012). Dialogic embodied action: Using gesture to organize sequence and participation in instructional interaction. *Research on Language and Social Interaction*, *45*, 269–296.

Birdwhistell, R. (1970). *Kinesics and context*. Philadelphia, PA: University of Pennsylvania Press.

Dillenbourg, P. (1999). What do you mean by "collaborative learning"? In P. Dillenbourg (Ed.), *Collaborative learning: Cognitive and computational approaches* (pp. 1–19). New York: Pergamon.

Flanders, N. A. (1970). *Analyzing teaching behavior*. Reading, MA: Addison-Wesley.

Garcia, A., & Jacobs, J. (1999). The eyes of the beholder: Understanding the turn-taking system in quasi-synchronous computer-mediated communication. *Research on Language and Social Interaction*, *32*, 337–368.

Garfinkel, H. (1967). *Studies in ethnomethodology*. Englewood Cliffs, NJ: Prentice-Hall.

Garfinkel, H. (2002). *Ethnomethodology's program: Working out Durkheim's aphorism*. Lanham, MD: Rowman & Littlefield.

Goffman, E. (1981). *Forms of talk*. Philadelphia, PA: University of Pennsylvania Press.

Goffman, E. (1983). The interaction order. *American Sociological Review*, *48*, 1–17.

Goodwin, C. (1980). Restarts, pauses, and the achievement of a state of mutual gaze at turn-beginning. *Sociological Inquiry*, *50*, 272–302.

Goodwin, C. (2003). Pointing as situated practice. In S. Kita (Ed.), *Pointing: Where language, culture, and cognition meet* (pp. 217–242). Mahwah, NJ: Lawrence Erlbaum.

Goodwin, C., & Goodwin, M. H. (1997). Contested vision: The discursive constitution of Rodney King. In B.-L. Gunnarsson, P. Linell, & B. Nordberg (Eds.), *The construction of professional discourse* (pp. 292–316). New York: Longman.

Goodwin, M. H. (1990). *He-said-she-said: Talk as social organization among black children*. Bloomington, IN: Indiana University Press.

Goodwin, M. H., & Goodwin, C. (1986). Gesture and co-participation in the activity of searching for a word. *Semiotica*, *62*, 51–75.

Greiffenhagen, C. (2014). The materiality of mathematics: Presenting mathematics at the blackboard. *British Journal of Sociology, 65*, 502–528.

Hall, R., & Stevens, R. (2016). Interaction analysis approaches to knowledge in use. In A. A. diSessa, M. Levin, & N. J. S. Brown (Eds.), *Knowledge and interaction: A synthetic agenda for the learning sciences* (pp. 72–108). New York: Routledge.

Heap, J. (1982). The social organization of reading assessment: Reasons for eclecticism. In G. Payne & E. C. Cuff (Eds.), *Doing teaching: The practical management of classrooms* (pp. 39–59). London: Batsford Academic and Educational.

Heap, J. (1988). On task in classroom discourse. *Linguistics and Education, 1*, 177–198.

Heap, J. (1993). Seeing snubs: An introduction to sequential analysis of classroom interaction. *Journal of Classroom Interaction, 27*, 23–28.

Hellermann, J. (2005). Syntactic and prosodic practices for cohesion in series of three-part sequences in class-room talk. *Research on Language and Social Interaction, 38*, 105–130.

Heritage, J. (1984). *Garfinkel and ethnomethodology.* Cambridge, UK: Polity Press.

Ivarsson, J. (2017). Visual practice as embodied practice. *Frontline Learning Research, 5*, 12–27.

Jefferson, G. (1982). On exposed and embedded correction in conversation. *Studium Linguistik, 14*, 58–68.

Jefferson, G. (2004). Glossary of transcript symbols with an introduction. In G. Lerner (Ed.), *Conversation analysis: Studies from the first generation* (pp. 13–31). Amsterdam, Netherlands: John Benjamins.

Johnson, D. W., Johnson, R. T., & Smith, K. A. (1998). *Active learning: Cooperation in the college classroom.* Edina, MN: Interaction Book Company.

Jonassen, D. (1999). Designing constructivist learning environments. In C. M. Reigeluth (Ed.), *Instructional-design theories and models* (Vol. 2, pp. 215–240). New York: Routledge.

Jordan, B., & Henderson, A. (1995). Interaction analysis: Foundations and practice. *Journal of the Learning Sciences, 4*, 39–104.

Kendon, A. (1990). *Conducting interaction: Patterns of behavior in focused encounters.* New York: Cambridge University Press.

Klemp, N., McDermott, R., Duque, J., Thibeault, M., Powell, K., & Levitin, D. J. (2016). Plans, takes and mis-takes. *Éducation & Didactique, 10*, 105–120.

Koschmann, T. (2016). "No! That's not what we were doing though." Student-initiated, other correction. *Éducation & Didactique, 10*, 39–48.

Koschmann, T., & Derry, S. (2016). "If green was A and blue was B": Isomorphism as an instructable matter. In R. Säljö, P. Linell, & Å. Mäkitalo (Eds.), *Memory practices and learning: Experiential, institutional, and sociocultural perspectives* (pp. 95–112). Charlotte, NC: Information Age Publishing.

Koschmann, T., & LeBaron, C. (2002). Learner articulation as interactional achievement: Studying the conversation of gesture. *Cognition & Instruction, 20*, 249–282.

Koschmann, T., & Mori, J. (2016). "It's understandable enough, right?" The natural accountability of a mathematics lesson. *Mind, Culture and Activity, 23*, 65–91. doi:10.1080/10749039.2015.1050734

Koschmann, T., & Zemel, A. (2009). Optical pulsars and black arrows: Discoveries as occasioned productions. *Journal of the Learning Sciences, 18*, 200–246. doi:10.1080/10508400902797966

Kreplak, Y., & Mondemé, C. (2014). Artworks as touchable objects: Guiding perception in a museum tour for blind people. In M. Nevile, P. Haddington, T. Heinemann, & M. Rauniomaa (Eds.), *Interacting with objects: Language, materiality, and social activity* (pp. 295–318). Amsterdam: John Benjamins.

Lee, Y.-A. (2007). Third turn position in teacher talk: Contingency and the work of teaching. *Journal of Pragmatics, 39*, 1204–1230.

Lehrer, R., & Schauble, L. (2011). Designing to support long-term growth and development. In T. Koschmann (Ed.), *Theories of learning and studies of instructional practice* (pp. 19–38). New York: Springer.

Lindwall, O., & Ekström, A. (2012). Instruction-in-interaction: The teaching and learning of a manual skill. *Human Studies, 35*(1), 27–49.

Lindwall, O., & Lymer, G. (2008). The dark matter of lab work: Illuminating the negotiation of disciplined perception in mechanics. *Journal of the Learning Sciences, 17*, 180–224.

Lindwall, O., Lymer, G., & Greiffenhagen, C. (2015). The sequential analysis of instruction. In N. Markee (Ed.), *The handbook of classroom discourse and interaction* (pp. 142–157). New York: John Wiley.

Livingston, E. (1987). *Making sense of ethnomethodology.* London: Routledge & Kegan Paul.

Lynch, M., & Macbeth, D. (1998). Demonstrating physics lessons. In J. G. Greeno & S. V. Goldman (Eds.), *Thinking practices in mathematics and science learning* (pp. 269–298). Mahwah, NJ: Lawrence Erlbaum.

Macbeth, D. (1991). Teacher authority as practical action. *Linguistics and Education, 3*, 281–313.

Macbeth, D. (2000). Classrooms as installations: Direct instruction in the early grades. In S. Hester & D. Francis (Eds.), *Local education order: Ethnomethodological studies of knowledge in action* (pp. 21–72). Philadelphia, PA: John Benjamins.

Macbeth, D. (2004). The relevance of repair for classroom correction. *Language and Society, 33*, 703–736.

Macbeth, D. (2011a). A commentary on incommensurate programs. In T. Koschmann (Ed.), *Theories of learning and studies of instructional practice* (pp. 73–103). New York: Springer Science.

Macbeth, D. (2011b). Understanding understanding as an instructional matter. *Journal of Pragmatics*, *43*, 438–451.

McDermott, R. (1976). *Kids make sense: An ethnographic account of the interactional management of success and failure in one first-grade classroom* (Unpublished Ph.D. thesis). Stanford University, Palo Alto, CA.

McHoul, A. (1978). The organization of turns at formal talk in the classroom. *Language and Society*, 7, 183–213.

McHoul, A. (1990). The organization of repair in classroom talk. *Language and Society, 19*, 349–377.

McNeill, D. (1992). *Hand and mind: What gestures reveal about thought*. Chicago: University of Chicago Press.

Mehan, H. (1979). "What time is it, Denise?" Asking known information questions in classroom discourse. *Theory into Practice*, *18*, 285–294.

Melander, H., & Sahlström, F. (2009). In tow of the blue whale: Learning as interactional changes in topical orientation. *Journal of Pragmatics*, *41*, 1519–1537.

Mondada, L. (2011). Understanding as an embodied, situated and sequential achievement in interaction. *Journal of Pragmatics*, *43*(2), 542–552. doi:10.1016/j.pragma.2010.08.019

Moschkovich, J. N. (2008). "I went by twos, he went by one": Multiple interpretations of inscriptions as resources for mathematical discussions. *Journal of the Learning Sciences*, *17*, 551–587. doi:10.1080/10508400802395077

Murphy, K. M. (2005). Collaborative imagining: The interactive use of gestures, talk and graphic representation in architectural practice. *Semiotica*, *156*, 113–145.

O'Connor, M. C., & Michaels, S. (1993). Aligning academic task and participation status through revoicing: Analysis of a classroom discourse strategy. *Anthropology and Education Quarterly*, *24*, 318–335.

Pellegrino, J., & Hilton, M. L. (2012). *Education for life and work; Developing transferable knowledge and skills in the 21st century*. Washington, DC: National Academies Press.

Perkins, D. N., & Unger, C. (1999). Teaching and learning for understanding. In C. M. Reigeluth (Ed.), *Instructional-design theories and models* (Vol. 2, pp. 91–114). New York: Routledge.

Pomerantz, A., & Fehr, B. J. (2011). Conversation analysis: An approach to the analysis of social interaction. In T. A. van Dijk (Ed.), *Discourse Studies: A multidisciplinary introduction* (2nd ed., pp. 165–190). Thousand Oaks, CA: Sage.

Roschelle, J. (1992). Learning by collaboration: Convergent conceptual change. *Journal of the Learning Sciences*, *2*, 235–276.

Roth, W.-M., & Gardner, R. (2012). "They're gonna explain to us what makes a cube a cube?" Geometrical properties as contingent achievement of sequentially ordered child-centered mathematics lessons. *Mathematics Education Research Journal*, *24*, 323–346.

Sacks, H. (1992). *Lectures on conversation* (Vol. *1*, G. Jefferson, Ed.). Oxford, UK: Blackwell.

Sacks, H., Schegloff, E., & Jefferson, G. (1974). The simplest systematics for the organization of turn-taking for conversation. *Language*, *50*, 696–735.

Scheflen, A. E. (1973). *Communicational structure: Analysis of a psychotherapy session*. Bloomington, IN: Indiana University Press.

Schegloff, E. (1991). Conversation analysis and socially shared cognition. In L. Resnick, J. Levine, & S. Teasley (Eds.), *Perspectives on socially shared cognition* (pp. 150–171). Washington, DC: American Psychological Association.

Schegloff, E. (1992). Introduction. In G. Jefferson (Ed.), *Harvey Sacks: Lectures on conversation* (Vol. *1*, pp. ix–lxii). Oxford, UK: Blackwell.

Schegloff, E., Jefferson, G., & Sacks, H. (1977). The preference for self-correction in the organization of repair in conversation. *Language*, *53*, 361–382.

Stahl, G. (2009). Deictic referencing in VMT. In G. Stahl (Ed.), *Studying virtual math teams* (pp. 311–326). New York: Springer.

Streeck, J. (2009). *Gesturecraft: The manu-facture of meaning*. Amsterdam: John Benjamins.

Waring, H. Z. (2009). Moving out of IRF (Initiation–Response–Feedback): A single case analysis. *Language Learning*, *59*, 796–824.

Wittgenstein, L. (1958). *Philosophical investigations* (2nd ed., G. E. M. Anscombe, Trans.). Malden, MA: Blackwell.

Zemel, A., & Koschmann, T. (2011). Pursuing a question: Reinitiating IRE sequences as a method of instruction. *Journal of Pragmatics*, *43*, 475–488. doi:10.1016/j.pragma.2010.08.022

Zemel, A., & Koschmann, T. (2013). Recalibrating reference within a dual-space interaction environment. *Computer-Supported Collaborative Learning*, *8*, 65–87. doi:10.1007/s11412-013-9164-5

第 46 章　互动民族志

朱迪思·格林，苏珊·布里奇斯(Judith L. Green, Susan M. Bridges)

一、引言

本章阐述了操作和行为的指导准则(Heath，1982)，以及指导迭代、递归和溯因(iterative，recursive 和 abductive，IRA)的逻辑与行动(Agar，2006)等理论观点，这些构成了探究逻辑(logic-of-inquiry)的互动民族志(interactional ethnography，IE)。这种探究逻辑为局外人(民族志研究者)提供了指导，尤其是当他们在教育和社会环境中，通过向他人学习或从他人那里学习以寻求发展对局内人需要知道、理解、产生和预测的理解时(Heath，1982；Street，1993)。具体而言，IE 的探究逻辑支持研究者探索在使用对话(discourse-in-use)的微观时刻中和通过这些微观时刻构建的是什么、观察到的现象的历史根源，以及支持和/或限制学习机会的宏观层面的行动者和来源等，这些学习机会由有目的设计的教育项目的参与者提供、构建和利用(或选择不利用)(例如，Bridges，Botelho，Green 和 Chau，2012；Castanheira，Crawford，Dixon 和 Green，2000；Green，Skukauskaite，Dixon 和 Cordóva，2007)。正如我们将要阐明的那样，这一目标补充了学习科学家的目标，后者试图发展对"将学习作为一种社会和认知的建构(Danish 和 Gresalfi，本手册)以及基于设计的研究方法"(Puntambekar，本手册)的情境理解。

为实现这些目标，IE 研究者试图将学习视为一个社会构建过程，并在这个过程中理解学习是如何随着行动者(参与者)和所构建的事件发展变化的。这种方法还探索了参与者(和机构行动者)的目标，因为他们在行动者、时间和事件的配置中提出并发展了意义、交互和活动。通过借鉴布里奇斯(Bridges 等，2012；Bridges，Green，Botelho 和 Tsang，2015)等人的研究，我们作为内部的(Bridges)和外部的(Green)民族志学者与一个由牙科教育者/研究者组成的跨专业团队(Botelho，Chau，Tsang)参与了研究，我们可以看到，IE 认识论方法如何指导正在进行的研究和研究项目中的研究决策。通过(重新)构建布里奇斯等人(Bridges 等，2012)提出的 IE 使用逻辑(logic-in-use)，并将研究置于正在进行的研究项目中(见图 46.1)，当 IE 研究者从事不同层次的分析，从特定的研究中建立理论推论时，我们提供了一个理论观点的基础性说明，为其作出行为准则(principles of conduct)上的指导。通过这一过程，我们也证明了 IE

如何体现希思（Heath，1982）在教育民族志研究中提出的以下操作原则：去民族中心主义、界定分析单位、以及建立联系。

通过在布里奇斯及其同事的研究项目中阐述行为准则，我们构建了一个具有说服力的案例（telling case）（Mitchell，1984），将 IE 作为一种逻辑探究，探明 IE 研究团队的观察、决策与行动如何促成一个发展中的使用逻辑的构建。通过这个作为一种认识论方法的有说服力的 IE 案例，我们可以看到什么构成了 IE 的探究逻辑，以及 IE 研究项目中出现的问题是如何产生并形成迭代、递归和溯因过程（iterative, recursive 和 abductive processes）的相互依赖链的。正如我们将要展示的那样，这些过程涉及到从作为民族志空间（ethnographic space）的民族志档案（ethnographic archive）中正在进行的数据集构建（Agar，2006）。因此，作为一种探究逻辑，这一有说服力的案例使 IE 研究的持续和发展的性质、以及在基于 IE 的研究项目中有目的地发挥档案记录（如视频记录、正式的和正在进行的访谈、在发展事件中引入和构建的文档、参与者参与的作品和资源、以及来自在线学习环境中的物理/技术记录）的作用变得清晰可见。

二、IE 作为一种探究逻辑的理论根源

在本节中，我们将重点讨论，当 IE 研究者试图进入新的和未知的情境时，或当他们为正在进行的研究项目建立 IE 基础，以开发和有目的地设计教育项目时，民族志学者会怎样引导他们的行为准则。这些行为导向准则是由教育民族志学者（ethnographers）雪莉·布里斯·希思和布莱恩·斯崔特（Shirley Brice Heath 和 Brian Street）各自（Heath，1982；Street，1993）以及共同（Heath 和 Street，2008）提出的，它们构成了教育（和其他社会环境）的民族志学者在寻求获得成员（内部）知识构成的主位（内部）理解时所采用的一系列原则和隐含行动：

- 暂停已知的类别，以构建对本地和情境类别以及参与者所发展的行为的参照意义的理解；
- 承认他们作为民族志学者所知道的和作为行动者在情境中所知道的知识之间的差异；
- 构建立足于本地的、情境的、新的识知方式，以及在一个社会群体或行动者的配置中进行日常生活的过程和实践；
- 发展表达方式，表达当地行动者所知道的和民族志学者在不同层次的分析尺度中学到的东西。

这些行为准则构成了教育民族志研究的一套指导目标。它们还使一种社会建构主义以及一种研究社会、文化和语言现象的社会文化方法可见，这些现象塑造了特定学习环境中参与者视为学习和知识的东西，并由这些东西所塑造（Fairclough，1992）（见 Heap，1991；Kelly，2016）。

引导 IE 探究逻辑的社会建构主义和社会文化观点的核心包含一系列论点,这些论点促使研究者(重新)思考他们如何看待文化概念和对话的本质(Agar,2006;Bloome 和 Clarke,2006;Kelly,2016)。在本节中,我们提出了一套理论论点,这些论点对于理解对话在知识的社会建构中的作用至关重要,而这正是 IE 探究逻辑的核心。第一个概念性论点借鉴了迈克尔·阿格(Michael Agar,1994)的工作,他将文化作为一个概念系统来构建。他将这个系统定义为语言文化(languaculture),并认为:

> 语言文化中的语言是关于对话的,而不仅仅关于词语和句子。而语言文化中的文化是超越意义的,它包括但远远超出了字典和语法所提供的意义……文化是一个概念系统,其表层出现在人们的语言词汇中。这也为人们研究世界各地差异的相似性提供了一个角度。

对于这个论点,我们加上了布莱恩·斯崔特(Street,1993)的观点,他将文化概念化为一个动词(1993)。虽然这两个概念性论点并不是指导 IE 研究者的语言和文化观点的综合性观点,但这两个论点引导着 IE 研究者将文化作为一种正在进行的社会建构来探索。

对这种文化观的补充是关于语言类型(对话)(Bakhtin,1979/1986)在知识建构中性质的研究,以及在维持社会群体的参与者之间的即时和延时交流中,知识被个人和集体建构的过程。巴赫金(Bakhtin,1979/1986)在以下论述中阐述了这一过程:

> 听到的和积极理解的东西迟早会在听者随后的言语或行为中找到回应。在大多数情况下,复杂文化交际的体裁正是针对这种具有延迟行为的积极响应式理解。我们在这里所说的一切,也都适用于书面语言和阅读语言,并作了适当的调整和补充。

这一概念性论点将对话理解为一种社会结构,并且讨论了随着时间的推移,特定的文本(口头的、书面的、视觉的和阅读的)是如何作为权威文本被认可并参与其中的,也就是说,它们制定了在特定研究领域具有社会和学术意义的内容,以及与他人交流的方式。这个论点还指出,参与者(以及民族志学者)在任何时刻都能见到的,并不能证明此人已经(或没有)听到提议的内容,或者此人可能(或不可能)在想什么(Frederiksen 和 Donin,2015)。正如巴赫金所说,最复杂的交流并不是为了立即做出反应;因此,IE 研究人员需要在不同的时间和事件中寻找证据,来证明在某个时间点提出的观点,在随后的事件中被单独和/或集体采纳(或不被采纳)。

因此,巴赫金的观点将 IE 研究者引向了探索对话根源的价值,以及如何跨越时间和事件相互关联的学习机会,进而构建相应的进步(Putney 等,2000)。巴赫金对对话延时性的概念化也涉及到跨学科的方向,这些方向侧重于理解什么是学科背景内和跨学科背景的概念、过程和实践的知识(Kelly,2016),以及如何通过对话构建本地知识(Mercer 和 Hodgkinson,2008)。

这些论点对于识别和界定分析单元以及在分析层次之间建立联系的意义,可以从布卢姆和伊根·罗伯逊(Bloome 和 Egan-Robertson,1993)定义的互文性(intertextuality)概念中看到。基于巴赫金的理解,他们认为,互动中的参与者会通过提出、识别、承认并以互动的方式完成对社会、学术和人际/个人等具有重要意义的事情。因此,互文性包括追踪特定的参照物和行动的根源,这些参照物和行动既立足于当下,又与理解过去、未来的行动和知识建构相关。

这一论点也指出了对话在分析过程中如何进行文本记录的重要性(Bucholtz,2000;Ochs,1979)。在接下来的章节中,我们将回到这个问题上,因为我们展开了布里奇斯及其同事(Bridges 等,2012)在研究中进行的分析层次,该研究是探索 IE 作为一种探究逻辑的锚点。作为这个过程的一部分,我们提出了在一个发展的事件中(Baker 和 Green,2007),针对不同层次的交互规模(时间、人和历史),以图形方式绘制交互和行为的流向,这些交互范围与正在提出的、进行的和交互完成的内容有互文关系。通过(重新)构建布里奇斯等人(Bridges 等,2012)的分析,我们展示了对话如何作为一个锚来构建对话和行动之间的以及跨时间的相互关系图,以建立一个群体的特定概念和过程以及实践的学习如何被集体和个人构建(或不构建)的有根据的描述(Bridges 等,2012,2015;Bridges,Jin 和 Botelho,2016;Green 等,2012;Heap,1995;Kelly,2016)。

三、在正在进行的民族志中进行边界研究的行为准则

在本章的其余部分,我们提出了一系列指导 IE 研究的行为准则。我们通过有根据的方法(重新)建构由布里奇斯等人(Bridges 等,2012)所采取的行动链来说明这些准则。作为(重新)建构的一部分,我们提出了一套额外的准则和行动,使我们能够清楚地看到,鉴于民族志研究项目的持续性,需要探索特定研究所依据的情境。

1. 构建有说服力的案例:行为准则 1

米切尔(Mitchell,1984)关于有说服力的案例的定义对于决定如何以民族志的方式构建案例研究的边界是非常重要的:

> 案例研究是对一些事件序列的人种学数据的详细呈现,分析者试图从中作出一些理论推论。这些事件本身可能与社会组织的所有层面有关:整个社会、社区的某一部分、家庭或个人。(有说服力的)案例研究与更一般的民族志报告的区别在于描述的细节和特殊性。每个案例研究都是对事件的特定

配置的描述,在这些事件中,一些独特的行动者在某个特定的时间点参与到某个特定的情境中。(p. 222)

在这个定义中,米切尔将一个有说服力的案例研究界定为不由规模来定义,而由一系列的决定和行动来定义,它们为从详细的民族志分析中发展理论推论奠定了基础(personal communication, Brian Street, November 2016)。在接下来的章节中,我们将展开详细的民族志分析和支持布里奇斯等人(Bridges 等,2012)的行为准则,因为他们确定了一个有说服力的案例,并在本科牙科教育的基于问题的学习(PBL)项目中通过集体和个人的学习机会对个体进行了跟踪(另见 Hmelo-Silver, Kapur 和 Hamstra,本手册)。当我们展开每一个层次的分析和被检验的社会组织的维度时,我们可以看到 IE 研究者是如何在这些层次之间构建基于经验的联系,进而从这些分析中发展理论推论,形成知识建构的重要进程的(Putney, Green, Dixon, Duran 和 Yeager,2000)。

2.(再)呈现使用逻辑:行为准则 2

为了(重新)建构布里奇斯等人(Bridges 等,2012)所报道的使用逻辑根源,作为在本研究中扮演不同角色的作者(即内部和外部的民族志学者),我们参与了一系列正在进行的对话,作为布里奇斯(重新)进入了正在进行的 IE 基础研究项目的档案,该项目是基于技术的本科牙科教育。(重新)进入档案和(重新)构建正在进行的项目的历史地图的目的有两个。首先,它为布里奇斯等人(Bridges 等,2012)报道的有说服力的案例的选择和构建提供了历史依据。其次,它使人们看到,指导整个民族志项目的操作准则(principles of operation)本身是如何受到行为准则的指导的,这些准则导致了被认为与特定的对话时刻互为关联的社会组织层次图的构建。

如图 46.1 所示,布里奇斯在被任命为本科牙科教育项目的"教育家"后,就和她的同事们一起开发了一个新的研究项目。通过重构布里奇斯等人(Bridges 等,2012)报告的有说服力的案例研究之前的行动时间线,在图 46.1 中,布里奇斯让人看到了进入一个站点的持续性质,以及为将档案构建成一个民族志空间而采取的相互依存的行动链,其时间边界、决策和社会组织的层次、不同研究者的作用以及与机构目标的关系都在不断扩大。这条时间线也显示了她作为内部民族志研究者(internal ethnographer)的核心作用,她将 IE 作为机构的反思性研究方法的基础,为机构内 PBL 和教育技术的课程开发提供信息。

正如本章后面部分将表明的那样,这种构建图形(再)表征的过程,已经成为 IE 探究逻辑的决定性行为准则。如图 46.1 所示,通过在社会组织的特定层次上以图表的方式(重新)呈现每一个分析过程,布里奇斯清晰地展示了她的 IE 团队是如何识别一个特定层次的现象,为他们创造了一个问题,她称之为"注意到",以及他们如何参与识别有边界的分析单位的过程,从而能够跨时间和事件进行跟踪。表 46.1(原文中的表

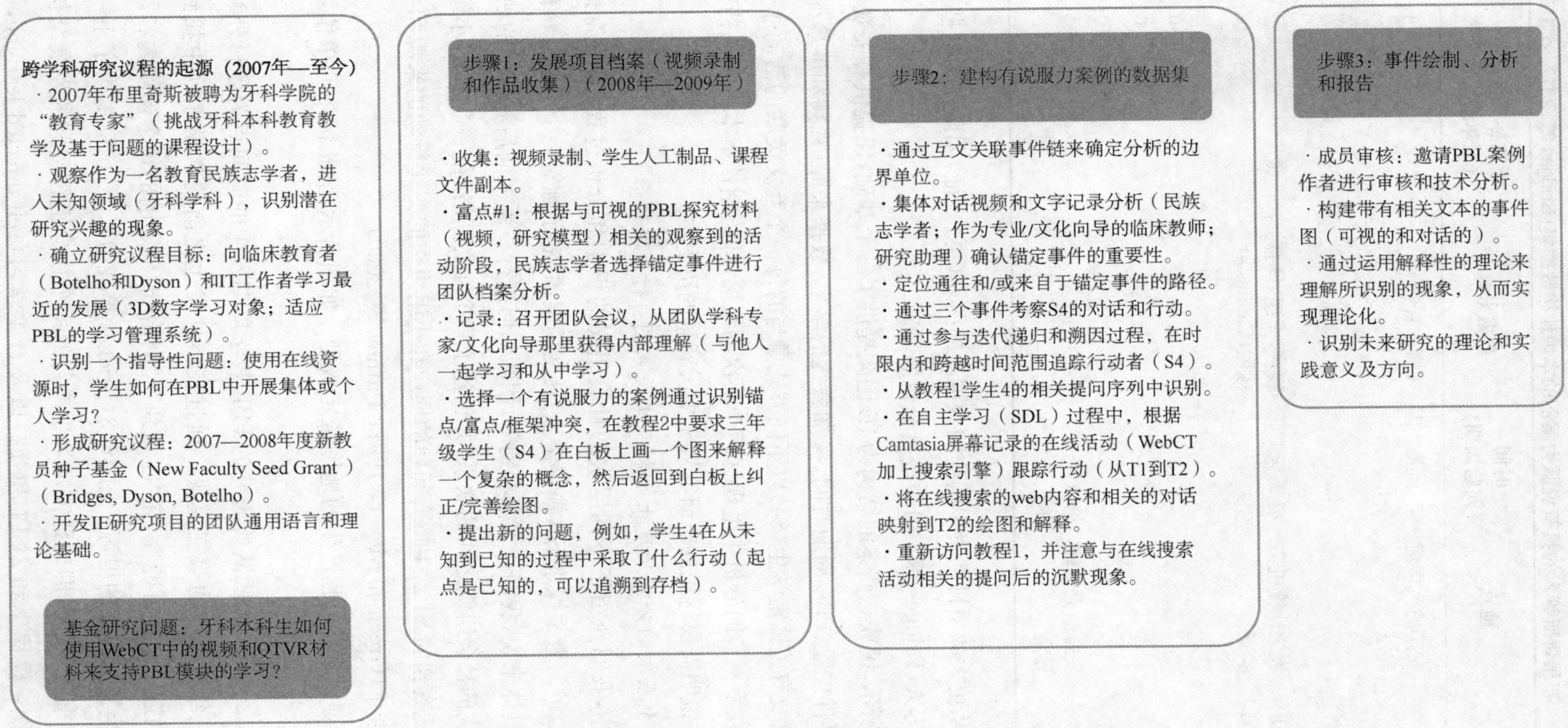

跨学科研究议程的起源（2007年—至今）

- 2007年布里奇斯被聘为牙科学院的"教育专家"（挑战牙科本科教育及基于问题的课程设计）。
- 观察作为一名教育民族志学者，进入未知领域（牙科学科），识别潜在研究兴趣的现象。
- 确立研究议程目标：向临床教育者（Botelho和Dyson）和IT工作者申请最近的发展（3D数字学习对象；适应PBL的发展（3D数字学习系统；适应PBL的学习管理系统）。
- 识别一个指导性问题：使用在线资源时，学生如何在PBL中开展会话或各个人学习？
- 形成研究议程：2007—2008年度新教员种子基金（New Faculty Seed Grant）（Bridges, Dyson, Botelho）。
- 开发IE研究项目的团队的通用语言和理论基础。

基金研究问题：牙科本科生如何使用WebCT中的视频和QTVR材料来支持PBL模块的学习？

步骤1：发展项目档案（视频录制和作品收集）（2008年—2009年）

- 收集：视频录制、学生人工制品、课程文件副本。
- 富点#1：根据与可视的PBL探究材料（视频、研究模型）相关的观察到的活动阶段，民族志学者选择锚定事件进行团队档案分析。
- 记录：召开团队会议，从团队科专家文化向导那里获得内部理解（与他人一起学习和从中学习）。
- 选择一个有说服力方案的案例通过识别锚点富集点（框架冲突（S4）在白板上画一个复杂的概念，然后返回到白板上纠正完善绘图。提出新的问题，例如，学生4从未知到已知的问题采取了什么行动，可以追溯到什么点是已知的，可以追溯到存）。

步骤2：建构有说服力案例的数据集

- 通过互文关联事件链来确定分析的边界单位。
- 集体对话视频和文字记录分析（民族志学者；作为专业文化向导的临床教师、研究助理）确认锚定事件的重要性。
- 定位在锚定和或来自于锚定事件的路径。
- 通过这个事件考察S4的对话和行动。
- 通过追溯代追归和溯因追踪过程，在时限内和跨越时间范围追踪行动者（S4）。
- 从教程1学生4的相关提问同序列中识别（在自主学习（SDL）过程中，根据Camtasia屏幕记录中的在线活动（WebCT）加上搜索引擎（从T1到T2）。
- 将在线搜索的web内容和相关的对话映射到同教程T2的绘图和解释。
- 重新访问同教程1，并注意与在线搜索活动相关的提问后的沉默现象。

步骤3：事件绘制、分析和报告

- 成员审核：邀请PBL案例作者进行审核和技术文本分析。
- 构建带有相关文本的事件图（可视的和对话的）。
- 通过运用解释性的理论来理解所识别的现象，从而实现理论化。
- 识别未来研究的理论方向及意义义反向。

图46.1 一个发展中的、跨学科的IE团队从事的民族志研究过程

表 46.1　布里奇斯等人的具有说服力案例的本地建构数据集(Bridges 等,2012, p.105)

事件	地点	时间 (问题周期)	数据来源	学生标识符 (三年级)		时长
教程 1(T1)	安排的大学辅导室	第 1 天(上午)	视频＋音频	$n=8$	S1—S8	1：35：50
					S1	0：29：57
					S4	0：29：37
自主学习(SDL) (3 节课中的第 1 节)	大学计算机实验室	第 1 天(下午)	视频(全组)屏幕截图(Camtasia)	$n=6$	S7	0：30：52
					S8	0：30：57
					S9	0：29：52
					S10	0：29：20
教程 2(T2)	安排的大学辅导室	第 9 天(下午)		$n=8$	S1—S8	2：08：01

7.1)提供了从更大的项目档案中构建的数据集的图表(再)表征,团队认为这些数据集是布里奇斯等人(Bridges 等,2012)进行分析的基础。

如上表所示,民族志档案的结构为 IE 团队提供了一个基础,以提供有关观察和记录的事件、事件位置、PBL 周期时间、参加教程的学生、数据来源(视频和屏幕抓图)的背景信息,以及有关锚定学生(S4)以不同方式参与的每一个互文关联的活动序列的信息。我们将在下一节的分析中呈现这两个层次的绘图,即绘制档案本身和从档案中构建数据集,并说明需要将民族志研究置于更大背景的历史中。

3. 在多个层次的分析尺度上绘制互文关系图：行为准则 3

在本节中,我们介绍了不同层次的社会组织的识别和分析过程,布里奇斯等人(Bridges 等,2012)着手探索 S4(锚定学生)转变的根源,展示她对一个关键牙科概念理解的发展。具体来说,我们让大家看到 IE 团队如何进行一系列向后和向前的映射,以建立不同层次的社会组织之间的联系,并创建了一个 PBL 小组(8 名学生)内,对观察到的 S4 对主持人问题的回应和小组协作的变化行动的来源和互文过程做出理论推论(Green 和 Meyer,1991；Putney 等,2000)

图 46.2 显示了此过程产生的地图锚定级别。如图所示,分析的中心单位是项目内的时间。

如图 46.2 所示,IE 团队所研究的 PBL 教学周期发生的时间点为牙科外科学士(BDS)本科三年级课程的第三模块。通过在事件发生之前的教学序列中找到这一点,IE 团队创造了一种可能性,在"注意到"/"啊哈"时刻之前的每个模块内和跨模块中追踪向学生提出建议的根源。图 46.3(Bridges 等,2012, p.107)提供了下一层次分析的图表(重新)展示,即构建锚定学生参与的每个社会组织空间的发展结构的时间线和事件图：教程 1 和 2(T1 和 T2)以及自主学习(self-directed learning,SDL)

牙科本科三年级（2008/2009）：PBL													
综合学期 I							综合学期 II						
模块 I			模块 II				模块 III				模块 IV		
问题1	2	3	4	5	6	7	8	9	10	11	12	13	14

在问题周期内和跨周期的多模态学习（重点学生：4）		
教程1（T1）	自主学习（SDL）	教程2（T2）
问题探究（S4）	在线活动（S4）	问题理解（S4）

图 46.2　一个将事件边界嵌入有说服力案例的图形

空间。

　　这一层次的制图为探索本地的互文活动网络提供了一个锚点，然后对使用中的对话进行分析。如图 46.3 所示，深色确定了活动流中区分互文事件链的位置。这一层次的制图使视觉（例如，对象的屏幕截图、行动者的物理配置和面向参与者的数字资源）文本锚定，从而成为发展事件中的行动者，集体和 S4 在自主学习空间中，面向并参与到项目中。通过这些视觉（再）展示，IE 团队在开发的情境中，为概念意义增加了不同层次的语境化线索（Gumperz 和 Behrens，1992），在这些情境中，概念被提出并提供给学生。

　　这种互文方法为分析发展中的事件和对话提供了新视角。因此，绘制这些相互关联的文本和事件，为探索这种 PBL 整个活动周期的根源和发展文本提供了一个民族志空间。通过纳入视觉文本，作者还提供了证据，证明了学生集体和个人获得的视觉文本的范围，以及他们在 PBL 和 SDL 在线系统和数据库中的导向。

　　4. 通过对话分析在互文活动网络中建立联系：行为准则 4

　　在之前几个层次的绘图中，缺少的是被提出、被承认、被认可（或不认可）和互动完成的实际话语（另见 Bloome 等，2005；Koschmann，本手册）。在本节中，我们将提供两个分析，一个是对教程 1 的分析，另一个是对教程 2 的分析，以证明对话分析使其他层次的制图和地图构建无法实现的探索成为可能。通过添加一份记录，并在开发的教程中定位谈话点，IE 团队将分析的焦点带到特定时刻，在这些时刻，话语构成了一个锚点，用来检查学生和他们的促进者如何在这个单一的 PBL 周期中塑造教程的方向。本节中的两幅图呈现了锚定学生在 PBL 周期的特定时刻是如何发展其理解的，以及所观察到的获得帮助的过程。

　　如节选的对话所示，S4 读完案例场景后，主席（学生 6，S6）邀请他们讨论以探究材料形式呈现的视觉文本（X 光照片、照片和研究模型）。在这对话片段中，S6 在教程促进者的观察下，为集体工作建立了一套参数。为了探究参与该 PBL 学习过程的建议行动，我们采用了一种新的分析方法，这种方法扩展了布里奇斯等人（Bridges 等，2012）所报道的内容。我们（重新）构建了斯普拉德利（Spradley，1980）提出的以下逻

牙科本科三年级（2008/2009）：PBL

综合学期 I							综合学期 II						
模块 I			模块 II				模块 III				模块 IV		
问题1	2	3	4	5	6	7	8	9	10	11	12	13	14

在问题周期内和跨周期的多模态学习（重点学生：4）

教程1（T1）			自主学习（SDL）			教程2（T2）		
问题探究（S4）			在线活动（S4）			问题理解（S4）		
时间	形态	事实/假设	时间	形态	话题/关键词	时间	形态	综合
0：04：48	问题陈述（打印）	去看牙医	0：07：55	电子图书馆＞牙科更新	影响颌生长的因素	0：15：08	可视化：白板图画	头盖骨的侧面图
0：13：32	临床拍照	降低面部高度	0：09：01	讨论	III类咬合不正	0：51：22		下颌骨的旋转生长
0：26：05	头部测量法的X光照片	颌的关系	0：13：59	电子图书馆＞牙科正畸网络杂志	影响颌生长的因素	0：52：22		男性的向前旋转/垂直高度下降
0：37：13	研究模型	移位，开牙合	0：14：42	电子图书馆＞科学指导	影响颌生长的因素	0：58：09		增长测量
0：51：39	头部测量法的X光照片	ANS和PNS的位置	0：15：49	电子图书馆＞牙科正畸杂志	影响颌生长的因素	1：23：24	讨论	I类、II类和III类咬合不正
1：00：28	讨论	口腔状况/发音及咀嚼困难	0：20：53	电子图书馆＞科学指导	颌骨生长	1：40：29	头部测量法和全景X光照片	功能器具排斥/磨牙发育
1：12：22		正颚手术	0：21：29	讨论：科学指导	生长/牙科正畸治疗	1：53：45		抗抑郁药物的临床意义
1：14：42		复杂手术依从性低	0：22：21	讨论	影响颌生长的因素	1：55：58	讨论	双相情感障碍/抑郁和焦虑
			0：26：08	电子图书馆＞科学指导	生长/牙科正畸治疗			

图46.3　将事件图连接到可视活动锚点

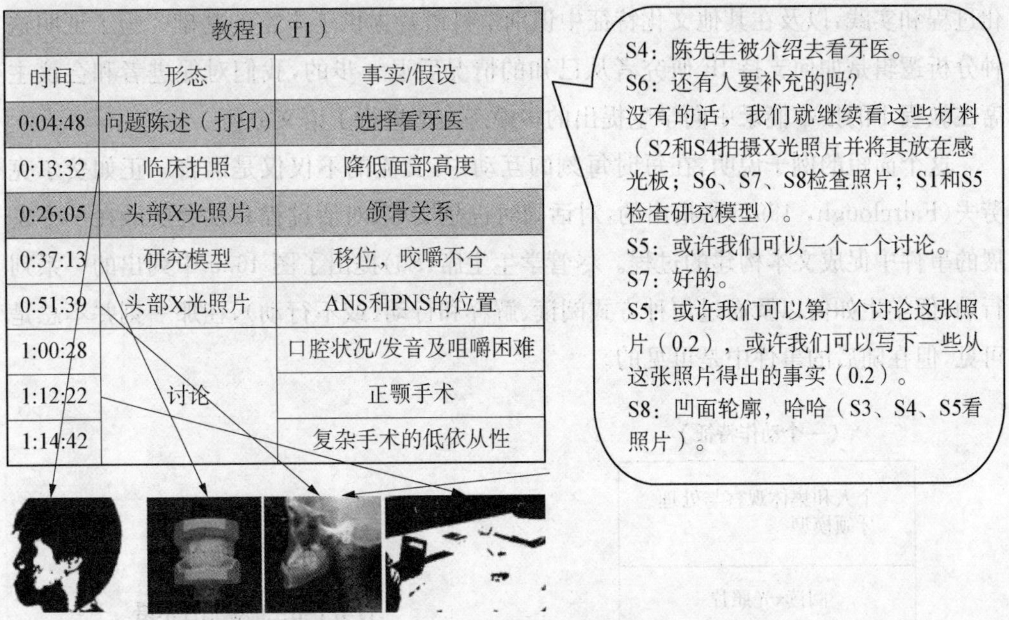

图46.4 在活动、形态和使用对话之间建立联系(教程1,图46.3)

辑,以探讨文化特征之间的关系,并确定特定类型的文化模式(见表46.2)。

表46.2 作为行为准则6的语义分析

1 严格包含:X是Y的一种
行动者、活动、事件、对象、关系、目标、时间的种类

2 空间上:X是Y的一部分
活动、地点、事件、对象/作品的部分

3 理由:X是做Y的理由
行动、开展活动、使用对象、安排空间、寻找目标的理由

4 行动的场所:X是做Y的场所
活动的场所、人们行动的场所、事件发生的场所

5 功能:X被用于Y
用于对象、事件、行为、活动、场所

6 方法—目标:X是做Y的一种方法
组织空间、行动、成为行动者、获取信息的方法

7 序列:X是Y的一个步骤
在一个行为、一个事件、一个活动、成为一个行动者中实现目标的步骤

8 属性:X是Y的属性
对象、地点、时间、行动者、活动、事件的特征

9 原因—结果:X是Y的结果
活动、行为、时间、感情的结果

　　接下来的分析旨在展示如何通过识别行动、意义、提出的理由和行动的场所等文化特征,在提出、承认、认可和互动完成的过程中如何识别正在形成的文化模式。我们的重点是让人们看到,通过采用这种逻辑作为行为准则,小小的互动链如何为识别文

化过程和实践,以及在其他文化特征中识别学科语言提供了丰富的基础。为了证明这种分析逻辑是如何支持 IE 研究者从已知的情况后退一步的,我们对促进者和会议主席在教程 1 的抄本摘录中向学生提出的多模态文本进行了语义分析。

这个简短的例子说明,在每时每刻的互动中,交流的不仅仅是语言。正如费尔克劳夫(Fairclough,1992)所指出的,对话同时也是文本、对话过程和社会实践在一个发展的事件中促成文本构建的过程。尽管学生主席(S6)提出了图 46.5 中列出的一系列行动,但学生如何以及通过何种方式阅读、解释和行动(或不行动),在那一刻并不总是可见,但在随后的事件中是可见的。

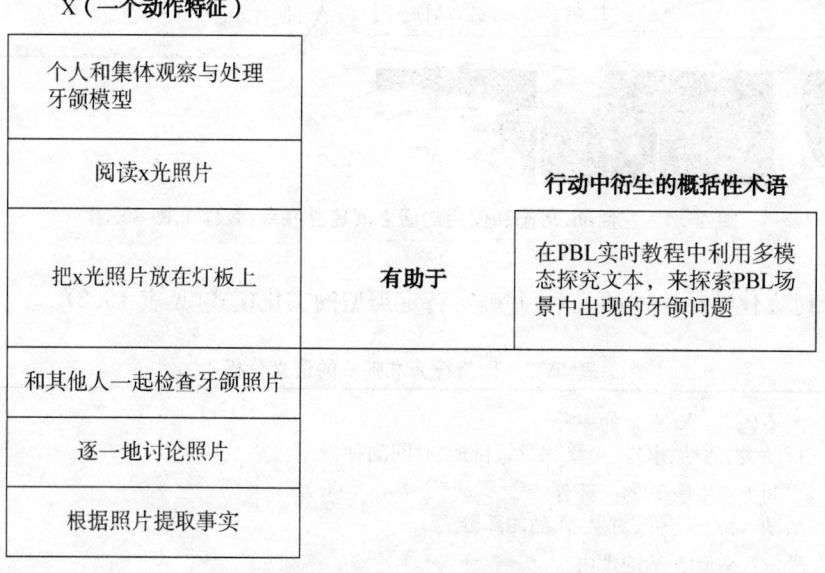

图 46.5 促进者所要求的过程语义分析

为了理解追踪行动者配置的必要性,以及在不同时间和事件中所提出并完成的交互内容,我们借鉴了甘柏兹(Gumperz,1982)的观点,他在构建互动社会语言学时,提出了理解参与者之间发展互动的方法。他认为,人们在任何基于过去经验的交互中都会带来语言、文化和社交预设。在教程 1 的简短片段中,它被嵌入到一个教育项目的一系列 PBL 循环中,我们可以从中看到锚定学生(S4)和学生主席(S6)如何与其他学生进行协商,如何以及以何种方式开展任务,并据此将他们的讨论建立在牙科医生阅读和解读的专业对象/作品的基础上,以决定采取何种临床决策和行动。不过我们看不到学生们如何在他们的未来工作中采取和借鉴这些建议的行动。因此,在这篇关于辅导学生之间的初始交流的简要分析中,我们以可见的概念引导方式获得参与者正在构建的文化特征,并探索发展专业教育活动,作为个人—集体发展的场所。

以该分析作为一个锚点,我们现在探索 S4 在教程 2 中遇到的框架冲突。如前所述,学生(S4)在教程 1 中变得沉默寡言,但在教程 2 中,她能够以学术上期望的方式参与其中。以下的摘要(见原始章节,Bridges 等,2012,摘录 5)捕捉了 S4 在教程 2 中经历的一个预期的框架冲突(frame clash)或冲突点(Tannen,1993),这个冲突发生在当她努力用语言(重新)呈现牙科概念时。

　　　　F:所以:男性会倾向于朝哪个方向旋转呢?

　　　　S4:顺时针(.)

　　　　F:垂直=垂直增长,(.)垂直增长的增加?

　　　　S4:减少(.)

　　　　F:减少,但它是顺时针方向?

　　　　S4:你的意思是下颌骨是逆时针生长的,但它=我不知道怎么描述,它

　　是(.)下颌骨向前生长?

　　在 S4 和作为促进者(F)的牙科教育者之间的这种讨论交流中,S4 努力用语言解释下颌骨的生长。接下来发生的事情证明,促进者为 S4 创造了一个丰富点(引申为民族志学者);也就是说,他把他的要求从口头陈述(S4 的框架冲突)转变为视觉展示,他说,只要画出来就可以了,这样 S4 就可以展示出她对这个复杂的牙科概念的理解(见图 46.6)。通过(重新)制定指令,促进者帮助解决了 S4 的框架冲突。这一点在 S4 的

F:=只要画它(.)箭头方向(当S8和S1互相讨论时,S4走到黑板前画图)
F:这不是…旋转,这是AP,你只是移动整个AP。
S4:这里向后=向前旋转↑然后…向后旋转(完成并走回座位)
S4:我画得不够圆,我再画一遍(返回并画另一个)
S4:这是(.)向后。
F:这是女性的=
S4:=耶=
F:=好吧
S4:那向前是(.)你认为它是(.)对,另外(一个)
F:(但是)那么…垂直维度是不同的(.)如果是向后的,面部高度会增加。但你说的是男性在垂直维度上增加,对吧?=
S4:=哦,减少=
F:=男性的减少。好吧?
S4:我不确定。书上写的,成人的颅面生长,当其他维度停止时,垂直变化仍然占主导地位(抬头看促进者)男性有向前旋转的趋势(.)是的
F:这意味着垂直维度减小=
S4:=Mmm(0.10.0)(S4对S6耳语)
F:好的

教程2(T2)		
问题理解(S4)		
时间	形态	综合
0:15:08		头盖骨的侧面图
0:51:22	可视化:白板绘图	下颌骨的旋转生长
0:52:22		男性的向前旋转/垂直高度下降
0:58:09	讨论	增长测量
1:23:24		Ⅰ类、Ⅱ类和Ⅲ类咬合不正
1:40:29	头部测量法和全景X光照片	功能器具排斥/磨牙发育
1:53:45	讨论	抗抑郁药物的临床意义
1:55:58		双相情感障碍/抑郁和焦虑

图 46.6　从框架冲突中追踪交互链

绘图中得到了体现,而且重要的是,她随后在自我纠正和修改该现象的初始绘图中也表现出了自主性。

这一连串的谈话和活动促使 IE 团队进一步探究绘图和相关推理(逆向映射)的根源。通过对教程之间事件的分析,团队确定了 S4 是如何在 SDL 空间中进行在线搜索并探索不同文本的。这组分析也阐明了探究多模态文本文献的必要性(Kress,2000,2010)。

这种交流和跨越三个社会组织空间的行动为构建一系列有根据的描述(Heap,1991)提供了经验基础,也为布里奇斯等人(Bridges 等,2012)构建为发展中事件和跨越发展中事件的行动者代理的理论理解奠定了基础,指出有必要从可观察时刻的传统观点走出来,进行多层次分析。

5. 拓展 IE 探究逻辑:反思性作为行为准则 5

在(重新)构建布里奇斯等人的理解并运用斯普拉德利(Spradley,1980)的文化特征分析来拓展这种分析的过程中,我们阐述了迭代、递归和溯因的使用逻辑是如何遵循前面所提出的行为准则的。通过展示这种使用逻辑,我们使行为准则变得透明,而不仅仅是可见的,这些准则指导 IE 团队在这个有目的设计的教育环境中,构建对学科和专业知识的本地和情境理解。我们也清楚地说明了为什么布里奇斯团队借鉴了关于文本的多模态性(口语、书面、口头、视觉)理论观点的进步(Jewitt,2014;Kress,2000,2010),该理论构建了符号学理论(Kress,2000,2010),以支持他们对早期 IE 研究中还没有解决的特定模式的理解(解释)——特别是,克雷斯(Kress)的理论观点创造了理解交互视觉链(intervisual links)的方法。此外,研究团队还借鉴了韦尔奇(Wertsch,1994)的符号学媒介(semiotic mediation)概念,对文本(口头和书面)意义的社会协商进行了解释。运用这些理论,他们开发了一套解释性理论,以支持从团队在教程中和以前未被研究的自主学习环境中教程之间的空间中发现的模式进行理论推论。通过参与一个反思性过程,确定了对参与和使用多模态文本的理论观点的需求,布里奇斯等人(Bridges 等,2012)提出了另一个行为准则——需要回归文献,通过 IE 使用逻辑确定的模式构建解释性理论,即之前未知的模式,但所进行的分析层次表明,有必要对这些模式形成有理论依据的理解。因此,这一行为准则使人们看到,作为一种探究逻辑,IE 并不是一个固定的理论观点,而是随着新研究的开展而不断发展的理论观点,新的研究需要对所研究的现象有新的或扩展的理论理解(Heap,1995)。

目前,布里奇斯及其团队已经扩展了他们的 IE 探究逻辑,通过对 PBL 与教育技术的利用解决他们研究的特殊情境(见 Bridges 等,2016)。扩展后的探究逻辑包括一些概念性的观点,使他们聚焦于将 PBL 作为一种与社会建构主义学习设计概念一致的问题(Hmelo-Silver 等,本手册),同时继续立足于本章提出的 IE 概念基础。这一目标使人们在基于探究的小组讨论以及其他与学习科学目标交叉的情境或过程中(Hoadley,本手册)确定了与学习的社会建构性有关的最新发展。这一关注也带来了一套基于对话的理论观点,以支持对知识的认识理解的分析(Kelly,2016),即知识是在有目的设计的教育学习空间中,通过行动者之间的(相互)行为和(相互)文本活动进行社会建构的。

四、致谢

我们要感谢道格拉斯·贝克(W. Douglas Baker,东密歇根大学)在整个过程中提出的编辑意见。他的见解及建议对于本章的形成以及将 IE 描述为认识论而非方法非常重要。

五、延伸阅读

Bloome, D. , Carter, S. P. , Christian, B. M. , Otto, S. , & Shuart-Faris, N. (2005). *Discourse analysis and the study of classroom language and literacy events：A microethnographic perspective.* Mahwah, NJ：Lawrence Erlbaum.

本书提供了一个微观民族志方法的框架,以研究阅读过程、身份和权力关系是如何在不同学习者的课堂话语使用中被社会构建的。

Gee, J. P. , & Green, J. L. (1998). Discourse analysis, learning, and social practice：A methodological study. *Review of Research in Education*, 23,119 - 169.

本文提出了一个探讨社会背景下学习的物质、活动、符号和社会维度的框架,对教育情境中学习的对话研究所涉及的方法论问题进行了综述。

Kaur, B. (Ed.). (2012). *Understanding teaching and learning：* Classroom research revisited. Rotterdam/Boston/Taipei：Sense Publishers.

本书由一个跨学科的研究小组协作完成,其中包括 LS 的研究者,他们批判性地(重新)审查并阐述指导格雷厄姆·纳托尔关于课堂教与学关系的工作理论;提出未来课堂研究和评估的方向;并提供旨在课堂和学校的社会/文化环境中实现更复杂的个人和不同学习者的模型。

Skukauskaite, A. , Liu, Y. , & Green, J. (2007). Logics of inquiry for the analysis of video artefacts：Researching the construction of disciplinary knowledge in classrooms. *Pedagogies：An International Journal*, 2(3),131 - 137.

本期《教学法》特刊提供了一套国际性的视频民族志研究,探讨基于视频的对话分析如何支持和/或限制在 K - 12 课堂学习学科知识机会的微观—宏观关系。

Walford, G. , (2008)(Ed.), *How to do educational ethnography.* London：Tufnell Press.

本书是在设计、收集、分析和报告教育的民族志研究过程中涉及的方法问题和方向的汇编。

六、NAPLeS 资源

Green，J. L. & Bridges，S. M.，15 minutes about interactional ethnography [Video file]. In *NAPLeS* video series. Retrieved October 19，2017，from http://isls-naples. psy. lmu. de/video-resources/guided-tour/15-minutes/bridges_green/index. html

Green，J. L. & Bridges，S. M.，Interview about interactional ethnography [Video file]. In NAPLeS video series. Retrieved October 19，2017，from http://isls-naples. psy. lmu. de/video-resources/interviews-ls/bridges_green/index. html

参考文献

Agar, M. (1994). *Language shock: Understanding the culture of conversation.* New York: Quill.

Agar, M. (2006). An ethnography by any other name. *Forum Qualitative Sozialforschung/Forum: Qualitative Social Research,* 7(4, September, Art. 36). Retrieved from http://nbn-resolving.de/urn:nbn:de:0114-fqs0604367

Baker, W. D., & Green, J. (2007). Limits to certainty in interpreting video data: Interactional ethnography and disciplinary knowledge, *Pedagogies: An International Journal, 2*(3), 191–204. doi:10.1080/15544800701366613

Bakhtin, M. M. (1979/1986). *Speech genres and other late essays* (V. W. McGee, Trans.). Austin, TX: University of Texas Press.

Bloome, D., Carter, S. P., Christian, B. M., Otto, S., & Shuart-Faris, N. (2005). *Discourse analysis and the study of classroom language and literacy events: A microethnographic perspective.* Mahwah, NJ: Lawrence Erlbaum.

Bloome, D., & Clarke, C. (2006). Discourse-in-use. In J. Green, G. Camilli, & P. Elmore (Eds.), *Handbook of complementary methods in education research* (pp. 227–242). Washington, DC/Mahwah, NJ: AERA/Lawrence Erlbaum.

Bloome, D., & Egan-Robertson, A. (1993). The social construction of intertextuality in classroom reading and writing lessons. *Reading Research Quarterly, 28*(4), 305–333.

Bridges, S., Botelho, M., Green, J. L., & Chau, A. C. M. (2012). Multimodality in problem-based learning (PBL): An interactional ethnography. In S. Bridges, C. McGrath, & T. L. Whitehill (Eds.), *Problem-based learning in clinical education: The next generation* (pp. 99–120). Dordrecht: Springer.

Bridges, S. M., Green, J. Botelho, M. G., & Tsang, P. C. S. (2015). Blended learning and PBL: An interactional ethnographic approach to understanding knowledge construction in-situ. In A. Walker, H. Leary, C. E. Hmelo-Silver, P. A. Ertmer (Eds.), *Essential readings in problem-based learning: Exploring and extending the legacy of Howard S. Barrows* (pp. 107–130). West Lafayette, IL: Purdue Press.

Bridges, S. M., Jin, J., & Botelho, M. G. (2016). Technology and group processes in PBL tutorials: An ethnographic study. In Bridges, S. M., Chan, L. K., Hmelo-Silver, C. (Eds.), *Educational technologies in medical and health sciences education.* (pp. 35–55). Dordrecht: Springer.

Bucholtz, M. (2000). The politics of transcription. *Journal of Pragmatics, 32,* 1439–1465.

Castanheira, M. L., Crawford, T., Dixon, C. N., & Green, J. L. (2000). Interactional ethnography: An approach to studying the social construction of literate practices. *Linguistics and Education, 11*(4), 353–400. doi: 10.1016/s0898-5898(00)00032-2

Danish, J., & Gresalfi, M. (2018). Cognitive and sociocultural perspective on learning: tensions and synergy in the Learning Sciences. In F. Fischer, C. E. Hmelo-Silver, S. R. Goldman, & P. Reimann (Eds.), *International handbook of the learning sciences* (pp. 34–43). New York: Routledge.

Fairclough, N. (1992). Intertextuality in critical discourse analysis. *Linguistics and Education, 4*(3–4), 269–293.

Frederiksen, C., & Donin, H., (2015). Discourse and learning in contexts of educational interaction, In N. Markee (Ed.), *Handbook of classroom discourse & interaction* (pp. 96–114). Oxford: Wiley-Blackwell.

Green, J., & Meyer, L. (1991). The embeddedness of reading in classroom life: Reading as a situated process.

In C. Baker & A. Luke (Eds.), *Towards a critical sociology of reading pedagogy* (pp. 141–160). Amsterdam: John Benjamins.

Green, J. L., Skukauskaite, A., & Baker, W. D. (2012). Ethnography as epistemology: An introduction to educational ethnography. In J. Arthur, M. J. Waring, R. Coe & L. V. Hedges (Eds.), *Research methodologies and methods in education* (pp. 309–321). London: Sage.

Green, J., Skukauskaite, A., Dixon, C., & Cordóva, R. (2007). Epistemological issues in the analysis of video records: Interactional ethnography as a logic of inquiry. In R. Goldman, R. Pea, B. Barron, & S. J. Derry (Eds.), *Video research in the learning sciences* (pp. 115–132), Mahwah, NJ: Lawrence Erlbaum.

Gumperz, J. J. (1982). *Discourse strategies* (Vol. 1). New York: Cambridge University Press.

Gumperz, J. J., & Behrens, R. (1992). Contextualization and understanding. In A. Duranti & C. Goodwin (Eds.), *Rethinking context: Language as an interactive phenomenon* (pp. 229–252). Cambridge, UK: Cambridge University Press.

Heap, J. (1991). A situated perspective on what counts as reading. In C. Baker & A. Luke (Eds.), *Towards a critical sociology of reading pedagogy* (pp. 103–139). Philadelphia, PA: John Benjamins.

Heap, J. L. (1995). The status of claims in "qualitative" educational research. *Curriculum Inquiry, 25*(3), 271–292.

Heath, S. B. (1982). Ethnography in education: Defining the essentials. In P. Gilmore & A. A. Glatthorn (Eds.), *Children in and out of school: Ethnography and education* (pp. 33–55). Washington, DC: Center for Applied Linguistics.

Heath, S. B., & Street, B. V. (2008). *On ethnography: Approaches to language and literacy research.* New York: Teachers College/NCRLL.

Hmelo-Silver, C. E., Kapur, M., & Hamstra, M. (2018). Learning through problem solving. In F. Fischer, C. E. Hmelo-Silver, S. R. Goldman, & P. Reimann (Eds.), *International handbook of the learning sciences* (pp. 210–220). New York: Routledge.

Hoadley, C. (2018). A short history of the learning sciences. In F. Fischer, C. E. Hmelo-Silver, S. R. Goldman, & P. Reimann (Eds.), *International handbook of the learning sciences* (pp. 11–23). New York: Routledge.

Jewitt, C. (2014). *The Routledge handbook of multimodal analysis* (2nd ed.). London/New York. Routledge.

Kelly, G. J. (2016). Methodological considerations for the study of epistemic cognition in practice. In J. A. Greene, W. A. Sandoval, & I. Braten (Eds.), *Handbook of epistemic cognition* (pp. 393–408). New York: Routledge.

Koschmann, T. (2018). Ethnomethodology: Studying the practical achievement of intersubjectivity. In F. Fischer, C. E. Hmelo-Silver, S. R. Goldman, & P. Reimann (Eds.), *International handbook of the learning sciences* (pp. 465–474). New York: Routledge.

Kress. G. (2000). Multimodality. In B. Cope & M. Kalantzis (Eds.), *Multiliteracies.* (pp. 182–202). London: Routledge.

Kress. G. (2010). Multimodality: A social semiotic approach to contemporary communication. London/New York. Routledge.

Mercer, N., & Hodgkinson, S. (2008). *Exploring talk in schools.* London: Sage.

Mitchell, C. J. (1984). Producing data. In R. F. Ellen (Ed.), *Ethnographic research: A guide to general conduct* (pp. 213–293). New York: Academic Press.

Ochs, E. (1979). Transcription as theory. In E. Ochs & B. Schieffelin (Eds.), *Developmental pragmatics* (pp. 43–72). New York: Academic.

Puntambekar, S. (2018). Design-based research (DBR). In F. Fischer, C. E. Hmelo-Silver, S. R. Goldman, & P. Reimann (Eds.), *International handbook of the learning sciences* (pp. 383–392). New York: Routledge.

Putney, L., Green, J. L., Dixon, C., Duran, R., & Yeager, B. (2000). Consequential progressions: Exploring collective individual development in a bilingual classroom, In C. Lee & P. Smagorinsky (Eds.), *Constructing meaning through collaborative inquiry: Vygotskian perspectives on literacy research* (pp. 86–126). New York: Cambridge University Press.

Spradley, J. (1980). *Participant observation.* Fort Worth, TX: Harcourt Brace Jovanovich.

Street, B. (1993). Culture is a verb. In D. Graddol (Ed.), *Language and Culture* (pp. 23–43). Clevedon, UK: Multilingual Matters/BAAL.

Tannen, D. (Ed.). (1993). *Framing in discourse.* New York: Oxford University Press.

Wertsch, J. (1994). Mediated action in sociocultural studies. *Mind, Culture and Activity, 1*, 202–208.

第 47 章　学习科学家的视频研究方法：现状与未来方向

莎伦·德里，拉娜·明修，凯莉·巴伯莱斯特，雷贝卡·杜克（Sharon J. Derry, Lana M. Minshew, Kelly J. Barber-Lester, Rebekah Duke）

　　廉价的、可用的、便携的、高质量的视频技术的易获得性正在显著地影响着学习科学的研究。视频技术（video technologies）——包括录制、编辑、归档与分析工具——为研究人员提供了越来越强大的方法，在正式和非正式的教育环境中，为研究和教学收集、分享、研究和呈现详细的教学案例。自 2010 年以来，在《学习科学期刊》（Journal of the Learning Sciences）上发表的研究中，有一半包括对视频数据的收集与分析。在最近三届国际学习科学会议（International Conference of the Learning Sciences）的论文集中，已经出现了 366 篇有关视频研究的论文。在学习科学领域的学术活动中，视频研究占了很大的比重。

　　视频使学习科学家能够捕捉、研究交互过程的细微之处，包括谈话、眼睛注视、身体姿势、语调、面部表情、工具的使用、作品的生成，以及共同注意力的维持等（Barron，Pea 和 Engle，2013）。然而，即使是几个小时的视频数据也包含了太多的细节，除非研究人员有实用的工具和策略来聚焦他们的工作，否则他们很容易变得不知所措。

　　我们在本章中探讨了以收集视频为主要数据源的教育设计研究（McKenney 和 Reeves，2012）所面临的挑战。我们根据之前发布的指南（例如，Barron 等，2013；Derry 等，2010；Derry，Sherin 和 Sherin，2014）提供研究策略，并通过我们自己的经验进行审核。然后，我们将与视频相关的新兴趋势视为"大数据"，包括仪器、学习分析、数据管理和伦理等。我们的目标是为那些在快速变化的技术环境中踏上视频研究这一激动人心的冒险的设计者—研究者指明方向。

一、教与学的视频研究

1. 规划

　　视频被用于研究多种类型的学习环境，从教室到博物馆，再到实验室（例如，Kisiel，Rowe，Wartabedian 和 Kopczak，2012；Minshew，Derry，Barber-Lester 和 Anderson，2016；van de Pol，Volman，Oort 和 Beishuizen，2014；Zahn，Pea，Hesse 和 Rosen，2010）。每种类型的环境都有其独特的问题，研究者必须通过周密的预先规划来解决这些问题。

理论上有动机的研究问题可以帮助研究人员保持专注，而不被淹没在细节的海洋中。研究问题也能提供有关设备选择、录制时间与数量、相机位置以及其他数据收集的决策。视频数据的收集不仅会受到物理环境布局的影响，而且也会受到伦理和机构审查要求以及必须使用什么记录设备的限制。提前对环境进行考察，可以了解研究必须解决的后勤问题，包括电源插座的可用性、三脚架的空间、照明的充足性、音频的挑战、可能干扰视频收集的自然活动模式，以及环境安排，以避免记录未经同意的参与者。

设想一下，一个研究者想要在一个拥挤的教室里研究教师在数学课堂讨论中使用的手势，其设备包括两台带广角镜头的相机和一些可用的麦克风，那么该如何进行规划呢？根据研究问题和研究环境，研究者选择将一台无线跟拍相机聚焦于佩戴蓝牙翻领式麦克风的教师。备用电池随时待命。将另一个广角镜头相机放置在一个三脚架上，并将三脚架固定在地板插座旁边。这台广角摄像机将聚焦在教室的一侧，朝向那些知情同意的学生座位。一名学生将帮助同时启动两台摄像机。研究者将在每次录制后立即记录关键事件。现在，准备，设定，拍摄！

2. 设备

随着时间的推移，视频录制设备的可用性和质量显著提高，因为这些设备的价格已经下降，研究人员几乎可以在任意预算下进行视频研究。高质量的商用摄像机可供预算宽裕和有特殊需求的人使用。然而，基本的家用录像机甚至智能手机录像机也足以满足许多类型的研究。我们利用家用录像机和坚固的三脚架在课堂上收集全班和小组的视频数据。我们使用了多达 4 个同时运行的摄像机来捕捉宏观层面的课堂事件和微观层面的小组互动。

家用录像机内置的麦克风所提供的音质有一定的局限性。相比之下，音频增强设备，如立式麦克风、翻领式麦克风和吊杆式麦克风可以改善教室等嘈杂环境中的音质。环境和研究目标决定了需要什么样的音频支持。例如，如果需要关注整个教室，并突出教师，我们通常会使用带有广角镜头的摄像机和教师随身带的翻领麦克风。如果研究的对象是以小组为单位的学生，一种首选的方法是将摄像机对准围绕着一张小桌子排成半圆的学生，用桌上的麦克风来捕捉声音。

越来越常见的研究是利用嵌入在学生笔记本电脑中的摄像头和专门的屏幕播放软件来捕捉被试者的面部和对话，因为他们围绕着基于计算机的活动进行交互。这些数据可以与计算机操作的屏幕截图以及日志文件一起分析（例如，Lee, Pallant, Tinker 和 Horwitz, 2014；Malkiewich, Lee, Slater, Xing 和 Chase, 2016）。一些研究人员还采用第一人称视角的摄像机，如 Go-Pros®，来拍摄代表被试者视角的视频 (Choi, Land 和 Zimmerman, 2016)。我们看到越来越多的替代性视频录制方法，包括廉价的 360°沉浸式摄像机和智能手机上的各种录制增强功能，而且这些方法也在被学习科学研究人员所采用。

3. 选择：瞄准、平移与缩放

在录制过程中决定如何聚焦摄像机,本质上是数据采样的选择。视频捕捉的角度,以及数据采集过程中的任何平移和缩放,都可能对研究结果产生重大影响。过多的平移和缩放导致视频数据难以观看,它会消除重要的背景元素,并使研究者可能错过画面之外的重要元素。德里等人(Derry 等,2010)提供了罗杰斯·霍尔(Rogers Hall)的摄像工作指南。

4. 田野笔记

在一个典型的设计研究中,大量的视频数据迅速积累,很快会变得难以导航和使用。以定时增量(例如,每五分钟一次)或带有时间戳的田野笔记是管理视频数据的好帮手。田野笔记可以引导研究者在视频集合中找到自己感兴趣的时刻。理论观点和研究问题应该指导田野笔记的记录。例如,当研究学生的论证时,研究者可以注意到学生利用证据或反驳的例子。之后,田野笔记可以指向具体的目标,以便在一个具有兼容时间戳的视频中进行分析。

5. 存储和归档

虽然高质量的田野笔记提供了视频索引的第一步,但另一个重要的实际考虑是如何存储和归档视频,以支持未来的研究。我们的团队使用可视化表征捕捉我们已经实现的设计的工作流,以及相关的标记系统,从而组织一个大型数据语料库(Barber-Lester, Derry, Minshew 和 Anderson,2016)。将可视化表征和标记相结合,可以使我们在设计研究的迭代之间快速系统地选择数据开展研究。学生作品、视频文件、课程计划和评估都能在我们的系统中显示和存档。这项工作的一个重要思想是中间表征在视频研究中的价值(Barron 等,2013;Derry 等,2010)。

6. 分析框架

学习科学中的许多视频研究关注的是在交互过程中学到了什么,以及交互的哪些方面促进或干扰了学习。如何选择交互分析的方法取决于一个人的研究问题和理论承诺。埃尼迪和史蒂文斯(Enyedy 和 Stevens,2014)提供了一个思考这些承诺的有趣视角,他们描述了三个框架。第一类研究从认知传统出发,研究中交互的兴趣主要是作为参与者的认知窗口。在这些研究中,作为有声思维方法(think-aloud method)的延伸,视频数据会被用来推断话语中所揭示的思维过程。第二类研究更多地关注交互,并可能对数据进行顺序编码,以揭示对话模式与其他交互结构(例如,Mehan,1979)。这类研究可能会寻求可重复的对话结构与远端测量的学习结果之间的关系。第三种类型的研究则是在学习科学中越来越常见的研究,它关注的是更宏大的目标,即理解协作交互的复杂系统,包括来自环境的中介工具,以及这些模式如何产生实践和概念理解。这个目标的研究人员通常对丰富的解释性描述感兴趣,却可能并不对将这些见解与学习的远端测量联系起来感兴趣(例如,Alac' 和 Hutchins,2004;另见 Green 和 Bridges,本手册;Koschmann,本手册;Puntambekar,本手册)。

7. 选择

无论一个人的框架假设是什么,进行视频分析的一个重要步骤是,决定从一个更大的语料库中选择哪些视频和支持数据进行仔细研究。有时,选择策略必须确保分析结果能代表更大的群体。例如,我们目前正在研究校本干预之前和之后的小型协作小组的抽样交互,以评估干预是否以及如何影响整个年级内的协作过程。在这种情况下,我们力求从视频语料库中进行系统的、无偏见的选择。

这种方法与不太系统的抽样形成鲜明对比。例如,研究者有时只选择一个视频片段进行深入研究,不是因为它能代表一个明确定义的人群,而是因为它是研究者感兴趣的丰富的交互例子(例如,Koschmann 和 Derry,2017)。有人可能会说,既然我们目前对人类交互知之甚少,那么所有这样的例子都值得研究。

8. 转录

视频研究者做出的另一个分析决定是是否转录。大多数视频研究者确实都会转录,尽管这一步骤并不普遍。有许多转录方法可供选择,选择使用哪种方法取决于研究问题和理论承诺。当视频在分析之前进行转录时,转录本身可能成为主要的数据源。因此,研究者必须决定视频中哪些部分是重要的,应该在转录中体现出来,而哪些部分不应该包括在内。例如,大 D 对话分析(big D discourse analysis)(Gee,1999)涉及语言加动作、交互、手势和语调的研究,表明意义和定位,所有这些都必须在作为主要数据源的转录中表示出来。在这种情况下,研究者必须使用完整的符号系统,如杰斐逊转录(Jeffrsonian transcription)。巴伦等人(Barron 等,2013)也提供了一个常见转录选择表。

转录小组交互是视频研究者面临的共同挑战。大多数协作交互的转录都被安排在时间轴上,每个主体的对话贡献出现在单独的一行或一列中,这样重叠的对话片段就很明显。根据研究需要,还可以对转录进行其他改进。

有时,准备一份详细的转录本身就是研究者为了对视频形成详细的理解而亲自进行的分析过程。当合作者逐渐完善他们的转录本和他们对数据的理解时,他们可以分享和讨论视频的分析转录。

即使是详细的视频分析方法,也可能根本不包括形成一个转录本,而是直接观看和查看视频。这得益于一些技术,这些技术使研究者能够找到、播放和重放视频,有时是慢动作,有时是没有声音,以深入研究交互。在这种类型的分析中,交互往往是以协作的方式发生的,转录可能只支持视频研究。自动转录的准确率越来越高,有时可能会用于这个目的,但研究视频的声音质量往往不足以支持协作交互的自动转录。

9. 编码

和转录一样,研究者还必须决定是否对视频数据进行编码,如果要编码,采用什么方法。有些时候,编码是绝对必要的,而有些时候,编码对于手头的研究来说则未必适合(Saldana,2013)。例如,如果用视频数据来衡量一种处理方法是否会导致学生在论证中使用科学证据的改进,那么对证据性论证的数量和质量进行编码是合适的。如果目标是对学生的科学推理提供丰富而深入的描述,那么编码可能没有帮助。

视频编码可以或多或少带有一些演绎或归纳的色彩。如果研究是测试特定的理论猜想或假设,那么可以将预先确定的编码系统应用到数据当中。如果研究者在处理数据时没有强有力的假设,那么基于扎根理论的系统编码方法(从开放式编码或焦点式编码)则允许模式从数据中产生(Glaser 和 Strauss,1967)。研究文献中包含了许多在课堂研究中开发的视频编码系统的例子(例如,Wu,Krajcik 和 Soloway,2001)。一个典型的案例来自于斯蒂格勒、加利莫尔和希尔伯特(Stigler,Gallimore 和 Hiebert,2000)所描述的著名的第三届国际数学与科学研究(Third International Mathematics and Science Study,TIMSS),在该研究中,编码使跨文化教学的比较成为可能。

10. 社会分析过程

协同分析极大地促进了视频研究。编码研究中的协同分析对于建立编码和编码过程的信度与效度至关重要。如约旦和亨德森(Jordan 和 Henderson,1995)等人所描述的,大多数没有编码的社交视频分析方法代表了交互分析(interaction analysis,IA)的一些变体。IA 会议涉及多个研究人员一起观看和讨论视频。首席研究员通常召集一个由不同专家组成的小组,提供视频和转录本,并将研究目的告知该小组。在一个典型的过程中,小组成员一边做笔记,一边仔细观看一个简短的视频片段,并根据要求停止和重新观看。之后,小组成员有 5 分钟或更多的时间写下反思。然后,研究人员以口头方式分享他们的反思,然后进行全组讨论。会议记录成为小组长用来撰写视频分析的数据,随后与小组成员分享以征求意见。

11. 技术工具

学习科学研究的一个主要焦点是开发支持视频研究的创新技术,主要包括视频编辑、存档和分析技术。一些人受到了戈德曼(Goldman,2007;Goldman-Segall,1998)的 ORION(最初称为学习星座)的启发,ORION 是一个早期的创新系统,致力于用视频片段协作开发解释性分析。多年来,它为视频技术的研究提供了重要和创造性的见解(Pea,2006)。今天,许多视频处理和分析功能,如搜索、导入、与转录同步、编码和注释,都可以在专有的商业系统中使用,如 NViVo 或基于网络的 Dedoose,这些系统支持国际上的研究人员,并满足机构审查委员会(institutional review board,IRB)的要求。利用微软和苹果工具提供的基本功能也可以进行良好的视频研究。最近,数据挖掘和分析工具在视频分析中催生了新的可能性,提出了新的技术挑战,这一点将在下面讨论。

12. 报告

在视频报告格式方面,有一些值得注意的试验,如期刊特刊邀请对一个视频进行多次分析,并提供给读者(Koschmann,1999)。一些研究者开创了视频网站,以补充和丰富他们的出版物(Goldman-Segall,1998)。然而,大多数视频研究在报告分析时,都会把视频放在后面。这在一定程度上是出于对被记录的受试者隐私的伦理和监管保护的回应。在附录中可以提供匿名的视频转录,转录的摘录可以穿插在文本中。视频的屏幕截图对于解释诸如手势、空间方向和面部表情等是有效的。除了屏幕截图,研究者有时也会使用插图(Hall, Stevens 和 Torralba, 2002)。

许多研究报告了视频数据的定量和定性分析,这是在指南出版物中得到提倡的(Derry 等,2010)。虽然大多数期刊都规定了报告定量数据的标准格式,但报告视频定性分析的标准格式并不常见。一种经常使用的方法是逐场分析,即按叙事顺序对视频进行分段转录,并穿插对每个片段的解释性讨论。协作交互的转录片段可以在时间轴上呈现,每个主体的话语贡献在单独的一行或一列中展开。由于期刊页数有限,视频研究者面临的挑战是如何找到简明的方式,清晰地展示对复杂视频现象的令人信服的分析。

简明可能不是视频研究的目标,因为视频研究的目标是深入描述(Geertz, 1973)。不过,正如古德温(Goodwin, 1994)关于专业视野的经典作品所说明的那样,对复杂现象的分层描述还是需要以视频数据为证据的有条理、有趣的叙述。

二、用/通过视频进行学习研究

大多数学习科学家收集视频记录作为数据来源。然而,学习科学家也对学习环境进行教育设计研究,这些环境采用视频作为学习和/或评估系统的关键组成部分(例如,Seidel, Blomberg 和 Renkl, 2013;Zahn 等,2010)。这些环境通常旨在为学习者提供比其他情况下更广泛的复杂的现实世界体验。例如,在教师教育中,K-12 教室的视频为职前学习者提供了在课堂上讨论的共同对象,提供了比他们单独通过实地实习获得的更广泛的经验。以下,我们为使用视频进行多媒体学习环境的设计研究提供一些指导。

1. 理论框架

我们将提到三个理论框架,它们为将视频作为学习工具进行研究提供了方法论指导。其中一个框架由施瓦兹和赫特曼(Schwartz 和 Hartman, 2007)提出,即需要特定类型的"设计视频"(p.335)来实现特定的学习目标。他们的方案确定了四种类型的视频学习结果(说、参与、做、看),针对每种类型提出了评估方法,并确定了适合实现预期学习结果的视频类型。例如,广告、预告片和叙事片代表了适合吸引学习者兴趣的视频类型,这可以通过偏好清单进行评估。

迈耶和莫雷诺(Mayer 和 Moreno, 2003)的框架为多媒体环境研究提出了设计原则和研究问题。他们的框架提出了一个双通道的认知架构,其中(1)人类在不同的通道中处理视觉与语言材料;(2)每个通道一次可以处理的材料数量是有限的;(3)有意义的学习包括在积极构建概念上整合视觉和语言材料的表征。这种认知架构使得视频和文本的复杂学习很可能会造成认知超载,因此需要管理超载的设计原则。迈耶和莫雷诺验证了在多媒体实验室环境中有效参与两种通道的设计原则。德里等人(Derry等,2014)应用并扩展了这一理论,为基于视频的教师专业发展研究创造了设计和评估思路。

另一个持续影响视频学习研究的理论视角是认知灵活性理论(Cognitive Flexibility Theory,CFT;Spiro,Feltovich,Jacobson 和 Coulson,1991;Spiro,Collins,Thota 和 Feltovich,2003)。CFT 提出了获取高阶知识的策略,这些策略培养了学生以多种复杂的方式灵活看待情境的能力。CFT 策略还试图压缩体验,以加速发展,使其超出传统教学和实地体验可能完成的范围。两种 CFT 策略是域交叉(domain criss-crossings)和小倍数教学(small multiples instruction)。在域交叉的情况下,一种技术向学习者提供了大量代表目标概念的短视频案例(迷你案例)。在小倍数教学中,学生将所学的概念以不同的混合方式反复组合,以解释复杂的案例。这些策略可以被用于在线环境或者在有技术辅助的课堂讨论中。CFT 方法已经在实验和准实验研究中进行了测试,与对照组相比,它在多种测量中表现良好(例如,Derry 等,2006;Goeze,Zottmann,Fischer 和 Schrader,2010;Palincsar 等,2007)。CFT 原则为教育设计研究提出了重要的假设和设计猜想。

2. 实例研究

在学习科学领域,从视频中学习的研究重点并不在于创造高质量的视频作品,而是开发设计原则,以便从描述真实世界实践的微编辑视频中学习。许多方法强调建立学习共同体和对话文化,参与视频案例的协作分析。例如,谢林及其同事(Sherin 和 van Es,2009)在视频俱乐部的背景下对教师学习进行了研究,设计了专业发展课程,让同事们观看并讨论来自彼此课堂的视频片段。对视频俱乐部的研究说明了学习是如何发生的,以及如何在个人和系统两个层面进行测量。同样重要的是,以视频协作学习为特色的在线环境的激增。例如,赫梅洛-西尔弗等人(例如,Hmelo-Silver,Derry,Bitterman 和 Hatrak,2009)利用在线视频案例来培养职前教师运用学习科学概念分析和设计教学的能力。他们的研究证明了这种在线方法的有效性,并说明了复杂的基于视频的评估在研究中的使用。学习设计有效的协作环境,利用真实的视频资源来促进和测量学习,是学习科学研究的一个重要项目。

三、分析与数据挖掘

伴随着"大数据"的出现,计算技术的进步为改进视频研究带来了希望。与之直接相关的是教育数据挖掘和学习分析,这涉及到对学习者及其情境数据的测量、收集、分析和报告,以达到了解学习者和优化学习环境的目的(Siemens 和 Baker,2012)。这些领域有重叠的目的,但使用不同类型的算法。

视频资源库为应用提供了一种情境。如果适当关注视频共享的伦理标准(Derry等,2010),视频研究数据库可以成为一个重要的资源,可以在数据收集结束后很长一段时间内反复挖掘和研究。数学学习研究和教育的视频马赛克资源库就说明了这一想法(Maher,2009)。教育数据挖掘或学习分析可以用于搜索大型视频数据语料库,并自动选择与特定研究问题相关的数据。当一个视频特征被挖掘出来后,通过计算机算法进行分析,这些信息可以被自动注释在视频上,并被选择用于分析(Calderara,Cucchiara 和 Prati,2008)。例如,在课堂视频中寻找音频流模式可以识别和选择视频片段用于课堂讨论的研究(Li 和 Dorai,2005)。

教育数据挖掘和学习分析在支持视频分析方面具有强大的潜力。即使使用视频分析软件,索引、编码和模式查找也很繁琐和耗时。大数据方法为自动选择和标注、数据转换和快速分析提供了可能。即使在原始视频数据没有被自动选择和分析的情况下,也可以通过手动视频注释来挖掘模式。

复杂的计算机视觉算法展示了教育视频分析的前景,但这些发展主要是为了进行监控。在教育研究中,监控系统已经被用于跟踪和研究博物馆环境中的人(例如,Beaumont,2005)。使用监控系统研究学习的一个障碍是,算法是专有的,无法用于学术用途(Borggrewe,2013)。挑战包括与在公共空间录制视频和获得研究的知情同意方面的伦理考虑。

多模态学习分析(multimodal learning analytics)(Worsley 等,2016)提出了使用高级计算方法分析多模态数据的可能性,其中包括以视频作为主要数据源。除了从视频中挖掘模式外,多模态学习分析还使用了与视频收集同步的捕获设备生成的额外数据。多模态数据可以包括注意力、压力、情绪或任何其他数据流的指标。

学习科学家还没有充分探索学习分析、教育数据挖掘和多模态学习分析在视频研究中的潜力,可能是因为许多教育研究人员缺乏这些方法的专业知识,而且学习曲线很陡峭。许多使用这些方法的研究需要研究人员设计自己的软件,这对那些没有软件设计技能或人员的人来说是一个挑战。随着研究生课程目标的转变,标准的"大数据"工具和算法变得更加普遍,它们很可能会被证明对学习科学中的视频研究很重要。

四、总结

学习科学领域的许多(如果不是大多数)研究项目都包含了大量的视频内容,而且这种趋势很可能会继续下去。我们的章节分享了我们在进行基于视频的教育设计项目时所面临的一些主要挑战,以及从标准实践到新发明的解决方案。未来研究的一个重要途径是根据新兴的计算技术提供的解决方案来研究这些挑战,这将在可预见的未来极大地推动视频研究的发展。

五、延伸阅读

Derry, S. J., Pea, R., Barron, B., Engle, R., Erickson, F., Goldman, R., et al. (2010). Conducting video research in the learning sciences: Guidance on selection, analysis, technology, and ethics. *Journal of the Learning Sciences*, 19, 1 – 51.

这篇文章来自一次跨学科的学者会议,该会议提供了评判由美国国家科学基金会提出并资助的视频研究指导方针。会议还形成了一份冗长的报告:http://drdc.uchicago.edu/what/video-research-guidelines.pdf。这篇精简的文章是一部分学者的总结报告中的主要发现。

Maher, C. (2009, November) Video mosaic collaborative. [Video file]. Retrieved December 13, 2016, from www.youtube.com/watch? v=FQqx8Gw610g

卡罗琳·梅尔博士讨论了视频马赛克(video mosaic),一个用于教学和研究的协作视频资源库,其中收藏了罗伯特·戴维斯学习研究所从 1992 年到现在的纵向研究中捕捉到的描述学生学习数学概念的视频。

Siemens, G., & Baker, R. S. J. (2012). *Learning analytics and educational data mining: Towards communication and collaboration. Proceedings of the Second International Conference on Learning Analytics and Knowledge* (pp. 252 – 254). New York: ACM Press.

研究者们对大数据日益增长的兴趣对视频研究的未来形成强烈的影响。教育数据挖掘和学习分析这两项工作已经发展起来。本文对这些领域提供了一个简单的介绍。

Stigler, J. W., Gallimore, R., & Hiebert, J. (2000). *Using video surveys to compare classrooms and teaching across cultures: Examples and lessons from the TIMSS video studies. Educational Psychologist*, 35(2), 87 – 100.

这篇文章描述和讨论了在第三届国际数学与科学研究(TIMSS)中使用的研究方法,包括代码开发和视频数据编码,其中使用了视频来比较德国、日本和美国的课堂实践。

Zahn, C., Pea, R., Hesse, F., & Rosen, J. (2010). Comparing simple and advanced video tools as supports for complex collaborative design processes. *Journal of the Learning Sciences*, 19(3), 403 – 440.

这篇文章来源于一个实验,它分析了来自 24 个合作伙伴的视频和其他数据,比较了在两个基于不同视频工具设计的学习环境中的历史学习情况:高级视频工具 WebDIVER 和简单的视频回放工具。该文章认为,先进的工具可以促进学生更好的理解和形成更好的学生作品，而且效率更高。

参考文献

Alac', M. & Hutchins, E. (2004). I see what you are saying: Action as cognition in fMRI brain mapping practice. *Journal of Cognition & Culture*, *4*(3), 229–661.

Barber-Lester, K. J., Derry, S. J., Minshew, L. M., & Anderson, J. (2016). Exploring visualization and tagging to manage big datasets for DBR: A modest proposal with significant implications. In C.-K. Looi, J. Polman, U. Cress, & P. Reimann (Eds), *Transforming learning, empowering learners: Proceedings of The International Conference of the Learning Sciences (ICLS) 2016* (pp. 966–969). Singapore, June.

Barron, B., Pea, R., & Engle, R. (2013). Advancing understanding of collaborative learning using data derived from video records. In C. Hmelo-Silver, C. A. Chinn, A. M O'Donnell, & C. Chan (Eds.), *The international handbook of collaborative learning* (pp. 203–219). New York: Routledge.

Beaumont, E. (2005). Using CCTV to study visitors in the New Art Gallery, Walsall, UK. *Surveillance and Society*, *3*, 251–269.

Borggrewe, S. (2013). *Movement analysis of visitors using location-aware guides in museums* (master's thesis). Media Computing Group, Computer Science Department, RWTH Aachen University.

Calderara, S., Cucchiara, R., & Prati, A. (2008). Bayesian-competitive consistent labeling for people surveillance. *IEEE Transactions on Pattern Analysis and Machine Intelligence*, *30*(2), 354–360.

Choi, G. W., Land, S. M., & Zimmerman, H. T. (2016). Educational affordances of tablet-mediated collaboration to support distributed leadership in small group outdoor activities. In C.-K. Looi, J. Polman, U. Cress, & P. Reimann (Eds), *Transforming learning, empowering learners: Proceedings of the International Conference of the Learning Sciences (ICLS) 2016* (pp. 882–885). Singapore, June.

Derry, S. J., Hmelo-Silver, C. E., Nagarajan, A., Chernobilsky, E., & Beitzel, B. (2006). Cognitive transfer revisited: Can we exploit new media to solve old problems on a large scale? *Journal of Educational Computing Research*, *35*, 145–162.

Derry, S. J., Pea, R., Barron, B., Engle, R., Erickson, F., Goldman, R., et al. (2010). Conducting video research in the learning sciences: Guidance on selection, analysis, technology, and ethics. *Journal of the Learning Sciences*, *19*, 1–51.

Derry, S. J., Sherin, M. G., & Sherin, B. L. (2014). Multimedia learning with video. *Cambridge handbook of multimedia learning* (2nd ed., pp. 785–812). New York: Cambridge University Press.

Enyedy, N., & Stevens, R. (2014). Analyzing collaboration. In K. Sawyer (Ed.), *The Cambridge handbook of the learning sciences* (2nd ed., pp. 191–212). New York: Cambridge University Press.

Gee, J. P. (1999). *An introduction to discourse analysis: Theory and method*. New York: Routledge.

Geertz, C. (1973). Thick description: Toward an interpretive theory of culture. In C. Geertz (Ed.), *The interpretation of cultures: Selected essays* (pp. 3–30). New York: Basic Books.

Glaser, B. G., & Strauss, A. L. (1967). *The discovery of grounded theory: Strategies for qualitative research*. New Brunswick, NJ: Transaction Publishers.

Goeze, A., Zottmann, J. M., Vogel, F., Fischer, F., & Schrader, J. (2014). Getting immersed in teacher and student perspectives? Facilitating analytical competence using video cases in teacher education. *Instructional Science*, *42*(1), 91–114.

Goldman, R. (2007). ORION™, an online digital video data analysis tool: Changing our perspectives as an interpretive community. In R. Goldman, R. Pea, B. Barron, & S. J. Derry (Eds.), *Video research in the learning sciences* (pp. 507–520). Mahwah, NJ: Erlbaum.

Goldman-Segall, R. (1998). *Points of viewing children's thinking: A digital ethnographer's journey*. Mahwah, NJ: LEA.

Goodwin, C. (1994). Professional vision. *American Anthropologist 96*(3), 606–633.

Green, J. L., & Bridges, S. M. (2018). Interactional ethnography. In F. Fischer, C. E. Hmelo-Silver, S. R. Goldman, & P. Reimann (Eds.), *International handbook of the learning sciences* (pp. 475–488). New York: Routledge.

Hall, R., Stevens, R., & Torralba, A. (2002). Disrupting representational infrastructure in conversations across disciplines. *Mind, Culture, and Activity*, *9*(3), 179–210.

Hmelo-Silver, C., Derry, S., Bitterman, A., & Hatrak, N. (2009). Targeting transfer in a STELLAR PBL course for preservice teachers. *Interdisciplinary Journal of Problem-based Learning 3*(2), 24–42.

Jordan, B., & Henderson, A. (1995). Interaction analysis: Foundations and practice. *Journal of the Learning Sciences*, *4*(1), 39–103.

Kisiel, J., Rowe, S., Wartabedian, M. A., & Kopczak, (2012). Evidence for family engagement in scientific reasoning at interactive animal exhibits. *Science Education*, *96*(6), 1047–1070.

Koschmann, T. (Ed.). (1999). Meaning making [Special issue]. *Discourse Processes, 27*(2).

Koschmann, T. (2018). Ethnomethodology: Studying the practical achievement of intersubjectivity. In F. Fischer, C. E. Hmelo-Silver, S. R. Goldman, & P. Reimann (Eds.), *International handbook of the learning sciences* (pp. 465–474). New York: Routledge.

Koschman, T., & Derry, S. J. (2017). "If Green was A and Blue was B": Isomorphism as an instructable matter. In A. Makitalo, P. Linell, & R. Saljo (Eds.), *Memory practices and learning* (pp. 95–112). Charlotte, NC: Information Age Publishing.

Lee, H. S., Pallant, A., Tinker, R., & Horwitz, P. (2014). High school students' parameter space navigation and reasoning during simulation-based experimentation. In J. L. Polman, E. A. Kyza, D. K. O'Neill, I. Tabak, W. R. Penuel, A. S. Jurow, et al. (Eds.), *Learning and becoming in practice: The International Conference of the Learning Sciences (ICLS) 2014* (Vol. 1, pp. 681–688). Boulder, CO.

Li, Y., & Dorai, C. (2005). Video frame identification for learning media content understanding. *2005 IEEE International Conference on Multimedia and Expo* (pp. 1488–1491). Amsterdam, July. doi:10.1109/ICME.2005.1521714

Maher, C. (Nov, 2009). Video Mosaic Collaborative. Retrieved December 13, 2016, from www.youtube.com/watch?v=FQqx8Gw610g

Malkiewich, L., J., Lee, A., Slater, S., Xing, C., & Chase, C. C. (2016). No lives left: How common game features could undermine persistence, challenge-seeking and learning to program. In C.-K. Looi, J. Polman, U. Cress, & P. Reimann (Eds.), *Transforming learning, empowering learners: Proceedings of the International Conference of the Learning Sciences (ICLS) 2016* (pp. 186–193). Singapore, June.

Mayer, R. E., & Moreno, R. (2003). Nine ways to reduce cognitive load in multimedia learning. *Educational Psychologist, 38(1)*, 43–52.

McKenney, S., & Reeves, R. C. (2012). *Conducting educational design research.* New York: Routledge.

Mehan, H. (1979). *Learning lessons: Social organization in the classroom.* Cambridge, MA: Harvard University Press.

Minshew, L., Derry, S., Barber-Lester, K. J., & Anderson, J. (2016). Designing for effective collaborative learning in high-needs rural schools. In C.-K. Looi, J. Polman, U. Cress, & P. Reimann (Eds.), *Transforming learning, empowering learners: Proceedings of the International Conference of the Learning Sciences (ICLS) 2016* (pp. 978–981). Singapore, June.

Palincsar, A. P., Spiro, R. J., Kucan, L., Magnusson, S. J., Collins, B. P., Hapgood, S., et al. (2007). Research to practice: Designing a hypermedia environment to support elementary teachers' learning of robust comprehension instruction. In D. McNamara (Ed.), *Reading comprehension strategies: Theory, interventions, and technologies.* Mahwah, NJ: Lawrence Erlbaum.

Pea, R. D. (2006). Video-as-data and digital video manipulation techniques for transforming learning sciences research, education, and other cultural practices. In J. Weiss, J. Nolan, J. Hunsinger, & P. Trifonas (Eds). *The international handbook of virtual learning environments* (pp. 1321–1393). Dordrecht: Springer.

Puntambekar, S. (2018). Design-based research (DBR). In F. Fischer, C. E. Hmelo-Silver, S. R. Goldman, & P. Reimann (Eds.), *International handbook of the learning sciences* (pp. 383–392). New York: Routledge.

Rosé, C. P. (2018). Learning analytics in the Learning Sciences. In F. Fischer, C. E. Hmelo-Silver, S. R. Goldman, & P. Reimann (Eds.), *International handbook of the learning sciences* (pp. 511–519). New York: Routledge.

Saldana, J. (2013). *The coding manual for qualitative researchers.* Thousand Oaks, CA: SAGE.

Schwartz, D. L., & Hartman, K. (2007). It's not television anymore: Designing digital video for learning and assessment. In R. Goldman, R. Pea, B. Barron, & S. Derry (Eds.), *Video research in the learning sciences* (pp. 335–348). Hillsdale, NJ: Erlbaum.

Seidel, T., Blomberg, G., & Renkl, A. (2013). Instructional strategies for using video in teacher education. *Teaching and Teacher Education, 34,* 56–65.

Sherin, M. G., & van Es., E. A. (2009). Effects of video club participation on teachers' professional vision. *Journal of Teacher Education, 60*(1), 20–37.

Siemens, G., & Baker, R. S. J. d. (2012). Learning analytics and educational data mining: Towards communication and collaboration. *Proceedings of the Second International Conference on Learning Analytics and Knowledge* (pp. 252–254). New York: ACM Press.

Spiro, R. J., Collins, B. P., Thota, J. J., & Feltovich, P. J. (2003). Cognitive flexibility theory: Hypermedia for complex learning, adaptive knowledge application, and experience acceleration. *Educational Technology, 43,* 5–10.

Spiro, R. J., Feltovich, P. J., Jacobson, M. J., & Coulson, R. L. (1991). Cognitive flexibility, constructivism, and hypertext: Random access instruction for advanced knowledge acquisition in ill-structured domains. *Educational Technology, 31*(5), 24–33.

Stigler, J. W., Gallimore, R., & Hiebert, J. (2000). Using video surveys to compare classrooms and teaching across cultures: Examples and lessons from the TIMSS video studies. *Educational Psychologist, 35*(2), 87–100.

van de Pol, J., Volman, M., Oort, F., & Beishuizen, J. (2014). Teacher scaffolding in small-group work: An intervention study. *Journal of the Learning Sciences*, *23*(4), 600–650. doi:10.1080/10508406.2013.805300

Worsley, M., Abrahamson, D., Bilkstein, P., Grover, S., Schneider, B., & Tissenbaum, M. (2016). Situating multimodal learning analytics. In C.-K. Looi, J. Polman, U. Cress, & P. Reimann (Eds.), *Transforming learning, empowering learners: Proceedings of the International Conference of the Learning Sciences (ICLS) 2016* (pp. 1346–1349). Singapore, June.

Wu, H. K., Krajcik, J. S., & Soloway, E. (2001). Promoting understanding of chemical representations: Students' use of a visualization tool in the classroom. *Journal of Research in Science Teaching*, *38*(7), 821–842.

Zahn, C., Pea, R., Hesse, F., & Rosen, J. (2010). Comparing simple and advanced video tools as supports for complex collaborative design processes. *Journal of the Learning Sciences*, *19*(3), 403–440.

第 48 章　协作学习过程质量的量化

弗雷迪斯·沃格尔,阿明·温伯格(Freydis Vogel,Armin Weinberger)

一、为什么要分析协作学习过程?

协作学习(collaborative learning),有利于发展学习者的高阶思维、关键能力和学习者的能动性,特别是在计算机支持下的协作学习(Cohen,1994;King,2007;Roschelle,2013)更是如此。在过去的 30 年里,大量的研究表明,只要学习任务基于正确的目标结构(Slavin,2010),并且由学习者共同完成(Cohen,1994),那么,学习者之间互相帮助就可能比个人学习取得更高的学习收益。除了协作解决问题的任务(Rosen 和 Foltz,2014),也有一些研究还强调了论证和讨论对于深入阐释学习材料的作用(例如,Stegmann,Wecker,Weinberger 和 Fischer,2012)。在论证性知识建构中,产生和分享论点与多角度理解问题,使用和连接概念分析问题,以及学习如何论证有关(Kuhn 和 Crowell,2011;Noroozi,Weinberger,Biemans,Mulder 和 Chizari,2012)。

无论协作学习的方法是关注动机还是认知,所有这些理论模型都或明或暗地包含了关于协作学习过程的假设。考虑学习者的交互(Dillenbourg,Baker,Blaye 和 O'Malley,1995)是很重要的,理由包括以下几点。

第一,如果不考虑这些因素,就很难理解和促进协作学习。为了理解协作学习的机制,重要的是将情境变量——如任务类型、个体差异和激励机制——与学习者的交互联系起来。

第二,有些现象可能只出现在学习者的交互中,如共同建构的知识、或学习者的社会技能和内部脚本(Fischer,Kollar,Stegmann 和 Wecker,2013)。虽然学习的评估能在多大程度上基于群体过程这一点还有待商榷,但除了对学习结果的分析外,对协作学习过程进行分析肯定有助于评估学习者的方法和理解。

第三,理论模型对协作学习过程或多或少都有明确的假设,因此,如果不分析作为学习的中介和调节变量的过程,就无法检验这些模型。例如,为了理解相互支持与相互挑战对同伴理解的作用,就需要对其进行过程分析(Piaget,1969;Vygotsky,1978)。然而,在实验研究中,关于自变量(或影响因素)和因变量(通常操作为学习结果)之间关系的假设,往往会在没有明确说明学习过程的情况下进行研究。

因此,各种研究综合报道了特定类型的协作学习对学习结果的影响,但很少报道学习过程与学习结果之间的关系(Johnson 和 Johnson,2009;Murphy,Wilkinson,Soter,Hennessey 和 Alexander,2009;Vogel,Wecker,Kollar 和 Fischer,2017)。分析协作学习者的外显行为,包括言语和非言语交流,都可能为学习者如何解释和共同调节同伴交互,以及他们如何一起处理信息等提供一种视角——无论多么扭曲或局限。

二、学习科学中分析行为和对话的程序

本节将逐步介绍分析交互和对话的程序。确定相关的协作学习过程以及有关如何操作这些过程所需要的坚实的理论基础。学习科学及其他领域的定性研究对确定与学习相关的特定过程或活动作出了重大贡献(另见 Dingyloudi 和 Strijbos,本手册;Green 和 Bridges,本手册;Koschmann,本手册)。然而,通过定性的方法很难获得高度的外部效度,也很难做出预测。要做到这一点,研究者需要对大样本的学习者或至少是研究的初始样本中的一个相当大的子样本的协作学习过程的质量进行量化(Chi,1997)。

1. 要观察的协作学习过程的选择与操作

为了观察和分析协作学习过程中的数据,研究者需要做出几个决定并证明其合理性:分析的理论基础是什么?哪些相关的过程变量可能影响学习?这些变量如何操作?如何收集和记录学习过程数据?这些决定是在制定"编码方案"之前作出的,该编码方案描述了是否以及如何对数据进行分段,还描述了如何将每个分段分配到每个变量的一个类别。下面将介绍上述问题和解决问题过程中可以遵循的策略,以便为这些问题做出决策。

2. 分析的理论基础是什么?

决定分析哪些变量可以建立在指定相关学习活动的方法上(例如,Chi 和 Wylie,2014;Fischer 等;2013)。例如,在学习过程中使用所谓的交互活动(Chi 和 Wylie,2014)、交易性活动(transactivity)(King,1998)或趋同的概念变化(Roschelle,1992)都会对学习结果产生积极影响。这些有益的学习活动持有的假设是,学习者是在相互贡献的基础上学习的。基于维果斯基的协作学习理论(Vygotsky,1978),通过建立在彼此贡献的基础上,学习者将相互帮助,以达到更高的发展水平。从皮亚杰的观点(Piaget,1969)来看,当学习者建立在彼此矛盾的贡献基础上时,反而会遇到社会认知冲突,并通过他们的努力寻找解决社会认知冲突的方法来学习,从而可能导致趋同的概念变化(Roschelle,1992)。

提问和解释(Gelmini-Hornsby,Ainsworth 和 O'Malley,2011;Webb 等,2009)以及交互同伴辅导(reciprocal peer-tutoring)(King 1998;Palincsar 和 Brown,1984;

Walker，Rummel 和 Koedinger，2011）的协作学习活动，可以看作是维果斯基（Vygotsky，1978）理论方法的实例。交互同伴辅导建构了学习者之间的交流，发现了学习者在理解上的困难，并使学习者能够通过交互支持来解决困难。

交互同伴辅导的一个扩展版旨在揭示不同的观点和视角，并通过对话加以克服（King，1998）。这是基于皮亚杰的观点，即解决社会认知冲突对学习是有利的（Mugny 和 Doise，1978）。例如，当来自不同领域的学生聚集在一起解决跨学科问题时，就会出现这样的冲突（Noroozi，Teasley，Biemans，Weinberger 和 Mulder，2013；Rummel，Spada 和 Hauser，2009）。此外，当小群体中的学习者被要求批判性地反思同伴的论点、平衡论点以及协商共同解决方案时，克服社会认知冲突的情况就会出现（Asterhan 和 Schwarz，2009；Kollar 等，2014；Noroozi 等，2012；Vogel 等，2017）。

3. 可能影响学习的相关过程变量有哪些？

为了找到需要编码的相关变量，重要的是分清在给定的研究背景下应该遵循哪种理论方法，比如论证性知识建构方法（Andriessen，Baker 和 Suthers，2003；Schwarz 和 Baker，2016；Weinberger 和 Fischer，2006）。

为了说明学习科学中分析行为和对话的程序在实践中可能是怎样的，我们通过一个具体案例来说明。在这个案例中，四人一组的学习者被要求讨论一个复杂的关于转基因食品的利益冲突问题，以了解更多关于使用基因工程的科学、生态和社会方面的知识。该主题包括许多不同的观点，可能无法轻易达成一致。在论证性知识建构方法的基础上，学习者详细阐述了多方面的观点，并通过解决社会认知冲突来建构知识（Andriessen 等，2003；Piaget，1969）。

4. 如何操作这些变量？

同样，根据论证性知识建构方法，不同的论证步骤（argumentative moves）也可以被视为分析的不同类别，例如，首先是对于不同立场的陈述和论点，然后是反论点和总结（例如，Leitão，2000）。除了对形式—理性论点结构的这种具体分析之外，还可以从多个维度对论点进行编码，包括对话的直觉和情感方面，这些方面也可以用非言语行为来表示（Lund，Rosé，Suthers 和 Baker，2013）。

5. 如何收集和记录学习过程数据？

根据不同的交流形式（共现、在线同步、在线异步、口头、书面等），数据收集的形式将有所不同。在计算机支持的异步通信（如论坛）中，日志文件可以自动记录学习者可能采取的每一个步骤，但在共同呈现、面对面的情况下，对学习者进行视频和音频记录可能是有用的。在提到的关于四人一组的学习者面对面讨论转基因食品的例子中，将录音转录成文本将是一个连贯的选择。视频记录会更加丰富，因为它提供了更多关于学习者非言语交流的信息。

6. 分段和编码

接下来的步骤包括确定如何对数据进行分段。段（segments）是应用编码方案的最小分析单位。编码方案的开发必须以学习过程的可操作性为基础。为了提高评级过程的客观性,分段和编码应该由多位研究人员来执行(De Wever, Schellens, Valcke 和 Van Keer, 2006)。此外,还需要报告评级者间信度(inter-rater reliability)(Strijbos, Martens, Prins 和 Jochems, 2006; Weinberger 和 Fischer, 2006)。分析也可以设计成像人类评级者一样的机器来支持(Rosé 等, 2008)。

编码方案的第一部分包括如何对数据进行分段。在许多情况下,分段规则基于过程数据的句法或表层特征。句法分段的一个例子是依据句子末尾的标点符号来设置分段的边界。表层分段的一个例子是通过话轮转换(turn taking)来定义段的边界。显然,这类分段规则在如何实现分段方面不会有太多模棱两可的情况(Strijbos 等, 2006)。但是,所产生的片段必须能够进行编码。

接下来必须决定分段的粒度。例如,关注问题和答案有助于提供中等粒度的分段。过于细粒度的片段(如单词)和粗粒度片段(如整个会话)都无法对有关片段进行编码。为了决定一个特定的粒度级别,协作学习活动可以在不同的特定级别上进行管理。当特定级别相当低时,可以将活动分配给问题和答案的序列。当特定级别较高时,活动可以进一步归类为问题和答案和/或其内部句法结构。协作学习活动的特殊性决定了所选择的分段的粒度级别。

指导性脚本理论(script theory of guidance)(Fischer 等, 2013)可以帮助确定特殊程度。该理论提出,学习者在协作学习中使用内部脚本作为灵活的认知图式。学习者的内部脚本由不同层次级别的脚本组件组成——即剧本、场景和脚本级别,且具有越来越高的特殊性。三个层级中的每一个都包括关于低一级的内部脚本组件的结构信息。例如,在剧本层面上有关于不同场景及其结构和序列的信息(Fischer 等, 2013; Vogel 等, 2016)。通过将脚本级别应用于学习过程中不同级别的论证操作,我们可以将每个操作级别映射到脚本级别。因此,脚本级别可以与不同粒度级别的分段相对应(见表 48.1)。

在表 48.1 所示的例子中,学习过程是通过辩证地使用支持论点、反对论点和整合场景来操作的,这些可以被视为剧本级别的组成部分。这可能会导致在相当广泛的层面上设置分段的边界——例如,在话轮转换点上。

表 48.1 不同脚本层级的协作学习过程中的论证活动

脚本层级	脚本剧本 探究性论证/论证性知识建构					
剧本组件	支持论证的场景			反对论证的场景		…
场景组件 小脚本组件	阐释性小脚本 相关性…	扎根性小脚本 相关性, 可靠性…	确证性小脚本 逻辑…	阐释性小脚本 相关性…	扎根性小脚本 相关性, 可靠性…	… …

编码方案通常包含原始数据的描述、数据分段过程的说明、编码规则以及如何将

其应用于数据。更具体地说，需要从不同的维度、类别和代码描述编码规则，基于所讨论的理论基础来对学习过程进行操作。维度需要并行地应用于数据的每个段，并且每个维度通常需要至少两个类别来描述维度的不同级别。每个维度的类别通常是互斥的，这意味着每个片段只能在每个维度中使用一个类别进行评级。对于每个维度中的每个类别，必须定义一个代码，用于将每个维度的类别分配给数据段。一个维度的类别可以是名义上的（支持论证、反对论证等）；也可以是顺序上的（一阶反论点、二阶反论点等），还可以是顺序/区间/比率的级别（用李克特量表估计的论点质量）。此外，编码方案还需要对每个维度的每个类别进行解释和举例。例子可以在自上而下的理论中生成，也可以在自下而上的编码培训材料中选择。编码信息可以容易地用模板来展示（见表48.2）。

段通常具有模糊性，编码者可能不同意将段分配给一个特定的类别。进一步的规则决定了在这些情况下该怎么做。为此，一个维度里的不同类别可以分层排列；规则可能规定，如果一个片段中出现多个类别时，必须选择顺序最高的类别。其他的规则可能也有意义，例如在对话数据中使用额外的指标。重要的是，这些规则需要被记录在编码方案中，并且研究者应该对使用哪个类别有一个明确的决定。

表48.2　不同类别的一个维度的编码方案模板（包括描述、示例和编码）

	维度："论证场景"		
编码	类别	描述	示例
1	支持论证的场景	学习者在不涉及他人贡献的情况下提出观点和论点的片段	"我的观点是，不应该给婴儿吃转基因食品，因为我们没有关于食物对人体健康影响的长期经验。"
2	反对论证的场景	学生主要对学习伙伴的论点提出批评或反驳的片段	"不，你错了。研究者已经用小白鼠和灵长类动物做过许多实验，结果显示，食用转基因食品不会带来健康问题。"
3	整合场景	不同的论点被反驳和/或从不同论点的整合中得出结论的片段	"你也许是对的，说研究没有发现小白鼠和灵长类动物的健康问题。尽管如此，我们不知道这一发现在多大程度上对人类婴儿也有效。因此，给人类婴儿喂食转基因食品可能带来的好处和代价就成了问题。"
……	……	……	……
99	没有论证	没有找到关于转基因食品话题的论证、反论证或整合的片段	

编码方案制定完成后，至少应该对两名独立的编码者进行培训。编码培训持续进行，直到达到足够的评级者间信度为止（Strijbos 和 Stahl，2007）。为了衡量评级者间信度，可以根据编码产生的数据水平和经过培训的编码员数量采取不同的方法。对于区间/比率或顺序级别的数据，不管有多少评级者（例如，Shrout 和 Fleiss，1979），都可

以使用组内相关(intraclass correlation)。对于名义水平上的数据,可以使用科恩的 kappa(Cohen,1960)和/或弗莱斯的 kappa(Fleiss,1971)。

编码培训遵循以下顺序:(1)共同讨论和改变编码方案;(2)每个编码者独自对实际过程数据的 10% 进行编码;(3)比较所有编码者的编码、检测差异、计算评级者间信度。如果评级者间信度没有达到足够的值,重新从步骤(1)开始。在达到足够的值之后,就可以将数据语料库分配给各个编码者。为了减少由于编码风格的差异(如编码的严格性)而导致的编码数据的偏差,不同实验条件下的数据应该平均分配给编码者。为了使编码尽可能客观和公正,编码者不能知道他们将对哪种情况进行编码,也不能知道他们是对测试前还是测试后的数据进行编码。更多关于评估和报告评级者间信度的细节,请参见伦巴德、斯奈德-杜赫和布雷肯(Lombard、Snyder-Duch 和 Bracken,2002)。

7. 支持编码的工具

为了将计算机语言学的方法和学习科学中的协作学习过程分析结合起来,罗斯及其同事(Rosé 等,2008)提出了自动编码。这样可以促进原本非常耗时的人工编码,增加编码的客观性,同时加快进程。更详细的描述,请参阅与卡罗琳·罗斯(Carolyn Rosé)一起录制的关于学习话语中的学习分析和教育数据挖掘的 NAPLeS 视频(http://isls-naples. psy. lmu. de/intro/all-webinars/rose_all/index. html)。已经开发了各种工具来支持编码过程,如下所述。

nCoder 工具(http://n-coder. org)是一个互联网平台,提供编码者培训和基于规则的半自动编码。该工具对注册用户开放,并提供自动编码方案的开发、实现和验证。它专为大量的文本数据而设计,并承诺将建立自动编码的效度和信度所需的手工编码的数据保持在最低限度。要使用 nCoder 工具来量化学习过程的质量,过程数据必须以文本格式提供,并且已经提前做好分段。数据可以上传到平台,并且可以将用于数据段的每个代码的示例编码方案输入系统。

LightSIDE(http://ankara. lti. cs. cmu. edu/side/download. html)是一款功能强大的文本挖掘和机器学习软件。它可以在完成注册后免费下载和使用。LightSIDE 需要事先对文本语料进行分段。此外,LightSIDE 需要手动编码数据,以便了解编码规则并计算评级者间信度。然而,除了在每个片段中搜索预定义值之外,该软件还可以通过提供手动编码数据和算法来学习编码规则,这将形成机器编码学习的基础。

Tatiana(用于交互分析的跟踪分析工具;http://tatiana. emse. fr/)是一款专注于分析多模态计算机媒介的人机交互软件,可以从网页上免费下载。该软件由欧洲项目 LEAD 创建(Dyke,Lund 和 Girardot,2009)。Tatiana 软件不是替代人类编码者,而是以多模态方式支持人类编码者分析协作学习的交互过程。该软件可以同步协作学习期间出现的不同数据和作品,如视频数据、音频数据、日志文件等。然后,可以在一个屏幕内体现同步数据以及不同角度下的每种数据类型的特定编码和解释。此外,

Tatiana通过纳入所有多模态数据和视图,帮助研究人员找到协作学习交互的轨迹。

三、数据聚合和检验假设的统计模型展望

对过程数据进行编码之后就是数据聚合,如确定类别的频率。应以理论方法、研究问题和假设作为决定聚合的依据,如应该使用哪种编码维度和类别、应该采用哪种分析单元,以及应该如何整合每个分析单元的数据。分析单元的选择可以不同,因此,它也会影响对结果的解释。例如,分析单元可以是学习小组、个体学习者、每个时段的个体学习者或单个片段。

聚合数据最直接的方法可能是统计每个学习者或小组学习过程中每个代码的出现次数。然而,简单计数会导致活动顺序或片段持续时间的信息丢失。新的方法,如统计对话分析(Chiu,2008),可以整合这类信息。作为统计对话分析的介绍,我们推荐在 ISLS NAPLeS 网络研讨会系列中由邱明明主持的网络研讨会录音(http://isls-naples. psy. lmu. de/all-webinars/chiu/index. html)。

为了回答关于协作学习过程中特定方面对学习的影响的研究问题,仍然普遍使用诸如 ANOVAs 和回归之类的标准统计程序(Cen,Ruta 和 Powell,2016)。然而,这些程序可能不是最理想的,因为它们违反了预测变量的独立性假设(Cress,2008)。多级分析是一种可以克服变量依赖性问题的方法(Cress,2008)。在回归模型基础上,多级分析允许开发多层次预测因子的模型,如在一定的实验条件下,分组讨论信息中的句子。关于多级分析方法的更深入的阐述,请参阅德韦弗和范科尔(De Wever 和 Van Keer,本书)以及延伸阅读部分。

为了既分析单个分析单元的属性,又识别和定量分析单元之间的联系,越来越多研究者使用所谓的社会网络分析或认知网络分析方法。通过这些分析,这些单元及其关系可以用动态网络模型来表示(de Laat, Lally, Lipponen 和 Simons,2007)。有关这种方法的进一步见解,请参阅沙弗(Shaffer,本手册)以及延伸阅读部分。

同样适用于分析协作学习过程数据的还有进一步的知识聚合的组级分析方法(Weinberger, Stegmann 和 Fischer,2007;Zottmann 等,2013)。这些方法适用于小群体,它们考虑到了数据的相互依赖性,也分析了相互依赖的强度,是协作学习过程的重要部分。

四、总结和结论

对学习过程数据的质量进行量化分析,是一种检验以过程为导向的协作学习模型假设的方法。学习过程数据的分析程序已经逐步形成,并实现了高度的客观性。编码数据的聚合可以超越对相关类别的简单计数,且对聚合数据进行分析的新方法可以深

入了解协作学习过程的各个方面。

尽管如此,学习过程数据的分析程序仍有不断发展的空间。先进的描述和解释协作学习过程的方法可以整合多种学习者行为模式以及多种主观和客观数据源。萨瑟斯、伦德、罗斯、泰普洛夫和罗(Suthers,Lund,Rosé,Teplovs 和 Law,2013)汇集了不同的方法来解决学习者交互的多种模式,同时也强调了研究者如何就协作学习过程中的分析方式和内容达成一致。这种分析方法的整合有望系统地推进我们对协作学习的隐性和显性过程,包括对新的场景和安排等假设的理解。

五、延伸阅读

Chiu,M. M. ,& Khoo,L. (2005). A new method for analyzing sequential processes:Dynamic multi-level analysis. *Small Group Research*,36,600 - 631. doi:10. 1177/1046496405279309

邱和古在这篇论文中提供了一个更广阔的多层次分析视角。特别是将动态多层次分析引入到序列协作学习过程分析中。该方法不仅有助于克服协作学习中的因变量问题,而且为处理过程数据序列特征提供了机会。

Cress,U. (2008). The need for considering multi-level analysis in CSCL research — An appeal for the use of more advanced statistical methods. *International Journal of Computer-Supported Collaborative Learning*,3(1),69 - 84. doi:10. 1007/s11412 - 007 - 9032 - 2

克雷斯主要关注使用统计模型来检验协作学习的假设时所产生的方法论问题。这篇论文对传统统计模型(如方差分析或回归分析)的问题提出了更多见解,并解释了多层次分析如何有助于克服这些问题。

Shaffer,D. W. ,Collier,W. ,& Ruis,A. R. (2016). A tutorial on epistemic network analysis:Analyzing the structure of connections in cognitive,social and interaction data. *Journal of Learning Analytics*,3(3),9 - 45. doi:10. 18608/jla. 2016. 33. 3

在这篇论文中,沙弗及其同事提供了一个关于认知网络分析的教程,作为另一种可用于分析丰富的协作学习数据的方法,它可以将认知、社交和交互层面联系起来。

Strijbos,J. W. ,& Stahl,G. (2007). Methodological issues in developing a multi-dimensional coding procedure for small group chat communication. *Learning & Instruction*,17,394 - 404. doi:10. 1016/j. learninstruc. 2007. 03. 005

斯特里巴斯和斯塔尔在这篇论文中重点讨论了在开发用于分析二元学习会话的编码方案时出现的方法论问题。文章所面向的读者是希望对编码方案的开发、分析单元或确定评分者间信度加深理解的人。

Valcke, M., & Martens, R. (2006). Methodological issues in researching CSCL [Special Issue]. *Computers & Education*, 46 (1). doi：10.1016/j. compedu. 2005. 04. 004

在这篇论文中,瓦尔克和马滕斯对分析协作学习过程中的方法论问题进行了详细的概述——推荐作为入门阅读。

六、NAPLeS 资源

Chiu, M. M., *Statistical discourse analysis (SDA)* [Webinar]. In *NAPLeS video series*. Retrieved October 19, 2017, from http://isls-naples. psy. lmu. de/intro/all-webinars/chiu/index. html

Rosé, C. P., *15 minutes about learning analytics and educational data mining in learning discourses* [Video file]. In *NAPLeS video series*. Retrieved October 19, 2017, from http://isls-naples. psy. lmu. de/video-resources/guided-tour/15-minutes-rose/index. html

Rosé, C. P., *Interview about learning analytics and educational data mining in learning discourses* [Video file]. In *NAPLeS Video series*. Retrieved October 19, 2017, from http://isls-naples. psy. lmu. de/video-resources/interviews-ls/rose/index. html

Rosé, C. P., *Learning analytics and educational data mining in learning discourses* [Webinar]. In *NAPLeS video series*. Retrieved October 19,2017, from http://isls-naples. psy. lmu. de/intro/all-webinars/rose_all/index. html

Weinberger, A., & Stegmann, K., *Behavior and dialog analyses-quantifying qualities* [Webinar]. In *NAPLeS video series*. Retrieved October 19,2017, from http://isls-naples. psy. lmu. de/intro/all-webinars/stegmann-weinberg2/index. html

Suthers, D. D., Lund, K., Rosé, C. P., Teplovs, C., & Law, N. (2013). Productive multivocality in the analysis of group interactions. New York：Springer.

Vogel, F., Kollar, I., Ufer, S., Reichersdorfer, E., Reiss, K., & Fischer, F. (2016). Developing argumentation skills in mathematics through computer-supported collaborative learning：The role of transactivity. *Instructional Science*, 44 (5),477－500. doi：10.1007/s11251－016－9380－2

Vogel, F., Wecker, C., Kollar, I., & Fischer, F. (2017). Socio-cognitive scaffolding with collaboration scripts：A meta-analysis. *Educational Psychology Review*, 29(3),477－511. doi：10.1007/s10648－016－9361－7

Vygotsky, L. S. (1978). Mind and society: The development of higher mental processes. Cambridge, MA: Harvard University Press.

Walker, E., Rummel, N., & Koedinger, K. R. (2011). Designing automated adaptive support to improve student helping behaviors in a peer tutoring activity. *International Journal of Computer-Supported Collaborative Learning*, 6, 279-306. doi: 10.1007/s11412-011-9111-2

Webb, N. M., Franke, M. L., De, T., Chan, A. G., Freund, D., Shein, P., & Melkonian, D. K. (2009). "Explain to your partner": Teachers' instructional practices and students' dialogue in small groups. *Cambridge Journal of Education*, 39(1),49-70. doi: 10.1080/03057640802701986

Weinberger, A., & Fischer, F. (2006). A framework to analyze argumentative knowledge construction in computer-supported collaborative learning. *Computers and Education*, 46(1),71-95. doi: 10.1016/j. compedu. 2005. 04. 003

Weinberger, A., Stegmann, K., & Fischer, F. (2007). Knowledge convergence in collaborative learning: Concepts and assessment. *Learning and Instruction*, 17(4),416-426. doi: 10.1016/j. learninstruc. 2007. 03. 007

Zottmann, J. M., Stegmann, K., Strijbos, J.-W., Vogel, F., Wecker, C., & Fischer, F. (2013). Computer-supported collaborative learning with digital video cases in teacher education: The impact of teaching experience on knowledge convergence. *Computers in Human Behaviour*, 29(5),2100-2108. doi: 10.1016/j. chb. 2013. 04. 014

参考文献

Andriessen, J., Baker, M., & Suthers, D. (2003). *Arguing to learn: Confronting cognitions in computer-supported collaborative learning environments.* Dordrecht: Kluwer.

Asterhan, C. S. C., & Schwarz, B. B. (2009). Argumentation and explanation in conceptual change: Indications from protocol analyses of peer to peer dialog. *Cognitive Science*, 33(3), 374–400. doi:10.1111/j.1551-6709.2009.01017.x

Cen, L., Ruta, D., & Powell, L (2016). Quantitative approach to collaborative learning: Performance prediction, individual assessment, and group composition. *International Journal of Computer-Supported Collaborative Learning*, 11(2), 187–225. doi:10.1007/s11412-016-9234-6

Chi, M. (1997). Quantifying qualitative analyses of verbal data: A practical guide. *Journal of the Learning Sciences*, 6, 271–315. doi:10.1207/s15327809jls0603_1

Chi, M. T. H., & Wylie, R. (2014). The ICAP framework: Linking cognitive engagement to active learning outcomes. *Educational Psychologist*, 49(4), 219–243. doi:10.1080/00461520.2014.965823

Chiu, M. M. (2008). Flowing toward correct contributions during groups' mathematics problem solving: A statistical discourse analysis. *Journal of the Learning Sciences*, 17(3), 415–463. doi:10.1080/10508400802224830

Cohen, G. C. (1994). Restructuring the classroom: Conditions for productive small groups. *Review of Educational Research*, 64(1), 1–35. doi:10.3102/00346543064001001

Cohen, J. (1960). A coefficient of agreement for nominal scales. *Educational and Psychological Measurement*, 20, 37–46. doi:10.1177/001316446002000104

Cress, U. (2008). The need for considering multi-level analysis in CSCL research—An appeal for the use of more advanced statistical methods. *International Journal of Computer-Supported Collaborative Learning, 3*, 69–84. doi:10.1007/s11412-007-9032-2

de Laat, M., Lally, V., Lipponen, L., & Simons, R.-J. (2007). Investigating patterns of interaction in networked learning and computer-supported collaborative learning: A role for social network analysis. *International Journal of Computer-Supported Collaborative Learning, 2*(1), 87–103. doi:10.1007/s11412-007-9006-4

De Wever, B., Schellens, T., Valcke, M., & Van Keer, H. (2006). Content analysis schemes to analyze transcripts of online asynchronous discussion groups: A review. *Computers & Education, 46*(1), 6–28. doi:10.1016/j.compedu.2005.04.005

De Wever, B., & Van Keer, H. (2018). Selecting statistical methods for the learning sciences and reporting their results. In F. Fischer, C. E. Hmelo-Silver, S. R. Goldman, & P. Reimann (Eds.), *International handbook of the learning sciences* (pp. 532–541). New York: Routledge.

Dillenbourg, P., Baker, M., Blaye, A., & O'Malley, C. (1995). The evolution of research on collaborative learning. In P. Reimann & H. Spada (Eds.), *Learning in humans and machines: Towards an interdisciplinary learning science* (pp. 189–211). Oxford, UK: Elsevier.

Dingyloudi, F., & Strijbos, J. W. (2018). Mixed methods research as a pragmatic toolkit: Understanding versus fixing complexity in the Learning Sciences. In F. Fischer, C. E. Hmelo-Silver, S. R. Goldman, & P. Reimann (Eds.), *International handbook of the learning sciences* (pp. 444–454). New York: Routledge.

Dyke, G., Lund, K., & Girardot, J.-J. (2009). Tatiana: an environment to support the CSCL analysis process. In C. O'Malley, D. D. Suthers, P. Reimann, & A. Dimitracopoulou (Eds.), *Computer supported collaborative learning practices: CSCL 2009 Conference Proceedings* (pp. 58–67). Rhodes: International Society of the Learning Sciences.

Fischer, F., Kollar, I., Stegmann, K., & Wecker, C. (2013). Toward a script theory of guidance in computer-supported collaborative learning. *Educational Psychologist, 48*(1), 56–66. doi:10.1080/00461520.2012.748005

Fleiss, J. L. (1971), Measuring nominal scale agreement among many raters. *Psychological Bulletin, 76*, 378–382. doi:10.1037/h0031619

Gelmini-Hornsby, G., Ainsworth, S., & O'Malley, C. (2011). Guided reciprocal questioning to support children's collaborative storytelling. *International Journal of Computer-Supported Collaborative Learning, 6*(4), 577–600. doi:10.1007/s11412-011-9129-5

Green, J. L., & Bridges, S.M. (2018). Interactional ethnography. In F. Fischer, C. E. Hmelo-Silver, S. R. Goldman, & P. Reimann (Eds.), *International handbook of the learning sciences* (pp. 475–488). New York: Routledge.

Johnson, D. W., & Johnson, R. T. (2009). An educational psychology success story: Social interdependence theory and cooperative learning. *Educational Researcher, 38*(5), 365–379. doi:10.3102/0013189X09339057

King, A. (1998). Transactive peer tutoring: Distributing cognition and metacognition. *Educational Psychology Review, 10*(1), 57–74. doi:10.1023/A:1022858115001

King, A. (2007). Scripting collaborative learning processes: A cognitive perspective. In F. Fischer, I. Kollar, H. Mandl, & J. M. Haake (Eds.), *Scripting computer-supported collaborative learning—Cognitive, computational, and educational perspectives* (pp. 13–37). New York: Springer.

Kollar, I., Ufer, S., Reichersdorfer, E., Vogel, F., Fischer, F., & Reiss, K. (2014). Effects of collaboration scripts and heuristic worked examples on the acquisition of mathematical argumentation skills of teacher students with different levels of prior achievement. *Learning and Instruction, 32*(1), 22–36. doi:10.1016/j.learninstruc.2014.01.003

Koschmann, T. (2018). Ethnomethodology: studying the practical achievement of intersubjectivity. In F. Fischer, C. E. Hmelo-Silver, S. R. Goldman, & P. Reimann (Eds.), *International handbook of the learning sciences* (pp. 465–474). New York: Routledge.

Kuhn, D., & Crowell, A. (2011). Dialogic argumentation as a vehicle for developing young adolescents' thinking. *Psychological Science, 22*(4), 545–552. doi:10.1177/0956797611402512

Leitão, S. (2000). The potential of argument in knowledge building. *Human Development, 43*(6), 332–360. doi:10.1159/000022695

Lombard, M., Snyder-Duch, J., & Bracken, C. C. (2002). Content analysis in mass communication: Assessment and reporting of intercoder reliability. *Human Communication Research, 28*, 587–604. doi:10.1111/j.1468-2958.2002.tb00826.x

Lund, K., Rosé, C. P., Suthers, D. D., & Baker, M. (2013). Epistemological encounters in multivocal settings. In D. D. Suthers, K. Lund, C. P. Rosé, C. Teplovs, & N. Law (Eds.), *Productive multivocality in the analysis of group interactions* (pp. 659–682). New York: Springer.

Mayfield, E., & Rosé, C. P. (2013). LightSIDE: Open source machine learning for text accessible to non-experts. In M. D. Shermis & J. Burstein (Eds.), *Handbook of automated essay evaluation: Current applications and new directions* (pp. 124–135). New York: Routledge.

Mugny, G., & Doise, W. (1978). Socio-cognitive conflict and structure of individual and collective performances. *European Journal of Social Psychology, 8*, 181–192. doi:10.1002/ejsp.2420080204

Murphy, P. K., Wilkinson, I. A., Soter, A. O., Hennessey, M. N., & Alexander, J. F. (2009). Examining the effects of classroom discussion on students' comprehension of text: A meta-analysis. *Journal of Educational Psychology, 101*(3), 740–764. doi:10.1037/a0015576

Noroozi, O., Teasley, S. D., Biemans, H. J. A., Weinberger, A., & Mulder, M. (2013). Facilitating learning in multidisciplinary groups with transactive CSCL scripts. *International Journal of Computer-Supported Collaborative Learning, 8*(2), 189–223. doi:10.1007/s11412-012-9162-z

Noroozi, O., Weinberger, A., Biemans, H. J. A., Mulder, M., & Chizari, M. (2012). Argumentation-based computer-supported collaborative learning (ABCSCL). A systematic review and synthesis of fifteen years of research. *Educational Research Review, 7*(2), 79–106. doi:10.1016/j.edurev.2011.11.006

Palincsar, A. S., & Brown, A. L. (1984). Reciprocal teaching of comprehension-fostering and comprehension-monitoring activities. *Cognition and Instruction, 1*(2), 117–175. doi:10.1207/s1532690xci0102_1

Piaget, J. (1969). *The psychology of the child.* New York: Basic Books.

Roschelle, J. (1992). Learning by collaborating: Convergent conceptual change. *Journal of the Learning Sciences, 2*(3), 235–276. Retrieved from http://www.jstor.org/stable/1466609

Roschelle, J. (2013). Discussion [Special Issue on CSCL]. *Educational Psychologist, 48*(1), 67–70. doi:10.1080/00461520.2012.749445

Rosé, C. P., Wang, Y.-C., Cui, Y., Arguello, J., Stegmann, K., Weinberger, A., & Fischer, F. (2008). Analyzing collaborative learning processes automatically: Exploiting the advances of computational linguistics in computer-supported collaborative learning. *International Journal of Computer-Supported Collaborative Learning, 3*(3), 237–271. doi:10.1007/s11412-007-9034-0

Rosen, Y., & Foltz, P. W. (2014). Assessing collaborative problem solving through automated technologies. *Research and Practice in Technology Enhanced Learning, 9*(3), 389–410. doi:10.1007/978-3-319-33261-1_5

Rummel, N., Spada, H., & Hauser, S. (2009). Learning to collaborate while being scripted or by observing a model. *International Journal of Computer-Supported Collaborative Learning, 4*(1), 69–92. doi:10.1007/s11412-008-9054-4

Schwarz, B. B., & Baker, M. J. (2016). *Dialogue, argumentation and education: History, theory and practice.* Cambridge, UK: Cambridge University Press.

Shrout, P. E., & Fleiss, J. L. (1979). Intraclass correlations: Uses in assessing rater reliability. *Psychological Bulletin, 86*, 420–428.

Slavin, R. E. (2010). Co-operative learning: What makes groupwork work? In H. Dumont, D. Istance, & F. Benavides (Eds.), *The nature of learning: Using research to inspire practice* (pp. 161–178). Paris: OECD.

Stegmann, K., Wecker, C., Weinberger, A., & Fischer, F. (2012). Collaborative argumentation and cognitive elaboration in a computer-supported collaborative learning environment. *Instructional Science, 40*(2), 297–323. doi:10.1007/s11251-011-9174-5

Strijbos, J. W., Martens, R. L., Prins, F. J., & Jochems, W. M. G. (2006). Content analysis: What are they talking about? *Computers & Education, 46*(1), 29–48. doi:10.1016/j.compedu.2005.04.002

Strijbos, J. W., & Stahl, G. (2007). Methodological issues in developing a multi-dimensional coding procedure for small group chat communication. *Learning & Instruction, 17*, 394–404. doi:10.1016/j.learninstruc.2007.03.005

Suthers, D. D., Lund, K., Rosé, C. P., Teplovs, C., & Law, N. (2013). *Productive multivocality in the analysis of group interactions.* New York: Springer.

Vogel, F., Kollar, I., Ufer, S., Reichersdorfer, E., Reiss, K., & Fischer, F. (2016). Developing argumentation skills in mathematics through computer-supported collaborative learning: The role of transactivity. *Instructional Science, 44*(5), 477–500. doi:10.1007/s11251-016-9380-2

Vogel, F., Wecker, C., Kollar, I., & Fischer, F. (2017). Socio-cognitive scaffolding with collaboration scripts: A meta-analysis. *Educational Psychology Review 29*(3), 477–511. doi:10.1007/s10648-016-9361-7

Vygotsky, L. S. (1978). *Mind and society: The development of higher mental processes.* Cambridge, MA: Harvard University Press.

Walker, E., Rummel, N., & Koedinger, K. R. (2011). Designing automated adaptive support to improve student helping behaviors in a peer tutoring activity. *International Journal of Computer-Supported Collaborative Learning, 6*, 279–306. doi:10.1007/s11412-011-9111-2

Webb, N. M., Franke, M. L., De, T., Chan, A. G., Freund, D., Shein, P., & Melkonian, D. K. (2009). "Explain to your partner": Teachers' instructional practices and students' dialogue in small groups. *Cambridge Journal of Education, 39*(1), 49–70. doi:10.1080/03057640802701986

Weinberger, A., & Fischer, F. (2006). A framework to analyze argumentative knowledge construction in computer-supported collaborative learning. *Computers and Education, 46*(1), 71–95. doi:10.1016/j.compedu.2005.04.003

Weinberger, A., Stegmann, K., & Fischer, F. (2007). Knowledge convergence in collaborative learning: Concepts and assessment. *Learning and Instruction, 17*(4), 416–426. doi:10.1016/j.learninstruc.2007.03.007

Zottmann, J. M., Stegmann, K., Strijbos, J.-W., Vogel, F., Wecker, C., & Fischer, F. (2013). Computer-supported collaborative learning with digital video cases in teacher education: The impact of teaching experience on knowledge convergence. *Computers in Human Behaviour, 29*(5), 2100–2108. doi:10.1016/j.chb.2013.04.014

第49章　学习科学中的学习分析

卡罗琳·罗斯(Carolyn P. Rosé)

一、引言：范围和定位

在过去的二十年里，教育数据挖掘(educational data mining)(Baker 和 Yacef，2009)和学习分析(learning analytics)(Siemens 和 Baker，2012)领域在研究、政策和公共文献中获得了突出的地位。这些领域是从机器学习、智能辅导系统和数据挖掘等应用学科中发展而来的，而这些应用学科反过来又根植于应用统计学、教育学、心理学、认知科学和计算机语言学。

本章专门探讨了学习分析在学习科学中所建立的小众领域，以及它在该领域所产生的影响。目标是提高人们对这一新兴领域的认识，使之成为教育数据挖掘和学习分析共同体与学习科学共同体之间建立桥梁的手段。

本章不打算对学习分析或教育数据挖掘领域的研究进行全面回顾。这些评论已经在其他场合发表了。同样，虽然对话分析方法(discourse analytics)(Buckingham-Shum，2013；Buckingham-Shum，de Laat，de Liddo，Ferguson 和 Whitelock，2014)和学习对话分析的计算方法作为学习分析的子领域，将作为例子贯穿全文，但对该领域的评论和更深入的介绍也已在其他地方发表，本章并不打算重新叙述所有这些工作。相反，本章的目的是从概念和方法的层面来探讨这一主题，提出学习科学领域可能在广泛和相互交织的情境中发挥独特作用的愿景。因为强调对话，感兴趣的读者可能也会对行为和对话分析这一章感兴趣(Vogel 和 Weinberger，本手册)。

由于学习分析学工作的技术性质，这是一个与其他相关研究群体建立联系的宝贵机会。为了实现这一目标，近年来，关注技术支持学习和应用建模技术解决教育问题的领导者们与国际学习科学学会(international society of the learning sciences)建立了伙伴关系。不过到目前为止，相关团队与从事分析技术核心研究的团体，如知识发现和数据挖掘以及计算机语言协会(the Association for Computational Linguistics)之间的联系还比较少。本章的一个目标是激发在未来构建这种长距离桥梁的渴望。在本章的最后，我们将回到这个主题。

其核心是，学习分析的一个基本原则与学习科学的价值观产生共鸣，即关于各级学习管理的决策应该以数据为指导——既包括一般学习者的数据，也包括特定学习者的数据。这一观点可以通过学习科学中的多种方法加以运用,但在学习分析中,从本质上而言,它在概念化方面是定量的。为了支持设计和决策制定,研究者需要建立因果模型和做出适当的概括,尽管这些声明可能带有强烈的警告(虽然做出这些判断需要更多的预先说明;另一种观点,见本书中分别关于基于设计的研究和基于设计的实施研究的章节;Puntambekar,本书;Fishman 和 Penuel,本书)。有时候,数据挖掘研究者对基于大数据的经验主义的大力强调会被误解为对非理论方法的提倡。学习科学家其实代表着更广泛的共同体中的一个分支,所以研究者们运用了多义性方法,让定量、情境化的观点和方法在对话中都有发言权(见 Suthers, Lund, Rosé, Teplovs 和 Law,2013;Lund 和 Suthers,本手册)。我认为我们应该谨防自下而上的非理论的经验主义(atheoretical empiricism)。相比之下,我将强调丰富的理论框架在我构建和使用的模型中促进变量操作的作用。我努力从跨学科的角度来看待这些操作,从而为学习科学与邻近的数据挖掘、计算机语言学以及计算机社会科学的其他领域提供密切的交流。

并不是所有的学习科学家都同意这种观点,甚至是对于"模型"这个术语的用法,这里的"模型"指的是用来表示行为趋势和规律的数学公式。然而,本章的目标并不是要质疑读者在自己的作品中使用"模型"这个术语,而是鼓励人们欣赏学习分析可以在多义性情境中提供一种协同的方法。为此,本章旨在阐明当共同体之间的伙伴关系没有以健康的方式进行时出现的某些问题,希望通过反思能够解决其中的一些问题。在最近的一篇文章中,可以看到这样一个例子,作者以学习科学家的身份发声,描绘了一幅由学习分析技术所带来的反乌托邦式的未来图景,在那篇文章中,它被框定为外部声音(Rummel,Walker 和 Aleven,2016),在这篇文章中,机器学习的问题已经解决了,但结果是非常消极的,因为不同层次的教育实践者将决策权拱手让给了由此产生的完善的、完全非理论的模型。

这种反乌托邦式的未来形象说明了共同体之间的关系在许多方面可能会变得不正常,特别是缺乏对每个共同体的历史、目标和目的的了解。在这种情况下,机器学习的问题将会或者曾经可以通过建模学习者来解决的这一想法,已经忽略了完全模拟人类行为的计算方法中一个非常重要的内在限制,即人类做出违反规范的选择的能力。第二,认为建模本质上是非理论的想法忽略了行为科学中定量方法的丰富历史,然而,这些方法是以理论为基础的。在行为科学中,应用统计学中用于假设检验的计算机制(computational machinery)也是机器学习领域的基础。因此,虽然总是可以找到将机器学习应用于行为数据的非理论性和幼稚的例子,但在建立模型的过程中利用理论见解与应用机器学习绝对不是对立的,学习科学领域的一些研究者主张用这种理论驱动的方法(theory-motivated approach)来进行机器学习(Gweon,Jain,McDonough,Raj 和 Rosé,2013)。最后,人类让位给机器学习模型的想法,除了会让人想起《终结者》等科幻电影之外,也忽略了自 20 世纪 80 年代初以来的人工智能历史,在这段历史中,有大量例子说明了为什么把重要的决策权让给机器是不明智的。从那时起,计算机科学的最佳实践总是建议手动超控(manual override)。

本章的希望是鼓励共同体之间建立一种更加有效的关系,学习科学领域接受将学习分析作为一个领域,在这个领域里,研究人员带来了与学习科学领域出现之前不同的技能和潜力,来自不同专业领域的研究人员作为协作伙伴而不是对手,相互倾听,相互挑战。

学习科学领域的工作是为人们如何学习的理论作出贡献,然后在这些理论框架内努力实现世界的积极变化。包括机器学习方法在内的计算工具,也可以作为研究人员进行观察以促进理论的透视镜,或者作为用于编码理论结构操作化的机器,以及作为建立评估的语言,根据这些操作化来衡量世界。它们只是人类观察力的增强版。它们的局限性比较大,因为在应用它们的过程中,研究者会进行必要的离散化,现实世界中信号的丰富性会有所降低。但是,从观察的速度和普遍性来看,它们的功能也更强大。所以,尽管学习科学共同体可能包括那些能够从根本上扩展计算方法能力的人员,但是共同体的工作是通过使用这些方法来推进单独的目标而完成的。然而,这并不意味着学习科学的研究人员可以对这项技术置若罔闻。更有利的做法是,努力了解如何在技术的发展和变化中最充分地利用这项技术,以便更有效地完成共同体的工作。机器学习共同体的工作并不是为了去理解有关人们如何学习的理论或对其作出贡献。然而,这些共同体的成员可以与学习科学的研究人员并肩作战,在改变世界的工作中成为有效的伙伴。桥梁的双方必须在交流中发挥积极作用。

为了更积极地进行交流,双方需要增进相互理解。需要更多的相互理解的一个领域是有关最大化可解释性(即学习科学家使用模型通过实证工作为理论作出贡献)与最大化预测准确性(即机器学习研究人员使用一个模型以高精度完成任务,而不管该模型是否符合行为研究标准)之间的对比。在第一种情况下,模型是得出结论的一种手段,而在第二种情况下,模型的制定是一种技术成就。

从一种使用统计模型进行假设检验的学习科学研究的角度来看,模型的价值是根据它在促进主要研究产品的生产方面所取得的成果来衡量的。在机器学习和数据挖掘领域,研究人员一般都不知道理论模型暗示了必须避免的利益变量、问题、假设和关于混淆的见解。这两种传统都重视他们所谓的评估的严谨性和实现跨数据集结果的通用性。共享的价值之一是进一步提高了结果的可重复性(reproducibility)。然而,由于目标的不同,在这两类共同体中发展起来的严谨的概念有着重要的区别。为了在机器学习和数据挖掘领域内保持高标准的严谨性,该领域的研究已经产生了标准化指标、抽样,以及在模型开发和完善的所有阶段通过仔细分离训练和测试数据来避免过度拟合或过高估计性能的实践。与此同时,我们也在努力追求更接近我们社区的严谨性,除了开发分析的统计机制外,还产生了一套详尽的验证这种建模方法的程序,并收集了仔细应用和解释结果的做法。对于共同体之间的交流与协作,考虑这些差异以及它们如何引导社区之间的多种声音的对话是非常重要的。

二、学习科学中学习分析的历史

在 2005 年之前，国际学习科学学会（International Society of the Learning Sciences，ISLS）会议上很少有机器学习的代表。然而，自学会成立以来，像皮埃尔·迪伦堡（Pierre Dillenbourg）这样的领导人一直在倡导机器学习与学习科学的相关性。例如，2005 年的计算机支持协作学习（computer-supported collaborative learning，CSCL）会议关注的是未来 10 年的愿景，皮埃尔·迪伦堡作为会议的发言人，就这个主题做了一个有远见的演讲。协作过程的自动化分析，使支持具有适应性和动态性，它是讨论未来愿景的所有论文中讨论的主题之一。但是，在这个会议中，没有一个会议是以承认机器学习或其他建模技术构成了一个领域的方式命名的。相反，提供建模技术的论文被"隐藏"在论证或交互性等主题的其他会议中。这与该学会早期会议的做法是一致的。

然而，从 2005 年起，越来越多的人开始关注计算机支持的协作学习。在瑞士维拉尔举行的第一届万花筒 CSCL Rendez Vous 大会上，有一个大会主旨发言和两个工作坊主旨发言是关于计算机对协作的动态支持。在 2007 年的会议上，这一领域的论文越来越多，这一趋势继续得到关注。它们出现在题为"工具与界面""支架方法""科学学习中的 CSCL"的会议和海报中。特别是，"支架方法"证明了一种新的协作支架形式正在成为可能。在这次会议中，脚本协作领域的领军人物弗兰克·费舍尔（Frank Fischer）发表了一篇关于协作脚本支持消退的观点的论文。感兴趣的读者可以参考关于支架和脚本协作的章节（Kollar，Wecker 和 Fischer，本手册）。相关学者还举办了关于"协作学习的适应性支持"研讨会，探讨了为此目的开发技术的愿景。在 2009 年的会议上，有一个重大的转变是明显的，我们看到了两个相关工作的工作坊，一个是关于"CSCL 的智能支持"，另一个是关于"交互分析和可视化"，其中自动和半自动分析技术成为特色主题。在主会议中，包括了一个关于"脚本和改编"和另一个关于"数据挖掘和过程分析"的会议。

从 2015 年的会议开始，许多研讨会都提出了学习分析在学习科学中的独特风格和表征形式的具体问题。在 2015 年的会议上，两个专题讨论会探讨了学习分析领域的趋势，并邀请 ISLS 共同体进行思考、讨论和反馈。在 2016 年的会议上，一个被邀请的讨论会的具体焦点是关于"社会过程分析"，论文讨论了如何将分析应用于行政和政策、教学、学习和课程设计等多个层面的协作和其他交互数据。在所有情况下，议程都是由学习科学内部的长期举措制定的，分析有助于支持和加强这些努力。在许多情况下，这项工作还处于早期阶段，但在未来，各领域之间的伙伴关系可以在所有这些层面取得成果，这让人看到了希望。

三、基于理论的方法论

数据挖掘和机器学习领域与学习科学这一跨学科领域之间的协作关系始于研究者们共同感兴趣的数据。本章对学习科学的数据使用采取了非常定量的方法。考虑到这一点，机器学习应用的最佳实践可以作为这种交互的参与规则。在这里，我们概述了这样一个过程，首先是关于变量的操作化问题，然后是建立模型，再是测试和验证，这通常会过渡到故障排除和进行错误分析，最后促成迭代。

在将任何建模技术应用于学习环境中的过程之前，必须首先记录行为轨迹（behavior traces）。这种行为轨迹数据可能会以图像或视频、音频、生理传感器数据、文本或点击流数据的形式出现。除了点击流数据外，这些行为轨迹基本上是非结构化的。机器学习和数据挖掘范式无法应用于非结构化数据，除非研究者首先对其进行预处理，并将其转化为结构化的表征，这可以看作是本体的一种形式。最典型的是，这种表征首先需要研究者将行为流分割成单元，然后再从这些单元中提取变量。因此，数据点是一列由属性—值对构造的向量表示。为建模范式的应用建立数据跟踪的第一阶段可以说是最关键的。而且，不幸的是，这也是最经常发生错误的步骤，这可能会使数据对有效建模失去作用。通常情况下，为机器学习而构建的向量是由大量的变量组成的，通常是数千甚至上万个变量，与行为研究中比较典型的使用少量非常仔细的操作变量形成鲜明对比。这些向量变得难以处理，也使得验证和解释的过程具有挑战性。

一旦数据被表征为变量的向量，这些向量就可以相互比较。聚类分析是行为研究领域中著名的方法，可以应用于这些表征。此外，监督学习方法可以用来识别这些特征值中与某些因变量相关的模式，这些因变量被称为类值（class value）。无论是为了获得有意义的聚类，还是为了能够用监督模型达到高的预测精度，重要的是，应该组在一起的数据点集会在向量空间内彼此靠近，而远离不属于同一分组的数据点。当应该组在一起的数据点在向量空间内不接近，或者不应该分组的数据点在向量空间内接近时，就会出现问题。当出现这种情况时，研究者可以通过从数据表征中引入或删除一些变量来解决这个问题。有时，原始数据跟踪中发现的原始形式的信息无法实现这种干净的数据点分组，但通过将一些变量替换为更细微的、更敏感的和更有意义的变量，重新表达这些信息时，就可以实现了。有时问题是，与有意义的特征相关的低级特征充当了代理。这些代理在情境中有效地实现了预测精度，但推广效果不佳，甚至当模型应用于与获得训练数据的情境不同的情境中时，可能会大大降低预测精度。

举个例子，让我们考虑一个关于分数加法的协作问题解决的研究，其中两对六年级学生在两天的时间里竞争一对电影通行证，这在之前的协作的语言分析导论（Howley，Mayfield 和 Rosé，2013）中有所描述。这种解决问题的任务一直是协作学习研究中经常出现的情境（Harrer，McLaren，Walker，Bollen 和 Sewall，2006；Olsen 等，2014）。值得注意的是，有很多不同的方法可以从研究中学生行为的文本数据轨迹中提取变量。许多不同的方法可能导致模型高精度地预测谁学得更多，但在结果的可解释性和可操作性方面，它们各不相同。

现在，让我们从用于解释数据的多重性的角度来考虑这项研究的细节。在这项研究中，学生们在一个在线解决问题的环境中合作，每个学生都可以通过使用电脑来参与。他/她可以通过聊天与同伴学生进行互动。而每个人都可以通过图形用户界面为问题的解决作出贡献。在这项研究中，在两个实验日中的每一天，学生们都要解决一系列的故事问题。在问题之间，在实验条件下，一个对话式计算机代理向每个学生提出一个问题，大意是"学生 1，你觉得哪一个更有趣，是书还是电影？"或者"学生 2，你喜欢坐长途汽车还是坐飞机？"这些问题的答案将被用来定制故事的问题。例如："简（Jan）带了几本书，在去看望奶奶的长途汽车上自娱自乐。在 1/5 的旅程后，她已经读完了她所带的书的 6/8。她应该多带几倍的书呢？"在控制条件下，在两个问题之间，没有针对学生个人偏好的问题。相反，故事问题模板是从问题的答案中随机选择填写的，如果学生在实验条件下，就会得到这样的答案。通过这种方式，不同条件下的数学相关方面的处理是相同的。

本研究的发现是，实验条件下的学生学得稍微多一些（Kumar，Gweon，Joshi，Cui 和 Rosé，2007）。观察发现，在这项研究中，学生之间有大量挑衅的语言交流，通常这种情况源自能力较强的同伴。相关分析表明，一个学生说出的挑衅语言的数量与该学生的学习程度显著相关（Prata 等，2009）。对从文本数据中提取并用于预测学习特征的一种天真的解释是，挑衅的行为有助于学习。幸运的是，我们可以自信地得出这样的结论：作为一种解释，这是不合理的。从这些数据中观察到的另一个现象是，当学生更多地练习那些被预测显示为困难的概念时，他们学到的东西更多。这种纯粹的认知解释与之前的工作是一致的，是有道理的，但在这种情况下可能不具备可操作性。这就抛出了一个问题，为什么有些学生在他们需要练习的技能上得到的练习机会较少。

深入研究后，很明显，学习结果是有社会原因的。当一些学生开始挑衅时，他们相应的同伴在互动中就会变得不那么权威，于是不再积极地参与问题的解决和讨论（Howley 等，2013）。虽然在本研究中，权威性本身作为互动动力的衡量标准并不能直接预测学习，但向不那么权威的立场转变与问题解决策略的差异有关。在权威性差异较大的组中，不那么权威的学生在陷入僵局时，会让位给另一个学生，而在权威性差异较小的其他组中，学生得到了反馈并再次尝试。在控制条件下，主要观察到挑衅性和权威性的转变。

作为最后的分析，我们注意到，在控制条件下成为同伴学生挑衅行为受害者的学生的学习效果明显低于他们的同伴学生和实验条件下的所有学生。因此，我们看到，实验操作对社会气氛产生了影响,然后对解决问题的行为产生了影响,从而对学习产生了影响。这种解释是有意义的,也是可操作的——它找到了问题的根源,并提供了一个解决方案,即通过一些操作,如本研究中的对话式计算机主体,来创建一个有趣的环境,以支持富有成效的社会动态。

在所有形式的学习分析和教育数据挖掘中,当数据是非结构化的时候,我们必须做出选择,即我们将从数据跟踪中提取哪些变量,并在建模中使用这些变量来进行预测。在上面的例子中,我们看到,有些选择会导致可操作的、有意义的结论,而有些则不会。从文本中提取特征的幼稚方法,比如将每个至少出现一次的单词作为变量,这是一种经常作为基线表征的方法,将导致次优的结果。为了实现一个可解释和可操作的模型,在机器学习之前,研究者需要对数据的表征进行更多的思考和关注。

该案例说明了应用机器学习中应该注意的一些重要方面。例如,在这项研究中,学生说出的挑衅语言的数量预测了学习。在这项研究中,这种相关性最可能的原因是同伴学生对挑衅语言的反应为说出挑衅语言的学生创造了更多的练习机会。因此,在某种程度上,这种交互的低级特征充当了练习量的主体,至少在控制条件下是如此。在另一种情境中,说出的挑衅语言可能与练习量无关,因此在其他情境中,我们不期望看到同样的相关性。因此,如果挑衅语言的特征被包含在学生参与的向量表征中,机器学习模型会给该特征分配权重,因为它在该数据中做出了准确的预测。但是,将权重放在该特征上会导致模型在不同的情境中做出错误的选择,在这种情境中,挑衅语言和实践之间的相关性将不再成立。这种将权重归因于主体,然后不将其推广到其他情境的现象被称为过度拟合(over-fitting),而避免这样的过度拟合是应用机器学习中许多最佳实践的目标之一。

大数据在教育领域的梦想是,通过数据挖掘更有效地回答学习科学中的问题,或者提供更多的数据,从而可能会得出更细致的发现。如果使用适当的方法来创建用于此目的的模型,那么这个愿景肯定可以实现。然而,重要的是要注意到与创建这种模型相关的前期成本,以考虑它们在研究环境中可能发挥的适当作用。为了训练一个模型以做出准确的预测,必须对大量的数据进行标注,而且通常是手工标注。如果研究人员计划使用同一范式开展许多研究,这种前期投资可能还是值得的。更多的时候,自动化分析工具的价值在于实现由实时交互数据触发的干预。

四、展望未来: 学习科学中的学习分析议程

机器学习领域和语言技术等相关领域的进步促使学习分析领域最近取得了一些进展。然而,这些领域有自己的历史,与学习科学的历史有交集。当学习科学家展望未来,希望从这些相关领域中汲取更多的营养时,我们最好考虑一下它们自身的发展轨迹,以及如何与学习科学领域协同前进。

作为更广泛的人工智能领域的产物，机器学习和数据挖掘领域的长期研究者已经识别20世纪90年代中期后发生的范式转变。起初，结合了符号和统计方法的方法是令人感兴趣的。然而，随着研究者们对大型语料库的日益关注，以及大规模统计建模的新框架的利用，符号和知识驱动的方法在很大程度上被抛在了一边。与需要精心设计规则的老式符号方法一起，知识源的概念与经验主义的对立面紧密联系在一起。从积极的方面来看，向大数据的转变带来了相对快速构建真实世界系统的能力。然而，随着以知识为基础的方法被统计模型所取代，理论的基础越来越被贬低，取而代之的是用一种几乎非理论的经验主义取代理论的愿望成为时代潮流。

大约十年前，就在非理论经验主义不仅成为公认的标准，而且对过去更多的理论驱动的记忆也逐渐沉寂的时候，人们开始对社会数据的分析和人工智能与社会系统的整合产生了浓厚的兴趣。最近，这股潮流开始以有利于学习科学的方式逆转。例如，近年来，越来越多的人认识到来自社会科学的结构和应用于社会数据的自然语言处理工作之间的联系，例如来自各种社会媒体环境的数据。由于这项工作大量借鉴了研究文献，为我们理解社会定位如何在对话互动中形成提供了参考，我们可以更好地跟踪学生如何共同创造一个安全或不安全的知识建构环境，学生如何在协作交互中采取权威或非权威的立场，或者学生如何以建立或削弱与其他学生的工作关系的方式形成论点。现在，在各领域之间建起桥梁和伙伴关系的时机已经成熟。

五、致谢

本研究得到美国国家科学基金(NSF)IIS-1546393 和 ACI-1443068 项目的部分资助。

六、延伸阅读

Baker, R. S., & Yacef, K. (2009). The state of educational data mining in 2009: A review and future visions. *JEDM-Journal of Educational Data Mining*, 1 (1), 3-17.

本文介绍了教育数据挖掘领域的首次调查，该领域起源于人工智能教育界。该领域的主要工作重点与智能辅导系统的认知建模和点击流数据挖掘有关。

Erkens, M., Bodemer, D., & Hoppe, H. U. (2016). Improving collaborative learning in the classroom: Text mining based grouping and representing. *International Journal of Computer-Supported Collaborative Learning*, 11 (4), 387-415.

这篇最近的实证文章展示了如何使用文本挖掘方法，即 Latent Dirichlet 分配模型

（LDA），对学生进行分组以实现协作学习。它是学习分析技术在教学中的实际应用。

Gweon，G.，Jain，M.，McDonough，J.，Raj，B.，& Rosé，C. P. （2013）. Measuring prevalence of other-oriented transactive contributions using an automated measure of speech style accommodation，*International Journal of Computer Supported Collaborative Learning*，8（2），245 - 265.

这项实证研究提供了一个例子，说明认知和社会心理学的理论如何能够激发语言结构的操作化和具体的建模方法。特别是，它提出了一种从语音数据中评价协作对话中跨活动贡献的普遍性的方法。

Siemens，G.，& Baker，R. S. J. d. （2012，April）. Learning analytics and educational data mining：towards communication and collaboration. *Proceedings of the Second International Conference on Learning Analytics and Knowledge* （pp. 252 - 254），Vancouver，BC，Canada.

本文对应用于学习数据的建模技术领域的工作进行了较新的阐述。它跨越了两个领域，即教育数据挖掘和学习分析，并提出了这两个领域之间协同作用的愿景。

Van Leeuwen，A.，Janssen，J.，Erkens，G.，& Brekelmans，M. （2014）. Supporting teachers in guiding collaborating students：Effects of learning analytics in CSCL. *Computers & Education*，79，28 - 39.

本文介绍了学习分析在教学中的另一个实际应用。这次研究调查了教师在课堂教学中如何使用通过分析过程产生的可视化。LearnSphere 项目网站也是用于教育数据挖掘和学习分析的数据基础设施和分析工具的有用资源（http://learnsphere. org/）。

七、NAPLeS 资源

Rosé，C. P.，Learning analytics and educational data mining in learning discourses ［Webinar］. In NAPLeS video series. Retrieved October 19，2017，from http://isls-naples. psy. lmu. de/intro/all-webinars/rose_all/index. html

Rosé，C. P.，15 minutes about learning analytics and educational data mining in learning discourses ［Video file］. In NAPLeS video series. Retrieved October 19，2017，from http://isls-naples. psy. lmu. de/video-resources/guided-tour/15-minutes-rose/index. html

Rosé，C. P.，Interview about learning analytics and educational data mining in learning discourses ［Video file］. In NAPLeS video series. Retrieved October 19，2017，from http://isls-naples. psy. lmu. de/video-resources/interviews-ls/rose/index. html

参考文献

Baker, R. S., & Yacef, K. (2009). The state of educational data mining in 2009: A review and future visions. *JEDM-Journal of Educational Data Mining*, 1(1), 3–17.

Buckingham-Shum, S. (2013). *Proceedings of the 1st International Workshop on Discourse-Centric Analytics, workshop held in conjunction with Learning, Analytics and Knowledge 2013*, Leuven, Belgium.

Buckingham-Shum, S., de Laat, M., de Liddo, A., Ferguson, R., & Whitelock, D. (2014). *Proceedings of the 2nd International Workshop on Discourse-Centric Analytics, workshop held in conjunction with Learning, Analytics and Knowledge 2014*, Indianapolis, IN.

Fishman, B., & Penuel, W. (2018). Design-based implementation research. In F. Fischer, C. E. Hmelo-Silver, S. R. Goldman, & P. Reimann (Eds.), *International handbook of the learning sciences* (pp. 393–400). New York: Routledge.

Gweon, G., Jain, M., McDonough, J., Raj, B., & Rosé, C. P. (2013). Measuring prevalence of other-oriented transactive contributions using an automated measure of speech style accommodation, *International Journal of Computer Supported Collaborative Learning*, 8(2), 245–265.

Harrer, A., McLaren, B. M., Walker, E., Bollen, L., & Sewall, J. (2006). Creating cognitive tutors for collaborative learning: Steps toward realization. *User Modeling and User-Adapted Interaction*, 16(3–4), 175–209.

Howley, I., Mayfield, E., & Rosé, C. P. (2013). Linguistic analysis methods for studying small groups. In C. Hmelo-Silver, A. O'Donnell, C. Chan, & C. Chin (Eds.), *International handbook of collaborative learning*. New York: Taylor and Francis.

Kollar, I., Wecker, C., & Fischer, F. (2018). Scaffolding and scripting (computer-supported) collaborative learning. In F. Fischer, C. E. Hmelo-Silver, S. R. Goldman, & P. Reimann (Eds.), *International handbook of the learning sciences* (pp. 340–350). New York: Routledge.

Kumar, R., Gweon, G., Joshi, M., Cui, Y., & Rosé, C. P. (2007). Supporting students working together on math with social dialogue. *Proceedings of the ISCA Special Interest Group on Speech and Language Technology in Education Workshop (SLaTE)*, Farmington, PA.

Lund, K., & Suthers, D. (2018). Multivocal analysis: Multiple perspectives in analyzing interaction. In F. Fischer, C. E. Hmelo-Silver, S. R. Goldman, & P. Reimann (Eds.), *International handbook of the learning sciences* (pp. 455–464). New York: Routledge.

Olsen, J. K., Belenky, D. M., Aleven, V., & Rummel, N. (2014, June). Using an intelligent tutoring system to support collaborative as well as individual learning. *International Conference on Intelligent Tutoring Systems* (pp. 134–143). Honolulu, Hawaii: Springer International Publishing.

Prata, D., Baker, R., Costa, E., Rose, C., & Cui, Y. (2009). Detecting and understanding the impact of cognitive and interpersonal conflict in computer supported collaborative learning environments. In T. Barnes, M. Desmarais, C. Romero, & S. Ventura (Eds.), *Proceedings of the 2nd International Conference on Educational Data Mining* (pp. 131–140), Cordoba, Spain.

Puntambekar, S. (2018). Design-based research (DBR). In F. Fischer, C. E. Hmelo-Silver, S. R. Goldman, & P. Reimann (Eds.), *International handbook of the learning sciences* (pp. 383–392). New York: Routledge.

Rummel, N., Walker, E., & Aleven, V. (2016). Different futures of adaptive collaborative learning support. *International Journal of Artificial Intelligence in Education*, 26(2), 784–795.

Siemens, G., & Baker, R. S. J. d. (2012, April). Learning analytics and educational data mining: towards communication and collaboration. *Proceedings of the Second International Conference on Learning Analytics and Knowledge* (pp. 252–254), Vancouver, BC, Canada.

Suthers, D., Lund, K., Rosé, C. P., Teplovs, C., & Law, N. (Eds.) (2013). *Productive multivocality in the analysis of group interactions*. New York: Springer.

Vogel, F., & Weinberger, A. (2018). Quantifying qualities of collaborative learning processes. In F. Fischer, C. E. Hmelo-Silver, S. R. Goldman, & P. Reimann (Eds.), *International handbook of the learning sciences* (pp. 500–510). New York: Routledge.

第 50 章　认知网络分析：通过大数据深描法来理解学习

大卫·威廉森·沙弗(David Williamson Shaffer)

一、引言

随着大规模在线开放课程(MOOCs)、教育游戏和模拟、基于计算机的测试以及其他用于学习和评估的计算工具的出现,意味着可供学习科学家使用的数据正在呈指数级增长(例如,Fields 和 Kafai,本手册;G. Fischer,本手册)。与此同时,学习分析、数据挖掘和数据科学等新兴领域更普遍地提出了一系列统计和计算方法来分析这些数据,其中一些方法在本手册的其他地方已有介绍(例如,Rosé,本手册)。

然而,学习科学的一个重要特征是,研究者是从理论的角度进行分析的。此外,学习科学家所使用的理论不仅是为了研究实验室环境中的学习,而且也是为了研究现实世界中的学习是如何发生的,如教室、课外活动中心、家长、教师和学生,以及在创客空间中的儿童和在线协作。正如麦克斯韦(Maxwell,2008)所解释的那样,定性方法特别适用于解决"关注事物如何发生和为什么发生,而不关注各要素之间是否存在特定的差异或关系,或者它在多大程度上可以被其他变量解释"的问题(p.232)。这种分析依赖于格尔茨(Geertz,1973b)所推崇的深描(thick description)。深描是试图理解人们在某个特定的时间和地点是如何以及为什么会采取行动:对生活经验中的经历、假设、情感和意义建构的一种解释,从而理解事件发生的方式与原因。当这种方法被应用于关于学生、教师、课堂、非正式教学环境和个人学习环境的数据时,它能帮助我们更好地理解和洞悉学习是如何发生的(例如,Green 和 Bridges,本手册;Koschmann,本手册)。不过,关键的是,这种定性分析通常是由手工完成的。研究者首先确定了在某种环境中对参与者有意义的经验的概念和类别,然后寻找能够解释他们所观察的人如何理解正在发生的事情的模式。

当然,通过只分析收集到的一小部分信息,以这种方式从大数据中创建深描是可能的。但是,研究者也可以使用统计和计算技术,对学习科学家现在所掌握的大量数据进行定性分析。接下来,我将介绍认知网络分析(epistemic network analysis,ENA),这是一种网络分析技术,正在被越来越多的学习科学研究团体使用,以支持基于学习大数据的深描。

二、ENA 的理论基础

ENA 是关于人类行动在世界上如何定位的四个观点，这些观点共同构成了认知框架的理论。在学习科学的发展过程中，这四个观点在这一点上是相对没有争议的，因此在这里，我们将其作为种公理或假设进行阐述（全面的概述见 Shaffer，2017；Danish 和 Gresalfi，本书；Hoadley，本手册）。

首先，学习者总是根植于一种文化或多种文化之中。人类在行动、谈话、写作和制造对自己以及他人有意义的东西时，都会使用符号。学习科学的一个长期工作传统着眼于学习如何成为一种文化濡化（enculturation）的形式，在这种形式中，学生置身于实践共同体（communities of practice）中（例如，Lave 和 Wenger，1991）。从这个角度看，学习意味着越来越熟练地使用吉（Gee，1999）所说的某些共同体的大 D 话语（Big-D discourse），即一种"说话、倾听、写作、阅读、行动、互动、相信、重视和感觉（以及使用各种物品、符号、图像、工具和技术）"的方式（p. 23），这种方式是拥有共同文化的某些群体所特有的。

其次，学习者总是被嵌入在对话中。文化环境中的活动总是通过行动表现出来的：在谈话中，在创造和操纵作品中，在手势中，在运动中，在世界上任何可感知的事物中。成为文化濡化者——以及同样地，研究文化濡化是如何发生的——意味着要观察这些活动的记录，以理解世界上的这些事件是如何在一个共同体的大 D 话语中被解读的（Gee，1999）。古德温（Goodwin，1994）认为，这个过程中的一个关键部分是发展专业视野（professional vision）："以社会组织的方式看待和理解符合特定社会群体独特利益的事件"（p. 606）。他把这些社会组织看待事物的方式称为代码（codes），从这个角度来看，学习的研究，需要理解人们何时以及如何使用来自某些实践共同体的代码。

然后，学习者总是嵌入在交互中。从根本上说，学习是一个人际交往的过程，学习者会在这个过程中与他人进行互动。通常情况下，这样的互动直接发生于学习者与教师、导师以及学习者与同伴之间。但是，正如佩（Pea，1993）所指出的，他人创造的作品内部也携带着智慧，甚至可以说，当一个学生在网上查找信息或用计算器解决问题时，也是在与其他以特定方式"回应"学生行为的人进行对话，尽管是以调节的形式（例如，Cress 和 Kimmerle，本手册）。

最后，学习者总是沉浸在时间中。文化是在时间上表现出来的（因此也是在时间上建构的）：它通过一系列的动作和反应展开——一个学生发言，另一个学生回答，第三个学生总结；或者教师提问，学生回答，教师评价。但是，即使是一个人在相对孤立的环境中工作——之所以是相对的，是因为没有任何人类活动是在完全脱离社会习俗的情况下进行工作的——解决问题的一个步骤也会遵循之前产生的想法，同时也会改变它。

认知框架理论(Shaffer，2017)扩展了这些观点，认为虽然理解大 D 话语需要理解一些共同体的代码，但仅仅识别共同体使用的代码是不够的。通过理解代码之间的系统联系，我们理解文化——从而创造出深描。文化——格尔茨(Geertz，1973a)称之为"有组织的重要符号系统"(p. 46)——是由相互作用的符号组成的，形成了一个意义的网络。也就是说，我们是从其他符号的角度来理解符号的(Deacon，1998)，因此，为了理解大 D 话语，我们需要理解当人们参与一种文化时，代码是如何系统地相互关联的。

认知框架(epistemic frame)是对代码如何相互联系的一种形式化描述，是通过研究大 D 话语中的代码如何在某些人或群体的话语中系统地相互关联而揭示出来的。例如，沙弗(Shaffer，2017)通过解释调查记者如何谈论他们作为监督者的角色时，描述了新闻业的部分认知框架，他们指的是为那些没有发言权的人发言、以及为需要记者的人提供帮助的价值观，以及对与记者交谈的危险发出警告的做法，以及记者需要确凿的证据来对付警察的知识。那么，从学习科学的角度来看，我们可以通过观察新闻专业学生随着时间的推移是否在他们的对话中建立了相同的联系，来评估他们在多大程度上已经(或没有)接受调查新闻的大 D 话语。

ENA 通过绘制代码在对话中相互连接的方式，提供了一种建模认知框架的方法。萨瑟斯和德西托(Suthers 和 Desiato，2012)指出，活动发生在他们所谓的最近的时间境脉(temporal context)中：以前的事件提供了一个共同的基础，在这个基础上解释行动。也就是说，人们会在对话或活动流中对不久前发生的事情做出反应。因此，如果一个学生问一个关于调查记者如何对付警察的问题，而一个资深记者用确凿的证据来回答，那么这个资深记者就在这两个代码之间建立了联系，因为它们都在相同的最近时间境脉中。通过以这种方式映射代码之间的联系，ENA 提供了一个学习者的认知框架模型——从而也就提供了一种描述学习如何同时嵌入文化、对话、交互和时间的方法。

三、ENA 的语用学

下面总结了沙弗和鲁伊斯(Shaffer 和 Ruis，2017)所提出的关于 ENA 机制的更详细的讨论。ENA 将一些记录对话中的代码之间的连接结构建模为一个网络。在 ENA 网络中，节点(nodes)代表了某个大 D 话语中的个体代码；节点之间的联系代表了在被建模的特定对话中这些代码的关联强度。也就是说，ENA 显示了一个人或一群人如何在某个共同体的大 D 话语中建立重要的联系。两个节点之间的关联或连接强度，与它们在被建模的数据中共现(co-occurrence)的相对频率成正比，其中两个代码的共现意味着它们都是在相同的最近时间境脉中对数据作出了解释。

在接下来的内容中，我将根据作为 ENA 软件一部分的在线样本数据集来举例说明。数据集所附带的文档中对数据进行了更全面的描述。简而言之,这是 44 名大学一年级学生参加工程导论课程的数据。在课程中,学生们参加了两个模拟,在这两个模拟中,他们扮演了一家工程公司的实习生。在模拟中,学生以小组为单位,通过电子邮件和聊天进行交流。该数据集包含了所有学生聊天信息的日志文件条目,这些信息来自一个名为 RescuShell 的模拟游戏,在这个游戏中,学生为救援人员设计了一个机器人外骨骼。值得注意的是,样本中的一些学生在学期的前半部分使用 RescuShell;样本中的其他学生在学期的后半部分使用 RescuShell,之前他们已经使用了另一个工程模拟。

在这个过程中,我们要创建一个 ENA 模型:

1. 将数据在数据表中分割成行。图 50.1 显示的是 RescuShell 中一组学生之间的部分对话数据。这种分割已经完成了,从某种意义上说,日志文件已经被组织成行,每一行都是一个轮次的谈话。学习科学中的数据往往是这样的;然而,重要的是要确保所选择的分段与所使用的编码方案兼容。[1]

		数据	技术特点	性能参数	客户请求	设计推理	协作
克里斯蒂娜	我认为镍镉(NiCd)总体上是最好的选择。	0	1	0	0	1	0
德里克	我也喜欢镍镉电池。我觉得选择传感器比较困难。	0	1	0	0	1	0
尼古拉斯	我认为一个低成本的设备是最好的选择,即使我们不得不牺牲一些方面的性能。	1	0	1	0	1	0
克里斯蒂娜	我认为压电可能是一个很好的选择,因为它的安全性很高、而且敏捷性和充电间隔也很好。	0	1	1	0	1	0
德里克	我认为安全可能是最重要的,如果用户使用的设备不安全,我认为不值得冒其他一切风险。	1	0	1	1	1	0
德里克	看看我们要把两个选项中的哪一个组合在一起,看看这些设计的组合会产生什么结果,以便更好地了解哪些组合会产生什么结果。	1	0	0	0	1	0
尼古拉斯	我同意,我们可以尝试一些变化,找出这些外骨骼的最佳方案。	0	0	0	0	1	0

图 50.1 摘自 RescuShell 的样本数据集

2. 对每一行数据进行编码。有很多方法可以实现这一点,包括手动编码或使用自动分类器。在 RescuShell 数据中,代码分别是数据、技术特点、性能参数、客户请求、设计推理和协作,这些代码在图 50.1 中同名的列中显示。ENA 模型的质量取决于编码的质量,并且任何代码都应该经过适当的验证(有关编码和相关问题的更多信息,见 Vogel 和 Weinberger,本手册)。

3. 将数据行分割成对话。对话代表了数据集中可以相互关联的行的分组,比如一个活动中一组学生的轮流谈话。这个步骤说明了这样一个事实,即学习科学数据集经常包含关于多个小组或个人的数据,他们同时工作,但不一定会相互交流。在RescuShell数据中,对话被定义为模拟中单个活动中单个小组的所有聊天行,尽管数据集中表示小组和活动的变量没有在图50.1的节选中显示出来。

4. 将每一行数据与其最近的时间境脉相关联。ENA通常用节(stanza)来定义最近的时间境脉,其中,一行数据的节,l是指数据中属于第l行最近的时间境脉的其他行。ENA软件通过使用固定大小w的移动窗口来建模节;也就是说,每一行数据l都与对话中第l行之前的w-l行数据相关联(创建总窗口大小为w行)。窗口大小w的选择取决于数据的性质——具体来说,研究者需要思考的是,在记录的对话中,什么大小的窗口最能捕捉到最近的时间境脉。

5. 在RescuShell数据中,选择的窗口大小为7。从图50.1的节选中可以看出这一点。尼古拉斯(Nicholas)说:"我同意,我们可以尝试一些变化,找出这些外骨骼的最佳方案。"在说"我们可以尝试一些变化"的时候,他指的是前面的行文,在这些行文中,小组既讨论了性能参数(performance parameters)的重要性,如安全、敏捷性和充电间隔,也讨论了特定的技术特点(technical features)的重要性,如选择电池或使用的传感器——一直追溯到克里斯蒂娜(Christina)在前面六轮谈话中所说的"镍镉[电池]总体上是最好的选择"。

6. 为每一行数据构建一个邻接矩阵(adjacency matrix),显示数据行的代码和其最近的时间境脉中的代码之间的连接。具体来说,如果模型中的第i行代码出现在第l行,模型中的第j行代码出现在第l行的节中,那么第l行的邻接矩阵的第i行和第j列就是1。否则,第i行和第j列就是0。这种计算在ENA网络工具或rENA包中完成。[2]

例如,对于尼古拉斯在图50.1中的最后评论,邻接矩阵将显示设计推理(design reasoning)(该行数据中唯一出现的代码)与数据中除协作外的所有其他代码之间的联系,因为其他代码都出现在该节中,而协作没有。

相邻矩阵是对数据中对应的人或利益群体(分析单位)的数据行进行求和。因此,每个人或群体的相邻矩阵中的条目代表了该人或群体在模型中每对代码之间建立联系的次数。同样,这是在ENA软件中完成的,结果是数据中每个分析单位都有一个单一的网络模型。[3]例如,在RescuShell数据中,我们可以比较在小组中工作的单个学生的网络,或者比较小组之间的认知网络。

因此,ENA网络代表了每个人或群体的数据中每对代码在时间上共同定位的频率;也就是说,ENA网络可以模拟数据集中人或利益群体代码的时间相关结构,或代码之间的交互级别。与更典型的多变量模型相比,这种网络方法具有数学和概念上的优势,其中变量之间的相互作用通常(在某些方面必然)次要于基础变量本身(见

Collier，Ruis 和 Shaffer，2016；Jaccard 和 Turrisi，2003）。

与网络分析技术不同，ENA 模型具有固定的、相对较小的节点集，网络分析技术是为了分析具有数千或数百万节点的大型网络而优化的。因此，可以将邻接矩阵投射为高维空间中的点，并使用降维（dimensional reduction）来确定网络空间的哪些维度揭示了网络之间的兴趣差异。例如，降维可以用来识别新手和专家在某些领域的认知框架的不同方式。

因此，分析一个 ENA 模型需要更进一步的三个步骤（如下）。

7. 选择一个合适的降维。典型的选择是奇异值分解（singular value decomposition），它显示了被建模网络的最大方差或均值旋转（means rotation），表示两组网络之间的最大差异。在对网络进行降维之前，需要对其进行规范化，这样可以消除网络中仅仅因为不同网络数据量的变化而产生的差异——例如，有些人比其他人说话更多。在 RescuShell 的例子中，我们可能会选择一种降维，显示学期初使用 RescuShell 的学生和使用另一个工程模拟后使用 Rescushell 的学生之间的差异。

降维的结果是一个 ENA 空间，其中每个分析单元的网络被表示为一个点，单元之间的距离是两个网络中连接的相似或不同的度量。

8. 在产生的 ENA 空间中比较网络之间的差异。可以使用本手册其他地方讨论的广泛的推理统计来比较网络，并测量和模拟差异（De Wever 和 Van Keer，本手册）。例如，在图 50.2 中，每一个点都代表了一个使用 RescuShell 的学生在 ENA 空间中的

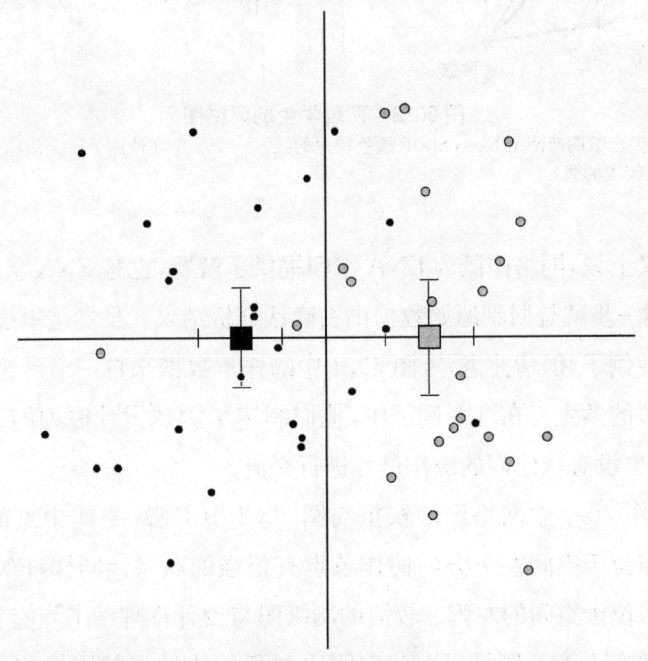

图 50.2　ENA 空间

注：该图比较了在学期初使用 RescuShell 的学生的对话模式（颜色较深的点）和在使用另一个角色扮演模拟后使用 RescuShell 的学生的对话模式（颜色较浅的点）。两组的均值（以置信区间的方块显示）表明两组之间存在差异；然而，我们还需要通过第二种协调的表达来解释组间的差异。

认知网络位置。从图中可以看出,在学期初使用 RescuShell 的学生(颜色较深的点,平均值 x=−0.09)和在另一次角色扮演模拟后使用 RescuShell 的学生(颜色较浅的点,平均值 x=0.11,p<0.001)之间,在对话方面有显著的统计学差异。然而,我们需要一个额外的步骤来解释 ENA 空间的维度——从而解释学生群体之间这种差异的意义。

9. 由此产生的网络模型在 ENA 空间中被可视化为网络图,这样就可能看到网络的哪些属性——以及它们所模拟的认知框架——解释了网络或网络组之间的差异。例如,图 50.3 显示了两个学生的网络图。左边线条较深的图是学期初使用 RescuShell 的学生的网络图。右边线条较浅的图是来自于一个在另一个角色扮演模拟之后使用 RescuShell 的学生。请注意,在线条较深的图中,与协作的联系更为突出,这说明这两组学生的一个显著区别是,在学期初使用 RescuShell 的学生比那些有更多经验的学生花了更多的时间来讨论如何协作。

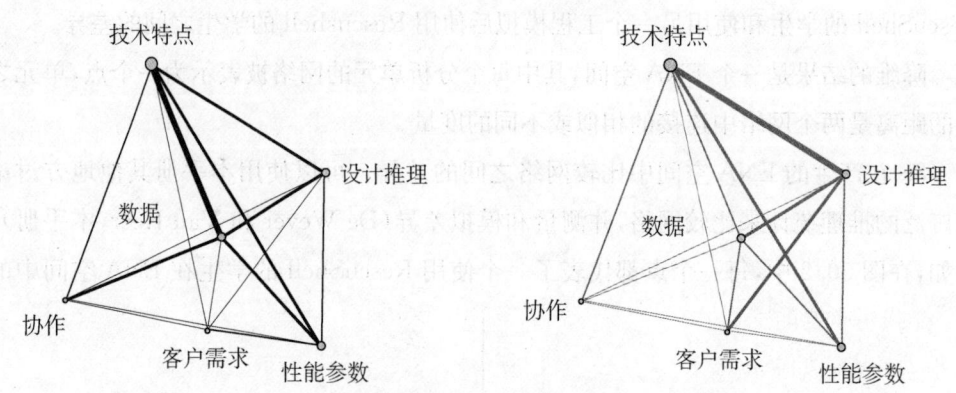

图 50.3　两位学生的网络图

注:一个学生在学期初使用 RescuShell(颜色较深的线),一个学生在使用另一个角色扮演模拟后使用 RescuShell(颜色较浅的线)。

从这个意义上说,网络图既为 ENA 空间提供了解释,也是 ENA 空间的诠释,而使用 ENA 的关键一步就是回到原始数据中去确认分析结果。虽然这里没有篇幅来提供一个扩展的定性例子,但请注意,上图 50.1 中的样本数据来自一组已经完成另一个工程角色扮演模拟的学生。在这个例子中,他们制定了测试设计原型的计划,但没有讨论角色和责任,也没有就他们的协作过程进行交流。

还请注意,图 50.3 中网络图的权重与图 50.2 中 ENA 空间中点的位置相对应。较深的网络图与位于空间左下方的协作节点有很强的联系。同样,ENA 空间中颜色较深的点的网络位于空间的左侧。较浅的网络图与设计推理的节点有很强的联系,该节点位于空间的右上方。同样,ENA 空间中颜色较浅的点的网络位于空间的右侧。因此,我们可以将空间的 x 维理解为显示出注重协作的学生和注重设计推理的学生在理解设计作品时的差异。

换句话说,ENA利用了一套网络建模和可视化技术,这些技术是专门设计用来突出代码在对话中使用方式的显著特征的——在这个案例中,以表明设计经验较多的学生组织协作的时间较少,而利用数据和设计的思想解决设计问题的时间相对较多,通过选择合适的技术特点,使设备的性能达到最大化。显然,研究者在构建这个模型的过程中做了很多分析选择,这里没有报告和说明的空间。沙弗和鲁伊斯(Shaffer 和 Ruis,2017)对本例进行了改编,给出了相关具体分析的进一步细节,而沙弗(Shaffer,2017)对使用ENA的概念问题进行了更全面的概述。

四、ENA分析:案例研究示例

为了使这个有点抽象的ENA显得更加具体,本章这一部分提供了一个之前发表的使用ENA的研究总结。

夸多库斯·费希尔等人(Quardokus Fisher 等,2016)研究了工业现场虚拟实验室(Industrually-Situatued Virtual Laboratory, ISVL)项目。在这些项目中,学生以团队的形式模拟制造过程。在ISVL中,每个团队都由一名教练指导,即一名更有经验的工程师,他的工作是帮助"学生濡化工业项目工作的期望"。ISVL项目旨在让学生解决真实的工程任务,通过实验、分析和反思的迭代过程整合他们对科学主题的理解。夸多库斯·费希尔及其同事关注教练如何使用特定的指导技巧,比如提问和指导性对话,来引导学生思考重要的工程内容,如动力学反应的速率、实验设计和实验输入参数的选择,他们将这些内容以指导、动力学、实验设计、协作、输入参数和数据收集的代码进行操作。

夸多库斯·费希尔和她的同事使用ENA来模拟数据中代码之间的联系。研究人员分析了27次辅导课程,其中14次由一位教练指导,13次由另一位教练指导,他们还利用这些数据来寻找两位教练指导工程专业学生方法的异同。得到的网络图如图50.4所示。

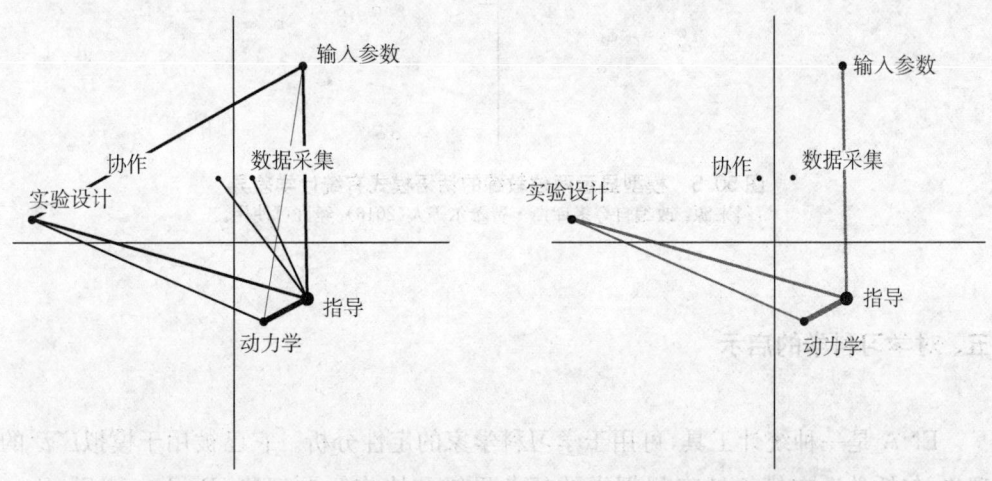

图50.4 模型显示了工业现场虚拟实验室项目中两位不同教练的对话模式
资料来源:改编自夸多库斯·费希尔等人(Quardokus Fisher 等,2016)。

这些网络图显示了两名不同教练的训练课程中代码之间的平均连接强度（左边是深黑色线条的网络，右边是浅灰色线条的网络）。该模型证实并扩展了研究人员在数据中看到的情况。无论是深色教练和还是浅色教练，他们的指导主要是帮助学生理解动力学反应的速率，这是学生进行实验的核心。两位教练还指导学生在实验设置中思考实验设计和输入参数。但深色教练将这些话题进行了整合。黑色网络显示，在 14 个不同团队的平均训练课程中，深色教练促进了输入参数、实验设计和动力学之间的联系，如浅色网络中更强大的连接网络所示。相比之下，浅色教练的促进作用则没有那么综合，特别是没有将输入变量与实验设计或动力学联系起来。研究人员解释说，深色教练系统性地"倾向于将'输入参数'作为讨论项目的接入点"，而浅色教练则没有。

这两张网络图都代表了多场训练课程的平均对话网络。如图 50.5 所示，夸多库斯·费希尔和她的同事能够创建一个 ENA 空间来比较深色教练的所有训练课程（黑点，$mean_y = 0.21$）和浅色教练的所有训练课程（灰点，$mean_y = -0.23$）。研究人员使用推断统计学来证明两个样本之间的差异——两个教练话语之间的差异——具有统计学意义（$p < 0.001$）。

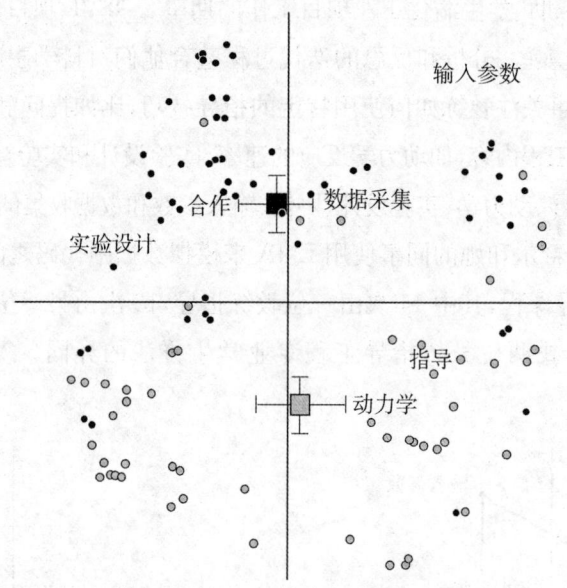

图 50.5　模型显示两位教练的话语模式有统计学差异
资料来源：改编自夸多库斯·费希尔等人（2016）.经许可使用。

五、对学习科学的启示

ENA 是一种统计工具，可用于学习科学家的定性分析。它已被用于模拟广泛的现象，包括学生在模拟城市规划中的复杂思维和协作问题解决（Bagley 和 Shaffer，

2015；Nash 和 Shaffer，2011)，以及其他 STEM 专业实践(Hatfield，2015)；外科学员在模拟手术过程中的复杂思维与协作(D'Angelo，2015)；协同工作中的目光协调(Andrist，Collier，Gleicher，Mutlu 和 Shaffer，2015)；以及学生们以协作的方式在互联网上查找信息的方式(Knight 等，2014)。

关于识别代码、组织和分割数据等概念上和实践上的考虑，这里的介绍和讨论显得过于简单了。不过，沃格尔和温伯格(Vogel 和 Weinberger，本手册)对这些考虑因素进行了概述；沙弗(Shaffer，2017)也对此进行了详细的讨论。我们通过本章获得的认知是，学习科学的一个关键转折点是利用大数据进行深描，以这种方式将定量分析和定性分析联系起来的一个关键组成部分是使用一种统计工具，该工具基于被研究的基本学习过程的理论。这些例子的切入点是认知框架理论，这表明理解代码之间的关系是理解学习文化的关键部分。ENA 并不是模拟如何通过对话中的连接来构建意义的唯一方法；学习科学家还可以使用其他工具和技术来实现这一目的。但是，为了实现学习科学研究的目标，任何这样的工具都需要将一些关于人们如何在世界上创造意义的理论付诸实践。

一切形式分析都是对现实的简化。就像任何科学仪器一样，ENA 使分析一种现象成为可能——在本例中，研究者们通过结合民族志和统计学分析技术，分析人们在线行为、线程讨论和论坛、Twitter、Facebook 和其他社交媒体的大数据，以及从游戏、模拟和其他沉浸式环境中收集的大量数据。作为一个领域，我们可以从这种方法中获益良多。我们可能失去的是一个人或一群人已经阅读和解释所有数据的确定性——尽管阅读和解释许多现代学习和评估环境产生的大量数据是不可能的。

但是，与纯粹的统计或计算技术不同的是，当我们使用本文描述的方法分析大数据时，这些模型是基于学习理论的。[4] 它们不仅是有关人们行为的模型，而且是有关人们如何创造意义的模型。这些模型不仅仅是研究者在数据中偶然发现的模式，而且是被证明了的，可以通过一些话语研究获取一些关于学习文化信息的模式。

六、致谢

这项工作得到了美国国家科学基金会(DRL-0918409，DRL-0946372，DRL-1247262，DRL-1418288，DUE-0919347，DUE-1225885，EEC-1232656，EEC-1340402，REC-0347000)、麦克阿瑟基金会(the MacArthur Foundation)、斯宾塞基金会(the Spencer Foundation)、威斯康星州校友研究基金会(the Wisconsin Alumni Research Foundation)以及威斯康星大学麦迪逊分校研究(Graduate Education at the University of Wisconsin-Madison)和研究生教育副校长办公室的部分资助。本文所有的观点、发现和结论并不代表资助机构、合作机构或其他个人的观点。

七、延伸阅读

Andrist, S., Collier, W., Gleicher, M., Mutlu, B., & Shaffer, D. W. (2015). Look together: Analyzing gaze coordination with epistemic network analysis. *Frontiers in Psychology*, 6,1016. doi: 10.3389/fpsyg.2015.01016

Csanadi, A., Eagan, B., Shaffer, D., Kollar, I., & Fischer, F. (2017). Collaborative and individual scientific reasoning of pre-service teachers: New insights through epistemic network analysis (ENA). In B. K. Smith, M. Borge, E. Mercier, and K. Y. Lim (Eds.). (2017). Making a Difference: Prioritizing Equity and Access in CSCL, 12th International Conference on Computer Supported Collaborative Learning (CSCL) 2017 (Vol. 1). Philadelphia, PA: International Society of the Learning Sciences.

Hatfield, D. (2015). The right kind of telling: An analysis of feedback and learning in a journalism epistemic game. *International Journal of Computer-Mediated Simulations*, 7(2),1-23.

Quardokus Fisher, K., Hirshfield, L., Siebert-Evenstone, A. L., Arastoopour, G., & Koretsky, M. (2016). Network analysis of interactions between students and an instructor during design meetings. Proceedings of the American Society for Engineering Education (p. 17035). ASEE.

这些文章都是关于 ENA 应用的好例子,并且涵盖了一系列研究者们感兴趣的领域及研究问题。安德雷斯特等人将 ENA 技术应用于分析包括眼动跟踪数据的多模态数据集。卡萨纳迪等人研究了时间对 ENA 分析的影响。哈特菲尔德研究了在文本数据上使用 ENA。本章正文也对夸多库斯·费希尔等人的研究有所介绍。

Shaffer, D. W. (2017). Quantitative Ethnography. Madison, WI: Cathcart Press.

《定量民族志》对 ENA 进行了概述,详细介绍了编码、分割以及将 ENA 应用于定性数据的统计问题。

http://www.epistemicnetwork.org/。这个关于认知网络分析的网站包含文章、用户指南、教程和样本数据,包括本章描述的 RescuShell 数据。

https://cran.r-project.org/web/packages/rENA/index.html。这是一个用于认知网络分析的统计软件包。

八、NAPLeS 资源

Shaffer，D. W.，Tools for quantitative ethnography［Webinar］. In NAPLeS video series. Retrieved October 19，2017，from http://isls-naples.psy.lmu.de/intro/all-webinars/shaffer_video/index.html

九、注释

1. 沙弗(Shaffer，2017)提供了 ENA 环境下的数据分割的全面概述。

2. 在这个步骤中,也可以构建加权模型,其中第 i 行和第 j 列的值与第 i 代码和第 j 代码在节中出现的次数成正比。不过,这已经超出了本章的讨论范围。

3. 模拟网络轨迹也是可能的——也就是说,显示随时间变化的网络的纵向序列。同样,这也超出了本章的讨论范围。

4. 关于理论在学习分析中重要性的更多信息,请参见威斯和沙弗(Wise 和 Shaffer，2015)。

参考文献

Andrist, S., Collier, W., Gleicher, M., Mutlu, B., & Shaffer, D. (2015). Look together: Analyzing gaze coordination with epistemic network analysis. *Frontiers in Psychology*, 6, 1016. doi: 10.3389/fpsyg.2015.01016

Bagley, E. A., & Shaffer, D. W. (2015). Stop talking and type: Comparing virtual and face-to-face mentoring in an epistemic game. *Journal of Computer Assisted Learning*, 26(4), 369–393.

Collier, W., Ruis, A., & Shaffer, D. W. (2016). Local versus global connection making in discourse. *12th International Conference on Learning Sciences (ICLS 2016)* (pp. 426–433). Singapore: ICLS.

Cress, U., & Kimmerle, J. (2018). Collective knowledge construction. In F. Fischer, C. E. Hmelo-Silver, S. R. Goldman, & P. Reimann (Eds.), *International handbook of the learning sciences* (pp. 137–146). New York: Routledge.

D'Angelo, A.-L. (2015). *Evaluating operative performance through the lens of epistemic frame theory* (Unpublished master's thesis). University of Wisconsin-Madison.

Danish, J., & Gresalfi, M. (2018). Cognitive and sociocultural perspective on learning: Tensions and synergy in the Learning Sciences. In F. Fischer, C. E. Hmelo-Silver, S. R. Goldman, & P. Reimann (Eds.), *International handbook of the learning sciences* (pp. 34–43). New York: Routledge.

De Wever, B., & Van Keer, H. (2018). Selecting statistical methods for the learning sciences and reporting their results. In F. Fischer, C. E. Hmelo-Silver, S. R. Goldman, & P. Reimann (Eds.), *International handbook of the learning sciences* (pp. 532–541). New York: Routledge.

Deacon, T. W. (1998). *The symbolic species: The co-evolution of language and the brain.* W. W. Norton & Company.

Fields, D. A., & Kafai, Y. B. (2018). Games in the learning sciences: Reviewing evidence from playing and making games for learning. In F. Fischer, C.E. Hmelo-Silver, S. R. Goldman, & P. Reimann (Eds.), *International handbook of the learning sciences* (pp. 276–284). New York: Routledge.

Fischer, G. (2018). Massive Open Online Courses (MOOCs) and rich landscapes of learning: A learning sciences perspective. In F. Fischer, C. E. Hmelo-Silver, S. R. Goldman, & P. Reimann (Eds.), *International handbook of the learning sciences* (pp. 363–380). New York: Routledge.

Gee, J. P. (1999). *An introduction to discourse analysis: Theory and method.* London: Routledge.

Geertz, C. (1973a). The impact of the concept of culture on the concept of man. In C. Geertz, *The interpretation of Cultures: Selected essays* (pp. 33–54). New York: Basic Books.

Geertz, C. (1973b). Thick description: Toward an interpretive theory of culture. In C. Geertz, *The interpretation of cultures: Selected essays* (pp. 3–30). New York: Basic Books.

Goodwin, C. (1994). Professional vision. *American Anthropologist, 96*(3), 606–633.

Green, J. L., & Bridges, S. M. (2018). Interactional ethnography. In F. Fischer, C. E. Hmelo-Silver, S. R. Goldman, & P. Reimann (Eds.), *International handbook of the learning sciences* (pp. 475–488). New York: Routledge.

Hatfield, D. (2015). The right kind of telling: An analysis of feedback and learning in a journalism epistemic game. *International Journal of Computer-Mediated Simulations, 7*(2), 1–23.

Hoadley, C. (2018). Short history of the learning sciences. In F. Fischer, C. E. Hmelo-Silver, S. R. Goldman, & P. Reimann (Eds.), *International handbook of the learning sciences.* New York: Routledge.

Jaccard, J., & Turrisi, R. (2003). *Interaction effects in multiple regression.* Thousand Oaks, CA: Sage.

Knight, S., Arastoopour, G., Shaffer, D. W., Shum, S. B., & Littleton, K. (2014). Epistemic networks for epistemic commitments. *Proceedings of the International Conference of the Learning Sciences*, Boulder, CO.

Koschmann, T. (2018). Ethnomethodology: Studying the practical achievement of intersubjectivity. In F. Fischer, C. E. Hmelo-Silver, S. R. Goldman, & P. Reimann (Eds.), *International handbook of the learning sciences* (pp. 465–474). New York: Routledge.

Lave, J., & Wenger, E. (1991). *Situated learning: Legitimate peripheral participation.* New York: Cambridge University Press.

Maxwell, J. A. (2008). Designing a qualitative study. In L. Bickman & D. J. Rog (Eds.), *The Sage handbook of applied social research methods* (2nd ed., pp. 214–253). Los Angeles: Sage.

Nash, P., & Shaffer, D. W. (2011). Mentor modeling: The internalization of modeled professional thinking in an epistemic game. *Journal of Computer Assisted Learning, 27*(2), 173–189.

Pea, R. D. (1993). Practices of distributed intelligence and designs for education. In G. Salomon (Ed.), *Distributed cognitions: Psychological and educational considerations* (pp. 47–87). Cambridge, UK: Cambridge University Press.

Quardokus Fisher, K., Hirshfield, L., Siebert-Evenstone, A. L., Arastoopour, G., & Koretsky, M. (2016). Network analysis of interactions between students and an instructor during design meetings. *Proceedings of the American Society for Engineering Education* (p. 17035). New Orleans, IN: ASEE.

Rosé, C.P. (2018). Learning analytics in the Learning Sciences. In F. Fischer, C. E. Hmelo-Silver, S. R. Goldman, & P. Reimann (Eds.), *International handbook of the learning sciences* (pp. 511–519). New York: Routledge.

Shaffer, D. W. (2017). *Quantitative ethnography.* Madison, WI: Cathcart Press.

Shaffer, D. W., & Ruis, A. R. (2017). Epistemic network analysis: A worked example of theory-based learning analytics. In C. Lang, G. Siemens, A. F. Wise, & D. Gašević (Eds.), *Handbook of learning analytics* (pp. 175–187). Society for Learning Analytics Research (SoLAR).

Suthers, D. D., & Desiato, C. (2012). Exposing chat features through analysis of uptake between contributions. *45th Hawaii International Conference on System Science* (pp. 3368–3377). New Brunswick, NJ: Institute of Electrical and Electronics Engineers (IEEE).

Vogel, F., & Weinberger, A. (2018). Quantifying qualities of collaborative learning processes. In F. Fischer, C. E. Hmelo-Silver, S. R. Goldman, & P. Reimann (Eds.), *International handbook of the learning sciences* (pp. 500–510). New York: Routledge.

Wise, A. F., & Shaffer, D. W. (2015). Why theory matters more than ever in the age of big data. *Journal of Learning Analytics, 2*(2), 5–13.

第51章 选择学习科学的统计方法及报告结果

布拉姆·德韦弗，希尔德·范基尔(Bram De Wever，Hilde Van Keer)

一、引言

本章介绍了在选择、实施和报告学习科学领域的统计分析时可以考虑的四个建议。本章的目的是立足于现实的，因此我们并不是要为你们提供一份详尽的清单，列出可用于学习科学研究的统计方法和所有的报告方式。因为在这个广阔的研究领域中，已有很多方法和处理各种数据的不同方式，不用说，我们不可能全面介绍所有在学习科学中使用的和相关的统计方法，也不可能全面介绍未来工作的建议。相反，我们想提出在选择适当的数据分析技术和报告在该领域的研究结果时应该考虑的一些因素。这些因素——我们称之为建议，但也可以被解读为需要反思的问题——将通过我们精选的一些"好的做法"的研究加以说明。下面，我们将简要阐述学习科学研究的典型特征，并针对这些特征提出四点建议。然后，我们会通过一些精选的例证文章来说明我们的建议，并以一个简短的讨论部分和五篇带有评论的延伸阅读来收尾。

二、学习科学研究的特征

描述学习科学研究通常是怎样的并不是一项简单的任务。无论如何，我们还是要尝试这样做，并且大方地承认，我们列举的这些特征是有讨论空间的。虽然我们相信这里列举的特征在该领域或多或少达成了共识，但我们清楚地认识到这也只是一种个人的解读，其他学者可能会提出其他或更多的特征，并可能强调不同方面的特征。

首先，学习科学中的定量研究通常以(准)实验研究中研究不同干预措施的效果为特征。这意味着学习科学的相关研究经常使用侧重于群体比较的统计技术。其次，研究的重点通常是作为参与者的个人，而且研究经常与学生和/或教师在(接近)真实的教育环境中进行。最后，在学习科学的领域中，我们经常希望研究会随着时间的推移而发展与变化(例如，学习增长，知识和能力的提高)。接下来，我们将学习科学研究的这些具体特征与统计技术的选择和应用以及报告结果的指南联系起来。

三、选择、应用和报告统计方法与结果的建议

在我们开始讨论具体的建议之前，我们需要强调，选择、应用和报告统计方法和结果只是做一个好研究的一部分。拥有一个坚实的理论框架和问题陈述、精心设计的研究问题以及经过深思熟虑的研究设计（仅列举几个）等都是同样重要的特征。

我们想提出的关于统计方法的前三条建议是基于对数据复杂性的考虑。更特别是，当我们在学习科学领域进行研究时，其数据的复杂性可能体现在若干方面。首先，由于研究对象通常是人，因此有各种各样的个体特征可能影响或混淆我们所要调查的学习和教学过程及结果。其次，学习科学中许多研究的特点是非常强调（半）真实的情境。这意味着，研究者通常不是在孤立的环境或实验室中对个体的学习进行调查，而是在特定的或真实的课堂以及学校情境中研究学习和教学。最后，学习科学的研究通常是基于对人的学习增长、发展和进步的调查，它会相应地对跟踪一段时间的变化感兴趣。我们会在下面依次讨论这三个问题，因为它们都与考虑数据的复杂性有这样或那样的关系。此后，我们还将提出第四个问题，这个问题更多地是与报告统计方法和结果有关。

我们提出的第一个建议是，要考虑所有潜在的相关变量，以便尽可能公平地处理数据的复杂性。当然，对于解决这个问题，还有许多研究设计元素可能都很重要。例如，将参与者随机分配到研究条件中，或设置匹配的设计等。但是，当涉及到数据分析部分时，我们还有必要收集并考虑（理论上）重要影响变量的信息。为了在复杂的情境中研究现象，并且在这方面提高研究结果的效度，将这些变量添加到统计模型中是非常必要的。鉴于有限的资源和时间，选择变量往往是必要的，但我们仍然必须谨慎，不要过度简化现实，要力求捕捉所有相关信息，并在分析时将这些信息考虑在内。这通常是通过添加协变量（covariates）来实现的，或者作为控制变量，或者作为研究中的特定变量。仔细考虑哪些变量可能是有意义的，并对它们的地位进行批判性反思是重要的，因为它们可以解释或缓和特定的干预效果。例如，从性向——处理交互作用（aptitude-by-treatment interactions）来看，它们是必不可少的（即一些教学策略可能对特定的学生或多或少有效，因为学生的特点可能与教学方法相互作用，因此，个别学习者可能对特定的处理有不同的反应；Jonassen 和 Grabowski，1993；另见 Bouwer，Koster 和 Van den Bergh，2018；Kollar 等，2014）。考虑到这些交互作用并对它们进行报告，对于理解学习科学研究中经常出现的复杂关系是很重要的。

第二个建议是，当涉及到参与者或测量的分组或嵌套时，我们需要考虑并明确模拟自身数据的复杂性。这通常与收集数据的（准）实验（真实）情况有关。例如，学生可以在不同的小组中协作，置于不同的班级中，或者去不同的学校。如果是这种情况，我们最好通过应用多级建模（multilevel modeling）来考虑学生个体在小组内的嵌套（例

如,小型协作组、班级、学校或任何组合)。多级建模[你也可以探索搜索词"阶层线性模型"(hierarchical linear models)或"混合效应模型"(mixed-effects models)]是一种考虑到数据的这种嵌套性(nestedness)的技术(Cress,2008;Hox,1995)。显然,嵌套性可能存在于其他参与者中(例如,教师可能在同一系部或同一所学校工作),也可能存在于参与者内部(例如,不同的测量时机或不同的结果变量可能被嵌套)。

第三个建议适用于关注个体随时间演变的纵向研究,如学习增长研究。如果这是研究目的,我们就需要确保在整个研究过程中明确考虑到增长或进步。这不仅会对研究设计有影响(如,选择前测—后测的设计,考虑使用保留测试来研究长期效应,或检查迁移和可推广性),而且对选择分析技术和报告研究结果也有影响。在这方面,我们需要仔细考虑分析时间上的差异。简单地计算前测和后测之间的差异,并对这个差异分值进行分析(通常标记为"增长"或"增加")可能无法解决问题。例如,显著的增加可能是由于后测分数高,或前测分数低。读者需要了解分数是如何随时间变化而变化的。有几种技术可以处理这些问题,例如(多级)重复测量或(分段)增长建模(例如,见Gee,2014;Hedeker和Gibbons,2006),对于研究者而言,决定使用哪种技术是至关重要的。对数据的复杂性进行建模,在统计学上具有挑战性。然而,这会使研究结果更加有效,因为统计模型将更加接近现实。此外,报告这些结果应该让读者易于理解,这就涉及到我们的下一个建议。

我们的第四个建议是,在报告和展示你的研究结果时,使用日常语言——并且,如果可能的话,最好是使用清晰的图形。正如我们在之前的建议中所论述的那样,我们可能需要使用先进和复杂的统计方法,以适当的方式对数据进行建模。然而,尽管在方法部分为感兴趣的读者详细介绍具体的技术是有必要的,但我们同样认为,以一种逻辑的、明确的、所有读者都能清楚理解的方式报告数据也很重要。在这方面,我们认为,选择一种适当的方式来可视化结果,如图表、图形或表格,通常是对日常语言使用的有益补充(见Doumont,2009)。然而,这并不意味着结果应该被过度简化。最好的科学报告不是用生硬的方式说简单事情,而是用简单的方式解释复杂的事物(例如,统计程序)。

四、说明建议的优秀实践示例

为了说明我们上面概述的四个建议,我们现在介绍几项研究,作为优秀实践的例子。我们将介绍的研究的选择是基于一个方便的样本。我们并没有采用系统的方法来选择它们;相反,我们选择的是学习科学领域内的研究,这些研究是我们通过阅读该领域的文献发现或了解的,因为是我们共同创作的。我们确实意识到这里对干预研究存在一些偏见(因为这是我们的研究领域),尽管许多例子与其他类型的研究也相关。在所有的例子中,被调查的参与者都是学生。然而,值得一提的是,我们的建议毫无疑问也适用于学习科学中以教师、教师培训师和其他指导者为重点的研究。

第一个体现了我们的一些建议的研究是科拉尔等人（Kollar 等，2014）的研究——"协作脚本和启发式工作实例对不同水平的师范生数学论证技能习得的影响"，其目的是调查两种不同的支持数学论证技能发展的教学方法。后者被概念化为由两个不同的部分组成，这两个部分都在本研究中被测量—即个人—数学和社会—对话部分。其研究样本由 101 名初任实习数学教师组成。科拉尔等人在一门 5 天的入门课程中开展实验研究，包括 3 节 45 分钟的处理课程（treatment sessions），基于一个 2×2 因子设计，有协作脚本与无脚本，启发式工作实例与问题解决。

这项研究明确考虑了学习者的先前成绩（即高中 GPA）。作者明确提到了关于性向—处理交互作用（aptitude-treatment-interaction，ATI）和"马太效应"（matthew effect）的研究，这是 ATI 中的一个著名现象，用于描述"先前成就较高的学生比先前成就较低的学习者从某种教学中获益更多"的情况（Kollar 等，2014，p. 23）。在这方面，这是建议 1 的一个例证：考虑参与者的特征，并具体检查这些特征如何影响结果以及与处理交互作用。

关于我们的第三个建议，学习增益是通过在模型中输入作为协变量的前测度量来建模的。如上所述，此外，先前的高中成绩被添加为协变量。对学生的具体分组（参见建议 2）没有进行统计建模。然而，作者确实注意到了这个问题，建立了同质的二元组，"减少数据中潜在的'噪音'，如果一些学生与和他们水平相当的同学合作，而另一些学生与比自己 GPA 高得多或低得多的学生结成对子，以后就很难将其部分剔除或排除"（Kollar 等，2014，p. 27）。

作者花了相当大的精力来解释相当复杂的交互效应，表明对于论证部分而言，某些特定条件下的学习增益取决于先前的成绩，而在其他条件下则不是。该研究计算并比较了回归斜率，文章中也用图形进行了说明。在这里，我们没有总结本研究的所有结果，也无法提供本研究的完整背景，在图 51.1 中，我们对文章中的一个图形进行了说明。图 51.1 显示，在其中一个条件下（即问题解决条件，用虚线回归线表示），社会—对话学习增益取决于先前的成就，而在另一个条件下，情况并非如此（即启发式工作实例条件，用完整且接近水平线表示）。结合文中的详细解释，该图以一种可以理解的方式（参见建议 4）向读者展示了相当复杂的交互效应。

我们想讨论的第二项研究是雷斯、谢伦斯和德·韦弗（Raes，Schellens 和 De Wever，2013）的"弥合中学科学教育差距的基于网络的协作探究"，其主要目的是调查基于网络的探究项目在中学课堂上的实施情况，特别关注学生的性别、成就水平和他们所处的学术轨道。样本来自 19 个中学班级（9 年级和 10 年级）的 370 名学生。研究采用了准实验的前测—后测设计，重点研究基于网络的科学探究对现有不同学生群体（即男生与女生，低成就者和高成就者、理科学生与普通学生）的不同影响。干预包括 4 节 50 分钟的课，其中实施了一个基于网络的探究项目。

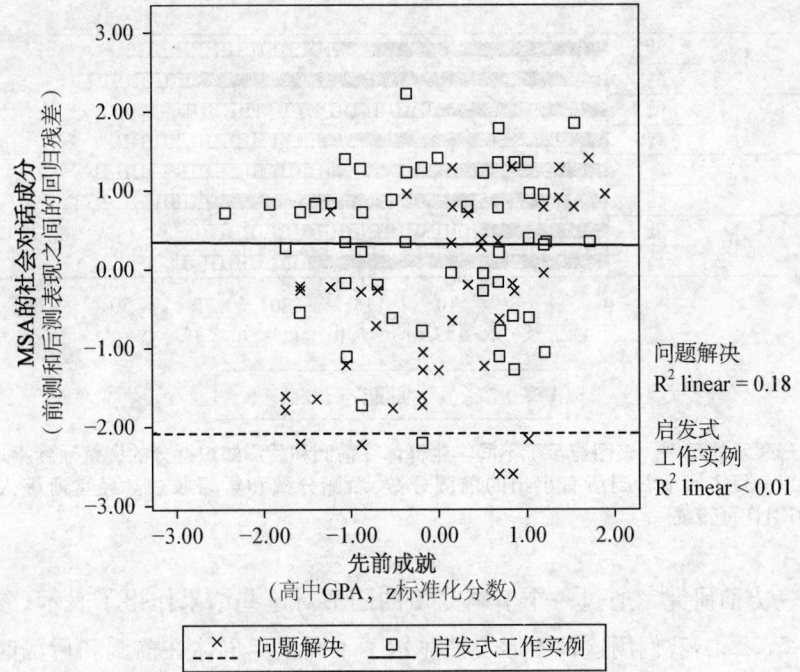

图 51.1　该图显示,在解决问题条件下,学生的社会对话学习收益取决于先前成就(虚线回归线),但不是在启发式工作示例条件下(完整且接近水平线)。此特定图与文本中的详细说明一起,以易于理解的方式呈现相当复杂的交互效果。经科拉尔等人(Kollai 等,2014)许可转载(2014 年,第 30 页)

　　这项研究通过使用多级建模(参见建议 2),特别关注了数据的多层次性。在整个协作探究项目中,学生都是成对工作的,这些学习对子属于特定的班级,所以考虑到了这一点。同时,研究者还考虑到了重复测量设计(即每个学生都有前测和后测的结果)。并由此构建出一个四级模型:测量时机(1 级)"被聚集在学生中(2 级),而学生又被嵌套在小组中(3 级),小组又被嵌套在教室中(4 级)"(p. 330)。

　　在该研究中,三个独立变量——即性别、成就水平和跟踪——被用作解释变量。具体地说,他们被用来形成 8 个不同的类别(见图 51.2),以便同时考虑到所有重要的影响变量(参见建议 1),即学生不仅是男性或女性,他们同时可以被划分为高成就者或低成就者,普通轨道或理科轨道。鉴于该研究旨在调查干预措施是否能够缩小早期文献中报道的学生群体之间的差距,因此,研究一方面要确定这些差距,另一方面也要确定干预措施如何影响这些差距。因此,我们构建了一个特定的模型,在这个模型中,我们模拟了学生在前测中的成绩(即让读者看到不同群体在前测中得分的差异),以及学生在前测和后测之间知识的增长情况(即让读者看到增长情况,也看到后测的分数;参见建议 3)。

　　在这项研究中,特别有趣的是,一方面,研究者对于如何解释(相当复杂的)多级表给出了一个具体的解释(甚至有一些例子解释了如何根据多级模型中的参数计算估计

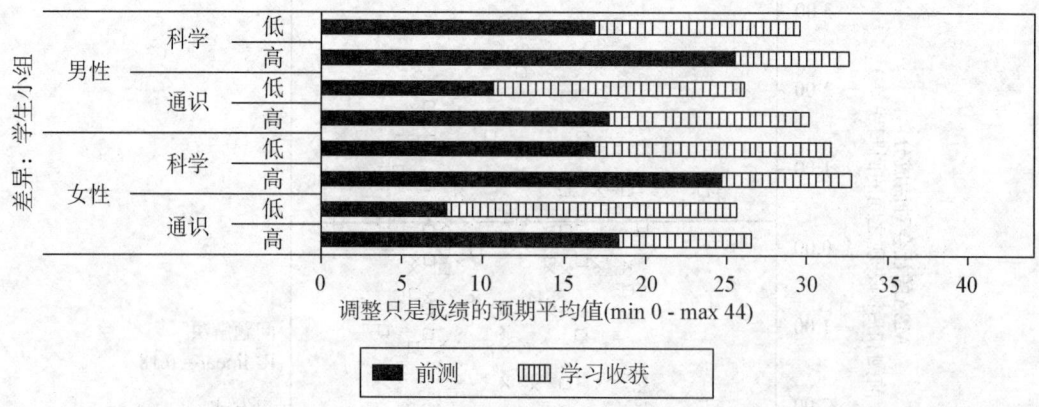

图 51.2　图形表示的示例。该图显示了不同学生群体在前测和后测知识得分的调整预测平均值。读者可以一目了然地看到所有小组的前测分数、后测分数和学习收益。经雷斯等人（Raes 等，2013）许可转载

均值），另一方面研究者通过一个清晰易懂的图形对这些结果作出了表示（参见建议 4）。在图 51.2 中，我们用这种图形表征显示了不同学生群体在前测和后测时知识分数的调整预测平均值。在单一的视图中，读者可以看到不同组的前测分数和后测分数，以及所有组的学习增益。即使是不仔细阅读文章，我们也能直观地得出结论，各组在前测时的差距总体上比后测时大。

我们想介绍的第三项研究是莫奇和范科尔（Merchie 和 Van Keer，2016）的"小学后期教育中启发性图形总结：两种教学思维导图方法与学生特征之间的关系"，该研究旨在探讨两种教学思维导图方法在小学教育中培养图形总结技能的（不同）效果。样本包括 35 名五年级和六年级的佛兰德（比利时）教师和来自 17 所不同小学的 644 名学生。在两个实验条件和一个对照条件下，研究者建立了一个随机的准实验重复测量设计（即前测、后测和保留测试）。在研究者提供教师培训后，在实验条件下的学生接受了为期 10 周的教师授课，他们使用了研究者提供的或学生生成的思维导图。而在控制条件下的学生则接受习惯的教学曲目（即没有系统和明确的图形总结策略指导），这为实验组提供了一个客观的比较基线。在这个过程中，学校被随机分配到三个研究条件中的一个。

该研究采用多级分段增长分析对数据进行分析。采用多级分析，是为了考虑由于教师和班级内学生的抽样而产生的嵌套数据（参见建议 2）。由于在佛兰德的小学教育中，完整的班级是由一名教师来教授，教师和班级水平在本研究中是一致的。然而，考虑到本研究的重复测量设计（参见建议 3），我们进行了三级分析，测量时机（即前、后和保留测试）（1 级）聚集在学生中（2 级），而他们依次嵌套在班级/教师中（3 级）。由于学校中只有有限数量的班级参与了这项研究，因此在学校层面上没有发现显著的差异，学校也没有被纳入分析的第四级。

关于第三个建议，这篇文章明确研究了学生增长，并重点研究了两种实验条件与

对照条件的不同影响。在这方面,研究者特别选择了用多级分段增长分析来模拟每个研究条件下的增长和演变,并对其进行相互比较。根据这些分析,我们将从前测到保留测试的时间跨度划分为两个阶段,第一阶段涵盖学生从前测到后测的增长,第二阶段反映学生从后测到保留测试的增长。这些阶段作为重复测量的虚拟变量被包含在模型中,它们在学生水平上具有相关残差。

关于第一个建议,研究者明确考虑了学习者特征和性向处理交互作用。学生的背景特征(如性别、家庭语言、一般成就水平)以及这些特征在不同研究条件下与增长的交互作用单独被纳入多级分段增长模型中。在这方面,作者认为不同学生水平的特征可能与学生的图形总结技能有关(例如,非母语者的教学语言水平较低,在图形总结方面可能会遇到更多的困难,从而导致总结得分较低)。但与此同时,他们也承认——并因此建立了模型——实验教学处理对具有不同特征学生的影响可能是不同的,因为在教育研究中,为了制定教育实践指南,重要的是要考虑不同的学习者群体是否会或多或少地受益于一种特定的处理方法。例如,在本研究中,在研究者提供的思维导图条件下,较低(语言)能力的学习者(例如,低成就者或非母语者)可能会从研究人员提供的思维导图条件下的工作实例中获益更多,而高成就的人可能通过自己积极地生成思维导图而获益更多。

至于我们的第四个建议,即研究者通过在表格和附录中提供统计参数信息来报告结果。但是,文中也讨论和澄清了不同的统计参数以及如何解释这些参数。在这方面,统计背景比较有限的读者也能够解释表格中的数字。此外,通过已完成的学生测试材料中的插图,以及通过图形可视化的方式显示出学生的图形总结技能在前测到后测和保留测试中的变化,以及这些变化轨迹在不同的研究条件下的变化,也清楚地展示了研究条件之间的差异。此外,研究报告还包括了额外的附录,这有助于读者更好地理解实验干预措施与应用测量仪器之间的差异。

对于我们的建议,第四个优秀实践的例子描述了鲍尔等人(Bouwer等,2018)的"以策略为中心的教学方案对小学高年级学生写作质量的影响"研究。这项干预研究旨在评估在真实的普通教育环境中,针对几种不同类型文本(即描述、叙述和劝说信)而言,写作教学综合方案的效果。在为期8周的时间里,研究者选取了60个四到六年级的课堂,对其中的76名教师进行了干预。更具体地说,方案内容主要集中在教学生一种写作策略,并辅以自我调节技能以及文本结构的教学。教学模式为观察学习,辅之以明确的策略教学和广泛的支架指导实践。研究者采用两组和三个测量时机的切换复制设计。第1组的学生($N=688$)和教师($N=31$)在8周的第一个阶段(即在第一次和第二次测量之间)使用干预方案。在此期间,第2组作为对照组,其中教师($N=45$)和学生($N=732$)从事他们的常规写作活动和日常活动。在为期8周的第二阶段(即第二次和第三次测量之间),研究者会在群体之间切换干预,即第2组的教师和学生开始使用写作程序,而第1组的教师和学生回到他们的常规写作活动中。在每次测量时,研究者会使用三种不同类型的文本(即描述、叙述和劝说信)来评估学生的写作技巧。

在将本研究的特征与上述指南以及建议进行比较时,我们注意到,本研究明确考虑了数据的分层组织(参见建议 2)。更具体地说,写作成绩与学生以及任务交叉分类,学生被嵌套在班级中。因此,研究者采用交叉分类的多级模型对数据进行分析,让写作成绩在学生内部和学生之间、任务之间以及班级之间有所不同。

此外,在研究干预对学生文本质量影响的同时,研究者还明确考虑了学习者特征和性向处理交互作用(参见建议 1)。更具体地说,研究者研究了该项目的效果在不同年级和男女学生之间是否存在差异。此外,他们还调查了该方案的效果是否取决于研究者自身的熟练程度。

根据我们的第三条建议,本研究的研究者关注的是学生写作质量的提高,以及干预的效果是否能够随着时间的推移而保持不变。关于后者,第三次测量作为第 2 组学生的后测,但被认为是第 1 组学生的延迟后测,通过该测试,作者能够测量干预的保留和维持效果。此外,特别需要提及的是,第 1 组和第 2 组的差异增长,以及第 1 组的维持效应——也因学生所处年级而细分——通过增长轨迹等图形表示,这种图形会在表格中呈现的参数概述旁边清晰地显示出来(参见建议 4)。

五、讨论和结论

为学习科学写一章(相当短的)关于统计方法的文章,要求我们将自己限制在一小部分技术的选择上。我们选择的依据是我们认为在未来学习科学研究中值得关注的重要技术,因为它们可以处理该研究领域的特定核心问题(例如,考虑到数据的嵌套和完全复杂性的多级建模,以及分析随时间变化的增长建模)。然而,遗憾的是,在作出这一选择时,我们也不得不忽视其他对未来研究同样重要的统计技术,比如用于开发和验证工具的探索性和验证性因素分析(exploratory and confirmatory factor analysis,EFA/CFA);旨在建立变量之间的因果、中介或调节关系的结构方程模型(structural equation modeling,SEM);用于开发测试、聚类分析、元分析技术和非参数分析的项目响应理论(item response theory,IRT)等。其中有些内容,如数据挖掘和学习分析的特定技术,在本手册的其他章节中有所介绍(例如,Rosé,本手册)。其他技术则要在本手册之外进行探讨。

尽管如此,我们相信上述四条建议对于学习科学的研究来说是很重要的,特别是因为它们触及了学习科学有别于其他学科的一些基本特征的核心。在这方面,本章旨在创建或提高我们对学习科学领域的典型性以及对数据分析和结果报告的相关影响的认识。

六、延伸阅读

Baguley, T. (2012). Serious stats: *a guide to advanced statistics for the behavioral sciences*. Basingstoke: Palgrave Macmillan.

关于统计和定量数据分析的好手册其实有很多,因此仅提供一本作为进一步参考并不容易。但是,我们相信 Serious Stats 是学习科学领域统计程序方面的一款优质全能选手。它主要涉及(重复测量)ANOVA、ANCOVA 和多级模型。它还提供了 R 语言的代码和 SPSS(统计软件,见下文)语法。此外,从纵向的角度来看,读者还可以分别参考库特纳、纳希姆、内特和利(Kutner, Nachtsheim, Neter 和 Li, 2004)以及辛格和威利特(Singer 和 Willett, 2003)的手册中关于回归和重复测量的更详细的信息。

Cress, U. (2008). The need for considering multilevel analysis in CSCL research — An appeal for the use of more advanced statistical methods. *International Journal of Computer-Supported Collaborative Learning*, 3(1), 69 - 84. doi: 10.1007/s11412 - 007 - 9032 - 2

这是一篇关于多级建模的有趣介绍,针对学习科学的背景,我们建议在阅读多级建模的一般统计学介绍时一并阅读这篇文章(文章本身包含了关于多级建模的重要出版物的参考)。文章解释了为什么——当学生在小组中进行协作时——学生的个人观察不是相互独立的,因为小组的组成可能不同,他们可能有共同的命运(不同于其他小组),或小组成员可能会在学习过程中相互影响。鉴于后者,即相互影响实际上是协作学习的目的,文章也呼吁应用多级建模。文章给出了具体的例子(如数据集)来解释什么是多级建模,它是如何工作的,以及为什么它是必要的。还介绍了数学/统计背景,包括公式,不过它是以一种明确的方式,即用具体的例子说明了模型。

Dalgaard, P. (2008). *Introductory statistics with R* (2nd ed.). New York: Springer.

虽然我们认同 SPSS 可能是本领域最著名的软件包,特别是 MLwiN、HLM 和 Mplus 等软件包是我们提出的多级建模和增长建模的优秀软件包,但我们在本参考文献中选择了 R 软件(www.r-project.org)。R 是免费软件(GNU-GPL),可以在许多操作系统上运行,有很多可能性,用户共同体也在不断增长。此外,还有许多围绕 R 构建的环境——在这方面我们尤其喜欢 Rstudio(www.rstudio.com)。在互联网上有各种各样的资源,我们进一步将《R 的统计学入门》(Introductory Statistiscs with R)作为参考资料。尽管作者表示在选择这些例子时存在一些生物统计学上的偏差,但这是一本开始使用 R 的全面介绍。

Doumont, J. (2009). *Trees, maps, and theorems. Effective communication for rational minds*. Kraainem: Principiae.

根据我们关于使用清晰的日常用语和易于理解的图形来报告和说明研究结果的建议，我们建议读者进一步阅读这本书。其中有一章特别论述了有效的图形显示，并关注如何设计用于比较数据、以显示进化和比较组的图形。另外，还要特别注意标题的起草。在这方面，杜蒙特认为，标题不应该是一个描述性的标题，而应该是一个清晰的句子，解释读者可以从图形或图表中看到什么，回答读者所谓的"那又怎样"的问题（即"你为什么给我看这个?"，p. 149）。

Gee，K. A. （2014）. Multilevel growth modeling：An introductory approach to analyzing longitudinal data for evaluators. *American Journal of Evaluation*，35(4)，543 – 561. doi：10. 1177/1098214014523823

本文介绍了多级增长模型（也称为混合效应回归模型或增长曲线模型）的应用，这是对同一个体随时间收集的纵向数据进行分析的一种方法。介绍的概念是基础的，并以一个幼儿保育项目的纵向评价为背景，对该方法进行了说明。文章提供了一种简明易懂的"如何做"的方法。吉更具体地告知读者数据需求、可视化的变化、特定的多级增长模型以及解释和显示结果。需要注意的是，文章仅关注连续的结果。读者可以参考赫德克和吉本斯（Hedeker 和 Gibbons，2006）关于非连续结果的多级增长模型的工作。

七、NAPLeS 资源

De Wever，B. *Selecting statistical methods for the learning sciences and reporting their results* [Video file]. *Introduction and short discussion*. In NAPLeS video series. Retrieved October 19，2017，from http://isls-naples. psy. lmu. de/video-resources/guided-tour/15-minutes-dewever/index. html

De Wever，B. *Selecting statistical methods for the learning sciences and reporting their results* [Video file]. *Interview*. In NAPLeS video series. Retrieved October 19，2017，from http://isls-naples. psy. lmu. de/video-resources/interviews-ls/dewever/index. html

参考文献

Bouwer, R., Koster, M., & Van den Bergh, H. (2018). Effects of a strategy-focused instructional program on the writing quality of upper elementary students in the Netherlands. *Journal of Educational Psychology*, 110(1), 58–71. http://dx.doi.org/10.1037/edu0000206

Cress, U. (2008). The need for considering multilevel analysis in CSCL research—An appeal for the use of more advanced statistical methods. *International Journal of Computer-Supported Collaborative Learning*, 3(1), 69–84. doi:10.1007/s11412-007-9032-2

Doumont, J. (2009). *Trees, maps, and theorems. Effective communication for rational minds*. Kraainem: Principiae.

Gee, K. A. (2014). Multilevel growth modeling: An introductory approach to analyzing longitudinal data for evaluators. *American Journal of Evaluation*, *35*(4), 543–561. doi:10.1177/1098214014523823

Hedeker, D., & Gibbons, R. D. (2006). *Longitudinal data analysis*. Hoboken, NJ: John Wiley & Sons.

Hox, J. J. (1995). *Applied multilevel analysis*. Amsterdam: TT-publikaties. http://joophox.net/publist/amaboek.pdf

Jonassen, D. H., & Grabowski, B. L. (1993). *Handbook of individual differences, learning and instruction*. Hillsdale, NJ: Erlbaum.

Kollar, I., Ufer, S., Reichersdorfer, E., Vogel, F., Fischer, F., & Reiss, K. (2014). Effects of collaboration scripts and heuristic worked examples on the acquisition of mathematical argumentation skills of teacher students with different levels of prior achievement. *Learning and Instruction*, *32*, 22–36. doi:10.1016/j.learninstruc.2014.01.003

Kutner, M., Nachtsheim, C., Neter, J., & Li, W. (2004). *Applied linear statistical models* (5th ed.). Boston: McGraw-Hill.

Merchie, E., & Van Keer, H. (2016). Stimulating graphical summarization in late elementary education: The relationship between two Instructional mind-map approaches and student characteristics. *Elementary School Journal*, *116*, 487–522.

Raes, A., Schellens, T., & De Wever, B. (2013). Web-based collaborative inquiry to bridge gaps in secondary science education. *Journal of the Learning Sciences*, *23*(3), 316–347. doi:10.1080/10508406.2013.836656

Rosé, C. P. (2018). Learning analytics in the Learning Sciences. In F. Fischer, C. E. Hmelo-Silver, S. R. Goldman, & P. Reimann (Eds.), *International handbook of the learning sciences* (pp. 511–519). New York: Routledge.

Singer, J. D., & Willett, J. B. (2003). *Applied longitudinal data analysis: Modeling change and event occurrence*. New York: Oxford University Press.

索引

F

译后记

在本书即将出版之际，我代表翻译团队对本书的翻译和出版历程做一个回顾，以记录过去近五年这段不平凡的经历。

《国际学习科学手册》英文版于 2018 年出版，寻来阅读后，我深切感受到其内容体系、国际化的案例经验分享、框架结构等对中国深入开展学习科学研究和实践有着重要的学习、启示和借鉴意义，随即有了将本书翻译成中文版的愿望。2018 年 8 月，经与时任华东师范大学党委常务副书记兼副校长的任友群教授商量，在得到友群教授的明确支持下，我正式启动了翻译本书的相关申请工作。经过仔细比对国内各出版社，最后选择华东师范大学出版社作为本书中文版本的出版机构。经与出版社彭呈军编辑的高效沟通，2018 年 9 月确立了新书选题和出版申请；2018 年 11 月，由华东师范大学出版社与劳特利奇（Routledge）出版社确定了中文版出版的版权事宜。至此，由国内外十余所高校教师和博士生组成的翻译团队正式开始了翻译工作。

翻译过程中，首先开始的是初稿翻译；初稿翻译完成后，进入一校；一校完成后再进入二校；二校完成后，再由赵建华、尚俊杰、蒋银健和任友群对全书进行通校；之后又根据出版社样稿进行多轮校对。这个过程虽然繁琐，但出版社的一丝不苟有效保证了本书翻译工作的质量。出版社的吴伟编辑自始至终和翻译团队保持了高效的沟通，我们深为她认真求实的工作态度所感动。

由于工作变动，友群教授于 2018 年底到教育部教师工作司任职。因公务繁忙，他专门提出不再担任本书的主译工作，改由我具体负责全书翻译的组织和推进。友群教授深知本书的翻译出版对中国学习科学研究和实践领域的重要性，多次通过邮件和电话联系，对于翻译工作进程、翻译质量十分关心，提出一定要把好翻译的质量关。

在本书出版过程中，遇到了对人类影响巨大的新冠疫情，严重拖延了本书的出版进程。虽然受到 2020 年初疫情影响，翻译团队还是于 2020 年 5 月完成了书稿整体的翻译和校对工作，并顺利提交出版社。经过出版社同仁的辛苦努力，2021 年 6 月出版社输出清样，由翻译团队开始了针对清样的校对工作。2021 年 10 月出版社完成封面设计，并开始清样的第二次和第三次校对。

2021 年 10 月，为了提高本书中文版的影响力，友群教授专门联系了顾明远先生，请老人家给本书题写书名。顾老欣然同意。由于当时他老人家身在外地，答应回京就写。11 月，顾老返京后很快就给本书题写了书名，并题写了横、竖两个版式。从中也看出前辈学者严谨且一丝不苟的治学和做事态度，永远值得我辈敬仰和学习。

2021年12月，我收到了来自本书原主编团队弗兰克·费舍尔（Frank Fischer）、辛迪·赫梅洛-西尔弗（Cindy E. Hemlo-Silver）、苏珊·戈德曼（Susan R. Gldma）和彼得·赖曼（Peter Reimann）专门为中文版出版所撰写的序，他们特别期望这本手册能够在中国学习科学研究领域发挥积极的影响和作用。

2022年，中国再一次遭受新冠疫情的严重冲击，包括一线城市在内的很多地方连续受到波及，大家不得不暂时中断繁忙的工作和生活，甚至进入全城静默状态。本书的出版也是中国深受疫情影响的见证之一。2022年6月1日，在庆贺国际儿童节之际，也迎来上海的全面解除静默的消息。这是双喜临门，也给本手册的早日出版发行带来了希望。

其实，还想说的事情有很多。要感谢所有直接、间接参与本书翻译的老师、研究人员、研究生的辛勤努力，也要感谢同行们的问候和鼓励，以及出版社编辑队伍的倾情投入。最需要表达的，是向所有参与、关心和支持本书翻译出版的人员表示衷心的感谢。你们的辛苦努力和夜以继日的付出为本手册顺利出版奠定了基础。期待本手册的出版和发行能够为中国学习科学领域的研究和实践作出积极的贡献。

赵建华

2022年6月1日于鹏城